KB164792

확률론적
머신러닝

Probabilistic Machine Learning: An Introduction

확률론적 머신러닝

기본편

케빈 머피 지음 이판호 옮김

에이콘

 에이콘출판의 기틀을 마련하신 故 정완재 선생님 (1935-2004)

나에게 배움과 가르침의 즐거움을 일깨워준 어머니, 브리지드 머피에게 이 책을 바친다.

케빈 머피^{Kevin P. Murphy}

케빈 머피Kevin P. Murphy

아일랜드에서 태어났지만 영국에서 자란 케빈 머피는 케임브리지대학교 학사, 펜실베이니아대학교 공학 석사, 버클리대학교 박사를 취득했다. MIT에서의 박사후 과정을 마치고, 2004년부터 2012년까지 캐나다 밴쿠버 브리티시컬럼비아대학교의 컴퓨터과학 및 통계학 부교수로 지냈다. 테뉴어^{tenure}를 얻은 뒤, 캘리포니아에 있는 구글에서 안식년을 보냈으며 그곳에서 머물기로 결정했다. 현재 구글 딥마인드에서 생성 모델, 강화학습, 베이즈 추론, 최적화, 로버스트성 및 여러 주제에 대해 연구하고 있는, 26명의 연구자와 엔지니어가 있는 팀을 이끌고 있다. 케빈은 콘퍼런스와 저널에 136개의 논문을 발표했으며, MIT 출판을 통해 2012년, 2022년, 2023년에 머신러닝을 다룬 교재 세 권을 저술했다(2012년 책은 DeGroot 상을 수상하며 통계적 과학 분야에서 가장 우수한 책으로 선정됐다). 또한 2014~2017년 동안 머신러닝연구저널^{JMLR}의 (공동) 편집자로 일했다.

| 옮긴이 소개 |

이판호(contact2lph@gmail.com)

성균관대학교 통계학과를 졸업했으며, 한국 및 싱가포르에서 주로 금융업 및 소프트웨어 개발 분야에 종사했다. 머신러닝의 이론적 이해 및 금융 데이터 응용에 관심이 많다. 에이콘출판사에서 펴낸 『스칼라와 머신러닝』(2018), 『통계학으로 배우는 머신러닝』(2021), 『딥러닝 초보자를 위한 엔비디아 가이드북』(2023) 등을 번역했다. 현재는 국내에서 보안 솔루션의 엔지니어로서 많은 영어 화상 회의를 하며 일하고 있다.

머신러닝 학습을 막 시작하신 여러분을 환영합니다. 이 자리를 빌려, 이 책으로 머신러닝을 배우고 자 하는 독자분들에게 역자의 입장에서 전해드리고 싶었던 말을 간단히 쓰고자 합니다.

이 책에 대해

저자인 케빈 머피는 머신러닝 분야의 저명한 학자로, 그가 저술한 서적들은 독자들에게 많은 사 랑을 받고 있습니다. 특히 이 책의 원서는 『The Elements of Statistical Learning』(Hastie et al.)[1], 『Pattern Recognition and Machine Learning』(Bishop)[2]과 함께 머신러닝 이론서로서 널리 읽히 고 있습니다.

이 책은 딥러닝만을 위한 책이 아닙니다

이 책도 딥러닝의 주요 알고리듬에 대해 상당한 분량을 할애하여 다루고 있지만, 이와 더불어 방대 한 머신러닝 분야에 대한 내용을 폭넓게 다루고 있습니다. 딥러닝을 빠르게 학습하고 싶은 분들이 라면 『딥러닝 초보자를 위한 엔비디아 가이드북』(에이콘출판, 2023)과 같은 책을 보시는 것도 좋을 것 같습니다. 하지만 머신러닝 전반에 대한 내공과 이해도를 키우고자 하는 분들이라면 이 책이 탁월 한 선택이 될 것이라고 생각합니다.

요구되는 수학적 기반 지식 및 학습 방법

많은 사람이 수학이라는 장벽에 부딪혀 머신러닝 학습을 포기하는 것 같습니다. 저 또한 포기하지 않기 위해 노력하고 있는 한 사람의 학습자로서, 개인적으로 이상적이라고 생각하는 학습 경로에 대해 써보겠습니다.

---

1 『통계학으로 배우는 머신러닝』(에이콘, 2021)
2 『패턴 인식과 머신 러닝』(제이펍, 2018)

왜 원서 제목이 '확률적인^{probabilistic}' 머신러닝일까요? 결국 머신러닝이란 어떠한 현상의 확률적 모델링을 위한 도구가 아닐까 생각해 봅니다. 그리고 이를 이해하고 잘해내기 위해서는 기본적으로 미적분학, 선형대수학, 확률론, 통계학 등에 대한 어느 정도의 지식이 필요할 것입니다. 학습을 이어가다 보면 이들 간의 경계가 모호해지지만, 일단 구분해 보자면 그렇습니다. 특히 미적분은 다변수 미적분, 선형대수는 행렬 분해 및 행렬미적분, 통계학에서는 기본적 이론 및 베이즈 통계를 미리 학습한 경험이 있다면 많은 도움이 될 수 있습니다.

하지만 이러한 주제를 완벽하게 학습하고 나서 머신러닝에 대해 공부하려 하기보다는, 어느 정도 배경지식을 갖추고 이 책을 읽어보면서 부족한 부분은 유튜브 등 다양한 경로를 통해 꾸준히 학습하는 것도 좋은 방법이 될 수 있습니다. 긴 호흡을 가지고 꾸준히 학습을 이어나가는 마음가짐이 중요하다고 생각합니다.

당부의 말씀

저자는 깃허브(https://github.com/probml/pml-book)를 통해 지속적으로 오탈자를 제보받으며 원서를 업데이트하고 있습니다. 여러분도 이 깃허브에서 업데이트된 PDF 파일을 받으실 수 있으며, 저희도 가급적 오류가 수정된 번역을 제공할 수 있도록 2022년 8월 8일 릴리스를 기준으로 작업했습니다. 하지만 원서의 방대한 내용으로 인해 이러한 과정 속에서 오류가 있을 수도 있다는 점에 대해 독자분들의 너그러운 양해를 구합니다. 오류 및 오탈자의 1차적인 확인은 원서 PDF 파일을 통해 가능하며, 신고는 에이콘출판사 홈페이지를 통해 하실 수 있습니다.

800페이지에 가까운 학술 서적을 번역하면서 가장 어려운 점 중 하나는 엄청난 수의 용어를 적절하게 번역하는 일이었습니다. 이 책에서는 대한수학회 및 한국통계학회의 단어집을 주로 참고했으며, 가급적 같은 영어 단어를 동일한 한국어 단어로 일관적으로 번역하려 노력했습니다. 주요 빈출단어는 깃허브(https://github.com/peno8/pmlbook_words)에 정리했으니 참고가 되었으면 좋겠습니다.

아무쪼록 이 책이 여러분의 머신러닝 학습을 위한 여정에 많은 도움이 되기를 바랍니다.

차례

들어가며

나는 2012년에 1200페이지짜리 책 『Machine Learning: A Probabilistic Perspective』를 펴냈다. 이 책은 당시에 머신러닝 분야를 확률적 모델링이라는 통일적인 렌즈하에서 꽤 폭넓게 다뤘으며, 2013년에 드 그루트 상De Groot Prize을 수상했다.

2012년은 또한 일반적으로 '딥러닝 혁명'이 시작된 해로 간주된다. '딥러닝'이라는 용어는 많은 층으로 된(따라서 '깊은deep'이란 용어를 사용함) 신경망을 기반으로 하는 ML의 한 분야를 뜻한다. 이 기본적인 기술은 수년간 존재해 왔지만, 심층 신경망DNN을 사용해 ImageNet 이미지 분류 대회에서 큰 차이로 이기면서 폭넓은 커뮤니티의 주목을 받은 것은 2012년이었다. 음성 인식 같은 어려운 문제와 관련된 발전이 동시에 나타났다(예: [Cir+10; Cir+11; Hin+12] 참고). 이러한 변혁은 하드웨어 기술(특히 비디오 게임의 빠른 그래픽 처리 장치GPU의 용도를 ML로 바꾼 것), 데이터 컬렉션 기술(특히 ImageNet과 같은 거대한 라벨링된 데이터셋을 모으기 위해 아마존 메커니컬 터크Amazon Mechanical Turk 플랫폼 같은 크라우드 소싱 도구를 사용)은 물론, 다양한 새로운 알고리듬적 아이디어의 발전 덕분에 가능했다. 이들 알고리듬의 일부는 이 책에서 다룬다.

2012년 이후로 딥러닝 분야는 새로운 발전이 더욱 빠르게 나타나며 폭발적으로 커졌다. 기술의 상업적인 성공 및 적용 가능한 응용의 폭에 힘입어 이 분야에 대한 흥미 또한 폭증했다. 따라서 나는 2018년에 책의 두 번째 판을 저술하여 이러한 발전을 요약하기로 결정했다.

2020년 3월까지 두 번째 판의 초고는 1600페이지를 넘겼지만, 다루고자 하는 주제는 여전히 많이 남아 있었다. 그 결과 MIT 프레스는 책을 두 권으로 나눌 필요가 있다고 말했다. 그 뒤 COVID-19가 덮쳤다. 나는 책 저술에서 빠져나와 구글의 노출도 알림 앱[MKS21]을 위한 위험 점수 알고리듬의 개발을 돕고 다양한 예측 프로젝트[Wah+21]를 지원하기로 결정했다. 그러나 2020년 가을에 책 작업으로 돌아가기로 결정했다.

잃어버린 시간을 벌충하기 위해 동료들에게 몇몇 절을 써서 내가 마칠 수 있도록 도움을 부탁했다. 이 모든 것의 결과는 새로운 두 권의 책, 여러분이 현재 읽고 있는 『확률론적 머신러닝: 기본편Probabilistic Machine Learning: An Introduction』, 그리고 이 책의 후속판인 『확률론적 머신러닝: 고급편

Probabilistic Machine Learning: Advanced Topics』[Mur23]이다. 이 두 책 모두 2012년 책에서 사용했던 확률적 모델링과 베이즈 결정 이론의 동일한 통합 렌즈를 사용해 2021년경의 ML 분야를 폭넓게 제시하고자 한다.

2012년 책의 내용 대부분이 남아 있지만, 이제 이는 두 권의 새로운 책으로 꽤 비슷하게 나눠져 있다. 추가로, 각각의 새로운 책에는 딥러닝 주제 및 생성 모델, 변분 추론variational inference과 강화학습 같은 분야를 다루는 새로운 자료가 많이 담겨 있다.

이번 개론서의 내용이 더 충실하고 학생들에게 유용하도록, 최적화 및 선형대수와 같은 주제에 대한 배경지식을 추가했다. 이들은 2012년 책에서 공간 부족으로 인해 빠져 있었다. 개론 수준의 강좌에서 건너뛸 수 있는 고급 내용은 절이나 장 제목에 별표(*)로 표시했다. 연습문제는 몇몇 장의 끝에서 볼 수 있다. 자격 있는 강사는 MIT 프레스에 연락하여 별표로 표시한 연습문제의 해답을 얻을 수 있다. 다른 모든 연습문제의 해답은 온라인에서 찾을 수 있다. 추가적인 교육 자료(예: 그림과 슬라이드)는 책 웹사이트 probml.ai를 참고하라.

그 밖의 주요 변경사항으로, 모든 소프트웨어가 매트랩Matlab 대신 파이썬Python을 사용한다(이후에 줄리아Julia 버전의 코드를 만들 수도 있다). 새로운 코드는 넘파이NumPy, 사이킷런Scikit-learn, JAX, 파이토치PyTorch, 텐서플로TensorFlow, PyMC3 같은 표준 파이썬 라이브러리를 포함한다.

그림의 캡션에 'iris_plot.ipynb로 생성했다'라고 되어 있다면, 해당 주피터 노트북은 probml. github.io/notebooks#iris_plot.ipynb에서 찾을 수 있다. 노트북 리스트에서 링크를 클릭하면 구글 코랩Google Colab에서 이를 열 것이다. 이는 여러분 스스로 그림을 쉽게 다시 만들고, 하부 소스 코드를 수정하여 방법에 대한 더 깊은 이해를 얻게 해줄 것이다(코랩은 무료 GPU에 접근할 수 있게 해주므로, 연산적으로 무거운 몇몇 데모에서 유용하다).

감사의 글

다음과 같이 책을 도와준 사람들에게 감사를 표한다.

- 지코 콜터Zico Kolter는 7장(선형대수)을 쓰는 데 도움을 줬다.

- 프레데릭 쿤스트너Frederik Kunstner, 시이멩Si Yi Meng, 아론 미쉬킨Aaron Mishkin, 샤란 바스와니Sharan Vaswani, 마크 슈미트Mark Schmidt는 8장(최적화)을 쓰는 데 도움을 줬다.

- 마티외 블롱델Mathieu Blondel은 13.3절(역전파)을 쓰는 데 도움을 줬다.

- 크쥐시토프 초로만스키Krzysztof Choromanski는 15.6절(효율적 트랜스포머*)를 쓰는 데 도움을 줬다.

- 콜린 라펠Colin Raffel은 19.2절(전이 학습) 및 19.3절(준지도 학습)을 쓰는 데 도움을 줬다.

- 브라이언 페로치Bryan Perozzi, 사미 아부-엘-하이자Sami Abu-El-Haija, 이네스 차미Ines Chami는 23장(그래프 임베딩*)을 쓰는 데 도움을 줬다.

- 존 펀스John Fearns, 피터 체르노Peter Cerno는 책의 교정을 신중하게 봐주었다.

- 깃허브 커뮤니티의 많은 회원이 오타 등을 찾아냈다(이슈 리스트는 https://github.com/probml/pml-book/issues?q=is:issue를 참고하라).

- MIT 프레스의 요청으로 네 명이 익명으로 리뷰를 했다.

- 마흐무드 솔리만Mahmoud Soliman은 latex, colab, github 등을 연결하는 마법의 코드 모두를 작성하고 GCP, TPU에 대해 가르쳐줬다.

- 책의 코드를 작업한 GSoCGoogle Summer of Code 학생의 2021 코호트: 알레이나 카라Aleyna Kara, 스리카르 질루구Srikar Jilugu, 드리시티 파텔Drishti Patel, 밍량안Ming Liang Ang, 헤라르도 두란-마르틴Gerardo Durán-Martín. 이들의 공헌은 https://probml.github.io/pml-book/gsoc/gsoc2021.html의 요약을 참고하라.

- 질 파텔Zeel B Patel, 캄 파텔Karm Patel, 니티시 샤르마Nitish Sharma, 아니타 쿠마리 자인Ankita Kumari Jain, 니푼 바트라Nipun Batra는 책이 처음 나온 후 그림과 코드를 개선하는 데 도움을 줬다.

- 깃허브 커뮤니티의 많은 멤버가 코드 기여를 했다(https://github.com/probml/pyprobml#acknowledgements 참고).

- [Zha+20], [Gér17], [Mar18]의 저자는 오픈소스 코드의 일부를 재사용하거나 수정할 수 있도록 해줬다.

- 구글의 더그 에크$^{Doug\ Eck}$는 이 책을 저술하는 데 근무 시간을 쓰도록 양해해 줬다.

- 아내 마가렛은 가족을 위한 시간을 이 책을 저술하는 데 쓰도록 양해해 줬다.

표지(원서)

원서의 손글씨 숫자 x를 10개의 클래스 라벨 $y \in \{0, 1, ..., 9\}$ 중 하나로 분류하는 데 쓰이는 신경망(13장)을 보여준다. 우측 히스토그램은 모델의 출력이며, 조건부 확률 분포 $p(y \mid x)$에 해당한다.

케빈 머피$^{Kevin\ P.\ Murphy}$

캘리포니아 팔로 알토

2022년 7월

01

서론

1.1 머신러닝이란 무엇인가?

톰 미첼Tom Mitchell[Mit97]의 **머신러닝**Machine Learning, 즉 ML에 대한 유명한 정의는 다음과 같다.

> 컴퓨터 프로그램의 과제 T에서의 성능이 P로 측정되며 경험 E에 따라 개선된다면, 이 프로그램은
> 경험 E로부터 어떠한 종류의 과제 T 그리고 성능 측정치 P 측면에서 학습한다고 말한다.

따라서 머신러닝은 시스템이 학습하기를 원하는 과제 T의 성질, 시스템을 평가하는 데 사용하는 성능 측정치 P의 성질, 그리고 우리가 제공하는 훈련 신호 및 경험 E의 성질에 따라 많은 종류가 있다.

이 책에서는 ML의 가장 일반적인 형태를 **확률적 관점**probabilistic perspective에서 다룬다. 대략적으로 말하자면 이는 알 수 없는 모든 양quantity(예: 내일의 온도, 어떠한 모델의 모수와 같이 관심 있는 양의 미래 값을 예측하는 것)을 **확률 변수**random variable로 다루며, 이들은 변수가 가질 수도 있는 가능한 값의 가중된 집합을 묘사하는 **확률 분포**probability distribution를 지닌다(필요하다면 2장에서 확률의 기본에 대해 다시 보기를 바란다).

확률적 접근법을 도입하는 이유는 크게 두 가지가 있다. 첫째, 5.1절에서 설명하듯이 이는 불확실성하에서 의사결정을 하는 최적의 접근법이다. 둘째, 확률적 모델링은 과학 및 공학의 다른 대부

분의 분야에서 쓰이는 언어이며, 따라서 이들 분야 사이에 통일적인 프레임워크를 제공한다. 딥마인드DeepMind의 샤키라 모하메드Shakir Mohamed는 다음과 같이 말했다.[1]

거의 모든 머신러닝은 근본적으로 확률적 사고를 하는 확률적 측면으로 볼 수 있다. 이는 당연히 유일한 시각은 아니다. 그러나 이러한 시각을 통해 머신러닝에서 우리가 하는 것을 확률적 최적화, 통제 이론, 운영 분석, 계량경제학, 정보 이론, 통계적 물리학 혹은 바이오통계학에 속하는 다른 모든 연산 과학에 연결할 수 있다. 이러한 이유 하나만으로도 확률적 사고의 완성은 필수적이다.

1.2 지도 학습

ML의 가장 일반적인 형태는 **지도 학습**supervised learning이다. 이 문제에서 과제 T는 입력 $x \in \mathcal{X}$에서 출력 $y \in \mathcal{Y}$로의 매핑을 학습하는 것이다. 입력 x는 또한 **특성**feature, **공변**covariate, 혹은 **예측 변수**predictor라 부른다. 이는 주로 사람의 키와 몸무게, 혹은 이미지의 픽셀 같은 고정된 차원의 벡터 숫자인 경우가 많다. 이 경우 $\mathcal{X} = \mathbb{R}^D$이며, 여기서 D는 벡터의 차원(즉, 입력 변수의 개수)이다. 출력 y는 또한 **라벨**label, **목표**target, 혹은 **반응**response이라 알려져 있다.[2] 경험 E는 훈련 집합training set이라 알려진, 입력-출력 쌍 $\mathcal{D} = \{(x_n, y_n)\}_{n=1}^{N}$의 집합 형태로 주어진다($N$은 **표본 크기**sample size라 부른다). 성능 측도 P는 예측하고자 하는 출력의 형태에 따라 다르며, 아래에서 이야기한다.

1.2.1 분류

분류classification 문제에서 출력 공간은 **클래스**class라 하는, 순서 없는 상호 배반적인 라벨 C의 집합 $\mathcal{Y} = \{1, 2, \ldots, C\}$이다. 입력이 주어졌을 때 클래스 라벨을 예측하는 문제는 또한 **패턴 인식**pattern recognition이라 부른다(클래스가 2개라면 $y \in \{0, 1\}$ 아니면 $y \in \{-1, +1\}$로 표기하는 경우가 많으며, 이는 **이항 분류**binary classification라고 부른다).

1.2.1.1 예제: 붓꽃 분류하기

예제로 붓꽃을 이들의 3개 아종인 세토사Setosa, 베르시컬러Versicolor, 버기니카Virginica로 분류하는 문

---

1 출처: https://bit.ly/3pyHyPn의 슬라이드 2
2 때때로(예: statsmodels 파이썬 패키지에서) *x*는 **외생 변수**(exogenous variable), *y*는 **내생 변수**(endogenous variable)라 부른다.

(a)   (b)   (c)

그림 1.1 붓꽃의 세 가지 종류: 세토사, 베르시컬러, 버기니카. 데니스 크램브(Dennis Kramb)와 SIGNA가 친절하게 사용을 허가했다.

제를 고려해 보자. 그림 1.1은 이들 각 클래스의 예시를 보여준다.

이미지 분류image classification에서 입력 공간 $\mathcal{X}$는 이미지의 집합이며 차원이 매우 높은 공간이다. 채널이 $C = 3$이고(예: RGB) $D_1 \times D_2$픽셀인 컬러 이미지에서 $X = \mathbb{R}^D$이고 $D = C \times D_1 \times D_2$이다 (현실에서는 각 픽셀 채도를 정수로 나타내며 통상적으로 범위가 $\{0, 1, ..., 255\}$이지만, 표기의 단순함을 위해 입력 이 실숫값이라 가정한다). 이미지에서 라벨로의 매핑 $f : \mathcal{X} \rightarrow \mathcal{Y}$를 학습하는 것은 그림 1.2가 보여주 듯이 꽤 어려운 일이다. 그러나 이는 **합성곱 신경망**Convolutional Neural Network, 즉 **CNN**과 같은 특정 함 수를 사용해 다룰 수 있으며, 14.1절에서 논의한다.

다행스럽게도 몇몇 식물학자가 4개의 단순한, 그러나 정보성이 높은 수치적 특성인 꽃받침 길이 sepal length, 꽃받침 너비sepal width, 꽃잎 길이petal length, 꽃잎 너비petal width를 이미 식별해 놓았다. 이 는 붓꽃의 세 종류를 구별하는 데 쓰인다. 이 절에서는 단순함을 위해 이러한 훨씬 낮은 차원의 입 력 공간 $\mathcal{X} = \mathbb{R}^4$를 사용한다. **붓꽃 데이터셋**Iris dataset은 붓꽃의 라벨링된 150개 예제의 모음으로, 각 형태별로 50개이며, 이러한 네 가지 특성으로 묘사되어 있다. 이는 작고 이해하기 쉽기 때문에 예 시로 널리 쓰인다(이 책의 후반부에서는 더 크고 복잡한 데이터셋을 논의한다).

적은 수의 특성 데이터셋이 있을 때는 이를 $N \times D$ 행렬에 저장하는 것이 일반적이다. 각 행은 예 제를, 각 열은 특성을 나타낸다. 이는 **디자인 행렬**design matrix이라 한다. 예시로 표 1.1을 참고하라.[3] 붓꽃 데이터셋은 **표 데이터**tabular data의 예시를 보여준다. 입력이 고정된 길이의 벡터가 아닌 가

---

3 이와 같은 특정한 디자인 행렬은 $N = 150$행과 $D = 4$열을 가지며, $N \gg D$이므로 모양이 **길고 좁다**. 반대로 어떤 데이터셋(예: 유전체)은 예시 보다 특성이 더 많으므로 $D \gg N$이다. 이러한 디자인 행렬은 **짧고 두껍다**. '빅 데이터(big data)'라는 용어는 N이 클 때를 의미하며, '넓은 데이 터(wide data)'라는 용어는 (N과 비교하여) D가 클 때를 뜻한다.

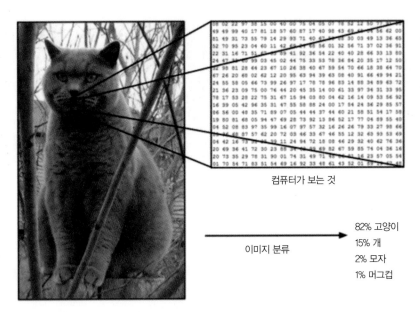

컴퓨터가 보는 것

이미지 분류 →

82% 고양이
15% 개
2% 모자
1% 머그컵

그림 1.2 이미지 분류 문제를 보여준다. 출처: https://cs231n.github.io/. 안드레이 카르파시(Andrej Karpathy)가 친절하게 사용을 허가했다.

인덱스	sl	sw	pl	pw	라벨
0	5.1	3.5	1.4	0.2	세토사
1	4.9	3.0	1.4	0.2	세토사
	...				
50	7.0	3.2	4.7	1.4	베르시컬러
	...				
149	5.9	3.0	5.1	1.8	버기니카

표 1.1 붓꽃 디자인 행렬의 부분집합. 특성은 꽃받침 길이, 꽃받침 너비, 꽃잎 길이, 꽃잎 너비다. 각 클래스마다 50개의 예제가 있다.

변 크기일 때(예: 단어 시퀀스, 소셜 네트워크), 데이터는 주로 디자인 행렬이 아닌 어떠한 다른 형식에 저장한다. 그러나 그러한 데이터는 고정된 크기의 특성 표현으로 변환하는 경우가 많으며(특성화 featurization라 알려진 과정), 추가적인 처리를 위해 디자인 행렬을 암묵적으로 만든다. 이에 대한 예시는 시퀀스 데이터를 위한 '단어주머니' 표현을 논의하는 1.5.4.1절에서 제공한다.

1.2.1.2 탐색적 데이터 분석

ML로 문제를 다루기 전에 일반적으로 **탐색적 데이터 분석**exploratory data analysis을 수행하여 명백한 패턴이 있는지(이는 어떤 방법론을 선택할지에 대한 힌트를 줄 수도 있다), 혹은 데이터에 명백한 문제가 있는지(예: 라벨의 잡음이나 이상치) 보는 것이 좋다.

특성의 수가 적은 표 데이터에서는 통상적으로 패널 (i, j)가 i와 j 변수의 산포도scatter plot를, 대각 요소 (i, i)는 변수 i의 주변 밀도marginal density를 보여주는 **쌍 도표**pair plot를 만든다. 모든 도표는 클래스 라벨에 선택적인 색으로 코딩된다. 예시로 그림 1.3을 참고하라.

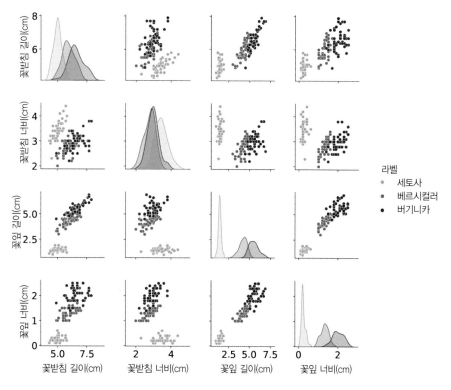

그림 1.3 붓꽃 데이터를 쌍별 산포도로 시각화한다. 대각에 각 클래스마다 각 특성의 한계 분포를 그렸다. 대각 외 부분은 특성의 모든 가능한 쌍의 산포도를 포함한다. iris_plot.ipynb로 생성했다.

고차원 데이터는 **차원 축소**^{dimensionality reduction}를 수행한 뒤 데이터를 2차원이나 3차원에 시각화하는 것이 보통이다. 차원 축소 방법은 20장에서 논의한다.

1.2.1.3 분류기 학습

그림 1.3에서 세토사 클래스를 다른 두 클래스와 쉽게 구별할 수 있음을 볼 수 있다. 예를 들어, 다음의 **결정 규칙**^{decision rule}을 만든다고 해보자.

$$f(\boldsymbol{x}; \boldsymbol{\theta}) = \begin{cases} \text{꽃잎 길이} < 2.45\text{인 경우, 세토사} \\ \text{그 외의 경우, 베르시컬러 또는 버기니카} \end{cases} \tag{1.1}$$

이는 매우 단순한 분류기 예시로, 입력 공간을 $x_{\text{꽃잎 길이}} = 2.45$에서 1차원(1d) **결정 경계**^{decision boundary}로 정의한 2개의 영역으로 분할했다. 이 경계의 좌측에 놓인 지점은 세토사로 분류되며, 우측의 지점은 베르시컬러 아니면 버기니카다.

이 규칙은 세토사 예제를 완벽하게 분류하지만, 버기니카와 베르시컬러 예제는 그렇지 못함을 볼 수 있다. 성능을 개선하기 위해 분류기가 오류를 만들어 내는 영역을 나눔으로써 공간을 재귀적으로 분할할 수 있다. 예를 들어, 첫 번째 테스트에서 실패한 입력에 적용하도록 또 다른 의사결정 규칙을 추가하여 꽃잎 너비가 1.75cm보다 적은지(이 경우 베르시컬러라 예측한다) 아니면 큰지(이 경우 버기니카라 예측한다) 확인할 수 있다. 이러한 중첩된 규칙을 **의사결정 트리**^{decision tree}라 부르는 트리 구조로 배열할 수 있으며, 그림 1.4(a)가 보여준다. 이는 그림 1.4(b)가 보여주는 **결정면**^{decision surface}을 유도해 낸다.

트리는 각 내부 노드마다 사용된 특성의 인덱스 및 해당 임곗값을 넣어 나타낼 수 있다. 이들 모든 **모수**^{parameter4}는 θ라 표기한다. 18.1절에서 이들 모수를 어떻게 학습하는지 논의한다.

1.2.1.4 경험적 위험 최소화

지도 학습의 목표는 그림 1.4(a)에서 보여주는 것과 같은 분류 모델을 자동적으로 만들어 어떠한 주어진 입력에 대해 유의한 예측을 할 수 있도록 하는 것이다. 이러한 과제의 성능을 측정하는 일

---

4 이 책에서는 원서에서 가장 많이 등장하는 단어 중 하나인 'parameter'를 '모수'라고 번역했다. 이 책이 통계학을 상당히 심도 있게 다루고 있고, 통계학에서는 모수라는 단어가 더 통용되기 때문이다. 예를 들어 'nonparametric'은 '비모수'라고 번역하는 것이 더 적절하다. 그러나 이 책 전반에서 모수를 '매개변수'로 바꿔 읽어도 무리는 없을 것이다. – 옮긴이

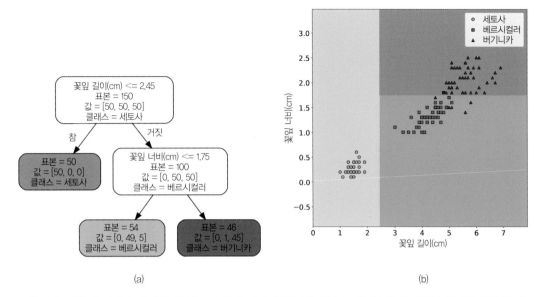

그림 1.4 붓꽃 데이터에 단지 꽃잎 길이와 꽃잎 너비 특성만을 사용해 깊이 2인 의사결정 트리를 적용한 예. 잎 노드(leaf node)는 예측된 클래스를 따라 색으로 코딩되어 있다. 각 상자에서는 뿌리로부터 노드로 전달되는 훈련 예제의 개수를 보여주고 있다. 이는 각 클래스에서 얼마나 많은 값이 그 노드에 속하는지 보여준다. 이 개수 벡터는 각 노드마다 클래스 라벨에 대한 분포를 얻을 수 있도록 정규화할 수 있다. 출처: [Gér19]의 그림 6.1과 그림 6.2. iris_dtree.ipynb로 생성했다.[5]

반적인 방법은 훈련 집합에서의 **오분류율**^{misclassification rate} 측면으로 하는 것이다.

$$\mathcal{L}(\boldsymbol{\theta}) \triangleq \frac{1}{N} \sum_{n=1}^{N} \mathbb{I}\left(y_n \neq f(\boldsymbol{x}_n; \boldsymbol{\theta})\right) \tag{1.2}$$

여기서 $\mathbb{I}(e)$는 이항 **지시 함수**^{indicator function}로, 오직 조건 e가 참이라면(iff[6]) 1을 반환하며, 그렇지 않으면 0을 반환한다. 즉,

$$\mathbb{I}(e) = \begin{cases} 1 & e\text{가 참인 경우} \\ 0 & e\text{가 거짓인 경우} \end{cases} \tag{1.3}$$

---

5   이 책의 '들어가며'에 코드를 사용하는 방법이 설명되어 있다. - 옮긴이

6   if and only if(동치) - 옮긴이

		추정값	
		세토사	베르시컬러	버기니카
	세토사	0	1	1
참	베르시컬러	1	0	1
	버기니카	10	10	0

표 1.2 붓꽃 분류의 가설적인 비대칭 손실 행렬

이는 모든 오차가 동등하다고 가정한다. 그러나 몇몇 오차는 다른 것보다 비용이 더 비쌀 수도 있다. 예를 들어, 우리가 야생에서 수렵을 하고 있으며 몇몇 붓꽃을 발견했다고 해보자. 게다가 세토사와 베르시컬러는 맛이 좋지만, 버기니카는 독이 있다고 해보자. 이 경우 표 1.2의 비대칭 **손실 함수**loss function $\ell(y, \hat{y})$을 사용할 수도 있다.

그 뒤 **경험적 위험**empirical risk이 훈련 집합에서의 예측량predictor의 평균 손실이 되도록 정의할 수 있다.

$$\mathcal{L}(\boldsymbol{\theta}) \triangleq \frac{1}{N} \sum_{n=1}^{N} \ell(y_n, f(\boldsymbol{x}_n; \boldsymbol{\theta})) \tag{1.4}$$

참인 라벨을 예측과 비교하기 위해 **제로-원 손실**zero-one loss을 사용할 때 오분류율 방정식 (1.2)가 경험적 위험과 같음을 볼 수 있다.

$$\ell_{01}(y, \hat{y}) = \mathbb{I}(y \neq \hat{y}) \tag{1.5}$$

더 자세한 내용은 5.1절을 참고하라.

모델 적합model fitting 혹은 **훈련**training 문제를 정의하는 한 가지 방법은 훈련 집합에서의 경험적 위험을 최소화하는 모수의 설정을 찾아내는 것이다.

$$\hat{\boldsymbol{\theta}} = \underset{\boldsymbol{\theta}}{\operatorname{argmin}} \, \mathcal{L}(\boldsymbol{\theta}) = \underset{\boldsymbol{\theta}}{\operatorname{argmin}} \, \frac{1}{N} \sum_{n=1}^{N} \ell(y_n, f(\boldsymbol{x}_n; \boldsymbol{\theta})) \tag{1.6}$$

이는 **경험적 위험 최소화**empirical risk minimization라 부른다.

그러나 아직 본 적 없는 미래 데이터에서의 예측 손실의 최소화가 우리의 참된 목표다. 즉, 훈련 집합에서만 잘하기보다는 **일반화**generalize하기를 원한다. 이 중요한 점은 1.2.3절에서 논의한다.

1.2.1.5 불확실성

올바르게 회색을 봐야 하는 곳에서 검은색과 흰색을 보고자 하는 욕망에서 비롯된 세상의 확률적 특성에 대한 무지로부터 야기된 잘못된 자신감은 반드시 피해야 한다.

— 이마누엘 칸트Immanuel Kant(마리아 코니코바Maria Konnikova[Kon20]가 바꿔 말함)

많은 경우 주어진 입력으로 정확한 출력을 완벽하게 예측할 수는 없을 것이다. 그 이유는 입력-출력 매핑에 대한 지식의 부재(이는 **인식론적 불확실성**epistemic uncertainty 혹은 **모델 불확실성**model uncertainty이라 부른다), 그리고/혹은 매핑 내 내재적인 (줄일 수 없는) 확률성stochasticity 때문이다(이는 **우연적 불확실성**aleatoric uncertainty 혹은 **데이터 불확실성**data uncertainty이라 부른다).

예측에서의 불확실성을 나타내는 것은 다양한 응용에서 중요할 수 있다. 예를 들어, 손실 행렬이 표 1.2인 독이 있는 꽃 예제로 돌아가 보자. 꽃이 버지니카라고 높은 확률로 예측한다면, 꽃을 먹지 말아야 한다. 아니면 진단 테스트 수행과 같은 **정보 수집 행위**를 수행해 불확실성을 줄일 수도 있을 것이다. 불확실성의 존재하에서 최적의 의사결정을 어떻게 내리는지에 대한 더 많은 정보는 5.1절을 참고하라.

우리의 불확실성은 다음의 **조건부 확률 분포**conditional probability distribution를 사용해 포착할 수 있다.

$$p(y = c | \boldsymbol{x}; \boldsymbol{\theta}) = f_c(\boldsymbol{x}; \boldsymbol{\theta}) \tag{1.7}$$

여기서 $f : \mathcal{X} \to [0, 1]^C$는 입력을 C개의 가능한 출력 라벨에 대한 확률 분포로 매핑한다. $f_c(\boldsymbol{x}; \boldsymbol{\theta})$가 라벨 c의 확률을 반환하므로 각각의 c에 대해 $0 \le f_c \le 1$을, 그리고 $\sum_{c=1}^{C} f_c = 1$을 필요로 한다. 이러한 제약을 피하려면, 대신에 일반적으로 모델이 비정규화된 로그 확률을 반환하도록 하는 것이 필요하다. 그 뒤 다음과 같이 정의되는 **소프트맥스 함수**softmax function를 사용해 이들을 확률로 변환할 수 있다.

$$\mathrm{softmax}(\boldsymbol{a}) \triangleq \left[\frac{e^{a_1}}{\sum_{c'=1}^{C} e^{a_{c'}}}, \ldots, \frac{e^{a_C}}{\sum_{c'=1}^{C} e^{a_{c'}}} \right] \tag{1.8}$$

이는 $\mathbb{R}^C$를 $[0, 1]^C$로 매핑하며, $0 \le \text{softmax}(\boldsymbol{a})_c \le 1$과 $\sum_{c=1}^{C} \text{softmax}(\boldsymbol{a})_c = 1$ 제약을 만족시킨다. 소프트맥스의 입력 $\boldsymbol{a} = f(\boldsymbol{x}; \boldsymbol{\theta})$는 **로짓**logit이라 부른다. 자세한 내용은 2.5.2절을 참고하라. 그러므로 전체 모델을 다음과 같이 정의할 수 있다.

$$p(y = c | \boldsymbol{x}; \boldsymbol{\theta}) = \text{softmax}_c(f(\boldsymbol{x}; \boldsymbol{\theta})) \tag{1.9}$$

이 모델의 공통적인 특수한 경우는 f가 다음 형식의 **아핀 함수**affine function일 때 나타난다.

$$f(\boldsymbol{x}; \boldsymbol{\theta}) = b + \boldsymbol{w}^\mathsf{T} \boldsymbol{x} = b + w_1 x_1 + w_2 x_2 + \cdots + w_D x_D \tag{1.10}$$

여기서 $\boldsymbol{\theta} = (b, \boldsymbol{w})$는 모델의 모수다. 이 모델은 **로지스틱 회귀**logistic regression라 부르며, 10장에서 더 자세히 논의한다.

통계학에서 $\boldsymbol{w}$ 모수는 일반적으로 **회귀 계수**regression coefficient라 부르며(통상적으로 β로 표기한다), b는 **절편**intercept이라 부른다. ML에서 모수 $\boldsymbol{w}$는 **가중치**weight, 그리고 b는 **편향**bias이라 부른다. 이 용어는 전자공학에서 나왔으며, 이때 함수 f는 $\boldsymbol{x}$를 받고 $f(\boldsymbol{x})$를 반환하는 회로로 본다. 각 입력은 가중치 $\boldsymbol{w}$를 갖는 '와이어wire' 위의 회로에 공급된다. 회로는 입력의 가중합을 계산하고, 상수 편향 또는 단차 항offset term b를 더한다('편향'이란 용어를 사용할 때 4.7.6.1절에서 논의하는 편향의 통계학적 개념과 혼동해서는 안 된다).

어수선한 표기법을 줄이기 위해, 보통 $\tilde{\boldsymbol{w}} = [b, w_1, \ldots, w_D]$ 그리고 $\tilde{\boldsymbol{x}} = [1, x_1, \ldots, x_D]$를 정의하여 가중치 편향 항 b를 가중치 $\boldsymbol{w}$에 흡수시킨다. 따라서

$$\tilde{\boldsymbol{w}}^\mathsf{T} \tilde{\boldsymbol{x}} = b + \boldsymbol{w}^\mathsf{T} \boldsymbol{x} \tag{1.11}$$

이는 아핀 함수affine function를 **선형 함수**linear function로 변환한다. 우리는 일반적으로 이것이 되어 있다고 가정하므로, 예측 함수를 다음과 같이 쓸 수 있다.

$$f(\boldsymbol{x}; \boldsymbol{w}) = \boldsymbol{w}^\mathsf{T} \boldsymbol{x} \tag{1.12}$$

1.2.1.6 최대 가능도 추정

확률적 모델을 적합시킬 때는 음의 로그 확률을 손실 함수로 사용하는 것이 보통이다.

$$\ell(y, f(\boldsymbol{x}; \boldsymbol{\theta})) = -\log p(y | f(\boldsymbol{x}; \boldsymbol{\theta})) \tag{1.13}$$

그 이유는 5.1.6.1절에서 설명하지만, 직관적으로 (손실이 낮은) 좋은 모델은 각 해당 입력 $\boldsymbol{x}$에 대해 참인 출력 y에 높은 확률을 할당한다. 훈련 집합의 음의 로그 확률의 평균은 다음과 같이 주어진다.

$$\text{NLL}(\boldsymbol{\theta}) = -\frac{1}{N}\sum_{n=1}^{N}\log p(y_n|f(\boldsymbol{x}_n;\boldsymbol{\theta})) \tag{1.14}$$

이는 **음의 로그 가능도**^{negative log likelihood}라 부른다. 이를 최소화하면 **최대 가능도 추정값**^{Maximum Likelihood Estimate}, 즉 MLE를 계산할 수 있다.[7]

$$\hat{\boldsymbol{\theta}}_{\text{mle}} = \operatorname*{argmin}_{\boldsymbol{\theta}} \text{NLL}(\boldsymbol{\theta}) \tag{1.15}$$

앞으로 보겠지만 이는 모델을 데이터에 적합시키는 매우 일반적인 방법이다.

1.2.2 회귀

이제 클래스 라벨 $y \in \{1, \ldots, C\}$ 대신에 실숫값의 양^{quantity} $y \in \mathbb{R}$를 예측하기를 원한다고 해보자. 이는 **회귀**^{regression}라 알려져 있다. 예를 들어 붓꽃의 경우 y는 꽃을 먹었을 때 독성의 정도, 아니면 식물의 평균 높이가 될 수 있다.

회귀는 분류와 매우 비슷하다. 그러나 출력이 실숫값이므로, 다른 손실 함수를 사용해야 한다. 회귀에서는 가장 일반적으로 **이차 손실**^{quadratic loss}, 즉 ℓ_2 손실을 사용한다.

$$\ell_2(y, \hat{y}) = (y - \hat{y})^2 \tag{1.16}$$

이는 **잔차**^{residuals} $y - \hat{y}$이 작은 것보다 큰 것에 더 많이 불이익을 준다.[8] 이차 손실을 사용할 때 경험적 위험은 **평균 제곱 오차**^{Mean Squared Error}, 즉 MSE와 같다.

$$\text{MSE}(\boldsymbol{\theta}) = \frac{1}{N}\sum_{n=1}^{N}(y_n - f(\boldsymbol{x}_n;\boldsymbol{\theta}))^2 \tag{1.17}$$

---

7 이 책에서는 이러한 수식 및 약어가 매우 많이 나온다. 뜻이 잘 기억나지 않으면 부록 A를 참고하길 바란다. ㅡ 옮긴이

8 데이터에 특잇값이 있으면 이차 불이익이 너무 커질 수 있다. 그러한 경우 더 **로버스트**(robust)한 ℓ_1 손실을 사용하는 편이 나을 수 있다. 자세한 내용은 11.6절을 참고하라.

1.2.1.5절의 논의에 기반하여, 예측의 불확실성 또한 모델링해야 한다. 회귀 문제에서는 출력 분포가 **가우스**^Gaussian 혹은 **정규**^normal 분포라 가정하는 것이 일반적이다. 2.6절에서 설명하듯이 이 분포는 다음과 같이 정의된다.

$$\mathcal{N}(y|\mu, \sigma^2) \triangleq \frac{1}{\sqrt{2\pi\sigma^2}} e^{-\frac{1}{2\sigma^2}(y-\mu)^2} \tag{1.18}$$

여기서 μ는 평균, σ^2은 분산, $\sqrt{2\pi\sigma^2}$은 밀도의 적분이 1임을 보장하는 데 필요한 정규화 상수다. 회귀의 맥락에서 $\mu = f(\boldsymbol{x}_n; \boldsymbol{\theta})$를 정의하여 평균이 입력에 의존하도록 만들 수 있다. 그러므로 다음의 조건부 확률 분포를 얻는다.

$$p(y|\boldsymbol{x}; \boldsymbol{\theta}) = \mathcal{N}(y|f(\boldsymbol{x}; \boldsymbol{\theta}), \sigma^2) \tag{1.19}$$

분산 σ^2이 고정되어 있다고 가정하면(단순함을 위해), 해당하는 음의 로그 가능도는 다음과 같다.

$$\text{NLL}(\boldsymbol{\theta}) = -\frac{1}{N} \sum_{n=1}^{N} \log \left[\left(\frac{1}{2\pi\sigma^2} \right)^{\frac{1}{2}} \exp \left(-\frac{1}{2\sigma^2}(y_n - f(\boldsymbol{x}_n; \boldsymbol{\theta}))^2 \right) \right] \tag{1.20}$$

$$= \frac{1}{2\sigma^2} \text{MSE}(\boldsymbol{\theta}) + 상수 \tag{1.21}$$

NLL이 MSE에 비례함을 볼 수 있다. 따라서 모수의 최대 가능도 추정값 계산은 제곱 오차의 최소화가 된다. 이는 모델 적합에 적절한 접근법으로 볼 수 있다.

1.2.2.1 선형 회귀

회귀 모델의 예시로 그림 1.5(a)의 1차원 데이터를 고려해 보자. 다음 형식의 **단순 선형 회귀**를 사용해 이 데이터를 적합시킬 수 있다.

$$f(x; \boldsymbol{\theta}) = b + wx \tag{1.22}$$

여기서 w는 **기울기**^slope이며, b는 **단차**^offset, $\boldsymbol{\theta} = (w, b)$는 모델의 모든 모수다. $\boldsymbol{\theta}$를 조정하여, **최소 제곱 해**^least squares solution를 찾을 때까지 그림 1.5(b)의 수직선이 보여주는 오차 제곱 합을 최소화할 수 있다.

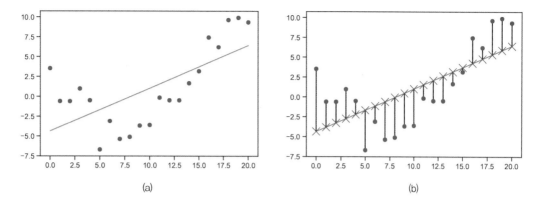

그림 1.5 (a) 일부 1차원 데이터의 선형 회귀, (b) 각 입력의 관측된 출력값(파란색 원)과 예측값(빨간색 십자) 사이의 잔차를 나타내는 수직선. 최소 제곱 회귀의 목표는 잔차제곱 합을 최소화하는 선을 고르는 것이다. linreg_residuals_plot.ipynb로 만들었다.

$$\hat{\boldsymbol{\theta}} = \underset{\boldsymbol{\theta}}{\operatorname{argmin}} \operatorname{MSE}(\boldsymbol{\theta}) \tag{1.23}$$

자세한 내용은 11.2.2.1절을 참고하라.

입력 특성이 여러 개라면 다음과 같이 쓸 수 있다.

$$f(\boldsymbol{x}; \boldsymbol{\theta}) = b + w_1 x_1 + \cdots + w_D x_D = b + \boldsymbol{w}^\mathsf{T} \boldsymbol{x} \tag{1.24}$$

여기서 $\boldsymbol{\theta} = (\boldsymbol{w},\, b)$이다. 이는 **다중 선형 회귀**multiple linear regression라 부른다.

예를 들어, 방 안에서 2차원 위치 함수로 온도를 예측하는 과제를 고려해 보자. 그림 1.6(a)는 다음 형식을 갖는 선형 모델의 결과를 그리고 있다.

$$f(\boldsymbol{x}; \boldsymbol{\theta}) = b + w_1 x_1 + w_2 x_2 \tag{1.25}$$

이 모델을 $D > 2$의 입력 특성(그날의 시간 같은)을 사용하도록 확장할 수 있지만, 그렇게 하면 시각화가 힘들어진다.

1.2.2.2 다항 회귀

그림 1.5(a)의 선형 모델은 데이터를 잘 적합하지 못할 것이 당연하다. 이 적합은 차수 D의 **다항 회**

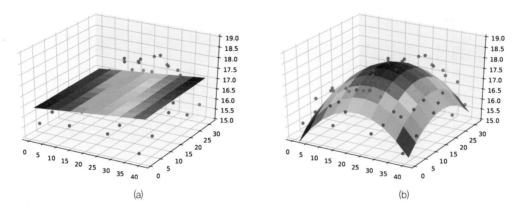

(a)   (b)

그림 1.6 2차원 데이터에 적용한 선형 및 다항 회귀. 수직축은 온도, 수평축은 방 안 내 위치다. 데이터는 캘리포니아 버클리에 있는 인텔 연구소의 원격 센서로 모았다(로맹 티보(Romain Thibaux)가 제공한 데이터). (a) 적합된 면이 $\hat{f}(\boldsymbol{x}) = w_0 + w_1 x_1 + w_2 x_2$의 형식을 갖는다. (b) 온도 데이터가 이차 형식 $\hat{f}(\boldsymbol{x}) = w_0 + w_1 x_1 + w_2 x_2 + w_3 x_1^2 + w_4 x_2^2$으로 적합됐다. linreg_2d_surface_demo.ipynb로 생성했다.

귀^{polynomial regression} 모델을 사용해 개선할 수 있다. 이는 $f(x; \boldsymbol{w}) = \boldsymbol{w}^\mathsf{T} \phi(x)$의 형식을 가지며, 여기서 $\phi(x)$는 입력으로부터 유도된 특성 벡터로, 다음의 형식을 갖는다.

$$\phi(x) = [1, x, x^2, \ldots, x^D] \tag{1.26}$$

이는 **특성 전처리**^{feature preprocessing}의 단순한 예시이며, 또한 **특성 공학**^{feature engineering}이라 부른다.

그림 1.7(a)에서 보면 $D = 2$를 사용해 적합이 더 좋아짐을 볼 수 있다. D 및 그에 따른 모델의 모수 개수를 $D = N - 1$이 될 때까지 계속 높일 수 있다. 이 경우 데이터 지점마다 하나의 모수를 갖게 되므로, 데이터를 완벽하게 **보간**^{interpolate}할 수 있다. 결과 모델은 그림 1.7(c)에서와 같이 MSE가 0이 될 것이다. 그러나 직관적으로 보면 결과 함수가 너무 들쑥날쑥하므로 미래 입력을 위한 좋은 예측량이 될 수 없을 것이다. 1.2.3절에서 이를 더 자세히 논의한다.

다항 회귀를 다차원 입력에 적용할 수도 있다. 예를 들어, 그림 1.6(b)는 입력에 이차적인 전개를 수행한 후에 온도 모델의 예측을 그리고 있다.

$$f(\boldsymbol{x}; \boldsymbol{w}) = w_0 + w_1 x_1 + w_2 x_2 + w_3 x_1^2 + w_4 x_2^2 \tag{1.27}$$

이차적 모양이 그림 1.6(a)의 선형 모델보다 데이터에 더 잘 적합된다. 왜냐하면 방 안의 가운데가

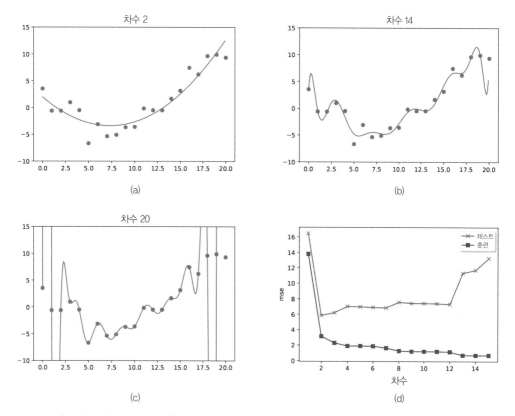

그림 1.7 (a~c) 2차, 14차, 20차의 다항 모델을 21개 데이터 지점에 적합(그림 1.5와 같은 데이터다). (d) MSE 대 차수. linreg_poly_vs_degree.ipynb로 만들었다.

더 딥다는 사실을 포착하기 때문이다. 또한 $x_1 x_2$와 같은 교차 항도 추가하여 상호작용 효과를 포착할 수도 있다. 자세한 내용은 1.5.3.2절을 참고하라.

앞의 모델은 본래 입력 x에 대해 비선형 함수임에도 불구하고, 여전히 예측 함수로 모수 w의 선형 함수를 사용하고 있음을 주지하라. 이것이 중요한 이유는 선형 모델이 고유한 전역 최적해를 갖는 MSE 손실 함수 MSE(θ)를 유도하기 때문이다. 이는 11.2.2.1절에서 설명한다.

1.2.2.3 심층 신경망

1.2.2.2절에서 입력 특성의 변환을, 말하자면 다항 전개 $\phi(x) = [1, x_1, x_2, x_1^2, x_2^2, \ldots]$를 수동으로 구체화했다. 이러한 비선형 **특성 추출**feature extraction을 자동으로 학습하여 더 강력한 모델을 만

들 수 있다. 만일 $\phi(x)$가 $\mathbf{V}$라는 그 자신만의 모수 집합을 갖는다면, 전체 모델은 다음과 같은 형식이 된다.

$$f(x; w, \mathbf{V}) = w^\top \phi(x; \mathbf{V}) \tag{1.28}$$

특성 추출자extractor $\phi(x; \mathbf{V})$를 더 단순한 함수의 합성으로 재귀적으로 분해할 수 있다. 결과 모델은 L개의 중첩된 함수가 된다.

$$f(x; \theta) = f_L(f_{L-1}(\cdots (f_1(x)) \cdots)) \tag{1.29}$$

여기서 $f_\ell(x) = f(x; \theta_\ell)$은 층 ℓ에서의 함수다. 최종 층은 선형이며 $f_L(x) = w^\top f_{1:L-1}(x)$의 형식을 갖고, 여기서 $f_{1:L-1}(x)$는 학습된 특성 추출자다. 이것이 **심층 신경망**Deep Neural Network, 즉 **DNN** 이면의 핵심적인 개념이다. 이는 이미지를 위한 **합성곱 신경망**CNN, Convolutional Neural Network, 그리고 시퀀스를 위한 **순환 신경망**RNN, Recurrent Neural Network과 같은 변형을 포함한다. 자세한 내용은 3부를 참고하라.

1.2.3 과적합과 일반화

식 (1.4)의 경험적 위험은 다음과 같이 동등한 방식으로 다시 쓸 수 있다.

$$\mathcal{L}(\theta; \mathcal{D}_{\text{train}}) = \frac{1}{|\mathcal{D}_{\text{train}}|} \sum_{(x, y) \in \mathcal{D}_{\text{train}}} \ell(y, f(x; \theta)) \tag{1.30}$$

여기서 $|\mathcal{D}_{\text{train}}|$은 훈련 집합 $\mathcal{D}_{\text{train}}$의 크기다. 이 형식화가 유용한 이유는 손실이 값매김되는 데이터셋이 무엇인지 명시화하기 때문이다.

적절하게 유연한 모델로 단순히 각 입력마다 올바른 출력을 기억함으로써 훈련 오차를 0으로 이끌 수 있다(라벨 잡음이 없다고 가정). 예를 들어 그림 1.7(c)는 훈련 데이터를 완벽하게 보간한다(오른쪽 마지막 점은 법modulo9으로 하여). 그러나 우리는 훈련 집합의 일부가 아닐 수도 있는 새로운 데이터에서의 예측 정확도에 대해 신경 쓰고 있다. 훈련 데이터를 완벽하게 적합하지만 너무 복잡한 모델은 **과적합**overfitting에 시달린다고 말한다.

---

9   법(modulo)이 무엇인지에 대해서는 https://ko.wikipedia.org/wiki/모듈러_산술 등을 참고하기 바란다. – 옮긴이

모델이 과적합인지 발견하기 위해, (일단은) 훈련 집합을 생성하는 데 쓰이는 참인(그러나 알 수 없는) 분포 $p^*(\boldsymbol{x}, \boldsymbol{y})$에 접근할 수 있다고 가정해 보자. 그 뒤 경험적 위험을 계산하는 대신에 이론적 기대 손실 혹은 **모집단 위험**population risk을 계산한다.

$$\mathcal{L}(\boldsymbol{\theta}; p^*) \triangleq \mathbb{E}_{p^*(\boldsymbol{x},\boldsymbol{y})} \left[\ell(\boldsymbol{y}, f(\boldsymbol{x}; \boldsymbol{\theta})) \right] \tag{1.31}$$

$\mathcal{L}(\boldsymbol{\theta}; p^*) - \mathcal{L}(\boldsymbol{\theta}; \mathcal{D}_{\text{train}})$ 차이는 **일반화 갭**generalization gap이라 부른다. 모델이 큰 일반화 갭을 가지면(예: 경험적 위험은 낮지만 모집단 위험은 높음), 과적합이라는 신호다.

현실에서는 p^*를 알지 못한다. 그러나 갖고 있는 데이터를 훈련 집합과 **테스트 집합**test set이라 알려진 두 부분집합으로 분할할 수 있다. 그 뒤 **테스트 위험**test risk을 사용해 모집한 위험을 근사할 수 있다.

$$\mathcal{L}(\boldsymbol{\theta}; \mathcal{D}_{\text{test}}) \triangleq \frac{1}{|\mathcal{D}_{\text{test}}|} \sum_{(\boldsymbol{x},\boldsymbol{y}) \in \mathcal{D}_{\text{test}}} \ell(y, f(\boldsymbol{x}; \boldsymbol{\theta})) \tag{1.32}$$

예시로 그림 1.7(d)에서 차수 D의 함수인 다항 회귀의 훈련 오차와 테스트 오차를 그리고 있다. 모델이 더욱 복잡해짐에 따라 훈련 오차가 0이 됨을 볼 수 있다. 그러나 테스트 오차는 U 모양 곡선의 특징을 갖고 있다. 좌측에서 $D = 1$일 때 모델은 **과소적합**underfitting이다. 우측에서 $D \gg 1$일 때 모델은 **과적합**이며 $D = 2$일 때 모델 복잡도가 '딱 좋다'.

어떻게 모델의 올바른 복잡도를 고를 수 있을까? 훈련 집합을 사용해 다른 모델을 평가하면, 항상 가장 복잡한 모델을 선택하게 될 것이다. 왜냐하면 모델이 가장 높은 수준의 **자유도**degrees of freedom를 가질 것이며, 따라서 손실이 가장 적을 것이기 때문이다. 따라서 대신에 최소 테스트 손실을 갖는 모델을 골라야 한다.

현실에서는 데이터를 3개의 집합, 즉 훈련 집합, 테스트 집합, **검증 집합**validation set으로 나눠야 한다. 후자는 모델 선택에 쓰이며, 테스트 집합은 미래의 성능(모집단 위험)을 추정하는 데만 쓰인다. 즉, 테스트 집합은 모델 적합이나 모델 선택에 쓰지 않는다. 더 자세한 내용은 4.5.4절을 참고하라.

1.2.4 '공짜 점심은 없다' 정리

모든 모델은 틀리지만, 일부 모델은 유용하다.

— 조지 박스$^{George Box}$[BD87, p424][10]

논문에 다양한 모델이 많이 주어졌음을 감안하면, 무엇이 가장 좋은지 궁금한 것이 자연스럽다. 안타깝게도 모든 종류의 문제에 최적으로 동작하는 가장 좋은 하나의 모델은 없다. 이는 때때로 **공짜 점심은 없다 정리**$^{no free lunch theorem}$라 부른다[Wol96]. 그 이유는 한 도메인에서 잘 동작하는 가정 집합은(귀납적 편향$^{inductive bias}$이라고도 부른다) 다른 도메인에서는 나쁘게 동작할 수도 있기 때문이다. 적절한 모델을 고르는 최적의 방법은 도메인 지식 및/혹은 시행착오에 기반한다(즉, 교차 검증(4.5.4절) 혹은 베이즈 방법(5.2.2절과 5.2.6절)과 같은 모델 선택 기법을 사용함).

1.3 비지도 학습

지도 학습에서는 훈련 집합 내 각 입력 예제 x가 연관된 출력 목표의 집합 y를 갖는다고 가정하며, 우리의 목표는 입력-출력 매핑을 학습하는 것이다. 이는 유용하면서도 어려울 수 있지만, 지도 학습은 근본적으로 단지 '곡선 적합을 미화한 것'일 뿐이다[Pea18].

아마도 단지 매핑을 학습하는 대신에 데이터를 이해하려 시도하는 것이 더욱 흥미로운 과제일 것이다. 즉, 어떠한 해당하는 '출력' y_n 없이 관측된 '입력' $\mathcal{D} = \{x_n : n = 1 : N\}$만을 얻는다. 이는 **비지도 학습**$^{unsupervised learning}$이라 부른다.

확률적 관점에서 비지도 학습 과제는 새로운 데이터 x를 생성하는 $p(x)$ 형식의 무조건부 모델을 적합시키는 것으로 볼 수 있다. 한편 지도 학습은 입력이 주어졌을 때 출력(에 대한 분포)을 구체화하는 조건부 모델 $p(y \mid x)$의 적합을 수반한다.[11]

비지도 학습은 훈련을 위해 시간이 걸리고 값비싼(의사에게 의학적 이미지를 라벨링할 것을 요청한다고 생각해 보자), 라벨링된 커다란 데이터셋을 모으는 것을 방지한다.

---

10 조지 박스는 위스콘신대학교의 통계학 교수이며 은퇴했다.

11 통계학 커뮤니티에서 x는 모델링되지는 않지만 단지 입력으로 주어진 외생적인 변수를 가리키는 데 사용하는 것이 보통이다. 따라서 무조건부 모델은 $p(x)$ 대신에 $p(y)$로 표기할 것이다.

비지도 학습은 또한 어떻게 세계를 임의적인 경우가 많은 범주로 분할하는지에 대한 학습의 필요성을 방지한다. 예를 들어, 비디오에서 '마시기'나 '홀짝이기'와 같은 행위가 언제 나타나는지 라벨링하는 과제를 고려해 보자. 이는 사람이 잔을 들 때인가? 아니면 입에 잔이 처음으로 닿을 때인가, 아니면 액체가 넘어갈 때인가? 만일 이들이 약간의 액체를 넘기고, 그 뒤 멈추고, 그다음 다시 넘기면 이는 행위가 한 번인가 두 번인가? 인간은 이러한 문제에 있어 의견이 다른 경우가 많으며 [Idr+17], 이는 과제가 잘 정의되지 않았음을 뜻한다. 따라서 기계가 이러한 매핑을 학습하기를 기대하는 것은 적절하지 못하다.[12]

마지막으로, 비지도 학습은 모델이 단지 저차원 출력이 아닌 고차원 입력을 '설명'하도록 강제한다. 이는 '세계가 어떻게 움직이는지'에 대한 더욱 풍부한 모델을 학습할 수 있게 해준다. 토론토대학교의 유명한 ML 교수인 제프리 힌턴$^{Geoffrey Hinton}$은 다음과 같이 말했다.

> 우리가 보는 것을 배울 때, 어느 누구도 무엇이 옳은지 대답해 주지 않는다. 우리는 그냥 볼 뿐이다. 여러분의 어머니는 "저것은 개^{dog}란다."라고 매번 아주 많이 말해 주지만, 이는 너무 적은 정보다. 여러분이 그러한 방식으로 몇 비트의 정보를 얻는다면, 초마다 1비트라 하더라도 운이 좋은 것이다. 뇌의 시각 시스템에는 10^{14}개의 신경 연결이 있다. 그리고 여러분은 10^9초만을 살 뿐이다. 따라서 매초 1비트씩 학습하는 것은 쓸모가 없다. 여러분은 초마다 10^5비트보다 더 많이 필요하다. 그리고 그만큼의 정보를 얻을 수 있는 곳은 오직 하나, 바로 입력 그 자체로부터다.
>
> — 제프리 힌턴, 1996([[Gor06]에서 언급함)

1.3.1 군집화

단순한 비지도 학습 예시는 데이터에서 **군집**^{cluster}을 찾는 문제다. 목표는 입력을 '비슷한' 지점을 갖는 영역으로 분할하는 것이다. 예시로 붓꽃 데이터셋의 2차원 버전을 고려해 보자. 그림 1.8(a)에서는 데이터를 어떠한 클래스 라벨도 없이 보여준다. 직관적으로 데이터에 적어도 2개의 군집이 있는 것으로 보인다. 하나는 하단 좌측, 다른 하나는 상단 우측이다. 게다가 '좋은' 군집 집합이 꽤 간결해야 한다고 가정한다면, 상단 우측을 (적어도) 2개의 부분 군집으로 나누기를 원할 수도 있다. 3개의 군집으로 된 결과 분할은 그림 1.8(b)가 보여준다(올바른 군집의 개수는 존재하지 않음을 주

---

[12] 더 적절한 접근법은 주석을 다는 '군중'들이 만들어 내는 라벨에 대한 확률 분포를 포착하기를 시도하는 것이다(예: [Dum+18; Aro+19] 참고). 이는 과제 그 자체의 모호함으로 인해 주어진 입력에 '올바른' 라벨이 여러 개 있을 수 있다는 사실을 수용한다.

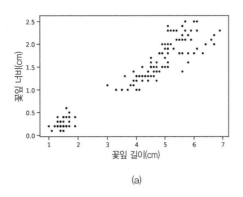
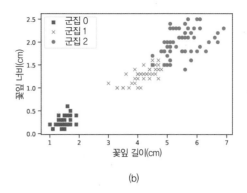

(a) (b)

그림 1.8 (a) 붓꽃 데이터셋의 꽃잎 특성 산포도, (b) $K = 3$을 사용한 비지도 군집화 결과. iris_kmeans. ipynb로 생성했다.

지하라. 대신에 모델 복잡도와 데이터 적합 사이에 상반관계를 고려해야 한다. 이러한 상반관계를 만드는 방법은 21.3.7절에서 논의한다).

1.3.2 잠재된 '변형 인자' 발견하기

고차원 데이터를 다룰 때, 이를 데이터의 '핵심'을 포착하는 저차원 부분공간으로 사영^{project}하여 차원 수를 줄이면 도움이 되는 경우가 많다. 이러한 문제를 위한 한 가지 접근법은 각 관측된 고차원 출력 $x_n \in \mathbb{R}^D$이 은닉된 아니면 관측되지 않은 저차원 **잠재 인자**$^{latent\ factor}$ $z_n \in \mathbb{R}^K$에 의해 생성됐다고 가정하는 것이다. 모델은 다음과 같이 $z_n \rightarrow x_n$으로 도해하여 나타낼 수 있다. 이때 화살표는 인과^{causation}를 나타낸다. 잠재 인자 z_n을 모르므로, $p(z_n)$을 위한 가우스와 같은 단순한 사전 확률 모델을 가정하는 경우가 많다. 이는 각 인자가 무작위 K차원 벡터임을 말해 준다. 만일 데이터가 실숫값이라면, 가우스 가능도 또한 쓸 수 있다.

가장 단순한 예시는 선형 모델 $p(x_n | z_n; \theta) = \mathcal{N}(x_n | \mathbf{W}z_n + \mu, \Sigma)$를 사용할 때다. 결과 모델은 **인자 분석**$^{FA,\ Factor\ Analysis}$이라 부른다. 이는 입력 z_n이 아닌 출력 x_n만을 관측한다는 것을 제외하고 선형 회귀와 비슷하다. $\Sigma = \sigma^2 \mathbf{I}$인 특수한 경우, 이는 확률적 **주성분 분석**$^{PCA,\ Principal\ Components\ Analysis}$이라 부르는 모델로 축소된다. 이는 20.1절에서 설명한다. 그림 1.9에서 어떻게 이 방법이 어떠한 단순한 3차원 데이터에 적용됐을 때 2차원 선형 부분공간을 찾아내는지 보여준다.

물론 z_n에서 x_n으로의 선형 매핑은 매우 제약적이다. 그러나 $p(x_n | z_n; \theta) = \mathcal{N}(x_n | f(z_n; \theta), \sigma^2 \mathbf{I})$

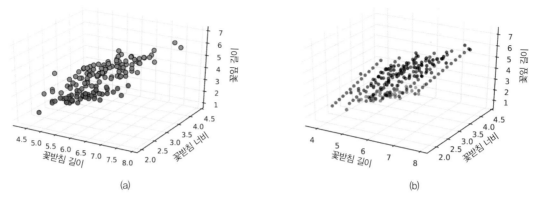

그림 1.9 (a) 붓꽃 데이터(첫 3개 특성)의 산포도. 점들은 클래스에 따라 색으로 코딩되어 있다. (b) PCA를 사용해 3차원 데이터에 2차원 선형 공간을 적합시킨다. 클래스 라벨은 무시한다. 빨간색 점은 원본 데이터, 검은색 점은 $\hat{x} = \mathbf{W}z + \mu$를 사용하는 모델로부터 생성한 점들이다. 여기서 z는 추론된 2차원 선형 다양체(manifold) 하부에 있는 잠재 지점(latent point)이다. iris_pca.ipynb로 생성했다.

를 정의하여 비선형 확장을 만들 수 있으며, 여기서 $f(z; \theta)$는 심층 신경망과 같은 비선형 모델이다. 이러한 모델을 적합시키는 일은 훨씬 어렵다. 왜냐하면 신경망의 입력뿐만 아니라 모델의 모수 또한 추론해야 하기 때문이다. 그러나 **변분 오토인코더**variational autoencoder와 같은 여러 근사법을 적용할 수 있다(20.3.5절 참고).

1.3.3 자기 지도 학습

비지도 학습에서 최근 인기 있는 접근법은 **자기 지도 학습**self-supervised learning이라 알려진 것이다. 이 접근법은 라벨링되지 않은 데이터로부터 프록시 지도 과제를 만든다. 예를 들어 회색조 이미지로부터 색 이미지를 예측하거나, 아니면 문장에서 단어를 가린 뒤 주변 컨텍스트가 주어졌을 때 이들을 예측하는 것을 학습시키려 할 수도 있다. 여기서 x_2가 관측된 입력이고 $\hat{x}_1$이 예측된 출력일 때, 결과 예측량 $\hat{x}_1 = f(x_2; \theta)$가 데이터로부터 표준적인 후속 지도 과제에서 쓰일 수 있는 유용한 특성을 학습할 것이라고 기대한다. 이는 관측된 데이터 이면에서 '참된 잠재 인자' z의 추론을 시도하는 어려운 문제를 피하고, 대신에 표준적인 지도 학습 방법에 의존한다. 이 접근법은 19.2절에서 더 자세히 논의한다.

1.3.4 비지도 학습 평가

비지도 학습은 매력적이지만, 비지도 학습법의 출력의 질을 평가하기는 매우 어렵다. 왜냐하면 비교할 정답이 없기 때문이다[TOB16].

비지도 방법을 평가하는 일반적인 방법은 모델이 본 적 없는 테스트 예제에 적용한 확률을 측정하는 것이다. 이는 데이터의 (무조건부) 음의 로그 가능도를 계산하여 할 수 있다.

$$\mathcal{L}(\boldsymbol{\theta}; \mathcal{D}) = -\frac{1}{|\mathcal{D}|} \sum_{\boldsymbol{x} \in \mathcal{D}} \log p(\boldsymbol{x}|\boldsymbol{\theta}) \tag{1.33}$$

이는 비지도 학습의 문제를 **밀도 추정**density estimation의 하나로 다룬다. 여기서 아이디어는 좋은 모델은 실제 데이터 표본에 의해 '놀라지' 않을 것이란 점이다(즉, 이들에 높은 확률을 할당할 것이다). 게다가 확률의 합이 반드시 1.0이어야 하므로, 모델이 데이터 표본이 나온 데이터 공간의 영역에 높은 확률을 할당하면 이는 데이터가 나오지 않는 영역에 암묵적으로 낮은 확률을 할당한다. 그러므로 모델은 데이터의 **통상적인 패턴**typical pattern을 포착하도록 학습한다. 이는 **데이터 압축**data compression 알고리듬의 내부에서 쓰일 수 있다.

안타깝게도 밀도 추정은 어려운 일이며, 특히 고차원에서 그러하다. 게다가 데이터에 높은 확률을 할당하는 모델은 유용한 고수준 패턴을 학습하지 못할 수도 있다(결국 모델은 모든 훈련 예제를 기억하기만 할 수 있을 뿐이다).

다른 평가 계량으로는 학습된 비지도 표현을 후속 지도 학습 방법의 특성이나 입력으로 사용하는 것이 있다. 그러면 이러한 패턴을 사용해 원본 특성으로 작업할 때보다 훨씬 적은 라벨링된 데이터를 사용해 지도 학습을 수행할 수 있어야 할 것이다. 예를 들어, 1.2.1.1절에서 어떻게 붓꽃에서 수동으로 정의한 4개의 특성이 분류를 수행하는 데 필요한 정보의 대부분을 포함하는지 봤다. 따라서 단지 150개의 예제만을 사용해 거의 완벽한 성능으로 분류기를 훈련시킬 수 있었다. 만일 입력이 원본 픽셀이었다면, 비슷한 성능을 달성하는 데 더 많은 예제가 필요했을 것이다(14.1절 참고). 즉, 먼저 좋은 표현을 학습함으로써 학습의 **표본 효율성**sample efficiency을 높일 수 있다(즉, 좋은 성능을 얻는 데 필요한 라벨링된 예제의 개수를 줄임).

높아진 표본 효율성은 유용한 평가 계량이지만 많은 응용에서, 특히 과학에서 지도 학습의 목적은 어떠한 예측 과제의 성능을 개선하는 것이 아닌 '이해를 얻는' 것이다. 이는 **해석 가능한**interpretable, 그러나 또한 데이터 내 관측된 패턴을 생성하거나 아니면 '설명'할 수 있는 모델의 사용을 필요로 한다. 플라톤Plato의 말을 바꿔 말하자면, 목적은 어떻게 '천성을 그 관절에 새길 수 있는지'를 발견하는 것이다. 물론 어떠한 데이터셋 이면의 참된 하부 구조를 성공적으로 발견했는지 평가하는 것은 실험의 수행 및 따라서 세계와의 상호작용을 요구하는 경우가 많다. 이 주제는 1.4절에서 더 논의한다.

1.4 강화 학습

지도 학습 및 비지도 학습에 더하여, **강화 학습**RL, Reinforcement Learning이라 알려진 세 번째 종류의 ML이 있다. 이러한 종류의 문제에서 시스템 혹은 **에이전트**agent는 환경과 어떻게 상호작용하는지 학습해야 한다. 이는 **정책**policy $a = \pi(x)$라는 수단으로 인코딩할 수 있으며, 각각의 가능한 입력 x에 대한 반응으로 어떤 행위를 취할지 구체화한다(환경 상태로부터 유도됨).

예를 들어, 에이전트가 아타리Atari의 〈스페이스 인베이더Space Invaders〉 같은 비디오 게임(그림 1.10(a) 참고)을 플레이하는 방법을 학습한다고 해보자. 이 경우 입력 x는 이미지이며(혹은 과거 이미지의 시퀀스) 출력 a는 움직일 방향(좌, 우) 그리고 미사일을 쏠지 말지에 대한 지시다. 더 복잡한 예시를 위해 로봇이 걷는 문제를 고려해 보자(그림 1.10(b) 참고). 이 경우 입력 x는 모든 관절의 결합 위치 및 각도 집합이며, 출력 a는 구동 신호 혹은 모터 컨트롤 신호 집합이다.

지도 학습SL과 다른 점은 시스템에게 어떠한 행위를 취하는 것이 가장 좋은지(즉, 주어진 입력에서

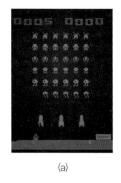 

(a)   (b)

그림 1.10 컨트롤 문제의 예시: (a) 아타리의 〈스페이스 인베이더〉 게임. 출처: https://gym.openai.com/envs/SpaceInvaders-v0/. (b) MuJuCo 시뮬레이터에서 컨트롤하는 휴머노이드 로봇. 따라서 넘어지지 않고 빠르게 걸을 수 있다. 출처: https://gymnasium.farama.org/environments/atari/space_invaders/

어떤 출력을 만들어 내는지) 말해 주지 않는다는 것이다. 대신에 시스템은 단지 취한 행위의 반응으로 우발적인 보상reward(혹은 처벌)을 받는다. 이는 각 단계에서 무엇을 할지 말해 주는 **선생과 학습**하는 것과 반대로, 마치 엄지를 위로 올리거나 내리는 **비평가와 학습**하는 것과 같다.

RL은 폭넓은 응용성 덕분에(왜냐하면 에이전트가 최적화하는 보상 신호는 어떠한 관심 있는 계량이든지 가능하기 때문이다) 최근에 인기가 많아졌다. 그러나 RL은 여러 이유에서 지도 학습 혹은 비지도 학습보다 동작하게 만들기가 어려울 수 있다. 가장 큰 어려움은 보상 신호가 우발적으로만(예를 들어, 만일 에이전트가 결국 원하는 상태에 도달하면) 주어질 수도 있으며, 그렇다 하더라도 어떠한 행위가 보상을 받을 책임이 있는지가 에이전트에게 불명확할 수도 있다는 점이다(체스 같은 게임을 플레이한다고 생각해 보면, 게임의 끝에 하나의 승리 혹은 패배 신호만이 있을 뿐이다).

보상 신호로부터 오는 최소한의 신호를 보상하려면, 전문가의 시연과 같은 정보 출처를 사용하는 것이 일반적이다. 이는 지도적인 방법으로, 또는 비지도 학습 시스템이 환경의 하부 구조를 발견하기 위해 사용할 수 있는 언라벨링된 데이터로 쓰일 수 있다. 이는 제한된 숫자의 시도로부터 (환경과의 상호작용) 학습을 가능하게 만들어 준다. 얀 르쿤Yann LeCun이 2016년 NIPS[13] 콘퍼런스에서 초대를 받아 다음과 같이 말했다. "만일 지성이 케이크였다면, 비지도 학습은 초콜릿 스폰지일 것이며, 지도 학습은 아이싱, 강화 학습은 체리일 것이다." 이는 그림 1.11이 보여준다.

RL에 대한 더 많은 정보는 이 책의 후속판인 [Mur23]에서 찾을 수 있다.

■ '순수' 강화 학습(체리)
▶ 머신이 잠시 동안 스칼라의 보상을 예측함
▶ 수 비트의 몇몇 표본

■ 지도 학습(아이싱)
▶ 머신이 각 입력마다 범주 혹은 몇 개의 숫자를 예측함
▶ 인간이 제공한 데이터를 예측함
▶ 표본당 10 → 10,000비트

■ 비지도/예측적 학습(케이크)
▶ 머신이 입력에 대한 임의의 부분을, 임의의 관측된 부분에 대해 예측함
▶ 비디오에서 미래의 프레임을 예측함
▶ 표본당 수백만 비트

그림 1.11 초콜릿 케이크의 층으로 시각화한 세 가지 형태의 머신러닝. 이 그림(출처: https://bit.ly/2m65 Vs1)은 얀 르쿤의 NIPS'16 연설에서 쓰였으며, 그가 친절하게 사용을 허가했다.

---

13 NIPS는 '신경 정보 처리 시스템(Neural Information Processing Systems)'을 뜻한다. 최고의 ML 콘퍼런스 중 하나로, 최근에 NeurIPS로 이름이 바뀌었다.

1.5 데이터

머신러닝은 다양한 알고리듬을 사용해 모델을 데이터에 적합시키는 데 관심이 있다. 우리가 모델링과 알고리듬 측면에 집중하고 있지만, 훈련 데이터의 성질 및 품질 또한 모든 학습 모델의 성공에 핵심적인 역할을 한다는 점도 중요하게 언급하고자 한다.

이 절에서는 이 책에 쓰이는 몇몇 공통적인 이미지 및 텍스트 데이터셋을 간단히 설명한다. 또한 데이터 전처리 주제를 간단히 논의한다.

1.5.1 몇 가지 공통적인 이미지 데이터셋

이 절에서는 이 책에 쓰이는 이미지 데이터셋을 간단히 논의한다.

1.5.1.1 작은 이미지 데이터셋

가장 단순하면서도 널리 쓰이는 것 중 하나는 **MNIST**[LeC+98; YB19]다.[14] 이는 6만 개의 훈련 이미지와 1만 개의 테스트 이미지이며, 각각의 크기는 28×28(회색조)이고, 범주가 10개인 손글씨 숫자를 나타낸다. 각 픽셀은 범위 $\{0, 1, \ldots, 255\}$의 정수다. 이들은 $[0, 1]$로 다시 스케일링되어 픽셀 채도를 나타낸다. 이는 원하면 임계화를 통해 바이너리 이미지binary image로 변환할 수 있다. 그림 1.12(a)가 이를 보여준다.

MNIST는 ML 커뮤니티에서 아주 널리 쓰이며, 유명한 ML 연구자인 제프리 힌턴은 이를 '머신러닝의 초파리'라 불렀다. 왜냐하면 MNIST에서 잘되는 방법을 만들 수 없다면, 더 어려운 데이터셋에서도 잘되지 않을 것이기 때문이다. 그러나 최근에 MNIST 분류는 '매우 쉬운' 것으로 간주되고 있다. 대부분의 숫자 쌍을 단지 하나의 픽셀만 찾아서 분류하는 것이 가능하기 때문이다. 따라서 다양한 확장판이 제안되어 왔다.

[Coh+17]에서 저자들은 소문자 및 대문자도 포함하는 **EMNIST**(확장된 MNIST)를 제안했다. 그림 1.12(b)의 시각화를 참고하라. 이 데이터셋은 62개의 클래스가 있기 때문에 MNIST보다 훨씬 어려우며, 이들 중 몇 가지는 꽤나 애매모호하다(예: 숫자 1 대 소문자 l).

---

14 'MNIST'는 '국가 표준 협회 수정판(Modified National Institute of Standards)'을 뜻한다. 이미지는 숫자가 최대한 이미지의 가운데 오도록 전처리됐기 때문에 '수정'이란 단어가 쓰인다.

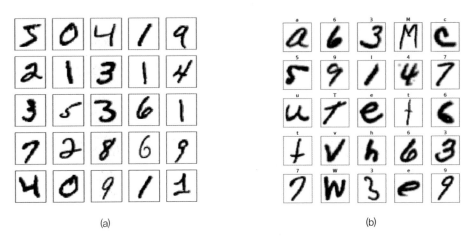

(a)   (b)

그림 1.12 (a) MNIST 데이터셋의 시각화. 각 이미지는 28×28이다. 훈련 예제가 6만 개, 테스트 예제가 1만 개 있다. 여기서는 훈련 집합의 처음 25개 이미지를 보여준다. mnist_viz_tf.ipynb로 만들었다. (b) EMNIST 데이터셋의 시각화. 697,932개의 훈련 예제와 116,323개의 테스트 예제가 있다. 각각의 크기는 28×28이다. 클래스는 62개가 있다(a~z, A~Z, 0~9). 훈련 집합의 처음 25개 이미지를 보여준다. emnist_viz_jax.ipynb로 생성했다.

[XRV17]에서 저자들은 MNIST와 정확하게 같은 크기와 모양을 갖지만, 각 이미지가 손글씨 숫자가 아닌 옷의 그림인 **Fashion-MNIST**를 제안했다. 그림 1.13(a)의 시각화를 참고하라.

작은 컬러 이미지에서 가장 일반적인 데이터셋은 **CIFAR**[KH09]이다.[15] 이는 6만 개 이미지의 데이터셋으로 각각 크기가 $32 \times 32 \times 3$이며, 10개 혹은 100개 클래스의 일상 용품을 나타낸다. 그림 1.13(b)를 참고하라.[16]

1.5.1.2 ImageNet

작은 이미지는 아이디어를 프로토타이핑하는 데 유용하지만, 방법을 이미지 크기 및 라벨링된 예제의 숫자 모두의 측면에서 더 큰 데이터셋으로 테스트하는 것 또한 중요하다. 이러한 형태로 가

---

15 CIFAR은 '캐나다 선진 연구 재단(Canadian Institute For Advanced Research)'을 뜻한다. 이는 안토니오 토랄바(Antonio Torralba)가 만든, http://groups.csail.mit.edu/vision/TinyImages/에 있는 TinyImages 데이터셋에서 가져온 데이터셋의 라벨링에 자금을 지원한 기관이다. 자세한 내용은 [KH09]를 참고하라.

16 CIFAR 데이터셋은 인기가 있지만 약간의 문제가 있다. 예를 들어 CIFAR-100은 잘못된 라벨링으로 인해 기준 오차가 5.85%이다 [Northcutt2021]. 이는 정확도가 94.15%가 넘는 어떠한 결과든지 미심쩍게 만든다. 또한 CIFAR-100 훈련 집합 이미지의 10%는 테스트 집합에 중복되어 있다[Barz2020].

(a)   (b)

그림 1.13 (a) Fashion-MNIST 데이터셋[XRV17]의 시각화. 데이터셋의 크기는 MNIST와 같지만 분류하기는 더 어렵다. 티셔츠/탑(T-shirt/top), 바지(Trouser), 풀오버(Pullover), 드레스(Dress), 코트(Coat), 샌들(Sandal), 셔츠(Shirt), 스니커(Sneaker), 가방(Bag), 앵클부츠(Ankle-boot)의 10개 클래스가 있다. 그림은 훈련 집합의 처음 25개 이미지를 보여준다. fashion_viz_tf.ipynb로 생성했다. (b) CIFAR-10 데이터셋 [KH09]의 일부 이미지. 각 이미지는 $32 \times 32 \times 3$이며, 마지막 크기 3의 차원은 RGB를 뜻한다. 5만 개의 훈련 예제와 1만 개의 테스트 예제가 있다. 비행기(plane), 자동차(car), 새(bird), 고양이(cat), 사슴(deer), 개(dog), 개구리(frog), 말(horse), 배(ship), 트럭(truck)의 10개 클래스가 있다. 그림은 훈련 집합의 처음 25개 이미지를 보여준다. cifar_viz_tf.ipynb로 생성했다.

장 널리 쓰이는 데이터셋은 **ImageNet**이라 부른다[Rus+15]. 이는 크기 $256 \times 256 \times 3$의 1,400만 개 이미지의 데이터셋으로 20,000개 클래스의 다양한 물체를 나타낸다. 그림 1.14(a)에서 몇 가지 예제를 참고하라.

ImageNet 데이터셋은 2010년부터 2018년까지 열린 ImageNet 라지 스케일 비주얼 레코그니션 챌린지[ILSVRC, ImageNet Large Scale Visual Recognition Challenge]의 기준으로 쓰였다. 이는 1000개 클래스에서 130만 개 부분집합 이미지를 사용했다. 대회 동안 그림 1.14(b)에서 보여주듯이 커뮤니티 덕분에 상당한 발전이 이뤄졌다. 특히 2015년은 CNN이 ImageNet으로부터 이미지를 분류하는 과제에서 인간(아니면 적어도 한 사람의 인간, 다시 말해 안드레이 카르파티[Andrej Karpathy])을 넘어서는 첫해가 됐다. 이는 CNN의 시력이 인간보다 좋다는 뜻은 아님을 주지하라(예시로 몇 가지 공통적인 실패 모드를 보여주는 [YL21]을 참고하라). 대신에 이는 데이터셋이 '호랑이'와 '살쾡이' 같이 인간이 차이를 이해하기 어려운, 많은 **세분화된 분류적**[fine-grained classification] 차이를 만들어 낸다는 사실을 대부분 반영한다. 반

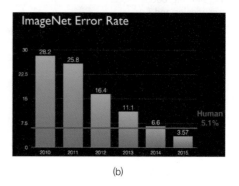

(a)   (b)

그림 1.14 (a) ImageNet 데이터셋[Rus+15]의 이미지 표본. 이 부분집합은 1,300만 개의 컬러 훈련 이미지로 되어 있으며, 각각은 크기가 256×256픽셀이다. 각 이미지마다 하나씩 가능한 라벨이 1000개 있으며, 과제는 최상위 5개 오류율의 최소화, 즉 올바른 라벨이 5개의 가장 가능성 있는 예측에 포함되도록 하는 것이다. 각 이미지 아래에 참인 라벨, 그리고 최상위 5개의 예측된 라벨의 분포를 보여준다. 만일 참인 라벨이 상위 5개에 포함된다면, 확률 막대를 빨간색으로 칠한다. 예측은 'AlexNet'이라 부르는 합성곱 신경망으로 생성한다 (14.3.2절). 출처: [KSH12]의 그림 4. 알렉스 크리제브스키(Alex Krizhevsky)가 친절하게 사용을 허가했다. (b) 시간에 따른 ImageNet 대회에서의 오분류율(최상위 5). 안드레이 카르파티가 친절하게 사용을 허가했다.

대로 충분히 유연한 CNN은 무작위적 라벨을 포함해 임의적인 패턴을 학습할 수 있다[Zha+17a].

ImageNet이 분류 벤치마크로서 MNIST와 CIFAR보다 훨씬 어렵지만, 이 또한 거의 '포화되어 있다'[Bey+20].[17] 그럼에도 불구하고 방법론들이 갖는 ImageNet에서의 상대적인 성능은 관계가 없는 다른 이미지 분류 과제에 대한 성능의 좋은 예측량인 경우가 많으므로, 여전히 매우 널리 쓰이고 있다(예: [Rec+19] 참고).

1.5.2 공통적인 텍스트 데이터셋

머신러닝은 다양한 과제를 해결하기 위해 텍스트에 적용되는 일이 많다. 이는 **자연어 처리**Natural Language Processing, 즉 **NLP**라 알려져 있다(자세한 내용은 [JM20]을 참고하라). 아래에 이 책에서 사용하는 몇 가지 텍스트 데이터셋을 간단히 언급한다.

---

17 더욱 최신의 모델들에게는 그리 어렵지 않은 과제가 됐다는 뜻이다. − 옮긴이

1. this film was just brilliant casting location scenery story direction everyone's really suited the part they played robert <UNK> is an amazing actor ...
2. big hair big boobs bad music and a giant safety pin these are the words to best describe this terrible movie i love cheesy horror movies and i've seen hundreds...

표 1.3 IMDB 영화 리뷰 데이터셋의 처음 2개 문장 일부를 보여준다. 첫 번째 예제는 긍정적으로, 두 번째는 부정적으로 라벨링되어 있다(<UNK>는 알 수 없는 토큰(unknown token)을 뜻한다).

1.5.2.1 텍스트 분류

간단한 NLP 과제는 텍스트 분류로, **이메일 스팸 분류, 감정 분석**(예: 영화나 제품 리뷰가 긍정적인지 부정적인지) 등에 쓰일 수 있다. 이러한 방법을 평가하는 공통적인 데이터셋은 [Maa+11]의 **IMDB 영화 리뷰 데이터셋**이 있다(IMDB는 '인터넷 영화 데이터베이스Internet Movie Database'를 뜻한다). 이는 25,000개의 라벨링된 훈련 예제, 25,000개의 테스트 예제로 되어 있다. 각 예제에는 이진 라벨이 있으며, 긍정적인 아니면 부정적인 등급을 나타낸다. 표 1.3에서 몇 가지 예제 문장을 참고하라.

1.5.2.2 머신 번역

더 어려운 NLP 과제는 한 언어의 문장 x에서 다른 언어의 '의미적으로 동등한' 문장 y로의 매핑을 배우는 것이다. 이는 **머신 번역**machine translation이라 부른다. 이러한 모델은 정렬된 (x, y) 쌍을 필요로 한다. 다행히도 캐나다 의회(영어-프랑스어 쌍), 유럽 연합(Europarl)과 같은 이러한 데이터셋이 몇 가지 존재한다. 후자의 부분집합은 **WMT 데이터셋**(머신 번역 워크숍Workshop on Machine Translation)이라 알려져 있으며, 영어-독일어 쌍으로 되어 있으며 벤치마크 데이터셋으로 널리 쓰인다.

1.5.2.3 다른 seq2seq 과제

머신 번역을 일반화하면 한 문장 x에서 어떠한 다른 문장 y로의 매핑을 학습하는 것이 된다. 이는 **seq2seq 모델**이라 부르며, 고차원적 분류 형식으로 볼 수 있다(자세한 내용은 15.2.3절을 참고하라). 문제는 매우 일반화된 프레임을 가지며, **문서 요약, 질문과 답변** 같은 많은 과제를 포함한다. 표 1.4는 어떻게 질문 답변을 seq2seq 문제로 형식화하는지 보여준다. 입력은 텍스트 T와 질문 Q이며, 출력은 답변 A로 아마도 입력으로부터 추출한 단어의 집합일 수 있다.

T: In meteorology, precipitation is any product of the condensation of atmospheric water vapor that falls under **gravity**. The main forms of precipitation include drizzle, rain, sleet, snow, **graupel** and hail... Precipitation forms as smaller droplets coalesce via collision with other rain drops or ice crystals *within a cloud*. Short, intense periods of rain in scattered locations are called "showers".

Q1: What causes precipitation to fall? A1: **gravity**
Q2: What is another main form of precipitation besides drizzle, rain, snow, sleet and hail? A2: **graupel**
Q3: Where do water droplets collide with ice crystals to form precipitation? A3: *within a cloud*

표 1.4 SQuAD 데이터셋에서 한 표본 구절의 질문-답변 쌍. 각 답변은 구절 내 텍스트의 부분이다. 이는 문장 쌍 태깅(tagging)을 사용해 풀 수 있다. 입력은 문단 텍스트 T와 질문 Q이다. 출력은 Q의 질문에 대답하는 T 내 관련 단어의 태깅이다. 출처: [Raj+16]의 그림 1. 퍼시 리앙(Percy Liang)이 친절하게 사용을 허가했다.

1.5.2.4 언어 모델링

다소 거창해 보이는 용어인 '**언어 모델링**language modeling'은 텍스트 시퀀스의 무조건부 생성 모델 $p(x_1, ..., x_T)$를 만드는 과제를 뜻한다. 이는 어떠한 해당하는 '라벨' y 없이 오직 입력 문장 x만을 필요로 한다. 그러므로 이를 1.3절에서 논의한 비지도 학습의 형태로 생각할 수 있다. 언어 모델이 seq2seq에서와 같이 입력의 반응으로 출력을 생성하면, 이를 조건부 생성 모델로 간주할 수 있다.

1.5.3 이산적인 입력 데이터 전처리

많은 ML 모델은 데이터가 실숫값 특성 벡터 $x \in \mathbb{R}^D$로 되어 있다고 가정한다. 그러나 때때로 입력이 인종이나 성별, 혹은 어떠한 어휘로부터의 단어와 같은 이산 입력 특성을 가질 수도 있다. 아래 절에서는 이러한 데이터를 벡터 형식으로 변환하는 전처리 방법을 논의한다. 이는 다른 많은 종류의 모델에 쓰이는 통상적인 작업이다.

1.5.3.1 원핫 인코딩

범주형 특성이 있을 때, 이를 수치적 스케일로 변환해야 하므로 입력의 가중된 조합을 계산하는 것이 적절하다. 이러한 범주형 변수를 전처리하는 표준적인 방법은 **더미 인코딩**dummy encoding이라고도 부르는 **원핫 인코딩**one-hot encoding을 사용하는 것이다. 변수 x가 K개의 값을 가지면, 더미 인코딩은 다음과 같이 one-hot$(x) = [\mathbb{I}(x = 1), ..., \mathbb{I}(x = K)]$로 표기한다. 예를 들어 세 가지 색(빨강, 초록, 파랑)이 있다면 해당 원핫 벡터는 원핫(빨강) = [1, 0, 0], 원핫(초록) = [0, 1, 0], 원핫(파랑) =

$[0, 0, 1]$이다.

1.5.3.2 특성 교차

각 범주형 변수를 위한 더미 인코딩을 사용하는 선형 모델은 각 변수의 **주효과**main effect를 포착할 수 있지만, 이들 사이의 **상호작용 효과**interaction effect를 포착할 수는 없다. 예를 들어 2개의 범주형 입력 변수로 차량 형태(SUV, 트럭이나 자가용 같은), 원산지(미국이나 일본 같은)가 주어졌을 때 차량의 연료 효율성을 예측하고자 한다고 해보자. 삼항 및 이항 특성의 원핫 인코딩을 접합concatenate한다면, 다음의 입력 인코딩을 얻는다.

$$\phi(\boldsymbol{x}) = [1, \mathbb{I}(x_1 = S), \mathbb{I}(x_1 = T), \mathbb{I}(x_1 = F), \mathbb{I}(x_2 = U), \mathbb{I}(x_2 = J)] \tag{1.34}$$

여기서 x_1은 형태, x_2는 원산지다.

이 모델은 특성 사이의 의존성을 포착하지 못한다. 예를 들어 트럭의 연료 효율성이 낮을 것이라 예상하지만, 어쩌면 미국의 트럭은 일본의 트럭보다 효율성이 더욱 낮을 수도 있다. 이는 식 (1.34)에서의 선형 모델을 사용해 포착할 수 없다. 왜냐하면 원산지로부터의 공헌이 자동차 형태에 독립이기 때문이다.

이는 명시적인 **특성 교차**feature cross를 계산하여 고칠 수 있다. 예를 들어, 3×2개의 가능한 값으로 된 새로운 복합 특성을 정의하여 형태와 원산지의 상호작용을 포착할 수 있다. 새로운 모델은 다음과 같다.

$$
\begin{aligned}
f(\boldsymbol{x}; \boldsymbol{w}) &= \boldsymbol{w}^{\mathsf{T}} \phi(\boldsymbol{x}) \\
&= w_0 + w_1 \mathbb{I}(x_1 = S) + w_2 \mathbb{I}(x_1 = T) + w_3 \mathbb{I}(x_1 = F) \\
&\quad + w_4 \mathbb{I}(x_2 = U) + w_5 \mathbb{I}(x_2 = J) \\
&\quad + w_6 \mathbb{I}(x_1 = S, x_2 = U) + w_7 \mathbb{I}(x_1 = T, x_2 = U) + w_8 \mathbb{I}(x_1 = F, x_2 = U) \\
&\quad + w_9 \mathbb{I}(x_1 = S, x_2 = J) + w_{10} \mathbb{I}(x_1 = T, x_2 = J) + w_{11} \mathbb{I}(x_1 = F, x_2 = J)
\end{aligned}
$$

$$\tag{1.35}$$
$$\tag{1.36}$$

특성 교차를 사용하면 원본 데이터셋이 더 많은 열을 갖는 **넓은 형식**wide format으로 변환됨을 볼 수 있다.

1.5.4 텍스트 데이터 전처리

1.5.2절에서 텍스트 분류 및 다른 NLP 과제를 간단히 논의했다. 분류기에 텍스트 데이터를 공급하기 위해서는 여러 이슈를 다뤄야 한다. 먼저 문서가 가변 길이이며, 따라서 다른 많은 종류의 모델에서 가정했던 고정된 길이의 특성 벡터가 아니다. 두 번째로, 단어가 많은 가능한 값으로 된 범주형 변수이므로(크기가 어휘와 같은) 해당 원핫 인코딩은 자연스러운 유사도 개념이 없는 매우 고차원적일 것이다. 세 번째로 훈련 동안 본 적 없는 단어를 테스트 시간 동안 만날 수도 있다(**어휘 밖**Out Of Vocabulary, 즉 **OOV** 단어라 부름). 이들 문제를 해결하는 방법 몇 가지를 아래에서 논의한다. 더 자세한 내용은 [BKL10; MRS08; JM20] 등에서 찾을 수 있다.

1.5.4.1 단어주머니 모델

가변 길이 텍스트 문서를 다루는 단순한 접근법은 이들을 단어 순서를 무시하는 **단어주머니**bag of words로 해석하는 것이다. 이를 고정된 입력 공간의 벡터로 변환하려면 먼저 각 단어를 어떠한 어휘로부터 나온 **토큰**token으로 매핑한다.

토큰의 개수를 줄이려면 구문점 제거, 모든 단어를 소문자로 변환, 'and' 및 'the'와 같은 공통적이지만 정보가 없는 단어의 제거(이는 **불용어 제거**stop word removal라 부른다), 'running'을 'run'으로 바꾸는 것과 같이 단어를 기본형으로 바꾸기(이는 **단어 스테밍**word stemming이라 부른다) 같은 여러 전처리 기법을 사용하는 경우가 많다. 자세한 내용은 [BL12] 같은 것을 참고하고, 일부 코드 예시는 text_preproc_jax.ipynb를 참고하라.

x_{nt}를 n번째 문서의 t 위치에 있는 토큰이라 하자. 어휘에 D개의 고유한 토큰이 있다면, n번째 문서는 D차원 벡터 $\tilde{x}_n$로 나타낼 수 있으며 $\tilde{x}_{nv}$는 단어 v가 문서 n에서 나타나는 횟수다.

$$\tilde{x}_{nv} = \sum_{t=1}^{T} \mathbb{I}\left(x_{nt} = v\right) \tag{1.37}$$

여기서 T는 문서 n의 길이다. 이제 문서를 $\mathbb{R}^D$ 내 벡터로 해석할 수 있다. 이는 텍스트의 **벡터 공간 모델**vector space model이라 부른다[SWY75; TP10].

전통적으로 입력 데이터를 $\mathbf{X}$라 표기하는 $N \times D$ 디자인 행렬에 저장하며, 여기서 D는 특성의 개수다. 벡터 공간 모델 맥락에서는 입력 데이터를 $D \times N$의 **용어 빈도 행렬**term frequency matrix로 나타내

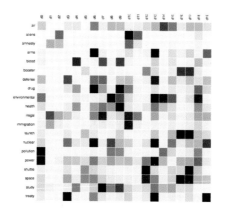

그림 1.15 용어-문서 행렬의 예시. 행의 카운트 값이 TF-IDF 값으로 바뀌어 있다(1.5.4.2절 참고). 셀이 어두울수록 값이 크다. 출처: https://bit.ly/2kByLQI. 크리스토프 칼 클링(Christoph Carl Kling)이 친절하게 사용을 허가했다.

는 것이 더 일반적이다. 여기서 TF_{ij}는 문서 j 내 용어 i의 빈도다. 그림 1.15를 참고하라.

1.5.4.2 TF-IDF

문서를 단어 개수 벡터로 나타낼 때 한 가지 문제는, 빈도가 높은 단어가 의미적 내용을 그리 많이 갖고 있지 않다 하더라도 이들의 단어 수가 높기 때문에 과도한 영향력을 가질 수도 있다는 점이다. 이를 해결하는 일반적인 해법은 개수에 로그를 취하여 단일 문서 내에서 많이 나타나는 단어의 영향력을 줄이는 것이다.

일반적으로(모든 문서에 걸쳐) 많이 나타나는 단어의 영향력을 줄이려면 **역 문서 빈도**inverse document frequency라 부르는, $\text{IDF}_i \triangleq \log\frac{N}{1+\text{DF}_i}$으로 정의된 양을 계산한다. 여기서 DF_i는 용어 i가 있는 문서의 개수다. 이들 변환을 조합해 다음과 같이 **TF-IDF** 행렬을 계산할 수 있다.

$$\text{TFIDF}_{ij} = \log(\text{TF}_{ij} + 1) \times \text{IDF}_i \tag{1.38}$$

(각 행 또한 정규화하는 경우가 많다.) 이는 더 의미 있는 문서 표현을 제공하며, 많은 ML 알고리듬에서 입력으로 사용할 수 있다. 예시로 tfidf_demo.ipynb를 참고하라.

1.5.4.3 단어 임베딩

TF-IDF 변환은 '정보가 있는' 단어에 더 많은 가중치를 주고, '정보가 없는' 단어에 가중치를 덜 줌으로써 단어의 벡터 표현을 개선한다. 그러나 이는 'man'과 'woman'처럼 의미적으로 비슷한 단어가 'man'과 'banana' 같이 의미적으로 비슷하지 않은 단어보다 (벡터 공간에서) 더 떨어져 있을 수 있다는 근본적인 이슈를 극복하지 못한다. 그러므로 대부분의 예측 모델이 암묵적으로 하는, 입력 공간에서 가까운 점들이 비슷한 출력을 가져야 한다는 가정은 유효하지 못하다.

이 문제를 해결하는 표준적인 방법은 **단어 임베딩**word embedding을 사용하는 것이다. 여기서 희박한 각각의 원핫 벡터 $x_{nt} \in \{0, 1\}^V$를, $e_{nt} = \mathbf{E}x_{nt}$를 사용해 저차원 밀집 벡터 $e_{nt} \in \mathbb{R}^K$로 변환한다. 여기서 $\mathbf{E} \in \mathbb{R}^{K \times V}$는 의미적으로 비슷한 단어가 가까이 놓여 있도록 학습된다. 이러한 임베딩을 학습하는 데는 많은 방법이 있으며, 20.5절에서 논의한다.

임베딩 행렬이 있으면, 가변 길이 텍스트 문서를 **단어주머니 임베딩**bag of word embedding으로 나타낼 수 있다. 그 뒤 임베딩을 합하여(아니면 평균하여) 이를 고정 길이 벡터로 변환할 수 있다.

$$\overline{e}_n = \sum_{t=1}^{T} e_{nt} = \mathbf{E}\tilde{x}_n \tag{1.39}$$

여기서 $\tilde{x}_n$는 식 (1.37)의 단어주머니 표현이다. 그 뒤 1.2.1.5절에서 간단히 소개한 로지스틱 회귀 분류기 안에서 이를 사용할 수 있다. 전체 모델의 형식은 다음과 같다.

$$p(y = c|x_n, \boldsymbol{\theta}) = \text{softmax}_c(\mathbf{W}\mathbf{E}\tilde{x}_n) \tag{1.40}$$

주로 **사전훈련된 단어 임베딩**pre-trained word embedding 행렬 $\mathbf{E}$를 사용하며, 이 경우 모델은 $\mathbf{W}$에서 선형이고, 이는 모수 추정을 단순화한다(10장 참고). 또한 15.7절의 컨텍스트 단어 임베딩에 대한 논의를 참고하라.

1.5.4.4 새로운 단어 다루기

테스트 시점에, 모델이 이전에 본 적 없는 완전히 새로운 단어를 만날 수도 있다. 이는 **어휘 밖**Out Of Vocabulary 문제, 즉 OOV 문제라 알려져 있다. 이러한 새로운 단어는 반드시 나타나게 되어 있는데, 단어 집합이 **열려 있는 클래스**open class이기 때문이다. 예를 들어 적절한 명사의 집합(사람과 장소의 이름)은 끝이 없다.

이 문제를 해결하는 표준적인 휴리스틱 방법은 모든 새로운 단어를 '모른다'는 뜻의 특별한 기호 UNK로 바꾸는 것이다.[18] 그러나 이는 정보를 잃게 만든다. 예를 들어 단어 'athazagoraphobia'를 만나면, phobia가 영어에서 '두려워하다'는 뜻의 공통적인 접미사이므로, 단어가 '무언가를 두려워한다'는 것을 뜻함을 추측할 수 있다('athazagoraphobia'는 '잊히거나 무시당하는 것을 두려워하다'라는 뜻이다).

문자 수준에서 작업을 할 수도 있지만, 이는 모델이 어떻게 공통적인 문자 조합을 함께 단어로 그룹화하는지 배워야 할 것이다. 단어가 하부구조를 갖는다는 사실을 활용하고, 그 뒤 **부분단어 유닛**subword unit 혹은 **단어조각**wordpiece을 입력으로 받는 편이 더 낫다[SHB16; Wu+16]. 이들은 새로운 기호를 만들어 공통의 부분문자열을 나타내는 데이터 압축의 형태인 **바이트 쌍 인코딩**byte-pair encoding 이란 방법을 사용해 만드는 경우가 많다[Gag94].

1.5.5 결측 데이터 다루기

때때로 입력 x 혹은 출력 y의 일부를 알 수 없는 **결측 데이터**missing data가 있을 수도 있다. 훈련 동안 출력을 알 수 없으면 예제는 언라벨링된다. 이러한 반지도 학습 시나리오는 19.3절에서 고려한다. 그러므로 지금은 입력 특성의 일부가 훈련 시간 혹은 테스트 시간, 아니면 둘 다 없는 경우에 집중한다.

이를 모델링하기 위해 $\mathbf{M}$이 이항 변수의 $N \times D$ 행렬이라 하자. 만일 표본 n 내 특성 d가 없다면 $M_{nd} = 1$이고, 그렇지 않으면 $M_{nd} = 0$이다. $\mathbf{X}_v$는 입력 특성 벡터의 $M_{nd} = 0$에 해당하는 가시적인 부분이라 하고, $\mathbf{X}_h$는 $M_{nd} = 1$에 해당하는 결측 부분이라 하자. $\mathbf{Y}$는 출력 라벨 행렬이라 하고, 우리가 완전히 관찰할 수 있다고 가정한다. $p(\mathbf{M} \mid \mathbf{X}_v, \mathbf{X}_h, \mathbf{Y}) = p(\mathbf{M})$이라 가정하면 데이터가 **완전히 무작위로 결측된다**Missing Completely At Random, 즉 MCAR이라 말한다. 왜냐하면 결측성이 은닉 혹은 관측된 특성에 의존하지 않기 때문이다. 만일 $p(\mathbf{M} \mid \mathbf{X}_v, \mathbf{X}_h, \mathbf{Y}) = p(\mathbf{M} \mid \mathbf{X}_v, \mathbf{Y})$라 가정하면 데이터가 **무작위로 결측된다**Missing At Random, 즉 MAR이라 말한다. 왜냐하면 결측성이 은닉 특성에는 의존하지 않지만, 가시적인 특성에는 의존할 수도 있기 때문이다. 이들 가정 둘 다 성립하지 않으면 데이터가 **무작위로 결측되지 않는다**Not Missing At Random, 즉 NMAR이라 말한다.

---

18 휴리스틱에 대해서는 https://ko.wikipedia.org/wiki/휴리스틱_이론 등을 참고하기 바란다. – 옮긴이

MCAR과 MAR의 경우 은닉 특성에 대해 어떠한 것도 말해 주지 않으므로 결측성 메커니즘을 무시할 수 있다. 그러나 NMAR의 경우 정보의 부재가 정보일 수도 있으므로 결측 데이터 메커니즘을 모델링해야 한다. 예를 들어, 누군가가 설문조사에서 민감한 질문(예: "코비드에 감염되었나요?")에 답을 채워 넣지 않았다는 사실은 하부적인 가치에 대한 정보가 될 수 있다. 결측 데이터 모델에 대한 더 많은 정보는 [LR87; Mar08] 등을 참고하라.

이 책에서는 언제나 MAR 가정을 따른다. 그러나 이 가정하에서라도, 결측 입력 특성이 있을 때 DNN과 같은 판별 모형을 직접 사용할 수는 없다. 왜냐하면 입력 x가 일부 알 수 없는 값을 가질 것이기 때문이다.

보통의 휴리스틱한 방법으로는 결측값을 이들의 경험적 평균으로 바꾸는 **평균값 대체법**mean value imputation이라 부르는 것이 있다. 더 일반적으로는 입력에 생성 모델을 적합시키고, 이를 사용해 결측값을 채울 수 있다. 20장에서 이 과제를 위한 몇몇 적절한 생성 모델을 간단히 논의하고, 더 자세한 내용은 이 책의 후속판 [Mur23]에 있다.

1.6 논의

이 절에서는 ML 및 이 책을 더 넓은 맥락에서 놓고 본다.

1.6.1 ML과 다른 분야 간의 관계

ML과 관련된 주제를 다루는 여러 하위 커뮤니티가 존재하며, 이들 각각은 다른 이름이 있다. **예측적 분석**predictive analytics 분야는 (특히 분류 및 회귀에서) 지도 학습과 비슷하지만 비즈니스 적용에 더 집중한다. **데이터 마이닝**data mining은 지도 및 비지도 머신러닝을 다루지만, 주로 커다란 상용 데이터베이스에 저장된 구조화된 데이터에 더 집중한다. **데이터 과학**data science은 머신러닝과 통계학 기법을 사용하지만, 데이터 통합, 데이터 시각화, 그리고 주로 반복적인 피드백 루프에서 도메인 전문가와의 작업과 같은 주제 또한 강조한다(예: [BS17] 참고). 이들 분야 간의 차이점은 단지 전문용어terminology 중 하나일 뿐인 경우가 많다.[19]

---

19 유용한 'ML 용어사전'은 https://developers.google.com/machine-learning/glossary/를 참고하라.

ML은 또한 **통계학**statistics 분야와 매우 깊은 관계가 있다. 스탠퍼드대학교의 유명한 통계학 교수인 제리 프리드먼Jerry Friedman은 정말로 다음과 같이 말했다.[20, 21]

[만일 통계학 분야가] 단순히 기존의 도구를 적용하는 편리한 방법과는 반대로 시작에서부터 연산적인 방법론을 기본적인 도구로 포함시켰다면, [ML과 같은] 많은 데이터 관련 분야는 존재할 필요가 없었을 것이다. 그들은 통계학의 일부였을 것이다.

— 제리 프리드먼[Fri97b]

머신러닝은 또한 **인공지능**AI, Artificial Intelligence과 관련이 있다. 역사적으로 AI 분야는 우리가 손으로 '지능'을 프로그래밍할 수 있다고 가정하지만, 이 접근법은 기대에 부응하는 데 대체로 실패해 왔다. 대부분 그 이유는 그러한 시스템이 필요로 하는 모든 지식을 명시적으로 인코딩하는 것이 너무 어려운 일로 드러났기 때문이다. 그 결과 AI 시스템이 스스로 지식을 취득하도록 돕기 위해 ML을 사용하는 데 대한 관심이 다시 나타나고 있다(물론 이 둘 사이의 관계가 너무나 가까워서 때때로 'ML'과 'AI'란 용어가 혼용되어 쓰이지만, 이는 분명 오해의 소지가 있다[Pre21]).

1.6.2 이 책의 구조

우리는 ML이 수학, 통계학, 컴퓨터과학 등 다른 많은 주제와 깊은 관계가 있음을 봤다. 이는 어디서 시작할지를 알기 어렵게 만든다.

이 책에서는 확률론을 우리의 통일적인 렌즈로 사용해, 이러한 서로 연결된 전경을 통해 하나의 특정한 경로를 취한다. 1부에서는 통계적 기초를 다루며, 2~4부에서는 지도 학습을, 5부에서는 비지도 학습을 다룬다. 이들(그리고 다른) 주제에 대한 더 많은 정보는 이 책의 후속판 [Mur23]을 참고하라.

이 책에 더해서 같이 따라오는 온라인 파이썬 노트북이 도움이 될 수도 있다. 자세한 내용은 probml.github.io/book1을 참고하라.

---

20 https://brenocon.com/blog/2008/12/statistics-vs-machine-learning-fight/에서 인용했다.

21 그는 트레버 헤이스티, 로버트 팁시라니와 함께 ML 등에서 잘 알려진 또 다른 책인 『The Elements of Statistical Learning』[HTF09]을 썼다. 이 책은 『통계학으로 배우는 머신러닝』(에이콘출판, 2021)이란 이름으로 번역되어 있다. – 옮긴이

1.6.3 주의할 점

이 책에서는 어떻게 머신러닝을 사용해 주어진 입력으로 출력을 예측하는 시스템을 만드는지 볼 것이다. 그 뒤 이러한 예측은 기대 손실을 최소화하는 행위를 선택하기 위해 사용할 수 있다. 이러한 시스템을 디자인할 때, 우리의 모든 선호도를 올바르게 구체화하는 손실 함수를 디자인하기는 어려울 수 있다. 이는 머신이 우리가 제공하는 보상 함수를 최적화하지만, 그 뒤 우리가 구체화하기를 놓쳐버린 다양한 제약 혹은 선호를 함수가 포착하지 못했음을 우리가 깨닫게 되는 '**보상 해 킹**reward hacking'에서 기인할 수 있다[Wei76; Amo+16; D'A+20](이는 여러 목적 사이에서 상반관계를 수립해야 할 때 특히 중요하다).

보상 해킹은 우리가 알고리듬이 무엇을 최적화하기를 원하는지 그리고 알고리듬이 무엇을 하기를 원하는지 사이의 잠재적 불일치를 뜻하는 '정렬 문제alignment problem'라 알려진 더 큰 문제의 예시 중 하나다[Chr20]. 이는 **AI 윤리**AI ethics 및 **AI 안전**AI safety이라는 맥락에서 여러 우려를 낳았다(예: [KR19; Lia20] 참고). 러셀Russell[Rus19]은 이 문제를 보상 함수를 구체화하는 대신에 인간의 움직임을 관찰함으로써 기계가 보상을 추론하도록 강제하는, **역 강화 학습**inverse reinforcement learning이라 알려진 접근법을 제안했다. 그러나 현재 혹은 과거의 인간 움직임을 너무 똑같이 모방하는 것은 바람직하지 않을 수도 있으며, 훈련에 쓸 수 있는 데이터로부터 편향을 받을 수 있다(예: [Pau+20] 참고).

'지적인' 시스템이 사람의 개입 없이 스스로 결정을 내리는 AI에 대한 위의 시각에 대해 **일반 인공 지능**Artificial General Intelligence, 즉 AGI를 향한 경로라고 생각하는 사람들이 많다. 다른 접근법은 AI를 **지원된 지능**augmented intelligence(때때로 **지능 지원**Intelligence Augmentation, 즉 IA라 부른다)으로 본다. 이러한 패러다임에서 AI는 적응적 크루즈 컨트롤 또는 검색 엔진에서의 자동 완성과 같은 '영리한 도구'를 만드는 과정이다. 이러한 도구에서는 의사결정을 만드는 순환에 인간이 남아 있다. 이러한 프레임하에서, AI/ML 구성 요소를 갖는 시스템은 오토파일럿이 있는 비행기, 온라인 트레이딩 플랫폼 또는 의학적 진단 시스템과 같은(예: [Jor19; Ace]) 복잡한 준자동 인간 인공물과 다르지 않다. 물론 AI 도구가 더욱 강력해짐에 따라, 그들 스스로 더욱더 많은 일을 할 수 있고 이러한 접근법이 AGI와 비슷해지도록 만들 것이다. 그러나 지원된 지능의 목표는 특정 과제에서의 인간의 움직임을 모방하거나 넘어서는 것이 아니라, 인간이 일을 더 쉽게 하도록 돕는 것이다. 이것이 우리가 대부분의 다른 기술을 다루는 방법이다[Kap16].

1부

기초

02

확률: 일변량 모델

2.1 개요

2장은 기본적인 확률론을 간단히 소개한다. 더 자세한 내용을 위해서는 [GS97; BT08]과 같은 좋은 책들이 많이 있다.

2.1.1 확률이란 무엇인가?

확률론은 계산으로 환원된 상식에 불과하다.

— 피에르 라플라스^{Pierre Laplace}, 1812

우리 모두는 (앞뒤가 똑같은) 동전의 앞이 나올 확률이 50%라고 쉽게 생각할 수 있다. 그러나 이것이 의미하는 바는 무엇인가? 실제로 확률에는 두 가지 해석이 있다. 하나는 **빈도주의적 해석**^{frequentist interpretation}이다. 이 시각에서는 확률을 여러 번 나타날 수 있는 **사건**^{event}의 장기간 빈도로 나타낸다. 예를 들어, 위의 표현은 만일 동전을 많이 던지면 절반 정도 앞이 나온다고 기대한다는 뜻이다.[1] 다

---

[1] 사실 스탠퍼드대학교의 통계학자(이자 과거 전문 마술사였던) 퍼시 디아코니스(Persi Diaconis)는 물리학적 문제로 인해 동전이 약 51%의 확률로 시작할 때와 같은 방향으로 면이 나온다는 것을 보였다[DHM07].

른 해석은 확률의 **베이즈적 해석**Bayesian interpretation이라 부른다. 이 시각에서 확률은 무언가에 대한 **불확실성**uncertainty 또는 무지를 계량화하는 데 쓰인다. 따라서 이는 근본적으로 반복된 시도보다는 정보와 관련이 있다[Jay03; Lin06]. 앞의 서술은 베이즈적 시각에서 우리가 다음번에 동전을 던질 때 앞 혹은 뒤가 나올 가능성이 같다고 믿음을 뜻한다.

베이즈적 해석의 큰 장점은 이를 사용해 장기간의 빈도를 갖지 않는 일회성 사건의 불확실성을 모델링할 수 있다는 것이다. 예를 들어, 북극의 빙하가 2030 CE만큼 녹을 확률을 계산하기를 원할 수 있다. 이 사건은 전혀 나타나지 않거나 한 번 나타나며, 반복적으로 벌어질 수 없다. 그럼에도 불구하고 이 사건에 대한 불확실성을 계량화할 수 있어야 한다. 우리가 이 사건이 얼마나 가능성이 있다고 생각하는지에 근거하여, 5장에서 논의하는 최적 행동을 어떻게 취할지 결정할 수 있다. 그러므로 이 책에서는 물론 베이즈적 해석을 도입한다. 다행히도 어떤 해석을 도입하든 상관없이 확률론의 기본 규칙은 동일하다.

2.1.2 불확실성의 형태

예측의 불확실성은 근본적으로 다른 두 가지 이유에 기인할 수 있다. 첫 번째는 데이터를 생성하는 하부의 숨겨진 이유 혹은 메커니즘에 대한 무지 때문이다. 인식론은 지식에 대한 연구를 설명하는 데 쓰이는 철학적 용어이므로, 이는 **인식론적 불확실성**epistemic uncertainty이라 부른다. 그러나 이를 위한 더 간단한 용어는 **모델 불확실성**model uncertainty이다. 두 번째 종류의 불확실성은 내재적 가변성에 기인하며, 이는 데이터를 더 많이 모은다 하더라도 줄일 수 없다. 이는 때때로 라틴어로 '주사위'를 뜻하는 단어에서 유래한 **우연적 불확실성**aleatoric uncertainty[Hac75; KD09]이라 부르지만, 더 단순한 용어로는 **데이터 불확실성**data uncertainty이 있다. 구체적인 예시로 앞뒤가 같은 동전 던지기를 고려해보자. 앞이 나올 확률이 $p = 0.5$라고 확신할 수 있을 것이다. 그러므로 여기에는 인식론적 불확실성이 존재하지 않지만, 여전히 결과를 완벽하게 예측할 수는 없다.

이렇게 구별하는 것은 활동적 학습과 같은 응용에서 중요할 수 있다. 통상적인 전략은 $\mathbb{H}(p(y \mid \boldsymbol{x}, \mathcal{D}))$가 큰 예제를 쿼리query하는 것이다(여기서 $\mathbb{H}(p)$는 엔트로피이며, 6.1절에서 논의한다). 그러나 이는 모수의 불확실성, 즉 $\mathbb{H}(p(\boldsymbol{\theta} \mid \mathcal{D}))$가 크기 때문이거나, 혹은 단지 $p(y \mid \boldsymbol{x}, \boldsymbol{\theta})$의 엔트로피가 큰 경우에 해당하는 내재적인 라벨 잡음이나 가변성 때문일 수 있다. 후자의 경우, 더 많은 표본을 모으는 것이 별 소용이 없을 것이다. 왜냐하면 인식론적 불확실성이 줄어들지 않을 것이기 때문이다. 추가적인 내용은 [Osb16]을 참고하라.

2.1.3 논리의 확장으로서의 확률

이 절에서는 [Jay03]의 표기에 따라 확률의 기본 규칙을 복습해 본다. 여기서는 확률을 **부울 논리**Boolean logic의 확장으로 본다.

2.1.3.1 사건의 확률

사건event은 이항 변수 A로 표기하며 지켜지거나 지켜지지 못하는, 세계의 어떠한 상태로 정의한다. 예를 들어 A는 '내일 비가 오는지' 아니면 '어제 비가 왔는지', 혹은 '라벨이 $y = 1$이다', 아니면 '모수 θ는 1.5와 2.0 사이에 있다' 같은 사건이 될 수 있다. 식 $\Pr(A)$는 사건 A가 참이라고 믿는 확률을 나타낸다(또는 A가 나타날 장기적 비율). $0 \leq \Pr(A) \leq 1$이어야 하며, 이때 $\Pr(A) = 0$은 사건이 전혀 나타나지 않음을, $\Pr(A) = 1$은 사건이 반드시 나타날 것임을 뜻한다. 사건이 나타나지 않을 확률은 $\Pr(\overline{A})$로 표기한다. 이는 $\Pr(\overline{A}) = 1 - \Pr(A)$로 정의한다.

2.1.3.2 두 사건의 결합 확률

사건 A와 B가 모두 나타날 **결합 확률**joint probability은 다음과 같이 표기한다.

$$\Pr(A \wedge B) = \Pr(A, B) \tag{2.1}$$

A와 B가 독립적인 사건이라면 다음이 된다.

$$\Pr(A, B) = \Pr(A)\Pr(B) \tag{2.2}$$

예를 들어 X와 Y를 집합 $\mathcal{X} = \{1, 2, 3, 4\}$에서 무작위로 균일하게 선택한다고 해보자. A는 $X \in \{1, 2\}$인 사건, B는 $Y \in \{3\}$인 사건이라 해보자. 그러면 $\Pr(A, B) = \Pr(A)\Pr(B) = \frac{1}{2} \cdot \frac{1}{4}$이 된다.

2.1.3.3 두 사건의 합의 확률

사건 A 혹은 B가 벌어질 확률은 다음과 같이 주어진다.

$$\Pr(A \vee B) = \Pr(A) + \Pr(B) - \Pr(A \wedge B) \tag{2.3}$$

사건이 상호배반적이라면(따라서 동시에 벌어질 수 없다면) 다음이 된다.

$$\Pr(A \lor B) = \Pr(A) + \Pr(B) \tag{2.4}$$

예를 들어, X를 집합 $\mathcal{X} = \{1, 2, 3, 4\}$에서 무작위로 균일하게 선택한다고 해보자. A는 $X \in \{1, 2\}$인 사건, B는 $X \in \{3\}$인 사건이라 해보자. 그러면 $\Pr(A \lor B) = \frac{2}{4} \cdot \frac{1}{4}$이 된다.

2.1.3.4 다른 사건이 주어졌을 때 한 사건의 조건부 확률

사건 A가 벌어졌을 때 사건 B가 나타날 **조건부 확률**conditional probability은 다음과 같다.

$$\Pr(B|A) \triangleq \frac{\Pr(A, B)}{\Pr(A)} \tag{2.5}$$

이는 $\Pr(A) = 0$이라면 정의되지 않는다. 불가능한 사건에 조건을 줄 수 없기 때문이다.

2.1.3.5 사건의 독립

다음과 같다면 사건 A가 B에 **독립**independent이라 말한다.

$$\Pr(A, B) = \Pr(A) \Pr(B) \tag{2.6}$$

2.1.3.6 사건의 조건부 독립

사건 C가 주어졌을 때 다음과 같다면 사건 A와 B가 **조건부 독립**conditionally independent이라 한다.

$$\Pr(A, B|C) = \Pr(A|C) \Pr(B|C) \tag{2.7}$$

이는 $A \perp B \mid C$라 쓴다. 사건은 서로 의존하는 경우가 많지만, 유의미한 중간 변수를 조건으로 하면 독립이 될 수도 있다. 이는 이번 장에서 더 자세히 논의한다.

2.2 확률 변수

X가 주사위를 굴렸을 때 어떻게 놓일지, 아니면 현재 시간 여러분의 집 밖의 온도와 같이 어떠한 알려지지 않은 관심 있는 양을 나타낸다고 해보자. X의 값이 알려지지 않았으며/않았거나 바뀔 수

있다면 이를 **확률 변수**^{random variable}, 즉 rv라 부른다. $\mathcal{X}$로 표기하는 가능성 있는 값의 집합은 **표본 공간**^{sample space} 혹은 **상태 공간**^{state space}이라 한다. 사건은 주어진 표본 공간으로부터의 결과의 집합이다. 예를 들어 X가 주사위를 굴렸을 때 나오는 면을 나타내어서 $\mathcal{X} = \{1, 2, ..., 6\}$이라면 '1이 나오는' 사건은 $X = 1$이라 표기하며, '홀수가 나오는' 사건은 $X \in \{1, 3, 5\}$라 표기하고, '1에서 3 사이의 숫자가 나오는' 사건은 $1 \leq X \leq 3$이라 표기하는 식이다.

2.2.1 이산 확률 변수

표본 공간 $\mathcal{X}$가 유한하거나 가산적인 무한이라면, X는 **이산 확률 변수**^{discrete random variable}라 부른다. 이 경우 X가 값 x를 갖는 사건의 확률은 $\mathrm{Pr}(X = x)$로 표기한다. **확률 질량 함수**^{probability mass function}, 즉 pmf는 사건의 확률을 계산하는 함수로 정의하며 이는 각각의 가능한 값에 rv를 설정하는 것에 해당한다.

$$p(x) \triangleq \mathrm{Pr}(X = x) \tag{2.8}$$

pmf는 $0 \leq p(x) \leq 1$과 $\sum_{x \in \mathcal{X}} p(x) = 1$ 속성을 만족시킨다.

X가 유한한 개수의 값, 말하자면 K개를 갖는다면 pmf는 K개 숫자 리스트로 나타낼 수 있으며 이를 히스토그램으로 그릴 수 있다. 예를 들어, 그림 2.1은 $\mathcal{X} = \{1, 2, 3, 4\}$에서 정의된 2개의 pmf를 보여준다. 좌측에는 균일 분포 $p(x) = 1/4$가 있으며, 우측에는 퇴화 분포 $p(x) = \mathbb{I}(x = 1)$이 있다. 이때 $\mathbb{I}(\ )$는 이항 지시 함수다. 그러므로 그림 2.1(b)의 분포는 X가 언제나 값 1과 같다는 사실을 나타낸다(따라서 확률 변수가 또한 상수일 수도 있음을 볼 수 있다).

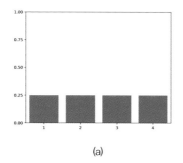
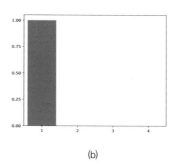

(a)　　　　　　　　　　　　　　　(b)

그림 2.1 상태 공간 $\mathcal{X} = \{1, 2, 3, 4\}$에서의 몇 가지 이산 분포: (a) $p(x = k) = 1/4$인 균일 분포, (b) 모든 질량을 $x = 1$에 넣는 퇴화 분포(델타 함수). discrete_prob_dist_plot.ipynb로 생성했다.

2.2.2 연속 확률 변수

$X \in \mathbb{R}$가 실숫값의 양quantity이라면, **연속 확률 변수**continuous random variable라 부른다. 이 경우 더 이상 유한한(혹은 셀 수 있는) 개별적인 가능한 값의 집합을 만들지 않는다. 그러나 실수 선을 분할할 수 있는 셀 수 있는 개수의 **구간**interval이 존재한다. 사건을 이들 각각의 구간 내에 있는 X와 연관시킨다면, 앞의 이산 확률 변수에서 논의한 방법을 사용할 수 있다. 비형식적으로 말하자면, 아래에서 보여주듯이 구간의 크기를 0으로 수축시킴으로써 특정한 실숫값을 취하는 X의 확률을 나타낼 수 있다.

2.2.2.1 누적 분포 함수(cdf)

사건 $A = (X \leq a)$, $B = (X \leq b)$, $C = (a < X \leq b)$를 정의하라. 여기서 $a < b$이다. A와 C가 상호배반적이므로 $B = A \vee C$이며, 합 법칙으로 다음이 된다.

$$\Pr(B) = \Pr(A) + \Pr(C) \tag{2.9}$$

따라서 구간 C가 되는 확률은 다음과 같이 주어진다.

$$\Pr(C) = \Pr(B) - \Pr(A) \tag{2.10}$$

일반적으로 다음과 같이 rv X의 **누적 분포 함수**cumulative distribution function, 즉 **cdf**를 정의한다.

$$P(x) \triangleq \Pr(X \leq x) \tag{2.11}$$

(cdf를 나타내는 데 대문자 P를 사용함을 주지하라.) 이를 사용해 다음과 같이 어떠한 구간 내 확률을 계산할 수 있다.

$$\Pr(a < X \leq b) = P(b) - P(a) \tag{2.12}$$

cdf는 단조 비감소 함수다. 예시로 표준 정규 분포 $\mathcal{N}(x|0, 1)$의 cdf를 보여주는 그림 2.2(a)를 보라(자세한 내용은 2.6절을 참고하라).

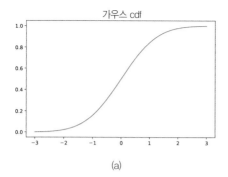
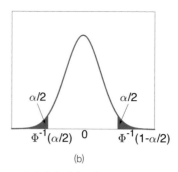

(a)

(b)

그림 2.2 (a) 표준 정규 분포 $\mathcal{N}(0, 1)$의 cdf 그림. gauss_plot.ipynb로 생성했다. (b) 해당하는 pdf. 음영으로 된 각 영역은 확률 질량의 $\alpha/2$를 포함한다. 따라서 음영이 없는 영역은 확률 질량의 $1 - \alpha$를 포함한다. 가장 좌측의 절단점은 $\Phi^{-1}(\alpha/2)$이며, 여기서 Φ는 가우스 분포의 cdf이다. 대칭적으로 가장 우측의 절단점은 $\Phi^{-1}(1 - \alpha/2) = -\Phi^{-1}(\alpha/2)$이다. quantile_plot.ipynb로 생성했다.

2.2.2.2 확률 밀도 함수(pdf)

확률 밀도 함수probability density function, 즉 **pdf**는 cdf의 도함수로 정의한다.

$$p(x) \triangleq \frac{d}{dx}P(x) \tag{2.13}$$

(이 도함수가 항상 존재하지는 않음을 주지하라. 그러한 경우 pdf는 정의되지 않는다). 일변량 가우스의 pdf를 보여주는 그림 2.2(b)를 예시로 보라(자세한 내용은 2.6절을 참고하라).

pdf가 주어지면, 다음과 같이 유한한 구간 내에 있는 연속적인 변수의 확률을 계산할 수 있다.

$$\Pr(a < X \le b) = \int_a^b p(x)dx = P(b) - P(a) \tag{2.14}$$

구간의 크기가 작아짐에 따라 다음과 같이 쓸 수 있다.

$$\Pr(x < X \le x + dx) \approx p(x)dx \tag{2.15}$$

직관적으로 이는 X가 x 주변의 작은 구간 내에 있을 확률은 x에서의 밀도에 구간의 너비를 곱한 것임을 말해 준다.

2.2.2.3 분위수

cdf P가 엄격하게 단조 증가한다면 이는 역함수를 가지며, **역 cdf**^{inverse cdf} 혹은 **백분위수 함수**^{ppf,} _{percent point function}, 아니면 **분위 함수**^{quantile function}라 한다.

P가 X의 cdf라면, $P^{-1}(q)$는 $\mathrm{Pr}(X \le x_q) = q$인 값 x_q이다. 이는 P의 q **분위수**^{quantile}라 한다. $P^{-1}(0.5)$의 값은 분포의 **중앙값**^{median}으로 좌측에 확률 질량의 절반이, 그리고 우측에 절반이 놓인다. $P^{-1}(0.25)$와 $P^{-1}(0.75)$는 하단 및 상단 **사분위수**^{quartile}다.

예를 들어 Φ가 가우스 분포 $\mathcal{N}(0, 1)$의 cdf라 하고, Φ^{-1}가 역 cdf라 하자. 그러면 $\Phi^{-1}(\alpha/2)$의 좌측 지점은 질량의 $\alpha/2$를 포함하며, 이는 그림 2.2(b)에서 보여준다. 대칭적으로 $\Phi^{-1}(1 - \alpha/2)$의 우측 지점 또한 질량의 $\alpha/2$를 포함한다. 따라서 가운데 구간 $(\Phi^{-1}(\alpha/2), \Phi^{-1}(1 - \alpha/2))$는 질량의 $1 - \alpha$를 포함한다. $\alpha = 0.05$라 두면, 가운데 95% 구간은 다음의 범위로 덮인다.

$$(\Phi^{-1}(0.025), \Phi^{-1}(0.975)) = (-1.96, 1.96) \tag{2.16}$$

분포가 $\mathcal{N}(\mu, \sigma^2)$이라면, 95% 구간은 $(\mu - 1.96\sigma, \mu + 1.96\sigma)$가 된다. 이는 근사적으로 $\mu \pm 2\sigma$라 쓰는 경우가 많다.

2.2.3 관련된 확률 변수의 집합

이 절에서는 관련된 확률 변수의 집합에 대한 분포를 논의한다.

2개의 확률 변수 X와 Y가 있다고 해보자. X와 Y의 모든 가능한 값에 대해 $p(x, y) = p(X = x, Y = y)$를 사용해 두 확률 변수의 **결합 분포**^{joint distribution}를 정의할 수 있다. 두 변수 모두 유한한 기수성을 갖는다면 결합 분포를 2차원 표에 나타낼 수 있으며, 이들 모든 요소의 합은 1이 된다. 예를 들어, 2개의 이항 변수로 된 다음의 예시를 보자.

$p(X, Y)$	$Y = 0$	$Y = 1$
$X = 0$	0.2	0.3
$X = 1$	0.3	0.2

두 변수가 독립이라면, 결합을 두 주변 확률의 곱으로 나타낼 수 있다. 두 변수가 유한한 기수성을 갖는다면, 그림 2.3과 같이 2차원 결합 표를 2개의 1차원 벡터의 곱으로 분해할 수 있다.

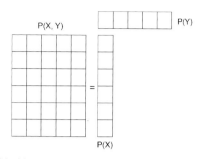

그림 2.3 $X \perp Y$일 때 $p(x, y) = p(x)p(y)$를 계산하고 있다. 여기서 X와 Y는 이산 독립 변수다. X는 6개의 가능한 상태(값)를, Y는 5개의 가능한 상태를 갖는다. 이러한 두 변수에서의 일반적인 결합 분포는 정의하는 데 $(6 \times 5) - 1 = 29$개의 모수가 필요할 것이다(1을 빼는 이유는 합하면 1이 되는 제약 때문이다). (무조건부) 독립을 가정하면 $p(x, y)$를 정의하는 데 오직 $(6 - 1) + (5 - 1) = 9$개의 모수만을 필요로 한다.

결합 분포가 주어졌을 때, rv의 **주변 분포**marginal distribution는 다음과 같이 정의할 수 있다.

$$p(X = x) = \sum_{y} p(X = x, Y = y) \tag{2.17}$$

Y의 모든 가능한 상태에 대해 합을 하고 있는데, 이는 때때로 **합 법칙**sum rule 혹은 **전체 확률의 법칙**rule of total probability이라 부른다. $p(Y = y)$도 비슷하게 정의한다. 예를 들어, 앞의 2차원 표에서 $p(X = 0) = 0.2 + 0.3 = 0.5$이고 $p(Y = 0) = 0.2 + 0.3 = 0.5$임을 볼 수 있다('주변marginal'이란 용어는 행과 열의 합을 표의 측면, 혹은 주변에 쓴다는 회계적 관례에서 나왔다).

rv의 **조건부 분포**conditional distribution는 다음을 사용해 정의한다.

$$p(Y = y | X = x) = \frac{p(X = x, Y = y)}{p(X = x)} \tag{2.18}$$

이 식을 다시 정리하면 다음을 얻는다.

$$p(x, y) = p(x)p(y|x) \tag{2.19}$$

이는 **곱의 법칙**product rule이라 부른다.

곱의 법칙을 D개 변수로 확장하면 **확률의 연쇄 법칙**chain rule of probability을 얻는다.

$$p(\boldsymbol{x}_{1:D}) = p(x_1)p(x_2|x_1)p(x_3|x_1, x_2)p(x_4|x_1, x_2, x_3) \ldots p(x_D|\boldsymbol{x}_{1:D-1}) \tag{2.20}$$

이는 조건부 분포의 집합으로부터 고차원의 결합 분포를 만드는 방법을 제공한다. 3.6절에서 더 자세히 논의한다.

2.2.4 독립 및 조건부 독립

X와 Y의 결합 확률을 두 주변 확률의 곱으로 나타낼 수 있다면, 이들이 **무조건부 독립**unconditionally independent 혹은 **주변적으로 독립**marginally independent이라 말하며 $X \perp Y$라 표기한다. 즉,

$$X \perp Y \iff p(X,Y) = p(X)p(Y) \tag{2.21}$$

일반적으로 결합 확률을 모든 부분집합 $\{X_1, ..., X_m\} \subseteq \{X_1, ..., X_n\}$의 주변 확률의 곱으로 쓸 수 있다면, 변수 $X_1, ..., X_n$의 집합은 (상호) **독립**independent이라 말한다.

$$p(X_1, \ldots, X_m) = \prod_{i=1}^{m} p(X_i) \tag{2.22}$$

예를 들어, 다음의 조건을 만족하면 X_1, X_2, X_3가 상호 독립이라 말한다. $p(X_1, X_2, X_3) = p(X_1)$ $p(X_2)p(X_3)$, $p(X_1, X_2) = p(X_1)p(X_2)$, $p(X_2, X_3) = p(X_2)p(X_3)$, $p(X_1, X_3) = p(X_1)p(X_3)$.[2]

안타깝게도, 무조건부 독립은 드물다. 왜냐하면 대부분의 변수가 대부분의 다른 변수에 영향을 줄 수 있기 때문이다. 그러나 이러한 영향은 주로 직접적이라기보다는 다른 변수를 통해 매개된다. 그러므로 오직 조건부 결합 확률을 조건부 주변 확률의 곱으로 쓸 수 있다면(iff) X와 Y가 주어진 Z에 대해 **조건부 독립**CI, Conditionally Independent이라 말한다.

$$X \perp Y \mid Z \iff p(X,Y|Z) = p(X|Z)p(Y|Z) \tag{2.23}$$

이 가정은 그래프 $X - Z - Y$로 쓸 수 있으며, 이는 X와 Y 사이의 모든 의존성이 Z를 통해 매개된다는 직관을 포착한다. 더 큰 그래프를 사용해 복잡한 결합 분포를 정의할 수 있다. 이들은 **그래프 모델**graphical model이라 하며, 3.6절에서 논의한다.

---

2 추가적인 논의는 https://github.com/probml/pml-book/issues/353#issuecomment-1120327442를 참고하라.

2.2.5 분포의 적률

이 절에서는 확률 분포(pdf나 pmf)로부터 유도할 수 있는 여러 요약 통계량을 설명한다.

2.2.5.1 분포의 평균

가장 익숙한 분포의 속성은 주로 μ라 표기하는 **평균**mean 혹은 **기댓값**expected value일 것이다.

연속 rv에서 평균은 다음과 같이 정의한다.

$$\mathbb{E}\left[X\right] \triangleq \int_{\mathcal{X}} x\, p(x) dx \tag{2.24}$$

적분이 유한하지 않다면 평균은 정의되지 않는다. 이에 대한 예제는 나중에 살펴본다.

이산 rv에서 평균은 다음과 같이 정의된다.

$$\mathbb{E}\left[X\right] \triangleq \sum_{x \in \mathcal{X}} x\, p(x) \tag{2.25}$$

그러나 x의 값이 무언가의 방식으로 정렬되어 있을 때만 이는 의미가 있다(예: 이들이 정수 개수를 나타냄).

평균이 선형 연산자이므로 다음을 얻는다.

$$\mathbb{E}\left[aX + b\right] = a\mathbb{E}\left[X\right] + b \tag{2.26}$$

이는 **기댓값의 선형성**linearity of expectation이라 부른다.

n개 확률 변수 집합에서 이들의 합의 기댓값이 다음과 같음을 보일 수 있다.

$$\mathbb{E}\left[\sum_{i=1}^{n} X_i\right] = \sum_{i=1}^{n} \mathbb{E}\left[X_i\right] \tag{2.27}$$

이들이 독립이라면, 이들의 곱의 기댓값은 다음과 같이 주어진다.

$$\mathbb{E}\left[\prod_{i=1}^{n} X_i\right] = \prod_{i=1}^{n} \mathbb{E}\left[X_i\right] \tag{2.28}$$

2.2.5.2 분포의 분산

분산variance은 분포의 '퍼짐'에 대한 측도이며, 주로 σ^2으로 표기한다. 이는 다음과 같이 정의된다.

$$\mathbb{V}[X] \triangleq \mathbb{E}\left[(X-\mu)^2\right] = \int (x-\mu)^2 p(x)dx \tag{2.29}$$

$$= \int x^2 p(x)dx + \mu^2 \int p(x)dx - 2\mu \int x p(x)dx = \mathbb{E}\left[X^2\right] - \mu^2 \tag{2.30}$$

이로부터 유용한 결과를 유도할 수 있다.

$$\mathbb{E}\left[X^2\right] = \sigma^2 + \mu^2 \tag{2.31}$$

표준편차standard deviation는 다음과 같이 정의된다.

$$\text{std}[X] \triangleq \sqrt{\mathbb{V}[X]} = \sigma \tag{2.32}$$

이는 X 그 자체와 같은 단위를 가지므로 유용하다.

확률 변수의 이동된 그리고 스케일링된 버전의 분산은 다음과 같이 주어진다.

$$\mathbb{V}[aX+b] = a^2 \mathbb{V}[X] \tag{2.33}$$

n개의 독립 확률 변수의 집합이 있다면, 이들의 합의 분산은 이들의 분산의 합으로 주어진다.

$$\mathbb{V}\left[\sum_{i=1}^{n} X_i\right] = \sum_{i=1}^{n} \mathbb{V}[X_i] \tag{2.34}$$

이들의 곱의 분산 또한 다음과 같이 유도할 수 있다.

$$\mathbb{V}\left[\prod_{i=1}^{n} X_i\right] = \mathbb{E}\left[(\prod_i X_i)^2\right] - (\mathbb{E}\left[\prod_i X_i\right])^2 \tag{2.35}$$

$$= \mathbb{E}\left[\prod_i X_i^2\right] - (\prod_i \mathbb{E}[X_i])^2 \tag{2.36}$$

$$= \prod_i \mathbb{E}\left[X_i^2\right] - \prod_i (\mathbb{E}[X_i])^2 \tag{2.37}$$

$$= \prod_i (\mathbb{V}[X_i] + (\mathbb{E}[X_i])^2) - \prod_i (\mathbb{E}[X_i])^2 \qquad (2.38)$$

$$= \prod_i (\sigma_i^2 + \mu_i^2) - \prod_i \mu_i^2 \qquad (2.39)$$

2.2.5.3 분포의 모드

분포의 **모드**mode는 가장 큰 확률 질량 혹은 확률 밀도를 갖는 값이다.

$$\boldsymbol{x}^* = \operatorname*{argmax}_{\boldsymbol{x}} p(\boldsymbol{x}) \qquad (2.40)$$

그림 2.4와 같이 분포가 **다봉**multimodal이라면 이는 유일하지 않을 수도 있다. 게다가 유일한 모드가 있다 하더라도 이 지점은 분포를 잘 요약하지 못할 수도 있다.

2.2.5.4 조건부 적률

2개 혹은 더 많은 의존적인 확률 변수가 있다면, 한 변수의 적률은 다른 변수에 관한 지식이 주어졌을 때 계산할 수 있다. 예를 들어 **전체 기댓값의 법칙**law of total expectation이라고도 부르는 **반복 기댓값의 법칙**law of iterated expectation은 다음을 말해 준다.

$$\mathbb{E}[X] = \mathbb{E}_Y[\mathbb{E}[X|Y]] \qquad (2.41)$$

증명의 단순함을 위해 X와 Y가 서로 이산 rv라 하자. 그러면 다음이 된다.

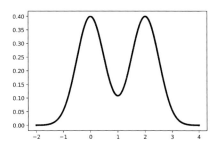

그림 2.4 2개의 1차원 가우스 분포의 혼합 $p(x) = 0.5\mathcal{N}(x|0, 0.5) + 0.5\mathcal{N}(x|2, 0.5)$를 보여주고 있다. bimodal_dist_plot.ipynb로 생성했다.

$$\mathbb{E}_Y\left[\mathbb{E}\left[X|Y\right]\right] = \mathbb{E}_Y\left[\sum_x x\, p(X=x|Y)\right] \tag{2.42}$$

$$= \sum_y\left[\sum_x x\, p(X=x|Y=y)\right]p(Y=y) = \sum_{x,y} x p(X=x, Y=y) = \mathbb{E}\left[X\right] \tag{2.43}$$

더 직관적인 설명을 위해 다음의 단순한 예시를 고려해 보자.[3] X가 전구의 수명이라 하고, Y가 전구가 만들어진 공장이라 해보자. $\mathbb{E}[X|Y=1]=5000$이고 $\mathbb{E}[X|Y=2]=4000$이라 하면, 이는 공장 1이 더 오래가는 전구를 만들어 냄을 뜻한다. 공장 1은 전구의 60%를 생산하며, 따라서 $p(Y=1)=0.6$이고 $p(Y=2)=0.4$라 해보자. 그러면 무작위 전구의 기대 수명은 다음과 같이 주어진다.

$$\mathbb{E}\left[X\right] = \mathbb{E}\left[X|Y=1\right]p(Y=1) + \mathbb{E}\left[X|Y=2\right]p(Y=2) = 5000 \times 0.6 + 4000 \times 0.4 = 4600 \tag{2.44}$$

분산에도 비슷한 공식이 존재한다. 실제로, **조건부 분산 공식**conditional variance formula이라고도 부르는 **전체 분산의 법칙**law of total variance은 다음을 말해 준다.

$$\mathbb{V}\left[X\right] = \mathbb{E}_Y\left[\mathbb{V}\left[X|Y\right]\right] + \mathbb{V}_Y\left[\mathbb{E}\left[X|Y\right]\right] \tag{2.45}$$

이를 위해 조건부 적률 $\mu_{X|Y} = \mathbb{E}[X|Y]$, $s_{X|Y} = \mathbb{E}[X^2|Y]$, $\sigma_{X|Y}^2 = \mathbb{V}[X|Y] = s_{X|Y} - \mu_{X|Y}^2$를 정의하자. 이들은 Y에 대한 함수다(따라서 무작위로 된 양이다). 그러면 다음을 얻는다.

$$\mathbb{V}\left[X\right] = \mathbb{E}\left[X^2\right] - \left(\mathbb{E}\left[X\right]\right)^2 = \mathbb{E}_Y\left[s_{X|Y}\right] - \left(\mathbb{E}_Y\left[\mu_{X|Y}\right]\right)^2 \tag{2.46}$$

$$= \mathbb{E}_Y\left[\sigma_{X|Y}^2\right] + \mathbb{E}_Y\left[\mu_{X|Y}^2\right] - \left(\mathbb{E}_Y\left[\mu_{X|Y}\right]\right)^2 \tag{2.47}$$

$$= \mathbb{E}_Y\left[\mathbb{V}\left[X|Y\right]\right] + \mathbb{V}_Y\left[\mu_{X|Y}\right] \tag{2.48}$$

이들 공식을 이해하기 위해 K개의 일변량 가우스 분포의 혼합을 고려해 보자. Y가 어떤 혼합 구성 요소를 사용하는지 가리키는 은닉 지시 변수라 하고, $X = \sum_{y=1}^K \pi_y \mathcal{N}(X|\mu_y,\ \sigma_y)$라 하자. 그림 2.4에서 $\pi_1 = \pi_2 = 0.5$, $\mu_1 = 0$, $\mu_2 = 2$, $\sigma_1 = \sigma_2 = 0.5$이다. 그러므로

$$\mathbb{E}\left[\mathbb{V}\left[X|Y\right]\right] = \pi_1\sigma_1^2 + \pi_2\sigma_2^2 = 0.25 \tag{2.49}$$

---

3 이 예시는 https://en.wikipedia.org/wiki/Law_of_total_expectation에서 가져왔지만, 표기법은 수정했다.

$$\mathbb{V}\left[\mathbb{E}\left[X|Y\right]\right] = \pi_1(\mu_1 - \overline{\mu})^2 + \pi_2(\mu_2 - \overline{\mu})^2 = 0.5(0-1)^2 + 0.5(2-1)^2 = 0.5 + 0.5 = 1 \ (2.50)$$

따라서 X의 분산은 각 중심점 주위의 국소적 분산보다는, 중심점이 어디로부터 나오는지에 의해 (즉, 평균에서의 차이) 지배된다는 직관적인 결과를 얻는다.

2.2.6 요약 통계량의 한계*

평균이나 분산 같은 단순한 통계량을 사용해 확률 분포(나 분포에서 추출한 점)를 요약하는 것이 일반 적이지만, 이는 많은 정보를 잃게 할 수도 있다. 이에 대한 충격적인 예시로 **엔스컴의 쿼텟**Anscombe's quartet[Ans73]이란 것이 있으며, 그림 2.5가 보여준다. 이는 4개의 서로 다른 (x, y) 쌍의 데이터셋 을 보여주며, 각각 모두 동일한 평균, 분산 및 상관계수 ρ(3.1.2절에서 정의함)를 갖는다($\mathbb{E}[x] = 9$, $\mathbb{V}[x]$ $= 11$, $\mathbb{E}[y] = 7.50$, $\mathbb{V}[y] = 4.12$, $\rho = 0.816$).[4] 그러나 이들 점이 추출된 결합 분포 $p(x, y)$는 분명히 매 우 다르다. 엔스컴은 각각 10개의 데이터 지점을 갖는 이들 데이터셋을 고안하여 수치적 요약이 데 이터의 시각화보다 더 우월하다는 통계학자들의 생각을 반박했다[Ans73].

이러한 현상의 더욱 충격적인 예시는 그림 2.6이 보여준다. 이는 공룡[5]처럼 보이는 데이터셋에 더해 11개의 다른 데이터셋으로 되어 있으며, 이들 모두 동일한 저계수 통계량을 갖는다. 이 데이

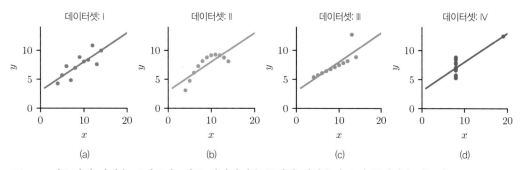

그림 2.5 엔스컴의 쿼텟을 보여준다. 이들 데이터셋은 동일한 저차수의 요약 통계량을 갖는다. anscombes_quartet.ipynb로 생성했다.

---

4 식 (4.36)의 분산의 최대 가능도 추정값은 식 (4.38)의 불편 추정값과 다르다. 전자는 $\mathbb{V}[x] = 10.00$, $\mathbb{V}[y] = 3.750$이지만, 후자는 $\mathbb{V}[x] = 11.00$, $\mathbb{V}[y] = 4.120$다.

5 이 데이터셋은 알베르토 카이로(Alberto Cairo)가 만들었으며, http://www.thefunctionalart.com/2016/08/download-datasaurus-never-trust-summary.html에서 얻을 수 있다.

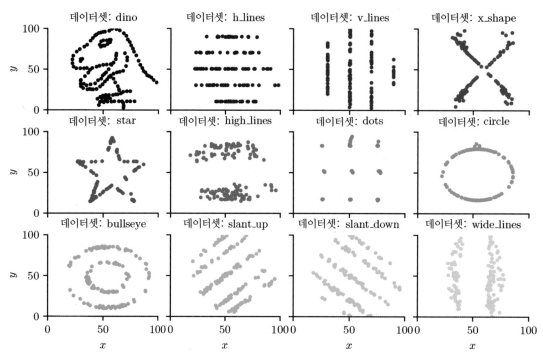

그림 2.6 데이터사우루스 12를 보여준다. 이들 데이터셋 모두 같은 저계수 요약 통계량을 갖는다. 출처: [MF17]의 그림 1. datasaurus_dozen.ipynb로 생성했다.

터셋의 모음은 **데이터사우루스 12**Datasaurus Dozen라 부른다[MF17]. (x, y) 점의 정확한 값은 온라인에서 얻을 수 있다.[6] 이들은 미분 자유 최적화법derivative free optimization을 어닐링하는annealing 시뮬레이션을 사용해 계산했으며, 이 책의 후속판 [Mur23]에서 논의한다(목적 함수는 원본 공룡 데이터의 목표 요약 통계량으로부터의 편차, 그리고 특정한 목표 모양으로부터의 거리를 측정하여 최적화한다).

그림 2.7에서는 같은 어닐링 접근법 시뮬레이션이 적용된 1차원 데이터셋을 보여준다. 모든 데이터셋이 꽤 다르지만, 가운데 **상자 도표**box plot의 음영 부분이 보여주듯이 모두 같은 중앙값 및 **사분위수 범위**IQR, Inter-Quartile Range를 가짐을 볼 수 있다. 더 나은 시각화로는 **바이올린 도표**violin plot가 있으며, 우측에서 보여준다. 이는 수직축에 (2개 복사본의) 분포의 1차원 커널 밀도 추정값(16.3절) 및 중앙값 그리고 IQR 표시를 보여준다. 이러한 시각화는 분포 내 차이를 더 잘 구별할 수 있게 해준다.

---

6 https://www.autodesk.com/research/publications/same-stats-different-graphs. 실제로 공룡 데이터를 포함해 13개의 데이터셋이 있다. 시각적인 간결함을 위해 'away' 데이터셋은 생략했다.

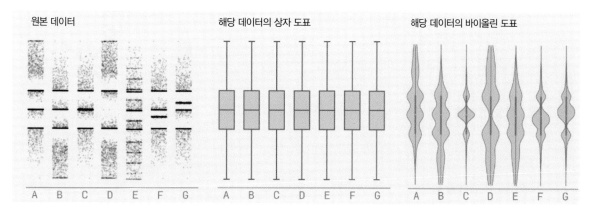

원본 데이터　　　　　　해당 데이터의 상자 도표　　　　　해당 데이터의 바이올린 도표

그림 2.7　7개의 서로 다른 데이터셋(왼쪽), 해당 상자 도표(중간), 바이올린 도표(오른쪽)를 보여준다. 출처: https://www.autodesk.com/research/publications/same-stats-different-graphs의 그림 8. 저스틴 마테즈카(Justin Matejka)가 친절하게 사용을 허가했다.

그러나 이 기법은 1차원 데이터로 한정된다.

2.3 베이즈 규칙

베이즈 정리는 확률론에서 기하학의 피타고라스 정리 같은 것이다.

— 해럴드 제프리스 경Sir Harold Jeffreys, 1973[Jef73]

이 절에서는 **베이즈 추론**Bayesian inference의 기본에 대해 논의한다. 메리엄-웹스터Merriam-Webster 사전에 따르면 '추론'이란 용어는 "주로 계산된 확실성 수준을 가지고 표본 데이터로부터 일반화로 전달하는 행위"를 뜻한다. '베이즈'란 용어는 확률론을 사용해 '확실성 수준'을 나타내는 추론 방법을 가리키는 데 쓰이며, 주어진 데이터에 대한 확실성 수준을 업데이트하는 데 **베이즈 규칙**Bayes' rule[7]을 활용한다.

　베이즈 규칙 그 자체는 매우 단순하다. 어떠한 관측된 데이터 $Y = y$가 주어졌을 때 알지 못하는

7　토머스 베이즈(Thomas Bayes, 1702~1761)는 영국의 수학자이자 장로교 목사였다. 스펠링이 'Bayes' rule'인지 아니면 'Bayes's rule'인지는 https://bit.ly/2kDtLuK를 참고하라.

(아니면 숨겨진hidden) 양 H의 가능한 값에 대한 확률 분포를 계산하는 공식일 뿐이다.

$$p(H = h | Y = y) = \frac{p(H = h)p(Y = y | H = h)}{p(Y = y)} \tag{2.51}$$

이는 항등 관계에 따라 자동적으로 다음이 된다.

$$p(h|y)p(y) = p(h)p(y|h) = p(h, y) \tag{2.52}$$

이 자체는 **확률의 곱 법칙**product rule of probability을 따른다.

식 (2.51)에서 항 $p(H)$는 어떠한 데이터를 보기 전에 H의 가능한 값에 대해 우리가 알고 있는 것을 나타내며, **사전 분포**prior distribution라 부른다(H가 K개의 가능한 값을 갖는다면, $p(H)$는 합이 1인 K개 확률의 벡터다). 항 $p(Y | H = h)$는 $H = h$일 때 우리가 보기를 기대하는 Y의 가능한 결과에 대한 분포를 나타낸다. 이는 **관측 분포**observation distribution라 부른다. 실제 관측 y에 해당하는 점에서 이를 계산할 때 함수 $p(Y = y | H = h)$를 얻게 되며, 이는 **가능도**likelihood라 부른다(이는 h에 대한 함수임을 주지하라. 왜냐하면 y가 고정되어 있지만 합하면 1이 아니므로 확률 함수가 아니기 때문이다). 각각의 h에 대해 사전 분포 $p(H = h)$를 가능도 함수 $p(Y = y | H = h)$로 곱히면 정규화되지 않은unnormalized 결합 분포 $p(H = h, Y = y)$를 준다. 이를 $p(Y = y)$로 나눔으로써 정규화된 분포로 변환할 수 있으며, 이는 알 수 없는 H에 대해 주변화하여 계산하므로 **주변 가능도**marginal likelihood라 한다.

$$p(Y = y) = \sum_{h' \in \mathcal{H}} p(H = h')p(Y = y | H = h') = \sum_{h' \in \mathcal{H}} p(H = h', Y = y) \tag{2.53}$$

각 h에 대해 $p(H = h, Y = y)/p(Y = y)$를 계산하여 결합 분포를 정규화하면 **사후 분포**posterior distribution $p(H = h | Y = y)$가 된다. 이는 H의 가능한 값에 대한 새로운 **확신 상태**belief state를 나타낸다.

베이즈 규칙은 다음과 같이 단어로 요약할 수 있다.

$$\text{사후}^{\text{posterior}} \propto \text{사전}^{\text{prior}} \times \text{가능도}^{\text{likelihood}} \tag{2.54}$$

여기서 $\propto$ 기호를 사용해 '비례함'을 나타내고 있다. 왜냐하면 단지 상수인, H에 독립인 분포를 무시하고 있기 때문이다. 베이즈 규칙을 사용해 유의한 관측 데이터가 주어졌을 때 어떠한 관심 있는 양의 알 수 없는 값에 대한 분포를 업데이트하는 것을 **베이즈 추론**Bayesian inference, 혹은 **사후 추**

론posterior inference이라 부른다. 이는 또한 단순히 **확률적 추론**probabilistic inference이라 부를 수도 있다.

아래에서 베이즈 추론을 실제로 하는 몇 가지 단순한 예시를 제시한다. 좀 더 흥미로운 많은 예시는 이 책의 후반부에서 살펴본다.

2.3.1 COVID-19 테스트

여러분이 SARS-CoV-2 바이러스가 원인인 감염성 있는 질병 COVID-19에 걸렸을 수도 있다고 해보자. 여러분은 진단 테스트를 받기로 결정했으며, 결과를 사용해 여러분이 감염됐는지 아닌지 알고자 한다.

$H = 1$은 여러분이 감염됐다는 사건, $H = 0$은 감염되지 않았다는 사건이라 해보자. 테스트가 양성이라면 $Y = 1$, 음성이라면 $Y = 0$이라 하자. $h \in \{0, 1\}$에 대해 $p(H = h \mid Y = y)$를 계산하고자 하며, 여기서 y는 관측된 테스트 결과다(간결함을 위해 값의 분포 $[p(H = 0 \mid Y = y), p(H = 1 \mid Y = y)]$를 $p(H \mid y)$로 쓴다). 이는 H가 알 수 없는 클래스 라벨, y가 특성 벡터인 **이항 분류**binary classification의 형식으로 생각할 수 있다.

먼저 가능도를 구체화해야 한다. 이 양은 당연히 테스트가 얼마나 믿을 만한지에 달려 있다. 핵심적인 모수는 2개가 있다. (**참 양성률**true positive rate이라 알려진) **민감도**sensitivity는 $p(Y = 1 \mid H = 1)$로 정의되며, 다시 말해 양성이 참일 때 테스트가 양성일 확률이다. **거짓 음성률**false negative rate은 1에서 민감도를 뺀 값으로 정의된다. (**참 거짓률**true negative rate이라 알려진) **특이도**specificity는 $p(Y = 0 \mid H = 0)$으로 정의되며, 다시 말해 거짓이 참일 때 테스트가 음성일 확률이다. **거짓 양성률**false positive rate은 1에서 특이도를 뺀 값으로 정의된다. 이 모든 양을 표 2.1에 요약했다(자세한 내용은 5.1.3.1절을 참고하라). https://nyti.ms/31MTZgV를 따라 민감도를 87.5%, 특이도를 97.5%로 둔다.

다음으로 사전 분포를 구체화해야 한다. $p(H = 1)$은 여러분이 거주하는 지역에서의 **유병률**

		관측치	
		0	1
믿음	0	TNR = 특이도 = 0.975	FPR = 1 − TNR = 0.025
	1	FNR = 1 − TPR = 0.125	TPR = 민감도 = 0.875

표 2.1 2개의 가능한 은닉 상태 H가 주어졌을 때 이항 관측 Y를 위한 가능도 함수 $p(Y \mid H)$. 각 행의 합은 1이다. 축약어: TNR = 참 음성률, TPR = 참 양성률, FNR = 거짓 음성률, FPR = 거짓 양성률

prevalence을 나타낸다. 이는 2020년 봄 뉴욕시에서의 유병률이었던 $p(H = 1) = 0.1$(즉, 10%)로 둔다 (이 예시는 https://nyti.ms/31MTZgV에서의 숫자와 맞도록 선택했다).

이제 테스트가 양성이라 해보자. 다음과 같다.

$$p(H = 1|Y = 1) = \frac{p(Y = 1|H = 1)p(H = 1)}{p(Y = 1|H = 1)p(H = 1) + p(Y = 1|H = 0)p(H = 0)} \tag{2.55}$$

$$= \frac{\text{TPR} \times \text{prior}}{\text{TPR} \times \text{prior} + \text{FPR} \times (1 - \text{사전})} \tag{2.56}$$

$$= \frac{0.875 \times 0.1}{0.875 \times 0.1 + 0.025 \times 0.9} = 0.795 \tag{2.57}$$

따라서 여러분이 감염됐을 가능성은 79.5%이다.

이제 테스트가 음성이라 해보자. 여러분이 감염됐을 확률은 다음과 같이 주어진다.

$$p(H = 1|Y = 0) = \frac{p(Y = 0|H = 1)p(H = 1)}{p(Y = 0|H = 1)p(H = 1) + p(Y = 0|H = 0)p(H = 0)} \tag{2.58}$$

$$= \frac{\text{FNR} \times \text{prior}}{\text{FNR} \times \text{prior} + \text{TNR} \times (1 - \text{사전})} \tag{2.59}$$

$$= \frac{0.125 \times 0.1}{0.125 \times 0.1 + 0.975 \times 0.9} = 0.014 \tag{2.60}$$

따라서 여러분이 감염됐을 가능성은 겨우 1.4%이다.

최근 COVID-19 유병률은 훨씬 낮다. 기준 유병률 1%를 사용해 이 계산을 다시 해보면, 사후 확률은 각각 26%와 0.13%로 낮아진다.

테스트가 양성이라 하더라도 COVID-19에 감염됐을 가능성이 단지 26%라는 사실은 매우 직관에 어긋나 보인다. 그 이유는 단일 양성 검사가 질병으로 인한 것보다 거짓 양성일 가능성이 크기 때문이며, 이는 질병이 드물기 때문이다. 이를 위해 100,000명의 모집단이 있으며 1000명이 감염되어 있다고 해보자. 감염된 사람 중에 $875 = 0.875 \times 1000$ 테스트가 양성이며, 감염되지 않은 사람 중 $2475 = 0.025 \times 99{,}000$ 테스트가 양성이다. 그러므로 전체 양성인 사람은 $3350 = 875 + 2475$이므로, 테스트가 양성일 때 감염될 사후 확률은 $875/3350 = 0.26$이다.

물론 앞의 계산은 테스트의 민감도 및 특이도를 알고 있다고 가정하고 있다. 이들 모수가 불확실할 때 진단 테스트에 베이즈 규칙을 어떻게 적용하는지는 [GC20]을 참고하라.

2.3.2 예시: 몬티 홀 문제

이 절에서는 더욱 '시시한' 베이즈 규칙 적용을 본다. 특히 이를 유명한 **몬티 홀 문제**Monty Hall problem 에 적용한다.

다음의 규칙을 갖는 게임 쇼를 상상해 보자. 1, 2, 3이라 라벨링된 문 3개가 있다. 하나의 상품 (예: 자동차)이 이들 중 하나의 뒤에 숨겨져 있다. 여러분은 문을 하나 선택해야 한다. 그 뒤 쇼 호스트가 다른 2개의 문(여러분이 고르지 않은 것) 중 하나를, 상품이 있는 위치를 드러내지 않도록 연다. 이때 여러분은 문을 새롭게 선택할 수 있다. 여러분이 처음 선택한 것을 고수하거나, 아니면 다른 닫힌 문으로 선택을 바꿀 수 있다. 그 뒤 모든 문이 열리고 여러분이 마지막에 선택한 문이 무엇이든 그 뒤에 있는 것을 받는다.

예를 들어 여러분이 문 1을 선택하며, 게임쇼 호스트가 약속된 바와 같이 문 뒤에 아무것도 없는 문 3을 연다. 여러분은 (a) 문 1을 고수해야 하는가, 아니면 (b) 문 2로 바꿔야 하는가, 아니면 (c) 이것이 어떠한 차이점도 만들어 내지 않는가?

직관적으로 이는 어떠한 차이점도 만들지 않아야 하는 것으로 보인다. 왜냐하면 여러분의 초기 문 선택이 상품의 위치에 영향을 주지 못하기 때문이다. 그러나 사실은 호스트가 문 3을 열면 이는 상품의 위치에 대해 우리에게 무언가를 말해 주는 셈이 된다. 왜냐하면 호스트가 상품의 참인 위치 그리고 여러분의 선택에 대한 지식을 조건부로 하는 선택을 했기 때문이다. 아래에서 보듯이 사실 은 여러분이 문을 2로 바꾸면 상품을 받을 가능성이 두 배가 된다.

이를 보여주기 위해 베이즈 규칙을 사용해 보자. H_i를 상품이 문 i 뒤에 있을 가설이라 해보자. 3개의 가설 H_1, H_2, H_3가 가능성이 같은 **사전 확률**, 즉 다음과 같다는 가정을 한다.

$$P(H_1) = P(H_2) = P(H_3) = \frac{1}{3} \tag{2.61}$$

문 1을 선택한 후 우리가 받는 데이터는 $Y = 3$ 혹은 $Y = 2$이다(문 3이나 2가 열림을 뜻함). 이러한 2개 의 가능한 결과는 다음의 확률을 갖는다고 가정한다. 상품이 문 1 뒤에 있으면, 호스트는 $Y = 2$와 $Y = 3$ 중 무작위로 선택한다. 그렇지 않으면 호스트는 강제로 선택을 하게 되며 확률은 0과 1이다.

$$\begin{vmatrix} P(Y=2|H_1) = \frac{1}{2} & P(Y=2|H_2) = 0 & P(Y=2|H_3) = 1 \\ P(Y=3|H_1) = \frac{1}{2} & P(Y=3|H_2) = 1 & P(Y=3|H_3) = 0 \end{vmatrix} \tag{2.62}$$

문 1	문 2	문 3	바꿈	유지함
자동차	-	-	패배	승리
-	자동차	-	승리	패배
-	-	자동차	승리	패배

표 2.2 몬티 홀 게임의 가능한 상태 세 가지. 문을 바꾸는 것이 원래 선택을 유지하는 것보다 두 배로(평균적으로) 낫다는 것을 보여준다. 출처: [PM18]의 표 6.1

이제 베이즈 규칙을 사용해 가설의 사후 확률의 값을 매긴다.

$$P(H_i|Y=3) = \frac{P(Y=3|H_i)P(H_i)}{P(Y=3)} \tag{2.63}$$

$$\left| P(H_1|Y=3) = \frac{(1/2)(1/3)}{P(Y=3)} \right| P(H_2|Y=3) = \frac{(1)(1/3)}{P(Y=3)} \left| P(H_3|Y=3) = \frac{(0)(1/3)}{P(Y=3)} \right| \tag{2.64}$$

분모 $P(Y=3)$은 $P(Y=3) = \frac{1}{6} + \frac{1}{3} = \frac{1}{2}$이다. 따라서

$$\left| P(H_1|Y=3) = \frac{1}{3} \right| P(H_2|Y=3) = \frac{2}{3} \left| P(H_3|Y=3) = 0 \right| \tag{2.65}$$

그러므로 참여자는 상품을 받을 가능성이 가장 높은 문 2로 바꿔야 한다. 다른 예시는 표 2.2를 참고하라.

많은 사람이 이 결과가 놀랍다고 생각한다. 이를 좀 더 직관적으로 생각하는 방법은 수백만 개의 문으로 된 게임을 플레이하는 사고 실험을 수행하는 것이다. 규칙은 이제 참여자가 문 하나를 선택하면, 게임쇼 호스트가 상품을 드러내지 않도록 999,998개의 문을 열어, 참여자가 선택한 문 및 다른 문 하나가 닫힌 채로 둔다. 참여자는 이제 선택을 유지하거나 바꿀 수도 있다. 참여자가 수백만 개의 문 앞에 있으며, 이들 중 문 1과 234,598개의 문이 열리지 않았고, 문 1이 참여자의 처음 추측이었다고 해보자. 여러분은 상품이 어디에 있다고 생각하는가?

2.3.3 역 문제*

확률론은 세계의 상태 h에 대한 지식(혹은 가정)이 주어졌을 때 결과 y에 대한 분포의 추정에 관심이 있다. 반대로 **역 확률**inverse probability은 결과의 관측으로부터 세계의 상태를 추론하는 데 관심이 있다. 이를 $h \rightarrow y$ 매핑의 역으로 생각할 수 있다.

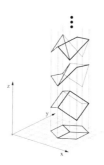

그림 2.8 평면적으로 그려진 어떠한 선이든지 무한정하게 많은 2차원 구조와 기하적으로 일치한다. 출처: [SA93]의 그림 11. 파완 싱하(Pawan Sinha)가 친절하게 사용을 허가했다.

예를 들어, 2차원 이미지 y로부터 3차원의 모양 h를 추론한다고 해보자. 이는 **시각적 장면 이해**visual scene understanding에서의 전통적인 문제다. 안타깝게도 그림 2.8이 보여주듯이, 이는 근본적으로 **나쁜 조건**ill-posed의 문제다. 왜냐하면 관측된 동일한 y가 일치하는 숨겨진 가능한 h가 여러 개 있기 때문이다(예: [Piz01] 참고). 마찬가지로, 청자가 화자가 말한 (주로 애매모호한) 단어로부터 의도 h를 추론해야만 하는 **자연어 이해**natural language understanding 또한 불량 조건 문제로 볼 수 있다(예: [Sab21] 참고).

이러한 **역문제**inverse problem를 다루려면, 베이즈 규칙을 사용해 세계의 가능한 상태에 대한 분포를 주는 사후 확률 $p(h|y)$를 계산할 수 있다. 이 기법은 **전진 모델**forwards model $p(y|h)$ 및 사전 확률 $p(h)$의 구체화가 필요하다. 이는 타당치 않은 세계의 상태를 배제하는 데(혹은 비중을 낮추는 데) 쓰일 수 있다. 이 주제는 책의 후속판 [Mur23]에서 더 자세히 논의한다.

2.4 베르누이와 이항 분포

아마도 가장 단순한 확률 분포는 **베르누이 분포**Bernoulli distribution일 것이다. 이는 이항 사건을 모델링하는 데 사용할 수 있다.

2.4.1 정의

앞이 놓이는 사건의 확률이 $0 \leq \theta \leq 1$로 주어진 동전 던지기를 고려해 보자. $Y = 1$은 사건을 나타내며, $Y = 0$은 동전이 아래로 놓이는 사건을 나타낸다고 해보자. 따라서 $p(Y = 1) = \theta$이며 $p(Y$

$= 0) = 1 - \theta$이다. 이는 **베르누이 분포**라 부르며, 다음과 같이 쓸 수 있다.

$$Y \sim \text{Ber}(\theta) \tag{2.66}$$

여기서 기호 ~는 '로부터 표집했다' 혹은 '로 분포된다'는 것을 뜻하며, Ber는 베르누이를 가리킨다. 이 분포의 확률 질량 함수pmf는 다음과 같다.

$$\text{Ber}(y|\theta) = \begin{cases} 1 - \theta & y = 0 \text{인 경우} \\ \theta & y = 1 \text{인 경우} \end{cases} \tag{2.67}$$

(pmf에 대한 더 자세한 내용은 2.2.1절을 참고하라.) 이는 다음과 같이 더 간결한 방식으로 쓸 수 있다.

$$\text{Ber}(y|\theta) \triangleq \theta^y (1 - \theta)^{1-y} \tag{2.68}$$

베르누이 분포는 **이항 분포**binomial distribution의 특별한 경우다. 이를 설명하기 위해, $n = 1 : N$에 대해 N번의 베르누이 시도를 관측한다고 해보자. 이는 $y_n \sim \text{Ber}(\cdot|\theta)$로 표기한다. 완벽함을 위해 동전을 N번 던진다고 생각해 보자. s가 앞이 나온 전체 개수라 정의하면, $s \triangleq \sum_{n=1}^{N} \mathbb{I}(y_n = 1)$이다. s의 분포는 이항 분포로 주어진다.

$$\text{Bin}(s|N, \theta) \triangleq \binom{N}{s} \theta^s (1 - \theta)^{N-s} \tag{2.69}$$

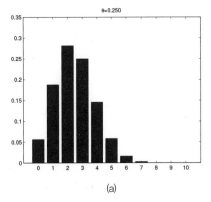
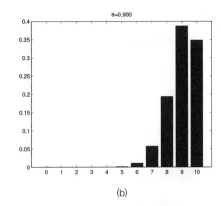

(a)   (b)

그림 2.9 $N = 10$이고 (a) $\theta = 0.25$이며 (b) $\theta = 0.9$일 때 이항 분포를 보여준다. binom_dist_plot.ipynb 로 생성했다.

여기서

$$\binom{N}{k} \triangleq \frac{N!}{(N-k)!k!} \tag{2.70}$$

은 N에서 k개 항목을 고르는 방법의 수다(이는 **이항 계수**^{binomial coefficient}라 알려져 있으며, 'N에서 k 선택'이라 말한다). 그림 2.9에서 이항 분포의 예시를 보라. $N = 1$이라면 이항 분포는 베르누이 분포로 축소된다.

2.4.2 시그모이드(로지스틱) 함수

어떠한 입력 $\boldsymbol{x} \in \mathcal{X}$가 주어졌을 때 이항 변수 $y \in \{0, 1\}$를 예측하고자 한다면, 다음 형식의 **조건부 확률 분포**^{conditional probability distribution}를 사용해야 한다.

$$p(y|\boldsymbol{x}, \boldsymbol{\theta}) = \text{Ber}(y|f(\boldsymbol{x}; \boldsymbol{\theta})) \tag{2.71}$$

여기서 $f(\boldsymbol{x}; \boldsymbol{\theta})$는 출력 분포의 평균 모수를 예측하는 어떠한 함수다. 2~4부에서 다른 많은 종류의 함수를 고려한다.

$0 \leq f(\boldsymbol{x}; \boldsymbol{\theta}) \leq 1$이라는 요구사항을 피하기 위해, f를 비제약된 함수로 둘 수 있으며 다음의 모델을 사용할 수 있다.

$$p(y|\boldsymbol{x}, \boldsymbol{\theta}) = \text{Ber}(y|\sigma(f(\boldsymbol{x}; \boldsymbol{\theta}))) \tag{2.72}$$

이때 $\sigma(\ )$는 **시그모이드**^{sigmoid} 혹은 **로지스틱**^{logistic} 함수이며, 다음과 같이 정의한다.

$$\sigma(a) \triangleq \frac{1}{1 + e^{-a}} \tag{2.73}$$

여기서 $a = f(\boldsymbol{x}; \boldsymbol{\theta})$이다. '시그모이드'란 용어는 S 모양임을 뜻한다. 그림 2.10(a)의 도표를 참고하라. 함수가 전체 실수 선을 [0, 1]로 매핑함을 볼 수 있다. 이는 출력을 확률로 해석하는 데 있어 중요하다(따라서 베르누이 모수 θ를 위한 유효한 값이 된다). 시그모이드 함수는 다음과 같이 정의되는 **헤비사이드 계단 함수**^{heaviside step function}의 '약한' 버전으로 생각할 수 있다.

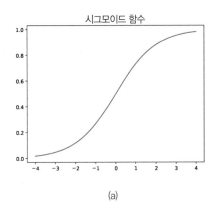
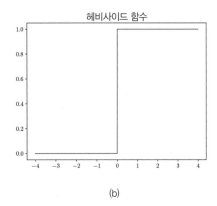

그림 2.10 (a) 시그모이드(로지스틱) 함수 $\sigma(a) = (1 + e^{-a})^{-1}$, (b) 헤비사이드 함수 $\mathbb{I}(a > 0)$. activation_fun_plot.ipynb로 생성했다.

$$H(a) \triangleq \mathbb{I}(a > 0) \tag{2.74}$$

이는 그림 2.10(b)에서 보여준다.

시그모이드 함수의 정의를 식 (2.72)에 집어넣으면 다음을 얻는다.

$$p(y = 1 | \boldsymbol{x}, \boldsymbol{\theta}) = \frac{1}{1 + e^{-a}} = \frac{e^a}{1 + e^a} = \sigma(a) \tag{2.75}$$

$$p(y = 0 | \boldsymbol{x}, \boldsymbol{\theta}) = 1 - \frac{1}{1 + e^{-a}} = \frac{e^{-a}}{1 + e^{-a}} = \frac{1}{1 + e^a} = \sigma(-a) \tag{2.76}$$

양 a는 **로그 오즈**^{log odds} $\log(\frac{p}{1-p})$와 동일하며, 여기서 $p = p(y = 1 | \boldsymbol{x}; \boldsymbol{\theta})$이다. 이를 위해 다음을 주지하라.

$$\log\left(\frac{p}{1-p}\right) = \log\left(\frac{e^a}{1 + e^a} \frac{1 + e^a}{1}\right) = \log(e^a) = a \tag{2.77}$$

로지스틱 함수 혹은 **시그모이드** 함수는 로그 오즈 a를 p로 매핑한다.

$$p = \text{logistic}(a) = \sigma(a) \triangleq \frac{1}{1 + e^{-a}} = \frac{e^a}{1 + e^a} \tag{2.78}$$

이것의 역함수는 **로짓 함수**^{logit function}라 부르며, p를 로그 오즈 a로 매핑한다.

$$\sigma(x) \triangleq \frac{1}{1 + e^{-x}} = \frac{e^x}{1 + e^x} \tag{2.79}$$

$$\frac{d}{dx}\sigma(x) = \sigma(x)(1 - \sigma(x)) \tag{2.80}$$

$$1 - \sigma(x) = \sigma(-x) \tag{2.81}$$

$$\sigma^{-1}(p) = \log\left(\frac{p}{1-p}\right) \triangleq \text{logit}(p) \tag{2.82}$$

$$\sigma_+(x) \triangleq \log(1 + e^x) \triangleq \text{softplus}(x) \tag{2.83}$$

$$\frac{d}{dx}\sigma_+(x) = \sigma(x) \tag{2.84}$$

표 2.3 시그모이드(로지스틱) 및 관련 함수의 유용한 속성. 로짓 함수는 시그모이드 함수의 역함수이며 도메인이 [0, 1]임을 주지하라.

$$a = \text{logit}(p) = \sigma^{-1}(p) \triangleq \log\left(\frac{p}{1-p}\right) \tag{2.85}$$

표 2.3에서 이들 함수의 유용한 속성을 보라.

2.4.3 이항 로지스틱 회귀

이 절에서는 $f(\boldsymbol{x}; \boldsymbol{\theta}) = \boldsymbol{w}^\mathsf{T}\boldsymbol{x} + b$ 형식의 선형 예측자를 사용하는 조건부 베르누이 모델을 사용한다. 따라서 모델의 형식은 다음과 같다.

$$p(y|\boldsymbol{x}; \boldsymbol{\theta}) = \text{Ber}(y|\sigma(\boldsymbol{w}^\mathsf{T}\boldsymbol{x} + b)) \tag{2.86}$$

다시 말해,

$$p(y = 1|\boldsymbol{x}; \boldsymbol{\theta}) = \sigma(\boldsymbol{w}^\mathsf{T}\boldsymbol{x} + b) = \frac{1}{1 + e^{-(\boldsymbol{w}^\mathsf{T}\boldsymbol{x} + b)}} \tag{2.87}$$

이는 **로지스틱 회귀**^{logistic regression}라 부른다.

예를 들어 1차원 2-클래스 버전의 붓꽃 데이터셋을 고려해 보자. 양의 클래스는 '버기니카'이고, 음의 클래스는 '버기니카가 아님'이며, 사용하는 특성 x는 꽃잎 너비다. 로지스틱 회귀 모델을 이에

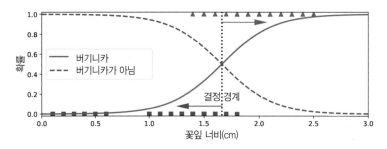

그림 2.11 1차원, 2-클래스 붓꽃 데이터셋에 적용한 로지스틱 회귀. iris_logreg.ipynb로 생성했다. 출처: [Gér19]의 그림 4.23

적합시키고 그림 2.11의 결과를 보자. **결정 경계**^{decision boundary}는 $p(y = 1 | x = x^*, \boldsymbol{\theta}) = 0.5$인 값 x^*에 해당한다. 이 예제에서 $x^* \approx 1.7$임을 볼 수 있다. x가 이 경계에서 멀어짐에 따라, 분류기가 클래스 라벨 예측에 더 높은 신뢰성을 갖는다.

이 예제에서 왜 선형 회귀를 (이항) 분류 문제에 사용하는 것이 부적절한지 분명히 이해해야 한다. 이러한 모델에서는 우측으로 멀리 움직일수록 확률이 1보다 커질 것이며, 좌측으로 멀리 움직일수록 0보다 작아질 것이다.

로지스틱 회귀에 관한 자세한 내용은 10장을 참고하라.

2.5 범주형 및 다항 분포

유한한 집합의 라벨 $y \in \{1, ..., C\}$에 대한 분포를 나타내려면, 베르누이를 값이 $C > 2$인 것으로 일반화하는 **범주형**^{categorical} 분포를 사용할 수 있다.

2.5.1 정의

범주형 분포는 클래스당 모수 하나가 있는 이산 확률 분포다.

$$\mathrm{Cat}(y|\boldsymbol{\theta}) \triangleq \prod_{c=1}^{C} \theta_c^{\mathbb{I}(y=c)} \tag{2.88}$$

다시 말해, $p(y = c|\boldsymbol{\theta}) = \theta_c$이다. 모수가 $0 \le \theta_c \le 1$ 그리고 $\sum_{c=1}^{C} \theta_c = 1$의 제약을 가짐을 주지하라. 따라서 오직 $C - 1$개의 독립적인 모수가 존재한다.

범주형 분포는 다른 방식으로, 이산 변수 y를 요소가 C개인, 클래스 라벨에 해당하는 요소를 제외하고 다른 모든 요소가 0인 **원핫 벡터**one-hot vector로 변환하여 쓸 수 있다('원핫'이란 용어는 전기공학에서 나왔으며, 이항 벡터가 활성화될 수 있거나('hot') 그렇지 않은('cold') 와이어 집합의 전기적 전류로 인코딩된다). 예를 들어, $C = 3$이라면 클래스 1, 2, 3은 $(1, 0, 0)$, $(0, 1, 0)$, $(0, 0, 1)$로 인코딩한다. 더 일반적으로 $\boldsymbol{e}_c$가 차원 c를 제외한 모두가 0인 **유닛 벡터**unit vector를 사용해 클래스를 인코딩할 수 있다(이는 **더미 인코딩**dummy encoding이라고도 부른다). 원핫 인코딩을 사용해 범주형 분포를 다음과 같이 쓸 수 있다.

$$\mathrm{Cat}(\boldsymbol{y}|\boldsymbol{\theta}) \triangleq \prod_{c=1}^{C} \theta_c^{y_c} \tag{2.89}$$

범주형 분포는 **다항 분포**multinomial distribution의 특별한 경우다. 이를 설명하기 위해 $n = 1 : N$에 대해 N번의 범주형 시도 $y_n \sim \mathrm{Cat}(\cdot|\boldsymbol{\theta})$를 관찰한다고 해보자. 엄밀함을 위해 면이 C개인 주사위를 N번 굴린다고 생각해 보자. s가 각 면이 위로 보이는 횟수를 세는 벡터, 즉 $y_c = N_c \triangleq \sum_{n=1}^{N} \mathbb{I}(y_n = c)$라 하자. 이제 $\boldsymbol{y}$는 원핫이 아니라 '멀티핫multi-hot'이 된다. 왜냐하면 모든 N번의 시도에 대해 관측된 c의 값마다 0이 아닌 항목을 갖기 때문이다. $\boldsymbol{y}$의 분포는 **다항 분포**multinomial distribution로 주어진다.

$$\mathcal{M}(\boldsymbol{y}|N, \boldsymbol{\theta}) \triangleq \binom{N}{y_1 \dots y_C} \prod_{c=1}^{C} \theta_c^{y_c} = \binom{N}{N_1 \dots N_C} \prod_{c=1}^{C} \theta_c^{N_c} \tag{2.90}$$

여기서 θ_c는 c 면이 위로 보이는 확률이다. 그리고

$$\binom{N}{N_1 \dots N_C} \triangleq \frac{N!}{N_1! N_2! \cdots N_C!} \tag{2.91}$$

은 크기 $N = \sum_{c=1}^{C} N_c$의 집합을 크기가 N_1에서 N_C인 부분집합으로 나누는 방법을 나타내는 **다항 계수**multinomial coefficient다. $N = 1$이라면 다항 분포는 범주형 분포가 된다.

2.5.2 소프트맥스 함수

조건부의 경우 다음을 정의할 수 있다.

$$p(y|\boldsymbol{x}, \boldsymbol{\theta}) = \mathrm{Cat}(y|f(\boldsymbol{x}; \boldsymbol{\theta})) \tag{2.92}$$

이는 또한 다음과 같이 쓸 수 있다.

$$p(y|\boldsymbol{x}, \boldsymbol{\theta}) = \mathcal{M}(\boldsymbol{y}|1, f(\boldsymbol{x}; \boldsymbol{\theta})) \tag{2.93}$$

이는 $0 \leq f_c(\boldsymbol{x}; \boldsymbol{\theta}) \leq 1$ 및 $\sum_{c=1}^{C} f_c(\boldsymbol{x}; \boldsymbol{\theta}) = 1$을 만족시켜야 한다.

f가 확률 벡터를 직접 예측한다는 요구사항을 피하려면, f로부터의 출력을 **소프트맥스**softmax[Bri90] 함수로 전달하는 것이 일반적인 방법이다. 이는 또한 **다항 로짓**multinomial logit이라고도 부르며, 다음과 같이 정의된다.

$$\mathrm{softmax}(\boldsymbol{a}) \triangleq \left[\frac{e^{a_1}}{\sum_{c'=1}^{C} e^{a_{c'}}}, \ldots, \frac{e^{a_C}}{\sum_{c'=1}^{C} e^{a_{c'}}} \right] \tag{2.94}$$

이는 $\mathbb{R}^C$를 $[0, 1]^C$로 매핑하며, $0 \leq \mathrm{softmax}(\boldsymbol{a})_c \leq 1$ 및 $\sum_{c=1}^{C} \mathrm{softmax}(\boldsymbol{a})_c = 1$ 제약을 만족시킨다. 소프트맥스의 입력 $\boldsymbol{a} = f(\boldsymbol{x}; \boldsymbol{\theta})$는 **로짓**logit이라 부르며, 로그 오즈를 일반화한 것이다.

이를 소프트맥스 함수라 부르는 이유는 약간 argmax 함수처럼 움직이기 때문이다. 이를 보기 위해 각 a_c를 **온도**temperature[8]라 부르는 상수 T로 나눠보자. 그러면 $T \to 0$임에 따라 다음이 된다.

$$\mathrm{softmax}(\boldsymbol{a}/T)_c = \begin{cases} 1.0 & c = \mathrm{argmax}_{c'} \, a_{c'} \text{인 경우} \\ 0.0 & \text{그 외} \end{cases} \tag{2.95}$$

다시 말해 낮은 온도에서 분포가 대부분의 확률 질량을 가장 가능성 있는 상태에 놓게 되며(이는 **승자독식**winner takes all이라 부른다), 고온에서 이는 질량을 균일하게 퍼뜨린다. 그림 2.12를 참고하라.

---

8 이 전문용어는 통계물리학 분야에서 나왔다. **볼츠만 분포**(Boltzmann distribution)는 소프트맥스 함수와 같은 형식을 갖는 상태에 대한 분포다.

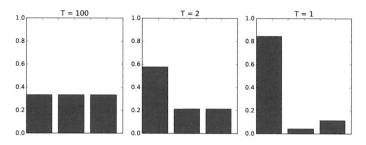

그림 2.12 $\boldsymbol{a} = (3, 0, 1)$일 때 온도가 $T = 100$, $T = 2$, $T = 1$에서의 소프트맥스 분포 softmax($\boldsymbol{a}/T$). 온도가 높을 때(왼쪽) 분포는 균일하며, 온도가 낮을 때(오른쪽) 분포가 삐죽삐죽하여 가장 큰 요소에 대부분의 질량이 있다. softmax_plot.ipynb로 생성했다.

2.5.3 다중 클래스 로지스틱 회귀

$f(\boldsymbol{x}; \boldsymbol{\theta}) = \mathbf{W}\boldsymbol{x} + \boldsymbol{b}$ 형식의 선형 예측자를 사용하고 $\mathbf{W}$가 $C \times D$ 행렬이며 $\boldsymbol{b}$가 C차원의 편향 벡터라면, 최종 모델은 다음이 된다.

$$p(y|\boldsymbol{x}; \boldsymbol{\theta}) = \text{Cat}(y|\text{softmax}(\mathbf{W}\boldsymbol{x} + \boldsymbol{b})) \tag{2.96}$$

$\boldsymbol{a} = \mathbf{W}\boldsymbol{x} + \boldsymbol{b}$가 C차원 벡터의 **로짓**이라 하면, 위의 방정식을 다음과 같이 다시 쓸 수 있다.

$$p(y = c|\boldsymbol{x}; \boldsymbol{\theta}) = \frac{e^{a_c}}{\sum_{c'=1}^{C} e^{a_{c'}}} \tag{2.97}$$

이는 **다항 로지스틱 회귀**multinomial logistic regression라 한다.

클래스가 오직 2개만 있다면, 이는 이항 로지스틱 회귀로 줄어든다. 이를 보기 위해 다음을 주지하라.

$$\text{softmax}(\boldsymbol{a})_0 = \frac{e^{a_0}}{e^{a_0} + e^{a_1}} = \frac{1}{1 + e^{a_1 - a_0}} = \sigma(a_0 - a_1) \tag{2.98}$$

따라서 모델이 $a = a_1 - a_0$를 예측하도록 훈련시킬 수 있다. 이는 단일 가중치 벡터 $\boldsymbol{w}$로 할 수 있다. 다중 클래스 형식화를 사용한다면, 2개의 가중치 벡터 $\boldsymbol{w}_0$와 $\boldsymbol{w}_1$이 있을 것이다. 이러한 모델은 **과모수화**over-parameterized되어 해석력을 해칠 수도 있지만, 예측은 같을 것이다.

이는 10.3절에서 더 자세히 논의한다. 일단은 예시를 주기만 한다. 그림 2.13은 단지 2개의 특

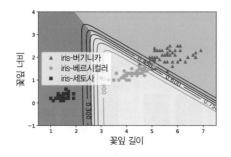

그림 2.13 붓꽃 데이터셋의 3-클래스, 2-특성 버전에서의 로지스틱 회귀. 출처: [Gér19] 4.25의 그림. iris_logreg.ipynb로 생성했다.

성을 사용해 3-클래스 붓꽃 데이터셋에 모델을 적합시킬 때 무슨 일이 벌어지는지 보여준다. 각 클래스 사이의 결정 경계가 선형임을 볼 수 있다. 특성을 변환하여(예: 다항식을 사용해) 비선형 경계를 만들 수 있으며, 10.3.1절에서 논의한다.

2.5.4 log-sum-exp 트릭

이 절에서는 소프트맥스 분포로 작업할 때 주의해야 할 중요한 실제적 내용을 논의한다. 정규화된 확률 $p_c = p(y = c \,|\, \boldsymbol{x})$를 계산하고자 한다고 해보자. 이는 다음과 같이 주어진다.

$$p_c = \frac{e^{a_c}}{Z(\boldsymbol{a})} = \frac{e^{a_c}}{\sum_{c'=1}^{C} e^{a_{c'}}} \tag{2.99}$$

여기서 $\boldsymbol{a} = f(\boldsymbol{x}; \boldsymbol{\theta})$는 로짓이다. **분할 함수**$^{\text{partition function}}$ Z를 계산할 때 수치 문제를 만날 수도 있다. 예를 들어, 클래스가 3개이며 로짓이 $\boldsymbol{a} = (0, 1, 0)$이라 해보자. 그러면 $Z = e^0 + e^1 + e^0 = 4.71$이 된다. 그러나 이제 $\boldsymbol{a} = (1000, 1001, 1000)$이라 하면 $Z = \infty$가 된다. 왜냐하면 컴퓨터에서 64비트 정밀도를 사용하더라도 np.exp(1000)=inf이기 때문이다. 비슷하게 $\boldsymbol{a} = (-1000, -999, -1000)$이라 하면 $Z = 0$이 된다. np.exp(21000)=0이기 때문이다. 이러한 수치 문제를 피하려면 다음의 항등식을 사용할 수 있다.

$$\log \sum_{c=1}^{C} \exp(a_c) = m + \log \sum_{c=1}^{C} \exp(a_c - m) \tag{2.100}$$

이는 어떠한 m이든지 유효하다. 주로 $m = \max_c a_c$를 사용한다. 이는 지수화하는 가장 큰 값이 0일 것이므로 절대로 오버플로하지 않을 것이며, 언더플로한다 하더라도 답이 상식적일 것이다. 이는 log-sum-exp 트릭^{log-sum-exp trick}이라 한다. lse 함수를 구현할 때 이 트릭을 사용한다.

$$\text{lse}(\boldsymbol{a}) \triangleq \log \sum_{c=1}^{C} \exp(a_c) \tag{2.101}$$

이를 사용해 로짓의 확률을 계산할 수 있다.

$$p(y = c | \boldsymbol{x}) = \exp(a_c - \text{lse}(\boldsymbol{a})) \tag{2.102}$$

이는 식 (5.41)에서 정의한 교차 엔트로피 손실에 전달할 수 있다.

그러나 연산을 줄이기 위해 그리고 수치적 안정성을 위해, 교차 엔트로피 손실을 수정하여 확률 벡터 $\boldsymbol{p}$ 대신에 로짓 $\boldsymbol{a}$를 입력으로 받도록 하는 것이 일반적이다. 예를 들어 이항의 경우를 보자. 예제 하나를 위한 CE 손실은 다음과 같다.

$$\mathcal{L} = -\left[\mathbb{I}\left(y = 0\right) \log p_0 + \mathbb{I}\left(y = 1\right) \log p_1\right] \tag{2.103}$$

여기서

$$\log p_1 = \log \left(\frac{1}{1 + \exp(-a)}\right) = \log(1) - \log(1 + \exp(-a)) = 0 - \text{lse}([0, -a]) \tag{2.104}$$

$$\log p_0 = 0 - \text{lse}([0, +a]) \tag{2.105}$$

2.6 일변량 가우스(정규) 분포

실숫값 확률 변수 $y \in \mathbb{R}$에서 가장 널리 쓰이는 분포는 **가우스 분포**^{Gaussian distribution}이며, 또한 **정규 분포**^{normal distribution}라 부른다(이들 이름에 대한 논의는 2.6.4절을 참고하라).

2.6.1 누적 분포 함수

연속 확률 변수 Y의 **누적 분포 함수**, 즉 **cdf**는 다음과 같이 정의한다.

$$P(y) \triangleq \Pr(Y \leq y) \tag{2.106}$$

(대문자 P를 사용해 cdf를 나타냄을 주지하라.) 이를 사용해 다음과 같은 어떠한 구간의 확률을 계산할 수 있다.

$$\Pr(a < Y \leq b) = P(b) - P(a) \tag{2.107}$$

cdf는 단조 비감소 함수다.

가우스 분포의 cdf는 다음과 같이 정의된다.

$$\Phi(y; \mu, \sigma^2) \triangleq \int_{-\infty}^{y} \mathcal{N}(z|\mu, \sigma^2)dz \tag{2.108}$$

그림 2.2(a)를 참고하라. 가우스의 cdf는 $\Phi(y; \mu, \sigma^2) = \frac{1}{2}[1 + \mathrm{erf}(z/\sqrt{2})]$를 사용해 구현하는 경우가 많음을 주지하라. 이때 $z = (y - \mu)/\sigma$이고, $\mathrm{erf}(u)$는 **오차 함수**error function로 다음과 같이 정의된다.

$$\mathrm{erf}(u) \triangleq \frac{2}{\sqrt{\pi}} \int_0^u e^{-t^2} dt \tag{2.109}$$

모수 μ는 분포의 평균을 인코딩하며, 가우스의 경우 이는 모드와 같다. 모수 σ^2은 분산을 인코딩한다(때때로 가우스 분포의 분산의 역수인 **정밀도**precision를 이야기할 때가 있으며, $\lambda = 1/\sigma^2$으로 표기한다). $\mu = 0$이고 $\sigma = 1$일 때 가우스 분포는 **표준 정규**standard normal 분포라 부른다.

P가 Y의 cdf라면, $P^{-1}(q)$는 $p(Y \leq y_q) = q$가 되도록 하는 값 y_q이다. 이는 P의 q **분위수**라 부른다. 값 $P^{-1}(0.5)$는 확률 질량의 절반이 좌측에, 절반은 우측에 있는 분포의 **중앙값**이다. 값 $P^{-1}(0.25)$와 $P^{-1}(0.75)$는 하단 및 상단 **사분위수**다.

예를 들어 Φ가 가우스 분포 $\mathcal{N}(0, 1)$의 cdf이며, Φ^{-1}가 cdf의 역함수(**프로빗 함수**probit function라고도 한다)라 해보자. 그러면 $\Phi^{-1}(\alpha/2)$의 좌측에 있는 점은 그림 2.2(b)와 같이 확률 질량의 $\alpha/2$를 포함한다. 대칭적으로 $\Phi^{-1}(1 - \alpha/2)$의 우측에 있는 점 또한 질량의 $\alpha/2$를 포함한다. 따라서 가운데 구

간 $(\Phi^{-1}(\alpha/2), \Phi^{-1}(1 - \alpha/2))$는 질량의 $1 - \alpha$를 포함한다. $\alpha = 0.05$라 하면, 가운데 95% 구간이 이 범위에 포함된다.

$$(\Phi^{-1}(0.025), \Phi^{-1}(0.975)) = (-1.96, 1.96) \tag{2.110}$$

분포가 $\mathcal{N}(\mu, \sigma^2)$이라면, 95% 구간은 $(\mu - 1.96\sigma, \mu + 1.96\sigma)$가 된다. 이는 근사적으로 $\mu \pm 2\sigma$라 쓰는 경우가 많다.

2.6.2 확률 밀도 함수

확률 밀도 함수probability density function, 즉 **pdf**는 cdf의 도함수로 정의한다.

$$p(y) \triangleq \frac{d}{dy} P(y) \tag{2.111}$$

가우스 분포의 pdf는 다음과 같이 주어진다.

$$\mathcal{N}(y|\mu, \sigma^2) \triangleq \frac{1}{\sqrt{2\pi\sigma^2}} e^{-\frac{1}{2\sigma^2}(y-\mu)^2} \tag{2.112}$$

이때 $\sqrt{2\pi\sigma^2}$ 은 밀도가 1로 적분됨을 보장하는 데 필요한 정규화 상수다(연습문제 2.12 참고). 그림 2.2(b)를 참고하라.

pdf가 주어지면 연속형 변수의 확률이 유한한 구간에 있도록 다음과 같이 계산할 수 있다.

$$\Pr(a < Y \le b) = \int_a^b p(y)dy = P(b) - P(a) \tag{2.113}$$

구간의 크기가 작아짐에 따라 다음과 같이 쓸 수 있다.

$$\Pr(y \le Y \le y + dy) \approx p(y)dy \tag{2.114}$$

직관적으로 Y가 y 주변의 작은 구간에 있을 확률은 y에서의 밀도에 구간의 너비를 곱한 것이라 말한다. 앞의 결과에서 중요한 사실 중 하나는 pdf가 한 점에서 1보다 클 수 있다는 것이다. 예를 들어 $\mathcal{N}(0|0, 0.1) = 3.99$이다.

pdf를 사용해 분포의 **평균**mean, 혹은 **기댓값**expected value을 계산할 수 있다.

$$\mathbb{E}\left[Y\right] \triangleq \int_{\mathcal{Y}} y \, p(y) dy \tag{2.115}$$

가우스 분포에서는 $\mathbb{E}[\mathcal{N}(\cdot \,|\, \mu, \, \sigma^2)] = \mu$라는 익숙한 결과를 얻는다(그러나 일부 분포에서는 적분이 유한하지 않으므로 평균이 정의되지 않음을 주지하라).

또한 pdf를 사용해 분포의 **분산**variance을 계산할 수 있다. 이는 '퍼짐'에 대한 측도이며, 주로 σ^2이라 표기한다. 분산은 다음과 같이 정의된다.

$$\mathbb{V}\left[Y\right] \triangleq \mathbb{E}\left[(Y-\mu)^2\right] = \int (y-\mu)^2 p(y) dy \tag{2.116}$$

$$= \int y^2 p(y) dy + \mu^2 \int p(y) dy - 2\mu \int y p(y) dy = \mathbb{E}\left[Y^2\right] - \mu^2 \tag{2.117}$$

이로부터 유용한 결과를 유도할 수 있다.

$$\mathbb{E}\left[Y^2\right] = \sigma^2 + \mu^2 \tag{2.118}$$

표준편차는 다음과 같이 정의된다.

$$\mathrm{std}\left[Y\right] \triangleq \sqrt{\mathbb{V}\left[Y\right]} = \sigma \tag{2.119}$$

(표준편차는 Y 그 자체와 같은 단위를 가지므로 분산보다 더 잘 해석할 수 있다.) 가우스 분포에서 $\mathrm{std}[\mathcal{N}(\cdot \,|\, \mu, \sigma^2)] = \sigma$라는 익숙한 결과를 얻는다.

2.6.3 회귀

지금까지 무조건부 가우스 분포를 고려했다. 몇몇 경우 가우스 분포의 모수를 어떠한 입력 변수에 대한 함수로 만들면 유용하다. 즉, 다음 형식의 조건부 밀도 모델을 만들고자 한다.

$$p(y|\boldsymbol{x}; \boldsymbol{\theta}) = \mathcal{N}(y|f_\mu(\boldsymbol{x}; \boldsymbol{\theta}), f_\sigma(\boldsymbol{x}; \boldsymbol{\theta})^2) \tag{2.120}$$

여기서 $f_\mu(\boldsymbol{x}; \boldsymbol{\theta}) \in \mathbb{R}$는 평균을 예측하며, $f_\sigma(\boldsymbol{x}; \boldsymbol{\theta})^2 \in \mathbb{R}_+$은 분산을 예측한다.

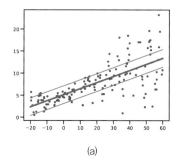
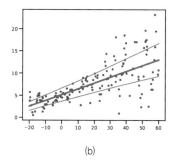

(a)   (b)

그림 2.14 평균 $\mu(x) = b + wx$ 그리고 (a) 고정된 분산 σ^2(등분산적) 혹은 (b) 입력 의존적인 분산 $\sigma(x)^2$으로 된 (이분산적) 가우스 출력을 사용하는 선형 회귀. linreg_1d_hetero_tfp.ipynb로 생성했다.

분산이 고정되어 있으며, 입력으로부터 독립이라고 가정하는 것이 보통이다. 이는 **등분산적 회귀**homoscedastic regression라 부른다. 추가로, 평균이 입력의 선형 함수라고 가정하는 것이 보통이다. 결과 모델은 **선형 회귀**linear regression라 부른다.

$$p(y|\boldsymbol{x};\boldsymbol{\theta}) = \mathcal{N}(y|\boldsymbol{w}^\mathsf{T}\boldsymbol{x} + b, \sigma^2) \tag{2.121}$$

여기서 $\boldsymbol{\theta} = (\boldsymbol{w}, b, \sigma^2)$이다. 1차원에서 이 모델을 보여주는 그림 2.14(a)를 참고하라. 모델에 대한 자세한 내용은 11.2절을 참고하라.

그러나 분산 또한 입력에 의존하도록 만들 수 있다. 이는 **이분산적 회귀**heteroskedastic regression라 부른다. 선형 회귀 설정에서 다음과 같다.

$$p(y|\boldsymbol{x};\boldsymbol{\theta}) = \mathcal{N}(y|\boldsymbol{w}_\mu^\mathsf{T}\boldsymbol{x} + b, \sigma_+(\boldsymbol{w}_\sigma^\mathsf{T}\boldsymbol{x})) \tag{2.122}$$

여기서 $\boldsymbol{\theta} = (\boldsymbol{w}_\mu, \boldsymbol{w}_\sigma)$는 두 가지 형식의 회귀 가중치이며,

$$\sigma_+(a) = \log(1 + e^a) \tag{2.123}$$

는 $\mathbb{R}$을 $\mathbb{R}_+$로 매핑하여 예측된 표준편차가 음수가 아니도록 하는 **소프트플러스**softplus 함수다. 이 모델을 1차원에서 보여주는 그림 2.14(b)를 참고하라.

그림 2.14는 95%의 예측 구간 $[\mu(x) - 2\sigma(x), \mu(x) + 2\sigma(x)]$를 그리고 있다는 점을 주지하라. 이는 $\boldsymbol{x}$가 주어졌을 때 예측된 관측치 y 내에 있는 불확실성이며, 파란 점 내 가변성을 포착한다. 반대로 하부의 (잡음이 없는) 함수는 $\sqrt{\mathbb{V}[f_\mu(\boldsymbol{x};\boldsymbol{\theta})]}$로 나타내며, σ 항을 수반하지 않는다. 이제 불확실

성은 출력 y가 아닌 모수 θ에 대한 것이다. 모델 모수 불확실성을 어떻게 모델링하는지는 11.7절을 참고하라.

2.6.4 가우스 분포가 이처럼 널리 쓰이는 이유는 무엇인가?

가우스 분포는 통계학과 머신러닝에서 가장 널리 쓰이는 분포이며, 그러한 이유에는 몇 가지가 있다. 첫째, 해석하기 쉽고 분포의 가장 기본적인 속성을 포착하는 2개의 모수, 즉 평균과 분산을 갖는다. 둘째, 중심 극한 정리(2.8.6절)가 독립적인 확률 변수의 합이 근사적으로 가우스 분포를 갖는다는 점을 말해 주며, 이는 잔차 혹은 '잡음'을 모델링하는 좋은 선택이 되게 한다. 셋째, 가우스 분포는 3.4.4절에서 보듯이 구체화된 평균과 분산을 갖는 제약을 따르는 가장 적은 수의 가정을 한다(최대 엔트로피를 가짐). 이는 많은 경우에 좋은 기본적인 선택이 되도록 한다. 마지막으로 수학적 형식이 단순하며, 이로 인해 3.2절에서 보듯이 해석하기 쉬우면서도 고도로 효율적인 방법이 되는 경우가 많다.

역사적 관점에서 보면, '가우스 분포'라는 용어는 다소 오해의 소지가 있음을 주목할 필요가 있다. 제인스[Jaynes][Jay03, p241]가 언급했듯이 "라플라스는 가우스가 6살 때 이 분포의 근본적인 성질과 평균의 속성을 알게 됐다. 그리고 분포 그 자체는 라플라스가 태어나기 전에 드무아브르[de Moivre]가 발견했다." 그러나 가우스는 1800년대에 분포를 인기 있게 만들었으며, 이제 '가우스'라는 용어는 과학과 공학에서 널리 쓰이고 있다.

'정규 분포'란 이름은 선형 회귀의 정규 방정식과의 연결점에서 나온 것으로 보인다(11.2.2.2절 참고). 그러나 우리는 '정규[normal]'라는 용어를 피하는 것을 선호한다. 왜냐하면 이 용어는 다른 분포가 '비정상[abnormal]'임을 시사하기 때문이다. 한편 제인스[Jay03]는 가우스 분포가 일반적인 분포에서는 통상적이지 않은 많은 특수한 속성을 갖는다는 측면에서 비정상적인 분포라고 지적했다.

2.6.5 극한의 경우로서의 디랙 델타 함수

가우스 분포의 분산이 0이 됨에 따라 분포는 무한하게 좁아지지만, 평균에서 무한하게 높아져 '솟구친다'. 이는 다음과 같이 쓸 수 있다.

$$\lim_{\sigma \to 0} \mathcal{N}(y|\mu, \sigma^2) \to \delta(y - \mu) \tag{2.124}$$

여기서 δ는 **디랙 델타 함수**^{Dirac delta function}이며, 다음과 같이 정의된다.

$$\delta(x) = \begin{cases} +\infty & x = 0\text{인 경우} \\ 0 & x \neq 0\text{인 경우} \end{cases} \tag{2.125}$$

여기서

$$\int_{-\infty}^{\infty} \delta(x)dx = 1 \tag{2.126}$$

이를 약간 변형하여 다음을 정의한다.

$$\delta_y(x) = \begin{cases} +\infty & x = y\text{인 경우} \\ 0 & x \neq y\text{인 경우} \end{cases} \tag{2.127}$$

다음을 주지하라.

$$\delta_y(x) = \delta(x - y) \tag{2.128}$$

델타 함수 분포는 나중에 사용할 **거르기 속성**^{sifting property}을 만족시키며 다음과 같다.

$$\int_{-\infty}^{\infty} f(y)\delta(x - y)dy = f(x) \tag{2.129}$$

2.7 일반적인 일변량 분포*

이 절은 이 책에서 사용하는 몇 가지 일변량 분포를 간단히 소개한다.

2.7.1 스튜던트 t 분포

가우스 분포는 **특잇값**^{outlier}에 꽤나 예민하다. 가우스의 **로버스트**^{robust}한 대안으로는 **스튜던트** t 분

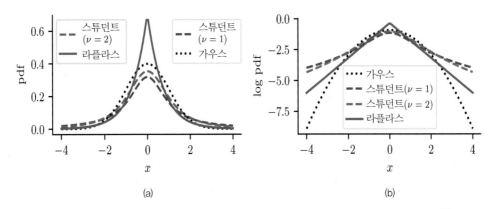

(a)   (b)

그림 2.15 (a) $\mathcal{N}(0, 1)$, $\mathcal{T}(\mu = 0, \sigma = 1, \nu = 1)$, $\mathcal{T}(\mu = 0, \sigma = 1, \nu = 2)$, Laplace$(0, 1/\sqrt{2})$의 pdf. 가우스와 라플라스 모두 평균은 0이고 분산은 1이다. $\nu = 1$일 때 스튜던트는 잘 정의된 평균과 분산을 갖지 않는 코시(Cauchy)와 같다. (b) 이들 pdf의 로그. 스튜던트 분포는 라플라스 분포와 다르게 어떠한 모숫값에서든지 로그에서 오목하지 않음을 주지하라. 그럼에도 불구하고 둘 다 단봉이다. student_laplace_pdf_plot. ipynb로 생성했다.

포$^{\text{Student } t\text{-distribution}}$가 있으며, 여기서는 간단히 **스튜던트 분포**$^{\text{Student distribution}}$라 부른다.[9] pdf는 다음과 같다.

$$\mathcal{T}(y|\mu, \sigma^2, \nu) \propto \left[1 + \frac{1}{\nu}\left(\frac{y - \mu}{\sigma}\right)^2\right]^{-\left(\frac{\nu+1}{2}\right)} \tag{2.130}$$

여기서 μ는 평균, $\sigma > 0$는 스케일 모수(표준편차가 아님), $\nu > 0$는 **자유도**$^{\text{degree of freedom}}$라 부른다(그렇지만 ν 값이 커지면 마치 가우스 분포처럼 되므로, **정규성도**$^{\text{degree of normality}}$가 더 나은 용어일 수 있다[Kru13]).

그림 2.15에서 볼 수 있듯이 확률 밀도가 지수함수가 아닌 중심으로부터의 제곱 거리의 다항 함수처럼 소멸하므로, 가우스 분포보다 꼬리에 더 많은 확률 밀도가 있다. 스튜던트 분포는 **두꺼운 꼬리**$^{\text{heavy tail}}$가 있다고 말하며, 특잇값에 더 로버스트하게 만든다.

스튜던트 분포의 로버스트성을 보여주기 위해 그림 2.16을 보자. 좌측에서는 특잇값이 없는 어

---

9 이 분포의 어원은 흥미진진하다. 이는 1908년에 아일랜드의 기네스(Guinness) 맥주 양조장에서 일하던 윌리엄 실리 고셋(William Sealy Gosset)이 처음 공개했다. 그의 고용주가 그의 이름을 쓰는 것을 허락하지 않자, 그는 이를 '스튜던트' 분포라 불렀다. 용어 *t*는 스튜던트 분포 표의 맥락에서 나온 것으로 보인다. 이는 피셔(Fisher)가 전통적인 통계적 추론의 기본을 만들 때 사용했다. 더 자세한 역사적 내용은 http://jeff560.tripod.com/s.html을 참고하라.

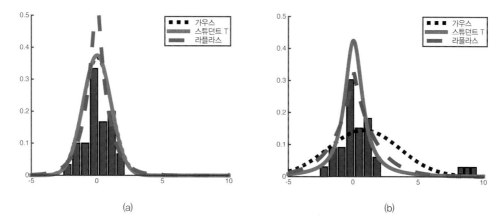

그림 2.16 가우스, 스튜던트, 라플라스 분포의 적합에서 특잇값의 영향을 보여준다. (a) 특잇값이 없음(가우스와 스튜던트 곡선이 서로의 위에 있다). (b) 특잇값이 있음. 가우스가 스튜던트 및 라플라스 분포보다 특잇값에 의해 더 영향을 받음을 볼 수 있다. 출처: [Bis06]의 그림 2.16. robust_pdf_plot.ipynb로 생성했다.

떠한 데이터에 적합시킨 가우스와 스튜던트 분포를 보여준다. 우측에서는 특잇값을 일부 추가한다. 가우스가 영향을 많이 받은 한편, 스튜던트는 거의 변하지 않음을 볼 수 있다. 11.6.2절에서 로버스트한 선형 회귀를 위해 어떻게 스튜던트 분포를 사용하는지 논의한다.

나중에 참고를 위해 스튜던트 분포는 다음의 속성을 갖는다는 점을 언급한다.

$$\text{평균} = \mu, \ \text{모드} = \mu, \ \text{분산} = \frac{\nu\sigma^2}{(\nu - 2)} \tag{2.131}$$

평균은 $\nu > 1$일 때만 정의된다. 분산은 $\nu > 2$일 때만 정의된다. $\nu \gg 5$의 경우 스튜던트 분포는 빠르게 가우스 분포에 접근하며 로버스트 속성을 잃게 된다. 여러 문제에서 좋은 성능을 내는 $\nu = 4$를 사용하는 것이 일반적이다[LLT89].

2.7.2 코시 분포

$\nu = 1$이라면 스튜던트 분포는 **코시**Cauchy 혹은 **로렌츠**Lorentz라 알려진 분포가 된다. pdf는 다음과 같이 정의된다.

$$\mathcal{C}(x|\mu,\gamma) = \frac{1}{\gamma\pi}\left[1 + \left(\frac{x-\mu}{\gamma}\right)^2\right]^{-1} \tag{2.132}$$

이 분포는 가우스와 비교하여 매우 두꺼운 꼬리를 갖는다. 예를 들어 표준 정규 분포로부터의 95% 의 값은 -1.96과 1.96 사이에 있지만, 표준 코시 분포에서는 -12.7과 12.7 사이에 있다. 사실 꼬리가 너무 두꺼워서 평균을 정의하는 적분이 수렴하지 못한다.

하프 코시half Cauchy 분포는 코시 자체를 '접은' 것으로, 모든 확률 밀도가 양의 실수에 있다. 따라서 다음의 형식을 갖는다.

$$\mathcal{C}_+(x|\gamma) \triangleq \frac{2}{\pi\gamma}\left[1 + \left(\frac{x}{\gamma}\right)^2\right]^{-1} \tag{2.133}$$

이는 두꺼운 꼬리를 갖지만, 원점에서 유한한 밀도를 갖는 양의 실수에서 분포를 사용하기를 원하는 베이즈 모델링에서 유용하다.

2.7.3 라플라스 분포

두꺼운 꼬리를 갖는 또 다른 분포로는 **라플라스 분포**Laplace distribution[10]가 있다. 이는 또한 **이중지수**double sided exponential 분포라 알려져 있다. 이는 다음의 pdf를 갖는다.

$$\text{Laplace}(y|\mu,b) \triangleq \frac{1}{2b}\exp\left(-\frac{|y-\mu|}{b}\right) \tag{2.134}$$

그림 2.15를 참고하라. 여기서 μ는 위치 모수이며, $b > 0$는 스케일 모수다. 이 분포는 다음의 속성을 갖는다.

$$\text{평균} = \mu, \ \text{모드} = \mu, \ \text{분산} = 2b^2 \tag{2.135}$$

11.6.1절에서는 로버스트한 선형 회귀를 위해 어떻게 라플라스 분포를 사용하는지, 11.4절에서는 희박 선형 회귀에서 어떻게 라플라스 분포를 사용하는지 논의한다.

---

10 피에르-시몽 라플라스(Pierre-Simon Laplace, 1749~1827)는 프랑스 수학자로, 베이즈 통계 분야를 만드는 데 중요한 역할을 했다.

2.7.4 베타 분포

베타 분포^{beta distribution}는 구간 [0, 1]에서 지지를 가지며, 다음과 같이 정의된다.

$$\text{Beta}(x|a,b) = \frac{1}{B(a,b)} x^{a-1}(1-x)^{b-1} \tag{2.136}$$

여기서 $B(a, b)$는 **베타 함수**^{beta function}이며, 다음과 같이 정의된다.

$$B(a,b) \triangleq \frac{\Gamma(a)\Gamma(b)}{\Gamma(a+b)} \tag{2.137}$$

여기서 $\Gamma(a)$는 감마 함수이며, 다음과 같이 정의된다.

$$\Gamma(a) \triangleq \int_0^\infty x^{a-1} e^{-x} dx \tag{2.138}$$

그림 2.17(a)에서 몇몇 베타 분포의 그림을 보라.

분포가 적분 가능하려면 $a, b > 0$이어야 한다(즉, $B(a, b)$가 존재하도록). $a = b = 1$이면 균일 분포

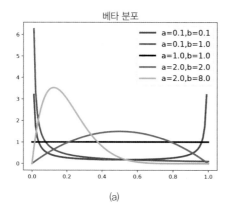
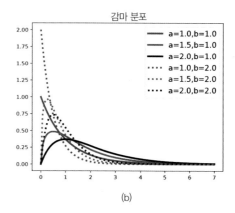

그림 2.17 (a) 몇 가지 베타 분포. $a < 1$이라면 좌측에서 '솟구치며', $b < 1$이라면 우측에서 '솟구친다'. $a = b = 1$이라면 분포가 균일해진다. $a > 1$ 그리고 $b > 1$이라면 분포는 단봉이 된다. beta_dist_plot.ipynb로 생성했다. (b) 몇 가지 감마 분포. $a \leq 1$이라면 모드가 0에 있으며, 그렇지 않으면 모드는 0에서 멀어진다. 비율 b를 높임에 따라 수평 스케일이 축소되므로, 전체가 좌측 및 위쪽으로 쪼그라든다. gamma_dist_plot. ipynb로 생성했다.

를 얻는다. a와 b가 1보다 작으면 0과 1에서 '솟구치는' 다봉 분포를 얻는다. a와 b 모두 1보다 크면 분포는 단봉이 된다.

나중에 참조하기 위해 분포가 다음의 속성을 가짐을 언급한다(연습문제 2.8).

$$\text{평균} = \frac{a}{a+b}, \text{모드} = \frac{a-1}{a+b-2}, \text{분산} = \frac{ab}{(a+b)^2(a+b+1)} \tag{2.139}$$

2.7.5 감마 분포

감마 분포^{gamma distribution}는 양의 실숫값 rv, $x > 0$에서 유연한 분포다. 이는 모양 $a > 0$와 비율 $b > 0$라 부르는 2개의 모수로 정의된다.

$$\text{Ga}(x|\text{shape} = a, \text{rate} = b) \triangleq \frac{b^a}{\Gamma(a)}x^{a-1}e^{-xb} \tag{2.140}$$

때때로 분포가 모양 a 및 **스케일**^{scale} $s = 1/b$ 측면에서 모수화된다.

$$\text{Ga}(x|\text{shape} = a, \text{scale} = s) \triangleq \frac{1}{s^a\Gamma(a)}x^{a-1}e^{-x/s} \tag{2.141}$$

그림 2.17(b)에서 몇몇 감마 분포 그림을 보라.

참조를 위해 다음의 분포 속성을 언급한다.

$$\text{평균} = \frac{a}{b}, \text{모드} = \frac{a-1}{b}, \text{분산} = \frac{a}{b^2} \tag{2.142}$$

다음과 같이 감마 분포의 특별한 경우일 뿐인 분포가 몇 가지 있다.

- **지수 분포**^{exponential distribution}: 다음과 같이 정의된다.

$$\text{Expon}(x|\lambda) \triangleq \text{Ga}(x|\text{shape} = 1, \text{rate} = \lambda) \tag{2.143}$$

이 분포는 푸아송^{Poisson} 과정에서 사건 사이의 시간, 즉 사건이 λ의 상수 평균 비율로 연속형으로 독립적으로 나타나는 과정을 묘사한다.

- **카이스퀘어 분포**^{Chi-squared distribution} : 다음과 같이 정의된다.

$$\chi^2_\nu(x) \triangleq \mathrm{Ga}(x|\mathrm{shape} = \frac{\nu}{2}, \mathrm{rate} = \frac{1}{2}) \tag{2.144}$$

여기서 ν는 자유도라 부른다. 이는 가우스 확률 변수의 제곱의 합의 분포다. 더 정확하게 말하자면, $Z_i \sim \mathcal{N}(0, 1)$이고 $S = \sum_{i=1}^{\nu} Z_i^2$라면 $S \sim \chi^2_\nu$이다.

- **역감마 분포**^{inverse Gamma distribution} : 다음과 같이 정의된다.

$$\mathrm{IG}(x|\mathrm{shape} = a, \mathrm{scale} = b) \triangleq \frac{b^a}{\Gamma(a)} x^{-(a+1)} e^{-b/x} \tag{2.145}$$

분포는 다음의 속성을 갖는다.

$$\text{평균} = \frac{b}{a-1}, \ \text{모드} = \frac{b}{a+1}, \ \text{분산} = \frac{b^2}{(a-1)^2(a-2)} \tag{2.146}$$

평균은 $a > 1$일 때만 존재한다. 분산은 $a > 2$일 때만 존재한다. 참고: $X \sim \mathrm{Ga}$(모양 $= a$, 비율 $= b$)라면, $1/X \sim \mathrm{IG}$(모양 $= a$, 스케일 $= b$)이다(이 경우 b가 2개의 서로 다른 역할을 함을 주지하라).

2.7.6 경험적 분포

$X \in \mathbb{R}$인 분포 $p(X)$로부터 유도된 N개 표본의 집합 $\mathcal{D} = \{x^{(1)}, \dots, x^{(N)}\}$이 있다고 해보자. pdf는 이들 표본에서 중심화된, 델타 함수(2.6.5절)의 집합 혹은 '솟구침'을 사용해 근사할 수 있다.

$$\hat{p}_N(x) = \frac{1}{N} \sum_{n=1}^{N} \delta_{x^{(n)}}(x) \tag{2.147}$$

이는 데이터셋 $\mathcal{D}$의 **경험적 분포**^{empirical distribution}라 부른다. 이에 대한 예시로 $N = 5$일 때를 그림 2.18(a)에서 보여주고 있다.

해당 cdf는 다음과 같이 주어진다.

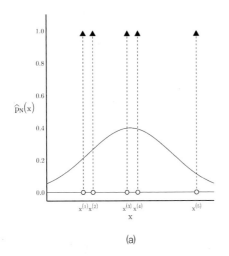 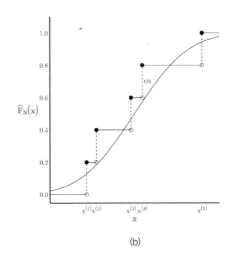

(a) (b)

그림 2.18 (a) 경험적 pdf와 (b) $N = 5$개 표본 집합에서 유도된 경험적 cdf를 보여준다. 출처: https://bit. ly/3hFgi0e. 마우로 에스쿠데로(Mauro Escudero)가 친절하게 사용을 허가했다.

$$\hat{P}_N(x) = \frac{1}{N}\sum_{n=1}^{N}\mathbb{I}\left(x^{(n)} \leq x\right) = \frac{1}{N}\sum_{n=1}^{N}u_{x^{(n)}}(x) \qquad (2.148)$$

여기서 $u_y(x)$는 다음과 같이 정의된 y에서의 **계단 함수**^{step function}다.

$$u_y(x) = \begin{cases} 1 & x \geq y \text{인 경우} \\ 0 & x < y \text{인 경우} \end{cases} \qquad (2.149)$$

이는 높이 $1/N$의 점프가 매 표본에서 나타나는, 그림 2.18(b)에서의 계단으로 시각화할 수 있다.

2.8 확률 변수의 변환*

$\boldsymbol{x} \sim p()$가 어떠한 확률 변수이며, $\boldsymbol{y} = f(\boldsymbol{x})$는 어떠한 결정론적인 변환이라고 하자. 이 절에서는 어떻게 $p(\boldsymbol{y})$를 계산하는지 논의한다.

2.8.1 이산형의 경우

X가 이산 rv라면, Y의 pmf는 단순히 $f(x) = y$인 모든 x의 확률 질량을 더하여 유도할 수 있다.

$$p_y(y) = \sum_{x:f(x)=y} p_x(x) \tag{2.150}$$

예를 들어 X가 짝수라면 $f(X) = 1$이고 그렇지 않다면 $f(X) = 0$이며, $p_x(X)$가 집합 $\{1, ..., 10\}$에서 균일하다면 $p_y(1) = \sum_{x\in\{2,4,6,8,10\}} p_x(x) = 0.5$이고, 따라서 또한 $p_y(0) = 0.5$이다. 예시에서 f는 다대일 함수임을 주지하라.

2.8.2 연속형의 경우

X가 연속적이라면, $p_x(x)$가 pmf가 아니라 밀도이므로 식 (2.150)을 사용할 수 없으며, 밀도를 더할 수 없다. 대신에 다음과 같이 cdf로 작업한다.

$$P_y(y) \triangleq \Pr(Y \leq y) = \Pr(f(X) \leq y) = \Pr(X \in \{x|f(x) \leq y\}) \tag{2.151}$$

f의 역을 취할 수 있다면, 아래에서 보여주듯이 cdf를 미분하여 y의 pdf를 유도할 수 있다. f의 역을 취할 수 없다면 수치적 적분이나 몬테카를로^{Monte Carlo} 근사를 사용할 수 있다.

2.8.3 가역 변환(전단사)

이 절에서는 단조 함수, 따라서 가역 함수의 경우를 고려한다(함수는 오직 **전단사**^{bijection}일 때만(iff) 가역임을 주지하라). 이러한 가정하에서 y의 pdf를 위한 단순한 공식이 존재한다(이는 가역이지만 비단조인 함수로 일반화할 수 있지만, 이 경우는 무시한다).

2.8.3.1 변수 바꿈: 스칼라의 경우

예시로 시작해 보자. $x \sim \text{Unif}(0, 1)$이고 $y = f(x) = 2x + 1$이라 해보자. 이 함수는 그림 2.19(a)에서 보여주듯이 확률 함수를 늘리고 이동시킨다. 이제 점 x 및 무한소적으로 가까운 또 다른 점, 즉 $x + dx$로 확대해 보자. 이 구간이 $(y, y + dy)$로 매핑됨을 볼 수 있다. 이러한 구간에서의 확률

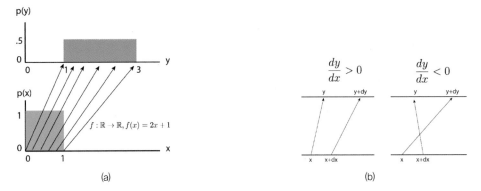

그림 2.19 (a) 함수 $f(x) = 2x + 1$을 통해 균일한 pdf를 매핑함. (b) 가까이 있는 두 점 x와 $x + dx$가 f하에서 어떻게 매핑되는지 보여줌. $\frac{dy}{dx} > 0$이라면 함수는 국소적으로 증가하지만, $\frac{dy}{dx} < 0$이라면 함수는 국소적으로 감소한다. 출처: [Jan18]. 에릭 장(Eric Jang)이 친절하게 사용을 허가했다.

질량은 반드시 같아야 하므로 $p(x)dx = p(y)dy$이며, 따라서 $p(y) = p(x)dx/dy$이다. 그러나 $dx/dy > 0$인지 아니면 $dx/dy < 0$인지 상관이 없으므로(확률의 보존 측면에서) 다음을 얻는다.

$$p_y(y) = p_x(x)|\frac{dx}{dy}| \tag{2.152}$$

이제 임의의 $p_x(x)$를 위한 일반적인 경우 및 임의의 단조 함수 $f : \mathbb{R} \to \mathbb{R}$를 고려해 보자. $g = f^{-1}$라 하면, $y = f(x)$이고 $x = g(y)$이다. $f : \mathbb{R} \to \mathbb{R}$가 단조 증가라고 가정하면 다음을 얻는다.

$$P_y(y) = \Pr(f(X) \leq y) = \Pr(X \leq f^{-1}(y)) = P_x(f^{-1}(y)) = P_x(g(y)) \tag{2.153}$$

도함수를 취하면 다음이 된다.

$$p_y(y) \triangleq \frac{d}{dy}P_y(y) = \frac{d}{dy}P_x(x) = \frac{dx}{dy}\frac{d}{dx}P_x(x) = \frac{dx}{dy}p_x(x) \tag{2.154}$$

f가 단조 감소하는 경우를 위해 비슷한 식을 유도할 수 있다(그러나 반대 부호로). 일반적인 경우를 다루려면 절댓값을 취하여 다음을 얻는다.

$$p_y(y) = p_x(g(y))|\frac{d}{dy}g(y)| \tag{2.155}$$

이는 **변수 바꿈**^{change of variable} 공식이라 부른다.

2.8.3.2 변수 바꿈: 다변량의 경우

앞의 결과를 다음과 같이 다변량 분포로 확장할 수 있다. $\boldsymbol{f}$가 $\mathbb{R}^n$에서 $\mathbb{R}^n$으로 매핑하는, 역함수 $\boldsymbol{g}$를 갖는 가역 함수라 하자. $\boldsymbol{y} = \boldsymbol{f}(\boldsymbol{x})$의 pdf를 계산하고자 한다고 해보자. 스칼라 경우와의 유사성을 통해 다음을 얻는다.

$$p_y(\boldsymbol{y}) = p_x\left(\boldsymbol{g}(\boldsymbol{y})\right)\left|\det\left[\mathbf{J}_g(\boldsymbol{y})\right]\right| \tag{2.156}$$

여기서 $\mathbf{J}_g = \frac{dg(\boldsymbol{y})}{d\boldsymbol{y}^\top}$는 $\boldsymbol{g}$의 야코비^{Jacobian}이며, $|\det \mathbf{J}(\boldsymbol{y})|$는 $\boldsymbol{y}$에서 값매김된 $\mathbf{J}$의 행렬식의 절댓값이다(7.8.5절에서 야코비 행렬에 대한 논의를 참고하라). 연습문제 3.6에서 이 공식을 사용해 다변량 가우스를 위한 정규화 상수를 유도한다.

그림 2.20은 이 결과를 2차원에서 보여주며, 이 경우 $f(\boldsymbol{x}) = \mathbf{A}\boldsymbol{x} + \boldsymbol{b}$이고 여기서 $\mathbf{A} = \begin{pmatrix} a & c \\ b & d \end{pmatrix}$이다. 단위 정사각형의 넓이가 $\det(\mathbf{A}) = ad - bc$의 배수로, 즉 평행사변형의 넓이로 변함을 볼 수 있다.

또 다른 예시로 밀도를 데카르트 좌표 $\boldsymbol{x} = (x_1, x_2)$에서 극좌표 $\boldsymbol{y} = \boldsymbol{f}(x_1, x_2)$로 변환하는 것을, 따라서 $\boldsymbol{g}(r, \theta) = (r\cos\theta, r\sin\theta)$를 고려해 보자. 그러면

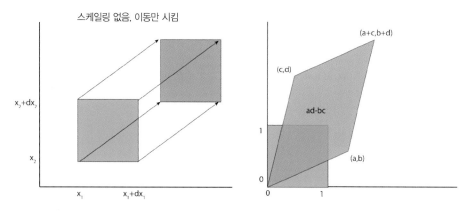

그림 2.20 단위 정사각형에 적용된 아핀 변환 $f(\boldsymbol{x}) = \mathbf{A}\boldsymbol{x} + \boldsymbol{b}$를 보여줌. (a) 이때 $\mathbf{A} = \mathbf{I}$이다. (b) 이때 $\boldsymbol{b} = \mathbf{0}$이다. 출처: [Jan18]. 에릭 장(Eric Jang)이 친절하게 사용을 허가했다.

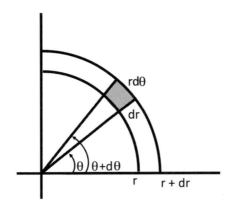

그림 2.21 극좌표에서 데카르트로의 변수 바꿈. 음영 조각의 넓이는 $r \, dr \, d\theta$이다. 출처: [Ric95]의 그림 3.16

$$\mathbf{J}_g = \begin{pmatrix} \frac{\partial x_1}{\partial r} & \frac{\partial x_1}{\partial \theta} \\ \frac{\partial x_2}{\partial r} & \frac{\partial x_2}{\partial \theta} \end{pmatrix} = \begin{pmatrix} \cos\theta & -r\sin\theta \\ \sin\theta & r\cos\theta \end{pmatrix} \tag{2.157}$$

$$|\det(\mathbf{J}_g)| = |r\cos^2\theta + r\sin^2\theta| = |r| \tag{2.158}$$

따라서

$$p_{r,\theta}(r,\theta) = p_{x_1,x_2}(r\cos\theta, r\sin\theta) \, r \tag{2.159}$$

이를 기하적으로 보려면, 그림 2.21에서 음영 처리된 조각의 넓이가 다음과 같이 주어짐을 보라.

$$\Pr(r \le R \le r + dr, \theta \le \Theta \le \theta + d\theta) = p_{r,\theta}(r,\theta) dr d\theta \tag{2.160}$$

극한에서 이는 조각 중심에서의 밀도에, $r \, dr \, d\theta$로 주어지는 조각의 크기를 곱한 것이다. 따라서

$$p_{r,\theta}(r,\theta) \, dr \, d\theta = p_{x_1,x_2}(r\cos\theta, r\sin\theta) \, r \, dr \, d\theta \tag{2.161}$$

2.8.4 선형 변환의 적률

f가 아핀 함수, 따라서 $\boldsymbol{y} = \mathbf{A}\boldsymbol{x} + \boldsymbol{b}$라 해보자. 이 경우 다음과 같이 $\boldsymbol{y}$의 평균 및 공분산을 쉽게 유도할 수 있다. 먼저 평균은 다음과 같다.

$$\mathbb{E}[\boldsymbol{y}] = \mathbb{E}[\mathbf{A}\boldsymbol{x} + \boldsymbol{b}] = \mathbf{A}\boldsymbol{\mu} + \boldsymbol{b} \tag{2.162}$$

여기서 $\boldsymbol{\mu} = \mathbb{E}[\boldsymbol{x}]$이다. f가 스칼라 값 함수라면 $f(\boldsymbol{x}) = \boldsymbol{a}^\mathsf{T}\boldsymbol{x} + b$이며, 해당 결과는 다음과 같다.

$$\mathbb{E}\left[\boldsymbol{a}^\mathsf{T}\boldsymbol{x} + b\right] = \boldsymbol{a}^\mathsf{T}\boldsymbol{\mu} + b \tag{2.163}$$

공분산은 다음과 같다.

$$\mathrm{Cov}\left[\boldsymbol{y}\right] = \mathrm{Cov}\left[\mathbf{A}\boldsymbol{x} + \boldsymbol{b}\right] = \mathbf{A}\boldsymbol{\Sigma}\mathbf{A}^\mathsf{T} \tag{2.164}$$

여기서 $\boldsymbol{\Sigma} = \mathrm{Cov}[\boldsymbol{x}]$이다. 증명은 연습문제로 남겨둔다.

특별한 경우로, $y = \boldsymbol{a}^\mathsf{T}\boldsymbol{x} + b$라면 다음을 얻는다.

$$\mathbb{V}\left[y\right] = \mathbb{V}\left[\boldsymbol{a}^\mathsf{T}\boldsymbol{x} + b\right] = \boldsymbol{a}^\mathsf{T}\boldsymbol{\Sigma}\boldsymbol{a} \tag{2.165}$$

예를 들어, 스칼라 확률 변수 2개의 합의 분산을 계산하려면 $\boldsymbol{a} = [1,\ 1]$이라 둘 수 있으며 다음을 얻는다.

$$\mathbb{V}\left[x_1 + x_2\right] = \begin{pmatrix} 1 & 1 \end{pmatrix} \begin{pmatrix} \Sigma_{11} & \Sigma_{12} \\ \Sigma_{21} & \Sigma_{22} \end{pmatrix} \begin{pmatrix} 1 \\ 1 \end{pmatrix} \tag{2.166}$$

$$= \Sigma_{11} + \Sigma_{22} + 2\Sigma_{12} = \mathbb{V}\left[x_1\right] + \mathbb{V}\left[x_2\right] + 2\mathrm{Cov}\left[x_1, x_2\right] \tag{2.167}$$

그러나 (가우스 같은) 일부 분포는 평균과 공분산을 통해 완벽하게 특징화됨에도 불구하고, 일반적으로 반드시 앞에서 설명한 기법을 사용해 $\boldsymbol{y}$의 전체 분포를 유도해야 함을 주지하라.

2.8.5 합성곱 정리

$y = x_1 + x_2$라 하고, 여기서 x_1과 x_2는 독립 rv이다. 이들이 이산 확률 변수라면, 합의 pmf는 $j = \ldots, -2, -1, 0, 1, 2, \ldots$에 대해 다음과 같이 계산할 수 있다.

$$p(y = j) = \sum_k p(x_1 = k)p(x_2 = j - k) \tag{2.168}$$

x_1과 x_2가 pdf의 $p_1(x_1)$ 그리고 $p_2(x_2)$를 갖는다면, y의 분포는 무엇인가? y의 cdf는 다음과 같이 주어진다.

-	-	1	2	3	4	-	-	
7	6	5	-	-	-	-	-	$z_0 = x_0 y_0 = 5$
-	7	6	5	-	-	-	-	$z_1 = x_0 y_1 + x_1 y_0 = 16$
-	-	7	6	5	-	-	-	$z_2 = x_0 y_2 + x_1 y_1 + x_2 y_0 = 34$
-	-	-	7	6	5	-	-	$z_3 = x_1 y_2 + x_2 y_1 + x_3 y_0 = 52$
-	-	-	-	7	6	5	-	$z_4 = x_2 y_2 + x_3 y_1 = 45$
-	-	-	-	-	7	6	5	$z_5 = x_3 y_2 = 28$

표 2.4 $x = [1, 2, 3, 4]$를 $y = [5, 6, 7]$과 합성곱을 하여 $z = [5, 16, 34, 52, 45, 28]$을 내놓는다. 일반적으로 $z_n = \sum_{k=-\infty}^{\infty} x_k y_{n-k}$이다. 이 연산이 y를 '뒤집고' 그 뒤 x에 대해 '드래그'하여 각 요소별로 곱을 하고, 결과를 더하는 것으로 되어 있음을 볼 수 있다.

$$P_y(y^*) = \Pr(y \leq y^*) = \int_{-\infty}^{\infty} p_1(x_1) \left[\int_{-\infty}^{y^* - x_1} p_2(x_2) dx_2 \right] dx_1 \tag{2.169}$$

이때 $x_1 + x_2 < y^*$라 정의된 영역 R에 대해 적분을 한다. 따라서 y의 pdf는

$$p(y) = \left[\frac{d}{dy^*} P_y(y^*) \right]_{y^* = y} = \int p_1(x_1) p_2(y - x_1) dx_1 \tag{2.170}$$

이때 **적분 기호하에서 미분**하는 규칙을 사용했다.

$$\frac{d}{dx} \int_{a(x)}^{b(x)} f(t) dt = f(b(x)) \frac{db(x)}{dx} - f(a(x)) \frac{da(x)}{dx} \tag{2.171}$$

식 (2.170)은 다음과 같이 쓸 수 있다.

$$p = p_1 \circledast p_2 \tag{2.172}$$

여기서 $\circledast$는 **합성곱**^{convolution} 연산자를 나타낸다. 유한한 길이의 벡터에서, 적분은 합이 되며 표 2.4가 보여주듯이 합성곱은 '뒤집고 드래그^{flip and drag}'하는 연산으로 생각할 수 있다. 따라서 식 (2.170)은 **합성곱 정리**^{convolution theorem}라 부른다.

예를 들어, 주사위 2개를 굴린다고 해보자. 따라서 p_1과 p_2 모두 $\{1, 2, ..., 6\}$에서 이산 균일 분포다. $y = x_1 + x_2$가 주사위의 합이라 하자. 그러면 다음이 된다.

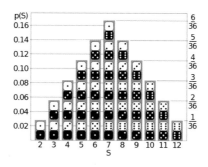

그림 2.22 주사위 2개를 굴렸을 때 합의 분포, 즉 $y = x_1 + x_2$이고 $x_i \sim \text{Unif}(\{1, 2, ..., 6\})$일 때 $p(y)$이다. 출처: https://en.wikipedia.org/wiki/Probability_distribution. 위키피디아의 저자 팀 스텔마흐(Tim Stellmach)가 친절하게 사용을 허가했다.

$$p(y = 2) = p(x_1 = 1)p(x_2 = 1) = \frac{1}{6}\frac{1}{6} = \frac{1}{36} \tag{2.173}$$

$$p(y = 3) = p(x_1 = 1)p(x_2 = 2) + p(x_1 = 2)p(x_2 = 1) = \frac{1}{6}\frac{1}{6} + \frac{1}{6}\frac{1}{6} = \frac{2}{36} \tag{2.174}$$

$$\cdots \tag{2.175}$$

이를 계속하면 $p(y = 4) = 3/36$, $p(y = 5) = 4/36$, $p(y = 6) = 5/36$, $p(y = 7) = 6/36$, $p(y = 8) = 5/36$, $p(y = 9) = 4/36$, $p(y = 10) = 3/36$, $p(y = 11) = 2/36$, $p(y = 12) = 1/36$이 된다. 그림 2.22를 보면 분포가 가우스처럼 보인다. 그 이유는 2.8.6절에서 설명한다.

또한 2개의 연속 rv의 합의 pdf를 계산할 수 있다. 예를 들어 $x_1 \sim \mathcal{N}(\boldsymbol{\mu}_1, \sigma_1^2)$이고 $x_2 \sim \mathcal{N}(\boldsymbol{\mu}_2, \sigma_2^2)$인 가우스의 경우, $y = x_1 + x_2$라면 다음을 보일 수 있다(연습문제 2.4).

$$p(y) = \mathcal{N}(x_1|\boldsymbol{\mu}_1, \sigma_1^2) \otimes \mathcal{N}(x_2|\boldsymbol{\mu}_2, \sigma_2^2) = \mathcal{N}(y|\boldsymbol{\mu}_1 + \boldsymbol{\mu}_2, \sigma_1^2 + \sigma_2^2) \tag{2.176}$$

따라서 두 가우스의 합성곱은 가우스다.

2.8.6 중심 극한 정리

이제 pdf가 $p_n(x)$인(꼭 가우스는 아님) $N_\mathcal{D}$개의 확률 변수를 고려해 보자. 각각의 평균은 μ이고 분산은 σ^2이다. 각 변수가 **독립적이며 동등하게 분포되어 있다**independent and identically distributed고, 또는 간단

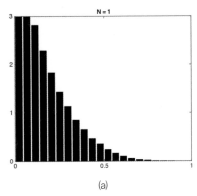 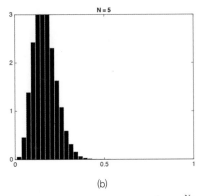

(a)　　　　　　　　　　　　　　　(b)

그림 2.23 그림에서의 중심 극한 정리. $s = 1 : 10000$에 대해 $x_{ns} \sim \text{Beta}(1, 5)$일 때 $\hat{\mu}_N^s = \frac{1}{N_\mathcal{D}} \sum_{n=1}^{N_\mathcal{D}} x_{ns}$의 히스토그램을 그리고 있다. $N_\mathcal{D} \to \infty$임에 따라, 분포가 가우스가 되는 경향이 있다. (a) $N = 1$인 경우다. (b) $N = 5$인 경우다. 출처: [Bis06]의 그림 2.6. centralLimitDemo.ipynb의 코드로 생성했다.

히 iid라고 가정한다. 이는 $X_n \sim p(X)$가 같은 분포에서 나온 독립적인 표본임을 뜻한다. $S_{N_\mathcal{D}} = \sum_{n=1}^{N_\mathcal{D}} X_n$이 rv의 합이라 하자. N이 커짐에 따라 합의 분포가 다음과 같이 접근함을 보일 수 있다.

$$p(S_{N_\mathcal{D}} = u) = \frac{1}{\sqrt{2\pi N_\mathcal{D}\sigma^2}} \exp\left(-\frac{(u - N_\mathcal{D}\mu)^2}{2N_\mathcal{D}\sigma^2}\right) \tag{2.177}$$

따라서 이러한 양의 분포

$$Z_{N_\mathcal{D}} \triangleq \frac{S_{N_\mathcal{D}} - N_\mathcal{D}\mu}{\sigma\sqrt{N_\mathcal{D}}} = \frac{\overline{X} - \mu}{\sigma/\sqrt{N_\mathcal{D}}} \tag{2.178}$$

는 표준 정규 분포로 수렴하며, 여기서 $\overline{X} = S_N/N$은 표본 평균이다. 이는 **중심 극한 정리**^{central limit theorem}라 부른다. 증명은 [Jay03, p222], [Ric95, p169] 등을 참고하라.

그림 2.23에서는 베타 분포로부터 뽑은 rv의 표본 평균을 계산한다. 이 평균의 표본 분포가 빠르게 가우스 분포로 수렴함을 볼 수 있다.

2.8.7 몬테카를로 근사

$\boldsymbol{x}$가 확률 변수이며, $\boldsymbol{y} = f(\boldsymbol{x})$가 $\boldsymbol{x}$에 대한 어떠한 함수라 해보자. 유도된 분포 $p(\boldsymbol{y})$를 분석적으로

계산하기가 어려운 경우가 많다. 단순하지만 강력한 한 가지 대안은 x의 분포에서 많은 수의 표본을 뽑은 후, (분포를 사용하는 대신에) 이들 표본을 사용해 $p(y)$를 근사하는 것이다.

예를 들어, $x \sim \text{Unif}(-1, 1)$이고 $y = f(x) = x^2$이라 해보자. $p(x)$로부터 많은 표본을 뽑고(균일 **난수 생성기**^{random number generator}를 사용해), 이들을 제곱하고, 경험적인 분포의 결과를 계산하여 $p(y)$를 근사할 수 있다. 이는 다음과 같이 주어진다.

$$p_S(y) \triangleq \frac{1}{N_s} \sum_{s=1}^{N_s} \delta(y - y_s) \tag{2.179}$$

이는 단지 동일하게 가중된 '솟구침의 합'으로, 각각은 표본 중 하나에서 중심을 갖는다(2.7.6절 참고). 충분한 표본을 사용함으로써 $p(y)$를 꽤 잘 근사할 수 있다. 그림 2.24가 보여주는 것을 참고하라.

이 접근법은 분포의 **몬테카를로 근사**^{Monte Carlo approximation}라 부른다('몬테카를로'란 용어는 모나코에 있는 유명한 카지노의 이름에서 유래했다). 몬테카를로 기법은 먼저 통계물리학 분야에서, 특히 원자폭탄을 개발하는 동안 발전했다. 그러나 지금은 통계학 및 머신러닝에서도 널리 쓰인다. 더 자세한 내용은 이 책의 후속판 [Mur23]에서 찾을 수 있으며, [Liu01; RC04; KTB11; BZ20]처럼 주제를 더 심도 있게 다룬 책도 있다.

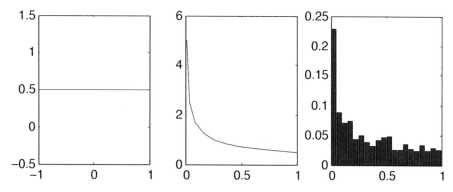

그림 2.24 $p(x)$가 균일할 때 $y = x^2$의 분포를 계산한다(왼쪽). 분석적 결과는 가운데에서 보여주며, 몬테카를로 근사는 오른쪽에서 보여준다. change_of_vars_demo1d.ipynb로 생성했다.

2.9 연습문제

연습문제 2.1 [조건부 독립*](출처: 콜러^{Koller})

a. $H \in \{1, \ldots, K\}$가 이산 확률 변수이며, e_1과 e_2가 2개의 다른 확률 변수 E_1와 E_2에서 관찰한 값이라고 해보자. 다음의 벡터를 계산하고자 한다.

$$\vec{P}(H|e_1, e_2) = (P(H = 1|e_1, e_2), \ldots, P(H = K|e_1, e_2))$$

다음 중 어떤 숫자 집합이 계산을 만족시키는가?

  i. $P(e_1, e_2), P(H), P(e_1|H), P(e_2|H)$
 ii. $P(e_1, e_2), P(H), P(e_1, e_2|H)$
iii. $P(e_1|H), P(e_2|H), P(H)$

b. 이제 $E_1 \perp E_2 \,|\, H$라 해보자(즉, H가 주어졌을 때 E_1과 E_2는 조건부 독립이다). 앞의 3개 집합 중 무엇이 만족시키는가? 여러분의 계산 및 최종 결과를 제시하라. 힌트: 베이즈 규칙을 사용하라.

연습문제 2.2 [쌍별 독립은 상호 독립을 뜻하지 않음]

2개의 확률 변수가 다음과 같다면 쌍별 독립이라 말한다.

$$p(X_2|X_1) = p(X_2) \tag{2.180}$$

따라서

$$p(X_2, X_1) = p(X_1)p(X_2|X_1) = p(X_1)p(X_2) \tag{2.181}$$

n개의 확률 변수는 다음과 같다면 상호 독립이라 말한다.

$$p(X_i|X_S) = p(X_i) \quad \forall S \subseteq \{1, \ldots, n\} \setminus \{i\} \tag{2.182}$$

따라서

$$p(X_{1:n}) = \prod_{i=1}^{n} p(X_i) \tag{2.183}$$

변수의 모든 쌍 사이의 쌍별 독립이 꼭 상호 독립을 뜻하는 것은 아님을 보여라. 반례를 드는 것으로 충분하다.

연습문제 2.3 [오직 결합 분해라면(iff) 조건부 독립*]

본문에서 $p(z) > 0$인 모든 x, y, z에 대해 오직 다음과 같다면(iff) $X \perp Y \mid Z$라 말했다.

$$p(x, y|z) = p(x|z)p(y|z) \tag{2.184}$$

이제 다음과 같은 다른 정의를 증명하라. $p(z) > 0$인 모든 x, y, z에 대해 다음을 만족시키는 함수 g와 h가 오직 존재한다면(iff) $X \perp Y \mid Z$이다.

$$p(x, y|z) = g(x, z)h(y, z) \tag{2.185}$$

연습문제 2.4 [두 가우스의 합성곱은 가우스임]

두 가우스의 합성곱은 가우스임을 보여라. 즉,

$$p(y) = \mathcal{N}(x_1|\mu_1, \sigma_1^2) \otimes \mathcal{N}(x_2|\mu_2, \sigma_2^2) = \mathcal{N}(y|\mu_1 + \mu_2, \sigma_1^2 + \sigma_2^2) \tag{2.186}$$

여기서 $y = x_1 + x_2$, $x_1 \sim \mathcal{N}(\mu_1,\ \sigma_1^2)$이고, $x_2 \sim \mathcal{N}(\mu_2,\ \sigma_2^2)$이다.

연습문제 2.5 [두 확률 변수의 최솟값의 기댓값*]

X, Y가 구간 $[0,\ 1]$에서 독립적으로 그리고 무작위로 균일하게 추출된 두 점이라 해보자. 가장 좌측의 점의 예상되는 위치는 무엇인가?

연습문제 2.6 [합의 분산]

합의 분산이 다음과 같음을 보여라.

$$\mathbb{V}[X + Y] = \mathbb{V}[X] + \mathbb{V}[Y] + 2\mathrm{Cov}[X, Y] \tag{2.187}$$

여기서 $\mathrm{Cov}[X,\ Y]$는 X와 Y 사이의 공분산이다.

연습문제 2.7 [역 감마 밀도 함수의 유도*]

$X \sim \mathrm{Ga}(a,\ b)$, $Y = 1/X$라 해보자. Y의 분포를 유도하라.

연습문제 2.8 [베타 분포의 평균, 모드, 분산]

$\theta \sim \mathrm{Beta}(a,\ b)$라 해보자. 평균, 모드, 분산이 다음과 같이 주어짐을 보여라.

$$\mathbb{E}[\theta] = \frac{a}{a+b} \tag{2.188}$$

$$\mathbb{V}[\boldsymbol{\theta}] = \frac{ab}{(a+b)^2(a+b+1)} \tag{2.189}$$

$$\text{mode}[\boldsymbol{\theta}] = \frac{a-1}{a+b-2} \tag{2.190}$$

연습문제 2.9 [의학적 진단을 위한 베이즈 규칙*]

당신이 정기 검진을 받은 후에, 의사는 나쁜 소식과 좋은 소식을 가져왔다. 나쁜 소식은 당신이 심각한 질병 테스트에서 양성으로 나왔다는 것이며, 테스트의 정확도는 99%이다(즉, 당신이 질병에 걸렸을 때 테스트가 양성일 확률이 0.99이며, 당신이 질병에 걸리지 않았을 때 테스트가 음성일 확률도 그렇다). 좋은 소식은 이는 희귀한 질병으로, 오직 10,000명 중 1명만 걸린다는 점이다. 당신이 정말로 병에 걸릴 가능성은 얼마인가?(여러분의 계산 및 최종 결과를 제시하라.)

연습문제 2.10 [법적 추론](출처: 피터 리[Peter Lee])

어떤 사건이 발생했다고 해보자. 현장에서 혈흔이 발견됐지만 명백한 설명이 없다. 이는 인구의 오직 1%에서만 나타나는 형태의 혈액이다.

a. 검사는 "파고가 결백하다면 그 혈액형일 가능성은 1%이다. 따라서 그가 유죄일 가능성은 99%이다."라고 주장한다. 이는 **검사의 오류**[prosecutor's fallacy]라 알려져 있다. 이 주장에서 무엇이 잘못됐는가?

b. 변호사는 "범죄는 인구 800,000명인 도시에서 발생했다. 혈액형은 대략 8000명에게서 발견된 것일 수 있다. 이는 피고가 유죄일 확률이 겨우 8000분의 1이라는 증거다. 따라서 유의성이 없다."라고 주장한다. 이는 **방어자의 오류**[defender's fallacy]라 알려져 있다. 이 주장에서 무엇이 잘못됐는가?

연습문제 2.11 [확률은 답변을 만들어 내는 데 쓰이는 질문의 형식에 민감함*](출처: Minka)

내 이웃은 자녀가 두 명 있다. 한 아이의 성별은 동전 뒤집기와 같다고 가정하면, 내 이웃은 사전 확률로서 1/2의 확률로 남자아이 한 명, 여자아이 한 명이 있을 가능성이 가장 크다. 다른 가능성은 두 명의 남자아이와 두 명의 여자아이로, 확률이 1/4와 1/4이다.

a. 내가 그에게 남자아이가 있냐고 물었을 때, 그가 그렇다고 답했다고 하자. 한 아이가 여자아

이일 확률은 얼마인가?

b. 대신에 내가 아이 중 한 명을 마주쳤으며, 남자아이였다고 해보자. 다른 아이가 여자아이일 확률은 얼마인가?

연습문제 2.12 [1차원 가우스에서의 정규화 상수]

평균이 0인 가우스의 정규화 상수는 다음과 같다.

$$Z = \int_a^b \exp\left(-\frac{x^2}{2\sigma^2}\right) dx \tag{2.191}$$

여기서 $a = -\infty$이고 $b = \infty$이다. 이를 계산하려면 다음의 제곱을 고려하라.

$$Z^2 = \int_a^b \int_a^b \exp\left(-\frac{x^2 + y^2}{2\sigma^2}\right) dxdy \tag{2.192}$$

$x = r\cos\theta$와 $y = r\sin\theta$를 사용해 변수를 데카르트 좌표 (x, y)에서 극좌표 (r, θ)로 바꿔보자. $dxdy = rdrd\theta$, $\cos^2\theta + \sin^2\theta = 1$이므로 다음과 같다.

$$Z^2 = \int_0^{2\pi} \int_0^{\infty} r\exp\left(-\frac{r^2}{2\sigma^2}\right) drd\theta \tag{2.193}$$

적분을 계산하고 $Z = \sqrt{\sigma^2 2\pi}$임을 보여라. 힌트 1: 적분을 두 항의 곱으로 분리하라. 처음의 것은 ($d\theta$를 갖는) 상수이므로 쉽다. 힌트 2: $u = e^{-r^2/2\sigma^2}$이라면 $du/dr = -\frac{1}{\sigma^2} re^{-r^2/2\sigma^2}$이다. 따라서 두 번째 적분 또한 쉽다($\int u'(r)dr = u(r)$이므로).

03

확률: 다변량 모델

3.1 여러 확률 변수의 결합 분포

이 절에서는 변수 하나 이상의 서로 간 의존성을 측정하는 여러 방법을 논의한다.

3.1.1 공분산

2개의 rv X와 Y 사이의 **공분산**^{covariance}은 X와 Y가 연관되어 있는 정도를 측정한다. 공분산은 다음과 같이 정의한다.

$$\text{Cov}[X, Y] \triangleq \mathbb{E}[(X - \mathbb{E}[X])(Y - \mathbb{E}[Y])] = \mathbb{E}[XY] - \mathbb{E}[X]\mathbb{E}[Y] \tag{3.1}$$

x가 D차원 확률 벡터라면, **공분산 행렬**^{covariance matrix}은 다음과 같은 양의 준정부호 대칭 행렬로 정의한다.

$$\text{Cov}[\boldsymbol{x}] \triangleq \mathbb{E}\left[(\boldsymbol{x} - \mathbb{E}[\boldsymbol{x}])(\boldsymbol{x} - \mathbb{E}[\boldsymbol{x}])^\mathsf{T}\right] \triangleq \boldsymbol{\Sigma} \tag{3.2}$$

$$= \begin{pmatrix} \mathbb{V}[X_1] & \text{Cov}[X_1, X_2] & \cdots & \text{Cov}[X_1, X_D] \\ \text{Cov}[X_2, X_1] & \mathbb{V}[X_2] & \cdots & \text{Cov}[X_2, X_D] \\ \vdots & \vdots & \ddots & \vdots \\ \text{Cov}[X_D, X_1] & \text{Cov}[X_D, X_2] & \cdots & \mathbb{V}[X_D] \end{pmatrix} \tag{3.3}$$

이로부터 중요한 결과를 얻는다.

$$\mathbb{E}\left[\boldsymbol{x}\boldsymbol{x}^\mathsf{T}\right] = \boldsymbol{\Sigma} + \boldsymbol{\mu}\boldsymbol{\mu}^\mathsf{T} \tag{3.4}$$

또 다른 유용한 결과인 선형 변환의 공분산은 다음과 같이 주어진다.

$$\mathrm{Cov}\left[\mathbf{A}\boldsymbol{x} + \boldsymbol{b}\right] = \mathbf{A}\,\mathrm{Cov}\left[\boldsymbol{x}\right]\mathbf{A}^\mathsf{T} \tag{3.5}$$

이는 연습문제 3.4에서 보여준다.

두 확률 벡터 사이의 **교차 공분산**cross-covariance은 다음과 같이 정의된다.

$$\mathrm{Cov}\left[\boldsymbol{x}, \boldsymbol{y}\right] = \mathbb{E}\left[(\boldsymbol{x} - \mathbb{E}\left[\boldsymbol{x}\right])(\boldsymbol{y} - \mathbb{E}\left[\boldsymbol{y}\right])^\mathsf{T}\right] \tag{3.6}$$

3.1.2 상관

공분산은 음수 및 양수 무한대가 될 수 있다. 때로는 유한한 하계 및 상계를 갖는, 정규화된 측정치로 작업하는 것이 편리하다. X와 Y의 (피어슨) **상관계수**correlation coefficient는 다음과 같이 정의한다.

$$\rho \triangleq \mathrm{corr}\left[X, Y\right] \triangleq \frac{\mathrm{Cov}\left[X, Y\right]}{\sqrt{\mathbb{V}\left[X\right]\mathbb{V}\left[Y\right]}} \tag{3.7}$$

$-1 \leq \rho \leq 1$은 증명 가능하다(연습문제 3.2).

어떠한 모수 a와 b에 대해 오직 $Y = aX + b$(그리고 $a > 0$)라면(iff), 즉 X와 Y 사이에 선형 관계가 존재하면 corr[X, Y] = 1임을 보일 수 있다(연습문제 3.3 참고). 직관적으로 상관계수가 회귀선의 기울기, 즉 식 $Y = aX + b$에서 계수 a와 관련이 있다고 예상할 수도 있다. 그러나 식 (11.27)에서 보여주듯이 회귀 계수는 사실 $a = \mathrm{Cov}[X, Y]/\mathbb{V}[X]$로 주어진다. 그림 3.1은 강하지만 비선형인 관계에서 상관계수가 0이 될 수 있음을 보여준다(그림 6.6과 비교해 보라). 따라서 상관계수를 선형의 정도degree of linearity라 생각하는 것이 더 나은 방법이다(correlation2d.ipynb에서 이러한 아이디어를 보여주는 데모를 보라).

관련된 확률 변수의 벡터 $\boldsymbol{x}$의 경우, **상관 행렬**correlation matrix은 다음과 같다.

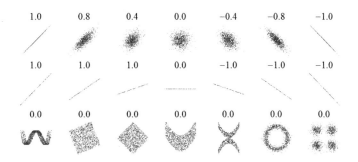

그림 3.1 (x, y) 점의 몇 개 집합을 각 집합의 x와 y의 상관계수와 함께 보여준다. 상관성은 선형 관계의 기울기(중간 행), 혹은 비선형 관계의 많은 측면(하단)이 아닌, 선형 관계의 잡음 정도 및 방향(상단)을 반영함을 주지하라(참고: 가운데 그림은 기울기가 0이지만 Y의 분산이 0이므로 상관계수가 정의되지 않는다). 출처: https://en.wikipedia.org/wiki/Pearson_correlation_coefficient. 위키피디아 저자인 Imagecreator가 친절하게 사용을 허가했다.

$$\text{corr}(\boldsymbol{x}) = \begin{pmatrix} 1 & \frac{\mathbb{E}[(X_1-\mu_1)(X_2-\mu_2)]}{\sigma_1\sigma_2} & \cdots & \frac{\mathbb{E}[(X_1-\mu_1)(X_D-\mu_D)]}{\sigma_1\sigma_D} \\ \frac{\mathbb{E}[(X_2-\mu_2)(X_1-\mu_1)]}{\sigma_2\sigma_1} & 1 & \cdots & \frac{\mathbb{E}[(X_2-\mu_2)(X_D-\mu_D)]}{\sigma_2\sigma_D} \\ \vdots & \vdots & \ddots & \vdots \\ \frac{\mathbb{E}[(X_D-\mu_D)(X_1-\mu_1)]}{\sigma_D\sigma_1} & \frac{\mathbb{E}[(X_D-\mu_D)(X_2-\mu_2)]}{\sigma_D\sigma_2} & \cdots & 1 \end{pmatrix} \tag{3.8}$$

이는 더 간결하게 다음과 같이 쓸 수 있다.

$$\text{corr}(\boldsymbol{x}) = (\text{diag}(\mathbf{K}_{xx}))^{-\frac{1}{2}} \mathbf{K}_{xx} (\text{diag}(\mathbf{K}_{xx}))^{-\frac{1}{2}} \tag{3.9}$$

여기서 $\mathbf{K}_{xx}$는 **자동 공분산 행렬**auto-covariance matrix이다.

$$\mathbf{K}_{xx} = \boldsymbol{\Sigma} = \mathbb{E}\left[(\boldsymbol{x} - \mathbb{E}[\boldsymbol{x}])(\boldsymbol{x} - \mathbb{E}[\boldsymbol{x}])^\mathsf{T}\right] = \mathbf{R}_{xx} - \boldsymbol{\mu}\boldsymbol{\mu}^\mathsf{T} \tag{3.10}$$

그리고 $\mathbf{R}_{xx} = \mathbb{E}[xx^\mathsf{T}]$는 **자동 상관 행렬**autocorrelation matrix이다.

3.1.3 무상관은 독립을 뜻하지 않는다

X와 Y가 독립이라면, 즉 $p(X, Y) = p(X)p(Y)$를 뜻하면 $\text{Cov}[X, Y] = 0$이고, 따라서 $\text{corr}[X, Y] = 0$이다. 그러므로 독립은 **무상관**uncorrelated을 뜻한다. 그러나 그 역은 참이 아니다. 무상관은 독립을

뜻하지 않는다. 예를 들어 $X \sim U(-1, 1)$이고 $Y = X^2$이라 해보자. Y는 X에 의존함이 분명하지만 (사실 Y는 유일하게 X에 의해 결정된다), $\text{corr}[X, Y] = 0$임을 보이는 것이 가능하다(연습문제 3.1). 이에 대한 충격적인 예시는 그림 3.1에서 보여준다. 이는 X와 Y 사이에 분명한 의존성이 존재하지만, 여전히 상관계수는 0인 데이터를 보여준다. 확률 변수 사이의 독립성을 측정하는 더 일반적인 측도는 **상호 정보**^{mutual information}이며, 6.3절에서 논의한다. 이는 변수가 진정으로 독립이라면 값이 0이다.

3.1.4 상관성은 인과성을 뜻하지 않는다

'상관성은 인과성을 뜻하지 않는다'는 것은 잘 알려진 사실이다. 예를 들어 그림 3.2를 보자. 빨간색에 $x_{1:T}$를 그리고 있으며, 여기서 x_t는 t월에 팔린 아이스크림의 양이다. 노란색에 $y_{1:T}$를 그리고 있으며, 여기서 y_t는 t월의 강력범죄율이다(그림이 겹쳐지도록 양을 다시 스케일링했다). 이들 신호 사이에 강력한 상관성을 볼 수 있다. '아이스크림을 먹으면 살인이 하고 싶어진다'는 주장이 때로는 정말 존재하긴 한다[Pet13]. 물론 이는 날씨라는 **숨겨진 공통된 이유**^{hidden common cause}로 인한 **그럴싸한 상관성** ^{spurious correlation}에 불과하다. 더운 날씨는 분명한 이유에서 아이스크림 매출을 증가시킨다. 뜨거운 날씨는 또한 강력범죄를 증가시키며, 그 이유는 뜨거운 논쟁거리가 되고 있다. 어떤 사람들은 분노

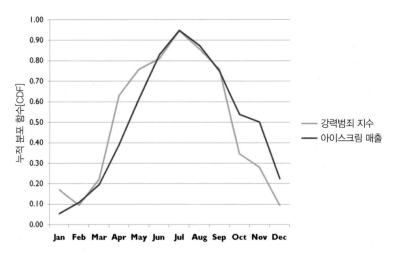

그림 3.2 인과적으로 관계가 없는 시계열 사이의 그럴싸한 상관성 예시를 보여준다. 시간에 따른 아이스크림의 소비(빨간색)와 강력범죄율(노란색). 출처: http://icbseverywhere.com/blog/2014/10/ the-logic-of-causal-conclusions/. 바바라 드레셔(Barbara Drescher)가 친절하게 사용을 허가했다.

가 증가하기 때문이라 주장하지만[And01], 또 어떤 이들은 대부분의 살인이 벌어지는 곳에 사람들이 더 많이 나가기 때문일 뿐이라고 주장한다.

또 다른 유명한 예시로 출생률과 황새의 존재 사이의 양의 상관관계가 있다. 이는 황새가 아이를 가져다준다는 도시의 전설에서 나왔다[Mat00]. 이러한 상관성의 진짜 이유는 늘어난 생활 표준, 따라서 더 많은 음식과 같은 숨겨진 인자 때문이다. 이러한 그럴싸한 상관성의 더 많은 재미있는 예시는 [Vig15]에서 찾을 수 있다.

이들 예시는 x로 y를 예측하는 능력을 x가 y를 야기한다는 척도로 다뤄서는 안 된다는 '경고 신호' 역할을 한다.

3.1.5 심슨의 역설

심슨의 역설 Simpson's paradox은 몇 개의 서로 다른 데이터 그룹에서 나타나는 통계적 추세 혹은 관계가 이들 그룹이 조합될 때 사라지거나, 아니면 신호가 반대가 될 수 있다고 말한다. 우리가 통계적 의존성에 대한 주장을 인과적인 방식으로 잘못 해석한다면, 이는 반직관적인 행위를 야기할 수 있다.

이 역설은 그림 3.3에서 시각화한다. 전체적으로 x에 따라 y가 감소하지만, 각 하위 모집단에서 x에 따라 y가 증가한다.

COVID-19 측면에서 심슨의 역설에 대한 최근의 실제 세계 예시를 위해서는 그림 3.4(a)를 참고하라. 이는 이탈리아에서 COVID-19의 치사율CFR, Case Fatality Rate이 각 그룹마다 중국보다 낮지만 전체적으로는 높음을 보여준다. 그 이유는 그림 3.4(b)에서와 같이 이탈리아에 나이가 많은 사람이 더 많기 때문이다. 다시 말해 그림 3.4(a)는 A가 나이, C가 국가, $F = 1$은 누군가가 COVID-19로

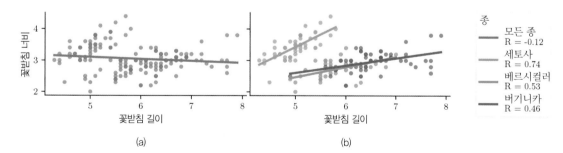

(a)   (b)

그림 3.3 심슨의 역설을 보여준다. (a) 전체적으로 y가 x에 따라 감소한다. (b) 각 그룹 내에서 보면, y가 x에 따라 증가한다. simpsons_paradox.ipynb로 생성했다.

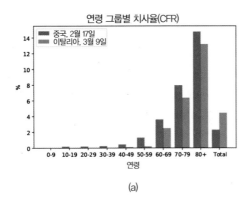
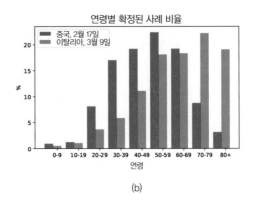

| (a) | (b) |

그림 3.4 COVID-19를 사용해 심슨의 역설을 보여준다. (a) 이탈리아와 중국에서의 치명률을 연령 그룹으로, 그리고 보고할 때까지의(범례를 참고하라) 합계 형식으로(마지막 막대 쌍의 '전체') 보여준다. (b) 국가별 각 연령 그룹 내 (a)에 포함된 모든 확인된 사례의 비율. 출처: [KGS20]의 그림 1. 율리우스 본 쿠헤젠(Julius von Kügelgen)이 친절하게 사용을 허가했다.

인해 사망한다는 사건일 때 $p(F = 1 \,|\, A,\, C)$를 보여준다. 그리고 그림 3.4(b)는 사람이 국가 C에서 연령 구분 A에 속하는 확률인 $p(A \,|\, C)$를 보여준다. 이들을 조합하면, $p(F = 1 \,|\, C = 이탈리아) > p(F = 1 \,|\, C = 중국)$임을 알 수 있다. 자세한 내용은 [KGS20]을 참고하라.

3.2 다변량 가우스(정규) 분포

연속 확률 변수에서 가장 널리 쓰이는 결합 확률 분포는 **다변량 가우스**multivariate Gaussian 혹은 **다변량 정규**MVN, Multivariate Normal 분포다. 그 이유는 대부분 수학적 편리함 때문이지만, 또한 가우스 가정이 많은 경우에서 꽤 적절하다는 사실 때문이기도 하다(2.6.4절의 논의를 참고하라).

3.2.1 정의

MVN 밀도는 다음과 같이 정의된다.

$$\mathcal{N}(\boldsymbol{y}|\boldsymbol{\mu}, \boldsymbol{\Sigma}) \triangleq \frac{1}{(2\pi)^{D/2}|\boldsymbol{\Sigma}|^{1/2}} \, \exp\left[-\frac{1}{2}(\boldsymbol{y} - \boldsymbol{\mu})^{\mathsf{T}}\boldsymbol{\Sigma}^{-1}(\boldsymbol{y} - \boldsymbol{\mu})\right] \tag{3.11}$$

여기서 $\boldsymbol{\mu} = \mathbb{E}[\boldsymbol{y}] \in \mathbb{R}^D$는 평균 벡터, $\boldsymbol{\Sigma} = \mathrm{Cov}[\boldsymbol{y}]$는 다음과 같이 정의되는 $D \times D$ **공분산 행렬**이다.

$$\mathrm{Cov}\left[\boldsymbol{y}\right] \triangleq \mathbb{E}\left[(\boldsymbol{y} - \mathbb{E}\left[\boldsymbol{y}\right])(\boldsymbol{y} - \mathbb{E}\left[\boldsymbol{y}\right])^{\mathsf{T}}\right] \tag{3.12}$$

$$= \begin{pmatrix} \mathbb{V}\left[Y_1\right] & \mathrm{Cov}\left[Y_1, Y_2\right] & \cdots & \mathrm{Cov}\left[Y_1, Y_D\right] \\ \mathrm{Cov}\left[Y_2, Y_1\right] & \mathbb{V}\left[Y_2\right] & \cdots & \mathrm{Cov}\left[Y_2, Y_D\right] \\ \vdots & \vdots & \ddots & \vdots \\ \mathrm{Cov}\left[Y_D, Y_1\right] & \mathrm{Cov}\left[Y_D, Y_2\right] & \cdots & \mathbb{V}\left[Y_D\right] \end{pmatrix} \tag{3.13}$$

여기서

$$\mathrm{Cov}\left[Y_i, Y_j\right] \triangleq \mathbb{E}\left[(Y_i - \mathbb{E}\left[Y_i\right])(Y_j - \mathbb{E}\left[Y_j\right])\right] = \mathbb{E}\left[Y_i Y_j\right] - \mathbb{E}\left[Y_i\right]\mathbb{E}\left[Y_j\right] \tag{3.14}$$

그리고 $\mathbb{V}[Y_i] = \mathrm{Cov}[Y_i,\ Y_i]$이다. 식 (3.12)로부터 중요한 결과를 얻을 수 있다.

$$\mathbb{E}\left[\boldsymbol{y}\boldsymbol{y}^{\mathsf{T}}\right] = \boldsymbol{\Sigma} + \boldsymbol{\mu}\boldsymbol{\mu}^{\mathsf{T}} \tag{3.15}$$

식 (3.11)의 정규화 상수 $Z = (2\pi)^{D/2}|\boldsymbol{\Sigma}|^{1/2}$는 pdf의 적분이 1임을 보장하기 위한 것일 뿐이다 (연습문제 3.6 참고).

2차원에서 MVN은 **이변량 가우스 분포**bivariate Gaussian distribution라 한다. pdf는 $\boldsymbol{y} \sim \mathcal{N}(\mu, \boldsymbol{\Sigma})$로 나타낼 수 있으며, 여기서 $\boldsymbol{y} \in \mathbb{R}^2$, $\boldsymbol{\mu} \in \mathbb{R}^2$이고

$$\boldsymbol{\Sigma} = \begin{pmatrix} \sigma_1^2 & \sigma_{12}^2 \\ \sigma_{21}^2 & \sigma_2^2 \end{pmatrix} = \begin{pmatrix} \sigma_1^2 & \rho\sigma_1\sigma_2 \\ \rho\sigma_1\sigma_2 & \sigma_2^2 \end{pmatrix} \tag{3.16}$$

여기서 ρ는 **상관계수**이며 다음과 같이 정의된다.

$$\mathrm{corr}\left[Y_1, Y_2\right] \triangleq \frac{\mathrm{Cov}\left[Y_1, Y_2\right]}{\sqrt{\mathbb{V}\left[Y_1\right]\mathbb{V}\left[Y_2\right]}} = \frac{\sigma_{12}^2}{\sigma_1\sigma_2} \tag{3.17}$$

$-1 \le \mathrm{corr}[Y_1,\ Y_2] \le 1$임을 보이는 것이 가능하다(연습문제 3.2). pdf를 2차원에서 전개하면 다음과 같이 약간 무서워 보이는 결과를 얻는다.

$$p(y_1, y_2) = \frac{1}{2\pi\sigma_1\sigma_2\sqrt{1-\rho^2}} \exp\left(-\frac{1}{2(1-\rho^2)} \times \right.$$

$$\left.\left[\frac{(y_1-\mu_1)^2}{\sigma_1^2} + \frac{(y_2-\mu_2)^2}{\sigma_2^2} - 2\rho\frac{(y_1-\mu_1)}{\sigma_1}\frac{(y_2-\mu_2)}{\sigma_2}\right]\right) \tag{3.18}$$

그림 3.5와 3.6은 3개의 각기 다른 공분산 행렬의 2차원 MVN 밀도를 그리고 있다. **완전 공분산 행렬**full covariance matrix은 $D(D+1)/2$개의 모수를 가지며, 2로 나누는 이유는 $\boldsymbol{\Sigma}$가 대칭이기 때문이다(타원 모양의 이유는 이차 형식의 기하학적 구조를 논의하는 7.4.4절에서 설명한다). **대각 공분산 행렬**diagonal

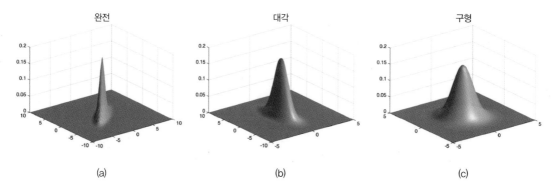

그림 3.5 2차원 가우스 밀도를 표면 그림으로 시각화한다. (a) 완전 공분산 행렬을 사용한 분포는 어떠한 각도에서든지 지향성을 가질 수 있다. (b) 대각 공분산 행렬을 사용한 분포는 반드시 축과 평행해야 한다. (c) 구형 공분산 행렬을 사용한 분포는 반드시 대칭 모양을 가져야 한다. gauss_plot_2d.ipynb로 생성했다.

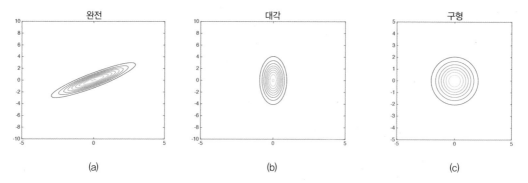

그림 3.6 상수 확률 밀도의 수준 집합(level set) 측면에서 시각화한 2차원 가우스 밀도. (a) 완전 공분산 행렬이 타원형의 윤곽을 갖는다. (b) 대각 공분산 행렬의 타원은 축으로 정렬되어 있다. (c) 구형 공분산 행렬은 모양이 원형이다. gauss_plot_2d.ipynb로 생성했다.

covariance matrix은 모수가 D개이며, 대각 외 항에는 0을 갖는다. **구형 공분산 행렬**spherical covariance matrix 은 또한 **등방성 공분산 행렬**isotropic covariance matrix이라 부르며, $\boldsymbol{\Sigma} = \sigma^2\mathbf{I}_D$의 형식을 갖는다. 따라서 σ^2 이라는 오직 하나의 자유 모수를 갖는다.

3.2.2 마할라노비스 거리

이 절에서는 다차원에서의 가우스 pdf의 기하학적 모양에 대한 인사이트를 얻어보자. 이를 위해 상수 (로그) 확률의 **수준 집합**level set으로 된 모양을 고려한다.

특정한 점 $\boldsymbol{y}$에서의 로그 확률은 다음과 같이 주어진다.

$$\log p(\boldsymbol{y}|\boldsymbol{\mu}, \boldsymbol{\Sigma}) = -\frac{1}{2}(\boldsymbol{y} - \boldsymbol{\mu})^\mathsf{T}\boldsymbol{\Sigma}^{-1}(\boldsymbol{y} - \boldsymbol{\mu}) + 상수 \tag{3.19}$$

$\boldsymbol{y}$에 대한 의존성은 $\boldsymbol{y}$와 $\boldsymbol{\mu}$ 사이의 **마할라노비스 거리**Mahalanobis distance Δ로 표현할 수 있으며, 이것의 제곱은 다음과 같다.

$$\Delta^2 \triangleq (\boldsymbol{y} - \boldsymbol{\mu})^\mathsf{T}\boldsymbol{\Sigma}^{-1}(\boldsymbol{y} - \boldsymbol{\mu}) \tag{3.20}$$

따라서 상수 (로그) 확률의 윤곽contour은 상수 마할라노비스 거리의 윤곽과 동등하다.

상수 마할라노비스 거리의 윤곽에 대한 인사이트를 얻기 위해, $\boldsymbol{\Sigma}$ 및 따라서 $\boldsymbol{\Lambda} = \boldsymbol{\Sigma}^{-1}$ 모두 양의 정부호 행렬임을 활용한다(가정에 의해). 다음과 같은 $\boldsymbol{\Sigma}$의 고윳값 분해를 고려해 보자(7.4절).

$$\boldsymbol{\Sigma} = \sum_{d=1}^{D}\lambda_d\boldsymbol{u}_d\boldsymbol{u}_d^\mathsf{T} \tag{3.21}$$

비슷하게 다음과 같이 쓸 수 있다.

$$\boldsymbol{\Sigma}^{-1} = \sum_{d=1}^{D}\frac{1}{\lambda_d}\boldsymbol{u}_d\boldsymbol{u}_d^\mathsf{T} \tag{3.22}$$

$z_d \triangleq \boldsymbol{u}_d^\mathsf{T}(\boldsymbol{y} - \boldsymbol{\mu})$, 따라서 $\boldsymbol{z} = \mathbf{U}(\boldsymbol{y} - \boldsymbol{\mu})$를 정의해 보자. 그러면 마할라노비스 거리는 다음과 같이 다시 쓸 수 있다.

$$(\boldsymbol{y} - \boldsymbol{\mu})^{\mathsf{T}} \boldsymbol{\Sigma}^{-1} (\boldsymbol{y} - \boldsymbol{\mu}) = (\boldsymbol{y} - \boldsymbol{\mu})^{\mathsf{T}} \left(\sum_{d=1}^{D} \frac{1}{\lambda_d} \boldsymbol{u}_d \boldsymbol{u}_d^{\mathsf{T}} \right) (\boldsymbol{y} - \boldsymbol{\mu}) \tag{3.23}$$

$$= \sum_{d=1}^{D} \frac{1}{\lambda_d} (\boldsymbol{y} - \boldsymbol{\mu})^{\mathsf{T}} \boldsymbol{u}_d \boldsymbol{u}_d^{\mathsf{T}} (\boldsymbol{y} - \boldsymbol{\mu}) = \sum_{d=1}^{D} \frac{z_d^2}{\lambda_d} \tag{3.24}$$

7.4.4절에서 논의하듯이, 이는 마할라노비스 거리가 $\boldsymbol{y}$를 $\mathbf{U}$만큼 회전시키고 $\boldsymbol{\Lambda}$만큼 스케일링한 새로운 좌표 프레임coordinate frame $\boldsymbol{z}$에서의 유클리드 거리로 해석할 수 있음을 뜻한다.

예를 들어, 2차원에서 다음 방정식을 만족시키는 점의 집합 (z_1, z_2)를 고려해 보자.

$$\frac{z_1^2}{\lambda_1} + \frac{z_2^2}{\lambda_2} = r \tag{3.25}$$

이 점들은 같은 마할라노비스 거리를 가지므로, 이들은 확률이 같은 점에 해당한다. 따라서 2차원 가우스의 등확률 밀도의 윤곽이 타원을 따라 놓여 있음을 볼 수 있다. 이는 그림 7.6이 보여준다. 고유벡터는 타원의 지향성을, 고윳값은 얼마나 길게 늘어나는지를 결정한다.

3.2.3 MVN의 주변 및 조건부 분포*

$\boldsymbol{y} = (\boldsymbol{y}_1, \boldsymbol{y}_2)$가 다음의 모수가 있는 결합 가우스라 해보자.

$$\boldsymbol{\mu} = \begin{pmatrix} \boldsymbol{\mu}_1 \\ \boldsymbol{\mu}_2 \end{pmatrix}, \quad \boldsymbol{\Sigma} = \begin{pmatrix} \boldsymbol{\Sigma}_{11} & \boldsymbol{\Sigma}_{12} \\ \boldsymbol{\Sigma}_{21} & \boldsymbol{\Sigma}_{22} \end{pmatrix}, \quad \boldsymbol{\Lambda} = \boldsymbol{\Sigma}^{-1} = \begin{pmatrix} \boldsymbol{\Lambda}_{11} & \boldsymbol{\Lambda}_{12} \\ \boldsymbol{\Lambda}_{21} & \boldsymbol{\Lambda}_{22} \end{pmatrix} \tag{3.26}$$

여기서 $\boldsymbol{\Lambda}$는 **정밀도 행렬**precision matrix이다. 그러면 주변 분포는 다음과 같이 주어진다.

$$\boxed{\begin{aligned} p(\boldsymbol{y}_1) &= \mathcal{N}(\boldsymbol{y}_1 | \boldsymbol{\mu}_1, \boldsymbol{\Sigma}_{11}) \\ p(\boldsymbol{y}_2) &= \mathcal{N}(\boldsymbol{y}_2 | \boldsymbol{\mu}_2, \boldsymbol{\Sigma}_{22}) \end{aligned}} \tag{3.27}$$

그리고 사후 조건부 분포는 다음과 같다.

$$p(\boldsymbol{y}_1|\boldsymbol{y}_2) = \mathcal{N}(\boldsymbol{y}_1|\boldsymbol{\mu}_{1|2}, \boldsymbol{\Sigma}_{1|2})$$
$$\boldsymbol{\mu}_{1|2} = \boldsymbol{\mu}_1 + \boldsymbol{\Sigma}_{12}\boldsymbol{\Sigma}_{22}^{-1}(\boldsymbol{y}_2 - \boldsymbol{\mu}_2)$$
$$= \boldsymbol{\mu}_1 - \boldsymbol{\Lambda}_{11}^{-1}\boldsymbol{\Lambda}_{12}(\boldsymbol{y}_2 - \boldsymbol{\mu}_2) \quad (3.28)$$
$$= \boldsymbol{\Sigma}_{1|2}\left(\boldsymbol{\Lambda}_{11}\boldsymbol{\mu}_1 - \boldsymbol{\Lambda}_{12}(\boldsymbol{y}_2 - \boldsymbol{\mu}_2)\right)$$
$$\boldsymbol{\Sigma}_{1|2} = \boldsymbol{\Sigma}_{11} - \boldsymbol{\Sigma}_{12}\boldsymbol{\Sigma}_{22}^{-1}\boldsymbol{\Sigma}_{21} = \boldsymbol{\Lambda}_{11}^{-1}$$

이들 방정식은 이 책에서 너무나도 중요하므로 여러분이 나중에 쉽게 찾을 수 있도록 상자 안에 집어넣었다. 이들 결과의 도함수는(이는 슈어 보수$^{\text{Schur complement}}$ $\boldsymbol{\Sigma}/\boldsymbol{\Sigma}_{22} = \boldsymbol{\Sigma}_{11} - \boldsymbol{\Sigma}_{12}\boldsymbol{\Sigma}_{22}^{-1}\boldsymbol{\Sigma}_{21}$ 계산을 필요로 한다) 7.3.5절을 참고하라.

주변 분포 및 조건부 분포 모두 그 자체로 가우스임을 볼 수 있다. 주변 분포를 위해서는 단지 $\boldsymbol{y}_1$이나 $\boldsymbol{y}_2$에 해당하는 행 및 열을 추출할 뿐이다. 조건부 분포는 할 일이 약간 더 많다. 그러나 그렇게 복잡하지는 않다. 조건부 평균은 $\boldsymbol{y}_2$의 선형 함수일 뿐이며, 조건부 공분산은 $\boldsymbol{y}_2$에 독립인 상수 행렬일 뿐이다. 사후 평균을 위한 3개의 서로 다른(그러나 동등한) 식이, 그리고 사후 공분산을 위한 2개의 서로 다른(그러나 동등한) 식이 제공되어 있다. 각각은 다른 상황에서 유용하다.

3.2.4 예시: 2차원 가우스 조건부화

2차원 예시를 고려해 보자. 공분산 행렬은 다음과 같다.

$$\boldsymbol{\Sigma} = \begin{pmatrix} \sigma_1^2 & \rho\sigma_1\sigma_2 \\ \rho\sigma_1\sigma_2 & \sigma_2^2 \end{pmatrix} \quad (3.29)$$

주변 분포 $p(y_1)$은 1차원 가우스이며, y_1 선에 결합 분포를 사영^{project}하여 얻는다.

$$p(y_1) = \mathcal{N}(y_1|\mu_1, \sigma_1^2) \quad (3.30)$$

$Y_2 = y_2$를 관측한다고 해보자. 조건부 분포 $p(y_1|y_2)$는 $Y_2 = y_2$ 선을 따라 결합 분포를 '잘라내어^{slicing}' 얻는다.

$$p(y_1|y_2) = \mathcal{N}\left(y_1|\mu_1 + \frac{\rho\sigma_1\sigma_2}{\sigma_2^2}(y_2 - \mu_2),\ \sigma_1^2 - \frac{(\rho\sigma_1\sigma_2)^2}{\sigma_2^2}\right) \quad (3.31)$$

$\sigma_1 = \sigma_2 = \sigma$라면, 다음을 얻는다.

$$p(y_1|y_2) = \mathcal{N}\left(y_1|\mu_1 + \rho(y_2 - \mu_2),\ \sigma^2(1 - \rho^2)\right) \tag{3.32}$$

예를 들어 $\rho = 0.8$, $\sigma_1 = \sigma_2 = 1$, $\mu_1 = \mu_2 = 0$, $y_2 = 1$이라 해보자. $\mathbb{E}[y_1 \,|\, y_2 = 1] = 0.8$임을 볼 수 있다. 이것이 적절한 이유는 $\rho = 0.8$은 y_2가 1만큼 증가하면(평균을 넘어) y_1이 0.8만큼 증가함을 뜻하기 때문이다. 또한 $\mathbb{V}[y_1 | y_2 = 1] = 1 - 0.8^2 = 0.36$임을 볼 수 있다. 이 또한 적절한 이유는, y_2를 관측함으로써 y_1에 대한 무언가를 (간접적으로) 배웠으므로 y_1에 대한 불확실성이 낮아지기 때문이다. $\rho = 0$이라면, $p(y_1 | y_2) = \mathcal{N}(y_1 | \mu_1,\ \sigma_1^2)$을 얻는다. 왜냐하면 y_2가 y_1과 무상관이라면 (따라서 독립이라면) y_1에 대한 어떠한 정보도 전달하지 않기 때문이다.

3.2.5 예시: 결측값 대체*

앞의 결과를 적용하는 예시를 위해, 우리가 $\boldsymbol{y}$의 일부분(차원)을 관측하며 나머지 부분은 결측이거나 관측되지 않는다고 해보자. (공분산 행렬로 인코딩된) 차원 사이의 상관성을 활용하여 잃어버린 항목을 추론할 수 있다. 이는 **결측값 대체**^{missing value imputation}라 부른다.

그림 3.7은 간단한 예시를 보여준다. $D = 10$차원인 가우스로부터 N 벡터를 추출하고, 각 표본 (행)에서 의도적으로 50%의 데이터를 '숨긴다'. 그 뒤 관측한 항목 및 참인 모델 모수가 주어졌을 때 결측 항목을 추론한다.[1] 더 정확하게는, 데이터 행렬의 각 n개 행마다 $p(\boldsymbol{y}_{n,h} | \boldsymbol{y}_{n,v}, \boldsymbol{\theta})$를 계산한다. 이때 $\boldsymbol{v}$는 그 행 내에서 가시적인 항목의 인덱스이며, $\boldsymbol{h}$는 나머지 숨겨진 항목의 인덱스이고, $\boldsymbol{\theta} = (\boldsymbol{\mu}, \boldsymbol{\Sigma})$이다. 이로부터 각 결측 변수 $i \in \boldsymbol{h}$, $p(\boldsymbol{y}_{n,i} | \boldsymbol{y}_{n,v}, \boldsymbol{\theta})$의 주변 분포를 계산한다. 주변 분포로부터 사후 평균 $\bar{y}_{n,i} = \mathbb{E}[y_{n,i} | \boldsymbol{y}_{n,v}, \boldsymbol{\theta}]$를 계산한다.

사후 평균은 5장에서 설명하듯이 기대 제곱 오차를 최소화한다는 측면에서, 항목의 참값에 대한 '가장 좋은 추측'을 나타낸다. $\mathbb{V}[y_{n,i} | \boldsymbol{y}_{n,v}, \boldsymbol{\theta}]$를 이러한 추측의 신뢰도에 대한 측도로 사용할 수 있지만, 여기에 나와 있지는 않다. 대신에 $p(\boldsymbol{y}_{n,h} | \boldsymbol{y}_{n,v}, \boldsymbol{\theta})$로부터 여러 사후 표본을 뽑을 수 있다. 이는 **다중 대체**^{multiple imputation}라 부르며, 이러한 '채워진' 데이터를 소비하는 후속 알고리듬에 더 로버스트한 추정값을 제공한다.

---

1 실제로는 부분적으로 관측된 데이터로부터 모수를 추정해야 할 것이다. 안타깝게도 4.2.6절의 MLE 결과는 더 이상 적용할 수가 없지만, 결측 데이터가 존재할 때 EM 알고리듬을 사용해 근사적인 MLE를 유도할 수 있다. 자세한 내용은 이 책의 후속판을 참고하라.

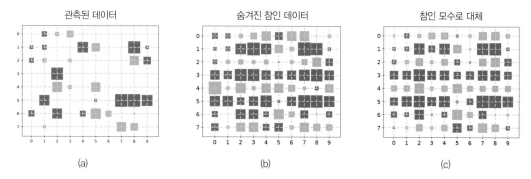

관측된 데이터   숨겨진 참인 데이터   참인 모수로 대체

(a)   (b)   (c)

그림 3.7 MVN을 사용한 데이터 대체화를 보여준다. (a) 데이터 행렬의 시각화. 빈 항목은 결측된(관측되지 않은) 것이다. 파란색은 양수, 초록색은 음수다. 사각형의 면적은 값에 비례한다(이는 **힌튼 다이어그램**(Hinton diagram)이라 하며, 유명한 ML 연구자인 제프 힌튼(Geoff Hinton)의 이름에서 유래했다). (b) 참인 데이터 행렬(숨겨진). (c) 사후 예측 분포의 평균. 행 내 참인 모델 모수를 사용하는 부분적으로 관측된 데이터에 근거한다. gauss_imputation_known_params_demo.ipynb로 생성했다.

3.3 선형 가우스 체계*

3.2.3절에서 가우스 확률 벡터의 숨겨진 부분에 대해 사후 분포를 추론하기 위해 잡음이 없는^{noise-free} 관측치로 조건부화했다. 이 절에서 이 접근법을 확장하여 잡음이 있는 관측치를 다룬다.

$z \in \mathbb{R}^L$가 알 수 없는 값의 벡터이며, $y \in \mathbb{R}^D$가 z의 어떠한 잡음이 있는 측정치라 해보자. 이들 변수가 다음의 결합 분포로 연관되어 있다고 가정한다.

$$p(z) = \mathcal{N}(z|\boldsymbol{\mu}_z, \boldsymbol{\Sigma}_z) \tag{3.33}$$
$$p(y|z) = \mathcal{N}(y|\mathbf{W}z + b, \boldsymbol{\Sigma}_y) \tag{3.34}$$

여기서 $\mathbf{W}$는 크기 $D \times L$의 행렬이다. 이는 **선형 가우스 체계**^{linear Gaussian system}의 한 예시다.

해당 결합 분포 $p(z, y) = p(z)p(y|z)$는 $L + D$차원의 가우스이며, 평균과 분산은 다음과 같이 주어진다.

$$\boldsymbol{\mu} = \begin{pmatrix} \boldsymbol{\mu}_z \\ \mathbf{W}\boldsymbol{\mu}_z + b \end{pmatrix} \tag{3.35}$$

$$\boldsymbol{\Sigma} = \begin{pmatrix} \boldsymbol{\Sigma}_z & \boldsymbol{\Sigma}_z\mathbf{W}^\mathsf{T} \\ \mathbf{W}\boldsymbol{\Sigma}_z & \boldsymbol{\Sigma}_y + \mathbf{W}\boldsymbol{\Sigma}_z\mathbf{W}^\mathsf{T} \end{pmatrix} \tag{3.36}$$

식 (3.28)의 가우스 조건부 공식을 결합 분포 $p(\boldsymbol{y}, \boldsymbol{z})$에 적용하여, 아래 설명하는 사후 분포 $p(\boldsymbol{z}|\boldsymbol{y})$를 계산할 수 있다. 이는 생성 모델generative model에서의 $\boldsymbol{z} \rightarrow \boldsymbol{y}$ 화살표를, 잠재치latent에서 관측치observation로 뒤집는 것으로 해석할 수 있다.

3.3.1 가우스를 위한 베이즈 규칙

잠재 변수에 대한 사후 분포는 다음과 같다.

$$
\begin{aligned}
p(\boldsymbol{z}|\boldsymbol{y}) &= \mathcal{N}(\boldsymbol{z}|\boldsymbol{\mu}_{z|y}, \boldsymbol{\Sigma}_{z|y}) \\
\boldsymbol{\Sigma}_{z|y}^{-1} &= \boldsymbol{\Sigma}_z^{-1} + \mathbf{W}^\mathsf{T}\boldsymbol{\Sigma}_y^{-1}\mathbf{W} \\
\boldsymbol{\mu}_{z|y} &= \boldsymbol{\Sigma}_{z|y}[\mathbf{W}^\mathsf{T}\boldsymbol{\Sigma}_y^{-1}(\boldsymbol{y} - \boldsymbol{b}) + \boldsymbol{\Sigma}_z^{-1}\boldsymbol{\mu}_z]
\end{aligned}
\tag{3.37}
$$

이는 **가우스를 위한 베이즈 규칙**Bayes rule for Gaussians이라 한다. 게다가 사후 분포의 정규화 상수는 다음과 같다.

$$
p(\boldsymbol{y}) = \int \mathcal{N}(\boldsymbol{z}|\boldsymbol{\mu}_z, \boldsymbol{\Sigma}_z)\mathcal{N}(\boldsymbol{y}|\mathbf{W}\boldsymbol{z} + \boldsymbol{b}, \boldsymbol{\Sigma}_y)d\boldsymbol{z} = \mathcal{N}(\boldsymbol{y}|\mathbf{W}\boldsymbol{\mu}_z + \boldsymbol{b}, \boldsymbol{\Sigma}_y + \mathbf{W}\boldsymbol{\Sigma}_z\mathbf{W}^\mathsf{T})
\tag{3.38}
$$

가우스 가능도 $p(\boldsymbol{y}|\boldsymbol{z})$와 조합된 가우스 사전 분포 $p(\boldsymbol{z})$가 가우스 사후 분포 $p(\boldsymbol{z}|\boldsymbol{y})$가 됨을 볼 수 있다. 따라서 가우스는 베이즈 조건부화하에서 닫혀 있다. 이를 더 일반적으로 설명하자면, 가우스 사전 분포는 가우스 가능도를 위한 **켤레 사전 분포**conjugate prior다. 왜냐하면 사후 분포가 사전 분포와 같은 형태를 갖기 때문이다. 4.6.1절에서 켤레 사전 분포에 대한 개념을 더 자세히 논의한다. 다음 절에서는 이 결과에 대한 다양한 응용을 제공한다. 그러나 먼저 유도를 보여준다.

3.3.2 유도*

이제 식 (3.37)을 유도한다. 기본적인 아이디어는 결합 분포 $p(\boldsymbol{z}, \boldsymbol{y}) = p(\boldsymbol{z})p(\boldsymbol{y}|\boldsymbol{z})$를 유도한 뒤, 3.2.3절의 결과를 사용해 $p(\boldsymbol{z}|\boldsymbol{y})$를 계산하는 것이다.

더 자세히는 다음의 과정을 따른다. 결합 분포의 로그는 다음과 같다(의미 없는 상수는 버린다).

$$\log p(\boldsymbol{z}, \boldsymbol{y}) = -\frac{1}{2}(\boldsymbol{z} - \boldsymbol{\mu}_z)^T \boldsymbol{\Sigma}_z^{-1}(\boldsymbol{z} - \boldsymbol{\mu}_z) - \frac{1}{2}(\boldsymbol{y} - \mathbf{W}\boldsymbol{z} - \boldsymbol{b})^T \boldsymbol{\Sigma}_y^{-1}(\boldsymbol{y} - \mathbf{W}\boldsymbol{z} - \boldsymbol{b}) \tag{3.39}$$

이는 이차 형식의 지수함수이므로, 결합 가우스 분포임이 분명하다.

$\boldsymbol{z}$와 $\boldsymbol{y}$를 갖는 이차 항을 전개하고 선형 및 상수 항을 무시하면, 다음을 얻는다.

$$Q = -\frac{1}{2}\boldsymbol{z}^T \boldsymbol{\Sigma}_z^{-1} \boldsymbol{z} - \frac{1}{2}\boldsymbol{y}^T \boldsymbol{\Sigma}_y^{-1} \boldsymbol{y} - \frac{1}{2}(\mathbf{W}\boldsymbol{z})^T \boldsymbol{\Sigma}_y^{-1}(\mathbf{W}\boldsymbol{z}) + \boldsymbol{y}^T \boldsymbol{\Sigma}_y^{-1} \mathbf{W}\boldsymbol{z} \tag{3.40}$$

$$= -\frac{1}{2}\begin{pmatrix} \boldsymbol{z} \\ \boldsymbol{y} \end{pmatrix}^T \begin{pmatrix} \boldsymbol{\Sigma}_z^{-1} + \mathbf{W}^T \boldsymbol{\Sigma}_y^{-1} \mathbf{W} & -\mathbf{W}^T \boldsymbol{\Sigma}_y^{-1} \\ -\boldsymbol{\Sigma}_y^{-1} \mathbf{W} & \boldsymbol{\Sigma}_y^{-1} \end{pmatrix} \begin{pmatrix} \boldsymbol{z} \\ \boldsymbol{y} \end{pmatrix} \tag{3.41}$$

$$= -\frac{1}{2}\begin{pmatrix} \boldsymbol{z} \\ \boldsymbol{y} \end{pmatrix}^T \boldsymbol{\Sigma}^{-1} \begin{pmatrix} \boldsymbol{z} \\ \boldsymbol{y} \end{pmatrix} \tag{3.42}$$

이때 결합 분포의 정밀도 행렬은 다음과 같이 정의한다.

$$\boldsymbol{\Sigma}^{-1} = \begin{pmatrix} \boldsymbol{\Sigma}_z^{-1} + \mathbf{W}^T \boldsymbol{\Sigma}_y^{-1} \mathbf{W} & -\mathbf{W}^T \boldsymbol{\Sigma}_y^{-1} \\ -\boldsymbol{\Sigma}_y^{-1} \mathbf{W} & \boldsymbol{\Sigma}_y^{-1} \end{pmatrix} \triangleq \boldsymbol{\Lambda} = \begin{pmatrix} \boldsymbol{\Lambda}_{zz} & \boldsymbol{\Lambda}_{zy} \\ \boldsymbol{\Lambda}_{yz} & \boldsymbol{\Lambda}_{yy} \end{pmatrix} \tag{3.43}$$

식 (3.28)로부터, 그리고 $\boldsymbol{\mu}_y = \mathbf{W}\boldsymbol{\mu}_z + \boldsymbol{b}$라는 사실을 사용해 다음을 얻는다.

$$p(\boldsymbol{z}|\boldsymbol{y}) = \mathcal{N}(\boldsymbol{\mu}_{z|y}, \boldsymbol{\Sigma}_{z|y}) \tag{3.44}$$

$$\boldsymbol{\Sigma}_{z|y} = \boldsymbol{\Lambda}_{zz}^{-1} = (\boldsymbol{\Sigma}_z^{-1} + \mathbf{W}^T \boldsymbol{\Sigma}_y^{-1} \mathbf{W})^{-1} \tag{3.45}$$

$$\boldsymbol{\mu}_{z|y} = \boldsymbol{\Sigma}_{z|y}\left(\boldsymbol{\Lambda}_{zz}\boldsymbol{\mu}_z - \boldsymbol{\Lambda}_{zy}(\boldsymbol{y} - \boldsymbol{\mu}_y)\right) \tag{3.46}$$

$$= \boldsymbol{\Sigma}_{z|y}\left(\boldsymbol{\Sigma}_z^{-1}\boldsymbol{\mu}_z + \mathbf{W}^{\mathsf{T}}\boldsymbol{\Sigma}_y^{-1}\mathbf{W}\boldsymbol{\mu}_z + \mathbf{W}^{\mathsf{T}}\boldsymbol{\Sigma}_y^{-1}(\boldsymbol{y} - \boldsymbol{\mu}_y)\right) \tag{3.47}$$

$$= \boldsymbol{\Sigma}_{z|y}\left(\boldsymbol{\Sigma}_z^{-1}\boldsymbol{\mu}_z + \mathbf{W}^{\mathsf{T}}\boldsymbol{\Sigma}_y^{-1}(\mathbf{W}\boldsymbol{\mu}_z + \boldsymbol{y} - \boldsymbol{\mu}_y)\right) \tag{3.48}$$

$$= \boldsymbol{\Sigma}_{z|y}\left(\boldsymbol{\Sigma}_z^{-1}\boldsymbol{\mu}_z + \mathbf{W}^T\boldsymbol{\Sigma}_y^{-1}(\boldsymbol{y} - \boldsymbol{b})\right) \tag{3.49}$$

3.3.3 알 수 없는 스칼라 추론하기

어떠한 하부적인 양 z에 대한 잡음이 있는 측정치 y_i를 N개 만든다고 해보자. 측정 잡음이 고정된 정밀도 $\lambda_y = 1/\sigma^2$을 갖는다고 가정하면, 가능도는 다음과 같다.

$$p(y_i|z) = \mathcal{N}(y_i|z, \lambda_y^{-1}) \tag{3.50}$$

이제 알 수 없는 출처의 값을 위해 가우스 사전 분포를 사용하자.

$$p(z) = \mathcal{N}(z|\mu_0, \lambda_0^{-1}) \tag{3.51}$$

우리는 $p(z|y_1, \ldots, y_N, \sigma^2)$을 계산하기를 원한다. 이는 $\boldsymbol{y} = (y_1, \ldots, y_N)$, $\mathbf{W} = \mathbf{1}_N$(1로 된 $N \times 1$ 열 벡터), $\boldsymbol{\Sigma}_y^{-1} = \mathrm{diag}(\lambda_y \mathbf{I})$를 정의함으로써, 우리가 베이즈 규칙을 가우스에 적용할 수 있게 해주는 것으로 변환할 수 있다.

$$p(z|\boldsymbol{y}) = \mathcal{N}(z|\mu_N, \lambda_N^{-1}) \tag{3.52}$$

$$\lambda_N = \lambda_0 + N\lambda_y \tag{3.53}$$

$$\mu_N = \frac{N\lambda_y \overline{y} + \lambda_0 \mu_0}{\lambda_N} = \frac{N\lambda_y}{N\lambda_y + \lambda_0}\overline{y} + \frac{\lambda_0}{N\lambda_y + \lambda_0}\mu_0 \tag{3.54}$$

이 방정식은 꽤 직관적으로 보인다. 사후 정밀도 λ_N은 사전 정밀도 λ_0에 측정 정밀도 λ_y를 N개 유닛 더한 것이다. 또한 사후 평균 μ_N은 MLE $\overline{y}$와 사전 평균 μ_0의 볼록 조합이다. 이는 사후 평균이 MLE와 사전 분포 사이의 타협점임을 분명히 하고 있다. 만일 사전 분포가 신호 강도와 비교하여 상대적으로 약하다면(λ_0가 λ_y보다 상대적으로 작다면), MLE에 더 많은 가중치를 놓는다. 사전 분포가 신호 강도보다 상대적으로 강하다면(λ_0가 λ_y보다 상대적으로 크다면), 사전 분포에 더 많은 가중치를 놓는다. 이는 그림 3.8이 보여준다.

사후 평균은 $N\lambda_y\overline{y}$ 측면으로 서술되어 있으므로, 각 정밀도 λ_y의 N개 측정치를 갖는 것은 값이 $\overline{y}$이고 정밀도가 $N\lambda_y$인 측정치 하나를 갖는 것과 비슷함을 주지하라.

다음과 같이 결과를 사후 정밀도가 아닌 사후 분산 측면에서 다시 쓸 수 있다.

$$p(z|\mathcal{D}, \sigma^2) = \mathcal{N}(z|\mu_N, \tau_N^2) \tag{3.55}$$

$$\tau_N^2 = \frac{1}{\frac{N}{\sigma^2} + \frac{1}{\tau_0^2}} = \frac{\sigma^2 \tau_0^2}{N\tau_0^2 + \sigma^2} \tag{3.56}$$

$$\mu_N = \tau_N^2 \left(\frac{\mu_0}{\tau_0^2} + \frac{N\overline{y}}{\sigma^2} \right) = \frac{\sigma^2}{N\tau_0^2 + \sigma^2}\mu_0 + \frac{N\tau_0^2}{N\tau_0^2 + \sigma^2}\overline{y} \tag{3.57}$$

여기서 $\tau_0^2 = 1/\lambda_0$는 사전 분산이며, $\tau_N^2 = 1/\lambda_N$은 사후 분산이다.

또한 각 관측치 이후 업데이트를 통해 사후 분포를 순차적으로 계산할 수 있다. $N = 1$이라면, 다음과 같이 하나의 관측치를 본 후의 사후 분포를 다시 쓸 수 있다(여기서 $\Sigma_y = \sigma^2$, $\Sigma_0 = \tau_0^2$, $\Sigma_1 =$

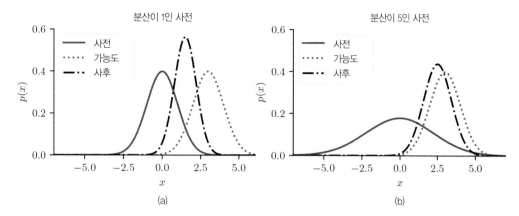

그림 3.8 잡음 관측치 $y = 3$이 주어졌을 때 z를 추론: (a) 강한 사전 분포 $\mathcal{N}(0, 1)$. 사후 평균이 사전 평균 0을 향해 '수축'된다. (b) 약한 사전 분포 $\mathcal{N}(0, 5)$. 사후 평균이 MLE와 비슷하다. gauss_infer_1d.ipynb로 생성했다.

τ_1^2이 가능도, 사전 분포, 사후 분포의 분산이 되도록 정의한다).

$$p(z|y) = \mathcal{N}(z|\mu_1, \Sigma_1) \tag{3.58}$$

$$\Sigma_1 = \left(\frac{1}{\Sigma_0} + \frac{1}{\Sigma_y} \right)^{-1} = \frac{\Sigma_y \Sigma_0}{\Sigma_0 + \Sigma_y} \tag{3.59}$$

$$\mu_1 = \Sigma_1 \left(\frac{\mu_0}{\Sigma_0} + \frac{y}{\Sigma_y} \right) \tag{3.60}$$

사후 평균은 세 가지 방법으로 다시 쓸 수 있다.

$$\mu_1 = \frac{\Sigma_y}{\Sigma_y + \Sigma_0} \mu_0 + \frac{\Sigma_0}{\Sigma_y + \Sigma_0} y \tag{3.61}$$

$$= \mu_0 + (y - \mu_0) \frac{\Sigma_0}{\Sigma_y + \Sigma_0} \tag{3.62}$$

$$= y - (y - \mu_0) \frac{\Sigma_y}{\Sigma_y + \Sigma_0} \tag{3.63}$$

첫 번째 방정식은 사전 분포와 데이터의 볼록 조합이다. 두 번째 방정식은 데이터를 향해 조정된 사전 평균이다. 세 번째 방정식은 사전 평균을 향해 조정된 데이터이며, 이는 **수축**shrinkage이라 부른다. 이들은 가능도와 사전 분포 사이의 트레이드오프를 나타내는 동등한 방법이다. Σ_0가 Σ_y보다 상대적으로 작다면, 이는 강한 사전 분포에 해당하며 수축의 양이 크다(그림 3.8(a) 참고). Σ_0가 Σ_y보다 상대적으로 크다면, 이는 약한 사전 분포에 해당하며 수축의 양이 작다(그림 3.8(b) 참고).

수축의 양을 계량화하는 또 다른 방법은 다음과 같이 정의되는 **신호 대 잡음비**signal-to-noise ratio로 하는 것이다. 이는 다음과 같이 정의된다.

$$\text{SNR} \triangleq \frac{\mathbb{E}\left[Z^2\right]}{\mathbb{E}\left[\epsilon^2\right]} = \frac{\Sigma_0 + \mu_0^2}{\Sigma_y} \tag{3.64}$$

여기서 $z \sim \mathcal{N}(\mu_0, \Sigma_0)$는 참인 신호, $y = z + \epsilon$은 관측한 신호, $\epsilon \sim \mathcal{N}(0, \Sigma_y)$는 잡음 항이다.

3.3.4 예시: 알 수 없는 벡터 추론

관심 있는 양 $z \in \mathbb{R}^D$를 알 수 없다고 해보자. 여기에 가우스 사전 분포 $p(z) = \mathcal{N}(\mu_z, \Sigma_z)$를 부여한다. z에 대해 사전적으로 '전혀 모른다'면 $\Sigma_z = \infty\mathbf{I}$라 둘 수 있다. 이는 z가 어떤 값이어야 되는지에 대해 완벽하게 확신이 없음을 뜻한다(실제로는 크지만 유한한 공분산값을 사용할 수 있다). 대칭성에 의해, $\mu_z = \mathbf{0}$이라 두는 것이 적절해 보인다.

이제 z에 대한 잡음이 있는, 그러나 독립인 관측치 $y_n \sim \mathcal{N}(z, \Sigma_y)$를 N개 만든다고 해보자. 각각의 크기는 D이다. 가능도는 다음과 같이 나타낼 수 있다.

$$p(\mathcal{D}|z) = \prod_{n=1}^N \mathcal{N}(y_n|z, \Sigma_y) = \mathcal{N}(\overline{y}|z, \frac{1}{N}\Sigma_y) \tag{3.65}$$

N개 관측값을 평균 $\overline{y}$로 대체할 수 있음을 주지하라. 이에 대한 보상으로 공분산을 $1/N$ 스케일만큼 낮춘다.

이것이 왜 참인지 알기 위해 측정이 2개인 사례를 고려해 보자. 그러면 로그 가능도는 다음과 같이 정준 모수를 사용해 쓸 수 있다.[2]

$$\begin{aligned}
\log(p(y_1|z)p(y_2|z)) &= K_1 - \frac{1}{2}\left(z^\mathsf{T}\Sigma_y^{-1}z - 2z^\mathsf{T}\Sigma_y^{-1}y_1\right) - \frac{1}{2}\left(z^\mathsf{T}\Sigma_y^{-1}z - 2z^\mathsf{T}\Sigma_y^{-1}y_1\right) \\
&= K_1 - \frac{1}{2}\left(z^\mathsf{T}2\Sigma_y^{-1}z - 2z^\mathsf{T}\Sigma_y^{-1}\left(y_1 + y_2\right)\right)
\end{aligned}$$

2　이 유도는 호아킨 라펠라(Joaquin Rapela)가 했다. https://github.com/probml/pml-book/issues/512를 참고하라.

$$= K_1 - \frac{1}{2} \left(\boldsymbol{z}^\mathsf{T} 2\Sigma_y^{-1} \boldsymbol{z} - 2\boldsymbol{z}^\mathsf{T} 2\Sigma_y^{-1} \bar{\boldsymbol{y}} \right)$$

$$= K_2 + \log \mathcal{N}(\boldsymbol{z}|\bar{\boldsymbol{y}}, \frac{\Sigma_y}{2}) = K_2 + \log \mathcal{N}(\bar{\boldsymbol{y}}|\boldsymbol{z}, \frac{\Sigma_y}{2})$$

여기서 K_1과 K_2는 $\boldsymbol{z}$에 독립적인 상수다.

$\mathbf{W} = \mathbf{I}$, $\boldsymbol{b} = \boldsymbol{0}$이라 두면 가우스를 위한 베이즈 규칙을 사용해 $\boldsymbol{z}$에 대한 사후 분포를 계산할 수 있다.

$$p(\boldsymbol{z}|\boldsymbol{y}_1, \ldots, \boldsymbol{y}_N) = \mathcal{N}(\boldsymbol{z}|\, \widehat{\boldsymbol{\mu}}, \widehat{\boldsymbol{\Sigma}}) \tag{3.66}$$

$$\widehat{\boldsymbol{\Sigma}}^{-1} = \boldsymbol{\Sigma}_z^{-1} + N_\mathcal{D} \boldsymbol{\Sigma}_y^{-1} \tag{3.67}$$

$$\widehat{\boldsymbol{\mu}} = \widehat{\boldsymbol{\Sigma}} \left(\boldsymbol{\Sigma}_y^{-1}(N_\mathcal{D} \bar{\boldsymbol{y}}) + \boldsymbol{\Sigma}_z^{-1} \boldsymbol{\mu}_z \right) \tag{3.68}$$

여기서 $\widehat{\boldsymbol{\mu}}$와 $\widehat{\boldsymbol{\Sigma}}$는 사후 분포의 모수다.

그림 3.9는 2차원 예시를 제공하고 있다. $\boldsymbol{z}$가 참이지만 알 수 없는, 마사일이나 비행기 같은 2차원에서의 물체 위치를 나타내고 있다고 생각할 수 있다. 그리고 $\boldsymbol{y}_n$은 레이더의 '깜빡임'과 같은 잡음이 있는 관측값이라고 할 수 있다. 더 많은 깜빡임을 받음에 따라, 출처의 위치를 더 잘 알 수 있다(이 책의 후속판 [Mur23]에서 이 아이디어를 관측치의 시간적 시퀀스로 확장하는 **칼만 필터**^{Kalman filter} 알고리듬을 논의한다).

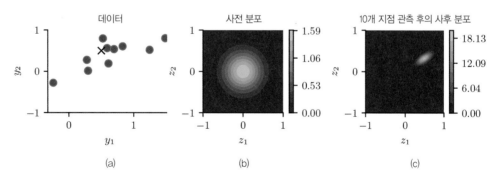

그림 3.9 2차원 확률 벡터 $\boldsymbol{z}$의 베이즈 추론을 보여준다. (a) 데이터를 $\boldsymbol{y}_n \sim \mathcal{N}(\boldsymbol{z}, \boldsymbol{\Sigma}_y)$에서 생성했다. $\boldsymbol{z} = [0.5, 0.5]^\mathsf{T}$, $\boldsymbol{\Sigma}_y = 0.1[2, 1; 1, 1]$이다. 센서 잡음 공분산 $\boldsymbol{\Sigma}_y$가 알려져 있지만 $\boldsymbol{z}$는 모른다고 가정한다. 검은색 십자는 $\boldsymbol{z}$를 나타낸다. (b) 사전 분포는 $p(\boldsymbol{z}) = \mathcal{N}(\boldsymbol{z}|\boldsymbol{0}, 0.1\mathbf{I}_2)$이다. (c) 10개의 데이터 지점을 관측한 후의 사후 분포를 보여준다. gauss_infer_2d.ipynb로 생성했다.

위치 벡터 z의 각 구성 요소에 대한 사후 불확실성은 센서가 각각의 차원에서 얼마나 믿을 만한 지에 달려 있다. 앞의 예시에서 차원 1에서의 관측 잡음은 차원 2보다 높았으므로, z_1에 대한(수평축) 사후 불확실성이 z_2에 대한(수직축) 것보다 더 많다.

3.3.5 예시: 센서 퓨전

이 절에서 3.3.4절을 서로 다른 신뢰성을 갖는 센서로부터 나오는 복수의 관측치가 있는 경우로 확장한다. 즉, 모델의 형식이 다음과 같다.

$$p(z, y) = p(z) \prod_{m=1}^{M} \prod_{n=1}^{N_m} \mathcal{N}(y_{n,m}|z, \Sigma_m) \tag{3.69}$$

여기서 M은 센서의 개수(측정 장치), N_m은 센서 m에서의 관측값의 개수, $y = y_{1:N,1:M} \in \mathbb{R}^K$이다. 우리의 목표는 증거를 한데 조합하여 $p(z|y)$를 계산하는 것이다. 이는 **센서 퓨전**sensor fusion이라 한다.

이제 센서가 오직 2개 있는, 따라서 $y_1 \sim \mathcal{N}(z, \Sigma_1)$, $y_2 \sim \mathcal{N}(z, \Sigma_2)$인 단순한 예시를 제공한다. 그림으로 보면 이 예시는 $y_1 \leftarrow z \rightarrow y_2$로 나타낼 수 있다. y_1과 y_2를 단일 벡터 y로 조합할 수 있으므로, 모델을 $z \rightarrow [y_1, y_2]$로 나타낼 수 있다. 이때 $p(y|z) = \mathcal{N}(y|\mathbf{W}z, \Sigma_y)$이고, $\mathbf{W} = [\mathbf{I}; \mathbf{I}]$이며, $\Sigma_y = [\Sigma_1, \mathbf{0}; \mathbf{0}, \Sigma_2]$는 블록 구조 행렬이다. 그 뒤 가우스를 위한 베이즈 규칙을 적용하여 $p(z|y)$를 계산할 수 있다.

그림 3.10(a)는 $\Sigma_1 = \Sigma_2 = 0.01\mathbf{I}_2$라 둘 때 2차원 예시를 보여준다. 따라서 두 센서 모두 동일한 신뢰성을 갖는다. 이 경우 사후 평균은 두 관측값 y_1과 y_2 사이의 중간이다. 그림 3.10(b)에서 $\Sigma_1 = 0.05\mathbf{I}_2$ 그리고 $\Sigma_2 = 0.01\mathbf{I}_2$라 두므로, 센서 2가 센서 1보다 더 신뢰성이 있다. 이 경우 사후 평균은 y_2에 더 가깝다. 그림 3.10(c)에서는 다음과 같이 둔다.

$$\Sigma_1 = 0.01 \begin{pmatrix} 10 & 1 \\ 1 & 1 \end{pmatrix}, \quad \Sigma_2 = 0.01 \begin{pmatrix} 1 & 1 \\ 1 & 10 \end{pmatrix} \tag{3.70}$$

따라서 센서 1이 두 번째 성분에서(수직 방향) 더 신뢰성이 있으며, 센서 2가 첫 번째 성분에서(수평 방향) 더 신뢰성이 있다. 이 경우 사후 평균은 y_1의 수직적인 구성 요소와 y_2의 수평적인 구성 요소를 사용한다.

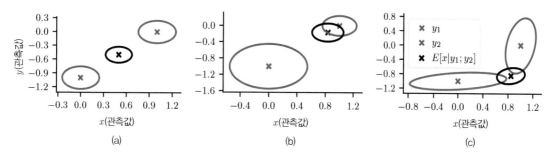

그림 3.10 $\boldsymbol{y}_1 = (0, -1)$(빨간색 십자)과 $\boldsymbol{y}_2 = (1, 0)$(초록색 십자)을 관측하고 $\mathbb{E}[\boldsymbol{z}\,|\,\boldsymbol{y}_1,\ \boldsymbol{y}_2]$(검은색 십자)를 추정한다. (a) 센서가 동일하게 믿을 만하므로, 사후 평균 추정값이 두 원 사이에 있다. (b) 센서 2가 더 믿을 만하므로, 추정값이 초록색 원으로 더 많이 이동한다. (c) 센서 1이 수직 방향으로 더 믿을 만하며, 센서 2가 수평 방향으로 더 믿을 만하다. 추정값은 두 측정치를 적절하게 조합한 것이다. sensor_fusion_2d.ipynb 로 생성했다.

3.4 지수족*

이 절에서는 많은 일반적인 확률 분포를 포함하는 **지수족**exponential family을 정의한다. 지수족은 통계학과 머신러닝에서 핵심적인 역할을 한다. 이 책은 12장에서 논의하는 일반화 선형 모델의 맥락에서 이를 주로 사용한다. 지수족에 대한 더 많은 응용은 이 책의 후속판 [Mur23]에서 살펴본다.

3.4.1 정의

$\mathcal{Y}^D \subseteq \mathbb{R}^D$에서 고정된 지지를 갖는 $\boldsymbol{\eta} \in \mathbb{R}^K$로 모수화된 확률 분포의 족을 고려해 보자. 분포 $p(\boldsymbol{y}\,|\,\boldsymbol{\eta})$의 밀도를 다음과 같은 방식으로 쓸 수 있다면 이는 **지수족**에 속한다고 말한다.

$$p(\boldsymbol{y}|\boldsymbol{\eta}) \triangleq \frac{1}{Z(\boldsymbol{\eta})} h(\boldsymbol{y}) \exp[\boldsymbol{\eta}^{\mathsf{T}} \mathcal{T}(\boldsymbol{y})] = h(\boldsymbol{y}) \exp[\boldsymbol{\eta}^{\mathsf{T}} \mathcal{T}(\boldsymbol{y}) - A(\boldsymbol{\eta})] \tag{3.71}$$

여기서 $h(\boldsymbol{y})$는 스케일링 상수이며(**기준 측정치**base measure라고도 하며, 보통 1이다), $\mathcal{T}(\boldsymbol{y}) \in \mathbb{R}^K$는 **충분 통계량**sufficient statistics, $\boldsymbol{\eta}$는 **자연 모수**natural parameter 혹은 **정준 모수**canonical parameter, $Z(\boldsymbol{\eta})$는 **분할 함수**partition function라 하는 정규화 상수, $A(\boldsymbol{\eta}) = \log Z(\boldsymbol{\eta})$는 **로그 분할 함수**log partition function다. A는 오목한 집합 $\Omega \triangleq \{\boldsymbol{\eta} \in \mathbb{R}^K : A(\boldsymbol{\eta}) < \infty\}$에 대한 볼록 함수임을 보이는 것이 가능하다.

자연 모수가 서로 독립이라면 편리하다. 형식적으로, $\boldsymbol{\eta}^\mathsf{T}\mathcal{T}(\boldsymbol{y}) = 0$을 따르는 $\boldsymbol{\eta} \in \mathbb{R}^K \setminus \{0\}$이 존재하지 않는다면 지수족이 **극소**minimal라고 말한다. $\boldsymbol{\eta}^\mathsf{T}\mathcal{T}(\boldsymbol{y}) = 0$ 조건은 다항 분포의 경우 모수의 합이 1이라는 제약 때문에 위반될 수 있다. 그러나 아래에서 보여주듯이 $K - 1$개의 독립적인 모수를 사용해 분포를 쉽게 재모수화reparameterize할 수 있다.

식 (3.71)은 $\boldsymbol{\eta} = f(\boldsymbol{\phi})$를 정의하여 일반화할 수 있다. 여기서 $\boldsymbol{\phi}$는 어떠한 다른, 아마도 더 작은 모수 집합이다. 이 경우 분포는 다음의 형식을 갖는다.

$$p(\boldsymbol{y}|\boldsymbol{\phi}) = h(\boldsymbol{y}) \exp[f(\boldsymbol{\phi})^\mathsf{T}\mathcal{T}(\boldsymbol{y}) - A(f(\boldsymbol{\phi}))] \tag{3.72}$$

$\boldsymbol{\phi}$에서 $\boldsymbol{\eta}$로의 매핑이 비선형이라면, 이를 **곡선 지수족**curved exponential family이라 부른다. $\boldsymbol{\eta} = f(\boldsymbol{\phi}) = \boldsymbol{\phi}$라면, 모델은 **정준 형식**canonical form이라 부른다. 추가로 $\mathcal{T}(\boldsymbol{y}) = \boldsymbol{y}$라면 이는 **자연 지수족**Natural Exponential Family, 즉 **NEF**라 한다. 이 경우 다음과 같이 쓸 수 있다.

$$p(\boldsymbol{y}|\boldsymbol{\eta}) = h(\boldsymbol{y}) \exp[\boldsymbol{\eta}^\mathsf{T}\boldsymbol{y} - A(\boldsymbol{\eta})] \tag{3.73}$$

3.4.2 예시

간단한 예시로 베르누이 분포를 고려해 보자. 이는 다음과 같이 지수족 형식으로 쓸 수 있다.

$$\text{Ber}(y|\mu) = \mu^y (1 - \mu)^{1-y} \tag{3.74}$$
$$= \exp[y \log(\mu) + (1 - y) \log(1 - \mu)] \tag{3.75}$$
$$= \exp[\mathcal{T}(y)^\mathsf{T}\boldsymbol{\eta}] \tag{3.76}$$

여기서 $\mathcal{T}(y) = [\mathbb{I}(y = 1), \mathbb{I}(y = 0)]$, $\boldsymbol{\eta} = [\log(\mu), \log(1 - \mu)]$, 그리고 μ는 평균 모수다. 그러나 특성 사이에 선형 의존성이 존재하므로 이는 **초과 완전 표현**over-complete representation이다. 이는 다음과 같이 볼 수 있다.

$$\mathbf{1}^\mathsf{T}\mathcal{T}(y) = \mathbb{I}(y = 0) + \mathbb{I}(y = 1) = 1 \tag{3.77}$$

표현이 초과 완전하다면, $\boldsymbol{\eta}$는 유일하게 식별 가능하지 않다. 따라서 **최소 표현**minimal representation을 사용하는 것이 일반적이다. 이는 분포와 연관된 고유한 $\boldsymbol{\eta}$가 존재함을 뜻한다. 이 경우 단순히 다음과 같이 정의할 수 있다.

$$\text{Ber}(y|\mu) = \exp\left[y \log\left(\frac{\mu}{1-\mu} \right) + \log(1-\mu) \right] \tag{3.78}$$

다음을 정의하여 이를 지수족 형식에 집어넣을 수 있다.

$$\eta = \log\left(\frac{\mu}{1-\mu} \right) \tag{3.79}$$

$$\mathcal{T}(y) = y \tag{3.80}$$

$$A(\eta) = -\log(1-\mu) = \log(1+e^{\eta}) \tag{3.81}$$

$$h(y) = 1 \tag{3.82}$$

다음을 사용해 정준 모수 η로부터 평균 모수 μ를 되찾을 수 있다.

$$\mu = \sigma(\eta) = \frac{1}{1+e^{-\eta}} \tag{3.83}$$

이는 우리가 로지스틱(시그모이드) 함수라 인식하는 것이다.

더 많은 예시는 후속판 [Mur23]을 참고하라.

3.4.3 로그 분할 함수는 누율 생성 함수다

분포의 일차 및 이차 **누율**cumulant은 평균 $\mathbb{E}[Y]$와 분산 $\mathbb{V}[Y]$인 한편, 일차 및 이차 적률moment은 $\mathbb{E}[Y]$와 $\mathbb{E}[Y^2]$이다. 또한 고차 누율(그리고 적률)을 계산할 수 있다. 지수족의 중요한 속성 중 하나는 로그 분할 함수의 미분을 사용해 충분 통계량의 모든 누율을 생성하는 데 사용할 수 있다는 것이다. 특히 일차 및 이차 누율은 다음과 같이 주어진다.

$$\nabla A(\boldsymbol{\eta}) = \mathbb{E}[\mathcal{T}(\boldsymbol{y})] \tag{3.84}$$

$$\nabla^2 A(\boldsymbol{\eta}) = \text{Cov}[\mathcal{T}(\boldsymbol{y})] \tag{3.85}$$

위의 결과로부터 헤세Hessian가 양의 정부호이며, 따라서 $A(\boldsymbol{\eta})$가 $\boldsymbol{\eta}$에서 볼록임을 볼 수 있다. 로그 가능도가 $\log p(\boldsymbol{y}|\boldsymbol{\eta}) = \boldsymbol{\eta}^{\mathsf{T}}\mathcal{T}(\boldsymbol{y}) - A(\boldsymbol{\eta})$ + 상수의 형식을 가지므로 이는 오목하며, 따라서 MLE 가 고유한 전역 최댓값을 가짐을 볼 수 있다.

3.4.4 지수족의 최대 엔트로피 미분

분포 $p(\boldsymbol{x})$를 찾아서 어떠한 데이터를 묘사하고자 한다고 해보자. 이때 함수 $f_k(\boldsymbol{x})$의 특정한 특성의 기댓값(F_k)이 우리가 아는 전부다.

$$\int d\boldsymbol{x}\, p(\boldsymbol{x}) f_k(\boldsymbol{x}) = F_k \tag{3.86}$$

예를 들어, F_1을 경험적 평균 그리고 F_2를 경험적 이차 적률로 만듦으로써 f_1은 x를 계산하고 f_2는 x^2을 계산할 수도 있다. 분포에서 우리의 사전적인 믿음은 $q(x)$이다.

'최소한의 숫자의 가정'이 무슨 뜻인지 형식화하기 위해, KL 발산(6.2절) 측면에서 다음의 제약 조건을 만족시키면서 우리의 사전 분포 $q(\boldsymbol{x})$와 가급적 가까운 분포를 찾을 것이다.

$$p = \underset{p}{\operatorname{argmin}}\, D_{\mathbb{KL}}\left(p \parallel q\right)\ \text{제약을 따름} \tag{3.87}$$

만일 균일 사전 분포 $q(\boldsymbol{x}) \propto 1$을 사용한다면, KL 발산을 최소화하는 것은 엔트로피를 최대화하는 것과 동등하다(6.1절).

$$p = \underset{p}{\operatorname{argmax}}\, \mathbb{H}(p)\ \text{제약을 따름} \tag{3.88}$$

이 결과는 **최대 엔트로피 모델**maximum entropy model이라 부른다.

식 (3.86)의 제약, 그리고 $p(\boldsymbol{x}) \geq 0$ 및 $\sum_{\boldsymbol{x}} p(\boldsymbol{x}) = 1$이라는 제약을 따르도록 KL을 최소화하려면, 라그랑주 승수Lagrange multiplier를 사용한다(8.5.1절 참고). 라그랑주는 다음과 같이 주어진다.

$$J(p, \boldsymbol{\lambda}) = -\sum_{\boldsymbol{x}} p(\boldsymbol{x}) \log \frac{p(\boldsymbol{x})}{q(\boldsymbol{x})} + \lambda_0 \left(1 - \sum_{\boldsymbol{x}} p(\boldsymbol{x})\right) + \sum_k \lambda_k \left(F_k - \sum_{\boldsymbol{x}} p(\boldsymbol{x}) f_k(\boldsymbol{x})\right) \tag{3.89}$$

함수 p에 대해 미분을 취하려면 변분법을 사용할 수 있지만, 더 간단한 접근법을 도입하여 $\boldsymbol{p}$를 고정된 길이의 벡터로 취급할 것이다(왜냐하면 $\boldsymbol{x}$가 이산적이라 가정하기 때문이다). 그러면 다음을 얻는다.

$$\frac{\partial J}{\partial p_c} = -1 - \log \frac{p(x = c)}{q(x = c)} - \lambda_0 - \sum_k \lambda_k f_k(x = c) \tag{3.90}$$

각 c에 대해 $\frac{\partial J}{\partial p_c} = 0$이라 두면 다음을 내놓는다.

$$p(\boldsymbol{x}) = \frac{q(\boldsymbol{x})}{Z} \exp\left(-\sum_k \lambda_k f_k(\boldsymbol{x})\right) \tag{3.91}$$

여기서 $Z \triangleq e^{1+\lambda_0}$이라 정의한다. 합이 1이라는^{sum-to-one} 제약을 사용하면 다음을 얻는다.

$$1 = \sum_{\boldsymbol{x}} p(\boldsymbol{x}) = \frac{1}{Z} \sum_{\boldsymbol{x}} q(\boldsymbol{x}) \exp\left(-\sum_k \lambda_k f_k(\boldsymbol{x})\right) \tag{3.92}$$

따라서 정규화 상수는 다음과 같다.

$$Z = \sum_{\boldsymbol{x}} q(\boldsymbol{x}) \exp\left(-\sum_k \lambda_k f_k(\boldsymbol{x})\right) \tag{3.93}$$

이는 정확히 지수족의 형식을 가지며, 이때 $\boldsymbol{f}(\boldsymbol{x})$는 충분 통계량의 벡터, $-\boldsymbol{\lambda}$는 자연 모수, $q(\boldsymbol{x})$는 우리의 기준 측도다.

예를 들어 특성이 $f_1(x) = x$이고 $f_2(x) = x^2$이라면, 그리고 일차 및 이차 적률을 매칭시키고자 한다면, 가우스 분포를 얻는다.

3.5 혼합 모델

더 복잡한 확률 모델을 만드는 방법은 단순한 분포의 볼록 조합을 취하는 것이다. 이는 **혼합 모델**^{mixture model}이라 부르며 다음의 형식을 갖는다.

$$p(\boldsymbol{y}|\boldsymbol{\theta}) = \sum_{k=1}^{K} \pi_k p_k(\boldsymbol{y}) \tag{3.94}$$

여기서 p_k는 k번째 혼합 요소이며, π_k는 $0 \leq \pi_k \leq 1$과 $\sum_{k=1}^{K} \pi_k = 1$을 만족시키는 혼합 가중치다.

이 모델은 계층적 모델로 다시 나타낼 수 있다. 여기서는 어떤 분포를 사용해 출력 $\boldsymbol{y}$를 일반화하는지 구체화하는 이산 **잠재 변수**^{latent variable} $z \in \{1, ..., K\}$를 도입한다. 이 잠재 변수의 사전 확

률은 $p(z = k|\boldsymbol{\theta}) = \pi_k$이며, 조건부 분포는 $p(\boldsymbol{y}|z = k, \boldsymbol{\theta}) = p_k(\boldsymbol{y}) = p(\boldsymbol{y}|\boldsymbol{\theta}_k)$이다. 즉, 다음의 결합 모델을 정의한다.

$$p(z|\boldsymbol{\theta}) = \text{Cat}(z|\boldsymbol{\pi}) \tag{3.95}$$

$$p(\boldsymbol{y}|z = k, \boldsymbol{\theta}) = p(\boldsymbol{y}|\boldsymbol{\theta}_k) \tag{3.96}$$

여기서 $\boldsymbol{\theta} = (\pi_1, \ldots, \pi_K, \boldsymbol{\theta}_1, \ldots, \boldsymbol{\theta}_K)$는 모든 모델 모수다. 데이터의 '생성적인 이야기$^{\text{generative story}}$' 란 먼저 특정한 구성 요소 z를 표집한 뒤, z의 값을 통해 선택한 모수를 사용해 관측치 $\boldsymbol{y}$를 생성함을 말한다. z를 주변화하면 식 (3.94)를 다시 얻을 수 있다.

$$p(\boldsymbol{y}|\boldsymbol{\theta}) = \sum_{k=1}^{K} p(z = k|\boldsymbol{\theta})p(\boldsymbol{y}|z = k, \boldsymbol{\theta}) = \sum_{k=1}^{K} \pi_k p(\boldsymbol{y}|\boldsymbol{\theta}_k) \tag{3.97}$$

다음에서 보여주듯이 기준 분포 p_k를 다르게 함으로써 다른 종류의 혼합 모델을 만들 수 있다.

3.5.1 가우스 혼합 모델

가우스 혼합 모델$^{\text{Gaussian Mixture Model}}$, 즉 GMM은 **가우스의 혼합**$^{\text{MoG, Mixture of Gaussians}}$이라고도 부르며, 다음과 같이 정의한다.

$$p(\boldsymbol{y}|\boldsymbol{\theta}) = \sum_{k=1}^{K} \pi_k \mathcal{N}(\boldsymbol{y}|\boldsymbol{\mu}_k, \boldsymbol{\Sigma}_k) \tag{3.98}$$

그림 3.11에서는 2차원에서 3개의 가우스 혼합으로 정의된 밀도를 보여준다. 각 혼합 구성 요소는 서로 다른 타원 윤곽의 집합으로 나타나 있다. 혼합 구성 요소의 개수가 충분히 크다면, GMM은 $\mathbb{R}^D$에 대해 어떠한 평활한 분포든지 근사할 수 있다.

GMM은 실숫값 데이터 표본 $\boldsymbol{y}_n \in \mathbb{R}^D$의 비지도 **군집화**^{clustering}에 자주 쓰인다. 이는 두 가지 단계로 한다. 먼저 예를 들어 MLE $\hat{\boldsymbol{\theta}} = \text{argmax} \log p(\mathcal{D}|\boldsymbol{\theta})$를 계산하여 모델을 적합시킨다. 이때 $\mathcal{D} = \{\boldsymbol{y}_n : n = 1 : N\}$이다(이러한 MLE를 계산하는 방법은 8.7.3절에서 논의한다). 그 뒤 각 데이터 지점 $\boldsymbol{y}_n$을 이산 잠재 변수 혹은 은닉 변수 $z_n \in \{1, \ldots, K\}$과 연관시킨다. 이는 $\boldsymbol{y}_n$을 생성하는 데 쓰였던 혼합 성분 혹은 군집의 고유성을 구체화한다. 이러한 잠재적인 고유성은 알 수 없지만, 베이즈 규칙을 사용해 이들에 대한 사후 분포를 계산할 수 있다.

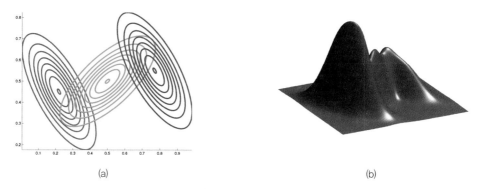

그림 3.11 2차원에서 3개의 가우스 혼합: (a) 혼합 내 각 성분을 위한 상수 확률의 윤곽을 보여준다. (b) 전체 밀도의 표면 그림. 출처: [Bis06]의 그림 2.23. gmm_plot_demo.ipynb로 생성했다.

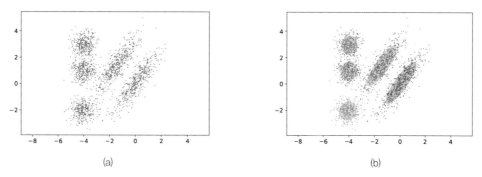

그림 3.12 (a) 2차원에서의 어떠한 데이터, (b) GMM을 사용해 계산한 $K = 5$ 군집을 사용한 가능성 있는 군집. gmm_2d.ipynb로 생성했다.

$$r_{nk} \triangleq p(z_n = k | \boldsymbol{y}_n, \boldsymbol{\theta}) = \frac{p(z_n = k | \boldsymbol{\theta}) p(\boldsymbol{y}_n | z_n = k, \boldsymbol{\theta})}{\sum_{k'=1}^{K} p(z_n = k' | \boldsymbol{\theta}) p(\boldsymbol{y}_n | z_n = k', \boldsymbol{\theta})} \tag{3.99}$$

양 r_{nk}는 데이터 지점 n을 위한 군집 k의 **책임도**responsibility라 부른다. 책임도가 주어지면, 다음과 같이 가장 가능성 있는 군집 할당을 계산할 수 있다.

$$\hat{z}_n = \arg\max_k r_{nk} = \arg\max_k \left[\log p(\boldsymbol{y}_n | z_n = k, \boldsymbol{\theta}) + \log p(z_n = k | \boldsymbol{\theta}) \right] \tag{3.100}$$

이는 **딱딱한 군집화**hard clustering라 한다(책임도를 사용해 각 데이터 지점을 다른 군집으로 부분적으로fractionally 할당한다면, 이는 **부드러운 군집화**soft clustering라 부른다). 그림 3.12의 예시를 참고하라.

z_n에 대해 균일 사전 분포라 하면, 그리고 $\boldsymbol{\Sigma}_k = \mathbf{I}$로 구형 가우스를 사용하면, 딱딱한 군집화 문제는 다음과 같이 줄어든다.

$$z_n = \operatorname*{argmin}_k \|\boldsymbol{y}_n - \hat{\boldsymbol{\mu}}_k\|_2^2 \tag{3.101}$$

다시 말해, 각 데이터 지점을 유클리드 거리로 측정한 가장 가까운 중심점에 할당한다. 이것이 21.3절에서 논의하는 **K 평균 군집화**K-means clustering 알고리듬의 기본이다.

3.5.2 베르누이 혼합 모델

데이터가 이항값이라면, 각 혼합 구성 요소가 다음의 형식을 갖는 **베르누이 혼합 모델**Bernoulli Mixture Model, 즉 BMM(**베르누이의 혼합**mixture of Bernoullis이라고도 부른다)을 사용할 수 있다.

$$p(\boldsymbol{y}|z = k, \boldsymbol{\theta}) = \prod_{d=1}^{D} \text{Ber}(y_d|\mu_{dk}) = \prod_{d=1}^{D} \mu_{dk}^{y_d}(1 - \mu_{dk})^{1-y_d} \tag{3.102}$$

여기서 μ_{dk}는 비트 d가 군집 k에서 발동될 확률이다.

예를 들어, MNIST 데이터셋에 $K = 20$개 구성 요소를 사용해 BMM을 적합시킨다(3.5.2절. EM 알고리듬을 사용해 적합을 하며, 이는 8.7.3절에서 논의하는 GMM을 위한 EM과 비슷하다. 그러나 또한 큰 데이

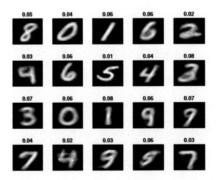

그림 3.13 20개의 베르누이 혼합을 이항화된 MNIST 숫자 데이터에 적합시킨다. 추정된 군집 평균은 $\hat{\boldsymbol{\mu}}_k$로 시각화한다. 각 이미지 상단 숫자는 추정된 혼합 가중치 $\hat{\pi}_k$를 나타낸다. 모델을 훈련시킬 때 어떠한 라벨도 쓰이지 않았다. mix_bernoulli_em_mnist.ipynb로 생성했다.

터셋에서 더 효율적인 SGD를 사용해 모델을 적합시킬 수 있다[3]). 각 혼합 성분(즉, μ_k와 π_k)을 위한 결과 모수는 그림 3.13이 보여준다. 모델이 각 숫자 형태의 표현을 '발견'했음을 볼 수 있다(모델이 클래스의 '참인' 숫자를 알지 못하므로 일부 숫자가 여러 번 나타난다. 혼합 구성 요소의 개수 K를 어떻게 선택하는지에 대한 정보는 21.3.7절을 참고하라).

3.6 확률적 그래프 모델*

> 나는 복잡한 시스템을 단순한 방법으로 다루는 원칙은 기본적으로 두 가지 알고 있다. 첫 번째는 모듈성(modularity) 원칙이고, 두 번째는 추상화(abstraction) 원칙이다. 나는 머신러닝에서의 계산적 확률의 옹호자다. 왜냐하면 확률론이 이 두 원칙을 깊고도 흥미진진한 방식으로, 말하자면 분해(factorization) 및 평균화를 통해 구현하기 때문이다. 이 두 메커니즘을 가능한 한 완벽하게 탐색하는 것이 머신러닝을 향한 길이 될 것으로 보인다.
>
> — 마이클 조던^{Michael Jordan}, 1997([Fre98]에서 인용)

지금까지 몇 가지 단순한 확률적 기본 토대를 소개했다. 3.3절에서 몇 개의 가우스 기본 토대를 조합하여 단순한 부분, 즉 주변 분포 $p(\boldsymbol{y}_1)$ 및 조건부 분포 $p(\boldsymbol{y}_2 \mid \boldsymbol{y}_1)$으로부터 고차원 분포 $p(\boldsymbol{y})$를 구축하는 방법을 보여줬다. 이 아이디어는 많은 확률 변수 집합에 대해 결합 분포를 정의하는 것으로 확장할 수 있다. 우리가 하는 주요한 가정은 몇몇 변수가 다른 변수의 **조건부 독립**^{CI, Conditionally Independent}이라는 것이다. 아래에서 간단하게 그래프를 사용한 CI 가정을 설명한다(더 많은 정보는 이 책의 후속판 [Mur23]을 참고하라).

3.6.1 표현

확률적 그래프 모델^{Probabilistic Graphical Model}, 즉 PGM은 그래프 구조를 사용해 조건부 독립 가정을 인코딩하는 결합 확률 분포다. 그래프가 **직접적인 비순환 그래프**^{Directed Acyclic Graph}, 즉 DAG라면 모델은 때때로 **베이즈 네트워크**^{Bayesian network}라 부른다. 그러나 이러한 모델에서 내재적으로 베이즈적인 것

---

3   SGD로 된 코드는 mix_bernoulli_sgd_mnist.ipynb를 참고하라.

은 없다.

PGM에서의 기본적인 아이디어는 그래프 내 각 노드가 확률 변수를 나타내며, 각 에지^{edge}가 직접적인 의존성을 나타낸다는 것이다. 더 정확하게 말하자면, 에지가 없다는 것은 조건부 독립을 나타낸다. DAG의 경우 **토폴로지적 순서**$^{\text{topological order}}$(자식 이전에 부모)로 숫자를 매기고, 이들을 각 노드가 부모가 주어졌을 때 모든 조상의 조건부 독립이 되도록 연결한다.

$$Y_i \perp \mathbf{Y}_{\text{pred}(i) \backslash \text{pa}(i)} | \mathbf{Y}_{\text{pa}(i)} \tag{3.103}$$

여기서 순서상 pa(i)는 노드 i의 부모이며, pred(i)는 노드 i의 조상이다(이는 **순서 있는 마르코프 성질** $^{\text{ordered Markov property}}$이라 부른다). 따라서 결합 분포는 다음과 같이 나타낼 수 있다.

$$p(\mathbf{Y}_{1:N_G}) = \prod_{i=1}^{N_G} p(Y_i | \mathbf{Y}_{\text{pa}(i)}) \tag{3.104}$$

여기서 N_G는 그래프 내 노드의 개수다.

3.6.1.1 예시: 스프링클러 네트워크

4개의 확률 변수 C(흐린 시즌인지 아닌지), R(비가 오는지 아닌지), S(스프링클러가 동작 중인지 아닌지), W(잔디가 젖었는지 아닌지) 사이의 의존성을 모델링하고자 한다고 해보자. 흐린 시즌에는 비가 올 가능성이 커짐을 알고 있으므로 $C \to R$ 호^{arc}를 추가한다. 흐린 시즌에는 스프링클러를 덜 작동함을 알고 있으므로 $C \to S$ 호를 추가한다. 마지막으로, 비가 오거나 스프링클러를 켜면 잔디가 젖음을 알고 있으므로 $S \to W$와 $R \to W$ 에지를 추가한다.

형식적으로는 이는 다음의 결합 분포를 정의한다.

$$p(C, S, R, W) = p(C)p(S|C)p(R|C, \cancel{S})p(W|S, R, \cancel{C}) \tag{3.105}$$

여기서 모델의 조건부 독립 성질에 의해 필요 없는 항은 통과하게 된다.

각 항 $p(Y_i | \mathbf{Y}_{\text{pa}(i)})$는 노드 i의 **조건부 확률 분포**$^{\text{Conditional Probability Distribution}}$, 즉 CPD라 부른다. 이는 원하는 어떤 분포든지 될 수 있다. 그림 3.14에서는 각 CPD가 조건부 범주형 분포라 가정한다. 이는 **조건부 확률표**$^{\text{Conditional Probability Table}}$, 즉 CPT로 나타낼 수 있다. i번째의 CPT는 다음과 같이 나타낼 수 있다.

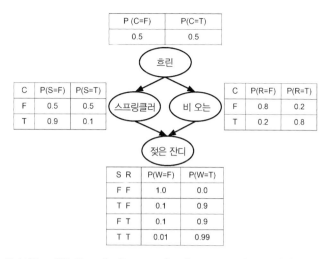

		P (C=F)	P(C=T)
		0.5	0.5

C	P(S=F)	P(S=T)
F	0.5	0.5
T	0.9	0.1

C	P(R=F)	P(R=T)
F	0.8	0.2
T	0.2	0.8

S	R	P(W=F)	P(W=T)
F	F	1.0	0.0
T	F	0.1	0.9
F	T	0.1	0.9
T	T	0.01	0.99

그림 3.14 해당하는 이항 CPT가 있는 스프링클러 PGM. T와 F는 참과 거짓을 나타낸다.

$$\theta_{ijk} \triangleq p(Y_i = k | \mathbf{Y}_{\mathrm{pa}(i)} = j) \tag{3.106}$$

이는 각 행 j에 대해 $0 \leq \theta_{ijk} \leq 1$ 및 $\sum_{k=1}^{K_i} \theta_{ijk} = 1$을 만족시킨다. 여기서 i는 노드를 인덱싱하며 $i \in [N_G]$이다. k는 노드 상태 $k \in [K_i]$를 인덱싱하고, 여기서 K_i는 노드 i의 상태의 개수다. 그리고 j는 결합된 부모 상태 $j \in [J_i]$를 인덱싱하며, 여기서 $J_i = \prod_{p \in \mathrm{pa}(i)} K_p$이다. 예를 들어, 젖은 잔디 노드는 2개의 이항으로 된 부모가 있으므로 부모의 상태가 4개 존재한다.

3.6.1.2 예시: 마르코프 연쇄

가변 길이 시퀀스에 대해 결합 확률 분포 $p(y_{1:T})$를 만든다고 해보자. 각 변수 y_t가 K개의 가능한 값을 갖는 어휘로부터의 단어를 나타낸다면, 따라서 $y_t \in \{1, \ldots, K\}$라면, 결과 모델은 길이 T의 가능성 있는 문장에 대한 분포를 나타낸다. 이는 종종 **언어 모델**language model이라 부른다.

확률의 연쇄 법칙에 의해, T개 변수에 대한 임의의 결합 분포를 다음과 같이 나타낼 수 있다.

$$p(\boldsymbol{y}_{1:T}) = p(y_1)p(y_2|y_1)p(y_3|y_2, y_1)p(y_4|y_3, y_2, y_1) \cdots = \prod_{t=1}^{T} p(y_t|\boldsymbol{y}_{1:t-1}) \tag{3.107}$$

안타깝게도 각 조건부 분포 $p(y_t | \boldsymbol{y}_{1:t-1})$을 나타내는 데 필요한 모수의 개수는 t에 따라 지수적으로

늘어난다. 그러나 현재 y_t가 주어졌을 때 미래의 $\boldsymbol{y}_{t+1:T}$가 과거 $\boldsymbol{y}_{1:t-1}$에 대해 독립이라는 조건부 독립 가정을 해보자. 이는 **일계 마르코프 조건**first order Markov condition이라 부르며, 그림 3.15(a)에서 PGM으로 보여주고 있다. 이러한 가정을 통해, 결합 분포를 다음과 같이 쓸 수 있다.

$$p(\boldsymbol{y}_{1:T}) = p(y_1)p(y_2|y_1)p(y_3|y_2)p(y_4|y_3)\dots = p(y_1)\prod_{t=2}^{T} p(y_t|y_{t-1}) \tag{3.108}$$

이는 **마르코프 연쇄**Markov chain, **마르코프 모델**Markov model, 혹은 차수 1의 **자동회귀 모델**autoregressive model 이라 부른다.

함수 $p(y_t|y_{t-1})$은 **전이 함수**transition function, **전이 커널**transition kernel 혹은 **마르코프 커널**Markov kernel이 라 부른다. 이는 시간 $t-1$의 상태가 주어졌을 때 시간 t에서의 상태에 대한 조건부 분포일 뿐이다. 따라서 이는 $p(y_t|y_{t-1}) \geq 0$과 $\sum_{k=1}^{K} p(y_t = k|y_{t-1} = j) = 1$ 조건을 만족시킨다. 이 CPT를 **확률적 행렬**stochastic matrix $A_{jk} = p(y_t = k|y_{t-1} = j)$로 나타낼 수 있으며, 이때 각 행의 합은 1이다. 이는 **상태 전이 행렬**state transition matrix이라 한다. 이 행렬은 모든 시간 단계에 대해 동일하다고 가정하 므로, 모델이 **동차적**homogeneous, **정상적**stationary, 혹은 **시간 불변**time-invariant이라 말한다. 이는 동일한 모수가 복수의 변수에 의해 공유되므로, **모수 묶임**parameter tying의 한 예시다. 이 가정은 고정된 수의 모수를 사용해 임의의 개수로 된 변수를 모델링할 수 있게 해준다.

일차 마르코프 가정은 다소 강한 가정이다. 다행스럽게도 일차 모델을 쉽게 일반화하여 마지막 M개 관측치에 의존하도록 하여, M차(메모리 길이) 모델을 만들 수 있다.

$$p(\boldsymbol{y}_{1:T}) = p(\boldsymbol{y}_{1:M})\prod_{t=M+1}^{T} p(y_t|\boldsymbol{y}_{t-M:t-1}) \tag{3.109}$$

이는 **M계 마르코프 모델**Mth order Markov model이라 부른다. 예를 들어 그림 3.15(b)가 보여주듯이 $M = 2$라면 y_t는 y_{t-1}과 y_{t-2}에 의존한다. 이는 단어 3개에 대해 분포를 모델링하므로 **트라이그램 모**

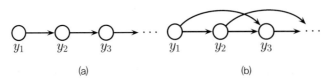

(a) (b)

그림 3.15 일계 및 이계 자동회귀(마르코프) 모델을 보여준다.

델trigram model이라 부른다. $M = 1$을 사용한다면, 단어 쌍에 대한 분포를 모델링하는 **바이그램 모델**bigram model을 얻게 된다.

어휘 크기가 크다면, 큰 M을 위한 M그램 모델을 위한 조건부 분포를 추정하는 데 필요한 모수의 수가 불가능할 정도로 많아진다. 이 경우 조건부 독립을 넘어 추가적인 가정을 해야 한다. 예를 들어 $p(y_t \mid \boldsymbol{y}_{t-M:t-1})$을 낮은 계수의low-rank 행렬, 혹은 신경망과 같은 측면으로 나타낼 수 있다고 가정할 수 있다. 이는 **신경 언어 모델**neural language model이라 부른다. 자세한 내용은 15장을 참고하라.

3.6.2 추론

PGM은 결합 확률 분포를 정의한다. 따라서 주변화 및 조건부화 규칙을 사용해 임의의 변수 i와 j의 집합에 대해 $p(\mathbf{Y}_i \mid \mathbf{Y}_j = \boldsymbol{y}_j)$를 계산할 수 있다. 이러한 계산을 수행하는 효율적인 알고리듬은 이 책의 후속판 [Mur23]에서 논의한다.

예를 들어, 그림 3.14의 스프링클러 예시를 고려해 보자. 비가 오는 데 대한 사전적인 믿음은 $p(R = 1) = 0.5$로 주어진다. 잔디가 젖어 있음을 보게 되면, 비가 오는 데 대한 우리의 사후적인 믿음은 $p(R = 1 \mid W = 1) = 0.7079$로 바뀐다. 이제 스프링클러가 작동했었음을 알게 된다고 해보자. 비가 오는 데 대한 우리의 믿음은 $p(R = 1 \mid W = 1, S = 1) = 0.3204$로 낮아진다. 이러한 어떠한 관측값에 대한 복수의 원인 사이의 부정적인 상호 작용을 **꾸며내기**explaining away 효과라 부르며, 또한 **벅슨의 역설**Berkson's paradox이라 한다(sprinkler_pgm.ipynb의 코드에서 이러한 계산을 다시 만들어 내는 것을 보라).

3.6.3 학습

CPD의 모수를 모른다고 한다면, 이들을 추가적인 확률 변수로 보고 그래프에 노드로 추가한 뒤, 추론할 **은닉 변수**hidden variable로 다룰 수 있다. 그림 3.16(a)는 단순한 예시를 보여준다. N개의 독립적이고 동등하게 분포된(iid) 확률 변수 $\boldsymbol{y}_n$이 있으며, 모두 공통적인 모수 $\boldsymbol{\theta}$를 갖는 동일한 분포로부터 뽑는다(**음영이 있는 노드**는 관측된 값을, 음영이 없는(속이 빈) 노드는 잠재 변수 혹은 모수를 나타낸다).

더 정확하게 말하자면, 모델은 데이터에 대한 다음과 같은 '생성적인 이야기'를 인코딩한다.

$$\boldsymbol{\theta} \sim p(\boldsymbol{\theta}) \tag{3.110}$$
$$\boldsymbol{y}_n \sim p(\boldsymbol{y}|\boldsymbol{\theta}) \tag{3.111}$$

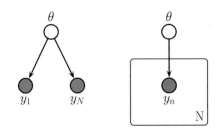

그림 3.16 왼쪽: $\boldsymbol{\theta}$가 주어졌을 때 데이터 지점 $\boldsymbol{y}_n$이 조건부 독립이다. 오른쪽: 플레이트 표기법을 사용하는 같은 모델. 이는 반복되는 $\boldsymbol{y}_n$ 노드가 플레이트라는 상자 안에 있는 것을 제외하고 왼쪽과 같은 모델이다. 하단 오른쪽 구석의 숫자 N은 $\boldsymbol{y}_n$ 노드가 반복되는 수를 지정한다.

여기서 $p(\boldsymbol{\theta})$는 모수에 대한 어떠한 (구체화되지 않은) 사전 분포이고, $p(\boldsymbol{y}|\boldsymbol{\theta})$는 어떠한 구체화된 가능도 함수다. 해당 결합 분포는 다음의 형식을 갖는다.

$$p(\mathcal{D}, \boldsymbol{\theta}) = p(\boldsymbol{\theta})p(\mathcal{D}|\boldsymbol{\theta}) \tag{3.112}$$

여기서 $\mathcal{D} = (\boldsymbol{y}_1, \ldots, \boldsymbol{y}_N)$이다. iid 가정 덕분에, 가능도는 다음과 같이 다시 쓸 수 있다.

$$p(\mathcal{D}|\boldsymbol{\theta}) = \prod_{n=1}^{N} p(\boldsymbol{y}_n|\boldsymbol{\theta}) \tag{3.113}$$

데이터 벡터의 순서가 모델을 정의하는 데 중요한 것은 아님을 주지하라. 즉, PGM에서의 잎사귀 노드에 매기는 숫자를 치환할 수 있다. 이 속성이 만족될 때, 데이터가 **교환 가능하다**exchangeable고 말한다.

3.6.3.1 플레이트 표기

그림 3.16(a)에서 $\boldsymbol{y}$ 노드가 N번 반복됨을 볼 수 있다. 시각적 혼란을 막기 위해 **플레이트**plate라 부르는 **신택틱 슈가**syntactic sugar를 사용하는 것이 일반적이다. 이는 표기법적인 관례로 반복적인 변수 주변에 작은 상자를 그리며, 모델이 **전개**unroll될 때 상자 내 노드가 반복된다고 이해한다. 주로 상자의 하단 우측 구석에 복사의 수 혹은 반복의 수를 쓴다. 이는 그림 3.16(b)가 보여준다. 이 표기법은 특정 종류의 베이즈 모델을 나타내는 데 널리 쓰인다.

그림 3.17은 더 흥미로운 예시를 보여주며, 여기서 GMM(3.5.1절)을 그래프 모델로 나타내고 있

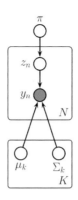

그림 3.17 그래프 모델로 나타낸 가우스 혼합 모델

다. 이것이 결합 분포를 인코딩함을 볼 수 있다.

$$p(\boldsymbol{y}_{1:N}, \boldsymbol{z}_{1:N}, \boldsymbol{\theta}) = p(\boldsymbol{\pi}) \left[\prod_{k=1}^{K} p(\boldsymbol{\mu}_k) p(\boldsymbol{\Sigma}_k) \right] \left[\prod_{n=1}^{N} p(z_n | \boldsymbol{\pi}) p(\boldsymbol{y}_n | z_n, \boldsymbol{\mu}_{1:K}, \boldsymbol{\Sigma}_{1:K}) \right] \quad (3.114)$$

잠재 변수 z_n 및 알려지지 않은 모수 $\boldsymbol{\theta} = (\boldsymbol{\pi}, \boldsymbol{\mu}_{1:K}, \boldsymbol{\Sigma}_{1:K})$ 모두 음영이 없는 노드로 나타나 있음을 볼 수 있다.

3.7 연습문제

연습문제 3.1 [무상관이 독립을 뜻하지는 않는다.*]

$X \sim U(-1, 1)$이고 $Y = X^2$이라 해보자. Y는 X에 의존함이 분명하다(사실 Y는 X에 의해 고유하게 정해진다). 그렇지만 $\rho(X, Y) = 0$임을 보여라. 힌트: $X \sim U(a, b)$라면 $E[X] = (a + b)/2$이고 $\mathbb{V}[X] = (b - a)^2/12$이다.

연습문제 3.2 [상관계수는 −1과 +1 사이에 있다.]

$-1 \le \rho(X, Y) \le 1$을 증명하라.

연습문제 3.3 [선형으로 연관된 변수의 상관계수는 ±1이다.*]

어떠한 모수 $a > 0$ 및 b에 대해 $Y = aX + b$라면 $\rho(X, Y) = 1$임을 보여라. 마찬가지로, $a < 0$이라면 $\rho(X, Y) = -1$임을 보여라.

연습문제 3.4 [확률 변수의 선형 조합]

$\boldsymbol{x}$가 평균이 $\boldsymbol{m}$이고 공분산 행렬이 Σ인 확률 벡터라 하자. $\mathbf{A}$와 $\mathbf{B}$가 행렬이라 해보자.

a. $\mathbf{A}\boldsymbol{x}$의 공분산 행렬을 유도하라.

b. $\mathrm{tr}(\mathbf{AB}) = \mathrm{tr}(\mathbf{BA})$임을 보여라.

c. $\mathbb{E}[\boldsymbol{x}^T \mathbf{A}\boldsymbol{x}]$의 식을 유도하라.

연습문제 3.5 [가우스 대 결합 가우스]

Let $X \sim \mathcal{N}(0, 1)$이고 $Y = WX$라 해보자. 여기서 $p(W = -1) = p(W = 1) = 0.5$이다. Y가 X의 함수이므로, X와 Y가 독립이 아님이 분명하다.

a. $Y \sim \mathcal{N}(0, 1)$을 보여라.

b. $\mathrm{Cov}[X, Y] = 0$임을 보여라. 따라서 X와 Y가 가우스라 하더라도, 이들은 무상관이지만 의존적이다. 힌트: 공분산의 정의를 사용하라.

$$\mathrm{Cov}\left[X, Y\right] = \mathbb{E}\left[XY\right] - \mathbb{E}\left[X\right]\mathbb{E}\left[Y\right] \tag{3.115}$$

그리고 **반복 기댓값의 법칙**rule of iterated expectation을 사용하라.

$$\mathbb{E}\left[XY\right] = \mathbb{E}\left[\mathbb{E}\left[XY|W\right]\right] \tag{3.116}$$

연습문제 3.6 [다차원 가우스를 위한 정규화 상수]

d차원 가우스를 위한 정규화 상수가 다음과 같이 주어짐을 증명하라.

$$(2\pi)^{d/2}|\boldsymbol{\Sigma}|^{\frac{1}{2}} = \int \exp(-\frac{1}{2}(\boldsymbol{x} - \mu)^T \boldsymbol{\Sigma}^{-1}(\boldsymbol{x} - \boldsymbol{\mu}))d\boldsymbol{x} \tag{3.117}$$

힌트: $\boldsymbol{\Sigma}$를 대각화diagonalize하고 $|\boldsymbol{\Sigma}| = \prod_i \lambda_i$라는 사실을 사용해 결합 pdf를 변환된 좌표 체계에서의 d개 1차원 가우스의 곱으로 써라(변수 공식을 바꿔야 할 것이다). 마지막으로, 일변량 가우스를 위한 정규화 상수를 사용하라.

연습문제 3.7 [1차원에서 알려진 변수로 된 센서 퓨전]

알려진(그리고 서로 다른) 분산 v_1 및 v_2로 된, 그러나 알려지지 않은(그리고 같은) 평균 μ를 갖는 2개의 센서 퓨전이 있다고 해보자. 첫 번째 센서로부터 n_1개의 관측값 $y_i^{(1)} \sim \mathcal{N}(\mu, v_1)$ 그리고 두 번째 센서로부터 n_2개의 관측값 $y_i^{(2)} \sim \mathcal{N}(\mu, v_2)$를 관측한다고 해보자(예를 들어 μ가 참인 바깥 온도이며, 센서 1은 정확한 (저분산) 디지털 온도계 장치, 그리고 센서 2는 부정확한 (고분산) 수은 온도계라 해보자). $\mathcal{D}$가 두 센서로부터의 모든 데이터를 나타낸다고 해보자. 정보가 없는^{non-informative} 사전 분포 μ를 가정하면(이는 정밀도 0의 가우스를 사용해 시뮬레이션할 수 있다), 사후 분포 $p(\mu|\mathcal{D})$는 무엇인가? 사후 평균과 분산의 정확한 식을 내놓아라.

연습문제 3.8 [스튜던트 분포는 가우스 스케일 혼합으로 쓸 수 있음을 보여라.]

스튜던트 분포를 **가우스 스케일 혼합**^{Gaussian scale mixture}으로 쓸 수 있음을 보여라. 이때 정밀도 α에서 감마 혼합 분포를 사용한다. 즉,

$$p(x|\mu, a, b) = \int_0^\infty \mathcal{N}(x|\mu, \alpha^{-1}) \text{Ga}(\alpha|a, b) d\alpha \tag{3.118}$$

이는 서로 다른 정밀도로 된 가우스의 무한한 혼합으로 볼 수 있다.

04

통계학

4.1 소개

2장과 3장에서는 확률 모델의 모든 모수 $\boldsymbol{\theta}$를 알고 있다고 가정했다. 4장은 이들 모수를 데이터에서 학습하는 방법을 논의한다.

$\mathcal{D}$로부터 $\boldsymbol{\theta}$를 추정하는 과정은 **모델 적합**model fitting, 혹은 **훈련**training이라 부르며, 머신러닝의 심장과도 같다. 이러한 추정을 만들어 내는 많은 방법이 존재하지만, 대부분 다음과 같은 형식의 최적화 문제로 요약된다.

$$\hat{\boldsymbol{\theta}} = \operatorname*{argmin}_{\boldsymbol{\theta}} \mathcal{L}(\boldsymbol{\theta}) \tag{4.1}$$

여기서 $\mathcal{L}(\boldsymbol{\theta})$는 어떠한 종류의 손실 함수 혹은 목적 함수다. 이 장에서 몇 가지 다른 손실 함수를 논의한다. 대부분의 경우, 어떻게 최적화 문제를 닫힌 형식에서 푸는지도 논의한다. 그러나 일반적으로 8장에서 논의하는 몇 가지 종류의 범용적인 최적화 알고리듬을 사용해야 한다.

점 추정값point estimate $\hat{\boldsymbol{\theta}}$의 계산에 더해서, 추정의 불확실성 혹은 신뢰도를 어떻게 모델링하는지 논의한다. 통계학에서 유한한 데이터 표본으로부터 추정한 알 수 없는 양에 대한 불확실성을 정량화quantify하는 과정을 **추론**inference이라 부른다. 우리는 베이즈 및 빈도주의 추론 접근법 모두를 논의한다.[1]

---

[1] 딥러닝 커뮤니티에서 '추론'이란 용어는 우리가 '예측(prediction)'이라 부르는, 즉 $p(y|x, \hat{\boldsymbol{\theta}})$을 계산하는 것을 뜻한다.

4.2 최대 가능도 추정(MLE)

모수 추정의 가장 공통적인 접근법은 훈련 데이터에 가장 높은 확률을 할당하는 모수를 고르는 것이다. 이는 **최대 가능도 추정**^{Maximum Likelihood Estimation}, 즉 MLE라 부른다. 아래에서 더 자세한 내용을 제공한 뒤, 일련의 예시를 제시한다.

4.2.1 정의

MLE는 다음과 같이 정의한다.

$$\hat{\boldsymbol{\theta}}_{\text{mle}} \triangleq \operatorname*{argmax}_{\boldsymbol{\theta}} p(\mathcal{D}|\boldsymbol{\theta}) \tag{4.2}$$

보통 훈련 예제를 같은 분포로부터 독립적으로 표집한다고 가정하므로, (조건부) 가능도는 다음이 된다.

$$p(\mathcal{D}|\boldsymbol{\theta}) = \prod_{n=1}^{N} p(\boldsymbol{y}_n|\boldsymbol{x}_n, \boldsymbol{\theta}) \tag{4.3}$$

이는 iid 가정이라 하며, '독립적이고 동등하게 분포되어 있음^{independent and identically distributed}'을 뜻한다. 작업은 주로 **로그 가능도**^{log likelihood}로 하며, 이는 다음과 같이 주어진다.

$$\ell(\boldsymbol{\theta}) \triangleq \log p(\mathcal{D}|\boldsymbol{\theta}) = \sum_{n=1}^{N} \log p(\boldsymbol{y}_n|\boldsymbol{x}_n, \boldsymbol{\theta}) \tag{4.4}$$

이는 예제마다 하나의 항을 합한 것으로 분해된다. 따라서 MLE는 다음과 같이 주어진다.

$$\hat{\boldsymbol{\theta}}_{\text{mle}} = \operatorname*{argmax}_{\boldsymbol{\theta}} \sum_{n=1}^{N} \log p(\boldsymbol{y}_n|\boldsymbol{x}_n, \boldsymbol{\theta}) \tag{4.5}$$

대부분의 최적화 알고리듬은 (8장에서 논의하는 것들과 같은) 비용 함수를 최소화^{minimize}하도록 디자인되어 있으므로, **목적 함수**^{objective function}를 (조건부) **음의 로그 가능도**^{Negative Log Likelihood}, 즉 **NLL**로 재정의할 수 있다.

$$\text{NLL}(\boldsymbol{\theta}) \triangleq -\log p(\mathcal{D}|\boldsymbol{\theta}) = -\sum_{n=1}^{N_{\mathcal{D}}} \log p(\boldsymbol{y}_n|\boldsymbol{x}_n, \boldsymbol{\theta}) \tag{4.6}$$

이를 최소화하면 MLE가 된다. 모델이 무조건부라면(비지도적이라면) MLE는 다음이 된다.

$$\hat{\boldsymbol{\theta}}_{\text{mle}} = \underset{\boldsymbol{\theta}}{\operatorname{argmin}} -\sum_{n=1}^{N} \log p(\boldsymbol{y}_n|\boldsymbol{\theta}) \tag{4.7}$$

왜냐하면 출력 $\boldsymbol{y}_n$은 있지만 입력 $\boldsymbol{x}_n$이 없기 때문이다.[2]

아니면 입력과 출력의 결합joint 가능도를 최대화하기를 원할 수도 있다. 이 경우 MLE는 다음이 된다.

$$\hat{\boldsymbol{\theta}}_{\text{mle}} = \underset{\boldsymbol{\theta}}{\operatorname{argmin}} -\sum_{n=1}^{N} \log p(\boldsymbol{y}_n, \boldsymbol{x}_n|\boldsymbol{\theta}) \tag{4.8}$$

4.2.2 MLE의 정당화

MLE 방법을 정당화하는 방법에는 몇 가지가 있다. 한 가지 방법은 4.6.7.1절에서 설명하듯이 이를 균일 사전 분포를 사용하는 베이즈 사후 분포 $p(\boldsymbol{\theta}|\mathcal{D})$에 대한 단순한 점근사로 보는 것이다. 특히 델타 함수 $p(\boldsymbol{\theta}|\mathcal{D}) = \delta(\boldsymbol{\theta} - \hat{\boldsymbol{\theta}}_{\text{map}})$을 통해 사후 분포를 근사한다고 해보자. 이때 $\hat{\boldsymbol{\theta}}_{\text{map}}$은 사후 모드로, 다음과 같이 주어진다.

$$\hat{\boldsymbol{\theta}}_{\text{map}} = \underset{\boldsymbol{\theta}}{\operatorname{argmax}} \log p(\boldsymbol{\theta}|\mathcal{D}) = \underset{\boldsymbol{\theta}}{\operatorname{argmax}} \log p(\mathcal{D}|\boldsymbol{\theta}) + \log p(\boldsymbol{\theta}) \tag{4.9}$$

균일한 사전 분포인 $p(\boldsymbol{\theta}) \propto 1$을 사용하면, MAP 추정값은 MLE와 동일해지며, $\hat{\boldsymbol{\theta}}_{\text{map}} = \hat{\boldsymbol{\theta}}_{\text{mle}}$이다.

MLE를 정당화하는 또 다른 방법은 결과 예측 분포 $p(\boldsymbol{y}|\hat{\boldsymbol{\theta}}_{\text{mle}})$이 데이터의 **경험적 분포**empirical distribution와 (아래에서 설명하는 의미에서) 가급적 가깝다는 것이다. 무조건부의 경우 경험적 분포는 다

---

2 통계학에서 모델링하기로 선택한 생성적 분포의 변수를 나타내는 데 *y*를 사용하고, 생성되지 않고 주어진 외생적 입력을 나타내는 데 *x*를 사용하는 것이 표준이다. 그러므로 지도 학습은 *p(y|x)* 형식의 조건부 모델을 적합시키는 데 관심을 가지며, 비지도 학습은 *x* = ∅인 특별한 경우이므로, 단순히 무조건부 분포 *p(y)*를 적합시킬 뿐이다. ML 문헌에서 지도 학습은 *y*가 생성됐으며 *x*가 주어진 것으로 다루지만, 비지도의 경우 *x*를 생성된 변수를 나타내는 데 사용하는 것으로 바꾸는 일이 잦다.

음과 같이 정의된다.

$$p_{\mathcal{D}}(\boldsymbol{y}) \triangleq \frac{1}{N} \sum_{n=1}^{N} \delta(\boldsymbol{y} - \boldsymbol{y}_n) \tag{4.10}$$

경험적 분포가 일련의 델타 함수 혹은 관측된 훈련 지점에서의 '솟구침'이라는 것을 볼 수 있다. 우리는 분포 $q(\boldsymbol{y}) = p(\boldsymbol{y}|\boldsymbol{\theta})$가 $p_{\mathcal{D}}(\boldsymbol{y})$와 비슷한 모델을 만들기를 원한다.

확률 분포 p와 q 사이의 (비)유사도를 측정하는 표준적인 방법은 **쿨백-라이블러 발산**Kullback-Leibler divergence, 즉 **KL 발산**이라 부른다. 6.2절에서 자세한 내용을 제공하지만, 간단히 이는 다음과 같이 정의된다.

$$D_{\mathbb{KL}}(p \parallel q) = \sum_{\boldsymbol{y}} p(\boldsymbol{y}) \log \frac{p(\boldsymbol{y})}{q(\boldsymbol{y})} \tag{4.11}$$

$$= \underbrace{\sum_{\boldsymbol{y}} p(\boldsymbol{y}) \log p(\boldsymbol{y})}_{-\mathbb{H}(p)} - \underbrace{\sum_{\boldsymbol{y}} p(\boldsymbol{y}) \log q(\boldsymbol{y})}_{\mathbb{H}_{ce}(p,q)} \tag{4.12}$$

여기서 $\mathbb{H}(p)$는 p의 엔트로피이며(6.1절 참고), $\mathbb{H}_{ce}(p, q)$는 p와 q의 교차 엔트로피다(6.1.2절 참고). $\mathcal{D}_{\mathbb{KL}}(p\|q) \geq 0$이며, 오직 $p = q$라면(iff) 등호가 성립함을 보일 수 있다.

$q(\boldsymbol{y}) = p(\boldsymbol{y}|\boldsymbol{\theta})$라 정의하고 $p(\boldsymbol{y}) = p_{\mathcal{D}}(\boldsymbol{y})$라 두면, KL 발산은 다음이 된다.

$$D_{\mathbb{KL}}(p \parallel q) = \sum_{\boldsymbol{y}} [p_{\mathcal{D}}(\boldsymbol{y}) \log p_{\mathcal{D}}(\boldsymbol{y}) - p_{\mathcal{D}}(\boldsymbol{y}) \log q(\boldsymbol{y})] \tag{4.13}$$

$$= -\mathbb{H}(p_{\mathcal{D}}) - \frac{1}{N} \sum_{n=1}^{N} \log p(\boldsymbol{y}_n|\boldsymbol{\theta}) \tag{4.14}$$

$$= 상수 + \text{NLL}(\boldsymbol{\theta}) \tag{4.15}$$

첫 번째 항은 무시할 수 있으므로 NLL만이 남겨진다. 따라서 KL의 최소화는 NLL의 최소화와 동등하며 이는 식 (4.7)에서와 같이 MLE를 계산하는 것과 동등해진다.

다음의 경험적 분포를 사용해 앞의 결과를 지도적인supervised (조건부) 환경으로 일반화할 수 있다.

$$p_{\mathcal{D}}(\boldsymbol{x}, \boldsymbol{y}) = p_{\mathcal{D}}(\boldsymbol{y}|\boldsymbol{x})p_{\mathcal{D}}(\boldsymbol{x}) = \frac{1}{N} \sum_{n=1}^{N} \delta(\boldsymbol{x} - \boldsymbol{x}_n)\delta(\boldsymbol{y} - \boldsymbol{y}_n) \tag{4.16}$$

그러면 KL의 기댓값은 다음이 된다.

$$\mathbb{E}_{p_{\mathcal{D}}(\boldsymbol{x})} \left[D_{\mathbb{KL}} \left(p_{\mathcal{D}}(Y|\boldsymbol{x}) \| q(Y|\boldsymbol{x}) \right) \right] = \sum_{\boldsymbol{x}} p_{\mathcal{D}}(\boldsymbol{x}) \left[\sum_{\boldsymbol{y}} p_{\mathcal{D}}(\boldsymbol{y}|\boldsymbol{x}) \log \frac{p_{\mathcal{D}}(\boldsymbol{y}|\boldsymbol{x})}{q(\boldsymbol{y}|\boldsymbol{x})} \right] \tag{4.17}$$

$$= \text{상수} - \sum_{\boldsymbol{x},\boldsymbol{y}} p_{\mathcal{D}}(\boldsymbol{x},\boldsymbol{y}) \log q(\boldsymbol{y}|\boldsymbol{x}) \tag{4.18}$$

$$= \text{상수} - \frac{1}{N} \sum_{n=1}^{N} \log p(\boldsymbol{y}_n|\boldsymbol{x}_n, \boldsymbol{\theta}) \tag{4.19}$$

이를 최소화하는 것은 식 (4.6)에서의 조건부 NLL을 최소화하는 것과 동등하다.

4.2.3 예시: 베르누이 분포의 MLE

Y가 동전 던지기를 나타내는 확률 변수라 하자. 이때 사건 $Y = 1$은 앞, $Y = 0$은 뒤에 해당한다. Let $\theta = p(Y = 1)$이 앞일 확률이라 하자. 이 확률 변수의 확률 분포는 2.4절에서 소개한 베르누이다.

베르누이 분포의 NLL은 다음과 같다.

$$\text{NLL}(\theta) = -\log \prod_{n=1}^{N} p(y_n|\theta) \tag{4.20}$$

$$= -\log \prod_{n=1}^{N} \theta^{\mathbb{I}(y_n=1)} (1-\theta)^{\mathbb{I}(y_n=0)} \tag{4.21}$$

$$= -\sum_{n=1}^{N} \left[\mathbb{I}(y_n=1) \log \theta + \mathbb{I}(y_n=0) \log(1-\theta) \right] \tag{4.22}$$

$$= -[N_1 \log \theta + N_0 \log(1-\theta)] \tag{4.23}$$

여기서 앞과 뒤가 나온 수를 나타내는 $N_1 = \sum_{n=1}^{N_{\mathcal{D}}} \mathbb{I}(y_n = 1)$ 그리고 $N_0 = \sum_{n=1}^{N_{\mathcal{D}}} \mathbb{I}(y_n = 0)$을 정의했다(이항 분포의 NLL은 베르누이의 것과 같다. 이는 θ와 독립적인 상수인 의미 없는 $\binom{N}{c}$ 항은 법으로modulo 한다). 이 두 숫자는 $\mathcal{D}$에 대해 알아야 할 모든 것을 요약하므로 데이터의 **충분 통계량**sufficient statistics이라 부른다. 전체 개수 $N = N_0 + N_1$은 **표본 크기**sample size라 부른다.

MLE는 $\frac{d}{d\theta}\text{NLL}(\theta) = 0$을 풀어서 찾을 수 있다. NLL의 미분은 다음과 같다.

$$\frac{d}{d\theta}\text{NLL}(\theta) = \frac{-N_1}{\theta} + \frac{N_0}{1-\theta} \tag{4.24}$$

따라서 MLE는 다음과 같이 주어진다.

$$\hat{\theta}_{\text{mle}} = \frac{N_1}{N_0 + N_1} \tag{4.25}$$

이는 단지 경험적으로 앞이 나올 비율일 뿐이며, 직관적인 결과라 할 수 있다.

4.2.4 예시: 범주형 분포의 MLE

면이 K개인 주사위를 N번 굴린다고 해보자. $Y_n \in \{1, \ldots, K\}$이 n번째 결과라고 하고, 이때 $Y_n \sim \text{Cat}(\boldsymbol{\theta})$이다. 데이터셋 $\mathcal{D} = \{y_n : n = 1 : N\}$으로부터 $\boldsymbol{\theta}$를 추정하고자 한다. NLL은 다음과 같이 주어진다.

$$\text{NLL}(\boldsymbol{\theta}) = -\sum_k N_k \log \theta_k \tag{4.26}$$

여기서 N_k는 사건 $Y = k$가 나타나는 횟수다(다변량을 위한 NLL 또한 무관한 스케일 인자를 제외하고 동일하다).

MLE를 계산하려면 $\sum_{k=1}^K \theta_k = 1$이라는 제약을 따르도록 NLL을 최소화해야 한다. 이를 위해 라그랑주 승수를 사용한다(8.5.1절 참고).[3]

라그랑주는 다음과 같다.

$$\mathcal{L}(\boldsymbol{\theta}, \lambda) \triangleq -\sum_k N_k \log \theta_k - \lambda \left(1 - \sum_k \theta_k\right) \tag{4.27}$$

λ에 대해 도함수를 취하면 본래의 제약식이 나온다.

---

3 라그랑주의 기울기가 $-N_k/\theta_k - \lambda$의 형식을 가지므로, $\theta_k \geq 0$ 제약을 명시적으로 강제할 필요는 없다. 따라서 θ_k의 값이 음수이면 목적 함수를 최소화한다기보다는 증가시킬 것이다(물론 이는 $\theta_k = 0$ 설정을 배제하는 것은 아니며, $N_k = 0$이라면 당연히 최적해다).

$$\frac{\partial \mathcal{L}}{\partial \lambda} = 1 - \sum_k \theta_k = 0 \tag{4.28}$$

θ_k에 대해 도함수를 취하면 다음이 된다.

$$\frac{\partial \mathcal{L}}{\partial \theta_k} = -\frac{N_k}{\theta_k} + \lambda = 0 \implies N_k = \lambda \theta_k \tag{4.29}$$

합은 일이라는 제약을 사용해 λ에 대해 풀 수 있다.

$$\sum_k N_k = N_{\mathcal{D}} = \lambda \sum_k \theta_k = \lambda \tag{4.30}$$

따라서 MLE는 다음과 같이 주어진다.

$$\hat{\theta}_k = \frac{N_k}{\lambda} = \frac{N_k}{N} \tag{4.31}$$

이는 단지 사건 k가 나타날 횟수의 경험적 비율일 뿐이다.

4.2.5 예시: 일변량 가우스의 MLE

$Y \sim \mathcal{N}(\mu, \sigma^2)$이고 $\mathcal{D} = \{y_n : n = 1 : N\}$이 크기 N의 iid인 표본이라 하자. 다음과 같이 MLE를 사용해 모수 $\boldsymbol{\theta} = (\mu, \sigma^2)$을 추정할 수 있다. 먼저 NLL을 유도하면 다음이 된다.

$$\mathrm{NLL}(\mu, \sigma^2) = -\sum_{n=1}^{N_{\mathcal{D}}} \log \left[\left(\frac{1}{2\pi\sigma^2} \right)^{\frac{1}{2}} \exp \left(-\frac{1}{2\sigma^2}(y_n - \mu)^2 \right) \right] \tag{4.32}$$

$$= \frac{1}{2\sigma^2} \sum_{n=1}^{N} (y_n - \mu)^2 + \frac{N_{\mathcal{D}}}{2} \log(2\pi\sigma^2) \tag{4.33}$$

이 함수의 최솟값은 8.1.1.1절에서 설명하는 다음의 조건을 반드시 만족시켜야 한다.

$$\frac{\partial}{\partial \mu} \mathrm{NLL}(\mu, \sigma^2) = 0, \quad \frac{\partial}{\partial \sigma^2} \mathrm{NLL}(\mu, \sigma^2) = 0 \tag{4.34}$$

따라서 이 정상점$^{\text{stationary point}}$을 찾기만 하면 된다. 간단한 미적분으로(연습문제 4.1) 해가 다음과 같이 주어짐을 보일 수 있다.

$$\hat{\mu}_{\text{mle}} = \frac{1}{N} \sum_{n=1}^{N} y_n = \overline{y} \tag{4.35}$$

$$\hat{\sigma}_{\text{mle}}^2 = \frac{1}{N} \sum_{n=1}^{N} (y_n - \hat{\mu}_{\text{mle}})^2 = \frac{1}{N} \sum_{n=1}^{N} \left[y_n^2 + \hat{\mu}_{\text{mle}}^2 - 2 y_n \hat{\mu}_{\text{mle}} \right] = s^2 - \overline{y}^2 \tag{4.36}$$

$$s^2 \triangleq \frac{1}{N} \sum_{n=1}^{N} y_n^2 \tag{4.37}$$

양 $\overline{y}$와 s^2은 데이터의 **충분 통계량**이라 부른다. 원본 데이터 그 자체를 사용하는 것과 비교했을 때, 이들을 사용하면 정보의 손실 없이 MLE를 계산하는 데 충분하기 때문이다.

여러분이 다음과 같이 쓰인 분산의 추정값을 본 적이 있을 수도 있다.

$$\hat{\sigma}_{\text{unb}}^2 = \frac{1}{N-1} \sum_{n=1}^{N} (y_n - \hat{\mu}_{\text{mle}})^2 \tag{4.38}$$

여기서는 $N - 1$로 나눈다. 이것은 MLE가 아니지만, (MLE와 다르게) 편향되지 않은 다른 종류의 추정값임을 주지하라. 자세한 내용은 4.7.6.1절을 참고하라.[4]

4.2.6 예시: 다변량 가우스의 MLE

이 절에서는 다변량 가우스의 모수를 위한 최대 가능도 추정값을 유도한다.

먼저 무관한 상수는 버리고 로그 가능도를 서술해 보자.

$$\ell(\boldsymbol{\mu}, \boldsymbol{\Sigma}) = \log p(\mathcal{D}|\boldsymbol{\mu}, \boldsymbol{\Sigma}) = \frac{N_{\mathcal{D}}}{2} \log |\boldsymbol{\Lambda}| - \frac{1}{2} \sum_{n=1}^{N_{\mathcal{D}}} (y_n - \boldsymbol{\mu})^{\mathsf{T}} \boldsymbol{\Lambda} (y_n - \boldsymbol{\mu}) \tag{4.39}$$

여기서 $\boldsymbol{\Lambda} = \boldsymbol{\Sigma}^{-1}$는 **정밀도 행렬**$^{\text{precision matrix}}$이다(역공분산 행렬).

---

4 파이썬에서 넘파이는 기본으로 MLE이지만, 판다스는 기본으로 불편 추정값으로 되어 있다. 이는 https://stackoverflow.com/questions/24984178/different-std-in-pandas-vs-numpy/에 설명되어 있다.

4.2.6.1 평균의 MLE

$\boldsymbol{z}_n = \boldsymbol{y}_n - \boldsymbol{\mu}$로 치환하고 이차 형식의 도함수(식 (7.264)), 그리고 미적분의 연쇄 법칙을 사용하면 다음이 된다.

$$\frac{\partial}{\partial \boldsymbol{\mu}} (\boldsymbol{y}_n - \boldsymbol{\mu})^\mathsf{T} \boldsymbol{\Sigma}^{-1} (\boldsymbol{y}_n - \boldsymbol{\mu}) = \frac{\partial}{\partial \boldsymbol{z}_n} \boldsymbol{z}_n^\mathsf{T} \boldsymbol{\Sigma}^{-1} \boldsymbol{z}_n \frac{\partial \boldsymbol{z}_n}{\partial \boldsymbol{\mu}^\mathsf{T}} \tag{4.40}$$

$$= -1(\boldsymbol{\Sigma}^{-1} + \boldsymbol{\Sigma}^{-T}) \boldsymbol{z}_n \tag{4.41}$$

왜냐하면 $\frac{\partial \boldsymbol{z}_n}{\partial \boldsymbol{\mu}^\mathsf{T}} = -\mathbf{I}$이기 때문이다. 따라서

$$\frac{\partial}{\partial \boldsymbol{\mu}} \ell(\boldsymbol{\mu}, \boldsymbol{\Sigma}) = -\frac{1}{2} \sum_{n=1}^{N_\mathcal{D}} -2\boldsymbol{\Sigma}^{-1}(\boldsymbol{y}_n - \boldsymbol{\mu}) = \boldsymbol{\Sigma}^{-1} \sum_{n=1}^{N_\mathcal{D}} (\boldsymbol{y}_n - \boldsymbol{\mu}) = 0 \tag{4.42}$$

$$\hat{\boldsymbol{\mu}} = \frac{1}{N_\mathcal{D}} \sum_{n=1}^{N_\mathcal{D}} \boldsymbol{y}_n = \overline{\boldsymbol{y}} \tag{4.43}$$

그러므로 $\boldsymbol{\mu}$의 MLE는 단지 경험적 평균일 뿐이다.

4.2.6.2 공분산 행렬의 MLE

다음과 같이 대각합 트릭^{trace trick}을 사용해(식 (7.36)) 로그 가능도를 정밀도 행렬 측면에서 다시 쓸 수 있다.

$$\ell(\hat{\boldsymbol{\mu}}, \boldsymbol{\Lambda}) = \frac{N_\mathcal{D}}{2} \log |\boldsymbol{\Lambda}| - \frac{1}{2} \sum_n \mathrm{tr}[(\boldsymbol{y}_n - \hat{\boldsymbol{\mu}})(\boldsymbol{y}_n - \hat{\boldsymbol{\mu}})^\mathsf{T} \boldsymbol{\Lambda}] \tag{4.44}$$

$$= \frac{N_\mathcal{D}}{2} \log |\boldsymbol{\Lambda}| - \frac{1}{2} \mathrm{tr}[\mathbf{S}_{\overline{\boldsymbol{y}}} \boldsymbol{\Lambda}] \tag{4.45}$$

$$\mathbf{S}_{\overline{\boldsymbol{y}}} \triangleq \sum_{n=1}^{N} (\boldsymbol{y}_n - \overline{\boldsymbol{y}})(\boldsymbol{y}_n - \overline{\boldsymbol{y}})^\mathsf{T} = \left(\sum_n \boldsymbol{y}_n \boldsymbol{y}_n^\mathsf{T} \right) - N \overline{\boldsymbol{y}} \overline{\boldsymbol{y}}^\mathsf{T} \tag{4.46}$$

여기서 $\mathbf{S}_{\overline{\boldsymbol{y}}}$는 $\overline{\boldsymbol{y}}$에서 중심을 갖는 **산란 행렬**^{scatter matrix}이다.

다음과 같이 산란 행렬을 더 간결한 형식으로 다시 쓸 수 있다.

$$\mathbf{S}_{\overline{y}} = \tilde{\mathbf{Y}}^\mathsf{T} \tilde{\mathbf{Y}} = \mathbf{Y}^\mathsf{T} \mathbf{C}_N^\mathsf{T} \mathbf{C}_N \mathbf{Y} = \mathbf{Y}^\mathsf{T} \mathbf{C}_N \mathbf{Y} \tag{4.47}$$

여기서

$$\mathbf{C}_N \triangleq \mathbf{I}_N - \frac{1}{N} \mathbf{1}_N \mathbf{1}_N^\mathsf{T} \tag{4.48}$$

은 **중심화 행렬**^{centering matrix}로, 각 행에 평균 $\overline{y} = \frac{1}{N}\mathbf{Y}^\mathsf{T}\mathbf{1}_N$을 빼서 $\mathbf{Y}$를 $\tilde{\mathbf{Y}}$로 변환한다.

7.8절의 결과를 사용해 $\mathbf{\Lambda}$에 대해 손실의 도함수를 계산하여 다음을 얻을 수 있다.

$$\frac{\partial \ell(\hat{\boldsymbol{\mu}}, \mathbf{\Lambda})}{\partial \mathbf{\Lambda}} = \frac{N_\mathcal{D}}{2} \mathbf{\Lambda}^{-T} - \frac{1}{2} \mathbf{S}_{\overline{y}}^\mathsf{T} = \mathbf{0} \tag{4.49}$$

$$\mathbf{\Lambda}^{-\mathsf{T}} = \mathbf{\Lambda}^{-1} = \mathbf{\Sigma} = \frac{1}{N_\mathcal{D}} \mathbf{S}_{\overline{y}} \tag{4.50}$$

$$\hat{\mathbf{\Sigma}} = \frac{1}{N_\mathcal{D}} \sum_{n=1}^{N_\mathcal{D}} (\boldsymbol{y}_n - \overline{\boldsymbol{y}})(\boldsymbol{y}_n - \overline{\boldsymbol{y}})^\mathsf{T} = \frac{1}{N} \mathbf{Y}^\mathsf{T} \mathbf{C}_N \mathbf{Y} \tag{4.51}$$

따라서 공분산 행렬의 MLE는 경험적 공분산 행렬이다. 예시로 그림 4.1(a)를 참고하라.

때때로 식 (3.8)에서 정의한 공분산 행렬로 작업하는 것이 더 편리하다. 이는 다음을 사용해 계산할 수 있다.

$$\mathrm{corr}(\mathbf{Y}) = (\mathrm{diag}(\mathbf{\Sigma}))^{-\frac{1}{2}} \, \mathbf{\Sigma} \, (\mathrm{diag}(\mathbf{\Sigma}))^{-\frac{1}{2}} \tag{4.52}$$

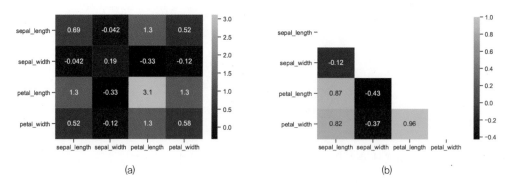

(a)   (b)

그림 4.1 (a) 1.2.1.1절 붓꽃 데이터셋에서의 특성의 공분산 행렬, (b) 상관 행렬. 행렬이 대칭이고 대각이 단위요소이므로 하삼각만 보여준다. 그림 1.3과 비교해 보라. iris_cov_mat.ipynb로 생성했다.

여기서 $\text{diag}(\boldsymbol{\Sigma})^{-\frac{1}{2}}$은 항목 $1/\sigma_i$를 갖는 대각 행렬이다. 예시로 그림 4.1(b)를 참고하라.

그러나 특히 표본의 크기 N이 차원의 수 D와 비교하여 적을 때, MLE가 과적합되거나 수치적으로 불안정할 수도 있음을 주지하라. 주된 문제는 $\boldsymbol{\Sigma}$가 $O(D^2)$개 모수를 갖기 때문으로, 이를 적절하게 추정하려면 충분한 데이터가 필요하다는 것이다. 특히 식 (4.51)에서 보듯이 $N_D < D$라면 완전 공분산 행렬의 MLE는 특이하다^{singular}. 그리고 $N_D > D$라 하더라도 MLE가 조건이 나쁠 수 있다$^{\text{ill-conditioned}}$. 즉, 특이에 가까워진다는 뜻이다. 이 문제의 해법은 4.5.2절에서 논의한다.

4.2.7 예시: 선형 회귀의 MLE

2.6.3절에서 선형 회귀를 간단히 언급했다. 이는 다음에 해당하는 모델임을 다시 상기해 보자.

$$p(y|\boldsymbol{x};\boldsymbol{\theta}) = \mathcal{N}(y|\boldsymbol{w}^\mathsf{T}\boldsymbol{x}, \sigma^2) \tag{4.53}$$

여기서 $\boldsymbol{\theta} = (\boldsymbol{w}, \sigma^2)$이다. 이제 σ^2이 고정되어 있다고 가정하고, 가중치 $\boldsymbol{w}$를 추정하는 데 집중해 보자. 음의 로그 가능도, 즉 NLL은 다음과 같이 주어진다.

$$\text{NLL}(\boldsymbol{w}) = -\sum_{n=1}^{N_D} \log\left[\left(\frac{1}{2\pi\sigma^2}\right)^{\frac{1}{2}} \exp\left(-\frac{1}{2\sigma^2}(y_n - \boldsymbol{w}^\mathsf{T}\boldsymbol{x}_n)^2\right)\right] \tag{4.54}$$

무관한 추가적인 상수를 버리면 다음의 **잔차제곱합**$^{\text{Residual Sum of Squares}}$, 즉 **RSS**라는 단순한 목적 함수가 된다.

$$\text{RSS}(\boldsymbol{w}) \triangleq \sum_{n=1}^{N}(y_n - \boldsymbol{w}^\mathsf{T}\boldsymbol{x}_n)^2 = \sum_{n=1}^{N} r_n^2 \tag{4.55}$$

여기서 r_n은 n번째 **잔차 오차**$^{\text{residual error}}$다. 예제의 개수 N으로 스케일링하면 **평균 제곱 오차**$^{\text{Mean Squared Error}}$, 즉 **MSE**가 된다.

$$\text{MSE}(\boldsymbol{w}) = \frac{1}{N}\text{RSS}(\boldsymbol{w}) = \frac{1}{N}\sum_{n=1}^{N}(y_n - \boldsymbol{w}^\mathsf{T}\boldsymbol{x}_n)^2 \tag{4.56}$$

마지막으로, 제곱근을 취하면 **평균 제곱 오차 제곱근**$^{\text{Root Mean Squared Error}}$, 즉 **RMSE**가 된다.

$$\text{RMSE}(\boldsymbol{w}) = \sqrt{\text{MSE}(\boldsymbol{w})} = \sqrt{\frac{1}{N} \sum_{n=1}^{N} (y_n - \boldsymbol{w}^{\mathsf{T}} \boldsymbol{x}_n)^2} \tag{4.57}$$

MLE는 NLL, RSS, MSE 또는 RMSE를 최소화하여 계산할 수 있다. 이러한 목적 함수들은 무관한 상수를 제외하고 모두 같으므로, 모두 같은 결과를 내놓을 것이다.

RSS 목적 함수에 집중해 보자. 다음과 같이 행렬 표기법으로 쓸 수 있다.

$$\text{RSS}(\boldsymbol{w}) = \sum_{n=1}^{N} (y_n - \boldsymbol{w}^{\mathsf{T}} \boldsymbol{x}_n)^2 = ||\mathbf{X}\boldsymbol{w} - \boldsymbol{y}||_2^2 = (\mathbf{X}\boldsymbol{w} - \boldsymbol{y})^{\mathsf{T}} (\mathbf{X}\boldsymbol{w} - \boldsymbol{y}) \tag{4.58}$$

11.2.2.1절에서는 $\nabla_{\boldsymbol{w}}\text{RSS}(\boldsymbol{w}) = \mathbf{0}$에서 나타나는 최적점이 다음의 방정식을 만족시킨다고 증명한다.

$$\hat{\boldsymbol{w}}_{\text{mle}} \triangleq \operatorname*{argmin}_{\boldsymbol{w}} \text{RSS}(\boldsymbol{w}) = (\mathbf{X}^{\mathsf{T}}\mathbf{X})^{-1}\mathbf{X}^{\mathsf{T}}\boldsymbol{y} \tag{4.59}$$

이는 **일반 최소 제곱**Ordinary Least Squares, 즉 OLS 추정값이라 부르며, MLE와 동등하다.

4.3 경험적 위험 최소화(ERM)

MLE는 식 (4.6)의 (조건부) 로그 손실 항 $\ell(\boldsymbol{y}_n, \boldsymbol{\theta}; \boldsymbol{x}_n) = -\log p(\boldsymbol{y}_n | \boldsymbol{x}_n, \boldsymbol{\theta})$를 임의의 다른 손실 함수로 바꿔 일반화할 수 있다.

$$\mathcal{L}(\boldsymbol{\theta}) = \frac{1}{N} \sum_{n=1}^{N} \ell(\boldsymbol{y}_n, \boldsymbol{\theta}; \boldsymbol{x}_n) \tag{4.60}$$

이는 기댓값을 경험적 분포에 대해 취할 때의 기대 손실이므로, **경험적 위험 최소화**Empirical Risk Minimization, 즉 ERM이라 한다. 더 자세한 내용은 5.4절을 참고하라.

4.3.1 예시: 오분류율 최소화

분류 문제를 푼다고 하면, 0-1 손실을 사용하려 할 것이다.

$$\ell_{01}(\boldsymbol{y}_n, \boldsymbol{\theta}; \boldsymbol{x}_n) = \begin{cases} 0 & \boldsymbol{y}_n = f(\boldsymbol{x}_n; \boldsymbol{\theta}) \text{인 경우} \\ 1 & \boldsymbol{y}_n \neq f(\boldsymbol{x}_n; \boldsymbol{\theta}) \text{인 경우} \end{cases} \tag{4.61}$$

여기서 $f(\boldsymbol{x}; \boldsymbol{\theta})$는 어떠한 종류의 예측량이다. 경험적 위험은 다음이 된다.

$$\mathcal{L}(\boldsymbol{\theta}) = \frac{1}{N} \sum_{n=1}^{N} \ell_{01}(\boldsymbol{y}_n, \boldsymbol{\theta}; \boldsymbol{x}_n) \tag{4.62}$$

이는 데이터셋에서의 **경험적 오분류율**misclassification rate일 뿐이다.

이항 문제에서 오분류율을 다음의 표기법으로 다시 쓸 수 있음을 주지하라. $\tilde{y} \in \{-1, +1\}$가 참인 라벨이며, $\tilde{y} \in \{-1, +1\} = f(\boldsymbol{x}; \boldsymbol{\theta})$가 우리의 예측이라 해보자. 0-1 손실은 다음과 같이 정의한다.

$$\ell_{01}(\tilde{y}, \hat{y}) = \mathbb{I}\,(\tilde{y} \neq \hat{y}) = \mathbb{I}\,(\tilde{y}\,\hat{y} < 0) \tag{4.63}$$

이에 해당하는 경험적 위험은 다음이 된다.

$$\mathcal{L}(\boldsymbol{\theta}) = \frac{1}{N} \sum_{n=1}^{N} \ell_{01}(y_n, \hat{y}_n) = \frac{1}{N} \sum_{n=1}^{N} \mathbb{I}\,(\tilde{y}_n\,\hat{y}_n < 0) \tag{4.64}$$

이는 $\boldsymbol{x}_n$ 그리고 $\boldsymbol{\theta}$에 암묵적으로 의존한다.

4.3.2 대리 손실

안타깝게도 4.3.1절에서 쓰는 0-1 손실은 그림 4.2와 같은 최적화를 어렵게 하는 비평활 계단 함수다(사실 이는 NP 난해nondeterministic polynomial hard 문제다[BDEL03]). 이 절에서는 **대리 손실 함수**surrogate loss function의 사용을 고려해 본다[BJM06]. 대리 함수는 극대적으로 단단한 볼록 상계maximally tight convex upper bound를 갖도록 선택하여 최적화하기 쉽게 한다.

예를 들어, 라벨에 대해 다음의 분포를 만들어 내는 확률적 이항 분류기를 고려해 보자.

$$p(\tilde{y}|\boldsymbol{x},\boldsymbol{\theta}) = \sigma(\tilde{y}\eta) = \frac{1}{1 + e^{-\tilde{y}\eta}} \tag{4.65}$$

이때 $\eta = f(\boldsymbol{x}; \boldsymbol{\theta})$는 로그 오즈다. 따라서 로그 손실은 다음과 같다.

$$\ell_{ll}(\tilde{y},\eta) = -\log p(\tilde{y}|\eta) = \log(1 + e^{-\tilde{y}\eta}) \tag{4.66}$$

그림 4.2는 이것이 0-1 손실에 대한 평활한 상계smooth upper bound임을 보여준다. 여기서 손실 대 양 $\tilde{y}\eta$를 그렸다. 이 양은 **마진**margin이라 하는데, 왜냐하면 임곗값 0으로부터의 '안전 마진'을 정의하기 때문이다. 따라서 음의 로그 가능도의 최소화는 경험적 0-1 손실에서 (꽤 단단한) 상계를 최소화하는 것과 동등함을 볼 수 있다.

또 다른 0-1 손실의 볼록 상계는 **힌지 손실**hinge loss로, 다음과 같이 정의된다.

$$\ell_{\text{hinge}}(\tilde{y},\eta) = \max(0, 1 - \tilde{y}\eta) \triangleq (1 - \tilde{y}\eta)_+ \tag{4.67}$$

이는 그림 4.2에 그려져 있다. 이는 부분적으로 문이 열린 힌지의 모양을 가짐을 볼 수 있다. 이는 0-1 손실에 대한 볼록 상계이지만, 모든 곳에서 미분 가능하진 않고 오직 조각별로piecewise 미분 가능하다.

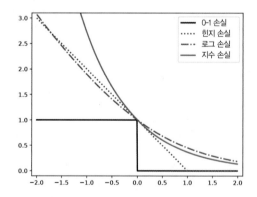

그림 4.2 이항 분류를 위한 여러 손실 함수를 보여준다. 수평축은 마진 $z = \tilde{y}\eta$이며, 수직축은 손실이다. 0-1 손실은 $\mathbb{I}(z < 0)$이다. 힌지 손실은 $\max(0, 1 - z)$이다. 로그 손실은 $\log_2(1 + e^{-z})$이다. 지수 손실은 e^{-z}이다. hinge_loss_plot.ipynb로 생성했다.

4.4 그 밖의 추정 방법*

4.4.1 적률법

MLE의 계산을 위해서는 방정식 $\mathbf{V}_{\boldsymbol{\theta}}\mathrm{NLL}(\boldsymbol{\theta}) = \mathbf{0}$을 풀어야 한다. 이는 때때로 연산적으로 어렵다. 이 경우 **적률법**MOM, Method Of Moments이라 알려진 단순한 접근법을 사용할 수도 있다. 이 접근법에서는 분포의 이론적 적률을 경험적 적률과 동일시하고, K개의 연립방정식 결과 집합을 푼다. 여기서 K는 모수의 개수다. 이론적 적률은 $k = 1 : K$에 대해 $\mu_k = \mathbb{E}[Y^k]$로 주어지며, 경험적 적률은 다음과 같이 주어진다.

$$\hat{\mu}_k = \frac{1}{N} \sum_{n=1}^{n} y_n^k \tag{4.68}$$

따라서 각 k에 대해 $\mu_k = \hat{\mu}_k$을 풀기만 하면 된다. 아래에서 몇 가지 예시를 제공한다.

적률법은 단순하지만, 모든 데이터를 효율적으로 사용하지 않을 수도 있으므로 MLE 접근법보다 이론적으로 열등하다(이러한 이론적 결과에 대한 자세한 내용은 [CB02] 등을 참고하라). 게다가 때때로 일관적이지 않은 결과를 만들어 낼 수 있다(4.4.1.2절 참고). 그러나 이것이 유효한 추정값을 만들어 낼 때, 이를 사용해 NLL을 최적화하는 데 쓰일 수 있는 반복 알고리듬을 초기화할 수 있으므로(예: [AHK12] 참고), MOM의 계산적 효율성을 MLE의 통계적 정확성과 조합하는 것이 된다.

4.4.1.1 예시: 일변량 가우스를 위한 MOM

예시로 일변량 가우스 분포의 경우를 고려해 보자. 4.2.5절로부터 다음을 얻는다.

$$\mu_1 = \mu = \overline{y} \tag{4.69}$$
$$\mu_2 = \sigma^2 + \mu^2 = s^2 \tag{4.70}$$

여기서 $\overline{y}$는 경험적 평균이고, s^2은 경험적 평균 제곱합이다. 따라서 $\hat{\mu} = \overline{y}$이고 $\hat{\sigma}^2 = s^2 - \overline{y}^2$이다. 이 경우 MOM 추정값은 MLE의 것과 같지만, 항상 그러한 것은 아니다.

4.4.1.2 예시: 균일 분포를 위한 MOM

이 절에서 균일 분포에 적용된 MOM의 예시를 제공한다. 우리는 위키피디아 페이지가 보여주는 것을 따른다.[5] $Y \sim \mathrm{Unif}(\theta_1, \theta_2)$가 균일 확률 변수라 하자. 따라서

$$p(y|\theta) = \frac{1}{\theta_2 - \theta_1} \mathbb{I}\,(\theta_1 \leq y \leq \theta_2) \tag{4.71}$$

처음 2개의 적률은 다음과 같다.

$$\mu_1 = \mathbb{E}\,[Y] = \frac{1}{2}(\theta_1 + \theta_2) \tag{4.72}$$

$$\mu_2 = \mathbb{E}\,[Y^2] = \frac{1}{3}(\theta_1^2 + \theta_1\theta_2 + \theta_2^2) \tag{4.73}$$

이 방정식들의 역을 취하면 다음이 된다.

$$(\theta_1, \theta_2) = \left(\mu_1 - \sqrt{3(\mu_2 - \mu_1^2)},\, 2\mu_1 - \theta_1 \right) \tag{4.74}$$

안타깝게도 이 추정량은 유효하지 않은 결과를 내놓을 수도 있다. 예를 들어 $\mathcal{D} = \{0, 0, 0, 0, 1\}$이라 해보자. 경험적 적률은 $\hat{\mu}_1 = \frac{1}{5}$과 $\hat{\mu}_2 = \frac{1}{5}$이므로, 추정된 모수는 $\hat{\theta}_1 = \frac{1}{5} - \frac{2\sqrt{3}}{5} = -0.493$ 그리고 $\hat{\theta}_2 = \frac{1}{5} + \frac{2\sqrt{3}}{5} = 0.893$이다. 그러나 $\theta_2 = 0.893$이라면 1만큼 큰 표본을 만들어 내지 못하므로, 이들은 올바른 모수가 될 수 없을 것이다.

반대로 MLE의 경우를 고려해 보자. $y_{(1)} \leq y_{(2)} \leq \cdots \leq y_{(N)}$이 데이터의 **순서 통계량**order statistics이라 해보자(즉, 값이 증가순으로 정렬되어 있다). $\theta = \theta_2 - \theta_1$이라 해보자. 그러면 가능도는 다음과 같이 주어진다.

$$p(\mathcal{D}|\boldsymbol{\theta}) = (\theta)^{-N} \mathbb{I}\,\bigl(y_{(1)} \geq \theta_1\bigr)\, \mathbb{I}\,\bigl(y_{(N)} \leq \theta_2\bigr) \tag{4.75}$$

θ를 위한 허용된 범위 내에서, 로그 가능도의 미분은 다음과 같이 주어진다.

$$\frac{d}{d\theta} \log p(\mathcal{D}|\theta) = -\frac{N}{\theta} < 0 \tag{4.76}$$

---

5 https://en.wikipedia.org/wiki/Method_of_moments_(statistics)

따라서 가능도가 θ에 대한 감소 함수이므로 다음의 것을 골라야 한다.

$$\hat{\theta}_1 = y_{(1)}, \hat{\theta}_2 = y_{(N)} \tag{4.77}$$

앞의 예시에서, 누구든 예상하듯이 $\hat{\theta}_1 = 0$ 그리고 $\hat{\theta}_2 = 1$을 얻게 된다.

4.4.2 온라인 (재귀) 추정

훈련 시작 전에 전체 데이터셋 $\mathcal{D}$를 쓸 수 있다면, **배치 학습**batch learning을 한다고 말한다. 그러나 어떤 경우 데이터셋이 순차적으로 들어오므로, 무한한 스트림 내에서 $\mathcal{D} = \{y_1, y_2, \ldots\}$가 된다. 이 경우 **온라인 학습**online learning의 수행을 필요로 한다.

$\mathcal{D}_{1:t-1}$이 주어졌을 때 $\hat{\theta}_{t-1}$이 추정값이라 해보자(예: MLE). 학습 알고리듬이 업데이트마다 고정된 시간이 걸리게 하려면, 다음 형식의 학습 규칙을 찾아내야 한다.

$$\boldsymbol{\theta}_t = f(\hat{\boldsymbol{\theta}}_{t-1}, \boldsymbol{y}_t) \tag{4.78}$$

이는 **재귀적 업데이트**recursive update라 부른다. 아래에서 이러한 온라인 학습법에 대한 예시를 제공한다.

4.4.2.1 예시: 가우스의 평균을 위한 재귀적 MLE

일변량 가우스를 위해 MLE를 계산했던 4.2.5절의 예시를 다시 고려해 보자. 평균을 위한 배치 추정값은 다음과 같이 주어짐을 알고 있다.

$$\hat{\boldsymbol{\mu}}_t = \frac{1}{t} \sum_{n=1}^{t} \boldsymbol{y}_n \tag{4.79}$$

이는 단지 데이터의 **연속합**running sum일 뿐이므로, 다음과 같이 이를 간단히 재귀적 추정값으로 변환할 수 있다.

$$\hat{\boldsymbol{\mu}}_t = \frac{1}{t} \sum_{n=1}^{t} \boldsymbol{y}_n = \frac{1}{t} \left((t-1)\hat{\boldsymbol{\mu}}_{t-1} + \boldsymbol{y}_t \right) \tag{4.80}$$

$$= \hat{\boldsymbol{\mu}}_{t-1} + \frac{1}{t}(\boldsymbol{y}_t - \hat{\boldsymbol{\mu}}_{t-1}) \tag{4.81}$$

이는 **이동평균**moving average이라 한다.

식 (4.81)로부터 새로운 추정값이 이전 추정값에 수정 항을 더한 것임을 볼 수 있다. 수정하는 크기는 시간에 따라(즉, 더 많은 표본을 얻음에 따라) 감소한다. 그러나 분포가 바뀌고 있으면, 최근 데이터 표본에 더 많은 가중치를 주기를 원하게 된다. 4.4.2.2절에서 이를 어떻게 하는지 논의한다.

4.4.2.2 지수 가중 이동평균

식 (4.81)은 신호의 이동평균을 어떻게 계산하는지 보여준다. 이 절에서는 이를 조정하여 더 최근의 예제에 더 많은 가중치를 주는 방법을 알아본다. 특히 다음의 **지수 가중 이동평균**Exponentially Weighted Moving Average, 즉 EWMA를 계산할 것이며, 이는 또한 **지수 이동평균**Exponential Moving Average, 즉 EMA라 부른다.

$$\hat{\boldsymbol{\mu}}_t = \beta\boldsymbol{\mu}_{t-1} + (1-\beta)\boldsymbol{y}_t \tag{4.82}$$

여기서 $0 < \beta < 1$이다. k단계만큼 과거인 데이터 지점의 공헌도는 $\beta^k(1-\beta)$로 가중된다. 따라서 과거 데이터로부터의 공헌도는 지수적으로 감소한다. 특히 다음과 같다.

$$\hat{\boldsymbol{\mu}}_t = \beta\boldsymbol{\mu}_{t-1} + (1-\beta)\boldsymbol{y}_t \tag{4.83}$$

$$= \beta^2\boldsymbol{\mu}_{t-2} + \beta(1-\beta)\boldsymbol{y}_{t-1} + (1-\beta)\boldsymbol{y}_t \qquad \vdots \tag{4.84}$$

$$= \beta^t\boldsymbol{y}_0 + (1-\beta)\beta^{t-1}\boldsymbol{y}_1 + \cdots + (1-\beta)\beta\boldsymbol{y}_{t-1} + (1-\beta)\boldsymbol{y}_t \tag{4.85}$$

기하급수geometric series의 합은 다음과 같이 주어진다.

$$\beta^t + \beta^{t-1} + \cdots + \beta^1 + \beta^0 = \frac{1-\beta^{t+1}}{1-\beta} \tag{4.86}$$

따라서

$$(1-\beta)\sum_{k=0}^{t}\beta^k = (1-\beta)\frac{1-\beta^{t+1}}{1-\beta} = 1-\beta^{t+1} \tag{4.87}$$

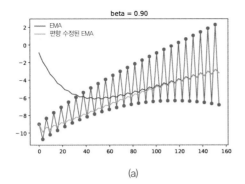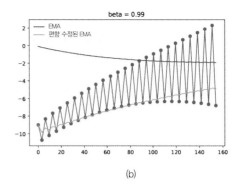

(a)   (b)

그림 4.3 편향 수정이 있을 때와 없을 때의 지수 가중 이동평균을 보여준다. (a) 단기 메모리: $\beta = 0.9$, (b) 장기 메모리: $\beta = 0.99$. ema_demo.ipynb로 생성했다.

$0 < \beta < 1$이므로, $t \to \infty$임에 따라 $\beta^{t+1} \to 0$이 된다. 따라서 β가 작을수록 과거를 더 빠르게 잊으며, 더욱 최근의 데이터를 더 빠르게 받아들인다. 이는 그림 4.3이 보여준다.

초기 예측값이 $\hat{\boldsymbol{\mu}}_0 = \mathbf{0}$에서 시작하므로 초기 편향이 존재한다. 이는 다음과 같이 스케일링을 통해 수정할 수 있다.

$$\tilde{\boldsymbol{\mu}}_t = \frac{\hat{\boldsymbol{\mu}}_t}{1 - \beta^t} \tag{4.88}$$

(식 (4.82)에서의 업데이트가, 현재 시간 단계에서 수정되기 전에, 수정되지 않은 EMA인 $\hat{\boldsymbol{\mu}}_{t-1}$에 여전히 적용됨을 주지하라.) 이렇게 할 때의 이점은 그림 4.3이 보여준다.

4.5 정칙화

MLE 및 ERM의 근본적인 문제는, 훈련 집합에서 손실을 최소화하는 모수 고르기를 시도하지만 이것이 미래 데이터에서 손실이 낮은 모델을 만들어 내지 않을 수도 있다는 점이다. 이는 **과적합**overfitting이라 부른다.

간단한 예시로 동전을 던질 때 앞이 나올 확률을 예측한다고 해보자. $N = 3$번 던지고 앞이 세 번 나왔음을 관측한다. MLE는 $\hat{\theta}_{\mathrm{mle}} = N_1/(N_0 + N_1) = 3/(3 + 0) = 1$이다(4.2.3절 참고). 그러나 $\mathrm{Ber}(y \mid \hat{\theta}_{\mathrm{mle}})$을 사용해 예측을 하면, 모든 미래 동전 던지기가 앞이 나올 것으로 예측될 것이다. 이는 다소 가능성이 적어 보인다.

문제의 핵심은 모델이 관찰한 훈련 데이터를 완벽하게 적합시키는 데 충분한 모수를 갖게 되어, 경험적 분포에 완벽하게 들어맞을 수 있다는 점이다. 그러나 대부분의 경우 경험적 분포가 참인 분포와 같지 않으므로, 관측된 N개 예제의 집합에 모든 확률 질량을 부여하면 미래의 새로운 데이터에 어떠한 확률도 남겨놓지 않게 될 것이다. 즉, 모델이 **일반화**generalize하지 못할 수도 있다.

과적합을 위한 주요한 해법으로 **정칙화**regularization를 사용한다. 이는 NLL에(혹은 경험적 위험에) 불이익 항을 추가함을 뜻한다. 따라서 다음 형식의 목적 함수를 최적화한다.

$$\mathcal{L}(\boldsymbol{\theta}; \lambda) = \left[\frac{1}{N} \sum_{n=1}^{N} \ell(\boldsymbol{y}_n, \boldsymbol{\theta}; \boldsymbol{x}_n) \right] + \lambda C(\boldsymbol{\theta}) \tag{4.89}$$

여기서 $\lambda \geq 0$는 **정칙화 모수**regularization parameter이며, $C(\boldsymbol{\theta})$는 어떠한 형태의 **복잡도 불이익**complexity penalty이다.

주로 쓰이는 복잡도 불이익은 $C(\boldsymbol{\theta}) = -\log p(\boldsymbol{\theta})$이며, 여기서 $p(\boldsymbol{\theta})$는 $\boldsymbol{\theta}$의 **사전 분포**다. ℓ이 로그 손실이라면 정칙화 목적 함수는 다음이 된다.

$$\mathcal{L}(\boldsymbol{\theta}; \lambda) = -\frac{1}{N} \sum_{n=1}^{N} \log p(\boldsymbol{y}_n | \boldsymbol{x}_n, \boldsymbol{\theta}) - \lambda \log p(\boldsymbol{\theta}) \tag{4.90}$$

$\lambda = 1$이라 두고 $p(\boldsymbol{\theta})$를 적절하게 다시 스케일링하면, 다음을 동등하게 최소화할 수 있다.

$$\mathcal{L}(\boldsymbol{\theta}; \lambda) = -\left[\sum_{n=1}^{N} \log p(\boldsymbol{y}_n | \boldsymbol{x}_n, \boldsymbol{\theta}) + \log p(\boldsymbol{\theta}) \right] = -\left[\log p(\mathcal{D}|\boldsymbol{\theta}) + \log p(\boldsymbol{\theta}) \right] \tag{4.91}$$

이를 최소화하는 것은 로그 사후 분포의 최대화와 동등하다.

$$\hat{\boldsymbol{\theta}} = \underset{\boldsymbol{\theta}}{\operatorname{argmax}} \log p(\boldsymbol{\theta}|\mathcal{D}) = \underset{\boldsymbol{\theta}}{\operatorname{argmax}} \left[\log p(\mathcal{D}|\boldsymbol{\theta}) + \log p(\boldsymbol{\theta}) - 상수 \right] \tag{4.92}$$

이는 **MAP 추정**이라 하며, **최대 사후 추정**maximum a posterior estimation이란 뜻이다.

4.5.1 예시: 베르누이 분포의 MAP 추정

동전 던지기 예시를 또다시 고려해 보자. 앞을 오직 한 번 관측한다면 MLE는 $\theta_{\text{mle}} = 1$이다. 이는 또한 모든 미래 동전 던지기가 앞이 나올 것이라 예측한다. 이를 피하기 위해, θ에 불이익을 추가하여 $\theta = 0$이나 $\theta = 1$과 같은 '극단' 값을 막을 수 있다. 이는 베타 분포를 사전 분포 $p(\theta) = \text{Beta}(\theta \,|\, a, b)$로 사용하는 것이며, 이때 $a, b > 1$이면 θ의 값이 $a/(a + b)$ 근처에 있도록 부추긴다(자세한 내용은 2.7.4절을 참고하라). 로그 가능도에 로그 사전 분포를 더하면 다음이 된다.

$$\ell(\theta) = \log p(\mathcal{D}|\theta) + \log p(\theta) \tag{4.93}$$
$$= [N_1 \log \theta + N_0 \log(1 - \theta)] + [(a - 1) \log(\theta) + (b - 1) \log(1 - \theta)] \tag{4.94}$$

4.2.3절의 방법을 사용해 다음의 MAP 추정값을 찾을 수 있다.

$$\theta_{\text{map}} = \frac{N_1 + a - 1}{N_1 + N_0 + a + b - 2} \tag{4.95}$$

$a = b = 2$라 두면(이는 θ 값을 0.5로 약하게 선호한다) 추정값은 다음과 같다.

$$\theta_{\text{map}} = \frac{N_1 + 1}{N_1 + N_0 + 2} \tag{4.96}$$

이는 **애드 원 평활화**add-one smoothing라 부르며, **제로 카운트**zero count 문제를 피하기 위한 단순하지만 널리 쓰이는 기법이다(또한 4.6.2.9절 참고).

제로 카운트 문제, 그리고 더 일반적으로 과적합은 **블랙스완 역설**black swan paradox이라 부리는 철학에서의 문제와 유사하다. 이는 모든 백조가 흰색이라는 고대 서구의 관념에서 나왔다. 이러한 맥락에서 검은 백조는 존재할 수 없는 무언가를 위한 메타포였다(블랙스완은 17세기에 호주에서 유럽의 탐험가에게 발견됐다). '블랙스완 역설'이란 용어는 유명한 과학철학자 칼 포퍼Karl Popper가 처음 제기했으며, 최근에 인기 있는 책의 제목으로도 쓰였다[Tal07]. 이 역설은 과거에 측정한 관측으로부터 미래에 관한 일반적인 결론을 어떻게 끌어내는지에 대한 문제인 **귀납**induction 문제를 보여주는 데 쓰였다. 이 역설을 위한 해법은 귀납이 대체로 불가능함을 받아들이고, 경험적 데이터와 사전지식을 조합함으로써 미래에 어떤 일이 일어날지에 관해 타당한 추측을 하는 것이 최대한으로 할 수 있는 일이라는 것이다.

4.5.2 예시: 다변량 가우스를 위한 MAP 추정*

4.2.6절에서 MVN의 평균을 위한 MLE가 경험적 평균 $\hat{\boldsymbol{\mu}}_{\text{mle}} = \overline{\boldsymbol{y}}$임을 보였다. 또한 공분산의 MLE 가 경험적 분산 $\hat{\boldsymbol{\Sigma}} = \frac{1}{N} \mathbf{S}_{\overline{\boldsymbol{y}}}$임을 보였다.

고차원에서 $\boldsymbol{\Sigma}$의 추정값은 쉽게 특이^{singular}해질 수 있다. 한 가지 해법은 아래 설명하는 MAP 추정을 수행하는 것이다.

4.5.2.1 수축 추정값

$\boldsymbol{\Sigma}$를 위해 편리하게 쓸 수 있는 사전 분포는 역 위샤트$^{\text{inverse Wishart}}$ 사전 분포다. 이는 양의 정부호 행렬에 대한 분포로 모수가 사전 산란 행렬, $\breve{\mathbf{S}}$, 그리고 사전 표본 크기 또는 강도^{strength} $\breve{N}$ 측면에 서 정의되는 분포다. 결과 MAP 추정이 다음과 같이 주어짐을 보일 수 있다.

$$\hat{\boldsymbol{\Sigma}}_{\text{map}} = \frac{\breve{\mathbf{S}} + \mathbf{S}_{\overline{\boldsymbol{y}}}}{\breve{N} + N} = \frac{\breve{N}}{\breve{N} + N} \frac{\breve{\mathbf{S}}}{\breve{N}} + \frac{N}{\breve{N} + N} \frac{\mathbf{S}_{\overline{\boldsymbol{y}}}}{N} = \lambda \boldsymbol{\Sigma}_0 + (1 - \lambda) \hat{\boldsymbol{\Sigma}}_{\text{mle}} \tag{4.97}$$

여기서 $\lambda = \frac{\breve{N}}{\breve{N} + N}$은 정칙화의 양을 통제한다.

사전 산란 행렬을 위해 통상적으로 $\breve{\mathbf{S}} = \breve{N} \, \text{diag}(\hat{\boldsymbol{\Sigma}}_{\text{mle}})$를 선택한다(예: [FR07, p6] 참고). 이를 선택하면, $\boldsymbol{\Sigma}$를 위한 MAP 추정값이 다음과 같이 주어진다.

$$\hat{\boldsymbol{\Sigma}}_{\text{map}}(i, j) = \begin{cases} \hat{\boldsymbol{\Sigma}}_{\text{mle}}(i, j) & i = j \text{인 경우} \\ (1 - \lambda) \hat{\boldsymbol{\Sigma}}_{\text{mle}}(i, j) & \text{그 외} \end{cases} \tag{4.98}$$

따라서 대각 요소가 이들의 ML 추정값과 같고, 대각 외 요소가 0으로 '수축'됨을 볼 수 있다. 따라 서 이 기법은 **수축 추정**$^{\text{shrinkage estimation}}$이라 부른다.

설정해야 하는 또 다른 모수는 정칙화의 양을(MLE로의 축소를) 통제하는 λ이다. 통상적으로 교 차 검증(4.5.5절)을 통해 λ를 설정한다. 아니면 [LW04a; LW04b; SS05]에서 제공하는 닫힌 형식의 공식을 사용할 수 있다. 우리가 제곱 손실을 사용한다면, 이는 최적의 빈도주의^{frequentist} 추정값이 다. 이는 sklearn 함수 https://scikit-learn.org/stable/modules/generated/sklearn.covariance. LedoitWolf.html에 구현되어 있다.

이러한 접근법의 이점은 그림 4.4에서 보여준다. $N = 100$, $N = 50$, $N = 25$개 데이터 지점에 50차원 가우스의 적합을 가정했다. MLE와 다르게 MAP 추정이 언제나 조건부화가 잘됨을 볼 수

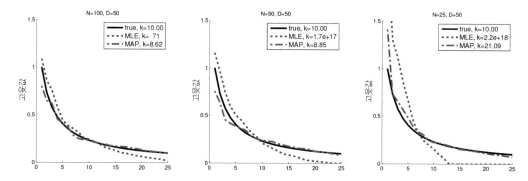

그림 4.4 $N \in \{100, 50, 25\}$ 표본을 사용하는 $D = 50$차원에서의 공분산 행렬 추정. 참인 공분산 행렬(검은색 실선)을 위한 내림차순의 고윳값, MLE(파란색 점선) 그리고 $\lambda = 0.9$로 식 (4.98)을 사용해 MAP 추정값(빨간색 쇄선)을 그렸다. 또한 범례에 각 행렬의 조건 숫자를 넣었다. MLE가 나쁘게 조건부화되는 경우가 많지만, MAP 추정값은 수치적으로 움직임이 좋음을 볼 수 있다. 출처: [SS05]의 그림 1. shrinkcov_plots. ipynb로 생성했다.

있다(조건 숫자에 대한 논의는 7.1.4.4절을 참고하라). 특히 MAP 추정값의 고윳값 스펙트럼이 MLE의 스펙트럼보다 참인 행렬의 것에 훨씬 더 가깝다. 그러나 고유벡터에는 영향이 없다.

4.5.3 예시: 가중치 소멸

그림 1.7에서 너무 높은 차수로 다항 회귀를 사용하면 어떻게 과적합이 되는지 봤다. 한 가지 해법은 다항식의 차수를 줄이는 것이다. 그러나 더 일반적인 해법은 가중치의 (회귀 계수) 크기^{magnitude}에 불이익을 가하는 것이다. 이는 영 평균 가우스 사전 분포 $p(\boldsymbol{w})$를 사용해 할 수 있다. 결과 MAP 추정값은 다음과 같다.

$$\hat{\boldsymbol{w}}_{\text{map}} = \underset{\boldsymbol{w}}{\arg\min} \, \text{NLL}(\boldsymbol{w}) + \lambda ||\boldsymbol{w}||_2^2 \tag{4.99}$$

여기서 $||\boldsymbol{w}||_2^2 = \sum_{d=1}^{D} w_d^2$이다($\boldsymbol{\theta}$ 대신에 $\boldsymbol{w}$라 쓴 이유는 편향 항이나 잡음 분산 같은 모수가 아닌, 오직 가중치 벡터의 크기에만 불이익을 주는 것이 적절하기 때문이다).

식 (4.99)는 ℓ_2 **정칙화** 또는 **가중치 소멸**$^{\text{weight decay}}$이라 부른다. λ의 값이 클수록 모수에 더 '크게' 불이익을 가하므로(영 평균 사전 분포로부터 멀어짐), 따라서 모델이 덜 유연해진다.

선형 회귀의 경우 이런 종류의 불이익 체계는 **릿지 회귀**$^{\text{ridge regression}}$라 부른다. 예를 들어 1.2.2.2

절의 다항 회귀 예제를 보자. 이때 예측량은 다음의 형식을 갖는다.

$$f(x; \boldsymbol{w}) = \sum_{d=0}^{D} w_d x^d = \boldsymbol{w}^\mathsf{T}[1, x, x^2, \ldots, x^D] \tag{4.100}$$

단지 $N = 21$개의 표본으로 된 작은 데이터셋이 있다 하더라도 고차 다항식, 예를 들어 $D = 14$를 사용한다고 해보자. 모수를 위한 MLE는 가중치를 조심스럽게 조정하여 모델이 데이터를 매우 잘 적합시킬 수 있도록 하겠지만, 결과 함수는 매우 '꾸불꾸불'할 것이므로 과적합을 야기한다. 그림 4.5는 λ를 증가시키면 어떻게 과적합을 줄이는지 보여준다. 릿지 회귀에 대한 더 자세한 내용은 11.3절을 참고하라.

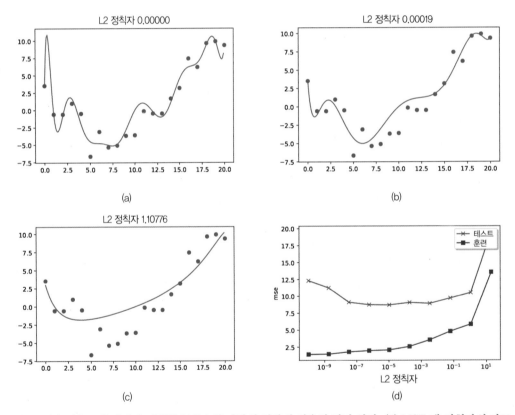

그림 4.5 (a)~(c) 21개 데이터 지점의 14차수의 다항식 적합에 적용된 릿지 회귀, (d) MSE 대 정칙자의 강도. 정칙화도가 좌측에서 우측으로 커지므로, 모델 복잡도가 좌측에서 우측으로 낮아진다. linreg_poly_ridge. ipynb로 생성했다.

4.5.4 검증 집합을 사용해 정칙자 고르기

정칙화를 사용할 때 주요한 질문으로 어떻게 정칙자^{regularizer} λ의 강도를 고르는가가 있다. 값이 작으면 경험적 위험의 최소화에 집중함을 뜻하며, 이는 과적합을 야기할 수도 있다. 한편 큰 값은 사전 분포와 가깝도록 유지하는 데 집중함을 뜻한다. 이는 **과소적합**^{underfitting}을 야기할 수도 있다.

이 절에서는 단순하지만 매우 널리 쓰이는 λ 선택법을 설명한다. 기본적인 아이디어는 데이터를 2개의 서로소 집합인 훈련 집합 $\mathcal{D}_{train}$과 **검증 집합**$^{validation\ set}$ $\mathcal{D}_{valid}$(**개발 집합**$^{development\ set}$이라고도 부른다)로 나누는 것이다(주로 80%의 데이터를 훈련 집합에, 20%는 검증 집합에 쓴다). 모델을 $\mathcal{D}_{train}$에 적합시키고 (각 λ 설정값마다) 성능을 $\mathcal{D}_{valid}$에서 평가한다. 그 뒤 검증 성능이 가장 좋은 λ의 값을 고른다(이러한 최적화법은 8.8절에서 논의하는 격자 검증의 1차원 예시다).

방법을 더 자세히 설명하려면 몇 가지 표기법이 필요하다. 다음과 같이 데이터셋에서 정칙화된 경험적 위험을 정의하자.

$$R_\lambda(\boldsymbol{\theta}, \mathcal{D}) = \frac{1}{|\mathcal{D}|} \sum_{(\boldsymbol{x}, \boldsymbol{y}) \in \mathcal{D}} \ell(\boldsymbol{y}, f(\boldsymbol{x}; \boldsymbol{\theta})) + \lambda C(\boldsymbol{\theta}) \tag{4.101}$$

각 λ마다 모수 추정값을 계산한다.

$$\hat{\boldsymbol{\theta}}_\lambda(\mathcal{D}_{train}) = \operatorname*{argmin}_{\boldsymbol{\theta}} R_\lambda(\boldsymbol{\theta}, \mathcal{D}_{train}) \tag{4.102}$$

그 뒤 **검증 위험**$^{validation\ risk}$을 계산한다.

$$R_\lambda^{val} \triangleq R_0(\hat{\boldsymbol{\theta}}_\lambda(\mathcal{D}_{train}), \mathcal{D}_{valid}) \tag{4.103}$$

이는 참인 분포 $p^*(\boldsymbol{x}, \boldsymbol{y})$하에서의 기대 손실인 **모집단 위험**$^{population\ risk}$의 추정값이다. 마지막으로 다음을 고른다.

$$\lambda^* = \operatorname*{argmin}_{\lambda \in \mathcal{S}} R_\lambda^{val} \tag{4.104}$$

(이는 모델을 $\mathcal{S}$에 있는 λ의 각 값마다 적합시키는 것을 필요로 하지만, 몇몇 경우 더욱 효율적으로 할 수 있다.)

λ^*를 고른 후 모델을 전체 데이터셋 $\mathcal{D} = \mathcal{D}_{train} \cup \mathcal{D}_{valid}$에 적합시켜 다음을 얻을 수 있다.

$$\hat{\boldsymbol{\theta}}^* = \operatorname*{argmin}_{\boldsymbol{\theta}} R_{\lambda^*}(\boldsymbol{\theta}, \mathcal{D}) \tag{4.105}$$

4.5.5 교차 검증

4.5.4절의 기법은 매우 잘 동작할 수 있다. 그러나 훈련 집합의 크기가 작을 때, 20%를 검증 집합으로 남기면 모델 모수의 추정값을 신뢰할 수 없게 만들 수 있다.

간단하지만 인기 있는 해법은 **교차 검증**CV, Cross Validation을 사용하는 것이다. 훈련 데이터를 K개 **폴드**fold로 나누고, 라운드로빈round-robin 방식으로 각 폴드 $k \in \{1, ..., K\}$마다 k번째를 제외한 모든 폴드에 훈련시킨다. 이는 그림 4.6이 묘사하고 있다. 형식적으로 보면 다음과 같다.

$$R_\lambda^{\mathrm{cv}} \triangleq \frac{1}{K} \sum_{k=1}^{K} R_0(\hat{\boldsymbol{\theta}}_\lambda(\mathcal{D}_{-k}), \mathcal{D}_k) \tag{4.106}$$

여기서 $\mathcal{D}_k$는 k번째 폴드의 데이터이고, $\mathcal{D}_{-k}$는 다른 모든 데이터다. 이는 **교차 검증 위험**cross-validated risk이라 부른다. 그림 4.6은 $K = 5$일 때의 이 과정을 보여준다. $K = N$이라 두면 $N - 1$개 항목으로 훈련을 하고 나머지 하나에서 테스트를 하므로 **단일 값 제거 교차 검증**leave-one-out cross-validation 법이 된다.

CV 추정값을 최적화 루틴 내부의 목적 함수로 사용해 최적 초매개변수 $\hat{\lambda} = \mathrm{argmin}_\lambda R_\lambda^{\mathrm{cv}}$를 고르는 것이 가능하다. 마지막으로 모든 쓸 수 있는 데이터(훈련 및 검증)를 합하고, $\hat{\boldsymbol{\theta}} = \mathrm{argmin}_{\boldsymbol{\theta}} R_{\hat{\lambda}}(\boldsymbol{\theta}, \mathcal{D})$를 사용해 모델 모수를 다시 추정한다. 자세한 내용은 5.4.3절을 참고하라.

4.5.5.1 일 표준오차 규칙

CV는 $\hat{R}_\lambda$의 추정값을 제공하지만, 불확실성에 대해 어떠한 측정치도 주지 않는다. 추정값의 불확실성에 대한 표준적인 빈도주의적 측정치는 **평균의 표준오차**standard error of the mean로, 이는 추정값의

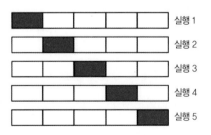

그림 4.6 5폴드 교차 검증 도식화

표집 분포의 평균이다(4.7.1절 참고). 이는 다음과 같이 계산할 수 있다. 첫 번째로 $L_n = \ell(y_n, f(\boldsymbol{x}_n; \hat{\boldsymbol{\theta}}_\lambda(\mathcal{D}_{-n}))$이 n번째 예제에서의 손실이라 하자. 이때 n을 제외한 어떠한 훈련 폴드든지 사용해 추정한 모수를 사용한다(L_n이 λ에 의존하지만, 표기할 때 이를 표기법에서 제외하고 있음을 주지하라). 다음으로 $\hat{\mu} = \frac{1}{N} \sum_{n=1}^{N} L_n$이 경험적 평균이고 $\hat{\sigma}^2 = \frac{1}{N} \sum_{n=1}^{N} (L_n - \hat{\mu})^2$이 경험적 분산이라 하자. 이를 바탕으로 추정값은 $\hat{\mu}$이 되도록, 그리고 이 추정값의 표준오차는 $\mathrm{se}(\hat{\mu}) = \frac{\hat{\sigma}}{\sqrt{N_\mathcal{D}}}$이 되도록 정의한다. σ는 표본에 대한 L_n의 내재적 가변성을 측정하는 한편, $\mathrm{se}(\hat{\mu})$은 평균 $\hat{\mu}$의 불확실성을 측정함을 주지하라.

CV를 모델의 집합에 적용하고 이들의 추정된 위험의 평균 및 se를 계산한다고 해보자. 이러한 잡음이 있는 추정값으로부터 모델을 고르는 통상적인 휴리스틱한 방법은, 모델의 위험이 가장 우수한 모델의 위험보다 일 표준오차 이상 높지 않은 가장 단순한 모델에 해당하는 값을 고르는 것이다. 이를 **일 표준오차 규칙**one-standard error rule이라 부른다[HTF01, p216].

4.5.5.2 예시: 릿지 회귀

예시로 4.5.3절의 릿지 회귀 문제를 위한 ℓ_2 정칙자의 강도를 골라보자. 그림 4.7(a)에서 훈련 집합(파란색) 및 테스트 집합(빨간색 곡선)에서의 오차 대 $\log(\lambda)$를 그렸다. 테스트 오차가 U 모양의 곡

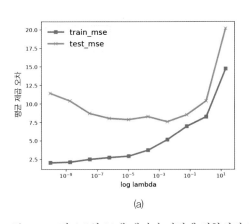
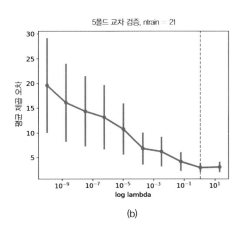

(a)   (b)

그림 4.7 그림 4.5의 21개 데이터 지점에 적합시킨 14차수 다항식에 적용된 릿지 회귀를 여러 값의 정칙자 λ로 보여주고 있다. 정칙화도가 좌측에서 우측으로 증가하므로, 모델 복잡도가 좌측에서 우측으로 낮아진다. (a) 훈련(파란색) 및 테스트(빨간색) MSE 대 $\log(\lambda)$. (b) 테스트 MSE의 5폴드 교차 검증 추정값. 오차 막대는 평균의 표준오차다. 수직선은 일 표준오차 규칙에 따라 선택한 점이다. polyfitRidgeCV.ipynb로 생성했다.

선을 가지며, 정칙자가 커짐에 따라 감소한 뒤 과소적합하기 시작하면서 증가함을 볼 수 있다. 그림 4.7(b)에서 테스트 MSE 대 $\log(\lambda)$의 5폴드 CV 추정값을 그렸다. 가장 작은 CV 오차가 테스트 집합에서의 최적값과 가까움을 볼 수 있다(그렇지만 표본 크기가 작기 때문에, 람다가 클 때 테스트 오차의 솟구침을 과소추정하고 있다).

4.5.6 조기 중단

매우 단순한 형식의, 실제로 종종 매우 효과적인 정칙화로 **조기 중단**early stopping이 있다. 이는 최적화 알고리듬이 반복적이라는, 따라서 초기 모수 추정값으로부터 멀어지기 위해 많은 단계를 취한다는 사실을 활용한다. 과적합의 신호를 감지하면(검증 집합에서의 성능을 모니터링하여), 최적화 과정을 중단하여 모델이 훈련 집합의 정보를 너무 많이 기억하지 못하게 한다. 그림 4.8이 보여주는 것을 참고하라.

4.5.7 더 많은 데이터 사용하기

데이터의 양이 증가함에 따라, 과적합의 가능성이 (고정된 복잡도를 가진 모델에서) 낮아진다(데이터가 적절하게 정보가 있는 예제를 갖고 있으며, 필요 없는 데이터가 많지 않다고 가정하면). 이는 그림 4.9가 보여준다. 4개의 다른 모델에서 (차수가 증가하는 다항식) 훈련 집합 및 테스트 집합에서의 MSE를 훈련 집

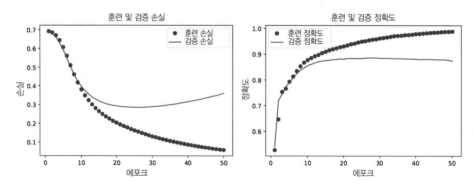

그림 4.8 IMDB 영화 감정 데이터셋에서 텍스트 분류기(단어주머니 임베딩에 평균 풀링을 사용해 적용된 신경망) 대 훈련 에포크 횟수. 파란색 = 훈련, 빨간색 = 검증. (a) 교차 엔트로피 손실. 조기 중단이 대략 25에포크에서 발동됐다. (b) 분류 정확도. imdb_mlp_bow_tf.ipynb로 생성했다.

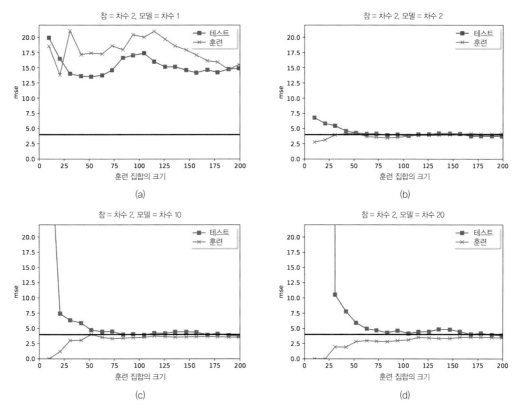

그림 4.9 훈련 집합과 테스트 집합 대 훈련 집합 크기에서의 MSE. 데이터는 분산 $\sigma^2 = 4$의 가우스 잡음으로 된 2차 다항식으로부터 생성했다. 차수가 변하는 다항식을 데이터에 적합시킨다. linreg_poly_vs_n.ipynb로 생성했다.

합 크기 N에 대한 함수로 보여준다(오차 대 훈련 집합 크기 그림은 **학습 곡선**^{learning curve}이라 한다). 검은색 수평선은 최적 예측량의 (참인 모델) 내재적인 잡음으로 인한 오차를 나타내는 **베이즈 오차**^{Bayes error}를 나타낸다(이 예시에서 참인 모델은 2차 다항식이고, 잡음은 $\sigma^2 = 4$의 분산을 갖는다. 잡음이 이보다 낮아질 수 없으므로 이는 **노이즈 플로어**^{noise floor}라 부른다).

흥미로운 점이 몇 가지 보인다. 먼저 차수 1의 테스트 오차가 N이 증가한다 하더라도 여전히 높다. 왜냐하면 모델이 진실을 포착하기에 너무 단순하기 때문이다. 이는 과소적합이라 부른다. 다른 모델의 테스트 오차는 최적 수준으로 감소하지만(노이즈 플로어), 더 단순한 모델에서 더욱 빨리 감소한다. 왜냐하면 이들은 추정할 모수가 더 적기 때문이다. 테스트 오차와 훈련 오차 사이의 차이는 모델이 복잡할수록 더 커지지만, N이 증가함에 따라 낮아진다.

또 다른 흥미로운 점은 훈련 오차(파란색 선)가, 적어도 충분히 유연한 모델에서는 처음에 N과 함께 증가한다는 점이다. 그 이유는 데이터셋이 커짐에 따라 더욱 뚜렷한 입력-출력 패턴 조합을 관측하게 되므로 데이터를 적합시키는 과제가 더 어려워지기 때문이다. 그러나 결국 훈련 집합은 테스트 집합을 닮게 되고, 오류율은 수렴하며, 그 모델의 최적 성능을 반영할 것이다.

4.6 베이즈 통계학*

지금까지 데이터로부터 모수를 추정하는 몇 가지 방법을 논의했다. 그러나 이들 접근법은 추정값의 어떠한 불확실성이든지 무시해 버린다. 이는 활동적 학습^{active learning}이나 과적합 방지, 또는 단지 과학적으로 의미 있는 어떠한 양의 추정값을 얼마나 신뢰할 수 있는지 아는 것과 같이 몇몇 응용에서는 중요할 수 있다. 통계학에서 확률 변수를 사용하는(단지 점 추정값을 계산하는 것과 반대로) 모수에 대한 불확실성을 모델링하는 것을 **추론**^{inference}이라 한다.

이 절에서는 **사후 분포**^{posterior distribution}를 사용해 불확실성을 나타낸다. 이것이 **베이즈 통계학**^{Bayesian statistics} 분야에서 받아들여진 접근법이다. 여기서 간단히 소개하지만, 더 자세한 내용은 이 책의 후속판 [Mur23] 및 [Lam18; Kru15; McE20; Gel+14]와 같은 좋은 책에서 찾아볼 수 있다.

사후 분포를 계산하려면, 데이터를 보기 전에 알고 있는 것을 반영하는 **사전 분포**^{prior distribution} $p(\boldsymbol{\theta})$로 시작한다. 그 뒤 모수의 각 설정에서 보기를 기대하는 데이터를 반영하는 **가능도 함수**^{likelihood function} $p(\mathcal{D}|\boldsymbol{\theta})$를 정의한다. 그 뒤 다음과 같이 베이즈 규칙을 사용해 관측된 데이터에 사전 분포를 조건부화하여 사후 분포 $p(\boldsymbol{\theta}|\mathcal{D})$를 계산한다.

$$p(\boldsymbol{\theta}|\mathcal{D}) = \frac{p(\boldsymbol{\theta})p(\mathcal{D}|\boldsymbol{\theta})}{p(\mathcal{D})} = \frac{p(\boldsymbol{\theta})p(\mathcal{D}|\boldsymbol{\theta})}{\int p(\boldsymbol{\theta}')p(\mathcal{D}|\boldsymbol{\theta}')d\boldsymbol{\theta}'} \tag{4.107}$$

분모 $p(\mathcal{D})$는 알 수 없는 $\boldsymbol{\theta}$에 대해 **주변화하여**^{marginalizing}(또는 **적분하여**) 계산하므로 **주변 가능도**^{marginal likelihood}라 부른다. 이는 데이터의 평균 확률로 해석할 수 있으며, 이때 평균은 사전 분포에 대한 것이다. 그러나 $p(\mathcal{D})$가 상수이며 $\boldsymbol{\theta}$에 대해 독립이므로, 단지 $\boldsymbol{\theta}$의 상대적인 확률을 추론하고자 할 때는 이를 무시하는 일이 많음을 주지하라.

식 (4.107)은 2.3.1절에서 COVID-19 테스트를 위해 베이즈 규칙을 사용한 것과 유사하다. 차이점은 환자의 질병 상태에 대한 무지가 아니라, 통계적 모델의 모수에 해당하는 무지라는 것이다. 추가로 단일 관측값(단일 테스트 결과 같은) 대신에, 주로 관측치 집합 $\mathcal{D}$에 대해 조건부화한다. 특히 지도 모델 또는 조건부 모델에서 관측된 데이터는 $\mathcal{D} = \{(\boldsymbol{x}_n, \boldsymbol{y}_n) : n = 1 : N\}$의 형식을 갖는다. 비지도 또는 무조건부 모델에서 관측된 데이터는 $\mathcal{D} = \{(\boldsymbol{y}_n) : n = 1 : N\}$의 형식을 갖는다.

모수에 대한 사후 분포를 계산하면, 알 수 없는 모수를 **주변화하여** 입력이 주어졌을 때 출력에 대한 **사후 예측 분포**^{posterior predictive distribution}를 계산할 수 있다. 지도/조건부화의 경우 이는 다음과 같다.

$$p(\boldsymbol{y}|\boldsymbol{x}, \mathcal{D}) = \int p(\boldsymbol{y}|\boldsymbol{x}, \boldsymbol{\theta})p(\boldsymbol{\theta}|\mathcal{D})d\boldsymbol{\theta} \tag{4.108}$$

이는 각각이 얼마나 가능성이 있는지로 가중된 유한한 모델 집합(모숫값)을 사용해 예측을 만들어 내고 있으므로, **베이즈 모델 평균화**^{BMA, Bayes Model Averaging}로 볼 수 있다. BMA를 사용하면 단 하나의 가장 좋은 모델만을 사용하지 않으므로 과적합(1.2.3절) 가능성을 줄인다.

4.6.1 켤레 사전 분포

이 절에서는 사후 분포를 닫힌 형식으로 계산할 수 있는 (사전, 가능도) 쌍의 집합을 고려한다. 특히 가능도와 '켤레^{conjugate}'인 사전 분포를 사용한다. 사후 분포가 사전 분포와 같은 모수화된 족 안에 있다면, 즉 $p(\boldsymbol{\theta}|\mathcal{D}) \in \mathcal{F}$라면, $p(\boldsymbol{\theta}) \in \mathcal{F}$는 가능도 함수 $p(\mathcal{D}|\boldsymbol{\theta})$의 **켤레 사전 분포**라 말한다. 다시 말해, $\mathcal{F}$는 베이즈 업데이트하에서 닫혀 있다. 족 $\mathcal{F}$가 지수족(3.4절)에 해당하면, 닫힌 형식으로 계산할 수 있다.

다음 절에서 이러한 프레임워크의 공통적인 예시를 제공한다. 이는 이 책의 후반부에서 사용할 것이다. 단순함을 위해 무조건부 모델에 집중한다(즉, 결과 또는 목표 y만이 있으며, 입력이나 특성 $\boldsymbol{x}$는 없음). 이 가정은 4.6.7절에서 완화한다.

4.6.2 베타 이항 모델

동전을 N번 던지고, 앞이 나올 확률을 추론하고자 한다고 해보자. $y_n = 1$은 n번째 시도가 앞인 사건이고, $y_n = 0$은 n번째 시도가 뒤가 나올 사건이며, $\mathcal{D} = \{y_n : n = 1 : N\}$은 모든 데이터라 하자. $y_n \sim \text{Ber}(\theta)$라 가정하며, $\theta \in [0, 1]$는 비율 모수다(앞이 나올 확률). 이 절에서는 $p(\theta|\mathcal{D})$를 어

떻게 계산하는지 논의한다.

4.6.2.1 베르누이 가능도

데이터는 iid, 즉 **독립적이고 동일하게 분포되어 있다**고 가정한다. 따라서 가능도의 형식은 다음과 같다.

$$p(\mathcal{D}|\theta) = \prod_{n=1}^{N} \theta^{y_n}(1-\theta)^{1-y_n} = \theta^{N_1}(1-\theta)^{N_0} \tag{4.109}$$

이때 앞과 뒤가 나오는 숫자를 나타내는 $N_1 = \sum_{n=1}^{N_{\mathcal{D}}} \mathbb{I}(y_n = 1)$이고 $N_0 = \sum_{n=1}^{N_{\mathcal{D}}} \mathbb{I}(y_n = 0)$이라 정의한다. 이들 개수는 θ를 추론하기 위해 알아야 할 $\mathcal{D}$에 대한 모든 것이므로 데이터의 **충분 통계량**이라 부른다. 전체 개수 $N = N_0 + N_1$은 표본 크기라 부른다.

4.6.2.2 이항 가능도

일련의 동전 던지기를 관측하는 대신에 N회 시도를 수행하고 앞이 나온 횟수 y를 관측하는 이항 가능도 모델 또한 고려할 수 있음을 주지하라. 이제 가능도의 형식은 다음과 같다.

$$p(\mathcal{D}|\theta) = \text{Bin}(y|N,\theta) = \binom{N}{y}\theta^y(1-\theta)^{N-y} \tag{4.110}$$

스케일링 인자 $\binom{N}{y}$는 θ에 독립이므로 무시할 수 있다. 따라서 이 가능도는 식 (4.109)의 베르누이 가능도에 비례하므로, θ에 대한 우리의 추론은 두 모델에서 같을 것이다.

4.6.2.3 사전 분포

계산의 단순함을 위해 사전 분포 $p(\boldsymbol{\theta}) \in \mathcal{F}$가 가능도 함수 $p(\boldsymbol{y}|\boldsymbol{\theta})$의 켤레 사전 분포라 가정한다. 이는 사후 분포가 사전 분포와 같은 모수화된 족 내에 있음을, 즉 $p(\boldsymbol{\theta}|\mathcal{D}) \in \mathcal{F}$를 뜻한다.

베르누이(또는 이항) 가능도를 사용할 때 이 속성을 보장하기 위해, 다음 형식의 사전 분포를 사용해야 한다.

$$p(\theta) \propto \theta^{\breve{\alpha}-1}(1-\theta)^{\breve{\beta}-1} \propto \text{Beta}(\theta|\breve{\alpha},\breve{\beta}) \tag{4.111}$$

이는 베타 분포의 pdf임을 알 수 있다(2.7.4절 참고).

4.6.2.4 사후 분포

식 (4.109)의 베르누이 가능도를 식 (2.136)의 베타 사전 분포와 곱하면 베타 사후 분포를 얻는다.

$$p(\theta|\mathcal{D}) \propto \theta^{N_1}(1-\theta)^{N_0} \, \theta^{\breve{\alpha}-1}(1-\theta)^{\breve{\beta}-1} \tag{4.112}$$

$$\propto \text{Beta}(\theta|\, \breve{\alpha}+N_1, \breve{\beta}+N_0) \tag{4.113}$$

$$= \text{Beta}(\theta|\, \widehat{\alpha}, \widehat{\beta}) \tag{4.114}$$

여기서 $\widehat{\alpha} \triangleq \breve{\alpha} + N_1$과 $\widehat{\beta} \triangleq \breve{\beta} + N_0$는 사후 분포의 모수다. 사후 분포가 사전 분포와 같은 함수적 형식을 가지므로, 베타 분포는 베르누이 가능도의 켤레 사전 분포라 말한다.

사전 분포의 모수는 **초매개변수**^{hyper-parameter}라 부른다. 초매개변수가 (이 예제에서) 충분 통계량과 비슷한 역할을 하는 것이 분명하다. 그러므로 이들은 **유사 개수**^{pseudo counts}라 부른다. 단순히 (가능도로부터) 관측한 개수를 (사전 분포로부터) 유사 개수에 더하여 사후 분포를 계산할 수 있음을 볼 수 있다.

사전 분포의 강도는 $\breve{N} = \breve{\alpha} + \breve{\beta}$로 통제한다. 이는 관측한 표본 크기 $N = N_0 + N_1$과 유사한 역할을 하므로 **동등 표본 크기**^{equivalent sample size}라 부른다.

4.6.2.5 예시

예시로 $\breve{\alpha} = \breve{\beta} = 2$로 둔다고 해보자. 이는 마치 실제 데이터를 보기 전에 두 번의 앞과 두 번의 뒤를 이미 본 것으로 생각한다고 말할 수 있다. 이는 $\theta = 0.5$의 값에 대한 매우 약한 선호라 할 수 있다. 이러한 사전 분포를 사용하는 효과는 그림 4.10(a)가 보여준다. 사후 분포(파란색 선)가 사전(빨간색 선) 및 가능도(검은색 선) 사이의 '타협'임을 볼 수 있다.

$\breve{\alpha} = \breve{\beta} = 1$이라 두면, 해당 사전 분포는 균일 분포가 된다.

$$p(\theta) = \text{Beta}(\theta|1,1) \propto \theta^0(1-\theta)^0 = \text{Unif}(\theta|0,1) \tag{4.115}$$

이 사전 분포를 사용하는 효과는 그림 4.10(b)가 보여준다. 사전 분포가 **정보적이지 않으므로** ^{uninformative} 사후 분포가 가능도와 완벽하게 같은 모양을 가짐을 볼 수 있다.

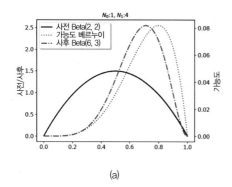 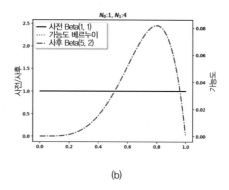

(a)   (b)

그림 4.10 베타 사전 분포를 베르누이 가능도로 충분 통계량 $N_{\mathcal{D}_1} = 4$, $N_{\mathcal{D}_0} = 1$과 함께 업데이트: (a) Beta (2, 2) 사전 분포, (b) 균일한 Beta(1, 1) 사전 분포. beta_binom_post_plot.ipynb로 생성했다.

4.6.2.6 사후 모드(MAP 추정)

모수의 가장 가능성 있는 값은 MAP 추정으로 주어진다.

$$\hat{\theta}_{\mathrm{map}} = \arg \max_{\theta} p(\theta|\mathcal{D}) \tag{4.116}$$

$$= \arg \max_{\theta} \log p(\theta|\mathcal{D}) \tag{4.117}$$

$$= \arg \max_{\theta} \log p(\theta) + \log p(\mathcal{D}|\theta) \tag{4.118}$$

이는 다음과 같이 주어짐을 보일 수 있다.

$$\hat{\theta}_{\mathrm{map}} = \frac{\breve{\alpha} + N_1 - 1}{\breve{\alpha} + N_1 - 1 + \breve{\beta} + N_0 - 1} \tag{4.119}$$

Beta($\theta|2, 2$) 사전 분포를 사용하면, 이는 **애드 원 평활화**add-one smoothing에 해당한다.

$$\hat{\theta}_{\mathrm{map}} = \frac{N_1 + 1}{N_1 + 1 + N_0 + 1} = \frac{N_1 + 1}{N + 2} \tag{4.120}$$

균일 사전 분포 $p(\theta) \propto 1$을 사용하면, MAP 추정값은 MLE가 된다. $\log p(\theta) = 0$이기 때문이다.

$$\hat{\theta}_{\mathrm{mle}} = \arg \max_{\theta} \log p(\mathcal{D}|\theta) \tag{4.121}$$

베타 사전 분포를 사용할 때 균일 분포는 $\tilde{\alpha} = \breve{\beta} = 1$이다. 이 경우 MAP 추정은 MLE로 줄어든다.

$$\hat{\theta}_{\text{mle}} = \frac{N_1}{N_1 + N_0} = \frac{N_1}{N} \tag{4.122}$$

$N_1 = 0$이라면, $p(Y = 1) = 0.0$이라 추정할 것이며, 이는 어떠한 미래 관측치도 1이라고 예측하지 않는다고 말한다. 이는 충분하지 않은 데이터로 인한 매우 극단적인 추정이다. 이 문제는 더 강한 사전 분포와 함께 MAP 추정을 사용해, 또는 4.6.2.9절에서 설명한 것과 같이 θ를 추정하는 대신에 θ를 주변화하는 완전 베이즈 접근법을 사용해 해결할 수 있다.

4.6.2.7 사후 평균

사후 모드는 단일 점에 해당하므로 사후 분포의 나쁜 요약 통계량이 될 수 있다. 사후 평균은 전체 공간에 대해 적분을 하므로 더 로버스트한 추정값이다.

$p(\theta | \mathcal{D}) = \text{Beta}(\theta | \hat{\alpha}, \hat{\beta})$라면 사후 평균은 다음과 같다.

$$\overline{\theta} \triangleq \mathbb{E}[\theta | \mathcal{D}] = \frac{\hat{\alpha}}{\hat{\beta} + \hat{\alpha}} = \frac{\hat{\alpha}}{\hat{N}} \tag{4.123}$$

여기서 $\hat{N} = \hat{\beta} + \hat{\alpha}$는 사후 분포의 강도다(표본 크기와 동등함).

이제 사후 평균이 사전 평균 $m = \breve{\alpha} / \breve{N}$ (여기서 $\breve{N} \triangleq \breve{\alpha} + \breve{\beta}$는 사전 분포의 강도다), 그리고 MLE: $\hat{\theta}_{\text{mle}} = \frac{N_{\mathcal{D}1}}{N_{\mathcal{D}}}$의 볼록 조합임을 보여준다.

$$\mathbb{E}[\theta | \mathcal{D}] = \frac{\breve{\alpha} + N_1}{\breve{\alpha} + N_1 + \breve{\beta} + N_0} = \frac{\breve{N} \, m + N_{\mathcal{D}1}}{N_{\mathcal{D}} + \breve{N}} = \frac{\breve{N}}{N_{\mathcal{D}} + \breve{N}} m + \frac{N_{\mathcal{D}}}{N_{\mathcal{D}} + \breve{N}} \frac{N_{\mathcal{D}1}}{N_{\mathcal{D}}} = \lambda m + (1 - \lambda)\hat{\theta}_{\text{mle}} \tag{4.124}$$

여기서 $\lambda = \frac{\breve{N}}{\hat{N}}$은 사전 분포 대 사후 분포의 비율로 표본 크기와 동등하다. 그러므로 사전 분포가 약할수록 λ 값이 작으며, 따라서 사후 평균이 MLE와 가까워진다.

4.6.2.8 사후 분산

추정값의 불확실성에 대한 일부 개념을 포착하기 위한 통상적인 접근법은, 추정값의 **표준오차**standard error를 계산하는 것이다. 이는 단지 사후 표준편차에 불과하다.

$$se(\theta) = \sqrt{\mathbb{V}\left[\theta|\mathcal{D}\right]} \tag{4.125}$$

베르누이 모델의 경우, 사후 분포가 베타 분포임을 보였다. 베타 사후 분포의 분산은 다음과 같다.

$$\mathbb{V}\left[\theta|\mathcal{D}\right] = \frac{\widehat{\alpha}\widehat{\beta}}{(\widehat{\alpha}+\widehat{\beta})^2(\widehat{\alpha}+\widehat{\beta}+1)} = \mathbb{E}\left[\theta|\mathcal{D}\right]^2 \frac{\widehat{\beta}}{\widehat{\alpha}\left(1+\widehat{\alpha}+\widehat{\beta}\right)} \tag{4.126}$$

여기서 $\widehat{\alpha} = \breve{\alpha} + N_1$이고 $\widehat{\beta} = \breve{\beta} + N_0$이다. $N_{\mathcal{D}} \gg \breve{\alpha} + \breve{\beta}$라면, 이는 다음과 같이 단순화된다.

$$\mathbb{V}\left[\theta|\mathcal{D}\right] \approx \frac{N_{\mathcal{D}1}N_{\mathcal{D}0}}{N_{\mathcal{D}}^3} = \frac{\hat{\theta}(1-\hat{\theta})}{N_{\mathcal{D}}} \tag{4.127}$$

여기서 $\hat{\theta}$는 MLE이다. 따라서 표준오차는 다음과 같다.

$$\sigma = \sqrt{\mathbb{V}\left[\theta|\mathcal{D}\right]} \approx \sqrt{\frac{\hat{\theta}(1-\hat{\theta})}{N_{\mathcal{D}}}} \tag{4.128}$$

불확실성이 $1/\sqrt{N}$의 비율로 낮아짐을 볼 수 있다. 또한 $\hat{\theta} = 0.5$일 때 불확실성(분산)이 최대화되며, $\hat{\theta}$이 0이나 1과 가까울 때 최소화됨을 볼 수 있다. 동전이 공평할 때보다 편향되어 있을 때 확신하기가 더 쉬우므로 이는 적절하다.

4.6.2.9 사후 예측

미래 관측치를 예측하고자 한다고 해보자. 먼저 훈련 데이터 $\hat{\theta}(\mathcal{D})$에 기반하여 모수의 추정값을 계산하고, 그런 다음 이를 모델에 다시 집어넣어 $p(y|\hat{\theta})$을 사용해 미래를 예측하는 것이 가장 공통적인 접근법이다. 이는 **플러그인 근사**plug-in approximation라 부른다. 그러나 이는 과적합을 야기할 수 있다. 극단적인 예시로 앞이 $N_{\mathcal{D}} = 3$번 연속 나왔다고 해보자. MLE는 $\hat{\theta} = 3/3 = 1$이다. 그러나 이 추정값을 사용하면 뒷면을 예측하기가 불가능해진다.

이에 대한 해법은 4.5.1절에서 논의한 대로 MAP 추정값을 계산하고 이를 집어넣는 것이다. 여기서는 θ를 주변화하는 완전 베이즈 해법을 논의한다.

베르누이 모델

베르누이 모델에서 결과 **사후 예측 분포**posterior predictive distribution의 형식은 다음과 같다.

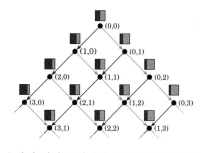

그림 4.11 베타 베르누이 모델의 순차적 베이즈 업데이트를 보여준다. 각 색깔이 칠해진 상자는 예측된 분포 $p(x_t|\boldsymbol{h}_t)$를 나타내며, 여기서 $\boldsymbol{h}_t = (N_{1,t}, N_{0,t})$는 시간 t까지 관찰한 이력, 즉 앞과 뒤의 전체 개수로부터 유도된 충분 통계량이다. 앞일 확률(파란색 막대)은 $p(x_t = 1|\boldsymbol{h}_t) = (N_{t,1} + 1)/(t + 2)$로 주어지며, 균일 $\text{Beta}(\theta|1, 1)$ 사전 분포로 시작한다고 가정한다. 출처: [Ort+19]의 그림 3. 페드로 오르테가(Pedro Ortega)가 친절하게 사용을 허가했다.

$$p(y = 1|\mathcal{D}) = \int_0^1 p(y = 1|\theta)p(\theta|\mathcal{D})d\theta \tag{4.129}$$

$$= \int_0^1 \theta\,\text{Beta}(\theta|\,\widehat{\alpha}, \widehat{\beta})d\theta = \mathbb{E}\left[\theta|\mathcal{D}\right] = \frac{\widehat{\alpha}}{\widehat{\alpha} + \widehat{\beta}} \tag{4.130}$$

4.5.1절에서는 애드 원 평활화를 다시 얻기 위해 $\text{Beta}(2, 2)$ 사전 분포를 사용해야 했었다. 이는 다소 자연스럽지 않은 사전 분포다. 베이즈 접근법에서 균일 사전 분포 $p(\theta) = \text{Beta}(\theta|1, 1)$을 사용해 같은 효과를 낼 수 있다. 예측 분포가 다음과 같아지기 때문이다.

$$p(y = 1|\mathcal{D}) = \frac{N_{\mathcal{D}1} + 1}{N_{\mathcal{D}1} + N_{\mathcal{D}0} + 2} \tag{4.131}$$

이는 **라플라스의 후속 규칙**^{Laplace's rule of succession}이라 한다. 이를 순차적인 환경에서 보여주는 그림 4.11을 참고하라.

이항 모델

이제 미래의 동전 던지기 시도 $M > 1$에서 앞이 나올 횟수를 예측하는 데 관심이 있다고 해보자. 즉, 베르누이 모델 대신에 이항 모델을 사용한다. θ에 대한 사후 분포는 이전과 같지만, 사후 예측 분포는 다르다.

$$p(y|\mathcal{D}, M) = \int_0^1 \text{Bin}(y|M,\theta)\text{Beta}(\theta|\,\widehat{\alpha}, \widehat{\beta})d\theta \tag{4.132}$$

$$= \binom{M}{y} \frac{1}{B(\widehat{\alpha}, \widehat{\beta})} \int_0^1 \theta^y (1-\theta)^{M-y}\theta^{\widehat{\alpha}-1}(1-\theta)^{\widehat{\beta}-1}d\theta \tag{4.133}$$

적분은 $\text{Beta}(\widehat{\alpha} + y,\ M - y + \widehat{\beta})$ 분포의 정규화 상수처럼 인식할 수 있다. 따라서

$$\int_0^1 \theta^{y+\widehat{\alpha}-1}(1-\theta)^{M-y+\widehat{\beta}-1}d\theta = B(y+\widehat{\alpha}, M-y+\widehat{\beta}) \tag{4.134}$$

그러므로 사후 예측 분포는 다음과 같은 (복합compound) **베타 이항**beta-binomial 분포라 하는 것으로 주어진다.

$$Bb(x|M,\widehat{\alpha}, \widehat{\beta}) \triangleq \binom{M}{x} \frac{B(x+\widehat{\alpha}, M-x+\widehat{\beta})}{B(\widehat{\alpha}, \widehat{\beta})} \tag{4.135}$$

그림 4.12(a)에 균일 Beta(1, 1) 사전 분포를 사용했을 때 $N_{\mathcal{D}_1} = 4$의 앞과 $N_{\mathcal{D}_0} = 1$의 뒤를 본 후의 $M = 10$에 대한 사후 예측 밀도를 그렸다. 그림 4.12(b)에 다음과 같이 주어진 플러그인 근사를 그렸다.

$$p(\theta|\mathcal{D}) \approx \delta(\theta - \hat{\theta}) \tag{4.136}$$

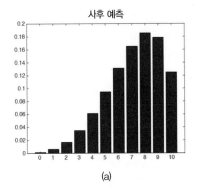
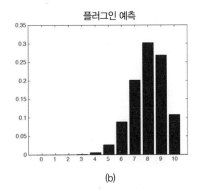

(a)　　　　　　　　　　　　　　(b)

그림 4.12 (a) $N_{\mathcal{D}_1} = 4$의 앞과 $N_{\mathcal{D}_0} = 1$의 뒤를 본 후에 10번의 미래 시도에 대한 사후 예측 분포, (b) 같은 데이터를 바탕으로 한 플러그인 근사. 양쪽 모두 균일 사전 분포를 사용한다. beta_binom_post_pred_plot. ipynb로 생성했다.

$$p(y|\mathcal{D}, M) = \int_0^1 \text{Bin}(y|M, \theta)p(\theta|\mathcal{D})d\theta = \text{Bin}(y|M, \hat{\theta}) \tag{4.137}$$

여기서 $\hat{\theta}$은 MAP 추정값이다. 그림 4.12를 보면 베이즈 예측이 긴 꼬리를 가지며 확률 질량을 더욱 넓게 퍼뜨리고 있고, 따라서 과적합 및 블랙스완 형태의 역설에 덜 치우쳐짐을 볼 수 있다(양쪽 경우 모두 균일 사전 분포를 사용하므로, 차이가 사전 분포의 사용 때문이 아니라, 예측을 할 때 베이즈 접근법이 알 수 없는 모수를 적분시킨다는 사실에 기인함을 주지하라).

4.6.2.10 주변 가능도

모델 $\mathcal{M}$의 **주변 가능도**^{marginal likelihood} 또는 **증거**^{evidence}는 다음과 같이 정의한다.

$$p(\mathcal{D}|\mathcal{M}) = \int p(\boldsymbol{\theta}|\mathcal{M})p(\mathcal{D}|\boldsymbol{\theta}, \mathcal{M})d\boldsymbol{\theta} \tag{4.138}$$

특정 모델의 모수를 위한 추론을 할 때, 이러한 항은 $\boldsymbol{\theta}$에 대해 상수이므로 무시할 수 있다. 그러나 5.2.2절에서 논의하듯이 이 양은 다른 여러 모델 사이에서 선택을 할 때 핵심적인 역할을 한다. 또한 4.6.5.3절에서 논의했듯이 데이터로부터 초매개변수를 추정할 때(경험적 베이즈라 하는 접근법) 유용하게 쓰인다.

일반적으로 주변 가능도는 계산하기 어렵다. 그러나 베타 베르누이 모델의 경우 주변 가능도가 사후 정규화자^{normalizer} 대 사전 정규화자의 비율에 비례한다. 이를 보기 위해 베타 이항 모델의 사후 분포가 $p(\theta|\mathcal{D}) = \text{Beta}(\theta|a', b')$으로 주어지며, 여기서 $a' = a + N_{\mathcal{D}_1}$이고 $b' = b + N_{\mathcal{D}_0}$임을 상기하라. 사후 분포의 정규화 상수는 $B(a', b')$임을 알고 있다. 따라서

$$p(\theta|\mathcal{D}) = \frac{p(\mathcal{D}|\theta)p(\theta)}{p(\mathcal{D})} \tag{4.139}$$

$$= \frac{1}{p(\mathcal{D})}\left[\frac{1}{B(a,b)}\theta^{a-1}(1-\theta)^{b-1}\right]\left[\binom{N_{\mathcal{D}}}{N_{\mathcal{D}_1}}\theta^{N_{\mathcal{D}_1}}(1-\theta)^{N_{\mathcal{D}_0}}\right] \tag{4.140}$$

$$= \binom{N_{\mathcal{D}}}{N_{\mathcal{D}_1}}\frac{1}{p(\mathcal{D})}\frac{1}{B(a,b)}\left[\theta^{a+N_{\mathcal{D}_1}-1}(1-\theta)^{b+N_{\mathcal{D}_0}-1}\right] \tag{4.141}$$

그러므로

$$\frac{1}{B(a + N_{\mathcal{D}1}, b + N_{\mathcal{D}0})} = \binom{N_{\mathcal{D}}}{N_{\mathcal{D}1}} \frac{1}{p(\mathcal{D})} \frac{1}{B(a,b)} \tag{4.142}$$

$$p(\mathcal{D}) = \binom{N_{\mathcal{D}}}{N_{\mathcal{D}1}} \frac{B(a + N_{\mathcal{D}1}, b + N_{\mathcal{D}0})}{B(a,b)} \tag{4.143}$$

베타 베르누이 모델의 주변 가능도는 $\binom{N_{\mathcal{D}}}{N_{\mathcal{D}1}}$이 없다는 점을 제외하고 위와 같다.

4.6.2.11 켤레 사전 분포의 혼합

베타 분포는 이항 가능도의 켤레 사전 분포이며, 앞서 본 바와 같이 사후 분포를 닫힌 형식으로 쉽게 계산할 수 있도록 해준다. 그러나 이러한 사전 분포는 다소 제한적이다. 예를 들어 카지노에서 동전 던지기의 결과를 예측하기를 원하며, 동전이 아마도 공평하겠지만 이와 같은 가능성으로 앞이 나올 것으로 편향되어 있을 수도 있다고 해보자. 이러한 사전 분포는 베타 분포로 나타낼 수 없다. 다행히도 이는 **베타 분포의 혼합**mixture of beta distribution으로 나타낼 수 있다. 예를 들어 다음을 사용할 수도 있다.

$$p(\theta) = 0.5 \, \text{Beta}(\theta|20, 20) + 0.5 \, \text{Beta}(\theta|30, 10) \tag{4.144}$$

θ가 첫 번째 분포에서 나온다면 동전은 공평하겠지만, 두 번째에서 나온다면 앞면으로 편향되어 있을 것이다.

혼합 분포는 잠재 인자 변수 h를 도입하여 나타내는 것이 가능하며, 이때 $h = k$는 θ가 혼합 성분 k로부터 나온다는 것을 뜻한다. 사전 분포의 형식은 다음과 같다.

$$p(\theta) = \sum_k p(h = k) p(\theta|h = k) \tag{4.145}$$

여기서 각 $p(\theta|h = k)$는 켤레이며, $p(h = k)$는 (사전) 혼합 가중치mixing weight라 부른다. 사후 분포 또한 다음과 같이 켤레 분포의 혼합으로 서술할 수 있음을 보일 수 있다(연습문제 4.6).

$$p(\theta|\mathcal{D}) = \sum_k p(h = k|\mathcal{D}) p(\theta|\mathcal{D}, h = k) \tag{4.146}$$

여기서 $p(h = k|\mathcal{D})$는 다음과 같이 주어진 사후 혼합 가중치다.

$$p(h = k|\mathcal{D}) = \frac{p(h = k)p(\mathcal{D}|h = k)}{\sum_{k'} p(h = k')p(\mathcal{D}|h = k')} \tag{4.147}$$

여기서 양 $p(\mathcal{D}|h = k)$는 혼합 구성 요소 k를 위한 주변 가능도다(4.6.2.10절 참고).

앞의 예시로 돌아가서, 식 (4.144)의 사전 분포를 알고 있고 $N_{\mathcal{D}_1} = 20$의 앞과 $N_{\mathcal{D}_0} = 10$의 뒤를 관측한다면, 식 (4.143)을 사용해 사후 분포는 다음이 된다.

$$p(\theta|\mathcal{D}) = 0.346 \, \mathrm{Beta}(\theta|40, 30) + 0.654 \, \mathrm{Beta}(\theta|50, 20) \tag{4.148}$$

그림 4.13이 보여주는 것을 참고하라.

동전이 앞으로 편향되어 있는 사후 확률은 다음과 같이 계산할 수 있다.

$$\Pr(\theta > 0.5|\mathcal{D}) = \sum_k \Pr(\theta > 0.5|\mathcal{D}, h = k)p(h = k|\mathcal{D}) = 0.9604 \tag{4.149}$$

단순히 하나의 $\mathrm{Beta}(20, 20)$ 사전 분포를 사용했다면, 약간 더 작은 값인 $\Pr(\theta > 0.5|\mathcal{D}) = 0.8858$을 얻을 것이다. 따라서 카지노가 편향된 동전을 사용할 수도 있다고 처음부터 '의심했다면', 우리의 우려를 관대한 마음으로 시작하여 납득했어야 할 때보다 더 빠르게 확인할 수 있었을 것이다.

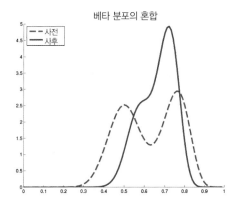

그림 4.13 베타 분포 2개의 혼합. mixbetademo.ipynb의 코드로 생성했다.

4.6.3 디리클레-다항 모델

이 절에서는 4.6.2절의 결과를 이항 변수에서(예: 동전) K항 변수로(예: 주사위) 일반화한다.

4.6.3.1 가능도

$Y \sim \mathrm{Cat}(\boldsymbol{\theta})$가 범주형 분포로부터 뽑은 이산 확률 변수라 하자. 가능도의 형식은 다음과 같다.

$$p(\mathcal{D}|\boldsymbol{\theta}) = \prod_{n=1}^{N} \mathrm{Cat}(y_n|\boldsymbol{\theta}) = \prod_{n=1}^{N} \prod_{c=1}^{C} \theta_c^{\mathbb{I}(y_n=c)} = \prod_{c=1}^{C} \theta_c^{N_c} \tag{4.150}$$

여기서 $N_c = \sum_n \mathbb{I}(y_n = c)$이다.

4.6.3.2 사전 분포

범주형 분포의 켤레 사전 분포는 베타 분포의 다변량 일반화인 **디리클레 분포**^{Dirichlet distribution}다. 이는 다음과 같이 정의된 **확률 단체**^{probability simplex}에 대해 지지를 갖는다.

$$S_K = \{\boldsymbol{\theta} : 0 \leq \theta_k \leq 1, \sum_{k=1}^{K} \theta_k = 1\} \tag{4.151}$$

디리클레의 pdf는 다음과 같이 정의한다.

$$\mathrm{Dir}(\boldsymbol{\theta}|\,\breve{\boldsymbol{\alpha}}) \triangleq \frac{1}{B(\breve{\boldsymbol{\alpha}})} \prod_{k=1}^{K} \theta_k^{\breve{\alpha}_k - 1} \mathbb{I}(\boldsymbol{\theta} \in S_K) \tag{4.152}$$

여기서 $B(\breve{\boldsymbol{\alpha}})$는 다변량 베타 함수다.

$$B(\breve{\boldsymbol{\alpha}}) \triangleq \frac{\prod_{k=1}^{K} \Gamma(\breve{\alpha}_k)}{\Gamma(\sum_{k=1}^{K} \breve{\alpha}_k)} \tag{4.153}$$

그림 4.14는 $K = 3$일 때 몇 가지 디리클레의 그림을 보여준다. $\breve{\alpha}_0 = \sum_k \breve{\alpha}_k$가 분포의 강도(얼마나 솟구치는지)를, 그리고 $\breve{\alpha}_k$가 어디서 고점이 나타나는지를 통제함을 볼 수 있다. 예를 들어 $\mathrm{Dir}(1, 1, 1)$은 균일 분포, $\mathrm{Dir}(2, 2, 2)$는 $(1/3, 1/3, 1/3)$에서 중심을 갖는 넓은 분포, $\mathrm{Dir}(20, 20, 20)$은

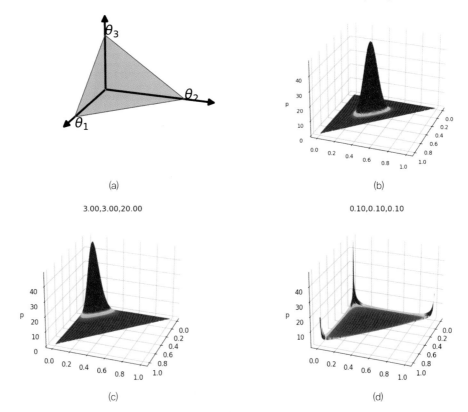

그림 4.14 (a) 삼각면으로 나타낼 수 있는 단체에 대한 분포를 $K = 3$으로 정의할 때의 디리클레 분포. 이 면 위의 점은 $0 \leq \theta_k \leq 1$과 $\sum_{k=1}^{3} \theta_k = 1$을 만족시킨다. dirichlet_3d_triangle_plot.ipynb로 생성했다. (b) $\tilde{\boldsymbol{\alpha}}$ = (20, 20, 20)의 디리클레 밀도 그림. (c) $\tilde{\boldsymbol{\alpha}}$ = (3, 3, 20)의 디리클레 밀도 그림. (d) $\tilde{\boldsymbol{\alpha}}$ = (0.1, 0.1, 0.1)의 디리클레 밀도 그림. dirichlet_3d_spiky_plot.ipynb로 생성했다.

(1/3, 1/3, 1/3)에서 중심을 갖는 좁은 분포다. Dir(3, 3, 20)은 한쪽 모서리에 더 많은 밀도가 있는 비대칭 분포다. 모든 k에 대해 $\tilde{\alpha}_k < 1$이라면, 단체의 모서리에서 '솟구침^{spike}'이 나온다. $\tilde{\alpha}_k < 1$일 때의 분포로부터의 표본은 그림 4.15와 같이 희박할 것이다.

4.6.3.3 사후 분포

다음과 같이 다항 가능도 및 디리클레 사전 분포를 조합하여 사후 분포를 계산할 수 있다.

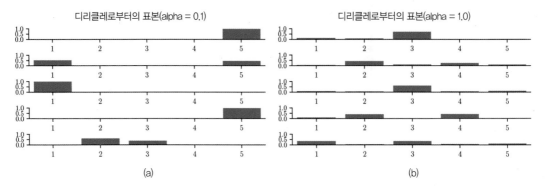

그림 4.15 서로 다른 모숫값에 대한 5차원 대칭 디리클레 분포로부터의 표본: (a) $\breve{\boldsymbol{\alpha}} = (0.1, \ldots, 0.1)$. 이는 0이 많은 매우 희박한 분포가 될 것이다. (b) $\breve{\boldsymbol{\alpha}} = (1, \ldots, 1)$. 이는 더욱 균일한(그리고 밀집된) 분포가 될 것이다. dirichlet_samples_plot.ipynb로 생성했다.

$$p(\boldsymbol{\theta}|\mathcal{D}) \propto p(\mathcal{D}|\boldsymbol{\theta})\text{Dir}(\boldsymbol{\theta}|\,\breve{\boldsymbol{\alpha}}) \tag{4.154}$$

$$= \left[\prod_k \theta_k^{N_k}\right]\left[\prod_k \theta_k^{\breve{\alpha}_k - 1}\right] \tag{4.155}$$

$$= \text{Dir}(\boldsymbol{\theta}|\,\breve{\alpha}_1 + N_1, \ldots, \breve{\alpha}_K + N_K) \tag{4.156}$$

$$= \text{Dir}(\boldsymbol{\theta}|\,\widehat{\boldsymbol{\alpha}}) \tag{4.157}$$

여기서 $\widehat{\alpha}_k = \breve{\alpha}_k + N_k$는 사후 분포의 모수다. 따라서 경험적 개수를 사전적 개수에 더함으로써 사후 분포를 계산할 수 있음을 볼 수 있다.

사후 평균은 다음과 같이 주어진다.

$$\overline{\theta}_k = \frac{\widehat{\alpha}_k}{\sum_{k'=1}^{K} \widehat{\alpha}_{k'}} \tag{4.158}$$

MAP 추정에 해당하는 사후 모드는 다음과 같다.

$$\hat{\theta}_k = \frac{\widehat{\alpha}_k - 1}{\sum_{k'=1}^{K}(\widehat{\alpha}_{k'} - 1)} \tag{4.159}$$

균일 사전 분포에 해당하는 $\breve{\alpha}_k = 1$을 사용한다면, MAP는 MLE가 된다.

$$\hat{\theta}_k = N_k/N \tag{4.160}$$

(4.2.4절에서 이 결과의 직접적인 유도 과정을 참고하라.)

4.6.3.4 사후 예측 분포

사후 예측 분포는 다음과 같다.

$$p(y = k|\mathcal{D}) = \int p(y = k|\boldsymbol{\theta})p(\boldsymbol{\theta}|\mathcal{D})d\boldsymbol{\theta} \tag{4.161}$$

$$= \int \theta_k p(\theta_k|\mathcal{D})d\theta_k = \mathbb{E}\left[\theta_k|\mathcal{D}\right] = \frac{\widehat{\alpha}_k}{\sum_{k'} \widehat{\alpha}_{k'}} \tag{4.162}$$

다시 말해, 사후 예측 분포는 다음과 같이 주어진다.

$$p(y|\mathcal{D}) = \mathrm{Cat}(y|\overline{\boldsymbol{\theta}}) \tag{4.163}$$

여기서 $\overline{\boldsymbol{\theta}} \triangleq \mathbb{E}[\boldsymbol{\theta}|\mathcal{D}]$는 사후 평균 모수다. 대신에 MAP 추정값을 집어넣으면, 제로 카운트 문제를 겪게 될 것이다. 애드 원 평활화와 같은 효과를 얻는 유일한 방법은 $\bar{\alpha}_c = 2$로 MAP 추정값을 사용하는 것이다.

식 (4.162)는 과거 관측치 $\boldsymbol{y} = (y_1, \ldots, y_N)$을 조건부로 하는 단일 미래 사건의 분포를 제공한다. 몇몇 경우 미래 데이터의 묶음, 말하자면 $\tilde{\boldsymbol{y}} = (\tilde{y}_1, \ldots, \tilde{y}_M)$을 관찰할 확률을 알기를 원한다. 이는 다음과 같이 계산할 수 있다.

$$p(\tilde{\boldsymbol{y}}|\boldsymbol{y}) = \frac{p(\tilde{\boldsymbol{y}}, \boldsymbol{y})}{p(\boldsymbol{y})} \tag{4.164}$$

분모는 훈련 데이터의 주변 가능도이며, 분자는 훈련 및 미래 테스트 데이터의 주변 가능도다. 4.6.3.5절에서 어떻게 이러한 주변 가능도를 계산하는지 논의한다.

4.6.3.5 주변 가능도

4.6.2.10절과 같은 유추를 통해, 디리클레 범주형 모델을 위한 주변 가능도가 다음과 같이 주어짐을 보일 수 있다.

$$p(\mathcal{D}) = \frac{B(\mathbf{N} + \boldsymbol{\alpha})}{B(\boldsymbol{\alpha})} \tag{4.165}$$

여기서

$$B(\boldsymbol{\alpha}) = \frac{\prod_{k=1}^{K} \Gamma(\alpha_k)}{\Gamma(\sum_k \alpha_k)} \tag{4.166}$$

따라서 앞의 결과를 문헌에서 자주 보이는 다음과 같은 형식으로 다시 쓸 수 있다.

$$p(\mathcal{D}) = \frac{\Gamma(\sum_k \alpha_k)}{\Gamma(N_{\mathcal{D}} + \sum_k \alpha_k)} \prod_k \frac{\Gamma(N_{\mathcal{D}k} + \alpha_k)}{\Gamma(\alpha_k)} \tag{4.167}$$

4.6.4 가우스-가우스 모델

이 절에서는 가우스 분포의 모수를 위한 사후 분포를 유도한다. 간단히 하기 위해 분산을 알고 있다고 가정한다(일반적인 경우는 이 책의 후속판 [Mur23] 및 표준적인 베이즈 통계 참고서에 논의되어 있다).

4.6.4.1 일변량의 경우

σ^2이 알려진 상수라면, μ의 가능도는 다음의 형식을 갖는다.

$$p(\mathcal{D}|\mu) \propto \exp\left(-\frac{1}{2\sigma^2} \sum_{n=1}^{N_{\mathcal{D}}} (y_n - \mu)^2\right) \tag{4.168}$$

켤레 사전 분포는 또 다른 가우스인 $\mathcal{N}(\mu | \breve{m}, \breve{\tau}^2)$임을 보일 수 있다. 4.6.4.1절과 같이 가우스에 베이즈 규칙을 적용하면, 해당 사후 분포가 다음과 같음을 알 수 있다.

$$p(\mu|\mathcal{D}, \sigma^2) = \mathcal{N}(\mu | \hat{m}, \hat{\tau}^2) \tag{4.169}$$

$$\hat{\tau}^2 = \frac{1}{\frac{N}{\sigma^2} + \frac{1}{\breve{\tau}^2}} = \frac{\sigma^2 \breve{\tau}^2}{N \breve{\tau}^2 + \sigma^2} \tag{4.170}$$

$$\hat{m} = \hat{\tau}^2\left(\frac{\breve{m}}{\breve{\tau}^2} + \frac{N\overline{y}}{\sigma^2}\right) = \frac{\sigma^2}{N \breve{\tau}^2 + \sigma^2}\breve{m} + \frac{N \breve{\tau}^2}{N \breve{\tau}^2 + \sigma^2}\overline{y} \tag{4.171}$$

여기서 $\bar{y} \triangleq \frac{1}{N}\sum_{n=1}^{N} y_n$은 경험적 평균이다.

이 결과는 단지 분산의 역수에 불과한 정밀도 모수 측면으로 작업을 한다면 쉽게 이해할 수 있다. 구체적으로는 $\kappa = 1/\sigma^2$이 관측 정밀도, 그리고 $\breve{\lambda} = 1/\breve{\tau}^2$이 사전 분포의 정밀도라 해보자. 그러면 사후 분포는 다음과 같이 다시 쓸 수 있다.

$$p(\mu|\mathcal{D}, \kappa) = \mathcal{N}(\mu \,|\, \hat{m}, \hat{\lambda}^{-1}) \tag{4.172}$$

$$\hat{\lambda} = \breve{\lambda} + N\kappa \tag{4.173}$$

$$\hat{m} = \frac{N\kappa\bar{y} + \breve{\lambda}\breve{m}}{\hat{\lambda}} = \frac{N\kappa}{N\kappa + \breve{\lambda}}\bar{y} + \frac{\breve{\lambda}}{N\kappa + \breve{\lambda}}\breve{m} \tag{4.174}$$

이 방정식은 꽤 직관적이다. 사후 정밀도 $\hat{\lambda}$는 사전 정밀도 $\breve{\lambda}$에 측정 정밀도 κ를 N 단위만큼 더한 것이다. 또한 사후 평균 $\hat{m}$은 경험적 평균 $\bar{y}$와 사전 평균 $\breve{m}$의 볼록 조합이다. 이는 사후 평균이 경험적 평균과 사전 분포 사이의 타협점임을 분명하게 한다. 사전 분포가 신호 강도 대비 상대적으로 약하다면($\breve{\lambda}$가 κ보다 상대적으로 작음), 경험적 평균에 더 많은 가중치를 놓는다. 사전 분포가 신호 강도보다 상대적으로 강하다면($\breve{\lambda}$가 κ보다 상대적으로 큼), 사전 분포에 가중치를 더 놓는다. 이는 그림 4.16이 보여준다. 또한 사후 평균을 $N\kappa\bar{y}$ 측면에서 쓸 수 있으므로, 이는 각각 정밀도가 κ인 측정치가 N개 있다는 것은 값이 $\bar{y}$인 측정치 하나와 정밀도 $N\kappa$를 갖는 것과 같음을 주지하라.

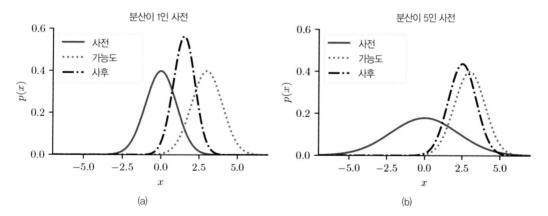

(a)   (b)

그림 4.16 관측치 $y = 3$이 주어졌을 때 알려진 σ^2을 갖는 일변량 가우스의 평균 추론: (a) 강한 사전 분포 $p(\mu) = \mathcal{N}(\mu|0, 1)$을 사용한다. (b) 약한 사전 분포 $p(\mu) = \mathcal{N}(\mu|0, 5)$를 사용한다. gauss_infer_1d.ipynb 로 생성했다.

N = 1개 예제를 본 후의 사후 분포

이들 방정식에 대한 인사이트를 추가로 얻기 위해, 단일 데이터 지점 y를(따라서 $N = 1$) 본 후의 사후 분포를 고려해 보자. 그러면 사후 평균은 다음과 동등한 방식으로 쓸 수 있다.

$$\hat{m} = \frac{\breve{\lambda}}{\hat{\lambda}} \breve{m} + \frac{\kappa}{\hat{\lambda}} y \tag{4.175}$$

$$= \breve{m} + \frac{\kappa}{\hat{\lambda}} (y - \breve{m}) \tag{4.176}$$

$$= y - \frac{\breve{\lambda}}{\hat{\lambda}} (y - \breve{m}) \tag{4.177}$$

첫 번째 방정식은 사전 평균과 데이터의 볼록 조합이다. 두 번째 방정식은 데이터 y를 향해 조정된 사전 평균이다. 세 번째 방정식은 사전 평균을 향해 조정된 데이터다. 이는 **수축**shrinkage 추정값이라 부른다. 가중치를 사전 정밀도 대 사후 정밀도의 비율인 $w = \breve{\lambda}/\hat{\lambda}$로 정의하면 더 쉽게 알 수 있다. 그러면 다음이 된다.

$$\hat{m} = y - w(y - \breve{m}) = (1 - w)y + w\, \breve{m} \tag{4.178}$$

가우스에서 사후 평균과 사후 모드는 같음을 주지하라. 따라서 위의 방정식을 사용해 MAP 추정을 수행할 수 있다. 연습문제 4.2에서 간단한 연습문제를 보라.

사후 분산

사후 평균 또는 μ의 모드에 더해서, 추정값의 신뢰도에 대한 측도를 제공하는 사후 분산에 관심이 있을 수도 있다. 이것의 제곱근은 **평균의 표준오차**SEM, Standard Error of the Mean라 부른다.

$$\mathrm{se}(\mu) \triangleq \sqrt{\mathbb{V}\left[\mu | \mathcal{D}\right]} \tag{4.179}$$

$\breve{\lambda} = 0$이라 둠으로써 μ에 대한 정보가 없는 사전 분포를 사용한다고 해보자(4.6.5.1절 참고). 이 경우 사후 평균은 MLE, 즉 $\hat{m} = \bar{y}$와 동일하다. 추가로 σ^2을 **표본 분산**sample variance을 통해 근사한다고 해보자.

$$s^2 \triangleq \frac{1}{N} \sum_{n=1}^{N} (y_n - \bar{y})^2 \tag{4.180}$$

따라서 $\hat{\lambda} = N\hat{\kappa} = N/s^2$이므로, SEM은 다음이 된다.

$$\text{se}(\mu) = \sqrt{\mathbb{V}[\mu|\mathcal{D}]} = \frac{1}{\sqrt{\lambda}} = \frac{s}{\sqrt{N}} \tag{4.181}$$

그러므로 μ의 불확실성은 $1/\sqrt{N}$의 비율로 감소한다.

추가로 가우스 분포의 95%가 평균의 2 표준편차 내에 있다는 점을 사용해 μ를 위한 95%의 **신용구간**$^{credible\ interval}$을 근사할 수 있다.

$$I_{.95}(\mu|\mathcal{D}) = \overline{y} \pm 2\frac{s}{\sqrt{N}} \tag{4.182}$$

4.6.4.2 다변량의 경우

D차원의 데이터에서 가능도는 다음의 형식을 갖는다.

$$p(\mathcal{D}|\boldsymbol{\mu}) = \prod_{n=1}^{N} \mathcal{N}(y_n|\boldsymbol{\mu}, \boldsymbol{\Sigma}) \tag{4.183}$$

$$= \frac{N}{(2\pi)^{D/2}|\boldsymbol{\Sigma}|^{\frac{1}{2}}} \exp\left[-\frac{1}{2}\sum_{n=1}^{N}(\boldsymbol{y}_n - \boldsymbol{\mu})^{\mathsf{T}}\boldsymbol{\Sigma}^{-1}(\boldsymbol{y}_n - \boldsymbol{\mu})\right] \tag{4.184}$$

$$= \mathcal{N}(\overline{\boldsymbol{y}}|\boldsymbol{\mu}, \frac{1}{N}\boldsymbol{\Sigma}) \tag{4.185}$$

여기서 $\overline{\boldsymbol{y}} = \frac{1}{N}\sum_{n=1}^{N}\boldsymbol{y}_n$이다. 그러므로 관측치 집합을 이들의 평균으로 대체하고, 분산의 스케일을 인자 N만큼 낮춘다.

간단히 하기 위해 켤레 사전 분포를, 이 경우 가우스 분포를 사용할 것이다. 즉, 다음과 같다.

$$p(\boldsymbol{\mu}) = \mathcal{N}(\boldsymbol{\mu}|\,\breve{\boldsymbol{m}}, \breve{\mathbf{V}}) \tag{4.186}$$

3.3.1절의 결과를 바탕으로 $\boldsymbol{\mu}$의 가우스 사후 분포를 유도하면 다음을 얻는다.

$$p(\boldsymbol{\mu}|\mathcal{D}, \boldsymbol{\Sigma}) = \mathcal{N}(\boldsymbol{\mu}|\,\widehat{\boldsymbol{m}}, \widehat{\mathbf{V}}) \tag{4.187}$$

$$\widehat{\mathbf{V}}^{-1} = \breve{\mathbf{V}}^{-1} + N_{\mathcal{D}}\boldsymbol{\Sigma}^{-1} \tag{4.188}$$

$$\widehat{\boldsymbol{m}} = \widehat{\mathbf{V}}\,(\boldsymbol{\Sigma}^{-1}(N_{\mathcal{D}}\overline{\boldsymbol{y}}) + \breve{\mathbf{V}}^{-1}\breve{\boldsymbol{m}}) \tag{4.189}$$

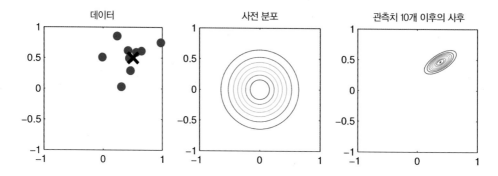

그림 4.17 2차원 가우스 평균의 베이즈 추론을 보여준다. (a) 데이터를 $y_n \sim \mathcal{N}(\boldsymbol{\mu}, \boldsymbol{\Sigma})$로부터 생성했다. 여기서 $\boldsymbol{\mu} = [0.5, 0.5]^{\mathsf{T}}$이고 $\boldsymbol{\Sigma} = 0.1[2, 1; 1, 1]$이다. (b) 사전 분포는 $p(\boldsymbol{\mu}) = \mathcal{N}(\boldsymbol{\mu} | \mathbf{0}, 0.1\mathbf{I}_2)$이다. (c) 데이터 지점 10개를 관측한 후의 사후 분포를 보여준다. gauss_infer_2d.ipynb로 생성했다.

그림 4.17이 이 결과의 2차원 예시를 보여준다.

4.6.5 켤레 사전 분포를 넘어서

지금까지 켤레 사전 분포의 다양한 예시를 봤으며, 이들 모두 지수족(3.4절 참고)으로부터 나왔다. 이들 사전 분포는 해석하기 쉬우며(가상의 사전 데이터셋으로부터의 충분 통계량 측면에서), 계산하기 쉽다는 장점이 있다. 그러나 대부분의 모델에서 가능도에 켤레인, 지수족에 속하는 사전 분포는 존재하지 않는다. 게다가 켤레 사전 분포가 존재한다고 하더라도, 켤레성^{conjugacy}의 가정이 너무 제한적일 수도 있다. 그러므로 다음 절에서 여러 종류의 사전 분포를 논의한다.

4.6.5.1 정보가 없는 사전 분포

특정한 도메인 지식이 거의 없거나 전혀 없을 때, **정보가 없는**^{uninformative}, **비정보적인**^{noninformative}, 또는 **객관적인**^{objective} 사전 분포를 사용해 '데이터가 스스로 말을 하도록' 하는 것을 선호한다. 예를 들어 위치 모수 $\mu \in \mathbb{R}$와 같은 실숫값의 양을 추론하고자 한다면, **평탄한 사전 분포**$^{\text{flat prior}}$ $p(\mu) \propto 1$를 사용할 수 있다. 이는 '무한하게 넓은' 가우스를 사용하는 것으로 볼 수 있다.

안타깝게도 정보가 없는 사전 분포를 정의하는 고유한 방법은 존재하지 않으며, 이들 모두 어떠한 종류의 지식을 인코딩한다. 그러므로 **확산 사전 분포**$^{\text{diffuse prior}}$, **극소적으로 정보적인 사전 분포**^{minimally}

informative prior 또는 **디폴트 사전 분포**default prior라는 용어를 사용하는 편이 낫다. 더 자세한 내용은 이 책의 후속판 [Mur23]을 참고하라.

4.6.5.2 계층적 사전 분포

베이즈 모델은 모수를 위해 사전 분포 $p(\boldsymbol{\theta})$를 구체화할 것을 요구한다. 사전 분포의 모수는 **초매개변수**hyper-parameter라 부르며, $\boldsymbol{\phi}$로 표기할 것이다. 이들이 알려져 있지 않다면 이들에 사전 분포를 둘 수 있다. 이는 **계층적 베이즈 모델**hierarchical Bayesian model 또는 **다수준 모델**multi-level model을 정의한다. 이는 $\boldsymbol{\phi} \rightarrow \boldsymbol{\theta} \rightarrow \mathcal{D}$로 시각화할 수 있다. 초매개변수의 사전 분포가 고정되어 있다고 가정하므로(예를 들어, 무언가 최소한으로 정보가 있는 종류의 사전 분포를 사용할 수도 있다), 결합 분포의 형식은 다음과 같다.

$$p(\boldsymbol{\phi}, \boldsymbol{\theta}, \mathcal{D}) = p(\boldsymbol{\phi})p(\boldsymbol{\theta}|\boldsymbol{\phi})p(\mathcal{D}|\boldsymbol{\theta}) \tag{4.190}$$

즉, 모수 그 자체를 데이터 지점으로 다룸으로써 초매개변수를 학습할 수 있다고 희망한다. 이는 추정해야 하는 관련 모수가 여러 개 있을 때 유용하다(예를 들어, 서로 다른 부분 모집단 또는 복수의 과제로부터). 이는 모델의 최상단 수준에 학습 신호를 제공한다. 자세한 내용은 이 책의 후속판 [Mur23]을 참고하라.

4.6.5.3 경험적 사전 분포

4.6.5.2절에서 계층적 베이즈를 데이터로부터 모수를 추론하는 한 가지 방법으로서 논의했다. 안타깝게도 이러한 모델에서의 사후 추론은 계산적으로 어려울 수 있다. 이 절에서 먼저 초매개변수의 점 추정값 $\hat{\boldsymbol{\phi}}$을 계산한 뒤, 결합 사후 분포 $p(\boldsymbol{\theta}, \boldsymbol{\phi}|\mathcal{D})$ 대신에 조건부 사후 분포 $p(\boldsymbol{\theta}|\hat{\boldsymbol{\phi}}, \mathcal{D})$를 계산하는 편리한 접근법을 논의한다.

초매개변수 추정을 위해 주변 가능도를 최대화할 수 있다.

$$\hat{\boldsymbol{\phi}}_{\text{mml}}(\mathcal{D}) = \underset{\boldsymbol{\phi}}{\arg\max}\, p(\mathcal{D}|\boldsymbol{\phi}) = \underset{\boldsymbol{\phi}}{\arg\max} \int p(\mathcal{D}|\boldsymbol{\theta})p(\boldsymbol{\theta}|\boldsymbol{\phi})d\boldsymbol{\theta} \tag{4.191}$$

이 기법은 모수 대신에 초매개변수를 최적화하므로 **2종 최대 가능도**type II maximum likelihood라 한다. 일단 $\hat{\boldsymbol{\phi}}$을 추정했으면, 보통의 방법으로 사후 분포 $p(\boldsymbol{\theta}|\hat{\boldsymbol{\phi}}, \mathcal{D})$를 계산한다.

데이터로부터 사전 모수를 추정하고 있으므로, 이 접근법은 **경험적 베이즈**EB, Empirical Bayes다

[CL96]. 이는 사전 분포를 데이터와 독립적으로 선택해야 한다는 원칙을 위반한다. 그러나 MAP 추정을 1수준 모델 $\theta \to \mathcal{D}$에서의 추론의 근사로 보는 것과 같이, 이를 완전한 계층적 베이즈 모델에서의 추론에 대한 연산적으로 저렴한 근사로 볼 수 있다. 사실은 다음과 같이 더 많은 적분을 수행하면, '더욱 베이즈적'이 되는 계층화를 구축할 수 있다.

방법	정의
최대 가능도(maximum likelihood)	$\hat{\theta} = \text{argmax}_{\theta}\, p(\mathcal{D}|\theta)$
MAP 추정(estimation)	$\hat{\theta}(\xi) = \text{argmax}_{\theta}\, p(\mathcal{D}|\theta)p(\theta|\xi)$
ML-II(경험적 베이즈(empirical Bayes))	$\hat{\xi} = \text{argmax}_{\xi} \int p(\mathcal{D}|\theta)p(\theta|\xi)d\theta$
MAP-II	$\hat{\xi} = \text{argmax}_{\xi} \int p(\mathcal{D}|\theta)p(\theta|\xi)p(\xi)d\theta$
완전 베이즈(full Bayes)	$p(\theta, \xi|\mathcal{D}) \propto p(\mathcal{D}|\theta)p(\theta|\xi)p(\xi)$

통상적으로 초매개변수 ϕ가 모수 θ보다 더 적게 존재하므로, ML-II는 '보통의' 최대 가능도보다 과적합할 가능성이 더 적음을 주지하라. 자세한 내용은 책의 후속판 [Mur23]을 참고하라.

4.6.6 신용 구간

사후 분포는 (주로) 시각화 및 작업하기가 어려운 고차원 객체다. 이러한 분포를 요약하는 일반적인 방법은 평균 또는 최빈값 같은 점 추정값을 계산하고, 그 뒤 그러한 추정값과 연관된 불확실성을 계량화하는 **신용 구간**credible interval을 계산하는 것이다(신용 구간은 4.7.4절에서 논의하는 빈도주의적 통계학의 개념인 신뢰 구간confidence interval과 다름을 주지하라).

더 정확히 말하자면, $100(1 - \alpha)\%$ 신용 구간이 사후 확률 질량의 $1 - \alpha$를 포함하는 (인접한 contiguous) 영역 $C = (\ell, u)$(하한과 상한을 뜻함)가 되도록 정의한다.

$$C_{\alpha}(\mathcal{D}) = (\ell, u) : P(\ell \leq \theta \leq u|\mathcal{D}) = 1 - \alpha \tag{4.192}$$

식 (4.192)를 만족시키는 구간이 많이 존재할 수도 있으므로, 각 꼬리에 $(1 - \alpha)/2$의 질량이 존재하도록 하는 것을 주로 선택한다. 이는 **중심 구간**CI, Central Interval이라 부른다. 사후 분포가 알려진 함수적 형식이라면, $\ell = F^{-1}(\alpha/2)$ 그리고 $u = F^{-1}(1 - \alpha/2)$를 사용해 사후 중심 구간을 계산할 수 있다. 여기서 F는 사후 분포의 cdf이며, F^{-1}는 cdf의 역함수다. 예를 들어 사후 분포가 가우스이고, $p(\theta|\mathcal{D}) = \mathcal{N}(0, 1)$이며 $\alpha = 0.05$라면, $\ell = \Phi^{-1}(\alpha/2) = -1.96$, 그리고 $u = \Phi^{-1}(1 - \alpha/2)$

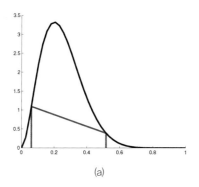 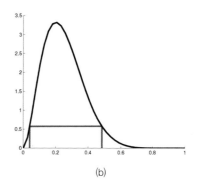

(a) (b)

그림 4.18 Beta(3, 9) 사후 분포의 (a) 중심 구간과 (b) HPD 영역. CI는 (0.06, 0.52)이며 HPD는 (0.04, 0.48)이다. 출처: [Hof09]의 그림 3.6. betaHPD.ipynb로 생성했다.

$= 1.96$이 된다. 여기서 Φ는 가우스의 cdf를 가리킨다. 이는 그림 2.2(b)에서 보여준다. 이는 신용 구간을 $\mu \pm 2\sigma$ 형식으로 표기하는 일반적인 관례를 정당화한다. 여기서 μ는 사후 평균, σ는 사후 표준편차, 2는 1.96의 적절한 근삿값이다.

일반적으로 사후 분포의 cdf 역함수를 계산하기가 어려울 때가 많다. 이 경우 간단한 대안으로 사후 분포로부터 표본을 뽑은 뒤, 몬테카를로 근사를 사용해 사후 분위수를 근사한다. 간단히 S 표본을 정렬하고, 정렬된 리스트를 따라 α/S의 위치를 찾아낸다. $S \rightarrow \infty$임에 따라, 이는 참인 분위수로 수렴한다. 이에 대한 데모는 beta_credible_int_demo.ipynb를 참고하라.

중심 구간이 갖는 문제는 그림 4.18(a)가 보여주듯이 중심 구간 안쪽의 점보다 높은 확률을 갖는 점이 중심 구간 바깥에 있을 수도 있다는 점이다. **최고 사후 밀도**^{Highest Posterior Density}, 즉 **HPD** 영역이라 하는 대안적인 양의 동기가 된다. 이는 어떠한 임곗값보다 높은 확률을 갖는 점의 집합이다. 더 정확하게는 pdf에서의 임곗값 p^*를 다음을 따르도록 찾는다.

$$1 - \alpha = \int_{\theta:p(\theta|\mathcal{D})>p^*} p(\theta|\mathcal{D})d\theta \tag{4.193}$$

그리고 HPD를 다음과 같이 정의한다.

$$C_\alpha(\mathcal{D}) = \{\theta : p(\theta|\mathcal{D}) \geq p^*\} \tag{4.194}$$

1차원에서 HPD 영역은 때때로 **최고 밀도 구간**^{Highest Density Interval}, 즉 **HDI**라 부른다. 예를 들어, 그

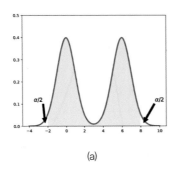
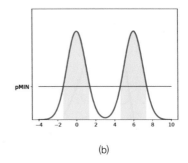

(a)   (b)

그림 4.19 가설적인 다봉 사후 분포의 (a) 중심 구간 그리고 (b) HPD 영역. 출처: [Gel+04]의 그림 2.2. postDensityIntervals.ipynb로 생성했다.

림 4.18(b)는 Beta(3, 9) 분포의 95% HDI인 (0.04, 0.48)을 보여준다. 구간이 여전히 95%의 질량을 갖고 있음에도 불구하고 중심 구간보다 좁음을 볼 수 있다. 게다가 구간 내 각 점이 바깥의 각 점보다 높은 밀도를 갖는다.

단봉 분포에서 HDI는 95%의 질량을 갖는 모드 주변의 가장 좁은 구간이 될 것이다. 이를 위해 '물 채우기'를 역으로 상상해 보자. 이때 95%의 질량이 드러나고 오직 5%만이 잠기도록 수위를 낮춘다. 이는 1차원의 경우에서 HDI를 계산하는 단순한 알고리듬이 된다. 간단히 구간이 95%의 질량을 포함하면서 최소한의 너비를 갖도록 하는 점을 찾는 것이다. 이는 분포의 역 CDF를 알고 있다면 1차원 수치적 최적화를 통해, 아니면 표본 주머니를 갖고 있다면 정렬된 데이터 지점에서 검색을 함으로써 할 수 있다(betaHPD.ipynb에서 코드를 참고하라).

사후 분포가 다봉이라면, HDI는 심지어 영역이 연결되어 있지 않을 수도 있다. 예시로 그림 4.19(b)를 참고하라. 그러나 다봉 사후 분포를 요약하는 것은 언제나 어려운 일이다.

4.6.7 베이즈 머신러닝

지금까지 $p(y|\theta)$ 형식의 무조건부 모델에 집중했다. 지도적 머신러닝에서 $p(y|x, \theta)$ 형식의 조건부 모델을 사용한다. 모수에 대한 사후 분포는 이제 $p(\theta|\mathcal{D})$이며, 여기서 $\mathcal{D} = \{(x_n, y_n) : n = 1 : N\}$이다. 이 사후 분포는 이미 논의한 원칙을 사용해 계산할 수 있다. 우리가 모델 모수에 대해 '베이즈적이므로', 이 접근법은 **베이즈 머신러닝**Bayesian machine learning이라 부른다.

4.6.7.1 플러그인 근사

모수에 대해 사후 분포를 계산했다면, 입력이 주어졌을 때 출력에 대한 사후 예측 분포는 알 수 없는 모수에 대해 주변화를 함으로써 계산할 수 있다.

$$p(\boldsymbol{y}|\boldsymbol{x},\mathcal{D}) = \int p(\boldsymbol{y}|\boldsymbol{x},\boldsymbol{\theta})p(\boldsymbol{\theta}|\mathcal{D})d\boldsymbol{\theta} \tag{4.195}$$

물론 이러한 적분은 계산하기가 어려운 경우가 많다. 매우 단순한 근사법은 MLE와 같은, 하나의 최적 모델 $\hat{\boldsymbol{\theta}}$만이 있다고 가정하는 것이다. 이는 사후 분포를, 선택한 값에서 무한하게 좁지만 무한하게 높은 '솟구침'으로 근사하는 것과 동등하다. 이는 다음과 같이 쓸 수 있다.

$$p(\boldsymbol{\theta}|\mathcal{D}) = \delta(\boldsymbol{\theta} - \hat{\boldsymbol{\theta}}) \tag{4.196}$$

여기서 δ는 디랙 델타 함수다(2.6.5절 참고). 이 근사법을 사용하면, 예측 분포는 단순히 점 추정값을 가능도에 '플러그인하여' 얻을 수 있다.

$$p(\boldsymbol{y}|\boldsymbol{x},\mathcal{D}) = \int p(\boldsymbol{y}|\boldsymbol{x},\boldsymbol{\theta})p(\boldsymbol{\theta}|\mathcal{D})d\boldsymbol{\theta} \approx \int p(\boldsymbol{y}|\boldsymbol{x},\boldsymbol{\theta})\delta(\boldsymbol{\theta} - \hat{\boldsymbol{\theta}})d\boldsymbol{\theta} = p(\boldsymbol{y}|\boldsymbol{x},\hat{\boldsymbol{\theta}}) \tag{4.197}$$

이는 델타 함수의 거르기 속성에서 나온 것이다(식 (2.129)).

식 (4.197)의 접근법은 **플러그인 근사**plug-in approximation라 부른다. 이 접근법은 먼저 모델을 적합시키고(즉, 점 추정값 $\hat{\boldsymbol{\theta}}$을 계산함) 그 뒤 이를 예측에 사용하는 대부분의 머신러닝에서 쓰이는 표준적 접근법과 동등하다. 그러나 표준적인 (플러그인) 접근법은 1.2.3절에서 논의한 대로 과적합 및 과신뢰성을 겪을 수 있다. 완전 베이즈 접근법은 모수를 주변화하여 이를 피하지만, 비용이 비쌀 수 있다. 다행히도 몇 개의 타당한 모숫값을 평균하는 단순한 접근법이라 하더라도 성능을 개선할 수 있다. 아래에서 몇 가지 예시를 제공한다.

4.6.7.2 예시: 스칼라 입력, 이항 출력

이항 분류를 수행하고자 한다고 해보자. 따라서 $y \in \{0, 1\}$이다. 다음 형식의 모델을 사용할 것이다.

$$p(y|\boldsymbol{x};\boldsymbol{\theta}) = \mathrm{Ber}(y|\sigma(\boldsymbol{w}^{\mathsf{T}}\boldsymbol{x} + b)) \tag{4.198}$$

여기서

$$\sigma(a) \triangleq \frac{e^a}{1+e^a} \tag{4.199}$$

는 $\mathbb{R} \to [0,\ 1]$로 매핑하는 **시그모이드**^{sigmoid} 또는 **로지스틱 함수**$^{\text{logistic function}}$이며, $\text{Ber}(y\,|\,\mu)$는 평균이 μ인 베르누이 분포다(자세한 내용은 2.4절을 참고하라). 즉,

$$p(y=1|\boldsymbol{x};\boldsymbol{\theta}) = \sigma(\boldsymbol{w}^{\mathsf{T}}\boldsymbol{x}+b) = \frac{1}{1+e^{-(\boldsymbol{w}^{\mathsf{T}}\boldsymbol{x}+b)}} \tag{4.200}$$

이 모델은 **로지스틱 회귀**$^{\text{logistic regression}}$라 부른다(10장에서 더 자세히 논의한다).

이 모델을 꽃받침 길이 x_n에 대한 정보가 주어졌을 때 붓꽃이 세토사 또는 베르시컬러인지, $y_n \in \{0,\ 1\}$을 결정하는 모델에 적용해 보자(붓꽃 데이터셋의 설명은 1.2.1.1절을 참고하라).

먼저 다음 형식의 1차원 로지스틱 회귀 모델을

$$p(y=1|x;\boldsymbol{\theta}) = \sigma(b+wx) \tag{4.201}$$

최대 가능도 추정을 사용해 $\mathcal{D} = \{(x_n,\ y_n)\}$ 데이터셋에 적합시킨다(이 모델의 MLE를 계산하는 방법은 10.2.3절을 참고하라). 그림 4.20(a)는 사후 예측 $p(y=1\,|\,x,\ \hat{\boldsymbol{\theta}})$의 플러그인 근사를 보여준다. 여기서

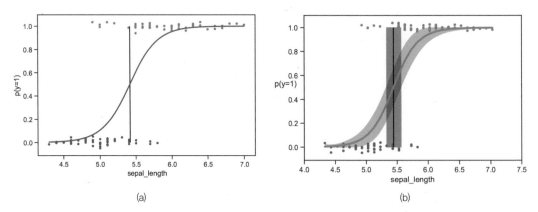

(a)   (b)

그림 4.20 (a) 꽃받침 길이에 해당하는 단일 입력 특성 x를 사용해 붓꽃이 베르시컬러($y=1$) 또는 세토사($y=0$)인지 분류하는 로지스틱 회귀. 라벨 지점이 너무 겹치지 않도록 (수직으로) 흩어져 있다. 수직선은 결정 경계다. logreg_iris_1d.ipynb로 생성했다. (b) (a)와 같지만 사후 분포를 보여준다. 출처: [Mar18]의 그림 4.4. logreg_iris_bayes_1d_pymc3.ipynb로 생성했다.

$\hat{\boldsymbol{\theta}}$은 모수의 MLE이다. 꽃받침 길이가 길어짐에 따라 꽃이 베르시컬러 형태라고 더 신뢰함을 볼 수 있으며, 이는 시그모이드적인(S 모양) 로지스틱 함수에서 나타난다.

결정 경계^{decision boundary}는 입력값 x^*가 $p(y = 1 \,|\, x^* \;;\; \hat{\boldsymbol{\theta}}) = 0.5$이도록 정의한다. 다음과 같이 이 값에 대해 풀 수 있다.

$$\sigma(b + wx^*) = \frac{1}{1 + e^{-(b+wx^*)}} = \frac{1}{2} \tag{4.202}$$

$$b + wx^* = 0 \tag{4.203}$$

$$x^* = -\frac{b}{w} \tag{4.204}$$

그림 4.20(a)로부터 $x^* \approx 5.5$ cm임을 볼 수 있다.

그러나 앞의 접근법은 모수 추정값에서의 불확실정을 모델링하지 않으며, 따라서 출력 확률, 그리고 결정 경계의 위치에서 유도된 불확실성을 무시한다. 이러한 추가적인 불확실성을 포착하려면, 베이즈 접근법을 사용해 사후 분포 $p(\boldsymbol{\theta}\,|\,\mathcal{D})$를 근사할 수 있다(자세한 내용은 10.5절을 참고하라). 이것이 주어졌을 때, 몬테카를로 근사를 사용해 사후 예측 분포를 근시할 수 있다.

$$p(y = 1 \,|\, x, \mathcal{D}) \approx \frac{1}{S} \sum_{s=1}^{S} p(y = 1 \,|\, x, \boldsymbol{\theta}^s) \tag{4.205}$$

여기서 $\boldsymbol{\theta}^s \sim p(\boldsymbol{\theta}\,|\,\mathcal{D})$는 사후 표본이다. 그림 4.20(b)는 이 함수의 평균과 95% 신용 구간을 그리고 있다. 각 입력마다 예측된 확률의 범위가 있음을 볼 수 있다. 또한 몬테카를로 근사를 사용해 결정 경계의 위치에 대한 분포를 계산할 수 있다.

$$p(x^* \,|\, \mathcal{D}) \approx \frac{1}{S} \sum_{s=1}^{S} \delta\left(x^* - (-\frac{b^s}{w^s})\right) \tag{4.206}$$

여기서 $(b^s, \; w^s) = \boldsymbol{\theta}^s$이다. 이 분포의 95% 신용 구간은 그림 4.20(b)의 '두꺼운' 수직선이 보여주고 있다.

5장에서 논의하듯이, 불확실성을 조심스럽게 모델링하는 것이 별 의미가 없을 수도 있지만, 보건 및 금융 같은 위험에 민감한 응용에서는 중요할 수 있다.

4.6.7.3 예시: 이항 입력, 스칼라 출력

이제 소포의 배송 시간 $y \in \mathbb{R}$를 A 회사 대 B 회사가 배송했을 때 예측한다고 해보자. 회사 id는 이항 특성 $x \in \{0, 1\}$를 사용해 인코딩할 수 있다. $x = 0$은 A 회사를, $x = 1$은 B 회사를 뜻한다. 이 문제를 위해 다음의 판별 모델을 사용한다.

$$p(y|x, \boldsymbol{\theta}) = \mathcal{N}(y|\mu_x, \sigma_x^2) \tag{4.207}$$

여기서 $\mathcal{N}(y|\mu, \sigma^2)$은 가우스 분포다.

$$\mathcal{N}(y|\mu, \sigma^2) \triangleq \frac{1}{\sqrt{2\pi\sigma^2}} e^{-\frac{1}{2\sigma^2}(y-\mu)^2} \tag{4.208}$$

그리고 $\boldsymbol{\theta} = (\mu_0, \mu_1, \sigma_0, \sigma_1)$은 모델의 모수다. 이 모델은 4.2.5절에서 논의한 최대 가능도 추정을 사용해 적합시킬 수 있다. 아니면 4.6.4절에서 논의한 베이즈 접근법을 도입할 수 있다.

베이즈 접근법의 장점은 모수 $\boldsymbol{\theta}$ 안에 있는 불확실성을 포착하여 우리의 예측 $p(y|x, \mathcal{D})$ 안의 불확실성을 포착할 수 있다는 것이다. 한편 플러그인 근사 $p(y|x, \hat{\boldsymbol{\theta}})$을 사용하면 불확실성을 과소추정할 것이다. 예를 들어 각 회사를 한 번만 사용해서 훈련 집합이 $\mathcal{D} = \{(x_1 = 0, y_1 = 15), (x_2 = 1, y_2 = 20)\}$의 형식을 갖는다고 가정해 보자. 4.2.5절에서 보여주듯이 평균의 MLE는 경험적 평균 $\hat{\mu}_0 = 15$ 그리고 $\hat{\mu}_1 = 20$이 될 테지만, 각 '클래스'마다 오직 하나의 표본만이 있으므로 MLE의 표준편차는 0이, $\hat{\sigma}_0 = \hat{\sigma}_1 = 0$이 될 것이다. 따라서 결과 플러그인 예측은 어떠한 불확실성도 포착하지 못할 것이다.

왜 불확실성의 모델링이 중요한지 보려면 그림 4.21을 고려해 보라. A 회사의 도착 기대 시간ETA, Expected Time of Arrival이 회사 B보다 적다. 그러나 A의 분포의 분산이 더 크며, 이는 소포가 특정한 기한 내 도착하는 것을 신뢰하고 싶다면 위험한 선택이 되게 한다(불확실성이 존재할 때 어떻게 최적 행동을 선택하는지에 대한 더 자세한 내용은 5장을 참고하라).

물론 앞의 예시는 각 택배 회사마다 오직 하나의 예제만을 갖고 있다고 가정하므로 극단적이다. 그러나 이런 종류의 문제는 주어진 입력 종류에 대해 몇 안 되는 예제를 갖고 있을 때마다 발생한다. 이는 데이터가 새로운 단어 조합 또는 범주형 특성과 같은 참신한 패턴의 긴 꼬리를 가질 때마다 발생할 수 있다.

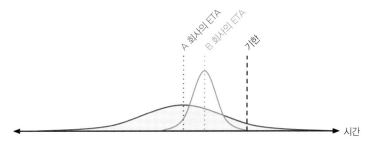

그림 4.21 두 배송 회사의 도착 시간 분포. ETA는 도착 기대 시간이다. A의 분포가 더 큰 불확실성을 갖고 있으며, 더 위험할 수 있다. 출처: https://bit.ly/39bc4XL. 브랜든 헤이즈(Brendan Hasz)가 친절하게 사용을 허가했다.

4.6.7.4 스케일링 업

앞의 예시는 모두 1차원 입력과 1차원 출력 및 단지 2~4개의 모수를 수반하고 있어 극단적으로 단순했다. 대부분의 실제 문제는 고차원 입력, 때때로는 고차권 출력을 수반하므로, 많은 모수로 된 모델을 사용한다. 안타깝게도 사후 분포 $p(\boldsymbol{\theta}|\mathcal{D})$, 그리고 사후 예측 분포 $p(\boldsymbol{y}|\boldsymbol{x}, \mathcal{D})$의 계산은 많은 모델에서 연산적으로 어려울 수 있다. 이 이슈는 4.6.8절에서 논의한다.

4.6.8 연산적 이슈

가능도 $p(\mathcal{D}|\boldsymbol{\theta})$와 사전 분포 $p(\boldsymbol{\theta})$가 주어졌을 때, 베이즈 규칙을 사용해 사후 분포 $p(\boldsymbol{\theta}|\mathcal{D})$를 계산할 수 있다. 그러나 실제로 이러한 계산은 컬레 모델(4.6.1절) 또는 모든 잠재 변수가 가능성 있는 값의 작고 유한한 집합으로부터 나오는 모델과 같은 단순하고 특수한 경우를 제외하고 수행하기가 불가능한 경우가 보통이다. 따라서 사후 분포를 근사해야 한다. **근사적인 사후 추론**approximate posterior inference을 수행하는 데는 많은 방법이 존재하며, 이들은 정확도, 단순함, 속도에서 트레이드오프를 갖는다. 아래에서 이러한 알고리듬의 일부를 간단히 논의하지만, 후속판 [Mur23]에서 더 자세한 내용을 참고하라(또한 1763년의 베이즈의 본래 방법에서 시작하는 여러 근사적 추론 방법의 리뷰는 [MFR20]을 참고하라).

실제 예시를 위해, 베타 베르누이 모델의 사후 분포를 근사하는 문제를 사용한다. 구체적인 목표는 다음을 근사하는 것이다.

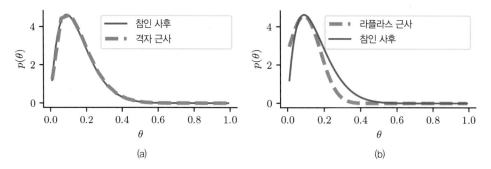

그림 4.22 베타 베르누이 모델의 사후 분포 근사: (a) 20개의 격자 지점을 사용하는 격자 근사, (b) 라플라스 근사. laplace_approx_beta_binom_jax.ipynb로 생성했다.

$$p(\theta|\mathcal{D}) \propto \left[\prod_{n=1}^{N} \text{Bin}(y_n|\theta)\right] \text{Beta}(\theta|1,1) \tag{4.209}$$

여기서 $\mathcal{D}$는 10개의 앞과 1개의 뒤로 되어 있으며(따라서 전체 관측 횟수는 $N = 11$), 균일 사전 분포를 사용한다. 4.6.2절에서 논의한 방법을 사용해 이 사후 분포를 정확하게 계산할 수 있지만(그림 4.22 참고), 우리가 근사치를 정확한 답과 비교할 수 있으므로 이는 유용한 교육적 예시의 역할을 한다. 또한 목표 분포가 단지 1차원이므로 결과를 시각화하기가 쉽다(그러나 10개의 앞과 1개의 뒤라는 불균형한 예시를 사용하기 때문에 사후 분포가 크게 치우쳐 있으므로, 문제가 완벽하게 미미한 것은 아님을 주지하라).

4.6.8.1 격자 근사

사후 추정을 근사하기 위한 가장 단순한 접근법은 알 수 없는 가능한 값의 공간을 가능성 있는 값의 유한한 집합으로 분할하고, 다음과 같이 무식한brute-force 반복을 통해 사후 분포를 근사하는 것이다.

$$p(\boldsymbol{\theta} = \boldsymbol{\theta}_k|\mathcal{D}) \approx \frac{p(\mathcal{D}|\boldsymbol{\theta}_k)p(\boldsymbol{\theta}_k)}{p(\mathcal{D})} = \frac{p(\mathcal{D}|\boldsymbol{\theta}_k)p(\boldsymbol{\theta}_k)}{\sum_{k'=1}^{K} p(\mathcal{D}, \boldsymbol{\theta}_{k'})} \tag{4.210}$$

이는 **격자 근사**grid approximation라 부른다. 그림 4.22(a)에서 이 방법을 1차원 문제에 적용한 것을 보여준다. 치우친 사후 분포를 쉽게 포착할 수 있다. 안타깝게도 이 접근법은 2차원이나 3차원에서의 문제를 스케일링하지 못한다. 왜냐하면 차원의 수에 따라 격자 지점의 수가 지수적으로 증가하기 때문이다.

4.6.8.2 이차(라플라스) 근사

이 절에서는 다변량 가우스를 사용해 사후 분포를 근사하는 단순한 방법을 논의한다. 이는 **라플라스 근사**Laplace approximation 또는 **이차 근사**quadratic approximation라 한다(예: [TK86; RMC09] 참고).

유도를 위해 다음과 같이 사후 분포를 쓴다고 해보자.

$$p(\boldsymbol{\theta}|\mathcal{D}) = \frac{1}{Z} e^{-\mathcal{E}(\boldsymbol{\theta})} \tag{4.211}$$

여기서 $\mathcal{E}(\boldsymbol{\theta}) = -\log p(\boldsymbol{\theta}, \mathcal{D})$는 에너지 함수, $Z = p(\mathcal{D})$는 정규화 상수다. 모드 $\hat{\boldsymbol{\theta}}$ 근처에서(즉, 가장 낮은 에너지 상태) 테일러Taylor 급수 전개를 수행하면 다음을 얻는다.

$$\mathcal{E}(\boldsymbol{\theta}) \approx \mathcal{E}(\hat{\boldsymbol{\theta}}) + (\boldsymbol{\theta} - \hat{\boldsymbol{\theta}})^{\mathsf{T}} g + \frac{1}{2}(\boldsymbol{\theta} - \hat{\boldsymbol{\theta}})^{\mathsf{T}} \mathbf{H}(\boldsymbol{\theta} - \hat{\boldsymbol{\theta}}) \tag{4.212}$$

여기서 g는 최빈값의 기울기, $\mathbf{H}$는 헤세Hessian다. $\hat{\boldsymbol{\theta}}$이 모드이므로, 기울기 항은 0이다. 따라서

$$\hat{p}(\boldsymbol{\theta}, \mathcal{D}) = e^{-\mathcal{E}(\hat{\boldsymbol{\theta}})} \exp\left[-\frac{1}{2}(\boldsymbol{\theta} - \hat{\boldsymbol{\theta}})^{\mathsf{T}} \mathbf{H}(\boldsymbol{\theta} - \hat{\boldsymbol{\theta}})\right] \tag{4.213}$$

$$\hat{p}(\boldsymbol{\theta}|\mathcal{D}) = \frac{1}{Z} \hat{p}(\boldsymbol{\theta}, \mathcal{D}) = \mathcal{N}(\boldsymbol{\theta}|\hat{\boldsymbol{\theta}}, \mathbf{H}^{-1}) \tag{4.214}$$

$$Z = e^{-\mathcal{E}(\hat{\boldsymbol{\theta}})} (2\pi)^{D/2} |\mathbf{H}|^{-\frac{1}{2}} \tag{4.215}$$

마지막 줄은 다변량 가우스의 정규화 상수로부터 나온다.

라플라스 근사는 적용하기가 쉽다. 기존의 최적화 알고리듬을 활용하여 MAP 추정값을 계산한 뒤, 모드에서 헤세 행렬을 계산하기만 하면 되기 때문이다(고차원 공간에서는 대각적 근사를 사용할 수 있다).

그림 4.22(b)에서 1차원 문제에 적용된 이 방법을 보여준다. 안타깝게도 이는 딱히 좋은 근사는 아님을 볼 수 있다. 사후 분포가 치우쳐 있는 한편 가우스는 대칭이기 때문이다. 게다가 관심 있는 모수가 제한된 구간 $\theta \in [0, 1]$ 내에 놓이는 한편, 가우스는 제약이 없는 공간 $\theta \in \mathbb{R}$를 가정한다. 다행히도 이 후자 문제는 변수를 바꿔 사용해 해결할 수 있다. 예를 들어, 라플라스 근사를 $\alpha =$

$\text{logit}(\theta)$에 적용할 수 있다. 이는 추론하는 일을 단순화하는 데 주로 쓰이는 기법이다.

4.6.8.3 변분적 근사

4.6.8.2절에서 최적화 과정을 사용해 MAP 추정값을 찾은 뒤, 헤세 행렬에 기반하여 그 점에서의 사후 분포의 곡률을 근사하는 라플라스 근사를 이야기했다. 이번 절에서는 **변분 추론**^{VI, Variational Inference}을 논의한다. 이는 사후 추정을 위한 또 다른 최적화 기반 접근법이지만, 훨씬 더 많은 모델링 유연성을 갖는다(따라서 훨씬 더 정확한 근사를 제공할 수 있다).

VI는 $p(\boldsymbol{\theta}|\mathcal{D})$와 같은 다루기 힘든 확률 분포를 다루기 쉬운 $q(\boldsymbol{\theta})$로, 분포 사이의 어떠한 불일치 $\mathcal{D}$를 최소화하도록 근사하는 것을 시도한다.

$$q^* = \underset{q \in \mathcal{Q}}{\text{argmin}} \, D(q, p) \tag{4.216}$$

여기서 $\mathcal{Q}$는 어떠한 다루기 쉬운 분포의 족이다(예: 다변량 가우스). D가 KL 발산이 되도록 정의한다면(6.2절 참고), 로그 주변 가능도의 하계를 유도할 수 있다. 이 양은 **증거 하계**^{Evidence Lower Bound}, 즉 **ELBO**라 한다. ELBO를 최대화함으로써 사후 근사의 질을 개선할 수 있다. 자세한 내용은 이 책의 후속판 [Mur23]을 참고하라.

4.6.8.4 마르코프 연쇄 몬테카를로(MCMC) 근사

VI는 빠른 최적화 기반 방법이지만, 사후 분포에 편향된 근사를 제공할 수 있다. 특정한 함수 형식 $q \in \mathcal{Q}$에 제약을 받기 때문이다. 더 유연한 접근법은 표본의 집합 측면에서 비모수적 근사 $q(\boldsymbol{\theta}) \approx \frac{1}{S} \sum_{s=1}^{S} \delta(\boldsymbol{\theta} - \boldsymbol{\theta}^s)$를 사용하는 것이다. 이는 사후 분포의 **몬테카를로 근사**^{Monte Carlo approximation}라 부른다. 핵심 이슈는 어떻게 정규화 상수 $p(\mathcal{D}) = \int p(\boldsymbol{\theta}, \mathcal{D})d\boldsymbol{\theta}$를 값매김하지 않고서 사후 표본 $\boldsymbol{\theta}^s \sim p(\boldsymbol{\theta}|\mathcal{D})$를 효율적으로 만들어 내는지다. 이 문제의 통상적인 접근법은 **마르코프 연쇄 몬테카를로**^{Markov Chain Monte Carlo}, 즉 **MCMC**로 알려져 있다. 이 알고리듬을 $\nabla \log p(\boldsymbol{\theta}, \mathcal{D})$로부터 유도한 기울기 기반의 정보로 지원한다면, 방법의 속도를 크게 높일 수 있다. 이는 **해밀턴 몬테카를로**^{Hamiltonian Monte Carlo}, 즉 **HMC**라 부른다. 자세한 내용은 이 책의 후속판 [Mur23]을 참고하라.

4.7 빈도주의 통계학*

4.6절에서 설명한 통계적 추론의 접근법은 베이즈 통계학이라 부른다. 이는 모델의 모수를 어떠한 다른 알 수 없는 확률 변수처럼 다루며, 데이터로부터 이를 추론하기 위해 확률론 규칙을 적용한다. 모수를 확률 변수처럼 다루는 것을 피하는, 따라서 사전 분포 및 베이즈 규칙의 사용을 피하는 통계적 추론을 위한 접근법을 고안하는 시도가 이뤄져 왔다. 이러한 대안적인 접근법은 **빈도주의 통계학**frequentist statistics, **전통적 통계학**classical statistics, 또는 **오소독스 통계학**orthodox statistics이라 한다.

기본적인 아이디어(4.7.1절에서 형식화한다)는 (모수 또는 예측된 라벨 같은) 데이터로부터 추정한 양이 데이터가 바뀌면 어떻게 변화할지 계산함으로써 불확실성을 나타내는 것이다. 이것이 빈도주의 접근법이 사용하는 모델링 불확실성을 위한 기반을 구성하는 반복된 시도의 변형에 대한 개념이다. 반대로 베이즈 접근법은 반복된 시도가 아닌 정보 측면에서 확률을 바라본다. 이는 베이즈 방법이 (2.1.1절에서 논의한) 한 번 일어나는 사건의 확률을 계산할 수 있게 해준다. 아마도 더 중요한 것은, 베이즈 접근법은 빈도주의 접근법을 괴롭히는 특정한 역설을 피한다는 점이다(4.7.5절 및 5.5.4절 참고). 이러한 병리적 측면 때문에 유명한 통계학자인 조지 박스George Box는 다음과 같이 말했다.

> 똑똑한 사람에게, 현재의 [빈도주의] 통계적 관례가 상식적이었지만 가능도 및 베이즈 정리를 통한 접근법이 훨씬 덜 어려울 것이라고 설득하기는 매우 어려울 것이라 믿는다.
>
> — 조지 박스, 1962([Jay76]에서 인용)

그럼에도 불구하고 빈도주의 통계학이 널리 쓰이고 있으며, 심지어 베이즈에 도움이 되는 핵심 개념을 일부 갖고 있으므로 친숙해지면 도움이 된다[Rub84].

4.7.1 표본 분포

빈도주의 통계학에서 불확실성은 확률 변수의 사후 분포가 아닌 **추정량**estimator의 **표본 분포**sampling distribution로 나타낸다(이 두 용어는 아래에서 정의한다).

5.1절의 결정 이론 절에서 설명하듯이 추정량은 어떠한 관측된 데이터가 주어졌을 때 어떠한 행동을 취하는지를 구체화하는 결정 과정이다. 행동 공간이 모수 벡터를 반환하는 것인 모수 추정의 맥락에서, 이는 $\hat{\boldsymbol{\theta}} = \pi(\mathcal{D})$로 표기한다. 예를 들어 $\hat{\boldsymbol{\theta}}$은 최대 가능도 추정값, MAP 추정값, 또는 적

률 추정값의 방법이 될 수 있다.

추정량의 표본 분포는 어떠한 분포로부터 표집된 서로 다른 데이터셋에 추정량을 여러 번 적용했다면 보게 될 결과의 분포다. 이는 확률 표본 $\mathcal{D}$에 의존하는 확률 변수로 본, $\hat{\boldsymbol{\theta}}$에 대한 분포다. 더 자세하게는, 어떠한 참된 모델 $p(\boldsymbol{x}|\boldsymbol{\theta}^*)$로부터 크기 N의 서로 다른 데이터셋 S를 표집하여 다음을 만들어 내는 것을 상상해 보자.

$$\tilde{\mathcal{D}}^{(s)} = \{\boldsymbol{x}_n \sim p(\boldsymbol{x}_n|\boldsymbol{\theta}^*) : n = 1 : N\} \tag{4.217}$$

이는 간단히 $\mathcal{D}^{(s)} \sim \boldsymbol{\theta}^*$라 표기한다. 이제 각 $\mathcal{D}^{(s)}$에 추정량을 적용하여 추정값의 집합 $\{\hat{\boldsymbol{\theta}}(\mathcal{D}^{(s)})\}$를 얻는다. $S \to \infty$라 하면, 이 집합으로부터 유도한 분포는 추정량의 표본 분포가 된다. 더 정확하게는 다음이 된다.

$$p(\pi(\tilde{\mathcal{D}}) = \boldsymbol{\theta}|\tilde{\mathcal{D}} \sim \boldsymbol{\theta}^*) \approx \frac{1}{S}\sum_{s=1}^{S} \delta(\boldsymbol{\theta} = \pi(\mathcal{D}^{(s)})) \tag{4.218}$$

몇몇 경우 4.7.2절에서 논의하듯이 이를 분석적으로 계산할 수 있지만, 통상적으로는 4.7.3절에서 논의하듯이 이를 몬테카를로로 근사해야 한다.

4.7.2 MLE의 표본 분포의 가우스 근사

가장 일반적인 추정량은 MLE이다. 표본 크기가 커지면, 특정 모델의 MLE의 표본 분포는 가우스가 된다. 이를 표본 분포의 **점근적 정규성**asymptotic normality이라 한다. 더 형식적으로는 다음의 결과가 있다.

정리 4.7.1 모수가 식별 가능하다면 다음과 같다.

$$p(\pi(\tilde{\mathcal{D}}) = \hat{\boldsymbol{\theta}}|\tilde{\mathcal{D}} \sim \boldsymbol{\theta}^*) \to \mathcal{N}(\hat{\boldsymbol{\theta}}|\boldsymbol{\theta}^*, (N\mathbf{F}(\boldsymbol{\theta}^*))^{-1}) \tag{4.219}$$

여기서 $\mathbf{F}(\boldsymbol{\theta}^*)$는 식 (4.220)에서 정의하는 **피셔 정보 행렬**FIM, Fisher Information Matrix이다.

피셔 정보 행렬은 로그 가능도 표면 고점에서의 곡률의 양을 측정하며, 아래에서 보여준다.

더 형식적으로, **피셔 정보 행렬**은 로그 가능도의 기울기 공분산으로 정의한다(**점수 함수**^{score function}라고도 부른다).

$$\mathbf{F} \triangleq \mathbb{E}_{\boldsymbol{x} \sim p(\boldsymbol{x}|\boldsymbol{\theta})} \left[\nabla \log p(\boldsymbol{x}|\boldsymbol{\theta}) \nabla \log p(\boldsymbol{x}|\boldsymbol{\theta})^{\mathsf{T}} \right] \tag{4.220}$$

따라서 (i, j)번째 항목의 형식은 다음과 같다.

$$F_{ij} = \mathbb{E}_{\boldsymbol{x} \sim \boldsymbol{\theta}} \left[\left(\frac{\partial}{\partial \theta_i} \log p(\boldsymbol{x}|\boldsymbol{\theta}) \right) \left(\frac{\partial}{\partial \theta_j} \log p(\boldsymbol{x}|\boldsymbol{\theta}) \right) \right] \tag{4.221}$$

다음의 결과를 보이는 것이 가능하다.

정리 4.7.2 $\log p(\boldsymbol{x}|\boldsymbol{\theta})$가 두 번 미분 가능하며 특정한 정칙성 조건하에 있다면, FIM은 NLL의 기대 헤세^{expected Hessian of the NLL}와 동일하다. 즉,

$$\mathbf{F}_{ij} = -\mathbb{E}_{\boldsymbol{x} \sim \boldsymbol{\theta}} \left[\frac{\partial^2}{\partial \theta_i \theta_j} \log p(\boldsymbol{x}|\boldsymbol{\theta}) \right] \tag{4.222}$$

따라서 FIM을 NLL의 헤세로 해석할 수 있다.

이는 식 (2.219)의 결과를 이해하는 데 도움이 된다. 높은 곡률(큰 헤세)을 갖는 로그 가능도 함수는 저분산 추정값이 될 것이다. 모수가 데이터에 의해 '잘 결정되며', 따라서 반복된 표집에 로버스트하기 때문이다.

4.7.3 임의 추정량의 표본 분포의 부트스트랩 근사

추정량이 데이터의 복잡한 함수이거나(예를 들어, 단지 MLE가 아닌) 또는 표본 크기가 작을 때, 이 표본 분포는 **부트스트랩**^{bootstrap}이라 하는 몬테카를로 기법을 사용해 근사할 수 있다.

아이디어는 간단하다. 참인 모수 $\boldsymbol{\theta}^*$를 알고 있었다면, $\tilde{\mathcal{D}}^{(s)} = \{\boldsymbol{x}_n \sim p(\boldsymbol{x}_n|\boldsymbol{\theta}^*) : n = 1 : N\}$을 사용해 참인 분포로부터 각 크기가 $N_{\mathcal{D}}$인 가짜 데이터셋을 많이 만들 수 있다(S개라 하자). 그 뒤 이들 표본 $\hat{\boldsymbol{\theta}}^s = \pi(\tilde{\mathcal{D}}^{(s)})$로부터 추정값을 계산하고, 식 (4.218)에서와 같이 결과 $\hat{\boldsymbol{\theta}}^s$의 경험적 분포를 표본 분포의 추정값으로 사용할 수 있다. $\boldsymbol{\theta}^*$가 알려져 있지 않으므로, **모수적 부트스트랩**^{parametric bootstrap}의 아이디어는 $\boldsymbol{\theta}^*$ 대신에 $\hat{\boldsymbol{\theta}} = \pi(\mathcal{D})$를 사용해 각각의 표집된 데이터셋을 생성하는 것이다. 즉, 식

(4.218)의 $\tilde{\mathcal{D}}^{(s)} = \{\boldsymbol{x}_n \sim p(\boldsymbol{x}_n|\hat{\boldsymbol{\theta}}) : n = 1 : N\}$을 사용한다. 이는 표본 분포의 플러그인 근사다.

앞의 접근법에서는 우리가 데이터를 위한 모수적 생성 모델인 $p(\boldsymbol{x}|\boldsymbol{\theta})$를 갖고 있어야 한다. 아니면 **비모수적 부트스트랩**non-parametric bootstrap이라 부르는, 원본 데이터로부터 N개의 데이터 지점을 복원이 있도록 추출하는 대안이 있다. 이는 원본과 같은 크기의 새로운 분포 $\mathcal{D}^{(s)}$를 만들어 낸다. 그러나 부트스트랩 내 고유한 데이터 지점의 개수는 평균적으로 겨우 $0.632 \times N$일 뿐이다(이를 이해하려면, 항목을 적어도 한 번 뽑을 확률이 $(1 - (1 - 1/N)^N)$이며 이는 N이 크면 $1 - e^{-1} \approx 0.632$로 접근함을 주지하라).

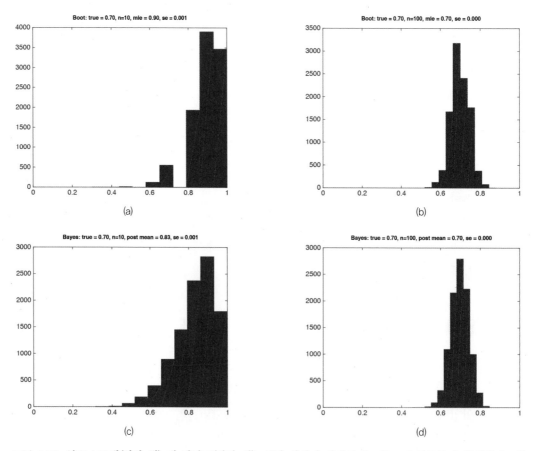

그림 4.23 부트스트랩(상단 행) 대 베이즈(하단 행). N개 데이터 사례를 $\text{Ber}(\theta = 0.7)$로부터 생성했다. 왼쪽 열: $N = 10$. 오른쪽 열: $N = 100$. (a)~(b) 베르누이 분포를 위한 MLE의 표본 분포의 부트스트랩 근사. $B = 10{,}000$인 부트스트랩 표본으로부터 히스토그램을 유도했다. (c)~(d) 균일 사전 분포를 사용한 사후 분포로부터의 10,000개 표본의 히스토그램. bootstrapDemoBer.ipynb로 생성했다.

그림 4.23(a), (b)는 모수적 부트스트랩을 사용해 베르누이를 위한 MLE의 표본 분포를 계산하는 예제를 보여준다(비모수적 부트스트랩을 사용한 결과는 근본적으로 같다). $N = 10$일 때 표본 분포가 비대칭이므로 가우스로부터 꽤 멀어져 있지만, $N_D = 100$일 때는 이론이 제시하듯이 분포가 더욱 가우스처럼 보인다(4.7.2절 참고).

4.7.3.1 부트스트랩은 '가난한 자'의 사후 분포다

부트스트랩으로부터 계산한 모수 추정값 $\hat{\theta}^s = \pi(\mathcal{D}^{(s)})$와 사후 분포로부터 표집한 모숫값 $\theta^s \sim p(\cdot|\mathcal{D})$ 사이에 무슨 관계가 있는지 자연스럽게 질문할 수 있다. 개념적으로 이들은 꽤나 다르다. 그러나 추정량이 MLE이고 사전 분포가 매우 강하지 않은 통상적인 경우, 이들은 꽤나 비슷하다. 예를 들어 그림 4.23(c), (d)는 균일한 Beta(1, 1) 사전 분포를 사용해 사후 분포를 계산한 뒤, 이로부터 표집한 예시를 보여준다. 사후 분포 및 표본 분포가 꽤 비슷함을 볼 수 있다. 따라서 부트스트랩 분포를 '가난한 자'의 사후 분포로 생각할 수 있다[HTF01, p235].

그러나 어쩌면 놀랍겠지만, 부트스트랩은 사후 표집보다 느릴 수 있다. 그 이유는 부트스트랩이 S개 표집 데이터셋을 만들어 낸 뒤, 각각에 모델을 적합시켜야 하기 때문이다. 반대로 사후 표집에서는 하나의 데이터셋이 주어지면 모델을 '적합'시키기만 하면 된다(막대한 데이터셋에 부트스트랩을 적용할 때 속도를 빠르게 하는 방법은 [Kle+11]에서 논의한다).

4.7.4 신뢰 구간

빈도주의 통계학에서는 표본 분포로부터 유도한 가변성을 모수 추정값의 불확실성을 추정하는 방법으로서 사용한다. 더 정확하게 말하자면 모수 추정값 θ를 위한 $100(1 - \alpha)$%의 **신뢰 구간**CI, Confidence Interval을 다음과 같이 가설적인 데이터셋 $\tilde{\mathcal{D}}$로부터 유도한 임의의 구간 $I(\tilde{\mathcal{D}}) = (\ell(\tilde{\mathcal{D}}), u(\tilde{\mathcal{D}}))$로 정의한다.

$$\Pr(\theta \in I(\tilde{\mathcal{D}})|\tilde{\mathcal{D}} \sim \theta) = 1 - \alpha \tag{4.223}$$

$\alpha = 0.05$라 두는 것이 일반적이며, 이는 95%의 CI를 만들어 낸다. 이는 우리가 반복적으로 데이터를 표집하고, 이러한 각 데이터셋에 $I(\tilde{\mathcal{D}})$를 계산하면, 대략 95%의 이러한 구간이 참인 모수 θ를 포함한다는 뜻이다.

그러나 식 (4.223)이 어떠한 특정 데이터셋이든지 95%의 확률로 $\theta \in I(\mathcal{D})$임을 뜻하는 것은 '아님'을 주지하라. 이는 빈도주의 신뢰 구간이 계산하는 것이 아닌, 베이즈 신용 구간이 계산하는 것이다(4.6.6절). 이러한 중요한 구별점에 대한 자세한 내용은 4.7.5절을 참고하라.

이러한 '철학적인' 걱정거리는 잠시 접어두고, 신뢰 구간을 어떻게 계산하는지 논의해 보자. $\hat{\theta}$이 모수 θ의 추정값이라 하자. θ^*가 참이지만 모르는 값이라 하자. 또한 $\Delta = \hat{\theta} - \theta^*$의 표본 분포를 알고 있다고 해보자. $\underline{\delta}$와 $\overline{\delta}$가 $\alpha/2$ 그리고 $1 - \alpha/2$ 분위수를 나타낸다고 해보자. 따라서

$$\mathrm{Pr}(\underline{\delta} \leq \hat{\theta} - \theta^* \leq \overline{\delta}) = 1 - \alpha \qquad (4.224)$$

다시 정리하면 다음을 얻는다.

$$\mathrm{Pr}(\hat{\theta} - \overline{\delta} \leq \theta^* \leq \hat{\theta} + \underline{\delta}) = 1 - \alpha \qquad (4.225)$$

따라서

$$I(\tilde{\mathcal{D}}) = (\hat{\theta}(\tilde{\mathcal{D}}) - \overline{\delta}(\tilde{\mathcal{D}}), \hat{\theta}(\tilde{\mathcal{D}}) + \underline{\delta}(\tilde{\mathcal{D}})) \qquad (4.226)$$

는 $100(1 - \alpha)\%$ 신뢰 구간이다.

몇몇 경우 $\Delta = \hat{\theta} - \theta^*$의 분포를 분석적으로 계산할 수 있다. 이를 사용해 정확한 신뢰 구간을 유도할 수 있다. 그러나 4.7.2절에서와 같이 표본 분포에 가우스 근사를 가정하는 것이 더 일반적이다. 이 경우 $\sqrt{N F(\hat{\theta})}(\hat{\theta} - \theta^*) \sim \mathcal{N}(0, 1)$이다. 따라서 다음을 사용해 근사적인 CI를 계산할 수 있다.

$$\hat{\theta} \pm z_{\alpha/2} \hat{\mathrm{se}} \qquad (4.227)$$

여기서 $z_{\alpha/2}$는 가우스 cdf의 $\alpha/2$ 분위수이며, $\hat{\mathrm{se}} = 1/\sqrt{N F(\hat{\theta})}$은 추정된 표준오차다. $\alpha = 0.05$라 두면 $z_{\alpha/2} = 1.96$이며, 이는 통상적인 근사 $\hat{\theta} \pm 2\hat{\mathrm{se}}$를 정당화한다.

가우스 근사가 좋은 것이 아니라면, 부트스트랩 근사를 사용할 수 있다(4.7.3절 참고). 특히 $\hat{\theta}(\mathcal{D})$로부터 S개의 데이터셋을 표집하고, 추정량을 각각에 적용하여 $\hat{\theta}(\mathcal{D}^{(s)})$를 얻는다. 그 뒤 $\hat{\theta}(\mathcal{D}) - \hat{\theta}(\mathcal{D}^{(s)})$의 경험적 분포를 Δ의 표본 분포의 근사로 사용한다.

4.7.5 주의: 신뢰 구간은 신용할 만하지 않다

4.7.4절에서 설명했듯이 모수 θ를 위한 95%의 빈도주의 신뢰 구간은 $\Pr(\theta \in I(\tilde{\mathcal{D}}) | \tilde{\mathcal{D}} \sim \theta) = 0.95$ 인 임의의 구간 $I(\tilde{\mathcal{D}})$로 정의한다. 이는 관측 데이터가 주어졌을 때 모수가 95%의 가능성으로 이 구간 안에 있다는 뜻이 '아니다'. 우리가 주로 계산하고자 하는 이 양은 대신에 4.6.6절에서 설명했듯이 베이즈 신용 구간 $p(\theta \in I | \mathcal{D})$로 주어진다. 이러한 개념은 꽤 차이가 있다. 빈도주의 접근법에서 θ는 알 수 없는 고정된 상수로 다루며, 데이터는 무작위인 것으로 다룬다. 베이즈 접근법에서 데이터는 고정된 것으로 다루고(아는 것이기 때문에) 모수는 무작위인 것으로 다룬다(모르는 것이기 때문에).

이러한 반직관적인 신뢰 구간 정의는 기이한 결과를 낳을 수 있다. [Ber85, p11]에서 가져온 다음의 예시를 보자. 다음으로부터 2개의 정수 $\mathcal{D} = (y_1, y_2)$를 뽑는다고 해보자.

$$p(y|\theta) = \begin{cases} 0.5 & y = \theta \text{인 경우} \\ 0.5 & y = \theta + 1 \text{인 경우} \\ 0 & \text{그 외} \end{cases} \tag{4.228}$$

$\theta = 39$라면, 0.25의 확률로 각각 다음과 같은 결과를 기대할 것이다.

$$(39, 39), (39, 40), (40, 39), (40, 40) \tag{4.229}$$

$m = \min(y_1, y_2)$이고 다음의 구간을 정의해 보자.

$$[\ell(\mathcal{D}), u(\mathcal{D})] = [m, m] \tag{4.230}$$

앞의 표본에서 이는 다음을 내놓는다.

$$[39, 39], \quad [39, 39], \quad [39, 39], \quad [40, 40] \tag{4.231}$$

따라서 39가 이들 구간의 3/4 안에 있으므로 식 (4.230)은 분명히 75%의 CI이다. 그러나 $\mathcal{D} = (39, 40)$을 관측하면 $p(\theta = 39 | \mathcal{D}) = 1.0$이므로, θ가 반드시 39임을 알고 있지만, 이 사실에 대해 오직 75%의 '신뢰'를 갖고 있다. 서로 다른 무작위로 표집된 데이터셋으로부터 복수의 CI를 계산하면, CI가 참인 모수를 75%의 횟수만큼 '포함'하지만 하나의 관측된 데이터셋만이 있고 따라서 CI가 하나뿐이라면 빈도주의적 '포함' 확률은 크게 잘못 해석될 수 있다.

덜 인위적인 또 다른 예시는 다음과 같다. 베르누이 분포의 모수 θ를 추정하고자 한다고 해보자.

$\bar{y} = \frac{1}{N_{\mathcal{D}}} \sum_{n=1}^{N_{\mathcal{D}}} y_n$이 표본 평균이라 하자. MLE는 $\hat{\theta} = \bar{y}$이다. 베르누이 모수의 95% 신뢰 구간 근사치는 $\bar{y} \pm 1.96\sqrt{\bar{y}(1 - \bar{y})/N_{\mathcal{D}}}$이다(이는 **왈드 구간**Wald interval이라 부르며 베르누이 분포의 가우스 근사에 기반한다. 식 (4.128)과 비교해 보라). 이제 $N_{\mathcal{D}} = 1$이고 $y_1 = 0$일 때 한 번의 시도를 고려해 보자. 4.5.1절에서 살펴봤듯이 MLE는 0이며 이는 과적합이다. 그러나 95% 신뢰 구간 또한 (0, 0)이며, 이는 더욱 심각해 보인다. 앞의 결함은 참인 표본 분포를 가우스로 근사했기 때문에, 혹은 표본 크기가 너무 작거나 또는 모수가 '너무 극단적'이기 때문이라고 주장할 수도 있다. 그러나 왈드 구간은 $N_{\mathcal{D}}$이 크고 모수가 극단적이지 않더라도 나쁜 움직임을 보일 수 있다[BCD01]. 반대로 비정보적인 제프리스Jeffreys 사전 분포로 된 베이즈 신용 구간은 우리가 기대한 방식으로 움직인다.

파이썬 코드를 포함한 더 많은 흥미로운 예시는 [Van14]에서 찾을 수 있다. [Hoe+14; Mor+16; Lyu+20; Cha+19b]도 참고하라. 이들은 전문 통계학자를 포함해 많은 사람이 실제로 빈도주의 신뢰 구간을 잘못 이해하고 잘못 사용할 수 있는 반면, 베이즈 신용 구간은 이러한 문제를 겪지 않음을 보여준다.

4.7.6 편향-분산 트레이드오프

추정량은 데이터에 적용되는 피추정값estimand을 내놓는 과정이다. $\hat{\theta}(\ )$가 추정량, $\hat{\theta}(\mathcal{D})$가 피추정값이라 하자. 빈도주의 통계학에서 데이터는 어떠한 참이지만 모르는 분포 $p^*(\mathcal{D})$로부터 뽑은 확률 변수로 다룬다. 이는 표본 분포라 하는, 추정 $p^*(\hat{\theta}(\mathcal{D}))$에 대한 분포를 유도한다(4.7.1절 참고). 이 절에서는 이러한 분포의 두 가지 핵심적인 속성인 편향과 분산에 대해 논의한다. 각각은 아래에서 정의한다.

4.7.6.1 추정량의 편향

추정량의 **편향**bias은 다음과 같이 정의된다.

$$\text{bias}(\hat{\theta}(\cdot)) \triangleq \mathbb{E}\left[\hat{\theta}(\mathcal{D})\right] - \theta^* \tag{4.232}$$

여기서 θ^*는 참인 모숫값이며, 기댓값은 '자연의 분포nature's distribution' $p(\mathcal{D}\,|\,\theta^*)$에 대한 것이다. 편향이 0이라면, 추정량은 **불편**unbiased이라 부른다. 예를 들어 가우스 평균의 MLE는 불편이다.

$$\text{bias}(\hat{\mu}) = \mathbb{E}[\overline{x}] - \mu = \mathbb{E}\left[\frac{1}{N_{\mathcal{D}}}\sum_{n=1}^{N_{\mathcal{D}}} x_n\right] - \mu = \frac{N_{\mathcal{D}}\mu}{N_{\mathcal{D}}} - \mu = 0 \tag{4.233}$$

여기서 $\overline{x}$는 표본 평균이다.

그러나 가우스 분산 $\sigma_{\text{mle}}^2 = \frac{1}{N}\sum_{n=1}^{N}(x_n - \overline{x})^2$의 MLE는 σ^2의 불편 추정량이 아니다. 사실 다음을 보이는 것이 가능하다(연습문제 4.7).

$$\mathbb{E}\left[\sigma_{\text{mle}}^2\right] = \frac{N_{\mathcal{D}} - 1}{N_{\mathcal{D}}}\sigma^2 \tag{4.234}$$

따라서 ML^{Maximum Likelihood} 추정량은 분산을 약간 과소추정한다. 직관적으로 이는 데이터 지점 중 하나를 평균을 추정하는 데 '써버리기' 때문이므로, 표본 크기가 1이라면 분산을 0으로 추정할 것이다. 그러나 μ가 알려져 있다면, ML 추정량은 불편이다(연습문제 4.8 참고).

이제 다음의 추정량을 고려해 보자.

$$\sigma_{\text{unb}}^2 \triangleq \frac{1}{N_{\mathcal{D}} - 1}\sum_{n=1}^{N_{\mathcal{D}}}(x_n - \overline{x})^2 = \frac{N_{\mathcal{D}}}{N_{\mathcal{D}} - 1}\sigma_{\text{mle}}^2 \tag{4.235}$$

이는 불편 추정량으로, 다음과 같이 쉽게 증명 가능하다.

$$\mathbb{E}\left[\sigma_{\text{unb}}^2\right] = \frac{N_{\mathcal{D}}}{N_{\mathcal{D}} - 1}\mathbb{E}\left[\sigma_{\text{mle}}^2\right] = \frac{N_{\mathcal{D}}}{N_{\mathcal{D}} - 1}\frac{N_{\mathcal{D}} - 1}{N_{\mathcal{D}}}\sigma^2 = \sigma^2 \tag{4.236}$$

4.7.6.2 추정량의 분산

우리의 추정량이 불편이기를 기대하는 것이 직관적으로 적절해 보인다. 그러나 불편이라는 것으로는 충분하지 않다. 예를 들어 $\mathcal{D} = \{x_1, \ldots, x_{N_{\mathcal{D}}}\}$로부터 가우스의 평균을 추정한다고 해보자. 첫 번째 데이터 지점 $\hat{\theta}(\mathcal{D}) = x_1$만을 보는 추정량은 불편 추정량이지만, 일반적으로 경험적 평균 $\overline{x}$보다(이 또한 불편이다) θ^*로부터 더 멀리 떨어져 있을 것이다. 따라서 추정량의 분산 또한 중요하다.

추정량의 분산은 다음과 같이 정의한다.

$$\mathbb{V}\left[\hat{\theta}\right] \triangleq \mathbb{E}\left[\hat{\theta}^2\right] - \left(\mathbb{E}\left[\hat{\theta}\right]\right)^2 \tag{4.237}$$

이때 기댓값은 $p(\mathcal{D} \mid \theta^*)$에 대해 취한다. 이는 데이터가 변함에 따라 얼마만큼 추정값이 변하는지를 측정한다. 이를 벡터 값으로 된 추정량을 위한 공분산 행렬로 확장할 수 있다.

직관적으로 우리 추정량의 분산이 가능한 한 작기를 원할 것이다. 그러므로 "분산이 얼마나 낮아질 수 있을까?"라는 질문을 자연스럽게 할 수 있다. **크레이머-라오 하계**Cramer-Rao lower bound라 부르는 유명한 결과는 어떠한 불편 추정량의 분산이든지 이에 대한 하계를 제공한다. 더 정확하게는 X_1, ..., $X_N \sim p(X \mid \theta^*)$이고 $\hat{\theta} = \hat{\theta}(x_1, ..., x_N)$이 θ^*의 불편 추정량이라 하자. 그러면 $p(X \mid \theta^*)$에 대한 다양한 평활성 가정하에서, $\mathbb{V}\left[\hat{\theta}\right] \geq \frac{1}{NF(\theta^*)}$이고, 여기서 $F(\theta^*)$는 피셔 정보 행렬이다(4.7.2절). 증명은 [Ric95, p275] 등에서 찾을 수 있다.

MLE가 크레이머-라오 하계를 달성하며, 따라서 임의의 불편 추정량에 대한 가장 작은 점근적 분산을 갖는다는 것을 보일 수 있다. 따라서 MLE는 **점근적으로 최적**asymptotically optimal이라고 말한다.

4.7.6.3 편향-분산 트레이드오프

이 절에서는 목표가 추정값의 최소 제곱 오차MSE를 최소화하는 것이라 가정할 때, 모수 추정을 위한 방법을 고를 때 이뤄져야 할 근본적인 트레이드오프에 대해 논의한다. $\hat{\theta} = \hat{\theta}(\mathcal{D})$가 추정값, 그리고 ($\mathcal{D}$를 변화시킴에 따라) $\overline{\theta} = \mathbb{E}\left[\hat{\theta}\right]$이 추정값의 기댓값을 가리킨다고 하자(모든 기댓값과 분산은 $p(\mathcal{D} \mid \theta^*)$에 대한 것이지만, 간결한 표기를 위해 명시적 조건부화는 버린다). 그러면 다음과 같다.

$$\mathbb{E}\left[(\hat{\theta} - \theta^*)^2\right] = \mathbb{E}\left[\left[(\hat{\theta} - \overline{\theta}) + (\overline{\theta} - \theta^*)\right]^2\right] \tag{4.238}$$

$$= \mathbb{E}\left[\left(\hat{\theta} - \overline{\theta}\right)^2\right] + 2(\overline{\theta} - \theta^*)\mathbb{E}\left[\hat{\theta} - \overline{\theta}\right] + (\overline{\theta} - \theta^*)^2 \tag{4.239}$$

$$= \mathbb{E}\left[\left(\hat{\theta} - \overline{\theta}\right)^2\right] + (\overline{\theta} - \theta^*)^2 \tag{4.240}$$

$$= \mathbb{V}\left[\hat{\theta}\right] + \text{bias}^2(\hat{\theta}) \tag{4.241}$$

단어로 표현하자면

$$\boxed{\text{MSE} = \text{분산} + \text{편향}^2} \tag{4.242}$$

이는 **편향-분산 트레이드오프**bias-variance tradeoff라 부른다(예: [GBD92] 참고). 이는 목표가 제곱 오차의 최소화라고 가정하면, 편향의 제곱 이상으로 분산이 줄어드는 한, 편향된 추정량을 사용하는 것이 영리한 일일 수 있음을 뜻한다.

4.7.6.4 예시: 가우스 평균을 위한 MAP 추정량

[Hof09, p79]에 기반한 예시를 보자. $\boldsymbol{x} = (x_1, \ldots, x_{N_D})$로부터 가우스의 평균을 추정한다고 해보자. 데이터가 $x_n \sim \mathcal{N}(\theta^* = 1, \sigma^2)$으로부터 표집됐다고 가정한다. 명백한 추정값은 MLE이다. 이는 편향이 0이며 분산은 다음과 같다.

$$\mathbb{V}\left[\overline{x}|\theta^*\right] = \frac{\sigma^2}{N} \tag{4.243}$$

그러나 MAP 추정값 또한 사용할 수 있다. 4.6.4.2절에서는 $\mathcal{N}(\theta_0, \sigma^2/\kappa_0)$ 형식을 갖는 가우스 사전 분포하에서의 MAP 추정값이 다음과 같이 주어짐을 보여준다.

$$\tilde{x} \triangleq \frac{N_\mathcal{D}}{N_\mathcal{D} + \kappa_0}\overline{x} + \frac{\kappa_0}{N_\mathcal{D} + \kappa_0}\theta_0 = w\overline{x} + (1-w)\theta_0 \tag{4.244}$$

여기서 $0 \leq w \leq 1$는 사전 분포와 비교하여 얼마만큼 MLE를 신뢰할 수 있는지를 통제한다. 편향과 분산은 다음과 같이 주어진다.

$$\mathbb{E}\left[\tilde{x}\right] - \theta^* = w\theta^* + (1-w)\theta_0 - \theta^* = (1-w)(\theta_0 - \theta^*) \tag{4.245}$$

$$\mathbb{V}\left[\tilde{x}\right] = w^2\frac{\sigma^2}{N} \tag{4.246}$$

따라서 MAP 추정값이 편향되어 있다 하더라도($w < 1$이라 가정하면) 낮은 분산을 갖는다.

사전 분포가 약간 잘못 구체화되어 있다고, 따라서 $\theta_0 = 0$을 사용하지만 참값은 $\theta^* = 1$이라고 가정해 보자. 그림 4.24(a)에서 $\kappa_0 > 0$일 때 MAP 추정값의 표본 분포가 참인 것으로부터 편향되어 떨어져 있지만, MLE보다 더 낮은 분산을 갖는다(따라서 더 좁다).

그림 4.24(b)에서 $\mathrm{mse}(\tilde{x})/\mathrm{mse}(\overline{x})$ 대 N을 그리고 있다. $\kappa_0 \in \{1, 2\}$에서 MAP 추정값이 MLE보다 낮은 MSE를 가짐을 볼 수 있다. $\kappa_0 = 0$인 경우는 MLE에 해당하고, $\kappa_0 = 3$인 경우는 강한 사전 분포에 해당하며, 사전 평균이 잘못되어 있으므로 이는 성능에 해를 입힌다. 따라서 사전 강

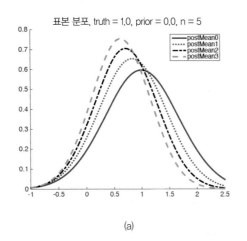
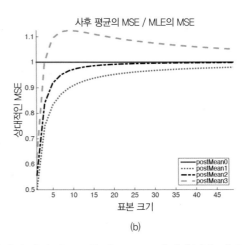

(a)　　　　　　　　　　　　　　　(b)

그림 4.24 왼쪽: $\mathcal{N}(\theta_0 = 0,\ \sigma^2/\kappa_0)$ 사전 분포하에서 각기 다른 사전 강도 κ_0를 갖는 MAP 추정값(사후 평균과 동등)의 표본 분포($\kappa = 0$이라 두면 MAP 추정값은 MLE로 수축된다). 데이터는 $\mathcal{N}(\theta^* = 1,\ \sigma^2 = 1)$로부터 뽑은 $n = 5$개 표본이다. 오른쪽: MAP의 MSE를 MLE의 MSE와 비교하여 표본 크기에 대해 그렸다. 출처: [Hof09]의 그림 5.6. samplingDistributionGaussianShrinkage.ipynb로 생성했다.

도가 적절하게 '튜닝'되어 있다면, MAP 추정값은 MSE 최소화 측면에서 ML 추정값의 성능을 앞설 수 있다.

4.7.6.5 예시: 선형 회귀의 MAP 추정량

편향-분산 트레이드오프에서 또 다른 중요한 예시는 릿지 회귀에서 나온다. 이는 11.3절에서 논의한다. 간단히 말하자면, 이는 가우스 사전 분포 $p(\boldsymbol{w}) = \mathcal{N}(\boldsymbol{w}\,|\,\boldsymbol{0},\ \lambda^{-1}\mathbf{I})$하에서의 선형 회귀를 위한 MAP 추정에 해당한다. 영-평균 사전 분포는 가중치가 작도록 북돋우며, 이는 과적합을 줄인다. 정밀도 항 λ는 사전 분포의 강도를 통제한다. $\lambda = 0$이라 두면 MLE가 된다. $\lambda > 0$를 사용하면 편향된 추정값이 된다. 분산의 효과를 보여주기 위해, 1차원 릿지 회귀 모델을 2개의 서로 다른 λ 값을 사용해 적합시키는 단순한 예시를 고려해 보자. 그림 4.25의 왼쪽은 적합시킨 각 개별 곡선을 그리며, 오른쪽은 적합된 평균 곡선을 보여준다. 정칙자의 강도를 높임에 따라 분산이 낮아지지만, 편향은 증가함을 볼 수 있다.

　모델 복잡도 측면에서 편향-분산 트레이드오프를 만화로 보여주는 그림 4.26도 참고하라.

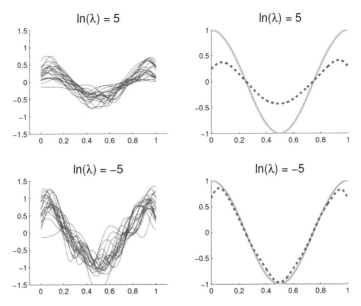

그림 4.25 릿지 회귀의 편향-분산 트레이드오프를 보여준다. 녹색 직선으로 보여주는 참인 함수로부터 100개 데이터셋을 생성한다. 왼쪽: 20개의 서로 다른 데이터셋에 정칙화된 적합을 그린다. 25개의 중심이 [0, 1] 구간에 고르게 퍼진, 가우스 RBF 전개로 된 선형 회귀를 사용한다. 오른쪽: 모든 100개 데이터셋에 대해 평균된, 적합의 평균을 그린다. 상단 행: 강하게 정칙화됨: 개별 적합이 서로 비슷하지만(낮은 분산), 평균이 참으로부터 멀리 떨어져 있음(높은 편향)을 볼 수 있다. 하단 행: 약하게 정칙화됨: 개별 적합이 서로 꽤 다르지만(높은 분산), 평균이 참에 가깝다(낮은 편향). 출처: [Bis06]의 그림 3.5. biasVarModelComplexity3. ipynb로 생성했다.

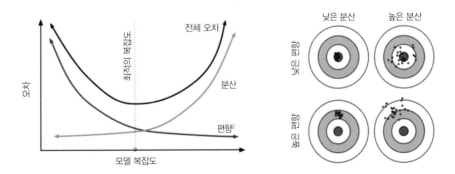

그림 4.26 편향-분산 트레이드오프를 삽화로 보여준다. 출처: http://scott.fortmann-roe.com/docs/BiasVariance.html. 스콧 포트만-로(Scott Fortmann-Roe)가 친절하게 사용을 허가했다.

4.7.6.6 분류의 편향-분산 트레이드오프

제곱 오차 대신에 0-1 손실을 사용하면, 빈도주의 위험은 더 이상 편향의 제곱에 분산을 더한 것으로 표현할 수 없다. 사실 편향과 분산은 곱셈적으로 조합됨을 보일 수 있다([HTF09]의 연습문제 7.2). 추정값이 결정 경계의 올바른 쪽에 있다면 편향은 음수이고, 분산이 감소하면 오분류율이 감소할 것이다. 그러나 추정값이 결정 경계의 잘못된 쪽에 있다면 편향이 양수이므로, 증가하는 분산으로 대가를 치르게 된다[Fri97a]. 이러한 알려진 작은 사실은 편향-분산 트레이드오프가 분류에서 매우 유용하지 못함을 보여준다. 편향과 분산에 직접적으로 집중하기보다는 기대 손실에 집중하는 편이 낫다. 4.5.5절에서 논의하듯이 교차 검증을 사용해 기대 손실을 근사할 수 있다.

4.8 연습문제

연습문제 4.1 [일변량 가우스의 MLE*]

일변량 가우스의 MLE가 다음과 같이 주어짐을 보여라.

$$\hat{\mu} = \frac{1}{N} \sum_{n=1}^{N} y_n \tag{4.247}$$

$$\hat{\sigma}^2 = \frac{1}{N} \sum_{n=1}^{N} (y_n - \hat{\mu})^2 \tag{4.248}$$

연습문제 4.2 [1차원 가우스를 위한 MAP 추정*](출처: Jaakkola)

알려진 분산 σ^2 및 알려지지 않은 평균 μ로 된 가우스 확률 변수로부터의 표본 $x_1, ..., x_n$을 고려해 보자. 추가로 평균에 대해, 고정된 평균 m과 고정된 분산 s^2으로 된 사전 분포(또한 가우스임) $\mu \sim \mathcal{N}(m, s^2)$을 가정한다. 따라서 오직 μ만이 알려져 있지 않다.

a. MAP 추정값 $\hat{\mu}_{MAP}$를 계산하라. 여러분은 결과를 증명 없이 서술할 수 있다. 아니면 할 일이 많아지긴 하겠지만 로그 사후 분포의 도함수를 계산하고, 0으로 두고 풀 수 있다.

b. 표본의 수 n이 증가함에 따라 MAP 추정값이 최대 가능도 추정값으로 수렴함을 보여라.

c. n이 작고 고정되어 있다고 해보자. 사전 분산 s^2을 높이면 MAP 추정량이 무엇으로 수렴하는가?

d. n이 작고 고정되어 있다고 해보자. 사전 분산 s^2을 낮추면 MAP 추정량이 무엇으로 수렴하는가?

연습문제 4.3 [가우스 사후 신용 구간](출처: DeGroot)

$X \sim \mathcal{N}(\mu, \sigma^2 = 4)$라 하고, 여기서 μ는 알지 못하지만 사전 분포를 $\mu \sim \mathcal{N}(\mu_0, \sigma_0^2 = 9)$로 갖고 있다고 하자. n개 표본을 본 후의 사후 분포는 $\mu \sim \mathcal{N}(\mu_n, \sigma_n^2)$이다(이는 신용 구간이라 부르며, 베이즈에서 신뢰 구간과 유사한 것이다). (ℓ, u)가 너비 1의 구간이고(μ_n에서 중심을 가짐) D가 데이터일 때 다음을 보장하려면 n이 얼마나 커야 하는가?

$$p(\ell \leq \mu_n \leq u | D) \geq 0.95 \tag{4.249}$$

힌트: 가우스 확률 질량의 95%가 평균의 $\pm 1.96\sigma$ 내에 있음을 상기하라.

연습문제 4.4 [가우스를 위한 BIC*](출처: Jaakkola)

베이즈 정보 기준BIC, Bayesian Information Criterion은 모델 선택에 사용할 수 있는 불이익 로그 가능도 함수penalized log-likelihood function다. 이는 다음과 같이 정의된다.

$$BIC = \log p(\mathcal{D}|\hat{\boldsymbol{\theta}}_{ML}) - \frac{d}{2}\log(N) \tag{4.250}$$

여기서 d는 모델 내 자유 모수의 개수이며, N은 표본의 개수다. 이 질문에서는 이를 사용해 완전 공분산 가우스와 대각 공분산을 갖는 가우스 사이에서 무엇을 어떻게 선택할지를 볼 것이다. 완전 공분산 가우스가 높은 가능도를 갖는 것이 당연하지만, 대각 공분산 행렬을 개선하는 정도가 너무 적다면 추가적인 모수의 '가치'가 없을 수도 있다.

다음과 같이 쓸 수 있다.

$$\log p(\mathcal{D}|\hat{\boldsymbol{\Sigma}}, \hat{\boldsymbol{\mu}}) = -\frac{N}{2}\text{tr}\left(\hat{\boldsymbol{\Sigma}}^{-1}\hat{\mathbf{S}}\right) - \frac{N}{2}\log(|\hat{\boldsymbol{\Sigma}}|) \tag{4.251}$$

$$\hat{\mathbf{S}} = \frac{1}{N}\sum_{i=1}^{N}(\boldsymbol{x}_i - \overline{\boldsymbol{x}})(\boldsymbol{x}_i - \overline{\boldsymbol{x}})^T \tag{4.252}$$

여기서 $\hat{\mathbf{S}}$은 산포도 행렬이며(경험적 공분산), 행렬의 대각합은 대각 요소의 합이고, 우리는 대각합 트릭을 사용했다.

a. 완전 공분산 행렬을 갖는 D차원 가우스의 BIC 점수를 유도하라. MLE의 형식을 활용하여 여러분의 해답을 가능한 한 단순화하라. 자유 모수 d의 개수를 꼭 구체화하라.

b. 대각 공분산 행렬을 갖는 D차원 가우스의 BIC 점수를 유도하라. 자유 모수 d의 개수를 꼭 구체화하라. 힌트: 대각의 경우, Σ의 ML 추정값은 대각 외 항이 0인 점을 제외하고 $\hat{\Sigma}_{ML}$과 같다.

$$\hat{\Sigma}_{diag} = \mathrm{diag}(\hat{\Sigma}_{ML}(1,1), \ldots, \hat{\Sigma}_{ML}(D,D)) \tag{4.253}$$

연습문제 4.5 [2차원 이산 분포를 위한 BIC](출처: Jaakkola)

$x \in \{0, 1\}$가 동전 던지기 결과를 나타낸다고 해보자(뒤는 $x = 0$, 앞은 $x = 1$). 동전은 앞이 확률 θ_1으로 나오도록 잠재적으로 편향되어 있다. 다른 누군가가 동전 던지기를 관찰하고 결과 y를 여러분에게 보고한다고 해보자. 그러나 이 사람은 믿을 만하지 못하며 θ_2의 확률만큼 결과를 올바르게 보고할 뿐이다. 즉, $p(y|x, \theta_2)$는 다음과 같이 주어진다.

	$y = 0$	$y = 1$
$x = 0$	θ_2	$1 - \theta_2$
$x = 1$	$1 - \theta_2$	θ_2

θ_2가 x 및 θ_1에 독립이라 가정하자.

a. 결합 확률 분포 $p(x, y|\boldsymbol{\theta})$를 $\boldsymbol{\theta} = (\theta_1, \theta_2)$ 측면에서 2×2 표로 써보라.

b. 다음의 데이터셋 $\boldsymbol{x} = (1, 1, 0, 1, 1, 0, 0)$, $\boldsymbol{y} = (1, 0, 0, 0, 1, 0, 1)$이 있다고 해보자. θ_1과 θ_2의 MLE는 무엇인가? 여러분의 해답을 정당화하라. 힌트: 가능도 함수가 다음과 같이 분해됨을 주지하라.

$$p(x, y|\boldsymbol{\theta}) = p(y|x, \theta_2)p(x|\theta_1) \tag{4.254}$$

M_2가 이러한 2모수 모델을 나타낼 때 $p(\mathcal{D}|\hat{\boldsymbol{\theta}}, M_2)$는 무엇인가?(원한다면 여러분의 해답을 분수 형식으로 놔둘 수 있다.)

c. 이제 4개의 모수 $\boldsymbol{\theta} = (\theta_{0,0}, \theta_{0,1}, \theta_{1,0}, \theta_{1,1})$로 된, $p(x, y|\boldsymbol{\theta}) = \theta_{x,y}$를 나타내는 모델을 고려해보자(이들 모수 중 오직 3개만이 자유롭게 변할 수 있다. 왜냐하면 이들의 합이 1이어야 하기 때문이다). $\boldsymbol{\theta}$의 MLE는 무엇인가? M_4가 4모수 모델을 가리킬 때 $p(\mathcal{D}|\hat{\boldsymbol{\theta}}, M_4)$는 무엇인가?

d. 우리가 어떤 모델이 맞는지 확신하지 못한다고 해보자. 다음과 같이 2모수 모델과 4모수 모델의 단일 값 제거 교차 검증된 로그 가능도를 계산한다.

$$L(m) = \sum_{i=1}^{n} \log p(x_i, y_i | m, \hat{\theta}(\mathcal{D}_{-i})) \tag{4.255}$$

그리고 $\hat{\theta}(\mathcal{D}_{-i})$는 i행을 제외하고 $\mathcal{D}$에서 계산된 MLE를 가리킨다. CV가 어떤 모델을 고를 것이며 이유는 무엇인가? 힌트: 각 훈련 사례가 한 번에 하나씩 생략될 때마다 표의 개수가 어떻게 변하는지 알아내 보라.

e. CV 대신에 다음과 같이 정의된 BIC 점수를 사용할 수 있음을 상기하라.

$$\text{BIC}(M, \mathcal{D}) \triangleq \log p(\mathcal{D}|\hat{\boldsymbol{\theta}}_{MLE}) - \frac{\text{dof}(M)}{2} \log N_{\mathcal{D}} \tag{4.256}$$

여기서 $\text{dof}(M)$은 모델 내 자유 모수의 개수다. 두 모델의 BIC 점수를 계산하라(로그의 밑으로 e를 써라). BIC가 어떤 모델을 선호하는가?

연습문제 4.6 [켤레 사전 분포의 혼합은 켤레다.*]

다음의 혼합 사전 분포를 고려해 보자.

$$p(\theta) = \sum_k p(z = k)p(\theta|z = k) \tag{4.257}$$

여기서 각각의 $p(\theta|z = k)$는 가능도에 대한 켤레다. 이것이 켤레 사전 분포임을 증명하라.

연습문제 4.7 [ML 추정량 σ^2_{mle}은 편향되어 있다.]

$\hat{\sigma}^2_{MLE} = \frac{1}{N} \sum_{n=1}^{N}(x_n - \hat{\mu})^2$이 σ^2의 편향 추정량임을 보여라. 즉, 다음을 보여라.

$$\mathbf{E}_{X_1,\dots,X_n \sim \mathcal{N}(\mu, \sigma)}[\hat{\sigma}^2(X_1, \dots, X_n)] \neq \sigma^2$$

힌트: $X_1, \dots, X_N$이 독립이며, 독립적인 확률 변수의 곱의 기댓값이 기댓값의 곱이라는 사실을 사용하라.

연습문제 4.8 [μ가 알려져 있을 때 σ^2의 추정*]

μ가 '알려진' 상수일 때 $x_1, \ldots, x_N \sim \mathcal{N}(\mu, \sigma^2)$을 표집한다고 해보자. 이 경우의 σ^2을 위한 MLE의 식을 유도해 보라. 이는 불편인가?

연습문제 4.9 [가우스 분산을 위한 추정량의 분산 및 MSE*]

가우스 분산을 위한 MLE의 표준오차가 다음과 같음을 증명하라.

$$\sqrt{\mathbb{V}[\sigma^2_{\mathrm{mle}}]} = \sqrt{\frac{2(N-1)}{N^2}} \sigma^2 \tag{4.258}$$

힌트: 다음 식과

$$\frac{N-1}{\sigma^2} \sigma^2_{\mathrm{unb}} \sim \chi^2_{N-1} \tag{4.259}$$

$\mathbb{V}[\chi^2_{N-1}] = 2(N-1)$이라는 사실을 사용하라. 마지막으로, $\mathrm{MSE}(\sigma^2_{\mathrm{unb}}) = \frac{2N-1}{N^2} \sigma^4$ 그리고 $\mathrm{MSE}(\sigma^2_{\mathrm{mle}}) = \frac{2}{N-1} \sigma^4$임을 보여라.

05

결정 이론

5.1 베이즈 결정 이론

베이즈 추론은 관측 데이터 $\mathbf{X} = \boldsymbol{x}$가 주어졌을 때 사후 분포 $p(H \,|\, \boldsymbol{x})$를 계산하여 숨겨진 양 H에 대한 믿음을 업데이트하는 최적의 방법을 제공한다. 그러나 결국에는 믿음을 세상에서 수행할 수 있는 **행동**action으로 옮겨야 한다. 어떤 행동이 가장 좋은지 어떻게 결정할 수 있을까? 이때 바로 **베이즈 결정 이론**Bayesian decision theory이 관여한다. 5장에서 이를 간단히 소개한다. 자세한 내용은 [DeG70; KWW22] 등을 참고하라.

5.1.1 기초

결정 이론에서 의사결정자, 또는 **에이전트**agent는 선택할 수 있는 행동 $\mathcal{A}$의 집합을 갖는다고 가정한다. 예를 들어, 가상의 의사가 COVID-19에 걸렸을 수도 있는 누군가를 치료하는 경우를 고려해 보자. 의사는 아무것도 하지 않거나, 또는 나쁜 부작용이 있지만 생명을 살릴 수 있는 비싼 약을 주는 행동을 할 수 있다고 해보자.

이들 각 행동은 비용과 혜택을 가지며, 하부의 **자연 상태**state of nature $H \in \mathcal{H}$에 의존할 것이다. 이러한 정보를 **손실 함수** $\ell(h, a)$로 인코딩할 수 있다. 이는 자연 상태가 $h \in \mathcal{H}$일 때 행동 $a \in \mathcal{A}$를

취하면 초래할 손실을 구체화한다.

예를 들어, 상태가 환자의 연령(젊은지 늙었는지) 그리고 COVID-19에 걸렸는지 아닌지에 의해 정의된다고 해보자. 연령은 직접적으로 관측할 수 있지만, 질병 상태는 2.3절에서 논의했듯이 잡음이 있는 관측치로부터 추론해야만 한다는 점을 주지하라. 따라서 상태는 **부분적으로 관측된다**.

환자의 상태가 어떻든 약을 투여하는 비용은 같다고 가정하자. 그러나 혜택은 다를 것이다. 환자가 젊다면 이들이 오래 살 것이라 기대하므로 COVID-19에 걸렸을 때 약을 주지 않는 비용이 높을 것이다. 그러나 환자가 늙었다면 이들은 살 수 있는 연수가 더 적으므로 COVID-19에 걸렸을 때 약을 주지 않는 비용이 아마도 더 적을 것이다(특히 부작용의 시각에서). 의학계에서 비용의 통상적인 단위는 **질보정수명**Quality-Adjusted Life Years, 즉 **QALY**이다. 젊은 사람의 기대 QALY가 60이고, 늙은 사람은 10이라 해보자. 약의 비용은 부작용으로 인한 고통과 괴로움으로 인해 8 QALY라 가정하자. 그러면 표 5.1과 같은 손실 행렬이 된다.

이러한 숫자는 상대적인 비용과 혜택을 반영하며, 많은 인자에 의존할 것이다. 숫자는 의사결정자에게 각기 다른 가능한 결과에 대한 그들의 **선호도**preference를 물어봄으로써 유도할 수 있다. 선호에 대한 어떠한 일관적인 집합이든지 기수적인 비용 스케일로 변환할 수 있다는 것을 결정 이론 정리theorem of decision theory라 한다(예를 들어, https://en.wikipedia.org/wiki/Preference_(economics)를 참고하라).

손실 함수를 구체화했다면, 가능한 각 행동의 **사후 기대 손실**posterior expected loss 또는 **위험**risk을 계산할 수 있다.

$$R(a|\boldsymbol{x}) \triangleq \mathbb{E}_{p(h|\boldsymbol{x})}\left[\ell(h,a)\right] = \sum_{h \in \mathcal{H}} \ell(h,a)p(h|\boldsymbol{x}) \tag{5.1}$$

상태	QALY	약
COVID-19 없음, 젊음	0	8
COVID-19, 젊음	60	8
COVID-19 없음, 늙음	0	8
COVID-19, 늙음	10	8

표 5.1 의사결정자의 가설적 손실 행렬. 4개의 자연 상태와 2개의 가능한 행동이 존재한다.

최적 정책^{optimal policy}(베이즈 추정량^{Bayes estimator}이라고도 함)은 각각의 가능성 있는 관측치마다 어떤 행동을 취하여 위험을 최소화하도록 할 수 있는지를 구체화한다.

$$\pi^*(\boldsymbol{x}) = \operatorname*{argmin}_{a \in \mathcal{A}} \mathbb{E}_{p(h|\boldsymbol{x})}\left[\ell(h,a)\right] \tag{5.2}$$

아니면 이 결과를 서술하는 다른, 그러나 동등한 방법은 다음과 같다. **효용 함수**^{utility function} $U(h, a)$를 각각의 가능성 있는 상태에서의 각각의 가능성 있는 행동에 대한 선호도로 정의해 보자. $U(h, a)$ $= -\ell(h, a)$라 두면, 최적의 정책은 다음과 같다.

$$\pi^*(\boldsymbol{x}) = \operatorname*{argmax}_{a \in \mathcal{A}} \mathbb{E}_h\left[U(h,a)\right] \tag{5.3}$$

이는 **최대 기대 효용 원칙**^{maximum expected utility principle}이라 부른다.

COVID-19 예제로 돌아가 보자. 관측치 $\boldsymbol{x}$는 연령(젊은지 또는 늙었는지)과 테스트 결과(양성 또는 음성)로 되어 있다. 2.3.1절의 COVID-19 진단을 위한 베이즈 규칙 결과를 사용해, 테스트 결과를 질병 상태에 대한 분포로 변환할 수 있다(즉, 환자가 COVID-19가 있는지 없는지 확률을 계산함). 이러한 믿음 상태 및 표 5.1의 손실 행렬이 주어지면, 표 5.2와 같이 각 관측치를 위한 최적 정책을 계산할 수 있다.

표 5.2로부터 테스트가 양성인 젊은 사람에게만 약을 줘야 함을 볼 수 있다. 그러나 약의 비용을 8단위에서 5로 낮추면 최적 정책이 달라진다. 이 경우 테스트가 양성인 모든 사람에게 약을 주어야 한다. 정책은 테스트의 신뢰성에 따라 달라질 수 있다. 예를 들어 민감도를 0.875에서 0.975로 높이면, 테스트가 양성일 때 COVID-19가 있을 확률이 0.8에서 0.81로 높아지고, 이는 최적 정책을 약의 비용이 8 QALY라 하더라도 테스트가 양성인 모든 사람에게 약을 투여하도록 바꾼다(이 예시

테스트	연령	pr(covid)	비용-무처치	비용-약	행동
0	0	0.01	0.84	8.00	0
0	1	0.01	0.14	8.00	0
1	0	0.80	47.73	8.00	1
1	1	0.80	7.95	8.00	0

표 5.2 가능한 각각의 관측치마다 COVID-19 환자를 처치하는 최적의 정책

를 다시 만들어 내는 코드는 dtheory.ipynb를 참고하라).

지금까지 에이전트가 **위험 중립**risk neutral이라고 암묵적으로 가정했다. 이는 그들의 결정이 결과 집합에서의 확실한 정도에 영향을 받지 않음을 뜻한다. 예를 들어 이러한 에이전트는 50달러를 확실히 받거나, 50%의 확률로 100달러나 0달러를 받는 것 사이에 어떠한 차이점도 두지 않는다. 베이즈 결정 이론의 프레임워크는 **위험 민감**risk sensitive 응용으로 일반화할 수 있지만, 이 문제는 여기서 보지는 않는다(자세한 내용은 [Cho+15] 등을 참고하라).

5.1.2 분류 문제

이 절에서는 베이즈 결정 이론을 사용해, 관측된 입력 $x \in \mathcal{X}$가 주어졌을 때 최적의 클래스 라벨을 결정한다.

5.1.2.1 제로-원 손실

자연 상태가 클래스 라벨에 해당하여 $\mathcal{H} = \mathcal{Y} = \{1, \dots, C\}$라 가정해 보자. 추가로 행동 또한 클래스 라벨에 해당하여 $\mathcal{A} = \mathcal{Y}$라 가정해 보자. 이러한 설정에서는 일반적으로 다음과 같이 정의되는 **제로-원 손실**zero-one loss이 손실 함수로 쓰인다.

$$\begin{array}{c|cc} & \hat{y} = 0 & \hat{y} = 1 \\ \hline y^* = 0 & 0 & 1 \\ y^* = 1 & 1 & 0 \end{array} \tag{5.4}$$

이를 다음과 같이 더욱 간결하게 쓸 수 있다.

$$\ell_{01}(y^*, \hat{y}) = \mathbb{I}(y^* \neq \hat{y}) \tag{5.5}$$

이 경우 사후 기대 손실은 다음과 같다.

$$R(\hat{y}|\boldsymbol{x}) = p(\hat{y} \neq y^*|\boldsymbol{x}) = 1 - p(y^* = \hat{y}|\boldsymbol{x}) \tag{5.6}$$

따라서 기대 손실을 최소화하는 행동은 가장 가능성 있는 라벨을 선택하는 것이다.

$$\pi(\boldsymbol{x}) = \underset{y \in \mathcal{Y}}{\operatorname{argmax}}\, p(y|\boldsymbol{x}) \tag{5.7}$$

260

이는 사후 분포의 **모드**^{mode}에 해당하며, 또한 **최대 사후 추정**^{maximum a posteriori estimate}, 즉 **MAP 추정**이라 한다.

5.1.2.2 비용 민감 분류

손실 함수 $\ell(y^*, \hat{y})$이 다음과 같은 이항 분류 문제를 고려해 보자.

$$\begin{pmatrix} \ell_{00} & \ell_{01} \\ \ell_{10} & \ell_{11} \end{pmatrix} \tag{5.8}$$

$p_0 = p(y^* = 0 \,|\, x)$ 그리고 $p_1 = 1 - p_0$라 하자. 따라서 오직 다음과 같다면(iff) 라벨 $\hat{y} = 0$을 선택해야 한다.

$$\ell_{00}p_0 + \ell_{10}p_1 < \ell_{01}p_0 + \ell_{11}p_1 \tag{5.9}$$

$\ell_{00} = \ell_{11} = 0$이라면, 다음과 같이 단순화된다.

$$p_1 < \frac{\ell_{01}}{\ell_{01} + \ell_{10}} \tag{5.10}$$

이제 $\ell_{10} = c\ell_{01}$이라 해보면, 거짓 음성의 비용은 거짓 양성보다 c배만큼 더 크다. 결정 규칙은 오직 $p_1 < 1/(1 + c)$라면(iff) $a = 0$을 고르는 것으로 추가적으로 단순화된다. 예를 들어 거짓 음성의 비용이 거짓 양성의 두 배만큼이어서 $c = 2$라면, 양성이라 선언하기 전에 1/3의 결정 임곗값을 사용한다.

5.1.2.3 '기각' 옵션이 있는 분류

몇몇 경우, 정말로 믿을 수 없는 대답을 반환하는 대신에 '모르겠다'라고 말하는 것이 가능할 수도 있다. 이는 **기각 옵션**^{reject option} 선택이라 부른다(예: [BW08] 참고). 이는 위험 회피적일 수 있는 약학 및 금융 같은 도메인에서 특히 중요하다.

기각 옵션은 다음과 같이 형식화할 수 있다. 자연 상태가 $\mathcal{H} = \mathcal{Y} = \{1, ..., C\}$, 행동이 $\mathcal{A} = \mathcal{Y} \cup \{0\}$이며, 행동 0은 기각 행동을 나타낸다고 해보자. 이제 다음과 같은 손실 함수를 정의한다.

$$\ell(y^*, a) = \begin{cases} 0 & y^* = a \text{ 그리고 } a \in \{1, \dots, C\} \text{인 경우} \\ \lambda_r & a = 0 \text{인 경우} \\ \lambda_e & \text{그 외} \end{cases} \tag{5.11}$$

여기서 λ_r은 기각 행동의 비용이며, λ_e는 분류 오류의 비용이다. 연습문제 5.1은 가장 가능성 있는 클래스가 $\lambda^* = 1 - \frac{\lambda_r}{\lambda_e}$보다 낮은 확률을 가질 때 기각 행동을 고르는 것이 최적의 행동임을 보여 줄 것을 요구한다. 그렇지 않으면 단지 가장 가능성 있는 클래스를 골라야 한다. 다시 말해, 최적 정책은 다음과 같다.

$$a^* = \begin{cases} y^* & p^* > \lambda^* \text{인 경우} \\ \text{기각} & \text{그 외} \end{cases} \tag{5.12}$$

여기서

$$y^* = \underset{y \in \{1, \dots, C\}}{\mathrm{argmax}} \ p(y|x) \tag{5.13}$$

$$p^* = p(y^*|x) = \max_{y \in \{1, \dots, C\}} p(y|x) \tag{5.14}$$

$$\lambda^* = 1 - \frac{\lambda_r}{\lambda_e} \tag{5.15}$$

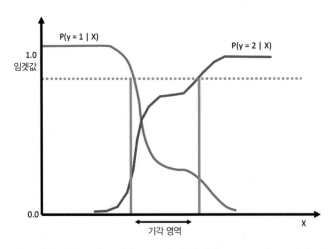

그림 5.1 입력 공간의 일부 영역에서 클래스 사후 분포가 불확실하므로, 클래스 1이나 2를 선택하지 않는 것을 선호할 수 있다. 대신에 기각 옵션을 선호할 수 있다. 출처: [Bis06]의 그림 1.26

그림 5.1를 참고하라.

기각 옵션의 흥미로운 응용은 TV 게임쇼인 〈Jeopardy〉를 플레이할 때 나타난다. 이 게임에서 참가자는 다양한 단어 퍼즐을 풀고 여러 사소한 질문에 답을 해야 하지만, 이들이 틀리게 답을 한다면 돈을 잃는다. 2011년에 IBM이 최상위의 〈Jeopardy〉 우승자를 이긴 **왓슨**Watson이란 컴퓨터 시스템을 내놓는다. 왓슨은 다양한 흥미로운 기법을 사용하지만[Fer+10], 현재 우리 논의에서 가장 적절한 것은 왓슨에 있는 대답을 얼마나 신뢰하는지 추정하는 모듈이다. 시스템은 옳다고 충분히 신뢰할 때만 답을 '버즈 인buzz in'한다.

그 밖의 방법 및 응용은 [Cor+16; GEY19] 등을 참고하라.

5.1.3 ROC 곡선

5.1.2.2절에서 거짓 양성과 거짓 음성의 상대적 비용으로부터 유도한 값 τ를 사용해 확률을 임계화함으로써, 이항 분류 문제에서의 최적 라벨을 고를 수 있음을 봤다. 하나의 임곗값을 고르는 대신에, 서로 다른 임곗값 집합을 사용하고 결과 성능을 비교하는 것을 고려할 수 있다. 이는 아래에서 논의한다.

5.1.3.1 클래스 혼동 행렬

임의의 고정된 임곗값 τ에 대해 다음의 결정 규칙을 고려한다.

$$\hat{y}_\tau(\boldsymbol{x}) = \mathbb{I}\left(p(y=1|\boldsymbol{x}) \geq 1-\tau\right) \tag{5.16}$$

다음과 같이 이 정책을 N개의 라벨링된 예제 집합에 사용해 나오는 거짓 양성FP, False Positives의 경험적 개수를 계산할 수 있다.

$$FP_\tau = \sum_{n=1}^{N} \mathbb{I}\left(\hat{y}_\tau(\boldsymbol{x}_n)=1, y_n=0\right) \tag{5.17}$$

비슷하게 거짓 음성FN, False Negatives, 참 양성TP, True Positives, 참 음성TN, True Negatives의 경험적 개수를 계산할 수 있다. 이 결과를 2×2 **클래스 혼동 행렬**class confusion matrix C에 저장할 수 있다. 여기서 C_{ij}는 항목이 참인 클래스 라벨 i가 라벨 j로 몇 번 (잘못) 분류됐는지 나타낸다. 이항 분류 문제의 경우, 결과 행렬은 표 5.3처럼 보인다.

이 표로부터 행 또는 열로 정규화하는지에 따라 $p(\hat{y}|y)$ 또는 $p(y|\hat{y})$을 계산할 수 있다. 이들 분포로부터 여러 요약 통계량을 유도할 수 있으며, 표 5.4와 표 5.5에서 요약되어 있다. 예를 들어 **민감도**sensitivity, **재현율**recall, **적중률**hit rate이라 알려진 **참 양성률**TPR, True Positive Rate은 다음과 같이 정의한다.

		추정값		행의 합
		0	1	
참값	0	TN	FP	N
	1	FN	TP	P
열의 합		$\hat{N}$	$\hat{P}$	

표 5.3 이항 분류 문제의 클래스 혼동 행렬. TP는 참 양성의 개수, FP는 거짓 양성의 개수, TN은 참 음성의 개수, FN은 거짓 음성의 개수, P는 양성의 참인 개수, $\hat{P}$은 양성이라고 예측된 개수, N은 음성의 참인 개수, $\hat{N}$은 음성이라고 예측된 개수다.

		추정값	
		0	1
참값	0	TN/N = TNR = Spec	FP/N = FPR = Type I = Fallout
	1	FN/P = FNR = Miss = Type II	TP/P = TPR = Sens = Recall

표 5.4 이항 분류 문제를 위한 클래스 혼동 행렬. $p(\hat{y}|y)$를 위해 행마다 정규화되어 있다. 약어: TNR = 참음성률(true negative rate), Spec = 특이도(specificity), FPR = 거짓 양성률(false positive rate), FNR = 거짓 음성률(false negative rate), Miss = 실패율(miss rate), TPR = 참 양성률(true positive rate), Sens = 민감도(sensitivity). FNR = 1 − TPR, FPR = 1 − TNR임을 주지하라.

		추정값	
		0	1
참값	0	TN/$\hat{N}$ = NPV	FP/$\hat{P}$ = FDR
	1	FN/$\hat{N}$ = POR	TP/$\hat{P}$ = Prec = PPV

표 5.5 이항 분류 문제를 위한 클래스 혼동 행렬. $p(y|\hat{y})$을 위해 열마다 정규화되어 있다. 약어: NPV = 음성 예측값(negative predictive value), FDR = 거짓 발견율(false discovery rate), FOR = 거짓 누락률(false omission rate), PPV = 양성 예측값(positive predictive value), Prec = 정밀도(precision). FOR = 1 − NPV, FDR = 1 − PPV임을 주지하라.

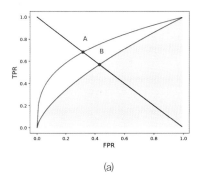
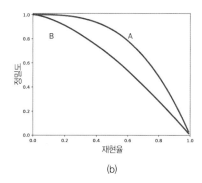

(a)   (b)

그림 5.2 (a) 2개의 가설적 분류 시스템의 ROC 곡선. 시스템 A의 빨간색 곡선은 시스템 B의 파란색 곡선보다 낫다. 참 양성률(TPR) 대 거짓 양성률(FPR)을 임곗값 τ를 변화시킴에 따라 그렸다. 또한 동일오류율(EER)을 빨간색과 파란색 점으로, 그리고 분류기 B를 위한 곡선 아래 면적(AUC) 음영으로 나타냈다. roc_plot.ipynb로 생성했다. (b) 2개의 가설적 분류 시스템의 정밀도-재현율 곡선. 시스템 A의 빨간색 곡선이 시스템 B의 파란색 곡선보다 낫다. pr_plot.ipynb로 생성했다.

$$TPR_\tau = p(\hat{y} = 1 | y = 1, \tau) = \frac{TP_\tau}{TP_\tau + FN_\tau} \tag{5.18}$$

그리고 **오경보율**false alarm rate 또는 **1종 오류율**type I error rate이라 부르는 **거짓 양성률**FPR, False Positive Rate 은 다음과 같이 정의한다.

$$FPR_\tau = p(\hat{y} = 1 | y = 0, \tau) = \frac{FP_\tau}{FP_\tau + TN_\tau} \tag{5.19}$$

이제 TPR 대 FPR을 τ의 암묵적 함수로 그릴 수 있다. 이는 **수신자 조작 특성**Receiver Operating Characteristic, 즉 **ROC**라 부른다. 예시로 그림 5.2(a)를 참고하라.

5.1.3.2 ROC 곡선을 스칼라로 요약하기

ROC 곡선의 질은 **곡선 아래 면적**Area Under the Curve, 즉 **AUC**를 사용해 하나의 숫자로 요약하는 경우가 많다. AUC 점수는 높을수록 더 좋다. 최댓값은 당연히 1이다. 또 다른 요약 통계량으로 **동일 오류율**Equal Error Rate, 즉 **EER**이 있으며, 이는 또한 **교차율**cross-over rate이라 부르고 FPR = FNR을 만족시키는 값으로 정의한다. FNR = 1 − TPR이므로, 선을 상단 좌측으로부터 하단 우측으로 그리고 어디서 ROC 곡선과 교차하는지 보며 EER을 계산할 수 있다(그림 5.2(a)의 A 점과 B 점을 참고하라). EER 점수가 낮을수록 더 좋다. 최솟값은 당연히 0이다(상단 좌측 구석에 해당함).

5.1.3.3 클래스 불균형

몇몇 문제에서는 심각한 **클래스 불균형**class imbalance이 존재한다. 예를 들어, 보통은 정보 회수에서 음성(무의미한 항목) 집합이 양성(유의미한 항목) 집합보다 훨씬 크다. TPR과 FPR은 각각 양성 및 음성 내 부분이므로, ROC 곡선은 클래스 불균형에 영향을 받지 않는다. 그러나 이러한 경우 ROC 곡선의 효용성이 낮아질 수도 있다. FPR이 FP + TN으로 나눠지므로, 거짓 양성의 절대 개수가 크게 변화하더라도 거짓 양성인 비율을 크게 변화시키지 않을 것이기 때문이다(예: [SR15] 참고). 따라서 모든 '행동'이 곡선의 극단적인 좌측 부분에서 벌어진다. 그러한 경우 정밀도-재현율 곡선과 같은 클래스 혼동 행렬을 요약하는 다른 방법을 사용해야 할 수도 있다. 이는 5.1.4절에서 논의한다.

5.1.4 정밀도-재현율 곡선

몇몇 문제에서는 '음성'이란 개념이 잘 정의되지 않는다. 예를 들어, 이미지에서 물체를 탐지한다고 해보자. 탐지기가 패치patch를 분류하여 동작한다면 조사된 패치의 개수, 따라서 참 음성의 개수는 문제 정의의 일부가 아닌 알고리듬의 모수다. 마찬가지로, 정보 회수 시스템은 보통 후보 항목의 초기 집합을 선택하게 된다. 이는 그 뒤 유의성에 따라 정렬된다. 중단점을 지정함으로써 이를 양성과 음성 집합으로 분할할 수 있다. 그러나 음성 집합의 크기는 회수된 항목의 전체 개수에 의존함을 주지하라. 이는 문제 명세의 일부가 아닌 알고리듬 모수다.

이러한 종류의 상황에서 시스템의 성능을 요약하는 데 **정밀도-재현율 곡선**precision-recall curve(PR 곡선)을 사용할 수도 있다. 이는 아래에서 설명한다(ROC 곡선과 PR 곡선 사이의 연결점에 대한 더 자세한 논의는 [DG06]을 참고하라).

5.1.4.1 정밀도 및 재현율 계산

여기서 주된 아이디어는 FPR을 양성으로부터만 계산한 양, 즉 **정밀도**precision로 바꾸는 것이다.

$$\mathcal{P}(\tau) \triangleq p(y = 1|\hat{y} = 1, \tau) = \frac{TP_\tau}{TP_\tau + FP_\tau} \tag{5.20}$$

정밀도는 탐지한 것 중에서 실제 양성인 부분이 얼마인지를 측정한다. 이는 양성 중 어느 부분이 실제로 탐지됐는지에 대한 것을 측정하는 **재현율**recall(TPR과 동일함)과 비교해 볼 수 있다.

$$\mathcal{R}(\tau) \triangleq p(\hat{y} = 1|y = 1, \tau) = \frac{TP_\tau}{TP_\tau + FN_\tau} \tag{5.21}$$

$\hat{y}_n \in \{0, 1\}$이 예측된 라벨 그리고 $y_n \in \{0, 1\}$이 참인 라벨이라면, 정밀도와 재현율은 다음을 사용해 추정할 수 있다.

$$\mathcal{P}(\tau) = \frac{\sum_n y_n \hat{y}_n}{\sum_n \hat{y}_n} \tag{5.22}$$

$$\mathcal{R}(\tau) = \frac{\sum_n y_n \hat{y}_n}{\sum_n y_n} \tag{5.23}$$

이제 정밀도 대 재현율을 임곗값 τ가 변함에 따라 그릴 수 있다. 그림 5.2(b)를 참고하라. 상단 우측에 바짝 붙어 있을수록 가장 좋다.

5.1.4.2 PR 곡선을 스칼라로 요약하기

PR 곡선은 몇 가지 방법으로 하나의 숫자로 요약할 수 있다. 첫 번째로 재현된 처음 $K = 10$개 개체의 정밀도와 같이, 고정된 재현율 수준을 위해 정밀도를 매길 수 있다. 이는 **K에서의 정밀도** 점수라 부른다. 아니면 RP 곡선 아래 면적을 계산할 수 있다. 그러나 정밀도가 재현율과 함께 단조적으로 하락하지 않을 가능성이 있다. 예를 들어 분류기가 10%의 재현율에서 90%의 정밀도, 20%의 재현율에서 96%의 정밀도를 갖는다고 해보자. 이 경우 10%의 재현율에서 정밀도를 측정하기보다는, 적어도 10%인 재현율에서 달성할 수 있는 최대 정밀도를 측정해야 한다(이는 96%일 것이다). 이는 **보간된 정밀도**interpolated precision라 부른다. 보간된 정밀도의 평균은 **평균 정밀도**average precision라 부른다. 이는 보간된 PR 곡선 아래 면적과 같지만, 본래의 PR 곡선 아래 면적과는 같지 않을 수도 있다.[1] **mAP**mean Average Precision는 서로 다른 PR 곡선에 대한 집합의 AP의 평균이다.

---

1 자세한 내용은 https://sanchom.wordpress.com/tag/average-precision/을 참고하라.

5.1.4.3 F 점수

PR 곡선의 단일 지점에 해당하는 고정된 임곗값에 대해, 단일 정밀도 및 재현율 값을 계산할 수 있다. 이는 앞으로 $\mathcal{P}$와 $\mathcal{R}$로 표기한다. 이들은 F_β라 부르는 단일 통계량으로 자주 조합되며, 다음과 같이 정의된다.[2]

$$\frac{1}{F_\beta} = \frac{1}{1+\beta^2}\frac{1}{\mathcal{P}} + \frac{\beta^2}{1+\beta^2}\frac{1}{\mathcal{R}} \tag{5.24}$$

또는 다음과 동등하다.

$$F_\beta \triangleq (1+\beta^2)\frac{\mathcal{P}\cdot\mathcal{R}}{\beta^2\mathcal{P}+\mathcal{R}} = \frac{(1+\beta^2)TP}{(1+\beta^2)TP + \beta^2 FN + FP} \tag{5.25}$$

$\beta = 1$이라 두면 정밀도와 재현율의 조화평균harmonic mean이 된다.

$$\frac{1}{F_1} = \frac{1}{2}\left(\frac{1}{\mathcal{P}} + \frac{1}{\mathcal{R}}\right) \tag{5.26}$$

$$F_1 = \frac{2}{1/\mathcal{R} + 1/\mathcal{P}} = 2\frac{\mathcal{P}\cdot\mathcal{R}}{\mathcal{P}+\mathcal{R}} = \frac{TP}{TP + \frac{1}{2}(FP+FN)} \tag{5.27}$$

산술평균 $(\mathcal{P}+\mathcal{R})/2$ 대신에 조화평균을 사용하는 이유를 이해하기 위해 다음의 시나리오를 고려해 보자. 모든 항목을 재현한다고, 따라서 모든 n에 대해 $\hat{y}_n = 1$이며 $\mathcal{R} = 1$이라 해보자. 이 경우 정밀도 $\mathcal{P}$는 **우세도**prevalence $p(y=1) = \frac{\Sigma_n \mathbb{I}(y_n=1)}{N}$로 주어진다. 우세도가 낮다고, 말하자면 $p(y=1) = 10^{-4}$이라 해보자. $\mathcal{P}$와 $\mathcal{R}$의 산술평균은 $(\mathcal{P}+\mathcal{R})/2 = (10^{-4}+1)/2 \approx 50\%$로 주어진다. 반대로 이 전략의 조화평균은 오직 $\frac{2\times 10^{-4}\times 1}{1+10^{-4}} \approx 0.02\%$일 뿐이다. 일반적으로 조화평균이 더 보수적이며, 정밀도와 재현율 모두 높을 것을 요구한다.

F_1 점수를 사용하면 정밀도와 재현율에 같은 가중치를 준다. 그러나 재현율이 더 중요하다면 $\beta = 2$를, 정밀도가 더 중요하다면 $\beta = 0.5$를 사용할 수도 있다.

---

2 우리는 https://en.wikipedia.org/wiki/F-score#F%CE%B2의 표기법을 따른다.

5.1.4.4 클래스 불균형

ROC 곡선은 클래스 불균형에 민감하지 않지만, PR 곡선은 [Wil20]에서 언급한 바와 같이 그렇지 못하다. 이를 보기 위해 데이터셋에서 양성인 부분이 $\pi = P/(P + N)$이라 하고, 비율 $r = P/N$ $= \pi/(1 - \pi)$를 정의해 보자. $n = P + N$이 모집단 크기라 하자. ROC 곡선은 r이 변해도 영향을 받지 않는다. 왜냐하면 TPR은 양성인 예제 내 비율로 정의되며, FPR은 음성인 예제 내 비율로 정의되기 때문이다. 이는 어떤 클래스를 양성으로, 그리고 어떤 클래스를 음성으로 정의하는지와 상관이 없음을 뜻한다.

이제 PR 곡선을 고려해 보면, 정밀도는 다음과 같이 쓸 수 있다.

$$\text{Prec} = \frac{TP}{TP + FP} = \frac{P \cdot TPR}{P \cdot TPR + N \cdot FPR} = \frac{TPR}{TPR + \frac{1}{r}FPR} \tag{5.28}$$

따라서 $\pi \to 1$ 그리고 $r \to \infty$임에 따라 $\text{Prec} \to 1$이며, $\pi \to 0$ 그리고 $r \to 0$임에 따라 $\text{Prec} \to 0$이 된다. 예를 들어 $r = 0.5$인 균형적인 문제를 $r = 0.1$인 불균형한 문제로 바꾸면(따라서 양성이 더 드물어진다) 각 임곗값에서의 정밀도가 떨어질 것이며, (TPR로 알려진) 재현율은 같게 유지될 것이므로 전반적인 PR 곡선은 낮아질 것이다. 따라서 서로 다른 우세도로 된 복수의 이항 문제가 있다면(예: 흔한 객체 또는 드문 객체의 탐지), 이들 정밀도를 평균할 때 주의해야 한다[HCD12].

F 점수 또한 클래스 불균형에 영향을 받는다. 이를 위해 F 점수를 다음과 같이 다시 쓸 수 있음을 주지하라.

$$\frac{1}{F_\beta} = \frac{1}{1 + \beta^2}\frac{1}{\mathcal{P}} + \frac{\beta^2}{1 + \beta^2}\frac{1}{\mathcal{R}} \tag{5.29}$$

$$= \frac{1}{1 + \beta^2}\frac{TPR + \frac{N}{P}FPR}{TPR} + \frac{\beta^2}{1 + \beta^2}\frac{1}{TPR} \tag{5.30}$$

$$F_\beta = \frac{(1 + \beta^2)TPR}{TPR + \frac{1}{r}FPR + \beta^2} \tag{5.31}$$

5.1.5 회귀 문제

지금까지 유한한 개수의 행동 $\mathcal{A}$ 및 자연 상태 $\mathcal{H}$가 있는 경우를 고려했다. 이번 절에서는 행동과 상태 집합이 모두 실수 선과 같은 경우인 $\mathcal{A} = \mathcal{H} = \mathbb{R}$을 고려한다. 이 경우를 위해 흔히 쓰이는 여러 손실 함수를 구체화한다(이는 손실을 요소별로 계산함으로써 $\mathbb{R}^D$로 확장될 수 있다). 결과 결정 규칙은 반환할 추정량의 최적 모수를, 또는 로봇이 취할 최적 행동을 계산하는 데 쓰일 수 있다.

5.1.5.1 L2 손실

연속적인 상태 및 행동에서 가장 흔한 손실은 ℓ_2 손실이며, 또한 **제곱 오차**squared error 또는 **이차 손실** quadratic loss이라 부른다. 이는 다음과 같이 정의된다.

$$\ell_2(h, a) = (h - a)^2 \tag{5.32}$$

이 경우 위험은 다음과 같다.

$$R(a|\boldsymbol{x}) = \mathbb{E}\left[(h - a)^2 | \boldsymbol{x}\right] = \mathbb{E}\left[h^2|\boldsymbol{x}\right] - 2a\mathbb{E}\left[h|\boldsymbol{x}\right] + a^2 \tag{5.33}$$

최적 행동은 위험의 도함수가 (그 점에서) 0이라는 조건을 반드시 만족시켜야 한다(8장에서 설명하듯이). 따라서 최적 행동은 사후 평균을 고르는 것이 된다.

$$\frac{\partial}{\partial a} R(a|\boldsymbol{x}) = -2\mathbb{E}\left[h|\boldsymbol{x}\right] + 2a = 0 \implies \pi(\boldsymbol{x}) = \mathbb{E}\left[h|\boldsymbol{x}\right] = \int h\, p(h|\boldsymbol{x}) dh \tag{5.34}$$

이는 **최소 평균 제곱 오차**Minimum Mean Squared Error 추정값, 즉 MMSE 추정값이라 부른다.

5.1.5.2 L1 손실

ℓ_2 손실은 참으로부터의 편차에 이차적으로 불이익을 주므로 **이상치**outlier에 민감하다. 더 **로버스트한** 대안으로는 절대 또는 ℓ_1 **손실**이 있다.

$$\ell_1(h, a) = |h - a| \tag{5.35}$$

이는 그림 5.3에 나타나 있다. 연습문제 5.4는 최적 추정값은 사후 중앙값임을, 즉 $\Pr(h < a|\boldsymbol{x}) = \Pr(h \geq a|\boldsymbol{x}) = 0.5$를 따르는 값 a임을 증명할 것을 요구한다. 11.6.1절에서 논의하듯이 이를 로버스트한 회귀를 위해 사용할 수 있다.

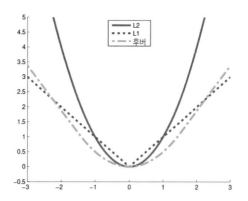

그림 5.3 $\delta = 1.5$일 때 ℓ_2, ℓ_1, 후버 손실 함수를 보여준다. huberLossPlot.ipynb로 생성했다.

5.1.5.3 후버 손실

또 다른 로버스트한 손실 함수로 **후버 손실**Huber loss이 있다[Hub64]. 이는 다음과 같이 정의된다.

$$\ell_\delta(h, a) = \begin{cases} r^2/2 & |r| \leq \delta\text{인 경우} \\ \delta|r| - \delta^2/2 & |r| > \delta\text{인 경우} \end{cases} \tag{5.36}$$

여기서 $r = h - a$이다. 이는 오차가 δ보다 작을 때 ℓ_2와 동등하며, 더 큰 오차에서는 ℓ_1과 동등하다. 그림 5.3을 참고하라. 11.6.3절에서 논의하듯이 이를 로버스트한 회귀를 위해 사용할 수 있다.

5.1.6 확률적 예측 문제

5.1.2절에서는 가능성 있는 행동의 집합이 하나의 클래스 라벨(또는 어쩌면 '기각' 또는 '모름' 행동)을 고르는 것이라고 가정했다. 5.1.5절에서는 가능한 행동의 집합이 실숫값 스칼라를 고르는 것이라고 가정했다. 이번 절에서는 가능한 행동의 집합이 어떠한 관심 있는 값의 **확률 분포**를 고르는 것이라 가정한다. 즉, 특정 값을 예측하는 대신에 **확률적 예측**probabilistic prediction 또는 **확률적 예상**probabilistic forecasting을 수행하고자 한다. 더 정확하게는 참인 '자연 상태'가 분포 $h = p(Y \mid x)$, 행동은 또 다른 분포 $a = q(Y \mid x)$라 가정하며, x가 주어졌을 때 $\mathbb{E}[\ell(p, q)]$를 최소화하는 q를 고르고자 한다. 아래에서 여러 가능한 손실 함수를 논의한다.

5.1.6.1 KL, 교차 엔트로피 그리고 로그 손실

두 분포를 비교하는 일반적인 손실 함수 형식은 **쿨백-라이블러 발산**^{Kullback-Leibler divergence}, 즉 **KL 발산**이며 다음과 같이 정의된다.

$$D_{\mathrm{KL}}\left(p \parallel q\right) \triangleq \sum_{y \in \mathcal{Y}} p(y) \log \frac{p(y)}{q(y)} \tag{5.37}$$

(단순한 표기를 위해 변수 y가 이산형이라 가정했지만, 이는 실숫값 변수로 일반화할 수 있다.) 6.2절에서 KL 발산이 다음의 속성을 만족시킴을 보여준다. $D_{\mathrm{KL}}(p\|q) \geq 0$이며 오직 $p = q$라면(iff) 양변이 같다. 이는 인수에 대해 비대칭 함수임을 주지하라.

KL은 다음과 같이 전개할 수 있다.

$$D_{\mathrm{KL}}\left(p \parallel q\right) = \sum_{y \in \mathcal{Y}} p(y) \log p(y) - \sum_{y \in \mathcal{Y}} p(y) \log q(y) \tag{5.38}$$

$$= -\mathbb{H}(p) + \mathbb{H}_{ce}(p, q) \tag{5.39}$$

$$\mathbb{H}(p) \triangleq -\sum_{y} p(y) \log p(y) \tag{5.40}$$

$$\mathbb{H}_{ce}(p, q) \triangleq -\sum_{y} p(y) \log q(y) \tag{5.41}$$

$\mathbb{H}(p)$ 항은 **엔트로피**^{entropy}라 한다. 이는 p의 불확실성 또는 분산의 측도다. p가 균일하다면 이는 극대가 되며, p가 퇴화 함수 또는 결정론적인 델타 함수라면 0이다. 엔트로피는 데이터의 압축 및 상호 작용에 대한 최적의 방법에 관심을 갖는 **정보 이론**^{information theory} 분야에서 자주 쓰인다(6장 참고). 최적 코딩 체계는 더 빈번한 기호에 더 적은 비트를(즉, $p(y)$가 큰 Y의 값), 덜 빈번한 기호에 더 많은 비트를 할당할 것이다. 분포 p를 통해 생성한 데이터셋을 압축하는 데 필요한 비트의 개수는 적어도 $\mathbb{H}(p)$라는 중요한 결과가 있다. 그러므로 엔트로피는 정보의 손실 없이 데이터를 압축할 수 있는 정도를 위한 하계^{lower bound}를 제공한다. $\mathbb{H}_{ce}(p,\ q)$ 항은 **교차 엔트로피**^{cross-entropy}라 한다. 이는 분포 q를 사용해 코드를 디자인할 때, 분포 p로부터 나오는 데이터셋을 압축하는 데 필요한 비트의 기대 개수를 측정한다. 그러므로 KL은 데이터를 압축하는 데 올바르지 않은 분포 q를 사용함으로 인해 필요한 비트의 추가 개수다. KL이 0이라면 모든 가능성 있는 미래 사건의 확률을 올바르게 예측할 수 있으며, 따라서 미래의 예측은 물론 참인 분포 p로의 접근을 갖는 '오라클'을 학습했음을 뜻한다.

미래 데이터를 예측하는 데 필요한 최적 분포를 찾으려면 $D_{\mathrm{KL}}(p||q)$를 최소화할 수 있다. $\mathbb{H}(p)$가 q에 대해 상수이므로 무시할 수 있으며, 따라서 교차 엔트로피를 다음과 같이 동등하게 최소화할 수 있다.

$$q^*(Y|x) = \underset{q}{\operatorname{argmin}} \, \mathbb{H}_{ce}(q(Y|x), p(Y|x)) \tag{5.42}$$

이제 참인 자연 상태가 모든 질량을 하나의 결과에 두는, 말하자면 $h = p(Y|x) = \mathbb{I}(Y = c)$인 퇴화 분포의 특별한 경우를 고려해 보자. 이는 '원핫^{one-hot}' 분포라고 부른다. 그림 2.1에서와 같이 벡터의 c번째 요소를 '켜고', 그 밖의 요소를 '끄기' 때문이다. 이 경우 교차 엔트로피는 다음과 같다.

$$\mathbb{H}_{ce}(\delta(Y = c), q) = -\sum_{y \in \mathcal{Y}} \delta(y = c) \log q(y) = -\log q(c) \tag{5.43}$$

이는 목표 라벨 c가 주어졌을 때 예측 분포 q의 **로그 손실**^{log loss}로 알려져 있다.

5.1.6.2 적절한 점수화 규칙

교차 엔트로피 손실은 확률적 예상을 위한 매우 일반적인 선택이지만, 쓸 수 있는 유일한 계량은 아니다. 우리가 원하는 핵심 속성은 의사결정자가 오직 참인 분포 p에 들어맞는 분포 q를 고른다면(iff) 손실 함수가 최소화된다는 것, 즉 $\ell(p, p) \le \ell(p, q)$이고 오직 $p = q$라면(iff) 부등식이 같다는 것이다. 이러한 손실 함수 ℓ은 **적절한 점수화 규칙**^{proper scoring rule}이라 부른다[GR07].

$D_{\mathrm{KL}}(p||p) \le D_{\mathrm{KL}}(p||q)$라는 사실의 이점을 통해 교차 엔트로피 손실이 적절한 점수화 규칙임을 보일 수 있다. 그러나 $\log p(y)/q(y)$ 항은 확률이 낮은 사건을 위한 오차에 꽤나 민감할 수 있다[QC+06]. 흔한 대안은 **브라이어 점수**^{Brier score}를 사용하는 것이다[Bri50]. 이는 다음과 같이 정의된다(값이 C개인 이산형 분포에서).

$$\ell(p, q) \triangleq \frac{1}{C} \sum_{c=1}^{C} (q(y = c|x) - p(y = c|x))^2 \tag{5.44}$$

이는 벡터로 볼 때 참인 분포와 비교한 예측 분포의 제곱 오차일 뿐이다. 제곱 오차에 근거하므로, 극단적으로 드물거나 극단적으로 흔한 클래스에 덜 민감하다. 다행히도 이 또한 적절한 점수화 규칙이다.

5.2 '올바른' 모델 선택

5.2절에서는 몇 개의 후보 (모수적) 모델이 있고(예: 각기 다른 개수의 층이 있는 신경망), '올바른' 모델을 선택하고자 하는 환경을 고려한다. 이는 베이즈 결정 이론으로부터의 도구를 사용해 다룰 수 있다.

5.2.1 베이즈 가설 검정

2개의 가설 또는 모델이 있다고 해보자. 이들은 보통 **귀무가설**null hypothesis M_0 그리고 **대립가설** alternative hypothesis M_1이라 부르며, 어떤 것이 더 참일 가능성이 있는지 알고자 한다. 이를 **가설 검정**hypothesis testing이라 부른다.

0-1 손실을 사용하면, 최적 결정은 오직 $p(M_1|\mathcal{D}) > p(M_0|\mathcal{D})$라면(iff), 아니면 동등하게 $p(M_1|\mathcal{D})/p(M_0|\mathcal{D}) > 1$이라면 대립가설을 고르는 것이다. 균일 사전 분포 $p(M_0) = p(M_1) = 0.5$ 를 사용하면, 결정 규칙은 오직 $p(\mathcal{D}|M_1)/p(\mathcal{D}|M_0) > 1$이라면(iff) M_1을 선택하는 것이 된다. 두 모델의 주변 가능도의 비율인 이러한 양은 **베이즈 인자**Bayes factor라 한다.

$$B_{1,0} \triangleq \frac{p(\mathcal{D}|M_1)}{p(\mathcal{D}|M_0)} \tag{5.45}$$

이는 모수에 대해 적분한다는 점을 제외하고 **가능도 비율**likelihood ratio과 비슷하며, 5.2.3절에서 설명하는 베이즈적 오컴의 면도날에 기인하여 복잡도가 다른 모델을 비교할 수 있게 해준다.

$B_{1,0} > 1$이라면 모델 1을 선호하며, 그렇지 않으면 모델 0을 선호한다. 물론 $B_{1,0}$가 겨우 약간만 1보다 클 수도 있다. 이 경우 모델 1이 낫다고 강하게 자신할 수 없다. 제프리스Jeffreys[Jef61]는 베이즈 인자의 크기를 해석하기 위해 증거의 스케일scale of evidence을 제안했다. 이는 표 5.6이 보여준다. 이는 p 값의 빈도주의 개념에 대한 베이즈적 대안이다(5.5.3절 참고).

5.2.1.1절에서 베이즈 인자를 계산하는 방법의 예시를 제공한다.

5.2.1.1 예시: 동전이 공평한지 검정

예시로 몇 번의 동전 던지기를 관측하고 데이터가 공평한 동전 $\theta = 0.5$로부터 생성됐는지, 아니면 θ가 [0, 1] 내의 어떠한 값인 잠재적으로 편향된 동전인지 결정하고자 한다고 해보자. 첫 번째

베이즈 인자 $BF(1, 0)$	해석
$BF < \frac{1}{100}$	M_0의 결정적인(decisive) 증거
$BF < \frac{1}{10}$	M_0의 강한(strong) 증거
$\frac{1}{10} < BF < \frac{1}{3}$	M_0의 보통의(moderate) 증거
$\frac{1}{3} < BF < 1$	M_0의 약한(weak) 증거
$1 < BF < 3$	M_1의 약한 증거
$3 < BF < 10$	M_1의 보통의 증거
$BF > 10$	M_1의 강한 증거
$BF > 100$	M_1의 결정적인 증거

표 5.6 베이즈 인자 해석을 위한 제프리의 증거의 스케일

모델은 M_0로, 두 번째 모델은 M_1으로 표기한다고 해보자. M_0하에서의 주변 가능도는 간단히 다음과 같다.

$$p(\mathcal{D}|M_0) = \left(\frac{1}{2}\right)^N \tag{5.46}$$

여기서 N은 동전 던지기의 횟수다. 식 (4.143)으로부터 M_1하에서의 베타 사전 분포를 사용하는 주변 가능도는 다음과 같다.

$$p(\mathcal{D}|M_1) = \int p(\mathcal{D}|\theta)p(\theta)d\theta = \frac{B(\alpha_1 + N_1, \alpha_0 + N_0)}{B(\alpha_1, \alpha_0)} \tag{5.47}$$

그림 5.4(a)에 $N = 5$ 그리고 균일 사전 분포 $\alpha_1 = \alpha_0 = 1$을 가정하고, $\log p(\mathcal{D}\,|\,M_1)$ 대 앞이 나온 수 N_1을 그렸다(사전 분포가 대칭인 한, 따라서 $\alpha_0 = \alpha_1$인 한, 곡선의 모양이 α_1 및 α_0에 매우 민감하지는 않다). 앞이 2번이나 3번 나온다면, 동전이 불편이라는 가설 M_0가 M_1보다 가능성이 커진다. M_0가 더 단순한 모델이기 때문이다(자유 모수가 없음). 동전이 편향됐지만 거의 정확하게 50/50으로 앞/뒤가 나온다면, 이러한 우연의 일치는 의심스러울 것이다. 그러나 개수가 더욱 극단적임에 따라, 편향된 동전 가설을 선호한다. 로그 베이즈 인자 $\log B_{1,0}$를 그린다면, 정확히 같은 모양을 가질 것임을 주지하라. 왜냐하면 $\log p(\mathcal{D}\,|\,M_0)$가 상수이기 때문이다.

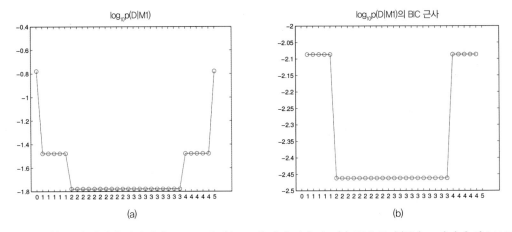

그림 5.4 (a) 동전 던지기 예시에서 로그 주변 가능도 대 앞이 나온 수, (b) BIC 근사(N이 고정되어 있으므로 수직축 스케일은 임의적이다). coins_model_sel_demo.ipynb로 생성했다.

5.2.2 베이즈 모델 선택

이제 모델이 2개 이상인 $\mathcal{M}$ 집합이 있으며, 가장 가능성 있는 것을 고른다고 해보자. 이를 **모델 선택**model selection이라 부른다. 이는 행동 공간이 하나의 모델 $m \in \mathcal{M}$을 고를 것을 요구하는 결정 이론 문제로 볼 수 있다. 0-1 손실이 있다면, 최적 행동은 가장 가능성 있는 모델을 고르는 것이다.

$$\hat{m} = \underset{m \in \mathcal{M}}{\operatorname{argmax}} \, p(m|\mathcal{D}) \tag{5.48}$$

여기서

$$p(m|\mathcal{D}) = \frac{p(\mathcal{D}|m)p(m)}{\sum_{m \in \mathcal{M}} p(\mathcal{D}|m)p(m)} \tag{5.49}$$

은 모델들에 대한 사후 분포다. 모델들에 대한 사전 분포가 균일하여 $p(m) = 1/|\mathcal{M}|$이라면, MAP 모델은 다음과 같이 주어진다.

$$\hat{m} = \underset{m \in \mathcal{M}}{\operatorname{argmax}} \, p(\mathcal{D}|m) \tag{5.50}$$

양 $p(\mathcal{D}|m)$은 다음과 같이 주어진다.

$$p(\mathcal{D}|m) = \int p(\mathcal{D}|\boldsymbol{\theta}, m)p(\boldsymbol{\theta}|m)d\boldsymbol{\theta} \tag{5.51}$$

이는 모델 m의 **주변 가능도**^{marginal likelihood} 또는 **증거**^{evidence}라 한다. 직관적으로 이는 모든 가능한 모숫값에 대해 사전 분포 $p(\boldsymbol{\theta}|m)$으로 가중하여 평균한 데이터의 가능도다. $\boldsymbol{\theta}$의 모든 설정이 데이터에 높은 확률을 할당한다면, 이는 아마도 좋은 모델일 것이다.

5.2.2.1 예시: 다항 회귀

베이즈 모델 선택의 예시로 1차원에서의 다항 회귀를 고려한다. 그림 5.5는 $N = 5$개 데이터 지점에 적합시킨 1, 2, 3차 다항식에 해당하는 3개의 모델에 대한 사후 분포를 보여준다. 모델에 균일 사전 분포를 사용하며, 경험적 베이즈를 사용해 회귀 가중치에 대한 사전 분포를 추정한다(11.7.7절 참고). 그 뒤 각 모델의 증거를 계산한다(11.7절에서 이를 어떻게 하는지 보라). 복잡한 모델을 정당화할

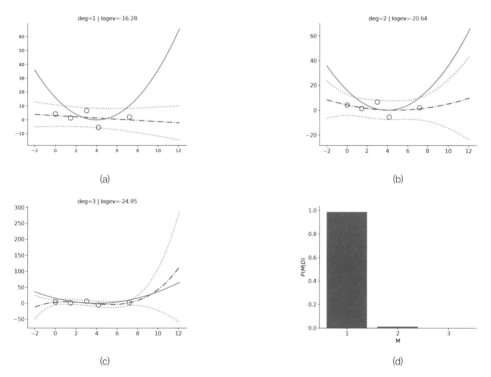

그림 5.5 다항 회귀를 위한 베이즈 모델 선택을 보여준다. (a)~(c) $N = 5$개 데이터 지점에 1, 2, 3차 다항식을 적합시킨다. 초록색 실곡선은 참인 함수, 빨간색 쇄곡선은 예측이다(파란색 점선은 평균 근처 $\pm 2\sigma$를 나타낸다). (d) 균일 사전 분포 $p(m) \propto 1$을 가정하고 모델에 대한 사후 분포 $p(m|\mathcal{D})$를 그렸다. linreg_eb_modelsel_vs_n.ipynb로 생성했다.

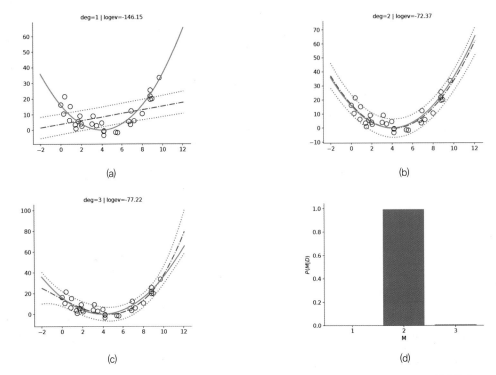

(a)

(b)

(c)

(d)

그림 5.6 $N = 30$을 제외하고 그림 5.5와 같다. linreg_eb_modelsel_vs_n.ipynb로 생성했다.

만한 충분한 데이터가 없으므로, MAP 모델은 $m = 1$이다. 그림 5.6은 $N = 30$개 데이터 지점에서의 유사한 그림을 보여준다. 이제 MAP 모델이 $m = 2$임을 볼 수 있다. 표본 크기가 더 클수록 더욱 복잡한 모델을 안전하게 고를 수 있음을 뜻한다.

5.2.3 오컴의 면도날

단순한 모델 m_1과 더 복잡한 모델 m_2, 두 모델을 고려해 보자. 둘 다 자신의 모수를 적절하게 최적화함으로써 데이터를 설명할 수 있다고, 즉 $p(\mathcal{D} \mid \hat{\boldsymbol{\theta}}_1, m_1)$과 $p(\mathcal{D} \mid \hat{\boldsymbol{\theta}}_2, m_2)$ 모두 크다고 해보자. m_1이 더 단순하면서도 m_2만큼 좋으므로, 직관적으로 m_1을 선호해야 할 것이다. 이 원칙을 **오컴의 면도날**Occam's razor이라 한다.

이제 모델의 주변 가능도를 바탕으로 순위를 매기면 어떻게 이러한 움직임을 야기하는지 보자. 이는 사전 분포에 대해 가능도를 평균하는 것을 필요로 한다. 복잡한 모델은 데이터를 설명하는

'좋은' 모수 $\hat{\boldsymbol{\theta}}_2$에 더 적은 사전 확률을 둘 것이다. 왜냐하면 전체 모수 공간에 대해 사전 분포의 적분이 1.0이어야 하기 때문이다. 그러므로 가능도가 낮은 모수 공간의 부분에서 평균을 취할 것이다. 반대로 단순한 모델은 더 적은 모수를 가지므로 사전 분포가 더 적은 부피에 집중된다. 그러므로 평균이 모수 공간의 좋은 부분, $\hat{\boldsymbol{\theta}}_1$ 근처에 있을 것이다. 이는 **베이즈적 오컴의 면도날**Bayesian Occam's razor 효과라 부른다[Mac95; MG05].

베이즈적 오컴의 면도날 효과를 이해하는 또 다른 방법은 단순한 그리고 복잡한 모델의 상대 예측 능력을 비교하는 것이다. 확률의 합이 반드시 1이어야 하므로, $\sum_{\mathcal{D}'} p(\mathcal{D}' \mid m) = 1$이며, 이때 합은 모든 가능한 데이터셋에 대한 것이다. 많은 것을 예측할 수 있는 복잡한 모델은 반드시 예측된 확률 밀도를 얇게 퍼뜨려야 하며, 따라서 단순한 모델만큼 주어진 데이터에 대한 확률을 얻지 못할 것이다. 이는 때때로 **확률 질량의 보존**conservation of probability mass 원칙이라 부르며, 그림 5.7이 보여준다. 수평축에 가능성 있는 모든 데이터셋을 복잡도가 증가하는 순으로 그렸다(어떠한 추상적인 개념으로 측정). 수직축에 단순한 모델 M_1, 중간 모델 M_2, 복잡한 모델 M_3라는 3개의 가능한 모델의 예측을 그렸다. 또한 수직선으로 실제 관측한 데이터를 표시했다. 모델 1은 너무 단순하여 $\mathcal{D}_0$에 낮은 확률을 할당한다. 모델 3 또한 $\mathcal{D}_0$에 상대적으로 낮은 확률을 할당한다. 왜냐하면 많은 데이터셋을 예측할 수 있으므로, 확률을 꽤나 넓고 얇게 퍼뜨리기 때문이다. 모델 2가 '딱 좋다'. 이는 관측된 데이터를 적절한 정도의 신뢰성으로 예측하지만, 너무 많은 것을 예측하지는 않는다. 따라서 모델 2가 가장 유망한 모델이다.

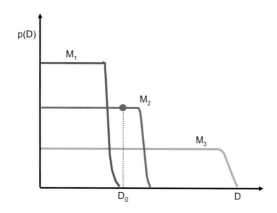

그림 5.7 베이즈적 오컴의 면도날을 도식적으로 보여준다. 넓은 (초록색) 곡선은 복잡한 모델, 좁은 (파란색) 곡선은 단순한 모델, 중간 (빨간색) 곡선은 딱 좋은 모델에 해당한다. 출처: [Bis06]의 그림 3.13. 실제 데이터로 만든 비슷한 그림[MG05, 그림 2]도 참고하라.

5.2.4 교차 검증과 주변 가능도 사이의 관계

지금까지 어떻게 주변 가능도가 '올바른' 복잡도를 갖는 모델을 선택하는 데 도움이 되는지 살펴봤다. 비베이즈 모델 선택에서, 이러한 목적을 위해서는 교차 검증(4.5.5절)을 사용하는 것이 표준이다.

지금부터 보여주듯이, 알고 보면 주변 가능도는 단일 값 제거 교차 검증^{LOO-CV, Leave-One-Out Cross-Validation} 추정값과 긴밀하게 관련되어 있다. 다음의 순차적 형식으로 쓴, 모델 m을 위한 주변 가능도로 시작해 보자.

$$p(\mathcal{D}|m) = \prod_{n=1}^{N} p(y_n|y_{1:n-1}, \boldsymbol{x}_{1:N}, m) = \prod_{n=1}^{N} p(y_n|\boldsymbol{x}_n, \mathcal{D}_{1:n-1}, m) \tag{5.52}$$

여기서

$$p(y|\boldsymbol{x}, \mathcal{D}_{1:n-1}, m) = \int p(y|\boldsymbol{x}, \boldsymbol{\theta}) p(\boldsymbol{\theta}|\mathcal{D}_{1:n-1}, m) d\boldsymbol{\theta} \tag{5.53}$$

위의 분포에 플러그인 근사를 사용해 다음을 얻는다고 해보자.

$$p(y|\boldsymbol{x}, \mathcal{D}_{1:n-1}, m) \approx \int p(y|\boldsymbol{x}, \boldsymbol{\theta}) \delta(\boldsymbol{\theta} - \hat{\boldsymbol{\theta}}_m(\mathcal{D}_{1:n-1})) d\boldsymbol{\theta} = p(y|\boldsymbol{x}, \hat{\boldsymbol{\theta}}_m(\mathcal{D}_{1:n-1})) \tag{5.54}$$

그러면 다음을 얻는다.

$$\log p(\mathcal{D}|m) \approx \sum_{n=1}^{N} \log p(y_n|\boldsymbol{x}_n, \hat{\boldsymbol{\theta}}_m(\mathcal{D}_{1:n-1})) \tag{5.55}$$

이는 우리가 $\mathcal{D}_{n+1:N}$ 부분을 무시한다는 점을 제외하고, $\frac{1}{N} \sum_{n=1}^{N} \log p(y_n|\boldsymbol{x}_n, \hat{\boldsymbol{\theta}}_m(\mathcal{D}_{1:n-1,n+1:N}))$ 형식을 갖는 가능도의 단일 값 제거 교차 검증 추정값과 매우 비슷하다. 이러한 연결점 이면에는, 과도하게 복잡한 모델은 '초기' 예제들을 과적합한 뒤에 나머지 것들을 나쁘게 예측할 것이므로 또한 낮은 교차 검증 점수를 얻을 것이라는 직관이 존재한다. 이들 성능 계량 사이의 연결점에 대한 더 자세한 논의는 [FH20]을 참고하라.

5.2.5 정보 기준

5.2.2절에서 논의한 베이즈 모델 선택에 필요한 주변 가능도 $p(\mathcal{D}|m) = \int p(\mathcal{D}|\boldsymbol{\theta}, m)p(\boldsymbol{\theta})d\boldsymbol{\theta}$는 계산하기 어려울 수 있다. 전체 모수 공간에 대해 주변화를 해야 하기 때문이다. 게다가 결과가 사전 분포의 선택에 따라 꽤나 민감할 수 있다. 이번 절에서는 모델 선택을 위한 다른 관련 계량인 **정보 기준**information criteria에 대해 논의한다. 여기서는 간단하게만 논의하므로 자세한 내용은 [GHV14] 등을 참고하라.

5.2.5.1 베이즈 정보 기준(BIC)

베이즈 정보 기준 Bayesian Information Criterion, 즉 BIC[Sch78]는 로그 주변 가능도의 단순한 근사로 생각할 수 있다. 특히 4.6.8.2절에서 논의한 대로 사후 분포에 가우스 근사를 가정하면 다음을 얻는다(식 (4.215)로부터).

$$\log p(\mathcal{D}|m) \approx \log p(\mathcal{D}|\hat{\boldsymbol{\theta}}_{\text{map}}) + \log p(\hat{\boldsymbol{\theta}}_{\text{map}}) - \frac{1}{2}\log|\mathbf{H}| \tag{5.56}$$

여기서 $\mathbf{H}$는 MAP 추정값 $\hat{\boldsymbol{\theta}}_{\text{map}}$에서 값매김한 음의 로그 결합 $-\log p(\mathcal{D}, \boldsymbol{\theta})$의 헤세다. 식 (5.56)은 로그 가능도에 어떠한 불이익 항을 더한 것임을 볼 수 있다. 사전 분포가 균일한 $p(\boldsymbol{\theta}) \propto 1$이라면, 사전 분포 항을 버리고 MAP 추정값을 MLE $\hat{\boldsymbol{\theta}}$으로 대체할 수 있으며 다음이 된다.

$$\log p(\mathcal{D}|m) \approx \log p(\mathcal{D}|\hat{\boldsymbol{\theta}}) - \frac{1}{2}\log|\mathbf{H}| \tag{5.57}$$

이제 $\log|\mathbf{H}|$ 항의 근사에 집중한다. 이는 모델 복잡도의 측도이므로(사후 분포의 부피) 때때로 **오컴 인자**Occam factor라 부른다. $\mathbf{H} = \sum_{i-1}^{N} \mathbf{H}_i$이며, 여기서 $\mathbf{H}_i = \nabla\nabla \log p(\mathcal{D}_i|\boldsymbol{\theta})$이다. 각각의 $\mathbf{H}_i$를 고정된 행렬 $\hat{\mathbf{H}}$을 통해 근사해 보자. 그러면 다음을 얻는다.

$$\log|\mathbf{H}| = \log|N\hat{\mathbf{H}}| = \log(N^D|\hat{\mathbf{H}}|) = D\log N + \log|\hat{\mathbf{H}}| \tag{5.58}$$

여기서 $\mathcal{D} = \dim(\boldsymbol{\theta})$이며, $\mathbf{H}$가 완전 계수라 가정한다. $\log|\hat{\mathbf{H}}|$ 항은 N에 독립이며 따라서 가능도에 의해 좌지우지되므로 버릴 수 있다. 모든 조각을 맞추면, 우리가 최대화하기를 원하는 BIC 점수가 된다.

$$J_{\mathrm{BIC}}(m) = \log p(\mathcal{D}|m) \approx \log p(\mathcal{D}|\hat{\boldsymbol{\theta}}, m) - \frac{D_m}{2}\log N \qquad (5.59)$$

또한 −2를 곱하여 최소화하기를 원하는 **BIC 손실**을 정의할 수 있다.

$$\mathcal{L}_{\mathrm{BIC}}(m) = -2\log p(\mathcal{D}|\hat{\boldsymbol{\theta}}, m) + D_m \log N \qquad (5.60)$$

(스케일 인자로 2를 선택하는 이유는 가우스 가능도가 있는 모델을 사용할 때 식을 단순화하기 위해서다.)

5.2.5.2 아카이케 정보 기준

아카이케 정보 기준^{Akaike information criterion}[Aka74]은 BIC와 긴밀하게 연관되어 있으며, 그 형식은 다음과 같다.

$$\mathcal{L}_{\mathrm{AIC}}(m) = -2\log p(\mathcal{D}|\hat{\boldsymbol{\theta}}, m) + 2D \qquad (5.61)$$

이는 복잡한 모델에 BIC보다 덜 무겁게 불이익을 준다. 왜냐하면 정칙화 항이 N에 독립이기 때문이다. 이 추정량은 빈도주의적 관점으로부터 유도할 수 있다.

5.2.5.3 최소 설명 길이(MDL)

서로 다른 모델을 점수화하는 문제는 정보 이론(6장) 측면에서 생각해 볼 수 있다. 목표는 송신자가 수신자와 데이터로 의사소통하는 것이다. 먼저 송신자는 어떤 모델 m을 사용할지 구체화해야 한다. 이는 $C(m) = -\log p(m)$ 비트를 쓴다(6.1절 참고). 그 뒤 수신자는 $\hat{\boldsymbol{\theta}}_m$을 계산하여 모델을 적합시키고, 따라서 데이터를 근사적으로 재구축할 수 있다. 데이터를 완벽하게 재구축하려면, 송신자가 모델로 설명할 수 없는 잔차 오류를 보내야 한다. 이는 $-L(m) = -\log p(\mathcal{D}|\hat{\boldsymbol{\theta}}, m) = -\sum_n \log p(y_n|\hat{\boldsymbol{\theta}}, m)$ 비트를 쓴다. 전체 비용은 다음과 같다.

$$\mathcal{L}_{\mathrm{MDL}}(m) = -\log p(\mathcal{D}|\hat{\boldsymbol{\theta}}, m) + C(m) \qquad (5.62)$$

이는 BIC/AIC와 같은 기본 형식을 가짐을 볼 수 있다. $J(m)$을 최소화하는 모델을 선택하는 것은 **최소 설명 길이**^{Minimum Description Length}, 즉 MDL 원칙이라 한다. 자세한 내용은 [HY01] 등을 참고하라.

5.2.6 효과 크기에 대한 사후 추론 및 베이즈 유의도 검정

5.2.1절에서 논의한 가설 검정은 귀무 대 대립 모델 $p(\mathcal{D}|H_0)/p(\mathcal{D}|H_1)$을 위한 베이즈 인자 계산에 의존한다. 안타깝게도 필요한 주변 가능도의 계산은 연산적으로 어려울 수 있으며, 결과가 사전 분포의 선택에 민감할 수 있다. 게다가 우리가 **효과 크기**effect size의 추정에 더 관심이 많은 경우가 많다. 이는 효과 크기가 0인지(귀무가설) 아닌지(대립가설)를 결정하는 대신에, 두 모수 사이의 크기 차이를 추정한다. 여기서 전자는 **점 귀무가설**point null hypothesis이라 부르며, 무의미한 '허수아비'로 간주하는 경우가 많다(예: [Mak+19] 참고).

예를 들어 2개의 분류기 m_1과 m_2가 있으며, 어떤 것이 더 나은지 알고 싶다고 하자. 즉, **분류기의 비교**comparison of classifier를 수행하고 싶다. μ_1과 μ_2가 이들의 평균 정확도라 하고, $\delta = \mu_1 - \mu_2$는 이들의 정확도의 차이라 하자. 모델 1이 모델 2보다 평균적으로 더 정확할 확률은 $p(\delta > 0|\mathcal{D})$로 주어진다. 그러나 이 확률이 크다 하더라도, 실제적으로는 유의하지 않게 개선될 수도 있다. 따라서 $p(\delta > \epsilon|\mathcal{D})$ 또는 $p(|\delta| > \epsilon|\mathcal{D})$와 같은 확률을 계산하는 편이 더 낫다. 여기서 ϵ은 주어진 문제를 위한 의미 있는 효과 크기의 최소한의 규모를 나타낸다. 이를 **단측 검정**one-sided test 또는 **양측 검정**two-sided test이라 부른다.

더 일반적으로는, $R = [-\epsilon, \epsilon]$이 **실제적인 동치 영역**Region Of Practical Equivalence, 즉 ROPE를 나타낸다고 하자[Kru15; KL17]. 우리는 3개의 관심 있는 사건을 정의할 수 있다. 귀무가설 $H_0 : \delta \in R$는 두 방법 모두 실제적으로 같다고 말하며(이는 $H_0 : \delta = 0$보다 더 현실적인 가정이다), $H_A : \delta > \epsilon$은 m_1이 m_2보다 낫다고 말하며, $H_B : \delta < -\epsilon$은 m_2가 m_1보다 낫다고 말한다. 이러한 3개의 가설 사이에서 선택을 하려면, $p(\delta|\mathcal{D})$를 계산하기만 하면 된다. 이는 베이즈 인자를 계산할 필요가 없다. 아래 절에서 어떻게 두 종류의 모델을 사용해 이를 계산하는지 논의한다.

5.2.6.1 평균 차이를 위한 베이즈 t 검정

2개의 분류기 m_1과 m_2가 있으며, 이들은 동일한 N개의 테스트 예제에서 평가됐다고 해보자. e_i^m이 테스트 예제 i에서 방법 m의 오차라 하자(또는 이는 조건부 로그 가능도 $e_i^m = \log p^m(y_i|\boldsymbol{x}_i)$일 수 있다). 분류기가 같은 데이터에 적용되므로, 이들을 비교하기 위해 **짝 검정**paired test을 사용할 수 있다. 이는 평균 성능을 보는 것보다 더욱 민감하다. 왜냐하면 한 예제를 분류하기 쉽게 또는 어렵게 만드는 (예를 들어, 라벨 잡음으로 인해) 인자가 두 방법 사이에서 공유될 것이기 때문이다. 따라서 차이로, 즉

$d_i = e_i^1 - e_i^2$로 작업할 것이다. $d_i \sim \mathcal{N}(\delta, \sigma^2)$이라 가정한다. 우리는 $\boldsymbol{d} = (d_1, \ldots, d_N)$일 때 $p(\delta \mid \boldsymbol{d})$에 관심이 있다.

알 수 없는 모수 (δ, σ)를 위해 정보가 없는 사전 분포를 사용하면, 평균을 위한 사후 주변 분포는 스튜던트 분포로 주어짐을 보일 수 있다.

$$p(\delta \mid \boldsymbol{d}) = \mathcal{T}_{N-1}(\delta \mid \mu, \ s^2/N)$$

여기서 $\mu = \frac{1}{N} \sum_{i=1}^{N} d_i$는 표본 평균, $s^2 = \frac{1}{N-1} \sum_{i=1}^{N} (d_i - \mu)^2$은 분산의 불편 추정값이다. 따라서 (말하자면) $\epsilon = 0.01$의 ROPE로 $p(\mid \delta \mid > \epsilon \mid \boldsymbol{d})$를 쉽게 계산할 수 있다. 이는 **베이즈 t 검정**^{Bayesian} **t-test**이라 한다[Ben+17](또한 베이즈 인자에 기반한 베이즈 t 검정은 [Rou+09]를, 분류기 비교를 위한 비베이즈 접근법은 [Die98]을 참고하라).

정석적인 테스트의 대안으로 단지 사후 분포 $p(\delta \mid \boldsymbol{d})$를 그리는 것이 있다. 이 분포가 0에서 단단하게 중심을 가지면, 방법 사이에 유의한 차이가 없다고 결론 내릴 수 있다(사실 더욱 단순한 접근법은 단지 데이터 $\{d_i\}$의 상자 도표를 그리는 것이다. 이는 어떠한 정석적인 통계적 분석의 필요성이든지 피하게 해준다).

이러한 종류의 문제는 분류기 평가뿐만이 아니라, 많은 응용에서 나타남을 주지하라. 예를 들어 N 사람의 집합이 있으며, 이들 각각이 두 가지 약에 노출되어 있다고 해보자. e_i^m이 사람 i가 약 m에 노출될 때의 결과(예: 통증의 수준)라 하고, $d_i^m = e_i^1 - e_i^2$가 반응의 차이라 하자. 그러면 앞서 논의한 대로 $p(\delta \mid \boldsymbol{d})$를 계산하여 약의 효과를 분석할 수 있다.

5.2.6.2 비율 차이를 위한 베이즈 χ^2 검정

이제 각기 다른 테스트 집합에서 평가된 2개의 분류기가 있다고 해보자. y_m이 방법 $m \in \{1, 2\}$에서 N_m개 시도 중 올바른 예제의 개수라 하자. 따라서 정확도는 y_m/N_m이다. $y_m \sim \text{Bin}(N_m, \theta_m)$이라 가정하므로 우리는 $p(\delta \mid \mathcal{D})$에 관심이 있으며, 여기서 $\delta = \theta_1 - \theta_2$이고 $\mathcal{D} = (y_1, N_1, y_2, N_2)$가 모든 데이터다.

θ_1과 θ_2에 균일 사전 분포를 사용하면(즉, $p(\theta_j) = \text{Beta}(\theta_j \mid 1, 1)$) 사후 분포는 다음과 같이 주어진다.

$$p(\theta_1, \theta_2 \mid \mathcal{D}) = \text{Beta}(\theta_1 \mid y_1 + 1, N_1 - y_1 + 1)\text{Beta}(\theta_2 \mid y_2 + 1, N_2 - y_2 + 1)$$

δ를 위한 사후 분포는 다음과 같이 주어진다.

$$p(\delta|\mathcal{D}) = \int_0^1 \int_0^1 \mathbb{I}\,(\delta = \theta_1 - \theta_2)\,p(\theta_1|\mathcal{D}_1)p(\theta_2|\mathcal{D}_2)$$

$$= \int_0^1 \text{Beta}(\theta_1|y_1+1, N_1-y_1+1)\text{Beta}(\theta_1-\delta|y_2+1, N_2-y_2+1)d\theta_1$$

그 뒤 우리가 선택하는 임의의 값 δ로 이를 값매김할 수 있다. 예를 들어 다음을 계산할 수 있다.

$$p(\delta > \epsilon|\mathcal{D}) = \int_\epsilon^\infty p(\delta|\mathcal{D})d\delta$$

(이는 1차원의 수치적 적분을 사용하거나 분석적으로 계산할 수 있다[Coo05].) 이는 **베이즈 χ^2 검정**^{Bayesian χ^2-test}
이라 부른다.

이러한 종류의 문제는 단지 분류기의 평가뿐만이 아닌, 많은 응용에서 나타남을 주지하라. 예를 들어 서로 다른 두 그룹의 회사들이 같은 상품을 아마존에서 팔고 있으며, y_m은 상품 m에서의 긍정적인 리뷰의 개수라 해보자. 아니면 남자와 여자에 해당하는 두 그룹이 있으며, y_m은 그룹 m에서 왼손잡이인 사람의 수이고, $N_m - y_m$은 오른손잡이인 사람의 수라 해보자.[3] 데이터는 표 5.7과 같이 개수의 2×2 **이원분할표**^{contingency table}로 나타낼 수 있다.

남성과 여성에서 왼손잡이 비율을 위한 MLE는 $\hat{\theta}_1 = 9/52 = 0.1731$ 그리고 $\hat{\theta}_2 = 4/48 = 0.0417$이다. 이는 차이가 있어 보이지만, 표본 크기가 적으므로 확신할 수 없다. 따라서 $p(\delta|\mathcal{D})$를 계산하여 불확실성을 나타낼 것이며, 여기서 $\delta = \theta_1 - \theta_2$이고 $\mathcal{D}$는 개수의 표를 나타낸다. $p(\theta_1 > \theta_2|\mathcal{D}) = \int_0^\infty p(\delta|\mathcal{D}) = 0.901$임을 알 수 있으며, 이는 왼손잡이가 남성에서 더 일반적임을 시사하고, 다른 연구와 일치하는 결과다[PP+20].

	왼손	오른손	
남성	9	43	$N_1 = 52$
여성	4	44	$N_2 = 48$
전체	13	87	100

표 5.7 http://en.wikipedia.org/wiki/Contingency_table의 2×2 이원분할표. 남성과 여성에서 왼손잡이 비율을 위한 MLE는 $\hat{\theta}_1 = 9/52 = 0.1731$ 그리고 $\hat{\theta}_2 = 4/48 = 0.0417$이다.

---

3 이 예시는 밥 카펜터(Bob Carpenter)의 블로그 포스트 https://bit.ly/2FykD1C에 기반한다.

5.3 빈도주의 결정 이론

이 절에서는 **빈도주의 결정 이론**^{frequentist decision theory}을 논의한다. 이는 5.1절에서 논의한 베이즈 결정 이론과 비슷하지만 사전 분포가 없으며, 따라서 알려지지 않은 자연 상태에 대해 사후 분포가 없다는 점에서 다르다. 따라서 위험을 사후 기대 손실로 정의할 수 없으므로, 5.3.1절에서 다른 정의를 고려한다.

5.3.1 추정량의 위험 계산하기

알려지지 않은 자연 상태 $\boldsymbol{\theta}$가 주어졌을 때 추정량 π의 빈도주의 **위험**^{risk}은 가능도 함수 $p(\boldsymbol{x}|\boldsymbol{\theta})$로부터 표집한 데이터 $\boldsymbol{x}$에 추정량을 적용할 때의 기대 손실로 정의한다.

$$R(\boldsymbol{\theta}, \pi) \triangleq \mathbb{E}_{p(\boldsymbol{x}|\boldsymbol{\theta})}\left[\ell(\boldsymbol{\theta}, \pi(\boldsymbol{x}))\right] \tag{5.63}$$

이에 대한 예시는 5.3.1.1절에서 제공한다.

5.3.1.1 예시

[BS94]에 기반하여 예시를 제공해 보자. 가우스의 평균을 추정하는 문제를 고려해 보자. 데이터를 $x_n \sim \mathcal{N}(\theta^*, \sigma^2 = 1)$로부터 표집한다고 가정한다. 이차 손실 $\ell_2(\theta, \hat{\theta}) = (\theta - \hat{\theta})^2$을 사용한다면, 해당 위험 함수는 MSE가 된다.

이제 θ 계산을 위한 5개의 추정량을 고려해 보자.

- $\pi_1(\mathcal{D}) = \bar{x}$, 표본 평균
- $\pi_2(\mathcal{D}) = \text{median}(\mathcal{D})$, 표본 중앙값
- $\pi_3(\mathcal{D}) = \theta_0$, 고정값
- 사전 분포 $\mathcal{N}(\theta|\theta_0, \sigma^2/\kappa)$하에서의 사후 평균 $\pi_\kappa(\mathcal{D})$

$$\pi_\kappa(\mathcal{D}) = \frac{N_\mathcal{D}}{N_\mathcal{D} + \kappa}\bar{x} + \frac{\kappa}{N_\mathcal{D} + \kappa}\theta_0 = w\bar{x} + (1-w)\theta_0 \tag{5.64}$$

π_κ를 위해 $\theta_0 = 0$을 사용하고, 약한 사전 분포 $\kappa = 1$ 및 강한 사전 분포 $\kappa = 5$를 고려한다.

$\hat{\theta} = \hat{\theta}(\boldsymbol{x}) = \pi(\boldsymbol{x})$가 추정된 모수라 하자. 이 추정량의 위험은 MSE로 주어진다. 4.7.6.3절에서 MSE가 제곱 편향에 분산을 더한 것으로 분해할 수 있음을 보였다.

$$\mathrm{MSE}(\hat{\theta}|\theta^*) = \mathbb{V}\left[\hat{\theta}\right] + \mathrm{bias}^2(\hat{\theta}) \tag{5.65}$$

여기서 편향은 $\mathrm{bias}(\hat{\boldsymbol{\theta}}) = \mathbb{E}\left[\hat{\boldsymbol{\theta}} - \boldsymbol{\theta}^*\right]$로 정의된다. 이제 이 식을 사용해 각 추정량의 위험을 유도한다.

π_1은 표본 평균이다. 이는 불편이므로 위험은 다음과 같다.

$$\mathrm{MSE}(\pi_1|\theta^*) = \mathbb{V}\left[\overline{x}\right] = \frac{\sigma^2}{N_{\mathcal{D}}} \tag{5.66}$$

π_2는 표본 중앙값이다. 이 또한 불편이다. 게다가 이것의 분산이 근사적으로 $\pi/(2N_{\mathcal{D}})$임을 보일 수 있다. 따라서 위험은 다음과 같다.

$$\mathrm{MSE}(\pi_2|\theta^*) = \frac{\pi}{2N} \tag{5.67}$$

π_3는 상수 θ_0를 반환한다. 그러므로 편향은 $(\theta^* - \theta_0)$이며 분산은 0이다. 따라서 위험은 다음과 같다.

$$\mathrm{MSE}(\pi_3|\theta^*) = (\theta^* - \theta_0)^2 \tag{5.68}$$

마지막으로 π_4는 가우스 사전 분포하의 사후 평균이다. MSE는 다음과 같이 유도할 수 있다.

$$\mathrm{MSE}(\pi_\kappa|\theta^*) = \mathbb{E}\left[(w\overline{x} + (1-w)\theta_0 - \theta^*)^2\right] \tag{5.69}$$

$$= \mathbb{E}\left[(w(\overline{x} - \theta^*) + (1-w)(\theta_0 - \theta^*))^2\right] \tag{5.70}$$

$$= w^2 \frac{\sigma^2}{N_{\mathcal{D}}} + (1-w)^2(\theta_0 - \theta^*)^2 \tag{5.71}$$

$$= \frac{1}{(N_{\mathcal{D}} + \kappa)^2}\left(N_{\mathcal{D}}\sigma^2 + \kappa^2(\theta_0 - \theta^*)^2\right) \tag{5.72}$$

이 함수는 그림 5.8에 $N_{\mathcal{D}} \in \{5, 20\}$에 대해 그려져 있다. 일반적으로 가장 좋은 추정량은 알려

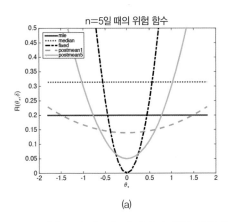

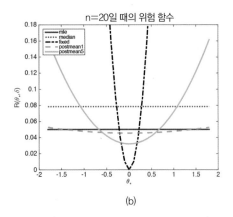

(a)   (b)

그림 5.8 가우스의 평균을 추정하기 위한 위험 함수. 각 곡선은 $R(\hat{\theta}_i(\cdot),\ \theta^*)$ 대 θ^*를 나타내며, 여기서 i는 추정량을 인덱싱한다. 각 추정량은 $\mathcal{N}(\theta^*,\ \sigma^2 = 1)$로부터의 표본에 적용된다. 검은 곡선은 추정량 $\hat{\theta} = \theta_0 = 0$이다. 초록색 곡선은 $\kappa = 1$일 때의 사후 평균이다. 밝은 파란색 곡선은 $\kappa = 5$일 때의 사후 평균이다. (a) $N_D = 5$개 표본이다. (b) $N_D = 20$개 표본이다. 출처: [BS94]의 그림 B.1. riskFnGauss.ipynb로 생성했다.

지지 않은 θ^*의 값에 의존함을 볼 수 있다. θ^*가 θ_0와 매우 가깝다면, (단지 θ_0를 추정하는) π_3가 가장 좋다. θ^*가 θ_0 주변의 어떠한 적절한 범위 내에 있다면, θ_0의 사전적인 추측과 실제 데이터를 조합하는 사후 평균이 가장 좋다. θ^*가 θ_0로부터 멀리 떨어져 있다면 MLE가 가장 좋다.

5.3.1.2 베이즈 위험

일반적으로 데이터 x를 생성하는 θ의 참인 자연 상태는 알려져 있지 않으므로, 식 (5.63)에 주어진 위험을 계산할 수 없다. 이에 대한 한 가지 해법은 θ를 위한 사전 분포 π_0를 가정한 뒤, 이를 평균화하는 것이다. 이는 **적분된 위험**integrated risk이라고도 부르는 **베이즈 위험**Bayes risk을 내어준다.

$$R(\pi_0, \pi) \triangleq \mathbb{E}_{\pi_0(\boldsymbol{\theta})}\left[R(\boldsymbol{\theta}, \pi)\right] = \int d\boldsymbol{\theta}\, d\boldsymbol{x}\, \pi_0(\boldsymbol{\theta})p(\boldsymbol{x}|\boldsymbol{\theta})\ell(\boldsymbol{\theta}, \pi(\boldsymbol{x})) \tag{5.73}$$

베이즈 위험을 최소화하는 결정 규칙은 **베이즈 추정량**Bayes estimator이라 한다. 이는 다음과 같은 이유로 식 (5.2)의 베이즈 결정 이론에 의해 추천된 최적의 정책과 동등하다.

$$\pi(\boldsymbol{x}) = \operatorname*{argmin}_a \int d\boldsymbol{\theta}\, \pi_0(\boldsymbol{\theta})p(\boldsymbol{x}|\boldsymbol{\theta})\ell(\boldsymbol{\theta}, a) = \operatorname*{argmin}_a \int d\boldsymbol{\theta}\, p(\boldsymbol{\theta}|\boldsymbol{x})\ell(\boldsymbol{\theta}, a) \tag{5.74}$$

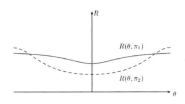

그림 5.9 2개의 결정 과정 π_1과 π_2를 위한 위험 함수. π_2가 θ의 대부분의 값에서 더 적은 위험을 가짐에도 불구하고 π_1이 더 적은 최악의 경우의 위험을 갖고 있으므로, 이것이 미니맥스 추정량이다.

따라서 사례별 기준으로 (베이즈 접근법과 같이) 최적 행동을 고르는 것이 평균에서 가장 최적이다(빈도주의 접근법과 같이). 다시 말해, 베이즈 접근법은 빈도주의적 목표를 달성하는 좋은 방법을 제공한다. 이 점에 대한 추가적인 논의는 [BS94, p448]을 참고하라.

5.3.1.3 최대 위험

물론 사전 분포의 사용은 빈도주의 통계학의 맥락에서 탐탁지 않아 보일 수도 있다. 그러므로 다음과 같이 **최대 위험**maximum risk을 정의한다.

$$R_{\max}(\pi) \triangleq \sup_{\boldsymbol{\theta}} R(\boldsymbol{\theta}, \pi) \tag{5.75}$$

최대 위험을 최소화하는 결정 규칙은 **미니맥스 추정량**minimax estimator이라 부르며, π_{MM}으로 표기한다. 예를 들어 그림 5.9에서 π_1이 $\boldsymbol{\theta}$의 모든 가능한 값의 범위에서 π_2보다 더 적은 최악의 경우의 위험을 가짐을 볼 수 있으므로, 이는 미니맥스 추정량이다.

미니맥스 추정량은 특정한 매력이 있다. 그러나 계산하기는 어렵다. 게다가 매우 비관적이다. 사실 모든 미니맥스 추정량은 **최소로 선호되는 사전 분포**least favorable prior하에서의 베이즈 추정량과 동등함을 보이는 것이 가능하다. 대부분의 통계적 상황에서(게임 이론적인 것은 제외하고), 자연을 적대자라고 가정하는 것은 적절한 가정이 아니다.

5.3.2 일치추정량

데이터셋 $\mathcal{D} = \{\boldsymbol{x}_n : n = 1 : N\}$이 있으며 표본 $\boldsymbol{x}_n \in \mathcal{X}$이 분포 $p(\boldsymbol{x} \mid \boldsymbol{\theta}^*)$로부터 생성된다고 해보자. 이때 $\boldsymbol{\theta}^* \in \Theta$는 참인 모수다. 추가로 모수가 **식별 가능하다**identifiable고 해보자. 이는 임의의 데이

터셋 $\mathcal{D}$에 대해 오직 $\boldsymbol{\theta} = \boldsymbol{\theta}'$이라면(iff) $p(\mathcal{D}|\boldsymbol{\theta}) = p(\mathcal{D}|\boldsymbol{\theta}')$임을 뜻한다. 그러면 $N \to \infty$임에 따라 $\hat{\boldsymbol{\theta}}(\mathcal{D}) \to \boldsymbol{\theta}^*$라면, 추정량 $\pi : \mathcal{X}^N \to \Theta$는 **일치추정량**^{consistent estimator}이라 말한다(이때 화살표는 확률에서의 수렴을 나타낸다). 다시 말해, 과정 π는 데이터가 무한이라는 제약하에서 참인 모수(또는 그것의 부분집합)를 드러낸다. 이는 0-1 손실 $\mathcal{L}(\boldsymbol{\theta}^*, \hat{\boldsymbol{\theta}}) = \mathbb{I}\left(\boldsymbol{\theta}^* \neq \hat{\boldsymbol{\theta}}\right)$의 최소화와 동등하다. 일치추정량의 예시로 최대 가능도 추정량^{MLE}이 있다.

추정량이 불편이지만 일치는 아닐 수 있음을 주지하라. 예를 들어, 추정량 $\pi(\{\boldsymbol{x}_1, \ldots, \boldsymbol{x}_N\}) = \boldsymbol{x}_N$을 고려해 보자. $\mathbb{E}[\pi(\mathcal{D})] = \mathbb{E}[\boldsymbol{x}]$이므로 이는 평균의 불편 추정량이다. 그러나 $\pi(\mathcal{D})$의 표본 분포는 고정된 값으로 수렴하지 않으므로 점 $\boldsymbol{\theta}^*$로 수렴할 수 없다.

일치성은 바람직한 속성이지만, 현실에서는 다소 제한된 사용성을 갖는다. 대부분의 실수 데이터셋이 우리가 선택한 모델족으로부터 나오지 않기 때문이다(즉, $p(\cdot|\boldsymbol{\theta}^*)$가 관측된 데이터 $\mathcal{D}$를 생성하게 하는 $\boldsymbol{\theta}^*$는 존재하지 않는다). 실제로 경험적 분포 $p_{\mathcal{D}}(\boldsymbol{x}|\mathcal{D})$와 추정된 분포 $p(\boldsymbol{x}|\hat{\boldsymbol{\theta}})$ 사이의 어떠한 불일치 측정치를 최소화하는 추정량을 찾는 것이 더 유용하다. KL 발산을 불일치 측정치로 사용한다면 추정값은 MLE가 된다.

5.3.3 허용 가능 추정량

모든 $\boldsymbol{\theta}$에 대해 $R(\boldsymbol{\theta}, \pi_1) \leq R(\boldsymbol{\theta}, \pi_2)$라면 π_1이 π_2를 **지배한다**^{dominate}고 말한다. 부등식이 어떠한 $\boldsymbol{\theta}^*$에 대해 엄격하다면^{strict} 지배가 엄격하다고 말한다. 추정량이 그 어떠한 다른 추정량에 의해 엄격하게 지배되지 않는다면 이는 **허용 가능**^{admissible}이라고 말한다. 흥미롭게도 [Wal47]은 일부 기술적인 조건하에서, 모든 허용 가능한 결정 규칙은 어떠한 종류의 베이즈 결정 규칙과 동등하다는 것을 증명했다(이 결과에 대한 더욱 일반적인 설명은 [DR21]을 참고하라).

그림 5.8에서 표본 중앙값(빨간색 점선)이 표본 평균(파란색 실선)보다 언제나 높은 위험을 가짐을 볼 수 있다. 그러므로 표본 중앙값은 평균의 허용 가능 추정량이 아니다. 더욱 놀랍게도, 표본 평균 또한 제곱 오차 손실을 갖는 가우스 가능도 모델하에서라도 언제나 허용 가능 추정량은 아님을 보일 수 있다(이는 **스테인의 역설**^{Stein's paradox}이라 한다[Ste56]).

그러나 허용 가능성이라는 개념은 가치가 다소 제한적이다. 예를 들어 $X \sim \mathcal{N}(\theta, 1)$이라 하고, 제곱 손실하에서 θ를 추정한다고 해보자. 추정량 $\pi_1(x) = \theta_0$를 고려하고, 여기서 θ_0는 데이터에 독립인 상수다. 이제 이것이 허용 가능 추정량임을 보여주겠다.

증명을 위해, 이것이 참이 아니라고 해보자. 그러면 더 적은 위험을 갖는 어떠한 다른 추정량 π_2 가 존재하므로 $R(\theta^*, \pi_2) \leq R(\theta^*, \pi_1)$이다. 이때 부등식은 반드시 어떠한 θ^*에 대해 엄격해야 한다. $\theta^* = \theta_0$에서의 위험을 고려해 보자. $R(\theta_0, \pi_1) = 0$이고,

$$R(\theta_0, \pi_2) = \int (\pi_2(x) - \theta_0)^2 p(x|\theta_0) dx \tag{5.76}$$

이다. 모든 θ^*에 대해 $0 \leq R(\theta^*, \pi_2) \leq R(\theta^*, \pi_1)$이고 $R(\theta_0, \pi_1) = 0$이므로 $R(\theta_0, \pi_2) = 0$이며, 따라서 $\pi_2(x) = \theta_0 = \pi_1(x)$이다. 그러므로 π_2가 θ_0에서 π_1보다 더 높은 위험을 가질 방법은 π_1과 같아지는 것뿐이다. 따라서 엄격하게 낮은 위험을 갖는 다른 추정량 π_2는 존재하지 않으므로, π_2 는 허용 가능하다.

그러므로 추정량 $\pi_1(x) = \theta_0$는 이것이 데이터를 무시함에도 불구하고 허용 가능이므로, 추정 량으로서 쓸모가 없다. 따라서 허용 가능하지 않은 유용한 추정량을 구축하는 것이 가능하다(예: [Jay03, 13.7절] 참고).

5.4 경험적 위험 최소화

이 절에서는 어떻게 빈도주의 결정 이론을 지도 학습 맥락에서 적용하는지 고려해 본다.

5.4.1 경험적 위험

통계학 교재에서 쓰이는 빈도주의 결정 이론의 표준적인 설명에 따르면, 어떠한 모델의 알려지지 않은 모수 θ^*에 해당하는 하나의 알려지지 않은 '자연 상태'가 존재하며, 위험은 식 (5.63)에서와 같이 $R(\pi, \boldsymbol{\theta}^*) = \mathbb{E}_{p(\mathcal{D}|\boldsymbol{\theta}^*)} [\ell(\boldsymbol{\theta}^*, \pi(\mathcal{D}))]$로 정의한다.

지도 학습에서 각 입력 $\boldsymbol{x}$마다 각기 다른 알려지지 않은 자연 상태가 있으며(즉, 출력 y), 우리의 추정량 π는 추정 함수 $\hat{y} = f(\boldsymbol{x})$이고, 자연 상태는 참인 분포 $p^*(\boldsymbol{x}, \boldsymbol{y})$이다. 따라서 추정량의 위험 은 다음과 같다.

$$R(f, p^*) = R(f) \triangleq \mathbb{E}_{p^*(\boldsymbol{x})p^*(\boldsymbol{y}|\boldsymbol{x})} [\ell(\boldsymbol{y}, f(\boldsymbol{x})] \tag{5.77}$$

이는 기댓값을 참인 결합 분포 $p^*(\boldsymbol{x}, \boldsymbol{y})$에 대해 취하므로, **모집단 위험**population risk이라 부른다. 물론 p^*는 알려지지 않았지만, N개 표본으로 된 경험적 분포를 사용해 이를 근사할 수 있다.

$$p_{\mathcal{D}}(\boldsymbol{x}, \boldsymbol{y}|\mathcal{D}) \triangleq \frac{1}{|\mathcal{D}|} \sum_{(\boldsymbol{x}_n, \boldsymbol{y}_n) \in \mathcal{D}} \delta(\boldsymbol{x} - \boldsymbol{x}_n)\delta(\boldsymbol{y} - \boldsymbol{y}_n) \tag{5.78}$$

여기서 $p_{\mathcal{D}}(\boldsymbol{x}, \boldsymbol{y}) = p_{\text{tr}}(\boldsymbol{x}, \boldsymbol{y})$이다. 이를 집어넣으면 **경험적 위험**empirical risk을 내어준다.

$$R(f, \mathcal{D}) \triangleq \mathbb{E}_{p_{\mathcal{D}}(\boldsymbol{x}, \boldsymbol{y})}\left[\ell(\boldsymbol{y}, f(\boldsymbol{x}))\right] = \frac{1}{N} \sum_{n=1}^{N} \ell(\boldsymbol{y}_n, f(\boldsymbol{x}_n)) \tag{5.79}$$

$R(f, \mathcal{D})$는 훈련 집합에 의존하므로 확률 변수임을 주지하라.

예측량을 선택하는 자연스러운 방법은 다음을 사용하는 것이다.

$$\hat{f}_{\text{ERM}} = \underset{f \in \mathcal{H}}{\operatorname{argmin}}\, R(f, \mathcal{D}) = \underset{f \in \mathcal{H}}{\operatorname{argmin}}\, \frac{1}{N} \sum_{n=1}^{N} \ell(\boldsymbol{y}_n, f(\boldsymbol{x}_n)) \tag{5.80}$$

이때 함수의 특정한 **가설 공간**hypothesis space $\mathcal{H}$에 대해 최적화를 한다. 이는 **경험적 위험 최소화**ERM, Empirical Risk Minimization라 부른다.

5.4.1.1 근사 오차 대 추정 오차

이 절에서는 ERM 원칙을 사용해 적합시킨 함수의 이론적인 성능을 분석한다. $f^{**} = \operatorname{argmin}_f R(f)$가 최소한으로 가능한 모집단 위험을 달성하는 함수라 하자. 이때 모든 가능한 함수에 대해 최적화를 한다. 물론 가능한 함수를 모두 고려할 수는 없으므로 $f^* = \operatorname{argmin}_{f \in \mathcal{H}} R(f)$를 가설 공간 $\mathcal{H}$에서 가장 좋은 함수로 정의하자. 모집단 위험의 계산은 불가능하므로, 안타깝게도 f^*는 계산할 수 없다. 그러므로 마지막으로 가설 공간 내에서 경험적 위험을 최소화하는 예측 함수를 정의하자.

$$f_N^* = \underset{f \in \mathcal{H}}{\operatorname{argmin}}\, R(f, \mathcal{D}) = \underset{f \in \mathcal{H}}{\operatorname{argmin}}\, \mathbb{E}_{p_{\text{tr}}}\left[\ell(\boldsymbol{y}, f(\boldsymbol{x}))\right] \tag{5.81}$$

다음과 같이, 가장 좋은 가능성 있는 예측량과 비교한 우리가 선택한 예측량의 위험은 2개의 항으로 분해할 수 있음을 보일 수 있다[BB08].

$$\mathbb{E}_{p^*}\left[R(f_N^*) - R(f^{**})\right] = \underbrace{R(f^*) - R(f^{**})}_{\mathcal{E}_{\mathrm{app}}(\mathcal{H})} + \underbrace{\mathbb{E}_{p^*}\left[R(f_N^*) - R(f^*)\right]}_{\mathcal{E}_{\mathrm{est}}(\mathcal{H}, N)} \tag{5.82}$$

첫 번째 항 $\mathcal{E}_{\mathrm{app}}(\mathcal{H})$는 **근사 오차**approximation error로, $\mathcal{H}$가 참인 최적 함수 f^{**}를 얼마나 가깝게 모델링할 수 있는지 측정한다. 두 번째 항 $\mathcal{E}_{\mathrm{est}}(\mathcal{H}, N)$은 **추정 오차**estimation error 또는 **일반화 오차**generalization error로, 유한한 훈련 집합을 갖는 데 따른 추정된 위험에서의 차이를 측정한다. 이는 p^*로부터 뽑은 2개의 경험적 분포를 사용해, 훈련 집합 오차와 테스트 집합 오차의 차이로 근사할 수 있다.

$$\mathbb{E}_{p^*}\left[R(f_N^*) - R(f^*)\right] \approx \mathbb{E}_{p_{\mathrm{tr}}}\left[\ell(\boldsymbol{y}, f_N^*(\boldsymbol{x}))\right] - \mathbb{E}_{p_{\mathrm{te}}}\left[\ell(\boldsymbol{y}, f_N^*(\boldsymbol{x}))\right] \tag{5.83}$$

이 차이는 **일반화 갭**generalization gap이라 부른다.

근사 오차는 함수 $\mathcal{H}$의 더욱 표현적인 족을 사용해 줄일 수 있지만, 보통 이렇게 하면 과적합으로 인해 일반화 오차가 증가한다. 이러한 트레이드오프에 대한 해법은 아래에서 논의한다.

5.4.1.2 정칙화 위험

과적합의 가능성을 피하려면 목적 함수에 복잡도 불이익을 추가하는 것이 보통이다. 이는 **정칙화 경험적 위험**regularized empirical risk이 된다.

$$R_\lambda(f, \mathcal{D}) = R(f, \mathcal{D}) + \lambda C(f) \tag{5.84}$$

여기서 $C(f)$는 예측 함수 $f(\boldsymbol{x}; \boldsymbol{\theta})$의 복잡도를 측정하며, **초매개변수**라 하는 $\lambda \geq 0$는 복잡도 불이익의 강도를 통제한다(5.4.2절에서 어떻게 λ를 고르는지 논의한다).

실제로는 주로 모수적인 함수로 작업을 하며, 모수 그 자체에 정칙자를 적용한다. 이는 다음 형식의 목적 함수가 된다.

$$R_\lambda(\boldsymbol{\theta}, \mathcal{D}) = R(\boldsymbol{\theta}, \mathcal{D}) + \lambda C(\boldsymbol{\theta}) \tag{5.85}$$

손실 함수가 로그 손실이고 정칙자가 음의 로그 사전 분포라면, 정칙화 위험은 다음과 같음을 주지하라.

$$R_\lambda(\boldsymbol{\theta}, \mathcal{D}) = -\frac{1}{N}\sum_{n=1}^{N} \log p(\boldsymbol{y}_n | \boldsymbol{x}_n, \boldsymbol{\theta}) - \lambda \log p(\boldsymbol{\theta}) \tag{5.86}$$

이를 최소화하는 것은 MAP 추정과 동등하다.

5.4.2 구조적 위험

초매개변수를 추정하는 자연스러운 방법은 가장 낮게 달성 가능한 경험적 위험을 최소화하는 것이다.

$$\hat{\lambda} = \operatorname*{argmin}_{\lambda} \min_{\boldsymbol{\theta}} R_\lambda(\boldsymbol{\theta}, \mathcal{D}) \tag{5.87}$$

(이는 **바이레벨 최적화**bilevel optimization의 예시이며, **중첩 최적화**nested optimization라고도 부른다.) 안타깝게도 이 기법은 언제나 가장 적은 양의 정칙화를, 즉 $\hat{\lambda} = 0$을 고를 것이므로 통하지 않을 것이다. 이를 보려면 다음을 주지하라.

$$\operatorname*{argmin}_{\lambda} \min_{\boldsymbol{\theta}} R_\lambda(\boldsymbol{\theta}, \mathcal{D}) = \operatorname*{argmin}_{\lambda} \min_{\boldsymbol{\theta}} R(\boldsymbol{\theta}, \mathcal{D}) + \lambda C(\boldsymbol{\theta}) \tag{5.88}$$

이는 $\lambda = 0$으로 둠으로써 최소화된다. 문제는 경험적 위험이 모집단 위험을 과소추정하여 λ를 선택할 때 과적합이 발생한다는 점이다. 이는 **훈련 오차의 낙관주의**optimism of the training error라 부른다.

정칙화된 경험적 위험 $R_\lambda(\boldsymbol{\theta}, \mathcal{D})$ 대신에 정칙화된 모집단 위험 $R_\lambda(\boldsymbol{\theta})$를 알고 있었다면, 이를 사용해 올바른 복잡도(예: λ의 값)의 모델을 고를 수 있었을 것이다. 이는 **구조적 위험 최소화**structural risk minimization라 한다[Vap98]. 주어진 모델(λ의 값)을 위한 모집단 위험을 추정하는 주된 방법으로는 교차 검증(5.4.3절)과 통계학 학습론(5.4.4절), 두 가지가 있다. 이는 아래에서 논의한다.

5.4.3 교차 검증

이 절에서는 지도 학습 환경에서 모집단 위험을 추정하는 단순한 방법을 논의한다. 간단히 데이터셋을 모델 훈련을 위한 부분 그리고 위험 평가에 쓰이는 **검증 집합**validation set 또는 **홀드아웃 집합**holdout set이라 부르는 두 번째 부분으로 분할한다. 모델을 훈련 집합에 적합시키고, 검증 집합에서의 성능을 모집단 위험의 근사로 사용할 수 있다.

이 방법을 더 자세히 설명하기 위해서는 몇 가지 표기법이 필요하다. 먼저 다음과 같이 경험적 위험의 데이터셋에 대한 의존성을 더욱 명시적으로 만든다.

$$R_\lambda(\boldsymbol{\theta}, \mathcal{D}) = \frac{1}{|\mathcal{D}|} \sum_{(\boldsymbol{x}, \boldsymbol{y}) \in \mathcal{D}} \ell(\boldsymbol{y}, f(\boldsymbol{x}; \boldsymbol{\theta})) + \lambda C(\boldsymbol{\theta}) \tag{5.89}$$

또한 $\hat{\boldsymbol{\theta}}_\lambda(\mathcal{D}) = \operatorname{argmin}_{\boldsymbol{\theta}} R_\lambda(\mathcal{D}, \boldsymbol{\theta})$도 정의하자. 마지막으로 $\mathcal{D}_{\text{train}}$과 $\mathcal{D}_{\text{valid}}$가 $\mathcal{D}$의 분할이라고 하자 (주로 80%의 데이터를 훈련 집합에, 20%는 검증 집합에 사용한다).

각 모델 λ를, 훈련 집합에 적합시켜 $\hat{\boldsymbol{\theta}}_\lambda(\mathcal{D}_{\text{train}})$을 얻는다. 그 뒤 검증 집합에서의 비정칙화 경험적 위험을 모집단 위험의 추정값으로 사용한다. 이를 **검증 위험**$^{\text{validation risk}}$이라 한다.

$$R_\lambda^{\text{val}} \triangleq R_0(\hat{\boldsymbol{\theta}}_\lambda(\mathcal{D}_{\text{train}}), \mathcal{D}_{\text{valid}}) \tag{5.90}$$

모델을 훈련시키고 평가하는 데 다른 데이터를 사용함을 주지하라.

앞의 기법은 매우 잘 동작할 수 있다. 그러나 훈련 사례의 수가 적다면 이 기법은 문제에 부딪힌다. 모델이 훈련할 충분한 데이터를 갖지 못할 테고, 미래 성능의 믿을 만한 추정값을 만들 만한 충분한 데이터가 없을 것이기 때문이다.

이를 위한 단순하지만 인기 있는 해법은 **교차 검증**$^{\text{CV, Cross Validation}}$을 사용하는 것이다. 이 아이디어는 다음과 같다. 훈련 데이터를 K개 **폴드**^{fold}로 나눈다. 그 뒤 그림 4.6에서 묘사하듯이 각 폴드 $k \in \{1, \ldots, K\}$마다 k번째를 제외한 모든 폴드를 라운드로빈 방식으로 훈련시킨다. 형식적으로는 다음과 같다.

$$R_\lambda^{\text{cv}} \triangleq \frac{1}{K} \sum_{k=1}^{K} R_0(\hat{\boldsymbol{\theta}}_\lambda(\mathcal{D}_{-k}), \mathcal{D}_k) \tag{5.91}$$

여기서 $\mathcal{D}_k$는 k번째 폴드의 훈련 데이터이고, $\mathcal{D}_{-k}$는 그 외의 모든 데이터다. 이는 **교차 검증된 위험**$^{\text{cross-validated risk}}$이라 부른다. 그림 4.6은 $K = 5$일 때의 이 과정을 보여준다. $K = N$이라 두면, **단일 값 제거 교차 검증**$^{\text{leave-one-out cross-validation}}$이라는 방법이 된다. 언제나 $N - 1$개 항목으로 훈련하고 나머지 하나로 테스트를 하기 때문이다.

CV 추정값을 최적화 루틴 내부의 목적 함수로 사용해 최적 모수 $\hat{\lambda} = \operatorname{argmin}_\lambda R_\lambda^{\text{cv}}$를 고를 수 있다. 마지막으로, 모든 사용 가능한 데이터(훈련 및 검증 데이터)를 합하고 $\hat{\boldsymbol{\theta}} = \operatorname{argmin}_{\boldsymbol{\theta}} R_{\hat{\lambda}}(\boldsymbol{\theta}, \mathcal{D})$를 사용해 모델 모수를 다시 추정한다.

5.4.4 통계적 학습론*

교차 검증의 주된 문제는 모델을 여러 번 적합시켜야 하기 때문에 느리다는 점이다. 이는 모집단 위험에서의 분석적인 근사 또는 경계를 계산하려는 욕구의 동기가 되며, **통계적 학습론**SLT, Statistical Learning Theory 분야에서 연구한다(예: [Vap98] 참고).

더 정확하게 말하자면, SLT의 목표는 특정한 확률로 일반화 오차에 상계를 두는 것이다. 경계가 만족되면, 경험적 위험 최소화를 통해 선택한 가설이 낮은 모집단 위험을 가질 것이라는 가설을 신뢰할 수 있다. 이항 분류기의 경우, 이는 가설이 올바른 예측을 할 것임을 뜻한다. 이 경우 이것이 **아마도 근사적으로 옳으며**PAC, Probably Approximately Correct, 가설류hypothesis class가 **PAC 학습 가능하다**PAC learnable고 말한다(자세한 내용은 [KV94] 등을 참고하라).

5.4.4.1 일반화 오차 경계화

이 절에서는 가설류가 PAC 학습 가능함을 증명할 수 있는 조건을 수립한다. 먼저 가설 공간이 $\dim(\mathcal{H}) = |\mathcal{H}|$의 크기로 유한한 경우를 고려해 보자. 다시 말해, 실숫값 모수를 최적화하는 것이 아니라 유한한 리스트에서 가설을 선택한다. 이 경우 다음을 증명할 수 있다.

정리 5.4.1 임의의 데이터 분포 p^* 그리고 P^*에서 뽑은 크기 $N_\mathcal{D}$의 임의의 데이터셋 $\mathcal{D}$에 대해 이항 분류기의 일반화 오차가 ϵ보다 클 확률은, 최악의 경우 다음의 상계를 갖는다.

$$P\left(\max_{h\in\mathcal{H}}|R(h) - R(h,\mathcal{D})| > \epsilon\right) \leq 2\dim(\mathcal{H})e^{-2N_\mathcal{D}\epsilon^2} \tag{5.92}$$

여기서 $R(h,\mathcal{D}) = \frac{1}{N_\mathcal{D}}\sum_{i=1}^{N}\mathbb{I}(f(\boldsymbol{x}_i) \neq y_i^*)$는 경험적 위험이고, $R(h) = \mathbb{E}[\mathbb{I}(f(\boldsymbol{x}) \neq y^*)]$는 모집단 위험이다.

증명 이를 증명하기 전에 유용한 결과 두 가지를 소개한다. 첫 번째는 **호에프딩 부등식**Hoeffding's inequality으로, 이는 $E_1, ..., E_{N_\mathcal{D}} \sim \text{Ber}(\theta)$라면 임의의 $\epsilon > 0$에 대해 다음이라 명시한다.

$$P(|\overline{E} - \theta| > \epsilon) \leq 2e^{-2N_\mathcal{D}\epsilon^2} \tag{5.93}$$

여기서 $\overline{E} = \frac{1}{N_\mathcal{D}}\sum_{i=1}^{N_\mathcal{D}} E_i$는 경험적 오류율이고, θ는 참인 오류율이다. 두 번째는 **경계합**union bound

으로, $A_1, ..., A_d$가 사건 집합이라면 $P(\bigcup_{i=1}^d A_i) \leq \sum_{i=1}^d P(A_i)$라 말한다. 이러한 결과를 사용하면 다음이 성립한다.

$$P\left(\max_{h \in \mathcal{H}} |R(h) - R(h, \mathcal{D})| > \epsilon\right) = P\left(\bigcup_{h \in \mathcal{H}} |R(h) - R(h, \mathcal{D})| > \epsilon\right) \tag{5.94}$$

$$\leq \sum_{h \in \mathcal{H}} P\left(|R(h) - R(h, \mathcal{D})| > \epsilon\right) \tag{5.95}$$

$$\leq \sum_{h \in \mathcal{H}} 2e^{-2N_{\mathcal{D}}\epsilon^2} = 2\dim(\mathcal{H})e^{-2N_{\mathcal{D}}\epsilon^2} \tag{5.96}$$

이 경계는 (예상하듯이) 훈련 집합의 낙관도가 $\dim(\mathcal{H})$와 함께 증가하지만 $N_{\mathcal{D}} = |\mathcal{D}|$와 함께 감소한다는 점을 말해 준다.

5.4.4.2 VC 차원

가설 공간 $\mathcal{H}$가 무한하다면(예를 들어, 모수가 실숫값이라면) $\dim(\mathcal{H}) = |\mathcal{H}|$를 사용할 수 없다. 대신에 바프니크^{Vapnik}와 체르보넨키스^{Chervonenkis}의 이름을 붙인, 가설류의 **VC 차원**$^{VC\ dimension}$이라 부르는 양을 사용할 수 있다. 이는 가설류의 자유도(모수의 유효 개수)를 측정한다. 자세한 내용은 [Vap98] 등을 참고하라.

안타깝게도 많은 흥미로운 모델에서 VC 차원을 계산하기가 어려우며, 상계가 매우 느슨한 것이 보통이다. 이는 이 접근법의 실제적인 가치를 제한한다. 그러나 그 밖의 다양하고 더 실제적인, 특히 DNN을 위한 [Jia+20]과 같은 일반화 오차 추정값이 최근에 고안되어 왔다.

5.5 빈도주의 가설 검정*

귀무가설 H_0와 **대립가설** H_1이라는 2개의 가설이 있으며, 데이터셋 $\mathcal{D}$에 기반하여 올바르다고 생각하는 것을 선택한다고 해보자. 5.2.1절에서 논의했듯이 베이즈 접근법을 사용해 베이즈 인자 $p(H_0|\mathcal{D})/p(H_1|\mathcal{D})$를 계산할 수 있다. 그러나 이는 모델 H_0와 H_1의 모든 가능한 모수화에 대한 적분을 필요로 하며, 이는 계산적으로 어려울 수 있고 사전 분포의 선택에 민감할 수 있다. 이 절에서

해당 문제의 빈도주의 접근법을 고려해 본다.

5.5.1 가능도비 검정

0-1 손실을 사용하며 $p(H_0) = p(H_1)$이라 가정하면, 최적 결정 규칙은 오직 $\frac{p(\mathcal{D}|H_0)}{p(\mathcal{D}|H_1)} > 1$이라면(iff) H_0를 받아들이는 것이다. 이는 **가능도비 검정**^{likelihood ratio test}이라 부른다. 아래에서 몇 가지 예시를 제공한다.

5.5.1.1 예시: 가우스 평균 비교하기

어떠한 데이터가 평균이 μ_0인 가우스로부터 나왔는지 아니면 평균이 μ_1인 가우스로부터 나왔는지 테스트하는 데 관심이 있다고 해보자(알려진 분산 σ^2을 공유하고 있다고 가정한다). 이는 $p(x|H_0)$와 $p(x|H_1)$을 그리고 있는 그림 5.10(a)가 보여준다. 가능도비는 다음과 같이 유도할 수 있다.

$$\frac{p(\mathcal{D}|H_0)}{p(\mathcal{D}|H_1)} = \frac{\exp\left(-\frac{1}{2\sigma^2}\sum_{n=1}^{N}(x_n - \mu_0)^2\right)}{\exp\left(-\frac{1}{2\sigma^2}\sum_{n=1}^{N}(x_n - \mu_1)^2\right)} \tag{5.97}$$

$$= \exp\left(\frac{1}{2\sigma^2}(2N\overline{x}(\mu_0 - \mu_1) + N\mu_1^2 - N\mu_0^2)\right) \tag{5.98}$$

이 비율은 오직 평균 $\overline{x}$를 통해 관측된 데이터에 의존함을 볼 수 있다. 이것이 바로 가설 검정을 위한 스칼라 충분 통계량인 **검정 통계량**^{test statistic} $\text{test}(\mathcal{D})$의 예시다. 그림 5.10(a)로부터 오직 $\overline{x} < x^*$라면(iff) $\frac{p(\mathcal{D}|H_0)}{p(\mathcal{D}|H_1)} > 1$임을 볼 수 있다. 여기서 x^*는 2개의 확률 밀도 함수가 교차하는 점이다(이

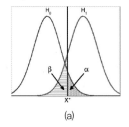

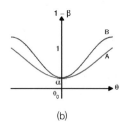

그림 5.10 (a) 뉴먼-피어슨 가설 검정 패러다임. neymanPearson2.ipynb로 생성했다. (b) 2개의 가설적인 양측 검정력 곡선. B가 A를 지배한다. 출처: [LM86]의 그림 6.3.5. twoPowerCurves.ipynb로 생성했다.

점이 고유하다고 가정한다).

5.5.1.2 단순가설 대 복합가설

5.5.1.1절에서는 귀무가설 및 대립가설의 모수가 둘 다 완전히 구체화되어(μ_0, μ_1) 있거나 아니면 공유되어(σ^2) 있었다. 이를 **단순가설**simple hypothesis 검정이라 부른다. 일반적으로 가설은 모든 모수를 완전히 구체화하지 못할 수도 있다. 이를 **복합가설**compound hypothesis이라 부른다. 이 경우 이러한 알 수 없는 모수를 베이즈 접근법에서와 같이 적분화해야 한다. 왜냐하면 더 많은 모수를 갖는 가설이 언제나 높은 가능도를 갖기 때문이다. 이들은 근사화를 위해 '최대화'할 수 있으며, 다음과 같은 최대 가능도비 검정을 내어준다.

$$\frac{p(H_0|\mathcal{D})}{p(H_1|\mathcal{D})} = \frac{\int_{\boldsymbol{\theta} \in H_0} p(\boldsymbol{\theta}) p_{\boldsymbol{\theta}}(\mathcal{D})}{\int_{\boldsymbol{\theta} \in H_1} p(\boldsymbol{\theta}) p_{\boldsymbol{\theta}}(\mathcal{D})} \approx \frac{\max_{\boldsymbol{\theta} \in H_0} p_{\boldsymbol{\theta}}(\mathcal{D})}{\max_{\boldsymbol{\theta} \in H_1} p_{\boldsymbol{\theta}}(\mathcal{D})} \tag{5.99}$$

5.5.2 귀무가설 유의도 검정(NHST)

0-1 손실을 가정하는 대신에, α의 **1종 오류**type I error rate(귀무가설 H_0를 잘못 기각할 확률)를 갖도록 결정 규칙을 디자인하는 것이 관례다(이항 결정 규칙의 오류율에 관한 자세한 내용은 5.1.3절을 참고하라). 오류율 α는 검정의 **유의도**significance라 부른다. 따라서 전체 접근법은 **귀무가설 유의도 검정**Null Hypothesis Significance Testing, 즉 NHST라 부른다.

가우스 평균 예시에서 그림 5.10(a)로부터 1종 오류율이 수직으로 된 파란색 음영 영역임을 볼 수 있다.

$$\alpha(\mu_0) = p(\text{reject } H_0 | H_0 \text{ is true}) \tag{5.100}$$

$$= p(\overline{X}(\tilde{\mathcal{D}}) > x^* | \tilde{\mathcal{D}} \sim H_0) \tag{5.101}$$

$$= p\left(\frac{\overline{X} - \mu_0}{\sigma/\sqrt{N}} > \frac{x^* - \mu_0}{\sigma/\sqrt{N}}\right) \tag{5.102}$$

따라서 $x^* = z_\alpha \sigma/\sqrt{N} + \mu_0$이고, 여기서 z_α는 표준 정규 분포의 상단 α 사분위수다.

2종 오류는 대립가설이 참일 때 귀무가설을 채택할 확률이다.

$$\beta(\mu_1) = p(\text{type II error}) = p(\text{accept } H_0 | H_1 \text{ is true}) = p(\text{test}(\tilde{\mathcal{D}}) < \text{test}^* | \tilde{\mathcal{D}} \sim H_1) \quad (5.103)$$

이는 그림 5.10(a)에서 수평의 빨간색 음영 영역으로 보여준다. **검정력**power of a test은 $1 - \beta(\mu_1)$으로 정의한다. 이는 H_1이 참일 때 H_0를 거절할 확률이다. 다시 말해, 귀무가설이 틀렸음을 올바르게 인식할 수 있는 능력이다. $\mu_1 = \mu_0$라면(따라서 곡선이 겹쳐짐) 검정력이 가장 낮아짐이 분명하다. 이 경우 $1 - \beta(\mu_1) = \alpha(\mu_0)$이다. μ_1과 μ_0가 더욱 멀어짐에 따라 검정력이 1로 접근한다(빨간색 음영 영역이 작아져 $\beta \to 0$이 되기 때문이다). A와 B, 2개의 검정이 있고 이때 동일한 1종 오류율에서 $\text{power}(B) \geq \text{power}(A)$라면, B가 A를 **지배한다**dominate고 말한다. 모든 검정 사이에서 H_1하에서 가장 높은 검정력을 유의도 수준 α로 갖는 검정은 **최강력검정**most powerful test이라 부른다. **뉴먼-피어슨 보조정리**Neyman-Pearson lemma라 알려진 결과에 따르면, 가능도비 검정이 최강력검정이다.

5.5.3 p 값

H_0를 기각할 때 결과가 수준 α에서 **통계적으로 유의하다**statistically significant고 자주 말한다. 그러나 결정 경계가 검정 통계량으로부터 얼마나 먼지에 따라 결과가 통계적으로 유의하지만 실제적으로는 유의하지 않을 수도 있다.

결과를 임의적으로 유의한지 아닌지 선언하는 대신에, **p 값**을 매기는 것이 선호된다. 이는 귀무가설하에서, 검정 통계량이 실제 관측된 것만큼 크거나 더 크게 관측될 확률로 정의된다.

$$\text{pval}(\text{test}(\mathcal{D})) \triangleq \Pr(\text{test}(\tilde{\mathcal{D}}) \geq \text{test}(\mathcal{D}) | \tilde{\mathcal{D}} \sim H_0) \quad (5.104)$$

다시 말해, $\text{pval}(\text{test}_{\text{obs}}) \triangleq \Pr(\text{test}_{\text{null}} \geq \text{test}_{\text{obs}})$이며, 여기서 $\text{test}_{\text{obs}} = \text{test}(\mathcal{D})$이고 $\text{test}_{\text{null}} = \text{test}(\tilde{\mathcal{D}})$이며, $\tilde{\mathcal{D}} \sim H_0$는 가설적인 미래 데이터다. 가설 검정과의 관계를 보기 위해, $\Pr(\text{test}(\tilde{\mathcal{D}}) \geq t^* | H_0) = \alpha$를 따르는 결정 임곗값 t^*를 고른다고 해보자. $t^* = \text{test}(\mathcal{D})$라 두면 $\alpha = \text{pval}(\text{test}(\mathcal{D}))$이다.

따라서 p 값이 $\alpha = 0.05$보다 작은 가설만을 채택한다면, 95%번만큼 올바르게 귀무가설을 기각할 것이다. 그러나 이는 다른 가설 H_1이 0.95의 확률로 참임을 뜻하지는 '않는다'. 실제로 대부분의 과학자조차 p 값을 잘못 해석한다.[4] 대부분의 사람들이 계산하고자 하는 것은 베이즈 사후 분

---

[4] 예를 들어, https://fivethirtyeight.com/features/not-even-scientists-can-easily-explain-p-values/를 참고하라.

포 $p(H_1 | \mathcal{D}) = 0.95$이다. 이와 같은 중요한 구별점에 대한 더 자세한 내용은 5.5.4절을 참고하라.

5.5.4 p 값은 유해하다고 간주됨

p 값은 귀무가설하에서 데이터의 가능도로 자주 해석되므로, 값이 작으면 H_0의 가능성이 없다는 뜻으로, 따라서 H_1이 가능성이 있다는 뜻으로 해석된다. 대략적인 추론은 다음과 같다.

H_0가 참이라면 이 검정 통계량은 아마도 나타나지 않을 것이다. 이 통계량이 나타났다. 그러므로 H_0가 아마도 거짓일 것이다.

그러나 이는 틀린 유추다. 다음 예제를 통해 그 이유를 알아보자(출처: [Coh94]).

어떤 사람이 미국인이라면, 그는 아마도 국회의원이 아닐 것이다. 이 사람은 국회의원이다. 그러므로 그는 아마도 미국인이 아닐 것이다.

이는 명백히 잘못된 유추다. 반대로, 다음의 주장은 유효한 유추다.

어떤 사람이 화성인이라면, 그는 국회의원이 아닐 것이다. 이 사람은 국회의원이다. 그러므로 그는 화성인이 아니다.

이 두 사례의 차이점은 화성인 예시는 **연역**deduction을 사용한다는 것이다. 즉, 논리적인 정의로부터 그것의 결과를 향해 유추를 한다. 더 정확하게 말하자면 이 예시는 **부정 논법**modus tollens이라는 논리의 규칙을 사용하며, 여기서 우리는 $P \Rightarrow Q$ 형식의 정의로 시작한다. $\neg Q$를 관찰할 때 $\neg P$라 결론 내릴 수 있다. 반대로 미국인 예시는 **귀납**induction과 관련이 있다. 즉, 논리적인 정의가 아닌 통계적 정칙성을 사용해, 관측된 증거로부터 가능성 있는 인과로(그러나 꼭 참은 아닌) 역으로 유추를 한다.

귀납을 수행하려면 확률적 추론을 사용해야 한다([Jay03]에 자세히 설명되어 있음). 특히 귀무가설의 확률을 계산하려면 다음과 같이 베이즈 규칙을 사용해야 한다.

$$p(H_0 | \mathcal{D}) = \frac{p(\mathcal{D}|H_0)p(H_0)}{p(\mathcal{D}|H_0)p(H_0) + p(\mathcal{D}|H_1)p(H_1)} \tag{5.105}$$

사전 분포가 균일하다면, 따라서 $p(H_0) = p(H_1) = 0.5$라면, 이는 다음과 같이 **가능도비** $LR = p(\mathcal{D}|H_0)/p(\mathcal{D}|H_1)$ 측면으로 다시 쓸 수 있다.

$$p(H_0|\mathcal{D}) = \frac{LR}{LR+1} \tag{5.106}$$

미국인 국회의원 예시에서 $\mathcal{D}$는 사람이 국회의원인 관측치다. 귀무가설 H_0는 사람이 미국인이라는 것이며, 대립가설 H_1은 사람이 미국인이 아니라는 것이다. 대부분의 미국인은 국회의원이 아니므로 $p(\mathcal{D}|H_0)$가 낮다고 가정한다. 그러나 $p(\mathcal{D}|H_1)$ 또한 낮다. 사실 이 예시에서는 0이다. 왜냐하면 미국인만이 국회의원이 될 수 있기 때문이다. 따라서 $LR = \infty$이므로, 직관에 따라 $p(H_0|\mathcal{D})$ = 1.0이다. 그러나 NHST는 $p(\mathcal{D}|H_1)$ 및 사전 분포 $p(H_0)$를 무시하므로 잘못된 결과를, 이 문제뿐만 아니라 많은 문제에서 내어줌을 주지하라.

일반적으로 p 값과 $p(H_0|\mathcal{D})$ 사이에 커다란 차이가 있을 수 있다. 특히 [SBB01]은 p 값이 0.05만큼 낮다 하더라도 H_0의 사후 확률이 균일 사전 분포에서조차 30%만큼 높거나 그 이상일 수 있음을 보여준다.

[SAM04, p74]의 구체적인 예시를 고려해 보자. 어떤 약을 위해 200번의 임상실험을 수행하여 표 5.8의 데이터를 얻었다고 해보자. 약이 유의한 효과가 있는지 없는지 통계적 검정을 수행한다고 해보자. 검정의 1종 오류율은 $\alpha = 9/180 = 0.05$이고, 2종 오류율은 $\beta = 4/20 = 0.2$이다.

다음과 같이 결과가 추정상 '유의하다'고 주어질 때, 약이 효과적이지 않을 확률을 계산할 수 있다.

$$p(H_0|\text{'significant'}) = \frac{p(\text{'significant'}|H_0)p(H_0)}{p(\text{'significant'}|H_0)p(H_0) + p(\text{'significant'}|H_1)p(H_1)} \tag{5.107}$$

$$= \frac{p(\text{type I error})p(H_0)}{p(\text{type I error})p(H_0) + (1 - p(\text{type II error}))p(H_1)} \tag{5.108}$$

$$= \frac{\alpha p(H_0)}{\alpha p(H_0) + (1 - \beta)p(H_1)} \tag{5.109}$$

	효과적이지 않음	효과적임	
유의하지 않음	171	4	175
유의함	9	16	25
	180	20	200

표 5.8 가설적인 임상실험의 몇몇 통계량. 출처: [SAM04, p74]

우리가 과거 경험에 기반하여 대부분의(90%라 해보자) 약은 효과가 없다는 사전지식이 있다면, $p(H_0|\text{'significant'}) = 0.36$임을 알 수 있다. 이는 사람들이 보통 $\alpha = 0.05$의 p 값과 연관시키는 5%의 확률보다 훨씬 높다.

그러므로 통계적 유의성이 우리의 사전지식을 위반한다면, 이들의 주장을 신뢰하지 말아야 한다.

5.5.5 왜 모두가 베이즈적이지 않은가?

4.7.5절과 5.5.4절에서 빈도주의 원칙에 근거한 추론이 다양한 형태의 반직관적인 움직임을 보여줄 수 있음을 봤다. 이는 여러 글에서 지적했듯이 때때로 상식적인 생각에 모순된다(예: [Mat98; MS11; Kru13; Gel16; Hoe+14; Lyu+20; Cha+19b; Cla21] 참고).

근본적인 이유는 빈도주의 추론이 **가능도 원칙**likelihood principle[BW88]을 위반하기 때문이다. 이는 추론은 아직 본 적 없는 가설적인 미래 데이터가 아닌 관측된 데이터의 가능도에 기반해야 한다고 말한다. 베이즈는 당연히 가능도 원칙을 만족시키며, 따라서 이러한 비정상에 시달리지 않는다.

빈도주의 통계학의 이러한 근본적인 결함, 그리고 베이즈 방법이 이러한 결함을 갖지 않는다는 사실하에서, "왜 모두가 베이즈적이지 않은가?"라고 질문하는 것이 당연하다. (빈도주의) 통계학자 브래들리 에프론Bradley Efron은 바로 이 제목으로 논문을 썼다[Efr86]. 그의 짧은 논문은 이 주제에 관심이 있는 사람이라면 읽어볼 가치가 있다. 아래에서 시작 절을 인용한다.

이 제목은 적어도 두 가지 점에 대해 물어볼 수 있는 적절한 질문이다. 무엇보다도, 모든 이들은 베이즈적이었다. 라플라스Laplace는 추론 문제에 대한 베이즈의 형식화를 전적으로 지지했으며, 대부분의 19세기 과학자들이 그 뒤를 따랐다. 여기에는 통계적인 작업을 주로 빈도주의 용어로 제시했던 가우스Gauss도 포함된다.

두 번째 그리고 더 중요한 점은 베이즈적인 논증의 타당성이다. 새비지Savage와 데 피네티de Finetti의 가르침을 따르는 현대 통계학자들은 베이즈 추론을 선호하여 강력한 이론적 논증을 발전시켰다. 이러한 작업의 부산물로 빈도주의 관점에서의 불일치에 대한 불안함을 목록으로 남겼다.

물론 모두가 베이즈적인 것은 아니다. 현재 시대(1986)는 과학적 보고를 위해 통계학이 널리 쓰이는 첫 세기이며, 사실 20세기 통계학은 주로 비베이즈적이다. 그러나 린들리Lindley(1975)는 21세기의 변화를 예측했다.

그림 5.11 빈도주의와 베이즈의 차이를 보여주는 만화. $p < 0.05$에 대한 언급은 5.5.4절에 설명되어 있다. 베팅에 대한 언급은 [Háj08] 등에서 설명하듯이, 근본적으로 베이즈 접근법이 도박에서(그리고 그 밖의 결정 이론 문제에서) 최적이라는 점을 증명하는 네덜란드 책의 정리를 참조한 것이다. 출처: https://xkcd.com/1132/. 룬달 먼로(Rundall Munroe, xkcd의 저자)가 친절하게 사용을 허가했다.

린들리가 옳은지는 시간이 말해 줄 것이다. 그러나 추세는 이 방향으로 가는 것으로 보인다. 예를 들면 일부 저널은 p 값을 금지했으며[TM15; AGM19], (미국통계학회^American Statistical Association가 만드는) 「더 아메리칸 스테티스티션^The American Statistician」 저널은 p 값 및 NHST 사용을 경고하는 특별판을 배포했다[WSL19].

전통적으로 연산이 베이즈 방법의 장애물이 되어왔지만, 이는 더 빠른 컴퓨터와 더 좋은 알고리듬 덕분에(이 책의 후속판 [Mur23]에서 논의한다) 최근에는 덜 이슈가 되고 있다. 또 다른 더욱 근본적인 우려는 베이즈 접근법이 그것의 모델링 가정만큼만 정확하다는 것이다. 그러나 이러한 비난 또한 빈도주의 방법에 적용된다. 추정량의 표본 분포를 반드시 데이터 생성 메커니즘에 대한 가정을 사용해 유도해야 하기 때문이다(사실 [BT73]은 보통의 모델을 위한 MLE를 위한 표집 분포가, 비정보적인 사전 분포하에서의 사후 분포와 동일함을 보여준다). 다행히도 교차 검증(4.5.5절), 보정^{calibration}, 베이즈 모델 확인$^{Bayesian\ model\ checking}$을 사용해 모델링 가정을 경험적으로 확인할 수 있다. 이러한 주제는 이 책의 후속판 [Mur23]에서 논의한다.

요약하자면 '응용통계학을 위한 베이즈적으로 정당하고 적절한 빈도 계산$^{Bayesianly\ Justifiable\ and\ Relevant\ Frequency\ Calculations\ for\ the\ Applied\ Statistician}$'이라는 논문[Rub84]을 쓴 도널드 루빈$^{Donald\ Rubin}$의 말은 언급할 가치가 있다. 거기서 그는 다음과 같이 썼다.

> 응용통계학자는 원칙적으로 베이즈적이어야 하며 현실에서는 실제 세계로 보정돼야 한다. [그들은] [그들의 가정으로부터] 적절하게 이탈하는 한에서, 근사적으로 보정된 과정으로 이끄는 명세화^{specification}의 사용을 시도해야 한다. [그들은] 적절한 방식으로 관측된 데이터로부터 모순되는 모델을 피해야 한다. 가설적인 반복^{replication}을 위한 빈도 계산은 모델의 타당성을 모델링하고 더욱 적절한 모델을 제시하는 데 도움이 될 수 있다.

5.6 연습문제

연습문제 5.1 [분류기에서의 기각 옵션](출처: [DHS01, Q2.13])

많은 분류 문제에서 사람들은 x를 클래스 j에 할당하는 옵션을, 또는 너무 불확실하다면 **기각 옵션**을 선택할 수 있다. 기각의 비용이 개체를 잘못 분류하는 비용보다 낮다면, 이는 어쩌면 최적의 행동일 수 있다. α_i가 여러분이 $i = 1 : C + 1$에 대해 i를 선택함을 뜻한다고 해보자. 여기서 C는 클래스의 개수이고, $C + 1$은 기각 행동이다. $Y = j$가 참인(그러나 알 수 없는) **자연 상태**라 해보자. 다음과 같이 손실 함수를 정의하자.

$$\lambda(\alpha_i | Y = j) = \begin{cases} 0 & i = j \text{ 그리고 } i, j \in \{1, \ldots, C\}\text{인 경우} \\ \lambda_r & i = C + 1\text{인 경우} \\ \lambda_s & \text{그 외} \end{cases} \quad (5.110)$$

다시 말해, 올바르게 분류를 하면 0의 손실, 기각 옵션을 선택하면 λ_r의 손실(비용)을, 그리고 대체^{substitution} 오류(오분류)를 저지른다면 λ_s의 손실(비용)을 발생시킨다.

a. 모든 k에 대해 $p(Y = j | x) \geq p(Y = k | x)$라면(즉, j가 가장 가능성 있는 클래스다) 그리고 $p(Y = j | x) \geq 1 - \frac{\lambda_r}{\lambda_s}$이라면 $Y = j$라 결정하고, 아닌 경우 기각을 결정하면 최소 위험을 얻음을 보여라.

b. λ_r/λ_s가 0에서 1로 증가(즉, 기각의 상대 비용이 증가)함에 따라 질적으로 무슨 일이 벌어지는지 설명해 보라.

연습문제 5.2 [뉴스벤더 문제*]

다음의 결정 이론/경제학에서의 전통적인 문제를 고려해 보자. 여러분의 이익을 극대화하기 위해 어떤 제품(예: 신문)을 얼마만큼의 양 Q로 사들일지 결정하려 한다고 해보자. 최적의 양은 여러분의 제품에 대한 수요 D가 얼마나 있다고 생각하는지, 또한 여러분에게 그 비용 C가 얼마인지 그리고 판매 가격 P에 달려 있을 것이다. D는 알려지지 않았지만 pdf $f(D)$ 그리고 cdf $F(D)$가 있다고 해보자. 다음의 두 경우를 고려하여 기대 이익을 평가할 수 있다. $D > Q$라면 모든 Q 항목을 판매하며, $\pi = (P - C)Q$의 이익을 거둔다. 그러나 $D < Q$라면 오직 D개 항목만을 $(P - C)D$의 이익에 판매하지만, 팔지 못한 항목에서 $C(Q - D)$를 낭비하게 된다. 따라서 양 Q를 매입한다면 기대 이익은 다음과 같다.

$$E\pi(Q) = \int_Q^\infty (P - C)Qf(D)dD + \int_0^Q (P - C)Df(D)dD - \int_0^Q C(Q - D)f(D)dD \quad (5.111)$$

이 식을 단순화한 뒤 Q에 대해 도함수를 취하여 최적의 양 Q^*가(이는 기대 이익을 최대화한다) 다음을 만족시킴을 보여라.

$$F(Q^*) = \frac{P - C}{P} \quad (5.112)$$

연습문제 5.3 [베이즈 인자 및 ROC 곡선*]

$B = p(D|H_1)/p(D|H_0)$가 모델 1을 위한 베이즈 인자라 해보자. 2개의 ROC 곡선을 그린다고 해보자. 하나는 B로 임계화하여, 다른 하나는 $p(H_1|D)$로 임계화하여 그린다. 이들이 같을까, 아니면 다를까? 왜 그런지 설명해 보라.

연습문제 5.4 [사후 중앙값은 L1 손실하에서 최적 추정값이다.]

사후 중앙값이 L1 손실하에서 최적 추정값임을 증명하라.

06

정보 이론

6장에서는 **정보 이론**information theory 분야의 기본 개념을 소개한다. 더 자세한 내용은 [Mac03; CT06] 및 이 책의 후속판 [Mur23]에서 찾을 수 있다.

6.1 엔트로피

확률 분포의 **엔트로피**entropy는 아래에서 설명하듯이 주어진 분포로부터 뽑은 확률 변수와 연관된, 불확실성 또는 예측성의 부재에 대한 측정치로 해석할 수 있다.

또한 엔트로피를 사용해 데이터 출처의 **정보 내용**information content을 정의할 수 있다. 예를 들어, 분포 p에서 생성된 일련의 기호symbol $X_n \sim p$를 관측한다고 해보자. p가 높은 엔트로피를 갖는다면, 각 관측치 X_n의 값을 예측하기 어려울 것이다. 따라서 데이터셋 $\mathcal{D} = (X1, ..., X_n)$이 높은 정보 내용을 갖는다고 말한다. 반대로 p가 정보가 0(최솟값)인 퇴화 분포라면, 모든 X_n은 같을 것이므로 $\mathcal{D}$는 정보를 그리 많이 갖지 않는다(이 모두 데이터 압축 면에서 형식화할 수 있는데, 이 책의 후속판에서 논의한다).

6.1.1 이산 확률 변수의 엔트로피

상태가 K개이며 분포가 p인 이산 확률 변수 X의 엔트로피는 다음과 같이 정의된다.

$$\mathbb{H}(X) \triangleq -\sum_{k=1}^{K} p(X=k) \log_2 p(X=k) = -\mathbb{E}_X[\log p(X)] \tag{6.1}$$

(사람들이 X와 관련된 분포의 분산임을 뜻하기 위해 $\mathbb{V}[X]$라 쓰듯이, 분포가 p인 확률 변수의 엔트로피를 가리키기 위해 표기법 $\mathbb{H}(X)$를 사용함을 주지하라. 아니면 $\mathbb{H}(p)$라 쓸 수 있다.) 일반적으로 로그의 밑으로 2를 사용하며, 이 경우 단위를 **비트**^{bits}('binary digits'의 줄임말)라 부른다. 예를 들어 $X \in \{1, ..., 5\}$의 히스토그램 분포가 $p = [0.25, 0.25, 0.2, 0.15, 0.15]$라면, $H = 2.29$비트임을 알 수 있다. 로그의 밑으로 e를 사용하면 단위는 **나트**^{nats}라 부른다.

최대 엔트로피^{maximum entropy}를 갖는 이산 분포는 균일 분포다. 따라서 임의의 K진수^{K-ary} 확률 변수에서, $p(x=k) = 1/K$라면 엔트로피가 최대가 된다. 이 경우 $\mathbb{H}(X) = \log_2 K$이다. 이를 이해하려면 다음을 주지하라.

$$\mathbb{H}(X) = -\sum_{k=1}^{K} \frac{1}{K} \log(1/K) = -\log(1/K) = \log(K) \tag{6.2}$$

반대로 최소 엔트로피(0)를 갖는 분포는 모든 질량을 하나의 상태에 두는 어떠한 델타 함수다. 이러한 분포는 불확실성이 없다.

$X \in \{0, 1\}$인 이항 확률 변수의 특별한 경우, $p(X=1) = \theta$ 그리고 $p(X=0) = 1 - \theta$라 쓸 수 있다. 따라서 엔트로피는 다음이 된다.

$$\mathbb{H}(X) = -[p(X=1)\log_2 p(X=1) + p(X=0)\log_2 p(X=0)] \tag{6.3}$$

$$= -[\theta \log_2 \theta + (1-\theta)\log_2(1-\theta)] \tag{6.4}$$

이는 **이항 엔트로피 함수**^{binary entropy function}라 부르며, 또한 $\mathbb{H}(\theta)$라 쓴다. 그림 6.1에 나타내었다. 1비트의 최댓값은 분포가 균일할 때($\theta = 0.5$) 나타남을 볼 수 있다. 공평한 동전은 상태를 결정하는 데 하나의 예/아니요 질문을 필요로 한다.

엔트로피의 흥미로운 응용으로서 **DNA 시퀀스 모티프**^{DNA sequence motif}를 나타내는 문제를 고려해

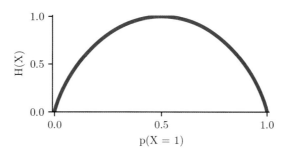

그림 6.1 베르누이 확률 변수의 엔트로피를 θ에 대한 함수로 그렸다. 최대 엔트로피는 $\log_2 2 = 1$이다. bernoulli_entropy_fig.ipynb로 생성했다.

보자. 이는 짧은 DNA 문자열에 대한 분포다. 이 분포의 추정은 DNA 시퀀스 집합을 정렬하고 (예를 들어, 서로 다른 종으로부터), 다음과 같이 i번째 시퀀스에서 각 위치 t에서의, 4개의 알파벳 문자 $X \sim \{A, C, G, T\}$로부터 나오는 각각의 가능성 있는 뉴클레오티드^{nucleotide}의 경험적 분포를 추정하여 할 수 있다.

$$\mathbf{N}_t = \left(\sum_{i=1}^{N_{\mathcal{D}}} \mathbb{I}(X_{it} = A), \sum_{i=1}^{N_{\mathcal{D}}} \mathbb{I}(X_{it} = C), \sum_{i=1}^{N_{\mathcal{D}}} \mathbb{I}(X_{it} = G), \sum_{i=1}^{N_{\mathcal{D}}} \mathbb{I}(X_{it} = T) \right) \tag{6.5}$$

$$\hat{\boldsymbol{\theta}}_t = \mathbf{N}_t / N_{\mathcal{D}}, \tag{6.6}$$

이러한 $\mathbf{N}_t$는 시퀀스 집합 사이에 각 위치에서 각각의 문자가 나타나는 횟수를 세는, 길이가 4인 벡터다. $\hat{\boldsymbol{\theta}}_t$ 분포는 모티프라 한다. 또한 각 위치에서 가장 가능성 있는 문자를 계산할 수 있으며, 이는 **컨센서스 시퀀스**$^{consensus\ sequence}$라 부른다.

데이터를 시각적으로 요약하는 한 가지 방법은 그림 6.2(b)가 보여주는 시퀀스 로고를 사용하는 것이다. 문자 A, C, G, T를 그리고, 가장 가능성이 높은 문자는 맨 위에 그린다. t번째 막대의 길이는 $0 \le 2 - H_t \le 2$로 정의하며, 이때 H_t는 $\hat{\boldsymbol{\theta}}_t$의 엔트로피다(2는 문자 4개에 대한 분포의 최대 가능 엔트로피임을 주지하라). 따라서 길이가 긴 막대는 거의 결정론적인 분포에 해당하며, 진화를 통해 보존되는 위치가 된다(예: 왜냐하면 이들은 유전자 코딩 영역의 일부이기 때문이다). 이 예제에서는 열 13이 모두 G이며, 따라서 높이가 2임을 볼 수 있다.

가능한 상태를 많이 갖는 확률 변수의 엔트로피 추정은 분포의 추정을 필요로 하며, 이는 많은 데이터를 필요로 한다. 예를 들어, X가 영어 문서에서의 단어의 독자성을 나타낸다고 상상해 보자.

그림 6.2 (a) 일부 정렬된 DNA 시퀀스. 각 행은 시퀀스이며, 각 열은 시퀀스 내 위치다. (b) 해당하는 위치 가중 행렬(position weight matrix)을 히스토그램의 시퀀스로 시각화했다. 각 열은 시퀀스의 해당 위치에 대한 알파벳 {A, C, G, T}의 확률 분포를 나타낸다. 글자의 크기는 확률에 비례한다. (c) 시퀀스 로고. 자세한 사항은 본문을 참고하라. seq_logo_demo.ipynb로 생성했다.

희귀 단어가 긴 꼬리를 갖고 있고 새로운 단어가 계속 나타나므로, 적절하게 $p(X)$를 따라서 $\mathbb{H}(X)$를 추정하기가 어려울 수 있다. 이 문제에 대한 한 가지 가능성 있는 해법은 [VV13]을 참고하라.

6.1.2 교차 엔트로피

분포 p와 q 사이의 **교차 엔트로피**cross-entropy는 다음과 같이 정의된다.

$$\mathbb{H}(p, q) \triangleq - \sum_{k=1}^{K} p_k \log q_k \tag{6.7}$$

교차 엔트로피는 분포 p로부터 뽑은 일부 데이터 표본을, 분포 q에 기반하는 코드를 사용해 압축하는 데 필요한 비트의 기대 숫자임을 보이는 것이 가능하다. 이는 $q = p$라 두어 최소화할 수 있으며, 이 경우 최적 코드의 비트의 기대 숫자는 $\mathbb{H}(p, \ p) = \mathbb{H}(p)$이다. 이는 **섀넌의 소스 코딩 정리**Shannon's source coding theorem라 한다(예: [CT06] 참고).

6.1.3 결합 엔트로피

두 확률 변수 X와 Y의 결합 엔트로피joint entropy는 다음과 같이 정의된다.

$$\mathbb{H}(X, Y) = -\sum_{x,y} p(x, y) \log_2 p(x, y) \tag{6.8}$$

예를 들어 1에서 8, $n \in \{1, \ldots, 8\}$로부터 정수를 고른다고 해보자. n이 짝수이면 $X(n) = 1$, 그리고 n이 소수라면 $Y(n) = 1$이라 하자.

n	1	2	3	4	5	6	7	8
X	0	1	0	1	0	1	0	1
Y	0	1	1	0	1	0	1	0

결합 분포는 다음과 같다.

$p(X, Y)$	$Y = 0$	$Y = 1$
$X = 0$	$\frac{1}{8}$	$\frac{3}{8}$
$X = 1$	$\frac{3}{8}$	$\frac{1}{8}$

따라서 결합 엔트로피는 다음과 같다.

$$\mathbb{H}(X, Y) = -\left[\frac{1}{8} \log_2 \frac{1}{8} + \frac{3}{8} \log_2 \frac{3}{8} + \frac{3}{8} \log_2 \frac{3}{8} + \frac{1}{8} \log_2 \frac{1}{8} \right] = 1.81\text{비트} \tag{6.9}$$

$p(X = 1) = p(X = 0) = p(Y = 0) = p(Y = 1) = 0.5$로 주변 확률이 균일하다는 것이 분명하므로, $\mathbb{H}(X) = \mathbb{H}(Y) = 1$이다. 따라서 $\mathbb{H}(X, Y) = 1.81$비트 $< \mathbb{H}(X) + \mathbb{H}(Y) = 2$비트다. 사실 이러한 결합 엔트로피에서의 상계는 일반적으로 지켜진다. X와 Y가 독립이라면 $\mathbb{H}(X, Y) = \mathbb{H}(X) + \mathbb{H}(Y)$이므로, 경계가 단단해진다. 이는 직관적으로 보면 적절하다. 일부분이 어떠한 방식으로 상관성을 갖는다면 이는 시스템의 '자유도'를 줄이며, 따라서 전체적인 엔트로피가 줄어든다.

$\mathbb{H}(X, Y)$에서의 하계는 무엇일까? Y가 X의 결정론적 함수라면 $\mathbb{H}(X, Y) = \mathbb{H}(X)$이다. 따라서

$$\mathbb{H}(X, Y) \geq \max\{\mathbb{H}(X), \mathbb{H}(Y)\} \geq 0 \tag{6.10}$$

직관적으로 이는 변수를 함께 조합하는 것이 엔트로피를 낮추지 않음을 말해 주고 있다. 단지 알 수 없는 것을 더 많이 문제에 추가함으로써 불확실성을 줄일 수는 없으며, 일부 데이터를 관측해야 한다. 이 주제는 6.1.4절에서 논의한다.

결합 엔트로피의 정의는 명백한 방법을 통해 2 변수에서 n 변수로 확장할 수 있다.

6.1.4 조건부 엔트로피

X가 주어졌을 때 Y의 **조건부 엔트로피**conditional entropy는 X를 본 후에 Y에 있는 불확실성으로, X의 가능성 있는 값에 대해 평균을 하여 구한다.

$$\mathbb{H}(Y|X) \triangleq \mathbb{E}_{p(X)}\left[\mathbb{H}(p(Y|X))\right] \tag{6.11}$$

$$= \sum_x p(x)\,\mathbb{H}(p(Y|X=x)) = -\sum_x p(x) \sum_y p(y|x)\log p(y|x) \tag{6.12}$$

$$= -\sum_{x,y} p(x,y)\log p(y|x) = -\sum_{x,y} p(x,y)\log \frac{p(x,y)}{p(x)} \tag{6.13}$$

$$= -\sum_{x,y} p(x,y)\log p(x,y) + \sum_x p(x)\log p(x) \tag{6.14}$$

$$= \mathbb{H}(X,Y) - \mathbb{H}(X) \tag{6.15}$$

Y가 X의 결정론적 함수라면, X를 안다는 것은 완벽하게 Y를 정하는 것이므로 $\mathbb{H}(Y|X) = 0$이다. X와 Y가 독립이라면, X를 안다는 것은 Y에 대해 어떠한 것도 말하지 않으므로 $\mathbb{H}(Y|X) = \mathbb{H}(Y)$이다. $\mathbb{H}(X,\ Y) \leq \mathbb{H}(Y) + \mathbb{H}(X)$이므로 다음과 같다.

$$\mathbb{H}(Y|X) \leq \mathbb{H}(Y) \tag{6.16}$$

이는 오직 X와 Y가 독립이라면(iff) 상등이다. 이는 데이터의 조건부화가 불확실성을 평균적으로 절대로 높이지 않는다는 것을 보여준다. '평균적으로'라는 경고가 중요한 이유는 임의의 특정한 관측치(X의 값)에 대해 어떤 것은 더욱 '헷갈릴' 수도 있기 때문이다(즉, $\mathbb{H}(Y|x) > \mathbb{H}(Y)$). 그러나 기댓값 측면에서 데이터를 보는 것이 좋다(또한 6.3.8절을 참고하라).

식 (6.15)는 다음과 같이 다시 쓸 수 있다.

$$\mathbb{H}(X_1, X_2) = \mathbb{H}(X_1) + \mathbb{H}(X_2|X_1) \tag{6.17}$$

이는 일반화하여 **엔트로피의 연쇄 법칙**chain rule for entropy을 얻을 수 있다.

$$\mathbb{H}(X_1, X_2, \ldots, X_n) = \sum_{i=1}^n \mathbb{H}(X_i|X_1, \ldots, X_{i-1}) \tag{6.18}$$

6.1.5 퍼플렉서티

이산 확률 분포 p의 **퍼플렉서티**perplexity는 다음과 같이 정의된다.

$$\text{perplexity}(p) \triangleq 2^{\mathbb{H}(p)} \tag{6.19}$$

이는 자주 예측 가능성predictability의 측정치로 해석된다. 예를 들어, p가 K개 상태에 대한 균일 분포라 하자. 이 경우 퍼플렉시티는 K이다. 퍼플렉시티의 하계는 $2^0 = 1$임이 분명하며, 이는 분포가 완벽하게 결과를 예측할 수 있다면 달성할 수 있다.

이제 데이터 $\mathcal{D}$에 기반한 경험적 분포가 있다고 해보자.

$$p_{\mathcal{D}}(x|\mathcal{D}) = \frac{1}{N} \sum_{n=1}^{N} \delta_{x_n}(x) \tag{6.20}$$

다음을 계산하여 p가 $\mathcal{D}$를 얼마나 잘 예측하는지 측정할 수 있다.

$$\text{perplexity}(p_{\mathcal{D}}, p) \triangleq 2^{\mathbb{H}_{ce}(p_{\mathcal{D}}, p)} \tag{6.21}$$

퍼플렉시티는 토큰 시퀀스를 위한 생성 모델인 통계적 언어 모델의 질을 평가하는 데 자주 쓰인다. 데이터가 길이가 N인 하나의 긴 문서 x라 하고, p가 단순한 유니그램 모델이라 해보자. 이 경우 교차 엔트로피 항은 다음과 같이 주어진다.

$$H = -\frac{1}{N} \sum_{n=1}^{N} \log p(x_n) \tag{6.22}$$

따라서 퍼플렉시티는 다음과 같다.

$$\text{perplexity}(p_{\mathcal{D}}, p) = 2^H = 2^{-\frac{1}{N} \log\left(\prod_{n=1}^{N} p(x_n)\right)} = \sqrt[N]{\prod_{n=1}^{N} \frac{1}{p(x_n)}} \tag{6.23}$$

이를 **지수화 교차 엔트로피**exponentiated cross entropy라고도 부른다. 이는 예측 확률 역수의 기하평균임을 볼 수 있다.

언어 모델의 경우 다음 단어를 예측할 때 주로 이전 단어로 조건부화를 한다. 예를 들어 바이그

램 모델에서는 $p(x_i|x_{i-1})$ 형식의 이계 마르코프 모델을 사용한다. 언어 모델의 **가지치기 인자**[branching factor]는 임의의 주어진 단어 다음에 올 수 있는 가능성 있는 단어의 수로 정의한다. 그러므로 퍼플렉시티는 가중 평균 가지치기 인자로 해석할 수 있다. 예를 들어 모델이 문맥에 상관없이 각 단어의 가능성이 같다고, 따라서 $p(x_i|x_{i-1}) = 1/K$라고 예측한다고 해보자. 그러면 퍼플렉시티는 $((1/K)^N)^{-1/N} = K$이다. 어떤 기호가 다른 것보다 더 가능성이 있다면, 그리고 모델이 이를 올바르게 반영한다면 퍼플렉시티는 K보다 낮아질 것이다. 그러나 6.2절에서 보여주듯이 $\mathbb{H}(p^*) \leq \mathbb{H}_{ce}(p^*,\, p)$이므로, 절대로 퍼플렉시티를 하부의 확률 과정 p^*의 엔트로피 아래로 낮출 수는 없다.

퍼플렉시티에 대한 추가적인 논의 및 언어 모델에서의 쓰임에 대해서는 [JM08, p96]을 참고하라.

6.1.6 연속 확률 변수를 위한 미분 엔트로피*

X가 pdf $p(x)$인 연속 확률 변수라면, **미분 엔트로피**[differential entropy]는 다음과 같이 정의한다.

$$h(X) \triangleq - \int_{\mathcal{X}} p(x) \log p(x) \, dx \tag{6.24}$$

이때 이와 같은 적분이 존재한다고 가정한다. 예를 들어 $X \sim U(0,\, a)$라 해보자. 그러면

$$h(X) = - \int_0^a dx \, \frac{1}{a} \log \frac{1}{a} = \log a \tag{6.25}$$

이산형인 경우와 다르게, 미분 엔트로피는 음수일 수 있다. 그 이유는 pdf의 것이 1보다 클 수 있기 때문이다. 예를 들어 $X \sim U(0,\, 1/8)$이라면 $h(X) = \log_2(1/8) = -3$이다.

미분 엔트로피를 이해하는 한 가지 방법은 모든 실숫값 양[quantity]이 유한한 정밀도로만 표현될 수 있음을 인식하는 것이다. 연속 확률 변수 X의 n비트 양자화의 엔트로피는 근사적으로 $h(X) + n$임을 보이는 것이 가능하다[CT91, p228]. 예를 들어 $X \sim U(0,\, 1/8)$이라 하자. 그러면 X의 이항 표현에서 이항 지점의 오른쪽 처음 3비트는 반드시 0이어야 한다(숫자가 $\leq 1/8$이므로). 따라서 X를 n비트의 정확도로 묘사하려면 오직 $n - 3$비트만을 필요로 하며, 이는 앞서 계산한 $h(X) = -3$과 일치한다.

6.1.6.1 예시: 가우스의 엔트로피

d차원 가우스의 엔트로피는 다음과 같다.

$$h(\mathcal{N}(\boldsymbol{\mu}, \boldsymbol{\Sigma})) = \frac{1}{2}\ln|2\pi e\boldsymbol{\Sigma}| = \frac{1}{2}\ln[(2\pi e)^d|\boldsymbol{\Sigma}|] = \frac{d}{2} + \frac{d}{2}\ln(2\pi) + \frac{1}{2}\ln|\boldsymbol{\Sigma}| \qquad (6.26)$$

1차원의 경우 이는 다음이 된다.

$$h(\mathcal{N}(\mu, \sigma^2)) = \frac{1}{2}\ln\left[2\pi e\sigma^2\right] \qquad (6.27)$$

6.1.6.2 분산과의 연결점

가우스의 엔트로피는 분산이 커짐에 따라 단조적으로 증가한다. 그러나 항상 그런 것은 아니다. 예를 들어 중심이 −1과 +1인 2개의 1차원 가우스의 혼합을 고려해 보자. 평균을 더욱 떨어뜨릴수록, 말하자면 −10과 +10이라 하면 분산은 높아진다(전체 평균으로부터의 평균 거리가 커지므로). 그러나 엔트로피는 거의 비슷하게 남아 있게 된다. 왜냐하면 표본이 −10 또는 +10 근처에 있음을 안다 하더라도 표본이 어디에 속할지 여전히 확신하지 못하기 때문이다(GMM의 정확한 엔트로피는 계산하기 어렵지만, 상계 및 하계를 계산하는 방법은 [Hub+08]에 제시되어 있다).

6.1.6.3 이산화

일반적으로 연속형 확률 변수를 위한 미분 엔트로피 계산은 어려울 수 있다. 이는 변수를 **이산화**discretize 또는 **양자화**quantize하여 간단히 근사할 수 있다. 이를 위한 방법은 여러 가지가 있지만(요약은 [DKS95; KK06] 등을 참고하라), 간단한 접근법은 분포를 경험적 분위수에 근거하여 빈bin에 넣는 것이다. 여기서 핵심적인 질문은 얼마나 많은 빈을 사용하느냐다[LM04]. 스콧Scott[Sco79]은 다음의 휴리스틱을 제안했다.

$$B = N_{\mathcal{D}}^{1/3}\frac{\max(\mathcal{D}) - \min(\mathcal{D})}{3.5\sigma(\mathcal{D})} \qquad (6.28)$$

여기서 $\sigma(\mathcal{D})$는 데이터의 경험적 표준편차이며, $N_{\mathcal{D}} = |\mathcal{D}|$는 경험적 분포 내 데이터 지점의 개

수다. 그러나 이산화 기법은 X가 다차원의 확률 벡터라면 차원의 저주 때문에 스케일링을 잘하지 못한다.

6.2 상대 엔트로피(KL 발산)*

두 분포 p와 q가 주어졌을 때, 이들이 얼마나 '가까운지' 또는 '비슷한지' 측정하는 **거리 계량**^{distance} ^{metric}을 정의하면 유용한 경우가 많다. 사실 q가 p로부터 얼마나 떨어져 있는지를, D가 계량일 것을 요구하지 않으면서 양자화하는 **발산 측정치**^{divergence measure} $D(p, q)$를 고려하는 것이 더 일반적이다. 더 정확하게 하자면, $D(p, q) \geq 0$이고 오직 $p = q$일 때(iff) 상등하다면 D가 발산이라 말한다. 한편 계량은 또한 D가 대칭이고 **삼각부등식**^{triangle inequality} $D(p, r) \leq D(p, q) + D(q, r)$을 만족시킬 것을 요구한다.[1] 사용 가능한 발산 측정치는 많이 존재한다. 이 절에서는 **쿨백-라이블러 발산**^{Kullback-}^{Leibler divergence}, 즉 **KL 발산**에 집중한다. 이는 또한 두 분포 p와 q 사이의 **정보 획득**^{information gain} 또는 **상대 엔트로피**^{relative entropy}라고도 한다.

6.2.1 정의

이산 분포에서 KL 발산은 다음과 같이 정의된다.

$$D_{\mathbb{KL}}(p \parallel q) \triangleq \sum_{k=1}^{K} p_k \log \frac{p_k}{q_k} \tag{6.29}$$

이는 자연스럽게 연속 분포로도 확장된다.

$$D_{\mathbb{KL}}(p \parallel q) \triangleq \int dx \, p(x) \log \frac{p(x)}{q(x)} \tag{6.30}$$

---

1 인터넷에서 거리 함수에 대한 정의를 찾아보기 바란다. – 옮긴이

6.2.2 해석

KL은 다음과 같이 다시 쓸 수 있다.

$$D_{\mathrm{KL}}\left(p \parallel q\right) = \underbrace{\sum_{k=1}^{K} p_k \log p_k}_{-\mathbb{H}(p)} - \underbrace{\sum_{k=1}^{K} p_k \log q_k}_{\mathbb{H}(p,q)} \tag{6.31}$$

첫 번째 항은 음의 엔트로피, 두 번째 항은 교차 엔트로피임을 알 수 있다. 교차 엔트로피 $\mathbb{H}(p, q)$는 코드가 분포 q에 근거하여 디자인됐을 때 분포 p로부터 나오는 데이터를 압축하는 데 필요한 비트 개수의 하계임을 보일 수 있다. 그러므로 KL 발산은 데이터 표본을 압축할 때 잘못된 분포 q를 기본 코딩 체계로 사용한다면 참인 분포 p와 비교했을 때 치러야 할 '추가적인 비트 수'로 해석할 수 있다.

KL 발산에는 여러 가지 해석이 존재한다. 더 많은 정보는 이 책의 후속판 [Mur23]을 참고하라.

6.2.3 예시: 두 가우스 사이의 KL 발산

예를 들면, 2개의 다변량 가우스 분포 사이의 KL 발산은 다음과 같이 주어짐을 보일 수 있다.

$$\begin{aligned} &D_{\mathrm{KL}}\left(\mathcal{N}(\boldsymbol{x}|\boldsymbol{\mu}_1, \boldsymbol{\Sigma}_1) \parallel \mathcal{N}(\boldsymbol{x}|\boldsymbol{\mu}_2, \boldsymbol{\Sigma}_2)\right) \\ &= \frac{1}{2}\left[\mathrm{tr}(\boldsymbol{\Sigma}_2^{-1}\boldsymbol{\Sigma}_1) + (\boldsymbol{\mu}_2 - \boldsymbol{\mu}_1)^{\mathsf{T}}\boldsymbol{\Sigma}_2^{-1}(\boldsymbol{\mu}_2 - \boldsymbol{\mu}_1) - D + \log\left(\frac{\det(\boldsymbol{\Sigma}_2)}{\det(\boldsymbol{\Sigma}_1)}\right)\right] \end{aligned} \tag{6.32}$$

스칼라의 경우에는 다음이 된다.

$$D_{\mathrm{KL}}\left(\mathcal{N}(x|\mu_1, \sigma_1) \parallel \mathcal{N}(x|\mu_2, \sigma_2)\right) = \log\frac{\sigma_2}{\sigma_1} + \frac{\sigma_1^2 + (\mu_1 - \mu_2)^2}{2\sigma_2^2} - \frac{1}{2} \tag{6.33}$$

6.2.4 KL의 비음성

이 절에서는 KL 발산이 언제나 비음수$^{\text{non-negative}}$임을 증명한다.

이를 위해 **젠센의 부등식**$^{\text{Jensen's inequality}}$을 사용한다. 이는 임의의 볼록 함수 f에 대해 다음을 명시한다.

$$f(\sum_{i=1}^{n} \lambda_i \boldsymbol{x}_i) \leq \sum_{i=1}^{n} \lambda_i f(\boldsymbol{x}_i) \tag{6.34}$$

여기서 $\lambda_i \geq 0$이고 $\sum_{i=1}^{n} \lambda_i = 1$이다. 말로 하자면, 이 결과는 평균의 f는 f의 평균보다 적음을 말해 준다. 이는 $n = 2$인 경우 참임이 분명하다. 볼록 함수는 두 끝점을 연결하는 직선의 위로 굽어지기 때문이다(8.1.3절 참고). 일반적인 n의 경우를 증명하려면 귀납법을 사용할 수 있다.

예를 들어 $f(x) = \log(x)$인 오목 함수라면 다음이 된다.

$$\log(\mathbb{E}_x g(x)) \geq \mathbb{E}_x \log(g(x)) \tag{6.35}$$

아래에서 이 결과를 사용한다.

정리 6.2.1(정보 부등식) $D_{\mathrm{KL}}(p||q) \geq 0$이며 오직 $p = q$라면(iff) 상등이다.

증명 [CT06, p28]을 따라 정리를 증명한다. $A = \{x : p(x) > 0\}$가 $p(x)$의 지지라고 해보자. 로그 함수의 오목성과 젠센의 부등식(6.2.4절)을 사용해 다음을 얻는다.

$$-D_{\mathrm{KL}}(p \| q) = -\sum_{x \in A} p(x) \log \frac{p(x)}{q(x)} = \sum_{x \in A} p(x) \log \frac{q(x)}{p(x)} \tag{6.36}$$

$$\leq \log \sum_{x \in A} p(x) \frac{q(x)}{p(x)} = \log \sum_{x \in A} q(x) \tag{6.37}$$

$$\leq \log \sum_{x \in \mathcal{X}} q(x) = \log 1 = 0 \tag{6.38}$$

$\log(x)$가 엄격하게 오목 함수이므로($-\log(x)$는 볼록하다), A에 포함된 전체 공간 $\mathcal{X}$의 부분을 추적하는 어떠한 c에 대해 오직 $p(x) = cq(x)$라면(iff) 식 (6.37)에서 상등성을 갖는다. 식 (6.38)은 오직 $\sum_{x \in A} q(x) = \sum_{x \in \mathcal{X}} q(x) = 1$이라면(iff) 상등하다. 이는 $c = 1$임을 뜻한다. 따라서 모든 x에 대해 오직 $p(x) = q(x)$라면(iff) $D_{\mathrm{KL}}(p||q) = 0$이다. ■

앞으로 이 책에서 보겠지만, 이 정리는 많은 중요한 의미를 지니고 있다. 예를 들어, 균일 분포가 엔트로피를 최대화하는 분포임을 보일 수 있다.

따름정리 6.2.1(균일 분포는 엔트로피를 최대화한다.) $|\mathcal{X}|$가 X의 상태 개수일 때 $\mathbb{H}(X) \leq \log|\mathcal{X}|$이며, 이때 오직 $p(x)$가 균일이라면(iff) 상등이다.

증명 $u(x) = 1/|\mathcal{X}|$라 하자. 그러면

$$0 \leq D_{\mathbb{KL}}(p \parallel u) = \sum_x p(x) \log \frac{p(x)}{u(x)} = \log|\mathcal{X}| - \mathbb{H}(X) \tag{6.39}$$

∎

6.2.5 KL 발산과 MLE

KL 발산으로 측정했을 때 p와 최대한 가까운 분포 q를 찾고자 한다고 해보자.

$$q^* = \arg\min_q D_{\mathbb{KL}}(p \parallel q) = \arg\min_q \int p(x) \log p(x) dx - \int p(x) \log q(x) dx \tag{6.40}$$

이제 p가 확률 원자probability atom를 관측한 훈련 데이터에 두며 다른 모든 곳에는 0의 질량을 두는 경험적 분포라 해보자.

$$p_{\mathcal{D}}(x) = \frac{1}{N_{\mathcal{D}}} \sum_{n=1}^{N_{\mathcal{D}}} \delta(x - x_n) \tag{6.41}$$

델타 함수의 거르기sifting 속성을 사용하면 다음을 얻는다.

$$D_{\mathbb{KL}}(p_{\mathcal{D}} \parallel q) = -\int p_{\mathcal{D}}(x) \log q(x) dx + C \tag{6.42}$$

$$= -\int \left[\frac{1}{N_{\mathcal{D}}} \sum_n \delta(x - x_n) \right] \log q(x) dx + C \tag{6.43}$$

$$= -\frac{1}{N_{\mathcal{D}}} \sum_n \log q(x_n) + C \tag{6.44}$$

여기서 $C = \int p(x) \log p(x) dx$는 q와 독립인 상수다. 이는 **교차 엔트로피**cross entropy 목적 함수라 부르며, 훈련 데이터셋에서 q의 음의 로그 가능도 평균과 같다. 그러므로 경험적 분포의 KL 발산 최소화는 가능도의 최대화와 동등함을 볼 수 있다.

이러한 관점은 가능도 기반 훈련의 결함, 즉 너무 많은 가중치를 훈련 집합에 둔다는 점을 지적하고 있다. 대부분의 응용에서 경험적 분포가 참인 분포를 잘 표현한다고 진심으로 생각하지는 않는다. 왜냐하면 이는 단지 유한한 점 집합에 '솟구침'을, 그리고 다른 모든 곳에는 0의 밀도를 두기만 하기 때문이다. 데이터셋이 크다 하더라도(1백만 개의 이미지라 하면), 데이터가 표집되는 우주는 보통 훨씬 더 크다(예: '모든 자연스러운 이미지'의 집합은 1백만 개보다 훨씬 크다). 커널 밀도 추정을 사용해 경험적 분포를 평활화할 수도 있지만(16.3절), 이는 이미지 공간에서 비슷한 커널을 필요로 할 것이다. 알고리듬적인 접근법의 대안으로는 **데이터 증대**data augmentation가 있다. 이는 관찰된 데이터 표본을 그럴듯한 '자연적 변화'를 반영한다고 믿는 방식으로 섭동perturb하는 방법이다. MLE를 이러한 증대된 데이터에 적용하면 우월한 결과를 내놓는 경우가 많으며, 특히 많은 모수로 모델을 적합시킬 때 그러하다(19.1절 참고).

6.2.6 전진 KL 대 후진 KL

분포 p를 더 단순한 분포 q를 사용해 근사하기를 원한다고 해보자. 이는 $D_{\mathrm{KL}}(q \| p)$ 또는 $D_{\mathrm{KL}}(p \| q)$를 최소화하여 할 수 있다. 이는 아래에서 논의하는 까다로운 움직임을 낳는다.

먼저 다음과 같이 정의된, **전진 KL**forwards KL 또는 **포함적 KL**inclusive KL이라 부르는 것을 고려해 보자.

$$D_{\mathrm{KL}}(p \| q) = \int p(x) \log \frac{p(x)}{q(x)} dx \tag{6.45}$$

이를 q에 대해 최소화하는 것은 **M 사영**M-projection 또는 **적률 사영**moment projection이라 한다.

최적인 q에 대한 이해는 $p(x) > 0$이지만 $q(x) = 0$인 입력 x를 고려함으로써 얻을 수 있다. 이 경우 $\log p(x)/q(x)$ 항은 무한대가 될 것이다. 그러므로 KL의 최소화는 q로 하여금 p가 0이 아닌 확률을 갖는 공간의 모든 영역을 포함하도록 강제할 것이다. 다른 식으로 말하자면, q는 **영 회피**zero-avoiding 또는 **모드 피복**mode-covering이 될 것이며, 통상적으로 p의 지지를 과대추정할 것이다. 그림 6.3(a)는 p가 쌍봉 분포bimodal distribution이지만 q가 단봉일 때의 모드 피복을 보여준다.

이제 **후진 KL**reverse KL 또는 **배반적 KL**exclusive KL이라 부르는 것을 고려해 보자.

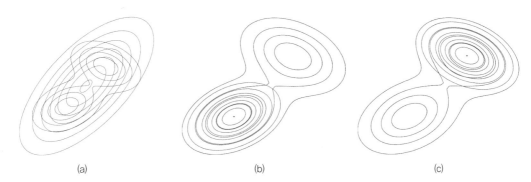

(a)　　　　　　　　　　(b)　　　　　　　　　　(c)

그림 6.3 쌍봉 분포에서 전진 KL 대 후진 KL을 보여준다. 파란색 곡선은 p의 참인 분포의 윤곽이다. 빨간색 곡선은 q의 단봉 근사의 윤곽이다. (a) 전진 KL $D_{\mathrm{KL}}(p||q)$를 q에 대해 최소화하면 q가 p를 '피복하도록' 한다. (b)~(c) 후진 KL $D_{\mathrm{KL}}(q||p)$를 q에 대해 최소화하면 q가 p의 두 모드 중 하나를 '찾도록' 한다. 출처: [Bis06]의 그림 10.3. KLfwdReverseMixGauss.ipynb로 생성했다.

$$D_{\mathrm{KL}}(q \parallel p) = \int q(x) \log \frac{q(x)}{p(x)} dx \tag{6.46}$$

이를 q에 대해 최소화하는 것은 **I 사영**I-projection 또는 **정보 사영**information projection이라 한다.

최적인 q에 대한 이해는 $q(x) = 0$이지만 $p(x) > 0$인 입력 x를 고려함으로써 얻을 수 있다. 이 경우 $\log q(x)/p(x)$ 항이 무한할 것이다. 그러므로 배반적 KL의 최소화는 q로 하여금 p가 0의 확률을 갖는 공간의 모든 영역을 배제하도록 강제할 것이다. 이를 하는 한 가지 방법은 q로 하여금 공간의 극히 일부분에 확률 질량을 두도록 하는 것이다. 이는 **영 강제**zero-forcing 또는 **모드 추적**mode-seeking 움직임이라 부른다. 이 경우 q는 p의 지지를 통상적으로 과소추정할 것이다. 그림 6.3(b), (c)는 q가 쌍봉이지만 p가 단봉일 때의 모드 추적을 보여준다.

6.3 상호 정보*

KL 발산은 두 분포가 얼마나 비슷한지 측정하는 방법을 제공했다. 두 확률 변수가 얼마나 의존적인지 측정하려면 어떻게 해야 할까? 한 가지 방법은 두 확률 변수의 의존성 측정에 대한 질문을 이들 분포의 유사성에 대한 질문으로 바꾸는 것이다. 이는 아래에서 정의하는, 두 확률 변수 사이의 **상호 정보**MI, Mutual Information 개념을 이끌어낸다.

6.3.1 정의

확률 변수 X와 Y 사이의 상호 정보는 다음과 같이 정의된다.

$$\mathbb{I}(X;Y) \triangleq D_{\mathbb{KL}}(p(x,y) \parallel p(x)p(y)) = \sum_{y \in Y} \sum_{x \in X} p(x,y) \log \frac{p(x,y)}{p(x)\,p(y)} \tag{6.47}$$

(X 그리고/또는 Y가 변수 집합을 나타내는 경우 $\mathbb{I}(X, Y)$ 대신 $\mathbb{I}(X; Y)$라 쓴다. 예를 들어, X와 (Y, Z) 사이의 MI를 나타내는 데 $\mathbb{I}(X; Y, Z)$라 쓸 수 있다.) 연속 확률 변수는 단지 합을 적분으로 바꾸기만 한다.

MI가 언제나, 심지어 연속 확률 변수라 하더라도 비음수임을 쉽게 보일 수 있다. 왜냐하면

$$\mathbb{I}(X;Y) = D_{\mathbb{KL}}(p(x,y) \parallel p(x)p(y)) \geq 0 \tag{6.48}$$

오직 $p(x, y) = p(x)p(y)$라면(iff) 0의 경계를 달성한다.

6.3.2 해석

상호 정보가 결합 주변 분포와 인자화^{factored} 주변 분포 사이의 KL 발산이라는 점은 MI가 두 변수를 독립인 $p(x)p(y)$로 다루는 모델을, 이들의 참인 결합 밀도 $p(x, y)$를 모델링하는 모델로 업데이트할 때 얻는 정보를 측정함을 말해 준다.

MI의 뜻에 대한 추가적인 인사이트를 얻으려면, 다음과 같이 이를 결합 및 조건부 엔트로피로 다시 표현하면 도움이 된다.

$$\mathbb{I}(X;Y) = \mathbb{H}(X) - \mathbb{H}(X|Y) = \mathbb{H}(Y) - \mathbb{H}(Y|X) \tag{6.49}$$

그러므로 X와 Y 사이의 MI는 Y를 관측한 후에 X에 대한 불확실성의 축소, 또는 대칭적으로 X를 관측한 후에 Y에 대한 불확실성의 축소로 해석할 수 있다. 그런데 이 결과는 조건부화가 평균적으로 엔트로피를 축소시킨다는 다른 증명을 내어준다. 특히 $0 \leq \mathbb{I}(X; Y) = \mathbb{H}(X) - \mathbb{H}(X|Y)$이므로 $\mathbb{H}(X|Y) \leq \mathbb{H}(X)$이다.

다른 해석을 얻을 수도 있다. 다음을 보일 수 있다.

$$\mathbb{I}(X;Y) = \mathbb{H}(X,Y) - \mathbb{H}(X|Y) - \mathbb{H}(Y|X) \tag{6.50}$$

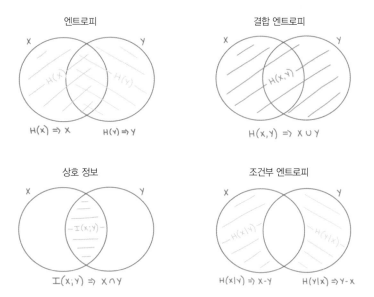

그림 6.4 주변 엔트로피, 결합 엔트로피, 조건부 엔트로피, 상호 정보를 정보 다이어그램으로 나타냈다. 케이티 에버렛(Katie Everett)이 친절하게 사용을 허가했다.

마지막으로 다음을 보일 수 있다.

$$\mathbb{I}(X;Y) = \mathbb{H}(X) + \mathbb{H}(Y) - \mathbb{H}(X,Y) \tag{6.51}$$

이 방정식들을 **정보 다이어그램**information diagram 측면에서 요약한 그림 6.4를 참고하라(형식적으로 이는 집합 표현을 그들의 정보 이론적인 대응물로 매핑하는 부호 있는 측도다[Yeu91]).

6.3.3 예시

예시로 6.1.3절의 소수 및 짝수 예시를 다시 고려해 보자. $\mathbb{H}(X) = \mathbb{H}(Y) = 1$임을 상기하라. 조건부 분포 $p(Y\,|\,X)$는 각 행을 정규화하여 얻는다.

	Y=0	Y=1
X=0	$\frac{1}{4}$	$\frac{3}{4}$
X=1	$\frac{3}{4}$	$\frac{1}{4}$

따라서 조건부 엔트로피는 다음과 같다.

$$\mathbb{H}(Y|X) = -\left[\frac{1}{8}\log_2\frac{1}{4} + \frac{3}{8}\log_2\frac{3}{4} + \frac{3}{8}\log_2\frac{3}{4} + \frac{1}{8}\log_2\frac{1}{4}\right] = 0.81\text{비트} \tag{6.52}$$

그리고 상호 정보는 다음과 같다.

$$\mathbb{I}(X;Y) = \mathbb{H}(Y) - \mathbb{H}(Y|X) = (1 - 0.81)\text{ bits} = 0.19\text{비트} \tag{6.53}$$

다음은 쉽게 검증할 수 있다.

$$\mathbb{H}(X,Y) = \mathbb{H}(X|Y) + \mathbb{I}(X;Y) + \mathbb{H}(Y|X) \tag{6.54}$$
$$= (0.81 + 0.19 + 0.81)\text{ bits} = 1.81\text{비트} \tag{6.55}$$

6.3.4 조건부 상호 정보

조건부 상호 정보conditional mutual information는 쉽게 정의할 수 있다.

$$\mathbb{I}(X;Y|Z) \triangleq \mathbb{E}_{p(Z)}\left[\mathbb{I}(X;Y)|Z\right] \tag{6.56}$$
$$= \mathbb{E}_{p(x,y,z)}\left[\log\frac{p(x,y|z)}{p(x|z)p(y|z)}\right] \tag{6.57}$$
$$= \mathbb{H}(X|Z) + \mathbb{H}(Y|Z) - \mathbb{H}(X,Y|Z) \tag{6.58}$$
$$= \mathbb{H}(X|Z) - \mathbb{H}(X|Y,Z) = \mathbb{H}(Y|Z) - \mathbb{H}(Y|X,Z) \tag{6.59}$$
$$= \mathbb{H}(X,Z) + \mathbb{H}(Y,Z) - \mathbb{H}(Z) - \mathbb{H}(X,Y,Z) \tag{6.60}$$
$$= \mathbb{I}(Y;X,Z) - \mathbb{I}(Y;Z) \tag{6.61}$$

마지막 방정식은 조건부 MI가, Z만이 주어졌을 때 Y에 대해 이미 알고 있는 것을 제외하고, X가 Y에 대해 말해 주는 추가적인 (잔차) 정보임을 말해 준다.

식 (6.61)은 다음과 같이 다시 쓸 수 있다.

$$\mathbb{I}(Z,Y;X) = \mathbb{I}(Z;X) + \mathbb{I}(Y;X|Z) \tag{6.62}$$

N개 변수로 일반화하면, **상보 정보의 연쇄 법칙**chain rule for mutual information을 얻는다.

$$\mathbb{I}(Z_1, \ldots, Z_N; X) = \sum_{n=1}^{N} \mathbb{I}(Z_n; X | Z_1, \ldots, Z_{n-1}) \qquad (6.63)$$

6.3.5 '일반화 상관계수'로서의 MI

(x, y)가 결합 가우스라 해보자.

$$\begin{pmatrix} x \\ y \end{pmatrix} \sim \mathcal{N} \left(\mathbf{0}, \begin{pmatrix} \sigma^2 & \rho\sigma^2 \\ \rho\sigma^2 & \sigma^2 \end{pmatrix} \right) \qquad (6.64)$$

이제 X와 Y 사이의 상호 정보를 계산하는 방법을 보여준다.

식 (6.26)을 사용해 엔트로피가 다음과 같음을 알 수 있다.

$$h(X, Y) = \frac{1}{2} \log \left[(2\pi e)^2 \det \Sigma \right] = \frac{1}{2} \log \left[(2\pi e)^2 \sigma^4 (1 - \rho^2) \right] \qquad (6.65)$$

X와 Y가 개별적으로 분산이 σ^2인 정규 분포이므로 다음과 같다.

$$h(X) = h(Y) = \frac{1}{2} \log \left[2\pi e \sigma^2 \right] \qquad (6.66)$$

따라서

$$I(X, Y) = h(X) + h(Y) - h(X, Y) \qquad (6.67)$$

$$= \log[2\pi e \sigma^2] - \frac{1}{2} \log[(2\pi e)^2 \sigma^4 (1 - \rho^2)] \qquad (6.68)$$

$$= \frac{1}{2} \log[(2\pi e \sigma^2)^2] - \frac{1}{2} \log[(2\pi e \sigma^2)^2 (1 - \rho^2)] \qquad (6.69)$$

$$= \frac{1}{2} \log \frac{1}{1 - \rho^2} = -\frac{1}{2} \log[1 - \rho^2] \qquad (6.70)$$

이제 몇 가지 흥미로운 특별한 경우를 논의해 보자.

1. $\rho = 1$. 이 경우 $X = Y$이므로 $I(X, Y) = \infty$이며, 이는 타당하다. Y를 관측하면 X에 대한 무한한 양의 정보를 말해 준다(실숫값을 정확히 알고 있으므로).

2. $\rho = 0$. 이 경우 X와 Y가 독립이므로 $I(X, Y) = 0$이며, 이는 타당하다. Y를 관측하면 X에 대한 어떠한 정보도 말해 주지 않는다.

3. $\rho = -1$. 이 경우 $X = -Y$이므로 $I(X, Y) = \infty$이며, 이는 또다시 타당하다. Y를 관측하면 X를 무한한 정밀도로 예측할 수 있게 해준다.

이제 X와 Y가 결합 가우스가 아닌 스칼라인 경우를 고려해 보자. 일반적으로 연속 확률 변수 사이의 상호 정보는 계산하기가 어렵다. 왜냐하면 결합 밀도 $p(X, Y)$를 추정해야 하기 때문이다. 스칼라 변수의 경우, 각 변수의 범위를 빈^{bin}으로 나누고, 각 히스토그램 빈에 얼마나 많은 값이 속하는지 계산함으로써 **이산화**^{discretize} 또는 **양자화**^{quantize}하여 간단히 근사화한다[Sco79]. 그 뒤 경험적 pmf를 사용해 MI를 쉽게 계산할 수 있다.

안타깝게도 사용하는 빈의 수, 그리고 빈 경계의 위치가 결과에 막대한 영향을 미칠 수 있다. 이를 피하는 한 가지 방법은 K 최근접 이웃 거리를 사용해 밀도를 비모수적이고 적응적인 방식으로 추정하는 것이다. 이것이 [KSG04]에서 제안한 MI를 위한 **KSG 추정량**^{KSG estimator}의 기본으로, sklearn.feature_selection.mutual_info_regression 함수에 구현되어 있다. 이 추정량과 관련된 논문은 [GOV18; HN19]를 참고하라.

6.3.6 정규화 상호 정보

몇몇 응용에서는 0과 1 사이의 정규화된 의존성 측도가 있으면 도움이 된다. 이제 이러한 측도를 구성하는 한 가지 방법을 논의한다.

먼저 다음을 주지하라.

$$\mathbb{I}(X;Y) = \mathbb{H}(X) - \mathbb{H}(X|Y) \leq \mathbb{H}(X) \tag{6.71}$$
$$= \mathbb{H}(Y) - \mathbb{H}(Y|X) \leq \mathbb{H}(Y) \tag{6.72}$$

따라서

$$0 \leq \mathbb{I}(X;Y) \leq \min(\mathbb{H}(X), \mathbb{H}(Y)) \tag{6.73}$$

그러므로 **정규화 상호 정보**^{normalized mutual information}는 다음과 같이 정의할 수 있다.

$$NMI(X,Y) = \frac{\mathbb{I}(X;Y)}{\min(\mathbb{H}(X), \mathbb{H}(Y))} \leq 1 \tag{6.74}$$

이 정규화 상호 정보의 범위는 0에서 1이다. $NMI(X,\ Y) = 0$일 때 $\mathbb{I}(X;\ Y) = 0$이므로, X와 Y가 독립이다. $NMI(X,\ Y) = 1$이고 $\mathbb{H}(X) < \mathbb{H}(Y)$일 때 다음과 같다.

$$\mathbb{I}(X;Y) = \mathbb{H}(X) - \mathbb{H}(X|Y) = \mathbb{H}(X) \implies \mathbb{H}(X|Y) = 0 \tag{6.75}$$

따라서 X는 Y의 결정론적 함수다. 예를 들어, X가 pmf $[0.5,\ 0.25,\ 0.25]$인 이산 확률 변수라 해보자. $MI(X,\ X) = 1.5$(로그의 밑으로 2를 사용)이고 $\mathbb{H}(X) = 1.5$이므로, 정규화 MI는 예상하듯이 1이다.

연속 확률 변수에서는 상호 정보를 정규화하기가 더 어렵다. 왜냐하면 양자화의 수준에 민감한 미분 엔트로피를 추정할 필요가 있기 때문이다. 추가적인 논의는 6.3.7절을 참고하라.

6.3.7 최대 정보 계수

6.3.6절에서 논의했듯이 상호 정보의 정규화된 추정값이 있으면 도움이 되지만, 실숫값 데이터에서는 계산하기가 까다로울 수 있다. **최대 정보 계수**^{MIC, Maximal Information Coefficient}라 알려진 한 가지 접근법은 다음과 같은 양을 정의한다[Res+11].

$$\mathrm{MIC}(X,Y) = \max_{G} \frac{\mathbb{I}((X,Y)|_G)}{\log \|G\|} \tag{6.76}$$

여기서 G는 2차원 격자의 집합으로 $(X,\ Y)|_G$는 변수를 격자에 이산화한 것을 나타내며, $\|G\|$는 $\min(G_x,\ G_y)$이며 여기서 G_x는 x 방향에서 격자 셀의 개수, G_y는 y 방향에서 격자 셀의 개수다 (최대 격자 해상도는 표본 크기 n에 의존한다. 논문 저자는 $G_x G_y \leq B(n)$이 되도록 격자를 제한할 것을 권한다. 여기서 $B(n) = n^{\alpha}$, $\alpha = 0.6$이다). 분모는 균일 결합 분포의 엔트로피이며, 이로 나눔으로써 $0 \leq \mathrm{MIC} \leq 1$을 보장한다.

이 통계량 이면의 직관은 다음과 같다. X와 Y 사이에 관계가 존재한다면, 이를 포착하는 2차원 입력 공간의 어떠한 이산적인 격자화가 존재해야 한다. 올바른 격자가 무엇인지 모르므로, MIC가 서로 다른 격자 해상도(예: 2×2, 2×3 등) 및 그리드 경계의 위치에 대해 검색을 한다. 격자가 주어지

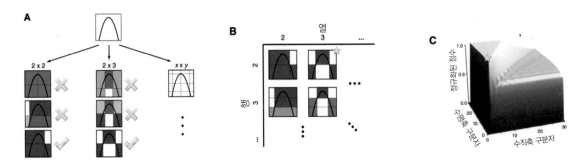

그림 6.5 최대 정보 계수(MIC) 계산법을 보여주고 있다. (a) 각기 다른 격자 해상도, 격자 셀 위치를 검색하고 각각의 MI를 계산한다. (b) 각 격자 해상도 (k, l)마다 $M(k, l)$ 집합을 정의하여 그 크기의 격자를 위한, $\log(\min(k, l))$로 정규화된 최대 MI가 되도록 한다. (c) 행렬 $\mathbf{M}$을 시각화한다. 값이 최대인 항목(별로 표시함)이 MIC가 되도록 정의한다. 출처: [Res+11]의 그림 1. 데이비드 레셰프(David Reshef)가 친절하게 사용을 허가했다.

면, 데이터를 쉽게 양자화하고 MI를 계산할 수 있다. **특징 행렬**characteristic matrix $M(k, l)$을 임의의 크기 (k, l)의 격자로 달성할 수 있는, $\log(\min(k, l))$로 정규화한 최대 MI로 정의한다. 그러면 MIC는 이 행렬에서 가장 큰 항목인 $\max_{kl \le B(n)} M(k, l)$이다. 이 과정을 시각화한 그림 6.5를 참고하라.

[Res+11]에서는 이 양이 **공정성**equitability이라 하는 속성을 드러냄을 보여준다. 이는 이것이 관계의 형태(예: 선형, 비선형, 비함수적)에 상관없이 동일하게 잡음이 있는 관계에 비슷한 점수를 줌을 뜻한다.

[Res+16]에서는 **MICe**라 부르는 개선된 추정량을 제시한다. 이는 더 효율적으로 계산할 수 있으며 1차원 격자에 대해서만 최적화하면 되는데, 동적 프로그래밍을 사용해 $O(n)$시간으로 할 수 있다. 또한 **TICe**Total Information Content라는 또 다른 양을 제시하는데, 표본 크기가 작지만 공정성은 좀 더 낮을 때 관계를 발견하는 더 높은 힘을 갖는다. 이는 $\sum_{kl \le B(n)} M(k, l)$이 되도록 정의한다. 논문 저자는 TICe를 사용해 많은 수의 후보 관계를 걸러낸 뒤, MICe를 사용해 관계의 힘을 양자화할 것을 추천한다. 이러한 계량 모두를 효율적으로 구현하는 방법은 [Alb+18]을 참고하라.

MIC가 0이면 변수 사이에 관계가 없으며, 1이면 임의 형태의 잡음이 없는 관계를 나타낸다는 뜻으로 해석할 수 있다. 그림 6.6에 나타나 있다. 상관계수와는 다르게 MIC는 선형 관계를 찾는다는 제약이 없다. 이러한 이유로 MIC는 '21세기를 위한 상관성'으로 불렸다[Spe11].

그림 6.7은 [Res+11]의 더 흥미로운 예시를 제공하고 있다. 데이터는 세계보건기구WHO, World

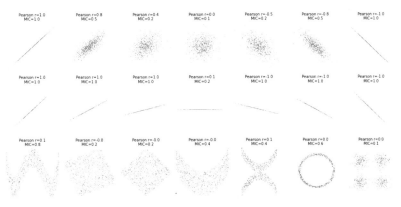

그림 6.6 몇몇 2차원 분포 및 해당 상관계수 R^2 추정값 그리고 최대 정보 계수(MIC)의 그림. 그림 3.1과 비교해 보라. MIC_correlation_2d.ipynb로 생성했다.

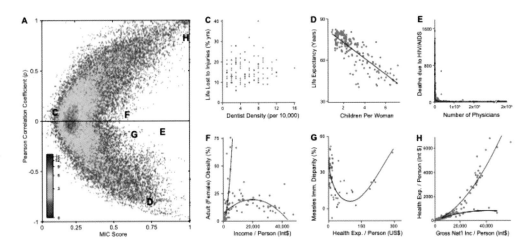

그림 6.7 왼쪽: WHO 데이터에서 모든 쌍별 관계의 상관계수 대 최대 정보 기준(MIC). 오른쪽: 특정 변수 쌍의 산포도. 빨간색 선은 각 추세에 대한 개별적인 비모수적 평활 회귀 적합이다. 출처: [Res+11]의 그림 4. 데이비드 레셰프가 친절하게 사용을 허가했다.

Health Organization가 수집한 사회적, 경제적, 보건 및 정치적 지표를 측정하는 357개 변수로 되어 있다. 그림의 좌측에서 모든 63,546개 변수 쌍에 대해 MIC에 대한 상관계수$^{CC, Correlation Coefficient}$ 그림을 볼 수 있다. 그림의 우측에 특정 변수의 쌍을 그리고 있으며, 지금부터 이를 논의한다.

- C라 표시한 점(그림에서 (0, 0)에 가까운)은 낮은 CC 그리고 낮은 MIC를 갖는다. 해당 산포도

는 이들 변수 사이에 관계가 없음을 분명히 하고 있다(부상으로 인해 잃은 생명의 비율 그리고 인구에서 치과의사의 밀도).

- D와 H라 표시한 점은 높은 CC(절댓값 기준으로) 및 높은 MIC를 갖는다. 이들이 거의 선형적인 관계를 나타내기 때문이다.

- E, F, G라 표시한 점은 낮은 CC 그러나 높은 MIC를 갖는다. 이들이 변수 사이의 비선형 관계에(그리고 때때로 E와 F의 경우에서와 같이 비함수적인, 즉 일대다인) 해당하기 때문이다.

6.3.8 데이터 처리 부등식

알려지지 않은 변수 X가 있으며, 이것의 잡음이 있는 함수를 관측하고 이를 Y라 부르자. 잡음 관측치를 어떠한 방식으로 처리하여 새로운 변수 Z를 만들면, 알 수 없는 양 X에 대한 정보의 양을 늘릴 수 없음이 직관적으로 당연할 것이다. 이는 **데이터 처리 부등식**DPI, Data Processing Inequality이라 한다. 이제 이를 더 형식적으로 서술하고 증명한다.

정리 6.3.1 $X \to Y \to Z$가 마르코프 연쇄를 구성한다고 해보자. 따라서 $X \perp Z \,|\, Y$이다. 그러면 $\mathbb{I}(X; Y) \geq \mathbb{I}(X; Z)$이다.

증명 상호 정보를 위한 연쇄 법칙에 의해(식 (6.62)), 상호 정보를 두 가지 방식으로 전개할 수 있다.

$$\mathbb{I}(X; Y, Z) = \mathbb{I}(X; Z) + \mathbb{I}(X; Y|Z) \tag{6.77}$$
$$= \mathbb{I}(X; Y) + \mathbb{I}(X; Z|Y) \tag{6.78}$$

$X \perp Z \,|\, Y$이므로 $\mathbb{I}(X; Z \,|\, Y) = 0$이다. 따라서

$$\mathbb{I}(X; Z) + \mathbb{I}(X; Y|Z) = \mathbb{I}(X; Y) \tag{6.79}$$

$\mathbb{I}(X; Y \,|\, Z) \geq 0$이므로, $\mathbb{I}(X; Y) \geq \mathbb{I}(X; Z)$이다. 마찬가지로, $\mathbb{I}(Y; Z) \geq \mathbb{I}(X; Z)$는 증명 가능하다. ■

6.3.9 충분 통계량

DPI의 중요한 결과는 다음과 같다. $\theta \to \mathcal{D} \to s(\mathcal{D})$의 연쇄가 있다고 해보자. 그러면

$$\mathbb{I}(\theta; s(\mathcal{D})) \leq \mathbb{I}(\theta; \mathcal{D}) \tag{6.80}$$

등식이 만족되면, θ를 추론하는 목적에서 $s(\mathcal{D})$가 데이터 $\mathcal{D}$의 **충분 통계량**^{sufficient statistic}이라 말한다. 이 경우 동등하게 $\theta \to s(\mathcal{D}) \to \mathcal{D}$라 쓸 수 있다. $s(\mathcal{D})$를 앎으로써 θ를 아는 것만큼 정확하게 데이터를 재구축할 수 있기 때문이다.

충분 통계량의 예시로 데이터 그 자체($s(\mathcal{D}) = \mathcal{D}$)가 있지만, 이는 데이터를 전혀 요약하지 못하므로 매우 유용하지 못하다. 따라서 **최소 충분 통계량**^{minimal sufficient statistic} $s(\mathcal{D})$를 충분한 것으로, 그리고 θ에 대한 추가적인 정보를 갖지 않는 것으로 정의한다. 따라서 $s(\mathcal{D})$는 θ를 예측하는 데 유의미한 정보를 잃지 않고 데이터 $\mathcal{D}$를 최대한으로 압축할 수 있다. 더 형식적으로는, 모든 충분 통계량 $s'(\mathcal{D})$에 대해 $s(\mathcal{D}) = f(s'(\mathcal{D}))$인 어떠한 함수 f가 존재한다면, s가 $\mathcal{D}$를 위한 최소 충분 통계량이라 말한다. 이러한 상황은 다음과 같이 요약할 수 있다.

$$\theta \to s(\mathcal{D}) \to s'(\mathcal{D}) \to \mathcal{D} \tag{6.81}$$

여기서 $s'(\mathcal{D})$는 $s(\mathcal{D})$를 받고 불필요한 정보를 추가하므로, 일대다 매핑을 만들게 된다.

예를 들어 N개 베르누이 시도의 집합을 위한 최소 충분 통계량은 단순히 N 그리고 $N_1 = \sum_n \mathbb{I}(X_n = 1)$, 즉 성공 횟수다. 다시 말해, 앞과 뒤의 전체 시퀀스 및 순서를 추적할 필요가 없다. 오직 앞과 뒤의 전체 횟수만 추적하면 된다. 마찬가지로, 분산이 알려진 가우스 분포의 평균 추론을 위해서는 경험적 평균 그리고 표본의 개수를 알기만 하면 된다.

6.3.10 파노의 부등식*

특성 선택^{feature selection}을 위한 일반적인 방법으로 반응 변수 Y와 높은 상호 정보를 갖는 입력 특성 X_d를 고르는 것이 있다. 아래에서 왜 이것이 적절한지 정당화한다. 특히 **파노의 부등식**^{Fano's inequality}이라는 결과를 서술한다. 이는 특성 X와 클래스 라벨 Y 사이의 상호 정보 측면에서 (임의의 방법을 위한) 오분류 확률을 경계화한다.

정리 6.3.2(파노의 부등식) $Y \to X \to \hat{Y}$이 마르코프 연쇄를 구성하는 추정량 $\hat{Y} = f(X)$를 고려해 보자. E가 오류가 나타났음을 나타내는 사건 $\hat{Y} \neq Y$라 하고, $P_e = P(Y \neq \hat{Y})$이 오류의 확률이라 해보자. 그러면 다음이 성립한다.

$$\mathbb{H}(Y|X) \leq \mathbb{H}\left(Y|\hat{Y}\right) \leq \mathbb{H}(E) + P_e \log |\mathcal{Y}| \tag{6.82}$$

그림 6.1에서 봤듯이 $\mathbb{H}(E) \leq 1$이므로, 이 결과를 약하게 만들어 다음을 얻을 수 있다.

$$1 + P_e \log |\mathcal{Y}| \geq \mathbb{H}(Y|X) \tag{6.83}$$

따라서

$$P_e \geq \frac{\mathbb{H}(Y|X) - 1}{\log |\mathcal{Y}|} \tag{6.84}$$

그러므로 $\mathbb{H}(Y|X)$를 최소화하면($\mathbb{I}(X; Y)$의 최대화를 통해 할 수 있음) P_e에서의 하계 또한 최소화할 수 있다.

증명 ([CT06, p38]로부터) 엔트로피의 연쇄 법칙을 사용하면 다음과 같다.

$$\mathbb{H}\left(E, Y|\hat{Y}\right) = \mathbb{H}\left(Y|\hat{Y}\right) + \underbrace{\mathbb{H}\left(E|Y, \hat{Y}\right)}_{=0} \tag{6.85}$$

$$= \mathbb{H}\left(E|\hat{Y}\right) + \mathbb{H}\left(Y|E, \hat{Y}\right) \tag{6.86}$$

조건부화가 엔트로피를 줄이므로(6.2.4절 참고) $\mathbb{H}\left(E|\hat{Y}\right) \leq \mathbb{H}(E)$이다. 마지막 항은 다음과 같이 경계화할 수 있다.

$$\mathbb{H}\left(Y|E, \hat{Y}\right) = P(E = 0)\,\mathbb{H}\left(Y|\hat{Y}, E = 0\right) + P(E = 1)\,\mathbb{H}\left(Y|\hat{Y}, E = 1\right) \tag{6.87}$$

$$\leq (1 - P_e)0 + P_e \log |\mathcal{Y}| \tag{6.88}$$

따라서

$$\mathbb{H}\left(Y|\hat{Y}\right) \leq \underbrace{\mathbb{H}\left(E|\hat{Y}\right)}_{\leq \mathbb{H}(E)} + \underbrace{\mathbb{H}\left(Y|E, \hat{Y}\right)}_{P_e \log |\mathcal{Y}|} \tag{6.89}$$

마지막으로 데이터 처리 부등식에 의해 $\mathbb{I}(Y; \hat{Y}) \leq \mathbb{I}(Y; X)$이므로 $\mathbb{H}(Y|X) \leq \mathbb{H}\left(Y|\hat{Y}\right)$이다. 이는 식 (6.82)를 확고히 한다. ∎

6.4 연습문제

연습문제 6.1 [엔트로피 측면에서 상호 정보 표현하기*]
다음의 항등식

$$I(X;Y) = H(X) - H(X|Y) = H(Y) - H(Y|X) \tag{6.90}$$

그리고

$$H(X,Y) = H(X|Y) + H(Y|X) + I(X;Y) \tag{6.91}$$

를 증명하라.

연습문제 6.2 [$D(p||q)$와 χ^2 통계량 사이의 관계](출처: [CT91, Q12.2])
$p(x) \approx q(x)$라면

$$D_{\mathrm{KL}}\left(p \parallel q\right) \approx \frac{1}{2}\chi^2 \tag{6.92}$$

임을 보여라. 여기서

$$\chi^2 = \sum_x \frac{(p(x) - q(x))^2}{q(x)} \tag{6.93}$$

힌트:

$$p(x) = \Delta(x) + q(x) \tag{6.94}$$

$$\frac{p(x)}{q(x)} = 1 + \frac{\Delta(x)}{q(x)} \tag{6.95}$$

라 쓰고 $-1 < x \leq 1$에 대해 $\log(1 + x)$를 위한 테일러 급수 전개를 사용하라.

$$\log(1 + x) = x - \frac{x^2}{2} + \frac{x^3}{3} - \frac{x^4}{4} \cdots \tag{6.96}$$

연습문제 6.3 [재미있는 엔트로피*](출처: Mackay)

결합 분포 $p(X, Y)$를 고려해 보자.

		\multicolumn{4}{c}{x}
		1	2	3	4
	1	1/8	1/16	1/32	1/32
y	2	1/16	1/8	1/32	1/32
	3	1/16	1/16	1/16	1/16
	4	1/4	0	0	0

a. 결합 엔트로피 $H(X, Y)$는 얼마인가?

b. 주변 엔트로피 $H(X)$와 $H(Y)$는 얼마인가?

c. y의 특정한 값에 조건부인 X의 엔트로피는 다음과 같이 정의된다.

$$H(X|Y = y) = -\sum_x p(x|y) \log p(x|y) \tag{6.97}$$

y의 각 값에 대해 $H(X|y)$를 계산하라. 관측치 Y가 주어졌을 때 X에 대한 사후 엔트로피가 계속 증가하는가?

d. 조건부 엔트로피는 다음과 같이 정의된다.

$$H(X|Y) = \sum_y p(y) H(X|Y = y) \tag{6.98}$$

이를 계산하라. X에 대한 사후 엔트로피가 Y의 가능한 값에 대해 평균했을 때 증가하는가 감소하는가?

e. X와 Y 사이의 상호 정보는 얼마인가?

연습문제 6.4 [전진 대 후진 KL 발산](출처: [Mac03]의 연습문제 33.7)

결합 분포 $p(x,\ y)$에 인자화 근사 $q(x,\ y) = q(x)q(y)$를 고려해 보자. 전진 KL $D_{\mathrm{KL}}(p\|q)$를 최소화하려면 $q(x) = p(x)$ 그리고 $q(y) = p(y)$라 두어야 함을, 즉 최적 근사는 주변 분포의 곱임을 증명하라.

이제 다음의 결합 분포를 고려하자. 이때 행은 y, 열은 x를 나타낸다.

	1	2	3	4
1	1/8	1/8	0	0
2	1/8	1/8	0	0
3	0	0	1/4	0
4	0	0	0	1/4

이와 같은 p를 위한 후진 KL $D_{\mathrm{KL}}(q\|p)$가 3개의 개별적인 최솟값을 가짐을 보여라. 이들 최솟값을 식별하고 각각에서 $D_{\mathrm{KL}}(q\|p)$를 값매김하라. $q(x,\ y) = p(x)p(y)$라 두면 $D_{\mathrm{KL}}(q\|p)$의 값은 얼마인가?

07

선형대수

이 장은 지코 콜터$^{\text{Zico Kolter}}$와 공저했다.

7.1 소개

선형대수$^{\text{Linear algebra}}$는 행렬과 벡터를 연구한다. 7장에서는 이 책에 필요한 주요 내용을 요약한다. 더 많은 내용은 [Str09; Kle13; Mol04; TB97; Axl15; Tho17; Agg20]과 같은 다른 출처에서 찾을 수 있다.

7.1.1 표기법

이 절에서는 몇 가지 표기법을 정의한다.

7.1.1.1 벡터

벡터^{vector} $x \in \mathbb{R}^n$는 n개 숫자의 리스트이며, 주로 **열 벡터**$^{\text{column vector}}$로 쓴다.

$$\boldsymbol{x} = \begin{bmatrix} x_1 \\ x_2 \\ \vdots \\ x_n \end{bmatrix} \tag{7.1}$$

값이 모두 1인 벡터는 **1**이라 표시한다. 값이 모두 0인 벡터는 **0**이라 표시한다.

단위 벡터^{unit vector} e_i는 값 1을 갖는 성분 i를 제외하고 모든 값이 0인 벡터다.

$$\boldsymbol{e}_i = (0, \dots, 0, 1, 0, \dots, 0) \tag{7.2}$$

이는 또한 **원핫 벡터**^{one-hot vector}라 부른다.

7.1.1.2 행렬

m개 행과 n개 열을 갖는 **행렬**^{matrix} $\mathbf{A} \in \mathbb{R}^{m \times n}$는 숫자의 2차원 배열로, 다음과 같이 정렬된다.

$$\mathbf{A} = \begin{bmatrix} a_{11} & a_{12} & \cdots & a_{1n} \\ a_{21} & a_{22} & \cdots & a_{2n} \\ \vdots & \vdots & \ddots & \vdots \\ a_{m1} & a_{m2} & \cdots & a_{mn} \end{bmatrix} \tag{7.3}$$

$m = n$이라면 행렬이 **정방**^{square}이라 한다.

$\mathbf{A}$의 i번째 행 그리고 j번째 열의 성분을 표시하는 데 표기법 A_{ij} 또는 $A_{i,j}$를 사용한다. 우리는 $\mathbf{A}_{i,:}$ 표기법을 사용해 i번째 행을 표시하며, $\mathbf{A}_{:,j}$를 사용해 j번째 열을 표시한다. 기본적으로 모든 벡터를 열 벡터로 다룬다(따라서 $\mathbf{A}_{i,:}$는 성분이 n개인 열 벡터로 볼 수 있다). 행렬은 굵은 대문자를 사용해 표시하며, 굵은 소문자로 벡터를, 굵지 않은 문자로 스칼라를 표시한다.

행렬은 수평축을 따라 적층시킨 열의 집합으로 볼 수 있다.

$$\mathbf{A} = \begin{bmatrix} | & | & & | \\ \mathbf{A}_{:,1} & \mathbf{A}_{:,2} & \cdots & \mathbf{A}_{:,n} \\ | & | & & | \end{bmatrix} \tag{7.4}$$

단순함을 위해 이를 다음과 같이 표시한다.

$$\mathbf{A} = [\mathbf{A}_{:,1}, \mathbf{A}_{:,2}, \dots, \mathbf{A}_{:,n}] \tag{7.5}$$

행렬은 수직축을 따라 적층시킨 행의 집합으로도 볼 수 있다.

$$\mathbf{A} = \begin{bmatrix} — & \mathbf{A}_{1,:}^{\mathsf{T}} & — \\ — & \mathbf{A}_{2,:}^{\mathsf{T}} & — \\ & \vdots & \\ — & \mathbf{A}_{m,:}^{\mathsf{T}} & — \end{bmatrix} \tag{7.6}$$

단순함을 위해 이를 다음과 같이 표시한다.

$$\mathbf{A} = [\mathbf{A}_{1,:}; \mathbf{A}_{2,:}; \ldots; \mathbf{A}_{m,:}] \tag{7.7}$$

(세미콜론을 사용함을 주지하라.)

행과 열을 '뒤집으면' 행렬의 **전치**transpose가 된다. 행렬 $\mathbf{A} \in \mathbb{R}^{m \times n}$가 주어졌을 때, 이것의 전치는 $\mathbf{A}^{\mathsf{T}} \in \mathbb{R}^{n \times m}$라 쓰며 다음과 같이 정의된다.

$$(\mathbf{A}^{\mathsf{T}})_{ij} = A_{ji} \tag{7.8}$$

전치의 다음 속성은 쉽게 검증할 수 있다.

$$(\mathbf{A}^{\mathsf{T}})^{\mathsf{T}} = \mathbf{A} \tag{7.9}$$

$$(\mathbf{A}\mathbf{B})^{\mathsf{T}} = \mathbf{B}^{\mathsf{T}}\mathbf{A}^{\mathsf{T}} \tag{7.10}$$

$$(\mathbf{A} + \mathbf{B})^{\mathsf{T}} = \mathbf{A}^{\mathsf{T}} + \mathbf{B}^{\mathsf{T}} \tag{7.11}$$

정방 행렬이 $\mathbf{A} = \mathbf{A}^{\mathsf{T}}$를 만족시키면 **대칭**symmetric이라 부른다. 크기가 n인 대칭 행렬의 모든 집합은 $\mathbb{S}^n$으로 표시한다.

7.1.1.3 텐서

(머신러닝 용어에서) **텐서**tensor는 그림 7.1에서와 같이 단지 2차원 배열을 2차원 이상으로 일반화한 것일 뿐이다. 예를 들어, 3차원 텐서의 성분은 A_{ijk}로 표시한다. 차원의 수는 텐서의 **차수**order 또는 **계수**rank라 한다.[1] 수학에서 텐서는 행렬을 사용해 선형 함수를 정의하듯이 다중 선형 맵을 정의하는 방법으로 볼 수 있지만, 우리가 이러한 해석을 사용할 필요는 없을 것이다.

---

1 그러나 2차원 행렬의 계수는 개념이 다름을 주지하라. 이는 7.1.4.3절에서 논의한다.

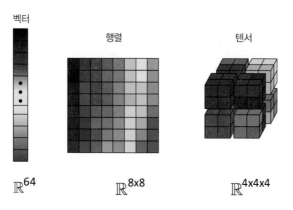

$$\mathbb{R}^{64} \qquad \mathbb{R}^{8 \times 8} \qquad \mathbb{R}^{4 \times 4 \times 4}$$

그림 7.1 1차원 벡터, 2차원 행렬, 3차원 텐서를 보여주고 있다. 색은 벡터의 개별 성분을 나타내는 데 쓰인다. 이러한 숫자 리스트는 그림에서 보여주듯이 2차원 벡터로 저장할 수도 있다(이 예시에서 행렬은 열 기준 순서로 놓여 있으며, 이는 파이썬에서 쓰이는 것과 반대다). 또한 그림이 보여주듯이 벡터를 3차원 텐서로 재성형할 수 있다.

(a) (b)

그림 7.2 (a) 행 기준 대 (b) 열 기준 순서를 보여준다. 출처: https://commons.wikimedia.org/wiki/File: Row_and_column_ major_order.svg. 위키피디아 저자 Cmglee가 친절하게 사용을 허가했다.

행렬은 그림 7.1이 보여주듯이 열을 서로의 위에 적층시킴으로써 벡터로 **재성형**reshape할 수 있다. 이는 다음과 같이 표시한다.

$$\text{vec}(\mathbf{A}) = [\mathbf{A}_{:,1}; \cdots ; \mathbf{A}_{:,n}] \in \mathbb{R}^{mn \times 1} \tag{7.12}$$

반대로 벡터를 행렬로 재성형할 수 있다. 이를 하는 방법은 **행 기준 순서**row-major order(파이썬이나 C++ 같은 언어가 사용함) 그리고 **열 기준 순서**column-major order(줄리아Julia, 매트랩Matlab, R, 포트란Fortran과 같은 언어가 사용함) 두 가지가 있다. 차이점은 그림 7.2에서 보라.

7.1.2 벡터 공간

이 절에서는 선형대수의 기본적인 개념을 논의한다.

7.1.2.1 벡터 덧셈과 스케일링

벡터 $x \in \mathbb{R}^n$는 n차원 유클리드 공간 내 점을 정의하는 것으로 볼 수 있다. **벡터 공간**[vector space]은 이러한 벡터의 모음으로, 서로 더하거나 **스칼라**[scalar](1차원 숫자)로 스케일링하여 새로운 점을 만들 수 있다. 이러한 연산은 물론 요소별 연산으로 정의되며, 즉 $x + y = (x_1 + y_1, \ldots, x_n + y_n)$ 그리고 $cx = (cx_1, \ldots, cx_n)$이고, 여기서 $c \in \mathbb{R}$이다. 그림 7.3(a)를 참고하라.

7.1.2.2 선형 독립, 스팬, 기저 집합

어떠한 벡터도 나머지 벡터의 선형 조합으로 나타낼 수 없다면, 벡터의 집합 $\{x_1, x_2, \ldots, x_n\}$은 **(선형) 독립**이라 말한다. 반대로 벡터를 나머지 벡터의 선형 조합으로 나타낼 수 있다면 이는 **(선형) 의존**이라 말한다. 예를 들어, 어떠한 $\{\alpha_1, \ldots, \alpha_{n-1}\}$에 대해

$$x_n = \sum_{i=1}^{n-1} \alpha_i x_i \tag{7.13}$$

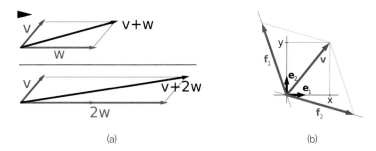

(a) (b)

그림 7.3 (a) 상단: 벡터 v(파란색)에 다른 벡터 w(빨간색)를 더했다. 하단: w를 2배 늘렸으며, 이는 $v + 2w$가 된다. 출처: https://en.wikipedia.org/wiki/Vector_space. 위키피디아 저자 IkamusumeFan이 친절하게 사용을 허가했다. (b) $\mathbb{R}^2$ 내 벡터 v(파란색)를 다른 벡터 측면으로 표현했다. $\mathbb{R}^2$의 표준 기저를 사용한 $v = xe_1 + ye_2$(검은색), 그리고 직교하지 않는 다른 기저를 사용한 $v = f_1 + f_2$(빨간색). 출처: https://en.wikipedia.org/wiki/Vector_space. 위키피디아 저자 Jakob.scholbach가 친절하게 사용을 허가했다.

라면 x_n은 $\{x_1, \ldots, x_{n-1}\}$에 의존한다. 그렇지 않으면 이는 $\{x_1, \ldots, x_{n-1}\}$에 독립이다.

벡터의 집합 $\{x_1, x_2, \ldots, x_n\}$의 **스팬**span은 $\{x_1, \ldots, x_n\}$의 선형 조합으로 나타낼 수 있는 모든 벡터의 집합이다. 즉,

$$\text{span}(\{x_1, \ldots, x_n\}) \triangleq \left\{ v : v = \sum_{i=1}^{n} \alpha_i x_i, \ \ \alpha_i \in \mathbb{R} \right\} \tag{7.14}$$

각각의 $x_i \in \mathbb{R}^n$일 때 $\{x_1, \ldots, x_n\}$이 n개의 선형 독립인 벡터의 집합이라면, $\text{span}(\{x_1, \ldots, x_n\})$ $= \mathbb{R}^n$임을 보이는 것이 가능하다. 다시 말해, 임의의 벡터 $v \in \mathbb{R}^n$는 x_1부터 x_n의 선형 조합으로 쓸 수 있다.

기저basis $\mathcal{B}$는 공간 전체를 스팬하는 선형 독립인 벡터의 집합이다. 즉, $\text{span}(\mathcal{B}) = \mathbb{R}^n$을 뜻한다. 그림 7.3(b)가 보여주듯이 선택할 수 있는 기저가 여러 개인 경우가 종종 있다. **표준 기저**standard basis 는 $e_1 = (1, 0, \ldots, 0)$에서 $e_n = (0, 0, \ldots, 0, 1)$에 이르는 **좌표 벡터**coordinate vector를 사용한다. 이는 $\mathbb{R}^2$ 내 벡터를 원점에서 시작하는 '평면 내 화살표'로 보거나, 또는 숫자의 정렬된 리스트로(각 기저 벡터의 계수에 해당) 보는 것으로 번갈아 해석할 수 있게 해준다.

7.1.2.3 선형 맵과 행렬

선형 맵linear map 또는 **선형 변환**linear transformation은 모든 $v, w \in \mathcal{V}$에 대해 $f(v + w) = f(v) + f(w)$이고 $f(a\,v) = a\,f(v)$인 임의의 함수 $f : \mathcal{V} \to \mathcal{W}$이다. $\mathcal{V}$의 기저를 선택하면, 선형 맵 $f : \mathcal{V} \to \mathcal{W}$는 기저 벡터의 상image를 구체화함으로써 완벽하게 정해진다. 왜냐하면 $\mathcal{V}$의 어떠한 요소든지 이들의 선형 조합으로 고유하게 표현할 수 있기 때문이다.

$\mathcal{V} = \mathbb{R}^n$ 그리고 $\mathcal{W} = \mathbb{R}^m$이라 해보자. $\mathcal{V}$ 내 각각의 기저 벡터에 대해 $f(v_i) \in \mathbb{R}^m$를 계산하고, 이들을 $m \times n$ 행렬 $\mathbf{A}$의 열을 따라 저장할 수 있다. 그 뒤 다음과 같이 임의의 $x \in \mathbb{R}^n$에 대해 $y = f(x) \in \mathbb{R}^m$를 계산할 수 있다.

$$y = \left(\sum_{j=1}^{n} a_{1j} x_j, \ldots, \sum_{j=1}^{n} a_{mj} x_j \right) \tag{7.15}$$

이는 벡터 x를 행렬 $\mathbf{A}$로 곱하는 것에 해당한다.

$$y = \mathbf{A}x \tag{7.16}$$

자세한 내용은 7.2절을 참고하라.

함수가 가역이라면 다음과 같이 쓸 수 있다.

$$x = \mathbf{A}^{-1}y \tag{7.17}$$

자세한 내용은 7.3절을 참고하라.

7.1.2.4 행렬의 치역과 영공간

행렬 $\mathbf{A} \in \mathbb{R}^{m \times n}$를 $\mathbb{R}^n$ 내 벡터 m개의 집합으로 본다고 해보자. 행렬의 **치역**range(**열 공간**column space이 라고도 부른다)은 $\mathbf{A}$의 열의 스팬이다. 즉,

$$\mathrm{range}(\mathbf{A}) \triangleq \{v \in \mathbb{R}^m : v = \mathbf{A}x, x \in \mathbb{R}^n\} \tag{7.18}$$

이는 $\mathbf{A}$를 통해 '도달'하거나 '생성'할 수 있는 벡터의 집합으로 생각할 수 있다. 이는 차원성이 $\mathbf{A}$의 계수로 주어지는, $\mathbb{R}^m$의 부분공간이다(7.1.4.3절 참고). 행렬 $\mathbf{A} \in \mathbb{R}^{m \times n}$의 **영공간**nullspace은 $\mathbf{A}$로 곱 할 때 영 벡터null vector로 매핑되는 모든 벡터의 집합이다. 즉,

$$\mathrm{nullspace}(\mathbf{A}) \triangleq \{x \in \mathbb{R}^n : \mathbf{A}x = 0\} \tag{7.19}$$

$\mathbf{A}$의 행을 스팬하면 $\mathbf{A}$의 영공간의 여complement가 된다.

그림 7.4가 보여주는 행렬의 치역과 영공간을 보라. 7.5.4절에서 어떻게 행렬의 치역과 영공간 을 계산하는지 논의한다.

7.1.2.5 선형 사영

$\{x_1, \ldots, x_n\}$(여기서 $x_i \in \mathbb{R}^m$이라 가정한다)의 스팬 위에서의 벡터 $y \in \mathbb{R}^m$의 **사영**projection은, 유클리드 거리 $\|v - y\|_2$로 측정했을 때 y에 가능한 한 가장 가까운 벡터 $v \in \mathrm{span}(\{x_1, \ldots, x_n\})$이다. 사영 은 $\mathrm{Proj}(y; \{x_1, \ldots, x_n\})$으로 표시하며 다음과 같이 형식적으로 정의할 수 있다.

$$\mathrm{Proj}(y; \{x_1, \ldots, x_n\}) = \mathrm{argmin}_{v \in \mathrm{span}(\{x_1, \ldots, x_n\})} \|y - v\|_2 \tag{7.20}$$

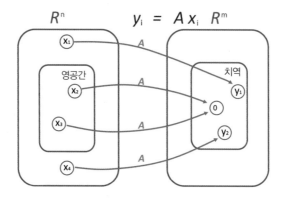

그림 7.4 $m \times n$ 행렬 $\mathbf{A}$의 영공간과 치역을 시각화하고 있다. 여기서 $\boldsymbol{y}_1 = \mathbf{A}\boldsymbol{x}_1$ 그리고 $\boldsymbol{y}_2 = \mathbf{A}\boldsymbol{x}_4$이므로, $\boldsymbol{y}_1$과 $\boldsymbol{y}_2$는 $\mathbf{A}$의 치역 내에 있다(어떠한 $\boldsymbol{x}$로부터 도달할 수 있음). 또한 $\mathbf{A}\boldsymbol{x}_2 = 0$이고 $\mathbf{A}\boldsymbol{x}_3 = 0$이므로, $\boldsymbol{x}_2$와 $\boldsymbol{x}_3$는 $\mathbf{A}$의 영공간이다(0으로 매핑됨). 치역이 매핑의 입력 도메인의 부분집합인 경우가 자주 있음을 볼 수 있다.

$m \geq n$인 (완전 계수) 행렬 $\mathbf{A} \in \mathbb{R}^{m \times n}$가 주어졌을 때, $\mathbf{A}$의 치역 위에서의 벡터 $\boldsymbol{y} \in \mathbb{R}^m$의 사영은 다음과 같이 정의할 수 있다.

$$\mathrm{Proj}(\boldsymbol{y}; \mathbf{A}) = \mathrm{argmin}_{\boldsymbol{v} \in \mathcal{R}(\mathbf{A})} \|\boldsymbol{v} - \boldsymbol{y}\|_2 = \mathbf{A}(\mathbf{A}^\top \mathbf{A})^{-1} \mathbf{A}^\top \boldsymbol{y} \tag{7.21}$$

이들은 11.2.2.2절의 정규 방정식과 동일하다.

7.1.3 벡터와 행렬의 노름

이 절에서는 벡터와 행렬의 '크기'를 측정하는 방법을 논의한다.

7.1.3.1 벡터 노름

벡터의 **노름**norm $\|\boldsymbol{x}\|$는 비형식적으로 벡터 '길이'의 측도다. 좀 더 형식적으로 말하자면, 노름은 다음의 네 가지 속성을 만족시키는 임의의 함수 $f : \mathbb{R}^n \to \mathbb{R}$이다.

- 모든 $\boldsymbol{x} \in \mathbb{R}^n$에 대해 $f(\boldsymbol{x}) \geq 0$(비음성non-negativity)
- 오직 $\boldsymbol{x} = 0$이라면(iff) $f(\boldsymbol{x}) = 0$(정부호성definiteness)
- 모든 $\boldsymbol{x} \in \mathbb{R}^n$, $t \in \mathrm{R}$에 대해 $f(t\boldsymbol{x}) = |t| f(x)$(절댓값 동질성absolute value homogeneity)

- 모든 $\boldsymbol{x}, \boldsymbol{y} \in \mathbb{R}^n$에 대해, $f(\boldsymbol{x} + \boldsymbol{y}) \le f(\boldsymbol{x}) + f(\boldsymbol{y})$(삼각부등식^{triangle inequality})

다음과 같은 일반적인 예시를 고려해 보자.

p-노름 $||\boldsymbol{x}||_p = \left(\sum_{i=1}^{n} |x_i|^p\right)^{1/p}$, $p \ge 1$인 경우

2-노름 $||\boldsymbol{x}||_2 = \sqrt{\sum_{i=1}^{n} x_i^2}$, 유클리드 노름이라고도 부른다. $||\boldsymbol{x}||_2^2 = \boldsymbol{x}^\mathsf{T}\boldsymbol{x}$임을 주지하라.

1-노름 $||\boldsymbol{x}||_1 = \sum_{i=1}^{n} |x_i|$

max-노름 $||\boldsymbol{x}||_\infty = \max_i |x_i|$

0-노름 $||\boldsymbol{x}||_0 = \sum_{i=1}^{n} \mathbb{I}(|x_i| > 0)$. 이는 **유사 노름**^{pseudo norm}이다. 왜냐하면 동질성을 만족시키지 않기 때문이다. $\boldsymbol{x}$ 내 0이 아닌 요소의 개수를 셈한다. $0^0 = 0$이라 정의하면, 이를 $||\boldsymbol{x}||_0 = \sum_{i=1}^{n} x_i^0$라 쓸 수 있다.

7.1.3.2 행렬 노름

행렬 $\mathbf{A} \in \mathbb{R}^{m \times n}$를 선형 함수 $f(\boldsymbol{x}) = \mathbf{A}\boldsymbol{x}$를 정의하는 것으로 생각해 보자. $\mathbf{A}$의 **유도된 노름**^{induced norm}은 f로 임의의 단위 노름 입력을 늘릴 때의 최대량으로 정의한다.

$$||\mathbf{A}||_p = \max_{\boldsymbol{x} \ne \boldsymbol{0}} \frac{||\mathbf{A}\boldsymbol{x}||_p}{||\boldsymbol{x}||_p} = \max_{||\boldsymbol{x}||=1} ||\mathbf{A}\boldsymbol{x}||_p \tag{7.22}$$

통상적으로 $p = 2$이며, 이 경우

$$||\mathbf{A}||_2 = \sqrt{\lambda_{\max}(\mathbf{A}^\mathsf{T}\mathbf{A})} = \max_i \sigma_i \tag{7.23}$$

여기서 $\lambda_{\max}(\mathbf{M})$은 $\mathbf{M}$의 가장 큰 고윳값이고, σ_i는 i번째 특잇값이다.

핵 노름^{nuclear norm}은 또한 **대각합 노름**^{trace norm}이라 부르며, 다음과 같이 정의된다.

$$||\mathbf{A}||_* = \mathrm{tr}(\sqrt{\mathbf{A}^\mathsf{T}\mathbf{A}}) = \sum_i \sigma_i \tag{7.24}$$

여기서 $\sqrt{\mathbf{A}^\mathsf{T}\mathbf{A}}$는 행렬 제곱근이다. 특잇값은 언제나 비음수이므로 다음이 성립한다.

$$||\mathbf{A}||_* = \sum_i |\sigma_i| = ||\boldsymbol{\sigma}||_1 \tag{7.25}$$

이를 정칙자로 사용하면 많은 특잇값이 0이 되도록 부추기므로, 계수가 낮은 행렬이 된다. 좀 더 일반적으로, **섀튼 p-노름**Schatten p-norm은 다음과 같이 정의할 수 있다.

$$||\mathbf{A}||_p = \left(\sum_i \sigma_i^p(\mathbf{A}) \right)^{1/p} \tag{7.26}$$

행렬을 벡터로 생각하면, 행렬 노름을 벡터 노름 측면에서 $||\mathbf{A}|| = ||\text{vec}(\mathbf{A})||$로 정의할 수 있다. 벡터 노름이 2-노름이라면, 해당 행렬 노름은 **프로베니우스 노름**Frobenius norm이다.

$$||\mathbf{A}||_F = \sqrt{\sum_{i=1}^m \sum_{j=1}^n a_{ij}^2} = \sqrt{\text{tr}(\mathbf{A}^\mathsf{T} \mathbf{A})} = ||\text{vec}(\mathbf{A})||_2 \tag{7.27}$$

$\mathbf{A}$를 값매김하는 비용이 비싸지만 $\mathbf{A}v$는 저렴하다면(무작위 벡터 v에 대해), 다음과 같이 식 (7.37)의 허친슨 대각합 추정량Hutchinson trace estimator을 사용해 프로베니우스 노름의 확률적 근사를 만들어낼 수 있다.

$$||\mathbf{A}||_F^2 = \text{tr}(\mathbf{A}^\mathsf{T}\mathbf{A}) = \mathbb{E}\left[v^\mathsf{T} \mathbf{A}^\mathsf{T} \mathbf{A} v \right] = \mathbb{E}\left[||\mathbf{A}v||_2^2 \right] \tag{7.28}$$

여기서 $v \sim \mathcal{N}(\mathbf{0}, \mathbf{I})$이다.

7.1.4 행렬의 속성

이 절에서는 행렬의 다양한 스칼라 속성을 논의한다.

7.1.4.1 정방 행렬의 대각합

정방 행렬 $\mathbf{A} \in \mathbb{R}^{n \times n}$의 **대각합**trace은 $\text{tr}(\mathbf{A})$로 표시하며, 행렬의 대각 요소를 합한 것이다.

$$\text{tr}(\mathbf{A}) \triangleq \sum_{i=1}^n A_{ii} \tag{7.29}$$

대각합은 다음의 속성을 갖는다. 여기서 $c \in \mathbb{R}$는 스칼라이며, $\mathbf{A}, \mathbf{B} \in \mathbb{R}^{n \times n}$는 정방 행렬이다.

$$\text{tr}(\mathbf{A}) = \text{tr}(\mathbf{A}^\mathsf{T}) \tag{7.30}$$

$$\text{tr}(\mathbf{A} + \mathbf{B}) = \text{tr}(\mathbf{A}) + \text{tr}(\mathbf{B}) \tag{7.31}$$

$$\text{tr}(c\mathbf{A}) = c\,\text{tr}(\mathbf{A}) \tag{7.32}$$

$$\text{tr}(\mathbf{AB}) = \text{tr}(\mathbf{BA}) \tag{7.33}$$

$$\text{tr}(\mathbf{A}) = \sum_{i=1}^{n} \lambda_i \quad \text{여기서 } \lambda_i \text{는 } \mathbf{A} \text{의 고윳값이다.} \tag{7.34}$$

또한 다음의 중요한 **순환적 치환 속성**^{cyclic permutation property}을 보자. $\mathbf{ABC}$가 정방인 $\mathbf{A}$, $\mathbf{B}$, $\mathbf{C}$에 대해

$$\text{tr}(\mathbf{ABC}) = \text{tr}(\mathbf{BCA}) = \text{tr}(\mathbf{CAB}) \tag{7.35}$$

이로부터 **대각합 트릭**^{trace trick}을 유도할 수 있다. 이는 스칼라 내적 $\boldsymbol{x}^\mathsf{T}\mathbf{A}\boldsymbol{x}$를 다음과 같이 다시 쓴다.

$$\boldsymbol{x}^\mathsf{T}\mathbf{A}\boldsymbol{x} = \text{tr}(\boldsymbol{x}^\mathsf{T}\mathbf{A}\boldsymbol{x}) = \text{tr}(\boldsymbol{x}\boldsymbol{x}^\mathsf{T}\mathbf{A}) \tag{7.36}$$

몇몇 경우 행렬 $\mathbf{A}$를 값매김하는 비용이 비싸지만, 행렬-벡터 곱 $\mathbf{A}\boldsymbol{v}$는 저렴하게 값매김할 수도 있다. $\boldsymbol{v}$가 $\mathbb{E}[\boldsymbol{v}\boldsymbol{v}^\mathsf{T}] = \mathbf{I}$인 무작위 벡터라 해보자. 이 경우 다음의 항등식을 사용해 $\text{tr}(\mathbf{A})$의 몬테카를로 근사를 만들어 낼 수 있다.

$$\text{tr}(\mathbf{A}) = \text{tr}(\mathbf{A}\mathbb{E}\left[\boldsymbol{v}\boldsymbol{v}^\mathsf{T}\right]) = \mathbb{E}\left[\text{tr}(\mathbf{A}\boldsymbol{v}\boldsymbol{v}^\mathsf{T})\right] = \mathbb{E}\left[\text{tr}(\boldsymbol{v}^\mathsf{T}\mathbf{A}\boldsymbol{v})\right] = \mathbb{E}\left[\boldsymbol{v}^\mathsf{T}\mathbf{A}\boldsymbol{v}\right] \tag{7.37}$$

이는 **허친슨 대각합 추정량**^{Hutchinson trace estimator}이라 부른다[Hut90].

7.1.4.2 정방 행렬의 행렬식

정방 행렬의 **행렬식**^{determinant}은 $\det(\mathbf{A})$ 또는 $|\mathbf{A}|$라 표시하며, 행렬을 선형 변환으로 볼 때 단위 부피를 얼마나 변화시키는지에 대한 측도다(형식적인 정의는 다소 복잡하며 여기서는 필요치 않다).

행렬식 연산자는 다음의 속성을 만족하며, 여기서 $\mathbf{A}$, $\mathbf{B} \in \mathbb{R}^{n \times n}$이다.

$$|\mathbf{A}| = |\mathbf{A}^\mathsf{T}| \tag{7.38}$$

$$|c\mathbf{A}| = c^n|\mathbf{A}| \tag{7.39}$$

$$|\mathbf{AB}| = |\mathbf{A}||\mathbf{B}| \tag{7.40}$$

$$\text{오직 } \mathbf{A} \text{가 특이라면(iff) } |\mathbf{A}| = 0 \tag{7.41}$$

$$\mathbf{A}가\ 비특이라면\ |\mathbf{A}^{-1}| = 1/|\mathbf{A}| \tag{7.42}$$

$$|\mathbf{A}| = \prod_{i=1}^{n} \lambda_i \quad 여기서\ \lambda_i 는\ \mathbf{A}의\ 고윳값이다. \tag{7.43}$$

양의 정부호 행렬 $\mathbf{A}$에서 $\mathbf{A} = \mathbf{LL}^\mathsf{T}$라 쓸 수 있으며, 여기서 $\mathbf{L}$은 하삼각 촐레스키 분해lower triangular Cholesky decomposition다. 이 경우 다음이 성립한다.

$$\det(\mathbf{A}) = \det(\mathbf{L})\det(\mathbf{L}^\mathsf{T}) = \det(\mathbf{L})^2 \tag{7.44}$$

따라서

$$\log\det(\mathbf{A}) = 2\log\det(\mathbf{L}) = 2\log\prod_i L_{ii} = 2\mathrm{trace}(\log(\mathrm{diag}(\mathbf{L}))) \tag{7.45}$$

7.1.4.3 행렬의 계수

행렬 $\mathbf{A}$의 **열 계수**column rank는 이 행렬을 열로 스팬한 공간의 차원이며, **행 계수**row rank는 행으로 스팬한 공간의 차원이다. 임의의 행렬 $\mathbf{A}$에서 columnrank$(\mathbf{A}) = $ rowrank$(\mathbf{A})$라는 것은 선형대수의 기본적인 사실이며(SVD를 사용해 이를 보일 수 있으며, 7.5절에서 논의한다), 따라서 이 양은 단순히 $\mathbf{A}$의 **계수**rank라 부르고 rank$(\mathbf{A})$라 표시한다. 계수의 기본 속성은 다음과 같다.

- $\mathbf{A} \in \mathbb{R}^{m \times n}$에 대해, rank$(\mathbf{A}) \leq \min(m, n)$이다. rank$(\mathbf{A}) = \min(m, n)$이라면 $\mathbf{A}$는 **완전 계수**full rank라 말하며, 그렇지 않으면 **계수 부족**rank deficient이라 부른다.
- $\mathbf{A} \in \mathbb{R}^{m \times n}$에 대해, rank$(\mathbf{A}) = $ rank$(\mathbf{A}^\mathsf{T}) = $ rank$(\mathbf{A}^\mathsf{T}\mathbf{A}) = $ rank$(\mathbf{A}\mathbf{A}^\mathsf{T})$이다.
- $\mathbf{A} \in \mathbb{R}^{m \times n}$에 대해, $\mathbf{B} \in \mathbb{R}^{m \times p}$, rank$(\mathbf{AB}) \leq \min(\mathrm{rank}(\mathbf{A}), \mathrm{rank}(\mathbf{B}))$이다.
- $\mathbf{A}, \mathbf{B} \in \mathbb{R}^{m \times n}$에 대해, rank$(\mathbf{A} + \mathbf{B}) \leq $ rank$(\mathbf{A}) + $ rank$(\mathbf{B})$이다.

정방 행렬은 오직 완전 계수라면(iff) 가역임을 보이는 것이 가능하다.

7.1.4.4 조건수

행렬 $\mathbf{A}$의 **조건수**condition number는 $\mathbf{A}$를 수반하는 임의의 계산이 얼마나 안정적인지 측정한다. 이는 다음과 같이 정의한다.

$$\kappa(\mathbf{A}) \triangleq ||\mathbf{A}|| \cdot ||\mathbf{A}^{-1}|| \tag{7.46}$$

여기서 $||\mathbf{A}||$는 행렬의 노름이다. $\kappa(\mathbf{A}) \geq 1$은 보일 수 있다(조건수는 어떤 노름을 사용하는지에 의존한다. 우리는 달리 명시하지 않는다면 2-노름을 사용한다).

$\kappa(\mathbf{A})$가 작다면(1과 가깝다면) $\mathbf{A}$는 **좋은 조건**well-conditioned이라 말하고, $\kappa(\mathbf{A})$가 크다면 **나쁜 조건**ill-conditioned이라 말한다. 조건수가 크면 $\mathbf{A}$가 거의 특이임을 뜻한다. 이는 특이성과의 인접성 측면에서 행렬식의 크기보다 더 나은 측도다. 예를 들어 $\mathbf{A} = 0.1\mathbf{I}_{100 \times 100}$이라 해보자. 그러면 $\det(\mathbf{A}) = 10^{-100}$이며, 이는 $\mathbf{A}$가 거의 특이임을 시사한다. 그러나 $\kappa(\mathbf{A}) = 1$이며, 이는 $\mathbf{A}x$가 단순히 x의 성분을 0.1만큼 스케일링한다는 사실에서 $\mathbf{A}$가 좋은 조건임을 뜻한다.

조건수를 더 잘 이해하기 위해 연립방정식 $\mathbf{A}x = b$를 고려해 보자. $\mathbf{A}$가 비특이라면, $x = \mathbf{A}^{-1}b$는 고유한 해다. b를 $b + \Delta b$로 바꾼다고 해보자. x에 어떠한 영향을 미칠까? 새로운 해는 다음을 반드시 만족해야 한다.

$$\mathbf{A}(x + \Delta x) = b + \Delta b \tag{7.47}$$

여기서

$$\Delta x = \mathbf{A}^{-1} \Delta b \tag{7.48}$$

작은 Δb가 작은 Δx를 야기한다면 $\mathbf{A}$가 좋은 조건이라 말한다. 아니면 $\mathbf{A}$가 나쁜 조건이라 말한다. 예를 들어 다음과 같다고 해보자.

$$\mathbf{A} = \frac{1}{2}\begin{pmatrix} 1 & 1 \\ 1 + 10^{-10} & 1 - 10^{-10} \end{pmatrix}, \quad \mathbf{A}^{-1} = \begin{pmatrix} 1 - 10^{10} & 10^{10} \\ 1 + 10^{10} & -10^{10} \end{pmatrix} \tag{7.49}$$

$b = (1, 1)$의 해는 $x = (1, 1)$이다. b를 Δb만큼 바꾸면 해는 다음과 같이 바뀐다.

$$\Delta x = \mathbf{A}^{-1} \Delta b = \begin{pmatrix} \Delta b_1 - 10^{10}(\Delta b_1 - \Delta b_2) \\ \Delta b_1 + 10^{10}(\Delta b_1 - \Delta b_2) \end{pmatrix} \tag{7.50}$$

따라서 b를 작게 바꾸면 x가 극적으로 크게 바뀌도록 할 수 있다. 왜냐하면 $\mathbf{A}$가 나쁜 조건이기 때문이다($\kappa(\mathbf{A}) = 2 \times 10^{10}$).

ℓ_2-노름의 경우, 조건수는 가장 큰 특잇값 대 가장 작은 특잇값의 비율과 같다(7.5절에 정의되어 있

다). 추가로 $\mathbf{A}$의 특잇값은 $\mathbf{A}^\mathsf{T}\mathbf{A}$의 고윳값의 제곱근이다.

$$\kappa(\mathbf{A}) = \sigma_{max}/\sigma_{min} = \sqrt{\frac{\lambda_{\max}}{\lambda_{\min}}} \tag{7.51}$$

이차 목적 함수 $f(\boldsymbol{x}) = \boldsymbol{x}^\mathsf{T}\mathbf{A}\boldsymbol{x}$를 고려하여 조건수에 대한 인사이트를 추가로 얻을 수 있다. 이 함수의 수준 집합을 그리면, 7.4.4절에서 보여주듯이 타원형일 것이다. $\mathbf{A}$의 조건수를 높임에 따라, 타원은 특정 방향을 따라 더욱 길쭉해진다. 이는 함수 공간의 매우 좁은 계곡에 해당한다. $\kappa = 1$이라면(가능한 최소한의 값) 수준 집합은 원이 될 것이다.

7.1.5 특별한 형태의 행렬

이 절에서는 다양한 구조 형식을 갖는 일반적인 종류의 행렬을 나열한다.

7.1.5.1 대각 행렬

대각 행렬diagonal matrix은 모든 비대각 요소가 0인 행렬이다. 이는 통상적으로 $\mathbf{D} = \mathrm{diag}(d_1, d_2, ..., d_n)$이라 표시하고 다음과 같다.

$$\mathbf{D} = \begin{pmatrix} d_1 & & & \\ & d_2 & & \\ & & \ddots & \\ & & & d_n \end{pmatrix} \tag{7.52}$$

항등 행렬identity matrix은 $\mathbf{I} \in \mathbb{R}^{n \times n}$라 표시하며, 대각에 1이 있고 다른 모든 곳에는 0을 갖는 정방 행렬 $\mathbf{I} = \mathrm{diag}(1, 1, ..., 1)$이다. 이는 모든 $\mathbf{A} \in \mathbb{R}^{n \times n}$에 대해 다음의 성질을 갖는다.

$$\mathbf{AI} = \mathbf{A} = \mathbf{IA} \tag{7.53}$$

여기서 $\mathbf{I}$의 크기는 $\mathbf{A}$의 차원에 의해 정해지므로 행렬 곱이 가능하다.

$\boldsymbol{d} = \mathrm{diag}(\mathbf{D})$를 사용해 행렬로부터 대각 벡터를 추출할 수 있다. 벡터의 대각 행렬로의 변환은 $\mathbf{D} = \mathrm{diag}(\boldsymbol{d})$라 쓴다.

블록 대각block diagonal 행렬은 주대각에 행렬을, 그리고 다른 모든 곳에는 0을 갖는다. 예를 들면 다음과 같다.

$$\begin{pmatrix} \mathbf{A} & \mathbf{0} \\ \mathbf{0} & \mathbf{B} \end{pmatrix} \tag{7.54}$$

밴드 대각 행렬band-diagonal matrix은 대각 그리고 대각의 k변을 따라 0이 아닌 성분을 갖는다. 여기서 k는 대역폭이다. 예를 들어, **삼중대각**tridiagonal 6×6 행렬은 다음과 같이 생겼다.

$$\begin{bmatrix} A_{11} & A_{12} & 0 & \cdots & \cdots & 0 \\ A_{21} & A_{22} & A_{23} & \ddots & \ddots & \vdots \\ 0 & A_{32} & A_{33} & A_{34} & \ddots & \vdots \\ \vdots & \ddots & A_{43} & A_{44} & A_{45} & 0 \\ \vdots & \ddots & \ddots & A_{54} & A_{55} & A_{56} \\ 0 & \cdots & \cdots & 0 & A_{65} & A_{66} \end{bmatrix} \tag{7.55}$$

7.1.5.2 삼각 행렬

상삼각 행렬upper triangular matrix은 대각 및 그 위에서만 0이 아닌 성분을 갖는다. **하삼각 행렬**lower triangular matrix은 대각 및 그 아래에서만 0이 아닌 성분을 갖는다.

삼각 행렬은 $\mathbf{A}$의 대각 성분이 $\mathbf{A}$의 고윳값이라는 유용한 성질을 가지며, 따라서 행렬식이 대각 성분의 곱 $\det(\mathbf{A}) = \prod_i A_{ii}$이다.

7.1.5.3 양의 정부호 행렬

정방 행렬 $\mathbf{A} \in \mathbb{R}^{n \times n}$와 벡터 $\boldsymbol{x} \in \mathbb{R}^n$가 주어졌을 때, 스칼라 값 $\boldsymbol{x}^\top \mathbf{A} \boldsymbol{x}$는 **이차 형식**quadratic form이라 부른다. 명시적으로 써보면 다음과 같다.

$$\boldsymbol{x}^\top \mathbf{A} \boldsymbol{x} = \sum_{i=1}^{n} \sum_{j=1}^{n} A_{ij} x_i x_j \tag{7.56}$$

다음을 주지하라.

$$\boldsymbol{x}^\top \mathbf{A} \boldsymbol{x} = (\boldsymbol{x}^\top \mathbf{A} \boldsymbol{x})^\top = \boldsymbol{x}^\top \mathbf{A}^\top \boldsymbol{x} = \boldsymbol{x}^\top (\tfrac{1}{2}\mathbf{A} + \tfrac{1}{2}\mathbf{A}^\top)\boldsymbol{x} \tag{7.57}$$

이러한 이유에서 이차 형식으로 나타나는 행렬은 암묵적으로 대칭이라 가정하는 일이 많다.

정의는 다음과 같이 주어진다.

- 대칭 행렬 $\mathbf{A} \in \mathbb{S}^n$는 모든 0이 아닌 벡터 $\boldsymbol{x} \in \mathbb{R}^n$에 대해 오직 $\boldsymbol{x}^\mathsf{T}\mathbf{A}\boldsymbol{x} > 0$이라면(iff) **양의 정부호**positive definite다. 이는 일반적으로 $\mathbf{A} \succ 0$라 표시한다(또는 단지 $\mathbf{A} > 0$). $\boldsymbol{x}^\mathsf{T}\mathbf{A}\boldsymbol{x} = 0$일 수 있다면 행렬이 **양의 준정부호**positive semidefinite, 즉 **psd**라 한다. 모든 양의 정부호 행렬의 집합은 $\mathbb{S}^n_{++}$라 표시한다.

- 대칭 행렬 $\mathbf{A} \in \mathbb{S}^n$는 모든 0이 아닌 벡터 $\boldsymbol{x} \in \mathbb{R}^n$에 대해 오직 $\boldsymbol{x}^\mathsf{T}\mathbf{A}\boldsymbol{x} < 0$이라면(iff) **음의 정부호**negative definite이며 $\mathbf{A} \prec 0$라 표시한다(또는 단지 $\mathbf{A} < 0$). $\boldsymbol{x}^\mathsf{T}\mathbf{A}\boldsymbol{x} = 0$일 수 있다면 행렬이 **음의 준정부호**negative semidefinite라 한다.

- 대칭 행렬 $\mathbf{A} \in \mathbb{S}^n$가 양의 준정부호 또는 음의 준정부호도 아니라면, 즉 $\boldsymbol{x}_1^\mathsf{T}\mathbf{A}\boldsymbol{x}_1 > 0$ 그리고 $\boldsymbol{x}_2^\mathsf{T}\mathbf{A}\boldsymbol{x}_2 < 0$인 $\boldsymbol{x}_1, \boldsymbol{x}_2 \in \mathbb{R}^n$가 존재한다면 **부정부호**indefinite다.

$\mathbf{A}$가 양의 정부호라면 $-\mathbf{A}$는 음의 정부호이며, 그 반대도 당연히 성립한다. 이와 비슷하게 $\mathbf{A}$가 양의 준정부호라면, $-\mathbf{A}$는 음의 준정부호이며 그 반대도 그러하다. $\mathbf{A}$가 부정부호라면 $-\mathbf{A}$도 그러하다. 또한 양의 정부호 및 음의 정부호 행렬은 언제나 가역임을 보일 수 있다.

7.4.3.1절에서 대칭 행렬의 고윳값이 오직 양수라면(iff) 그것이 양의 정부호임을 보인다. $\mathbf{A}$의 모든 요소가 양수라면, $\mathbf{A}$가 꼭 양의 정부호라는 뜻은 아님을 주지하라. 예를 들어 $\mathbf{A} = \begin{pmatrix} 4 & 3 \\ 3 & 2 \end{pmatrix}$는 양의 정부호가 아니다. 반대로 양의 정부호 행렬은 음의 성분을 가질 수 있으며, 예를 들어 $\mathbf{A} = \begin{pmatrix} 2 & -1 \\ -1 & 2 \end{pmatrix}$가 그러하다.

행렬(실수, 대칭인)이 양의 정부호 행렬이 되도록 하는 충분조건은 그것이 **대각적으로 우세**diagonally dominant할 때, 즉 행렬의 모든 행에서 그 행의 대각 성분의 크기magnitude가 그 행 내 다른 모든 (비대각) 성분의 크기의 합보다 클 때다. 좀 더 엄밀하게 말하면 다음과 같다.

$$|a_{ii}| > \sum_{j \neq i} |a_{ij}| \quad \text{모든 } i\text{에 대해} \tag{7.58}$$

2차원에서 임의의 실수의 대칭 2×2 행렬 $\begin{pmatrix} a & b \\ b & d \end{pmatrix}$는 오직 $a > 0$, $d > 0$, $ad > b^2$이라면(iff) 양의 정부호다.

마지막으로 자주 나타나는 한 가지 형태의 양의 정부호 행렬이 있으며, 따라서 특별히 언급할 가치가 있다. 임의의 행렬 $\mathbf{A} \in \mathbb{R}^{m \times n}$가 주어졌을 때(꼭 대칭이거나 정방일 필요는 없다), **그람 행렬**Gram

^{matrix} $\mathbf{G} = \mathbf{A}^\mathsf{T}\mathbf{A}$는 언제나 양의 준정부호다. 추가로 $m \geq n$이라면(그리고 편의상 $\mathbf{A}$가 완전 계수라 가정한다) $\mathbf{G} = \mathbf{A}^\mathsf{T}\mathbf{A}$는 양의 정부호다.

7.1.5.4 직교 행렬

두 벡터 x, $y \in \mathbb{R}^n$는 $x^\mathsf{T}y = 0$이라면 **직교**^{orthogonal}다. 벡터 $x \in \mathbb{R}^n$는 $\|x\|_2 = 1$이라면 **정규화**^{normalize}되어 있다. 쌍별로 직교이며 정규화된 벡터의 집합은 **정규직교**^{orthonormal}라 부른다. 정방 행렬 $\mathbf{U} \in \mathbb{R}^{n \times n}$의 모든 열이 정규직교라면 이는 **직교**^{orthogonal}한다(벡터 대 행렬에 대해 이야기할 때 직교라는 용어의 의미가 다름을 주지하라). $\mathbf{U}$의 성분이 복소숫값이라면, 직교 대신에 **유니터리**^{unitary}라는 용어를 사용한다.

직교성 및 정규성의 정의 그 바로 다음으로 오직 다음과 같다면(iff) $\mathbf{U}$가 직교한다.

$$\mathbf{U}^\mathsf{T}\mathbf{U} = \mathbf{I} = \mathbf{U}\mathbf{U}^\mathsf{T} \tag{7.59}$$

다시 말해, 직교 행렬의 역행렬은 그것의 전치다. $\mathbf{U}$가 정방이 아니라면, 즉 $\mathbf{U} \in \mathbb{R}^{m \times n}$, $n < m$이지만 열이 여전히 직교라면 $\mathbf{U}^\mathsf{T}\mathbf{U} = \mathbf{I}$이지만 $\mathbf{U}\mathbf{U}^\mathsf{T} \neq I$이다. 일반적으로 전자의 경우를 설명하기 위해서만 직교라는 용어를 사용하며, 여기서 $\mathbf{U}$는 정방이다.

직교 행렬의 예시로 **회전 행렬**^{rotation matrix}이 있다(연습문제 7.1 참고). 예를 들어, z축으로 각도 α만큼 3차원으로 회전하면 다음과 같다.

$$\mathbf{R}(\alpha) = \begin{pmatrix} \cos(\alpha) & -\sin(\alpha) & 0 \\ \sin(\alpha) & \cos(\alpha) & 0 \\ 0 & 0 & 1 \end{pmatrix} \tag{7.60}$$

$\alpha = 45°$라면, 이는 다음이 된다.

$$\mathbf{R}(45) = \begin{pmatrix} \frac{1}{\sqrt{2}} & -\frac{1}{\sqrt{2}} & 0 \\ \frac{1}{\sqrt{2}} & \frac{1}{\sqrt{2}} & 0 \\ 0 & 0 & 1 \end{pmatrix} \tag{7.61}$$

여기서 $\frac{1}{\sqrt{2}} = 0.7071$이다. $\mathbf{R}(-\alpha) = \mathbf{R}(\alpha)^{-1} = \mathbf{R}(\alpha)^\mathsf{T}$이므로 이는 직교 행렬이다.

직교 행렬의 좋은 속성 하나는 벡터를 직교 행렬로 작업하면 그것의 유클리드 노름을 변화시키지 않는다는 점이다. 즉, 임의의 0이 아닌 $x \in \mathbb{R}^n$ 그리고 직교 행렬 $\mathbf{U} \in \mathbb{R}^{n \times n}$에 대해

$$\|\mathbf{U}\boldsymbol{x}\|_2 = \|\boldsymbol{x}\|_2 \tag{7.62}$$

이와 비슷하게 두 벡터의 각도는 이들을 직교 행렬로 변환한 후에도 유지됨을 보일 수 있다. $\boldsymbol{x}$와 $\boldsymbol{y}$ 사이의 각도의 코사인은 다음과 같이 주어진다.

$$\cos(\alpha(\boldsymbol{x}, \boldsymbol{y})) = \frac{\boldsymbol{x}^\mathsf{T}\boldsymbol{y}}{\|\boldsymbol{x}\|\|\boldsymbol{y}\|} \tag{7.63}$$

따라서

$$\cos(\alpha(\mathbf{U}\boldsymbol{x}, \mathbf{U}\boldsymbol{y})) = \frac{(\mathbf{U}\boldsymbol{x})^\mathsf{T}(\mathbf{U}\boldsymbol{y})}{\|\mathbf{U}\boldsymbol{x}\|\|\mathbf{U}\boldsymbol{y}\|} = \frac{\boldsymbol{x}^\mathsf{T}\boldsymbol{y}}{\|\boldsymbol{x}\|\|\boldsymbol{y}\|} = \cos(\alpha(\boldsymbol{x}, \boldsymbol{y})) \tag{7.64}$$

요약하자면 직교 행렬을 통한 변환은 ($\det(\mathbf{U}) = 1$이라면) 회전을, 그리고 ($\det(\mathbf{U}) = -1$이라면) 반사를 일반화한 것이다. 왜냐하면 이들은 길이와 각도를 유지하기 때문이다.

여기서 다루지는 않지만, 어떠한 정방 행렬이든지 직교로 만드는 방법인 그람 슈미트^{Gram Schmidt} 직교화라는 기법이 있음을 주지하라.

7.2 행렬 곱셈

두 행렬 $\mathbf{A} \in \mathbb{R}^{m \times n}$와 $\mathbf{B} \in \mathbb{R}^{n \times p}$의 곱은 다음과 같은 행렬이 된다.

$$\mathbf{C} = \mathbf{AB} \in \mathbb{R}^{m \times p} \tag{7.65}$$

여기서

$$C_{ij} = \sum_{k=1}^{n} A_{ik} B_{kj} \tag{7.66}$$

행렬 곱이 존재하려면, $\mathbf{A}$의 열의 수가 $\mathbf{B}$의 행의 수와 같아야 함을 주지하라.

행렬 곱은 일반적으로 $O(mnp)$의 시간이 걸리지만, 더 빠른 방법이 존재한다. 추가로 GPU와 TPU 같은 특수화된 하드웨어를 활용하여, 행(또는 열)을 따라 연산을 병렬로 수행해 행렬 곱의 속도를 크게 높일 수 있다.

행렬 곱의 기본 속성을 알아두면 도움이 된다.

- 행렬 곱은 **결합적**associative이다. $(\mathbf{A}\mathbf{B})\mathbf{C} = \mathbf{A}(\mathbf{B}\mathbf{C})$
- 행렬 곱은 **분배적**distributive이다. $\mathbf{A}(\mathbf{B} + \mathbf{C}) = \mathbf{A}\mathbf{B} + \mathbf{A}\mathbf{C}$
- 행렬 곱은 일반적으로 **교환적**commutative이지 않다. 즉, $\mathbf{A}\mathbf{B} \neq \mathbf{B}\mathbf{A}$인 경우가 있을 수 있다.

(위의 각 경우마다 차원이 맞는다고 가정한다.)

행렬 곱에는 특별한 경우가 많이 존재하는데, 아래에서 논의한다.

7.2.1 벡터-벡터 곱

두 벡터 $\boldsymbol{x}, \boldsymbol{y} \in \mathbb{R}^n$가 주어졌을 때, **내적**inner product, **닷 프로덕트**dot product 또는 벡터의 **스칼라 곱**scalar product이라 부르는 양 $\boldsymbol{x}^\mathsf{T}\boldsymbol{y}$는 다음과 같이 주어지는 실수다.

$$\langle \boldsymbol{x}, \boldsymbol{y} \rangle \triangleq \boldsymbol{x}^\mathsf{T}\boldsymbol{y} = \sum_{i=1}^{n} x_i y_i \tag{7.67}$$

$\boldsymbol{x}^\mathsf{T}\boldsymbol{y} = \boldsymbol{y}^\mathsf{T}\boldsymbol{x}$는 언제나 성립함을 주지하라.

벡터 $\boldsymbol{x} \in \mathbb{R}^m$, $\boldsymbol{y} \in \mathbb{R}^n$가 주어졌을 때(이들은 더 이상 같은 크기일 필요는 없다), $\boldsymbol{x}\boldsymbol{y}^\mathsf{T}$는 벡터의 **외적**outer product이라 부른다. 이는 성분이 $(\boldsymbol{x}\boldsymbol{y}^\mathsf{T})_{ij} = x_i y_j$로 주어지는 행렬이다. 즉,

$$\boldsymbol{x}\boldsymbol{y}^\mathsf{T} \in \mathbb{R}^{m \times n} = \begin{bmatrix} x_1 y_1 & x_1 y_2 & \cdots & x_1 y_n \\ x_2 y_1 & x_2 y_2 & \cdots & x_2 y_n \\ \vdots & \vdots & \ddots & \vdots \\ x_m y_1 & x_m y_2 & \cdots & x_m y_n \end{bmatrix} \tag{7.68}$$

7.2.2 행렬-벡터 곱

행렬 $\mathbf{A} \in \mathbb{R}^{m \times n}$와 벡터 $\boldsymbol{x} \in \mathbb{R}^n$가 주어졌을 때, 이들의 곱은 벡터 $\boldsymbol{y} = \mathbf{A}\boldsymbol{x} \in \mathbb{R}^m$이다. 행렬-벡터 곱을 아는 법은 몇 가지가 있으며, 여기서 모두 살펴본다.

$\mathbf{A}$를 행으로 쓰면, $\boldsymbol{y} = \mathbf{A}\boldsymbol{x}$는 다음과 같이 나타낼 수 있다.

$$y = \mathbf{A}x = \begin{bmatrix} - & a_1^\mathsf{T} & - \\ - & a_2^\mathsf{T} & - \\ & \vdots & \\ - & a_m^\mathsf{T} & - \end{bmatrix} x = \begin{bmatrix} a_1^\mathsf{T}x \\ a_2^\mathsf{T}x \\ \vdots \\ a_m^\mathsf{T}x \end{bmatrix} \tag{7.69}$$

다시 말해, y의 i번째 성분은 $\mathbf{A}$의 i번째 행과 x의 내적인 $y_i = a_i^\mathsf{T}x$와 같다.

아니면 $\mathbf{A}$를 열의 형태로 써보자. 이 경우 다음과 같다.

$$y = \mathbf{A}x = \begin{bmatrix} | & | & & | \\ a_1 & a_2 & \cdots & a_n \\ | & | & & | \end{bmatrix} \begin{bmatrix} x_1 \\ x_2 \\ \vdots \\ x_n \end{bmatrix} = \begin{bmatrix} | \\ a_1 \\ | \end{bmatrix} x_1 + \begin{bmatrix} | \\ a_2 \\ | \end{bmatrix} x_2 + \ldots + \begin{bmatrix} | \\ a_n \\ | \end{bmatrix} x_n \tag{7.70}$$

다시 말해, y는 $\mathbf{A}$의 열의 **선형 조합**linear combination이며, 이때 선형 조합의 계수는 x의 성분으로 주어진다. $\mathbf{A}$의 열은 **선형 부분공간**linear subspace을 정의하는 **기저 벡터**basis vector의 집합으로 볼 수 있다. 기저 벡터의 선형 조합을 취하여 이러한 부분공간 내에서 벡터를 구성할 수 있다. 자세한 내용은 7.1.2절을 참고하라.

7.2.3 행렬-행렬 곱

아래에서 행렬-행렬 곱 $\mathbf{C} = \mathbf{AB}$를 바라보는 네 가지 서로 다른(그러나 물론 동등한) 방법을 본다.

먼저 행렬-행렬 곱을 벡터-벡터 곱의 집합으로 볼 수 있다. 이 정의 바로 다음 시점에서 보면, $\mathbf{C}$의 i, j 성분은 $\mathbf{A}$의 i번째 행과 $\mathbf{B}$의 j번째 열의 내적과 동일하다. 기호로 보면 이는 다음과 같이 생겼다.

$$\mathbf{C} = \mathbf{AB} = \begin{bmatrix} - & a_1^\mathsf{T} & - \\ - & a_2^\mathsf{T} & - \\ & \vdots & \\ - & a_m^\mathsf{T} & - \end{bmatrix} \begin{bmatrix} | & | & & | \\ b_1 & b_2 & \cdots & b_p \\ | & | & & | \end{bmatrix} = \begin{bmatrix} a_1^\mathsf{T}b_1 & a_1^\mathsf{T}b_2 & \cdots & a_1^\mathsf{T}b_p \\ a_2^\mathsf{T}b_1 & a_2^\mathsf{T}b_2 & \cdots & a_2^\mathsf{T}b_p \\ \vdots & \vdots & \ddots & \vdots \\ a_m^\mathsf{T}b_1 & a_m^\mathsf{T}b_2 & \cdots & a_m^\mathsf{T}b_p \end{bmatrix} \tag{7.71}$$

$\mathbf{A} \in \mathbb{R}^{m \times n}$, $\mathbf{B} \in \mathbb{R}^{n \times p}$, $a_i \in \mathbb{R}^n$, $b_j \in \mathbb{R}^n$이므로, 이들 내적은 모두 적절함을 기억하라. 이는 $\mathbf{A}$를 행으로 $\mathbf{B}$를 열로 나타낼 때 가장 '자연스러운' 표현이다. 그림 7.5를 참고하라.

아니면 $\mathbf{A}$를 열로 그리고 $\mathbf{B}$를 행으로 나타낼 수 있으며, 이는 $\mathbf{AB}$를 외적의 합으로 해석하게 만

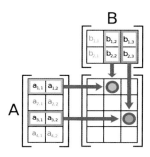

그림 7.5 행렬 곱을 보여주고 있다. 출처: https://en.wikipedia.org/wiki/Matrix_multiplication. 위키피디아 저자 Bilou가 친절하게 사용을 허가했다.

든다. 기호로 표시하면 다음과 같다.

$$C = AB = \begin{bmatrix} | & | & & | \\ a_1 & a_2 & \cdots & a_n \\ | & | & & | \end{bmatrix} \begin{bmatrix} - & b_1^\mathsf{T} & - \\ - & b_2^\mathsf{T} & - \\ & \vdots & \\ - & b_n^\mathsf{T} & - \end{bmatrix} = \sum_{i=1}^{n} a_i b_i^\mathsf{T} \tag{7.72}$$

바꿔 말하면 AB는 모든 i에 대한 A의 i번째 열과 B의 i번째 행의 외적의 합과 같다. 이 경우 $a_i \in \mathbb{R}^m$ 그리고 $b_i \in \mathbb{R}^p$이므로, 외적 $a_i b_i^\mathsf{T}$의 차원은 $m \times p$이며, 이는 C의 차원과 일치한다.

또한 행렬-행렬 곱을 행렬-벡터 곱의 집합으로 볼 수도 있다. 특히 B를 열로 나타내면, C의 열은 A와 B의 열 사이의 행렬-벡터 곱으로 볼 수 있다. 기호로 나타내면 다음과 같다.

$$C = AB = A \begin{bmatrix} | & | & & | \\ b_1 & b_2 & \cdots & b_p \\ | & | & & | \end{bmatrix} = \begin{bmatrix} | & | & & | \\ Ab_1 & Ab_2 & \cdots & Ab_p \\ | & | & & | \end{bmatrix} \tag{7.73}$$

여기서 C의 i번째 열은 벡터가 오른쪽에 있는 행렬-벡터 곱 $c_i = Ab_i$로 주어진다. 이들 행렬-벡터 곱은 따라서 이전 절에서 보여준 시점 모두를 사용해 해석할 수 있다.

마지막으로 이와 유사한 시점으로 A를 행으로 나타내고, C의 행은 A의 행과 행렬 B 사이의 행렬-벡터 곱으로 보는 것이 있다. 기호로 나타내면 다음과 같다.

$$C = AB = \begin{bmatrix} - & a_1^\mathsf{T} & - \\ - & a_2^\mathsf{T} & - \\ & \vdots & \\ - & a_m^\mathsf{T} & - \end{bmatrix} B = \begin{bmatrix} - & a_1^\mathsf{T}B & - \\ - & a_2^\mathsf{T}B & - \\ & \vdots & \\ - & a_m^\mathsf{T}B & - \end{bmatrix} \tag{7.74}$$

여기서 $\mathbf{C}$의 i번째 행은 벡터가 왼쪽에 있는 행렬-벡터 곱 $\boldsymbol{c}_i^\mathsf{T} = \boldsymbol{a}_i^\mathsf{T} \mathbf{B}$로 주어진다.

행렬 곱을 이렇게 많이 해부하는 것이 과도해 보일 수도 있다. 특히 이 모든 관점이 이 절의 도입부에서 제공했던 초기의 정의 바로 다음에 나온다는 점에서(수학이라는 선상에 있어서) 그러하다. 그러나 사실상 모든 선형대수는 어떠한 종류의 행렬 곱을 다루게 되며, 여기서 제공하는 시점을 직관적으로 이해하고자 노력하는 데 시간을 들이는 것은 가치가 있는 일이다.

마지막으로 표기법에 대해 한마디 한다. $\mathbf{A}^2$은 행렬 곱인 $\mathbf{AA}$를 줄인 것이다. 행렬의 요소별 제곱은 $\mathbf{A}^{\odot 2} = [A_{ij}^2]$이라 쓴다($\mathbf{A}$가 대각이라면 $\mathbf{A}^2 = \mathbf{A}^{\odot 2}$이다).

또한 **행렬 제곱근**matrix square root을 사용해 $\mathbf{A}^2$의 역행렬을 정의할 수 있다. $\mathbf{A}^2 = \mathbf{M}$이라면 $\mathbf{A} = \sqrt{\mathbf{M}}$이라 한다. 행렬 요소별 제곱근은 $[\sqrt{M_{ij}}]$라 쓴다.

7.2.4 응용: 데이터 행렬 조작

앞의 결과를 응용하기 위해, $\mathbf{X}$가 행이 데이터 사례인 $N \times D$ 디자인 행렬인 경우를 고려해 보자. 이 행렬에 적용할 수 있는 다양한 일반적인 전처리 연산이 존재하며, 아래에서 요약한다(이러한 연산을 행렬 형식으로 쓰면 유용한 이유는 표기적으로 간결하며, 빠른 행렬 코드를 사용해 메서드를 빠르게 구현할 수 있기 때문이다).

7.2.4.1 행렬의 슬라이스 합하기

$\mathbf{X}$가 $N \times D$ 행렬이라 해보자. 1로 되어 있는 $1 \times N$ 행렬을 앞에 곱하여 $1 \times D$ 행렬을 만듦으로써 행에 대한 합을 할 수 있다.

$$\mathbf{1}_N^\mathsf{T} \mathbf{X} = \begin{pmatrix} \sum_n x_{n1} & \cdots & \sum_n x_{nD} \end{pmatrix} \tag{7.75}$$

따라서 데이터 벡터의 평균은 다음과 같다.

$$\bar{\boldsymbol{x}}^\mathsf{T} = \frac{1}{N} \mathbf{1}_N^\mathsf{T} \mathbf{X} \tag{7.76}$$

열에 대한 합은 1로 된 $D \times 1$ 행렬을 뒤에 곱하여 $N \times 1$ 행렬을 만들어서 할 수 있다.

$$\mathbf{X}\mathbf{1}_D = \begin{pmatrix} \sum_d x_{1d} \\ \vdots \\ \sum_d x_{Nd} \end{pmatrix} \tag{7.77}$$

행렬의 모든 성분의 합은 1로 된 벡터를 앞뒤로 곱하여 계산할 수 있다.

$$\mathbf{1}_N^\mathsf{T} \mathbf{X}\mathbf{1}_D = \sum_{ij} X_{ij} \tag{7.78}$$

따라서 전체 평균은 다음과 같다.

$$\overline{x} = \frac{1}{ND} \mathbf{1}_N^\mathsf{T} \mathbf{X}\mathbf{1}_D \tag{7.79}$$

7.2.4.2 행렬의 행과 열 스케일링

데이터 행렬의 행 또는 열을 스케일링하길 원할 때가 종종 있다(예: 표준화하기 위해). 이제 이를 행렬 표기법으로 쓰는 방법을 보여준다.

s가 N-벡터일 때 $\mathbf{X}$를 대각 행렬 $\mathbf{S} = \mathrm{diag}(s)$로 앞에 곱하면, $\mathbf{X}$의 각 행을 s에 있는 해당 스케일 인자로 곱한 것과 같다.

$$\mathrm{diag}(s)\mathbf{X} = \begin{pmatrix} s_1 & \cdots & 0 \\ & \ddots & \\ 0 & \cdots & s_N \end{pmatrix} \begin{pmatrix} x_{1,1} & \cdots & x_{1,D} \\ & \ddots & \\ x_{N,1} & \cdots & x_{N,D} \end{pmatrix} = \begin{pmatrix} s_1 x_{1,1} & \cdots & s_1 x_{1,D} \\ & \ddots & \\ s_N x_{N,1} & \cdots & s_N x_{N,D} \end{pmatrix} \tag{7.80}$$

$\mathbf{X}$를 대각 행렬 $\mathbf{S} = \mathrm{diag}(s)$로 뒤에 곱하면, $\mathbf{X}$의 각 열을 s의 해당 요소로 스케일링한 것과 같다. 여기서 s는 D-벡터다.

$$\mathbf{X}\mathrm{diag}(s) = \begin{pmatrix} x_{1,1} & \cdots & x_{1,D} \\ & \ddots & \\ x_{N,1} & \cdots & x_{N,D} \end{pmatrix} \begin{pmatrix} s_1 & \cdots & 0 \\ & \ddots & \\ 0 & \cdots & s_D \end{pmatrix} = \begin{pmatrix} s_1 x_{1,1} & \cdots & s_D x_{1,D} \\ & \ddots & \\ s_1 x_{N,1} & \cdots & s_D x_{N,D} \end{pmatrix} \tag{7.81}$$

그러므로 10.2.8절의 표준화 연산은 다음과 같이 다시 쓸 수 있다.

$$\mathrm{standardize}(\mathbf{X}) = (\mathbf{X} - \mathbf{1}_N \boldsymbol{\mu}^T)\mathrm{diag}(\boldsymbol{\sigma})^{-1} \tag{7.82}$$

여기서 $\boldsymbol{\mu} = \overline{\boldsymbol{x}}$는 경험적 평균, $\boldsymbol{\sigma}$는 경험적 표준편차다.

7.2.4.3 제곱합 및 산란 행렬

제곱합 행렬^{sum of squares matrix}은 다음과 같이 정의된 $D \times D$ 행렬이다.

$$\mathbf{S}_0 \triangleq \mathbf{X}^{\mathsf{T}}\mathbf{X} = \sum_{n=1}^{N_D} \boldsymbol{x}_n \boldsymbol{x}_n^{\mathsf{T}} = \sum_{n=1}^{N_D} \begin{pmatrix} x_{n,1}^2 & \cdots & x_{n,1}x_{n,D} \\ & \ddots & \\ x_{n,D}x_{n,1} & \cdots & x_{n,D}^2 \end{pmatrix} \tag{7.83}$$

산란 행렬^{scatter matrix}은 다음과 같이 정의된 $D \times D$ 행렬이다.

$$\mathbf{S}_{\overline{\boldsymbol{x}}} \triangleq \sum_{n=1}^{N} (\boldsymbol{x}_n - \overline{\boldsymbol{x}})(\boldsymbol{x}_n - \overline{\boldsymbol{x}})^{\mathsf{T}} = \left(\sum_n \boldsymbol{x}_n \boldsymbol{x}_n^{\mathsf{T}} \right) - N\overline{\boldsymbol{x}}\,\overline{\boldsymbol{x}}^{\mathsf{T}} \tag{7.84}$$

이는 평균으로 중심화된 데이터에 제곱합 행렬을 적용한 것임을 볼 수 있다. 더 정확하게 말하자면 $\tilde{\mathbf{X}}$는 각 행마다 평균 $\overline{\boldsymbol{x}} = \frac{1}{N}\mathbf{X}^{\mathsf{T}}\mathbf{1}_N$을 뺀 $\mathbf{X}$의 버전으로 정의한다. 따라서 중심화 데이터 행렬은 다음을 사용해 계산할 수 있다.

$$\tilde{\mathbf{X}} = \mathbf{X} - \mathbf{1}_N \overline{\boldsymbol{x}}^{\mathsf{T}} = \mathbf{X} - \frac{1}{N}\mathbf{1}_N \mathbf{1}_N^{\mathsf{T}}\mathbf{X} = \mathbf{C}_N \mathbf{X} \tag{7.85}$$

여기서

$$\mathbf{C}_N \triangleq \mathbf{I}_N - \frac{1}{N}\mathbf{J}_N \tag{7.86}$$

은 **중심화 행렬**^{centering matrix}이다. 산란 행렬은 이제 다음과 같이 계산할 수 있다.

$$\mathbf{S}_{\overline{\boldsymbol{x}}} = \tilde{\mathbf{X}}^{\mathsf{T}}\tilde{\mathbf{X}} = \mathbf{X}^{\mathsf{T}}\mathbf{C}_N^{\mathsf{T}}\mathbf{C}_N \mathbf{X} = \mathbf{X}^{\mathsf{T}}\mathbf{C}_N \mathbf{X} \tag{7.87}$$

이때 $\mathbf{C}_N$이 대칭이고 멱등이라는 사실을 활용한다. 즉, $k = 1, 2, \ldots$에 대해 $\mathbf{C}_N^k = \mathbf{C}_N$이다(평균을 빼면 다시 빼더라도 아무런 효과가 없기 때문이다).

7.2.4.4 그람 행렬

$N \times N$ 행렬 $\mathbf{X}\mathbf{X}^\mathsf{T}$는 내적의 행렬이며 **그람 행렬**^{Gram matrix}이라 부른다.

$$\mathbf{K} \triangleq \mathbf{X}\mathbf{X}^\mathsf{T} = \begin{pmatrix} \boldsymbol{x}_1^\mathsf{T}\boldsymbol{x}_1 & \cdots & \boldsymbol{x}_1^\mathsf{T}\boldsymbol{x}_N \\ & \ddots & \\ \boldsymbol{x}_n^\mathsf{T}\boldsymbol{x}_1 & \cdots & \boldsymbol{x}_N^\mathsf{T}\boldsymbol{x}_N \end{pmatrix} \tag{7.88}$$

때때로 평균 중심화된 데이터 벡터의 내적 $\tilde{\mathbf{K}} = \tilde{\mathbf{X}}\tilde{\mathbf{X}}^\mathsf{T}$를 구하기를 원한다. 그러나 원본 특성 대신에 특성 유사도 행렬로 작업하고 있다면, $\mathbf{X}$가 아닌 $\mathbf{K}$에만 접근할 수 있다(이에 대한 예시는 20.4.4절과 20.4.6절에서 본다). 다행히도 **이중 중심화 기법**^{double centering trick}을 사용해 $\mathbf{K}$로부터 $\tilde{\mathbf{K}}$를 계산할 수 있다.

$$\tilde{\mathbf{K}} = \tilde{\mathbf{X}}\tilde{\mathbf{X}}^\mathsf{T} = \mathbf{C}_N \mathbf{K} \mathbf{C}_N = \mathbf{K} - \frac{1}{N}\mathbf{J}\mathbf{K} - \frac{1}{N}\mathbf{K}\mathbf{J} + \frac{1}{N^2}\mathbf{J}\mathbf{K}\mathbf{J} \tag{7.89}$$

이는 $\mathbf{K}$로부터 행 평균과 열 평균을 빼고, 두 번 뺄셈한 전체 평균을 다시 더하므로, $\tilde{\mathbf{K}}$의 행 평균과 열 평균 모두 0과 같다.

왜 식 (7.89)가 참인지 보려면 다음의 스칼라 형식을 고려해 보라.

$$\tilde{K}_{ij} = \tilde{\boldsymbol{x}}_i^\mathsf{T}\tilde{\boldsymbol{x}}_j = (\boldsymbol{x}_i - \frac{1}{N}\sum_{k=1}^{N}\boldsymbol{x}_k)(\boldsymbol{x}_j - \frac{1}{N}\sum_{l=1}^{N}\boldsymbol{x}_l) \tag{7.90}$$

$$= \boldsymbol{x}_i^\mathsf{T}\boldsymbol{x}_j - \frac{1}{N}\sum_{k=1}^{N}\boldsymbol{x}_i^\mathsf{T}\boldsymbol{x}_k - \frac{1}{N}\sum_{k=1}^{N}\boldsymbol{x}_j^\mathsf{T}\boldsymbol{x}_k + \frac{1}{N^2}\sum_{k=1}^{N}\sum_{l=1}^{N}\boldsymbol{x}_k^\mathsf{T}\boldsymbol{x}_l \tag{7.91}$$

7.2.4.5 거리 행렬

$\mathbf{X}$가 $N_x \times D$인 데이터 행렬, $\mathbf{Y}$가 또 다른 $N_y \times D$ 데이터 행렬이라 해보자. 이들의 쌍별 제곱 거리는 다음을 사용해 계산할 수 있다.

$$\mathbf{D}_{ij} = (\boldsymbol{x}_i - \boldsymbol{y}_j)^\mathsf{T}(\boldsymbol{x}_i - \boldsymbol{y}_j) = ||\boldsymbol{x}_i||^2 - 2\boldsymbol{x}_i^\mathsf{T}\boldsymbol{y}_j + ||\boldsymbol{y}_j||^2 \tag{7.92}$$

이제 이를 행렬 형식으로 써보자. $\hat{\boldsymbol{x}} = [||\boldsymbol{x}_1||^2; \cdots; ||\boldsymbol{x}_{N_x}||^2] = \text{diag}(\mathbf{X}\mathbf{X}^\mathsf{T})$가 각 요소가 $\mathbf{X}$ 내 예

제의 제곱 노름인 벡터라 하고, $\hat{\boldsymbol{y}}$도 비슷하게 정의한다. 그러면 다음과 같다.

$$\mathbf{D} = \hat{\boldsymbol{x}}\mathbf{1}_{N_y}^{\mathsf{T}} - 2\mathbf{X}\mathbf{Y}^{\mathsf{T}} + \mathbf{1}_{N_x}\hat{\boldsymbol{y}}^{\mathsf{T}} \tag{7.93}$$

$\mathbf{X} = \mathbf{Y}$인 경우

$$\mathbf{D} = \hat{\boldsymbol{x}}\mathbf{1}_{N}^{\mathsf{T}} - 2\mathbf{X}\mathbf{X}^{\mathsf{T}} + \mathbf{1}_{N}\hat{\boldsymbol{x}}^{\mathsf{T}} \tag{7.94}$$

이처럼 계산을 벡터화하면 루프를 사용할 때보다 훨씬 빠르다.

7.2.5 크로네커 곱*

$\mathbf{A}$가 $m \times n$ 행렬이고 $\mathbf{B}$가 $p \times q$ 행렬이라면, **크로네커 곱**^{Kronecker product} $\mathbf{A} \otimes \mathbf{B}$는 $mp \times nq$의 블록 행렬이다.

$$\mathbf{A} \otimes \mathbf{B} = \begin{bmatrix} a_{11}\mathbf{B} & \cdots & a_{1n}\mathbf{B} \\ \vdots & \ddots & \vdots \\ a_{m1}\mathbf{B} & \cdots & a_{mn}\mathbf{B} \end{bmatrix} \tag{7.95}$$

예를 들면 다음과 같다.

$$\begin{bmatrix} a_{11} & a_{12} \\ a_{21} & a_{22} \\ a_{31} & a_{32} \end{bmatrix} \otimes \begin{bmatrix} b_{11} & b_{12} & b_{13} \\ b_{21} & b_{22} & b_{23} \end{bmatrix} = \begin{bmatrix} a_{11}b_{11} & a_{11}b_{12} & a_{11}b_{13} & a_{12}b_{11} & a_{12}b_{12} & a_{12}b_{13} \\ a_{11}b_{21} & a_{11}b_{22} & a_{11}b_{23} & a_{12}b_{21} & a_{12}b_{22} & a_{12}b_{23} \\ a_{21}b_{11} & a_{21}b_{12} & a_{21}b_{13} & a_{22}b_{11} & a_{22}b_{12} & a_{22}b_{13} \\ a_{21}b_{21} & a_{21}b_{22} & a_{21}b_{23} & a_{22}b_{21} & a_{22}b_{22} & a_{22}b_{23} \\ a_{31}b_{11} & a_{31}b_{12} & a_{31}b_{13} & a_{32}b_{11} & a_{32}b_{12} & a_{32}b_{13} \\ a_{31}b_{21} & a_{31}b_{22} & a_{31}b_{23} & a_{32}b_{21} & a_{32}b_{22} & a_{32}b_{23} \end{bmatrix} \tag{7.96}$$

몇 가지 유용한 항등식은 다음과 같다.

$$(\mathbf{A} \otimes \mathbf{B})^{-1} = \mathbf{A}^{-1} \otimes \mathbf{B}^{-1} \tag{7.97}$$

$$(\mathbf{A} \otimes \mathbf{B})\text{vec}(\mathbf{C}) = \text{vec}(\mathbf{B}\mathbf{C}\mathbf{A}^{\mathsf{T}}) \tag{7.98}$$

여기서 $\text{vec}(\mathbf{M})$은 $\mathbf{M}$의 열을 쌓는다(행을 따라 쌓는다면 $(\mathbf{A} \otimes \mathbf{B})\text{vec}(\mathbf{C}) = \text{vec}(\mathbf{A}\mathbf{C}\mathbf{B}^{\mathsf{T}})$를 얻는다). 그 밖의 유용한 속성은 [Loa00]을 참고하라.

7.2.6 아인슈타인 합*

아인슈타인 합^{Einstein summation} 또는 짧게 **아인섬**^{einsum}은 텐서 작업을 위한 표기법적인 단축법이다. 이 관례는 아인슈타인[Ein16, 5절]이 소개했으며, 나중에 친구에게 "내가 수학에서 엄청난 발견을 했어. 두 번씩 나타나는 인덱스에서 반드시 해야 하는 합이 매번 나올 때마다 합 기호를 생략해 버렸다네…"라고 농담을 했다[Pai05, p.216]. 예를 들어 행렬 곱을 $C_{ij} = \sum_k A_{ik}B_{kj}$로 쓰는 대신에, 단지 $C_{ij} = A_{ik}B_{kj}$라 쓰고 $\sum_k$는 버릴 수 있다.

더욱 복잡한 예시로 3차원 텐서 S_{ntk}를 고려해 보자. 여기서 n은 배치 내 예제를, t는 시퀀스 내 위치를, k는 원핫 표현에서의 단어를 인덱싱한다. W_{kd}가 희박한 원핫 벡터 $\mathbb{R}^k$를 $\mathbb{R}^d$ 내 밀집 벡터로 매핑하는 임베딩 행렬이라 하자. 다음과 같이 원핫 벡터의 시퀀스 배치를 임베딩의 시퀀스 배치로 변환할 수 있다.

$$E_{ntd} = \sum_k S_{ntk}W_{kd} \tag{7.99}$$

각 시퀀스의 임베딩 벡터의 합은 다음과 같이 계산할 수 있다(각 단어주머니의 전역적인 표현을 얻기 위해).

$$E_{nd} = \sum_k \sum_t S_{ntk}W_{kd} \tag{7.100}$$

마지막으로, 각 시퀀스의 벡터 표현을 또 다른 선형 변환 V_{dc}를 통해 전달하여 라벨 c개를 갖는 분류기에 대한 로짓으로 매핑할 수 있다.

$$L_{nc} = \sum_d E_{nd}V_{dc} = \sum_d \sum_k \sum_t S_{ntk}W_{kd}V_{dc} \tag{7.101}$$

아인섬 표기법에서는 $L_{nc} = S_{ntk}W_{kd}V_{dc}$라 쓴다. k 및 d에 대해 합을 하는 이유는 이 인덱스가 RHS에서 두 번씩 나오기 때문이다. t에 대해 합을 하는 이유는 LHS에서 이 인덱스가 나타나지 않기 때문이다.

아인섬은 넘파이^{NumPy}, 텐서플로^{Tensorflow}, 파이토치^{PyTorch} 등에 구현되어 있다. 이는 복잡한 식의 텐서 곱을 최적의 순서로, 시간 및 중간 메모리 할당을 최소화하여 수행할 수 있다는 점에서 특히 유용하다.[2] 이 라이브러리는 einsum_demo.ipynb의 예시에 가장 잘 설명되어 있다.

아인섬의 속도는 연산이 수행되는 순서에 의존함을 주지하라. 이는 관련 있는 인수의 모양에 의존한다. [GASG18]에서 설명하듯이, 순서를 최적화하면 결과 계산 그래프의 트리 너비를 최소화한다. 일반적으로 최적 순서를 계산하는 시간은 인수의 개수에 따라 지수적으로 증가하므로, 탐욕적 근사greedy approximation를 사용하는 것이 일반적이다. 그러나 같은 연산을 잠재적으로 다른 내용이 아닌 같은 모양의 텐서를 사용해 많은 횟수로 반복한다고 예상한다면, 최적 순서화를 한 번 계산하고 이를 여러 번 사용할 수 있다.

7.3 역행렬

이 절에서는 여러 종류의 행렬의 역을 계산하는 방법을 논의한다.

7.3.1 정방 행렬의 역

정방 행렬square matrix $\mathbf{A} \in \mathbb{R}^{n \times n}$의 **역**inverse은 $\mathbf{A}^{-1}$라 표시하며, 다음과 같은 고유한 행렬이다.

$$\mathbf{A}^{-1}\mathbf{A} = \mathbf{I} = \mathbf{A}\mathbf{A}^{-1} \tag{7.102}$$

오직 $\det(\mathbf{A}) \neq 0$이라면(iff) $\mathbf{A}^{-1}$가 존재함을 주지하라. $\det(\mathbf{A}) = 0$이라면 이는 **특이 행렬**singular matrix이라 부른다.

다음은 역행렬의 속성을 보여준다. 모두 $\mathbf{A}, \mathbf{B} \in \mathbb{R}^{n \times n}$가 비특이non-singluar라 가정한다.

$$(\mathbf{A}^{-1})^{-1} = \mathbf{A} \tag{7.103}$$

$$(\mathbf{AB})^{-1} = \mathbf{B}^{-1}\mathbf{A}^{-1} \tag{7.104}$$

$$(\mathbf{A}^{-1})^{\mathsf{T}} = (\mathbf{A}^{\mathsf{T}})^{-1} \triangleq \mathbf{A}^{-T} \tag{7.105}$$

2×2 행렬의 경우, $\mathbf{A}^{-1}$의 식은 명시적으로 주기에 충분히 단순하다. 이는 다음과 같다.

---

2 이 최적화는 **opt-einsum** 라이브러리[GASG18]에 구현되어 있다. 이것의 핵심 기능은 넘파이와 JAX einsum 함수에 포함되어 있으며, optimize=True 매개변수를 설정하면 제공된다.

$$\mathbf{A} = \begin{pmatrix} a & b \\ c & d \end{pmatrix}, \quad \mathbf{A}^{-1} = \frac{1}{|\mathbf{A}|} \begin{pmatrix} d & -b \\ -c & a \end{pmatrix} \tag{7.106}$$

블록 대각 행렬의 역은 단순히 각 블록을 개별적으로 역을 취하여 얻는다. 예를 들면 다음과 같다.

$$\begin{pmatrix} \mathbf{A} & \mathbf{0} \\ \mathbf{0} & \mathbf{B} \end{pmatrix}^{-1} = \begin{pmatrix} \mathbf{A}^{-1} & \mathbf{0} \\ \mathbf{0} & \mathbf{B}^{-1} \end{pmatrix} \tag{7.107}$$

7.3.2 슈어 보수*

이 절에서는 블록 구조 행렬에 관한 유용한 결과 일부를 리뷰한다.

정리 7.3.1(분할된 행렬의 역) 일반적인 분할 행렬을 고려해 보자.

$$\mathbf{M} = \begin{pmatrix} \mathbf{E} & \mathbf{F} \\ \mathbf{G} & \mathbf{H} \end{pmatrix} \tag{7.108}$$

여기서 $\mathbf{E}$와 $\mathbf{H}$가 가역이라 가정하면 다음과 같다.

$$\mathbf{M}^{-1} = \begin{pmatrix} (\mathbf{M}/\mathbf{H})^{-1} & -(\mathbf{M}/\mathbf{H})^{-1}\mathbf{F}\mathbf{H}^{-1} \\ -\mathbf{H}^{-1}\mathbf{G}(\mathbf{M}/\mathbf{H})^{-1} & \mathbf{H}^{-1} + \mathbf{H}^{-1}\mathbf{G}(\mathbf{M}/\mathbf{H})^{-1}\mathbf{F}\mathbf{H}^{-1} \end{pmatrix} \tag{7.109}$$

$$= \begin{pmatrix} \mathbf{E}^{-1} + \mathbf{E}^{-1}\mathbf{F}(\mathbf{M}/\mathbf{E})^{-1}\mathbf{G}\mathbf{E}^{-1} & -\mathbf{E}^{-1}\mathbf{F}(\mathbf{M}/\mathbf{E})^{-1} \\ -(\mathbf{M}/\mathbf{E})^{-1}\mathbf{G}\mathbf{E}^{-1} & (\mathbf{M}/\mathbf{E})^{-1} \end{pmatrix} \tag{7.110}$$

여기서

$$\mathbf{M}/\mathbf{H} \triangleq \mathbf{E} - \mathbf{F}\mathbf{H}^{-1}\mathbf{G} \tag{7.111}$$

$$\mathbf{M}/\mathbf{E} \triangleq \mathbf{H} - \mathbf{G}\mathbf{E}^{-1}\mathbf{F} \tag{7.112}$$

$\mathbf{M}/\mathbf{H}$는 $\mathbf{M}$의 $\mathbf{H}$에 대한 **슈어 보수**Schur complement라 하며, $\mathbf{M}/\mathbf{E}$는 $\mathbf{M}$의 $\mathbf{E}$에 대한 슈어 보수라 한다. 식 (7.109)와 식 (7.110)은 **분할 역 공식**partitioned inverse formulae이라 부른다.

증명 $\mathbf{M}$을 블록 대각화할 수 있다면, 역을 취하기가 더 쉬울 것이다. $\mathbf{M}$의 상단 우측 블록을 0으로 만들기 위해, 다음과 같이 앞에 곱을 할 수 있다.

$$\begin{pmatrix} \mathbf{I} & -\mathbf{FH}^{-1} \\ \mathbf{0} & \mathbf{I} \end{pmatrix} \begin{pmatrix} \mathbf{E} & \mathbf{F} \\ \mathbf{G} & \mathbf{H} \end{pmatrix} = \begin{pmatrix} \mathbf{E} - \mathbf{FH}^{-1}\mathbf{G} & \mathbf{0} \\ \mathbf{G} & \mathbf{H} \end{pmatrix} \tag{7.113}$$

비슷하게 하단 좌측을 0으로 만들기 위해 다음과 같이 뒤에 곱을 할 수 있다.

$$\begin{pmatrix} \mathbf{E} - \mathbf{FH}^{-1}\mathbf{G} & \mathbf{0} \\ \mathbf{G} & \mathbf{H} \end{pmatrix} \begin{pmatrix} \mathbf{I} & \mathbf{0} \\ -\mathbf{H}^{-1}\mathbf{G} & \mathbf{I} \end{pmatrix} = \begin{pmatrix} \mathbf{E} - \mathbf{FH}^{-1}\mathbf{G} & \mathbf{0} \\ \mathbf{0} & \mathbf{H} \end{pmatrix} \tag{7.114}$$

이 모두를 합하면 다음을 얻는다.

$$\underbrace{\begin{pmatrix} \mathbf{I} & -\mathbf{FH}^{-1} \\ \mathbf{0} & \mathbf{I} \end{pmatrix}}_{\mathbf{X}} \underbrace{\begin{pmatrix} \mathbf{E} & \mathbf{F} \\ \mathbf{G} & \mathbf{H} \end{pmatrix}}_{\mathbf{M}} \underbrace{\begin{pmatrix} \mathbf{I} & \mathbf{0} \\ -\mathbf{H}^{-1}\mathbf{G} & \mathbf{I} \end{pmatrix}}_{\mathbf{Z}} = \underbrace{\begin{pmatrix} \mathbf{E} - \mathbf{FH}^{-1}\mathbf{G} & \mathbf{0} \\ \mathbf{0} & \mathbf{H} \end{pmatrix}}_{\mathbf{W}} \tag{7.115}$$

양변에 역을 취하면 다음을 얻는다.

$$\mathbf{Z}^{-1}\mathbf{M}^{-1}\mathbf{X}^{-1} = \mathbf{W}^{-1} \tag{7.116}$$
$$\mathbf{M}^{-1} = \mathbf{Z}\mathbf{W}^{-1}\mathbf{X} \tag{7.117}$$

정의에서 치환을 하면 다음이 된다.

$$\begin{pmatrix} \mathbf{E} & \mathbf{F} \\ \mathbf{G} & \mathbf{H} \end{pmatrix}^{-1} = \begin{pmatrix} \mathbf{I} & \mathbf{0} \\ -\mathbf{H}^{-1}\mathbf{G} & \mathbf{I} \end{pmatrix} \begin{pmatrix} (\mathbf{M/H})^{-1} & \mathbf{0} \\ \mathbf{0} & \mathbf{H}^{-1} \end{pmatrix} \begin{pmatrix} \mathbf{I} & -\mathbf{FH}^{-1} \\ \mathbf{0} & \mathbf{I} \end{pmatrix} \tag{7.118}$$

$$= \begin{pmatrix} (\mathbf{M/H})^{-1} & \mathbf{0} \\ -\mathbf{H}^{-1}\mathbf{G}(\mathbf{M/H})^{-1} & \mathbf{H}^{-1} \end{pmatrix} \begin{pmatrix} \mathbf{I} & -\mathbf{FH}^{-1} \\ \mathbf{0} & \mathbf{I} \end{pmatrix} \tag{7.119}$$

$$= \begin{pmatrix} (\mathbf{M/H})^{-1} & -(\mathbf{M/H})^{-1}\mathbf{FH}^{-1} \\ -\mathbf{H}^{-1}\mathbf{G}(\mathbf{M/H})^{-1} & \mathbf{H}^{-1} + \mathbf{H}^{-1}\mathbf{G}(\mathbf{M/H})^{-1}\mathbf{FH}^{-1} \end{pmatrix} \tag{7.120}$$

아니면 행렬 $\mathbf{M}$을 $\mathbf{E}$와 $\mathbf{M/E} = (\mathbf{H} - \mathbf{GE}^{-1}\mathbf{F})$ 측면에서 분해할 수 있다. 그러면 다음과 같이 된다.

$$\begin{pmatrix} \mathbf{E} & \mathbf{F} \\ \mathbf{G} & \mathbf{H} \end{pmatrix}^{-1} = \begin{pmatrix} \mathbf{E}^{-1} + \mathbf{E}^{-1}\mathbf{F}(\mathbf{M/E})^{-1}\mathbf{GE}^{-1} & -\mathbf{E}^{-1}\mathbf{F}(\mathbf{M/E})^{-1} \\ -(\mathbf{M/E})^{-1}\mathbf{GE}^{-1} & (\mathbf{M/E})^{-1} \end{pmatrix} \tag{7.121}$$

■

7.3.3 역행렬 보조정리*

식 (7.119)에서 처음 행렬의 상단 좌측 블록을 식 (7.121) 행렬의 상단 좌측 블록과 같다고 하면

$$(\mathbf{M}/\mathbf{H})^{-1} = (\mathbf{E} - \mathbf{F}\mathbf{H}^{-1}\mathbf{G})^{-1} = \mathbf{E}^{-1} + \mathbf{E}^{-1}\mathbf{F}(\mathbf{H} - \mathbf{G}\mathbf{E}^{-1}\mathbf{F})^{-1}\mathbf{G}\mathbf{E}^{-1} \tag{7.122}$$

이는 **역행렬 보조정리**^{matrix inversion lemma} 또는 **셔먼-모리슨-우드버리 공식**^{Sherman-Morrison-Woodbury formula}
이라 한다.

머신러닝에서의 통상적인 응용은 다음과 같다. $\mathbf{X}$가 $N \times D$ 데이터 행렬이며, $\boldsymbol{\Sigma}$가 $N \times N$ 대각 행렬이라 하자. 그러면 ($\mathbf{E} = \boldsymbol{\Sigma}$, $\mathbf{F} = \mathbf{G}^{\mathsf{T}} = \mathbf{X}$, $\mathbf{H}^{-1} = -\mathbf{I}$로 치환하여) 다음의 결과를 얻는다.

$$(\boldsymbol{\Sigma} + \mathbf{X}\mathbf{X}^{\mathsf{T}})^{-1} = \boldsymbol{\Sigma}^{-1} - \boldsymbol{\Sigma}^{-1}\mathbf{X}(\mathbf{I} + \mathbf{X}^{\mathsf{T}}\boldsymbol{\Sigma}^{-1}\mathbf{X})^{-1}\mathbf{X}^{\mathsf{T}}\boldsymbol{\Sigma}^{-1} \tag{7.123}$$

좌변을 계산하는 데는 $O(N^3)$시간이, 우변에는 $O(D^3)$시간이 든다.

또 다른 응용으로 역행렬의 **랭크 원 업데이트**^{rank one update} 계산에 관한 것이 있다. $\mathbf{E} = \mathbf{A}$, $\mathbf{F} = u$, $\mathbf{G} = v^{\mathsf{T}}$, $H = -1$이라 해보자. 그러면 다음과 같다.

$$(\mathbf{A} + uv^{\mathsf{T}})^{-1} = \mathbf{A}^{-1} + \mathbf{A}^{-1}u(-1 - v^{\mathsf{T}}\mathbf{A}^{-1}u)^{-1}v^{\mathsf{T}}\mathbf{A}^{-1} \tag{7.124}$$

$$= \mathbf{A}^{-1} - \frac{\mathbf{A}^{-1}uv^{\mathsf{T}}\mathbf{A}^{-1}}{1 + v^{\mathsf{T}}\mathbf{A}^{-1}u} \tag{7.125}$$

이는 **셔먼-모리슨 공식**^{Sherman-Morrison formula}이라 한다.

7.3.4 행렬식 보조정리*

이제 앞의 결과를 사용해 블록 구조 행렬의 행렬식을 계산하는 효율적인 방법을 유도한다.

식 (7.115)로부터 다음을 얻는다.

$$|\mathbf{X}||\mathbf{M}||\mathbf{Z}| = |\mathbf{W}| = |\mathbf{E} - \mathbf{F}\mathbf{H}^{-1}\mathbf{G}||\mathbf{H}| \tag{7.126}$$

$$\left| \begin{pmatrix} \mathbf{E} & \mathbf{F} \\ \mathbf{G} & \mathbf{H} \end{pmatrix} \right| = |\mathbf{E} - \mathbf{F}\mathbf{H}^{-1}\mathbf{G}||\mathbf{H}| \tag{7.127}$$

$$|\mathbf{M}| = |\mathbf{M}/\mathbf{H}||\mathbf{H}| \tag{7.128}$$

$$|\mathbf{M}/\mathbf{H}| = \frac{|\mathbf{M}|}{|\mathbf{H}|} \tag{7.129}$$

따라서 **M/H**가 무언가 나눗셈 연산자와 같이 움직임을 볼 수 있다(따라서 표기법도 그러하다).

추가로 다음과 같다.

$$|\mathbf{M}| = |\mathbf{M}/\mathbf{H}||\mathbf{H}| = |\mathbf{M}/\mathbf{E}||\mathbf{E}| \tag{7.130}$$

$$|\mathbf{M}/\mathbf{H}| = \frac{|\mathbf{M}/\mathbf{E}||\mathbf{E}|}{|\mathbf{H}|} \tag{7.131}$$

$$|\mathbf{E} - \mathbf{F}\mathbf{H}^{-1}\mathbf{G}| = |\mathbf{H} - \mathbf{G}\mathbf{E}^{-1}\mathbf{F}||\mathbf{H}^{-1}||\mathbf{E}| \tag{7.132}$$

따라서 ($\mathbf{E} = \mathbf{A}$, $\mathbf{F} = -\boldsymbol{u}$, $\mathbf{G} = \boldsymbol{v}^\mathsf{T}$, $\mathbf{H} = 1$이라 두면) 다음을 얻는다.

$$|\mathbf{A} + \boldsymbol{u}\boldsymbol{v}^\mathsf{T}| = (1 + \boldsymbol{v}^\mathsf{T}\mathbf{A}^{-1}\boldsymbol{u})|\mathbf{A}| \tag{7.133}$$

이는 **행렬식 보조정리**^{matrix determinant lemma}라 한다.

7.3.5 응용: MVN의 조건부 분포 유도하기*

$p(\boldsymbol{x}_1, \boldsymbol{x}_2) = \mathcal{N}(\boldsymbol{x}|\boldsymbol{\mu}, \boldsymbol{\Sigma})$ 형식의 결합 가우스를 고려해 보자. 여기서

$$\boldsymbol{\mu} = \begin{pmatrix} \boldsymbol{\mu}_1 \\ \boldsymbol{\mu}_2 \end{pmatrix}, \quad \boldsymbol{\Sigma} = \begin{pmatrix} \boldsymbol{\Sigma}_{11} & \boldsymbol{\Sigma}_{12} \\ \boldsymbol{\Sigma}_{21} & \boldsymbol{\Sigma}_{22} \end{pmatrix} \tag{7.134}$$

3.2.3절에서 다음이라 주장했다.

$$p(\boldsymbol{x}_1|\boldsymbol{x}_2) = \mathcal{N}(\boldsymbol{x}_1|\boldsymbol{\mu}_1 + \boldsymbol{\Sigma}_{12}\boldsymbol{\Sigma}_{22}^{-1}(\boldsymbol{x}_2 - \boldsymbol{\mu}_2), \boldsymbol{\Sigma}_{11} - \boldsymbol{\Sigma}_{12}\boldsymbol{\Sigma}_{22}^{-1}\boldsymbol{\Sigma}_{21}) \tag{7.135}$$

이번 절에서는 슈어 보수를 사용해 이 결과를 유도한다.

다음과 같이 결합 분포 $p(\boldsymbol{x}_1, \boldsymbol{x}_2)$를 $p(\boldsymbol{x}_2)p(\boldsymbol{x}_1|\boldsymbol{x}_2)$로 분해해 보자.

$$p(\boldsymbol{x}_1, \boldsymbol{x}_2) \propto \exp\left\{ -\frac{1}{2}\begin{pmatrix} \boldsymbol{x}_1 - \boldsymbol{\mu}_1 \\ \boldsymbol{x}_2 - \boldsymbol{\mu}_2 \end{pmatrix}^\mathsf{T} \begin{pmatrix} \boldsymbol{\Sigma}_{11} & \boldsymbol{\Sigma}_{12} \\ \boldsymbol{\Sigma}_{21} & \boldsymbol{\Sigma}_{22} \end{pmatrix}^{-1} \begin{pmatrix} \boldsymbol{x}_1 - \boldsymbol{\mu}_1 \\ \boldsymbol{x}_2 - \boldsymbol{\mu}_2 \end{pmatrix} \right\} \tag{7.136}$$

식 (7.118)을 사용하면 위의 지수는 다음과 같이 된다.

$$p(\boldsymbol{x}_1, \boldsymbol{x}_2) \propto \exp\left\{ -\frac{1}{2}\begin{pmatrix} \boldsymbol{x}_1 - \boldsymbol{\mu}_1 \\ \boldsymbol{x}_2 - \boldsymbol{\mu}_2 \end{pmatrix}^\mathsf{T} \begin{pmatrix} \mathbf{I} & \mathbf{0} \\ -\boldsymbol{\Sigma}_{22}^{-1}\boldsymbol{\Sigma}_{21} & \mathbf{I} \end{pmatrix} \begin{pmatrix} (\boldsymbol{\Sigma}/\boldsymbol{\Sigma}_{22})^{-1} & \mathbf{0} \\ \mathbf{0} & \boldsymbol{\Sigma}_{22}^{-1} \end{pmatrix} \right. \tag{7.137}$$

$$\times \begin{pmatrix} \mathbf{I} & -\boldsymbol{\Sigma}_{12}\boldsymbol{\Sigma}_{22}^{-1} \\ \mathbf{0} & \mathbf{I} \end{pmatrix} \begin{pmatrix} \boldsymbol{x}_1 - \boldsymbol{\mu}_1 \\ \boldsymbol{x}_2 - \boldsymbol{\mu}_2 \end{pmatrix} \Bigg\} \tag{7.138}$$

$$= \exp\left\{ -\frac{1}{2}(\boldsymbol{x}_1 - \boldsymbol{\mu}_1 - \boldsymbol{\Sigma}_{12}\boldsymbol{\Sigma}_{22}^{-1}(\boldsymbol{x}_2 - \boldsymbol{\mu}_2))^{\mathsf{T}}(\boldsymbol{\Sigma}/\boldsymbol{\Sigma}_{22})^{-1} \right. \tag{7.139}$$

$$(\boldsymbol{x}_1 - \boldsymbol{\mu}_1 - \boldsymbol{\Sigma}_{12}\boldsymbol{\Sigma}_{22}^{-1}(\boldsymbol{x}_2 - \boldsymbol{\mu}_2))\Bigg\} \times \exp\left\{ -\frac{1}{2}(\boldsymbol{x}_2 - \boldsymbol{\mu}_2)^{\mathsf{T}}\boldsymbol{\Sigma}_{22}^{-1}(\boldsymbol{x}_2 - \boldsymbol{\mu}_2) \right\} \tag{7.140}$$

형식은 다음과 같다.

$$\exp(\boldsymbol{x}_1, \ \boldsymbol{x}_2\text{에서의 이차 형식}) \times \exp(\boldsymbol{x}_2\text{에서의 이차 형식}) \tag{7.141}$$

따라서 결합 분포를 다음과 같이 성공적으로 분해했다.

$$p(\boldsymbol{x}_1, \boldsymbol{x}_2) = p(\boldsymbol{x}_1|\boldsymbol{x}_2)p(\boldsymbol{x}_2) \tag{7.142}$$

$$= \mathcal{N}(\boldsymbol{x}_1|\boldsymbol{\mu}_{1|2}, \boldsymbol{\Sigma}_{1|2})\mathcal{N}(\boldsymbol{x}_2|\boldsymbol{\mu}_2, \boldsymbol{\Sigma}_{22}) \tag{7.143}$$

여기서 조건부 분포의 모수는 다음을 사용해 위의 방정식으로부터 읽을 수 있다.

$$\boldsymbol{\mu}_{1|2} = \boldsymbol{\mu}_1 + \boldsymbol{\Sigma}_{12}\boldsymbol{\Sigma}_{22}^{-1}(\boldsymbol{x}_2 - \boldsymbol{\mu}_2) \tag{7.144}$$

$$\boldsymbol{\Sigma}_{1|2} = \boldsymbol{\Sigma}/\boldsymbol{\Sigma}_{22} = \boldsymbol{\Sigma}_{11} - \boldsymbol{\Sigma}_{12}\boldsymbol{\Sigma}_{22}^{-1}\boldsymbol{\Sigma}_{21} \tag{7.145}$$

또한 $|\mathbf{M}| = |\mathbf{M}/\mathbf{H}||\mathbf{H}|$라는 사실을 사용해 정규화 상수가 올바른지 확인할 수 있다.

$$(2\pi)^{(d_1+d_2)/2}|\boldsymbol{\Sigma}|^{\frac{1}{2}} = (2\pi)^{(d_1+d_2)/2}(|\boldsymbol{\Sigma}/\boldsymbol{\Sigma}_{22}| \ |\boldsymbol{\Sigma}_{22}|)^{\frac{1}{2}} \tag{7.146}$$

$$= (2\pi)^{d_1/2}|\boldsymbol{\Sigma}/\boldsymbol{\Sigma}_{22}|^{\frac{1}{2}} \ (2\pi)^{d_2/2}|\boldsymbol{\Sigma}_{22}|^{\frac{1}{2}} \tag{7.147}$$

여기서 $d_1 = \dim(\boldsymbol{x}_1)$이고, $d_2 = \dim(\boldsymbol{x}_2)$이다.

7.4 고윳값 분해(EVD)

이 절에서는 정방(실수) 행렬의 **고윳값 분해**eigenvalue decomposition, 즉 EVD의 몇 가지 표준적인 내용을 리뷰한다.

7.4.1 기본

정방 행렬 $\mathbf{A} \in \mathbb{R}^{n \times n}$가 주어졌을 때, 다음과 같다면 $\lambda \in \mathbb{R}$가 $\mathbf{A}$의 **고윳값**eigenvalue 그리고 $u \in \mathbb{R}^n$가 해당하는 **고유벡터**eigenvector라 한다.

$$\mathbf{A}u = \lambda u, \quad u \neq 0 \tag{7.148}$$

직관적으로 이 정의는 $\mathbf{A}$를 벡터 u로 곱하면 u와 같은 방향을 가리키는, 그러나 인자 λ만큼 스케일링된 새로운 벡터가 됨을 뜻한다. 예를 들어 $\mathbf{A}$가 회전 행렬이라면, u는 회전축이며 $\lambda = 1$이다.

임의의 고유벡터 $u \in \mathbb{R}^n$ 그리고 스칼라 $c \in \mathbb{R}$에서 다음과 같음을 주지하라.

$$\mathbf{A}(cu) = c\mathbf{A}u = c\lambda u = \lambda(cu) \tag{7.149}$$

따라서 cu 또한 고유벡터다. 이러한 이유로 λ와 연관된 '해당' 고유벡터에 대해 이야기할 때, 보통 고유벡터의 길이가 1이 되도록 정규화되어 있다고 가정한다(u와 $-u$ 모두 고유벡터일 것이므로 이는 여전히 다소 애매모호하지만, 그러려니 하자).

위의 방정식을 다음과 같이 다시 써서 (λ, x)가 $\mathbf{A}$의 고윳값-고유벡터 쌍이라 명시할 수 있다.

$$(\lambda \mathbf{I} - \mathbf{A})u = 0, \quad u \neq 0 \tag{7.150}$$

이제 $(\lambda \mathbf{I} - \mathbf{A})u = 0$은 $(\lambda \mathbf{I} - \mathbf{A})$가 오직 비어 있지 않은 영공간을 갖는다면(iff) u에 대한 0이 아닌 해를 갖는다. 이는 $(\lambda \mathbf{I} - \mathbf{A})$가 특이인 경우에만 그러하다. 즉,

$$\det(\lambda \mathbf{I} - \mathbf{A}) = 0 \tag{7.151}$$

이는 $\mathbf{A}$의 **특성 방정식**characteristic equation이라 부른다(연습문제 7.2 참고). 이 방정식의 해는 n개의 (아마도 복소수인) 고윳값 λ_i 그리고 해당 고유벡터 u_i이다. 고유벡터를 그것의 고윳값 순서로, 크기가 가장 큰 것이 먼저 나오도록 정렬하는 것이 표준이다.

다음은 고윳값과 고유벡터의 속성이다.

- 행렬의 대각합은 고윳값의 합과 같다.

$$\mathrm{tr}(\mathbf{A}) = \sum_{i=1}^{n} \lambda_i \tag{7.152}$$

- **A**의 행렬식은 고윳값의 곱과 같다.

$$\det(\mathbf{A}) = \prod_{i=1}^{n} \lambda_i \tag{7.153}$$

- **A**의 계수는 **A**의 0이 아닌 고윳값의 개수와 같다.
- **A**가 비특이^{non-singular}라면 $1/\lambda_i$는 $\mathbf{A}^{-1}$의 고유벡터 $\boldsymbol{u}_i$와 연관된 고윳값이다. 즉, $\mathbf{A}^{-1}\boldsymbol{u}_i = (1/\lambda_i)\boldsymbol{u}_i$이다.
- 대각 또는 삼각 행렬의 고윳값은 단순히 대각 성분이다.

7.4.2 대각화

모든 고유벡터 방정식은 동시에 다음과 같이 쓸 수 있다.

$$\mathbf{AU} = \mathbf{U\Lambda} \tag{7.154}$$

여기서 $\mathbf{U} \in \mathbb{R}^{n \times n}$의 열은 **A**의 고유벡터이며, $\mathbf{\Lambda}$는 성분이 **A**의 고윳값인 대각 행렬이다. 즉,

$$\mathbf{U} \in \mathbb{R}^{n \times n} = \begin{bmatrix} | & | & & | \\ \boldsymbol{u}_1 & \boldsymbol{u}_2 & \cdots & \boldsymbol{u}_n \\ | & | & & | \end{bmatrix}, \quad \mathbf{\Lambda} = \mathrm{diag}(\lambda_1, \ldots, \lambda_n) \tag{7.155}$$

A의 고유벡터가 선형 독립이라면, 행렬 **U**는 가역일 것이다. 따라서

$$\mathbf{A} = \mathbf{U\Lambda U}^{-1} \tag{7.156}$$

이러한 형식으로 쓸 수 있는 행렬은 **대각화가 가능하다**^{diagonalizable}고 한다.

7.4.3 대칭 행렬의 고윳값과 고유벡터

A가 실수이고 대칭일 때, 모든 고윳값은 실수이며 고유벡터는 **정규직교**임을 보일 수 있다. 즉, $i \neq j$라면 $\boldsymbol{u}_i^{\mathsf{T}}\boldsymbol{u}_j = 0$이며, $\boldsymbol{u}_i$가 고유벡터일 때 $\boldsymbol{u}_i^{\mathsf{T}}\boldsymbol{u}_i = 1$이다. 행렬 형식에서 이는 $\mathbf{U}^{\mathsf{T}}\mathbf{U} = \mathbf{U}\mathbf{U}^{\mathsf{T}} = \mathbf{I}$가 된다. 따라서 **U**는 직교 행렬임을 볼 수 있다.

그러므로 **A**를 다음과 같이 나타낼 수 있다.

$$\mathbf{A} = \mathbf{U}\mathbf{\Lambda}\mathbf{U}^\mathsf{T} = \begin{pmatrix} | & | & & | \\ \boldsymbol{u}_1 & \boldsymbol{u}_2 & \cdots & \boldsymbol{u}_n \\ | & | & & | \end{pmatrix} \begin{pmatrix} \lambda_1 & & & \\ & \lambda_2 & & \\ & & \ddots & \\ & & & \lambda_n \end{pmatrix} \begin{pmatrix} - & \boldsymbol{u}_1^\mathsf{T} & - \\ - & \boldsymbol{u}_2^\mathsf{T} & - \\ & \vdots & \\ - & \boldsymbol{u}_n^\mathsf{T} & - \end{pmatrix} \tag{7.157}$$

$$= \lambda_1 \begin{pmatrix} | \\ \boldsymbol{u}_1 \\ | \end{pmatrix} \begin{pmatrix} - & \boldsymbol{u}_1^\mathsf{T} & - \end{pmatrix} + \cdots + \lambda_n \begin{pmatrix} | \\ \boldsymbol{u}_n \\ | \end{pmatrix} \begin{pmatrix} - & \boldsymbol{u}_n^\mathsf{T} & - \end{pmatrix} = \sum_{i=1}^{n} \lambda_i \boldsymbol{u}_i \boldsymbol{u}_i^\mathsf{T} \tag{7.158}$$

따라서 어떠한 대칭 행렬 **A**로 곱한다는 것은 이를 회전 행렬 $\mathbf{U}^\mathsf{T}$, 스케일링 행렬 **Λ** 그다음 역회전 **U**로 곱하는 것이라고 해석할 수 있다.

행렬을 대각화하면 역을 취하기가 쉽다. $\mathbf{A} = \mathbf{U}\mathbf{\Lambda}\mathbf{U}^\mathsf{T}$이고 여기서 $\mathbf{U}^\mathsf{T} = \mathbf{U}^{-1}$이므로 다음과 같다.

$$\mathbf{A}^{-1} = \mathbf{U}\mathbf{\Lambda}^{-1}\mathbf{U}^\mathsf{T} = \sum_{i=1}^{d} \frac{1}{\lambda_i} \boldsymbol{u}_i \boldsymbol{u}_i^\mathsf{T} \tag{7.159}$$

이는 회전, 역스케일링, 역회전에 해당한다.

7.4.3.1 양의 정부호성 확인하기

또한 대각화 속성을 사용해, 대칭 행렬이 그것의 고윳값이 오직 모두 양수라면(iff) 양의 정부호임을 보일 수 있다. 이를 위해 다음을 주지하라.

$$\boldsymbol{x}^\mathsf{T}\mathbf{A}\boldsymbol{x} = \boldsymbol{x}^\mathsf{T}\mathbf{U}\mathbf{\Lambda}\mathbf{U}^\mathsf{T}\boldsymbol{x} = \boldsymbol{y}^\mathsf{T}\mathbf{\Lambda}\boldsymbol{y} = \sum_{i=1}^{n} \lambda_i y_i^2 \tag{7.160}$$

여기서 $\boldsymbol{y} = \mathbf{U}^\mathsf{T}\boldsymbol{x}$이다. y_i^2이 언제나 비음수이므로, 이 식의 부호는 전적으로 λ_i를 따른다. 모두 $\lambda_i > 0$이라면 행렬은 양의 정부호다. 모두 $\lambda_i \geq 0$이라면 양의 준정부호다. 마찬가지로, 모두 $\lambda_i < 0$이거나 $\lambda_i \leq 0$이라면 **A**는 각각 음의 정부호 또는 음의 준정부호다. 마지막으로, **A**가 양수 또는 음수의 고윳값 모두를 갖는다면 반정부호다.

7.4.4 이차 형식의 기하학

이차 형식^{quadratic form}은 다음과 같이 쓸 수 있는 함수다.

$$f(\boldsymbol{x}) = \boldsymbol{x}^\mathsf{T}\mathbf{A}\boldsymbol{x} \tag{7.161}$$

여기서 $\boldsymbol{x} \in \mathbb{R}^n$이며, $\mathbf{A}$는 양의 정부호인 대칭 $n \times n$ 행렬이다. $\mathbf{A} = \mathbf{U}\boldsymbol{\Lambda}\mathbf{U}^\mathsf{T}$가 $\mathbf{A}$를 대각화한 것이라 해보자(7.4.3절 참고). 따라서 다음과 같이 쓸 수 있다.

$$f(\boldsymbol{x}) = \boldsymbol{x}^\mathsf{T}\mathbf{A}\boldsymbol{x} = \boldsymbol{x}^\mathsf{T}\mathbf{U}\boldsymbol{\Lambda}\mathbf{U}^\mathsf{T}\boldsymbol{x} = \boldsymbol{y}^\mathsf{T}\boldsymbol{\Lambda}\boldsymbol{y} = \sum_{i=1}^{n}\lambda_i y_i^2 \tag{7.162}$$

여기서 $y_i = \boldsymbol{x}^\mathsf{T}\boldsymbol{u}_i$이며 $\lambda_i > 0$이다($\mathbf{A}$가 양의 정부호이므로). $f(\boldsymbol{x})$의 수준 집합은 초타원^{hyper-ellipsoids}을 정의한다. 예를 들어 2차원에서 다음과 같다.

$$\lambda_1 y_1^2 + \lambda_2 y_2^2 = r \tag{7.163}$$

이는 2차원 타원의 방정식으로, 그림 7.6이 보여준다. 고유벡터는 타원의 지향성을 정의하며, 고윳값은 얼마나 길게 늘어나는지를 결정한다.

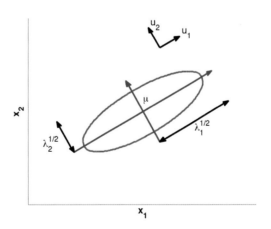

그림 7.6 2차원에서 이차 형식 $(\boldsymbol{x} - \boldsymbol{\mu})^\mathsf{T}\mathbf{A}(\boldsymbol{x} - \boldsymbol{\mu})$의 수준 집합을 시각화하고 있다. 타원의 장축과 단축은 $\mathbf{A}$의 처음 2개의 고유벡터, 즉 $\boldsymbol{u}_1$과 $\boldsymbol{u}_2$로 정의된다. 출처: [Bis06]의 그림 2.7. gaussEvec.ipynb로 생성했다.

7.4.5 데이터 표준화 및 백색화

데이터셋 $\mathbf{X} \in \mathbb{R}^{N \times D}$가 있다고 해보자. 통상적으로 데이터를 전처리하여 각 열이 평균이 0이고 단위 분산을 갖게 한다. 이는 데이터 표준화라 부르며 10.2.8절에서 논의한다. 표준화는 분산이 1이 되도록 강제하지만, 열 사이의 상관성을 제거하지는 않는다. 이를 위해 반드시 데이터를 **백색화**whiten해야 한다. 이를 정의하기 위해 경험적 공분산 행렬이 $\boldsymbol{\Sigma} = \frac{1}{N} \mathbf{X}^{\mathsf{T}} \mathbf{X}$이고 $\boldsymbol{\Sigma} = \mathbf{EDE}^{\mathsf{T}}$가 대각화라 해보자. 동등하게 $[\mathbf{U}, \mathbf{S}, \mathbf{V}]$가 $\mathbf{X}$의 SVD라고 해보자(따라서 20.1.3.3절에서 논의하듯이 $\mathbf{E} = \mathbf{V}$ 그리고 $\mathbf{D} = \mathbf{S}^2$이다). 이제 다음을 정의하자.

$$\mathbf{W}_{pca} = \mathbf{D}^{-\frac{1}{2}} \mathbf{E}^{\mathsf{T}} \tag{7.164}$$

이는 **PCA 백색화**PCA whitening 행렬이라 부른다(20.1절에서 PCA를 논의한다). $\boldsymbol{y} = \mathbf{W}_{pca} \boldsymbol{x}$가 변환된 벡터라 하자. 이것의 공분산은 다음과 같이 백색임을 확인할 수 있다.

$$\mathrm{Cov}\left[\boldsymbol{y}\right] = \mathbf{W} \mathbb{E}\left[\boldsymbol{x}\boldsymbol{x}^{\mathsf{T}}\right] \mathbf{W}^{\mathsf{T}} = \mathbf{W}\boldsymbol{\Sigma}\mathbf{W}^{\mathsf{T}} = (\mathbf{D}^{-\frac{1}{2}}\mathbf{E}^{\mathsf{T}})(\mathbf{EDE}^{\mathsf{T}})(\mathbf{ED}^{-\frac{1}{2}}) = \mathbf{I} \tag{7.165}$$

백색화 행렬은 고유하지 않다. 왜냐하면 이것의 어떠한 회전 $\mathbf{W} = \mathbf{RW}_{pca}$든지 백색화 속성, 즉 $\mathbf{W}^{\mathsf{T}}\mathbf{W} = \boldsymbol{\Sigma}^{-1}$를 여전히 유지하기 때문이다. 예를 들어 $\mathbf{R} = \mathbf{E}$라 하면 다음을 얻는다.

$$\mathbf{W}_{zca} = \mathbf{ED}^{-\frac{1}{2}}\mathbf{E}^{\mathsf{T}} = \boldsymbol{\Sigma}^{-\frac{1}{2}} = \mathbf{VS}^{-1}\mathbf{V}^{\mathsf{T}} \tag{7.166}$$

이는 **마할라노비스 백색화**Mahalanobis whitening 또는 **ZCA**라 부른다(ZCA는 '영 위상 성분 분석Zero-phase Component Analysis'을 뜻하며, [BS97]에 소개되어 있다). PCA 백색화에 비해 ZCA 백색화의 장점은 결과 변환 데이터가 원본 데이터와 가급적 가깝게 되어 있다는 점이다(최소 제곱의 의미에서)[Amo17]. 이는 그림 7.7이 보여준다. 이미지에 적용했을 때, ZCA 변환 데이터 벡터는 여전히 이미지처럼 보인다. 이는 방법이 딥러닝 시스템 안에서 쓰일 때 유용하다[KH09].

7.4.6 거듭제곱법

이제 실숫값 대칭 행렬의 가장 큰 고윳값에 해당하는 고유벡터를 계산하는 단순한 반복법을 설명한다. 바로 **거듭제곱법**power method인데, 행렬이 매우 크지만 희박할 때 유용할 수 있다. 예를 들어,

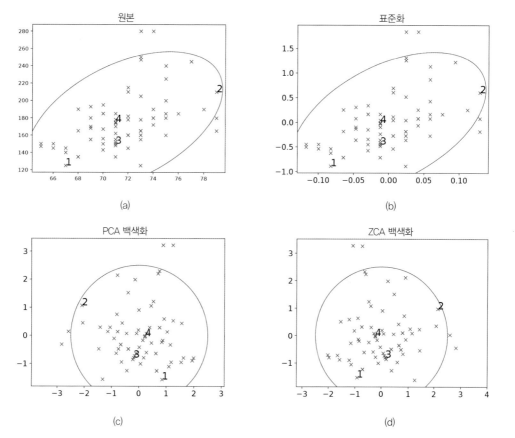

그림 7.7 (a) 높이/너비 데이터, (b) 표준화, (c) PCA 백색화, (d) ZCA 백색화. 숫자는 처음 4개 데이터 지점을 나타내지만, 전체 데이터 지점은 73개다. height_weight_whiten_plot.ipynb로 생성했다.

구글의 **페이지랭크**^{PageRank}에서 월드와이드웹 전이 행렬의 정상 분포를 계산하는 데 쓰인다(크기가 30억×30억인 행렬이다!). 이 방법을 사용해 후속 고유벡터 및 값을 어떻게 계산하는지는 7.4.7절에서 보여준다.

A가 직교 고유벡터 $\boldsymbol{u}_i$와 고윳값 $|\lambda_1| > |\lambda_2| \geq \cdots \geq |\lambda_m| \geq 0$을 갖는 행렬, 즉 $\mathbf{A} = \mathbf{U}\boldsymbol{\Lambda}\mathbf{U}^\mathsf{T}$라 하자. $\boldsymbol{v}_{(0)}$가 **A**의 치역 내 임의의 벡터라 하자. 따라서 어떠한 $\boldsymbol{x}$에 대해 $\mathbf{A}\boldsymbol{x} = \boldsymbol{v}_{(0)}$이다. 그러므로 $\boldsymbol{v}_{(0)}$를 어떠한 상수 a_i에 대해 다음과 같이 쓸 수 있다.

$$\boldsymbol{v}_0 = \mathbf{U}(\boldsymbol{\Lambda}\mathbf{U}^\mathsf{T}\boldsymbol{x}) = a_1\boldsymbol{u}_1 + \cdots + a_m\boldsymbol{u}_m \tag{7.167}$$

이제 반복적으로 v를 $\mathbf{A}$로 곱하고 다시 정규화한다.

$$v_t \propto \mathbf{A}v_{t-1} \tag{7.168}$$

(수치적 안정성을 위해 각 반복마다 정규화를 한다.)

v_t가 $\mathbf{A}^t v_0$의 배수이므로 다음과 같다.

$$v_t \propto a_1 \lambda_1^t u_1 + a_2 \lambda_2^t u_2 + \cdots + a_m \lambda_m^t u_m \tag{7.169}$$

$$= \lambda_1^t \left(a_1 u_1 + a_1 (\lambda_2/\lambda_1)^t u_2 + \cdots + a_m (\lambda_m/\lambda_1)^t u_m \right) \tag{7.170}$$

$$\to \lambda_1^t a_1 u_1 \tag{7.171}$$

왜냐하면 $k > 1$에 대해 $\left|\frac{\lambda_k}{\lambda_1}\right| < 1$이기 때문이다(고윳값이 내림차순으로 정렬되어 있다고 가정하면). 따라서 이는 매우 빠르지는 않지만 u_1으로 수렴함을 볼 수 있다(오차는 각 반복마다 근사적으로 $|\lambda_2/\lambda_1|$만큼 줄어든다). 유일한 요구사항은 초기 추측값이 $v_0^\mathsf{T} u_1 \neq 0$을 만족시켜야 한다는 것이다. 이는 v_0를 무작위로 선택하면 높은 확률로 만족시킬 것이다.

이제 어떻게 해당 고윳값 λ_1을 계산하는지 논의한다. **레일리 몫**Rayleigh quotient을 다음과 같이 정의한다.

$$R(\mathbf{A}, x) \triangleq \frac{x^\mathsf{T} \mathbf{A} x}{x^\mathsf{T} x} \tag{7.172}$$

따라서

$$R(\mathbf{A}, u_i) = \frac{u_i^\mathsf{T} \mathbf{A} u_i}{u_i^\mathsf{T} u_i} = \frac{\lambda_i u_i^\mathsf{T} u_i}{u_i^\mathsf{T} u_i} = \lambda_i \tag{7.173}$$

그러므로 u_1과 $\mathbf{A}$로부터 쉽게 λ_1을 계산할 수 있다. 데모는 power_method_demo.ipynb를 참고하라.

7.4.7 수축

거듭제곱법으로 첫 번째 고유벡터 및 고윳값 u_1, λ_1을 계산했다고 해보자. 이제 후속 고유벡터 및 고윳값을 어떻게 계산하는지 설명한다. 고유벡터가 직교이며 고윳값이 실수이므로, 다음과 같이

u_1 성분을 행렬로부터 사영할 수 있다.

$$\mathbf{A}^{(2)} = (\mathbf{I} - u_1 u_1^\mathsf{T})\mathbf{A}^{(1)} = \mathbf{A}^{(1)} - u_1 u_1^\mathsf{T}\mathbf{A}^{(1)} = \mathbf{A}^{(1)} - \lambda_1 u_1 u_1^\mathsf{T} \tag{7.174}$$

이는 행렬 **수축**deflation이라 부른다. 그 뒤 $\mathbf{A}^{(2)}$에 거듭제곱법을 적용하면, u_1과 직교하는 부분공간 내 가장 큰 고유벡터/값을 찾아낼 수 있을 것이다.

20.1.2절에서 PCA 모델(20.1절에서 설명한다)을 위한 최적의 추정값 $\hat{\mathbf{W}}$은 경험적 공분산 행렬의 처음 K개 고유벡터로 주어짐을 보여준다. 따라서 수축은 PCA를 구현하는 데 쓸 수 있다. 이를 수정하여 희박 PCA를 구현할 수도 있다[Mac09].

7.4.8 고유벡터는 이차 형식을 최적화한다

행렬 미적분을 사용해 최적화 문제를 고웃값/고유벡터 분석으로 바로 이끄는 방식으로 풀 수 있다. 대칭 행렬 $\mathbf{A} \in \mathbb{S}^n$를 위한 다음의 상등equality 제약이 있는 최적화 문제를 고려해 보자.

$$\max_{\boldsymbol{x} \in \mathbb{R}^n} \ \boldsymbol{x}^\mathsf{T}\mathbf{A}\boldsymbol{x} \quad \text{subject to } \|\boldsymbol{x}\|_2^2 = 1 \tag{7.175}$$

상등 제약이 있는 최적화 문제를 푸는 표준적인 방법은 상등 제약을 포함하는 목적 함수인 라그랑주를 구성하는 것이다(8.5.1절 참고). 이 경우 라그랑주는 다음과 같이 주어진다.

$$\mathcal{L}(\boldsymbol{x}, \lambda) = \boldsymbol{x}^\mathsf{T}\mathbf{A}\boldsymbol{x} + \lambda(1 - \boldsymbol{x}^\mathsf{T}\boldsymbol{x}) \tag{7.176}$$

여기서 λ는 상등 제약과 연관된 라그랑주 승수라 부른다. x^*가 문제의 최적점이 되게 하려면, 라그랑주의 기울기가 x^*에서 0이어야 함을 정립할 수 있다(이는 유일한 조건은 아니지만, 필요한 것이다). 즉,

$$\nabla_{\boldsymbol{x}}\mathcal{L}(\boldsymbol{x}, \lambda) = 2\mathbf{A}^\mathsf{T}\boldsymbol{x} - 2\lambda\boldsymbol{x} = \mathbf{0} \tag{7.177}$$

이는 단지 선형 방정식 $\mathbf{A}\boldsymbol{x} = \lambda\boldsymbol{x}$임을 주지하라. $\boldsymbol{x}^\mathsf{T}\boldsymbol{x} = 1$을 가정할 때 $\boldsymbol{x}^\mathsf{T}\mathbf{A}\boldsymbol{x}$를 어쩌면 최대화(또는 최소화)할 수 있는 유일한 점은 $\mathbf{A}$의 고유벡터임을 보여준다.

7.5 특잇값 분해(SVD)

이제 SVD를 논의해 보자. 이는 EVD를 직사각 행렬로 일반화한다.

7.5.1 기본

임의의 (실수) $m \times n$ 행렬 $\mathbf{A}$는 다음과 같이 분해할 수 있다.

$$\mathbf{A} = \mathbf{U}\mathbf{S}\mathbf{V}^\mathsf{T} = \sigma_1 \begin{pmatrix} | \\ \boldsymbol{u}_1 \\ | \end{pmatrix} \begin{pmatrix} - & \boldsymbol{v}_1^\mathsf{T} & - \end{pmatrix} + \cdots + \sigma_r \begin{pmatrix} | \\ \boldsymbol{u}_r \\ | \end{pmatrix} \begin{pmatrix} - & \boldsymbol{v}_r^\mathsf{T} & - \end{pmatrix} \tag{7.178}$$

여기서 $\mathbf{U}$는 열이 정규직교인 $m \times m$ 행렬(따라서 $\mathbf{U}^\mathsf{T}\mathbf{U} = \mathbf{I}_m$), $\mathbf{V}$는 행과 열이 정규직교인 $n \times n$ 행렬(따라서 $\mathbf{V}^\mathsf{T}\mathbf{V} = \mathbf{V}\mathbf{V}^\mathsf{T} = \mathbf{I}_n$), $\mathbf{S}$는 주대각에 $r = \min(m, n)$개의 **특잇값**^{singular value} $\sigma_i \geq 0$를 가지며 행렬의 나머지는 0으로 채워진 $m \times n$ 행렬이다. $\mathbf{U}$의 열은 좌측 **특이 벡터**^{singular vector}이며, $\mathbf{V}$의 열은 우측 특이 벡터다. 이는 행렬의 **특잇값 분해**^{Singular Value Decomposition}, 즉 SVD라 부른다. 예시는 그림 7.8을 참고하라.

그림 7.8(a)에서 명백하게 보여주듯이, $m > n$이라면 최대 n개의 특잇값이 존재하므로, $\mathbf{U}$의 마지막 $m - n$열은 무의미하다(이들은 0으로 곱해질 것이므로). 이를 **절약적 크기 SVD**^{economy sized SVD}는 또한 **얇은 SVD**^{thin SVD}라 부르며, 이러한 불필요한 요소의 계산을 피한다. 다시 말해, $\mathbf{U}$ 행렬을 $\mathbf{U} = [\mathbf{U}_1, \mathbf{U}_2]$라 쓰면 $\mathbf{U}_1$만을 계산한다. 그림 7.8(b)는 $m < n$인 반대의 경우를 보여준다. 이때 $\mathbf{V} = [\mathbf{V}_1; \mathbf{V}_2]$라 나타내며, $\mathbf{V}_1$만을 계산한다.

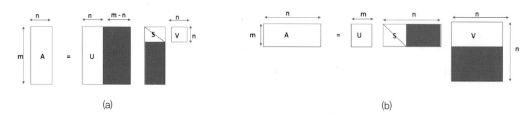

그림 7.8 행렬 $\mathbf{A} = \mathbf{U}\mathbf{S}\mathbf{V}^\mathsf{T}$의 SVD 분해. 각 행렬의 음영 부분은 절약적 크기 버전에서는 계산하지 않는다. (a) 길고 좁은 행렬, (b) 짧고 넓은 행렬

SVD의 계산 비용은 $O(\min(mn^2,\ m^2n))$으로, 이에 관한 내용은 표준적인 선형대수 교재에서 찾을 수 있다.

7.5.2 SVD와 EVD 사이의 관계

$\mathbf{A}$가 실수의 대칭 양의 정부호라면, 특잇값은 고윳값과 같으며 좌측 및 우측 특이 벡터는 고유벡터와 같다(부호 변화는 무관함).

$$\mathbf{A} = \mathbf{USV}^\mathsf{T} = \mathbf{USU}^\mathsf{T} = \mathbf{USU}^{-1} \tag{7.179}$$

그러나 넘파이는 언제나 특잇값을 내림차순으로 반환하는 한편, 고윳값은 꼭 정렬할 필요는 없음을 주지하라.

일반적으로 임의의 실수 행렬 $\mathbf{A}$에서 $\mathbf{A} = \mathbf{USV}^\mathsf{T}$라면 다음과 같다.

$$\mathbf{A}^\mathsf{T}\mathbf{A} = \mathbf{VS}^\mathsf{T}\mathbf{U}^\mathsf{T}\,\mathbf{USV}^\mathsf{T} = \mathbf{V}(\mathbf{S}^\mathsf{T}\mathbf{S})\mathbf{V}^\mathsf{T} \tag{7.180}$$

따라서

$$(\mathbf{A}^\mathsf{T}\mathbf{A})\mathbf{V} = \mathbf{VD}_n \tag{7.181}$$

그러므로 $\mathbf{A}^\mathsf{T}\mathbf{A}$의 고유벡터는 $\mathbf{A}$의 우측 특이 벡터 $\mathbf{V}$와 같으며, $\mathbf{A}^\mathsf{T}\mathbf{A}$의 고윳값은 특잇값의 제곱을 포함하는 $n \times n$ 대각 행렬인 $\mathbf{D}_n = \mathbf{S}^\mathsf{T}\mathbf{S}$와 같다. 마찬가지로,

$$\mathbf{A}\mathbf{A}^\mathsf{T} = \mathbf{USV}^\mathsf{T}\,\mathbf{VS}^\mathsf{T}\mathbf{U}^\mathsf{T} = \mathbf{U}(\mathbf{SS}^\mathsf{T})\mathbf{U}^\mathsf{T} \tag{7.182}$$

$$(\mathbf{A}\mathbf{A}^\mathsf{T})\mathbf{U} = \mathbf{UD}_m \tag{7.183}$$

따라서 $\mathbf{A}\mathbf{A}^\mathsf{T}$의 고유벡터는 $\mathbf{A}$의 좌측 특이 벡터 $\mathbf{U}$와 같으며, $\mathbf{A}\mathbf{A}^\mathsf{T}$의 고윳값은 특잇값의 제곱을 갖는 $m \times m$ 대각 행렬인 $\mathbf{D}_m = \mathbf{SS}^\mathsf{T}$와 같다. 요약하자면,

$$\mathbf{U} = \mathrm{evec}(\mathbf{A}\mathbf{A}^\mathsf{T}),\ \ \mathbf{V} = \mathrm{evec}(\mathbf{A}^\mathsf{T}\mathbf{A}),\ \ \mathbf{D}_m = \mathrm{eval}(\mathbf{A}\mathbf{A}^\mathsf{T}), \mathbf{D}_n = \mathrm{eval}(\mathbf{A}^\mathsf{T}\mathbf{A}) \tag{7.184}$$

절약된 크기의 SVD에서 계산된 (0이 아닌) 부분만 사용한다면, 다음과 같이 정의할 수 있다.

$$\mathbf{D} = \mathbf{S}^2 = \mathbf{S}^\mathsf{T}\mathbf{S} = \mathbf{SS}^\mathsf{T} \tag{7.185}$$

EVD는 $\mathbf{A}$가 정방이라 하더라도 항상 존재하는 것은 아니지만, SVD는 언제나 존재함을 주지하라.

7.5.3 유사 역행렬

$\mathbf{A}$의 **무어-펜로즈 유사 역행렬**Moore-Penrose pseudo-inverse은 $\mathbf{A}^\dagger$라 표시하며, 다음의 네 가지 속성을 만족시키는 고유한 행렬이다.

$$\mathbf{A}\mathbf{A}^\dagger\mathbf{A} = \mathbf{A}, \ \mathbf{A}^\dagger\mathbf{A}\mathbf{A}^\dagger = \mathbf{A}^\dagger, \ (\mathbf{A}\mathbf{A}^\dagger)^\mathsf{T} = \mathbf{A}\mathbf{A}^\dagger, \ (\mathbf{A}^\dagger\mathbf{A})^\mathsf{T} = \mathbf{A}^\dagger\mathbf{A} \tag{7.186}$$

$\mathbf{A}$가 정방이고 비특이라면 $\mathbf{A}^\dagger = \mathbf{A}^{-1}$이다.

$m > n$이며(길고 날씬함) $\mathbf{A}$의 열이 선형 독립이라면(따라서 $\mathbf{A}$는 완전 계수다),

$$\mathbf{A}^\dagger = (\mathbf{A}^\mathsf{T}\mathbf{A})^{-1}\mathbf{A}^\mathsf{T} \tag{7.187}$$

이는 정규 방정식에서 나오는 것과 같은 식이다(11.2.2.1절 참고). 이 경우 $\mathbf{A}^\dagger$는 $\mathbf{A}$의 좌측 역행렬이다. 왜냐하면

$$\mathbf{A}^\dagger\mathbf{A} = (\mathbf{A}^\mathsf{T}\mathbf{A})^{-1}\mathbf{A}^\mathsf{T}\mathbf{A} = \mathbf{I} \tag{7.188}$$

그러나 우측 역행렬은 아니다. 왜냐하면

$$\mathbf{A}\mathbf{A}^\dagger = \mathbf{A}(\mathbf{A}^\mathsf{T}\mathbf{A})^{-1}\mathbf{A}^\mathsf{T} \tag{7.189}$$

는 계수가 오직 n이며, 따라서 $m \times m$ 항등 행렬이 될 수 없기 때문이다.

$m < n$이고(짧고 두꺼움) $\mathbf{A}$의 행이 선형 독립이라면(따라서 $\mathbf{A}^\mathsf{T}$는 완전 계수다), 유사 역행렬은 다음과 같다.

$$\mathbf{A}^\dagger = \mathbf{A}^\mathsf{T}(\mathbf{A}\mathbf{A}^\mathsf{T})^{-1} \tag{7.190}$$

이 경우 $\mathbf{A}^\dagger$는 $\mathbf{A}$의 우측 역행렬이다.

유사 역행렬은 SVD 분해 $\mathbf{A} = \mathbf{U}\mathbf{S}\mathbf{V}^\mathsf{T}$를 사용해 계산할 수 있다. 특히 다음을 보일 수 있다.

$$\mathbf{A}^\dagger = \mathbf{V}[\mathrm{diag}(1/\sigma_1, \cdots, 1/\sigma_r, 0, \cdots, 0)]\mathbf{U}^\mathsf{T} = \mathbf{V}\mathbf{S}^{-1}\mathbf{U}^\mathsf{T} \tag{7.191}$$

여기서 r은 행렬의 계수다. 이때 $\mathbf{S}^{-1} = \text{diag}(\sigma_1^{-1}, \ldots, \sigma_r^{-1}, 0, \ldots, 0)$이라 정의한다. 행렬이 정방이며 완전 계수였다면 당연히 다음과 같이 된다.

$$(\mathbf{USV}^{\mathsf{T}})^{-1} = \mathbf{VS}^{-1}\mathbf{U}^{\mathsf{T}} \tag{7.192}$$

7.5.4 행렬의 SVD와 치역 및 영공간*

이 절에서는 좌측 및 우측 특이 벡터가 치역 및 영공간의 정규직교 기저를 구성함을 보여준다.

식 (7.178)로부터 다음을 얻는다.

$$\mathbf{A}\boldsymbol{x} = \sum_{j:\sigma_j>0} \sigma_j(\boldsymbol{v}_j^{\mathsf{T}}\boldsymbol{x})\boldsymbol{u}_j = \sum_{j=1}^{r} \sigma_j(\boldsymbol{v}_j^{\mathsf{T}}\boldsymbol{x})\boldsymbol{u}_j \tag{7.193}$$

여기서 r은 $\mathbf{A}$의 계수다. 따라서 어떠한 $\mathbf{A}\boldsymbol{x}$든지 좌측 특이 벡터 $\boldsymbol{u}_1, \ldots, \boldsymbol{u}_r$의 선형 조합으로 쓸 수 있으므로, $\mathbf{A}$의 치역은 다음과 같이 주어지며 차원은 r이다.

$$\text{range}(\mathbf{A}) = \text{span}\left(\{\boldsymbol{u}_j : \sigma_j > 0\}\right) \tag{7.194}$$

영공간의 기저를 찾기 위해, 0인 특잇값을 위한 우측 특이 벡터만의 선형 조합인 두 번째 벡터 $\boldsymbol{y} \in \mathbb{R}^n$를 정의해 보자.

$$\boldsymbol{y} = \sum_{j:\sigma_j=0} c_j\boldsymbol{v}_j = \sum_{j=r+1}^{n} c_j\boldsymbol{v}_j \tag{7.195}$$

$\boldsymbol{v}_j$가 정규직교이므로 다음과 같다.

$$\mathbf{A}\boldsymbol{y} = \mathbf{U}\begin{pmatrix} \sigma_1\boldsymbol{v}_1^{\mathsf{T}}\boldsymbol{y} \\ \vdots \\ \sigma_r\boldsymbol{v}_r^{\mathsf{T}}\boldsymbol{y} \\ \sigma_{r+1}\boldsymbol{v}_{r+1}^{\mathsf{T}}\boldsymbol{y} \\ \vdots \\ \sigma_n\boldsymbol{v}_n^{\mathsf{T}}\boldsymbol{y} \end{pmatrix} = \mathbf{U}\begin{pmatrix} \sigma_1 0 \\ \vdots \\ \sigma_r 0 \\ 0\boldsymbol{v}_{r+1}^{\mathsf{T}}\boldsymbol{y} \\ \vdots \\ 0\boldsymbol{v}_n^{\mathsf{T}}\boldsymbol{y} \end{pmatrix} = \mathbf{U}\mathbf{0} = \mathbf{0} \tag{7.196}$$

따라서 우측 특이 벡터는 영공간을 위한 정규직교 기저를 구성하며, 차원은 $n - r$이다.

$$\text{nullspace}(\mathbf{A}) = \text{span}\left(\{\boldsymbol{v}_j : \sigma_j = 0\}\right) \tag{7.197}$$

다음을 알 수 있다.

$$\dim(\text{range}(\mathbf{A})) + \dim(\text{nullspace}(\mathbf{A})) = r + (n - r) = n \tag{7.198}$$

말로 하자면, 다음과 같이 자주 쓴다.

$$계수 + 퇴화차수 = n \tag{7.199}$$

이는 **계수-퇴화차수 정리**^{rank-nullity theorem}로, 행렬의 계수는 0이 아닌 특잇값의 개수라는 것은 이로부터 나온다.

7.5.5 절단된 SVD

$\mathbf{A} = \mathbf{U}\mathbf{S}\mathbf{V}^T$가 $\mathbf{A}$의 SVD이며, $\hat{\mathbf{A}}_K = \mathbf{U}_K\mathbf{S}_K\mathbf{V}_K^\mathsf{T}$라 하자. 이때 $\mathbf{U}$와 $\mathbf{V}$의 처음 K개 열을 사용한다. 이는 $||\mathbf{A} - \hat{\mathbf{A}}_K||_F^2$을 최소화한다는 측면에서 최적 계수 K 근사로 볼 수 있다.

$K = r = \text{rank}(\mathbf{A})$라면, 이러한 분해로 인해 생기는 오차가 없다. 그러나 $K < r$이라면 일부 오차가 생긴다. 이는 **절단된 SVD**^{truncated SVD}라 부른다. 통상적으로 자연스러운 데이터에서와 같이 특잇값이 빠르게 사라지면(그림 7.10 참고) 오차는 작을 것이다. 계수 K 근사를 사용해 $N \times D$ 행렬을 나타내는 데 필요한 모수의 총 개수는 다음과 같다.

$$NK + KD + K = K(N + D + 1) \tag{7.200}$$

예시로 그림 7.9(상단 좌측)의 200×320픽셀 이미지를 고려해 보자. 이는 숫자가 64,000개다. 계수 20 근사에서, 오직 $(200 + 320 + 1) \times 20 = 10,420$의 개수로 근사를 매우 잘한다.

이 근사에서의 오차는 다음과 같이 주어짐을 보일 수 있다.

$$||\mathbf{A} - \hat{\mathbf{A}}||_F = \sum_{k=K+1}^{r} \sigma_k \tag{7.201}$$

여기서 σ_k는 $\mathbf{A}$의 k번째 특잇값이다.

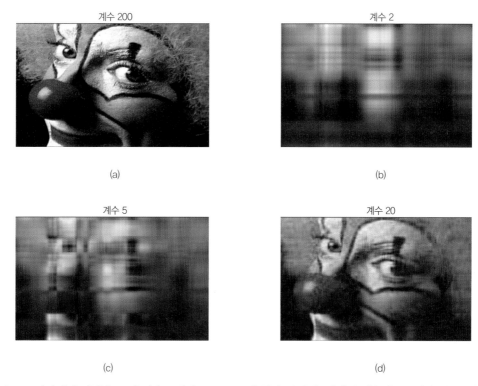

그림 7.9 이미지의 저계수 근사. (a) 크기가 200×320인 원본 이미지. 따라서 계수가 200이다. 후속 이미지는 계수가 2, 5, 20이다. svd_image_demo.ipynb로 생성했다.

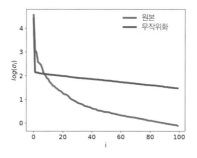

그림 7.10 광대 이미지(빨간색 실선), 그리고 무작위로 픽셀을 섞어서 얻은 데이터 행렬(파란색 실선)의 처음 100개의 로그 특잇값. 출처: [HTF09]의 그림 14.24. svd_image_demo.ipynb로 생성했다.

7.6 그 밖의 행렬 분해*

이 절에서는 그 밖의 유용한 행렬 분해를 간단히 리뷰한다.

7.6.1 LU 인수분해

어떠한 정방 행렬 $\mathbf{A}$든지 하삼각 행렬 $\mathbf{L}$과 상삼각 행렬 $\mathbf{U}$의 곱으로 인수분해할 수 있다. 예를 들어,

$$\begin{bmatrix} a_{11} & a_{12} & a_{13} \\ a_{21} & a_{22} & a_{23} \\ a_{31} & a_{32} & a_{33} \end{bmatrix} = \begin{bmatrix} l_{11} & 0 & 0 \\ l_{21} & l_{22} & 0 \\ l_{31} & l_{32} & l_{33} \end{bmatrix} \begin{bmatrix} u_{11} & u_{12} & u_{13} \\ 0 & u_{22} & u_{23} \\ 0 & 0 & u_{33} \end{bmatrix} \tag{7.202}$$

일반적으로 이러한 분해를 만들기 전에 행렬의 성분을 치환해야 할 수도 있다. 이를 위해 $a_{11} = 0$ 이라 해보자. $a_{11} = l_{11}u_{11}$이므로, 이는 l_{11} 또는 u_{11} 또는 둘 다 0이어야 함을 뜻한다. 그러나 이는 $\mathbf{L}$ 또는 $\mathbf{U}$가 특이임을 의미한다. 이를 피하기 위해 알고리듬의 첫 번째 단계로 단순히 행을 재정렬하여 처음 요소가 0이 아니도록 할 수 있다. 이는 후속 단계로 반복된다. 이 과정은 다음과 같이 나타낼 수 있다.

$$\mathbf{PA} = \mathbf{LU} \tag{7.203}$$

여기서 $\mathbf{P}$는 치환 행렬, 즉 정방 이항 행렬로 행 j가 행 i로 치환되면 $P_{ij} = 1$이다. 이는 **부분 추축** partial pivoting이라 부른다.

7.6.2 QR 분해

선형 독립 기저 벡터의 집합을 나타내는 $\mathbf{A} \in \mathbb{R}^{m \times n}$가 있으며(따라서 $m \geq n$), $\mathrm{span}(\boldsymbol{a}_1)$, $\mathrm{span}(\boldsymbol{a}_1, \boldsymbol{a}_2)$ 등과 같은 연속적인 부분공간을 스팬하는 일련의 정규직교 기저 $\boldsymbol{q}_1$, $\boldsymbol{q}_2$, ...를 찾고자 한다고 해보자. 다시 말해, 다음을 따르는 벡터 $\boldsymbol{q}_j$ 및 계수 r_{ij}를 찾고자 한다.

$$\begin{pmatrix} | & | & & | \\ \boldsymbol{a}_1 & \boldsymbol{a}_2 & \cdots & \boldsymbol{a}_n \\ | & | & & | \end{pmatrix} = \begin{pmatrix} | & | & & | \\ \boldsymbol{q}_1 & \boldsymbol{q}_2 & \cdots & \boldsymbol{q}_n \\ | & | & & | \end{pmatrix} \begin{pmatrix} r_{11} & r_{12} & \cdots & r_{1n} \\ & r_{22} & \cdots & r_{2n} \\ & & \ddots & \\ & & & r_{nn} \end{pmatrix} \tag{7.204}$$

이는 다음과 같이 쓸 수 있다.

$$\boldsymbol{a}_1 = r_{11}\boldsymbol{q}_1 \tag{7.205}$$
$$\boldsymbol{a}_2 = r_{12}\boldsymbol{q}_1 + r_{22}\boldsymbol{q}_2 \tag{7.206}$$
$$\vdots$$
$$\boldsymbol{a}_n = r_{1n}\boldsymbol{q}_1 + \cdots + r_{nn}\boldsymbol{q}_n \tag{7.207}$$

따라서 $\boldsymbol{q}_1$과 $\boldsymbol{a}_1$의 공간을 스팬하며, $\boldsymbol{q}_1$과 $\boldsymbol{q}_2$가 $\{\boldsymbol{a}_1,\ \boldsymbol{a}_2\}$의 공간을 스팬함을 볼 수 있다.

행렬 표기법으로는 다음과 같다.

$$\mathbf{A} = \hat{\mathbf{Q}}\hat{\mathbf{R}} \tag{7.208}$$

여기서 $\hat{\mathbf{Q}}$은 정규직교 열을 갖는 $m \times n$이며, $\hat{\mathbf{R}}$은 $n \times n$이고 상삼각이다. 이는 $\mathbf{A}$의 **축소된** QR^{reduced} ^{QR} 또는 **절약적 크기** QR$^{economy\ sized\ QR}$ 인수분해라 부른다(그림 7.11 참고).

완전 QR 인수분해는 추가적인 $m - n$ 정규직교 열을 $\hat{\mathbf{Q}}$에 덧붙이므로, $\mathbf{Q}\mathbf{Q}^{\mathsf{T}} = \mathbf{Q}^{\mathsf{T}}\mathbf{Q} = \mathbf{I}$를 만족시키는 정방 직교 행렬 $\mathbf{Q}$가 된다. 또한 0으로 만든 열을 $\hat{\mathbf{R}}$에 덧붙이므로, 이는 여전히 $\mathbf{R}$이라 부르는 상삼각인 $m \times n$ 행렬이 된다(그림 7.11 참고). $\mathbf{R}$의 0인 성분은 $\mathbf{Q}$의 새로운 열을 '제거'하므로, 결과는 $\hat{\mathbf{Q}}\hat{\mathbf{R}}$과 같다.

QR 분해는 선형 연립방정식을 푸는 데 일반적으로 쓰이며, 11.2.2.3절에서 논의한다.

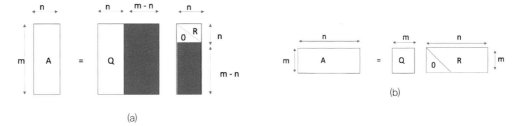

(a)

(b)

그림 7.11 QR 분해 $\mathbf{A} = \mathbf{Q}\mathbf{R}$을 보여주고 있다. $\mathbf{Q}^{\mathsf{T}}\mathbf{Q} = \mathbf{I}$이며 $\mathbf{R}$은 상삼각이다. (a) 길고 날씬한 행렬. 음영 부분은 필요 없으므로 절약적 크기 버전에서 계산하지 않는다. (b) 짧고 넓은 행렬

7.6.3 촐레스키 분해

어떤 양의 정부호 대칭 행렬이든지 $\mathbf{A} = \mathbf{R}^\mathsf{T}\mathbf{R}$로 인수분해할 수 있다. 여기서 $\mathbf{R}$은 상삼각이며 실수의 양수 대각 요소를 갖는다(이는 또한 $\mathbf{A} = \mathbf{L}\mathbf{L}^\mathsf{T}$로 쓸 수 있으며, $\mathbf{L} = \mathbf{R}^\mathsf{T}$는 하삼각이다). 이는 **촐레스키 인수분해**Cholesky factorization 또는 **행렬 제곱근**matrix square root이라 부르며, 넘파이에서 `np.linalg.cholesky`로 구현되어 있다. 연산의 계산 복잡도는 $O(V^3)$이며, 여기서 V는 변수의 개수다. 그러나 희박 행렬에서는 더 낮을 수 있다. 아래에서 이 인수분해를 응용해 본다.

7.6.3.1 응용: MVN으로부터 표집하기

공분산 행렬의 촐레스키 분해는 다변량 가우스로부터 표집을 하는 데 쓸 수 있다. $\boldsymbol{y} \sim \mathcal{N}(\boldsymbol{\mu}, \boldsymbol{\Sigma})$ 그리고 $\boldsymbol{\Sigma} = \mathbf{L}\mathbf{L}^\mathsf{T}$라 하자. 먼저 $\boldsymbol{x} \sim \mathcal{N}(\mathbf{0}, \mathbf{I})$를 표집하며, 이는 단지 d개의 개별적인 1차원 가우스로부터 표집을 하면 되므로 쉬운 일이다. 그 뒤 $\boldsymbol{y} = \mathbf{L}\boldsymbol{x} + \boldsymbol{\mu}$라 둔다. 이는 다음과 같은 이유로 유효하다.

$$\mathrm{Cov}\left[\boldsymbol{y}\right] = \mathbf{L}\,\mathrm{Cov}\left[\boldsymbol{x}\right]\mathbf{L}^\mathsf{T} = \mathbf{L}\,\mathbf{I}\,\mathbf{L}^\mathsf{T} = \boldsymbol{\Sigma} \tag{7.209}$$

cholesky_demo.ipynb에서 코드를 참고하라.

7.7 선형 연립방정식 풀기*

선형대수에서 중요한 응용으로 선형 연립방정식 연구가 있다. 예를 들어, 다음과 같은 3개의 방정식 집합을 고려해 보자.

$$3x_1 + 2x_2 - x_3 = 1 \tag{7.210}$$
$$2x_1 - 2x_2 + 4x_3 = -2 \tag{7.211}$$
$$-x_1 + \frac{1}{2}x_2 - x_3 = 0 \tag{7.212}$$

이는 다음과 같이 행렬-벡터 형식으로 나타낼 수 있다.

$$\mathbf{A}\boldsymbol{x} = \boldsymbol{b} \tag{7.213}$$

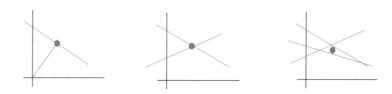

그림 7.12 $n = 2$인 변수에서 선형 방정식의 m개 집합의 해: (a) $m = 1 < n$이므로 체계가 과소결정이다. 최소 노름 해를 파란색 동그라미로 보여준다(빨간색 점선이 선과 직교이며, 이것의 길이는 원점까지의 거리다). (b) $m = n = 2$이므로 유일한 해가 존재한다. (c) $m = 3 > n$이므로 유일한 해가 존재하지 않는다. 보여주는 것은 최소 제곱 해다.

여기서

$$\mathbf{A} = \begin{pmatrix} 3 & 2 & -1 \\ 2 & -2 & 4 \\ -1 & \frac{1}{2} & -1 \end{pmatrix}, \ \boldsymbol{b} = \begin{pmatrix} 1 \\ -2 \\ 0 \end{pmatrix} \tag{7.214}$$

해는 $\boldsymbol{x} = [1, \ -2, \ -2]$이다.

일반적으로 m개의 방정식이 있으며 미지수가 n개라면, $\mathbf{A}$는 $m \times n$ 행렬이며 $\boldsymbol{b}$는 $m \times 1$ 벡터가 될 것이다. $m = n$이라면(그리고 $\mathbf{A}$는 완전 계수), 하나의 고유한 해가 존재한다. $m < n$이라면, 체계가 **과소결정**^{underdetermined}이므로 고유한 해가 존재하지 않는다. $m > n$이라면, 미지수보다 제약식이 더 많으며 모든 선이 같은 점을 교차하지 않으므로 체계가 **과대결정**^{overdetermined}이다. 그림 7.12를 참고하라. 아래에서 각각의 경우에 어떻게 해를 계산하는지 논의한다.

7.7.1 정방 체계 풀기

$m = n$인 경우, LU 분해 $\mathbf{A} = \mathbf{LU}$를 계산하고 다음과 같이 진행하여 $\boldsymbol{x}$를 풀 수 있다.

$$\mathbf{A}\boldsymbol{x} = \boldsymbol{b} \tag{7.215}$$
$$\mathbf{LU}\boldsymbol{x} = \boldsymbol{b} \tag{7.216}$$
$$\mathbf{U}\boldsymbol{x} = \mathbf{L}^{-1}\boldsymbol{b} \triangleq \boldsymbol{y} \tag{7.217}$$
$$\boldsymbol{x} = \mathbf{U}^{-1}\boldsymbol{y} \tag{7.218}$$

핵심은 $\mathbf{L}$과 $\mathbf{U}$ 모두 삼각 행렬이므로 역행렬을 취하는 것을 피하고 대신에 **후진대입**^{backsubstitution}이라 알려진 방법을 사용할 수 있다는 점이다.

특히 다음과 같이 역을 취하지 않고 $y = \mathbf{L}^{-1}b$를 풀 수 있다. 먼저 다음과 같이 쓴다.

$$\begin{pmatrix} L_{11} & & & \\ L_{21} & L_{22} & & \\ & & \ddots & \\ L_{n1} & L_{n2} & \cdots & L_{nn} \end{pmatrix} \begin{pmatrix} y_1 \\ \vdots \\ y_n \end{pmatrix} = \begin{pmatrix} b_1 \\ \vdots \\ b_n \end{pmatrix} \tag{7.219}$$

$L_{11}y_1 = b_1$을 풀어 y_1을 찾는 것으로 시작한 뒤 이를 대입하여 다음을 y_2에 대해 푼다.

$$L_{21}y_1 + L_{22}y_2 = b_2 \tag{7.220}$$

이를 재귀적으로 반복한다. 이 과정은 자주 **역슬래시 연산자**^{backslash operator} $y = \mathbf{L} \backslash b$로 표시한다. y가 있으면 비슷한 방식으로 후진대입을 사용해 $x = \mathbf{U}^{-1}y$를 풀 수 있다.

7.7.2 과소제약 체계 풀기(최소 노름 추정)

이 절에서는 $m < n$인 과소제약 설정을 고려한다.[3] 행이 선형 독립이라고, 따라서 $\mathbf{A}$가 완전 계수라 가정한다.

$m < n$일 때 가능성 있는 해가 복수로 존재하며, 그 형식은 다음과 같다.

$$\{x : \mathbf{A}x = b\} = \{x_p + z : z \in \text{nullspace}(\mathbf{A})\} \tag{7.221}$$

여기서 x_p는 임의의 특정한 해다. ℓ_2 노름이 최소인 특정한 해를 고르는 것이 표준이다. 즉,

$$\hat{x} = \underset{x}{\text{argmin}} \|x\|_2^2 \quad \text{s.t.} \quad \mathbf{A}x = b \tag{7.222}$$

최소 노름 해는 **우측 유사 역행렬**^{right pseudo inverse}을 사용해 계산할 수 있다.

$$x_{\text{pinv}} = \mathbf{A}^\mathsf{T}(\mathbf{A}\mathbf{A}^\mathsf{T})^{-1}b \tag{7.223}$$

(자세한 내용은 7.5.3절을 참고하라.)

---

3 우리는 http://ee263.stanford.edu/lectures/min-norm.pdf에 있는 스티븐 보이드(Stephen Boyd)의 강의 노트 일부를 기반으로 하여 보여준다.

이를 이해하기 위해 x가 어떠한 다른 해라 해보자. 따라서 $\mathbf{A}x = b$이며 $\mathbf{A}(x - x_{\text{pinv}}) = \mathbf{0}$이다. 그러므로

$$(x - x_{\text{pinv}})^{\mathsf{T}} x_{\text{pinv}} = (x - x_{\text{pinv}})^{\mathsf{T}} \mathbf{A}^{\mathsf{T}} (\mathbf{A}\mathbf{A}^{\mathsf{T}})^{-1} b = (\mathbf{A}(x - x_{\text{pinv}}))^{\mathsf{T}} (\mathbf{A}\mathbf{A}^{\mathsf{T}})^{-1} b = 0 \quad (7.224)$$

따라서 $(x - x_{\text{pinv}}) \perp x_{\text{pinv}}$이다. **피타고라스 정리**$^{\text{Pythagoras's theorem}}$에 의해, x의 노름은 다음과 같다.

$$||x||^2 = ||x_{\text{pinv}} + x - x_{\text{pinv}}||^2 = ||x_{\text{pinv}}||^2 + ||x - x_{\text{pinv}}||^2 \geq ||x_{\text{pinv}}||^2 \quad (7.225)$$

따라서 x_{pinv}를 제외한 어떠한 해든지 더 큰 노름을 갖는다.

또한 식 (7.222)의 제약 최적화 문제는 다음과 같은 비제약 목적 함수를 최소화하여 풀 수 있다.

$$\mathcal{L}(x, \lambda) = x^{\mathsf{T}} x + \lambda^{\mathsf{T}} (\mathbf{A}x - b) \quad (7.226)$$

8.5.1절로부터, 최적성 조건은 다음과 같다.

$$\nabla_x \mathcal{L} = 2x + \mathbf{A}^{\mathsf{T}} \lambda = 0, \ \nabla_\lambda \mathcal{L} = \mathbf{A}x - b = 0 \quad (7.227)$$

첫 번째 조건으로부터 $x = -\mathbf{A}^{\mathsf{T}} \lambda / 2$를 얻는다. 이를 두 번째에 대입하면 다음을 얻는다.

$$\mathbf{A}x = -\frac{1}{2} \mathbf{A}\mathbf{A}^{\mathsf{T}} \lambda = b \quad (7.228)$$

이는 $\lambda = -2(\mathbf{A}\mathbf{A}^{\mathsf{T}})^{-1} b$임을 뜻한다. 따라서 $x = \mathbf{A}^{\mathsf{T}} (\mathbf{A}\mathbf{A}^{\mathsf{T}})^{-1} b$이며, 이는 우측 유사 역행렬 해다.

7.7.3 과대제약 체계 풀기(최소 제곱 추정)

$m > n$이라면 과대결정 해를 가지며, 이는 통상적으로 정확한 해가 없다. 그러나 $\mathbf{A}x = b$로 구체화되는 모든 제약을 가능한 한 가깝게 만족시키는 해를 찾아볼 것이다. 이는 **최소 제곱 목적 함수**^{least} $^{\text{squares objective}}$라 하는 다음과 같은 비용 함수를 최소화하여 할 수 있다.[4]

$$f(x) = \frac{1}{2} ||\mathbf{A}x - b||_2^2 \quad (7.233)$$

---

4 방정식 번호 일부(7.229~7.232)가 의도적으로 생략되어 있다. 그 이유는 원서의 이전 버전에서 잘못된 내용을 생략했지만(https://github.com/probml/pml-book/issues/266에 설명되어 있다), 방정식 번호는 책의 다른 버전에서 일관적이기를 원하기 때문이다.

7.8절의 행렬 미적분을 사용하면 기울기가 다음과 같이 주어진다.

$$g(x) = \frac{\partial}{\partial x} f(x) = \mathbf{A}^\mathsf{T} \mathbf{A} x - \mathbf{A}^\mathsf{T} b \tag{7.234}$$

최적점은 $g(x) = 0$을 풀어 찾을 수 있다. 이는 다음과 같다.

$$\mathbf{A}^\mathsf{T} \mathbf{A} x = \mathbf{A}^\mathsf{T} b \tag{7.235}$$

이는 **정규 방정식**^{normal equation}이라 한다. 왜냐하면 최적해에서 $b - \mathbf{A}x$가 $\mathbf{A}$의 치역에 대한 법선 ^{normal}이기(직교이기) 때문이다(11.2.2.2절에서 설명한다). 해당 해 $\hat{x}$은 **일반 최소 제곱**^{OLS, Ordinary Least Squares} 해이며, 다음과 같이 주어진다.

$$\hat{x} = (\mathbf{A}^\mathsf{T} \mathbf{A})^{-1} \mathbf{A}^\mathsf{T} b \tag{7.236}$$

양^{quantity} $\mathbf{A}^\dagger = (\mathbf{A}^\mathsf{T} \mathbf{A})^{-1} \mathbf{A}^\mathsf{T}$는 (비정방) 행렬 $\mathbf{A}$의 **좌측 유사 역행렬**이다(자세한 내용은 7.5.3절을 참고하라).

해가 유일한지는 헤세가 양의 정부호인지 보여줌으로써 확인할 수 있다. 이 경우 헤세는 다음과 같이 주어진다.

$$\mathbf{H}(x) = \frac{\partial^2}{\partial x^2} f(x) = \mathbf{A}^\mathsf{T} \mathbf{A} \tag{7.237}$$

$\mathbf{A}$가 완전 계수라면(따라서 $\mathbf{A}$의 열이 선형 독립) $\mathbf{H}$는 양의 정부호다. 왜냐하면 임의의 $v > 0$에 대해 다음과 같기 때문이다.

$$v^\mathsf{T} (\mathbf{A}^\mathsf{T} \mathbf{A}) v = (\mathbf{A}v)^\mathsf{T} (\mathbf{A}v) = ||\mathbf{A}v||^2 > 0 \tag{7.238}$$

따라서 완전 계수의 경우, 최소 제곱 목적 함수는 유일한 전역 최솟값을 갖는다.

7.8 행렬 미적분

미적분^{calculus} 주제는 함수의 입력이 변함에 따른 함수의 '변화율'을 계산하는 데 신경을 쓴다. 이는 머신러닝을 비롯한 거의 모든 수치 분야에서 핵심적으로 중요하다. 이 절에서 몇 가지 표준적인 결과를 리뷰한다. 몇몇 경우 7장에서 다루는 행렬 대수의 개념 및 표기법을 사용한다. 딥러닝 측면에서 이들 결과의 자세한 내용은 [PH18]을 참고하라.

7.8.1 도함수

스칼라 인수 함수 $f : \mathbb{R} \to \mathbb{R}$를 고려해 보자. 점 x에서의 이것의 **도함수**^{derivative}는 극한이 존재한다고 가정할 때 다음과 같은 양이 되도록 정의한다.

$$f'(x) \triangleq \lim_{h \to 0} \frac{f(x+h) - f(x)}{h} \tag{7.239}$$

이는 입력을 x로부터 작은 거리로 움직일 때 출력이 얼마나 빠르게 변화하는지를 측정한다(즉, 함수의 '변화율'). $f'(x)$는 $f(x)$에서 탄젠트 선의 기울기로 해석할 수 있다. 따라서 작은 h에 대해 다음이 성립한다.

$$f(x+h) \approx f(x) + f'(x)h \tag{7.240}$$

다음과 같이 유한한 단계 크기 h를 사용해 도함수의 **유한 차분**^{finite difference} 근사를 계산할 수 있다.

$$f'(x) \equiv \underbrace{\lim_{h \to 0} \frac{f(x+h) - f(x)}{h}}_{\text{전진 차분}} = \underbrace{\lim_{h \to 0} \frac{f(x+h/2) - f(x-h/2)}{h}}_{\text{중심 차분}} = \underbrace{\lim_{h \to 0} \frac{f(x) - f(x-h)}{h}}_{\text{후진 차분}} \tag{7.241}$$

단계 크기가 작을수록 추정값이 더 좋지만, h가 너무 작다면 수치적 소거^{cancellation}로 인해 오차가 생길 수 있다.

미분은 함수에서 함수로의 매핑 연산자 $D(f) = f'$으로 생각할 수 있으며, 여기서 $f'(x)$는 x에서의 도함수를 계산한다(그 점에서 도함수가 존재한다고 가정하면). 도함수를 표시하는 데 프라임 기호 f'을 쓰면 **라그랑주 표기법**^{Lagrange notation}이라 부른다. 기울기가 얼마나 빠르게 변하는지 측정하는 이차 도함수는 f''으로 표시한다. n차 도함수는 $f^{(n)}$으로 표시한다.

아니면 함수를 $y = f(x)$로 표시하고 도함수는 $\frac{dy}{dx}$ 또는 $\frac{d}{dx} f(x)$로 표시하는 **라이프니츠 표기법**^{Leibniz notation}을 사용할 수 있다. 점 a에서 도함수의 값매김을 표시할 때는 $\frac{df}{dx}\Big|_{x=a}$ 라 쓴다.

7.8.2 기울기

도함수 개념을 확장하여 벡터-인수 함수 $f : \mathbb{R}^n \to \mathbb{R}$를 다룰 수 있다. 이는 x_i에 대해 f의 **편도함수** partial derivative가 다음과 같이 되도록 정의하여 한다.

$$\frac{\partial f}{\partial x_i} = \lim_{h \to 0} \frac{f(\boldsymbol{x} + h\boldsymbol{e}_i) - f(\boldsymbol{x})}{h} \tag{7.242}$$

여기서 $\boldsymbol{e}_i$는 i번째 단위 벡터다.

점 $\boldsymbol{x}$에서 함수의 **기울기** gradient는 편도함수의 벡터다.

$$\boldsymbol{g} = \frac{\partial f}{\partial \boldsymbol{x}} = \nabla f = \begin{pmatrix} \frac{\partial f}{\partial x_1} \\ \vdots \\ \frac{\partial f}{\partial x_n} \end{pmatrix} \tag{7.243}$$

기울기가 값매김된 지점을 강조하려면 다음과 같이 쓸 수 있다.

$$\boldsymbol{g}(\boldsymbol{x}^*) \triangleq \frac{\partial f}{\partial \boldsymbol{x}}\bigg|_{\boldsymbol{x}^*} \tag{7.244}$$

연산자 ∇('나블라 nabla'라 발음한다)가 함수 $f : \mathbb{R}^n \to \mathbb{R}$를 다른 함수 $\boldsymbol{g} : \mathbb{R}^n \to \mathbb{R}$로 매핑함을 볼 수 있다. $\boldsymbol{g}()$가 벡터 값 함수이므로, 이는 **벡터장** vector field이라 한다. 반대로 도함수 f'은 **스칼라장** scalar field이다.

7.8.3 방향 도함수

방향 도함수 directional derivative는 함수 $f : \mathbb{R}^n \to \mathbb{R}$가 공간 내에서 방향 $\boldsymbol{v}$를 따라 얼마나 변하는지를 측정한다. 이는 다음과 같이 정의된다.

$$D_{\boldsymbol{v}} f(\boldsymbol{x}) = \lim_{h \to 0} \frac{f(\boldsymbol{x} + h\boldsymbol{v}) - f(\boldsymbol{x})}{h} \tag{7.245}$$

이는 n에 상관없이, f를 두 번 호출하여 수치적으로 근사할 수 있다. 반대로 표준 기울기 벡터의 수치적 근사는 $n + 1$번의 호출을 취한다(또는 중심 차분을 사용하면 $2n$번).

$\boldsymbol{v}$를 따르는 방향 도함수는 기울기 $\boldsymbol{g}$와 벡터 $\boldsymbol{v}$의 스칼라 곱임을 주지하라.

$$D_{\boldsymbol{v}} f(\boldsymbol{x}) = \nabla f(\boldsymbol{x}) \cdot \boldsymbol{v} \tag{7.246}$$

7.8.4 전도함수*

함수의 인수 일부가 서로 의존한다고 해보자. 엄밀하게는 함수가 $f(t,\, x(t),\, y(t))$ 형식을 갖는다고 해보자. f의 t에 대한 **전도함수**total derivative는 다음과 같이 정의된다.

$$\frac{df}{dt} = \frac{\partial f}{\partial t} + \frac{\partial f}{\partial x}\frac{dx}{dt} + \frac{\partial f}{\partial y}\frac{dy}{dt} \tag{7.247}$$

양쪽을 미분 dt로 곱하면, **전미분**total differential을 얻는다.

$$df = \frac{\partial f}{\partial t} dt + \frac{\partial f}{\partial x} dx + \frac{\partial f}{\partial y} dy \tag{7.248}$$

이는 f에 대한 t의 직접적인 영향뿐만 아니라 x와 y에 대한 t의 간접적인 영향 모두를 통해, t가 변할 때 f가 얼마나 변하는지를 측정한다.

7.8.5 야코비

벡터를 다른 벡터로 매핑하는 함수 $\boldsymbol{f} : \mathbb{R}^n \to \mathbb{R}^m$를 고려해 보자. 이 함수의 **야코비 행렬**Jacobian matrix 은 편도함수의 $m \times n$ 행렬이다.

$$\mathbf{J}_{\boldsymbol{f}}(\boldsymbol{x}) = \frac{\partial \boldsymbol{f}}{\partial \boldsymbol{x}^\mathsf{T}} \triangleq \begin{pmatrix} \frac{\partial f_1}{\partial x_1} & \cdots & \frac{\partial f_1}{\partial x_n} \\ \vdots & \ddots & \vdots \\ \frac{\partial f_m}{\partial x_1} & \cdots & \frac{\partial f_m}{\partial x_n} \end{pmatrix} = \begin{pmatrix} \nabla f_1(\boldsymbol{x})^\mathsf{T} \\ \vdots \\ \nabla f_m(\boldsymbol{x})^\mathsf{T} \end{pmatrix} \tag{7.249}$$

결과를 출력 $\boldsymbol{f}$와 동일한 지향성으로 배치하고 있음을 주지하라. 이는 때때로 수치적 배치법 또는 야코비 형식화라 부른다.[5]

---

5 표기법에 대한 더 자세한 논의는 https://en.wikipedia.org/wiki/Matrix_calculus를 참고하라.

7.8.5.1 야코비와 벡터 곱하기

야코비 벡터곱^{Jacobian Vector Product}, 즉 JVP는 야코비 행렬 $\mathbf{J} \in \mathbb{R}^{m \times n}$를 벡터 $\boldsymbol{v} \in \mathbb{R}^n$로 우측으로 곱하는 것에 해당하는 연산으로 정의한다.

$$\mathbf{J}_f(\boldsymbol{x})\boldsymbol{v} = \begin{pmatrix} \nabla f_1(\boldsymbol{x})^\top \\ \vdots \\ \nabla f_m(\boldsymbol{x})^\top \end{pmatrix} \boldsymbol{v} = \begin{pmatrix} \nabla f_1(\boldsymbol{x})^\top \boldsymbol{v} \\ \vdots \\ \nabla f_m(\boldsymbol{x})^\top \boldsymbol{v} \end{pmatrix} \tag{7.250}$$

따라서 이는 $\boldsymbol{f}$에 단지 두 번만 호출을 하여 수치적으로 근사할 수 있음을 볼 수 있다.

벡터 야코비곱^{Vector Jacobian Product}, 즉 VJP는 야코비 행렬 $\mathbf{J} \in \mathbb{R}^{m \times n}$를 벡터 $\boldsymbol{u} \in \mathbb{R}^m$로 좌측으로 곱하는 것에 해당하는 연산으로 정의한다.

$$\boldsymbol{u}^\top \mathbf{J}_f(\boldsymbol{x}) = \boldsymbol{u}^\top \left(\frac{\partial \boldsymbol{f}}{\partial x_1}, \cdots, \frac{\partial \boldsymbol{f}}{\partial x_n} \right) = \left(\boldsymbol{u} \cdot \frac{\partial \boldsymbol{f}}{\partial x_1}, \cdots, \boldsymbol{u} \cdot \frac{\partial \boldsymbol{f}}{\partial x_n} \right) \tag{7.251}$$

JVP는 $m \geq n$이라면 더욱 효율적이며, VJP는 $m \leq n$이라면 더욱 효율적이다. DNN과 같은 그래프 계산에서 어떻게 이것이 자동 미분^{automatic differentiation}을 수행하는 데 쓰이는지에 대한 자세한 내용은 13.3절을 참고하라.

7.8.5.2 합성에서의 야코비

두 함수의 합성에 야코비를 취하면 도움이 되는 때가 많다. $h(\boldsymbol{x}) = g(f(\boldsymbol{x}))$라 하자. 미적분의 연쇄법칙에 의해 다음을 얻는다.

$$\mathbf{J}_h(\boldsymbol{x}) = \mathbf{J}_g(f(\boldsymbol{x}))\mathbf{J}_f(\boldsymbol{x}) \tag{7.252}$$

예를 들어 $f : \mathbb{R} \to \mathbb{R}^2$ 그리고 $g : \mathbb{R}^2 \to \mathbb{R}^2$라 하자. 다음을 얻는다.

$$\frac{\partial \boldsymbol{g}}{\partial x} = \begin{pmatrix} \frac{\partial}{\partial x} g_1(f_1(x), f_2(x)) \\ \frac{\partial}{\partial x} g_2(f_1(x), f_2(x)) \end{pmatrix} = \begin{pmatrix} \frac{\partial g_1}{\partial f_1} \frac{\partial f_1}{\partial x} + \frac{\partial g_1}{\partial f_2} \frac{\partial f_2}{\partial x} \\ \frac{\partial g_2}{\partial f_1} \frac{\partial f_1}{\partial x} + \frac{\partial g_2}{\partial f_2} \frac{\partial f_2}{\partial x} \end{pmatrix} \tag{7.253}$$

$$= \frac{\partial \boldsymbol{g}}{\partial \boldsymbol{f}^\top} \frac{\partial \boldsymbol{f}}{\partial x} = \begin{pmatrix} \frac{\partial g_1}{\partial f_1} & \frac{\partial g_1}{\partial f_2} \\ \frac{\partial g_2}{\partial f_1} & \frac{\partial g_2}{\partial f_2} \end{pmatrix} \begin{pmatrix} \frac{\partial f_1}{\partial x} \\ \frac{\partial f_2}{\partial x} \end{pmatrix} \tag{7.254}$$

7.8.6 헤세

두 번 미분 가능한 함수 $f : \mathbb{R}^n \to \mathbb{R}$에 대해, **헤세 행렬**^{Hessian matrix}은 이차 편도함수의 (대칭) $n \times n$ 행렬로 정의한다.

$$\mathbf{H}_f = \frac{\partial^2 f}{\partial \boldsymbol{x}^2} = \nabla^2 f = \begin{pmatrix} \frac{\partial^2 f}{\partial x_1^2} & \cdots & \frac{\partial^2 f}{\partial x_1 \partial x_n} \\ & \vdots & \\ \frac{\partial^2 f}{\partial x_n \partial x_1} & \cdots & \frac{\partial^2 f}{\partial x_n^2} \end{pmatrix} \tag{7.255}$$

헤세는 기울기의 야코비임을 볼 수 있다.

7.8.7 주로 쓰이는 함수의 기울기

이 절에서는 특정한 널리 쓰이는 함수의 기울기를 증명 없이 나열한다.

7.8.7.1 스칼라를 스칼라로 매핑하는 함수

미분 가능한 함수 $f : \mathbb{R} \to \mathbb{R}$를 고려해 보자. 다음은 스칼라 미적분으로부터 여러분에게 이미 익숙한 유용한 항등식이다.

$$\frac{d}{dx} c x^n = c n x^{n-1} \tag{7.256}$$

$$\frac{d}{dx} \log(x) = 1/x \tag{7.257}$$

$$\frac{d}{dx} \exp(x) = \exp(x) \tag{7.258}$$

$$\frac{d}{dx} [f(x) + g(x)] = \frac{df(x)}{dx} + \frac{dg(x)}{dx} \tag{7.259}$$

$$\frac{d}{dx} [f(x)g(x)] = f(x)\frac{dg(x)}{dx} + g(x)\frac{df(x)}{dx} \tag{7.260}$$

$$\frac{d}{dx} f(u(x)) = \frac{du}{dx}\frac{df(u)}{du} \tag{7.261}$$

식 (7.261)은 **미적분의 연쇄 법칙**^{chain rule of calculus}이라 한다.

7.8.7.2 벡터를 스칼라로 매핑하는 함수

미분 가능한 함수 $f : \mathbb{R}^n \to \mathbb{R}$를 고려해 보자. 다음은 몇 가지 유용한 항등식이다.[6]

$$\frac{\partial(\boldsymbol{a}^{\mathsf{T}}\boldsymbol{x})}{\partial \boldsymbol{x}} = \boldsymbol{a} \tag{7.262}$$

$$\frac{\partial(\boldsymbol{b}^{\mathsf{T}}\mathbf{A}\boldsymbol{x})}{\partial \boldsymbol{x}} = \mathbf{A}^{\mathsf{T}}\boldsymbol{b} \tag{7.263}$$

$$\frac{\partial(\boldsymbol{x}^{\mathsf{T}}\mathbf{A}\boldsymbol{x})}{\partial \boldsymbol{x}} = (\mathbf{A} + \mathbf{A}^{\mathsf{T}})\boldsymbol{x} \tag{7.264}$$

이 항등식은 이차 형식을 전개하고 스칼라 미적분을 적용하여 꽤 쉽게 증명할 수 있다.

7.8.7.3 행렬을 스칼라로 매핑하는 함수

행렬을 스칼라로 매핑하는 함수 $f : \mathbb{R}^{m \times n} \to \mathbb{R}$를 고려해 보자. 여기서는 다음과 같이 도함수 행렬을 위해 자연스러운 배치법을 사용하고 있다.

$$\frac{\partial f}{\partial \mathbf{X}} = \begin{pmatrix} \frac{\partial f}{\partial x_{11}} & \cdots & \frac{\partial f}{\partial x_{1n}} \\ & \vdots & \\ \frac{\partial f}{\partial x_{m1}} & \cdots & \frac{\partial f}{\partial x_{mn}} \end{pmatrix} \tag{7.265}$$

다음은 몇 가지 유용한 항등식이다.

이차 형식을 수반하는 항등식

다음과 같은 결과를 보일 수 있다.

$$\frac{\partial}{\partial \mathbf{X}}(\boldsymbol{a}^{\mathsf{T}}\mathbf{X}\boldsymbol{b}) = \boldsymbol{a}\boldsymbol{b}^{\mathsf{T}} \tag{7.266}$$

$$\frac{\partial}{\partial \mathbf{X}}(\boldsymbol{a}^{\mathsf{T}}\mathbf{X}^{\mathsf{T}}\boldsymbol{b}) = \boldsymbol{b}\boldsymbol{a}^{\mathsf{T}} \tag{7.267}$$

---

6 · 몇 가지 속성은 http://www.cs.nyu.edu/~roweis/notes/matrixid.pdf의 리스트에서 가져왔다.

행렬 대각합을 수반하는 항등식

다음과 같은 결과를 보일 수 있다.

$$\frac{\partial}{\partial \mathbf{X}} \text{tr}(\mathbf{AXB}) = \mathbf{A}^\mathsf{T} \mathbf{B}^\mathsf{T} \tag{7.268}$$

$$\frac{\partial}{\partial \mathbf{X}} \text{tr}(\mathbf{X}^\mathsf{T} \mathbf{A}) = \mathbf{A} \tag{7.269}$$

$$\frac{\partial}{\partial \mathbf{X}} \text{tr}(\mathbf{X}^{-1} \mathbf{A}) = -\mathbf{X}^{-\mathsf{T}} \mathbf{A}^\mathsf{T} \mathbf{X}^{-\mathsf{T}} \tag{7.270}$$

$$\frac{\partial}{\partial \mathbf{X}} \text{tr}(\mathbf{X}^\mathsf{T} \mathbf{A} \mathbf{X}) = (\mathbf{A} + \mathbf{A}^\mathsf{T})\mathbf{X} \tag{7.271}$$

행렬식을 수반하는 항등식

다음과 같은 결과를 보일 수 있다.

$$\frac{\partial}{\partial \mathbf{X}} \det(\mathbf{AXB}) = \det(\mathbf{AXB})\mathbf{X}^{-\mathsf{T}} \tag{7.272}$$

$$\frac{\partial}{\partial \mathbf{X}} \log(\det(\mathbf{X})) = \mathbf{X}^{-\mathsf{T}} \tag{7.273}$$

7.9 연습문제

연습문제 7.1 [직교 행렬]

a. 3차원에서 z축에 대한 각도 α만큼의 회전은 다음 행렬로 주어진다.

$$\mathbf{R}(\alpha) = \begin{pmatrix} \cos(\alpha) & -\sin(\alpha) & 0 \\ \sin(\alpha) & \cos(\alpha) & 0 \\ 0 & 0 & 1 \end{pmatrix} \tag{7.274}$$

   $\mathbf{R}$이 직교 행렬임을, 즉 임의의 α에 대해 $\mathbf{R}^T\mathbf{R} = \mathbf{I}$임을 증명하라.

b. 고윳값이 1이며 단위 노름인(즉, $\|\boldsymbol{v}\|^2 = 1$), $\mathbf{R}$의 유일한 고유벡터 $\boldsymbol{v}$는 무엇인가?(여러분의 대답은 어떤 α에서든지 같아야 한다.) 힌트: 고유벡터의 기하학적 해석에 대해 생각해 보라.

연습문제 7.2 [고유벡터 직접 해보기*]

다음 행렬의 고윳값과 고유벡터를 찾아라.

$$A = \begin{pmatrix} 2 & 0 \\ 0 & 3 \end{pmatrix} \tag{7.275}$$

결과를 손으로 계산하고 파이썬으로 확인해 보라.

08

최적화

이 장 일부는 프레더릭 쿤스트너Frederik Kunstner, 시이멩Si Yi Meng, 아론 미쉬킨Aaron Mishkin, 샤란 바스와니Sharan Vaswani, 마크 슈미트Mark Schmidt가 썼다.

8.1 개요

4장에서 머신러닝의 핵심 문제는 모수 추정(모델 적합)임을 봤다. 이를 위해서는 **최적화 문제**optimization problem를 풀어야 하며, 이때 스칼라 값인 **손실 함수**loss function 또는 **비용 함수**cost function $\mathcal{L} : \Theta \to \mathbb{R}$을 최소화하는 변수의 집합 $\theta \in \Theta$를 위한 값 찾기를 시도한다.

$$\theta^* \in \underset{\theta \in \Theta}{\mathrm{argmin}}\, \mathcal{L}(\theta) \tag{8.1}$$

모수 공간parameter space은 $\Theta \subseteq \mathbb{R}^D$로 주어진다고 가정하며, D는 최적화할 변수의 개수다. 따라서 **이산 최적화**discrete optimization보다는 **연속 최적화**continuous optimization에 집중한다.

점수 함수score function 또는 **보상 함수**reward function $R(\theta)$를 최대화하고자 한다면, 동등하게 $\mathcal{L}(\theta) = -\mathbb{R}(\theta)$를 최소화할 수 있다. **목적 함수**objective function란 용어는 최대화 또는 최소화하길 원하는 함수를 포괄적으로 가리키는 데 사용한다. 목적 함수의 최적점을 찾을 수 있는 알고리듬은 주로 **솔**

버^{solver}라 부른다.

8장 나머지에서 머신러닝 커뮤니티에서 쓰이는 방법에 집중하면서 여러 종류의 목적 함수를 위한 서로 다른 종류의 솔버를 논의한다. 최적화에 대한 더 자세한 내용은 [KW19b; BV04; NW06; Ber15; Ber16]과 같은 훌륭한 책 및 [BCN18; Sun+19b; PPS18; Pey20]과 같은 리뷰 글을 참고하라.

8.1.1 국소 대 전역 최적화

식 (8.1)을 만족시키는 점을 **전역 최적점**$^{global optimum}$이라 부른다. 이러한 점을 찾는 것을 **전역 최적화**$^{global optimization}$라 부른다.

일반적으로 전역 최적점을 찾는 것은 계산적으로 다루기 힘든 일이다[Neu04]. 그런 경우 **국소 최적점**$^{local optimum}$ 찾기를 시도한다. 연속형 문제에서 이는 '주변' 점보다 낮은(또는 같은) 비용을 갖는 점 $\boldsymbol{\theta}^*$로 정의한다. 형식적으로는, 다음과 같다면 $\boldsymbol{\theta}^*$는 **국소 최솟값**$^{local minimum}$이라 부른다.

$$\exists \delta > 0, \ \forall \boldsymbol{\theta} \in \Theta \ \text{ s.t. } \ ||\boldsymbol{\theta} - \boldsymbol{\theta}^*|| < \delta, \ \mathcal{L}(\boldsymbol{\theta}^*) \leq \mathcal{L}(\boldsymbol{\theta}) \tag{8.2}$$

국소 최솟값은 같은 목푯값을 갖는 다른 국소 최솟값에 의해 둘러싸일 수 있다. 이는 **평탄 국소 최솟값**$^{flat local minimum}$이라 부른다. 한 점의 비용이 이웃하는 점의 비용보다 낮다면 이는 **엄격한 국소 최솟값**$^{strict local minimum}$이라 한다.

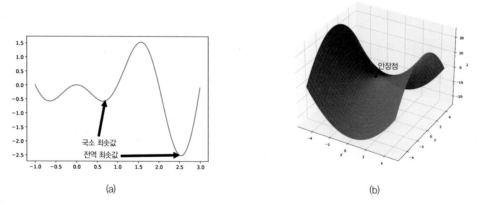

(a)   (b)

그림 8.1 (a) 국소 및 전역 최솟값을 1차원에서 보여준다. extrema_fig_1d.ipynb로 생성했다. (b) 안장점을 2차원에서 보여준다. saddle.ipynb로 생성했다.

$$\exists \delta > 0, \ \forall \boldsymbol{\theta} \in \Theta, \boldsymbol{\theta} \neq \boldsymbol{\theta}^* : ||\boldsymbol{\theta} - \boldsymbol{\theta}^*|| < \delta, \ \mathcal{L}(\boldsymbol{\theta}^*) < \mathcal{L}(\boldsymbol{\theta}) \tag{8.3}$$

(엄격한) **국소 최댓값**^{local maximum}도 비슷하게 정의할 수 있다. 그림 8.1(a)를 참고하라.

용어에 대해 마지막으로 언급할 것이 있다. 알고리듬이 임의의 시작점으로부터 안정점^{stationary} ^{point}으로의 수렴을 보장하면, 이는 **전역적으로 수렴한다**^{globally convergent}고 말한다. 그러나 이는 (다소 혼란스럽지만) 전역 최적점으로 수렴할 것이라는 뜻은 아니다. 어떠한 안정점으로 수렴할 것이라는 뜻일 뿐이다.

8.1.1.1 국소 대 전역 최적점의 최적성 조건

연속적인 두 번 미분 가능한 함수에서 국소 최솟값에 해당하는 점을 정확하게 특징화할 수 있다. $g(\boldsymbol{\theta}) = \nabla \mathcal{L}(\boldsymbol{\theta})$가 기울기 벡터, $\mathbf{H}(\boldsymbol{\theta}) = \nabla^2 \mathcal{L}(\boldsymbol{\theta})$가 헤세라 하자(필요하다면 7.8절에서 해당 개념을 다시 살펴보라). 점 $\boldsymbol{\theta}^* \in \mathbb{R}^D$를 고려하고, $g^* = g(\boldsymbol{\theta})|_{\boldsymbol{\theta}^*}$가 그 점에서의 기울기, 그리고 $\mathbf{H}^* = \mathbf{H}(\boldsymbol{\theta})|_{\boldsymbol{\theta}^*}$가 해당하는 헤세라고 하자. 다음의 조건이 모든 국소 최솟값을 특징화함을 보일 수 있다.

- 필요조건: $\boldsymbol{\theta}^*$가 국소 최솟값이라면 반드시 $g^* = 0$이어야 하며(즉, $\boldsymbol{\theta}^*$는 반드시 **안정점**이어야 한다) $\mathbf{H}^*$는 반드시 양의 준정부호여야 한다.
- 충분조건: $g^* = 0$이고 $\mathbf{H}^*$가 양의 정부호라면 $\boldsymbol{\theta}^*$는 국소 최적점이다.

첫 번째 조건이 왜 필요한지를 보기 위해, 점 $\boldsymbol{\theta}^*$에서 기울기가 0이 아니라고 해보자. 그러한 점에서 음의 기울기를 따라 작은 거리만큼 함수를 감소시킬 수 있으므로, 이는 최적이 아닐 것이다. 따라서 기울기는 반드시 0이어야 한다(비평활 함수의 경우, 최솟값에서 국소 부분 기울기^{subgradient}가 0이라는 것이 필요조건이다). 왜 영 기울기가 충분조건이 아닌지 알려면, 안정점은 국소 최솟값, 최댓값 또는 어떤 방향은 내리막을, 어떤 방향은 오르막을 가리키는 **안장점**^{saddle point}일 수 있음을 주지하라. 더 정확하게 말하자면, 안장점에서 헤세의 고윳값은 양수와 음수 모두일 것이다. 그러나 그 점에서 헤세가 양의 준정부호라면, 몇몇 방향은 오르막을 가리키는 한편, 다른 것들은 평평할 수도 있다. 게다가 헤세가 엄격하게 양의 정부호라면, 그곳은 '그릇'의 바닥이며 모든 방향이 오르막을 가리키고 이는 최솟값이 되기에 충분하다.

8.1.2 제약 대 비제약 최적화

비제약 최적화에서 최적화 과제는 모수 공간 Θ에서 손실을 최소화하는 임의의 값을 찾는 것으로 정의한다. 그러나 허용 가능한 값에 **제약**^{constraint} 집합을 갖는 일이 종종 있다. 제약 집합 $\mathcal{C}$를 **부등식 제약**^{inequality constraint} $g_j(\boldsymbol{\theta}) \leq 0 (j \in \mathcal{I}$에 대해)으로 그리고 **등식 제약**^{equality constraint} $h_k(\boldsymbol{\theta}) = 0 (j \in \mathcal{I}$에 대해)으로 분할하는 것이 표준이다. 예를 들어 합이 1이라는 제약은 등식 제약 $h(\boldsymbol{\theta}) = (1 - \sum_{i=1}^{D} \theta_i) = 0$, 그리고 모수의 비음성 제약은 $g_j(\boldsymbol{\theta}) = -\theta_i \leq 0$ 형식의 부등식 제약을 사용해 나타낼 수 있다.

실현 가능 집합^{feasible set}은 다음의 제약을 만족시키는 모수 공간의 부분집합으로 정의한다.

$$\mathcal{C} = \{\boldsymbol{\theta} : g_j(\boldsymbol{\theta}) \leq 0 : j \in \mathcal{I}, h_k(\boldsymbol{\theta}) = 0 : k \in \mathcal{E}\} \subseteq \mathbb{R}^D \tag{8.4}$$

이제 **제약 최적화**^{constrained optimization} 문제는 다음과 같다.

$$\boldsymbol{\theta}^* \in \operatorname*{argmin}_{\boldsymbol{\theta} \in \mathcal{C}} \mathcal{L}(\boldsymbol{\theta}) \tag{8.5}$$

$\mathcal{C} = \mathbb{R}^D$라면 이는 **비제약 최적화**^{unconstrained optimization}라 부른다.

제약의 추가는 함수의 최적점 개수를 변화시킬 수 있다. 예를 들어 이전에 유계가 아니었던(따라서 잘 정의된 전역 최댓값 또는 최솟값이 없는) 함수에 제약을 추가할 때, 그림 8.2가 보여주듯이 복수의 최댓값 또는 최솟값을 '취득'할 수 있다. 그러나 너무 많은 제약을 추가하면 실현 가능 집합이 공집합이 될 수도 있다. 실현 가능 집합에서 임의의 점을 (비용에 상관없이) 찾는 과제는 **실현 가능성 문제**^{feasibility problem}라 부른다. 이는 그 자체로 어려운 하위 문제일 수 있다.

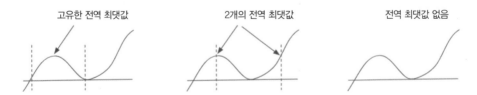

그림 8.2 비볼록 1차원 함수의 제약 최댓값을 보여준다. 수직 점선 사이의 영역은 실현 가능 집합을 나타낸다. (a) 함수가 실현 가능 집합 지지 사이에서 오목이므로 고유한 전역 최댓값이 존재한다. (b) 2개의 전역 최댓값이 존재하며, 둘 다 실현 가능 집합의 경계에서 나타난다. (c) 비제약의 경우 유계가 아니므로 전역 최댓값이 없다.

제약 문제를 푸는 보통의 전략은 각 제약을 얼마나 위반하는지 측정하는 불이익 항을 만드는 것이다. 그 뒤 이들 항을 목적 함수에 추가하고 비제약화 최적화 문제를 푼다. **라그랑주**Lagrangian는 그러한 목적 함수의 특별한 경우다(자세한 내용은 8.5절을 참고하라).

8.1.3 볼록 대 비볼록 최적화

볼록 최적화convex optimization에서 목적 함수는 볼록 집합에 대해 정의된 볼록 함수여야 한다(이러한 용어에 대한 정의는 8.1.3절을 참고하라). 그러한 문제에서 각 국소 최솟값은 또한 전역 최솟값이다. 그러므로 많은 모델이 그들의 목적 함수가 볼록이도록 디자인되어 있다.

8.1.3.1 볼록 집합

임의의 x, $x' \in S$에 대해 다음과 같다면, S는 **볼록 집합**convex set이다.

$$\lambda x + (1 - \lambda)x' \in S, \quad \forall\, \lambda \in [0, 1] \tag{8.6}$$

즉, x에서 x'으로 선을 그리면 선 위의 모든 점이 집합 안에 놓인다. 몇몇 볼록 및 비볼록 집합을 보여주는 그림 8.3을 참고하라.

8.1.3.2 볼록 함수

함수 f의 **그래프 윗부분**epigraph이(함수 위에 있는 점의 집합, 그림 8.4(a)가 보여준다) 볼록 집합을 정의한다면 이는 **볼록 함수**convex function라 말한다. 이와 동등하게, 함수 $f(x)$가 볼록 집합에서 정의되어 있으며 임의의 x, $y \in S$ 그리고 임의의 $0 \leq \lambda \leq 1$에 대해 다음과 같다면 볼록이라 부른다.

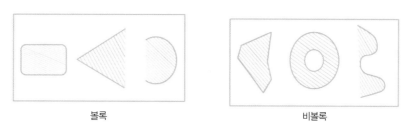

볼록   비볼록

그림 8.3 몇 가지 볼록 및 비볼록 집합을 보여준다.

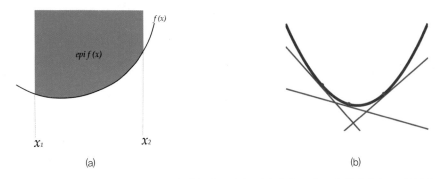

(a)   (b)

그림 8.4 (a) 함수의 그래프 윗부분을 보여준다. (b) 볼록 함수 $f(x)$에서 그래프의 윗부분을 **켤레 함수**(conjugate function) $f^*(\lambda) = \max_x \lambda x - f(x)$로부터 유도한 선형 하계로 정의된 반공간(half-space)의 교점으로 나타낼 수 있다.

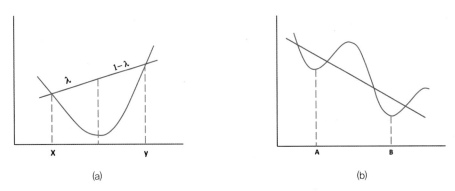

(a)   (b)

그림 8.5 (a) 볼록 함수를 보여준다. $(x, f(x))$에서 $(y, f(y))$를 연결하는 현이 함수 위에 놓여 있음을 볼 수 있다. (b) 볼록도 오목도 아닌 함수. **A**는 국소 최솟값이고, **B**는 전역 최솟값이다.

$$f(\lambda \boldsymbol{x} + (1 - \lambda)\boldsymbol{y}) \leq \lambda f(\boldsymbol{x}) + (1 - \lambda)f(\boldsymbol{y}) \tag{8.7}$$

그림 8.5(a)에서 볼록 함수의 1차원 예시를 보라. 부등식이 엄격하다면 함수가 **엄격하게 볼록하다**^{strictly convex}고 말한다. $-f(\boldsymbol{x})$가 볼록이라면 $f(\boldsymbol{x})$는 **오목**^{concave}이며, $-f(\boldsymbol{x})$가 엄격하게 볼록하다면 이는 **엄격하게 오목하다**^{strictly concave}. 그림 8.5(b)에서 1차원 함수가 볼록도 오목도 아닌 예시를 보라.

1차원 볼록 함수의 예시는 다음과 같다.

$$x^2$$

$$e^{ax}$$

$$-\log x$$

$$x^a, \ a > 1, x > 0$$

$$|x|^a, \ a \geq 1$$

$$x \log x, \ x > 0$$

8.1.3.3 볼록 함수의 특징화

직관적으로 볼록 함수는 그릇처럼 생겼다. 형식적으로, 다음의 중요한 결과는 증명 가능하다.

정리 8.1.1 $f : \mathbb{R}^n \to \mathbb{R}$가 도메인(정의역)에서 두 번 미분 가능하다고 해보자. 그러면 f는 모든 $\boldsymbol{x} \in$ $\text{dom}(f)$에 대해 $\mathbf{H} = \nabla^2 f(\boldsymbol{x})$가 오직 양의 준정부호라면(iff)(7.1.5.3절) 볼록이다. 추가로 $\mathbf{H}$가 양의 정부호라면 f는 엄격하게 볼록하다.

예를 들어 이차 형식을 고려해 보자.

$$f(\boldsymbol{x}) = \boldsymbol{x}^\mathsf{T} \mathbf{A} \boldsymbol{x} \tag{8.8}$$

이는 $\mathbf{A}$가 양의 준정부호라면 볼록하며, 양의 정부호라면 엄격하게 볼록하다. $\mathbf{A}$의 고윳값 부호가 섞여 있다면 이는 볼록도 오목도 아니다. 그림 8.6을 참고하라.

8.1.3.4 강하게 볼록한 함수

$m > 0$인 모수를 갖는 함수 f가 f의 도메인에서 모든 $\boldsymbol{x}$, $\boldsymbol{y}$에 대해 다음을 만족시킨다면 f가 **강하게 볼록하다**strongly convex고 한다.

$$(\nabla f(\boldsymbol{x}) - \nabla f(\boldsymbol{y}))^\mathsf{T} (\boldsymbol{x} - \boldsymbol{y}) \geq m||\boldsymbol{x} - \boldsymbol{y}||_2^2 \tag{8.9}$$

강하게 볼록한 함수는 또한 엄격하게 볼록하지만, 그 반대가 성립하지는 않는다.

함수 f가 두 번 연속으로 미분 가능하다면, 도메인 내 모든 $\boldsymbol{x}$에 대해 오직 $\nabla^2 f(\boldsymbol{x}) \succeq m\mathbf{I}$라면 (iff) 이는 모수 m에서 강한 볼록이다. 여기서 $\mathbf{I}$는 단위 행렬, $\nabla^2 f$는 헤세 행렬, 그리고 부등식 $\succeq$은 $\nabla^2 f(\boldsymbol{x}) - m\mathbf{I}$가 양의 준정부호임을 뜻한다. 이는 $\nabla^2 f(\boldsymbol{x})$의 가장 작은 고윳값이 모든 $\boldsymbol{x}$에 대해 적

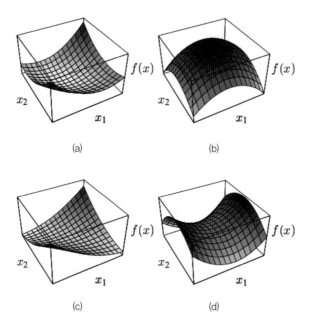

그림 8.6 2차원에서의 이차 형식 $f(\boldsymbol{x}) = \boldsymbol{x}^\mathsf{T}\mathbf{A}\boldsymbol{x}$. (a) $\mathbf{A}$가 양의 정부호이므로 f는 볼록이다. (b) $\mathbf{A}$가 음의 정부호이므로 f가 오목이다. (c) $\mathbf{A}$가 양의 준정부호이지만 특이이므로 f는 볼록이지만 엄격하게 그렇진 않다. (d) $\mathbf{A}$가 부정부호이므로 f는 볼록도 오목도 아니다. 면 중간의 안정점은 안장점이다. 출처: [She94]의 그림 5

어도 m일 필요가 있다는 것과 동등하다. 도메인이 단지 실수 선이라면, $\mathbf{V}^2 f(x)$는 단지 이차 도함수 $f''(x)$일 뿐이므로 조건은 $f''(x) \geq m$이 된다. $m = 0$이라면, 이는 헤세가 양의 준정부호임을 뜻하며(또는 도메인이 실수 선이라면 $f''(x) \geq 0$임을 뜻한다), 이는 함수가 볼록임을 암시하고, 아마도 엄격하게 볼록이지만 강하게 볼록은 아닐 수도 있다.

볼록, 엄격하게 볼록, 강하게 볼록 사이의 차이점은 다소 미묘하다. 이를 더 잘 이해하기 위해 f가 두 번 연속으로 미분 가능하며 도메인이 실수 선인 경우를 고려해 보자. 그러면 차이점은 다음과 같이 특징지을 수 있다.

- 모든 x에 대해 오직 $f''(x) \geq 0$이라면(iff) f가 볼록이다.
- 모든 x에 대해 오직 $f''(x) > 0$이라면 엄격하게 볼록이다(참고: 이는 필요조건이 아닌 충분조건이다).
- 모든 x에 대해 오직 $f''(x) \geq m > 0$이라면(iff) f가 강하게 볼록이다.

다음 함수

$$J(\boldsymbol{x}) = f(\boldsymbol{x}) - \frac{m}{2}||\boldsymbol{x}||^2 \tag{8.10}$$

가 오직 볼록이라면 f는 모수 m을 갖는 강하게 볼록인 함수임을 보일 수 있음을 주지하라.

8.1.4 평활 대 비평활 최적화

평활 최적화smooth optimization에서 목적 함수 및 제약은 연속적으로 미분 가능한 함수다. 평활한 함수에서 **립시츠 상수**Lipschitz constant를 사용해 평활성의 정도를 정량화할 수 있다. 1차원의 경우 이는 모든 실수 x_1과 x_2에 대해 다음을 만족시키는 임의의 상수 $L \geq 0$로 정의된다.

$$|f(x_1) - f(x_2)| \leq L|x_1 - x_2| \tag{8.11}$$

이는 그림 8.8이 보여준다. 주어진 상수 L에서, 함수 입력을 1 단위로 바꾸면 함수 출력은 L 이상으로 바뀔 수 없다. 이는 적절한 노름을 사용해 벡터 입력으로 일반화할 수 있다.

비평활 최적화nonsmooth optimization에서 목적 함수 또는 제약의 기울기가 잘 정의되지 않는 지점이 적어도 몇 개 존재한다. 예시는 그림 8.7을 참고하라. 일부 최적화 문제에서는 목적 함수를 평활한 항을 갖는 부분과 비평활한 항을 갖는 부분으로 분할할 수 있다.

$$\mathcal{L}(\boldsymbol{\theta}) = \mathcal{L}_s(\boldsymbol{\theta}) + \mathcal{L}_r(\boldsymbol{\theta}) \tag{8.12}$$

여기서 $\mathcal{L}_s$는 평활하며(미분 가능) $\mathcal{L}_r$은 비평활하다('울퉁불퉁rough함'). 이는 **합성 목적 함수**composite objective라고도 부른다. 머신러닝 응용에서 $\mathcal{L}_s$는 주로 훈련 집합 손실, $\mathcal{L}_r$은 $\boldsymbol{\theta}$의 ℓ_1 노름과 같은 정칙자다. 이러한 합성 구조는 다양한 알고리듬에서 활용된다.

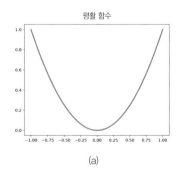

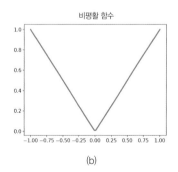

(a)

(b)

그림 8.7 (a) 평활한 1차원 함수, (b) 비평활 1차원 함수(원점에서 불연속이 존재한다). smooth-vs-nonsmooth-1d.ipynb로 생성했다.

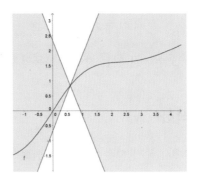

그림 8.8 립시츠 연속 함수 f에서 2개의 콘(흰색)이 존재한다. 이것의 원점은 f의 그래프를 따라 움직일 수 있으므로 전체 그래프는 언제나 2개의 콘 바깥에 머문다. 출처: https://en.wikipedia.org/wiki/Lipschitz_continuity. 위키피디아 저자 Taschee가 친절하게 사용을 허가했다.

8.1.4.1 부분 기울기

이 절에서는 도함수의 개념을 일반화하여 국소 불연속을 갖는 함수를 다룬다. 특히 몇몇 변수의 볼록 함수 $f : \mathbb{R}^n \rightarrow \mathbb{R}$에 대해, 모든 벡터 $z \in \mathrm{dom}(f)$에 대해 다음과 같다면 $g \in \mathbb{R}^n$가 $x \in \mathrm{dom}(f)$에서 f의 **부분 기울기**^{subgradient}라 한다.

$$f(z) \geq f(x) + g^{\mathsf{T}}(z - x) \tag{8.13}$$

그림 8.9가 보여주듯이 부분 기울기는 f가 한 점에서 미분 가능하지 않을 때라 하더라도 존재할 수 있음을 주지하라.

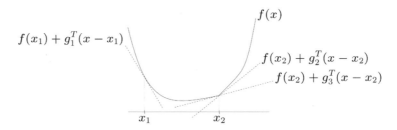

그림 8.9 부분 기울기를 보여준다. x_1에서 볼록 함수 f가 미분 가능하며, g_1(x_1에서 f의 도함수)은 x_1에서의 고유한 부분 기울기다. 점 x_2에서 f는 '구부러져(kink)' 있으므로 미분 가능하지 않다. 그러나 이 점에는 많은 부분 기울기가 존재하며, 2개를 보여주고 있다. 출처: https://web.stanford.edu/class/ee364b/lectures/subgradients_slides.pdf. 스티븐 보이드(Stephen Boyd)가 친절하게 사용을 허가했다.

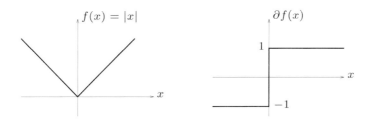

그림 8.10 절댓값 함수(왼쪽) 그리고 그것의 부분 미분(오른쪽). 출처: https://web.stanford.edu/class/ee364b/lectures/subgradients_slides.pdf. 스티븐 보이드가 친절하게 사용을 허가했다.

함수 f는 $\boldsymbol{x}$에서 적어도 하나의 부분 기울기가 존재한다면 $\boldsymbol{x}$에서 **부분 미분 가능**subdifferentiable하다고 말한다. 이러한 부분 기울기의 집합은 $\boldsymbol{x}$에서 f의 **부분 미분**subdifferential이라 부르며, $\partial f(\boldsymbol{x})$로 표시한다.

예를 들어, 절댓값 함수 $f(x) = |x|$를 고려해 보자. 부분 미분은 다음과 같이 주어진다.

$$\partial f(x) = \begin{cases} \{-1\} & x < 0\text{인 경우} \\ [-1, 1] & x = 0\text{인 경우} \\ \{+1\} & x > 0\text{인 경우} \end{cases} \tag{8.14}$$

여기서 $[-1, 1]$ 표기법은 -1과 1을 포함하는 그 사이의 어떠한 값을 의미한다. 그림 8.10을 참고하라.

8.2 일계법

이 절에서는 목적 함수의 **일계**first-order 도함수를 활용하는 반복적인 최적화 방법을 고려한다. 즉, 이는 어떤 방향이 '내리막'을 가리키는지 계산하지만 곡률 정보는 무시한다. 이러한 알고리듬 모두 사용자가 시작점 $\boldsymbol{\theta}_0$를 지정할 것을 요구한다. 그러면 각 반복 t에서 다음 형식의 업데이트를 수행한다.

$$\boldsymbol{\theta}_{t+1} = \boldsymbol{\theta}_t + \eta_t \boldsymbol{d}_t \tag{8.15}$$

여기서 η_t는 **단계 크기**step size 또는 **학습률**learning rate이라 하며, $\boldsymbol{d}_t$는 음의 **기울기**gradient와 같은, $\boldsymbol{g}_t = \nabla_{\boldsymbol{\theta}} \mathcal{L}(\theta)|_{\boldsymbol{\theta}_t}$로 주어지는 **하강 방향**descent direction이다. 이러한 업데이트 단계는 기울기가 0인 안정점

에 도달할 때까지 계속된다.

8.2.1 하강 방향

방향 d로 움직일 수 있는 충분히 작은(그러나 0은 아닌) 양 η가 있으며 함숫값이 줄어든다는 보장이 있으면 방향 d는 **하강 방향**^{descent direction}이라 말한다. 형식적으로, 모든 $0 < \eta < \eta_{\max}$에 대해 다음과 같은 $\eta_{\max} > 0$가 존재함을 필요로 한다.

$$\mathcal{L}(\boldsymbol{\theta} + \eta \boldsymbol{d}) < \mathcal{L}(\boldsymbol{\theta}) \tag{8.16}$$

현재 반복에서의 기울기 $\boldsymbol{\theta}_t$는 다음과 같이 주어진다.

$$\boldsymbol{g}_t \triangleq \nabla \mathcal{L}(\boldsymbol{\theta})|_{\boldsymbol{\theta}_t} = \nabla \mathcal{L}(\boldsymbol{\theta}_t) = \boldsymbol{g}(\boldsymbol{\theta}_t) \tag{8.17}$$

이는 f에서 최대 증가 방향을 가리키므로, 음의 기울기는 하강 방향이다. d와 $-\boldsymbol{g}_t$ 사이의 각도 θ가 90도보다 작으면서 다음을 만족시키면, 임의의 방향 d 또한 하강 방향임을 보일 수 있다.

$$\boldsymbol{d}^{\mathsf{T}} \boldsymbol{g}_t = ||\boldsymbol{d}|| \, ||\boldsymbol{g}_t|| \, \cos(\theta) < 0 \tag{8.18}$$

가장 최적의 선택은 $\boldsymbol{d}_t = -\boldsymbol{g}_t$를 고르는 것으로 보인다. 이는 **최급 하강**^{steepest descent} 방향이라 한다. 그러나 이는 꽤 느릴 수 있으며 나중에 더 빠른 버전을 고려한다.

8.2.2 단계 크기(학습률)

머신러닝에서 단계 크기 $\{\eta_t\}$의 시퀀스는 **학습률 스케줄**^{learning rate schedule}이라 부른다. 이를 고르는 방법은 널리 알려진 것이 몇 가지 있으며, 아래에서 논의한다(확률적 최적화를 위한 스케줄을 논의하는 8.4.3절도 참고하라).

8.2.2.1 상수 단계 크기

가장 단순한 방법은 상수 단계 크기 $\eta_t = \eta$를 사용하는 것이다. 그러나 너무 크다면 방법이 수렴에 실패할 것이며, 너무 작다면 방법이 수렴을 하지만 매우 느리게 할 것이다.

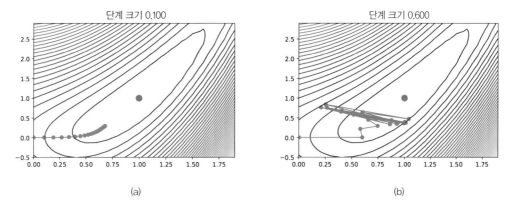

그림 8.11 단순한 볼록 함수에서의 최급 하강. (0, 0)에서 시작하는 20단계의 고정된 단계 크기를 사용한다. 전역 최솟값은 (1, 1)에 있다. (a) $\eta = 0.1$. (b) $\eta = 0.6$. steepestDescentDemo.ipynb로 생성했다.

예를 들어 볼록 함수를 고려해 보자.

$$\mathcal{L}(\boldsymbol{\theta}) = 0.5(\theta_1^2 - \theta_2)^2 + 0.5(\theta_1 - 1)^2 \tag{8.19}$$

하강 방향 $\boldsymbol{d}_t = -\boldsymbol{g}_t$를 고르자. 그림 8.11은 (0, 0)부터 시작하는 고정된 단계 크기로 이러한 하강 방향을 사용하면 어떻게 되는지 보여준다. 그림 8.11(a)에서 작은 단계 크기 $\eta = 0.1$을 사용한다. 반복이 계곡을 따라 느리게 움직임을 볼 수 있다. 그림 8.11(b)에서 더 큰 단계 크기 $\eta = 0.6$을 사용한다. 반복이 계곡의 위아래를 진동하기 시작하면서, 이것이 볼록 문제임에도 불구하고 최적점으로 절대 수렴하지 않음을 볼 수 있다.

몇몇 경우 사용할 수 있는 최대 단계 크기의 이론적인 상계를 유도할 수 있다. 예를 들어 $\mathbf{A} \succeq \mathbf{0}$인 이차 목적 함수 $\mathcal{L}(\boldsymbol{\theta}) = \frac{1}{2}\boldsymbol{\theta}^{\mathsf{T}}\mathbf{A}\boldsymbol{\theta} + \boldsymbol{b}^{\mathsf{T}}\boldsymbol{\theta} + c$를 고려해 보자. 단계 크기가 오직 다음을 만족시킨다면(iff) 최급 하강이 전역 수렴을 가짐을 보일 수 있다.

$$\eta < \frac{2}{\lambda_{\max}(\mathbf{A})} \tag{8.20}$$

여기서 $\lambda_{\max}(\mathbf{A})$는 $\mathbf{A}$의 가장 큰 고윳값이다. 계곡 아래로 굴러가는 공을 생각해 보면 그 이유를 직관적으로 이해할 수 있다. 우리는 이것이, 가장 큰 고윳값으로 측정하는 가장 가파른 방향의 기울기보다 더 큰 단계를 취하지 않기를 원한다(3.2.2절 참고).

더 일반적으로는, L이 기울기의 립시츠 상수일 때(8.1.4절) $\eta < 2/L$이라 두면 수렴을 보장한

다. 이 상수는 일반적으로 알려져 있지 않으므로 보통 단계 크기를 조정해야 하며, 아래에서 논의한다.

8.2.2.2 라인 검색

최적 단계 크기는 1차원 최소화 문제를 풀어 선택한 방향을 따라 목적 함수를 최대로 줄이는 값을 찾아서 알아낼 수 있다.

$$\eta_t = \underset{\eta>0}{\operatorname{argmin}} \, \phi_t(\eta) = \underset{\eta>0}{\operatorname{argmin}} \, \mathcal{L}(\boldsymbol{\theta}_t + \eta \boldsymbol{d}_t) \tag{8.21}$$

이는 $\boldsymbol{d}_t$로 정의된 선을 따라 검색하므로 **라인 검색**^{line search}이라 한다.

손실 함수가 볼록이라면 이 하위 문제 또한 볼록이다. 왜냐하면 $\phi_t(\eta) = \mathcal{L}(\boldsymbol{\theta}_t + \eta \boldsymbol{d}_t)$가 고정된 $\boldsymbol{\theta}_t$와 $\boldsymbol{d}_t$에 대해 η의 아핀 함수의 볼록 함수이기 때문이다. 예를 들어, 다음과 같은 이차 손실을 고려해 보자.

$$\mathcal{L}(\boldsymbol{\theta}) = \frac{1}{2} \boldsymbol{\theta}^\mathsf{T} \mathbf{A} \boldsymbol{\theta} + \boldsymbol{b}^\mathsf{T} \boldsymbol{\theta} + c \tag{8.22}$$

ϕ의 도함수를 계산하면 다음과 같다.

$$\frac{d\phi(\eta)}{d\eta} = \frac{d}{d\eta} \left[\frac{1}{2}(\boldsymbol{\theta} + \eta \boldsymbol{d})^\mathsf{T} \mathbf{A}(\boldsymbol{\theta} + \eta \boldsymbol{d}) + \boldsymbol{b}^\mathsf{T}(\boldsymbol{\theta} + \eta \boldsymbol{d}) + c \right] \tag{8.23}$$

$$= \boldsymbol{d}^\mathsf{T} \mathbf{A}(\boldsymbol{\theta} + \eta \boldsymbol{d}) + \boldsymbol{d}^\mathsf{T} \boldsymbol{b} \tag{8.24}$$

$$= \boldsymbol{d}^\mathsf{T}(\mathbf{A}\boldsymbol{\theta} + \boldsymbol{b}) + \eta \boldsymbol{d}^\mathsf{T} \mathbf{A} \boldsymbol{d} \tag{8.25}$$

$\frac{d\phi(\eta)}{d\eta} = 0$에 대해 풀면

$$\eta = -\frac{\boldsymbol{d}^\mathsf{T}(\mathbf{A}\boldsymbol{\theta} + \boldsymbol{b})}{\boldsymbol{d}^\mathsf{T} \mathbf{A} \boldsymbol{d}} \tag{8.26}$$

최적의 단계 크기를 사용하는 것은 **정확한 라인 검색**^{exact line search}이라 한다. 그러나 보통은 매우 정확할 필요는 없다. 식 (8.21)을 푸는 데 너무 많은 시간을 쓰지 않고 목적 함수를 충분히 줄이도록 시도하는 **아미호 역추적법**^{Armijo backtracking method}과 같은 여러 방법이 존재한다. 특히 현재의 단계 크기로(또는 어떠한 최댓값으로) 시작한 뒤, **아미호-골드스테인**^{Armijo-Goldstein} 테스트라고 하는 다음의 조

건을 만족시킬 때까지 각 단계에서 $0 < \beta < 1$ 인자만큼 줄일 수 있다.

$$\mathcal{L}(\boldsymbol{\theta}_t + \eta \boldsymbol{d}_t) \leq \mathcal{L}(\boldsymbol{\theta}_t) + c\eta \boldsymbol{d}_t^\mathsf{T} \nabla \mathcal{L}(\boldsymbol{\theta}_t) \tag{8.27}$$

여기서 $c \in [0,\, 1]$는 상수이며, 통상적으로 $c = 10^{-4}$이다. 현실에서는 라인 검색의 초기화 및 역추적을 어떻게 하는지가 성능에 크게 영향을 미친다. 자세한 내용은 [NW06, 3.1절]을 참고하라.

8.2.3 수렴률

우리는 (국소) 최적점으로 빠르게 수렴하는 최적화 알고리듬을 찾고자 한다. 기울기가 유계가 있는 립시츠 상수를 갖는 특정한 볼록 문제에서, 경사하강이 **선형 비율**linear rate로 수렴함을 보이는 것이 가능하다. 이는 다음을 만족시키는 숫자 $0 < \mu < 1$가 존재함을 뜻한다.

$$|\mathcal{L}(\boldsymbol{\theta}_{t+1}) - \mathcal{L}(\boldsymbol{\theta}_*)| \leq \mu |\mathcal{L}(\boldsymbol{\theta}_t) - \mathcal{L}(\boldsymbol{\theta}_*)| \tag{8.28}$$

여기서 μ는 **수렴률**rate of convergence이라 부른다.

단순한 문제에서는 수렴률을 명시적으로 유도할 수 있다. 예를 들어, $\mathbf{A} \succ 0$인 이차 목적 함수 $\mathcal{L}(\boldsymbol{\theta}) = \frac{1}{2}\boldsymbol{\theta}^\mathsf{T}\mathbf{A}\boldsymbol{\theta} + \boldsymbol{b}^\mathsf{T}\boldsymbol{\theta} + c$를 고려해 보자. 정확한 라인 검색으로 최급 하강을 사용한다고 해보자. 수렴률은 다음과 같이 주어짐을 보일 수 있다(예: [Ber15] 참고).

$$\mu = \left(\frac{\lambda_{\max} - \lambda_{\min}}{\lambda_{\max} + \lambda_{\min}}\right)^2 \tag{8.29}$$

여기서 $\lambda_{\max}$는 $\mathbf{A}$의 가장 큰 고윳값이며 $\lambda_{\min}$은 가장 작은 고윳값이다. 이는 $\mu = \left(\frac{\kappa-1}{\kappa+1}\right)^2$으로 다시 쓸 수 있으며, $\kappa = \frac{\lambda_{\max}}{\lambda_{\min}}$는 $\mathbf{A}$의 조건수다. 직관적으로 조건수는 공간이 대칭적인 '그릇'으로부터 얼마나 멀리 떨어져 있느냐는 측면에서 얼마나 '치우쳐skewed' 있는지를 측정한다(조건수에 대한 정보는 7.1.4.4절을 참고하라).

그림 8.12는 수렴률에 대한 조건수의 영향을 보여준다. 왼쪽은 $\mathbf{A} = [20, 5; 5, 2]$, $\boldsymbol{b} = [-14; -6]$, $c = 10$일 때의 예시를 보여준다. 따라서 $\kappa(\mathbf{A}) = 30.234$이다. 오른쪽은 $\mathbf{A} = [20, 5; 5, 16]$, $\boldsymbol{b} = [-14; -6]$, $c = 10$, 따라서 $\kappa(\mathbf{A}) = 1.8541$인 예시를 보여준다. 최급 하강이 조건수가 더 작은 문제에서 훨씬 더 빠르게 수렴함을 볼 수 있다.

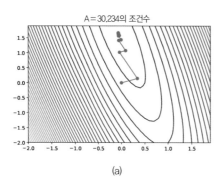
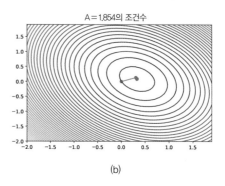

그림 8.12 조건수 κ가 정확한 라인 검색으로 된 최급 하강의 수렴 속도에 미치는 영향을 보여준다. (a) κ가 큼, (b) κ가 작음. lineSearchConditionNum.ipynb로 생성했다.

더욱 일반적인 경우의 이차가 아닌non-quadratic 함수에서, 목적 함수는 국소 최적점 주변에서 국소적으로 이차인 경우가 많을 것이다. 따라서 수렴률은 그 점에서의 헤세의 조건수 $\kappa(\mathbf{H})$에 의존한다. 8.3절에서 논의하듯이, 수렴 속도는 각 단계에서의 대리 목적 함수를(또는 모델을) 최적화하여 개선할 수 있는 경우가 많다. 이 함수는 목적 함수의 헤세 행렬과 가까운 헤세 행렬을 갖는다.

라인 검색은 잘 동작하지만, 그림 8.12에서 볼 수 있듯이 정확한 라인 검색으로 하는 최급 하강의 경로는 특징적인 **지그재그**zig-zag 움직임을 보이며, 이는 비효율적이다. 이 문제는 **켤레 기울기**conjugate gradient 하강이라는 방법을 사용해 극복할 수 있다(예: [She94] 참고).

8.2.4 운동량 방법

경사하강은 그림 8.11에서 보여주듯이 손실의 평평한 영역을 따라 매우 느리게 움직일 수 있다. 아래에서 이에 대한 해법을 본다.

8.2.4.1 운동량

무거운 공heavy ball 또는 **운동량**momentum 방법[Ber99]이라 하는 단순한 휴리스틱은 내리막을 굴러가는 공과 같이 이전에 좋았던 방향을 따라 빠르게 움직이며, 기울기가 갑자기 바뀌는 방향을 따라서는 느리게 움직인다. 이는 다음과 같이 구현할 수 있다.

$$\boldsymbol{m}_t = \beta \boldsymbol{m}_{t-1} + \boldsymbol{g}_{t-1} \tag{8.30}$$

$$\boldsymbol{\theta}_t = \boldsymbol{\theta}_{t-1} - \eta_t \boldsymbol{m}_t \tag{8.31}$$

여기서 $\boldsymbol{m}_t$는 운동량이며(질량 곱하기 속도) $0 < \beta < 1$이다. β의 값은 통상적으로 0.9이다. $\beta = 0$이면 방법은 경사하강으로 수축된다.

$\boldsymbol{m}_t$는 마치 과거 기울기의 지수 가중 이동평균과 같음을 볼 수 있다(4.4.2.2절 참고).

$$\boldsymbol{m}_t = \beta \boldsymbol{m}_{t-1} + \boldsymbol{g}_{t-1} = \beta^2 \boldsymbol{m}_{t-2} + \beta \boldsymbol{g}_{t-2} + \boldsymbol{g}_{t-1} = \cdots = \sum_{\tau=0}^{t-1} \beta^\tau \boldsymbol{g}_{t-\tau-1} \tag{8.32}$$

과거 기울기가 상수, 말하자면 $\boldsymbol{g}$라면 이는 다음과 같이 단순화된다.

$$\boldsymbol{m}_t = \boldsymbol{g} \sum_{\tau=0}^{t-1} \beta^\tau \tag{8.33}$$

스케일링 인자는 기하급수이며, 이것의 무한합은 다음과 같이 주어진다.

$$1 + \beta + \beta^2 + \cdots = \sum_{i=0}^{\infty} \beta^i = \frac{1}{1-\beta} \tag{8.34}$$

그러므로 극한에서 기울기를 $1/(1-\beta)$로 곱한다. 예를 들어, $\beta = 0.9$라면 기울기를 10만큼 업스케일링한다.

모수를 가장 최근의 기울기 $\boldsymbol{g}_{t-1}$이 아닌 기울기 평균 $\boldsymbol{m}_{t-1}$을 사용해 업데이트하므로, 과거 기울기가 현재에 일부 영향을 나타냄을 볼 수 있다. 게다가 운동량을 8.4절에서 논의하는 SGD와 조합하면, 더 큰 미니배치의 영향을 계산 비용 없이 시뮬레이션할 수 있음을 볼 것이다.

8.2.4.2 네스테로프 운동량

표준 운동량법의 문제 중 하나는, 계곡의 바닥에서 충분히 느려지지 않아서 진동을 야기할 수도 있다는 점이다. [Nes04]의 **네스테로프 가속 기울기**^{Nesterov accelerated gradient} 방법은 대신에 경사하강이 다음과 같이 외삽^{extrapolation} 단계를 포함하도록 수정한다.

$$\tilde{\boldsymbol{\theta}}_{t+1} = \boldsymbol{\theta}_t + \beta(\boldsymbol{\theta}_t - \boldsymbol{\theta}_{t-1}) \tag{8.35}$$

$$\boldsymbol{\theta}_{t+1} = \tilde{\boldsymbol{\theta}}_{t+1} - \eta_t \nabla \mathcal{L}(\tilde{\boldsymbol{\theta}}_{t+1}) \tag{8.36}$$

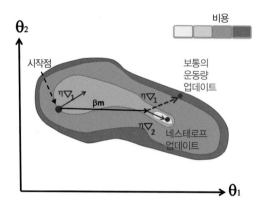

그림 8.13 네스테로프 업데이트를 보여준다. 출처: [Gér19]의 그림 11.6

이는 그림 8.13에서 보여주듯이 근본적으로 한 단계 '미리 보는' 형식으로, 진동의 양을 줄일 수 있다.

네스테로프 가속 기울기는 또한 표준 운동량과 같은 형식으로 다시 쓸 수도 있다. 이 경우 운동 량 항은 예측된 새로운 위치에서의 기울기를 사용해 업데이트된다.

$$m_{t+1} = \beta m_t - \eta_t \nabla \mathcal{L}(\theta_t + \beta m_t) \tag{8.37}$$

$$\theta_{t+1} = \theta_t + m_{t+1} \tag{8.38}$$

이는 왜 네스테로프 가속 기울기법을 때때로 네스테로프 운동량이라 부르는지 설명해 준다. 또한 이 방법이 어떻게 표준 운동량보다 빠를 수 있는지도 보여준다. 운동량 벡터가 이미 대략적으로 올 바른 방향을 가리키고 있으므로, 현재 위치 θ_t 대신에 새로운 위치에서의 기울기 $\theta_t + \beta m_t$를 측정 하는 것이 더 정확할 수 있다.

네스테로프 가속 기울기법은 β와 η_t를 적절하게 선택하면 볼록 함수에서 아마도 최급 하강보다 빠를 것이다. 이를 '가속'이라 부르는 이유는 이러한 개선된 수렴률 때문이다. 이 수렴률은 목적 함 수가 볼록이고 립시츠 연속 기울기를 가질 때 일계 정보만을 사용하는 기울기 기반 방법에서 최적 이다. 그러나 현실에서는 네스테로프 운동량을 사용하면 최급 하강보다 느릴 수 있으며, β 또는 η_t 를 잘못 지정하면 심지어 불안정할 수 있다.

8.3 이계법

기울기만을 사용하는 최적화 알고리듬은 **일계**first-order법이라 부른다. 이들은 기울기 계산 및 저장 비용이 저렴하다는 장점이 있지만 공간의 곡률을 모델링하지 않으며, 따라서 그림 8.12에서 보듯이 느리게 수렴할 수 있다. **이계**second-order 최적화법은 여러 방법으로 곡률을 포함시키며(예를 들어 헤세를 통해), 이는 더 빠른 수렴을 내놓을 수도 있다. 이들 방법은 아래에서 논의한다.

8.3.1 뉴턴법

전통적인 이계법으로 **뉴턴법**Newton's method이 있다. 이는 다음 형식과 같은 업데이트로 되어 있다.

$$\boldsymbol{\theta}_{t+1} = \boldsymbol{\theta}_t - \eta_t \mathbf{H}_t^{-1} \boldsymbol{g}_t \tag{8.39}$$

여기서

$$\mathbf{H}_t \triangleq \nabla^2 \mathcal{L}(\boldsymbol{\theta})|_{\boldsymbol{\theta}_t} = \nabla^2 \mathcal{L}(\boldsymbol{\theta}_t) = \mathbf{H}(\boldsymbol{\theta}_t) \tag{8.40}$$

는 양의 정부호라 가정하여 업데이트가 잘 정의됨을 보장한다. 뉴턴법의 유사코드는 알고리듬 1에서 제공한다. 직관적으로 이것이 경사하강보다 빠른 이유는, 역행렬 $\mathbf{H}^{-1}$가 국소적인 곡률에서의 어떠한 치우침이든지 '무효로 만들어', 그림 8.12(a)의 토폴로지를 그림 8.12(b)로 변환하기 때문이다.

알고리듬 1: 함수 최소화를 위한 뉴턴법

---

1 $\boldsymbol{\theta}_0$를 초기화한다.
2 $t = 1, 2, \ldots$에 대해 수렴할 때까지 다음을 한다.
3 | $\boldsymbol{g}_t = \nabla \mathcal{L}(\boldsymbol{\theta}_t)$ 값매김
4 | $\mathbf{H}_t = \nabla^2 \mathcal{L}(\boldsymbol{\theta}_t)$ 값매김
5 | $\boldsymbol{d}_t$에 대해 $\mathbf{H}_t \boldsymbol{d}_t = -\boldsymbol{g}_t$를 푼다.
6 | 라인 검색을 사용해 $\boldsymbol{d}_t$를 따라 단계 크기 η_t를 찾는다.
7 | $\boldsymbol{\theta}_{t+1} = \boldsymbol{\theta}_t + \eta_t \boldsymbol{d}_t$

이 알고리듬은 다음과 같이 유도할 수 있다. $\boldsymbol{\theta}_t$ 주변에서 $\mathcal{L}(\boldsymbol{\theta})$의 이계 테일러 급수 근사를 만드

는 것을 고려해 보자.

$$\mathcal{L}_{\text{quad}}(\boldsymbol{\theta}) = \mathcal{L}(\boldsymbol{\theta}_t) + \boldsymbol{g}_t^\mathsf{T}(\boldsymbol{\theta} - \boldsymbol{\theta}_t) + \frac{1}{2}(\boldsymbol{\theta} - \boldsymbol{\theta}_t)^\mathsf{T}\mathbf{H}_t(\boldsymbol{\theta} - \boldsymbol{\theta}_t) \tag{8.41}$$

$\mathcal{L}_{\text{quad}}$의 최솟값은 다음에 있다.

$$\boldsymbol{\theta} = \boldsymbol{\theta}_t - \mathbf{H}_t^{-1}\boldsymbol{g}_t \tag{8.42}$$

따라서 이차 근사가 좋은 것이라면, $\boldsymbol{d}_t = -\mathbf{H}_t^{-1}\,\boldsymbol{g}_t$를 하강 방향으로 골라야 한다. 그림 8.14(a)를 참고하라. '순수' 뉴턴법에서는 단계 크기로 $\eta_t = 1$을 사용함을 주지하라. 그러나 최적 단계 크기를 찾기 위해 라인 검색을 사용할 수도 있다. 이는 더욱 로버스트한 경향이 있다. 왜냐하면 $\eta_t = 1$을 사용하면 언제나 전역적으로 수렴하지는 않을 수도 있기 때문이다.

이 방법을 선형 회귀에 적용하면, 한 번의 단계로 최적점을 얻을 수 있다. 왜냐하면 $\mathbf{H} = \mathbf{X}^\mathsf{T}\mathbf{X}$ 그리고 $\boldsymbol{g} = \mathbf{X}^\mathsf{T}\mathbf{X}\boldsymbol{w} - \mathbf{X}^\mathsf{T}\boldsymbol{y}$가 있으므로, 뉴턴 업데이트가 다음이 되기 때문이다.

$$\boldsymbol{w}_1 = \boldsymbol{w}_0 - \mathbf{H}^{-1}\boldsymbol{g} = \boldsymbol{w}_0 - (\mathbf{X}^\mathsf{T}\mathbf{X})^{-1}(\mathbf{X}^\mathsf{T}\mathbf{X}\boldsymbol{w}_0 - \mathbf{X}^\mathsf{T}\boldsymbol{y}) = \boldsymbol{w}_0 - \boldsymbol{w}_0 + (\mathbf{X}^\mathsf{T}\mathbf{X})^{-1}\mathbf{X}^\mathsf{T}\boldsymbol{y} \tag{8.43}$$

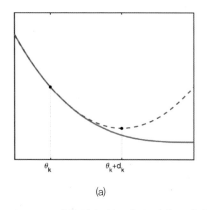

(a)

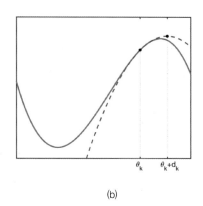

(b)

그림 8.14 1차원 함수 최소화를 위한 뉴턴법을 보여준다. (a) 실곡선은 함수 $\mathcal{L}(x)$이다. 점선 $\mathcal{L}_{\text{quad}}(\theta)$는 θ_t에서의 이계 근사다. 뉴턴 단계 d_t는 반드시 θ_t를 더하여 $\mathcal{L}_{\text{quad}}(\theta)$의 최솟값을 얻어야 한다. 출처: [Van06]의 그림 13.4. newtonsMethodMinQuad.ipynb로 생성했다. (b) 비볼록 함수에 적용한 뉴턴법을 보여준다. 현재 지점 θ_t 주변에 이차 함수를 적합시키고, 그것의 안정점 $\theta_{t+1} = \theta_t + d_t$로 이동한다. 안타깝게도 이는 f의 최솟값이 아닌 최댓값이 된다. 이는 이차 근사의 정도를 조심스럽게 접근해야 함을 뜻한다. 출처: [Van06]의 그림 13.11. newtonsMethodNonConvex.ipynb로 생성했다.

이는 OLS 추정값이다. 그러나 10.2.6절에서 논의하듯이, 이를 로지스틱 회귀에 적용할 때 전역 최적점으로 수렴하는 데 몇 번의 반복을 취할 수도 있다.

8.3.2 BFGS 및 그 밖의 준뉴턴법

때때로 **변수 계량**variable metric법이라 부르는 **준뉴턴**quasi-Newton법은, 각 단계에서의 기울기 벡터로부터 모은 정보를 사용해 헤세 행렬을 반복적으로 근사시킨다. 가장 일반적인 방법은 BFGS이며(공동으로 만든 개발자 Broyden, Fletcher, Goldfarb, Shanno의 이름을 따랐다), 다음과 같이 헤세 행렬 $\mathbf{B}_t \approx \mathbf{H}_t$의 근사를 업데이트한다.

$$\mathbf{B}_{t+1} = \mathbf{B}_t + \frac{\boldsymbol{y}_t \boldsymbol{y}_t^\mathsf{T}}{\boldsymbol{y}_t^\mathsf{T} \boldsymbol{s}_t} - \frac{(\mathbf{B}_t \boldsymbol{s}_t)(\mathbf{B}_t \boldsymbol{s}_t)^\mathsf{T}}{\boldsymbol{s}_t^\mathsf{T} \mathbf{B}_t \boldsymbol{s}_t} \tag{8.44}$$

$$\boldsymbol{s}_t = \boldsymbol{\theta}_t - \boldsymbol{\theta}_{t-1} \tag{8.45}$$

$$\boldsymbol{y}_t = \boldsymbol{g}_t - \boldsymbol{g}_{t-1} \tag{8.46}$$

이는 행렬의 2계수rank-two 업데이트다. $\mathbf{B}_0$가 양의 정부호이며 단계 크기 η를 식 (8.27)의 아미호 조건 및 다음의 곡률 조건 모두를 만족시키는 라인 검색을 통해 선택한다면,

$$\nabla \mathcal{L}(\boldsymbol{\theta}_t + \eta \boldsymbol{d}_t) \geq c_2 \eta \boldsymbol{d}_t^\mathsf{T} \nabla \mathcal{L}(\boldsymbol{\theta}_t) \tag{8.47}$$

$\mathbf{B}_{t+1}$은 양의 정부호로 남아 있는다. 상수 c_2는 $(c, 1)$ 내에서 선택하며, 여기서 c는 식 (8.27)의 조정 가능한 모수다. 단계 크기 조건 2개는 함께 **울페 조건**Wolfe condition이라 한다. 통상적으로 대각 근사 $\mathbf{B}_0 = \mathbf{I}$로 시작한다. 그러므로 BFGS는 헤세 행렬의 '대각 더하기 저계수' 근사로 생각할 수 있다.

아니면 BFGS는 다음과 같이 헤세의 역행렬 $\mathbf{C}_t \approx \mathbf{H}_t^{-1}$의 근사를 반복적으로 업데이트할 수 있다.

$$\mathbf{C}_{t+1} = \left(\mathbf{I} - \frac{\boldsymbol{s}_t \boldsymbol{y}_t^\mathsf{T}}{\boldsymbol{y}_t^\mathsf{T} \boldsymbol{s}_t} \right) \mathbf{C}_t \left(\mathbf{I} - \frac{\boldsymbol{y}_t \boldsymbol{s}_t^\mathsf{T}}{\boldsymbol{y}_t^\mathsf{T} \boldsymbol{s}_t} \right) + \frac{\boldsymbol{s}_t \boldsymbol{s}_t^\mathsf{T}}{\boldsymbol{y}_t^\mathsf{T} \boldsymbol{s}_t} \tag{8.48}$$

헤세 행렬 근사를 저장하는 데 여전히 $O(D^2)$ 공간이 필요하므로, 문제가 매우 크면 **제한된 메모리 BFGS**limited memory BFGS, 즉 L-BFGS를 사용할 수 있다. 이때 가장 최근의 M개 $(\boldsymbol{s}_t, \boldsymbol{y}_t)$ 쌍만을 사용하고 오래된 정보는 버림으로써 근사의 계수를 통제한다. $\mathbf{B}_t$를 명시적으로 저장하는 대신에, 단

지 이들 벡터를 메모리에 저장한 뒤, 저장된 s_t와 y_t 벡터로 일련의 내적을 수행하여 $\mathbf{H}_t^{-1}\,g_t$를 근사한다. 저장 요구조건은 따라서 $O(MD)$이다. 통상적으로 M을 5~20 사이에서 선택하면 좋은 성능을 내는 데 충분하다[NW06, p177].

싸이킷런은 로지스틱 회귀에 LBFGS를 기본 솔버로 사용함을 주지하라.[1]

8.3.3 신뢰 영역법

목적 함수가 비볼록이라면 헤세 $\mathbf{H}_t$는 양의 정부호가 아닐 수 있으므로, $d_t = -\mathbf{H}_t^{-1}\,g_t$가 하강 방향이 아닐 수도 있다. 이는 그림 8.14(b)에서 1차원으로 보여주며, 뉴턴법이 국소 최솟값이 아닌 국소 최댓값에 도달할 수 있음을 보여준다.

일반적으로 뉴턴법이 만든 이차 근사가 유효하지 않을 때마다 우리는 문제에 빠지게 된다. 그러나 보통 목적 함수를 이차 근사로 안전하게 근사할 수 있는, 현재 반복 주변의 국소 영역이 존재한다. 이 영역을 $\mathcal{R}_t$라 부르고, $M(\boldsymbol{\delta})$는 목적 함수에 대한 모델(또는 근사)이라 부르자. 여기서 $\boldsymbol{\delta} = \boldsymbol{\theta} - \boldsymbol{\theta}_t$이다. 그러면 각 단계에서 다음을 풀 수 있다.

$$\boldsymbol{\delta}^* = \underset{\boldsymbol{\delta} \in \mathcal{R}_t}{\operatorname{argmin}}\, M_t(\boldsymbol{\delta}) \tag{8.49}$$

이는 **신뢰 영역 최적화**trust-region optimization라 부른다(이는 방향을 고른 뒤 최적 거리에 대해 푸는 것이 아닌, $\mathcal{R}_t$를 통해 정한 돌아다닐 거리를 고른 뒤에 최적 방향에 대해 푼다는 측면에서 라인 검색의 '반대'로 볼 수 있다).

보통 $M_t(\boldsymbol{\delta})$가 이차 근사라 가정한다.

$$M_t(\boldsymbol{\delta}) = \mathcal{L}(\boldsymbol{\theta}_t) + g_t^\top \boldsymbol{\delta} + \frac{1}{2}\boldsymbol{\delta}^\top \mathbf{H}_t \boldsymbol{\delta} \tag{8.50}$$

여기서 $g_t = \nabla_{\boldsymbol{\theta}}\mathcal{L}(\boldsymbol{\theta})|_{\boldsymbol{\theta}_t}$는 기울기, $\mathbf{H}_t = \nabla_{\boldsymbol{\theta}}^2\mathcal{L}(\boldsymbol{\theta})|_{\boldsymbol{\theta}_t}$는 헤세 행렬이다. 추가로 $\mathcal{R}_t$는 공의 반지름, 즉 $\mathcal{R}_t = \{\boldsymbol{\delta} : ||\boldsymbol{\delta}||_2 \leq r\}$이라 가정하는 것이 보통이다. 이를 사용해 다음과 같이 제약 문제를 비제약 문제로, 반지름 r에 의존하는 라그랑주 승수 $\lambda > 0$에 대해 변환할 수 있다.

$$\boldsymbol{\delta}^* = \underset{\boldsymbol{\delta}}{\operatorname{argmin}}\, M(\boldsymbol{\delta}) + \lambda||\boldsymbol{\delta}||_2^2 = \underset{\boldsymbol{\delta}}{\operatorname{argmin}}\, g^\top \boldsymbol{\delta} + \frac{1}{2}\boldsymbol{\delta}^\top (\mathbf{H} + \lambda\mathbf{I})\boldsymbol{\delta} \tag{8.51}$$

---

1 https://scikit-learn.org/stable/modules/generated/sklearn.linear_model.LogisticRegression.html 참고

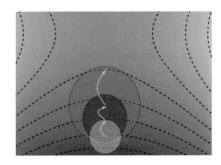

그림 8.15 신뢰 영역 접근법을 보여준다. 쇄선은 원본 비볼록 목적 함수의 윤곽을 나타낸다. 원은 연속적인 이차 근사를 나타낸다. 출처: [Pas14]의 그림 4.2. 라즈반 파스카누(Razvan Pascanu)가 친절하게 사용을 허가했다.

(라그랑주 승수에 관한 논의는 8.5.1절을 참고하라.) 이는 다음을 사용해 풀 수 있다.

$$\boldsymbol{\delta} = -(\mathbf{H} + \lambda\mathbf{I})^{-1}\boldsymbol{g} \tag{8.52}$$

이는 **티코노프 감쇠**^{Tikhonov damping} 또는 **티코노프 정칙화**^{Tikhonov regularization}라 부른다. 그림 8.15를 참고하라.

$\mathbf{H}$에 충분히 큰 $\lambda\mathbf{I}$를 더하면 결과 행렬이 언제나 양의 정부호가 됨을 보장함을 주지하라. $\lambda \to 0$이 됨에 따라 이러한 신뢰 영역 방법은 뉴턴법으로 축소되지만, λ가 충분히 크면 이는 모든 음의 고윳값을 양으로 만들 것이다(그리고 모든 0 고윳값은 λ와 같아진다).

8.4 확률적 경사하강

이 절에서는 목표가 함수의 평균값의 최소화인 **확률적 최적화**^{stochastic optimization}를 고려한다.

$$\mathcal{L}(\boldsymbol{\theta}) = \mathbb{E}_{q(\boldsymbol{z})}\left[\mathcal{L}(\boldsymbol{\theta}, \boldsymbol{z})\right] \tag{8.53}$$

여기서 $\boldsymbol{z}$는 목적 함수의 무작위 입력이다. 이는 환경으로부터 나오는 '잡음' 항이거나 또는 아래에서 설명하듯이 훈련 집합으로부터 무작위로 뽑은 훈련 예제일 수 있다.

각 반복마다 $\boldsymbol{z}_t \sim q$일 때 $\mathcal{L}_t(\boldsymbol{\theta}) = \mathcal{L}(\boldsymbol{\theta}, \boldsymbol{z}_t)$를 관측한다고 가정한다. 또한 $\mathcal{L}$의 기울기의 불편 추정량을 계산하는 방법을 가정한다. 분포 $q(\boldsymbol{z})$가 최적화하는 모수와 독립이라면, $\boldsymbol{g}_t = \nabla_{\boldsymbol{\theta}}\mathcal{L}_t(\boldsymbol{\theta}_t)$를

사용할 수 있다. 이 경우 결과 알고리듬은 다음과 같이 쓸 수 있다.

$$\boldsymbol{\theta}_{t+1} = \boldsymbol{\theta}_t - \eta_t \nabla \mathcal{L}(\boldsymbol{\theta}_t, \boldsymbol{z}_t) = \boldsymbol{\theta}_t - \eta_t \boldsymbol{g}_t \tag{8.54}$$

이 방법을 **확률적 경사하강**^{Stochastic Gradient Descent}, 즉 SGD라 한다. 기울기 추정값이 불편인 한, 단계 크기 η_t를 특정한 비율로 소멸시킴으로써 이 방법은 안정점으로 수렴할 것이다. 이는 8.4.3절에서 논의한다.

8.4.1 유한합 문제로의 응용

SGD는 머신러닝에서 널리 쓰인다. 왜 그런지 보기 위해 4.3절에서 살펴본 많은 모델 적합 과정이 경험적 위험 최소화에 근거함을 회상해 보라. 이는 다음과 같은 손실 최소화를 수반한다.

$$\mathcal{L}(\boldsymbol{\theta}_t) = \frac{1}{N} \sum_{n=1}^{N} \ell(\boldsymbol{y}_n, f(\boldsymbol{x}_n; \boldsymbol{\theta}_t)) = \frac{1}{N} \sum_{n=1}^{N} \mathcal{L}_n(\boldsymbol{\theta}_t) \tag{8.55}$$

이를 **유한합 문제**^{finite sum problem}라 부른다. 이 목적 함수의 기울기 형식은 다음과 같다.

$$\boldsymbol{g}_t = \frac{1}{N} \sum_{n=1}^{N} \nabla_{\boldsymbol{\theta}} \mathcal{L}_n(\boldsymbol{\theta}_t) = \frac{1}{N} \sum_{n=1}^{N} \nabla_{\boldsymbol{\theta}} \ell(\boldsymbol{y}_n, f(\boldsymbol{x}_n; \boldsymbol{\theta}_t)) \tag{8.56}$$

이는 모든 N개 훈련 예제에 대한 합을 필요로 하며, 따라서 N이 크면 느릴 수 있다. 다행히도 이는 $B \ll N$인 **미니배치**^{minibatch} 표집을 통해 근사할 수 있다.

$$\boldsymbol{g}_t \approx \frac{1}{|\mathcal{B}_t|} \sum_{n \in \mathcal{B}_t} \nabla_{\boldsymbol{\theta}} \mathcal{L}_n(\boldsymbol{\theta}_t) = \frac{1}{|\mathcal{B}_t|} \sum_{n \in \mathcal{B}_t} \nabla_{\boldsymbol{\theta}} \ell(\boldsymbol{y}_n, f(\boldsymbol{x}_n; \boldsymbol{\theta}_t)) \tag{8.57}$$

여기서 $\mathcal{B}_t$는 반복 t에서 쓰일 무작위로 선택한 예제 집합이다.[2] 이는 식 (8.56)의 경험적 평균의 불편 근사다. 그러므로 이를 안전하게 SGD와 사용할 수 있다.

　SGD의 이론적인 수렴률은 배치 GD보다 느리지만(특히 SGD는 부분선형적인 수렴률을 갖는다), 현실에서 SGD는 더 빠른 경우가 자주 있다. 왜냐하면 단계별 시간이 훨씬 더 적기 때문이다[BB08;

2　실제로는 일반적으로 복원 없이 $\mathcal{B}_t$를 표집한다. 그러나 데이터셋의 끝에 다다르면(즉, 한 번의 훈련 에포크(epoch) 후에), 예제를 무작위로 뒤섞어 다음 에포크에서의 각 미니배치가 이전 것과 다르게 한다. 이러한 버전의 SGD는 [HS19]에 분석되어 있다.

BB11]. 왜 SGD가 완전 배치 GD보다 더 빠른 경과를 보이는지 보기 위해, 하나의 예제가 K번 중복된 데이터셋이 있다고 해보자. 배치 훈련은 (적어도) SGD보다 K번 느릴 것이다. 왜냐하면 이는 반복적인 예제의 기울기를 계산하느라 시간을 낭비할 것이기 때문이다. 중복이 없다 하더라도 배치 훈련은 낭비적일 것이다. 훈련 초반에 모수가 잘 추정되지 않으므로, 기울기를 조심스럽게 값 매김할 필요가 없기 때문이다.

8.4.2 예시: 선형 회귀 적합을 위한 SGD

이 절에서는 어떻게 SGD를 사용해 선형 회귀 모델을 적합시키는지 보여준다. 4.2.7절에서 목적함수의 형식이 다음과 같았음을 상기하라.

$$\mathcal{L}(\boldsymbol{\theta}) = \frac{1}{2N} \sum_{n=1}^{N} (\boldsymbol{x}_n^\mathsf{T} \boldsymbol{\theta} - y_n)^2 = \frac{1}{2N} \|\mathbf{X}\boldsymbol{\theta} - \boldsymbol{y}\|_2^2 \tag{8.58}$$

기울기는 다음과 같다.

$$\boldsymbol{g}_t = \frac{1}{N} \sum_{n=1}^{N} (\boldsymbol{\theta}_t^\mathsf{T} \boldsymbol{x}_n - y_n) \boldsymbol{x}_n \tag{8.59}$$

이제 미니배치 크기가 $B = 1$인 SGD를 사용한다고 해보자. 업데이트는 다음과 같이 된다.

$$\boldsymbol{\theta}_{t+1} = \boldsymbol{\theta}_t - \eta_t (\boldsymbol{\theta}_t^\mathsf{T} \boldsymbol{x}_n - y_n) \boldsymbol{x}_n \tag{8.60}$$

여기서 $n = n(t)$는 반복 t에서 선택한 예제의 인덱스다. 전체 알고리듬은 **최소 평균 제곱**LMS, Least Mean Squares 알고리듬이라 부르며, **델타 규칙**delta rule 또는 **위드로-호프 규칙**Widrow-Hoff rule이라고도 한다.

그림 8.16은 이 알고리듬을 그림 11.2가 보여주는 데이터에 적용한 결과를 보여준다. $\boldsymbol{\theta} = (-0.5, 2)$에서 시작하여 약 26번에 걸쳐 수렴한다($\|\boldsymbol{\theta}_t - \boldsymbol{\theta}_{t-1}\|_2^2$가 임곗값 10^{-2}보다 작아진다는 측면에서). SGD(따라서 LMS)가 최적점을 찾기 위해 데이터를 따라 여러 번 지나가야 할 수도 있음을 주지하라.

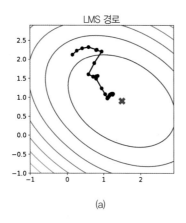
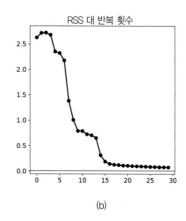

(a)　　　　　　　　　　　　　　　　　　　(b)

그림 8.16 LMS 알고리듬을 보여준다. 왼쪽: $\boldsymbol{\theta} = (-0.5, 2)$로부터 시작하여 천천히 $\hat{\boldsymbol{\theta}} = (1.45, 0.93)$인 최소 제곱 해로 수렴한다(빨간색 십자). 오른쪽: 시간에 따른 목적 함수의 그림. 이는 단조 감소하지 않음을 주지하라. lms_demo.ipynb로 생성했다.

8.4.3 단계 크기(학습률) 정하기

SGD를 사용할 때 수렴을 달성하려면 학습률을 조심스럽게 선택해야 한다. 예를 들어, 그림 8.17에서는 SGD를 심층 신경망 분류기(자세한 내용은 13장을 참고하라)에 적용할 때의 손실 대 학습률을 그리고 있다. U 모양의 곡선을 볼 수 있으며, 과도하게 작은 학습률은 과소적합을, 과도하게 큰 학습률은 모델의 불안정성을 야기한다(그림 8.11(b)와 비교해 보라). 두 경우 모두 국소 최적점으로의 수렴에 실패한다.

[Smi18]에서 제시한 좋은 학습률을 고르는 휴리스틱은 작은 학습률로 시작하고, 적은 숫자의 미니배치를 사용해 성능을 평가하면서 점차적으로 늘리는 것이다. 그 뒤 그림 8.17과 같은 도표를 그리고, 손실이 가장 낮은 학습률을 고른다(실제로는 손실이 가장 작은 학습률 대신에 이보다 약간 더 작은 것을(즉, 좌측으로) 골라 안정성을 확보하는 게 더 좋다).

단일 상수 학습률을 선택하는 대신에, 단계 크기를 시간에 따라 조정하는 **학습률 스케줄**^{learning rate schedule}을 사용할 수 있다. 이론적으로 SGD가 수렴을 달성하기 위한 충분조건은 학습률 스케줄이 **로빈스-먼로 조건**^{Robbins-Monro condition}을 만족시키는가이다.

$$\eta_t \to 0, \quad \frac{\sum_{t=1}^{\infty} \eta_t^2}{\sum_{t=1}^{\infty} \eta_t} \to 0 \tag{8.61}$$

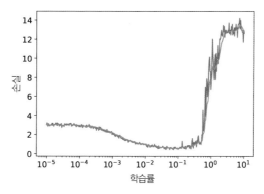

그림 8.17 손실 대 학습률(수평축). 바닐라 SGD를 사용해 FashionMNIST에 작은 MLP 적합을 위한 훈련 손실 대 학습률(원본 손실은 파란색, EWMA 평활 버전은 주황색). lrschedule_tf.ipynb로 생성했다.

일부 일반적인 학습률 예시는 다음과 같다.

$$t_i \leq t \leq t_{i+1}$$이라면 $\eta_t = \eta_i$, 조각별 상수 \qquad (8.62)

$$\eta_t = \eta_0 e^{-\lambda t}, \text{ 지수 소멸} \qquad (8.63)$$

$$\eta_t = \eta_0(\beta t + 1)^{-\alpha}, \text{ 다항 소멸} \qquad (8.64)$$

조각별^{piecewise} 상수 스케줄에서, t_i는 학습률을 특정한 값으로 조정하는 시점의 집합이다. 예를 들어 $\eta_i = \eta_0 \gamma^i$이라 두고 각각의 임곗값(또는 이정표)을 지날 때마다 초기 학습률을 γ만큼 줄인다. 그림 8.18(a)는 $\eta_0 = 1$이고 $\gamma = 0.9$일 때 이를 보여준다. 이는 **계단 소멸**$^{\text{step decay}}$이라 부른다. 때때로 훈련 또는 검증 손실이 정체를 보일 때 추정을 통해 임계화 시간을 적응적으로 계산할 수 있다.

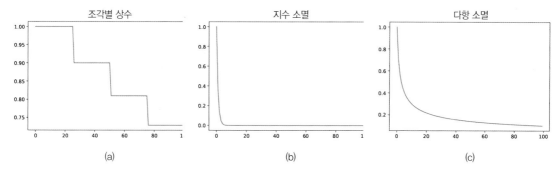

그림 8.18 일반적인 학습률 스케줄을 보여준다. (a) 조각별 상수, (b) 지수 소멸, (c) 다항 소멸. learning_rate_plot.ipynb로 생성했다.

이는 **정체 시 축소**reduce-on-plateau라 부른다. 보통 $\alpha = 0.5$와 $\beta = 1$로 지수 소멸을 선택하며, 그림 8.18(c)가 이를 보여준다. 이는 **제곱근 스케줄**square-root schedule $\eta_t = \eta_0 \frac{1}{\sqrt{t+1}}$에 해당한다.

딥러닝 커뮤니티에서 주로 쓰이는 또 다른 스케줄로 그림 8.19(a)와 같이 학습률을 빠르게 키운 뒤 다시 점차 낮추는 것이 있다. 이는 **학습률 웜업**learning rate warmup 또는 **원 사이클 학습률 스케줄**one-cycle learning rate schedule이라 부른다[Smi18]. 이렇게 하는 동기는 다음과 같다. 초기에 모수가 조건이 나쁜 손실 영역의 일부일 수 있으므로, 단계 크기가 크면 너무 많이 '이리저리 튀어 올라'(그림 8.11(b)와 비교해 보라) 내리막으로 진행하는 데 실패할 것이다. 그러나 학습률이 느리면, 알고리듬이 더 큰 단계 크기를 사용할 수 있는 더 평평한 공간 영역을 발견할 수 있다. 그곳에서는 빠르게 진행이 가능하다. 그러나 한 점에서의 수렴을 보장하기 위해, 반드시 학습률을 0으로 축소해야 한다. 자세한 내용은 [Got+19; Gil+21]을 참고하라.

또한 학습률을 주기적 방식으로 늘리고 줄이는 것을 여러 번 할 수 있다. 이는 **주기적 학습률**cyclical learning rate이라 부르며[Smi18], fast.ai 강의 덕분에 인기를 얻었다. 그림 8.19(b)에서 삼각형 모양을 사용하는 것을 보라. 이 접근법 이면의 동기는 국소 최솟값에서 탈출하는 것이다. 최소 및 최대 학습률은 앞에서 설명한 초기 '시운전dry run'을 기반으로 찾을 수 있으며, 반주기half-cycle는 여러분의 훈련 예산으로 얼마나 많이 재시작을 하고자 하는지에 기반하여 선택할 수 있다. 연관된 접근법으로 **웜 리스타트로 된 확률적 경사하강**stochastic gradient descent with warm restarts이 있으며, [LH17]에서는 각각의 쿨다운 이후에 방문했던 체크포인트 모두를 저장하고, 이 모두를 모델 앙상블의 구성원으로 사용할 것을 제안했다(앙상블 학습에 관한 논의는 18.2절을 참고하라).

학습률 추정에 휴리스틱을 사용하는 것의 대안으로 라인 검색을 사용하는 것이 있다(8.2.2.2절). 이는 SGD를 사용할 때 까다로운데, 잡음이 있는 기울기가 아미호 조건의 계산을 어렵게 만들기

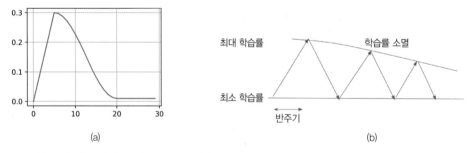

(a)   (b)

그림 8.19 (a) 선형 웜업 다음 코사인 쿨다운, (b) 주기적 학습률 스케줄

때문이다[CS20]. 그러나 [Vas+19]는 기울기 잡음의 분산이 시간에 따라 0이 된다면 이를 동작하게 만들 수 있음을 보였다. 이는 모델이 훈련 집합을 완벽하게 보간^{interpolate}할 수 있을 정도로 충분히 유연하다면 가능하다.

8.4.4 반복 평균화

SGD가 만들어 내는 모수 추정값은 시간에 따라 매우 불안정할 수 있다. 추정값의 분산을 줄이려면 다음을 사용해 평균을 계산할 수 있다.

$$\overline{\boldsymbol{\theta}}_t = \frac{1}{t}\sum_{i=1}^{t}\boldsymbol{\theta}_i = \frac{1}{t}\boldsymbol{\theta}_t + \frac{t-1}{t}\overline{\boldsymbol{\theta}}_{t-1} \tag{8.65}$$

여기서 $\boldsymbol{\theta}_t$는 보통의 SGD 반복이다. 이는 **반복 평균화**^{iterate averaging} 또는 **폴리악-루퍼트 평균화**^{Polyak-Ruppert averaging}[Rup88]라 부른다.

[PJ92]에서 이들은 추정값 $\overline{\boldsymbol{\theta}}_t$가 SGD 알고리듬 사이에서 가능한 가장 좋은 점근적 수렴률을 달성함을 증명했으며, 이는 헤세 행렬과 같이 이계^{second-order} 정보를 사용하는 변형에 부합한다. 예를 들어, [NR18]에서 이들은 선형 회귀의 경우 이 방법이 ℓ_2 정칙화(즉, 릿지 회귀)와 동등함을 증명한다.

확률적 가중평균^{SWA, Stochastic Weight Averaging}[Izm+18]은 SGD 반복의 지수 이동평균 대신에, 동일^{equal} 평균을 수정된 학습률 스케줄과 함께 사용한다. 더 빠른 수렴률을 동기로 했었던 표준 폴리악-루퍼트 평균화와 반대로, SWA는 심층 신경망 훈련을 위해 사용하는 목적 함수의 평평함^{flatness}을 활용하여 더 나은 일반화를 제공하는 해를 찾는다.

8.4.5 분산 축소*

이 절에서는 SGD의 분산을 축소하는 다양한 방법을 논의한다. 몇몇 경우 이는 이론적 수렴률을 부분선형에서 선형으로 개선할 수 있다(즉, 완전 배치 경사하강과 같이)[SLRB17; JZ13; DBLJ14]. 이러한 방법은 모수 그 자체가 아닌 기울기의 분산을 축소하며 유한합 문제에서 동작하도록 디자인되어 있다.

8.4.5.1 SVRG

확률적 분산 축소 기울기SVRG, Stochastic Variance Reduced Gradient[JZ13]는 통제 변량을 사용하기 위한 것으로, 완전 배치에 기반하여 기울기의 기준값을 추정한 뒤, 이를 사용해 확률적 기울기와 비교한다.

더 정확하게는 모델 모수 $\tilde{\boldsymbol{\theta}}$의 '스냅샷'에서 전체 기울기를 몇 번이고(예: 에포크마다 한 번) 계산한다. 따라서 해당하는 '정확한' 기울기는 $\nabla\mathcal{L}(\tilde{\boldsymbol{\theta}})$가 된다. t단계에서 보통의 확률적 기울기 $\nabla\mathcal{L}_t(\boldsymbol{\theta}_t)$를 현재 모수에서 계산하지만, 또한 스냅샷 모수에서도 기준값으로 사용되는 $\nabla\mathcal{L}_t(\tilde{\boldsymbol{\theta}})$를 계산한다. 그 뒤 다음의 개선된 기울기 추정값을 사용해 $\boldsymbol{\theta}_{t+1}$을 계산한다.

$$g_t = \nabla\mathcal{L}_t(\boldsymbol{\theta}_t) - \nabla\mathcal{L}_t(\tilde{\boldsymbol{\theta}}) + \nabla\mathcal{L}(\tilde{\boldsymbol{\theta}}) \tag{8.66}$$

$\mathbb{E}\left[\nabla\mathcal{L}_t(\tilde{\boldsymbol{\theta}})\right] = \nabla\mathcal{L}(\tilde{\boldsymbol{\theta}})$이므로 이는 불편이다. 게다가 에포크마다 $\nabla\mathcal{L}(\tilde{\boldsymbol{\theta}})$를 계산할 수 있으므로, 업데이트는 오직 두 번의 기울기 계산만을 수반한다. 에포크의 끝에서, 스냅샷 모수 $\tilde{\boldsymbol{\theta}}$는 $\boldsymbol{\theta}_t$의 가장 최근의 값에 기반하여, 또는 반복의 이동평균에 기반하여 업데이트하고, 기대 기준값을 업데이트한다([DB18]에서 보여주듯이 스냅샷은 덜 자주 계산할 수 있지만, 그러면 기준값이 목적 함수와 상관성을 갖지 않으면서 성능을 해칠 것이다).

SVRG의 반복은 완전 배치 GD보다 계산적으로 더 빠르지만, SVRG는 여전히 GD의 이론적 수렴률에 부합할 수 있다.

8.4.5.2 SAGA

이 절에서는 [DBLJ14]의 **확률적 평균 기울기 가속**SAGA, Stochastic Averaged Gradient Accelerated 알고리듬을 설명한다. SVRG와 다르게 이 알고리듬은 시작할 때 한 번의 완전 배치 기울기 계산을 필요로 한다. 그러나 이러한 시간 절약을 위해 메모리를 더 사용함으로써 '지불'하는데, 특히 N개의 기울기 벡터를 저장해야만 한다. 이를 통해 해당 방법은 전체 합으로부터 오래된 국소 기울기를 제거하고 이를 새로운 국소 기울기로 대체함으로써 전역 기울기의 근사를 유지할 수 있다. 이를 **병합 기울기**aggregated gradient법이라 부른다.

더 정확하게는, 먼저 모든 n에 대해 $\boldsymbol{g}_n^{\text{local}} = \nabla\mathcal{L}_n(\boldsymbol{\theta}_0)$ 그리고 평균 $\boldsymbol{g}^{\text{avg}} = \frac{1}{N}\sum_{n=1}^{N}\boldsymbol{g}_n^{\text{local}}$을 계산하여 초기화한다. 그 뒤 반복 t에서 기울기 추정값을 사용한다.

$$g_t = \nabla\mathcal{L}_n(\boldsymbol{\theta}_t) - \boldsymbol{g}_n^{\text{local}} + \boldsymbol{g}^{\text{avg}} \tag{8.67}$$

여기서 $n \sim \mathrm{Unif}\{1, \ldots, N\}$은 반복 t에서 표집된 표본 인덱스다. 그 뒤 오래된 g_n^{local}을 새로운 값으로 교체하여 $g_n^{\mathrm{local}} = \nabla \mathcal{L}_n(\boldsymbol{\theta}_t)$ 그리고 g^{avg}를 업데이트한다.

이 방법은 시작할 때 완전 배치를 한 번 훑어내기만 하면 되므로 SVRG보다 이점이 있다(사실 초기 훑어내기가 꼭 필요한 것은 아니다. 지금까지 본 기울기만을 포함시킴으로써 g^{avg}를 '레이지^{lazily}'하게 계산할 수 있기 때문이다). 단점은 추가적인 메모리 비용이 크다는 점이다. 그러나 특성이(그리고 따라서 기울기가) 희박하다면, 메모리 비용은 적정한 수준일 수 있다. 사실 SAGA 알고리듬은 N이 크고 $\boldsymbol{x}$가 희박할 때 사이킷런 로지스틱 회귀에서 권장된다.[3]

8.4.5.3 딥러닝 응용

분산 축소법은 선형 모델과 같은 볼록 목적 함수를 갖는 ML 모델을 적합시키는 데 널리 쓰인다. 그러나 SVRG를 형식적인 딥러닝 훈련 사례와 사용할 때 연관된 다양한 어려움이 존재한다. 예를 들면 배치 정규화(14.2.4.1절), 데이터 덧붙이기(19.1절), 드롭아웃(13.5.4절) 모두 방법의 가정을 깬다. 왜냐하면 손실이 모수 그리고 데이터 인덱스 n에만 의존하지 않는 방식으로 무작위로 달라질 것이기 때문이다. 자세한 내용은 [DB18; Arn+19] 등을 참고하라.

8.4.6 선조건부 SGD

이 절에서는 다음과 같은 업데이트를 수반하는 **선조건부 SGD**^{preconditioned SGD}를 고려한다.

$$\boldsymbol{\theta}_{t+1} = \boldsymbol{\theta}_t - \eta_t \mathbf{M}_t^{-1} \boldsymbol{g}_t \tag{8.68}$$

여기서 $\mathbf{M}_t$는 **선조건 행렬**^{preconditioning matrix} 또는 단순히 **선조건자**^{preconditioner}이며, 통상적으로 양의 정부호가 되도록 선택한다. 안타깝게도 기울기 추정값의 잡음으로 인해 헤세를 믿을 만하게 추정하기가 어려워지며, 이는 8.3절의 방법을 사용하기 어렵게 만든다. 추가로 이는 업데이트 방향을 완전 선조건 행렬로 풀 때 비용이 비싸다. 그러므로 대부분의 실무자는 대각 선조건자 $\mathbf{M}_t$를 사용한다. 이러한 선조건자는 꼭 이계 정보를 사용하는 것은 아니지만, 바닐라 SGD와 비교하여 속도가 빨라지는 경우가 많다. 또한 이들 휴리스틱의 확률적 구현은 [Roo+21]을, 몇몇 단순한 데이터셋에서의 경험적인 비교를 위해서는 sgd_comparison.ipynb를 참고하라.

---

3 https://scikit-learn.org/stable/modules/linear_model.html#logistic-regression 참고

8.4.6.1 AdaGrad

[DHS11]의 **AdaGrad**('적응적 기울기^{adaptive gradient}'의 줄임말) 방법은 본래 기울기 벡터의 많은 요소가 0인 볼록 목적 함수의 최적화를 위해 디자인됐다. 이는 아마도 희귀한 단어와 같은, 입력에 드물게 나타내는 특성에 해당할 수도 있다. 업데이트의 형식은 다음과 같다.

$$\theta_{t+1,d} = \theta_{t,d} - \eta_t \frac{1}{\sqrt{s_{t,d} + \epsilon}} g_{t,d} \tag{8.69}$$

여기서

$$s_{t,d} = \sum_{i=1}^{t} g_{i,d}^2 \tag{8.70}$$

는 제곱 기울기의 합이며 $\epsilon > 0$은 0으로 나누기를 피하기 위한 작은 항이다. 업데이트는 동등하게 다음과 같이 벡터 형식으로 쓸 수 있다.

$$\Delta \boldsymbol{\theta}_t = -\eta_t \frac{1}{\sqrt{\boldsymbol{s}_t + \epsilon}} \boldsymbol{g}_t \tag{8.71}$$

이때 제곱근 그리고 나눗셈은 요소별로 수행된다. 이를 선조건부 SGD로 보면, $\mathbf{M}_t = \text{diag}(\boldsymbol{s}_t + \epsilon)^{1/2}$을 취한 것과 동등하다. 이는 **적응적 학습률**^{adaptive learning rate}의 예시다. 전체 단계 크기 η_t는 여전히 선택해야 하지만, 결과가 바닐라 GD와 비교하여 이에 덜 민감하다. 특히 보통 $\eta_t = \eta_0$로 고정한다.

8.4.6.2 RMSProp 및 AdaDelta

AdaGrad를 정의하는 특질은 분모의 항이 시간에 따라 커지므로 실효 학습률이 떨어진다는 것이다. 수렴을 보장하는 것이 중요하지만, 분모가 너무 빠르게 커지면 성능을 해칠 수도 있다.

대안은 과거 제곱 기울기의 합이 아닌 지수 가중 이동평균(EWMA, 4.4.2.2절)을 사용하는 것이다.

$$s_{t+1,d} = \beta s_{t,d} + (1-\beta) g_{t,d}^2 \tag{8.72}$$

현실에서는 주로 $\beta \sim 0.9$를 사용하며, 이는 최근의 예제에 더 많은 가중치를 둔다. 이 경우

$$\sqrt{s_{t,d}} \approx \text{RMS}(\boldsymbol{g}_{1:t,d}) = \sqrt{\frac{1}{t}\sum_{\tau=1}^{t} g_{\tau,d}^2} \tag{8.73}$$

여기서 RMS는 '평균 제곱근^{Root Mean Squared}'을 뜻한다. 따라서 이 방법([RB93]의 RPROP 방법에 기반한다)은 **RMSProp**이라 한다[Hin14]. RMSProp의 전체 업데이트는 다음과 같다.

$$\Delta\boldsymbol{\theta}_t = -\eta_t \frac{1}{\sqrt{\boldsymbol{s}_t + \epsilon}}\boldsymbol{g}_t \tag{8.74}$$

AdaDelta법은 [Zei12]에서 독립적으로 소개했으며, RMSProp과 유사하다. 그러나 이는 기울기의 EWMA를 $\hat{s}$에 누적하는 것에 더해서, 업데이트 $\boldsymbol{\delta}_t$의 EWMA 또한 유지하여 다음과 같은 형식의 업데이트를 얻는다.

$$\Delta\boldsymbol{\theta}_t = -\eta_t \frac{\sqrt{\boldsymbol{\delta}_{t-1} + \epsilon}}{\sqrt{\boldsymbol{s}_t + \epsilon}}\boldsymbol{g}_t \tag{8.75}$$

여기서

$$\boldsymbol{\delta}_t = \beta\boldsymbol{\delta}_{t-1} + (1 - \beta)(\Delta\boldsymbol{\theta}_t)^2 \tag{8.76}$$

이며, $\boldsymbol{s}_t$는 RMSProp에서와 동일하다. 이는 분자와 분모의 '단위'가 상쇄된다는 장점이 있으므로, 단지 기울기를 스칼라로 요소별로 곱하게 된다. 이로 인해 학습률 η_t를 튜닝할 필요가 없어지며, 이는 단순히 $\eta_t = 1$로 둘 수 있음을 뜻한다. 그러나 AdaDelta의 인기 있는 구현은 여전히 η_t를 조정 가능한 초모수로 유지하고 있다. 그러나 이러한 적응적 학습률은 시간에 따라 감소할 필요가 없으므로(명시적으로 하기 위해 η_t를 선택하지 않는 한), 이 방법은 해로의 수렴을 보장하지 않는다.

8.4.6.3 Adam

RMSProp은 운동량으로 조합하는 것이 가능하다. 특히 (운동량에서처럼) 기울기와 (PMSProp에서처럼) 제곱 기울기의 EWMA를 계산해 보자.

$$\boldsymbol{m}_t = \beta_1\boldsymbol{m}_{t-1} + (1 - \beta_1)\boldsymbol{g}_t \tag{8.77}$$

$$\boldsymbol{s}_t = \beta_2\boldsymbol{s}_{t-1} + (1 - \beta_2)\boldsymbol{g}_t^2 \tag{8.78}$$

그런 다음 아래의 업데이트를 수행한다.

$$\Delta \boldsymbol{\theta}_t = -\eta_t \frac{1}{\sqrt{\boldsymbol{s}_t} + \epsilon} \boldsymbol{m}_t \tag{8.79}$$

결과 방법은 **Adam**이라 하며, '적응적 운동량 추정adaptive moment estimation'을 뜻한다[KB15].

상수의 표준값은 $\beta_1 = 0.9$, $\beta_2 = 0.999$, $\epsilon = 10^{-6}$이다($\beta_1 = 0$이라 두고 편향 수정이 없다면 운동량을 사용하지 않는 RMSProp을 다시 얻는다). 전체적인 학습률을 위해 $\eta_t = 0.001$과 같은 고정된 값을 사용하는 것이 보통이다. 적응적 학습률이 시간에 따라 감소하지 않을 수도 있으므로, 여기서도 수렴이 보장되지는 않는다(8.4.6.4절 참고).

$\boldsymbol{m}_0 = \boldsymbol{s}_0 = \boldsymbol{0}$으로 초기화하면 초기 추정값은 작은 값으로 편향될 것이다. 따라서 논문 저자는 최적화 과정 초기에 값을 키우는 편향 수정 운동량을 사용할 것을 권한다. 이러한 추정값은 다음과 같이 주어진다.

$$\hat{\boldsymbol{m}}_t = \boldsymbol{m}_t / (1 - \beta_1^t) \tag{8.80}$$

$$\hat{\boldsymbol{s}}_t = \boldsymbol{s}_t / (1 - \beta_2^t) \tag{8.81}$$

편향 수정의 이점은 그림 4.3이 보여준다.

8.4.6.4 적응적 학습률에 대한 이슈

대각 스케일링법을 사용할 때 전체 학습률은 $\eta_0 \mathbf{M}_t^{-1}$를 통해 정해지며, 시간에 따라 변한다. 따라서 이러한 방법은 **적응적 학습률**adaptive learning rate법이라 종종 부른다. 그러나 이들은 여전히 기준 학습률 η_0의 설정을 필요로 한다.

기울기 추정값이 노이지한 확률적 환경에서 EWMA법이 통상적으로 쓰이므로, 이들의 학습률 적응화는 심지어 볼록 문제에서조차 비수렴을 야기할 수 있다[RKK18]. 이 문제를 위한 해법으로 AMSGrad[RKK18], Padam[CG18; Zho+18], Yogi[Zah+18]를 비롯해 여러 가지가 제안되어 왔다. 예를 들어, Yogi 업데이트는 다음을

$$\boldsymbol{s}_t = \beta_2 \boldsymbol{s}_{t-1} + (1 - \beta_2)\boldsymbol{g}_t^2 = \boldsymbol{s}_{t-1} + (1 - \beta_2)(\boldsymbol{g}_t^2 - \boldsymbol{s}_{t-1}) \tag{8.82}$$

다음으로 바꿔 Adam을 수정한다.

$$s_t = s_{t-1} + (1 - \beta_2)\boldsymbol{g}_t^2 \odot \text{sgn}(\boldsymbol{g}_t^2 - s_{t-1}) \tag{8.83}$$

8.4.6.5 비대각 선조건 행렬

앞에서 논의한 방법은 각 모수의 학습률을 적응시킬 수 있지만, 모수의 상관성으로 인한 나쁜 조건이라는 더욱 근본적인 문제를 해결하지 않는다. 그러므로 사람들이 기대하는 바닐라 SGD보다 훨씬 빠른 속도 가속을 항상 제공하지는 않는다.

더 빠른 수렴을 얻는 한 가지 방법은 다음과 같은 **완전 행렬 Adagrad**^{full-matrix Adagrad}라는 선조건 행렬^{preconditioning matrix}을 사용하는 것이다[DHS11].

$$\mathbf{M}_t = [(\mathbf{G}_t \mathbf{G}_t^\mathsf{T})^{\frac{1}{2}} + \epsilon \mathbf{I}_D]^{-1} \tag{8.84}$$

여기서

$$\mathbf{G}_t = [\boldsymbol{g}_t, \dots, \boldsymbol{g}_1] \tag{8.85}$$

여기서 $\boldsymbol{g}_i = \nabla_\psi c(\psi_i)$는 단계 i에서 계산되는 D차원 기울기 벡터다. 안타깝게도 $\mathbf{M}_t$는 $D \times D$ 행렬이므로 저장하고 역을 취하는 비용이 비싸다.

샴푸^{Shampoo} 알고리듬[GKS18]은 모델의 층마다 $\mathbf{M}$에 블록 대각 근사를 만든 뒤, 크로네커 곱 구조를 활용하여 효율적으로 역을 취한다(이를 '샴푸'라고 부르는 이유는 컨디셔너^{conditioner}를 사용하기 때문이다). 최근에 [Ani+20]은 이 방법을 스케일링하여 매우 크고 깊은 모델을 기록적인 시간에 적합시켰다.

8.5 제약 최적화

이 절에서는 다음과 같은 **제약 최적화 문제**^{constrained optimization problem}를 고려한다.

$$\boldsymbol{\theta}^* = \arg\min_{\boldsymbol{\theta} \in \mathcal{C}} \mathcal{L}(\boldsymbol{\theta}) \tag{8.86}$$

여기서 사용 가능 집합 또는 제약 집합은 다음과 같다.

$$\mathcal{C} = \{\boldsymbol{\theta} \in \mathbb{R}^D : h_i(\boldsymbol{\theta}) = 0, i \in \mathcal{E}, \ g_j(\boldsymbol{\theta}) \leq 0, j \in \mathcal{I}\} \tag{8.87}$$

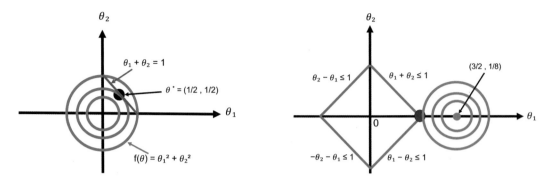

그림 8.20 몇몇 제약화 최적화 문제를 보여준다. 빨간색 윤곽은 목적 함수 $\mathcal{L}(\boldsymbol{\theta})$의 수준 집합이다. 최적 제약 해는 검은색 점이다. (a) 파란색 선은 등식 제약 $h(\boldsymbol{\theta}) = 0$이다. (b) 파란색 선이 부등식 제약 $|\theta_1| + |\theta_2| \leq 1$을 나타낸다(그림 11.8(왼쪽)과 비교해 보라).

여기서 $\mathcal{E}$는 **등식 제약**equality constraint 집합, $\mathcal{I}$는 **부등식 제약**inequality constraint 집합이다.

예를 들어 이차 목적 함수 $\mathcal{L}(\boldsymbol{\theta}) = \theta_1^2 + \theta_2^2$가 있으며 선형 등식 제약 $h(\boldsymbol{\theta}) = 1 - \theta_1 - \theta_2 = 0$을 따른다고 해보자. 그림 8.20(a)는 $\mathcal{L}$의 수준 집합 및 제약면을 그리고 있다. 기하학에서 보면 최적해가 검은색 점으로 표시한 $\boldsymbol{\theta} = (0.5, 0.5)$임이 분명하다.

다음 절에서 제약 최적화 하부의 이론 및 알고리듬을 간단히 설명한다. 더 자세한 내용은 [BV04; NW06; Ber15; Ber16]에서 찾을 수 있다.

8.5.1 라그랑주 승수

이 절에서는 등식 제약화 최적화 문제를 어떻게 푸는지 논의한다. 일단 오직 하나의 등식 제약 $h(\boldsymbol{\theta}) = 0$이 있다고 가정한다.

먼저 제약면 위의 임의의 점에 대해 $\nabla h(\boldsymbol{\theta})$는 제약면과 직교일 것임을 주지하라. 왜 그런지 보기 위해 근처의 또 다른, 역시 면 위에 있는 점 $\boldsymbol{\theta} + \boldsymbol{\epsilon}$을 고려해 보자. $\boldsymbol{\theta}$ 주변에 일계 테일러 전개를 만들면 다음과 같다.

$$h(\boldsymbol{\theta} + \boldsymbol{\epsilon}) \approx h(\boldsymbol{\theta}) + \boldsymbol{\epsilon}^{\mathsf{T}} \nabla h(\boldsymbol{\theta}) \tag{8.88}$$

$\boldsymbol{\theta}$와 $\boldsymbol{\theta} + \boldsymbol{\epsilon}$ 모두 제약면 위에 있으므로 $h(\boldsymbol{\theta}) = h(\boldsymbol{\theta} + \boldsymbol{\epsilon})$이어야만 하며, 따라서 $\boldsymbol{\epsilon}^{\mathsf{T}} \nabla h(\boldsymbol{\theta}) \approx 0$이다.

ϵ이 제약면과 평행하므로, $\nabla h(\boldsymbol{\theta})$는 반드시 그것에 대해 수직이어야 한다.

점 $\boldsymbol{\theta}^*$는 제약면 위에서 $\mathcal{L}(\boldsymbol{\theta})$를 최소화하도록 찾는다. 방금 $\nabla h(\boldsymbol{\theta}^*)$가 제약면과 직교라는 조건을 반드시 만족시켜야 한다는 것을 보였다. 게다가 그러한 점은 $\nabla \mathcal{L}(\boldsymbol{\theta})$ 또한 제약면과 직교라는 속성을 반드시 가져야 한다. 그렇지 않으면 제약면을 따라 작은 거리만큼 이동하여 $\mathcal{L}(\boldsymbol{\theta})$를 줄일 수 있었을 것이기 때문이다. $\nabla h(\boldsymbol{\theta})$와 $\nabla \mathcal{L}(\boldsymbol{\theta})$ 모두 $\boldsymbol{\theta}^*$에서 제약면과 직교이므로, 이들은 서로 반드시 평행(또는 반평행$^{\text{anti-parallel}}$)해야만 한다. 따라서 다음을 따르는 상수 $\lambda^* \in \mathbb{R}$가 반드시 존재한다.

$$\nabla \mathcal{L}(\boldsymbol{\theta}^*) = \lambda^* \nabla h(\boldsymbol{\theta}^*) \tag{8.89}$$

(기울기 벡터의 크기가 각기 다를 수도 있으므로, 이들을 그냥 같다고 할 수는 없다.) 상수 λ^*는 **라그랑주 승수**$^{\text{Lagrange multiplier}}$라 부르며, 양수, 음수, 또는 0일 수 있다. 이러한 후자의 경우는 $\nabla \mathcal{L}(\boldsymbol{\theta}^*) = 0$일 때 나타난다.

식 (8.89)는 다음과 같이 안정점을 찾아야 하는 **라그랑주**^{Lagrangian}라 하는 목적 함수로 변환할 수 있다.

$$L(\boldsymbol{\theta}, \lambda) \triangleq \mathcal{L}(\boldsymbol{\theta}) + \lambda h(\boldsymbol{\theta}) \tag{8.90}$$

라그랑주의 안정점에서 다음이 성립한다.

$$\nabla_{\boldsymbol{\theta}, \lambda} L(\boldsymbol{\theta}, \lambda) = \mathbf{0} \iff \lambda \nabla_{\boldsymbol{\theta}} h(\boldsymbol{\theta}) = \nabla \mathcal{L}(\boldsymbol{\theta}), \ h(\boldsymbol{\theta}) = 0 \tag{8.91}$$

이는 **극점**$^{\text{critical point}}$이라 부르며, 제약 $h(\boldsymbol{\theta}) = 0$ 그리고 식 (8.89)를 만족시킨다.

$m > 1$개의 제약이 있다면, 다음과 같이 덧셈을 통해 새로운 제약 함수를 구성할 수 있다.

$$L(\boldsymbol{\theta}, \boldsymbol{\lambda}) = \mathcal{L}(\boldsymbol{\theta}) + \sum_{j=1}^{m} \lambda_j h_j(\boldsymbol{\theta}) \tag{8.92}$$

이제 $D + m$개의 미지수 내에 $D + m$개의 방정식이 있으며 표준 비제약화 최적화법을 사용해 안정점을 찾을 수 있다. 아래에서 몇 가지 예시를 제공한다.

8.5.1.1 예시: 하나의 선형 등식 제약이 있는 2차원 이차 목적 함수

$\mathcal{L}(\boldsymbol{\theta}) = \theta_1^2 + \theta_2^2$을 제약 $\theta_1 + \theta_2 = 1$을 따르도록 최소화해 보자.

(이는 그림 8.20(a)에서 보여준 문제다.) 라그랑주는 다음과 같다.

$$L(\theta_1, \theta_2, \lambda) = \theta_1^2 + \theta_2^2 + \lambda(\theta_1 + \theta_2 - 1) \tag{8.93}$$

안정점을 위해서는 다음의 조건이 있다.

$$\frac{\partial}{\partial \theta_1} L(\theta_1, \theta_2, \lambda) = 2\theta_1 + \lambda = 0 \tag{8.94}$$

$$\frac{\partial}{\partial \theta_2} L(\theta_1, \theta_2, \lambda) = 2\theta_2 + \lambda = 0 \tag{8.95}$$

$$\frac{\partial}{\partial \lambda} L(\theta_1, \theta_2, \lambda) = \theta_1 + \theta_2 - 1 = 0 \tag{8.96}$$

식 (8.94)와 (8.95)로부터 $2\theta_1 = -\lambda = 2\theta_2$, 따라서 $\theta_1 = \theta_2$임을 알 수 있다. 또한 식 (8.96)으로부터 $2\theta_1 = 1$을 알 수 있다. 따라서 앞서 주장했듯이 $\boldsymbol{\theta}^* = (0.5, 0.5)$이다. 게다가 목적 함수가 볼록이며 제약이 아핀이므로 이는 전역 최솟값이다.

8.5.2 KKT 조건

이 절에서는 라그랑주 승수 개념을 일반화하여 부등식 제약을 추가적으로 다룬다.

먼저 하나의 부등식 제약 $g(\boldsymbol{\theta}) \leq 0$이 있는 경우를 고려해 보자. 최적점을 찾기 위한 한 가지 접근법은 불이익을 무한한 계단 함수로서 추가하는 비제약 문제를 고려하는 것이다.

$$\hat{\mathcal{L}}(\boldsymbol{\theta}) = \mathcal{L}(\boldsymbol{\theta}) + \infty \, \mathbb{I}\,(g(\boldsymbol{\theta}) > 0) \tag{8.97}$$

그러나 이는 최적화하기 어려운 불연속 함수다.

대신에 $\mu g(\boldsymbol{\theta})$ 형식의, $\mu \geq 0$인 하계를 만든다. 이는 다음과 같은 라그랑주를 내어준다.

$$L(\boldsymbol{\theta}, \mu) = \mathcal{L}(\boldsymbol{\theta}) + \mu g(\boldsymbol{\theta}) \tag{8.98}$$

계단 함수는 다음을 사용해 다시 얻을 수 있음을 주지하라.

$$\hat{\mathcal{L}}(\boldsymbol{\theta}) = \max_{\mu \geq 0} L(\boldsymbol{\theta}, \mu) = \begin{cases} \infty & g(\boldsymbol{\theta}) > 0\text{인 경우} \\ \mathcal{L}(\boldsymbol{\theta}) & \text{그 외} \end{cases} \tag{8.99}$$

따라서 우리의 최적화 문제는 다음이 된다.

$$\min_{\boldsymbol{\theta}} \max_{\mu \geq 0} L(\boldsymbol{\theta}, \mu) \tag{8.100}$$

이제 복수의 부등식 제약 $g(\boldsymbol{\theta}) \leq \mathbf{0}$ 및 복수의 등식 제약 $h(\boldsymbol{\theta}) = \mathbf{0}$이 있는 일반적인 경우를 고려해 보자. **일반화 라그랑주**generalized Lagrangian는 다음이 된다.

$$L(\boldsymbol{\theta}, \boldsymbol{\mu}, \boldsymbol{\lambda}) = \mathcal{L}(\boldsymbol{\theta}) + \sum_i \mu_i g_i(\boldsymbol{\theta}) + \sum_j \lambda_j h_j(\boldsymbol{\theta}) \tag{8.101}$$

($-\lambda_j h_j$는 $+\lambda_j h_j$로 자유롭게 바꿀 수 있다. 부호가 임의적이기 때문이다.) 최적화 문제는 다음이 된다.

$$\min_{\boldsymbol{\theta}} \max_{\boldsymbol{\mu} \geq 0, \boldsymbol{\lambda}} L(\boldsymbol{\theta}, \boldsymbol{\mu}, \boldsymbol{\lambda}) \tag{8.102}$$

$\mathcal{L}$과 g가 볼록일 때, 이 문제의 모든 극점은 다음의 기준을 만족시켜야 한다(몇몇 조건하에서[BV04, 5.2.3절]).

- 모든 제약을 만족시킨다(이는 **실현 가능성**feasibility이라 부른다).

$$g(\boldsymbol{\theta}) \leq \mathbf{0}, \ h(\boldsymbol{\theta}) = \mathbf{0} \tag{8.103}$$

- 해가 안정점이다.

$$\nabla \mathcal{L}(\boldsymbol{\theta}^*) + \sum_i \mu_i \nabla g_i(\boldsymbol{\theta}^*) + \sum_j \lambda_j \nabla h_j(\boldsymbol{\theta}^*) = \mathbf{0} \tag{8.104}$$

- 부등식 제약의 불이익이 올바른 방향을 가리킨다(이는 **쌍대 실현 가능성**dual feasibility이라 부른다).

$$\boldsymbol{\mu} \geq \mathbf{0} \tag{8.105}$$

- 라그랑주 승수가 비활성적인 제약 내의 어떠한 느슨함slack이든지, 즉 $\mu_i = 0$ 또는 $g_i(\boldsymbol{\theta}^*) = 0$을 골라낸다. 따라서

$$\boldsymbol{\mu} \odot \boldsymbol{g} = \mathbf{0} \tag{8.106}$$

이는 **여의 느슨함**complementary slackness이라 부른다.

왜 마지막 조건을 만족시키는지 보기 위해, 하나의 부등식 제약 $g(\boldsymbol{\theta}) \leq 0$을 고려해 보자(단순함을 위해). 이는 활성, 즉 $g(\boldsymbol{\theta}) = 0$을 뜻하거나 아니면 비활성, 즉 $g(\boldsymbol{\theta}) < 0$을 뜻한다. 활성의 경우 해는 제약 경계 위에 있으며, $g(\boldsymbol{\theta}) = 0$은 등식 제약이 된다. 그러면 식 (8.89)로 인해 어떠한 상수 $\mu \neq 0$에 대해 $\nabla\mathcal{L} = \mu\nabla g$를 갖는다. 비활성의 경우 해는 제약 경계 위에 있지 않다. 여전히 $\nabla\mathcal{L} = \mu\nabla g$이지만, 이제 $\mu = 0$이다.

이는 **카루시-쿤-터커**^{KKT, Karush-Kuhn-Tucker} 조건이라 부른다. $\mathcal{L}$이 볼록 함수라면, 그리고 제약이 볼록 집합을 정의한다면, KKT는 (전역) 최적화를 위한 충분조건 및 필요조건이 된다.

8.5.3 선형 프로그래밍

선형 제약을 따르는 선형 함수 최적화를 고려해 보자. 이를 **표준 형식**^{standard form}으로 쓸 때 다음과 같이 나타낼 수 있다.

$$\min_{\boldsymbol{\theta}} \boldsymbol{c}^{\mathsf{T}}\boldsymbol{\theta} \quad \text{s.t.} \quad \mathbf{A}\boldsymbol{\theta} \leq \boldsymbol{b}, \ \boldsymbol{\theta} \geq 0 \tag{8.107}$$

실현 가능 집합은 볼록 **다면체적**^{polytope}을 정의한다. 이는 반공간의 교집합으로 정의된 볼록 집합이다. 그림 8.21(a)의 2차원 예시를 참고하라. 그림 8.21(b)는 하단 우측으로 이동함에 따라 감소하는 선형 비용 함수를 보여준다. 실현 가능 집합 내 가장 낮은 점이 정점임을 볼 수 있다. 사실 해가 고유하다고 가정하면, 최적 지점이 언제나 다면체적의 정점에서 나타남을 증명할 수 있다. 해가 여러 개라면 선은 면과 평행할 것이다. 또한 실현 가능 집합 내 최적점이 없을 수도 있다. 그러한 경우 문제가 실현 불가능하다고 말한다.

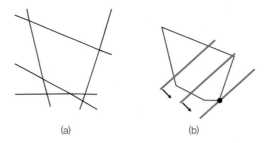

(a)　　　　　　(b)

그림 8.21 (a) 선형 제약의 교집합으로 정의된 2차원 내 볼록 다면체적, (b) 실현 가능 집합 및 선형 목적 함수의 묘사. 빨간색 선은 목적 함수의 수준 집합이며, 화살표는 개선되는 방향을 가리킨다. 최적점이 다면체적의 정점에 있음을 볼 수 있다.

8.5.3.1 단체 알고리듬

선형 프로그래밍LP, Linear Programming의 최적점이 실현 가능 집합을 정의하는 다면체적의 정점vertex에서 나타남을 보이는 것이 가능하다(그림 8.21(b)의 예시를 참고하라). **단체 알고리듬**simplex algorithm은 정점에서 정점으로 이동하며, 매번 목적 함수를 가장 크게 개선하는 모서리를 찾으며 LP를 푼다.

최악의 시나리오의 경우 단체 알고리듬은 D에서 지수적으로 시간이 걸릴 수 있지만, 실제로는 보통 매우 효율적이다. 또한 내점법interior point method과 같은 다항 시간적 알고리듬이 여러 개 존재하지만, 이들은 실제로 느린 경우가 많다.

8.5.3.2 응용

선형 프로그래밍은 과학, 공학, 비즈니스에서 많이 응용된다. 또한 몇몇 머신러닝 문제에서도 유용한데, 예를 들어 11.6.1.1절은 이를 사용해 로버스트 선형 회귀를 푸는 방법을 보여준다. 이는 또한 그래프 모델에서 상태 추정에도 도움이 된다(예: [SGJ11] 참고).

8.5.4 이차 프로그래밍

선형 등식 및 부등식 제약을 따르는 이차 목적 함수의 최소화를 고려해 보자. 이러한 종류의 문제는 **이차 프로그램**Quadratic Program, 즉 QP라 하며, 다음과 같이 쓸 수 있다.

$$\min_{\boldsymbol{\theta}} \frac{1}{2}\boldsymbol{\theta}^{\mathsf{T}}\mathbf{H}\boldsymbol{\theta} + \boldsymbol{c}^{\mathsf{T}}\boldsymbol{\theta} \quad \text{s.t.} \quad \mathbf{A}\boldsymbol{\theta} \leq \boldsymbol{b}, \ \mathbf{C}\boldsymbol{\theta} = \boldsymbol{d} \tag{8.108}$$

$\mathbf{H}$가 양의 준정부호라면 이는 볼록 최적화 문제다.

8.5.4.1 예시: 선형 부등식 제약이 있는 2차원 이차 목적 함수

구체적인 예시로 다음을 최소화하기를 원한다고 해보자.

$$\mathcal{L}(\boldsymbol{\theta}) = (\theta_1 - \frac{3}{2})^2 + (\theta_2 - \frac{1}{8})^2 = \frac{1}{2}\boldsymbol{\theta}^{\mathsf{T}}\mathbf{H}\boldsymbol{\theta} + \boldsymbol{c}^{\mathsf{T}}\boldsymbol{\theta} + \text{상수} \tag{8.109}$$

여기서 $\mathbf{H} = 2\mathbf{I}$ 그리고 $c = -(3, 1/4)$이며, 다음을 따른다.

$$|\theta_1| + |\theta_2| \le 1 \tag{8.110}$$

그림 8.20(b)를 참고하라.

제약은 다음과 같이 다시 쓸 수 있다.

$$\theta_1 + \theta_2 \le 1, \quad \theta_1 - \theta_2 \le 1, \quad -\theta_1 + \theta_2 \le 1, \quad -\theta_1 - \theta_2 \le 1 \tag{8.111}$$

이는 더욱 간결하게 다음과 같이 쓸 수 있다.

$$\mathbf{A}\boldsymbol{\theta} \le \boldsymbol{b} \tag{8.112}$$

여기서 $\boldsymbol{b} = \mathbf{1}$이며

$$\mathbf{A} = \begin{pmatrix} 1 & 1 \\ 1 & -1 \\ -1 & 1 \\ -1 & -1 \end{pmatrix} \tag{8.113}$$

이는 이제 표준 QP 형식이다.

그림 8.20(b)에서 보여주듯이 문제의 기하학 측면에서 보면, 다이아몬드의 2개의 좌측 면에 해당하는 제약이 비활성임을 볼 수 있다(왜냐하면 가급적 원의 중심에 가까이 가고자 하기 때문이다. 이는 제약된 실현 가능 영역의 바깥, 그리고 우측이다). $g_i(\boldsymbol{\theta})$를 $\mathbf{A}$의 행 i에 해당하는 부등식 제약으로 표시하면, 이는 $g_3(\boldsymbol{\theta}^*) > 0$ 그리고 $g_4(\boldsymbol{\theta}^*) > 0$을 뜻한다. 따라서 상보성^{complementarity}으로 인해 $\mu_3^* = \mu_4^* = 0$이다. 그러므로 이들 비활성 제약을 제거할 수 있다.

KKT 조건으로부터 다음을 알 수 있다.

$$\mathbf{H}\boldsymbol{\theta} + \boldsymbol{c} + \mathbf{A}^\top \boldsymbol{\mu} = \mathbf{0} \tag{8.114}$$

이들을 활성적으로 제약된 하위 문제에 사용하면 다음을 얻는다.

$$\begin{pmatrix} 2 & 0 & 1 & 1 \\ 0 & 2 & 1 & -1 \\ 1 & 1 & 0 & 0 \\ 1 & -1 & 0 & 0 \end{pmatrix} \begin{pmatrix} \theta_1 \\ \theta_2 \\ \mu_1 \\ \mu_2 \end{pmatrix} = \begin{pmatrix} 3 \\ 1/4 \\ 1 \\ 1 \end{pmatrix} \tag{8.115}$$

따라서 해는 다음과 같다.

$$\boldsymbol{\theta}_* = (1, 0)^\mathsf{T}, \boldsymbol{\mu}_* = (0.625, 0.375, 0, 0)^\mathsf{T} \tag{8.116}$$

$\boldsymbol{\theta}$의 최적값은 ℓ_1 '공^{ball}'(다이아몬드 모양)의 정점 중 하나에서 나타남을 주지하라.

8.5.4.2 응용

ML에서의 이차 프로그래밍 응용은 몇 가지가 있다. 11.4절에서 이를 사용해 희박 선형 회귀를 하는 방법을 보여준다. 이는 $\mathcal{L}(\boldsymbol{w}) = ||\mathbf{X}\boldsymbol{w} - \boldsymbol{y}||_2^2 + \lambda||\boldsymbol{w}||_1$의 최적화에 해당하며, QP로 다시 형식화할 수 있다. 17.3절에서 이를 SVM$^{\text{Support Vector Machine}}$(서포트 벡터 머신)에 사용하는 법을 보여준다.

8.5.5 혼합 정수 선형 프로그래밍*

정수 선형 프로그래밍$^{\text{Integer Linear Programming}}$, 즉 ILP는 선형 제약을 따르는 선형 목적 함수의 최소화에 해당한다. 이때 최적화 변수는 실수가 아닌 이산적인 정수다. 표준 형식에서 문제는 다음과 같다.

$$\min_{\boldsymbol{\theta}} \boldsymbol{c}^\mathsf{T}\boldsymbol{\theta} \quad \text{s.t.} \quad \mathbf{A}\boldsymbol{\theta} \leq \boldsymbol{b}, \boldsymbol{\theta} \geq 0, \boldsymbol{\theta} \in \mathbb{Z}^D \tag{8.117}$$

여기서 $\mathbb{Z}$는 정수 집합이다. 최적화 변수의 일부가 실수라면 이는 **혼합 ILP**$^{\text{mixed ILP}}$라 부르며, 간단히 MIP라고도 한다(모든 변수가 실숫값이라면 이는 표준 LP가 된다).

MIP는 차량의 전달, 스케줄링, 포장과 같이 많은 곳에서 응용된다. 이들은 또한 특정 종류의 심층 신경망 움직임을 형식적으로 확인하고[And+18], DNN의 로버스트성 속성을 적대적(최악의 경우) 섭동으로 증명하는 것과 같이[TXT19] 몇 가지 ML에서도 유용하게 응용된다.

8.6 프록시말 경사법*

다음과 같은 형식의 목적 함수 최적화에 관심이 있는 경우가 많다.

$$\mathcal{L}(\boldsymbol{\theta}) = \mathcal{L}_s(\boldsymbol{\theta}) + \mathcal{L}_r(\boldsymbol{\theta}) \tag{8.118}$$

여기서 $\mathcal{L}_s$는 미분 가능하며(평활함), $\mathcal{L}_r$은 볼록이지만 꼭 미분 가능한 것은 아니다(즉, 비평활하거나 '러프^{rough}'할 수 있음). 예를 들어 $\mathcal{L}_s$는 음의 로그 가능도$^{\text{NLL, Negative Log Likelihood}}$일 수도 있으며, $\mathcal{L}_r$은

제약을 위반하면 값이 무한대인 지시 함수일 수 있다(8.6.1절 참고). 또는 $\mathcal{L}_r$은 어떠한 모수의 ℓ_1 노름이거나(8.6.2절 참고), 아니면 $\mathcal{L}_r$은 모수가 허용된 양자화된 값의 집합으로부터 얼마나 멀리 떨어져 있는지를 측정할 수도 있다(8.6.3절 참고).

이러한 문제를 다루는 한 가지 방법은 **프록시말 기울기법**proximal gradient method을 사용하는 것이다(예: [PB+14; PSW15] 참고). 간단히 말하자면, 이는 기울기 방향에서 크기 η의 단계를 취한 뒤, 결과 모수 업데이트를 $\mathcal{L}_r$을 준수하는 공간으로 사영한다. 더 정확하게는 업데이트가 다음과 같다.

$$\boldsymbol{\theta}_{t+1} = \text{prox}_{\eta_t \mathcal{L}_r}(\boldsymbol{\theta}_t - \eta_t \nabla \mathcal{L}_s(\boldsymbol{\theta}_t)) \tag{8.119}$$

여기서 $\text{prox}_{\eta f}(\boldsymbol{\theta})$는 $\boldsymbol{\theta}$에서 값매김한 $\mathcal{L}_r$의 **프록시말 연산자**proximal operator다.

$$\text{prox}_{\eta \mathcal{L}_r}(\boldsymbol{\theta}) \triangleq \underset{\boldsymbol{z}}{\text{argmin}} \left(\mathcal{L}_r(\boldsymbol{z}) + \frac{1}{2\eta} ||\boldsymbol{z} - \boldsymbol{\theta}||_2^2 \right) \tag{8.120}$$

(인자 $\frac{1}{2}$은 편의를 위한 임의적인 값이다.) 프록시말 연산자는 다음과 같이 제약 최적화 문제를 푸는 것으로 다시 쓸 수 있다.

$$\text{prox}_{\eta \mathcal{L}_r}(\boldsymbol{\theta}) = \underset{\boldsymbol{z}}{\text{argmin}} \, \mathcal{L}_r(\boldsymbol{z}) \quad \text{s.t.} \quad ||\boldsymbol{z} - \boldsymbol{\theta}||_2 \leq \rho \tag{8.121}$$

여기서 경계 ρ는 스케일링 인자 η에 의존한다. 따라서 프록시말 사영은 현재 반복에 가깝게 있으면서(즉, 현재 반복의 프록시이면서) 함수를 최소화한다. 아래에서 몇 가지 예시를 제공한다.

8.6.1 사영된 경사하강

다음 문제를 풀고자 한다고 해보자.

$$\underset{\boldsymbol{\theta}}{\text{argmin}} \, \mathcal{L}_s(\boldsymbol{\theta}) \quad \text{s.t.} \quad \boldsymbol{\theta} \in \mathcal{C} \tag{8.122}$$

여기서 $\mathcal{C}$는 볼록 집합이다. 예를 들면, 각 요소의 하계와 상계를 지정하는 **상자 제약**box constraint $\mathcal{C} = \{\boldsymbol{\theta} : \boldsymbol{l} \leq \boldsymbol{\theta} \leq \boldsymbol{u}\}$가 있을 수 있다. 이러한 경계는 우리가 특정 요소에 대해 그것의 차원을 따라서 값을 제약하고 싶지 않다면, 무한할 수 있다. 예를 들어 모수가 비음수임을 보장하고 싶다면, 각 차원마다 $l_d = 0$ 그리고 $u_d = \infty$라 둔다.

제약 최적화 문제는 본래 목적 함수에 불이익 항을 추가하여 비제약 문제로 바꿀 수 있다.

$$\mathcal{L}(\boldsymbol{\theta}) = \mathcal{L}_s(\boldsymbol{\theta}) + \mathcal{L}_r(\boldsymbol{\theta}) \tag{8.123}$$

여기서 $\mathcal{L}_r(\boldsymbol{\theta})$는 볼록 집합 $\mathcal{C}$를 위한 지시 함수다. 즉,

$$\mathcal{L}_r(\boldsymbol{\theta}) = I_{\mathcal{C}}(\boldsymbol{\theta}) = \begin{cases} 0 & \boldsymbol{\theta} \in \mathcal{C} \text{인 경우} \\ \infty & \boldsymbol{\theta} \notin \mathcal{C} \text{인 경우} \end{cases} \tag{8.124}$$

식 (8.123)은 프록시말 경사하강을 사용해 풀 수 있다. 지시 함수를 위한 프록시말 연산자는 집합 $\mathcal{C}$ 위로의 사영과 동등하다.

$$\text{proj}_{\mathcal{C}}(\boldsymbol{\theta}) = \underset{\boldsymbol{\theta}' \in \mathcal{C}}{\text{argmin}} \, ||\boldsymbol{\theta}' - \boldsymbol{\theta}||_2 \tag{8.125}$$

이 방법은 **사영된 경사하강**projected gradient descent이라 한다. 그림 8.22를 참고하라.

예를 들어 상자 제약 $\mathcal{C} = \{\boldsymbol{\theta} : \boldsymbol{l} \le \boldsymbol{\theta} \le \boldsymbol{u}\}$를 고려해 보자. 이 경우 사영 연산자는 단순히 경계에서 임계화를 함으로써 요소별로 계산할 수 있다.

$$\text{proj}_{\mathcal{C}}(\boldsymbol{\theta})_d = \begin{cases} l_d & \theta_d \le l_d \text{인 경우} \\ \theta_d & l_d \le \theta_d \le u_d \text{인 경우} \\ u_d & \theta_d \ge u_d \text{인 경우} \end{cases} \tag{8.126}$$

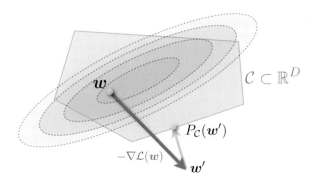

그림 8.22 사영된 경사하강을 보여준다. $\boldsymbol{w}$는 현재 모수 추정값, $\boldsymbol{w}'$은 기울기 단계 이후 업데이트, $P_{\mathcal{C}}(\boldsymbol{w}')$은 이를 제약 집합 $\mathcal{C}$로 사영한다. 출처: https://bit.ly/3eJ3BhZ. 마틴 자기(Martin Jaggi)가 친절하게 사용을 허가했다.

예를 들어 모든 요소가 비음수임을 보장하고 싶다면 다음을 사용할 수 있다.

$$\text{proj}_{\mathcal{C}}(\boldsymbol{\theta}) = \boldsymbol{\theta}_+ = [\max(\theta_1, 0), \dots, \max(\theta_D, 0)] \tag{8.127}$$

11.4.9.2절에서 이 방법을 희박 선형 회귀에 응용하는 방법을 참고하라.

8.6.2 ℓ_1-노름 정칙자를 위한 프록시말 연산자

$f(\boldsymbol{x}; \boldsymbol{\theta}) = \sum_{d=1}^{D} \theta_d x_d$ 형식의 선형 예측자를 고려해 보자. 임의의 차원 d에 대해 $\theta_d = 0$이라면, 해당 특성 x_d는 무시한다. 이는 **특성 선택**feature selection의 한 형식으로, 과적합을 줄이는 방법은 물론 모델 해석력을 개선하는 방법 모두에서 유용하다. ℓ_1 노름 불이익을 줌으로써 가중치가 (단순히 작은 값이 아닌) 0이 되도록 북돋을 수 있다.

$$||\boldsymbol{\theta}||_1 = \sum_{d=1}^{D} |\theta_d| \tag{8.128}$$

이는 **희박성 유도 정칙자**sparsity inducing regularizer라 부른다.

이것이 왜 희박성을 유도하는지 보기 위해 2개의 가능성 있는 모수 벡터를 고려해 보자. 하나는 희박한 $\boldsymbol{\theta} = (1, 0)$, 하나는 희박하지 않은 $\boldsymbol{\theta}' = (1/\sqrt{2}, 1/\sqrt{2})$이다. 둘 다 같은 ℓ_2 노름을 갖는다.

$$||(1,0)||_2^2 = ||(1/\sqrt{2}, 1/\sqrt{2})||_2^2 = 1 \tag{8.129}$$

따라서 ℓ_2 정칙화(4.5.3절)는 희박한 해를 밀집한 해보다 선호하지 않을 것이다. 그러나 ℓ_1 정칙화를 사용할 때 희박한 해가 더 저렴하다. 왜냐하면

$$||(1,0)||_1 = 1 < ||(1/\sqrt{2}, 1/\sqrt{2})||_1 = \sqrt{2} \tag{8.130}$$

희박 회귀에 대한 자세한 내용은 11.4절을 참고하라.

이러한 정칙자를 평활 손실smooth loss과 조합하면 다음을 얻는다.

$$\mathcal{L}(\boldsymbol{\theta}) = \text{NLL}(\boldsymbol{\theta}) + \lambda ||\boldsymbol{\theta}||_1 \tag{8.131}$$

이 목적 함수는 프록시말 경사하강을 사용해 최적화할 수 있다. 여기서 핵심적인 질문은 어떻게 함

수 $f(\boldsymbol{\theta}) = ||\boldsymbol{\theta}||_1$을 위한 프록시말 연산자를 계산하는가이다. 식 (8.120)으로부터, $\eta = 1$일 때 다음과 같다.

$$\text{prox}_{\lambda f}(\theta) = \underset{z}{\arg\min} |z| + \frac{1}{2\lambda}(z - \theta)^2 = \underset{z}{\arg\min} \lambda|z| + \frac{1}{2}(z - \theta)^2 \tag{8.132}$$

11.4.3절에서 이에 대한 해는 다음과 같이 주어짐을 보여준다.

$$\text{prox}_{\lambda f}(\theta) = \begin{cases} \theta - \lambda & \theta \geq \lambda \text{인 경우} \\ 0 & |\theta| \leq \lambda \text{인 경우} \\ \theta + \lambda & \theta \leq -\lambda \text{인 경우} \end{cases} \tag{8.133}$$

이는 **부드러운 임계화 연산자**^{soft thresholding operator}라 한다. 절댓값에서 λ보다 작은 값은 0으로 두지만(임계화), 이를 연속적인 방식으로 하기 때문이다. 부드러운 임계화는 다음과 같이 더 간결하게 쓸 수 있음을 주지하라.

$$\text{SoftThreshold}(\theta, \lambda) = \text{sign}(\theta) \, (|\theta| - \lambda)_+ \tag{8.134}$$

여기서 $\theta_+ = \max(\theta, 0)$은 θ의 양수 부분이다. 벡터의 경우, 이는 요소별로 수행한다.

$$\text{SoftThreshold}(\boldsymbol{\theta}, \lambda) = \text{sign}(\boldsymbol{\theta}) \odot (|\boldsymbol{\theta}| - \lambda)_+ \tag{8.135}$$

11.4.9.3절에서 이 방법을 희박 선형 회귀에 적용하는 방법을 참고하라.

8.6.3 양자화를 위한 프록시말 연산자

몇몇 응용에서(예를 들어 모바일폰처럼 메모리가 제한적인 **단말기**^{edge device}에서 심층 신경망을 실행하기 위해 훈련시킬 때) 모수의 **양자화**^{quantized}가 보장되기를 원한다. 예를 들어 각 모수가 오직 -1 또는 $+1$일 수만 있는 극단적인 경우, 상태 공간은 $\mathcal{C} = \{-1, +1\}^D$가 된다.

모수 벡터의 가장 가까운 양자화된 버전까지의 거리를 측정하는 정칙자를 정의해 보자.

$$\mathcal{L}_r(\boldsymbol{\theta}) = \inf_{\boldsymbol{\theta}_0 \in \mathcal{C}} ||\boldsymbol{\theta} - \boldsymbol{\theta}_0||_1 \tag{8.136}$$

(ℓ_2 노름 또한 사용 가능하다.) $\mathcal{C} = \{-1, +1\}^D$인 경우 이는 다음이 된다.

$$\mathcal{L}_r(\boldsymbol{\theta}) = \sum_{d=1}^{D} \inf_{[\theta_0]_d \in \{\pm 1\}} |\theta_d - [\theta_0]_d| = \sum_{d=1}^{D} \min\{|\theta_d - 1|, |\theta_d + 1|\} = ||\boldsymbol{\theta} - \text{sign}(\boldsymbol{\theta})||_1 \quad (8.137)$$

해당 양자화 연산자가 다음이 되도록 정의하자.

$$q(\boldsymbol{\theta}) = \text{proj}_{\mathcal{C}}(\boldsymbol{\theta}) = \text{argmin}\, \mathcal{L}_r(\boldsymbol{\theta}) = \text{sign}(\boldsymbol{\theta}) \quad (8.138)$$

양자화된 학습에서 핵심적인 어려운 점은 양자화가 미분 가능한 연산이 아니라는 것이다. 이를 위한 인기 있는 해법은 $\frac{\partial \mathcal{L}}{\partial q(\boldsymbol{\theta})} \approx \frac{\partial \mathcal{L}}{\partial \boldsymbol{\theta}}$ 근사를 사용하는 **스트레이트 스루 추정량**straight-through estimator을 사용하는 것이다(예: [Yin+19] 참고). 해당 업데이트는 두 단계로 할 수 있다. 먼저 현재 모수의 양자화된 버전에서 기울기 벡터를 계산한 뒤, 이러한 근사적인 기울기를 사용해 비제약 모수를 업데이트한다.

$$\tilde{\boldsymbol{\theta}}_t = \text{proj}_{\mathcal{C}}(\boldsymbol{\theta}_t) = q(\boldsymbol{\theta}_t) \quad (8.139)$$

$$\boldsymbol{\theta}_{t+1} = \boldsymbol{\theta}_t - \eta_t \nabla \mathcal{L}_s(\tilde{\boldsymbol{\theta}}_t) \quad (8.140)$$

$\mathcal{C} = \{-1, +1\}^D$에 적용할 때, 이는 **이항 연결**binary connect법이라 한다[CBD15].

양자화를 딱딱한hard 제약이 아닌 정칙자로 다루는 프록시말 경사하강을 사용해 더 나은 결과를 얻을 수 있는데, 이를 ProxQuant라 한다[BWL19]. 업데이트는 다음이 된다.

$$\tilde{\boldsymbol{\theta}}_t = \text{prox}_{\lambda \mathcal{L}_r}(\boldsymbol{\theta}_t - \eta_t \nabla \mathcal{L}_s(\boldsymbol{\theta}_t)) \quad (8.141)$$

$\mathcal{C} = \{-1, +1\}^D$인 경우, 프록시말 연산자가 식 (8.135)에서의 부드러운 임계화 연산자의 일반화임을 보일 수 있다.

$$\text{prox}_{\lambda \mathcal{L}_r}(\boldsymbol{\theta}) = \text{SoftThreshold}(\boldsymbol{\theta}, \lambda, \text{sign}(\boldsymbol{\theta})) \quad (8.142)$$

$$= \text{sign}(\boldsymbol{\theta}) + \text{sign}(\boldsymbol{\theta} - \text{sign}(\boldsymbol{\theta})) \odot (|\boldsymbol{\theta} - \text{sign}(\boldsymbol{\theta})| - \lambda)_+ \quad (8.143)$$

이는 다른 형식의 양자화로 일반화할 수 있다. 자세한 내용은 [Yin+19]를 참고하라.

8.6.4 증분 (온라인) 프록시말 방법

많은 ML 문제는 예제마다 손실의 합인 목적 함수를 갖는다. 이런 문제는 증분적으로incrementally 풀 수 있는데, 이는 **온라인 학습**^{online learning}의 특별한 경우다. 프록시말 방법은 이러한 환경으로 확장하는 것이 가능하다. 이러한 방법의 확률적 관점은(칼만 필터링 측면에서) [AEM18; Aky+19]를 참고하라.

8.7 경계 최적화*

이 절에서는 **경계 최적화**^{bound optimization} 또는 MM 알고리듬이라 하는 알고리듬 종류를 고려해 본다. MM은 최소화라는 맥락에서는 **다수화-최소화**^{majorize-minimize}를, 최대화라는 맥락에서는 **소수화-최대화**^{minorize-maximize}를 뜻한다. 8.7.2절에서 **기댓값 최대화**^{Expectation Maximization}, 즉 EM이라는 특별한 경우에 대해 논의한다.

8.7.1 일반적인 알고리듬

이 절에서는 MM법의 개요를 간단히 제공한다(더 자세한 내용은 [HL04; Mai15; SBP17; Nad+19] 등에서 찾을 수 있다). 논문과의 일치성을 위해, 목표가 로그 가능도와 같은 어떠한 함수 $\ell(\boldsymbol{\theta})$를 모수 $\boldsymbol{\theta}$에 대해 최대화하는 것이라 가정하자. MM 알고리듬에서 기본적인 접근법은 $Q(\boldsymbol{\theta}, \boldsymbol{\theta}^t) \leq \ell(\boldsymbol{\theta})$ 그리고 $Q(\boldsymbol{\theta}^t, \boldsymbol{\theta}^t) = \ell(\boldsymbol{\theta}^t)$를 따르는, $\ell(\boldsymbol{\theta})$의 단단한 하계인 대리 함수 $Q(\boldsymbol{\theta}, \boldsymbol{\theta}^t)$를 구축하는 것이다. 이러한 조건에 부합하면, Q가 ℓ을 소수화^{minorize}한다고 말한다. 그 뒤 각 단계마다 다음의 업데이트를 수행한다.

$$\boldsymbol{\theta}^{t+1} = \underset{\boldsymbol{\theta}}{\mathrm{argmax}}\, Q(\boldsymbol{\theta}, \boldsymbol{\theta}^t) \tag{8.144}$$

이는 원본 목적 함수가 단조 증가함을 보장한다.

$$\ell(\boldsymbol{\theta}^{t+1}) \geq Q(\boldsymbol{\theta}^{t+1}, \boldsymbol{\theta}^t) \geq Q(\boldsymbol{\theta}^t, \boldsymbol{\theta}^t) = \ell(\boldsymbol{\theta}^t) \tag{8.145}$$

여기서 $Q(\boldsymbol{\theta}^{t+1}, \boldsymbol{\theta}')$이 임의의 $\boldsymbol{\theta}'$에 대한 $\ell(\boldsymbol{\theta}^{t+1})$의 하계이므로 첫 번째 부등식이 따라온다. 두 번째 부등식은 식 (8.144)를 따라온다. 마지막 등식은 단단함^{tightness} 속성을 따른다. 이러한 결과로 인해, 목적 함수의 단조 증가를 관측하지 못한다면 이는 반드시 여러분의 수학 그리고/또는 코드에 오류가 있다는 뜻이다. 이는 놀랍게도 강력한 디버깅 도구다.

그림 8.23은 이 과정을 스케치하고 있다. 빨간색 쇄곡선은 원본 함수다(예: 관측된 데이터의 로그 가능도). 파란색 실곡선은 $\boldsymbol{\theta}^t$에서 값매김한 하계다. 이는 $\boldsymbol{\theta}^t$에서 목적 함수를 건드리고 있다. 그 뒤 $\boldsymbol{\theta}^{t+1}$을 하계의 최댓값으로 두고, 그 점에서 새로운 경계를 적합시킨다(초록색 점곡선). 이러한 새로운 경계의 최댓값은 $\boldsymbol{\theta}^{t+2}$ 등이 된다.

Q가 이차적인 하계라면, 전체 방법이 그림 8.14(a)에서 보여주듯이 이차 근사를 반복적으로 적

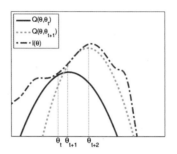

그림 8.23 경계 최적화 알고리듬을 보여준다. 출처: [Bis06]의 그림 9.14. emLogLikelihoodMax.ipynb로 생성했다.

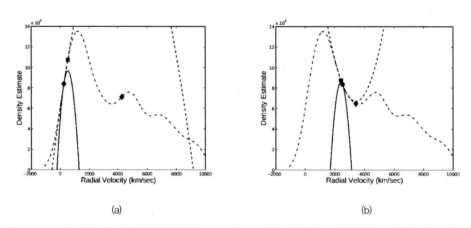

|(a)|(b)|

그림 8.24 MM 알고리듬의 이차적인 하계(실선) 그리고 뉴턴법의 이차 근사(쇄선)를 경험적 밀도 추정값(점선)에 포개어 그리고 있다. 동그라미에서 두 알고리듬이 시작한다. 정사각형은 한 번의 MM 업데이트 결과를 나타낸다. 다이아몬드는 한 번의 뉴턴 업데이트 결과를 나타낸다. (a) 뉴턴법이 전역 최댓값을 오버슈팅한다. (b) 뉴턴법이 목적 함수의 감소를 야기한다. 출처: [FT05]의 그림 4. 카를로 토마시(Carlo Tomasi)가 친절하게 사용을 허가했다.

합시키고 최적화하는 뉴턴법과 비슷해진다. 차이점은 Q의 최적화는 목적 함수가 볼록이 아니더라도 목적 함수의 개선을 보장한다는 것이다. 한편 뉴턴법은 이차 근사이며 경계가 아니므로 그림 8.24가 보여주듯이 목적 함수의 오버슈팅 또는 감소를 야기할 수도 있다.

8.7.2 EM 알고리듬

이 절에서는 **기댓값 최대화**EM, Expectation Maximization 알고리듬을 논의한다[DLR77; MK97]. 이는 **결측 데이터**missing data 그리고/또는 **은닉 변수**hidden variable를 갖는 확률 모델을 위한 MLE 또는 MAP 모수 추정값을 계산하도록 디자인된 경계 최적화 알고리듬이다. y_n은 예제 n의 가시 데이터, z_n은 은닉 데이터라 한다.

EM 이면의 기본 아이디어는 **E단계**expectation step 동안 은닉 변수(또는 결측값)를 추정하고, 그 뒤 전체 관측 데이터를 사용해 **M단계**maximization step 동안 MLE의 계산을 번갈아 하는 것이다. 기댓값이 모수에 의존하지만 모수는 기댓값에 의존하므로, 당연히 이 과정을 반복해야 한다.

8.7.2.1절에서 EM이 MM 알고리듬임을 보일 것이다. 이는 이러한 반복적 과정이 로그 가능도의 국소 최댓값으로 수렴함을 의미한다. 수렴의 속도는 결측 데이터의 양에 의존하며, 이는 경계의 단단함에 영향을 준다[XJ96; MD97; SRG03; KKS20].

8.7.2.1 하계

EM의 목표는 관측 데이터의 로그 가능도를 최대화하는 것이다.

$$\ell(\boldsymbol{\theta}) = \sum_{n=1}^{N_{\mathcal{D}}} \log p(\boldsymbol{y}_n | \boldsymbol{\theta}) = \sum_{n=1}^{N_{\mathcal{D}}} \log \left[\sum_{\boldsymbol{z}_n} p(\boldsymbol{y}_n, \boldsymbol{z}_n | \boldsymbol{\theta}) \right] \tag{8.146}$$

y_n은 가시 변수이고, z_n은 은닉 변수다. 안타깝게도 로그를 합 안에 집어넣을 수가 없으므로, 이는 최적화가 힘들다.

EM은 이 문제를 다음과 같이 우회한다. 먼저 각 은닉 변수 z_n에 대한 임의의 분포 $q_n(z_n)$의 집합을 고려해 보자. 관측 데이터 로그 가능도는 다음과 같이 쓸 수 있다.

$$\ell(\boldsymbol{\theta}) = \sum_{n=1}^{N_{\mathcal{D}}} \log \left[\sum_{\boldsymbol{z}_n} q_n(\boldsymbol{z}_n) \frac{p(\boldsymbol{y}_n, \boldsymbol{z}_n | \boldsymbol{\theta})}{q_n(\boldsymbol{z}_n)} \right] \tag{8.147}$$

젠센의 부등식(식 (6.34))을 사용해 로그(이는 오목 함수다)를 기댓값 안으로 밀어 넣어 다음과 같이 로그 가능도에서 하계를 얻을 수 있다.

$$\ell(\boldsymbol{\theta}) \geq \sum_n \sum_{\boldsymbol{z}_n} q_n(\boldsymbol{z}_n) \log \frac{p(\boldsymbol{y}_n, \boldsymbol{z}_n | \boldsymbol{\theta})}{q_n(\boldsymbol{z}_n)} \tag{8.148}$$

$$= \sum_n \underbrace{\mathbb{E}_{q_n} \left[\log p(\boldsymbol{y}_n, \boldsymbol{z}_n | \boldsymbol{\theta}) \right] + \mathbb{H}(q_n)}_{\text{Ł}(\boldsymbol{\theta}, q_n)} \tag{8.149}$$

$$= \sum_n \text{Ł}(\boldsymbol{\theta}, q_n) \triangleq \text{Ł}(\boldsymbol{\theta}, \{q_n\}) = \text{Ł}(\boldsymbol{\theta}, q_{1:N}) \tag{8.150}$$

여기서 $\mathbb{H}(q)$는 확률 분포 q의 엔트로피, $\text{Ł}(\boldsymbol{\theta}, \{q_n\})$은 **증거 하계**^{evidence lower bound}, 즉 **ELBO**라 부른다. 왜냐하면 이는 증거라고도 부르는 로그 주변 가능도 $\log p(\boldsymbol{y}_{1:N} | \boldsymbol{\theta})$의 하계이기 때문이다. 이 경계의 최적화가 4.6.8.3절에서 논의하는 변분 추론의 기본이다.

8.7.2.2 E단계

하계가 각각 다음 형식을 갖는 N개 항의 합임을 볼 수 있다.

$$\text{Ł}(\boldsymbol{\theta}, q_n) = \sum_{\boldsymbol{z}_n} q_n(\boldsymbol{z}_n) \log \frac{p(\boldsymbol{y}_n, \boldsymbol{z}_n | \boldsymbol{\theta})}{q_n(\boldsymbol{z}_n)} \tag{8.151}$$

$$= \sum_{\boldsymbol{z}_n} q_n(\boldsymbol{z}_n) \log \frac{p(\boldsymbol{z}_n | \boldsymbol{y}_n, \boldsymbol{\theta}) p(\boldsymbol{y}_n | \boldsymbol{\theta})}{q_n(\boldsymbol{z}_n)} \tag{8.152}$$

$$= \sum_{\boldsymbol{z}_n} q_n(\boldsymbol{z}_n) \log \frac{p(\boldsymbol{z}_n | \boldsymbol{y}_n, \boldsymbol{\theta})}{q_n(\boldsymbol{z}_n)} + \sum_{\boldsymbol{z}_n} q_n(\boldsymbol{z}_n) \log p(\boldsymbol{y}_n | \boldsymbol{\theta}) \tag{8.153}$$

$$= -D_{\mathbb{KL}}\left(q_n(\boldsymbol{z}_n) \| p(\boldsymbol{z}_n | \boldsymbol{y}_n, \boldsymbol{\theta})\right) + \log p(\boldsymbol{y}_n | \boldsymbol{\theta}) \tag{8.154}$$

여기서 $D_{\mathbb{KL}}(q \| p) \triangleq \sum_z q(z) \log \frac{q(z)}{p(z)}$는 확률 분포 q와 p 사이의 쿨백-라이블러 발산(KL 발산)이다. 이는 6.2절에서 더 자세히 논의하지만, 여기서 필요한 핵심 속성은 오직 $q = p$라면(iff) $D_{\mathbb{KL}}(q \| p) \geq 0$ 그리고 $D_{\mathbb{KL}}(q \| p) = 0$이라는 것이다. 따라서 하계 $\text{Ł}(\boldsymbol{\theta}, \{q_n\})$은 $\{q_n\}$에 대해 각각을 $q_n^* = p(\boldsymbol{z}_n | \boldsymbol{y}_n, \boldsymbol{\theta})$로 두어 최대화할 수 있다. 이를 **E단계**^{E step}라 부르며, 이는 ELBO가 단단한 하계임을 보장한다.

$$\text{Ł}(\boldsymbol{\theta}, \{q_n^*\}) = \sum_n \log p(\boldsymbol{y}_n | \boldsymbol{\theta}) = \ell(\boldsymbol{\theta}) \tag{8.155}$$

이것이 어떻게 경계 최적화와 연결되는지 보기 위해 다음을 정의해 보자.

$$Q(\boldsymbol{\theta}, \boldsymbol{\theta}^t) = \text{Ł}(\boldsymbol{\theta}, \{p(\boldsymbol{z}_n | \boldsymbol{y}_n; \boldsymbol{\theta}^t)\}) \tag{8.156}$$

그러면 요구사항대로 $Q(\boldsymbol{\theta}, \boldsymbol{\theta}^t) \le \ell(\boldsymbol{\theta})$ 그리고 $Q(\boldsymbol{\theta}^t, \boldsymbol{\theta}^t) = \ell(\boldsymbol{\theta}^t)$이다.

그러나 사후 분포 $p(\boldsymbol{z}_n | \boldsymbol{y}_n; \boldsymbol{\theta}^t)$를 정확하게 계산할 수 없다면, 여전히 근사 분포 $q(\boldsymbol{z}_n | \boldsymbol{y}_n; \boldsymbol{\theta}^t)$를 사용할 수 있다. 이는 로그 가능도에 단단하지 않은 하계를 내어줄 것이다. 이러한 일반화된 버전의 EM은 **변분 EM**variational EM이라 한다[NH98]. 자세한 내용은 이 책의 후속판 [Mur23]을 참고하라.

8.7.2.3 M단계

M단계에서 $\text{Ł}(\boldsymbol{\theta}, \{q_n^t\})$을 $\boldsymbol{\theta}$에 대해 최대화해야 한다. 여기서 q_n^t은 E단계의 반복 t에서 계산한 분포다. 엔트로피 항 $\mathbb{H}(q_n)$이 $\boldsymbol{\theta}$에 대해 상수이므로, M단계에서 이를 버릴 수 있다. 그러면 다음이 남는다.

$$\ell^t(\boldsymbol{\theta}) = \sum_n \mathbb{E}_{q_n^t(\boldsymbol{z}_n)} \left[\log p(\boldsymbol{y}_n, \boldsymbol{z}_n | \boldsymbol{\theta}) \right] \tag{8.157}$$

이는 **기대 완비 데이터 로그 가능도**expected complete data log likelihood라 부른다. 결합 분포가 지수족에 속한다면(3.4절), 이는 다음과 같이 다시 쓸 수 있다.

$$\ell^t(\boldsymbol{\theta}) = \sum_n \mathbb{E} \left[\mathcal{T}(\boldsymbol{y}_n, \boldsymbol{z}_n)^\top \boldsymbol{\theta} - A(\boldsymbol{\theta}) \right] = \sum_n (\mathbb{E}\left[\mathcal{T}(\boldsymbol{y}_n, \boldsymbol{z}_n) \right]^\top \boldsymbol{\theta} - A(\boldsymbol{\theta})) \tag{8.158}$$

여기서 $\mathbb{E}[\mathcal{T}(\boldsymbol{y}_n, \boldsymbol{z}_n)]$은 **기대 충분 통계량**expected sufficient statistics이라 부른다.

M단계에서 기대 완비 데이터 로그 가능도를 최대화하여 다음을 얻는다.

$$\boldsymbol{\theta}^{t+1} = \arg\max_{\boldsymbol{\theta}} \sum_n \mathbb{E}_{q_n^t} \left[\log p(\boldsymbol{y}_n, \boldsymbol{z}_n | \boldsymbol{\theta}) \right] \tag{8.159}$$

지수족의 경우, 최대화는 기대 충분 통계량의 적률을 매칭하여 닫힌 형태로 풀 수 있다.

앞에서 E단계가 사실은 사후 분포의 전체 집합 $\{q(\boldsymbol{z}_n)\}$을 반환할 필요가 없으며, 대신에 단지 기대 충분 통계량 $\sum_n \mathbb{E}_{q(z_n)}[\mathcal{T}(\boldsymbol{y}_n, \boldsymbol{z}_n)]$만을 반환할 수 있음을 볼 수 있다. 이는 다음 예시에서 더 분명해질 것이다.

8.7.3 예시: GMM을 위한 EM

이 절에서는 어떻게 EM 알고리듬을 사용해 가우스 혼합 모델[GMM]의 MLE 및 MAP 추정값을 계산하는지 보여준다.

8.7.3.1 E단계

E단계는 현재 모수 추정값 $\boldsymbol{\theta}^{(t)}$를 사용해 추정된 데이터 지점 n개를 생성하기 위해, 단순히 군집 k의 **책임도**[responsibility]를 계산한다.

$$r_{nk}^{(t)} = p^*(z_n = k | \boldsymbol{y}_n, \boldsymbol{\theta}^{(t)}) = \frac{\pi_k^{(t)} p(\boldsymbol{y}_n | \boldsymbol{\theta}_k^{(t)})}{\sum_{k'} \pi_{k'}^{(t)} p(\boldsymbol{y}_n | \boldsymbol{\theta}_{k'}^{(t)})} \tag{8.160}$$

8.7.3.2 M단계

M단계는 다음과 같이 주어진 기대 완비 데이터 로그 가능도를 최대화한다.

$$\ell^t(\boldsymbol{\theta}) = \mathbb{E}\left[\sum_n \log p(z_n | \boldsymbol{\pi}) + \log p(\boldsymbol{y}_n | z_n, \boldsymbol{\theta}) \right] \tag{8.161}$$

$$= \mathbb{E}\left[\sum_n \log \left(\prod_k \pi_k^{z_{nk}} \right) + \log \left(\prod_k \mathcal{N}(\boldsymbol{y}_n | \boldsymbol{\mu}_k, \boldsymbol{\Sigma}_k)^{z_{nk}} \right) \right] \tag{8.162}$$

$$= \sum_n \sum_k \mathbb{E}[z_{nk}] \log \pi_k + \sum_n \sum_k \mathbb{E}[z_{nk}] \log \mathcal{N}(\boldsymbol{y}_n | \boldsymbol{\mu}_k, \boldsymbol{\Sigma}_k) \tag{8.163}$$

$$= \sum_n \sum_k r_{nk}^{(t)} \log(\pi_k) - \frac{1}{2} \sum_n \sum_k r_{nk}^{(t)} \left[\log |\boldsymbol{\Sigma}_k| + (\boldsymbol{y}_n - \boldsymbol{\mu}_k)^\mathsf{T} \boldsymbol{\Sigma}_k^{-1} (\boldsymbol{y}_n - \boldsymbol{\mu}_k) \right] + \text{상수} \tag{8.164}$$

여기서 $z_{nk} = \mathbb{I}(z_n = k)$는 범주형 값 z_n의 원핫 인코딩이다. 이 목적 함수는 단지 MVN의 MLE를 계산하는 표준적인 문제의 가중된 버전일 뿐이다(4.2.6절 참고). 새로운 모수 추정값은 다음으로 주어짐을 보일 수 있다.

$$\boldsymbol{\mu}_k^{(t+1)} = \frac{\sum_n r_{nk}^{(t)} \boldsymbol{y}_n}{r_k^{(t)}} \tag{8.165}$$

$$\boldsymbol{\Sigma}_k^{(t+1)} = \frac{\sum_n r_{nk}^{(t)} (\boldsymbol{y}_n - \boldsymbol{\mu}_k^{(t+1)})(\boldsymbol{y}_n - \boldsymbol{\mu}_k^{(t+1)})^\mathsf{T}}{r_k^{(t)}}$$

$$= \frac{\sum_n r_{nk}^{(t)} \boldsymbol{y}_n \boldsymbol{y}_n^\mathsf{T}}{r_k^{(t)}} - \boldsymbol{\mu}_k^{(t+1)} (\boldsymbol{\mu}_k^{(t+1)})^\mathsf{T} \tag{8.166}$$

여기서 $r_k^{(t)} \triangleq \sum_n r_{nk}^{(t)}$는 군집 k에 할당된 점의 가중된 개수다. 군집 k의 평균은 단순히 군집 k에 할당된 모든 점의 가중평균일 뿐이며, 공분산은 가중된 경험적 산포 행렬에 비례한다.

혼합 가중치를 위한 M단계는 단순히 보통의 MLE의 가중된 형식이다.

$$\pi_k^{(t+1)} = \frac{1}{N} \sum_n r_{nk}^{(t)} = \frac{r_k^{(t)}}{N} \tag{8.167}$$

8.7.3.3 예시

실제 동작하는 알고리듬 예시는 일부 2차원 데이터를 2 요소 GMM으로 적합시키는 그림 8.25가 보여준다. [Bis06]으로부터 가져온 데이터셋은 옐로스톤 국립공원^{Yellowstone National Park}의 올드 페이스풀^{Old Faithful} 간헐천을 측정한 것이다. 특히 다음 분출 시간 대 분출 지속 시간을 분으로 그렸다. 데이터는 처리 전에 평균을 제거하고 표준편차로 나눠 표준화했다. 시작은 $\boldsymbol{\mu}_1 = (-1, 1)$, $\boldsymbol{\Sigma}_1 = \mathbf{I}$, $\boldsymbol{\mu}_2 = (1, -1)$, $\boldsymbol{\Sigma}_2 = \mathbf{I}$로 한다. 그 뒤 군집 할당, 그리고 해당 혼합 구성 요소를 다양한 반복 시점에서 보여준다.

GMM을 군집화에 적용하는 데 대한 더 자세한 내용은 21.4.1절을 참고하라.

8.7.3.4 MAP 추정

GMM의 MLE 계산은 수치적 문제 및 과적합의 악영향을 받는다. 왜 그런지 보기 위해 단순하게 모든 k에 대해 $\boldsymbol{\Sigma}_k = \sigma_k^2 \mathbf{I}$라 해보자. 하나의 데이터 지점($\boldsymbol{y}_n$)에 중심점 중 하나($\boldsymbol{\mu}_k$)를 할당함으로써

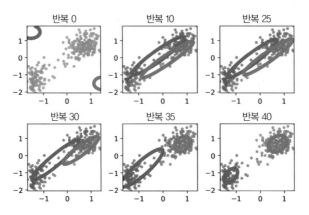

그림 8.25 올드 페이스풀 데이터에 적용한 GMM의 EM을 보여준다. 점의 빨간 정도는 점이 빨간색 군집에 속하는 정도를 나타내며, 파란색도 그러하다. 따라서 보라색 점은 두 군집에 대략 50/50으로 나눠진 책임도를 갖는다. 출처: [Bis06]의 그림 9.8. mix_gauss_demo_faithful.ipynb로 생성됐다.

무한대의 가능도를 얻는 것이 가능하다. 왜냐하면 그렇게 하면 그 데이터 지점의 가능도가 다음과 같이 주어지기 때문이다.

$$\mathcal{N}(\boldsymbol{y}_n | \boldsymbol{\mu}_k = \boldsymbol{y}_n, \sigma_k^2 \mathbf{I}) = \frac{1}{\sqrt{2\pi\sigma_k^2}} e^0 \tag{8.168}$$

따라서 그림 8.26(a)가 보여주듯이 $\sigma_k \to 0$이 되도록 하여 이 항을 무한대로 보낼 수 있다. 이는 '찌그러지는 분산 문제collapsing variance problem'라 부른다.

이를 위한 쉬운 해법은 MAP 추정을 수행하는 것이다. 다행히도 여전히 EM을 사용해 이 MAP 추정값을 찾을 수 있다. 우리의 목표는 이제 기대 완비 데이터 로그 가능도 더하기 로그 사전 분포를 최대화하는 것이다.

$$\ell^t(\boldsymbol{\theta}) = \left[\sum_n \sum_k r_{nk}^{(t)} \log \pi_{nk} + \sum_n \sum_k r_{nk}^{(t)} \log p(\boldsymbol{y}_n | \boldsymbol{\theta}_k) \right] + \log p(\boldsymbol{\pi}) + \sum_k \log p(\boldsymbol{\theta}_k) \tag{8.169}$$

E단계는 바뀌지 않은 채로 남아 있지만, M단계는 수정돼야 함을 주지하라. 이제 설명하겠다.

혼합 가중치의 사전 분포를 위해서는 디리클레 사전 분포(4.6.3.2절) $\boldsymbol{\pi} \sim \mathrm{Dir}(\boldsymbol{\alpha})$를 사용하는 것이 자연스럽다. 이는 범주형 분포에 대한 컬레이기 때문이다. MAP 추정값은 다음과 같이 주어진다.

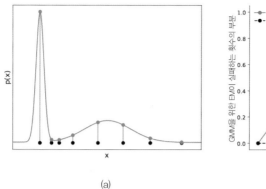
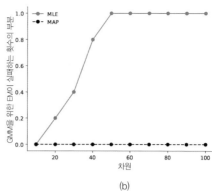

(a)   (b)

그림 8.26 (a) 특이성(singularity)이 어떻게 GMM의 가능도 함수에서 나타나는지 보여준다. 여기서 $K = 2$이지만, 첫 번째 혼합 성분은 단일 데이터 지점 x_1에서 중심을 갖는 ($\sigma_1 \approx 0$인) 좁은 솟구침이다. 출처: [Bis06]의 그림 9.7. mix_gauss_singularity.ipynb로 생성했다. (b) 가우스 혼합 모델을 적합시킬 때 MAP 추정 대 ML 추정의 이점을 보여준다. $N = 100$ 표본에서 각 방법이 수치적 문제를 만날 횟수의 비율을(5번의 무작위 시도 중에서) 문제의 차원에 대해 그리고 있다. 빨간색 실선(상단 곡선): MLE, 검은색 점선(하단 곡선): MAP. mix_gauss_mle_vs_map.ipynb로 생성했다.

$$\tilde{\pi}_k^{(t+1)} = \frac{r_k^{(t)} + \alpha_k - 1}{N + \sum_k \alpha_k - K} \tag{8.170}$$

균일 사전 분포 $\alpha_k = 1$을 사용하면, 이는 MLE로 축소된다.

혼합 성분의 사전 분포를 위해서는 다음 형식의 켤레 사전 분포를 고려하자.

$$p(\boldsymbol{\mu}_k, \boldsymbol{\Sigma}_k) = \text{NIW}(\boldsymbol{\mu}_k, \boldsymbol{\Sigma}_k \,|\, \breve{\boldsymbol{m}}, \breve{\kappa}, \breve{\nu}, \breve{\mathbf{S}}) \tag{8.171}$$

이는 **정규-역-위샤트 분포**Normal-Inverse-Wishart distribution라 부른다(자세한 내용은 이 책의 후속판 [Mur23]을 참고하라). $\boldsymbol{\mu}$를 위한 초매개변수를 $\breve{\kappa} = 0$으로 두어 $\boldsymbol{\mu}_k$가 정칙화되지 않는다고 해보자. 따라서 사전 분포만이 $\boldsymbol{\Sigma}_k$의 추정값에 영향을 줄 것이다. 이 경우 MAP 추정값은 다음과 같이 주어진다.

$$\tilde{\boldsymbol{\mu}}_k^{(t+1)} = \hat{\boldsymbol{\mu}}_k^{(t+1)} \tag{8.172}$$

$$\tilde{\boldsymbol{\Sigma}}_k^{(t+1)} = \frac{\breve{\mathbf{S}} + \hat{\boldsymbol{\Sigma}}_k^{(t+1)}}{\breve{\nu} + r_k^{(t)} + D + 2} \tag{8.173}$$

여기서 $\hat{\boldsymbol{\mu}}_k$은 식 (8.165)로부터의 $\boldsymbol{\mu}_k$를 위한 MLE이며, $\hat{\boldsymbol{\Sigma}}_k$은 식 (8.166)으로부터의 $\boldsymbol{\Sigma}_k$를 위한 MLE이다.

이제 사전 공분산 $\breve{\mathbf{S}}$를 어떻게 둘지 논의한다. ([FR07, p163]에서 제안한) 한 가지 가능한 방법은 다음을 사용하는 것이다.

$$\breve{\mathbf{S}} = \frac{1}{K^{2/D}} \text{diag}(s_1^2, \ldots, s_D^2) \tag{8.174}$$

여기서 $s_d^2 = (1/N) \sum_{n=1}^{N} (x_{nd} - \bar{x}_d)^2$은 차원 d의 합동^{pooled} 분산이다. 모수 $\breve{\nu}$는 이 사전 분포를 얼마나 강하게 믿는지를 통제한다. 사용할 수 있는 가장 약한, 하지만 여전히 적절한 사전 분포는 $\breve{\nu} = D + 2$로 두는 것이다. 따라서 이와 같이 일반적으로 선택한다.

이제 GMM의 맥락에서 ML 추정 대신에 MAP 추정을 사용할 때의 이점을 보여준다. ML 또는 MAP 추정을 사용해 D차원 내 $N = 100$ 표본으로 된 합성 데이터에 EM을 적용한다. 특이 행렬을 수반하는 수치적 이슈가 있는 시도는 '실패'라고 셈한다. 각 차원에서 5개의 무작위 시도를 수행한다. 결과는 그림 8.26(b)에서 보여준다. D가 점차적으로 커짐에 따라, ML 추정은 박살이 나는 한편, 적절한 사전 분포 추정이 있는 MAP는 수치적 문제를 만나는 일이 드물다.

8.7.3.5 NLL의 비볼록성

혼합 모델의 가능도는 다음과 같이 주어진다.

$$\ell(\boldsymbol{\theta}) = \sum_{n=1}^{N} \log \left[\sum_{z_n=1}^{K} p(\boldsymbol{y}_n, z_n | \boldsymbol{\theta}) \right] \tag{8.175}$$

일반적으로 이는 복수의 모드를 가질 것이며, 따라서 고유한 전역 최적점이 존재하지 않을 것이다.

그림 8.27은 이를 1차원 내 2개의 가우스 혼합에 대해 보여준다. 2개의 동일하게 좋은 전역 최적점이 있음을 볼 수 있다. 이는 2개의 서로 다른 군집의 라벨링에 해당하며, 하나는 $z = 1$에 해당하는 좌측 고점, 다른 하나는 $z = 2$에 해당하는 우측 고점이다. 이는 **라벨 바꾸기 문제**$^{\text{label switching problem}}$라 부른다. 자세한 내용은 21.4.1.2절을 참고하라.

가능도 함수에 얼마나 많은 모드가 있는지는 답하기 어려운 질문이다. 가능성 있는 라벨이 $K!$개 있지만, 고점 중 일부는 μ_k가 얼마나 멀리 떨어져 있느냐에 따라 머지^{merge}될 것이다. 어쨌든 모

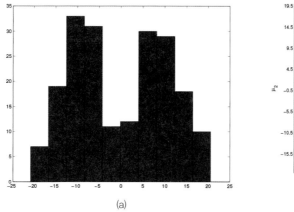
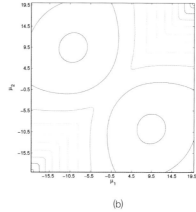

(a)   (b)

그림 8.27 왼쪽: 1차원에서 2 가우스 혼합으로부터 표집한 $N = 200$ 데이터 지점. $\pi_k = 0.5$, $\sigma_k = 5$, $\mu_1 = -10$, $\mu_2 = 10$이다. 오른쪽: 가능도 $p(\mathcal{D} \mid \mu_1, \mu_2)$의 표면. 그 외의 모든 모수는 그들의 참인 값으로 두었다. 모수의 비식별 가능성을 반영하는 2개의 대칭적인 모드를 볼 수 있다. gmm_lik_surface_plot.ipynb로 생성했다.

드가 지수적인 개수로 존재할 수 있다. 따라서 임의의 전역 최적점을 찾는 것은 NP-난해[NP-hard]다 [Alo+09; Dri+04]. 그러므로 국소 최적점을 찾는 데 만족해야 할 것이다. 좋은 국소 최적점을 찾으려면 K 평균++(21.3.4절)를 사용해 EM을 초기화할 수 있다.

8.8 블랙박스 및 도함수 자유 최적화

몇몇 최적화 문제에서는 목적 함수가 함수적 형식을 알 수 없음을 뜻하는 **블랙박스**[blackbox]다. 이는 기울기 기반 방법을 사용해 최적화할 수 없음을 뜻한다. 대신에 그러한 문제를 풀기 위해서는 **블랙박스 최적화**[BBO, BlackBox Optimization], 또한 **도함수 자유 최적화**[DFO, Derivative Free Optimization]라고도 부르는 방법이 필요하다.

ML에서 이런 종류의 문제는 모델 선택에서 자주 나타난다. 예를 들어, 모델의 형태 또는 복잡도를 통제하는 몇 가지 초매개변수 $\lambda \in \Lambda$가 있다고 해보자. 목적 함수 $\mathcal{L}(\lambda)$는 검증 집합의 손실이 되도록 정의하는 경우가 많다(4.5.4절 참고). 검증 손실이 복잡한 알고리듬을 사용해 계산하는 최적

모델 모수에 의존하므로, 이 목적 함수는 실질적으로 블랙박스다.[4]

이러한 문제를 위한 단순한 접근법은 모수 공간 내 각 점을 값매김하고, 손실이 가장 적은 것을 고르는 **격자 검색**grid search을 사용하는 것이다. 안타깝게도 이는 차원의 저주 때문에 고차원으로 스케일링되지 않는다. 게다가 심지어 저차원에서라도 블랙박스 목적 함수를 평가하는 비용이 비싸다면(예: 검증 손실을 계산하기 전에 모델 훈련을 필요로 한다면), 이는 비쌀 수 있다. 이 문제에 대한 다양한 해법이 제안되어 왔다. 자세한 내용은 이 책의 후속판 [Mur23]을 참고하라.

8.9 연습문제

연습문제 8.1 [힌지 손실 함수의 부분도함수*]

$f(x) = (1 - x)_+$가 힌지 손실hinge loss 함수라 하자. 이때 $(z)_+ = \max(0,\ z)$이다. $\partial f(0)$, $\partial f(1)$, $\partial f(2)$는 무엇인가?

연습문제 8.2 [스튜던트 분포를 위한 EM]

다변량 스튜던트 분포를 위한 MLE를 계산하는 EM 방정식을 유도하라. dof(자유도) 모수가 알려져 있는 경우 그리고 알려져 있지 않을 경우를 분리해서 고려해 보라. 힌트: 스튜던트 분포를 가우스의 스케일 혼합scale mixture으로 작성하라.

---

4 기울기 기반 옵티마이저(optimizer)를 사용해 최적 모수를 계산한다면, 기울기 단계를 '전개(unroll)'하여 훈련 데이터를 최적 모수 및 따라서 검증 손실로 매핑하는 심층 회로(deep circuit)를 만들 수 있다. 그 뒤 옵티마이저를 통해 최적화를 할 수 있다(예: [Fra+17] 참고). 그러나 이 기법은 제한적인 환경에서만 적용 가능하다.

2부

선형 모델

선형 판별분석

9.1 개요

9장에서는 다음과 같은 형식의 분류 모델을 고려한다.

$$p(y = c|\boldsymbol{x}, \boldsymbol{\theta}) = \frac{p(\boldsymbol{x}|y = c, \boldsymbol{\theta})p(y = c|\boldsymbol{\theta})}{\sum_{c'} p(\boldsymbol{x}|y = c', \boldsymbol{\theta})p(y = c'|\boldsymbol{\theta})} \tag{9.1}$$

$p(y = c; \boldsymbol{\theta})$ 항은 클래스 라벨의 사전 분포, $p(\boldsymbol{x}|y = c; \boldsymbol{\theta})$는 글래스 c의 **클래스 조건부 밀도**^{class} conditional density라 부른다.

전체 모델은 $p(\boldsymbol{x}|y = c; \boldsymbol{\theta})$로부터 표집을 하여 각 클래스 c를 위한 특성 $\boldsymbol{x}$를 생성하는 방법을 구체화하므로, **생성적 분류기**^{generative classifier}라 부른다. 반대로 **판별 분류기**^{discriminative classifier}는 클래스 사후 분포 $p(y|\boldsymbol{x}; \boldsymbol{\theta})$를 직접 모델링한다. 9.4절에서 분류에 대한 이 두 가지 접근법의 장단점을 논의한다.

클래스 조건부 밀도를 특별한 방법으로 선택하면, 클래스에 대한 결과 사후 분포가 $\boldsymbol{x}$의 선형 함수, 즉 $\log p(y = c|\boldsymbol{x}; \boldsymbol{\theta}) = \boldsymbol{w}^\mathsf{T}\boldsymbol{x} +$ '상수'임을 보게 될 것이다. 이때 $\boldsymbol{w}$는 θ로부터 유도한다. 따라서 전체 방법은 **선형 판별분석**^{Linear Discriminant Analysis}, 즉 LDA라 부른다.[1]

---

1 이 용어는 두 가지 이유에서 다소 혼란스럽다. 먼저 LDA는 판별이 아닌, 생성적 분류기다. 두 번째로 LDA는 또한 단어주머니를 위한 인기 있는 비지도 생성 모델인 '잠재 디리클레 할당(latent Dirichlet allocation)'을 의미한다[BNJ03].

9.2 가우스 판별분석

이 절에서는 클래스 조건부 밀도가 다변량 가우스인 생성적 분류기를 고려해 본다.

$$p(\boldsymbol{x}|y = c, \boldsymbol{\theta}) = \mathcal{N}(\boldsymbol{x}|\boldsymbol{\mu}_c, \boldsymbol{\Sigma}_c) \tag{9.2}$$

따라서 해당 클래스 사후 분포는 다음의 형식을 갖는다.

$$p(y = c|\boldsymbol{x}, \boldsymbol{\theta}) \propto \pi_c \mathcal{N}(\boldsymbol{x}|\boldsymbol{\mu}_c, \boldsymbol{\Sigma}_c) \tag{9.3}$$

여기서 $\pi_c = p(y = c)$는 라벨 c의 사전 확률이다(사후 분포의 분모에 있는 정규화 상수는 c에 대해 독립이므로 무시할 수 있음을 주지하라). 이 모델은 **가우스 판별분석**Gaussian Discriminant Analysis, 즉 **GDA**라 부른다.

9.2.1 이차 결정 경계

식 (9.3)으로부터 클래스 라벨에 대한 로그 사후 분포가 다음으로 주어짐을 알 수 있다.

$$\log p(y = c|\boldsymbol{x}, \boldsymbol{\theta}) = \log \pi_c - \frac{1}{2}\log|2\pi\boldsymbol{\Sigma}_c| - \frac{1}{2}(\boldsymbol{x} - \boldsymbol{\mu}_c)^\mathsf{T}\boldsymbol{\Sigma}_c^{-1}(\boldsymbol{x} - \boldsymbol{\mu}_c) + 상수 \tag{9.4}$$

이는 **판별함수**discriminant function라 부른다. 임의의 두 클래스 c와 c' 사이의 결정 경계가 $\boldsymbol{x}$의 이차 함수임을 볼 수 있다. 따라서 이는 **이차 판별분석**QDA, Quadratic Discriminant Analysis으로 알려져 있다.

예를 들어, 그림 9.1(a)에서 3개의 서로 다른 클래스로부터의 2차원 데이터를 고려해 보자. 완전 공분산 가우스 클래스 조건부를 (9.2.4절에서 설명하는 방법을 사용해) 적합시키고, 결과를 그림 9.1(b)에 그린다. 파란색 클래스의 특성이 다소 상관성이 있는 한편, 초록색 클래스의 특성은 독립이며, 빨간색 클래스의 특성은 독립적이고 등방적(구형 공분산)임을 볼 수 있다. 그림 9.2(a)에서 결과 결정 경계가 $\boldsymbol{x}$의 이차 함수임을 볼 수 있다.

9.2.2 선형 결정 경계

이제 공분산 행렬이 **묶여 있거나**tied 클래스 사이에서 **공유되는**shared, 따라서 $\boldsymbol{\Sigma}_c = \boldsymbol{\Sigma}$인 특별한 경우의 가우스 판별분석을 고려해 보자. $\boldsymbol{\Sigma}$가 c에 독립이라면, 식 (9.4)는 다음과 같이 단순화할 수 있다.

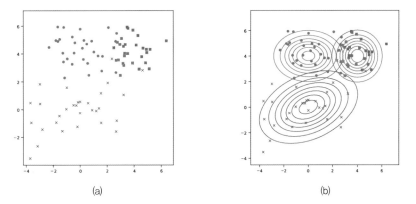

(a)　　　　　　　　　　　　　　　(b)

그림 9.1 (a) 3개의 각기 다른 클래스로부터의 2차원 데이터 일부, (b) 2차원 가우스를 각 클래스에 적합시키고 있다. discrim_analysis_dboundaries_plot2.ipynb로 생성했다.

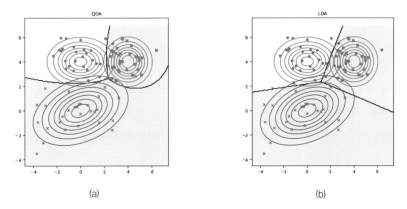

(a)　　　　　　　　　　　　　　　(b)

그림 9.2 그림 9.1의 데이터에 가우스 판별분석을 적합시킨다. (a) 비제약 공분산이 이차 결정 경계를 유도한다. (b) 묶인 공분산이 선형 결정 경계를 유도한다. discrim_analysis_dboundaries_plot2.ipynb로 생성했다.

$$\log p(y = c | \boldsymbol{x}, \boldsymbol{\theta}) = \log \pi_c - \frac{1}{2} (\boldsymbol{x} - \boldsymbol{\mu}_c)^\mathsf{T} \boldsymbol{\Sigma}^{-1} (\boldsymbol{x} - \boldsymbol{\mu}_c) + \text{상수} \tag{9.5}$$

$$= \underbrace{\log \pi_c - \frac{1}{2} \boldsymbol{\mu}_c^\mathsf{T} \boldsymbol{\Sigma}^{-1} \boldsymbol{\mu}_c}_{\gamma_c} + \boldsymbol{x}^\mathsf{T} \underbrace{\boldsymbol{\Sigma}^{-1} \boldsymbol{\mu}_c}_{\boldsymbol{\beta}_c} + \underbrace{\text{상수} - \frac{1}{2} \boldsymbol{x}^\mathsf{T} \boldsymbol{\Sigma}^{-1} \boldsymbol{x}}_{\kappa} \tag{9.6}$$

$$= \gamma_c + \boldsymbol{x}^\mathsf{T} \boldsymbol{\beta}_c + \kappa \tag{9.7}$$

마지막 항은 c에 독립이며, 따라서 버릴 수 있는 무의미한 추가 상수다. 그러므로 판별 함수가 $\boldsymbol{x}$의 선형 함수이며, 따라서 결정 경계가 선형임을 볼 수 있다. 따라서 이 방법은 **선형 판별분석**^{Linear} _{Discriminant Analysis}, 즉 **LDA**라 부른다. 그림 9.2(b)에서 예시를 참고하라.

9.2.3 LDA와 로지스틱 회귀 사이의 연결점

이 절에서는 LDA와 2.5.3절에서 소개한 로지스틱 회귀 사이의 흥미로운 연결점을 유도해 본다. 식 (9.7)로부터 다음과 같이 쓸 수 있다.

$$p(y = c|\boldsymbol{x}, \boldsymbol{\theta}) = \frac{e^{\boldsymbol{\beta}_c^\mathsf{T}\boldsymbol{x} + \gamma_c}}{\sum_{c'} e^{\boldsymbol{\beta}_{c'}^\mathsf{T}\boldsymbol{x} + \gamma_{c'}}} = \frac{e^{\boldsymbol{w}_c^\mathsf{T}[1, \boldsymbol{x}]}}{\sum_{c'} e^{\boldsymbol{w}_{c'}^\mathsf{T}[1, \boldsymbol{x}]}} \tag{9.8}$$

여기서 $\boldsymbol{w}_c = [\gamma_c, \boldsymbol{\beta}_c]$이다. 식 (9.8)은 다항 로지스틱 회귀 모델과 같은 형식을 가짐을 볼 수 있다. 주요한 차이점은, LDA에서는 9.2.4절에서 논의하듯이 먼저 가우스(그리고 클래스 사전 분포)를 적합시켜 결합 가능도 $p(\boldsymbol{x}, y|\boldsymbol{\theta})$를 최대화한 뒤, $\boldsymbol{\theta}$로부터 $\boldsymbol{w}$를 유도한다는 것이다. 반대로 로지스틱 회귀에서는 $\boldsymbol{w}$를 직접 추정하여 조건부 가능도 $p(y|\boldsymbol{x}, \boldsymbol{w})$를 최대화한다. 일반적으로 이들은 다른 결과를 내놓을 수 있다(연습문제 10.3 참고).

식 (9.8)로부터 추가적인 인사이트를 얻기 위해, 이항의 경우를 고려해 보자. 이 경우 사후 분포는 다음과 같이 주어진다.

$$p(y = 1|\boldsymbol{x}, \boldsymbol{\theta}) = \frac{e^{\boldsymbol{\beta}_1^\mathsf{T}\boldsymbol{x} + \gamma_1}}{e^{\boldsymbol{\beta}_1^\mathsf{T}\boldsymbol{x} + \gamma_1} + e^{\boldsymbol{\beta}_0^\mathsf{T}\boldsymbol{x} + \gamma_0}} = \frac{1}{1 + e^{(\boldsymbol{\beta}_0 - \boldsymbol{\beta}_1)^\mathsf{T}\boldsymbol{x} + (\gamma_0 - \gamma_1)}} \tag{9.9}$$

$$= \sigma\left((\boldsymbol{\beta}_1 - \boldsymbol{\beta}_0)^\mathsf{T}\boldsymbol{x} + (\gamma_1 - \gamma_0)\right) \tag{9.10}$$

여기서 $\sigma(\eta)$는 시그모이드 함수를 가리킨다.

이제

$$\gamma_1 - \gamma_0 = -\frac{1}{2}\boldsymbol{\mu}_1^\mathsf{T}\boldsymbol{\Sigma}^{-1}\boldsymbol{\mu}_1 + \frac{1}{2}\boldsymbol{\mu}_0^\mathsf{T}\boldsymbol{\Sigma}^{-1}\boldsymbol{\mu}_0 + \log(\pi_1/\pi_0) \tag{9.11}$$

$$= -\frac{1}{2}(\boldsymbol{\mu}_1 - \boldsymbol{\mu}_0)^\mathsf{T}\boldsymbol{\Sigma}^{-1}(\boldsymbol{\mu}_1 + \boldsymbol{\mu}_0) + \log(\pi_1/\pi_0) \tag{9.12}$$

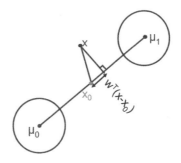

그림 9.3 $\Sigma_1 = \Sigma_2 = \mathbf{I}$일 때 2-클래스의 경우에서 LDA의 기하적인 모습

따라서 다음을 정의하면

$$\boldsymbol{w} = \boldsymbol{\beta}_1 - \boldsymbol{\beta}_0 = \boldsymbol{\Sigma}^{-1}(\boldsymbol{\mu}_1 - \boldsymbol{\mu}_0) \tag{9.13}$$

$$\boldsymbol{x}_0 = \frac{1}{2}(\boldsymbol{\mu}_1 + \boldsymbol{\mu}_0) - (\boldsymbol{\mu}_1 - \boldsymbol{\mu}_0)\frac{\log(\pi_1/\pi_0)}{(\boldsymbol{\mu}_1 - \boldsymbol{\mu}_0)^{\mathsf{T}}\boldsymbol{\Sigma}^{-1}(\boldsymbol{\mu}_1 - \boldsymbol{\mu}_0)} \tag{9.14}$$

$\boldsymbol{w}^{\mathsf{T}}\boldsymbol{x}_0 = -(\gamma_1 - \gamma_0)$이며, 따라서

$$p(y = 1|\boldsymbol{x}, \boldsymbol{\theta}) = \sigma(\boldsymbol{w}^{\mathsf{T}}(\boldsymbol{x} - \boldsymbol{x}_0)) \tag{9.15}$$

이는 이항 로지스틱 회귀와 같은 형식을 갖는다. 따라서 MAP 결정 규칙은 다음과 같다.

$$\hat{y}(\boldsymbol{x}) = 1 \text{ iff } \boldsymbol{w}^{\mathsf{T}}\boldsymbol{x} > c \tag{9.16}$$

여기서 $c = \boldsymbol{w}^{\mathsf{T}}\boldsymbol{x}_0$이다. $\pi_0 = \pi_1 = 0.5$라면 임곗값은 $c = \frac{1}{2}\boldsymbol{w}^{\mathsf{T}}(\boldsymbol{\mu}_1 + \boldsymbol{\mu}_0)$로 단순화된다.

이 방정식을 기하적으로 해석하기 위해, $\boldsymbol{\Sigma} = \sigma^2\mathbf{I}$라 해보자. 이 경우 $\boldsymbol{w} = \sigma^{-2}(\boldsymbol{\mu}_1 - \boldsymbol{\mu}_0)$이며, 이는 두 중심점 $\boldsymbol{\mu}_0$와 $\boldsymbol{\mu}_1$을 지나는 선과 평행하다. 따라서 한 점을 이 선 위에 사영한 뒤, 사영이 $\boldsymbol{\mu}_0$ 또는 $\boldsymbol{\mu}_1$에 가까운지 확인하여 이를 분류할 수 있다. 이는 그림 9.3이 보여준다. 얼마나 가까워야 하는지에 대해 질문하자면 클래스에 대한 사전 분포에 달려 있다. $\pi_1 = \pi_0$라면 $\boldsymbol{x}_0 = \frac{1}{2}(\boldsymbol{\mu}_1 + \boldsymbol{\mu}_0)$이며, 이는 평균 사이의 가운데다. $\pi_1 > \pi_0$로 만들면, 가운데보다 $\boldsymbol{\mu}_0$에 더 가까워야 클래스 0을 고를 수 있다. $\pi_0 > \pi_1$이라면 그 반대다. 그러므로 클래스 사전 분포는 결정 경계의 전체 모양이 아닌 결정 임곗값을 바꾸기만 한다는 것을 볼 수 있다(비슷한 논거가 다중 클래스의 경우에도 적용된다).

9.2.4 모델 적합시키기

이제 어떻게 최대 가능도 추정을 사용해 GDA를 적합시키는지 논의한다. 가능도 함수는 다음과 같다.

$$p(\mathcal{D}|\boldsymbol{\theta}) = \prod_{n=1}^{N_\mathcal{D}} \text{Cat}(y_n|\boldsymbol{\pi}) \prod_{c=1}^{C} \mathcal{N}(\boldsymbol{x}_n|\boldsymbol{\mu}_c, \boldsymbol{\Sigma}_c)^{\mathbb{I}(y_n=c)} \tag{9.17}$$

따라서 로그 가능도는 다음과 같이 주어진다.

$$\log p(\mathcal{D}|\boldsymbol{\theta}) = \left[\sum_{n=1}^{N_\mathcal{D}} \sum_{c=1}^{C} \mathbb{I}(y_n = c) \log \pi_c\right] + \sum_{c=1}^{C} \left[\sum_{n:y_n=c} \log \mathcal{N}(\boldsymbol{x}_n|\boldsymbol{\mu}_c, \boldsymbol{\Sigma}_c)\right] \tag{9.18}$$

따라서 $\boldsymbol{\pi}$ 그리고 $(\boldsymbol{\mu}_c, \boldsymbol{\Sigma}_c)$ 항을 개별적으로 최적화할 수 있음을 볼 수 있다.

4.2.4절로부터 클래스 사전 분포의 MLE가 $\hat{\pi}_c = \frac{N_c}{N}$이다. 4.2.6절의 결과를 사용해 가우스를 위한 MLE는 다음과 같이 유도할 수 있다.

$$\hat{\boldsymbol{\mu}}_c = \frac{1}{N_{\mathcal{D}c}} \sum_{n:y_n=c} \boldsymbol{x}_n \tag{9.19}$$

$$\hat{\boldsymbol{\Sigma}}_c = \frac{1}{N_{\mathcal{D}c}} \sum_{n:y_n=c} (\boldsymbol{x}_n - \hat{\boldsymbol{\mu}}_c)(\boldsymbol{x}_n - \hat{\boldsymbol{\mu}}_c)^\mathsf{T} \tag{9.20}$$

안타깝게도 $\hat{\boldsymbol{\Sigma}}_c$의 MLE는 $N_{\mathcal{D}_c}$가 입력 특성의 차원성 D와 비교하여 작다면 과적합되기 쉽다(즉, 추정값이 좋은 조건이 아닐 수도 있다). 아래에서 이에 대한 몇 가지 해법을 논의한다.

9.2.4.1 묶인 공분산

$\boldsymbol{\Sigma}_c = \boldsymbol{\Sigma}$가 묶여 있도록 강제한다면, 앞서 본 바와 같이 결정 경계가 선형일 것이다. 클래스에 걸쳐 모든 표본을 모을pool 수 있으므로, 이는 보통 더 믿을 만한 모수 추정값이 된다.

$$\hat{\boldsymbol{\Sigma}} = \frac{1}{N_\mathcal{D}} \sum_{c=1}^{C} \sum_{n:y_n=c} (\boldsymbol{x}_n - \hat{\boldsymbol{\mu}}_c)(\boldsymbol{x}_n - \hat{\boldsymbol{\mu}}_c)^\mathsf{T} \tag{9.21}$$

9.2.4.2 대각 공분산

$\mathbf{\Sigma}_c$가 대각이라고 강제하면, 모수의 개수를 $O(CD^2)$에서 $O(CD)$로 줄이게 되며 이는 과적합 문제를 피한다. 그러나 이는 특성 사이의 상관성을 포착하는 능력을 잃는다(이는 9.3절에서 추가로 논의하는 단순 베이즈 가정이라 한다). 이렇게 근사를 한다고 하더라도, 이 접근법은 고차원으로 잘 스케일링된다.

공유된 (묶인) 대각 공분산 행렬을 사용해 모델 용량을 추가로 제한할 수 있다. 이는 '대각 LDA'라 부른다[BL04].

9.2.4.3 MAP 추정

공분산 행렬이 대각이 되도록 강제하는 것은 다소 강한 가정이다. 대안적인 접근법으로 MLE를 사용하는 대신에, (공유된) 완전 공분산 가우스의 MAP 추정을 수행한다. 4.5.2절의 결과에 기반하여 MAP 추정값을 다음과 같이 찾을 수 있다.

$$\hat{\mathbf{\Sigma}}_{\mathrm{map}} = \lambda \mathrm{diag}(\hat{\mathbf{\Sigma}}_{\mathrm{mle}}) + (1 - \lambda)\hat{\mathbf{\Sigma}}_{\mathrm{mle}} \tag{9.22}$$

여기서 λ는 정칙화의 양을 통제한다. 이 기법은 **정칙화 판별분석**^{Regularized Discriminant Analysis}, 즉 RDA라 한다[HTF09, p656].

9.2.5 최근접 중심점 분류기

클래스에 균일 사전 분포를 가정한다면, 가장 가능성 있는 클래스 라벨은 다음과 같이 계산할 수 있다.

$$\hat{y}(\boldsymbol{x}) = \underset{c}{\mathrm{argmax}} \log p(y = c|\boldsymbol{x}, \boldsymbol{\theta}) = \underset{c}{\mathrm{argmin}}(\boldsymbol{x} - \boldsymbol{\mu}_c)^\mathsf{T}\mathbf{\Sigma}^{-1}(\boldsymbol{x} - \boldsymbol{\mu}_c) \tag{9.23}$$

이는 **최근접 중심점 분류기**^{nearest centroid classifier} 또는 **최근접 클래스 평균 분류기**^{nearest class mean classifier}라 부른다. $\boldsymbol{x}$를 가장 가까운 $\boldsymbol{\mu}_c$를 갖는 클래스에 할당하고 있으며, 이때 거리는 (제곱) 마할라노비스 거리를 사용해 측정하기 때문이다.

이를 임의의 다른 거래 계량으로 바꿔 결정 규칙을 얻을 수 있다.

$$\hat{y}(\boldsymbol{x}) = \underset{c}{\operatorname{argmin}}\, d^2(\boldsymbol{x}, \boldsymbol{\mu}_c) \qquad (9.24)$$

거리 계량을 학습하는 방법은 16.2절에서 논의하지만, 간단한 접근법은 다음을 사용하는 것이다.

$$d^2(\boldsymbol{x}, \boldsymbol{\mu}_c) = ||\boldsymbol{x} - \boldsymbol{\mu}_c||_{\mathbf{W}}^2 = (\boldsymbol{x} - \boldsymbol{\mu}_c)^{\mathsf{T}}(\mathbf{W}\mathbf{W}^{\mathsf{T}})(\boldsymbol{x} - \boldsymbol{\mu}_c) = ||\mathbf{W}(\boldsymbol{x} - \boldsymbol{\mu}_c)||^2 \qquad (9.25)$$

해당 클래스 사후 분포는 다음이 된다.

$$p(y = c|\boldsymbol{x}, \boldsymbol{\mu}, \mathbf{W}) = \frac{\exp(-\frac{1}{2}||\mathbf{W}(\boldsymbol{x} - \boldsymbol{\mu}_c)||_2^2)}{\sum_{c'=1}^{C} \exp(-\frac{1}{2}||\mathbf{W}(\boldsymbol{x} - \boldsymbol{\mu}_{c'})||_2^2)} \qquad (9.26)$$

$\mathbf{W}$는 판별적인 손실에 적용하는 경사하강을 사용해 최적화할 수 있다. 이는 **최근접 클래스 평균 계량 학습**nearest class mean metric learning이라 부른다[Men+12]. 이 기법의 장점은 새로운 클래스의 **원샷 학습**one-shot learning을 위해 사용할 수 있다는 것이다. 왜냐하면 클래스마다 하나의 라벨링된 프로토타입 $\boldsymbol{\mu}_c$만을 보기만 하면 되기 때문이다(좋은 $\mathbf{W}$를 이미 학습했다고 가정하면).

9.2.6 피셔의 선형 판별분석*

판별분석은 MVN을 특성에 적합시켜야 하는 분류를 위한 생성적인 접근법이다. 이미 논의했듯이 이는 고차원에서 문제가 될 수 있다. 다른 접근법은 특성 $\boldsymbol{x} \in \mathbb{R}^D$의 차원성을 낮춘 뒤 MVN을 결과 저차원 특성 $\boldsymbol{z} \in \mathbb{R}^K$에 적합시키는 것이다. 가장 단순한 접근법은 선형 사영 행렬 $\boldsymbol{z} = \mathbf{W}\boldsymbol{x}$를 사용하는 것으로, 여기서 $\mathbf{W}$는 $K \times D$ 행렬이다. $\mathbf{W}$를 찾는 접근법 하나는 주성분 분석Principal Components Analysis, 즉 PCA(20.1절)를 사용하는 것이다. 그러나 PCA는 클래스 라벨을 감안하지 않는 비지도 기법이다. 그러므로 그림 9.4에서 보여주듯이 결과 저차원 특성이 분류에 꼭 최적인 것은 아니다.

다른 접근법은 기울기 기반 방법을 사용해, 저차원 공간 내 클래스 사후 분포로부터 유도된 로그 가능도를 최적화하는 것이다. 이는 9.2.5절에서 논의했다.

세 번째 접근법(기울기 기반 옵티마이저optimizer보다는 고윳값 분해에 의존한다)은 저차원 데이터를 분류할 수 있음은 물론 가우스 클래스 조건부 밀도 모델을 사용할 수 있도록 행렬 $\mathbf{W}$를 정의하는 것이다. 가우스성 가정이 적절한 이유는 특성의 (어쩌면 비가우스적인) 선형 조합을 계산하고 있기 때문이

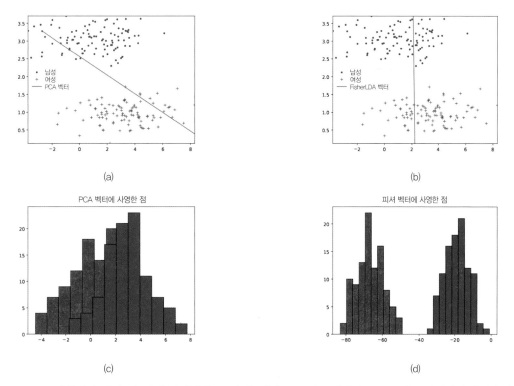

그림 9.4 2차원에서 남성 및 여성 성인의 (표준화된) 키와 몸무게를 나타내는 2-클래스 데이터셋에 적용한 선형 판별분석: (a) PCA 방향, (b) FLDA 방향, (c) PCA 방향으로의 사영은 나쁜 클래스 분리를 보여준다. (d) FLDA 방향으로의 사영은 좋은 클래스 분리를 보여준다. fisher_lda_demo.ipynb로 생성했다.

다. 이 접근법은 **피셔의 선형 판별분석**Fisher's Linear Discriminant Analysis, 즉 **FLDA**라 부른다.

　FLDA는 판별 및 생성 기법의 흥미로운 하이브리드다. 이 기법의 약점은 D에 상관없이 $K \leq C$ − 1차원을 사용하도록 제약한다는 것이다. 그 이유는 아래에서 설명한다. 2-클래스의 경우 이는 데이터를 사영할 수 있는 단일 벡터 $\boldsymbol{w}$를 찾고 있음을 뜻한다. 아래에서 2-클래스 경우의 최적 $\boldsymbol{w}$를 유도한다. 그 뒤 다중 클래스 경우로 일반화하고, 이 기법의 확률적 해석을 제공한다.

9.2.6.1 최적 1차원 사영의 유도

이제 [Bis06, 4.1.4절]에서 보여주는 것을 따라 2-클래스 경우를 위한 이러한 최적 방향 $\boldsymbol{w}$를 유도한다. 클래스 조건부 평균을 다음과 같이 정의한다.

$$\boldsymbol{\mu}_1 = \frac{1}{N_1} \sum_{n:y_n=1} \boldsymbol{x}_n, \ \boldsymbol{\mu}_2 = \frac{1}{N_2} \sum_{n:y_n=2} \boldsymbol{x}_n \tag{9.27}$$

$m_k = \boldsymbol{w}^\mathsf{T} \boldsymbol{\mu}_k$가 각 평균을 선 $\boldsymbol{w}$로 사영한 것이라 해보자. 또한 $z_n = \boldsymbol{w}^\mathsf{T} \boldsymbol{x}_n$은 데이터를 선 위로 사영한 것이라 하자. 사영된 점의 분산은 다음에 비례한다.

$$s_k^2 = \sum_{n:y_n=k} (z_n - m_k)^2 \tag{9.28}$$

목표는 평균 사이의 거리 $m_2 - m_1$은 최대화하면서 사영된 군집의 '조밀'함을 보장하도록 $\boldsymbol{w}$를 찾는 것으로, 이는 분산을 최소화하여 할 수 있다. 이는 다음의 목적 함수를 제안한다.

$$J(\boldsymbol{w}) = \frac{(m_2 - m_1)^2}{s_1^2 + s_2^2} \tag{9.29}$$

우측은 다음과 같이 $\boldsymbol{w}$ 측면에서 다시 쓸 수 있다.

$$J(\boldsymbol{w}) = \frac{\boldsymbol{w}^\mathsf{T} \mathbf{S}_B \boldsymbol{w}}{\boldsymbol{w}^\mathsf{T} \mathbf{S}_W \boldsymbol{w}} \tag{9.30}$$

여기서 $\mathbf{S}_B$는 다음으로 주어지는 클래스 간$^{\text{between-class}}$ 산란 행렬이다.

$$\mathbf{S}_B = (\boldsymbol{\mu}_2 - \boldsymbol{\mu}_1)(\boldsymbol{\mu}_2 - \boldsymbol{\mu}_1)^\mathsf{T} \tag{9.31}$$

그리고 $\mathbf{S}_W$는 다음으로 주어지는 클래스 내$^{\text{within-class}}$ 산란 행렬이다.

$$\mathbf{S}_W = \sum_{n:y_n=1} (\boldsymbol{x}_n - \boldsymbol{\mu}_1)(\boldsymbol{x}_n - \boldsymbol{\mu}_1)^\mathsf{T} + \sum_{n:y_n=2} (\boldsymbol{x}_n - \boldsymbol{\mu}_2)(\boldsymbol{x}_n - \boldsymbol{\mu}_2)^\mathsf{T} \tag{9.32}$$

이를 위해 다음을,

$$\boldsymbol{w}^\mathsf{T} \mathbf{S}_B \boldsymbol{w} = \boldsymbol{w}^\mathsf{T} (\boldsymbol{\mu}_2 - \boldsymbol{\mu}_1)(\boldsymbol{\mu}_2 - \boldsymbol{\mu}_1)^\mathsf{T} \boldsymbol{w} = (m_2 - m_1)(m_2 - m_1) \tag{9.33}$$

그리고 다음을 주지하라.

$$\boldsymbol{w}^\mathsf{T} \mathbf{S}_W \boldsymbol{w} = \sum_{n:y_n=1} \boldsymbol{w}^\mathsf{T} (\boldsymbol{x}_n - \boldsymbol{\mu}_1)(\boldsymbol{x}_n - \boldsymbol{\mu}_1)^\mathsf{T} \boldsymbol{w} +$$

$$\sum_{n:y_n=2} \boldsymbol{w}^\mathsf{T}(\boldsymbol{x}_n - \boldsymbol{\mu}_2)(\boldsymbol{x}_n - \boldsymbol{\mu}_2)^\mathsf{T}\boldsymbol{w} \tag{9.34}$$

$$= \sum_{n:y_n=1}(z_n - m_1)^2 + \sum_{n:y_n=2}(z_n - m_2)^2 \tag{9.35}$$

식 (9.30)은 두 스칼라의 비율이다. 이는 $\boldsymbol{w}$에 대해 도함수를 취하고 0과 같다고 둘 수 있다. $J(\boldsymbol{w})$ 는 다음과 같을 때 최대화됨을 보일 수 있다(연습문제 9.1).

$$\mathbf{S}_B\boldsymbol{w} = \lambda \mathbf{S}_W\boldsymbol{w} \tag{9.36}$$

여기서

$$\lambda = \frac{\boldsymbol{w}^\mathsf{T}\mathbf{S}_B\boldsymbol{w}}{\boldsymbol{w}^\mathsf{T}\mathbf{S}_W\boldsymbol{w}} \tag{9.37}$$

식 (9.36)은 **일반화 고윳값**$^{\text{generalized eigenvalue}}$ 문제라 부른다. $\mathbf{S}_W$가 가역이라면 이를 보통의 고윳값 문제로 변환할 수 있다.

$$\mathbf{S}_W^{-1}\mathbf{S}_B\boldsymbol{w} = \lambda\boldsymbol{w} \tag{9.38}$$

그러나 2-클래스의 경우 더 단순한 해법이 존재한다. 특히 다음과 같으므로,

$$\mathbf{S}_B\boldsymbol{w} = (\boldsymbol{\mu}_2 - \boldsymbol{\mu}_1)(\boldsymbol{\mu}_2 - \boldsymbol{\mu}_1)^\mathsf{T}\boldsymbol{w} = (\boldsymbol{\mu}_2 - \boldsymbol{\mu}_1)(m_2 - m_1) \tag{9.39}$$

그러면 식 (9.38)에 의해 다음이 된다.

$$\lambda\,\boldsymbol{w} = \mathbf{S}_W^{-1}(\boldsymbol{\mu}_2 - \boldsymbol{\mu}_1)(m_2 - m_1) \tag{9.40}$$

$$\boldsymbol{w} \propto \mathbf{S}_W^{-1}(\boldsymbol{\mu}_2 - \boldsymbol{\mu}_1) \tag{9.41}$$

우리가 스케일 인자가 아닌 방향성에 대해서만 신경 쓰고 있으므로, 단지 다음과 같이 둘 수 있다.

$$\boldsymbol{w} = \mathbf{S}_W^{-1}(\boldsymbol{\mu}_2 - \boldsymbol{\mu}_1) \tag{9.42}$$

이는 2-클래스 경우에서의 최적해다. $\mathbf{S}_W \propto \mathbf{I}$라면 합동 공분산 행렬이 등방성^{isotropic}이란 의미이므로, $\boldsymbol{w}$는 클래스 평균을 지나는 벡터에 비례한다. 그림 9.3이 보여주듯이 이는 직관적으로 적절

한 사영 방향이다.

9.2.6.2 더 높은 차원 및 다중 클래스로의 확장

앞의 아이디어는 D에서 K로 매핑하는 사영 행렬 $\mathbf{W}$를 찾음으로써 다중 클래스 및 더 높은 차원의 부분공간으로 확장할 수 있다. $\boldsymbol{z}_n = \mathbf{W}\boldsymbol{x}_n$이 n번째 데이터 지점의 저차원 사영이라 하자. $\boldsymbol{m}_c = \frac{1}{N_c}\sum_{n:y_n=c} \boldsymbol{z}_n$이 c번째 클래스를 위한 평균에 해당하며, $\boldsymbol{m} = \frac{1}{N}\sum_{c=1}^{C} N_c\boldsymbol{m}_c$가 저차원 공간 모두에서의 전체 평균이라 하자. 다음과 같은 산란 행렬을 정의한다.

$$\tilde{\mathbf{S}}_W = \sum_{c=1}^{C} \sum_{n:y_n=c} (\boldsymbol{z}_n - \boldsymbol{m}_c)(\boldsymbol{z}_n - \boldsymbol{m}_c)^{\mathsf{T}} \tag{9.43}$$

$$\tilde{\mathbf{S}}_B = \sum_{c=1}^{C} N_c(\boldsymbol{m}_c - \boldsymbol{m})(\boldsymbol{m}_c - \boldsymbol{m})^{\mathsf{T}} \tag{9.44}$$

마지막으로, 다음을 최대화하도록 목적 함수를 정의한다.[2]

$$J(\mathbf{W}) = \frac{|\tilde{\mathbf{S}}_B|}{|\tilde{\mathbf{S}}_W|} = \frac{|\mathbf{W}^{\mathsf{T}}\mathbf{S}_B\mathbf{W}|}{|\mathbf{W}^{\mathsf{T}}\mathbf{S}_W\mathbf{W}|} \tag{9.45}$$

여기서 $\mathbf{S}_W$와 $\mathbf{S}_B$는 명백한 방식으로(말하자면 $\boldsymbol{z}_n$ 대신에 $\boldsymbol{x}_n$, $\boldsymbol{m}_c$ 대신에 $\boldsymbol{\mu}_c$, $\boldsymbol{m}$ 대신에 $\boldsymbol{\mu}$를 사영하여) 본래의 고차원 공간 내에서 정의된다. 해는 $\mathbf{W} = \mathbf{S}_W^{-\frac{1}{2}}\mathbf{U}$가 됨을 보일 수 있다[DHS01]. 여기서 $\mathbf{U}$는 $\mathbf{S}_W$가 비특이라 가정할 때 $\mathbf{S}_W^{-\frac{1}{2}}\mathbf{S}_B\mathbf{S}_W^{-\frac{1}{2}}$의 앞의 K개 고유벡터다(특이 행렬이라면, 전체 데이터에 PCA를 수행할 수 있다).

그림 9.5는 $C = 11$개의 서로 다른 모음을 나타내는 $D = 10$차원 음성 데이터 일부에 적용된 이 방법의 예시를 보여준다. 데이터 시각화를 위해 $K = 2$차원에 사영한다. FLDA가 PCA보다 더 나은 분리를 제공함을 볼 수 있다.

FLDA는 D가 얼마나 크든지 상관없이 최대 $K \leq C - 1$차원의 선형 부분공간을 찾도록 제한됨을 주지하라. 그 이유는 클래스 간 산란 행렬 $\mathbf{S}_B$의 계수가 $C - 1$이기 때문이다(-1 항은 $\boldsymbol{\mu}_c$의 선형 함수인 $\boldsymbol{\mu}$ 항 때문이다). 이는 FLDA의 유용성을 제한하는 다소 심각한 제약이다.

---

2 때때로 쓰이는 [Fuk90]의 다른 기준은 $J(\mathbf{W}) = \mathrm{tr}\{\tilde{\mathbf{S}}_W^{-1}\tilde{\mathbf{S}}_B\} = \mathrm{tr}\{(\mathbf{W}\mathbf{S}_W\mathbf{W}^{\mathsf{T}})^{-1}(\mathbf{W}\mathbf{S}_B\mathbf{W}^{\mathsf{T}})\}$이다.

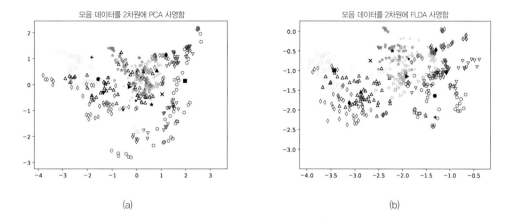

(a) 2차원에서 모음 데이터의 PCA 사영, (b) 2차원에서 모음 데이터의 FLDA 사영. FLDA의 경우 클래스 분리가 더 잘됨을 볼 수 있다. 출처: [HTF09]의 그림 4.11. fisher_discrim_vowel.ipynb로 생성됐다.

9.3 나이브 베이즈 분류기

이 절에서는 특성이 주어진 클래스 라벨에 대해 조건부 독립이라고 가정하는 분류를 위한 단순한 생성적 접근법을 논의한다. 이는 **나이브 베이즈 가정**naive Bayes assumption이라 부른다. 모델을 '나이브하다(순진하다)'고 부르는 이유는 특성이 클래스 라벨에 대해 독립이라고, 심지어 조건부라고 기대하지도 않기 때문이다. 그러나 나이브 베이즈 가정이 참이 아니라 하더라도 잘 동작하는 분류기가 되는 경우가 많다[DP97]. 이러한 이유 중 하나는 모델이 꽤 단순하며(C개 클래스 및 D개 특성에서 오직 $O(CD)$개 모수만을 갖는다), 따라서 과적합에 상대적으로 면역적이기 때문이다.

더 정확하게 말하자면 나이브 베이즈 가정은 다음 형식의 클래스 조건부 밀도를 사용하는 것에 해당한다.

$$p(\boldsymbol{x}|y = c, \boldsymbol{\theta}) = \prod_{d=1}^{D} p(x_d|y = c, \boldsymbol{\theta}_{dc}) \tag{9.46}$$

여기서 $\boldsymbol{\theta}_{dc}$는 클래스 c와 특성 d를 위한 클래스 조건부 밀도의 모수다. 따라서 클래스 라벨에 대한 사후 분포는 다음과 같이 주어진다.

$$p(y = c|\boldsymbol{x}, \boldsymbol{\theta}) = \frac{p(y = c|\boldsymbol{\pi}) \prod_{d=1}^{D} p(x_d|y = c, \boldsymbol{\theta}_{dc})}{\sum_{c'} p(y = c'|\boldsymbol{\pi}) \prod_{d=1}^{D} p(x_d|y = c', \boldsymbol{\theta}_{dc'})} \tag{9.47}$$

여기서 π_c는 클래스 c의 사전 확률이고, $\boldsymbol{\theta} = (\boldsymbol{\pi}, \{\boldsymbol{\theta}_{dc}\})$는 모든 모수다. 이는 **나이브 베이즈 분류기**^{Naive} _{Bayes Classifier}, 즉 **NBC**라 한다.

9.3.1 예시 모델

식 (9.46)에서의 확률 분포 형식은 여전히 구체화할 필요가 있다. 이는 특성 x_d가 어떤 형태인지에 따라 다르다. 아래 몇 가지 예시를 제공한다.

- 이항 특성 $x_d \in \{0, 1\}$의 경우, 베르누이 분포 $p(\boldsymbol{x}|y = c, \boldsymbol{\theta}) = \prod_{d=1}^{D} \mathrm{Ber}(x_d | \theta_{dc})$를 사용할 수 있다. 여기서 θ_{dc}는 클래스 c에서 $x_d = 1$인 확률이다. 이는 때때로 **다변량 베르누이 나이브 베이즈**^{multivariate Bernoulli naive Bayes} 모델이라 부른다. 예를 들어 그림 9.6은 모델을 MNIST의 이항화된 버전에 모델을 적합시켰을 때 각 클래스마다 추정된 모수를 보여준다. 이 접근법은 놀랄 만큼 잘되며, 테스트 집합 정확도가 84.3%이다(그림 9.7에서 몇 가지 표본 예측을 보라).

- 범주형 특성 $x_d \in \{1, ..., K\}$의 경우, 범주형 분포 $p(\boldsymbol{x}|y = c, \boldsymbol{\theta}) = \prod_{d=1}^{D} \mathrm{Cat}(x_d | \boldsymbol{\theta}_{dc})$를 사용할 수 있다. 여기서 θ_{dck}는 $y = c$가 주어졌을 때 $x_d = k$인 확률이다.

- 실숫값 특성 $x_d \in \mathbb{R}$의 경우 일변량 가우스 분포 $p(\boldsymbol{x}|y = c, \boldsymbol{\theta}) = \prod_{d=1}^{D} \mathcal{N}(x_d | \mu_{dc}, \sigma_{dc}^2)$을

그림 9.6 MNIST 데이터셋의 이항화 버전에 적합시킨 나이브 베이즈 분류기를 위한 베르누이 클래스 조건부 밀도의 시각화. naive_bayes_mnist_jax.ipynb로 생성했다.

그림 9.7 그림 9.6의 모델을 몇몇 이항화된 MNIST 테스트 이미지에 적용했을 때 만들어진 예측의 시각화. 제목은 가장 가능성 있는 예측 클래스를 보여준다. naive_bayes_mnist_jax.ipynb로 생성했다.

사용할 수 있다. 여기서 μ_{dc}는 클래스 라벨이 c이고 σ_{dc}^2이 그 분산일 때 특성 d의 평균이다 (이는 대각 공분산 행렬을 사용하는 가우스 판별분석과 동등하다).

9.3.2 모델 적합시키기

이 절에서는 최대 가능도 추정을 사용해 나이브 베이즈 분류기를 적합시키는 방법을 논의한다.

가능도는 다음과 같이 쓸 수 있다.

$$p(\mathcal{D}|\boldsymbol{\theta}) = \prod_{n=1}^{N} \left[\text{Cat}(y_n|\boldsymbol{\pi}) \prod_{d=1}^{D} p(x_{nd}|y_n, \boldsymbol{\theta}_d) \right] \tag{9.48}$$

$$= \prod_{n=1}^{N} \left[\text{Cat}(y_n|\boldsymbol{\pi}) \prod_{d=1}^{D} \prod_{c=1}^{C} p(x_{nd}|\boldsymbol{\theta}_{dc})^{\mathbb{I}(y_n=c)} \right] \tag{9.49}$$

따라서 로그 가능도는 다음과 같이 주어진다.

$$\log p(\mathcal{D}|\boldsymbol{\theta}) = \left[\sum_{n=1}^{N_{\mathcal{D}}} \sum_{c=1}^{C} \mathbb{I}(y_n=c) \log \pi_c \right] + \sum_{c=1}^{C} \sum_{d=1}^{D} \left[\sum_{n:y_n=c} \log p(x_{nd}|\boldsymbol{\theta}_{dc}) \right] \tag{9.50}$$

이는 $\boldsymbol{\pi}$를 위한 항, 그리고 각각의 $\boldsymbol{\theta}_{dc}$를 위한 CD 항으로 분해됨을 볼 수 있다.

$$\log p(\mathcal{D}|\boldsymbol{\theta}) = \log p(\mathcal{D}_y|\boldsymbol{\pi}) + \sum_c \sum_d \log p(\mathcal{D}_{dc}|\boldsymbol{\theta}_{dc}) \tag{9.51}$$

여기서 $\mathcal{D}_y = \{y_n : n = 1 : N\}$은 모든 라벨이며, $\mathcal{D}_{dc} = \{x_{nd} : y_n = c\}$는 클래스 c로부터의 예제를 위한 특성 d의 모든 값이다. 따라서 이들 모수를 개별적으로 추정할 수 있다.

4.2.4절에서 $\boldsymbol{\pi}$를 위한 MLE가 경험적 개수의 벡터 $\hat{\pi}_c = \frac{N_c}{N}$임을 보였다. $\boldsymbol{\theta}_{dc}$의 MLE는 특성 d를 위한 클래스 조건부 밀도로 무엇을 선택하는지에 달려 있다. 아래에서 일반적인 선택이 무엇인지 논의한다.

- 이산 특성의 경우 범주형 분포를 사용할 수 있다. 4.2.4절의 결과를 이해하기 쉽게 확장하면 다음의 MLE 식이 된다.

$$\hat{\theta}_{dck} = \frac{N_{dck}}{\sum_{k'=1}^{K} N_{dck'}} = \frac{N_{dck}}{N_c} \tag{9.52}$$

여기서 $N_{dck} = \sum_{n=1}^{N} \mathbb{I}(x_{nd} = k, \, y_n = c)$는 특성 d가 클래스 c의 예제에서 값 k를 가진 횟수다.

- 이항 특성의 경우, 범주형 분포는 베르누이가 되며 MLE는 다음이 된다.

$$\hat{\theta}_{dc} = \frac{N_{dc}}{N_c} \tag{9.53}$$

이는 특성 d가 클래스 c의 예제에서 켜지는 횟수의 경험적 분숫값이다.

- 실숫값 특성의 경우 가우스 분포를 사용할 수 있다. 4.2.5절의 결과를 이해하기 쉽게 확장하면 다음의 MLE 식이 된다.

$$\hat{\mu}_{dc} = \frac{1}{N_c} \sum_{n:y_n=c} x_{nd} \tag{9.54}$$

$$\hat{\sigma}_{dc}^2 = \frac{1}{N_c} \sum_{n:y_n=c} (x_{nd} - \hat{\mu}_{dc})^2 \tag{9.55}$$

따라서 나이브 베이즈 분류기를 적합시키는 것은 극도로 단순하고 효율적이다.

9.3.3 베이즈적인 나이브 베이즈

이 절에서는 9.3.2절의 나이브 베이즈 분류기를 위한 MLE 추정 논의를 확장하여 모수에 대한 사후 분포를 계산한다. 단순함을 위해 범주형 특성이 있다고, 따라서 $p(x_d | \boldsymbol{\theta}_{dc}) = \text{Cat}(x_d | \boldsymbol{\theta}_{dc})$이며 여기서 $\theta_{dck} = p(x_d = k | y = c)$라 가정하자. 4.6.3.2절에서 범주형 가능도를 위한 켤레 사전 분포가 디리클레 분포 $p(\boldsymbol{\theta}_{dc}) = \text{Dir}(\boldsymbol{\theta}_{dc} | \boldsymbol{\beta}_{dc})$임을 보여준다. 여기서 β_{dck}는 사전 분포 데이터로부터 나오는 개수 N_{dck}에 해당하는 **유사 개수**pseudo counts의 집합으로 해석할 수 있다. 비슷하게 라벨의 빈도수에 디리클레 사전 분포 $p(\boldsymbol{\pi}) = \text{Dir}(\boldsymbol{\pi} | \boldsymbol{\alpha})$를 사용한다. 켤레 사전 분포를 사용함으로써, 4.6.3절에서 설명하듯이 사후 분포를 닫힌 형식으로 계산할 수 있다. 특히 다음과 같다.

$$p(\boldsymbol{\theta}|\mathcal{D}) = \mathrm{Dir}(\boldsymbol{\pi}|\,\widehat{\boldsymbol{\alpha}}) \prod_{d=1}^{D} \prod_{c=1}^{C} \mathrm{Dir}(\boldsymbol{\theta}_{dc}|\,\widehat{\boldsymbol{\beta}}_{dc}) \tag{9.56}$$

여기서 $\bar{\alpha}_c = \widehat{\alpha}_c + N_c$ 그리고 $\widehat{\beta}_{dck} = \breve{\beta}_{dck} + N_{dck}$이다.

4.6.3.4절의 결과를 사용하면, 다음과 같이 사후 예측 분포를 유도할 수 있다. 라벨의 사전 분포에서는($\boldsymbol{x}$를 보기 전이지만 $\mathcal{D}$를 본 후에) $p(y|\mathcal{D}) = \mathrm{Cat}(y|\bar{\boldsymbol{\pi}})$로 주어지며, 여기서 $\bar{\pi}_c = \widehat{\alpha}_c\,/\sum_{c'}\widehat{\alpha}_{c'}$이다. $\boldsymbol{x}$의 특성 가능도에서는 $p(x_d = k|\,y = c,\mathcal{D}) = \bar{\theta}_{dck}$이며, 여기서

$$\bar{\theta}_{dck} = \frac{\widehat{\beta}_{dck}}{\sum_{k'=1}^{K}\widehat{\beta}_{dck'}} = \frac{\breve{\beta}_{dck} + N_{dck}}{\sum_{k'=1}^{K}\breve{\beta}_{dck'} + N_{dck'}} \tag{9.57}$$

는 모수의 사후 평균이다($\sum_{k'=1}^{K} N_{dck'} = N_{dc} = N_c$은 클래스 c의 예제 개수임을 주지하라).

$\breve{\beta}_{dck} = 0$이라면, 이는 식 (9.52)의 MLE로 축소된다. 반대로 $\breve{\beta}_{dck} = 1$이라 두면, 모든 경험적 개수에 1을 정규화하기 전에 더한다. 이는 **애드 원 평활화**^{add-one smoothing} 또는 **라플라스 평활화**^{Laplace smoothing}라 부른다. 예를 들면 이항의 경우에는 다음이 성립한다.

$$\bar{\theta}_{dc} = \frac{\breve{\beta}_{dc1} + N_{dc1}}{\breve{\beta}_{dc0} + N_{dc0} + \breve{\beta}_{dc1} + N_{dc1}} = \frac{1 + N_{dc1}}{2 + N_c} \tag{9.58}$$

모수 사후 분포를 추정했으면, 다음과 같이 라벨에 대한 예측 분포를 계산할 수 있다.

$$p(y = c|\boldsymbol{x},\mathcal{D}) \propto p(y = c|\mathcal{D}) \prod_{d} p(x_d|y = c,\mathcal{D}) = \bar{\pi}_c \prod_{d} \prod_{k} \bar{\theta}_{dck}^{\mathbb{I}(x_d = k)} \tag{9.59}$$

이는 나이브 베이즈의 완전 베이즈적 형식을 내어주며, 이때 모든 모수를 적분화했다(이 경우 예측 분포는 단지 사후 평균 모수를 집어넣어 얻을 수 있다).

9.3.4 나이브 베이즈와 로지스틱 회귀 사이의 연결점

이 절에서는 NBC 모델을 위한 클래스 사후 분포가 다변량 로지스틱 회귀와 같은 형식을 가짐을 보인다. 단순함을 위해 특성이 모두 이산적이며, 각각은 K개의 상태를 갖지만, 결과는 지수족 내 임의의 특성 분포를 따른다고 가정한다.

$x_{dk} = \mathbb{I}(x_d = k)$, 따라서 $\boldsymbol{x}_d$가 특성 d의 원핫 인코딩이라 하자. 그러면 클래스 조건부 밀도는 다음과 같이 쓸 수 있다.

$$p(\boldsymbol{x}|y = c, \boldsymbol{\theta}) = \prod_{d=1}^{D} \text{Cat}(x_d | y = c, \boldsymbol{\theta}) = \prod_{d=1}^{D} \prod_{k=1}^{K} \theta_{dck}^{x_{dk}} \tag{9.60}$$

사후 분포는 다음과 같이 주어진다.

$$p(y = c | \boldsymbol{x}, \boldsymbol{\theta}) = \frac{\pi_c \prod_d \prod_k \theta_{dck}^{x_{dk}}}{\sum_{c'} \pi_{c'} \prod_d \prod_k \theta_{dc'k}^{x_{dk}}} = \frac{\exp[\log \pi_c + \sum_d \sum_k x_{dk} \log \theta_{dck}]}{\sum_{c'} \exp[\log \pi_{c'} + \sum_d \sum_k x_{dk} \log \theta_{dc'k}]} \tag{9.61}$$

이는 적절하게 $\boldsymbol{\beta}_c$와 γ_c를 정의하여 소프트맥스로 쓸 수 있다.

$$p(y = c | \boldsymbol{x}, \boldsymbol{\theta}) = \frac{e^{\boldsymbol{\beta}_c^\mathsf{T} \boldsymbol{x} + \gamma_c}}{\sum_{c'=1}^{C} e^{\boldsymbol{\beta}_{c'}^\mathsf{T} \boldsymbol{x} + \gamma_{c'}}} \tag{9.62}$$

이는 2.5.3절의 다변량 로지스틱 회귀와 정확하게 같은 형식이다. 차이점은 나이브 베이즈에서는 결합 가능도 $\prod_n p(y_n, \boldsymbol{x}_n | \boldsymbol{\theta})$를 최적화하는 한편, 로지스틱 회귀에서는 조건부 가능도 $\prod_n p(y_n, \boldsymbol{x}_n | \boldsymbol{\theta})$를 최적화한다는 것이다. 일반적으로 이들은 다른 결과를 내어줄 수 있다(연습문제 10.3 참고).

9.4 생성적 분류기와 판별 분류기

$p(\boldsymbol{x}, y) = p(y)p(\boldsymbol{x}|y)$ 형식의 모델은 각 클래스 y로부터 예제 $\boldsymbol{x}$를 생성할 수 있으므로 **생성적 분류기**generative classifier라 부른다. 반대로 $p(y|\boldsymbol{x})$ 형식의 모델은 서로 다른 클래스 사이를 판별하는 데만 사용할 수 있으므로 **판별 분류기**discriminative classifier라 부른다. 아래에서 분류에 대한 생성적 및 판별적 접근법의 여러 장단점을 논의한다(또한 [BT04; UB05; LBM06; BL07a; Rot+18]을 참고하라).

9.4.1 판별 분류기의 장점

판별 분류기의 주요 장점은 다음과 같다.

- **더 나은 예측 정확도**. 판별 분류기는 생성적 분류기보다 정확도가 훨씬 나은 경우가 많다[NJ02].

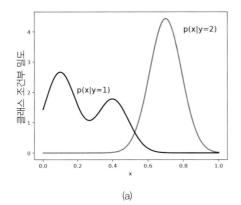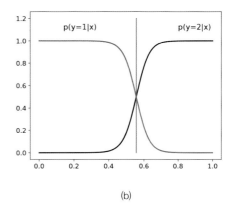

(a)　　　　　　　　　　　　　　　　　　　(b)

그림 9.8 (왼쪽) 클래스 조건부 밀도 $p(x\,|\,y=c)$가 (오른쪽) 클래스 사후 분포 $p(y=c\,|\,x)$보다 더 복잡할 수 있다. 출처: [Bis06]의 그림 1.27. generativeVsDiscrim.ipynb로 생성했다.

그 이유는 그림 9.8에서 보여주듯이 조건부 밀도 $p(y\,|\,\boldsymbol{x})$가 결합 밀도 $p(y,\,\boldsymbol{x})$보다 훨씬 단순하기 때문이다(그러므로 쉽게 학습할 수 있다). 특히 판별 모델은 입력 특성의 분포를 모델링하는 '노력을 낭비'할 필요가 없다.

- **특성 전처리를 다룰 수 있다.** 판별적 방법의 큰 장점은 입력을 임의적인 방법으로 전처리할 수 있게 해준다는 것이다. 예를 들어 입력 특성의 다항 전개를 수행하고, 단어의 문자열을 임베딩 벡터로 바꿀 수 있다(20.5절 참고). 이러한 전처리된 데이터에 생성 모델을 정의하는 일은 어려운 경우가 많다. 새로운 특성이 모델링하기 어려운 방식으로 상관성을 가질 수 있기 때문이다.

- **잘 조정된 확률.** 나이브 베이즈(9.3절에서 설명)와 같은 일부 생성적 분류기는 강한 독립성 가정을 하며 이는 유효하지 않은 경우가 많다. 이는 사후 클래스 확률을 매우 극단적으로(0 또는 1에 매우 가까운) 만든다. 로지스틱 회귀와 같은 판별 모델은 확률 추정 측면에서 조정^{calibrate}이 더 잘되는 경우가 많지만, 이들 또한 때때로 조정이 필요하다(예: [NMC05] 참고).

9.4.2 생성적 분류기의 장점

생성적 분류기의 주요한 장점은 다음과 같다.

- **적합시키기 쉽다.** 생성적 분류기는 적합시키기 매우 쉬운 경우가 많다. 예를 들어, 9.3.2절에서는 어떻게 단순히 개수를 세고 평균을 해서 나이브 베이즈 분류기를 적합시키는지 보였다. 반대로 로지스틱 회귀는 볼록 최적화 문제를 풀어야 하며(자세한 내용은 10.2.3절을 참고하라), 신경망은 비볼록 최적화 문제를 풀어야 하고 둘 다 훨씬 느리다.

- **결측된 입력 특성을 더 쉽게 다룰 수 있다.** 때때로 입력의 일부(x의 구성 요소)가 관측되지 않는 경우가 있다. 생성적 분류기에서는 1.5.5절에서 보여주듯이 이를 다루는 단순한 방법이 존재한다. 그러나 판별 분류기에서는 모델이 x를 언제나 조건부화할 수 있다고 가정하므로, 이 문제를 위한 원칙적인 해법이 존재하지 않는다.

- **클래스를 개별적으로 적합시킬 수 있다.** 생성적 분류기에서 각 클래스 조건부 밀도의 모수를 독립적으로 추정하므로(9.3.2절에서 보여주듯이), 더 많은 클래스를 추가할 때 모델을 재훈련할 필요가 없다. 반대로 판별 모델에서 모든 모수가 상호작용하므로, 새로운 클래스를 추가하면 모델 전체를 반드시 재훈련시켜야 한다.

- **라벨이 없는 훈련 데이터를 다룰 수 있다.** 라벨링된 데이터 $\mathcal{D}_{xy} = \{(x_n, y_n)\}$과 언라벨링된 데이터 $\mathcal{D}_x = \{x_n\}$을 조합하는 반지도 학습에 생성 모델을 쉽게 사용할 수 있다. 그러나 판별 모델에서는 $\mathcal{D}_x$를 활용하는 고유한 최적의 방법이 존재하지 않으므로 하기가 어렵다.

- **그럴싸한 특성에 더 로버스트할 수도 있다.** 판별 모델 $p(y\,|\,x)$는 훈련 집합에서 y의 서로 다른 값을 판별할 수 있는 입력 x의 특성을 고를 수도 있지만, 이는 로버스트하지 않으며 훈련 집합 너머로 일반화되지 않는다. 이들은 **그럴싸한 특성**^{spurious feature}이라 부른다(예: [Arj21; Zho+21] 참고). 반대로 생성 모델 $p(x\,|\,y)$는 하부적인 데이터 생성 과정의 인과적 메커니즘을 더 잘 포착할 수도 있다. 그러한 인과적 모델은 분포의 이동에 더 로버스트할 수 있다(예: [Sch19; LBS19; LN81] 참고).

9.4.3 결측 특성 다루기

때때로 훈련 및/또는 테스트 동안 입력 x의 일부를 잃어버릴 수 있다. 생성 모델에서 이러한 상황은 결측값을 주변화하여 다룰 수 있다(특성의 결측성이 잠재적 값에 대해 정보를 주지 않는다고 가정한다). 반대로 1.5.5절에서 논의했듯이, 판별 모델을 사용할 때는 결측 입력을 다루는 고유한 가장 좋은 방법이 존재하지 않는다.

예를 들어 x_1의 값이 없다고 하면, 다음을 계산하기만 하면 된다.

$$p(y = c|\boldsymbol{x}_{2:D}, \boldsymbol{\theta}) \propto p(y = c|\boldsymbol{\pi})p(\boldsymbol{x}_{2:D}|y = c, \boldsymbol{\theta}) \tag{9.63}$$

$$= p(y = c|\boldsymbol{\pi}) \sum_{x_1} p(x_1, \boldsymbol{x}_{2:D}|y = c, \boldsymbol{\theta}) \tag{9.64}$$

가우스 판별분석에서 3.2.3절의 방정식을 사용해 x_1을 주변화할 수 있다.

나이브 베이즈 가정을 하면, x_1의 가능도 항을 무시해 버릴 수 있으므로 일이 훨씬 쉬워진다. 이는 다음을 따른다.

$$\sum_{x_1} p(x_1, \boldsymbol{x}_{2:D}|y = c, \boldsymbol{\theta}) = \left[\sum_{x_1} p(x_1|\boldsymbol{\theta}_{1c}) \right] \prod_{d=2}^{D} p(x_d|\boldsymbol{\theta}_{dc}) = \prod_{d=2}^{D} p(x_d|\boldsymbol{\theta}_{dc}) \tag{9.65}$$

이때 $p(x_d|y = c, \boldsymbol{\theta}) = p(x_d|\boldsymbol{\theta}_{dc})$ 그리고 $\sum_{x_1} p(x_1|\boldsymbol{\theta}_{1c}) = 1$이라는 사실을 활용했다.

9.5 연습문제

연습문제 9.1 [피셔의 선형 판별식 유도]

$J(\boldsymbol{w}) = \frac{\boldsymbol{w}^T \mathbf{S}_B \boldsymbol{w}}{\boldsymbol{w}^T \mathbf{S}_W \boldsymbol{w}}$의 최댓값이 $\mathbf{S}_B \boldsymbol{w} = \lambda \mathbf{S}_W \boldsymbol{w}$로 주어짐을 보여라. 이때 $\lambda = \frac{\boldsymbol{w}^T \mathbf{S}_B \boldsymbol{w}}{\boldsymbol{w}^T \mathbf{S}_W \boldsymbol{w}}$이다. 힌트: 두 스칼라의 비율의 도함수가 $\frac{d}{dx}\frac{f(x)}{g(x)} = \frac{f'g - fg'}{g^2}$으로 주어짐을 상기하라. 여기서 $f' = \frac{d}{dx}f(x)$ 그리고 $g' = \frac{d}{dx}g(x)$이다. 또한 $\frac{d}{d\boldsymbol{x}}\boldsymbol{x}^T \mathbf{A}\boldsymbol{x} = (\mathbf{A} + \mathbf{A}^T)\boldsymbol{x}$를 상기하라.

10

로지스틱 회귀

10.1 개요

로지스틱 회귀logistic regression는 널리 쓰이는 판별 분류 모델 $p(y|\boldsymbol{x}; \boldsymbol{\theta})$이다. 여기서 $\boldsymbol{x} \in \mathbb{R}^D$는 고정된 차원의 입력 벡터, $y \in \{1, ..., C\}$는 클래스 라벨, $\boldsymbol{\theta}$는 모수다. $C = 2$라면 이는 **이항 로지스틱 회귀**binary logistic regression라 하며, $C > 2$라면 **다변량 로지스틱 회귀**multinomial logistic regression, 아니면 **다중 클래스 로지스틱 회귀**multiclass logistic regression라 한다. 자세한 내용은 아래에서 제공한다.

10.2 이항 로지스틱 회귀

이항 로지스틱 회귀는 다음 모델에 해당한다.

$$p(y|\boldsymbol{x}; \boldsymbol{\theta}) = \text{Ber}(y|\sigma(\boldsymbol{w}^\mathsf{T}\boldsymbol{x} + b)) \tag{10.1}$$

여기서 σ는 2.4.2절에서 정의한 시그모이드 함수, $\boldsymbol{w}$는 가중치, b는 편향, $\boldsymbol{\theta} = (\boldsymbol{w}, b)$는 모든 모수다. 즉,

$$p(y = 1|\boldsymbol{x}; \boldsymbol{\theta}) = \sigma(a) = \frac{1}{1 + e^{-a}} \tag{10.2}$$

여기서 $a = \boldsymbol{w}^\mathsf{T}\boldsymbol{x} + b$는 로그 오즈 $\log(p/1 - p)$이며, 2.4.2절에서 설명했듯이 $p = p(y = 1 | \boldsymbol{x}; \boldsymbol{\theta})$이다(ML에서 양 a는 **로짓**$^\text{logit}$ 또는 **사전 활성화**$^\text{pre-activation}$라 부른다).

때때로 $y \in \{0, 1\}$ 대신에 $\tilde{y} \in \{-1, +1\}$ 라벨을 사용한다. 이들 다른 라벨은 다음을 사용해 계산할 수 있다.

$$p(\tilde{y}|\boldsymbol{x}, \boldsymbol{\theta}) = \sigma(\tilde{y}a) \tag{10.3}$$

왜냐하면 $\sigma(-a) = 1 - \sigma(a)$이기 때문이다. 이러한 약간 더 간결한 표기법이 ML 논문에서 널리 쓰인다.

10.2.1 선형 분류기

시그모이드는 클래스 라벨이 $y = 1$인 확률을 제공한다. 각 클래스의 오분류 손실이 같다면, 최적 결정 규칙은 5.1.2.2절에서 설명했듯이 오직 클래스 1의 가능성이 클래스 0보다 더 크다면(iff) $y = 1$이라 예측하는 것이다. 따라서

$$f(\boldsymbol{x}) = \mathbb{I}\left(p(y = 1|\boldsymbol{x}) > p(y = 0|\boldsymbol{x})\right) = \mathbb{I}\left(\log \frac{p(y = 1|\boldsymbol{x})}{p(y = 0|\boldsymbol{x})} > 0\right) = \mathbb{I}(a > 0) \tag{10.4}$$

여기서 $a = \boldsymbol{w}^\mathsf{T}\boldsymbol{x} + b$이다.

따라서 예측 함수는 다음과 같이 쓸 수 있다.

$$f(\boldsymbol{x}; \boldsymbol{\theta}) = b + \boldsymbol{w}^\mathsf{T}\boldsymbol{x} = b + \sum_{d=1}^{D} w_d x_d \tag{10.5}$$

여기서 $\boldsymbol{w}^\mathsf{T}\boldsymbol{x} = \langle \boldsymbol{w}, \boldsymbol{x} \rangle$는 가중치 벡터 $\boldsymbol{w}$와 특성 벡터 $\boldsymbol{x}$ 사이의 내적이다. 이 함수는 법선 벡터 $\boldsymbol{w} \in \mathbb{R}^D$ 그리고 원점으로부터의 단차 $b \in \mathbb{R}$를 갖는 선형 **초평면**$^\text{hyperplane}$을 정의한다.

식 (10.5)는 그림 10.1(a)를 보면서 이해할 수 있다. 여기서 면의 법선이 $\boldsymbol{w}$인 점 $\boldsymbol{x}_0$를 지나는 3차원 특성 공간 내 면을 보여준다. 이 면 위의 점은 $\boldsymbol{w}^\mathsf{T}(\boldsymbol{x} - \boldsymbol{x}_0) = 0$을 만족시킨다. $b = -\boldsymbol{w}^\mathsf{T}\boldsymbol{x}_0$라 정의하면, 이는 $\boldsymbol{w}^\mathsf{T}\boldsymbol{x} + b = 0$으로 다시 쓸 수 있다. 이 면은 3차원 공간을 2개의 **반공간**$^\text{half space}$으로 나눈다. 이 선형 면은 **결정 경계**$^\text{decision boundary}$라 한다. 훈련 예제를 이러한 선형 경계로 완벽하게 분리할 수 있다면(훈련 집합에서 어떠한 분류 오류도 없이), 데이터가 **선형으로 분리 가능**$^\text{linearly separable}$

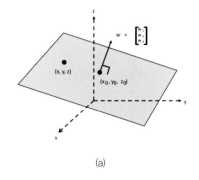

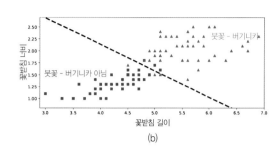

(a)   (b)

그림 10.1 (a) 3차원 공간 내 면의 법선 벡터가 $\boldsymbol{w}$이며 점 $\boldsymbol{x}_0 = (x_0,\ y_0,\ z_0)$를 지나는 2차원 면을 시각화한다. 자세한 내용은 본문을 참고하라. (b) 붓꽃 데이터셋의 2-클래스, 2-특성 버전에서 로지스틱 회귀로 유도한 최적 선형 결정 경계를 시각화한다. 출처: [Gér19]의 그림 4.24. iris_logreg.ipynb로 생성했다.

하다고 말한다. 그림 10.1(b)에서 붓꽃 데이터셋의 2-클래스, 2-특성 버전이 선형으로 분리 가능하지 않음을 볼 수 있다.

일반적으로 올바른 클래스 라벨에 대한 불확실성이 존재할 것이므로, 어느 쪽의 결정 경계에 있는지만을 결정하는 것이 아니라 라벨에 대한 확률 분포를 예측해야 한다. 그림 10.2에서 $p(y = 1 \mid x_1,\ x_2;\ \boldsymbol{w}) = \sigma(w_1 x_1 + w_2 x_2)$를 서로 다른 가중치 벡터에 대해 그렸다. 벡터 $\boldsymbol{w}$는 결정 경계의 지향성 및 크기를 정의하며, $||\boldsymbol{w}|| = \sqrt{\sum_{d=1}^{D} w_d^2}$은 시그모이드의 가파른 정도, 따라서 예측의 신뢰도를 통제한다.

10.2.2 비선형 분류기

입력을 적절한 방식으로 전처리하여 문제를 선형 분리 가능하도록 만들 수 있는 경우가 많다. 특히 $\phi(\boldsymbol{x})$가 입력 특성 벡터의 변환된 버전이라 하자. 예를 들어, $\phi(x_1,\ x_2) = [1,\ x_1^2,\ x_2^2]$을 사용하며 $\boldsymbol{w} = [-R^2,\ 1,\ 1]$이라 하자. 그러면 $\boldsymbol{w}^{\mathsf{T}}\phi(\boldsymbol{x}) = x_1^2 + x_2^2 - R^2$이므로, 결정 경계($f(\boldsymbol{x}) = 0$인 곳)는 그림 10.3과 같이 반지름이 R인 원을 정의한다. 결과 함수 f는 여전히 모수 $\boldsymbol{w}$ 내에서 선형이다. 이는 10.2.3절에서 보듯이, 학습 문제를 단순화하는 데 중요하다. 그러나 선형 가중치 $\boldsymbol{w}$에 더해서 특성 추출자 $\phi(\boldsymbol{x})$의 모수를 학습함으로써 더 큰 힘을 얻을 수 있다. 이를 어떻게 하는지는 3부에서 살펴본다.

그림 10.3에서 특성의 이차 전개를 사용했으며, 또한 1.2.2.2절의 고차 다항식을 사용할 수도 있

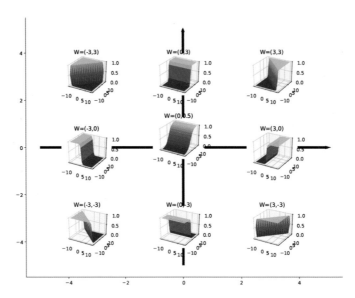

그림 10.2 $\sigma(w_1 x_1 + w_2 x_2)$의 도표. 여기서 $\boldsymbol{w} = (w_1, w_2)$는 결정 경계의 법선을 정의한다. 이것의 우측에 있는 점은 $\sigma(\boldsymbol{w}^\mathsf{T} \boldsymbol{x}) > 0.5$이며, 좌측의 점은 $\sigma(\boldsymbol{w}^\mathsf{T} \boldsymbol{x}) < 0.5$이다. 출처: [Mac03]의 그림 39.3. sigmoid_2d_plot. ipynb로 생성했다.

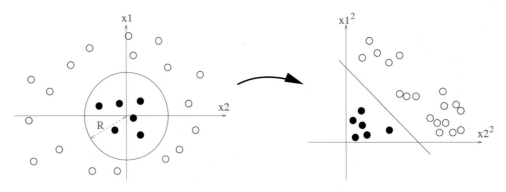

그림 10.3 어떻게 특성을 $\boldsymbol{x} = (x_1, x_2)$에서 $\boldsymbol{\phi}(\boldsymbol{x}) = (x_1^2, x_2^2)$으로 변환하여 이차 결정 경계를 선형으로 변환하는지 보여준다. 장 필립 버트(Jean-Philippe Vert)가 친절하게 사용을 허가했다.

다. 그림 1.7에서는 2차원 로지스틱 회귀 문제에 K차까지의 다항 전개를 사용한 효과를 보여준다. 그림 1.7에서와 같이 모수의 개수가 증가함에 따라 모델이 더욱 복잡해지며, 결국 과적합을 야기함을 볼 수 있다. 과적합을 피하는 방법은 10.2.7절에서 논의한다.

10.2.3 최대 가능도 추정

이 절에서는 최대 가능도 추정을 사용해 로지스틱 회귀 모델의 모수를 추정하는 방법을 논의한다.

10.2.3.1 목적 함수

(데이터셋 크기 N으로 스케일링된) 음의 로그 가능도는 다음과 같이 주어진다(가중치 벡터 $\boldsymbol{w}$가 편향 항 b를 흡수했다고 가정한다).

$$\text{NLL}(\boldsymbol{w}) = -\frac{1}{N} \log p(\mathcal{D}|\boldsymbol{w}) = -\frac{1}{N} \log \prod_{n=1}^{N} \text{Ber}(y_n|\mu_n) \tag{10.6}$$

$$= -\frac{1}{N} \sum_{n=1}^{N} \log[\mu_n^{y_n} \times (1 - \mu_n)^{1-y_n}] \tag{10.7}$$

$$= -\frac{1}{N} \sum_{n=1}^{N_\mathcal{D}} [y_n \log \mu_n + (1 - y_n) \log(1 - \mu_n)] \tag{10.8}$$

$$= \frac{1}{N} \sum_{n=1}^{N} \mathbb{H}_{ce}(y_n, \mu_n) \tag{10.9}$$

여기서 $\mu_n = \sigma(a_n)$은 클래스 1의 확률, $a_n = \boldsymbol{w}^\mathsf{T} \boldsymbol{x}_n$은 **로짓**^{logit}, $\mathbb{H}_{ce}(y_n, \mu_n)$은 다음과 같이 정의하는 **이항 교차 엔트로피**^{binary cross entropy}다.

$$\mathbb{H}_{ce}(p, q) = -[p \log q + (1 - p) \log(1 - q)] \tag{10.10}$$

$y_n \in \{0, 1\}$ 대신에 $\tilde{y}_n \in \{-1, +1\}$을 사용하면, 이는 다음과 같이 다시 쓸 수 있다.

$$\text{NLL}(\boldsymbol{w}) = -\frac{1}{N} \sum_{n=1}^{N} [\mathbb{I}(\tilde{y}_n = 1) \log(\sigma(a_n)) + \mathbb{I}(\tilde{y}_n = -1) \log(\sigma(-a_n))] \tag{10.11}$$

$$= -\frac{1}{N} \sum_{n=1}^{N} \log(\sigma(\tilde{y}_n a_n)) \tag{10.12}$$

$$= \frac{1}{N} \sum_{n=1}^{N} \log(1 + \exp(-\tilde{y}_n a_n)) \tag{10.13}$$

그러나 이 책에서는 대부분 $y_n \in \{0, 1\}$ 표기법을 사용한다. 이렇게 하면 다중 클래스의 경우(10.3절)로 일반화하기가 더 쉬우며, 교차 엔트로피와의 연결점을 이해하기 더 쉽게 만들기 때문이다.

10.2.3.2 목적 함수 최적화

MLE를 찾으려면 반드시 다음을 풀어야 한다.

$$\nabla_{\boldsymbol{w}}\mathrm{NLL}(\boldsymbol{w}) = \boldsymbol{g}(\boldsymbol{w}) = \boldsymbol{0} \tag{10.14}$$

이를 풀기 위해서는 8장에서 논의한 것과 같은 기울기 기반 최적화의 무엇이든지 사용할 수 있다. 10.2.4절에서 특정 예시를 제공하지만, 먼저 다음에 설명하는 것과 같이 기울기를 유도해야 한다.

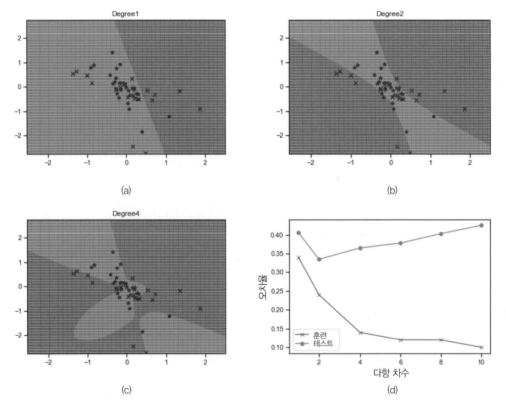

그림 10.4 2-클래스, 2차원 로지스틱 회귀 문제에 적용된 다항 특성 전개: (a) 차수 $K = 1$, (b) 차수 $K = 2$, (c) 차수 $K = 4$, (d) 차수 대 훈련 및 테스트 오차. logreg_poly_demo.ipynb로 생성했다.

10.2.3.3 기울기 유도하기

자동 차분법(13.3절)을 사용해 NLL의 기울기를 계산할 수 있지만, 아래에서 보여주는 것과 같이 명시적으로 쉽게 할 수도 있다. 다행히도 결과 방정식은 쉽고 직관적으로 해석할 수 있으며, 이는 나중에 살펴볼 다른 방법을 유도하는 데 쓰일 것이다.

시작으로 다음을 주지하라.

$$\frac{d\mu_n}{da_n} = \sigma(a_n)(1 - \sigma(a_n)) \tag{10.15}$$

여기서 $a_n = \boldsymbol{w}^\mathsf{T}\boldsymbol{x}_n$ 그리고 $\mu_n = \sigma(a_n)$이다. 따라서 연쇄 법칙에 의해(그리고 7.8절에서 논의한 벡터 미분 규칙에 의해) 다음과 같다.

$$\frac{\partial}{\partial w_d}\mu_n = \frac{\partial}{\partial w_d}\sigma(\boldsymbol{w}^\mathsf{T}\boldsymbol{x}_n) = \frac{\partial}{\partial a_n}\sigma(a_n)\frac{\partial a_n}{\partial w_d} = \mu_n(1 - \mu_n)x_{nd} \tag{10.16}$$

편향 항의 기울기는 위의 방정식에서 입력 $x_{n0} = 1$을 사용해 같은 방식으로 유도할 수 있다. 그러나 단순함을 위해 편향 항은 무시한다. 따라서

$$\nabla_{\boldsymbol{w}} \log(\mu_n) = \frac{1}{\mu_n}\nabla_{\boldsymbol{w}}\mu_n = (1 - \mu_n)\boldsymbol{x}_n \tag{10.17}$$

마찬가지로,

$$\nabla_{\boldsymbol{w}} \log(1 - \mu_n) = \frac{-\mu_n(1 - \mu_n)\boldsymbol{x}_n}{1 - \mu_n} = -\mu_n\boldsymbol{x}_n \tag{10.18}$$

따라서 NLL의 기울기 벡터는 다음과 같이 주어진다.

$$\nabla_{\boldsymbol{w}}\mathrm{NLL}(\boldsymbol{w}) = -\frac{1}{N}\sum_{n=1}^{N}\left[y_n(1 - \mu_n)\boldsymbol{x}_n - (1 - y_n)\mu_n\boldsymbol{x}_n\right] \tag{10.19}$$

$$= -\frac{1}{N}\sum_{n=1}^{N}\left[y_n\boldsymbol{x}_n - y_n\boldsymbol{x}_n\mu_n - \boldsymbol{x}_n\mu_n + y_n\boldsymbol{x}_n\mu_n)\right] \tag{10.20}$$

$$= \frac{1}{N}\sum_{n=1}^{N}(\mu_n - y_n)\boldsymbol{x}_n \tag{10.21}$$

$e_n = \mu_n - y_n$을 오차 신호로 해석하면, 기울기가 각 입력 $\boldsymbol{x}_n$을 오차로 가중화한 뒤 결과를 평균함을 볼 수 있다. 기울기는 다음과 같이 행렬 형식으로 다시 쓸 수 있음을 주지하라.

$$\nabla_{\boldsymbol{w}}\text{NLL}(\boldsymbol{w}) = \frac{1}{N}(\mathbf{1}_N^{\mathsf{T}}(\text{diag}(\boldsymbol{\mu} - \boldsymbol{y})\mathbf{X}))^{\mathsf{T}} \tag{10.22}$$

여기서 $\mathbf{X}$는 각 행에 예제 $\boldsymbol{x}_n$을 포함하는 $N \times D$ 디자인 행렬이다.

10.2.3.4 헤세 유도하기

기울기 기반 옵티마이저는 $\boldsymbol{g}(\boldsymbol{w}) = \mathbf{0}$인 안정점을 찾을 것이다. 이는 전역 최적점 또는 국소 최적점 중 하나일 수 있다. 안정점이 전역 최적점임을 확신하려면, 8.1.1.1절에서 설명한 이유에서 목적 함수가 **볼록**convex임을 보여야 한다. 직관적으로 이는 NLL이 **그릇 모양**bowl shape을 가짐을 뜻하며, 그림 10.5(b)에서 보여주듯이 그러한 경우 고유한 가장 낮은 점이 있다.

더 형식적으로는 헤세가 양의 준정부호임을 증명해야 하며, 이는 지금부터 해본다(선형대수에 관한 적절한 배경지식은 7장을 참고하라). 헤세는 다음과 같이 주어짐을 보일 수 있다.

$$\mathbf{H}(\boldsymbol{w}) = \nabla_{\boldsymbol{w}}\nabla_{\boldsymbol{w}}^{\mathsf{T}}\text{NLL}(\boldsymbol{w}) = \frac{1}{N}\sum_{n=1}^{N}(\mu_n(1-\mu_n)\boldsymbol{x}_n)\boldsymbol{x}_n^{\mathsf{T}} = \frac{1}{N}\mathbf{X}^{\mathsf{T}}\mathbf{S}\mathbf{X} \tag{10.23}$$

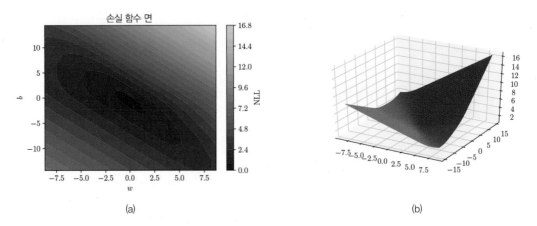

(a)

(b)

그림 10.5 특성이 1개이고 1개의 편향 항이 있는 붓꽃 데이터셋에 적용된 이항 로지스틱 회귀의 NLL 손실 면. 목표는 함수의 최소화다. iris_logreg_loss_surface.ipynb로 생성했다.

여기서

$$\mathbf{S} \triangleq \mathrm{diag}(\mu_1(1 - \mu_1), \ldots, \mu_N(1 - \mu_N)) \tag{10.24}$$

임의의 0이 아닌 벡터 $\boldsymbol{v}$에 대해 다음과 같으므로, $\mathbf{H}$가 양의 정부호임을 볼 수 있다.

$$\boldsymbol{v}^\mathsf{T}\mathbf{X}^\mathsf{T}\mathbf{S}\mathbf{X}\boldsymbol{v} = (\boldsymbol{v}^\mathsf{T}\mathbf{X}^\mathsf{T}\mathbf{S}^{\frac{1}{2}})(\mathbf{S}^{\frac{1}{2}}\mathbf{X}\boldsymbol{v}) = ||\boldsymbol{v}^\mathsf{T}\mathbf{X}^\mathsf{T}\mathbf{S}^{\frac{1}{2}}||_2^2 > 0 \tag{10.25}$$

이는 시그모이드 함수를 사용하므로 모든 n에 대해 $\mu_n > 0$이기 때문이다. 따라서 NLL은 엄격하게 볼록이다. 그러나 실제로 0이나 1과 가까운 μ_n 값이 헤세를 특이에 가깝도록 만들 수도 있다. 이는 ℓ_2 정칙화를 사용해 피할 수 있으며, 10.2.7절에서 논의한다.

10.2.4 확률적 경사하강

우리의 목표는 다음의 최적화 문제를 푸는 것이다.

$$\hat{\boldsymbol{w}} \triangleq \underset{\boldsymbol{w}}{\mathrm{argmin}}\, \mathcal{L}(\boldsymbol{w}) \tag{10.26}$$

여기서 $\mathcal{L}(\boldsymbol{w})$는 손실 함수이며, 이 경우 음의 로그 가능도다.

$$\mathrm{NLL}(\boldsymbol{w}) = -\frac{1}{N}\sum_{n=1}^{N_{\mathcal{D}}}[y_n \log\mu_n + (1 - y_n)\log(1 - \mu_n)] \tag{10.27}$$

여기서 $\mu_n = \sigma(a_n)$은 클래스 1의 확률이고, $a_n = \boldsymbol{w}^\mathsf{T}\boldsymbol{x}_n$은 로그 오즈다.

8장에서 논의하듯이 식 (10.26)을 푸는 데 쓸 수 있는 알고리듬이 많이 있다. 아마도 확률적 경사하강(8.4절)을 사용하는 것이 가장 간단할 것이다. 크기 1의 미니배치를 사용하면, 다음과 같은 단순한 업데이트 방정식을 얻는다.

$$\boldsymbol{w}_{t+1} = \boldsymbol{w}_t - \eta_t\nabla_{\boldsymbol{w}}\mathrm{NLL}(\boldsymbol{w}_t) = \boldsymbol{w}_t - \eta_t(\mu_n - y_n)\boldsymbol{x}_n \tag{10.28}$$

이때 식 (10.21)의 기울기에서의 모든 N개 예제에 대한 평균을, 확률적으로 선택한 하나의 표본 n으로 바꿨다(인덱스 n은 t와 함께 바뀐다).

목적 함수가 볼록임을 알고 있으므로(10.2.3.4절 참고), 이 과정은 학습률을 적절한 비율로 소멸시

10.2.5 퍼셉트론 알고리듬

[Ros58]에서 처음 소개된 **퍼셉트론**perceptron은 다음과 같은 형식의 결정론적 이항 분류기다.

$$f(\boldsymbol{x}_n; \boldsymbol{\theta}) = \mathbb{I}\left(\boldsymbol{w}^\mathsf{T} \boldsymbol{x}_n + b > 0\right) \tag{10.29}$$

이는 시그모이드 함수 $\sigma(a)$를 헤비사이드Heaviside 계단 함수 $H(a) \triangleq \mathbb{I}(a > 0)$으로 바꿔 이항 로지스틱 회귀를 제한한 경우로 볼 수 있다. 두 함수를 비교하는 그림 2.10을 참고하라.

헤비사이드 함수는 미분 가능하지 않으므로, 기울기 기반 최적화법을 사용해 모델을 적합시킬 수 없다. 그러나 로젠블랫은 대신에 **퍼셉트론 학습 알고리듬**perceptron learning algorithm을 제안했다. 기본 아이디어는 무작위 가중치로 시작을 한 뒤 모델이 예측에서 실수를 할 때마다 이들을 반복적으로 업데이트하는 것이다. 더 정확하게는 다음을 사용해 가중치를 업데이트한다.

$$\boldsymbol{w}_{t+1} = \boldsymbol{w}_t - \eta_t(\hat{y}_n - y_n)\boldsymbol{x}_n \tag{10.30}$$

여기서 $(\boldsymbol{x}_n, y_n)$은 반복 t에서 표집된 라벨링된 예제이며, η_t는 학습률 또는 단계 크기다(가중치의 크기가 결정 경계에 영향을 미치지 않으므로, 단계 크기를 1로 둘 수 있다). 이 알고리듬의 단순한 구현은 perceptron_demo_2d.ipynb를 참고하라.

식 (10.30)의 퍼셉트론 업데이트 규칙은 직관적으로 해석 가능하다. 예측이 올바르다면 어떠한 것도 바꾸지 않으며, 그렇지 않으면 가중치를 올바른 대답의 가능성이 커지도록 하는 방향으로 이동시킨다. 더 정확하게는 $y_n = 1$ 그리고 $\hat{y}_n = 0$이라면 $\boldsymbol{w}_{t+1} = \boldsymbol{w}_t + \boldsymbol{x}_n$이며, $y_n = 0$ 그리고 $\hat{y}_n = 1$이라면 $\boldsymbol{w}_{t+1} = \boldsymbol{w}_t - \boldsymbol{x}_n$이다.

식 (10.30)을 식 (10.28)과 비교하면, 퍼셉트론 업데이트 규칙은 부드러운soft 확률 $\mu_n = p(y_n = 1 \mid \boldsymbol{x}_n)$을 딱딱한hard 라벨 $\hat{y}_n = f(\boldsymbol{x}_n)$으로 바꾸는 근사를 사용하는 이항 로지스틱 회귀를 위한 SGD 업데이트 규칙과 동등함을 볼 수 있다. 퍼셉트론 방법의 장점은 확률을 계산할 필요가 없다는 것이다. 이는 라벨 공간이 매우 클 때 유용할 수 있다. 단점은 방법이 데이터가 선형으로 분리 가능할 때만 수렴한다는 것이다[Nov62]. 한편 로지스틱 회귀를 위해 NLL을 최소화하는 SGD는, 데이터가 선형으로 분리 가능하지 않다 하더라도 언제나 전역적인 최적 MLE로 수렴할 것이다.

13.2절에서는 퍼셉트론을 비선형 함수로 일반화하므로 유용성이 크게 높아진다.

10.2.6 반복적 재가중 최소 제곱

경사하강은 **일계**first order 최적화법이며, 이는 일계 기울기만을 사용해 손실 영역을 따라 지나다님을 뜻한다. 이는 그림 10.5(a)의 경우에서와 같이, 특히 공간의 일부 방향이 가파른 내리막을 가리키는 한편 다른 방향은 얕은 기울기를 가질 때 느릴 수 있다. 그러한 문제의 경우, 공간의 곡률을 감안하는 **이계**second order 최적화법을 사용하면 훨씬 더 **빠를** 수 있다.

그러한 방법은 8.3절에서 더 자세히 논의한다. 여기서는 로지스틱 회귀에서 잘 동작하는 단순한 이계적 방법만을 고려한다. 확률적 환경에서는 이계법이 동작하도록 만들기가 어려우므로, 완전 배치 환경에 집중한다(따라서 N이 작다고 가정한다. 예를 들어, [Byr+16; Liu+18b]에서 몇 가지 방법을 참고하라).

전통적인 이계법으로 **뉴턴법**Newton's method이 있다. 이는 다음 형식을 업데이트하는 것으로 되어 있다.

$$\boldsymbol{w}_{t+1} = \boldsymbol{w}_t - \eta_t \mathbf{H}_t^{-1} \boldsymbol{g}_t \tag{10.31}$$

여기서

$$\mathbf{H}_t \triangleq \nabla^2 \mathcal{L}(\boldsymbol{w})|_{\boldsymbol{w}_t} = \nabla^2 \mathcal{L}(\boldsymbol{w}_t) = \mathbf{H}(\boldsymbol{w}_t) \tag{10.32}$$

는 양의 정부호라 가정하여 업데이트가 잘 정의됨을 보장한다. 헤세 행렬이 정확하다면, 단계 크기는 $\eta_t = 1$로 둘 수 있다.

이제 이 방법을 로지스틱 회귀에 적용한다. 10.2.3.3절에서 기울기 그리고 헤세 행렬이 다음과 같이 주어짐을 상기하라.

$$\nabla_{\boldsymbol{w}} \mathrm{NLL}(\boldsymbol{w}) = \frac{1}{N} \sum_{n=1}^{N} (\mu_n - y_n) \boldsymbol{x}_n \tag{10.33}$$

$$\mathbf{H} = \frac{1}{N} \mathbf{X}^\mathsf{T} \mathbf{S} \mathbf{X} \tag{10.34}$$

$$\mathbf{S} \triangleq \mathrm{diag}(\mu_1(1 - \mu_1), \ldots, \mu_N(1 - \mu_N)) \tag{10.35}$$

따라서 뉴턴 업데이트의 형식은 다음과 같다.

$$\boldsymbol{w}_{t+1} = \boldsymbol{w}_t - \mathbf{H}^{-1}\boldsymbol{g}_t \tag{10.36}$$

$$= \boldsymbol{w}_t + (\mathbf{X}^\mathsf{T}\mathbf{S}_t\mathbf{X})^{-1}\mathbf{X}^\mathsf{T}(\boldsymbol{y} - \boldsymbol{\mu}_t) \tag{10.37}$$

$$= (\mathbf{X}^\mathsf{T}\mathbf{S}_t\mathbf{X})^{-1}\left[(\mathbf{X}^\mathsf{T}\mathbf{S}_t\mathbf{X})\boldsymbol{w}_t + \mathbf{X}^\mathsf{T}(\boldsymbol{y} - \boldsymbol{\mu}_t)\right] \tag{10.38}$$

$$= (\mathbf{X}^\mathsf{T}\mathbf{S}_t\mathbf{X})^{-1}\mathbf{X}^\mathsf{T}\left[\mathbf{S}_t\mathbf{X}\boldsymbol{w}_t + \boldsymbol{y} - \boldsymbol{\mu}_t\right] \tag{10.39}$$

$$= (\mathbf{X}^\mathsf{T}\mathbf{S}_t\mathbf{X})^{-1}\mathbf{X}^\mathsf{T}\mathbf{S}_t\boldsymbol{z}_t \tag{10.40}$$

이때 **가반응**working response은 다음과 같이 정의한다.

$$\boldsymbol{z}_t \triangleq \mathbf{X}\boldsymbol{w}_t + \mathbf{S}_t^{-1}(\boldsymbol{y} - \boldsymbol{\mu}_t) \tag{10.41}$$

그리고 $\mathbf{S}_t = \mathrm{diag}(\mu_{t,n}(1 - \mu_{t,n}))$이다. $\mathbf{S}_t$가 대각 행렬이므로, 목표를 다음과 같이 성분 형식으로 다시 쓸 수 있다.

$$z_{t,n} = \boldsymbol{w}_t^\mathsf{T}\boldsymbol{x}_n + \frac{y_n - \mu_{t,n}}{\mu_{t,n}(1 - \mu_{t,n})} \tag{10.42}$$

식 (10.40)은 가중 최소 제곱 문제의 예시이며(11.2.2.4절), 다음의 최소화자minimizer다.

$$\sum_{n=1}^{N} S_{t,n}(z_{t,n} - \boldsymbol{w}_t^\mathsf{T}\boldsymbol{x}_n)^2 \tag{10.43}$$

그러므로 전체 방법은 **반복적 재가중 최소 제곱**IRLS, Iteratively Reweighted Least Squares 알고리듬이라 한다. 각 반복마다 가중 최소 제곱 문제를 풀며, 이때 가중치 행렬 $\mathbf{S}_t$가 각 반복마다 바뀌기 때문이다. 의사코드는 알고리듬 2를 참고하라.

피셔 점수화 Fisher scoring는 실제 로그 가능도의 헤세 행렬을 그것의 기댓값으로 바꾸는 것을 제외하고 IRLS와 같은 것임을, 즉 $\mathbf{H}$ 대신에 피셔 정보 행렬(4.7.2절)을 사용함을 주지하라. 피셔 정보 행렬이 데이터에 독립이므로, 매번 반복마다 다시 값매김을 해야 하는 헤세와는 다르게 미리 계산할 수 있다. 이는 모수가 많은 문제에서 더 빠를 수 있다.

1   $\boldsymbol{w} = \boldsymbol{0}$

2   다음을 반복한다.

3     $n = 1 : N$에 대해 다음을 한다.

4       $a_n = \boldsymbol{w}^\mathsf{T} \boldsymbol{x}_n$

5       $\mu_n = \sigma(a_n)$

6       $s_n = \mu_n(1 - \mu_n)$

7       $z_n = a_n + \frac{y_n - \mu_n}{s_n}$

8     $\mathbf{S} = \mathrm{diag}(s_{1:N})$

9     $\boldsymbol{w} = (\mathbf{X}^\mathsf{T}\mathbf{S}\mathbf{X})^{-1}\mathbf{X}^\mathsf{T}\mathbf{S}\boldsymbol{z}$

10   수렴할 때까지

10.2.7 MAP 추정

그림 10.4에서 훈련 예제와 비교하여 모수가 너무 많을 때 로지스틱 회귀가 어떻게 과적합을 하는지 보여줬다. 이는 결정 경계가 예제 근처를 굽어가기 위해 단순히 올바른 방식으로 '구불구불'해지도록 강제하는 가중치를 찾는 최대 가능도의 능력 때문이다. 이러한 움직임을 얻기 위해 많은 수의 가중치를 설정해야 하는 경우가 많다. 예를 들어 그림 10.4에서 차수 $K = 1$을 사용할 때, 2개의 가중치를 위한 MLE가 다음과 같음을 알 수 있다(편향을 무시하면).

$$\hat{\boldsymbol{w}} = [0.51291712, 0.11866937] \tag{10.44}$$

차수 $K = 2$를 사용하면 다음을 얻는다.

$$\hat{\boldsymbol{w}} = [2.27510513, 0.05970325, 11.84198867, 15.40355969, 2.51242311] \tag{10.45}$$

그리고 $K = 4$일 때 다음을 얻는다.

$$\hat{\boldsymbol{w}} = [-3.07813766, \cdots, -59.03196044, 51.77152431, 10.25054164] \tag{10.46}$$

이러한 과적합을 피하는 한 가지 방법은 가중치가 너무 커지지 않도록 막는 것이다. 이는 4.5.3절에서 논의했듯이 영-평균 가우스 사전 확률 $p(\boldsymbol{w}) = \mathcal{N}(\boldsymbol{w}|\boldsymbol{0}, C\mathbf{I})$를 사용한 뒤 MAP 추정을 사용해 할 수 있다. 새로운 훈련 목표는 다음이 된다.

$$\mathcal{L}(\boldsymbol{w}) = \text{NLL}(\boldsymbol{w}) + \lambda ||\boldsymbol{w}||_2^2 \tag{10.47}$$

여기서 $||\boldsymbol{w}||_2^2 = \sum_{d=1}^{D} w_d^2$ 그리고 $\lambda = 1/C$이다. 이는 ℓ_2 **정칙화**$^{\ell_2 \text{ regularization}}$ 또는 **가중치 소멸**$^{\text{weight decay}}$ 이라 부른다. λ 값이 클수록, 모수가 '커짐에' 따라 모델이 덜 유연해지는(영-평균 사전 분포로부터 벗어난다) 불이익을 더 받는다. 그림 10.6을 참고하라.

MAP 추정은 앞의 기울기 기반 최적화 알고리듬의 입력을 약간 수정하여 계산할 수 있다. 불이익 음의 로그 가능도의 기울기 및 헤세는 다음의 형식을 갖는다.

$$\text{PNLL}(\boldsymbol{w}) = \text{NLL}(\boldsymbol{w}) + \lambda \boldsymbol{w}^\mathsf{T} \boldsymbol{w} \tag{10.48}$$

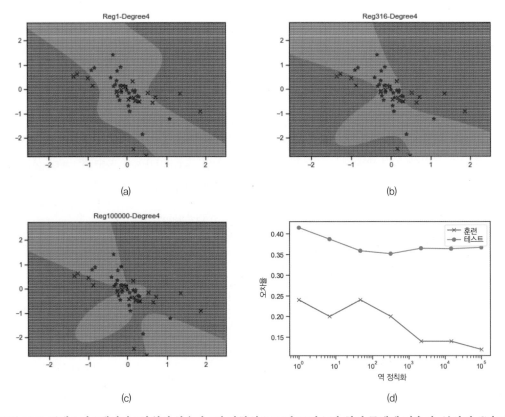

그림 10.6 클래스가 2개이며 2차원의 차수가 4인 다항식으로 된 로지스틱 회귀 문제에 적용된, 분산이 C인 가중치 소멸: (a) $C = 1$, (b) $C = 316$, (c) $C = 100,000$, (d) C 대 훈련 및 테스트 오차. logreg_poly_demo. ipynb로 생성했다.

$$\nabla_{\boldsymbol{w}} \text{PNLL}(\boldsymbol{w}) = \boldsymbol{g}(\boldsymbol{w}) + 2\lambda \boldsymbol{w} \tag{10.49}$$

$$\nabla_{\boldsymbol{w}}^2 \text{PNLL}(\boldsymbol{w}) = \mathbf{H}(\boldsymbol{w}) + 2\lambda \mathbf{I} \tag{10.50}$$

여기서 $\boldsymbol{g}(\boldsymbol{w})$는 기울기이며, $\mathbf{H}(\boldsymbol{w})$는 불이익이 없는 NLL의 헤세다.

ℓ_2 정칙화 로지스틱 회귀와 관련된 흥미로운 연습문제는 이 장 마지막의 연습문제 10.2를 참고하라.

10.2.8 표준화

10.2.7절에서 등방^{isotropic} 사전 분포 $\mathcal{N}(\boldsymbol{w}|\mathbf{0}, \lambda^{-1}\mathbf{I})$를 사용해 과적합을 피한다. 이는 모든 가중치가 크기 측면에서 비슷하다는 가정을 암묵적으로 인코딩하며, 따라서 모든 입력 특성이 크기 측면에서 비슷하다고 기대한다는 가정을 인코딩한다. 그러나 많은 데이터셋에서 입력 특성은 스케일이 다르다. 그러한 경우 데이터를 **표준화**^{standardize}하여 각 특성의 평균이 0이고 분산이 1이 되도록 하는 것이 보통이다. 이는 다음과 같이 각 특성의 평균을 빼고 표준편차로 나누어 할 수 있다.

$$\text{standardize}(x_{nd}) = \frac{x_{nd} - \hat{\mu}_d}{\hat{\sigma}_d} \tag{10.51}$$

$$\hat{\mu}_d = \frac{1}{N} \sum_{n=1}^{N} x_{nd} \tag{10.52}$$

$$\hat{\sigma}_d^2 = \frac{1}{N} \sum_{n=1}^{N} (x_{nd} - \hat{\mu}_d)^2 \tag{10.53}$$

아니면 입력을 리스케일링하여 구간 [0, 1] 사이에 있게 하는 **최소-최대 스케일링**^{min-max scaling}을 사용한다. 두 방법 모두 특성이 크기 측면에서 비교 가능함을 보장하며, 이는 MAP 추정을 사용하지 않는다 하더라도 모델 적합 및 추론에 도움이 될 수 있다(이 점에 대한 논의는 11.7.5절을 참고하라).

10.3 다변량 로지스틱 회귀

다변량 로지스틱 회귀^{multinomial logistic regression}는 다음과 같은 형식의 판별 분류 모델이다.

$$p(y|\boldsymbol{x}, \boldsymbol{\theta}) = \text{Cat}(y|\text{softmax}(\mathbf{W}\boldsymbol{x} + \boldsymbol{b})) \tag{10.54}$$

여기서 $\boldsymbol{x} \in \mathbb{R}^D$는 입력 벡터, $y \in \{1, ..., C\}$는 클래스 라벨, softmax()는 소프트맥스 함수(2.5.2절), $\mathbf{W}$는 $C \times D$ 가중치 행렬, $\boldsymbol{b}$는 C차원 편향 벡터, $\boldsymbol{\theta} = (\mathbf{W}, \boldsymbol{b})$는 모든 모수다. 지금부터 편향 항 $\boldsymbol{b}$는 무시한다. 각 $\boldsymbol{x}$의 앞에 1을 덧붙이고, $\boldsymbol{b}$를 $\mathbf{W}$의 첫 번째 열에 추가한다고 가정한다. 따라서 $\boldsymbol{\theta} = \mathbf{W}$이다.

$\boldsymbol{a} = \mathbf{W}\boldsymbol{x}$가 C차원의 **로짓**logit 벡터라 하면, 앞의 식은 다음과 같이 다시 쓸 수 있다.

$$p(y = c | \boldsymbol{x}, \boldsymbol{\theta}) = \frac{e^{a_c}}{\sum_{c'=1}^{C} e^{a_{c'}}} \tag{10.55}$$

정규화 조건 $\sum_{c=1}^{C} p(y_n = c | \boldsymbol{x}_n, \boldsymbol{\theta}) = 1$ 때문에, $\boldsymbol{w}_C = \mathbf{0}$이라 둘 수 있다(예를 들어 $C = 2$인 이항 로지스틱 회귀에서, 하나의 가중치 벡터만을 학습한다). 그러므로 모수 $\boldsymbol{\theta}$는 크기 $(C - 1) \times D$의 가중치 행렬 $\mathbf{W}$에 해당하며, 여기서 $\boldsymbol{x}_n \in \mathbb{R}^D$이다.

이 모델은 라벨이 상호 배반적이라고, 즉 참인 라벨이 하나뿐이라고 가정한다. 몇몇 응용(예: **이미지 태깅**image tagging)에서는 입력에 하나 또는 그 이상의 라벨을 예측하기를 원한다. 이 경우 출력 공간은 $\{1, ..., C\}$의 부분집합의 집합이다. 이는 **다중 클래스 분류**multi-label classification와 반대로 **다중 라벨 분류**multi-label classification라 부른다. 이는 c번째 태그가 존재한다면 c번째 출력을 1로 두는 비트 벡터 $\mathcal{Y} = \{0, 1\}^C$로 볼 수 있다. 이는 이항 로지스틱 회귀의 복수의 출력을 갖는 수정된 버전을 사용해 다룰 수 있다.

$$p(\boldsymbol{y} | \boldsymbol{x}; \boldsymbol{\theta}) = \prod_{c=1}^{C} \text{Ber}(y_c | \sigma(\boldsymbol{w}_c^{\mathsf{T}} \boldsymbol{x})) \tag{10.56}$$

10.3.1 선형 및 비선형 분류기

로지스틱 회귀는 입력 공간 내 선형 결정 경계를 계산한다. 이는 그림 10.7(a)에서 $\boldsymbol{x} \in \mathbb{R}^2$이며 $C = 3$ 클래스가 있을 때를 보여준다. 그러나 언제나 입력을 어떠한 방법으로 변환하여 비선형 경계를 만들 수 있다. 예를 들어, $\boldsymbol{x} = (x_1, x_2)$를 다음과 같이 바꾼다고 해보자.

$$\phi(\boldsymbol{x}) = [1, x_1, x_2, x_1^2, x_2^2, x_1 x_2] \tag{10.57}$$

이는 그림 10.7(b)가 보여주듯이 이차 결정 경계를 만들 수 있게 해준다.

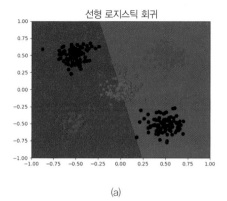
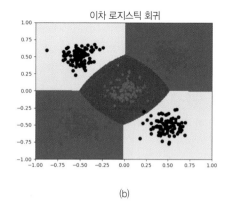

(a)　　　　　　　　　　　　　　　　(b)

그림 10.7 입력이 2차원인 3클래스 로지스틱 회귀의 예시: (a) 원본 특성, (b) 이차 특성. logreg_multiclass_demo.ipynb로 생성했다.

10.3.2 최대 가능도 추정

이 절에서는 음의 로그 가능도^{NLL, Negative Log Likelihood}를 최소화하여 최대 가능도 추정량^{MLE, Maximum Likelihood Estimate}을 계산하는 방법을 논의한다.

10.3.2.1 목적 함수

NLL은 다음과 같이 주어진다.

$$\text{NLL}(\boldsymbol{\theta}) = -\frac{1}{N} \log \prod_{n=1}^{N_{\mathcal{D}}} \prod_{c=1}^{C} \mu_{nc}^{y_{nc}} = -\frac{1}{N} \sum_{n=1}^{N_{\mathcal{D}}} \sum_{c=1}^{C} y_{nc} \log \mu_{nc} = \frac{1}{N} \sum_{n=1}^{N} \mathbb{H}_{ce}(\boldsymbol{y}_n, \boldsymbol{\mu}_n) \quad (10.58)$$

여기서 $\mu_{nc} = p(y_{nc} = 1 \,|\, \boldsymbol{x}_n, \boldsymbol{\theta}) = \text{softmax}(f(\boldsymbol{x}_n; \boldsymbol{\theta}))_c$, $\boldsymbol{y}_n$은 라벨의 원핫 인코딩(따라서 $y_{nc} = \mathbb{I}(y_n = c)$), $\mathbb{H}_{ce}(\boldsymbol{y}_n, \boldsymbol{\mu}_n)$은 교차 엔트로피다.

$$\mathbb{H}_{ce}(\boldsymbol{p}, \boldsymbol{q}) = -\sum_{c=1}^{C} p_c \log q_c \quad (10.59)$$

10.3.2.2 목적 함수 최적화

최적점을 찾으려면 $\nabla_w \text{NLL}(w) = 0$을 풀어야 한다. 여기서 w는 가중치 벡터 $\mathbf{W}$의 벡터화 버전이며, 표기법의 단순함을 위해 편향 항은 무시하고 있다. 그러한 안정점은 기울기 기반 옵티마이저를 사용해 찾을 수 있다. 아래에서 몇 가지 예시를 제공한다. 그러나 먼저 기울기 및 헤세 행렬을 유도한 뒤, 목적 함수가 볼록임을 증명한다.

10.3.2.3 기울기 유도하기

NLL의 기울기를 유도하려면 다음과 같은 소프트맥스 함수의 야코비를 사용해야 한다(증명은 연습문제 10.1을 참고하라).

$$\frac{\partial \mu_c}{\partial a_j} = \mu_c (\delta_{cj} - \mu_j) \tag{10.60}$$

여기서 $\delta_{cj} = \mathbb{I}(c = j)$이다. 예를 들어, 클래스가 3개라면 야코비 행렬은 다음과 같이 주어진다.

$$\left[\frac{\partial \mu_c}{\partial a_j}\right]_{cj} = \begin{pmatrix} \mu_1(1-\mu_1) & -\mu_1\mu_2 & -\mu_1\mu_3 \\ -\mu_2\mu_1 & \mu_2(1-\mu_2) & -\mu_2\mu_3 \\ -\mu_3\mu_1 & -\mu_3\mu_2 & \mu_3(1-\mu_3) \end{pmatrix} \tag{10.61}$$

이는 행렬 형식으로 다음과 같이 쓸 수 있다.

$$\frac{\partial \boldsymbol{\mu}}{\partial \boldsymbol{a}} = (\boldsymbol{\mu}\mathbf{1}^\mathsf{T}) \odot (\mathbf{I} - \mathbf{1}\boldsymbol{\mu}^\mathsf{T}) \tag{10.62}$$

여기서 $\odot$는 요소별 곱으로, $\boldsymbol{\mu}\mathbf{1}^\mathsf{T}$는 $\boldsymbol{\mu}$를 각 열에 대해 복사하며, $\mathbf{1}\boldsymbol{\mu}^\mathsf{T}$는 $\boldsymbol{\mu}$를 각 행에 대해 복사한다.

이제 n으로 인덱싱하는 하나의 예제를 위한 NLL의 기울기를 유도한다. 이를 위해 $D \times C$ 가중치 행렬은 행을 접합시킨 뒤, 열벡터로 전치시켜 크기 CD의 벡터 w로 평탄화한다(또는 클래스 중 하나가 0의 가중치를 갖도록 고정하면 $(C-1)D$). 클래스 j와 연관된 가중치의 벡터를 나타내는 데 w_j를 사용한다. 이 벡터에 대한 가중치는 다음과 같이 주어진다(이때 크로네커 델타 표기법 δ_{jc}를 사용하며, 이는 $j = c$라면 1과 같고 아니면 0이다).

$$\nabla_{\boldsymbol{w}_j}\mathrm{NLL}_n = \sum_c \frac{\partial \mathrm{NLL}_n}{\partial \mu_{nc}} \frac{\partial \mu_{nc}}{\partial a_{nj}} \frac{\partial a_{nj}}{\partial \boldsymbol{w}_j} \tag{10.63}$$

$$= -\sum_c \frac{y_{nc}}{\mu_{nc}} \mu_{nc}(\delta_{jc} - \mu_{nj})\boldsymbol{x}_n \tag{10.64}$$

$$= \sum_c y_{nc}(\mu_{nj} - \delta_{jc})\boldsymbol{x}_n \tag{10.65}$$

$$= (\sum_c y_{nc})\mu_{nj}\boldsymbol{x}_n - \sum_c \delta_{jc}y_{nj}\boldsymbol{x}_n \tag{10.66}$$

$$= (\mu_{nj} - y_{nj})\boldsymbol{x}_n \tag{10.67}$$

이 계산은 각 클래스마다 반복하여 전체 기울기 벡터를 얻을 수 있다. NLL 전체의 기울기는 예제에 대해 합을 하여 얻는다. 이는 $D \times C$ 행렬을 내어준다.

$$\boldsymbol{g}(\boldsymbol{w}) = \frac{1}{N} \sum_{n=1}^{N} \boldsymbol{x}_n(\boldsymbol{\mu}_n - \boldsymbol{y}_n)^{\mathsf{T}} \tag{10.68}$$

이는 이항 로지스틱 회귀 경우에서와 같은, 말하자면 오차 항 곱하기 입력이라는 형식을 갖는다.

10.3.2.4 헤세 유도하기

연습문제 10.1은 다항 로지스틱 회귀의 NLL의 헤세가 다음과 같이 주어짐을 보여줄 것을 요구한다.

$$\mathbf{H}(\boldsymbol{w}) = \frac{1}{N} \sum_{n=1}^{N_{\mathcal{D}}} (\mathrm{diag}(\boldsymbol{\mu}_n) - \boldsymbol{\mu}_n\boldsymbol{\mu}_n^{\mathsf{T}}) \otimes (\boldsymbol{x}_n\boldsymbol{x}_n^{\mathsf{T}}) \tag{10.69}$$

여기서 $\mathbf{A} \otimes \mathbf{B}$는 크로네커 곱이다(7.2.5절). 다시 말해, c, c' 블록 부분행렬은 다음과 같이 주어진다.

$$\mathbf{H}_{c,c'}(\boldsymbol{w}) = \frac{1}{N} \sum_n \mu_{nc}(\delta_{c,c'} - \mu_{n,c'})\boldsymbol{x}_n\boldsymbol{x}_n^{\mathsf{T}} \tag{10.70}$$

예를 들어, 특성이 3개이고 클래스가 2개라면 이는 다음이 된다.

$$\mathbf{H}(\boldsymbol{w}) = \frac{1}{N}\sum_n \begin{pmatrix} \mu_{n1} - \mu_{n1}^2 & -\mu_{n1}\mu_{n2} \\ -\mu_{n1}\mu_{n2} & \mu_{n2} - \mu_{n2}^2 \end{pmatrix} \otimes \begin{pmatrix} x_{n1}x_{n1} & x_{n1}x_{n2} & x_{n1}x_{n3} \\ x_{n2}x_{n1} & x_{n2}x_{n2} & x_{n2}x_{n3} \\ x_{n3}x_{n1} & x_{n3}x_{n2} & x_{n3}x_{n3} \end{pmatrix} \tag{10.71}$$

$$= \frac{1}{N}\sum_n \begin{pmatrix} (\mu_{n1} - \mu_{n1}^2)\mathbf{X}_n & -\mu_{n1}\mu_{n2}\mathbf{X}_n \\ -\mu_{n1}\mu_{n2}\mathbf{X}_n & (\mu_{n2} - \mu_{n2}^2)\mathbf{X}_n \end{pmatrix} \tag{10.72}$$

여기서 $\mathbf{X}_n = \boldsymbol{x}_n\boldsymbol{x}_n^\mathsf{T}$이다. 연습문제 10.1은 또한 이것이 양의 정부호 행렬임을, 따라서 목적 함수가 볼록임을 보일 것을 요구한다.

10.3.3 기울기 기반 최적화

10.3.2.3절의 기울기를 사용해 쉽게 SGD 알고리듬을 유도할 수 있다. 마찬가지로, 10.3.2.4절의 헤세를 사용해 이계 최적화법을 유도할 수 있다. 그러나 헤세 계산은 비쌀 수 있으므로, BFGS와 같은 준뉴턴법을 사용해 근사하는 것이 보통이다(BFGS는 Broyden, Fletcher, Goldfarb, Shanno를 뜻한다). 자세한 내용은 8.3.2절을 참고하라. IRLS와 비슷한 또 다른 방법은 10.3.4절에서 설명한다.

이러한 방법 모두 로그 가능도의 기울기 계산에 의존하므로, 정규화된 확률의 계산을 필요로 한다. 이는 로짓 벡터 $\boldsymbol{a} = \mathbf{W}\boldsymbol{x}$로부터 다음을 사용해 계산할 수 있다.

$$p(y = c|\boldsymbol{x}) = \exp(a_c - \mathrm{lse}(\boldsymbol{a})) \tag{10.73}$$

여기서 lse는 2.5.4절에서 정의한 log-sum-exp 함수다. 이러한 이유로 많은 소프트웨어 라이브러리가 비정규화된 로짓을 입력으로 받는 교차 엔트로피 손실의 버전을 정의하고 있다.

10.3.4 경계 최적화

이 절에서는 8.7절에서 설명한 경계 최적화라 알려진 알고리듬의 종류를 사용해 로지스틱 회귀를 적합시키는 접근법을 고려한다. 기본 아이디어는 최대화하고자 하는 함수에 하계를 반복적으로 구축한 뒤, 참인 함수를 '밀어 올려' 경계를 업데이트한다. 경계의 최적화는 함수를 직접 업데이트하는 것보다 쉬운 경우가 많다.

$\ell(\boldsymbol{\theta})$가 최대화하고자 하는 오목 함수라면, 유효한 하계를 얻는 방법 한 가지는 헤세에 경계를 사용하는 것이다. 즉, $\mathbf{H}(\boldsymbol{\theta}) \succ \mathbf{B}$를 따르는 음의 정부호 행렬 $\mathbf{B}$를 찾는다. 이 경우 다음을 보일 수

있다.

$$\ell(\boldsymbol{\theta}) \geq \ell(\boldsymbol{\theta}^t) + (\boldsymbol{\theta} - \boldsymbol{\theta}^t)^\mathsf{T} \boldsymbol{g}(\boldsymbol{\theta}^t) + \frac{1}{2}(\boldsymbol{\theta} - \boldsymbol{\theta}^t)^\mathsf{T} \mathbf{B}(\boldsymbol{\theta} - \boldsymbol{\theta}^t) \tag{10.74}$$

여기서 $\boldsymbol{g}(\boldsymbol{\theta}^t) = \nabla \ell(\boldsymbol{\theta}^t)$이다. $Q(\boldsymbol{\theta}, \boldsymbol{\theta}^t)$를 식 (10.74)의 우변과 같이 정의하면, 업데이트는 다음이 된다.

$$\boldsymbol{\theta}^{t+1} = \boldsymbol{\theta}^t - \mathbf{B}^{-1} \boldsymbol{g}(\boldsymbol{\theta}^t) \tag{10.75}$$

이는 각 반복마다 바뀌는 $\mathbf{H}(\boldsymbol{\theta}^t)$ 대신에 고정된 행렬인 $\mathbf{B}$를 사용하는 것을 제외하고, 뉴턴 업데이트와 비슷하다. 이는 이계적인 방법의 이점을 낮은 연산 비용으로 어느 정도 제공한다.

이제 [Kri+05]를 따라 이를 로지스틱 회귀에 적용해 보자. $\boldsymbol{\mu}_n(\boldsymbol{w}) = [p(y_n = 1 \,|\, \boldsymbol{x}_n, \boldsymbol{w}), \ldots, p(y_n = C \,|\, \boldsymbol{x}_n, \boldsymbol{w})]$ 그리고 $\boldsymbol{y}_n = [\mathbb{I}(y_n = 1), \ldots, \mathbb{I}(y_n = C)]$라 하자. 우리는 로그 가능도를 최대화하고자 하며, 이는 다음과 같다.

$$\ell(\boldsymbol{w}) = \sum_{n=1}^{N} \left[\sum_{c=1}^{C} y_{nc} \boldsymbol{w}_c^\mathsf{T} \boldsymbol{x}_n - \log \sum_{c=1}^{C} \exp(\boldsymbol{w}_c^\mathsf{T} \boldsymbol{x}_n) \right] \tag{10.76}$$

기울기는 다음과 같이 주어진다(도함수의 자세한 내용은 10.3.2.3절을 참고하라).

$$\boldsymbol{g}(\boldsymbol{w}) = \sum_{n=1}^{N} (\boldsymbol{y}_n - \boldsymbol{\mu}_n(\boldsymbol{w})) \otimes \boldsymbol{x}_n \tag{10.77}$$

여기서 $\otimes$는 크로네커 곱을 나타낸다(이 경우에는 단지 두 벡터의 외적일 뿐이다). 헤세는 다음과 같이 주어진다(도함수의 자세한 내용은 10.3.2.4절을 참고하라).

$$\mathbf{H}(\boldsymbol{w}) = -\sum_{n=1}^{N} (\mathrm{diag}(\boldsymbol{\mu}_n(\boldsymbol{w})) - \boldsymbol{\mu}_n(\boldsymbol{w})\boldsymbol{\mu}_n(\boldsymbol{w})^\mathsf{T}) \otimes (\boldsymbol{x}_n \boldsymbol{x}_n^\mathsf{T}) \tag{10.78}$$

[Boh92]에서 보여주듯이 헤세 행렬에 하계를 구축할 수 있다.

$$\mathbf{H}(\boldsymbol{w}) \succ -\frac{1}{2}[\mathbf{I} - \mathbf{1}\mathbf{1}^\mathsf{T}/C] \otimes \left(\sum_{n=1}^{N} \boldsymbol{x}_n \boldsymbol{x}_n^\mathsf{T} \right) \triangleq \mathbf{B} \tag{10.79}$$

여기서 $\mathbf{I}$는 C차원 항등 행렬, $\mathbf{1}$은 값이 모두 1인 C차원 벡터다.[1] 이항의 경우 이는 다음이 된다.

$$\mathbf{H}(\boldsymbol{w}) \succ -\frac{1}{2}\left(1 - \frac{1}{2}\right)\left(\sum_{n=1}^{N} \boldsymbol{x}_n \boldsymbol{x}_n^{\mathsf{T}}\right) = -\frac{1}{4}\mathbf{X}^{\mathsf{T}}\mathbf{X} \tag{10.80}$$

$\mu_n \leq 0.5$이므로 $-(\mu_n - \mu_n^2) \geq -0.25$라는 사실을 따른다.

이 하계를 사용해 MM 알고리듬을 구축하여 MLE를 찾을 수 있다. 업데이트는 다음이 된다.

$$\boldsymbol{w}^{t+1} = \boldsymbol{w}^t - \mathbf{B}^{-1}\boldsymbol{g}(\boldsymbol{w}^t) \tag{10.81}$$

이러한 반복은 IRLS(10.2.6절)보다 빠를 수 있다. 왜냐하면 각 반복마다 헤세의 역을 취하는 대신에 $\mathbf{B}^{-1}$를 시간 N과 독립적으로 미리 계산할 수 있기 때문이다. 예를 들어 이항의 경우를 고려해 보면 $\boldsymbol{g}^t = \nabla\ell(\boldsymbol{w}^t) = \mathbf{X}^{\mathsf{T}}(\boldsymbol{y} - \boldsymbol{\mu}^t)$이고, 이때 $\boldsymbol{\mu}^t = [p_n(\boldsymbol{w}^t), (1 - p_n(\boldsymbol{w}^t))]_{n=1}^{N}$이다. 이 업데이트는 다음과 같다.

$$\boldsymbol{w}^{t+1} = \boldsymbol{w}^t - 4(\mathbf{X}^{\mathsf{T}}\mathbf{X})^{-1}\boldsymbol{g}^t \tag{10.82}$$

이를 다음 형식을 갖는 식 (10.37)과 비교해 보라.

$$\boldsymbol{w}^{t+1} = \boldsymbol{w}^t - \mathbf{H}^{-1}\boldsymbol{g}(\boldsymbol{w}^t) = \boldsymbol{w}^t - (\mathbf{X}^{\mathsf{T}}\mathbf{S}^t\mathbf{X})^{-1}\boldsymbol{g}^t \tag{10.83}$$

여기서 $\mathbf{S}^t = \mathrm{diag}(\boldsymbol{\mu}^t \odot (1 - \boldsymbol{\mu}^t))$이다. 상수 행렬 $(\mathbf{X}^{\mathsf{T}}\mathbf{X})^{-1}$를 미리 계산할 수 있으므로, 식 (10.82)의 계산이 더 빠름을 볼 수 있다.

10.3.5 MAP 추정

10.2.7절에서 이항 로지스틱 회귀를 위한 ℓ_2 정칙화의 이점에 대해 논의했다. 이러한 이점은 다중 클래스의 경우에서도 유효하다. 그러나 [HTF09, Ex.18.3]에서 지적했듯이, 모수의 **식별 가능성** identifiability에도 추가적이면서도 놀라운 이점이 있다(가능도를 최대화하는 고유한 모숫값이 있다면 모수가 식별 가능하다고 말한다. 동등하게 NLL이 엄격하게 볼록이어야 한다).

식별 가능성이 왜 이슈가 되는지 보기 위해, 다중 클래스 로지스틱 회귀가 다음 형식을 가짐을

---

1 $w_C = \mathbf{0}$이라 강제하면, 이들 벡터/행렬에 $C - 1$차원을 사용할 수 있다.

상기하라.

$$p(y = c | \boldsymbol{x}, \mathbf{W}) = \frac{\exp(\boldsymbol{w}_c^T \boldsymbol{x})}{\sum_{k=1}^{C} \exp(\boldsymbol{w}_k^T \boldsymbol{x})} \tag{10.84}$$

여기서 $\mathbf{W}$는 $C \times D$ 가중치 행렬이다. $p(y = C | \boldsymbol{x}, \mathbf{W}) = 1 - \sum_{c=1}^{C-1} p(y = c | \boldsymbol{x}, \boldsymbol{w})$이므로, 클래스 중 임의로 하나를, 말하자면 $c = C$를 $\boldsymbol{w}_c = \mathbf{0}$이라 정의할 수 있다. 이 경우 모델은 다음 형식을 갖는다.

$$p(y = c | \boldsymbol{x}, \mathbf{W}) = \frac{\exp(\boldsymbol{w}_c^T \boldsymbol{x})}{1 + \sum_{k=1}^{C-1} \exp(\boldsymbol{w}_k^T \boldsymbol{x})} \tag{10.85}$$

벡터 중 하나를 어떠한 값으로 '고정clamp'하지 않는다면, 모수는 식별 가능하지 않을 것이다.

그러나 $\boldsymbol{w}_c = \mathbf{0}$으로 고정하지 않는다고 해보자. 따라서 식 (10.84)를 사용하지만, 다음을 최적화하여 ℓ_2 정칙화를 추가한다.

$$\mathrm{PNLL}(\mathbf{W}) = -\sum_{n=1}^{N_\mathcal{D}} \log p(y_n | \boldsymbol{x}_n, \mathbf{W}) + \lambda \sum_{c=1}^{C} ||\boldsymbol{w}_c||_2^2 \tag{10.86}$$

이때 $1/N$ 항을 λ로 흡수시켰다. 최적점에서 $j = 1 : D$에 대해 $\sum_{c=1}^{C} \hat{w}_{cj} = 0$이므로, 가중치가 자동적으로 '합하면 0sum-to-zero'이라는 제약을 만족시킨다. 따라서 이들을 고유하게 식별 가능하도록 만든다.

왜 그런지 알기 위해, 최적점에서 다음과 같음을 주지하라.

$$\nabla \mathrm{NLL}(\boldsymbol{w}) + 2\lambda \boldsymbol{w} = \mathbf{0} \tag{10.87}$$

$$\sum_n (\boldsymbol{y}_n - \boldsymbol{\mu}_n) \otimes \boldsymbol{x}_n = \lambda \boldsymbol{w} \tag{10.88}$$

따라서 임의의 특성 차원 j에 대해 다음과 같다.

$$\lambda \sum_c w_{cj} = \sum_n \sum_c (y_{nc} - \mu_{nc}) x_{nj} = \sum_n (\sum_c y_{nc} - \sum_c \mu_{nc}) x_{nj} = \sum_n (1 - 1) x_{nj} = 0 \tag{10.89}$$

따라서 $\lambda > 0$이라면 $\sum_c \hat{w}_{cj} = 0$이므로, 각각의 특성 차원에 대해 클래스에 대해 가중치를 합하면

0이 될 것이다.

10.3.6 최대 엔트로피 분류기

다변량 로지스틱 회귀 모델은 다음과 같이 쓸 수 있음을 상기하라.

$$p(y = c | \boldsymbol{x}, \mathbf{W}) = \frac{\exp(\boldsymbol{w}_c^\mathsf{T} \boldsymbol{x})}{Z(\boldsymbol{w}, \boldsymbol{x})} = \frac{\exp(\boldsymbol{w}_c^\mathsf{T} \boldsymbol{x})}{\sum_{c'=1}^{C} \exp(\boldsymbol{w}_{c'}^\mathsf{T} \boldsymbol{x})} \tag{10.90}$$

여기서 $Z(\boldsymbol{w}, \boldsymbol{x}) = \sum_c \exp(\boldsymbol{w}_c^\mathsf{T} \boldsymbol{x})$는 분할 함수다(정규화 상수). 이는 각 클래스마다 같은 특성을, 그러나 다른 가중치 벡터를 사용한다. 클래스 의존적인class-dependent 특성을 사용할 수 있게 해주는, 이 모델을 약간 확장한 것이 존재한다. 이 모델은 다음과 같이 쓸 수 있다.

$$p(y = c | \boldsymbol{x}, \boldsymbol{w}) = \frac{1}{Z(\boldsymbol{w}, \boldsymbol{x})} \exp(\boldsymbol{w}^\mathsf{T} \boldsymbol{\phi}(\boldsymbol{x}, c)) \tag{10.91}$$

여기서 $\boldsymbol{\phi}(\boldsymbol{x}, c)$는 클래스 c의 특성 벡터다. 이는 **최대 엔트로피 분류기**maximum entropy classifier 또는 간단히 **maxent 분류기**라 부른다(이 용어의 출처는 3.4.4절에서 설명한다).

maxent 분류기는 다변량 로지스틱 회귀를 특별한 경우로 포함한다. 이를 보기 위해 $\boldsymbol{w} = [\boldsymbol{w}_1, ..., \boldsymbol{w}_C]$라 하고 다음과 같이 특성 벡터를 정의하자.

$$\boldsymbol{\phi}(\boldsymbol{x}, c) = [\mathbf{0}, \ldots, \boldsymbol{x}, \ldots, \mathbf{0}] \tag{10.92}$$

여기서 $\boldsymbol{x}$는 c번째 블록에 임베딩되어 있으며, 나머지 블록은 영이다. 이 경우 $\boldsymbol{w}^\mathsf{T} \boldsymbol{\phi}(\boldsymbol{x}, c) = \boldsymbol{w}_c^\mathsf{T} \boldsymbol{x}$ 이므로 다변량 로지스틱 회귀를 다시 얻게 된다.

maxent 분류기는 자연어 처리 분야에서 매우 널리 쓰인다. 예를 들어 단어 $\boldsymbol{x}$를 사람, 장소, 물건과 같은 의미론적 역할 y로 분류하는 **의미론적 역할 라벨링**semantic role labeling 문제를 고려해 보자. 아마도 다음과 같은 식으로 (이항) 특성을 정의할 것이다.

$$\phi_1(\boldsymbol{x}, y) = \mathbb{I}(y = \text{사람} \wedge \boldsymbol{x}\text{가 ‘Mr.’ 또는 ‘Mrs’ 다음에 온다면}) \tag{10.93}$$
$$\phi_2(\boldsymbol{x}, y) = \mathbb{I}(y = \text{사람} \wedge \boldsymbol{x}\text{가 흔한 이름의 화이트리스트에 있다면}) \tag{10.94}$$
$$\phi_3(\boldsymbol{x}, y) = \mathbb{I}(y = \text{장소} \wedge \boldsymbol{x}\text{가 구글 맵에 있다면}) \tag{10.95}$$

$$\vdots$$

우리가 사용하는 특성이 라벨에 의존함을 볼 수 있다.

이들 특성을 만드는 방법은 크게 두 가지가 있다. 첫 번째는 다양한 템플릿을 사용해 유용할 수 있는 특성을 수동으로 많이 구체화한 뒤, 11.4.7절에서 논의하는 그룹 라쏘^{lasso} 같은 특성 선택 알고리듬을 사용하는 것이다. 두 번째는 휴리스틱한 특성 생성법을 사용해 모델에 특성을 점진적으로 추가하는 것이다.

10.3.7 계층적 분류

때때로 가능한 라벨의 집합이 **계층**^{hierarchy} 또는 **분류**^{taxonomy}의 구조를 가질 수 있다. 예를 들어, 이미지에 어떤 종류의 동물이 있는지 예측하기를 원할 수도 있다. 이는 개 아니면 고양이일 수 있다. 만일 개라면, 골든 리트리버 또는 저먼 셰퍼드 등일 수 있다. 직관적으로, 우리가 신뢰하는 가장 정확한 라벨을 예측하기를 시도하는 것이 적절하다[Den+12]. 즉, 시스템이 '베팅을 헤지^{hedge}' 해야 한다.

[RF17]에서 제안하는 이를 달성하는 단순한 방법은 다음과 같다. 먼저 트리 내 모든 가능한 노드에 대해 이항 출력 라벨을 갖는 모델을 만든다. 모델을 훈련시키기 전에 **라벨 스미어링**^{label smearing}을 사용하므로, 라벨이 그것의 모든 부모(**상위어**^{hypernyms})에 전파된다. 예를 들어 이미지가 '골든 리트리버'라고 라벨링되면, 이를 또한 '개'라고 라벨링할 것이다. 이러한 스미어링된 데이터에 다중 라벨 분류기를 훈련시키면(이는 이항 라벨의 벡터 $p(\boldsymbol{y} \mid \boldsymbol{x})$를 만들어 낸다), 이는 서로 다른 수준의 추상화에서 라벨의 집합을 예측하는 계층적 분류를 수행할 것이다.

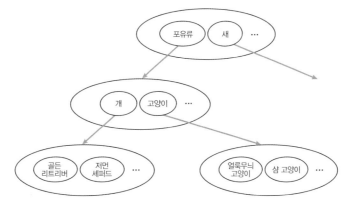

그림 10.8 라벨 계층에 대한 단순한 예시. 같은 타원 내 노드는 그들 사이에 상호 배반적인 관계를 갖는다.

그러나 몇몇 라벨이 상호 배반적이라는 사실을 모델이 포착하지 않으므로, 이 방법은 '골든 리트리버', '고양이', '새'를 모두 확률 1.0으로 예측할 수 있다. 이를 막기 위해 그림 10.8에서 보여주듯이 서로 형제인 모든 라벨 노드 사이에 상호 배반 제약을 추가할 수 있다. 예를 들면 이 모델은 $p(포유류|x) + p(새|x) = 1$을 강제한다. 왜냐하면 이 두 라벨은 루트 노드의 자식이기 때문이다. 포유류 확률을 개와 고양이로 추가로 분할하여, $p(개|x) + p(고양이|x) = p(포유류|x)$가 되도록 할 수 있다.

[Den+14; Din+15]는 그래프 구조가 트리보다 더 복잡할 수 있는 조건부 그래프 모델을 사용해 앞의 방법을 일반화한다. 추가로 이들은 라벨 사이에 부드러운soft 제약 및 딱딱한hard 제약을 허용한다.

10.3.8 많은 수의 클래스 다루기

이 절에서는 잠재적인 라벨의 개수가 클 때, 예를 들어 라벨이 언어의 단어에 해당할 때 나타나는 이슈를 논의한다.

10.3.8.1 계층적 소프트맥스

보통의 소프트맥스 분류기에서 로그 가능도의 기울기 계산에 필요한 정규화 상수 계산은 $O(C)$ 기간이 걸리며, 이는 C가 크다면 병목이 될 수 있다. 그러나 라벨을 트리로 구조화하면, 뿌리에서 잎으로 경로에 있는 각 에지의 확률을 곱하여 어떠한 라벨이든지 확률을 $O(\log C)$시간으로 계산할 수 있다. 예를 들어, 그림 10.9의 트리를 고려해 보자.

$$p(y = \text{I'm}|C) = 0.57 \times 0.68 \times 0.72 = 0.28 \tag{10.96}$$

따라서 '평탄한flat' 출력 소프트맥스를 이항 분류기의 트리 구조 시퀀스로 바꾼다. 이는 **계층적 소프트맥스**hierarchical softmax라 부른다[Goo01; MB05].

이러한 트리를 구조화하는 좋은 방법은 [Mik+13a]에서 제시하듯이 가장 빈도가 높은 라벨이 트리의 최상단에 놓이는 허프만 인코딩Huffman encoding을 사용하는 것이다(가장 일반적인 라벨을 함께 군집화하는 것에 기반하는 다른 접근법은 [Gra+17]을 참고하라. 표집 라벨에 기반하는 또 다른 접근법은 [Tit16]을 참고하라).

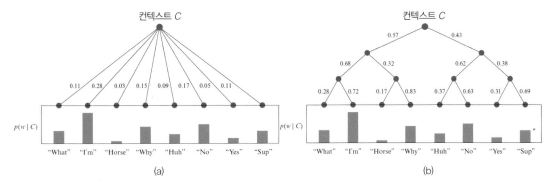

그림 10.9 평탄한 그리고 계층적인 소프트맥스 모델 $p(w \mid C)$. 여기서 C는 입력 특성(컨텍스트)이며, w는 출력 라벨(단어)이다. 출처: https://www.quora.com/What-is-hierarchical-softmax

10.3.8.2 클래스 불균형과 긴 꼬리

클래스가 많을 때 자주 나타나는 또 다른 이슈는 대부분의 클래스가 매우 적은 예제를 가질 것이라는 점이다. 더 정확하게는 N_c가 클래스 c 내 예제의 개수라면, 경험적 분포 $p(N_1, ..., N_C)$가 **긴 꼬리**long tail를 가질 수 있다. 결과는 극단적인 형태의 **클래스 불균형**class imbalance이 된다(예: [ASR15] 참고). 희귀한 클래스가 보통의 클래스보다 전체적인 손실에 더 적은 영향을 줄 것이므로, 모델이 보통의 클래스에 '주의를 집중'할 수도 있다.

도움이 될 수 있는 한 가지 방법은 편향 항 $\boldsymbol{b}$가 $\mathrm{softmax}(\boldsymbol{b})_c = N_c/N$이 되도록 두는 것이다. 이러한 모델은 $\boldsymbol{w} = \boldsymbol{0}$ 가중치를 사용할 때라 하더라도 경험적 라벨 사전 분포에 부합할 것이다. 가중치가 조정됨에 따라, 모델은 이러한 사전 분포로부터 입력 의존적인 편차를 학습할 수 있다.

또 다른 일반적인 접근법으로는 훈련 전에(또는 동안에) 데이터가 더욱 균형적이 되도록 다시 표집하는 것이다. 특히 다음의 확률로 클래스 c로부터 데이터 지점을 표집한다고 해보자.

$$p_c = \frac{N_c^q}{\sum_i^C N_i^q} \tag{10.97}$$

만일 $q = 1$이라 두면 표준적인 **인스턴스 균형 표집**instance-balanced sampling을 다시 얻게 되며, 이때 $p_c \propto N_c$이다. 따라서 보통의 클래스는 희귀한 클래스보다 더 많이 표집될 것이다. $q = 0$이라 두면 **클래스 균형 표집**class-balanced sampling을 다시 얻게 되며, 이때 $p_c = 1/C$이다. 이는 먼저 클래스를 균일하게 무작위로 표집한 뒤, 이 클래스의 인스턴스를 표집하는 것으로 생각할 수 있다. 마지막으로 $q = $

0.5와 같은, **제곱근 표집**square-root sampling이라는 다른 옵션을 고려할 수 있다[Mah+18].

단순하면서도 긴 꼬리를 쉽게 다룰 수 있는 또 다른 방법은 **최근접 클래스 평균 분류기**nearest class mean classifier를 사용하는 것이다. 이는 다음 형식을 갖는다.

$$f(\boldsymbol{x}) = \operatorname*{argmin}_{c} ||\boldsymbol{x} - \boldsymbol{\mu}_c||_2^2 \tag{10.98}$$

여기서 $\boldsymbol{\mu}_c = \frac{1}{N_c} \sum_{n:y_n=c} \boldsymbol{x}_n$은 클래스 c에 속하는 특성의 평균이다. 이는 9.2.5절에서 논의했듯이 소프트맥스 사후 분포를 유도한다. 먼저 신경망을 사용해(3부 참고) 본래의 불균형 데이터에 교차 엔트로피 손실로 된 DNN을 훈련시켜 좋은 특성을 찾아낸다면 훨씬 더 나은 결과를 얻을 수 있다. 그 뒤 $\boldsymbol{x}$를 식 (10.98)의 $\phi(\boldsymbol{x})$로 바꾼다. 이러한 단순한 접근법은 긴 꼬리 분포에 매우 좋은 성능을 낼 수 있다[Kan+20].

10.4 로버스트 로지스틱 회귀*

때때로 데이터에는 **이상치**outlier가 있으며 이는 **라벨 잡음**label noise이라 부르는 라벨링 오류 때문인 경우가 많다. 모델이 이러한 오염에 불리하게 영향을 받지 않도록 하기 위해, **로버스트 로지스틱 회귀**robust logistic regression를 사용한다. 이 절에서는 이 문제에 대한 몇 가지 접근법을 논의한다(이 방법은 DNN에도 적용할 수 있음을 주지하라. 라벨 잡음 및 이것이 딥러닝에 어떻게 영향을 미치는지에 대한 자세한 조사는 [Han+20]을 참고하라).

10.4.1 가능도를 위한 혼합 모델

로버스트 로지스틱 회귀 모델을 정의하는 가장 단순한 방법은, 가능도를 수정하여 모델이 각 출력 라벨 y가 확률 π로 무작위로 균일하게 생성되는 것을, 아니면 보통의 조건부 모델을 사용해 생성되는 것을 예측하도록 하는 것이다. 이항의 경우 이는 다음이 된다.

$$p(y|\boldsymbol{x}) = \pi \operatorname{Ber}(y|0.5) + (1 - \pi)\operatorname{Ber}(y|\sigma(\boldsymbol{w}^\mathsf{T}\boldsymbol{x})) \tag{10.99}$$

이러한 관측 모델을 로버스트하게 만들기 위해 혼합 모델을 사용하는 접근법은 다른 많은 모델에

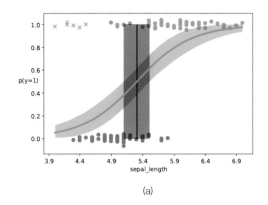 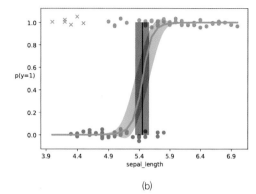

(a)　　　　　　　　　　　　　　　(b)

그림 10.10 (a) 이상치(x로 표시함)가 있는 일부 데이터에서의 로지스틱 회귀. 겹침이 너무 심해지는 것을 피하기 위해 훈련 지점이 (수직으로) 흩어져 있다. 수직선은 결정 경계이며 선의 사후 신용구간이 있다. (b) (a)와 같지만 혼합 가능도가 있는 로버스트 모델을 사용한다. 출처: [Mar18]의 그림 4.13. logreg_iris_bayes_robust_1d_pymc3.ipynb로 생성했다.

적용할 수 있다(예: DNN).

　이 모델은 SGD와 같은 표준적인 방법 또는 MCMC와 같은 베이즈 추론법을 사용해 적합시킬 수 있다. 예를 들어 4.6.7.2절에서 논의한 1차원 2-클래스 붓꽃 데이터셋의 '오염된' 버전을 만들어 보자. 비정상적으로 낮은 꽃받침 길이를 갖는 클래스 1(베르시컬러)의 예제 6개를 추가한다. 그림 10.10(a)에서 표준(베이즈) 로지스틱 회귀 모델을 데이터셋에 적합시킨 결과를 보여준다. 그림 10.10(b)에서는 앞의 로버스트 모델을 적합시킨 결과를 보여준다. 후자의 경우 결정 경계가 그림 4.20(b)에서 보여주는 오염되지 않은 데이터로부터 추론한 것과 비슷함을 볼 수 있다. 또한 결정 경계의 위치에 대한 사후 불확실성이 비 로버스트 모델을 사용했을 때보다 적음을 볼 수 있다.

10.4.2 이중 완화 손실

이 절은 [Ami+19]에서 제시한 로버스트 로지스틱 회귀 접근법을 보여준다.

　첫 번째 관찰점은 결정 경계에서 멀리 있지만 잘못 라벨링된 예제가, 손실 함수가 볼록이라면 모델에 과도하게 불리한 영향을 줄 것이라는 점이다[LS10]. 이는 보통의 교차 엔트로피 손실을, 이상치로부터의 손실이 경계화됨을 보장하기 위해 온도^{temperature} 모수 $0 \leq t_1 < 1$을 사용하는 '완화된^{tempered}' 버전으로 바꿔서 극복할 수 있다. 특히 표준 상대 엔트로피 손실 함수를 고려해 보자.

$$\mathcal{L}(\boldsymbol{y}, \hat{\boldsymbol{y}}) = \mathbb{H}_{ce}(\boldsymbol{y}, \hat{\boldsymbol{y}}) = \sum_c y_c \log \hat{y}_c \tag{10.100}$$

여기서 $\boldsymbol{y}$는 참인 라벨의 분포이며(주로 원핫), $\hat{\boldsymbol{y}}$은 예측된 분포다. **완화된 교차 엔트로피**tempered cross entropy 손실은 다음과 같이 정의한다.

$$\mathcal{L}(\boldsymbol{y}, \hat{\boldsymbol{y}}) = \sum_c \left[y_c(\log_{t_1} y_c - \log_{t_1} \hat{y}_c) - \frac{1}{2-t_1}(y_c^{2-t_1} - \hat{y}_c^{2-t_1}) \right] \tag{10.101}$$

이는 참인 분포 $\boldsymbol{y}$가, 모든 질량이 클래스 c에 있는 원핫일 때 다음과 같이 단순화된다.

$$\mathcal{L}(c, \hat{\boldsymbol{y}}) = -\log_{t_1} \hat{y}_c - \frac{1}{2-t_1} \left(1 - \sum_{c'=1}^{C} \hat{y}_{c'}^{2-t_1} \right) \tag{10.102}$$

여기서 $\log_t$는 log 함수의 완화된 버전이다.

$$\log_t(x) \triangleq \frac{1}{1-t}(x^{1-t} - 1) \tag{10.103}$$

이는 단조 증가이며 오목이고, $t = 1$일 때 표준(자연) 로그로 축소된다(이와 비슷하게, 완화된 교차 엔트로피는 $t = 1$일 때 표준 교차 엔트로피로 축소된다). 그러나 완화된 로그 함수는 하단에서 $0 \leq t < 1$에 대해 $-1/(1 - t)$로 경계화되므로, 교차 엔트로피 손실은 위에 경계를 갖는다(그림 10.11 참고).

두 번째 관찰점은 결정 경계 근처에 있지만 잘못 라벨링된 예제가 소프트맥스보다 두꺼운 꼬리를 갖는 전이 함수(활성화 $\mathbb{R}^C$를 확률 $[0, 1]^C$로 매핑하는)를 사용할 필요가 있다는 것이다. 이 소프트맥스는 지수함수에 기반하므로, 인접한 예제의 이웃을 '무시look past'할 수 있다. 특히 표준 소프트맥스는 다음과 같이 정의된다.

$$\hat{y}_c = \frac{a_c}{\sum_{c'=1}^{C} \exp(a_{c'})} = \exp \left[a_c - \log \sum_{c'=1}^{C} \exp(a_{c'}) \right] \tag{10.104}$$

여기서 $\boldsymbol{a}$는 로짓 벡터다. 다음과 같이 온도 모수 $t_2 > 1 > t_1$을 사용하는 **완화된 소프트맥스**tempered softmax를 사용해 두꺼운 꼬리 버전을 만들 수 있다.

$$\hat{y}_c = \exp_{t_2}(a_c - \lambda_{t_2}(\boldsymbol{a})) \tag{10.105}$$

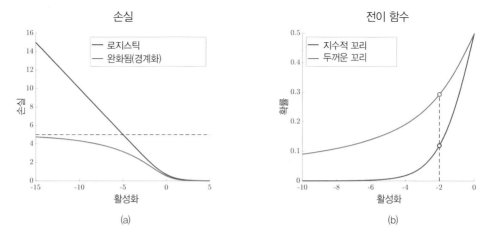

그림 10.11 (a) 로지스틱 손실 그리고 $t_1 = 0.8$인 완화된 로지스틱 손실을 보여준다. (b) 시그모이드 전이 함수 그리고 $t_2 = 2.0$인 완화된 시그모이드 전이 함수를 보여준다. 출처: https://ai.googleblog.com/2019/08/bi-tempered-logistic-loss-for-training.html. 에산 아미드(Ehsan Amid)가 친절하게 사용을 허가했다.

여기서

$$\exp_t(x) \triangleq [1 + (1-t)x]_+^{1/(1-t)} \tag{10.106}$$

는 지수함수의 완화된 버전이다(이는 $t \rightarrow 1$임에 따라 표준 지수함수로 축소된다). 그림 10.11에서(우측), 완화된 소프트맥스가 (2-클래스 경우) 원하는 대로 두꺼운 꼬리를 가짐을 보여준다.

이제 $\lambda_{t_2}(\boldsymbol{a})$를 계산하는 방법만이 남아 있다. 이는 다음의 고정점 방정식$^{\text{fixed point equation}}$을 만족시켜야만 한다.

$$\sum_{c=1}^{C} \exp_{t_2}(a_c - \lambda(\boldsymbol{a})) = 1 \tag{10.107}$$

이는 이항 검색 또는 알고리듬 3의 반복 과정을 사용해 λ에 대해 풀 수 있다.

완화된 소프트맥스를 완화된 교차 엔트로피와 조합하면 **이중 완화 로지스틱 회귀**$^{\text{bi-tempered logistic}}$ ^{regression}라 부르는 방법이 된다. 2차원 예시를 그림 10.12에서 보여준다. 상단 행은 표준 로지스틱 회귀이며 하단 행은 이중 완화다. 첫 번째 열은 깨끗한 데이터다. 두 번째 열은 경계 근처에 라벨 잡음이 있다. 로버스트 버전은 $t_1 = 1$(표준 교차 엔트로피) 그러나 $t_2 = 4$(두꺼운 꼬리가 있는 완화된 소프트맥스)를 사용한다. 세 번째 열은 경계 멀리에 라벨 잡음이 있다. 로버스트 버전은 $t_1 = 0.2$(경계화 손실을 갖는 완화된 교차 엔트로피)로, 그러나 $t_2 = 1$(표준 소프트맥스)을 사용한다. 네 번째 열은 두 가지 잡음이 모두 있다. 이 경우 로버스트 버전은 $t_1 = 0.2$ 그리고 $t_2 = 4$를 사용한다.

알고리듬 3: 식 (10.107)에서 $\lambda(\boldsymbol{a})$를 계산하는 반복적 알고리듬. 출처: [AWS19]

---

1 입력: 로짓 $\boldsymbol{a}$, 온도 $t > 1$
2 $\mu := \max(\boldsymbol{a})$
3 $\boldsymbol{a} := \boldsymbol{a} - \mu$
4 $\boldsymbol{a}$가 수렴하지 않을 때까지 다음을 한다.
5 $\quad\left|\quad Z(\boldsymbol{a}) := \sum_{c=1}^{C} \exp_t(a_c)\right.$
6 $\quad\left|\quad \boldsymbol{a} := Z(\boldsymbol{a})^{1-t}(\boldsymbol{a} - \mu\mathbf{1})\right.$
7 $-\log_t \frac{1}{Z(\boldsymbol{a})} + \mu$를 반환한다.

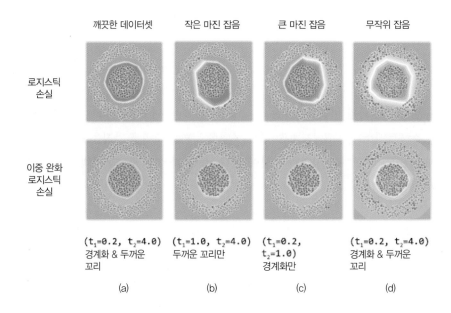

깨끗한 데이터셋   작은 마진 잡음   큰 마진 잡음   무작위 잡음

로지스틱 손실

이중 완화 로지스틱 손실

$(t_1{=}0.2,\ t_2{=}4.0)$ 경계화 & 두꺼운 꼬리 $(t_1{=}1.0,\ t_2{=}4.0)$ 두꺼운 꼬리만 $(t_1{=}0.2,\ t_2{=}1.0)$ 경계화만 $(t_1{=}0.2,\ t_2{=}4.0)$ 경계화 & 두꺼운 꼬리

(a)   (b)   (c)   (d)

그림 10.12 라벨 잡음이 있는 데이터에서 표준 그리고 이중 완화 로지스틱 회귀를 보여준다. 출처: https://ai.googleblog.com/2019/08/bi-tempered-logistic-loss-for-training.html. 에산 아미드가 친절하게 사용을 허가했다.

10.5 베이즈 로지스틱 회귀*

지금까지 모수의 MLE 또는 MAP 추정 둘 중 하나인 점 추정에만 집중했다. 그러나 몇몇 경우 불확실성을 포착하기 위해 사후 분포 $p(\boldsymbol{w}|\mathcal{D})$를 계산하길 원한다. 이는 데이터가 적으며 잘못된 결정을 하면 비용이 클 수 있는 환경에서 특히 유용할 수 있다.

선형 회귀와 다르게, 로지스틱 회귀 모델을 위한 사후 분포를 정확하게 계산하는 것은 불가능하다. 여러 종류의 근사 알고리듬을 사용할 수 있으며, 이 절에서는 가장 단순한 것 중 하나인 라플라스 근사를 사용한다(4.6.8.2절). 더 발전된 접근법은 후속판 [Mur23]을 참고하라.

10.5.1 라플라스 근사

4.6.8.2절에서 논의하듯이, 라플라스 근사는 가우스를 사용해 사후 확률을 근사한다. 가우스의 평균은 MAP 추정값 $\hat{\boldsymbol{w}}$과 동일하며, 분산은 MAP 추정값에서 계산한 역 헤세 $\mathbf{H}$, 즉 $p(\boldsymbol{w}|\mathcal{D}) \approx \mathcal{N}(\boldsymbol{w}|\hat{\boldsymbol{w}}, \mathbf{H}^{-1})$와 동일하다. 모드는 표준 최적화 모델을 사용해 찾을 수 있으며(10.2.7절 참고), 그런 다음 10.2.3.4절의 결과를 사용해 모드에서의 헤세를 계산할 수 있다.

예제로 그림 10.13(a)가 보여주는 데이터를 고려해 보자. 훈련 데이터를 완벽하게 분리하는 선에 해당하는 많은 모수 설정이 존재한다. 예시로 4개의 선을 보여준다. 가능도 면은 그림 10.13(b)에서 보여준다. 대각선^{diagonal line}이 원점을, 최대 가능도 $\hat{\boldsymbol{w}}_{\text{mle}} = (8.0, 3.4)$를 갖는 격자 내 점과 연결한다(10.2.7절에서 논의했듯이 비제약 MLE는 $\|\boldsymbol{w}\| = \infty$이다. 이 점은 대각선을 무한대로 우측으로 멀리 따라감으로써 얻을 수 있다).

그림 10.13(a)의 각 결정 경계마다, 그림 10.13(b)에 해당하는 모수 벡터를 그린다. 이 모숫값은 $\boldsymbol{w}_1 = (3, 1)$, $\boldsymbol{w}_2 = (4, 2)$, $\boldsymbol{w}_3 = (5, 3)$, $\boldsymbol{w}_4 = (7, 3)$이다. 이 점들은 근사적으로 $\boldsymbol{w}_i(1)/\boldsymbol{w}_i(2) \approx \hat{\boldsymbol{w}}_{\text{mle}}(1)/\hat{\boldsymbol{w}}_{\text{mle}}(2)$를 만족시키므로, 최대 가능도 결정 경계의 지향^{orientation}과 가깝다. 점들은 가중치 노름의 증가 순으로 정렬한다(3.16, 4.47, 5.83, 7.62).

유일한 해를 보장하기 위해, 원점에서 중심을 갖는 (구형) 가우스 사전 분포 $\mathcal{N}(\boldsymbol{w}|\boldsymbol{0}, \sigma^2 \mathbf{I})$를 사용한다. σ^2 값은 사전 분포의 강도를 통제한다. $\sigma^2 = 0$이라 두면, 이는 MAP 추정값이 $\boldsymbol{w} = \boldsymbol{0}$이 되도록 강제한다. 이렇게 하면 모든 점 $\boldsymbol{x}$가 $p(y = 1|\boldsymbol{x}) = 0.5$ 형식의 예측 분포를 만들어 낼 것이므로, 이는 극대적으로 불확실한 예측을 야기할 것이다. $\sigma^2 = \infty$라 두면, 사전 분포는 무정보적이

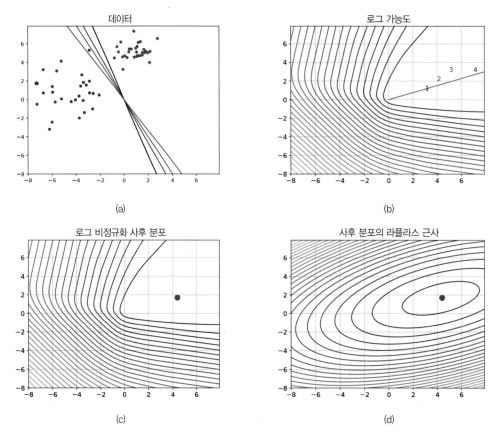

그림 10.13 (a) 데이터를 보여준다. (b) 로지스틱 회귀 모델의 로그 가능도. 선은 MLE의 방향(무한대의 방향) 내 원점으로부터 그렸다. 숫자는 해당 선이 있는 모수 공간 내 4개 점에 해당한다. (c) 비정규화된 로그 사후 분포(모호한 구형 사전 분포를 가정). (d) 사후 분포의 라플라스 근사. 출처: 마크 지로라미(Mark Girolami) 의 그림. logreg_laplace_demo.ipynb로 생성했다.

되며 MAP 추정값은 MLE가 되므로 극소적으로 불확실한 추정이 된다(특히 데이터가 분리 가능하므 로 모든 양성으로 라벨링된 점은 $p(y=1 \mid \boldsymbol{x}) = 1.0$을, 그리고 모든 음성으로 라벨링된 지점은 $p(y=1 \mid \boldsymbol{x}) = 0.0$ 을 가질 것이다). 타협을 통해(보여주기를 잘하기 위해) $\sigma^2 = 100$을 고른다.

사전 확률을 가능도로 곱하면 그림 10.13(c)가 보여주는 비정규화된 사후 확률이 된다. MAP 추 정값은 빨간색 점으로 보여준다. 이 사후 분포의 라플라스 근사는 그림 10.13(d)가 보여준다. 이는 올바른 모드를 갖지만(구축construction을 통해) 사후 분포의 모양이 무언가 왜곡되어 있다(남서-북동향은 $\boldsymbol{w}$의 크기에 대한 불확실성을 포착하며, 남동-북서향은 결정 경계의 방향에 대한 불확실성을 포착한다).

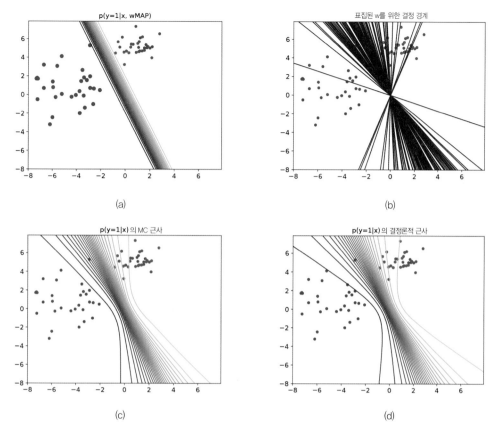

그림 10.14 2차원 내 로지스틱 회귀 모델을 위한 사후 예측 분포: (a) $p(y = 1 \mid \boldsymbol{x}, \hat{\boldsymbol{w}}_{\text{map}})$의 윤곽, (b) 사후 예측 분포로부터의 표본, (c) 이들 표본을 평균한 것, (d) 완화된(moderated) 출력(프로빗 근사). 출처: 마크 지로라미의 그림. logreg_laplace_demo.ipynb로 생성했다.

그림 10.14에서 사후 예측 분포의 윤곽을 보여준다. 10.14(a)는 MAP 추정을 사용하는 플러그인 근사를 보여준다. 라벨에 대한 확률적 예측을 만들어 내고 있음에도 불구하고 결정 경계에 대한 불확실성이 존재하지 않음을 볼 수 있다. 그림 10.14(b)는 가우스 사후 분포로부터의 표본을 집어넣었을 때 무엇이 벌어지는지 보여준다. 이제 '가장 좋은' 결정 경계의 지향에 상당한 불확실성이 있음을 볼 수 있다. 그림 10.14(c)는 이들 표본의 평균을 보여준다. 복수의 예측에 대해 평균을 함에 따라, 훈련 데이터로부터 멀리 움직일수록 결정 경계의 불확실성이 '벌어짐^splay out'을 볼 수 있다. 그림 10.14(d)는 프로빗^probit 근사가 몬테카를로 근사와 매우 비슷한 결과가 됨을 보여준다.

10.5.2 사후 예측 분포 근사하기

사후 분포 $p(\boldsymbol{w}|\mathcal{D})$는 데이터가 주어졌을 때 모델의 모수에 대해 우리가 아는 것을 모두 말해 준다. 그러나 머신러닝 응용에서 관심 있는 주요 과제는 일반적으로 모델의 모수를 이해하려 하는 것보다는 입력 $\boldsymbol{x}$가 주어졌을 때 출력 y를 예측하는 것이다. 그러므로 **사후 예측 분포**^{posterior predictive} distribution를 계산해야 한다.

$$p(y|\boldsymbol{x}, \mathcal{D}) = \int p(y|\boldsymbol{x}, \boldsymbol{w})p(\boldsymbol{w}|\mathcal{D})d\boldsymbol{w} \tag{10.108}$$

4.6.7.1절에서 논의하듯이 이를 위한 단순한 접근법은 먼저 MLE 또는 MAP 추정값과 같은 모수의 점 추정값 $\hat{\boldsymbol{w}}$을 계산한 뒤, $p(\boldsymbol{w}|\mathcal{D}) = \delta(\boldsymbol{w} - \hat{\boldsymbol{w}})$이라 가정하여 모든 사후 불확실성을 무시하는 것이다. 이 경우 앞의 적분은 다음의 플러그인 근사로 수축된다.

$$p(\boldsymbol{y}|\boldsymbol{x}, \mathcal{D}) \approx \int p(\boldsymbol{y}|\boldsymbol{x}, \boldsymbol{w})\delta(\boldsymbol{w} - \hat{\boldsymbol{w}})d\boldsymbol{w} = p(\boldsymbol{y}|\boldsymbol{x}, \hat{\boldsymbol{w}}) \tag{10.109}$$

그러나 예측의 불확실성을 계산하고자 한다면 비퇴화^{non-degenerate} 사후 분포를 사용해야만 한다. 앞으로 보겠지만 주로 가우스 사후 분포를 사용한다. 그러나 여전히 식 (10.108)의 적분을 근사해야 한다. 이에 대한 접근법 몇 가지는 아래에서 살펴본다.

10.5.2.1 몬테카를로 근사

가장 단순한 접근법은 적분에 **몬테카를로 근사**^{Monte Carlo approximation}를 사용하는 것이다. 이는 사후 분포 $\boldsymbol{w}_s \sim p(\boldsymbol{w}|\mathcal{D})$로부터 S개 표본을 추출함을 뜻한다. 그 뒤 다음을 계산한다.

$$p(y = 1|\boldsymbol{x}, \mathcal{D}) \approx \frac{1}{S}\sum_{s=1}^{S} \sigma(\boldsymbol{w}_s^\mathsf{T}\boldsymbol{x}) \tag{10.110}$$

10.5.2.2 프로빗 근사

몬테카를로 근사는 단순하지만, 각 입력 $\boldsymbol{x}$에 대해 테스트 시간마다 S개의 표본을 뽑아야 하므로 느릴 수 있다. 다행히도 $p(\boldsymbol{w}|\mathcal{D}) = \mathcal{N}(\boldsymbol{w}|\boldsymbol{\mu}, \boldsymbol{\Sigma})$라면, [SL90]에서 먼저 제안한 단순하면서도 정확한

결정론적 근사가 존재한다. 이 근사를 설명하기 위해 [Bis06, p219]가 보여주는 것을 따른다. 여기서 핵심은 시그모이드 함수 $\sigma(a)$가 모양이 가우스 cdf $\Phi(a)$와 비슷하다는 것이다(2.6.1절 참고). 특히 $\sigma(a) \approx \Phi(\lambda a)$이며, 이때 $\lambda^2 = \pi/8$이면 두 함수가 원점에서 같은 기울기를 가짐을 보장한다. 이것이 유용한 이유는 가우스 cdf를 가우스 pdf에 대해 정확하게 적분할 수 있기 때문이다.

$$\int \Phi(\lambda a)\mathcal{N}(a|m,v)da = \Phi\left(\frac{m}{(\lambda^{-2}+v)^{\frac{1}{2}}}\right) = \Phi\left(\frac{\lambda m}{(1+\lambda^2 v)^{\frac{1}{2}}}\right) \approx \sigma(\kappa(v)m) \quad (10.111)$$

이때 다음과 같이 정의한다.

$$\kappa(v) \triangleq (1+\pi v/8)^{-\frac{1}{2}} \quad (10.112)$$

따라서 $a = \boldsymbol{x}^\mathsf{T}\boldsymbol{w}$라 정의하면 다음과 같다.

$$p(y=1|\boldsymbol{x},\mathcal{D}) \approx \sigma(\kappa(v)m) \quad (10.113)$$

$$m = \mathbb{E}[a] = \boldsymbol{x}^\mathsf{T}\boldsymbol{\mu} \quad (10.114)$$

$$v = \mathbb{V}[a] = \mathbb{V}[\boldsymbol{x}^\mathsf{T}\boldsymbol{w}] = \boldsymbol{x}^\mathsf{T}\boldsymbol{\Sigma}\boldsymbol{x} \quad (10.115)$$

이때 마지막 줄에서 식 (2.165)를 사용했다. Φ가 프로빗 함수의 역함수이므로, 이를 **프로빗 근사**probit approximation라 부른다.

식 (10.113)을 사용하면 플러그인 추정값보다 덜 극단적인 예측을 만들어 낸다(이들의 신뢰도 측면에서). 이를 보기 위해, $0 < \kappa(v) < 1$ 따라서 $\kappa(v)m < m$이므로 $\sigma(\kappa(v)m)$이 $\sigma(m)$보다 0.5에 더 가까움을 주지하라. 그러나 결정 경계 그 자체는 영향을 받지 않을 것이다. 이를 보기 위해 결정 경계가 $p(y=1|\boldsymbol{x},\mathcal{D}) = 0.5$인 $\boldsymbol{x}$의 점의 집합임을 주지하라. 이는 $\kappa(v)m = 0$을 뜻하며, 이는 $m = \overline{\boldsymbol{w}}^\mathsf{T}\boldsymbol{x} = 0$임을 뜻한다. 그러나 이는 플러그인 추정값으로부터의 결정 경계와 같다. 따라서 '베이즈적이 된다'는 것은 (이 경우) 오분류율을 바꾸지는 않지만 모델의 신뢰도 추정값은 바꾼다. 이는 10.5.1절에서 보여주듯이 중요할 수 있다.

다중 클래스의 경우 **일반화 프로빗 근사**generalized probit approximation를 사용할 수 있다[Gib97].

$$p(y=c|\boldsymbol{x},\mathcal{D}) \approx \frac{\exp(\kappa(v_c)m_c)}{\sum_{c'}\exp(\kappa(v_{c'})m_{c'})} \quad (10.116)$$

$$m_c = \overline{\boldsymbol{m}}_c^\mathsf{T}\boldsymbol{x} \quad (10.117)$$

$$v_c = \boldsymbol{x}^\mathsf{T} \mathbf{V}_{c,c} \boldsymbol{x} \tag{10.118}$$

여기서 κ는 식 (10.112)에 정의되어 있다. 이항의 경우와 다르게, 사후 공분산을 고려하면 플러그 인 접근법과 다른 예측을 내어준다([RW06]의 연습문제 3.10.3을 참고하라).

시그모이드 및 소프트맥스 함수와 조합된 가우스 적분의 추가적인 근사는 [Dau17]을 참고하라.

10.6 연습문제

연습문제 10.1 [다변량 로지스틱 회귀를 위한 로그 가능도의 기울기 및 헤세]

a. $\mu_{ik} = \mathrm{softmax}(\boldsymbol{\eta}_i)_k$라 하고, 여기서 $\boldsymbol{\eta}_i = \boldsymbol{w}^T \boldsymbol{x}_i$라 하자. 소프트맥스의 야코비가

$$\frac{\partial \mu_{ik}}{\partial \eta_{ij}} = \mu_{ik}(\delta_{kj} - \mu_{ij}) \tag{10.119}$$

임을 보여라. 여기서 $\delta_{kj} = I(k = j)$이다.

b. 따라서 NLL의 기울기가 다음으로 주어짐을 보여라.

$$\nabla_{\boldsymbol{w}_c}\ell = \sum_i (y_{ic} - \mu_{ic})\boldsymbol{x}_i \tag{10.120}$$

힌트: 연쇄 법칙 및 $\sum_c y_{ic} = 1$이라는 사실을 이용하라.

c. 클래스 c와 c'을 위한 헤세의 블록 부분행렬이 다음으로 주어짐을 보여라.

$$\mathbf{H}_{c,c'} = -\sum_i \mu_{ic}(\delta_{c,c'} - \mu_{i,c'})\boldsymbol{x}_i \boldsymbol{x}_i^T \tag{10.121}$$

따라서 NLL의 헤세가 양의 정부호임을 보여라.

연습문제 10.2 [2차원 로지스틱 회귀에서 개별적인 항을 정칙화하기*](출처: Jaakkola)

a. 그림 10.15(a)에서의 데이터를 고려하라. 이때 $p(y = 1 \mid \boldsymbol{x}, \boldsymbol{w}) = \sigma(w_0 + w_1 x_1 + w_2 x_2)$ 모델을 적합시킨다. 모델을 최대 가능도로 적합시킨다고 해보자. 즉, 다음을 최소화한다.

$$J(\boldsymbol{w}) = -\ell(\boldsymbol{w}, \mathcal{D}_{\text{train}}) \tag{10.122}$$

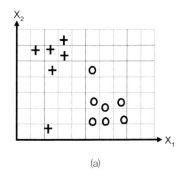
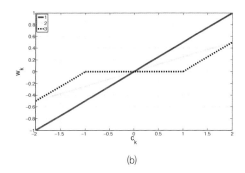

(a)

(b)

그림 10.15 (a) 로지스틱 회귀 문제를 위한 데이터. (b) 3개의 서로 다른 추정량을 위한 $\hat{w}_k$ 대 상관성의 양 c_k의 도표

여기서 $\ell(\boldsymbol{w}, \mathcal{D}_{\text{train}})$은 훈련 집합에서의 로그 가능도다. $\hat{\boldsymbol{w}}$에 해당하는 가능성 있는 결정 경계를 스케치해 보라(이 그림의 여러 버전이 필요할 것이므로 그림을 먼저 복사하고(대충 스케치하는 것으로 충분하다) 여러분의 해답을 복사본에 겹쳐 그려라). 여러분의 해답(결정 경계)이 고유한가? 여러분의 방법은 훈련 집합에서 얼마나 많은 분류 오차를 만들어 내는가?

b. 이제 w_0 모수만을 정칙화한다고 해보자. 즉, 다음을 최소화한다.

$$J_0(\boldsymbol{w}) = -\ell(\boldsymbol{w}, \mathcal{D}_{\text{train}}) + \lambda w_0^2 \tag{10.123}$$

λ가 매우 큰 수라 해보자. 따라서 w_0를 0까지 쭉 정칙화하지만, 다른 모든 모수는 정칙화하지 않는다. 가능성 있는 결정 경계를 스케치하라. 여러분의 방법은 훈련 집합에서 얼마나 많은 분류 오차를 만들어 내는가? 힌트: $x_1 = x_2 = 0$일 때 단순 선형 회귀 $w_0 + w_1 x_1 + w_2 x_2$의 움직임을 고려해 보라.

c. 이제 w_1 모수만을 크게 정칙화한다고 해보자. 즉, 다음을 최소화한다.

$$J_1(\boldsymbol{w}) = -\ell(\boldsymbol{w}, \mathcal{D}_{\text{train}}) + \lambda w_1^2 \tag{10.124}$$

가능성 있는 결정 경계를 스케치해 보라. 여러분의 방법은 훈련 집합에서 얼마나 많은 분류 오차를 만들어 내는가?

d. 이제 w_2 모수만을 크게 정칙화한다고 해보자. 가능성 있는 결정 경계를 스케치해 보라. 여러분의 방법은 훈련 집합에서 얼마나 많은 분류 오차를 만들어 내는가?

연습문제 10.3 [로지스틱 회귀 대 LDA/QDA*](출처: Jaakkola)

최대 가능도를 통해 다음의 이항 분류기를 훈련시킨다고 해보자.

a. GaussI: 생성적 분류기로, 클래스 조건부 밀도는 공분산 행렬 모두 $\mathbf{I}$(단위 행렬)로 두는 가우스다. 즉, $p(\boldsymbol{x}\,|\,y=c) = \mathcal{N}(\boldsymbol{x}\,|\,\boldsymbol{\mu}_c, \mathbf{I})$이다. $p(y)$는 균일하다고 가정한다.

b. GaussX: GaussI와 같지만, 공분산 행렬이 비제약이다. 즉, $p(\boldsymbol{x}\,|\,y=c) = \mathcal{N}(\boldsymbol{x}\,|\,\boldsymbol{\mu}_c, \boldsymbol{\Sigma}_c)$이다.

c. LinLog: 특성이 선형인 로지스틱 회귀 모델

d. QuadLog: 선형 및 이차 특성(즉, 차수가 2인 다항 기저함수 전개)을 사용하는 로지스틱 회귀 모델

훈련 후 다음과 같이 훈련 집합에서 각 모델 M의 성능을 계산한다.

$$L(M) = \frac{1}{n}\sum_{i=1}^{n} \log p(y_i|\boldsymbol{x}_i, \hat{\boldsymbol{\theta}}, M) \tag{10.125}$$

(이는 결합 로그 가능도 $p(y, \boldsymbol{x}|\hat{\boldsymbol{\theta}})$이 아닌 조건부 로그 가능도 $p(y|\boldsymbol{x}, \hat{\boldsymbol{\theta}})$임을 주지하라.) 이제 각 모델의 성능을 비교하고자 한다. 임의의 훈련 집합에 대해, 모델 M이 M'보다 더 적은(또는 같은) 로그 가능도를 반드시 가져야 한다면(훈련 집합에서) $L(M) \leq L(M')$이라 쓸 것이다(다시 말해, 훈련 집합 로그 확률에 관심을 갖는 한 M은 M'보다 나쁘다). 다음의 모델 쌍마다 $L(M) \leq L(M')$인지, $L(M) \geq L(M')$인지, 아니면 이와 같이 서술할 수 없는지(즉, M은 M'보다 때때로 좋거나 나쁠 수 있다) 써보라. 또한 각 문제마다 간단하게(한두 문장으로) 왜 그런지 설명하라.

a. GaussI, LinLog

b. GaussX, QuadLog

c. LinLog, QuadLog

d. GaussI, QuadLog

e. 이제 훈련 집합에서의 평균 오분류율 측면에서 성능을 측정한다고 해보자.

$$R(M) = \frac{1}{n}\sum_{i=1}^{n} I(y_i \neq \hat{y}(\boldsymbol{x}_i)) \tag{10.126}$$

$L(M) > L(M')$이면 $R(M) < R(M')$을 뜻한다는 것이 일반적으로 참인가? 왜 그런지, 아니면 왜 그렇지 않은지 설명하라.

11

선형 회귀

11.1 개요

11장에서는 **선형 회귀**^{linear regression}를 논의한다. 이는 실숫값 입력(**독립 변수**^{independent variable}, **설명 변수** ^{explanatory variable}, **공변량**^{covariate}이라고도 한다) 벡터 $\boldsymbol{x} \in \mathbb{R}^D$가 주어졌을 때, 실숫값 출력(**종속 변수**^{dependent variable}, **목표**^{target}라고도 한다) $y \in \mathbb{R}$를 예측하는 데 매우 널리 쓰이는 방법이다. 모델의 주요 속성은 출력의 기댓값이 입력의 선형 함수 $\mathbb{E}[y \mid \boldsymbol{x}] = \boldsymbol{w}^\mathsf{T}\boldsymbol{x}$라고 가정한다는 점이다. 이는 모델을 해석하기 쉽고 데이터에 적합시키기 쉽게 만든다. 비선형 확장은 이 책의 후반부에서 논의한다.

11.2 최소 제곱 선형 회귀

이 절에서는 가장 일반적인 선형 회귀 모델 형식을 논의한다.

11.2.1 용어

'선형 회귀'란 용어는 주로 다음 형식의 모델을 가리킨다.

$$p(y|\boldsymbol{x}, \boldsymbol{\theta}) = \mathcal{N}(y|w_0 + \boldsymbol{w}^\mathsf{T}\boldsymbol{x}, \sigma^2) \tag{11.1}$$

여기서 $\boldsymbol{\theta} = (w_0, \boldsymbol{w}, \sigma^2)$은 모델의 모든 모수다(통계학에서 모수 w_0와 $\boldsymbol{w}$는 β_0와 $\boldsymbol{\beta}$로 표기한다).

모수의 벡터 $\boldsymbol{w}_{1:D}$는 **가중치**weight 또는 **회귀 계수**regression coefficient라 한다. 각 계수 w_d는 해당 입력 특성 x_d가 한 단위만큼 바뀐다면 출력이 얼마나 바뀌는지를 구체화한다. 예를 들어 x_1은 사람의 연령, x_2는 교육 수준(연속형 숫자로 나타냄), 그리고 y는 소득이라 해보자. 그러므로 w_1은 누군가가 나이를 한 살 더 먹음에 따라 기대하는 소득의 증가, 그리고 w_2는 누군가의 교육 수준이 한 수준만큼 증가함에 따라 기대하는 소득 증가에 해당한다. w_0 항은 **단차**offset 또는 **편향**bias 항이며, 입력이 0일 때 출력값을 구체화한다. 이는 반응의 무조건부 평균 $w_0 = \mathbb{E}[y]$를 포착하며, 기준의 역할을 한다. 우리는 주로 $\boldsymbol{x}$를 $[1, x_1, \ldots, x_D]$로 쓴다고 가정하므로, 단차 항 w_0를 가중치 벡터 $\boldsymbol{w}$로 흡수할 수 있다.

입력이 1차원이라면(따라서 $D = 1$) 모델은 $f(\boldsymbol{x}; \boldsymbol{w}) = ax + b$ 형식을 가지며, 여기서 $b = w_0$는 절편이고 $a = w_1$은 기울기다. 이는 **단순 선형 회귀**simple linear regression라 부른다. 입력이 $\boldsymbol{x} \in \mathbb{R}^D$이고 $D > 1$인 다차원이라면, 이 방법은 **다중 선형 회귀**multiple linear regression라 부른다. 출력 또한 $\boldsymbol{y} \in \mathbb{R}^J$이고 $J > 1$인 다차원이라면, **다변량 선형 회귀**multivariate linear regression라 부른다.

$$p(\boldsymbol{y}|\boldsymbol{x}, \mathbf{W}) = \prod_{j=1}^{J} \mathcal{N}(y_j|\boldsymbol{w}_j^\mathsf{T}\boldsymbol{x}, \sigma_j^2) \tag{11.2}$$

단순한 수치적 예시는 연습문제 11.1을 참고하라.

일반적으로 직선은 대부분의 데이터셋에 좋은 적합을 제공하지 못할 것이다. 그러나 입력 특성에 비선형 변환을 적용하여 $\boldsymbol{x}$를 $\boldsymbol{\phi}(\boldsymbol{x})$로 바꿈으로써 다음을 얻을 수 있다.

$$p(y|\boldsymbol{x}, \boldsymbol{\theta}) = \mathcal{N}(y|\boldsymbol{w}^\mathsf{T}\boldsymbol{\phi}(\boldsymbol{x}), \sigma^2) \tag{11.3}$$

특성 추출자feature extractor $\boldsymbol{\phi}$의 모수가 고정되어 있는 한, 모델은 모수에서 선형으로 남아 있으며 입력이 선형이 아니더라도 그러하다(3부에서 특성 추출자 그리고 최종 선형 매핑을 학습하는 방법을 논의한다).

비선형 변환의 단순한 예시로 1.2.2.2절에서 소개한 **다항 회귀**polynomial regression의 경우를 고려해 보자. 입력이 1차원이고 d차 다항 전개를 사용하면 $\boldsymbol{\phi}(x) = [1, x, x^2, \ldots, x^d]$를 얻는다. 예시는 그림 11.1을 참고하라(또한 스플라인을 논의하는 11.5절을 참고하라).

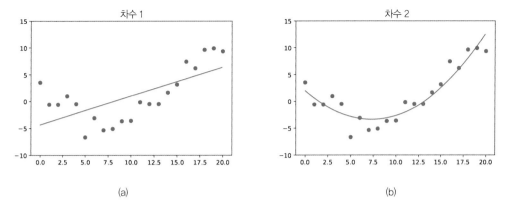

그림 11.1 차수 1과 2의 다항식을 21개 데이터 지점에 적합시킨 것. linreg_poly_vs_degree.ipynb로 생성했다.

11.2.2 최소 제곱 추정

데이터에 선형 회귀 모델을 적합시키려면, 훈련 집합에서 음의 로그 가능도를 최소화해야 할 것이다. 목적 함수는 다음으로 주어진다.

$$\mathrm{NLL}(\boldsymbol{w}, \sigma^2) = -\sum_{n=1}^{N_{\mathcal{D}}} \log\left[\left(\frac{1}{2\pi\sigma^2}\right)^{\frac{1}{2}} \exp\left(-\frac{1}{2\sigma^2}(y_n - \boldsymbol{w}^\mathsf{T}\boldsymbol{x}_n)^2\right)\right] \tag{11.4}$$

$$= \frac{1}{2\sigma^2}\sum_{n=1}^{N}(y_n - \hat{y}_n)^2 + \frac{N_{\mathcal{D}}}{2}\log(2\pi\sigma^2) \tag{11.5}$$

이때 예측된 반응은 $\hat{y}_n \triangleq \boldsymbol{w}^\mathsf{T}\boldsymbol{x}_n$으로 정의한다. MLE는 $\nabla_{\boldsymbol{w},\sigma}\mathrm{NLL}(\boldsymbol{w},\ \sigma^2) = \mathbf{0}$인 점이다. 먼저 $\boldsymbol{w}$에 대해 최적화를 한 뒤, 최적인 σ에 대해 풀 수 있다.

이 절에서는 가중치 $\boldsymbol{w}$를 추정하는 데만 집중한다. 이 경우 NLL은 **잔차제곱합**RSS, Residual Sum of Squares과 동일해지며(무관한 상수는 제외하고) 다음으로 주어진다.

$$\mathrm{RSS}(\boldsymbol{w}) = \frac{1}{2}\sum_{n=1}^{N}(y_n - \boldsymbol{w}^\mathsf{T}\boldsymbol{x}_n)^2 = \frac{1}{2}\|\mathbf{X}\boldsymbol{w} - \boldsymbol{y}\|_2^2 = \frac{1}{2}(\mathbf{X}\boldsymbol{w} - \boldsymbol{y})^\mathsf{T}(\mathbf{X}\boldsymbol{w} - \boldsymbol{y}) \tag{11.6}$$

이를 어떻게 최적화하는지는 다음에서 논의한다.

11.2.2.1 일반 최소 제곱

식 (7.264)로부터 기울기가 다음으로 주어짐을 보일 수 있다.

$$\nabla_{w}\mathrm{RSS}(w) = \mathbf{X}^{\mathsf{T}}\mathbf{X}w - \mathbf{X}^{\mathsf{T}}y \tag{11.7}$$

기울기를 0으로 두고 풀면 다음을 내어준다.

$$\mathbf{X}^{\mathsf{T}}\mathbf{X}w = \mathbf{X}^{\mathsf{T}}y \tag{11.8}$$

11.2.2.2절에서 설명하듯이 최적해에서 $y - \mathbf{X}w$가 $\mathbf{X}$의 치역의 법선^{normal}이므로(직교이므로), 이는 **정규 방정식**$^{\text{normal equation}}$이라 한다. 해당 해 $\hat{w}$은 **일반 최소 제곱**$^{\text{OLS, Ordinary Least Squares}}$ 해이며 다음으로 주어진다.

$$\hat{w} = (\mathbf{X}^{\mathsf{T}}\mathbf{X})^{-1}\mathbf{X}^{\mathsf{T}}y \tag{11.9}$$

양 $\mathbf{X}^{\dagger} = (\mathbf{X}^{\mathsf{T}}\mathbf{X})^{-1}\mathbf{X}^{\mathsf{T}}$는 (비정방) 행렬 $\mathbf{X}$의 (좌측) 유사^{pseudo} 역행렬이다(자세한 내용은 7.5.3절을 참고하라).

해가 유일한지는 헤세가 양의 정부호인지를 보여줌으로써 확인할 수 있다. 이 경우 헤세는 다음으로 주어진다.

$$\mathbf{H}(w) = \frac{\partial^{2}}{\partial x^{2}}\mathrm{RSS}(w) = \mathbf{X}^{\mathsf{T}}\mathbf{X} \tag{11.10}$$

$\mathbf{X}$가 완전 계수라면(따라서 $\mathbf{X}$의 열이 선형 독립이라면) $\mathbf{H}$는 양의 정부호다. 왜냐하면 임의의 $v > 0$에 대해 다음과 같기 때문이다.

$$v^{\mathsf{T}}(\mathbf{X}^{\mathsf{T}}\mathbf{X})v = (\mathbf{X}v)^{\mathsf{T}}(\mathbf{X}v) = ||\mathbf{X}v||^{2} > 0 \tag{11.11}$$

따라서 완전 계수의 경우, 최소 제곱 목적 함수는 고유한 전역 최솟값을 갖는다. 그림 11.2를 참고하라.

11.2.2.2 최소 제곱의 기하학적 해석

정규 방정식은 7.7절에서 유도하는 우아한 기하학적 해석을 갖는데, 이는 지금부터 설명한다. N

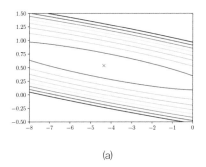
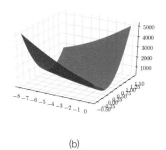

(a)   (b)

그림 11.2 (a) 그림 11.1(a)에서 예제를 위한 RSS 오차 표면의 윤곽. 파란색 십자는 MLE를 나타낸다. (b) 해당 표면 도표. linreg_contours_sse_plot.ipynb로 생성했다.

> D라 가정하므로 미지수보다 관측치가 더 많다(이를 **과대결정된 체계**overdetermined system라 한다). 우리는 $\mathbf{X}$로 스팬한 선형 부분공간 내에 놓이면서 $\boldsymbol{y}$와 최대한 가까운 벡터 $\hat{\boldsymbol{y}} \in \mathbb{R}^N$을 찾는다. 즉, 다음을 찾고자 한다.

$$\operatorname*{argmin}_{\hat{\boldsymbol{y}}\in\operatorname{span}(\{\boldsymbol{x}_{:,1},\ldots,\boldsymbol{x}_{:,d}\})} \|\boldsymbol{y} - \hat{\boldsymbol{y}}\|_2 \tag{11.12}$$

여기서 $\boldsymbol{x}_{:,d}$는 $\mathbf{X}$의 d번째 열이다. $\hat{\boldsymbol{y}} \in \operatorname{span}(\mathbf{X})$이므로 다음과 같은 가중치 벡터 $\boldsymbol{w}$가 존재한다.

$$\hat{\boldsymbol{y}} = w_1\boldsymbol{x}_{:,1} + \cdots + w_D\boldsymbol{x}_{:,D} = \mathbf{X}\boldsymbol{w} \tag{11.13}$$

잔차 $\boldsymbol{y} - \hat{\boldsymbol{y}}$의 노름을 최소화하기 위해, 잔차 벡터가 $\mathbf{X}$의 각 열과 직교하기를 원한다. 그러므로

$$\boldsymbol{x}_{:,d}^\mathsf{T}(\boldsymbol{y} - \hat{\boldsymbol{y}}) = 0 \Rightarrow \mathbf{X}^\mathsf{T}(\boldsymbol{y} - \mathbf{X}\boldsymbol{w}) = \mathbf{0} \Rightarrow \boldsymbol{w} = (\mathbf{X}^\mathsf{T}\mathbf{X})^{-1}\mathbf{X}^\mathsf{T}\boldsymbol{y} \tag{11.14}$$

따라서 $\boldsymbol{y}$의 사영된 값은 다음으로 주어진다.

$$\hat{\boldsymbol{y}} = \mathbf{X}\boldsymbol{w} = \mathbf{X}(\mathbf{X}^\mathsf{T}\mathbf{X})^{-1}\mathbf{X}^\mathsf{T}\boldsymbol{y} \tag{11.15}$$

이는 $\boldsymbol{y}$를 $\mathbf{X}$의 열공간에 **직교 사영**orthogonal projection한 것에 해당한다. 예를 들어, 각각 차원이 $D = 2$인 $N = 3$개 훈련 예제가 있는 경우를 고려해 보자. 훈련 데이터는 $\mathbf{X}$의 2개의 열로 정의되는 2차원 선형 부분공간을 정의하며, 각각은 3차원 내 점이다. 그림 11.3에서 보여주듯이 3차원 내 점이기도 한 $\boldsymbol{y}$를, 2차원 부분공간 위로 사영한다.

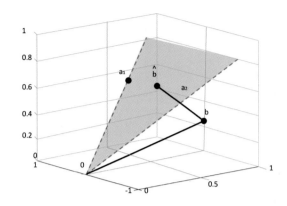

그림 11.3 $\mathbf{A}\boldsymbol{x} = \boldsymbol{b}$ 체계를 풀 때 $m = 3$개 방정식 그리고 $n = 2$개 미지수를 위한 최소 제곱의 그래프적 해석. $\boldsymbol{a}_1$과 $\boldsymbol{a}_2$는 $\mathbf{A}$의 열이며, 이는 $\mathbb{R}^3$에 임베딩된 3차원 선형 부분공간을 정의한다. 목표 벡터 $\boldsymbol{b}$는 $\mathbb{R}^3$ 내 벡터다. 선형 부분공간 위로의 직교 사영은 $\hat{\boldsymbol{b}}$으로 표시한다. $\boldsymbol{b}$에서 $\hat{\boldsymbol{b}}$까지의 선은 잔차 오차의 벡터이며, 이것의 노름이 우리가 최소화하고자 하는 것이다.

사영 행렬projection matrix은

$$\text{Proj}(\mathbf{X}) \triangleq \mathbf{X}(\mathbf{X}^\mathsf{T}\mathbf{X})^{-1}\mathbf{X}^\mathsf{T} \tag{11.16}$$

때때로 **햇행렬**hat matrix이라 부른다. 왜냐하면 $\hat{\boldsymbol{y}} = \text{Proj}(\mathbf{X})\boldsymbol{y}$이기 때문이다. $\mathbf{X} = \boldsymbol{x}$가 열벡터인 특별한 경우, $\boldsymbol{y}$를 선 $\boldsymbol{x}$ 위로 직교 사영한 것은 다음이 된다.

$$\text{Proj}(\boldsymbol{x})\boldsymbol{y} = \boldsymbol{x}\,\frac{\boldsymbol{x}^\mathsf{T}\boldsymbol{y}}{\boldsymbol{x}^\mathsf{T}\boldsymbol{x}} \tag{11.17}$$

11.2.2.3 알고리듬 이슈

OLS 해를 다시 상기해 보자.

$$\hat{\boldsymbol{w}} = \mathbf{X}^\dagger \boldsymbol{y} = (\mathbf{X}^\mathsf{T}\mathbf{X})^{-1}\mathbf{X}^\mathsf{T}\boldsymbol{y} \tag{11.18}$$

그러나 $\mathbf{X}^\mathsf{T}\mathbf{X}$의 역을 취하여 유사 역행렬을 계산하는 것이 이론적으로 가능할지 몰라도, 수치적 이유에서 보면 그렇게 해서는 안 된다. $\mathbf{X}^\mathsf{T}\mathbf{X}$의 조건이 나쁘거나 특이singular일 수 있기 때문이다.

더 나은(그리고 더 일반적인) 접근법은 SVD를 사용해 유사 역행렬을 계산하는 것이다. 실제로 여러분이 sklearn.linear_model.fit 함수의 소스 코드를 보면, scipy.linalg.lstsq 함수를 사용하는 것을 볼 수 있을 것이다. 이는 따라서 DGELSD를 호출하며, 이는 포트란으로 작성된 LAPACK(https://www.netlib.org/lapack/) 라이브러리로 구현한 SVD 기반 솔버다.[1]

그러나 $\mathbf{X}$가 길고 날씬하다면(즉, $N \gg D$) QR 분해를 사용하는 것이 더 빠를 수 있다(7.6.2절). 이를 위해 $\mathbf{X} = \mathbf{QR}$이고 $\mathbf{Q}^\mathsf{T}\mathbf{Q} = \mathbf{I}$라 해보자. 7.7절에서 OLS가 선형 연립방정식 $\mathbf{X}w = y$를, $\|\mathbf{X}w - y\|_2^2$를 최소화하는 방식으로 푸는 것과 동등함을 보였다($N = D$이고 $\mathbf{X}$가 완전 계수라면, 방정식은 고유한 해를 가지며 오차는 0일 것이다). QR 분해를 사용해 이 연립방정식을 다음과 같이 다시 쓸 수 있다.

$$(\mathbf{QR})w = y \tag{11.19}$$

$$\mathbf{Q}^\mathsf{T}\mathbf{QR}w = \mathbf{Q}^\mathsf{T}y \tag{11.20}$$

$$w = \mathbf{R}^{-1}(\mathbf{Q}^\mathsf{T}y) \tag{11.21}$$

$\mathbf{R}$이 상삼각이므로, 마지막 방정식은 역치환backsubstitution으로 풀 수 있다. 따라서 행렬의 역을 취하지 않아도 된다. 데모는 linsys_solve_demo.ipynb를 참고하라.

(SVD 및 QR 같은) 행렬 분해에 기반한 직접적인 방법을 사용하는 것의 대안은 **켤레 기울기**conjugate gradient법(이는 $\mathbf{X}$가 대칭 양의 정부호라 가정한다), 그리고 일반적인 $\mathbf{X}$에서 동작하는 GMRESGeneralized Minimal RESidual method와 같은 반복적인 솔버를 사용하는 것이다(이는 SciPy에서 sparse.linalg.gmres가 구현한다). 이들 방법은 행렬-벡터 곱(즉, **선형 연산자**linear operator 구현)을 수행하는 능력만을 필요로 하므로, $\mathbf{X}$가 희박하거나 구조적인 문제에 잘 맞는다. 자세한 내용은 [TB97]을 참고하라.

마지막 중요한 이슈는 모델을 적합시키기 전에 입력 특성을 **표준화**standardize하여 이들이 평균이 0이고 단위 분산을 갖도록 하는 것이다. 이는 식 (10.51)을 사용해 할 수 있다.

11.2.2.4 가중 최소 제곱

몇몇 경우 가중치가 각 예제와 연관되기를 원한다. 예를 들어, **이분산적 회귀**heteroskedastic regression에서 분산이 입력에 의존하므로 모델은 다음의 형식을 갖는다.

---

1 많은 '파이썬' 과학 계산 스택이 속도 때문에 포트란이나 C++로 작성된 소스 코드에 기반함을 주지하라. 이는 하부 알고리듬을 바꾸기 어렵게 만든다. 반대로 줄리아(Julia, https://julialang.org/) 언어의 과학 계산 라이브러리는 줄리아 그 자체로 작성되어 있으므로, 속도를 희생하지 않으면서 명료성을 더해준다.

$$p(y|\boldsymbol{x};\boldsymbol{\theta}) = \mathcal{N}(y|\boldsymbol{w}^\mathsf{T}\boldsymbol{x}, \sigma^2(\boldsymbol{x})) = \frac{1}{\sqrt{2\pi\sigma^2(\boldsymbol{x})}} \exp\left(-\frac{1}{2\sigma^2(\boldsymbol{x})}(y - \boldsymbol{w}^\mathsf{T}\boldsymbol{x})^2\right) \tag{11.22}$$

따라서

$$p(\boldsymbol{y}|\boldsymbol{x};\boldsymbol{\theta}) = \mathcal{N}(\boldsymbol{y}|\mathbf{X}\boldsymbol{w}, \boldsymbol{\Lambda}^{-1}) \tag{11.23}$$

여기서 $\boldsymbol{\Lambda} = \mathrm{diag}(1/\sigma^2(\boldsymbol{x}_n))$이다. 이는 **가중 선형 회귀**weighted linear regression라 한다. MLE는 다음과 같이 주어짐을 보일 수 있다.

$$\hat{\boldsymbol{w}} = (\mathbf{X}^\mathsf{T}\boldsymbol{\Lambda}\mathbf{X})^{-1}\mathbf{X}^\mathsf{T}\boldsymbol{\Lambda}\boldsymbol{y} \tag{11.24}$$

이는 **가중 최소 제곱**weighted least squares 추정값이라 한다.

11.2.3 MLE를 계산하는 다른 접근법

이 절에서는 MLE를 계산하는 다른 접근법을 논의한다.

11.2.3.1 단차와 기울기를 개별적으로 풀기

통상적으로 우리는 $p(y\,|\,\boldsymbol{x},\,\boldsymbol{\theta}) = \mathcal{N}(y\,|\,w_0 + \boldsymbol{w}^\mathsf{T}\boldsymbol{x},\,\sigma^2)$ 형식의 모델을 사용하며, 여기서 w_0는 단차 또는 '편향' 항이다. $(w_0,\,\boldsymbol{w})$의 계산은 $\mathbf{X}$에 값이 1인 열을 추가하고 MLE를 위와 같이 계산하여 할 수 있다. 아니면 $\boldsymbol{w}$와 w_0를 개별적으로 풀 수 있다(이는 나중에 유용할 것이다). 특히 다음을 보이는 것이 가능하다.

$$\hat{\boldsymbol{w}} = (\mathbf{X}_c^\mathsf{T}\mathbf{X}_c)^{-1}\mathbf{X}_c^\mathsf{T}\boldsymbol{y}_c = \left[\sum_{i=1}^{N_\mathcal{D}}(\boldsymbol{x}_n - \overline{\boldsymbol{x}})(\boldsymbol{x}_n - \overline{\boldsymbol{x}})^\mathsf{T}\right]^{-1}\left[\sum_{i=1}^{N_\mathcal{D}}(y_n - \overline{y})(\boldsymbol{x}_n - \overline{\boldsymbol{x}})\right] \tag{11.25}$$

$$\hat{w}_0 = \frac{1}{N}\sum_n y_n - \frac{1}{N}\sum_n \boldsymbol{x}_n^\mathsf{T}\hat{\boldsymbol{w}} = \overline{y} - \overline{\boldsymbol{x}}^\mathsf{T}\hat{\boldsymbol{w}} \tag{11.26}$$

여기서 $\mathbf{X}_c$는 행을 따라 $\boldsymbol{x}_n^c = \boldsymbol{x}_n - \overline{\boldsymbol{x}}$를 갖는 중심화 입력 행렬이며, $\boldsymbol{y}_c = \boldsymbol{y} - \overline{y}$는 중심화 출력 벡터다. 따라서 중심화된 데이터에 $\hat{\boldsymbol{w}}$을 먼저 계산한 뒤, $\overline{y} - \overline{\boldsymbol{x}}^\mathsf{T}\hat{\boldsymbol{w}}$을 사용해 w_0를 추정할 수 있다.

11.2.3.2 단순 선형 회귀(1차원 입력)

1차원(스칼라) 입력의 경우 11.2.3.1절의 결과는 다음의 단순한 형식으로 축소된다. 이는 기본적인 통계 강의에서 봤을 수도 있다.

$$\hat{w}_1 = \frac{\sum_n (x_n - \overline{x})(y_n - \overline{y})}{\sum_n (x_n - \overline{x})^2} = \frac{C_{xy}}{C_{xx}} \tag{11.27}$$

$$\hat{w}_0 = \overline{y} - \hat{w}_1 \overline{x} = \mathbb{E}[y] - w_1 \mathbb{E}[x] \tag{11.28}$$

여기서 $C_{xy} = \text{Cov}[X,\, Y]$ 그리고 $C_{xx} = \text{Cov}[X,\, X] = \mathbb{V}[X]$이다. 이 결과는 아래에서 사용할 것이다.

11.2.3.3 부분회귀

식 (11.27)로부터 다음과 같이 X에서의 Y의 **회귀 계수**를 계산할 수 있다.

$$R_{YX} \triangleq \frac{\partial}{\partial x} \mathbb{E}[Y|X = x] = w_1 = \frac{C_{xy}}{C_{xx}} \tag{11.29}$$

이는 X가 주어졌을 때 Y를 위한 선형 예측의 기울기다.

이제 입력이 2개서 $Y = w_0 + w_1 X_1 + w_2 X_2 + \epsilon$이며, 여기서 $\mathbb{E}[\epsilon] = 0$이라 해보자. w_1의 최적 회귀 계수는 $R_{Y X_1 \cdot X_2}$로 주어진다는 것을 보일 수 있다. 이는 X_2를 상수로 두고 계산한, X_1에서의 Y의 **부분회귀 계수**partial regression coefficient다.

$$w_1 = R_{Y X_1 \cdot X_2} = \frac{\partial}{\partial x} \mathbb{E}[Y|X_1 = x, X_2] \tag{11.30}$$

이 양은 우리가 조건으로 두는 X_2의 특정한 값에 불변임을 주지하라.

w_2도 비슷한 방식으로 유도할 수 있다. 물론 이를 복수의 입력 변수로 확장할 수 있다. 각 변수의 경우, 최적 계수가 부분회귀 계수와 동일함을 알 수 있다. 이는 j번째 계수 $\hat{w}_j$을, 다른 모든 입력은 상수로 두고 입력 x_j는 단위가 바뀔 때마다 기대하는 출력 y의 변화로 해석할 수 있다.

11.2.3.4 MLE를 재귀적으로 계산하기

OLS는 MLE를 계산하는 배치^{batch} 방법이다. 4.4.2절에서 논의했듯이 몇몇 응용에서는 데이터가 연속적인 스트림으로 도착하므로 추정값을 온라인으로 또는 **재귀적으로**^{recursively} 계산하기를 원한다. 이 절에서는 단순한 (1차원) 선형 회귀의 경우 이를 어떻게 하는지 보여준다.

11.2.3.2절에서 단순 선형 회귀를 위한 배치 MLE가 다음으로 주어짐을 상기하라.

$$\hat{w}_1 = \frac{\sum_n (x_n - \overline{x})(y_n - \overline{y})}{\sum_n (x_n - \overline{x})^2} = \frac{C_{xy}}{C_{xx}} \tag{11.31}$$

$$\hat{w}_0 = \overline{y} - \hat{w}_1 \overline{x} \tag{11.32}$$

여기서 $C_{xy} = \mathrm{Cov}[X, Y]$ 그리고 $C_{xx} = \mathrm{Cov}[X, X] = \mathbb{V}[X]$이다.

이제 이들 결과를 재귀적 방식으로 계산하는 방법을 논의한다. 이를 위해 다음의 충분 통계량을 정의해 보자.

$$\overline{x}^{(n)} = \frac{1}{n} \sum_{i=1}^{n} x_i, \ \ \overline{y}^{(n)} = \frac{1}{n} \sum_{i=1}^{n} y_i \tag{11.33}$$

$$C_{xx}^{(n)} = \frac{1}{n} \sum_{i=1}^{n} (x_i - \overline{x})^2, \ \ C_{xy}^{(n)} = \frac{1}{n} \sum_{i=1}^{n} (x_i - \overline{x})(y_i - \overline{y}), \ \ C_{yy}^{(n)} = \frac{1}{n} \sum_{i=1}^{n} (y_i - \overline{y})^2 \tag{11.34}$$

평균은 다음을 사용해 온라인으로 업데이트할 수 있다.

$$\overline{x}^{(n+1)} = \overline{x}^{(n)} + \frac{1}{n+1}(x_{n+1} - \overline{x}^{(n)}), \ \ \overline{y}^{(n+1)} = \overline{y}^{(n)} + \frac{1}{n+1}(y_{n+1} - \overline{y}^{(n)}) \tag{11.35}$$

공분산 항의 업데이트를 위해 먼저 $C_{xy}^{(n)}$를 다시 써보자.

$$C_{xy}^{(n)} = \frac{1}{n} \left[(\sum_{i=1}^{n} x_i y_i) + (\sum_{i=1}^{n} \overline{x}^{(n)} \overline{y}^{(n)}) - \overline{x}^{(n)} (\sum_{i=1}^{n} y_i) - \overline{y}^{(n)} (\sum_{i=1}^{n} x_i) \right] \tag{11.36}$$

$$= \frac{1}{n} \left[(\sum_{i=1}^{n} x_i y_i) + n\overline{x}^{(n)} \overline{y}^{(n)} - \overline{x}^{(n)} n\overline{y}^{(n)} - \overline{y}^{(n)} n\overline{x}^{(n)} \right] \tag{11.37}$$

$$= \frac{1}{n} \left[(\sum_{i=1}^{n} x_i y_i) - n\overline{x}^{(n)} \overline{y}^{(n)} \right] \tag{11.38}$$

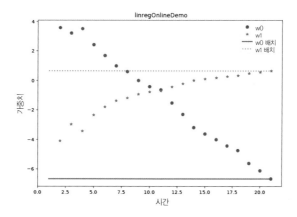

그림 11.4 그림 1.7(a)의 1차원 모델을 위한 시간에 따른 회귀 계수. linregOnlineDemo.ipynb로 생성했다.

따라서

$$\sum_{i=1}^{n} x_i y_i = n C_{xy}^{(n)} + n \overline{x}^{(n)} \overline{y}^{(n)} \tag{11.39}$$

그러므로

$$C_{xy}^{(n+1)} = \frac{1}{n+1} \left[x_{n+1} y_{n+1} + n C_{xy}^{(n)} + n \overline{x}^{(n)} \overline{y}^{(n)} - (n+1) \overline{x}^{(n+1)} \overline{y}^{(n+1)} \right] \tag{11.40}$$

$C_{xx}^{(n+1)}$를 위한 업데이트도 비슷한 방식으로 유도할 수 있다.

그림 11.4에서 1차원 회귀 모델을 위한 이들 방정식을 실제로 간단히 보여준다.

위의 분석을 D차원 입력으로 확장하려면, 가장 쉬운 접근법은 SGD를 사용하는 것이다. 결과 알고리듬은 **최소 평균 제곱**^{least mean squares} 알고리듬이라 부른다. 자세한 내용은 8.4.2절을 참고하라.

11.2.3.5 MLE를 생성적 시점에서 유도하기

선형 회귀는 $p(y \mid \boldsymbol{x})$ 형식의 판별 모델이다. 그러나 9장에서 분류를 위해 생성 모델을 사용하는 방법과 유사하게, 회귀를 위한 생성 모델을 사용할 수도 있다. 목표는 조건부 기댓값을 계산하는 것이다.

$$f(\boldsymbol{x}) = \mathbb{E}\left[y|\boldsymbol{x}\right] = \int y\, p(y|\boldsymbol{x})dy = \frac{\int y\, p(\boldsymbol{x}, y)dy}{\int p(\boldsymbol{x}, y)dy} \tag{11.41}$$

MVN을 사용해 $p(\boldsymbol{x},\, y)$를 적합시킨다고 해보자. 결합 분포의 모수를 위한 MLE는 경험적 평균 및 공분산이다(이 결과의 증명은 4.2.6절을 참고하라).

$$\boldsymbol{\mu}_x = \frac{1}{N}\sum_n \boldsymbol{x}_n \tag{11.42}$$

$$\mu_y = \frac{1}{N}\sum_n y_n \tag{11.43}$$

$$\boldsymbol{\Sigma}_{xx} = \frac{1}{N}\sum_n (\boldsymbol{x}_n - \overline{\boldsymbol{x}})(\boldsymbol{x}_n - \overline{\boldsymbol{x}})^{\mathsf{T}} = \frac{1}{N}\mathbf{X}_c^{\mathsf{T}}\mathbf{X}_c \tag{11.44}$$

$$\boldsymbol{\Sigma}_{xy} = \frac{1}{N}\sum_n (\boldsymbol{x}_n - \overline{\boldsymbol{x}})(y_n - \overline{y}) = \frac{1}{N}\mathbf{X}_c^{\mathsf{T}}\boldsymbol{y}_c \tag{11.45}$$

따라서 식 (3.28)로부터 다음과 같다.

$$\mathbb{E}\left[y|\boldsymbol{x}\right] = \mu_y + \boldsymbol{\Sigma}_{xy}^{\mathsf{T}}\boldsymbol{\Sigma}_{xx}^{-1}(\boldsymbol{x} - \boldsymbol{\mu}_x) \tag{11.46}$$

다음과 같이 정의하여 이를 $\mathbb{E}[y|\boldsymbol{x}] = w_0 + \boldsymbol{w}^{\mathsf{T}}\boldsymbol{x}$로 다시 쓸 수 있다.

$$w_0 = \mu_y - \boldsymbol{w}^{\mathsf{T}}\boldsymbol{\mu}_x = \overline{y} - \boldsymbol{w}^{\mathsf{T}}\overline{\boldsymbol{x}} \tag{11.47}$$

$$\boldsymbol{w} = \boldsymbol{\Sigma}_{xx}^{-1}\boldsymbol{\Sigma}_{xy} = \left(\mathbf{X}_c^{\mathsf{T}}\mathbf{X}_c\right)^{-1}\mathbf{X}_c^{\mathsf{T}}\boldsymbol{y}_c \tag{11.48}$$

이는 11.2.3.1절에서 보여준 판별 모델을 위한 MLE에 부합한다. 따라서 결합 모델을 적합시킨 뒤 이를 조건부화하면, 조건부 모델을 적합시키는 것과 같은 결과를 내놓음을 볼 수 있다. 그러나 이는 가우스 모델에서만 참이 된다(이 관점에 대한 추가적인 논의는 9.4절을 참고하라).

11.2.3.6 σ^2을 위한 MLE 유도하기

앞의 방법 중 하나를 사용해 $\hat{\boldsymbol{w}}_{\mathrm{mle}}$을 추정한 후에, 잡음 분산을 추정할 수 있다. MLE가 다음으로 주어짐을 쉽게 보일 수 있다.

$$\hat{\sigma}^2_{\mathrm{mle}} = \operatorname*{argmin}_{\sigma^2} \mathrm{NLL}(\hat{\boldsymbol{w}}, \sigma^2) = \frac{1}{N} \sum_{n=1}^{N_{\mathcal{D}}} (y_n - \boldsymbol{x}_n^{\mathsf{T}} \hat{\boldsymbol{w}})^2 \tag{11.49}$$

이는 단지 잔차의 MSE일 뿐이며, 결과가 직관적이다.

11.2.4 적합도 측정하기

이 절에서는 회귀 모델이 데이터에 얼마나 잘 적합되는지(이는 **적합도**^{goodness of fit}라 한다) 평가하는 단순한 방법을 논의한다.

11.2.4.1 잔차도

1차원 입력에서 잔차 $r_n = y_n - \hat{y}_n$ 대 입력 x_n의 도표를 그려 모델의 적절함을 체크할 수 있다. 이는 **잔차도**^{residual plot}라 한다. 모델은 잔차가 $\mathcal{N}(0, \sigma^2)$ 분포를 갖고 있다고 가정하므로, 잔차도는 분명한 추세 없이 0에서의 수평선 위아래로 대략 동일하게 위치한 점의 구름이어야 한다.

예시로 그림 11.5(a)에서는 그림 1.7(a)의 선형 모델 잔차를 그리고 있다. 잔차의 일부 굽어진 구조가 있으며, 부적합을 나타내는 것을 볼 수 있다. 그림 11.5(b)에서는 그림 1.7(b)의 이차 모델 잔차를 그리고 있다. 적합이 훨씬 나음을 볼 수 있다.

이 접근법을 다차원 입력으로 확장하기 위해, 예측 $\hat{y}_n$을 x_n 대신에 참인 출력 y_n과 그릴 수 있다. 좋은 모델은 대각선에 놓이는 점을 가질 것이다. 그림 11.6에서 예시를 보라.

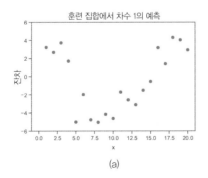
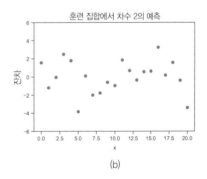

그림 11.5 그림 1.7(a), (b)에서의 차수 1과 2인 함수의 다항 회귀를 위한 잔차도. linreg_poly_vs_degree.ipynb로 생성했다.

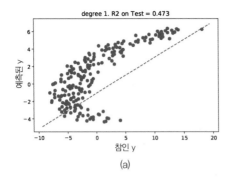
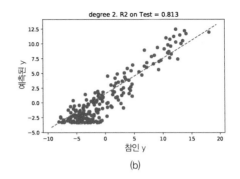

그림 11.6 그림 1.7(a), (b)에서 차수 1과 2인 함수의 다항 회귀를 위한 적합 대 실젯값 도표. linreg_poly_vs_degree.ipynb로 생성했다.

11.2.4.2 예측 정확도 및 R^2

데이터셋에서 RSS^{Residual Sum of Squares}를 계산하여($\text{RSS}(\boldsymbol{w}) = \sum_{n=1}^{N}(y_n - \boldsymbol{w}^\mathsf{T}\boldsymbol{x}_n)^2$) 적합을 계량적으로 평가할 수 있다. RSS가 낮은 모델은 데이터를 더 잘 적합시킨다. 사용할 수 있는 또 다른 측정치로는 **평균 제곱 오차 제곱근**^{Root Mean Squared Error}, 즉 RMSE가 있다.

$$\text{RMSE}(\boldsymbol{w}) \triangleq \sqrt{\frac{1}{N}\text{RSS}(\boldsymbol{w})} \tag{11.50}$$

더 해석하기 좋은 측정치는 R^2으로 표기하는 **결정 계수**^{coefficient of determination}를 사용해 계산할 수 있다.

$$R^2 \triangleq 1 - \frac{\sum_{n=1}^{N}(\hat{y}_n - y_n)^2}{\sum_{n=1}^{N}(\overline{y} - y_n)^2} = 1 - \frac{\text{RSS}}{\text{TSS}} \tag{11.51}$$

여기서 $\overline{y} = \frac{1}{N}\sum_{n=1}^{N}y_n$은 반응의 경험적 평균, $\text{RSS} = \sum_{n=1}^{N}(y_n - \hat{y}_n)^2$은 잔차제곱합, $\text{TSS} = \sum_{n=1}^{N}(y_n - \overline{y})^2$은 전체 제곱합이다. 따라서 R^2은 예측의 단순한 상수 예측 $\hat{y}_n = \overline{y}$와 비교한 분산을 측정한다. $0 \leq R^2 \leq 1$임을 보일 수 있으며, 이때 값이 크면 분산이 더 크게 줄어든다는 뜻이다(적합이 더 좋음). 이는 그림 11.6이 보여준다.

11.3 릿지 회귀

1.2.2.2절에서 논의했듯이 최대 가능도 추정은 과적합을 야기할 수 있다. 이에 대한 단순한 해법은 4.5.3절에서 논의했듯이 가중치에 영-평균 가우스 사전 분포 $p(\boldsymbol{w}) = \mathcal{N}(\boldsymbol{w}|\boldsymbol{0}, \lambda^{-1}\mathbf{I})$를 갖는 MAP 추정을 사용하는 것이다. 이는 **릿지 회귀**ridge regression라 부른다.

자세히 설명하자면, 다음과 같이 MAP 추정값을 계산한다.

$$\hat{\boldsymbol{w}}_{\text{map}} = \operatorname*{argmin} \frac{1}{2\sigma^2}(\boldsymbol{y} - \mathbf{X}\boldsymbol{w})^{\mathsf{T}}(\boldsymbol{y} - \mathbf{X}\boldsymbol{w}) + \frac{1}{2\tau^2}\boldsymbol{w}^{\mathsf{T}}\boldsymbol{w} \tag{11.52}$$

$$= \operatorname*{argmin} \text{RSS}(\boldsymbol{w}) + \lambda||\boldsymbol{w}||_2^2 \tag{11.53}$$

여기서 $\lambda \triangleq \frac{\sigma^2}{\tau^2}$은 사전 분포의 강도에 비례하며,

$$||\boldsymbol{w}||_2 \triangleq \sqrt{\sum_{d=1}^{D}|w_d|^2} = \sqrt{\boldsymbol{w}^{\mathsf{T}}\boldsymbol{w}} \tag{11.54}$$

는 벡터 $\boldsymbol{w}$의 ℓ_2 노름이다. 따라서 이는 크기가 너무 큰 가중치에 불이익을 주고 있다. 일반적으로 이 기법은 ℓ_2 **정칙화**regularization 또는 **가중치 소멸**weight decay이라 부르며, 매우 널리 쓰인다. 그림 4.5를 참고하라.

단차 항 w_0에는 불이익을 주지 않음을 주지하라. 이는 출력의 전역 평균에만 영향을 주며, 과적합에는 기여하지 않기 때문이다. 연습문제 11.2를 참고하라.

11.3.1 MAP 추정값 계산하기

이 절에서는 MAP 추정값을 계산하는 알고리듬을 논의한다.

MAP 추정값은 다음의 불이익화penalized 목적 함수의 최소화에 해당한다.

$$J(\boldsymbol{w}) = (\boldsymbol{y} - \mathbf{X}\boldsymbol{w})^{\mathsf{T}}(\boldsymbol{y} - \mathbf{X}\boldsymbol{w}) + \lambda||\boldsymbol{w}||_2^2 \tag{11.55}$$

여기서 $\lambda = \frac{\sigma^2}{\tau^2}$은 정칙자regularizer의 강도strength다. 도함수는 다음으로 주어진다.

$$\nabla_{\boldsymbol{w}} J(\boldsymbol{w}) = 2\left(\mathbf{X}^{\mathsf{T}}\mathbf{X}\boldsymbol{w} - \mathbf{X}^{\mathsf{T}}\boldsymbol{y} + \lambda\boldsymbol{w}\right) \tag{11.56}$$

따라서

$$\hat{\boldsymbol{w}}_{\mathrm{map}} = (\mathbf{X}^\mathsf{T}\mathbf{X} + \lambda\mathbf{I}_D)^{-1}\mathbf{X}^\mathsf{T}\boldsymbol{y} = (\sum_n \boldsymbol{x}_n\boldsymbol{x}_n^\mathsf{T} + \lambda\mathbf{I}_D)^{-1}(\sum_n y_n\boldsymbol{x}_n) \tag{11.57}$$

11.3.1.1 QR을 사용해 풀기

순진하게 역행렬을 사용해 원^{primal} 추정값 $\boldsymbol{w} = (\mathbf{X}^\mathsf{T}\mathbf{X} + \lambda\mathbf{I})^{-1}\mathbf{X}^\mathsf{T}\boldsymbol{y}$를 계산하는 것은 좋은 아이디어가 아니다. 느리고 수치적으로 불안정하기 때문이다. 이 절에서는 11.2.2.3절에서 논의했듯이 문제를 QR 분해를 적용할 수 있는 표준 최소 제곱 문제로 변환하는 방법을 설명한다.

사전 분포가 $p(\boldsymbol{w}) = \mathcal{N}(\mathbf{0}, \boldsymbol{\Lambda}^{-1})$의 형식을 갖는다고 가정하며, 여기서 $\boldsymbol{\Lambda}$는 정밀도 행렬^{precision} ^{matrix}이다. 릿지 회귀의 경우 $\boldsymbol{\Lambda} = (1/\tau^2)\mathbf{I}$이다. 훈련 집합에 '가상 데이터'를 추가하여 사전 분포를 에뮬레이트할 수 있으며, 다음을 얻을 수 있다.

$$\tilde{\mathbf{X}} = \begin{pmatrix} \mathbf{X}/\sigma \\ \sqrt{\boldsymbol{\Lambda}} \end{pmatrix}, \quad \tilde{\boldsymbol{y}} = \begin{pmatrix} \boldsymbol{y}/\sigma \\ \mathbf{0}_{D\times 1} \end{pmatrix} \tag{11.58}$$

여기서 $\boldsymbol{\Lambda} = \sqrt{\boldsymbol{\Lambda}}\sqrt{\boldsymbol{\Lambda}}^\mathsf{T}$는 $\boldsymbol{\Lambda}$의 촐레스키 분해다. $\tilde{\mathbf{X}}$가 $(N_D + D) \times D$임을 볼 수 있으며, 이때 추가적인 행은 사전 분포로부터의 유사 데이터를 나타낸다.

이제 이러한 확장 데이터에서의 RSS가 원본 데이터에서의 불이익화 RSS와 동등함을 보일 수 있다.

$$f(\boldsymbol{w}) = (\tilde{\boldsymbol{y}} - \tilde{\mathbf{X}}\boldsymbol{w})^\mathsf{T}(\tilde{\boldsymbol{y}} - \tilde{\mathbf{X}}\boldsymbol{w}) \tag{11.59}$$

$$= \left(\begin{pmatrix} \boldsymbol{y}/\sigma \\ \mathbf{0} \end{pmatrix} - \begin{pmatrix} \mathbf{X}/\sigma \\ \sqrt{\boldsymbol{\Lambda}} \end{pmatrix}\boldsymbol{w} \right)^\mathsf{T} \left(\begin{pmatrix} \boldsymbol{y}/\sigma \\ \mathbf{0} \end{pmatrix} - \begin{pmatrix} \mathbf{X}/\sigma \\ \sqrt{\boldsymbol{\Lambda}} \end{pmatrix}\boldsymbol{w} \right) \tag{11.60}$$

$$= \begin{pmatrix} \frac{1}{\sigma}(\boldsymbol{y} - \mathbf{X}\boldsymbol{w}) \\ -\sqrt{\boldsymbol{\Lambda}}\boldsymbol{w} \end{pmatrix}^\mathsf{T} \begin{pmatrix} \frac{1}{\sigma}(\boldsymbol{y} - \mathbf{X}\boldsymbol{w}) \\ -\sqrt{\boldsymbol{\Lambda}}\boldsymbol{w} \end{pmatrix} \tag{11.61}$$

$$= \frac{1}{\sigma^2}(\boldsymbol{y} - \mathbf{X}\boldsymbol{w})^\mathsf{T}(\boldsymbol{y} - \mathbf{X}\boldsymbol{w}) + (\sqrt{\boldsymbol{\Lambda}}\boldsymbol{w})^\mathsf{T}(\sqrt{\boldsymbol{\Lambda}}\boldsymbol{w}) \tag{11.62}$$

$$= \frac{1}{\sigma^2}(\boldsymbol{y} - \mathbf{X}\boldsymbol{w})^\mathsf{T}(\boldsymbol{y} - \mathbf{X}\boldsymbol{w}) + \boldsymbol{w}^\mathsf{T}\boldsymbol{\Lambda}\boldsymbol{w} \tag{11.63}$$

따라서 MAP 추정값은 다음으로 주어진다.

$$\hat{w}_{\text{map}} = (\tilde{\mathbf{X}}^\mathsf{T}\tilde{\mathbf{X}})^{-1}\tilde{\mathbf{X}}^\mathsf{T}\tilde{y} \tag{11.64}$$

이는 표준적인 OLS 방법을 사용해 풀 수 있다. 특히 $\tilde{\mathbf{X}}$의 QR 분해를 계산한 뒤, 11.2.2.3절에서와 같이 진행할 수 있다. 이는 $O((N + D)D^2)$시간이 걸린다.

11.3.1.2 SVD를 사용해 풀기

이 절에서는 $D > N$라 가정하는데, 이는 릿지 회귀를 사용할 때의 일반적인 경우다. 이 경우 QR 보다는 SVD를 사용하는 것이 더 빠르다. 왜 그런지 보기 위해, $\mathbf{X} = \mathbf{USV}^\mathsf{T}$가 $\mathbf{X}$의 SVD라 하자. 여기서 $\mathbf{V}^\mathsf{T}\mathbf{V} = \mathbf{I}_N$, $\mathbf{UU}^\mathsf{T} = \mathbf{U}^\mathsf{T}\mathbf{U} = \mathbf{I}_N$, 그리고 $\mathbf{S}$는 대각 $N \times N$ 행렬이다. 이제 $\mathbf{R} = \mathbf{US}$가 $N_\mathcal{D} \times N_\mathcal{D}$ 행렬이라 하자. 다음이 성립함을 보일 수 있다([HTF09]의 연습문제 18.4를 참고하라).

$$\hat{w}_{\text{map}} = \mathbf{V}(\mathbf{R}^\mathsf{T}\mathbf{R} + \lambda\mathbf{I}_N)^{-1}\mathbf{R}^\mathsf{T}y \tag{11.65}$$

다시 말해, D차원 벡터 x_i를 $N_\mathcal{D}$차원 벡터 r_i로 바꾸고 이전과 같이 불이익화 적합을 수행할 수 있다. 이제 전체 시간은 $O(DN_\mathcal{D}^2)$ 연산으로, 이는 $D > N_\mathcal{D}$라면 $O(D^3)$보다 적다.

11.3.2 릿지 회귀와 PCA 사이의 연결점

이 절에서는 릿지 회귀와 PCA(20.1절에서 논의함) 사이의 흥미로운 연결점에 대해 논의하며 왜 릿지 회귀가 잘 동작하는지에 대한 추가적인 인사이트를 얻어보자. 우리의 논의는 [HTF09, p66]에 기반한다.

$\mathbf{X} = \mathbf{USV}^\mathsf{T}$가 $\mathbf{X}$의 SVD라 하고, 여기서 $\mathbf{V}^\mathsf{T}\mathbf{V} = \mathbf{I}_N$, $\mathbf{UU}^\mathsf{T} = \mathbf{U}^\mathsf{T}\mathbf{U} = \mathbf{I}_N$, 그리고 $\mathbf{S}$는 대각 $N \times N$ 행렬이라 하자. 식 (11.65)를 사용하면 훈련 집합에서의 릿지 예측이 다음으로 주어짐을 볼 수 있다.

$$\hat{y} = \mathbf{X}\hat{w}_{\text{map}} = \mathbf{USV}^\mathsf{T}\mathbf{V}(\mathbf{S}^2 + \lambda\mathbf{I})^{-1}\mathbf{SU}^\mathsf{T}y \tag{11.66}$$

$$= \mathbf{U}\tilde{\mathbf{S}}\mathbf{U}^\mathsf{T}y = \sum_{j=1}^{D} u_j \tilde{S}_{jj} u_j^\mathsf{T} y \tag{11.67}$$

여기서

$$\tilde{S}_{jj} \triangleq [\mathbf{S}(\mathbf{S}^2 + \lambda I)^{-1}\mathbf{S}]_{jj} = \frac{\sigma_j^2}{\sigma_j^2 + \lambda} \tag{11.68}$$

그리고 σ_j는 $\mathbf{X}$의 특잇값이다. 따라서

$$\hat{\boldsymbol{y}} = \mathbf{X}\hat{\boldsymbol{w}}_{\mathrm{map}} = \sum_{j=1}^{D} \boldsymbol{u}_j \frac{\sigma_j^2}{\sigma_j^2 + \lambda} \boldsymbol{u}_j^{\mathsf{T}} \boldsymbol{y} \tag{11.69}$$

반대로 최소 제곱 예측은

$$\hat{\boldsymbol{y}} = \mathbf{X}\hat{\boldsymbol{w}}_{\mathrm{mle}} = (\mathbf{USV}^{\mathsf{T}})(\mathbf{VS}^{-1}\mathbf{U}^{\mathsf{T}}\boldsymbol{y}) = \mathbf{UU}^{\mathsf{T}}\boldsymbol{y} = \sum_{j=1}^{D} \boldsymbol{u}_j \boldsymbol{u}_j^{\mathsf{T}} \boldsymbol{y} \tag{11.70}$$

σ_j^2이 λ와 비교했을 때 작다면, 방향 $\boldsymbol{u}_j$는 예측에 그리 큰 영향을 주지 않을 것이다. 이러한 시각에서, 다음과 같이 모델 **자유도**degrees of freedom의 유효 숫자를 정의한다.

$$\mathrm{dof}(\lambda) = \sum_{j=1}^{D} \frac{\sigma_j^2}{\sigma_j^2 + \lambda} \tag{11.71}$$

$\lambda = 0$일 때 $\mathrm{dof}(\lambda) = D$이며, 그리고 $\lambda \to \infty$임에 따라 $\mathrm{dof}(\lambda) \to 0$이다.

왜 이런 움직임이 선호되는지 이해해 보자. 11.7절에서는 $\boldsymbol{w}$에 균일 사전 분포를 사용하면 $\mathrm{Cov}[\boldsymbol{w}|\mathcal{D}] \propto (\mathbf{X}^{\mathsf{T}}\mathbf{X})^{-1}$임을 보여주고 있다. 따라서 7.6절에서 보여주듯이, $\boldsymbol{w}$에 관해 가장 불확실한 방향은 $(\mathbf{X}^{\mathsf{T}}\mathbf{X})^{-1}$의 고윳값이 가장 큰 고유벡터로 정해진다. 이들 방향은 $\mathbf{X}^{\mathsf{T}}\mathbf{X}$의 가장 작은 고윳값을 갖는 고유벡터에 해당하며, 따라서 (7.5.2절에 의해) 특잇값이 가장 작다. 따라서 σ_j^2이 λ보다 상대적으로 작다면, 릿지 회귀는 방향 $\boldsymbol{u}_j$의 가중을 줄일 것이다.

이 과정은 그림 11.7이 보여준다. 수평의 w_1 모수는 데이터에 의해 잘 정해지지 않지만(높은 사후 분산을 가짐), 수직의 w_2 모수는 잘 정해지고 있다. 따라서 $w_{\mathrm{map}}(2)$는 $w_{\mathrm{mle}}(2)$에 가깝지만, $w_{\mathrm{map}}(1)$은 사전 평균인 0을 향해 강하게 움직인다. 이런 식으로 나쁘게 결정된 모수는 크기가 0으로 수축된다. 이는 **수축**shrinkage이라 부른다.

주성분 회귀principal components regression라 부르는, 관련은 있지만 다른 기법이 존재한다. 이는 PCA

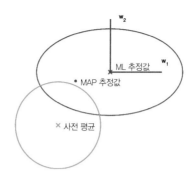

그림 11.7 릿지 회귀의 기하학적 구조. 가능도는 타원으로, 사전 분포는 원점에서 중심을 갖는 동그라미로 보여준다. 출처: [Bis06]의 그림 3.15. geom_ridge.ipynb로 생성했다.

의 지도적인 버전으로, 20.1절에서 설명한다. 아이디어는 먼저 PCA를 사용해 차원성을 K차원으로 줄인 뒤, 이들 저차원 특성을 회귀의 입력으로 사용하는 것이다. 그러나 이 기법은 예측 정확도 측면에서 릿지 회귀만큼 잘 동작하지 않는다[HTF01, p70]. 이유는 주성분 회귀에서 처음 K개의 (유도된) 차원만이 남겨지고, 나머지 $D - K$차원은 완벽하게 무시되기 때문이다. 반대로 릿지 회귀는 이들 차원에 '부드러운' 가중화를 사용한다.

11.3.3 정칙자의 강도 선택하기

4.5.5.2절에서 논의했듯이 λ의 최적값을 찾으려면 유한한 개수의 개별 값을 시도하고, 교차 검증을 사용해 이들의 기대 손실을 추정할 수 있다. 예시는 그림 4.5(d)를 참고하라.

이 접근법은 선택할 값이 많다면 비용이 꽤 비쌀 수 있다. 다행히도 $\hat{\boldsymbol{w}}(\lambda_k)$의 값을 $\hat{\boldsymbol{w}}(\lambda_{k+1})$의 초기화자로 사용해 최적화 과정을 **웜스타트**warm start할 수 있는 경우가 많다. 여기서 $\lambda_{k+1} < \lambda_k$이다. 다시 말해 매우 제약적인 모델(강한 정칙자)로 시작한 뒤, 점차적으로 제약을 완화한다(정칙화의 양을 줄임). 이런 식으로 없애버리는 모수 집합 $\hat{\boldsymbol{w}}_k$을 **정칙화 경로**regularization path라 한다. 예시는 그림 11.10(a)를 참고하라.

또한 경험적 베이즈 접근법을 사용해 λ를 선택할 수 있다. 특히 $\hat{\lambda} = \text{argmax}_\lambda \log p(\mathcal{D}\,|\,\lambda)$를 계산하여 초매개변수를 선택할 수 있다. 여기서 $p(\mathcal{D}\,|\,\lambda)$는 주변 가능도marginal likelihood 또는 증거다. 그림 4.7(b)는 이렇게 하면 근본적으로 CV 추정값과 결과가 같음을 보여준다. 그러나 베이즈 접근

법은 몇 가지 장점이 있다. $p(\mathcal{D}|\lambda)$의 계산은 하나의 모델의 적합을 통해 할 수 있는 한편, CV는 같은 모델을 K번 적합시켜야 한다. 그리고 $p(\mathcal{D}|\lambda)$는 λ의 평활 함수이므로, 이산적인 검색 대신에 기울기 기반 최적화를 사용할 수 있다.

11.4 라쏘 회귀

11.3절에서 선형 회귀 모델을 적합시킬 때 회귀 계수를 위한 가우스 사전 분포를 가정했다. 이는 모수가 작아지도록 부추기므로 과적합을 방지하기 때문에 좋은 선택인 경우가 많다. 그러나 때로는 모수가 단지 작을 뿐만 아니라 정확히 0이 되기를 원한다. 즉, 우리는 $\hat{\boldsymbol{w}}$이 **희박**^{sparse}해지기를 원하며, 따라서 L_0-노름을 최소화한다.

$$||\boldsymbol{w}||_0 = \sum_{d=1}^{D} \mathbb{I}\left(|w_d| > 0\right) \tag{11.72}$$

이는 **특성 선택**$^{\text{feature selection}}$을 수행하는 데 사용할 수 있으므로 유용하다. 왜 그런지 이해하려면, 예측이 $f(\boldsymbol{x}; \boldsymbol{w}) = \sum_{d=1}^{D} w_d x_d$의 형식을 가지므로 임의의 w_d가 $w_d = 0$이라면 해당 특성 x_d를 무시함을 주지하라(같은 아이디어는 DNN과 같은 비선형 모델에도 처음 몇 개 가중치가 희박해지도록 북돋움으로써 적용할 수 있다).

11.4.1 라플라스 사전 분포를 갖는 MAP 추정(ℓ_1 정칙화)

이러한 희박 추정값을 계산하는 방법은 많다(예: [Bha+19] 참고). 이 절에서는 라플라스 분포(11.6.1 절에서 논의)를 사전 분포로 사용하는 MAP 추정에 집중한다.

$$p(\boldsymbol{w}|\lambda) = \prod_{d=1}^{D} \text{Laplace}(w_d|0, 1/\lambda) \propto \prod_{d=1}^{D} e^{-\lambda|w_d|} \tag{11.73}$$

여기서 λ는 희박도^{sparsity} 모수다.

$$\text{Laplace}(w|\mu, b) \triangleq \frac{1}{2b} \exp\left(-\frac{|w - \mu|}{b}\right) \tag{11.74}$$

여기서 μ는 위치 모수이며, $b > 0$는 스케일 모수다. 그림 2.15는 Laplace$(w|0, b)$가 $\mathcal{N}(w|0, \sigma^2)$ 보다 0에 더 많은 가중치를 부여하며, 심지어 분산을 같게 고정하더라도 그러함을 보여준다.

이 사전 분포를 갖는 선형 회귀 모델의 MAP 추정을 수행하려면, 다음의 목적 함수를 최소화하기만 하면 된다.

$$\text{PNLL}(\boldsymbol{w}) = -\log p(\mathcal{D}|\boldsymbol{w}) - \log p(\boldsymbol{w}|\lambda) = ||\mathbf{X}\boldsymbol{w} - \boldsymbol{y}||_2^2 + \lambda ||\boldsymbol{w}||_1 \tag{11.75}$$

여기서 $||\boldsymbol{w}||_1 \triangleq \sum_{d=1}^{D} |w_d|$는 $\boldsymbol{w}$의 ℓ_1 노름이다. 이 방법은 **라쏘**lasso라 부르며, '최소 절대 수축 및 선택 연산자least absolute shrinkage and selection operator'를 뜻한다[Tib96](아래에서 이름이 이러한 이유를 설명한다). 좀 더 일반적으로, 라플라스 사전 분포로 된 MAP 추정은 ℓ_1 **정칙화**regularization라 부른다.

또한 가중치 벡터에 다른 노름을 사용할 수도 있음을 주지하라. 일반적으로 q-노름은 다음과 같이 정의한다.

$$||\boldsymbol{w}||_q = \left(\sum_{d=1}^{D} |w_d|^q \right)^{1/q} \tag{11.76}$$

$q < 1$일 때 심지어 더욱 희박한 해를 얻을 수 있다. $q = 0$인 극한에서는 ℓ_0-**노름**을 얻는다.

$$||\boldsymbol{w}||_0 = \sum_{d=1}^{D} \mathbb{I}(|w_d| > 0) \tag{11.77}$$

그러나 임의의 $q < 1$에 대해 문제가 비볼록해짐을 보일 수 있다(예: [HTW15] 참고). 따라서 ℓ_1-노름이 0-노름의 가장 단단한 **볼록 완화**convex relaxation다.

11.4.2 왜 ℓ_1 정칙화는 희박한 해를 내놓는가?

이제 왜 ℓ_1 정칙화가 희박한 해가 되는 한편 ℓ_2 정칙화는 그렇지 않은지 설명한다. 우리는 선형 회귀의 경우에 집중하지만, 다른 모델에서도 비슷한 주장이 유효하다.

라쏘 목적 함수는 다음의 비평활 목적 함수다(평활성에 대한 논의는 8.1.4절을 참고하라).

$$\min_{\boldsymbol{w}} \text{NLL}(\boldsymbol{w}) + \lambda ||\boldsymbol{w}||_1 \tag{11.78}$$

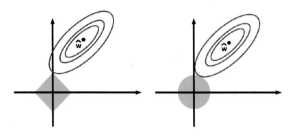

그림 11.8 최소 제곱 문제의 ℓ_1(왼쪽) 대 ℓ_2(오른쪽) 정칙화. 출처: [HTF01]의 그림 3.12

이는 다음의 이차 프로그램quadratic program을 위한 라그랑주다(8.5.4절).

$$\min_{\boldsymbol{w}} \mathrm{NLL}(\boldsymbol{w}) \quad \text{s.t.} \quad ||\boldsymbol{w}||_1 \leq B \tag{11.79}$$

여기서 B는 가중치의 ℓ_1-노름의 상계다. 경계 B가 작으면(단단하면) 불이익 λ가 큰 것에 해당하며, 그 반대도 그러하다.

비슷하게, 릿지 회귀 목적 함수 $\min_{\boldsymbol{w}} \mathrm{NLL}(\boldsymbol{w}) + \lambda||\boldsymbol{w}||_2^2$를 경계가 제약된 형식으로 쓸 수 있다.

$$\min_{\boldsymbol{w}} \mathrm{NLL}(\boldsymbol{w}) \quad \text{s.t.} \quad ||\boldsymbol{w}||_2^2 \leq B \tag{11.80}$$

그림 11.8에 NLL 목적 함수의 윤곽 및 ℓ_2와 ℓ_1 제약면의 윤곽을 그렸다. 제약 최적화의 이론으로부터(8.5절) 최적해는 목적 함수의 가장 낮은 수준 집합이 제약면을 만날 때 나타남을 알고 있다(제약이 활성화되어 있다고 가정하면). 우리가 제약 B를 완화함에 따라, ℓ_1 '공'이 목적 함수를 만날 때까지 '커진다'는 것이 기하학적으로 분명하다. 공의 코너가 공의 옆면보다 타원을 지나갈 가능성이 더 크며, 특히 고차원에서 그러하다. 왜냐하면 코너가 더 '튀어나오기' 때문이다. 코너는 좌표축에 놓이는 희박한 해에 해당한다. 반대로 ℓ_2 공을 키우면, 목적 함수의 어느 점에서든지 만날 수 있다. 이는 '코너corner'가 없으므로 희박성에 대한 선호도가 없다.

11.4.3 딱딱한 임계화 대 부드러운 임계화

라쏘 목적 함수는 $\mathcal{L}(\boldsymbol{w}) = \mathrm{NLL}(\boldsymbol{w}) + \lambda||\boldsymbol{w}||_1$ 형식을 갖는다. 평활한 NLL 부분을 위한 기울기가 다음과 같이 주어짐을 보일 수 있다(연습문제 11.3).

$$\frac{\partial}{\partial w_d} \text{NLL}(\boldsymbol{w}) = a_d w_d - c_d \tag{11.81}$$

$$a_d = \sum_{n=1}^{N} x_{nd}^2 \tag{11.82}$$

$$c_d = \sum_{n=1}^{N} x_{nd}(y_n - \boldsymbol{w}_{-d}^\mathsf{T} \boldsymbol{x}_{n,-d}) \tag{11.83}$$

여기서 $\boldsymbol{w}_{-d}$는 성분 d가 없는 $\boldsymbol{w}$이며, 비슷하게 $\boldsymbol{x}_{n,-d}$는 성분 d가 없는 특성 벡터 $\boldsymbol{x}_n$이다. c_d가 특성의 d번째 열 $\boldsymbol{x}_{:,d}$ 그리고 다른 모든 특성 $\boldsymbol{r}_{-d} = \boldsymbol{y} - \mathbf{X}_{:,-d}\boldsymbol{w}_{-d}$를 사용한 예측을 통해 얻는 잔차 오차 사이의 상관성에 비례함을 볼 수 있다. 따라서 c_d의 크기는 특성 d가 다른 특성 및 현재 모수와 비교하여 $\boldsymbol{y}$를 예측하는 데 얼마나 유의한 특성인지를 나타낸다. 기울기를 0으로 두면 다른 모든 가중치는 고정한 채로 w_d를 위한 최적 업데이트를 내어준다.

$$w_d = c_d/a_d = \frac{\boldsymbol{x}_{:,d}^\mathsf{T} \boldsymbol{r}_{-d}}{||\boldsymbol{x}_{:,d}||_2^2} \tag{11.84}$$

$\boldsymbol{r}_{-d}$를 위한 해당하는 새로운 예측은 $\hat{\boldsymbol{r}}_{-d} = w_d \boldsymbol{x}_{:,d}$가 되며, 이는 잔차를 열 벡터 $\boldsymbol{x}_{:,d}$에 대해 직교 사영한 것이다. 이는 식 (11.15)와 일치한다.

이제 ℓ_1 항을 추가한다. 안타깝게도 $||\boldsymbol{w}||_1$ 항은 $w_d = 0$일 때마다 미분 가능하지 않다. 다행히도 여전히 이 점에서 부분기울기를 계산할 수 있다. 식 (8.14)를 사용해 다음을 찾는다.

$$\partial_{w_d} \mathcal{L}(\boldsymbol{w}) = (a_d w_d - c_d) + \lambda \partial_{w_d} ||\boldsymbol{w}||_1 \tag{11.85}$$

$$= \begin{cases} \{a_d w_d - c_d - \lambda\} & w_d < 0인 \ 경우 \\ [-c_d - \lambda, -c_d + \lambda] & w_d = 0인 \ 경우 \\ \{a_d w_d - c_d + \lambda\} & w_d > 0인 \ 경우 \end{cases} \tag{11.86}$$

c_d의 값에 따라, $\partial_{w_d} \mathcal{L}(\boldsymbol{w}) = 0$의 해는 다음과 같이 w_d의 3개의 서로 다른 값으로 나타날 수 있다.

1. $c_d < -\lambda$라면, 따라서 특성이 잔차와 강하게 음의 상관성을 갖는다면 부분기울기는 $\hat{w}_d = \frac{c_d + \lambda}{a_d}$ < 0에서 0이다.

2. $c_d \in [-\lambda, \lambda]$라면, 따라서 특성이 잔차와 오직 약하게 상관성을 갖는다면 부분기울기는 $\hat{w}_d$ $= 0$에서 0이다.

3. $c_d > \lambda$라면, 따라서 특성이 잔차와 강하게 양의 상관성을 갖는다면 부분기울기는 $\hat{w}_d = \frac{c_d - \lambda}{a_d}$ > 0에서 0이다.

요약하자면 다음과 같다.

$$\hat{w}_d(c_d) = \begin{cases} (c_d + \lambda)/a_d & c_d < -\lambda \text{인 경우} \\ 0 & c_d \in [-\lambda, \lambda] \text{인 경우} \\ (c_d - \lambda)/a_d & c_d > \lambda \text{인 경우} \end{cases} \tag{11.87}$$

이는 다음과 같이 쓸 수 있다.

$$\hat{w}_d = \text{SoftThreshold}(\frac{c_d}{a_d}, \lambda/a_d) \tag{11.88}$$

여기서

$$\text{SoftThreshold}(x, \delta) \triangleq \text{sign}(x)\,(|x| - \delta)_+ \tag{11.89}$$

이며, $x_+ = \max(x, 0)$은 x의 양의 부분이다. 이는 **부드러운 임계화**soft thresholding라 부른다(또한 8.6.2절을 참고하라). 이는 $\hat{w}_d$ 대 c_d를 그리고 있는 그림 11.9(a)에서 보여준다. 검은색 점선은 최소 제곱 적합에 해당하는 $w_d = c_d/a_d$ 선이다. 정칙화 추정값 $\hat{w}_d$을 나타내는 빨간색 실선은, $w_d = 0$으로 두는 $-\lambda \le c_d \le \lambda$일 때를 제외하고 점선을 λ만큼 아래로(또는 위로) 이동시킨다.

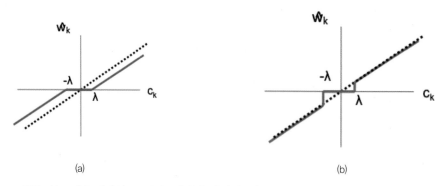

(a)

(b)

그림 11.9 왼쪽: 부드러운 임계화. 오른쪽: 딱딱한 임계화. 양쪽 모두 수평축이 w_k를 제외한 모든 계수를 사용한 예측을 만들어 나타난 잔차 오차다. 수직축은 이러한 불이익화 잔차를 최소화하는 추정된 계수 $\hat{w}_k$이다. 가운데 평평한 영역은 $[-\lambda, +\lambda]$ 구간이다.

반대로 그림 11.9(b)는 **딱딱한 임계화**^{hard thresholding}를 보여준다. 이는 $-\lambda \leq c_d \leq \lambda$라면 w_d의 값을 0으로 두지만, 이 구간 밖에서는 w_d의 값을 수축시키지 않는다. 부드러운 임계화 선의 경사는 대각과 일치하지 않으며, 이는 심지어 계수가 크다 하더라도 0으로 수축됨을 뜻한다. 이는 왜 라쏘가 '최소 절대 선택 및 수축 연산자'를 뜻하는지를 보여준다. 그 결과 라쏘는 편향된 추정량이다(4.7.6.1절 참고).

편향된 추정값 문제를 위한 **디바이아징**^{debiasing}이라 하는 단순한 해법은 2단계 추정 가정을 사용한다. 먼저 라쏘를 사용해 가중치 벡터의 지지를 추정한다(즉, 어떤 요소가 0이 아닌지 식별한다). 그 뒤 최소 제곱을 사용해 선택한 계수를 다시 추정한다. 이러한 행위를 위한 예시는 그림 11.13을 참고하라.

11.4.4 정칙화 경로

$\lambda = 0$이라면, 밀집적인 OLS 해를 얻는다. λ를 증가시킴에 따라, 해 벡터 $\hat{w}(\lambda)$는 희박해지는 경향을 보일 것이다. λ가 어떠한 임곗값^{critical value}보다 크다면, $\hat{w} = \mathbf{0}$을 얻는다. 이 임곗값은 NLL의 기울기가 불이익의 기울기로 상쇄될 때 얻는다.

$$\lambda_{\max} = \max_d |\nabla_{w_d} \text{NLL}(\mathbf{0})| = \max_d c_d(\boldsymbol{w} = 0) = \max_d |\boldsymbol{y}^\mathsf{T} \boldsymbol{x}_{:,d}| = ||\mathbf{X}^\mathsf{T} \boldsymbol{y}||_\infty \tag{11.90}$$

아니면 ℓ_1 노름에서 경계 B로 작업할 수 있다. $B = 0$일 때 $\hat{w} = \mathbf{0}$을 얻는다. B를 증가시킴에 따라 해는 밀집해진다. 임의의 성분이 0일 때 B의 가장 큰 값은 $B_{\max} = ||\hat{w}_{\text{mle}}||_1$로 주어진다.

λ를 증가시킴에 따라 해 벡터 $\hat{w}$은 희박해지지만, 꼭 단조적인 것은 아니다. 각 특성 d에 대해 값 $\hat{w}_d$ 대 λ(또는 B 대비)를 그릴 수 있다. 이는 **정칙화 경로**^{regularization path}라 한다. 그림 11.10(b)가 라쏘를 [HTF09]의 전립선암 회귀 데이터에 적용한 것을 보여준다(특성 gleason과 svi는 범주가 아닌 수치로 다룬다). 좌측에서 $B = 0$일 때 모든 계수가 0이다. B를 증가시킴에 따라 계수는 점차적으로 '켜진다'.[2] 릿지 회귀를 위한 유사한 결과는 그림 11.10(a)에서 보여준다. 릿지에서 모든 계수는 0이 아니므로($\lambda > 0$이라 가정하면) 해가 희박하지 않다.

놀랍게도, 라쏘 해 경로는 λ의 조각별 선형 함수임을 보일 수 있다[Efr+04; GL15]. 즉, 계수의

---

2 해를 B에 대비해서가 아닌 $s(B) = B/B_{\max}$로 정의하는 **수축 인자**(shrinkage factor)에 대비하여 그리는 것이 보통이다. 이는 곡선 모양이 아닌 수평축의 스케일에만 영향을 줄 뿐이다.

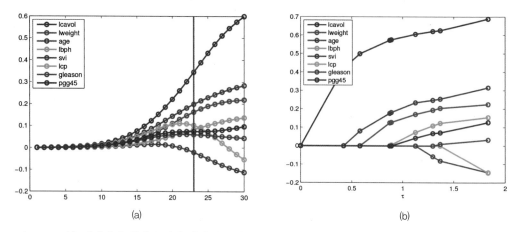

(a)   (b)

그림 11.10 (a) 전립선암 예제를 위한 릿지 계수의 프로파일을 w의 ℓ_1 노름에서의 경계 B에 대해 그리고 있다. 따라서 작은 B는 (λ가 크면) 좌측에 있다. 수직선은 1 표준오차 규칙을 사용하는 5폴드 CV로 선택한 값이다. 출처: [HTF09]의 그림 3.8. ridgePathProstate.ipynb로 생성했다. (b) (a)와 같지만 w의 ℓ_1 노름을 사용했다. x축은 임곗값 $\lambda = 1/B$를 보여주며, 이때 정칙화 경로가 불연속이다. 출처: [HTF09]의 그림 3.10. lassoPathProstate.ipynb로 생성했다.

0	0	0	0	0	0	0	0
0.4279	0	0	0	0	0	0	0
0.5015	0.0735	0	0	0	0	0	0
0.5610	0.1878	0	0	0.0930	0	0	0
0.5622	0.1890	0	0.0036	0.0963	0	0	0
0.5797	0.2456	0	0.1435	0.2003	0	0	0.0901
0.5864	0.2572	-0.0321	0.1639	0.2082	0	0	0.1066
0.6994	0.2910	-0.1337	0.2062	0.3003	-0.2565	0	0.2452
0.7164	0.2926	-0.1425	0.2120	0.3096	-0.2890	-0.0209	0.2773

표 11.1 전립선암 데이터셋에 적합시킨 선형 회귀 모델을 위한, ℓ_1 정칙자의 강도가 변함에 따른 계수의 값. 숫자는 그림 11.10(b)에 그려져 있다.

0이 아닌 활성 집합이 변하는 λ의 극값$^{\text{critical value}}$의 집합이 존재한다. 이들 극값 사이에 있는 λ 값에 대해, 각각의 0이 아닌 계수가 선형적인 방식으로 증가하거나 감소한다. 이는 그림 11.10(b)가 보여준다. 게다가 이들 극값을 분석적으로 풀 수 있다[Efr+04]. 표 11.1에서 이들 각각의 극값 단계에서의 실제 계숫값을 정칙화 경로를 따라 보여준다(마지막 줄은 최소 제곱 해다).

λ가 $\lambda_{\max}$에서 0으로 변함에 따라, 모든 가중치가 0인 해에서 모든 가중치가 0이 아닌 해로 이동한다. 안타깝게도 라쏘를 사용해 모든 부분집합 크기를 달성할 수 있는 것은 아니다. 특히 $D > N_{\mathcal{D}}$라면, 최적해가 ℓ_1 노름이 최소인 OLS 해에 해당하는 완전 집합에 도달하기 전에, 기껏해야 $N_{\mathcal{D}}$개

의 변수를 그 안에서 가질 수 있음을 보일 수 있다. 11.4.8절에서 ℓ_2 정칙자 및 ℓ_1 정칙자를 사용해 (엘라스틱넷elastic net 방법) 훈련 사례보다 더 많은 변수를 포함하는 희박한 해를 달성할 수 있음을 본다. 이는 N_D와 D 사이의 모델 크기를 탐색하게 해준다.

11.4.5 최소 제곱, 라쏘, 릿지, 부분집합 선택 비교

이 절에서는 최소 제곱, 라쏘, 릿지, 부분집합 선택을 비교한다. 단순함을 위해 $\mathbf{X}$의 모든 특성이 정규직교라고, 따라서 $\mathbf{X}^{\mathsf{T}}\mathbf{X} = \mathbf{I}$라 가정한다. 이 경우 NLL은 다음으로 주어진다.

$$\text{NLL}(\boldsymbol{w}) = ||\boldsymbol{y} - \mathbf{X}\boldsymbol{w}||^2 = \boldsymbol{y}^{\mathsf{T}}\boldsymbol{y} + \boldsymbol{w}^{\mathsf{T}}\mathbf{X}^{\mathsf{T}}\mathbf{X}\boldsymbol{w} - 2\boldsymbol{w}^{\mathsf{T}}\mathbf{X}^{\mathsf{T}}\boldsymbol{y} \tag{11.91}$$

$$= \text{상수} + \sum_d w_d^2 - 2\sum_d\sum_n w_d x_{nd} y_n \tag{11.92}$$

따라서 이는 차원마다 하나씩 항의 합으로 분해됨을 볼 수 있다. 그러므로 다음과 같이 각 w_d에 대해 개별적으로 MAP 및 ML 추정값을 분석적으로 쓸 수 있다.

- MLE: 식 (11.85)로부터 OLS는 다음으로 주어진다.

$$\hat{w}_d^{\text{mle}} = c_d/a_d = \boldsymbol{x}_{:d}^{\mathsf{T}}\boldsymbol{y} \tag{11.93}$$

여기서 $\boldsymbol{x}_{:d}$는 $\mathbf{X}$의 d번째 열이다.

- 릿지: 릿지 추정값은 다음으로 주어짐을 보일 수 있다.

$$\hat{w}_d^{\text{ridge}} = \frac{\hat{w}_d^{\text{mle}}}{1 + \lambda} \tag{11.94}$$

- 라쏘: 식 (11.88)로부터, 그리고 $\hat{w}_d^{\text{mle}} = c_d/a_d$라는 사실을 사용해 다음과 같다.

$$\hat{w}_d^{\text{lasso}} = \text{sign}(\hat{w}_d^{\text{mle}}) \left(|\hat{w}_d^{\text{mle}}| - \lambda\right)_+ \tag{11.95}$$

이는 그림 11.9(a)에서 보여준 부드러운 임계화에 해당한다.

- 부분집합 선택: 부분집합 선택을 사용해 가장 좋은 K개의 특성을 고른다면, 모수 추정값은 다음과 같다.

$$\hat{w}_d^{\text{ss}} = \begin{cases} \hat{w}_d^{\text{mle}} & \text{rank}(|\hat{w}_d^{\text{mle}}|) \leq K \text{인 경우} \\ 0 & \text{그 외} \end{cases} \qquad (11.96)$$

여기서 rank는 가중치 크기를 정렬한 리스트에서의 위치를 뜻한다. 이는 그림 11.9(b)에서 보여준 딱딱한 임계화에 해당한다.

항	OLS	최적 부분집합 회귀	릿지	라쏘
intercept	2.465	2.477	2.467	2.465
lcalvol	0.676	0.736	0.522	0.548
lweight	0.262	0.315	0.255	0.224
age	-0.141	0.000	-0.089	0.000
lbph	0.209	0.000	0.186	0.129
svi	0.304	0.000	0.259	0.186
lcp	-0.287	0.000	-0.095	0.000
gleason	-0.021	0.000	0.025	0.000
pgg45	0.266	0.000	0.169	0.083
테스트 오차	0.521	0.492	0.487	0.457
표준오차	0.176	0.141	0.157	0.146

그림 11.11 8개의 특성과 67개의 훈련 사례를 갖는 전립선암 데이터에서의 서로 다른 방법의 결과. 방법으로는 OLS(일반 최소 제곱), 최적 부분집합 회귀, 릿지, 라쏘가 있다. 행은 계수를 나타낸다. 부분집합 회귀와 라쏘가 희박한 해를 줌을 볼 수 있다. 하단 행은 테스트 집합(30개 사례)에서의 평균 제곱 오차다. 출처: [HTF09]의 표 3.3. prostate_comparison.ipynb로 생성했다.

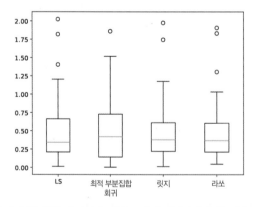

그림 11.12 서로 다른 회귀 방법에 대한 전립선암 테스트셋에서의 (절댓값) 예측 오차를 보여주는 상자 도표. prostate_comparison.ipynb로 생성했다.

이제 실험으로 [HTF09]의 전립선암 회귀 데이터셋에 이들 방법의 예측 성능을 비교한다(특성 gleason과 svi는 범주가 아닌 수치로 다룬다). 그림 11.11은 교차 검증에 의해 선택한 값 λ(또는 K)에서 추정된 계수를 보여준다. 부분집합법이 가장 희박하며, 라쏘가 그다음임을 볼 수 있다. 그림 11.12 가 보여주듯이 예측 성능 측면에서 모든 방법이 매우 비슷하다.

11.4.6 변수 선택 일관성

보통 ℓ_1 정칙화를 사용해 유의한 변수 집합을 추정하는데, 이를 **변수 선택**variable selection 과정이라 한 다. $N \to \infty$ 극한에서 유의한 변수의 참된 집합(즉, w^*의 지지support)을 발견할 수 있는 방법을 **모델 선택 일관성**model selection consistent이라 부른다(이는 데이터가 모델로부터 나온다고 가정하는 이론적 개념이다).

예시는 다음과 같다. 먼저 160개의 무작위로 배치된 ± 1 솟구침으로 된, 크기 $D = 4096$의 희박 신호 w^*를 생성한다. 다음으로 $N = 1024$인 크기 $N \times D$의 무작위 디자인 행렬 $\mathbf{X}$를 생성한다. 마지막으로 $\epsilon_n \sim \mathcal{N}(0, 0.01^2)$인 잡음 관측치 $y = \mathbf{X}w^* + \epsilon$을 생성한다. 그 뒤 y와 $\mathbf{X}$로부터 w를 예측한다. 원본 w^*는 그림 11.13의 첫 번째 행이 보여준다. 두 번째 행은 $\lambda = 0.1\lambda_{\max}$를 사용하는 ℓ_1 추정값 $\hat{w}_{L1}$이다. 이것이 올바른 위치에 '솟구침'을 가지므로, 유의한 변수를 올바르게 식별했음

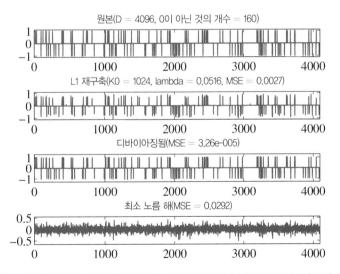

그림 11.13 라쏘를 사용해 희박한 신호를 발견하는 예시. 자세한 내용은 본문을 참고하라. 출처: [FNW07] 의 그림 1. sparse_sensing_demo.ipynb로 생성했다.

을 볼 수 있다. 그러나 $\hat{w}_{L1}$이 0이 아닌 성분을 올바르게 식별함을 볼 수 있다 하더라도 이들은 수축으로 인해 너무 작다. 세 번째 행은 11.4.3절에서 논의한 디바이어징debiasing 기법을 사용한 결과를 보여준다. 이는 원본 가중치 벡터를 찾을 수 있음을 보여준다. 반대로 마지막 행은 밀집한 OLS 추정값을 보여준다. 게다가 $\hat{w}_{\text{mle}}$에 적용하여 올바른 희박 가중치 벡터를 발견할 수 있게 해주는 단일 임곗값이 존재하지 않음이 시각적으로 분명해 보인다.

라쏘를 사용해 변수 선택을 수행하려면, λ를 골라야만 한다. 보통 교차 검증을 사용해 정칙화 경로에서의 최적값을 고른다. 그러나 교차 검증은 좋은 예측 정확도를 야기하는 λ 값을 고른다는 점을 아는 것이 중요하다. 이는 '참인' 모델을 발견할 가능성이 있는 값과 같지 않은 것이 보통이다. 왜 그런지 이해하려면, ℓ_1 정칙화는 선택 그리고 수축을 수행함을, 즉 선택한 계수를 0으로 가까이 보냄을 상기하라. 유의한 계수가 이러한 방식으로 수축되는 것을 방지하기 위해, 교차 검증은 너무 크지 않은 λ 값을 고르는 경향을 보일 것이다. 물론 이는 유의하지 않은 변수(거짓 양성)를 포함하는 덜 희박한 모델을 야기할 것이다. 실제로 [MB06]에서 λ의 예측 최적값이 모델 선택 일관성을 갖지 않음을 증명했다. 그러나 기본적인 방법을 다양하게 확장한, 모델 선택 일관적인 것들이 고안되어 왔다(예: [BG11; HTW15] 참고).

11.4.7 그룹 라쏘

표준적인 ℓ_1 정칙화에서는 모수와 변수 사이에 1:1에 해당하는 관계가 있다고 가정하므로, $\hat{w}_d = 0$이라면 이는 변수 d가 배제된다는 뜻으로 해석한다. 그러나 더 복잡한 모델에서 주어진 변수와 연관이 있는 모수가 많을 수 있다. 특히 각 변수 d가 연관된 가중치 벡터 $\boldsymbol{w}_d$를 가질 수도 있으므로, 전체 가중치 벡터가 $\boldsymbol{w} = [\boldsymbol{w}_1, \boldsymbol{w}_2, ..., \boldsymbol{w}_D]$의 블록 구조를 갖는다. 변수 d를 제외하고자 한다면, 전체 부분벡터 $\boldsymbol{w}_d$가 0이 되도록 강제해야 한다. 이는 **그룹 희박성**group sparsity이라 부른다.

11.4.7.1 응용

그룹 희박성이 유용한 예시는 다음과 같다.

- 범주형 입력이 있는 선형 회귀: d번째 변수가 K개의 가능한 수준을 갖는 범주형이라면, 이는 길이 K의 원핫 벡터로 표현될 것이므로(1.5.3.1절), 변수 d를 제외하려면 들어오는 가중치의 전체 벡터를 0으로 두어야 한다.

- 다변량 로지스틱 회귀: d번째 변수가 각 클래스당 하나씩 C개의 서로 다른 가중치와 연관될 것이므로(10.3절), 변수 d를 제외하려면 나가는 가중치의 전체 벡터를 0으로 두어야 한다.

- 신경망: k번째 뉴런이 복수의 입력을 가질 것이므로, '뉴런을 끄기'를 원한다면 들어오는 모든 가중치를 0으로 두어야 한다. 이는 신경망 구조에 그룹 희박성을 사용할 수 있게 해준다 (자세한 내용은 예로 [GEH19]를 참고하라).

- 멀티 태스크 학습: 각 입력 특성이 C개의 서로 다른 가중치에, 출력 과제당 하나씩 연관되어 있다. 특성을 모든 과제에 사용하거나 또는 어떠한 과제에도 사용하지 않고자 한다면, 가중치를 그룹 레벨에서 선택해야 한다[OTJ07].

11.4.7.2 2-노름 불이익화

그룹 희박성을 부추기려면, 모수 벡터를 G개 그룹 $\boldsymbol{w} = [\boldsymbol{w}_1, ..., \boldsymbol{w}_G]$로 분할한다. 그 뒤 다음의 목적 함수를 최소화한다.

$$\text{PNLL}(\boldsymbol{w}) = \text{NLL}(\boldsymbol{w}) + \lambda \sum_{g=1}^{G} ||\boldsymbol{w}_g||_2 \tag{11.97}$$

여기서 $||\boldsymbol{w}_g||_2 = \sqrt{\Sigma_{d \in g} w_d^2}$은 그룹 가중치 벡터의 2-노름이다. NLL이 최소 제곱이라면, 이 방법은 **그룹 라쏘**group lasso라 부른다[YL06; Kyu+10].

식 (11.97)에서의 2-노름 제곱합을 사용했다면, 모델은 다음으로 인해 릿지 회귀와 동등해질 것이다.

$$\sum_{g=1}^{G} ||\boldsymbol{w}_g||_2^2 = \sum_{g} \sum_{d \in g} w_d^2 = ||\boldsymbol{w}||_2^2 \tag{11.98}$$

제곱근을 사용함으로써, 그룹의 가중치를 포함하는 공의 반지름에 불이익을 주고 있다. 반지름을 작게 만드는 유일한 방법은 모든 요소가 작아지는 수밖에 없다.

왜 제곱근 버전이 그룹 레벨에서 희박성을 강제하는지 보는 또 다른 방법은 목적 함수의 기울기를 고려하는 것이다. 변수가 2개인 오직 하나의 그룹이 있다고 해보면, 불이익은 $\sqrt{w_1^2 + w_2^2}$의 형식을 갖는다. w_1에 대한 도함수는 다음과 같다.

$$\frac{\partial}{\partial w_1}(w_1^2 + w_2^2)^{\frac{1}{2}} = \frac{w_1}{\sqrt{w_1^2 + w_2^2}} \qquad (11.99)$$

w_2가 0에 가깝다면 도함수는 1로 접근하며, w_1 또한 λ에 비례하는 힘과 함께 0으로 보내진다. 그러나 w_2가 크다면 도함수는 0으로 접근하며, w_1 또한 큰 값으로 자유롭게 머물러 있을 수 있다. 따라서 그룹 내 모든 계수는 비슷한 크기를 가질 것이다.

11.4.7.3 무한 노름 불이익화

이 기법의 변형은 2-노름을 무한 노름infinity-norm으로 바꾼다[TVW05; ZRY05].

$$||\boldsymbol{w}_g||_\infty = \max_{d \in g} |w_d| \qquad (11.100)$$

그룹 내 가장 큰 요소가 0으로 강제되면 작은 것들 또한 모두 그럴 것이기 때문에, 이는 그룹 희박성을 야기함이 분명하다.

11.4.7.4 예시

이들 기법은 그림 11.14와 그림 11.15에서 보여주고 있다. 크기 $D = 2^{12} = 4096$의 참인 신호 $\boldsymbol{w}$가 있으며, 이는 크기 64의 64개 그룹으로 나눠져 있다. $\boldsymbol{w}$의 8개 그룹을 무작위로 선택하고 이들에 0이 아닌 값을 할당한다. 그림 11.14에서는 값을 $\mathcal{N}(0, 1)$로부터 뽑는다. 그림 11.15에서는 값을 모두 1로 둔다. 그 뒤 크기 $N \times D$의 디자인 행렬 $\mathbf{X}$를 무작위로 표집하고, 이때 $N = 2^{10} = 1024$이다. 마지막으로 $\boldsymbol{\epsilon} \sim \mathcal{N}(\mathbf{0}, 10^{-4}\mathbf{I}_N)$일 때 $\boldsymbol{y} = \mathbf{X}\boldsymbol{w} + \boldsymbol{\epsilon}$을 생성한다. 이 데이터가 주어졌을 때 ℓ_1 또는 그룹 ℓ_1을 사용해 $\boldsymbol{w}$의 지지를 추정한 뒤, 최소 제곱을 사용해 0이 아닌 값을 추정한다 (디바이아징된 추정값).

그림으로부터 그룹 라쏘가 바닐라 라쏘보다 일을 훨씬 더 잘함을 볼 수 있다. 왜냐하면 알려진 그룹 구조를 중요시하기 때문이다. 또한 ℓ_∞ 노름이 블록 내 모든 요소가 비슷한 크기를 갖도록 만듦을 볼 수 있다. 이는 두 번째 예시에서 적절하지만, 첫 번째에서는 그렇지 않다(λ 값은 모든 예시에서 같았으며 수동으로 직접 선택했다).

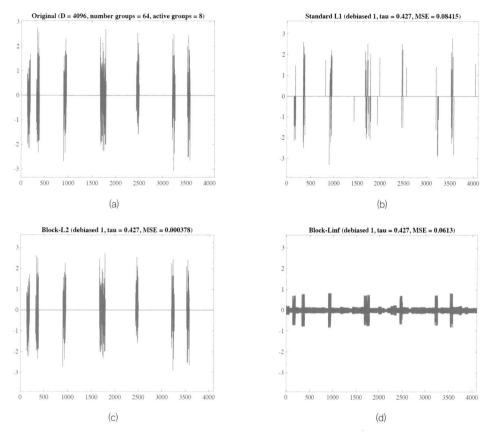

그림 11.14 본래 신호가 조각별 가우스인 그룹 라쏘를 보여준다. (a) 본래 신호, (b) 바닐라 라쏘 추정값, (c) 블록에 ℓ_2 노름을 사용하는 그룹 라쏘 추정값, (d) 블록에 ℓ_∞ 노름을 사용하는 그룹 라쏘 추정값. 출처: [WNF09]의 그림 3-4. groupLassoDemo.ipynb로 생성했다.

11.4.8 엘라스틱넷(릿지와 라쏘 조합)

그룹 라쏘에서는 미리 그룹 구조를 구체화해야 한다. 몇몇 문제에서는 그룹 구조를 알지 못하지만, 여전히 상관성이 높은 계수를 암묵적 그룹으로 다루기를 원할 수 있다. 이 효과를 달성하는 한 가지 방법은 [ZH05]에서 제안한 라쏘와 릿지 회귀 사이의 하이브리드인 **엘라스틱넷**elastic net을 사용하는 것이다.[3] 이는 다음의 목적 함수 최소화에 해당한다.

---

3 이를 '엘라스틱넷'이라 부르는 이유는 마치 모든 큰 물고기를 남기는 신축성 있는 어망과 같기 때문인 것 같다[ZH05].

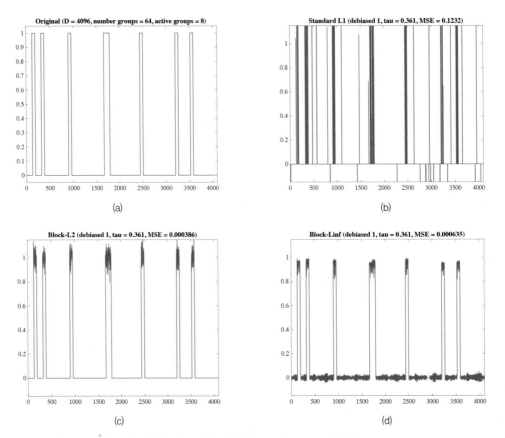

그림 11.15 원본 신호가 조각별 상수라는 점을 제외하고 그림 11.14와 같다. groupLassoDemo.ipynb로 생성했다.

$$\mathcal{L}(\boldsymbol{w}, \lambda_1, \lambda_2) = ||\boldsymbol{y} - \mathbf{X}\boldsymbol{w}||^2 + \lambda_2||\boldsymbol{w}||_2^2 + \lambda_1||\boldsymbol{w}||_1 \tag{11.101}$$

이 불이익 함수는 엄격하게 볼록이므로($\lambda_2 > 0$라 가정하면) $\mathbf{X}$가 완전 계수가 아니더라도 고유한 전역 최솟값이 존재한다. $\boldsymbol{w}$에 임의의 엄격한 볼록 불이익을 가하면 **그룹화 효과**grouping effect를 나타냄을 보일 수 있다[ZH05]. 이는 상관성이 높은 변수의 회귀 계수가 같아지는 경향이 있음을 뜻한다. 특히 두 특성이 $\mathbf{X}_{:j} = \mathbf{X}_{:k}$로 완전히 동일하다면, 이들의 추정값 $\hat{w}_j = \hat{w}_k$ 또한 동일함을 보일 수 있다. 반대로 라쏘에서는 $\hat{w}_j = 0$이고 $\hat{w}_k \neq 0$이거나 그 반대일 수 있기 때문에 덜 안정적인 추정값이 된다.

엘라스틱넷은 이러한 부드러운 그룹화 움직임에 더해, 다른 이점을 갖는다. 특히 $D > N_{\mathcal{D}}$라면,

선택할 수 있는 0이 아닌 요소의 최대 개수는(D개의 0이 아닌 요소를 갖는 MLE는 제외하고) N_D이다. 반대로 엘라스틱넷은 밀집적인 추정값에 대한 경로에서 N_D개 이상의 0이 아닌 변수를 선택할 수 있으므로, 더 많은 가능성 있는 변수 부분집합을 탐색한다.

11.4.9 최적화 알고리듬

많은 다양한 알고리듬이 라쏘 문제 및 다른 ℓ_1 정칙화 볼록 목적 함수를 풀기 위해 제안되어 왔다. 가장 인기 있는 방법 몇 가지를 이번 절에서 간단히 언급한다.

11.4.9.1 좌표하강

때때로 모든 변수를 동시에 최적화하기는 힘들지만, 이들을 하나씩 최적화하기는 쉬운 경우가 있다. 특히 다음과 같이 다른 모든 변수는 고정한 채 j번째 계수를 풀 수 있다.

$$w_j^* = \operatorname*{argmin}_{\eta} \mathcal{L}(\boldsymbol{w} + \eta \boldsymbol{e}_j) \tag{11.102}$$

여기서 $\boldsymbol{e}_j$는 j번째 단위 벡터다. 이는 **좌표하강**coordinate descent이라 부른다. 이는 결정론적 방식으로 좌표를 따라 순회하거나, 아니면 이들을 무작위로 표집하거나, 또는 기울기가 가장 가파른 좌표를 업데이트하도록 선택할 수 있다.

이 방법은 각 1차원 최적화 문제를 라쏘의 경우와 같이(식 (11.87) 참고) 분석적으로 풀 수 있을 때 특히 매력적으로 보인다. 이는 **슈팅**shooting 알고리듬이라 한다[Fu98; WL08]('슈팅'이란 용어는 '올가미lasso'라는 용어에 영감을 받은 카우보이 테마를 참조한 것이다). 자세한 내용은 알고리듬 4를 참고하라.

알고리듬 4: 라쏘를 위한 좌표하강(슈팅 알고리듬)

---

1 $\boldsymbol{w} = (\mathbf{X}^\mathsf{T}\mathbf{X} + \lambda \mathbf{I})^{-1}\mathbf{X}^\mathsf{T}\boldsymbol{y}$를 초기화한다.
2 반복한다.
3   $d = 1, \ldots, D$에 대해 다음을 한다.
4    $a_d = \sum_{n=1}^{N} x_{nd}^2$
5    $c_d = \sum_{n=1}^{N} x_{nd}(y_n - \boldsymbol{w}^\mathsf{T}\boldsymbol{x}_n + w_d x_{nd})$
6    $w_d = \operatorname{SoftThreshold}(\frac{c_d}{a_d}, \lambda/a_d)$
7 수렴할 때까지

이 좌표하강법은 [FHT10]에서 GLM의 경우로 일반화됐으며, 이는 인기 있는 **glmnet** 소프트웨어 라이브러리의 기반이 된다.

11.4.9.2 사영된 경사하강

이 절에서는 미분 불가능한 ℓ_1 불이익을 평활한 정칙자로 변환한다. 이를 위해 먼저 **분할 변수 기법**split variable trick을 사용해 $\boldsymbol{w} = \boldsymbol{w}^+ - \boldsymbol{w}^-$를 정의하며, 여기서 $\boldsymbol{w}^+ = \max\{\boldsymbol{w}, 0\}$ 그리고 $\boldsymbol{w}^- = -\min\{\boldsymbol{w}, 0\}$이다. 이제 $||\boldsymbol{w}||_1$을 $\sum_d (w_d^+ + w_d^-)$로 바꿀 수 있다. 또한 $\mathrm{NLL}(\boldsymbol{w})$를 $\mathrm{NLL}(\boldsymbol{w}^+ + \boldsymbol{w}^-)$로 바꿔야 한다. 따라서 다음의 평활한, 그러나 제약된 최적화 문제를 얻는다.

$$\min_{\boldsymbol{w}^+ \geq 0, \boldsymbol{w}^- \geq 0} \mathrm{NLL}(\boldsymbol{w}^+ - \boldsymbol{w}^-) + \lambda \sum_{d=1}^{D} (w_d^+ + w_d^-) \tag{11.103}$$

가우스 가능도의 경우, NLL은 최소 제곱 손실이 되며 목적 함수는 이차 프로그램이 된다(8.5.4절). 이러한 문제를 푸는 한 가지 방법은 사영된 경사하강projected gradient descent을 사용하는 것이다(8.6.1절). 특히 양의 사분면orthant에 사영을 하여 제약을 강제할 수 있으며, 이는 $w_d := \max(w_d, 0)$을 사용해 할 수 있다. 이 연산은 P_+로 표기한다. 따라서 사영된 기울기 업데이트는 다음의 형식을 취한다.

$$\begin{pmatrix} \boldsymbol{w}_{t+1}^+ \\ \boldsymbol{w}_{t+1}^- \end{pmatrix} = P_+ \left(\begin{bmatrix} \boldsymbol{w}_t^+ - \eta_t \nabla \mathrm{NLL}(\boldsymbol{w}_t^+ - \boldsymbol{w}_t^-) - \eta_t \lambda \boldsymbol{e} \\ \boldsymbol{w}_t^- + \eta_t \nabla \mathrm{NLL}(\boldsymbol{w}_t^+ - \boldsymbol{w}_t^-) - \eta_t \lambda \boldsymbol{e} \end{bmatrix} \right) \tag{11.104}$$

여기서 $\boldsymbol{e}$는 요소가 모두 1인 단위 벡터다.

11.4.9.3 프록시말 경사하강

8.6절에서 평활 함수를 ℓ_1과 같은 비평활 불이익으로 최적화하는 데 사용할 수 있는 프록시말 경사하강을 소개했다. 8.6.2절에서는 ℓ_1 불이익을 위한 프록시말 연산자가 부드러운 임계화에 해당함을 보였다. 따라서 프록시말 경사하강 업데이트는 다음으로 쓸 수 있다.

$$\boldsymbol{w}_{t+1} = \mathrm{SoftThreshold}(\boldsymbol{w}_t - \eta_t \nabla \mathrm{NLL}(\boldsymbol{w}_t), \eta_t \lambda) \tag{11.105}$$

여기서 부드러운 임계화 연산자(식 (8.134))는 요소별로 적용된다. 이는 **반복적 연임계화 알고리듬**Iterative

Soft Thresholding Algorithm, 즉 ISTA라 부른다[DDDM04; Don95]. 이를 네스테로프 가속화와 조합하면, '빠른 ISTA^{Fast ISTA}', 즉 FISTA라는 방법을 얻는다[BT09]. 이는 희박 선형 모델을 적합시키는데 널리 쓰인다.

11.4.9.4 LARS

이 절에서는 공집합에서 시작하여 서로 다른 λ의 값을 위한 해 집합을 생성할 수 있는 방법을 논의한다. 즉, 이들은 완전 정칙화 경로를 계산한다(11.4.4절). 이 알고리듬은 $\lambda_k \approx \lambda_{k-1}$이라면 $\hat{w}(\lambda_{k-1})$로부터 $\hat{w}(\lambda_k)$를 빠르게 계산할 수 있다는 사실을 활용한다. 이는 **웜스타팅**^{warm starting}이라 한다. 사실 λ의 값이 하나인 해 집합만을 원한다 하더라도, 웜스타팅을 사용해 $\lambda_{\max}$로부터 아래 방향으로 λ_*로 해 집합을 계산하는 것이 연산적으로 더 효율적일 수 있다. 이는 **연속법**^{continuation method} 또는 **호모토피**^{homotopy}법이라 부른다. 이는 λ_*에서 직접 '콜드스타팅^{cold-starting}'하는 것보다 훨씬 빠른 경우가 많다. 이는 특히 λ_*가 작을 때 그러하다.

'최소각 회귀 및 수축^{Least Angle Regression and Shrinkage}'을 뜻하는 LARS 알고리듬[Efr+04]은 라쏘 문제를 위한 호모토미법의 예시다. 이는 λ의 가능한 모든 값에 대한 $\hat{w}(\lambda)$를 효율적인 방식으로 계산할 수 있다(비슷한 알고리듬이 [OPT00b; OPT00a]에서 독립적으로 고안됐다).

LARS는 다음과 같이 동작한다. 이는 반응 벡터 y와 가장 상관성이 있는 변수만을 선택하도록 λ의 가장 큰 값으로 시작한다. 그 뒤 현재 잔차에서 첫 번째 변수와 같은 상관성을(크기 측면에서) 갖는 두 번째 변수를 찾을 때까지 λ를 감소시킨다. 이때 경로에서 단계 k의 잔차는 $r_k = y - \mathbf{X}_{:,F_k} w_k$로 정의하며, 여기서 F_k는 현재 **활성 집합**^{active set}이다(식 (11.83) 참고). 기하학적 편각^{argument}을 사용해(그래서 용어가 '최소각'이다) λ의 새로운 값을 분석적으로 풀 수 있다는 점을 주목하자. 이는 알고리듬이 활성 집합이 바뀌는 다음 정칙화 경로 지점으로 빠르게 '점프'할 수 있게 해준다. 이는 모든 변수가 추가될 때까지 반복된다.

라쏘의 정칙화 경로에 해당하는 해의 시퀀스를 원한다면, λ를 증가시킨다 하더라도 현재 활성 집합으로부터 변수를 제거할 수 있도록 하는 것이 중요하다. 변수 제거를 허용하지 않는다면, **최소각 회귀**^{Least Angle Regression}, 즉 LAR이라 부르는 약간 다른 알고리듬을 얻는다. LAR은 **탐욕적 전진 선택**^{greedy forward selection} 및 **최소 제곱 부스팅**^{least squares boosting}이라는 방법과 매우 유사하다(예: [HTW15] 참고).

11.5 회귀 스플라인*

다항 기저 함수를 사용해, 모델이 여전히 모수에서 선형으로 남아 있다 하더라도 입력으로부터 출력으로 비선형 매핑을 만드는 방법을 본 적이 있다. 다항식의 문제 중 하나는 이들이 함수에 대한 전역 근사라는 점이다. 더 높은 유연성은 일련의 국소 근사를 사용해 달성할 수 있다. 이를 위해서는 단지 국소 지지를 갖는 기저 함수 집합을 정의하기만 하면 된다. '국소성^{locality}' 개념은 고차원 입력 공간에서 정의하기가 어려우므로, 이 절에서 1차원 입력으로 제한한다. 그러면 다음을 사용해 함수를 근사할 수 있다.

$$f(x; \boldsymbol{\theta}) = \sum_{i=1}^{m} w_i B_i(x) \tag{11.106}$$

여기서 B_i는 i번째 기저 함수다.

이러한 기저 함수를 정의하는 일반적인 방법은 **B 스플라인**$^{B\text{-}spline}$을 사용하는 것이다('B'는 '기저^{basis}'를 뜻하며, '스플라인^{spline}'이란 용어는 예술가가 곡선을 그리기 위해 사용하는 유연한 물질 조각을 가리킨다). 이는 11.5.1절에서 더 자세히 논의한다.

11.5.1 B 스플라인 기저 함수

스플라인은 D차원의 조각별 다항식이며, 이때 조각의 위치는 **노트**^{knot}의 집합 $t_1 < \cdots < t_m$으로 정의한다. 더 정확하게 하자면 다항식은 각 구간 $(-\infty, t_1)$, $[t_1, t_2]$, ..., $[t_m, \infty)$에 정의된다. 함수는 연속이며 노트 지점에서 차수 1, ..., $D - 1$의 연속형 도함수를 갖는다. 보통 $D = 3$인 **3차 스플라인**$^{cubic \, spline}$을 사용한다. 이는 함수가 연속이며, 각 노트에서 연속형의 일차 및 이차 도함수를 가짐을 보장한다.

B 스플라인을 계산하는 자세한 방법은 우리 목적에 부합하지 않으므로 건너뛴다. patsy.bs[4] 함수를 호출하여 $N \times 1$ 데이터 행렬 $\mathbf{X}$를 $N \times (K + D + 1)$ 디자인 행렬 $\mathbf{B}$로 변환할 수 있다고 말하는 것으로 충분하다. 여기서 K는 노트의 수이며, D는 차수다(아니면 원하는 기저 함수 개수를 지정하고 patsy가 노트의 숫자 및 위치에 대해 일을 하도록 할 수 있다).

---

4 https://patsy.readthedocs.io/en/latest/API-reference.html#patsy.bs를 참고하라. – 옮긴이

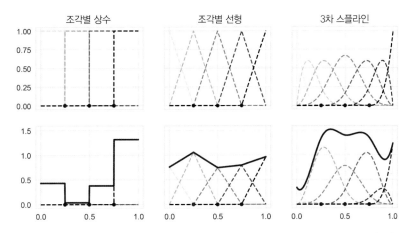

그림 11.16 0, 1, 3차 B 스플라인을 보여준다. 상단 행: 비가중된 기저 함수. 점은 3개의 내부 노트를 [0.25, 0.5, 0.75]에서 마킹하고 있다. 하단 행: 무작위 가중치를 사용한 기저 함수의 가중된 조합. splines_basis_weighted.ipynb로 생성했다. 출처: [MKL11]의 그림 5.4. 오스발도 마틴(Osvaldo Martin)이 친절하게 사용을 허가했다.

그림 11.16은 이 접근법을 보여주며, 이때 노트가 3인 차수 0, 1, 3의 B 스플라인을 사용한다. 이들 기저 함수의 가중된 조합을 취함으로써, 하단 행에서 보여주듯이 점차 평활한 함수를 얻을 수 있다.

그림 11.16으로부터 각 개별 기저 함수가 국소 지지를 가짐을 볼 수 있다. 임의의 주어진 입력 지점 x에서, 오직 $D + 1$개의 기저 함수만이 '활성화'될 것이다. 이는 디자인 행렬 $\mathbf{B}$ 그 자체를 그리면 더욱 명백해진다. 먼저 그림 11.17(a)가 보여주는 조각별 상수 스플라인을 고려해 보자. 첫 번째 B 스플라인(1열)은 처음 5개 관측치에 대해 1이며, 그 외에는 0이다. 두 번째 B 스플라인(0열)은 처음 5개 관측치에서 0, 두 번째 5개에서 1, 그리고 또다시 0이다. 이제 그림 11.17(b)의 선형 스플라인을 고려해 보자. 처음 B 스플라인(0열)은 1에서 0으로 움직이며, 다음 3개의 스플라인은 0에서 1로 그리고 다시 0으로 돌아온다. 마지막 스플라인(4열)은 0에서 1로 움직인다. 이는 그림 11.16의 상단 가운데 패널의 삼각형 모양을 반영하고 있다. 마지막으로 그림 11.17(c)가 보여주는 3차 스플라인을 고려해 보자. 여기서 활성화의 패턴이 더 평활하며, 결과 모델 적합 또한 더 평활적이다.

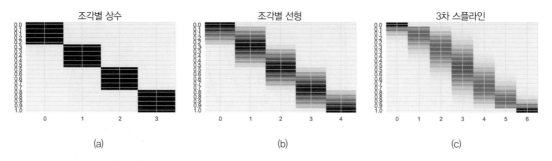

조각별 상수	조각별 선형	3차 스플라인
(a)	(b)	(c)

그림 11.17 차수 (a) 0, (b) 1, (c) 3인 B 스플라인의 디자인 행렬. 범위가 0~1인 20개 입력에 스플라인을 값 매김한다. splines_basis_heatmap.ipynb로 생성했다. 출처: [MKL11]의 그림 5.6. 오스발도 마틴이 친절하게 사용을 허가했다.

11.5.2 스플라인 기저를 사용해 선형 모델 적합시키기

디자인 행렬 $\mathbf{B}$를 계산했으면, 이를 사용해 선형 모델을 최소 제곱이나 릿지 회귀를 사용해 적합시킬 수 있다(보통 어떠한 정칙화를 사용하는 것이 가장 좋다). 예시로 [McE20, 4.5절]의 데이터셋을 고려한다. 이는 일본에서 벚꽃 시즌이 시작되는 해의 첫 번째 날 그리고 이에 해당하는 기온을 기록하고 있다(이 데이터를 사용하는 이유는 흥미로운 반주기적semi-periodic 구조를 갖기 때문이다). 데이터를 3차 스플라인을 사용해 적합시킨다. 노트는 15개를 고르고, 데이터의 분위에 따라 공간을 갖는다. 결과는 그림 11.18에서 보여준다. 적합이 적절함을 볼 수 있다. 노트를 더 많이 사용하면 적합의 질을 개

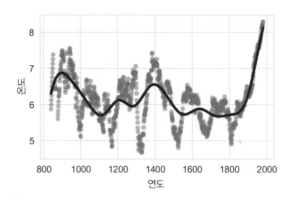

그림 11.18 1차원 데이터셋에 노트가 15개인 3차 스플라인 회귀 모델을 적합시킨다. splines_cherry_blossoms.ipynb로 생성했다. 출처: [McE20]의 그림 5.3

선하겠지만, 결국 과적합을 야기할 수 있다. 격자 검색에 교차 검증을 더한 것과 같은 모델 선택법을 사용해 노트의 개수를 선택할 수 있다.

11.5.3 평활 스플라인

평활 스플라인^{smoothing spline}은 회귀 스플라인과 관련이 있지만, N이 데이터 지점의 개수일 때 N개의 노트를 사용한다. 즉, 모수의 개수가 사전에 고정되어 있는 것이 아니라 데이터의 크기에 따라 커지므로, 이는 비모수적 모델이다. 과적합을 피하기 위해 평활 스플라인은 ℓ_2 정칙화에 의존한다. 이 기법은 17.2절에서 논의하는 가우스 과정 회귀^{Gaussian process regression}와 긴밀한 관계가 있다.

11.5.4 일반화 가법 모델

일반화 가법 모델^{Generalized Additive Model}, 즉 **GAM**은 스플라인 회귀를 다차원 입력의 경우로 확장한다 [HT90]. 이는 입력 사이의 상호 작용을 무시하고, 함수가 다음의 가법적 형식을 갖는다고 가정함으로써 이를 해낸다.

$$f(\boldsymbol{x}; \boldsymbol{\theta}) = \alpha + \sum_{d=1}^{D} f_d(x_d) \tag{11.107}$$

여기서 각 f_d는 회귀 또는 평활 스플라인이다. 이 모델은 각 f_d를 다른 항에 의해 생성된 부분적인 잔차에 반복적으로 적합시키는 **역적합**^{backfitting}을 사용해 적합시킬 수 있다. GAM은 일반화 선형 모델(12장)에서와 같이 링크 함수를 사용함으로써 회귀의 경우를 넘어(예: 분류) 확장할 수 있다.

11.6 로버스트 선형 회귀*

회귀 모델에서의 잡음은 평균이 0이고 분산이 상수인 가우스 분포 $r_n \sim \mathcal{N}(0, \sigma^2)$을 사용해 모델링하는 것이 매우 일반적이다. 여기서 $r_n = y_n - \boldsymbol{w}^{\mathsf{T}} \boldsymbol{x}_n$이다. 이 경우 가능도의 최대화는 앞서 봤듯이 잔차제곱합의 최소화와 동등하다. 그러나 데이터에 **이상치**가 있다면, 이는 그림 11.19(a)에서 보여주듯이 나쁜 적합을 야기할 수 있다(이상치는 그림의 하단에 있는 점이다). 이는 제곱 오차가 편

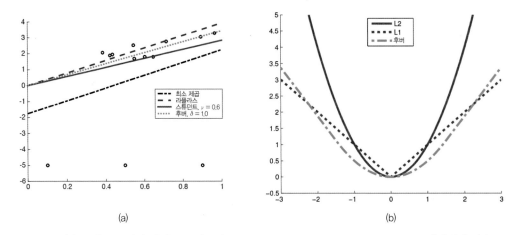

그림 11.19 (a) 로버스트 선형 회귀를 보여준다. linregRobustDemoCombined.ipynb로 생성했다. (b) ℓ_2, ℓ_1 그리고 $\delta = 1.5$인 후버 손실 함수를 보여준다. huberLossPlot.ipynb로 생성했다.

차에 이차적으로 불이익을 주기 때문이다. 따라서 선에서 멀리 있는 점은 선 가까이에 있는 점보다 더 큰 영향을 미친다.

로버스트성^{robustness}을 달성하는 한 가지 방법은 반응 변수를 위한 가우스 분포를 **두꺼운 꼬리**^{heavy tail}를 갖는 분포로 바꾸는 것이다. 이러한 분포는 직선이 이상치를 '설명'하기 위해 섭동되도록 하지 않으면서, 이상치에 높은 가능도를 할당할 것이다. 아래에서 반응 변수를 위한 다른 가능한 확률 분포 몇 가지를 논의한다. 요약은 표 11.2를 참고하라.

가능도	사전	사후	이름	절
가우스	균일	점	최소 제곱	11.2.2
스튜던트	균일	점	로버스트 회귀	11.6.2
라플라스	균일	점	로버스트 회귀	11.6.1
가우스	가우스	점	릿지	11.3
가우스	라플라스	점	라쏘	11.4
가우스	가우스-감마	가우스-감마	베이즈 선형 회귀	11.7

표 11.2 선형 회귀를 위해 쓰이는 다양한 가능도, 사전 및 사후 분포의 요약. 가능도는 $p(y \,|\, \boldsymbol{x}, \boldsymbol{w}, \sigma^2)$의 분포적 형식을 나타내며, 사전 분포는 $p(\boldsymbol{w})$의 분포적 형식을 나타낸다. 사후 분포는 $p(\boldsymbol{w} \,|\, \mathcal{D})$의 분포적 형식을 나타낸다. '점(point)'은 퇴화 분포 $\delta(\boldsymbol{w} - \hat{\boldsymbol{w}})$를 뜻하며, 여기서 $\hat{\boldsymbol{w}}$은 MAP 추정값이다. MLE는 점 사후 분포 및 균일 사전 분포를 사용하는 것과 동등하다.

11.6.1 라플라스 가능도

2.7.3절에서 라플라스 분포 또한 이상치에 로버스트하다고 언급했다. 이를 회귀를 위한 관측 모델로 사용하면 다음의 가능도를 얻는다.

$$p(y|\boldsymbol{x}, \boldsymbol{w}, b) = \text{Laplace}(y|\boldsymbol{w}^\mathsf{T}\boldsymbol{x}, b) \propto \exp(-\frac{1}{b}|y - \boldsymbol{w}^\mathsf{T}\boldsymbol{x}|) \tag{11.108}$$

로버스트성은 $(y - \boldsymbol{w}^\mathsf{T}\boldsymbol{x})^2$ 대신에 $|y - \boldsymbol{w}^\mathsf{T}\boldsymbol{x}|$를 사용함으로써 생긴다. 그림 11.19(a)가 이 방법의 예시를 실제로 제공한다.

11.6.1.1 선형 프로그래밍을 사용해 MLE 계산하기

이 모델의 MLE는 선형 프로그래밍을 사용해 계산할 수 있다. 8.5.3절에서 설명하듯이 이는 다음 형식의 제약된 최적화 문제를 푸는 방법이다.

$$\underset{\boldsymbol{v}}{\text{argmin}}\ \boldsymbol{c}^\mathsf{T}\boldsymbol{v} \quad \text{s.t.} \quad \mathbf{A}\boldsymbol{v} \le \boldsymbol{b} \tag{11.109}$$

여기서 $\boldsymbol{v} \in \mathbb{R}^n$는 n개의 알 수 없는 모수의 집합, $\boldsymbol{c}^\mathsf{T}\boldsymbol{v}$는 최소화하고자 하는 선형 목적 함수, $\boldsymbol{a}_i^\mathsf{T}\boldsymbol{v} \le b_i$는 반드시 만족해야 하는 m개의 선형 제약 집합이다. 이를 문제에 적용하기 위해 $\boldsymbol{v} = (w_1, \dots, w_D, e_1, \dots, e_N) \in \mathbb{R}^{D+N}$을 정의하자. 여기서 $e_i = |y_i - \hat{y}_i|$은 예제 i를 위한 잔차 오차다. 잔차합을 최소화하기를 원하므로 $\boldsymbol{c} = (0, \dots, 0, 1, \dots, 1) \in \mathbb{R}^{D+N}$을 정의하며, 여기서 처음 D개 요소는 0이고 마지막 N개 요소는 1이다.

우리는 $e_i = |\hat{y}_i - y_i|$라는 제약을 강제해야 한다. 사실 이는 $|\boldsymbol{w}^\mathsf{T}\boldsymbol{x}_i - y_i| \le e_i$라는 제약을 강제하는 것으로 충분하다. 왜냐하면 e_i들의 합을 최소화하면 이 제약을 '내리 눌러push down' 단단하게 만들 것이기 때문이다. $|a| \le b \Rightarrow -b \le a \le b$이므로 $|\boldsymbol{w}^\mathsf{T}\boldsymbol{x}_i - y_i| \le e_i$를 2개의 선형 제약으로 인코딩할 수 있다.

$$e_i \ge \boldsymbol{w}^\mathsf{T}\boldsymbol{x}_i - y_i \tag{11.110}$$

$$e_i \ge -(\boldsymbol{w}^\mathsf{T}\boldsymbol{x}_i - y_i) \tag{11.111}$$

식 (11.110)은 다음과 같이 쓸 수 있다.

$$\left(\boldsymbol{x}_i, 0, \cdots, 0, -1, 0, \cdots, 0 \right)^\top \boldsymbol{v} \le y_i \tag{11.112}$$

여기서 처음 D개 항목은 $\boldsymbol{x}_i$로 채워지고, 벡터의 $(D + i)$번째 항목에는 -1이 들어간다. 마찬가지로, 식 (11.111)은 다음과 같이 쓸 수 있다.

$$\left(-\boldsymbol{x}_i, 0, \cdots, 0, -1, 0, \cdots, 0 \right)^\top \boldsymbol{v} \le -y_i \tag{11.113}$$

이들 제약은 다음과 같이 $\mathbf{A} \in \mathbb{R}^{2N \times (N+D)}$를 정의하여 $\mathbf{A}\boldsymbol{v} \le \boldsymbol{b}$의 형식으로 쓸 수 있다.

$$\mathbf{A} = \begin{pmatrix} \boldsymbol{x}_1 & -1 & 0 & 0\cdots & 0 \\ -\boldsymbol{x}_1 & -1 & 0 & 0\cdots & 0 \\ \boldsymbol{x}_2 & 0 & -1 & 0\cdots & 0 \\ -\boldsymbol{x}_2 & 0 & -1 & 0\cdots & 0 \\ & & \vdots & & \end{pmatrix} \tag{11.114}$$

그리고 $\boldsymbol{b} \in \mathbb{R}^{2N}$는 다음과 같이 정의한다.

$$\boldsymbol{b} = \left(y_1, -y_1, y_2, -y_2, \cdots, y_N, -y_N \right) \tag{11.115}$$

11.6.2 스튜던트-*t* 가능도

2.7.1절에서 스튜던트 분포의 로버스트 속성을 논의했다. 이를 회귀의 맥락에서 사용하기 위해, [Zel76]에서의 제안과 같이 단지 평균을 선형 함수의 입력으로 만들 수 있다.

$$p(y|\boldsymbol{x}, \boldsymbol{w}, \sigma^2, \nu) = \mathcal{T}(y|\boldsymbol{w}^\top \boldsymbol{x}, \sigma^2, \nu) \tag{11.116}$$

이 모델은 SGD 또는 EM을 사용해 적합시킬 수 있다(자세한 내용은 [Mur23]을 참고하라).

11.6.3 후버 손실

라플라스 또는 스튜던트 가능도를 사용해 NLL을 최소화하는 것의 대안으로 다음과 같이 정의되는 **후버 손실**Huber loss을 사용한다.

$$\ell_{\text{huber}}(r, \delta) = \begin{cases} r^2/2 & |r| \le \delta \text{인 경우} \\ \delta|r| - \delta^2/2 & |r| > \delta \text{인 경우} \end{cases} \tag{11.117}$$

이는 δ보다 적은 오차에는 ℓ_2를, 큰 오차에는 ℓ_1을 사용하는 것과 동등하다. 도표는 그림 5.3을 참고하라.

이 손실 함수의 장점은 모든 곳에서 미분 가능하다는 것이다. 그 결과 후버 손실의 최적화는 라플라스 가능도를 사용할 때보다 훨씬 빠르다. 선형 프로그래밍 대신에 (SGD 같은) 표준 평활 최적화법을 사용할 수 있기 때문이다. 그림 11.19는 후버 손실 함수의 움직임을 보여준다. 결과가 질적으로 라플라스 및 스튜던트법과 비슷하다.

로버스트성의 정도를 통제하는 모수 δ는 직접 설정하거나, 아니면 교차 검증을 통해 한다. 그러나 [Bar19]는 경사법을 사용해 δ를 최적화하는 식으로 후버 손실을 근사하는 방법을 보여준다.

11.6.4 RANSAC

컴퓨터 비전 커뮤니티에서 로버스트 회귀를 위한 일반적인 접근법은 '랜덤 샘플 컨센서스random sample consensus'를 뜻하는 **RANSAC**을 사용하는 것이다[FB81]. 이는 다음과 같이 한다. 점의 작은 초기 집합을 표집하고, 모델을 적합시키고, 이 모델에 대해 이상치를 식별하고(큰 잔차에 기반하여), 이상치를 제거한 뒤 정상치inlier에 모델을 다시 적합시킨다. 이를 많은 무작위 초기 집합에 반복하고 최적 모델을 선택한다.

RANSAC의 결정론적인 대안은 다음의 반복적 체계를 따르는 것이다. 초기에 모든 데이터 지점이 정상치라고 가정하고, 모델을 적합시켜 $\hat{w}_0$을 계산한다. 그 뒤 각 반복 t마다 모델 $\hat{w}_t$하에서 큰 잔차를 갖는 이상치 지점을 식별한다. 이들을 제거하고, 모델을 나머지 점에 다시 적합시켜 $\hat{w}_{t+1}$을 얻는다. 이러한 딱딱한 임계화가 문제를 비볼록으로 만든다 하더라도, 이와 같은 단순한 체계는 몇 가지 적절한 가정하에서 최적 추정값으로 빠르게 수렴함을 증명할 수 있다[Muk+19; Sug+19].

11.7 베이즈 선형 회귀*

지금까지 다양한 사전 분포하에서 선형 회귀 모델을 위한 MLE 및 MAP 추정값을 계산하는 방법을 살펴봤다. 이 절에서는 사후 분포 $p(\boldsymbol{\theta}|\mathcal{D})$를 모수에 대해 계산하는 방법을 논의한다. 단순함을

위해 분산을 알고 있다고 가정하므로, 단지 $p(\boldsymbol{w}|\mathcal{D}, \sigma^2)$을 계산하기만을 원한다. 일반적인 경우는 후속판 [Mur23]을 참고하라.

11.7.1 사전 분포

단순함을 위해 가우스 사전 분포를 사용한다.

$$p(\boldsymbol{w}) = \mathcal{N}(\boldsymbol{w}|\, \breve{\boldsymbol{w}}, \breve{\boldsymbol{\Sigma}}) \tag{11.118}$$

이는 릿지 회귀에서 사용하는 사전 분포의 작은 일반화다(11.3절). 그 밖의 사전 분포에 대한 논의는 후속판 [Mur23]을 참고하라.

11.7.2 사후 분포

다음과 같이 가능도를 MVN 측면에서 다시 쓸 수 있다.

$$p(\mathcal{D}|\boldsymbol{w}, \sigma^2) = \prod_{n=1}^{N} p(y_n|\boldsymbol{w}^\mathsf{T}\boldsymbol{x}, \sigma^2) = \mathcal{N}(\boldsymbol{y}|\mathbf{X}\boldsymbol{w}, \sigma^2\mathbf{I}_N) \tag{11.119}$$

여기서 $\mathbf{I}_N$은 $N \times N$ 단위 행렬이다. 그 뒤 가우스를 위한 베이즈 규칙(식 (3.37))을 사용해 사후 분포를 유도할 수 있다. 이는 다음과 같다.

$$p(\boldsymbol{w}|\mathbf{X}, \boldsymbol{y}, \sigma^2) \propto \mathcal{N}(\boldsymbol{w}|\, \breve{\boldsymbol{w}}, \breve{\boldsymbol{\Sigma}})\mathcal{N}(\boldsymbol{y}|\mathbf{X}\boldsymbol{w}, \sigma^2\mathbf{I}_N) = \mathcal{N}(\boldsymbol{w}|\, \widehat{\boldsymbol{w}}, \widehat{\boldsymbol{\Sigma}}) \tag{11.120}$$

$$\widehat{\boldsymbol{w}} \triangleq \widehat{\boldsymbol{\Sigma}} \, (\breve{\boldsymbol{\Sigma}}^{-1} \breve{\boldsymbol{w}} + \frac{1}{\sigma^2}\mathbf{X}^\mathsf{T}\boldsymbol{y}) \tag{11.121}$$

$$\widehat{\boldsymbol{\Sigma}} \triangleq (\breve{\boldsymbol{\Sigma}}^{-1} + \frac{1}{\sigma^2}\mathbf{X}^\mathsf{T}\mathbf{X})^{-1} \tag{11.122}$$

여기서 $\widehat{\boldsymbol{w}}$는 사후 평균이고, $\widehat{\boldsymbol{\Sigma}}$는 사후 공분산이다.

$\breve{\boldsymbol{w}} = \mathbf{0}$ 그리고 $\breve{\boldsymbol{\Sigma}} = \tau^2\mathbf{I}$라면, 사후 평균은 $\widehat{\boldsymbol{w}} = \frac{1}{\sigma^2} \widehat{\boldsymbol{\Sigma}} \, \mathbf{X}^\mathsf{T}\boldsymbol{y}$가 된다. $\lambda = \frac{\sigma^2}{\tau^2}$이라 정의하면, 식 (11.57)에 들어맞는 릿지 회귀 추정값 $\widehat{\boldsymbol{w}} = (\lambda\mathbf{I} + \mathbf{X}^\mathsf{T}\mathbf{X})^{-1}\mathbf{X}^\mathsf{T}\boldsymbol{y}$를 되찾을 수 있다.

11.7.3 예시

$f(x; \boldsymbol{w}) = w_0 + w_1 x_1$ 형식의 1차원 회귀 모델이 있다고 해보자. 이때 참인 모수는 $w_0 = -0.3$ 그리고 $w_1 = 0.5$이다. 이제 $p(\boldsymbol{w}|\mathcal{D})$의 추론을 수행하고 2차원 사전 및 사후 분포를 훈련 집합 N의 크기가 커짐에 따라 시각화한다.

특히 그림 11.20에서 가능도, 사후 분포, 사후 예측 분포의 근사를 그린다.[5] 각 행은 이들 분포를 훈련 데이터의 양 N이 증가함에 따라 그린다. 지금부터 각 행을 설명한다.

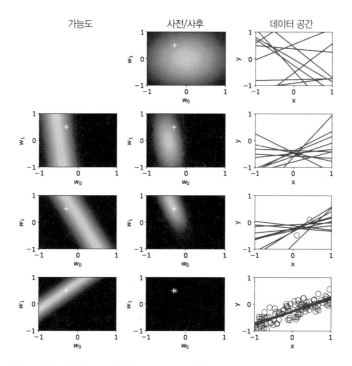

그림 11.20 선형 회귀 모델 $p(y|\boldsymbol{x}) = \mathcal{N}(y|w_0 + w_1 x_1, \sigma^2)$의 모수의 순차적 베이즈 추론. 왼쪽 열: 현재 데이터 지점을 위한 가능도 함수. 가운데 열: 처음 N개 데이터 지점이 주어졌을 때의 사후 분포 $p(w_0, w_1|\boldsymbol{x}_{1:N}, y_{1:N}, \sigma^2)$. 오른쪽 열: 현재 사후 예측 분포로부터의 표본. 1행: 사전 분포($N = 0$). 2행: 데이터 지점 1개 후. 3행: 데이터 지점 2개 후. 4행: 데이터 지점 100개 후. 열 1과 2에서의 하얀색 십자는 참인 모숫값을 나타낸다. 사후 분포의 모드가 빠르게 점으로 수렴함을 볼 수 있다. 3열에서의 파란색 원은 관측된 데이터 지점이다. 출처: [Bis06]의 그림 3.7. linreg_2d_bayes_demo.ipynb로 생성했다.

---

5 이를 근사하기 위해 사후 분포 $\boldsymbol{w}_s \sim \mathcal{N}(\boldsymbol{\mu}, \boldsymbol{\Sigma})$로부터 표본 몇 개를 뽑은 뒤, 선 $\mathbb{E}[y|x, \boldsymbol{w}_s]$를 그린다. 이때 x의 범위는 표집된 각 모숫값마다 $[-1, 1]$이다.

- 첫 번째 행에서 $N = 0$이므로, 사후 분포는 사전 분포와 같다. 이 경우 사전 분포가 근본적으로 균일이므로 예측이 '모든 곳에 있다'.

- 두 번째 행에서 $N = 1$이므로, 데이터 지점 하나를 볼 수 있다(세 번째 열의 그림 내 파란색 원). 사전 분포가 해당 가능도에 의해 제약되며, 예측은 관측된 데이터 근처를 지나간다. 그러나 사후 분포가 릿지처럼 생긴 모양을 가짐을 볼 수 있으며, 이는 기울기/절편이 서로 다른 많은 가능한 해가 있다는 사실을 반영한다. 하나의 관측치로부터 2개의 모수(w_0와 w_1)를 유일하게 추론할 수 없으므로 이는 적절하다.

- 세 번째 행에서 $N = 2$이다. 이 경우 가능도로부터 2개의 제약을 가지므로, 사후 분포가 훨씬 더 좁아진다. 미래에 대한 예측이 모두 이제 훈련 데이터와 더 가까워진다.

- 네 번째(마지막) 행에서 $N = 100$이다. 이제 사후 분포가 근본적으로 참인 값 $\boldsymbol{w}_* = (-0.3,$ $0.5)$에 중심을 갖는 델타 함수다. 이는 첫 번째 및 두 번째 열의 그림에 하얀색 십자로 표시되어 있다. 예측이 변화하는 이유는 크기가 σ^2인 내재적인 가우스 잡음 때문이다.

이 예시는 데이터의 양이 증가함에 따라 사후 평균 예측값 $\hat{\boldsymbol{\mu}} = \mathbb{E}[\boldsymbol{w}|\mathcal{D}]$가, 데이터를 생성했던 참인 값 $\boldsymbol{w}_*$로 수렴함을 보여준다. 따라서 베이즈 추정값은 일치추정량consistent estimator이라 말한다 (자세한 내용은 5.3.2절을 참고하라). 또한 우리의 사후 불확실성이 시간에 따라 감소함을 볼 수 있다. 이 것이 바로 데이터를 더 많이 봄에 따라 모수에 대해 '학습'하고 있다고 말할 때를 뜻한다.

11.7.4 사후 예측 계산하기

지금까지 모델의 모수에 대한 불확실성 $p(\boldsymbol{w}|\mathcal{D})$를 어떻게 계산하는지에 대해 논의했다. 그러나 미래 출력에 대한 예측과 연관된 불확실성은 어떤가? 식 (3.38)을 사용하면, 테스트 지점 $\boldsymbol{x}$에서의 사후 예측 분포 또한 가우스임을 보일 수 있다.

$$p(y|\boldsymbol{x}, \mathcal{D}, \sigma^2) = \int \mathcal{N}(y|\boldsymbol{x}^\mathsf{T}\boldsymbol{w}, \sigma^2)\mathcal{N}(\boldsymbol{w}|\,\hat{\boldsymbol{\mu}}, \hat{\boldsymbol{\Sigma}})d\boldsymbol{w} \tag{11.123}$$

$$= \mathcal{N}(y|\,\hat{\boldsymbol{\mu}}^\mathsf{T}\,\boldsymbol{x}, \hat{\sigma}^2\,(\boldsymbol{x})) \tag{11.124}$$

여기서 $\hat{\sigma}^2(\boldsymbol{x}) \triangleq \sigma^2 + \boldsymbol{x}^\mathsf{T}\,\hat{\boldsymbol{\Sigma}}\,\boldsymbol{x}$는 N개 데이터 예제를 본 후에 점 $\boldsymbol{x}$에서의 사후 예측 분포의 분산이

다. 예측된 분산은 관측 잡음 σ^2, 그리고 모수에 있는 분산 $\hat{\boldsymbol{\Sigma}}$ 두 항에 의존한다. 후자는 $\boldsymbol{x}$가 훈련 데이터 $\mathcal{D}$에 얼마나 가까운지에 의존하는 방식으로, 관측치에 대한 분산으로 해석한다. 이는 그림 11.21(b)에서 보여주며, 훈련 지점으로부터 멀리 움직임에 따라 오차 막대가 커지며 불확실성의 증가를 나타내는 것을 볼 수 있다. 이는 데이터를 어디서 수집하는지 우리가 선택하는 활동 학습^{active} ^{learning}과 같은 특정한 응용에서 중요할 수 있다(19.4절 참고).

몇몇 경우 모수 사후 분포 $p(\boldsymbol{w}|\mathcal{D})$를 계산하기가 힘들다. 그러한 경우 점 추정값 $\hat{\boldsymbol{w}}$을 사용한 뒤, 플러그인 근사를 사용하는 것을 선택할 수도 있다. 이는 다음이 된다.

$$p(y|\boldsymbol{x}, \mathcal{D}, \sigma^2) = \int \mathcal{N}(y|\boldsymbol{x}^\mathsf{T}\boldsymbol{w}, \sigma^2)\delta(\boldsymbol{w} - \hat{\boldsymbol{w}})d\boldsymbol{w} = p(y|\boldsymbol{x}^\mathsf{T}\hat{\boldsymbol{w}}, \sigma^2) \tag{11.125}$$

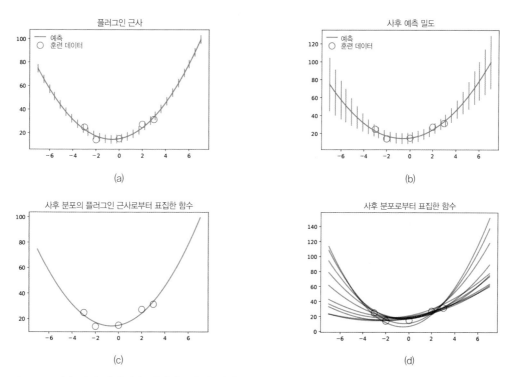

그림 11.21 (a) 이계 다항식을 어떠한 1차원 데이터에 적합시킬 때 예측 밀도의 플러그인 근사(모수의 MLE를 집어넣음), (b) 모수를 적분화하여 얻은 사후 예측 밀도. 검은색 곡선은 사후 평균, 오차 막대는 사후 예측 밀도의 2 표준편차다. (c) 사후 예측 분포의 플러그인 근사로부터의 표본 10개, (d) 참인 사후 예측 분포로부터의 표본 10개. linreg_post_pred_plot.ipynb로 생성했다.

그림 11.21(a)가 보여주듯이 사후 예측 분산이 상수이며 데이터에 독립임을 볼 수 있다. 이 사후 분포로부터 모수를 표집하면 그림 11.21(c)에서와 같이 언제나 단일 함수를 찾아낼 것이다. 반대로 참인 사후 분포 $w_s \sim p(w|\mathcal{D}, \sigma^2)$으로부터 표집하면 그림 11.21(d)에서와 같이 각기 다른 범위의 함수를 얻을 것이다. 이는 불확실성을 더 정확하게 반영한다.

11.7.5 중심화의 이점

눈치 빠른 독자라면 그림 11.20에서의 2차원 사후 분포의 모양이 길쭉한 타원임을 알아챘을 수도 있다(이는 $N \to \infty$가 됨에 따라 결국 점으로 찌그러진다). 이는 두 모수 사이에 많은 사후 상관성이 존재함을 뜻하며, 계산의 어려움을 야기할 수 있다.

왜 이러한 일이 나타나는지 이해하려면, 각 데이터 지점이 그 데이터 지점을 지나가는 선에 해당하는 가능도 함수를 유도함을 주지하라. 모든 데이터를 함께 보면, 최대 가능도를 갖는 예측은 반드시 데이터의 평균 $(\bar{x}, \bar{y})$를 지나가는 선에 해당함을 함을 볼 수 있다. 이러한 선은 많이 있지만, 우리가 기울기를 높이면 반드시 절편을 감소시켜야 한다. 따라서 높은 확률을 갖는 선의 집합은 휠 오브 포춘$^{\text{wheel of fortune}}$[6]과 같이 데이터 평균 근처를 회전하는 것으로 생각해 볼 수 있다. 이러한 w_0와 w_1 사이의 상관성은 사후 분포가 대각선 형식인 이유가 된다(가우스 사전 분포는 이를 길쭉한 타원으로 변환하지만, 사후 상관성은 표본 크기가 사후 분포를 점으로 수축시킬 때까지 여전히 유지된다).

이러한 길쭉한 사후 분포는 계산하기가 어려울 수 있다. 한 가지 간단한 해법은 입력 데이터를 중심화하는 것이다. 즉, $x_n' = x_n - \bar{x}$를 사용한다. 이제 선은 원점을 중심으로 회전할 수 있으며, w_0와 w_1 사이의 사후 상관성을 줄인다. 그림 11.22를 참고하라(또한 10.2.8절에서 논의했듯이 각 x_n을 그 특성의 표준편차로 나누는 것을 선택할 수도 있다).

중심화된 데이터에서의 적합으로부터 유도한 사후 분포는 다음과 같이 원본 좌표로 변환할 수 있음을 주지하라.

$$y' = w_0' + w_1'x' = w_0' + w_1'(x - \bar{x}) = (w_0' - w_1'\bar{x}) + w_1'x \tag{11.126}$$

따라서 중심화되지 않은 데이터는 $w_0 = w_0' - w_1'\bar{x}$ 그리고 $w_1 = w_1'$이다.

---

6 이 비유는 [Mar18, p96]에서 나왔다.

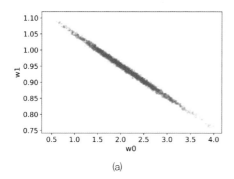
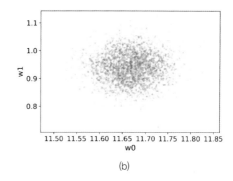

(a)	(b)

그림 11.22 가우스 사전 분포를 갖는 1차원 선형 회귀 모델 $p(y\,|\,x,\,\boldsymbol{\theta}) = \mathcal{N}(y\,|\,w_0 + w_1x,\,\sigma^2)$을 위한 $p(w_0,$ $w_1|\mathcal{D})$의 사후 표본: (a) 원본 데이터, (b) 중심화된 데이터. linreg_2d_bayes_centering_pymc3.ipynb로 생성했다.

11.7.6 다중공선성 처리하기

많은 데이터셋에서 입력 변수가 서로 높은 상관성을 가질 수 있다. 이들 모두를 포함한다 하더라도 일반적으로 (적절한 사전 분포 또는 정칙자를 사용해 과적합을 막는다면) 예측 정확도에 피해를 주지는 않는다. 그러나 이는 계수의 해석을 더 어렵게 만들 수 있다.

이를 보여주기 위해 [McE20, 6.1절]의 토이 예시를 사용한다. N명의 사람으로 이뤄진, 이들의 키 h_i 및 좌측 다리 길이 l_i 그리고 우측 다리 r_i를 기록하는 데이터셋이 있다고 해보자. $h_i \sim \mathcal{N}(10,$ $2)$이므로 평균 키는 (구체화되지 않은 단위로) $\overline{h} = 10$이다. 다리의 길이는 키의 어떠한 부분 $\rho_i \sim$ Unif$(0.4, 0.5)$에 가우스 잡음, 특히 $l_i \sim \mathcal{N}(\rho_i h_i, 0.02)$ 그리고 $r_i \sim \mathcal{N}(\rho_i h_i, 0.02)$를 더한 것이다.

이제 다리 길이의 측정치가 주어졌을 때 사람의 키를 예측하고자 한다고 해보자(나는 분명히 이것이 토이 예시라고 말했다). 왼쪽 및 오른쪽 다리 모두 알 수 없는 양의 잡음이 있는 측정치이므로, 이들 모두를 사용하는 것이 유용하다. 따라서 선형 회귀를 사용해 $p(h\,|\,l,\,r) = \mathcal{N}(h\,|\,\alpha + \beta_l l + \beta_r r, \sigma^2)$을 적합시킨다. 사전 분포는 애매모호한 $\alpha,\,\beta_l,\,\beta_r \sim \mathcal{N}(0, 100)$ 그리고 $\sigma \sim$ Expon(1)을 사용한다.

평균 다리 길이가 $\overline{l} = 0.45\overline{h} = 4.5$이므로, 각 β 계수가 $\overline{h}/\overline{l} = 10/4.5 = 2.2$ 근처임을 예상할 수 있을 것이다. 그러나 그림 11.23에서 보여주는 사후 주변 분포는 다른 이야기를 말해 주고 있다. β_l의 사후 평균은 2.6 근처이지만, β_r은 -0.6 근처다. 따라서 오른쪽 다리 특성이 필요 없어 보인다. 그 이유는 11.2.2.1절에서 논의했듯이 특성 j를 위한 회귀 계수는 다른 모든 특성 $\boldsymbol{x}_{-j}$를 이미 알고 있을 때, 알고 있는 x_j의 값을 인코딩하기 때문이다. 왼쪽 다리를 이미 알고 있다면, 오른쪽 다

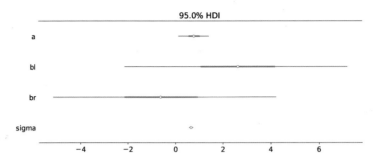

그림 11.23 다리가 여럿인 예시에서 모수의 사후 주변 분포. multi_collinear_legs_numpyro.ipynb로 생성했다.

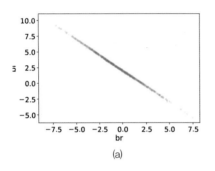

(a)

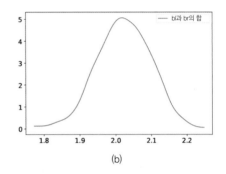

(b)

그림 11.24 다리가 여럿인 예시의 사후 분포: (a) 결합 사후 분포 $p(\beta_l, \beta_r | \mathcal{D})$, (b) $p(\beta_l + \beta_r | \text{데이터})$의 사후 분포. multi_collinear_legs_numpyro.ipynb로 생성했다.

리 또한 알고 있는 데 대한 주변적인 가치는 작다. 그러나 이 예시를 약간 다른 데이터로 다시 실행하면, 그 반대의 결론에 도달하여 왼쪽 대신 오른쪽 다리를 선호할 수도 있다.

그림 11.24(a)에서 보여주는 결합 분포 $p(\beta_l, \beta_r | \mathcal{D})$를 보면 더 많은 인사이트를 얻을 수 있다. 모수가 상관성이 매우 높으므로, β_r이 크면 β_l은 작고 아니면 그 반대다. 각 모수의 주변 분포는 이를 포착하지 않는다. 그러나 이는 각 모수에 상당한 불확실성이 있음을 보여주며, 이는 불확실성이 **식별 가능하지 않음**non-identifiable을 보여준다. 그러나 이들의 합은 $p(\beta_l + \beta_r | \mathcal{D})$를 그리는 그림 11.24(b)에서 보여주듯이 잘 정해진다. 이는 예상과 같이 2.2에 중심을 갖는다.

이 예시는 모델에서 개별 계수 추정값의 유의도를 해석하는 데 있어 조심해야 함을 보여준다. 왜냐하면 이들은 고립된 상태에서는 그리 많은 뜻을 갖지 않기 때문이다.

11.7.7 자동 적절성 결정(ARD)*

관측 잡음은 알고 있지만 회귀 가중치는 알려지지 않은 선형 회귀 모델 $\mathcal{N}(\boldsymbol{y}|\mathbf{X}\boldsymbol{w},\ \sigma^2\mathbf{I})$를 고려해 보자. 가중치에 가우스 사전 분포 $w_j \sim \mathcal{N}(0,\ 1/\alpha_j)$를 사용하며, 여기서 α_j는 j번째 모수의 정밀도 precision다. 이제 사전 정밀도를 다음과 같이 추정한다고 해보자.

$$\hat{\boldsymbol{\alpha}} = \underset{\boldsymbol{\alpha}}{\operatorname{argmax}}\, p(\boldsymbol{y}|\mathbf{X}, \boldsymbol{\alpha}) \tag{11.127}$$

여기서

$$p(\boldsymbol{y}|\mathbf{X}, \boldsymbol{\alpha}) = \int p(\boldsymbol{y}|\mathbf{X}\boldsymbol{w}, \sigma^2)p(\boldsymbol{w}|\boldsymbol{0}, \operatorname{diag}(\boldsymbol{\alpha})^{-1})d\boldsymbol{w} \tag{11.128}$$

는 주변 가능도다. 우리가 사전 분포를 데이터로부터 추정하고 있으므로, 이는 경험적 베이즈의 예시다. 이는 완전히 베이즈적인 접근법으로의 연산 지름길로 볼 수 있다. 그러나 추가적인 이점이 존재한다. 특히 $\boldsymbol{\alpha}$를 추정한 뒤 MAP 추정값을 계산한다고 해보자.

$$\hat{\boldsymbol{w}} = \underset{\boldsymbol{w}}{\operatorname{argmax}}\, \mathcal{N}(\boldsymbol{w}|\boldsymbol{0}, \hat{\boldsymbol{\alpha}}^{-1}) \tag{11.129}$$

이는 $\hat{\boldsymbol{w}}$을 위한 희박 추정값이 되며, 아마도 $\boldsymbol{w}$를 위한 가우스 사전 분포가 희박성을 촉진하지 않는다는 점에서 놀라울 것이다. 이 이유는 이 책의 후속판에서 설명한다.

이 기법은 **희박 베이즈 학습**sparse Bayesian learning[Tip01] 또는 **자동 적절성 결정**ARD, Automatic Relevancy Determination[Mac95; Nea96]이라 한다. 이는 본래 신경망을 위해 개발됐지만(첫 번째 층 가중치에 희박성을 적용), 여기서는 이를 선형 모델에 적용한다. 이를 커널화 선형 모델에 적용하는 17.4.1절도 참고하라.

11.8 연습문제

연습문제 11.1 [다중 출력 선형 회귀*](출처: Jaakkola)

2차원 반응 벡터 $\boldsymbol{y}_i \in \mathbb{R}^2$가 있는 선형 회귀 모델을 고려해 보자. 어떠한 이항 입력 데이터 $x_i \in \{0, 1\}$

가 있다고 해보자. 훈련 데이터는 다음과 같다.

x	y
0	$(-1, -1)^T$
0	$(-1, -2)^T$
0	$(-2, -1)^T$
1	$(1, 1)^T$
1	$(1, 2)^T$
1	$(2, 1)^T$

각 x_i를 다음의 기저 함수를 사용해 2차원으로 임베딩해 보자.

$$\boldsymbol{\phi}(0) = (1, 0)^T, \quad \boldsymbol{\phi}(1) = (0, 1)^T \tag{11.130}$$

이 모델은 다음이 된다.

$$\hat{\boldsymbol{y}} = \mathbf{W}^T \boldsymbol{\phi}(x) \tag{11.131}$$

여기서 $\mathbf{W}$는 2×2 행렬이다. 앞의 데이터로부터 $\mathbf{W}$를 위한 MLE를 계산해 보라.

연습문제 11.2 [중심화 및 릿지 회귀]

$\bar{\boldsymbol{x}} = 0$, 따라서 입력 데이터가 중심화됐다고 가정해 보자.

$$J(\boldsymbol{w}, w_0) = (\boldsymbol{y} - \mathbf{X}\boldsymbol{w} - w_0 \mathbf{1})^T (\boldsymbol{y} - \mathbf{X}\boldsymbol{w} - w_0 \mathbf{1}) + \lambda \boldsymbol{w}^T \boldsymbol{w} \tag{11.132}$$

위의 옵티마이저가

$$\hat{w}_0 = \overline{y} \tag{11.133}$$

$$\boldsymbol{w} = (\mathbf{X}^T \mathbf{X} + \lambda \mathbf{I})^{-1} \mathbf{X}^T \boldsymbol{y} \tag{11.134}$$

임을 보여라.

연습문제 11.3 [RSS의 편도함수*]

$RSS(\boldsymbol{w}) = ||\mathbf{X}\boldsymbol{w} - \boldsymbol{y}||_2^2$가 잔차제곱합이라 해보자.

a. 다음을 보여라.

$$\frac{\partial}{\partial w_k} RSS(\boldsymbol{w}) = a_k w_k - c_k \tag{11.135}$$

$$a_k = 2 \sum_{i=1}^{n} x_{ik}^2 = 2||\boldsymbol{x}_{:,k}||^2 \tag{11.136}$$

$$c_k = 2 \sum_{i=1}^{n} x_{ik}(y_i - \boldsymbol{w}_{-k}^T \boldsymbol{x}_{i,-k}) = 2\boldsymbol{x}_{:,k}^T \boldsymbol{r}_k \tag{11.137}$$

여기서 $\boldsymbol{w}_{-k} = \boldsymbol{w}$는 k 성분이 없는 $\boldsymbol{w}$이며, $\boldsymbol{x}_{i,-k}$는 k 성분이 없는 $\boldsymbol{x}_i$, 그리고 $\boldsymbol{r}_k = \boldsymbol{y} - \boldsymbol{w}_{-k}^{\mathsf{T}} \boldsymbol{x}_{:,-k}$는 특성 k를 제외한 모든 특성을 사용한 잔차다. 힌트: 가중치를 k를 수반하는 것과 k를 수반하지 않는 것으로 분할하라.

b. $\frac{\partial}{\partial w_k} RSS(\boldsymbol{w}) = 0$이라면,

$$\hat{w}_k = \frac{\boldsymbol{x}_{:,k}^T \boldsymbol{r}_k}{||\boldsymbol{x}_{:,k}||^2} \tag{11.138}$$

임을 보여라. 따라서 특성을 순차적으로 추가할 때, 특성 k를 위한 최적 가중치는 $\boldsymbol{x}_{:,k}$를 현재 잔차에 직교 사영하여 얻을 수 있다.

연습문제 11.4 [엘라스틱넷을 라쏘로 축소하기]

다음을 정의하라.

$$J_1(\boldsymbol{w}) = ||\boldsymbol{y} - \mathbf{X}\boldsymbol{w}||^2 + \lambda_2 ||\boldsymbol{w}||_2^2 + \lambda_1 ||\boldsymbol{w}||_1 \tag{11.139}$$

그리고

$$J_2(\boldsymbol{w}) = ||\tilde{\boldsymbol{y}} - \tilde{\mathbf{X}}\boldsymbol{w}||^2 + c\lambda_1 ||\boldsymbol{w}||_1 \tag{11.140}$$

여기서 $||\boldsymbol{w}||^2 = ||\boldsymbol{w}||_2^2 = \sum_i w_i^2$은 2-노름의 제곱이며, $||\boldsymbol{w}||_1 = \sum_i |w_i|$는 1-노름이고, $c = (1 + \lambda_2)^{-\frac{1}{2}}$이며,

$$\tilde{\mathbf{X}} = c \begin{pmatrix} \mathbf{X} \\ \sqrt{\lambda_2}\mathbf{I}_d \end{pmatrix}, \quad \tilde{\boldsymbol{y}} = \begin{pmatrix} \boldsymbol{y} \\ \mathbf{0}_{d \times 1} \end{pmatrix} \tag{11.141}$$

이다. 다음을 보여라.

$$\operatorname{argmin} J_1(\boldsymbol{w}) = c(\operatorname{argmin} J_2(\boldsymbol{w})) \tag{11.142}$$

즉,

$$J_1(c\boldsymbol{w}) = J_2(\boldsymbol{w}) \tag{11.143}$$

이며, 따라서 엘라스틱넷 문제는 수정된 데이터에 라쏘 솔버를 사용해 풀 수 있다.

연습문제 11.5 [선형 회귀에서의 수축*](출처: Jaakkola)

정규직교 디자인 행렬로 선형 회귀를 수행한다고 해보자. 따라서 각 열(특성) k에 대해 $\|\boldsymbol{x}_{:,k}\|_2^2 = 1$ 이며 $\boldsymbol{x}_{:,k}^T \boldsymbol{x}_{:,j} = 0$이므로 각 모수 w_k를 개별적으로 추정할 수 있다.

그림 10.15(b)는 $\hat{w}_k$ 대 $c_k = 2\boldsymbol{y}^T \boldsymbol{x}_{:,k}$를 그리고 있다. c_k는 3개의 서로 다른 추정 방법인 일반 최소 제곱^{OLS}, 모수가 λ_2인 릿지 회귀, 모수가 λ_1인 라쏘에 대한 특성 k와 반응 사이의 상관성이다.

a. 안타깝게도 우리가 라벨을 그림에 그리는 것을 깜빡했다. 어떤 방법이 실선(1), 점선(2) 쇄선(3) 에 해당하는가?

b. λ_1의 값은 얼마인가?

c. λ_2의 값은 얼마인가?

연습문제 11.6 [선형 회귀 전문가 혼합을 위한 EM]

선형 회귀 전문가 혼합$^{\text{mixture of linear regression experts}}$을 적합시키기 위한 EM 방정식을 유도하라.

12

일반화 선형 모델*

12.1 개요

10장에서 이항의 경우인 $p(y\,|\,\boldsymbol{x},\ \boldsymbol{w}) = \mathrm{Ber}(y\,|\,\sigma(\boldsymbol{w}^\mathsf{T}\boldsymbol{x}))$ 모델에 해당하는 로지스틱 회귀를 논의했고, 11장에서는 $p(y\,|\,\boldsymbol{x},\ \boldsymbol{w}) = \mathcal{N}(y\,|\,\boldsymbol{w}^\mathsf{T}\boldsymbol{x},\ \sigma^2)$ 모델에 해당하는 선형 회귀를 논의했다. 이들은 당연히 서로 매우 유사하다. 특히 두 경우 모두 출력의 평균 $\mathbb{E}[y\,|\,\boldsymbol{x},\ \boldsymbol{w}]$가 입력 $\boldsymbol{x}$의 선형 함수다.

이러한 속성을 갖는 **일반화 선형 모델**^{Generalized Linear Model}, 즉 **GLM**이라 하는 넓은 범위의 모델족이 존재한다[MN89].

GLM은 자연 모수^{natural parameter}가 입력의 선형 함수인, 지수족 분포의 조건부 버전이다(3.4절). 더 정확하게는 모델이 다음의 형식을 갖는다.

$$p(y_n|\boldsymbol{x}_n, \boldsymbol{w}, \sigma^2) = \exp\left[\frac{y_n\eta_n - A(\eta_n)}{\sigma^2} + \log h(y_n, \sigma^2)\right] \tag{12.1}$$

여기서 $\eta_n \triangleq \boldsymbol{w}^\mathsf{T}\boldsymbol{x}_n$은 (입력에 의존적인) 자연 모수, $A(\eta_n)$은 로그 정규자, $\mathcal{T}(y) = y$는 충분 통계량, σ^2은 산포도 항^{dispersion term}이다.[1]

---

[1] 기술적으로 말하면, GLM은 **지수산포족**(exponential dispersion family)이라 하는 자연지수족을 약간 확장한 것이다. 스칼라 변수에서 이는 $p(y|\eta, \sigma^2) = h(y, \sigma^2)\exp\left[\frac{\eta y - A(\eta)}{\sigma^2}\right]$ 형식을 갖는다. 여기서 σ^2은 **산포도 모수**(dispersion parameter)라 부른다. σ^2이 고정되어 있으면 이는 자연지수족이다.

선형 입력에서 출력의 평균으로의 매핑은 $\mu_n = \ell^{-1}(\eta_n)$을 사용해 표기할 것이며, 이때 함수 ℓ은 **링크 함수**^{link function} 그리고 ℓ^{-1}는 **평균 함수**^{mean function}라 한다.

3.4.3절의 결과를 바탕으로, 반응 변수의 평균과 분산은 다음과 같음을 보일 수 있다.

$$\mathbb{E}\left[y_n | \boldsymbol{x}_n, \boldsymbol{w}, \sigma^2\right] = A'(\eta_n) \triangleq \ell^{-1}(\eta_n) \tag{12.2}$$

$$\mathbb{V}\left[y_n | \boldsymbol{x}_n, \boldsymbol{w}, \sigma^2\right] = A''(\eta_n)\sigma^2 \tag{12.3}$$

12.2 예시

이번 절에서는 널리 쓰이는 GLM의 예시를 보여준다.

12.2.1 선형 회귀

선형 회귀는 다음의 형식을 가짐을 상기하라.

$$p(y_n | \boldsymbol{x}_n, \boldsymbol{w}, \sigma^2) = \frac{1}{\sqrt{2\pi\sigma^2}} \exp(-\frac{1}{2\sigma^2}(y_n - \boldsymbol{w}^\mathsf{T}\boldsymbol{x}_n)^2) \tag{12.4}$$

따라서

$$\log p(y_n | \boldsymbol{x}_n, \boldsymbol{w}, \sigma^2) = -\frac{1}{2\sigma^2}(y_n - \eta_n)^2 - \frac{1}{2}\log(2\pi\sigma^2) \tag{12.5}$$

여기서 $\eta_n = \boldsymbol{w}^\mathsf{T}\boldsymbol{x}_n$이다. 이는 다음과 같이 GLM 형식으로 쓸 수 있다.

$$\log p(y_n | \boldsymbol{x}_n, \boldsymbol{w}, \sigma^2) = \frac{y_n\eta_n - \frac{\eta_n^2}{2}}{\sigma^2} - \frac{1}{2}\left(\frac{y_n^2}{\sigma^2} + \log(2\pi\sigma^2)\right) \tag{12.6}$$

$A(\eta_n) = \eta_n^2/2$이므로, 따라서

$$\mathbb{E}\left[y_n\right] = \eta_n = \boldsymbol{w}^\mathsf{T}\boldsymbol{x}_n \tag{12.7}$$

$$\mathbb{V}\left[y_n\right] = \sigma^2 \tag{12.8}$$

12.2.2 이항 회귀

반응 변수가 N_n회 시도에서의 성공 횟수인 $y_n \in \{0, \ldots, N_n\}$이라면 **이항 회귀**binomial regression를 사용할 수 있다. 이는 다음으로 정의된다.

$$p(y_n|\boldsymbol{x}_n, N_n, \boldsymbol{w}) = \text{Bin}(y_n|\sigma(\boldsymbol{w}^\mathsf{T}\boldsymbol{x}_n), N_n) \tag{12.9}$$

이항 로지스틱 회귀는 $N_n = 1$인 특별한 경우임을 볼 수 있다.

로그 pdf는 다음과 같이 주어진다.

$$\log p(y_n|\boldsymbol{x}_n, N_n, \boldsymbol{w}) = y_n \log \mu_n + (N_n - y_n) \log(1 - \mu_n) + \log \binom{N_n}{y_n} \tag{12.10}$$

$$= y_n \log(\frac{\mu_n}{1 - \mu_n}) + N_n \log(1 - \mu_n) + \log \binom{N_n}{y_n} \tag{12.11}$$

여기서 $\mu_n = \sigma(\eta_n)$이다. 이를 GLM 형식으로 쓰기 위해 다음을 정의하자.

$$\eta_n \triangleq \log\left[\frac{\mu_n}{(1 - \mu_n)}\right] = \log\left[\frac{1}{1 + e^{-\boldsymbol{w}^\mathsf{T}\boldsymbol{x}_n}}\frac{1 + e^{-\boldsymbol{w}^\mathsf{T}\boldsymbol{x}_n}}{e^{-\boldsymbol{w}^\mathsf{T}\boldsymbol{x}_n}}\right] = \log\frac{1}{e^{-\boldsymbol{w}^\mathsf{T}\boldsymbol{x}_n}} = \boldsymbol{w}^\mathsf{T}\boldsymbol{x}_n \tag{12.12}$$

따라서 이항 회귀는 다음과 같이 GLM 형식으로 쓸 수 있다.

$$\log p(y_n|\boldsymbol{x}_n, N_n, \boldsymbol{w}) = y_n \eta_n - A(\eta_n) + h(y_n) \tag{12.13}$$

여기서 $h(y_n) = \log \binom{N_n}{y_n}$이며,

$$A(\eta_n) = -N_n \log(1 - \mu_n) = N_n \log(1 + e^{\eta_n}) \tag{12.14}$$

이다. 따라서

$$\mathbb{E}[y_n] = \frac{dA}{d\eta_n} = \frac{N_n e^{\eta_n}}{1 + e^{\eta_n}} = \frac{N_n}{1 + e^{-\eta_n}} = N_n \mu_n \tag{12.15}$$

그리고

$$\mathbb{V}[y_n] = \frac{d^2 A}{d\eta_n^2} = N_n \mu_n (1 - \mu_n) \tag{12.16}$$

12.2.3 푸아송 회귀

반응 변수가 정수로 된 개수인 $y_n \in \{0, 1, \dots\}$이라면, 다음으로 정의되는 **푸아송 회귀**^{Poisson regression}를 사용할 수 있다.

$$p(y_n|\boldsymbol{x}_n, \boldsymbol{w}) = \text{Poi}(y_n|\exp(\boldsymbol{w}^\mathsf{T}\boldsymbol{x}_n)) \tag{12.17}$$

여기서

$$\text{Poi}(y|\mu) = e^{-\mu}\,\frac{\mu^y}{y!} \tag{12.18}$$

는 푸아송 분포다. 푸아송 회귀는 y_n이 주어진 사람 또는 장소에서 질병의 수, 아니면 고출력 시퀀싱 환경에서 유전체 위치가 읽힌 수를 나타낼 수도 있다(예: [Kua+09] 참고).

로그 pdf는 다음과 같다.

$$\log p(y_n|\boldsymbol{x}_n, \boldsymbol{w}) = y_n \log \mu_n - \mu_n - \log(y_n!) \tag{12.19}$$

여기서 $\mu_n = \exp(\boldsymbol{w}^\mathsf{T}\boldsymbol{x}_n)$이다. 따라서 GLM 형식은 다음과 같다.

$$\log p(y_n|\boldsymbol{x}_n, \boldsymbol{w}) = y_n\eta_n - A(\eta_n) + h(y_n) \tag{12.20}$$

여기서 $\eta_n = \log(\mu_n) = \boldsymbol{w}^\mathsf{T}\boldsymbol{x}_n$, $A(\eta_n) = \mu_n = e^{\eta_n}$, 그리고 $h(y_n) = -\log(y_n!)$이다. 따라서

$$\mathbb{E}[y_n] = \frac{dA}{d\eta_n} = e^{\eta_n} = \mu_n \tag{12.21}$$

그리고

$$\mathbb{V}[y_n] = \frac{d^2A}{d\eta_n^2} = e^{\eta_n} = \mu_n \tag{12.22}$$

12.3 비정준 링크 함수로 된 GLM

출력 분포의 평균 모수가 어떻게 $\mu = \ell^{-1}(\eta)$로 주어지는지 봤다. 여기서 함수 ℓ은 링크 함수다. 이 함수를 위한 선택지가 몇 가지 존재하는데 여기서 논의한다.

정준 링크 함수canonical link function ℓ은 $\theta = \ell(\mu)$라는 속성을 만족시키며, 여기서 θ는 정준 (자연) 모수다. 따라서

$$\theta = \ell(\mu) = \ell(\ell^{-1}(\eta)) = \eta \tag{12.23}$$

이것이 우리가 지금까지 가정한 것이다. 예를 들면 베르누이 분포에서 정준 모수는 로그 오즈 $\theta = \log(\mu/(1-\mu))$이며, 이는 로짓 변환을 통해 주어진다.

$$\theta = \ell(\mu) = \text{logit}(\mu) = \log\left(\frac{\mu}{1-\mu}\right) \tag{12.24}$$

이것의 역함수는 시그모이드 또는 로지스틱 함수 $\mu = \sigma(\theta) = 1/(1+e^{-\theta})$이다.

그러나 다른 종류의 링크 함수를 자유롭게 쓸 수 있다. 예를 들어, **프로빗 링크 함수**probit link function 는 다음의 형식을 갖는다.

$$\eta = \ell(\mu) = \Phi^{-1}(\mu) \tag{12.25}$$

때때로 이항 반응 변수를 위해 쓰이는 또 다른 링크 함수로는 **여 로그-로그**complementary log-log 함수가 있다.

$$\eta = \ell(\mu) = \log(-\log(1-\mu)) \tag{12.26}$$

이는 0개의 사건($y = 0$으로 표기함) 또는 하나 이상의 사건($y = 1$로 표기함)을 관측하는 응용에서 쓰이며, 이때 사건은 비율이 λ인 푸아송 분포가 좌우한다고 가정한다. E가 사건의 개수라고 하자. 푸아송 가정은 $p(E = 0) = \exp(-\lambda)$를 뜻하며, 따라서

$$p(y = 0) = (1-\mu) = p(E = 0) = \exp(-\lambda) \tag{12.27}$$

그러므로 $\lambda = -\log(1-\mu)$이다. λ가 공변량의 함수일 때, 이것이 양수임을 보장해야 하므로 $\lambda =$

e^{η}를 사용한다. 따라서

$$\eta = \log(\lambda) = \log(-\log(1-\mu)) \tag{12.28}$$

12.4 최대 가능도 추정

GLM은 로지스틱 회귀 적합에 사용한 것과 비슷한 방법을 사용해 적합시킬 수 있다. 특히 음의 로그 가능도는 다음의 형식을 갖는다(상수 항은 무시).

$$\mathrm{NLL}(\boldsymbol{w}) = -\log p(\mathcal{D}|\boldsymbol{w}) = -\frac{1}{\sigma^2} \sum_{n=1}^{N} \ell_n \tag{12.29}$$

이때

$$\ell_n \triangleq \eta_n y_n - A(\eta_n) \tag{12.30}$$

여기서 $\eta_n = \boldsymbol{w}^\mathsf{T} \boldsymbol{x}_n$이다. 단순한 표기법을 위해 $\sigma^2 = 1$이라 가정한다.

단일 항을 위한 기울기는 다음과 같이 계산할 수 있다.

$$\boldsymbol{g}_n \triangleq \frac{\partial \ell_n}{\partial \boldsymbol{w}} = \frac{\partial \ell_n}{\partial \eta_n} \frac{\partial \eta_n}{\partial \boldsymbol{w}} = (y_n - A'(\eta_n))\boldsymbol{x}_n = (y_n - \mu_n)\boldsymbol{x}_n \tag{12.31}$$

여기서 $\mu_n = f(\boldsymbol{w}^\mathsf{T}\boldsymbol{x})$이며, f는 정준 모수를 평균 모수로 매핑하는 역 링크 함수다. 예를 들어, 로지스틱 회귀의 경우 $f(\eta_n) = \sigma(\eta_n)$이므로 식 (10.21)을 되찾는다. 이 기울기 식은 SGD 또는 다른 경사법 안에서 알기 쉬운 방식으로 사용할 수 있다.

헤세는 다음으로 주어진다.

$$\mathbf{H} = \frac{\partial^2}{\partial \boldsymbol{w} \partial \boldsymbol{w}^\mathsf{T}} \mathrm{NLL}(\boldsymbol{w}) = -\sum_{n=1}^{N} \frac{\partial \boldsymbol{g}_n}{\partial \boldsymbol{w}^\mathsf{T}} \tag{12.32}$$

여기서

$$\frac{\partial \boldsymbol{g}_n}{\partial \boldsymbol{w}^\mathsf{T}} = \frac{\partial \boldsymbol{g}_n}{\partial \mu_n} \frac{\partial \mu_n}{\partial \boldsymbol{w}^\mathsf{T}} = -\boldsymbol{x}_n f'(\boldsymbol{w}^\mathsf{T}\boldsymbol{x}_n)\boldsymbol{x}_n^\mathsf{T} \tag{12.33}$$

따라서

$$\mathbf{H} = \sum_{n=1}^{N} f'(\eta_n)\boldsymbol{x}_n\boldsymbol{x}_n^\mathsf{T} \tag{12.34}$$

예를 들어, 로지스틱 회귀의 경우 $f(\eta_n) = \sigma(\eta_n)$ 그리고 $f'(\eta_n) = \sigma(\eta_n)(1 - \sigma(\eta_n))$이므로 식 (10.23)을 되찾는다. 일반적으로 $f'(\eta_n) > 0$이므로 헤세가 양의 정부호임을 볼 수 있다. 따라서 음의 로그 가능도가 볼록이므로 GLM을 위한 MLE는 고유하다(모든 n에 대해 $f(\eta_n) > 0$이라 가정하면).

앞의 결과를 바탕으로, 로지스틱 회귀 모델을 적합시킬 때와 매우 비슷한 방식으로 기울기 기반 솔버를 사용해 GLM을 적합시킬 수 있다.

12.5 가공된 예시: 보험 청구 예측하기

이 절에서는 선형 및 푸아송 회귀를 사용해 보험 청구를 예측하는 예시를 제공한다.[2] 목적은 자동차 사고 이후 연간 보험 청구 건수의 기댓값을 예측하는 것이다. 데이터셋은 운전자 연령, 차량 연령, 차량의 힘 등 9개의 특성으로 된 678k개 예제로 되어 있다. 목표는 보험증권당 청구 숫자를 익스포저exposure로 나눈 청구의 빈도다(즉, 증권의 지속기간(년)).

테스트 집합은 그림 12.1(a)에 그렸다. 94%의 증권에서 청구가 없는 것을 볼 수 있으므로, 데이터는 개수 및 비율 데이터에서 그러하듯이 0이 많이 있다. 청구의 평균 빈도는 10%이다. 이는 언제나 이러한 상수를 예측하는 더미 모델로 변환할 수 있다. 이는 그림 12.1(b)에서 보여주는 예측을 만든다. 우리의 목적은 이보다 더 잘하는 것이다.

단순한 접근법은 일부 간단한 특성 공학을 조합한 선형 회귀를 사용하는 것이다(연속형 값을 빈bin에 넣고 범주형은 원핫 인코딩. 작은 양의 ℓ_2 정칙화를 사용하므로, 기술적으로 이는 릿지 회귀다). 이는 그림 12.1(c)가 보여주는 결과를 만드는데, 기준 모델보다는 낮지만 여전히 매우 좋은 것은 아니다. 특히 이는 음의 결과를 예측할 수 있으며, 긴 꼬리의 포착에 실패한다.

---

2   이 예시의 출처는 https://scikit-learn.org/stable/auto_examples/linear_model/plot_poisson_regression_non_normal_loss.html이다.

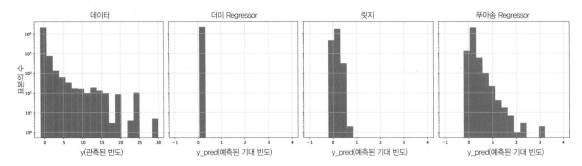

그림 12.1 테스트 집합에서 보험 청구율 예측: (a) 데이터, (b) 상수 예측량, (c) 선형 회귀, (d) 푸아송 회귀. poisson_regression_insurance.ipynb로 생성했다.

같은 특성을 사용하지만 로그 링크 함수를 사용해 푸아송 회귀로 더 잘할 수 있다. 결과는 그림 12.1(d)가 보여준다. 예측이 훨씬 나음을 볼 수 있다.

여기서 흥미로운 질문은 어떻게 이러한 종류의 문제에서 성능을 정량화하는가이다. 평균 제곱 오차 또는 평균 절대 오차를 사용하면 표 12.1에서와 같이 릿지 회귀가 푸아송 회귀보다 더 낫다는 결론에 도달할 수도 있지만, 이는 그림 12.1에서와 같이 분명히 사실이 아니다. 대신에 **이탈도** deviance를 사용해 성능을 측정하는 것이 보통이다. 이는 다음으로 정의된다.

$$D(\boldsymbol{y}, \hat{\boldsymbol{\mu}}) = 2 \sum_i \left(\log p(y_i | \mu_i^*) - \log p(y_i | \mu_i) \right) \tag{12.35}$$

여기서 μ_i는 i번째 예제를 위해 예측한 모수이며(입력 특성 $\boldsymbol{x}_i$ 및 훈련 집합 $\mathcal{D}$에 기반하여), μ_i^*는 단지 참인 출력 y_i에 모델을 적합시킴으로써 추정한 최적 모수다(이것이 바로 테스트 집합을 완벽하게 적합시키는 포화된 모델saturated model이라 부르는 것이다). 푸아송 회귀의 경우 $\mu_i^* = y_i$이다. 따라서

이름	MSE	MAE	이탈도
더미	0.564	0.189	0.625
릿지	0.560	0.177	0.601
푸아송	0.560	0.186	0.594

표 12.1 테스트 집합에서의 성능 계량. MSE = 평균 제곱 오차. MAE = 평균 절대 오차. 이탈도 = 푸아송 이탈도

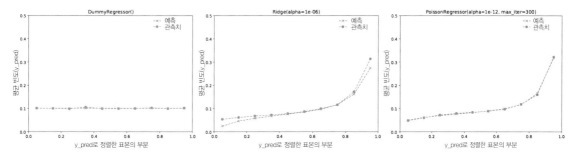

그림 12.2 보험 청구 예측을 위한 보정 도표. poisson_regression_insurance.ipynb로 생성했다.

$$D(\boldsymbol{y}, \boldsymbol{\mu}) = 2\sum_i \left[(y_i \log y_i - y_i - \log(y_i!)) - (y_i \log \hat{\mu}_i - \hat{\mu}_i - \log(y_i!)) \right] \tag{12.36}$$

$$= 2\sum_i \left[\left(y_i \log \frac{y_i}{\hat{\mu}_i} + \hat{\mu}_i - y_i \right） \right] \tag{12.37}$$

이 계량에 따라, 푸아송 모델이 분명히 더 낫다(표 12.1의 마지막 열을 참고하라).

또한 실제 빈도 대 예측된 빈도를 그리는 **보정 도표**calibration plot를 계산할 수도 있다. 이를 계산하려면 예측을 구간에 빈으로 넣은 뒤, 모든 예제에 대해 예측된 빈도가 그 빈에 속하는 청구의 경험적 빈도를 센다. 결과는 그림 12.2가 보여준다. 상수 기준 모델이 잘 보정되어 있지만, 이는 당연히 전혀 정확하지가 않다. 릿지 모델은 빈도가 낮은 영역에서 잘못 보정되어 있다. 특히 이는 테스트 집합에서 전체 청구 건수 11,935를 10,693으로 과소추정한다. 푸아송 모델은 보정을 더 잘하며 (즉, 예제가 높은 청구율을 가질 것이라 예측할 때 실제로 높은 청구율을 보여준다), 전체 청구 건수가 11,930 이라고 예측한다.

3부

심층 신경망

13

표 데이터를 위한 신경망

13.1 개요

2부에서는 회귀와 분류를 위한 선형 모델을 논의했다. 특히 10장에서 이항의 경우 모델 $p(y \mid \boldsymbol{x}, \boldsymbol{w})$ = $\mathrm{Ber}(y \mid \sigma(\boldsymbol{w}^\mathsf{T}\boldsymbol{x}))$에 해당하며 다중 클래스의 경우 모델 $p(y \mid \boldsymbol{x}, \mathbf{W}) = \mathrm{Cat}(y \mid \mathrm{softmax}(\mathbf{W}\boldsymbol{x}))$에 해당하는 로지스틱 회귀를 논의했다. 11장에서 모델 $p(y \mid \boldsymbol{x}, \boldsymbol{w}) = \mathcal{N}(y \mid \boldsymbol{w}^\mathsf{T}\boldsymbol{x}, \sigma^2)$에 해당하는 선형 회귀를 논의했다. 12장에서는 이러한 모델을 푸아송 같은 종류의 출력 분포로 일반화하는 일반화 선형 모델을 논의했다. 그러나 이 모델들 모두 입력-출력 매핑이 선형이라는 강한 가정을 한다.

이러한 모델의 유연성을 높이는 간단한 방법은 $\boldsymbol{x}$를 $\phi(\boldsymbol{x})$로 바꾸는 특성 변환을 수행하는 것이다. 예를 들어 1.2.2.2절에서 논의했듯이 1차원에서 $\phi(x) = [1,\ x,\ x^2,\ x^3,\ \ldots]$으로 주어지는 다항 변환을 사용할 수 있다. 이는 때때로 **기저 함수 전개**basis function expansion라고도 한다. 모델은 이제 다음이 된다.

$$f(\boldsymbol{x}; \boldsymbol{\theta}) = \mathbf{W}\phi(\boldsymbol{x}) + \boldsymbol{b} \tag{13.1}$$

이는 여전히 모수 $\boldsymbol{\theta} = (\mathbf{W},\ \boldsymbol{b})$에서 선형이며, 모델을 적합시키기 쉽게 만든다(음의 로그 가능도가 볼록이므로). 그러나 특성 변환을 직접 구체화하는 것은 매우 제한적으로 가능하다.

이를 자연스럽게 확장하여 자신만의 모수를 갖는 특성 추출자를 부여하면 다음을 얻는다.

$$f(\boldsymbol{x}; \boldsymbol{\theta}) = \mathbf{W}\phi(\boldsymbol{x}; \boldsymbol{\theta}_2) + \boldsymbol{b} \tag{13.2}$$

여기서 $\boldsymbol{\theta} = (\boldsymbol{\theta}_1, \boldsymbol{\theta}_2)$ 그리고 $\boldsymbol{\theta}_1 = (\mathbf{W}, \boldsymbol{b})$이다. 우리는 당연히 이 과정을 재귀적으로 반복하여 더욱더 복잡한 함수를 만들 수 있다. L개 함수를 합성하면 다음을 얻는다.

$$f(\boldsymbol{x}; \boldsymbol{\theta}) = f_L(f_{L-1}(\cdots(f_1(\boldsymbol{x}))\cdots)) \tag{13.3}$$

여기서 $f_\ell(\boldsymbol{x}) = f(\boldsymbol{x}; \boldsymbol{\theta}_\ell)$은 층 ℓ에서의 함수다. 이것이 **심층 신경망**^{Deep Neural Network}, 즉 **DNN** 이면의 주요한 아이디어다.

'DNN'이란 용어는 실제로 미분 가능한 함수를 임의의 종류의 DAG^{Directed Acyclic Graph}(방향성 비순환 그래프)로 합성하는, 입력에서 출력으로 매핑하는 모델의 커다란 족을 아우른다. 식 (13.3)은 DAG가 체인^{chain}인 가장 단순한 예다. 이는 **피드포워드 신경망**^{FFNN, Feedforward Neural Network} 또는 **다층 퍼셉트론**^{MLP, Multilayer Perceptron}이라 한다.

MLP는 입력이 고정된 차원의 벡터, 말하자면 $\boldsymbol{x} \in \mathbb{R}^D$라 가정한다. 이러한 데이터는 보통 **구조적 데이터**^{structured data} 또는 **표 데이터**^{tabular data}라 한다. 왜냐하면 데이터를 각각의 열(특성)이 키, 몸무게, 나이 같은 특정한 뜻을 갖는 $N \times D$ 디자인 행렬에 저장하는 일이 많기 때문이다. 책 후반부에서는 입력 데이터가 가변적인 크기이며 각 개별 요소(픽셀 또는 단어)가 그 스스로 뜻을 갖지 않는 이미지 및 텍스트와 같은 **비구조적 데이터**^{unstructured data}에 더욱 적합한 다른 종류의 DNN을 논의한다.[1] 특히 14장에서는 이미지로 작업하도록 디자인된 **합성곱 신경망**^{CNN, Convolutional Neural Network}을 논의하며, 15장에서는 시퀀스로 작업하도록 디자인된 **순환 신경망**^{RNN, Recurrent Neural Network} 및 **트랜스포머**^{transformer}를 논의하고, 23장에서는 그래프로 작업하도록 디자인된 **그래프 신경망**^{GNN, Graph Neural Network}을 논의한다.

DNN은 잘 동작하지만, 좋은 성능을 얻기 위해 다뤄야 하는 공학적 세부 사항이 많이 있는 경우가 많다. 이 중 일부는 이 책의 보조자료에서 제공하며, probml.ai에서 얻을 수 있다. 또한 다양한 책들이 이러한 주제를 더 깊게 다루며(예: [Zha+20; Cho21; Gér19; GBC16]), 여러 온라인 강좌가 존재한다. 이론적인 처치에 관한 더 많은 내용은 예를 들어 [Ber+21; Cal20; Aro+21; RY21]을 참고하라.

---

1 '비구조적 데이터'란 용어는 다소 오해의 소지가 있다. 이미지와 텍스트도 물론 구조를 갖기 때문이다. 예를 들어, 이미지에서 이웃하는 픽셀은 문장에서 이웃하는 단어와 같이 상관성이 높다. 물론 이것이 바로 CNN 및 RNN이 활용하는(가정하는) 그 구조다. 반대로 MLP는 입력에 가정을 하지 않는다. 이는 주로 구조(열 사이의 의존성)가 명백하지 않으며, 따라서 학습되어야 하는 표 데이터와 같은 응용에서 유용하다. 또한 앞으로 보겠지만, MLP를 이미지와 텍스트에 적용할 수는 있으나 성능이 CNN과 RNN 같은 특수화된 모델과 비교하여 나쁜 것이 보통이다([Tol+21]의 MLP-mixer 모델과 같은 몇몇 예외가 존재한다. 이는 이미지와 텍스트에서 일을 잘하도록 학습할 수 있는 비구조적 모델이지만, 이러한 모델은 귀납적인 편향(inductive bias)의 부재를 극복하기 위해 막대한 양의 데이터셋을 필요로 한다).

13.2 다층 퍼셉트론(MLP)

10.2.5절에서 **퍼셉트론**perceptron이 로지스틱 회귀의 결정론적 버전이라고 설명했다. 구체적으로 이는 다음 형식의 매핑이다.

$$f(\boldsymbol{x}; \boldsymbol{\theta}) = \mathbb{I}\left(\boldsymbol{w}^\mathsf{T}\boldsymbol{x} + b \geq 0\right) = H(\boldsymbol{w}^\mathsf{T}\boldsymbol{x} + b) \tag{13.4}$$

여기서 $H(a)$는 **헤비사이드 계단 함수**heaviside step function이며, 또한 **선형 임계 함수**linear threshold function라 한다. 퍼셉트론이 나타내는 결정 경계가 선형이므로 이들은 나타낼 수 있는 것이 매우 제한적이다. 1969년에 마빈 민스키Marvin Minsky와 세이모어 파퍼트Seymour Papert는 『Perceptrons』[MP69]라는 유명한 책을 발간하여 퍼셉트론이 풀 수 없는 다양한 패턴 인식 문제 예시를 제시했다. 문제를 어떻게 푸는지 살펴보기 전에 아래에서 특정 예시를 제공한다.

13.2.1 XOR 문제

『Perceptrons』 책에서 가장 유명한 예시 중 하나는 **XOR 문제**다. 여기서 목적은 두 이항 입력의 배타적 OR을 계산하는 함수를 학습하는 것이다. 이 함수의 진리표는 표 13.1에서 보여준다. 이 함수는 그림 13.1(a)에서 시각화한다. 데이터가 선형으로 분리 가능하지 않음이 분명하므로, 퍼셉트론이 이 매핑을 나타낼 수 없다.

그러나 이 문제는 복수의 퍼셉트론을 서로의 위에 쌓아서 극복할 수 있다. 이는 **다층 퍼셉트론**MLP, Multilayer Perceptron이라 부른다. 예를 들어 XOR 문제를 풀려면 그림 13.1(b)에서 보여주는 MLP를 사용할 수 있다. 이는 h_1, h_2, y로 표기된 3개의 퍼셉트론으로 되어 있다. x라 표시된 노드는 입력이며, 1로 표시된 노드는 상수 항이다. 노드 h_1과 h_2는 **은닉 유닛**hidden unit이라 부른다. 이 값은 훈련 데이터에서 볼 수 없기 때문이다.

x_1	x_2	y
0	0	0
0	1	1
1	0	1
1	1	0

표 13.1 XOR(배타적 OR) 함수 $y = x_1 \veebar x_2$의 진리표

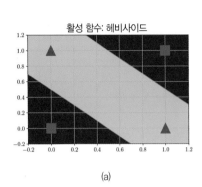

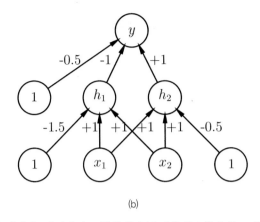

활성 함수: 헤비사이드

(a)

(b)

그림 13.1 (a) XOR 함수가 선형으로 분리 가능하지 않지만, 헤비사이드 활성 함수를 사용해 2개 층의 모델을 통해 분리할 수 있다는 사실을 보여준다. 출처: [Gér19]의 그림 10.6. xor_heaviside.ipynb로 생성했다. (b) 하나의 은닉 층으로 된 신경망. 가중치는 XOR 함수를 구현하도록 직접 구체화했다. h_1은 AND 함수이며, h_2는 OR 함수다. 편향 항은 값이 1인 상수 노드로부터의 가중치를 사용해 구현한다.

첫 은닉 유닛은 적절한 가중치 집합을 사용해 $h_1 = x_1 \wedge x_2$를 계산한다(여기서 $\wedge$는 AND 연산이다). 특히 이는 x_1과 x_2로부터 입력을 가지며 둘 다 1.0으로 가중치를 갖지만, 편향 항은 -1.5이다(이는 값이 1로 고정된 더미 노드로부터 나오는 가중치 -1.5를 갖는 '와이어^{wire}'를 통해 구현한다). 따라서 h_1은 오직 x_1과 x_2가 모두 켜진다면(iff) 발동될 것이다. 그러면 다음과 같기 때문이다.

$$\boldsymbol{w}_1^\mathsf{T} \boldsymbol{x} - b_1 = [1.0, 1.0]^\mathsf{T}[1, 1] - 1.5 = 0.5 > 0 \tag{13.5}$$

비슷하게 두 번째 은닉 유닛은 $h_2 = x_1 \vee x_2$를 계산하며, 이때 $\vee$는 OR 연산이고, 세 번째는 $y = \overline{h_1} \wedge h_2$를 계산하며, 이때 $\overline{h} = \neg h$는 NOT(논리적 부정) 연산이다. 따라서 y는 다음을 계산한다.

$$y = f(x_1, x_2) = \overline{(x_1 \wedge x_2)} \wedge (x_1 \vee x_2) \tag{13.6}$$

이는 XOR 함수와 동등하다.

이 예시를 일반화하여, MLP가 임의의 논리 함수를 나타낼 수 있음을 보일 수 있다. 그러나 우리는 당연히 가중치와 편향을 수동으로 지정하는 것은 피하기를 원한다. 이 장 나머지에서는 이러한 모수를 데이터로부터 학습하는 방법을 논의한다.

13.2.2 미분 가능한 MLP

13.2.1절에서 논의한 MLP는 퍼셉트론을 쌓아 올린 것으로 정의했으며, 각각은 미분 불가능한 헤비사이드 함수를 갖는다. 이는 이러한 모델을 훈련시키기 어렵게 만들며, 이 때문에 널리 쓰인 적이 없었다. 그러나 헤비사이드 함수 $H : \mathbb{R} \to \{0, 1\}$을 미분 가능한 **활성 함수**^{activation function} $\varphi : \mathbb{R} \to \mathbb{R}$로 바꾼다고 해보자. 더 정확하게는 각 층 l에서의 은닉 유닛 z_l이 이러한 활성 함수를 통해 요소별로 넘겨진 이전 층에서의 은닉 유닛의 선형 변환이 되도록 정의한다.

$$z_l = f_l(z_{l-1}) = \varphi_l \left(b_l + \mathbf{W}_l z_{l-1} \right) \tag{13.7}$$

또는 스칼라 형식으로는

$$z_{kl} = \varphi_l \left(b_{kl} + \sum_{j=1}^{K_{l-1}} w_{lkj} z_{jl-1} \right) \tag{13.8}$$

활성 함수로 넘겨지는 양은 **사전 활성화**^{pre-activation}라 부른다.

$$a_l = b_l + \mathbf{W}_l z_{l-1} \tag{13.9}$$

따라서 $z_l = \varphi_l(a_l)$이다.

이제 식 (13.3)에서와 같이 이들 함수 L개를 같이 합성하면, 출력의 기울기를 각 층 내 모수에 대해 연쇄 법칙을 사용해 계산할 수 있다. 이는 또한 **역전파**^{backpropagation}라 하며, 13.3절에서 설명한다(이는 어떤 종류의 미분 가능한 활성 함수에 대해서든지 옳지만, 13.2.3절에서 논의하듯이 일부 종류는 다른 것들보다 일을 더 잘한다). 그 뒤 기울기를 옵티마이저^{optimizer}에 넘기고, 따라서 13.4절에서 논의하듯이 몇몇 훈련 목적 함수를 최소화할 수 있다. 이러한 이유에서 'MLP'란 용어는 미분 불가능한 선형 임계화 유닛을 갖는 역사적인 버전이 아닌, 미분 가능한 형식의 모델을 거의 항상 뜻한다.

13.2.3 활성 함수

각 층에서 우리가 좋아하는 어떤 종류의 미분 가능한 함수든지 자유롭게 사용할 수 있다. 그러나 '선형' 활성 함수 $\varphi_\ell(a) = c_\ell a$를 사용하면, 전체 모델이 보통의 선형 모델로 축소된다. 이를 보기 위해 식 (13.3)은 다음이 됨을 주지하라.

$$f(\boldsymbol{x}; \boldsymbol{\theta}) = \mathbf{W}_L c_L(\mathbf{W}_{L-1} c_{L-1}(\cdots (\mathbf{W}_1 \boldsymbol{x}) \cdots)) \propto \mathbf{W}_L \mathbf{W}_{L-1} \cdots \mathbf{W}_1 \boldsymbol{x} = \mathbf{W}' \boldsymbol{x} \qquad (13.10)$$

이때 표기법의 단순함을 위해 편향 항은 버렸다. 이러한 이유에서 비선형 활성 함수를 사용하는 것이 중요하다.

초기 신경망에서는 시그모이드(로지스틱) 함수를 사용하는 것이 일반적인 선택이었다. 이는 퍼셉트론에서 쓰인 헤비사이드 함수의 평활한 근사smooth approximation로 볼 수 있다.

$$\sigma(a) = \frac{1}{1 + e^{-a}} \qquad (13.11)$$

그러나 그림 13.2(a)에서 보여주듯이 시그모이드 함수는 입력이 큰 양수이면 1로, 그리고 큰 음수이면 0으로 **포화**saturate된다. 또 다른 일반적인 선택으로는 tanh 함수가 있으며, 이는 모양이 비슷하지만 -1과 $+1$에서 포화된다. 그림 13.2(b)를 참고하라.

포화 영역에서 입력에 대한 출력의 기울기는 0에 가까워질 것이므로, 더 높은 층에서의 어떠한 기울기 신호든지 앞선 층으로 역전파되지 못할 것이다. 이를 **기울기 소실 문제**vanishing gradient problem라 하며, 경사하강을 사용해 모델을 훈련시키는 것을 어렵게 만든다(자세한 내용은 13.4.2절을 참고하라).

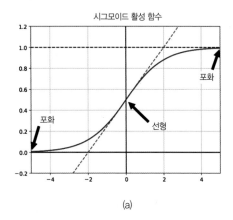
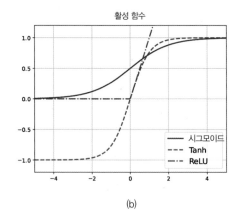

(a) (b)

그림 13.2 (a) 시그모이드 함수가 어떻게 0 근처에서는 선형이지만 큰 양수 및 음수 입력에서 포화되는지 보여준다. 출처: [Gér19]의 11.1. (b) 몇 가지 신경망 활성 함수의 도표. activation_fun_plot.ipynb로 생성했다.

비포화 활성 함수를 사용하는 것이 매우 깊은 모델을 훈련할 수 있도록 하는 핵심이다. 몇 가지 다른 함수가 제안되어 왔다. 가장 일반적인 것은 [GBB11; KSH12]에서 제안된 **정류 선형 유닛**^{Rectified} ^{Linear Unit}, 즉 **ReLU**이다. 이는 다음으로 정의된다.

$$\text{ReLU}(a) = \max(a, 0) = a\mathbb{I}(a > 0) \tag{13.12}$$

ReLU 함수는 단순히 음의 입력은 '끄고', 양의 입력은 바꾸지 않은 채로 전달한다. 도표는 그림 13.2(b)를, 자세한 내용은 13.4.3절을 참고하라.

13.2.4 예시 모델

MLP는 많은 종류의 데이터를 위한 분류 및 회귀를 수행하는 데 쓰일 수 있다. 아래에 몇 가지 예시를 제공한다.

13.2.4.1 2차원 데이터를 2개 범주로 분류하기 위한 MLP

그림 13.3은 2차원 입력 벡터에 적용된 2개의 은닉 층으로 된 MLP를 보여준다. 입력은 2개의 동심원으로부터 나오는 면 위의 점에 해당한다. 모델은 다음의 형식을 갖는다.

$$p(y|\boldsymbol{x}; \boldsymbol{\theta}) = \text{Ber}(y|\sigma(a_3)) \tag{13.13}$$
$$a_3 = \boldsymbol{w}_3^\mathsf{T} \boldsymbol{z}_2 + b_3 \tag{13.14}$$
$$\boldsymbol{z}_2 = \varphi(\mathbf{W}_2 \boldsymbol{z}_1 + \boldsymbol{b}_2) \tag{13.15}$$
$$\boldsymbol{z}_1 = \varphi(\mathbf{W}_1 \boldsymbol{x} + \boldsymbol{b}_1) \tag{13.16}$$

여기서 a_3는 마지막 로짓 점수이며, 이는 시그모이드(로지스틱) 함수를 통해 확률로 변환된다. 값 a_3는 층 2에서의 2개의 은닉 유닛의 선형 조합을 취하여, $a_3 = \boldsymbol{w}_3^\mathsf{T} \boldsymbol{z}_2 + b_3$를 사용해 계산한다. 따라서 층 2는 층 1의 은닉 유닛 4개의 비선형 조합을 취하여, $\boldsymbol{z}_2 = \varphi(\mathbf{W}_2 \boldsymbol{z}_1 + \boldsymbol{b}_2)$를 사용해 계산한다. 마지막으로 층 1은 입력 유닛 2개의 비선형 조합을 취하여, $\boldsymbol{z}_1 = \varphi(\mathbf{W}_1 \boldsymbol{x} + \boldsymbol{b}_1)$을 사용해 계산한다. 모수 $\boldsymbol{\theta} = (\mathbf{W}_1, \boldsymbol{b}_1, \mathbf{W}_2, \boldsymbol{b}_2, \boldsymbol{w}_3, b_3)$를 조정하여 음의 로그 가능도를 최소화함으로써, 결정 경계의 매우 높은 비선형적 성질에도 불구하고 훈련 데이터를 매우 잘 적합시킨다(이 그림의 인터랙티브 버전은 http://playground.tensorflow.org에서 찾을 수 있다).

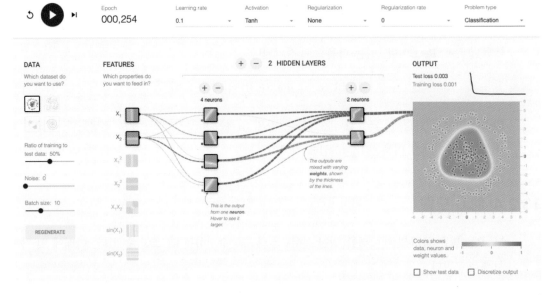

그림 13.3 2 클래스로부터의 2차원 점 집합에 적용된 2개 은닉 층으로 된 MLP를 좌측 상단 코너에 보여주고 있다. 각 은닉 유닛과 연관된 시각화를 통해 네트워크 일부에서의 결정 경계를 보여주고 있다. 입력은 $x \in \mathbb{R}^2$로, 첫 번째 층의 활성화는 $z_1 \in \mathbb{R}^4$, 두 번째 층의 활성화는 $z_2 \in \mathbb{R}^2$이다. 마지막 로짓은 $a_3 \in \mathbb{R}$로, 이는 시그모이드 함수를 사용해 확률로 변환된다. http://playground.tensorflow.org의 인터랙티브 데모 스크린샷이다.

13.2.4.2 이미지 분류를 위한 MLP

이미지 분류에 MLP를 적용하려면 2차원 입력을 1차원 벡터로 **평탄화**^{flatten}해야 한다. 그 뒤 13.2.4.1절에서 설명한 것과 비슷한 피드포워드 아키텍처를 사용할 수 있다. 예를 들어, MNIST 숫자(3.5.2절)를 분류하는 MLP의 구축을 고려해 보자. 이는 $28 \times 28 = 784$차원이다. 각각 128개의 유닛을 갖는 2개의 은닉 층 다음 마지막 10방향 소프트맥스 층을 사용하면, 표 13.2에서 보여주는 모델을 얻는다.

그림 13.4에서 이 모델의 예측 일부를 볼 수 있다. 이를 단지 두 '에포크^{epoch}'(데이터셋을 통과함) 훈련시킬 뿐이지만, 모델이 97.1%의 테스트 집합 정확도를 보이면서 이미 일을 꽤 잘한다. 게다가 9를 3으로 실수하는 등 오차는 적절해 보인다. 더 많은 에포크로 훈련시키면 테스트 정확도를 추가로 개선할 수 있다.

```
Model: "sequential"

_____

Layer (type)                 Output Shape              Param #
=================================================================
flatten (Flatten)            (None, 784)               0
_____
dense (Dense)                (None, 128)               100480
_____
dense_1 (Dense)              (None, 128)               16512
_____
dense_2 (Dense)              (None, 10)                1290
=================================================================
Total params: 118,282
Trainable params: 118,282
Non-trainable params: 0
```

표 13.2 MNIST 분류에 사용된 MLP의 구조. $100{,}480 = (784 + 1) \times 128$ 그리고 $16{,}512 = (128 + 1) \times 128$을 주지하라. mlp_mnist_tf.ipynb로 생성했다.

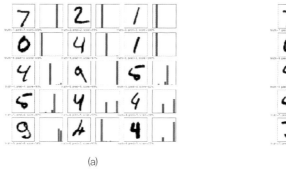
(a)

(b)

그림 13.4 (몇몇 오류를 포함하도록 고른) 일부 MNIST 이미지에 (128개 유닛을 갖는 2개의 은닉 층 및 10개 유닛을 갖는 1개의 출력 층으로 된) MLP를 적용한 결과. 빨간색은 틀린 것을, 파란색은 올바른 것을 보여준다. (a) 1 에포크 훈련한 후, (b) 2 에포크 후. mlp_mnist_tf.ipynb로 생성했다.

14장에서는 합성곱 신경망이라 부르는 이미지에 더 잘 맞는 다른 종류의 모델을 논의한다. 이는 심지어 더 나은 성능을 내며, 이미지의 희박한 구조에 대한 사전 정보를 활용함으로써 더 적은 모수를 사용한다. 반대로 MLP로는 출력에 영향을 주지 않으면서 픽셀을 무작위로 섞을(치환할) 수 있다(모든 입력에 같은 무작위 치환을 사용한다고 가정하면).

13.2.4.3 텍스트 분류를 위한 MLP

MLP를 텍스트 분류에 적용하려면, 단어의 가변 길이 시퀀스 $v_1, \ldots, v_T$를(여기서 각각의 v_i는 길이 V의 원핫 벡터이며, V는 어휘 크기다) 고정된 차원의 벡터 x로 변환해야 한다. 이를 하는 가장 쉬운 방법은 다음과 같다. 먼저 입력을 순서 없는 단어주머니(1.5.4.1절) $\{v_t\}$로 다룬다. 모델의 첫 번째 층은 $E \times V$ 임베딩 행렬 $\mathbf{W}_1$이며, 이는 각각의 희박한 V차원 벡터를 밀집적인 E차원 임베딩인 $e_t = \mathbf{W}_1 v_t$로 변환한다(단어 임베딩에 대한 더 자세한 내용은 20.5절을 참고하라). 다음으로 이러한 T개의 E차원 임베딩을 **전역 평균 풀링**global average pooling $\overline{e} = \frac{1}{T} \sum_{t=1}^{T} e_t$를 사용해 고정된 크기의 벡터로 변환한다. 이는 그 뒤 MLP의 입력으로 넘길 수 있다. 예를 들어, 단일 은닉 층 및 로지스틱 출력(이항 분류를 위해)을 사용하면 다음을 얻는다.

$$p(y|\boldsymbol{x}; \boldsymbol{\theta}) = \mathrm{Ber}(y|\sigma(\boldsymbol{w}_3^\mathsf{T} \boldsymbol{h} + b_3)) \tag{13.17}$$

$$\boldsymbol{h} = \varphi(\mathbf{W}_2 \overline{e} + \boldsymbol{b}_2) \tag{13.18}$$

$$\overline{e} = \frac{1}{T} \sum_{t=1}^{T} \boldsymbol{e}_t \tag{13.19}$$

$$\boldsymbol{e}_t = \mathbf{W}_1 \boldsymbol{v}_t \tag{13.20}$$

크기 $V = 10{,}000$의 어휘, 크기 $E = 16$의 임베딩, 크기 16의 은닉 층을 사용하면, 표 13.3에서 보여주는 모델을 얻는다. 이를 1.5.2.1절에서 논의한 IMDB 영화 리뷰 감정 분류 데이터셋에 적용하면, 검증 집합에서 86%를 얻는다.

표 13.3으로부터 모델이 많은 모수를 가짐을 볼 수 있다. IMDB 훈련 집합은 오직 25,000개의 예제만을 가지므로 이는 과적합을 야기할 수 있다. 그러나 모수의 대부분이 임베딩 행렬에 있음을 볼 수 있으므로, 이들을 지도적인 방식으로 학습하는 대신에 20.5절에서 논의하는 것처럼 단어 임베딩 모델의 비지도적 사전훈련을 수행할 수 있다. 임베딩 행렬 $\mathbf{W}_1$이 고정되어 있으면, 이러한 특정한 라벨링된 과제를 위해 층 2와 3에 있는 모수를 미조정하기만 하면 되며 이는 훨씬 적은 데이터를 필요로 한다(제한적인 라벨링된 데이터로 된 훈련을 위한 일반적인 기법을 논의하는 19장 또한 참고하길 바란다).

13.2.4.4 이분산적 회귀를 위한 MLP

MLP는 회귀에도 사용할 수 있다. 그림 13.5는 이분산적 비선형 회귀를 위한 모델을 어떻게 만드

```
Model: "sequential"
_____
Layer (type)                 Output Shape              Param #
=================================================================
embedding (Embedding)        (None, None, 16)          160000
_____
global_average_pooling1d (Gl (None, 16)                0
_____
dense (Dense)                (None, 16)                272
_____
dense_1 (Dense)              (None, 1)                 17
=================================================================
Total params: 160,289
Trainable params: 160,289
Non-trainable params: 0
```

표 13.3 IMDB 리뷰 분류에 사용한 MLP의 구조. 크기 $V = 10{,}000$의 어휘, 크기 $E = 16$의 임베딩, 크기 16 의 은닉 층을 사용한다. 임베딩 행렬 $\mathbf{W}_1$은 $10{,}000 \times 16$의 크기를, 은닉 층('dense'라 라벨링된)은 크기 16×16 의 가중치 행렬 $\mathbf{W}_2$와 크기 16의 편향 $\boldsymbol{b}_2$를($16 \times 16 + 16 = 272$임을 주지하라), 그리고 마지막 층('dense_1' 이라 라벨링된)은 크기 16의 가중치 벡터 $\boldsymbol{w}_3$와 크기 1의 편향 b_3를 갖는다. 전역 평균 풀링 층은 자유 모수가 없다. mlp_imdb_tf.ipynb로 생성했다.

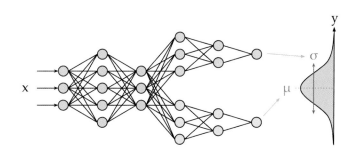

그림 13.5 공유된 '백본'과 2개의 출력 '헤드'가 있는 MLP를 보여준다. 출력 하나는 평균을 예측하기 위 해, 다른 하나는 분산을 예측하기 위해서다. 출처: https://brendanhasz.github.io/2019/07/23/bayesian-density-net.html. 브랜던 하즈[Brendan Hasz]가 친절하게 사용을 허가했다.

는지 보여준다('이분산적[heteroskedastic]'이란 용어는 예측된 출력 분산이 입력에 의존적이라는 뜻이며, 2.6.3절에서 논의한다). 이 함수는 $f_\mu(\boldsymbol{x}) = \mathbb{E}[y \mid \boldsymbol{x}, \boldsymbol{\theta}]$ 그리고 $f_\sigma(\boldsymbol{x}) = \sqrt{\mathbb{V}[y \mid \boldsymbol{x}, \boldsymbol{\theta}]}$ 를 계산하는 2개의 출력을 갖 는다. 그림 13.5가 보여주듯이 이 두 함수 사이의 대부분의 층은 공통적인 '**백본**[backbone]' 그리고 2개

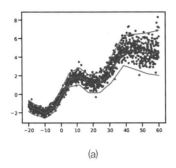
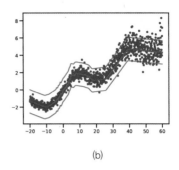

(a)　　　　　　　　　　　　　　　　(b)

그림 13.6 잡음이 증가하는 1차원 데이터셋에 MLE를 사용해 적합시킨 MLP의 예측을 보여준다. (a) 그림 13.5에서와 같이 출력 분산이 입력 의존적이다. (b) 평균은 (a)와 같은 모델로 계산하지만, 출력 분산은 고정된 모수 σ^2으로 다룬다. 이는 11.2.3.6절에서와 같이 훈련 후 MLE를 통해 추정한다. mlp_1d_regression_hetero_tfp.ipynb로 생성했다.

의 출력 '헤드head'를 사용함으로써 공유할 수 있다. μ 헤드를 위해서는 선형 활성화 $\varphi(a) = a$를 사용한다. σ 헤드를 위해서는 소프트플러스 활성화 $\varphi(a) = \sigma_+(a) = \log(1 + e^a)$를 사용한다. 선형 헤드 및 비선형 백본을 사용하면 전체 모델은 다음으로 주어진다.

$$p(y|\boldsymbol{x}, \boldsymbol{\theta}) = \mathcal{N}\left(y|\boldsymbol{w}_{\boldsymbol{\mu}}^\mathsf{T} f(\boldsymbol{x}; \boldsymbol{w}_{\text{shared}}), \sigma_+(\boldsymbol{w}_{\boldsymbol{\sigma}}^\mathsf{T} f(\boldsymbol{x}; \boldsymbol{w}_{\text{shared}}))\right) \tag{13.21}$$

그림 13.6은 평균이 시간에 따라 선형적으로 증가하며 계절적 변동이 있는, 그리고 분산이 이차적으로 증가하는 데이터셋에서 이러한 종류의 모델이 갖는 이점을 보여준다(이는 **확률적 변동성 모델**stochastic volatility model의 단순한 예시로, 금융 데이터 및 평균 그리고 분산이 증가하는 지구의 글로벌 온도(기후 변화로 인해)에 쓰일 수 있다). 출력 분산 σ^2을 고정된(입력 독립적인) 모수로 다루는 회귀 모델은 때때로 과소신뢰적임을 볼 수 있다. 왜냐하면 이는 전체적인 잡음 수준에 맞춰져야 하며, 입력 공간 내 각 점에서의 잡음 수준에 적응적일 수 없기 때문이다.

13.2.5 깊이의 중요성

하나의 은닉 층을 갖는 MLP는 **보편 함수 근사자**universal function approximator임을 보일 수 있다. 이는 임의의 원하는 정확도 수준에 대한 충분한 은닉 유닛이 주어졌을 때, 어떠한 적절하게 평활한 함수든지 모델링할 수 있음을 뜻한다[HSW89; Cyb89; Hor91]. 직관적으로 그 이유는 각 은닉 유닛이 반공

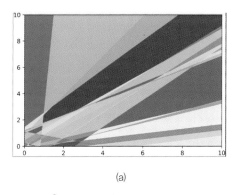
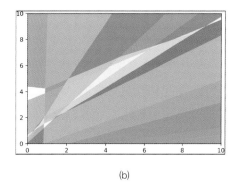

(a)   (b)

그림 13.7 $\mathbb{R}^2$을 (a) 25개 은닉 유닛이 있는 하나의 은닉 층으로 된, 그리고 (b) 2개의 은닉 층으로 된 MLP로 만들어 낸 선형 결정 영역의 유한 집합으로 분해한 것. MLP는 ReLU 활성화를 갖는다. 출처: [HAB19]의 그림 1. 막심 안드리우스첸코(Maksym Andriuschenko)가 친절하게 사용을 허가했다.

간을 구체화할 수 있으며, 이들을 충분히 많이 조합하면 공간의 어떠한 영역이든지 '조각낼$^{carve\ up}$' 수 있기 때문이다. 이러한 영역에는 어떤 반응이든지 연관시킬 수 있다(이를 보는 가장 쉬운 방법은 그림 13.7이 보여주듯이 조각별 선형 활성 함수를 사용하는 것이다).

그러나 실험적이거나 이론적인 여러 주장들에서(예: [Has87; Mon+14; Rag+17; Pog+17]) 심층 신경망이 얕은 것보다 더 나음을 보여왔다. 그 이유는 나중의 층이 이전 층으로부터 학습한 특성을 활용할 수 있기 때문이다. 즉, 함수가 **조합적인**^{compositional} 또는 **계층적인**^{hierarchical} 방식으로 정의된다. 예를 들어 DNA 문자열을 분류하고자 하며, 양의 계층은 정규식 *AA??CGCG??AA*와 연관되어 있다고 해보자. 이는 은닉 층이 하나인 모델로 적합시킬 수 있지만, 직관적으로 보면 모델이 먼저 층 1에서의 은닉 유닛을 사용해 AA 및 CG '모티프^{motif}'를 탐지한 뒤, 층 2에서 이러한 특성을 사용해 단순한 선형 분류기를 정의하는 편이 학습에 더 쉬울 것이다. 이는 13.2.1절에서 XOR 문제를 푸는 방법과 유사하다.

13.2.6 '딥러닝 혁명'

DNN 이면의 아이디어는 수십 년을 거슬러 올라가지만, 이들이 매우 널리 쓰이기 시작한 건 2010년이 채 안 됐을 때였다. 이 방법을 도입한 첫 번째 영역은 [Dah+11]의 비약적 발전에 기반한 자동 음성 인식$^{ASR,\ Automatic\ Speech\ Recognition}$ 분야였다. 이 접근법은 빠르게 표준적인 패러다임이 되었으며, 학계 및 산업계에서 널리 받아들여지기 시작했다[Hin+12].

그러나 가장 많은 주목을 받았던 때는 [KSH12]가 심층 CNN이 ImageNet 이미지 분류 벤치마크 대회에서 오류율을 한 해 동안 26%에서 16%로 낮추면서 성능을 크게 개선할 수 있음을 보였을 때다(그림 1.14(b) 참고). 이는 연간 약 2%의 이전 개선율과 비교하면 큰 도약이라 할 수 있었다.

DNN 사용의 '폭발'에는 몇 가지 공헌적인 인자가 있었다. 하나는 저렴한 GPU^{Graphics Processing Unit}(그래픽 처리 유닛)의 가용성이다. 이들은 본래 비디오 게임을 위한 이미지 렌더링을 위해 개발됐지만, 비슷한 종류의 행렬-벡터 연산을 수반하는 커다란 CNN 적합에 걸리는 시간을 막대한 규모로 줄일 수도 있다. 또 다른 것은 대형의 라벨 데이터셋의 증가로, 이는 과적합 없이 많은 모수를 갖는 복잡한 함수 근사자를 적합시킬 수 있게 해줬다(예를 들면, 이미지넷은 130만 개의 라벨 이미지를 가지며 수백 개의 모수를 갖는 모델을 적합시키는 데 쓰인다). 실로 딥러닝 시스템을 '로켓'으로 바라본다면, 커다란 데이터셋은 연료로 불릴 것이다.[2]

DNN의 대단한 경험적 성공이 동기가 되어, 여러 회사가 이 기술에 관심을 갖기 시작했다. 이는 텐서플로^{Tensorflow}(구글이 만듦), 파이토치^{PyTorch}(페이스북이 만듦), MXNet(아마존이 만듦)과 같은 고품질 오픈소스 소프트웨어의 개발을 이끌었다. 이들 라이브러리는 자동 미분(13.3절 참고) 및 복잡한 미분 가능 함수의 확장 가능한 기울기 기반 최적화(8.4절 참고)를 지원한다. 이들 라이브러리 일부는 이 책의 여러 곳에서 사용해 DNN만이 아닌 여러 모델을 구현한다.[3]

'딥러닝 혁명'의 역사에 관한 더 자세한 내용은 [Sej18; Met21] 등에서 찾을 수 있다.

13.2.7 생물학과의 연결점

이 절에서는 앞에서 논의한 신경망의 종류인 인공신경망^{Artificial Neural Network}, 즉 ANN이라 하는 것과 실제 신경망 사이의 연결점을 논의한다. 실제 생물학적 뇌가 어떻게 움직이는지에 대한 내용은 꽤 복잡하지만(예: [Kan+12] 참고), 몇 가지 단순한 '밑그림'을 제공할 수 있다.

시작으로 단일 뉴런 모델을 고려한다. 첫 번째 근사화에서 $h_k \in \{0, 1\}$로 표기하는 뉴런 k가 발동되는지는 $x \in \mathbb{R}^D$로 표기하는 입력의 활동 및 $w_k \in \mathbb{R}^D$로 표기하는 들어오는 연결의 강도에 의

---

[2] 이와 같은 인기 있는 비유는 2015년 GPU 기술 콘퍼런스(GTC, GPU Technology Conference)의 기조 연설에서 앤드루 응(Andrew Ng)이 언급했다. 그의 슬라이드는 https://bit.ly/38RTxzH에서 볼 수 있다.

[3] 그러나 몇몇 사람은 현재의 라이브러리가 너무 유연하지 않으며, 더욱 일반적인 알고리듬적 원형과 비교하여 밀집 행렬-벡터 곱에 기반한 방법을 너무 많이 강조한다고 주장한다(예: [Bl19] 참고).

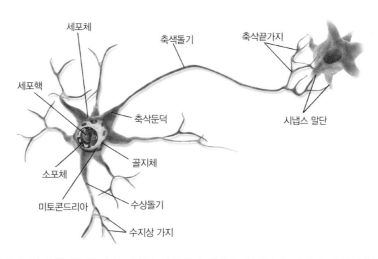

그림 13.8 2개의 뉴런이 함께 '회로(circuit)'로 연결되어 있음을 보여준다. 좌측 뉴런의 출력 축색돌기가 우측의 세포의 수상돌기와 시냅스 연결을 갖는다. 전하는 이온이 흐르는 형식으로 세포가 의사소통할 수 있게 해준다. 출처: https://en.wikipedia.org/wiki/Neuron. 위키피디아 저자 BruceBlaus가 친절하게 사용을 허가했다.

존한다고 말할 수 있다. 입력의 가중합은 $a_k = \boldsymbol{w}_k^\mathsf{T}\boldsymbol{x}$를 사용해 계산할 수 있다. 이들 가중치는 입력 x_d를 뉴런 h_k에 연결하는 '와이어'로 볼 수 있다. 이는 실제 뉴런에서의 **수상돌기**dendrite와 유사하다 (그림 13.8 참고). 이러한 가중합은 그 뒤 임곗값 b_k와 비교하며, 활성화가 임곗값을 넘어서면 뉴런이 발동된다. 이는 전기적 출력 또는 **활동 전위**action potential를 방출하는 뉴런과 유사하다. 따라서 뉴런의 움직임은 $h_k(\boldsymbol{x}) = H(\boldsymbol{w}_k^\mathsf{T}\boldsymbol{x} - b_k)$를 사용해 모델링할 수 있으며, 여기서 $H(a) = \mathbb{I}(a > 0)$은 헤비사이드 함수다. 이는 뉴런의 **맥컬록-피츠 모델**McCulloch-Pitts model이라 부르며, 1943년에 제안됐다[MP43].

이러한 뉴런은 여러 개를 조합하여 ANN을 만들 수 있다. 결과는 때때로 뇌를 모델링한 것으로 보기도 한다. 그러나 ANN은 다음을 포함해 여러 측면에서 생물학적 뇌와 다르다.

- 대부분의 ANN은 연결의 강도를 수정하기 위해 역전파를 사용한다(13.3절 참고). 그러나 실제 뇌는 축색돌기를 따라 정보를 뒤로 보내는 방법이 없으므로 역전파를 사용하지 않는다 [Ben+15b; BS16; KH19]. 대신에 뇌는 시냅스 강도를 조정하기 위해 국소적인 업데이트 규칙을 사용한다.

- 대부분의 ANN은 엄격하게 피드포워드이지만, 실제 뇌는 많은 피드백 연결을 갖는다. 이러한 피드백은 사전 분포처럼 움직이는 것으로 보인다. 이는 감각계로부터의 바텀업 가능도와 조합되어 세계의 은닉 상태에 대한 사후 분포를 계산할 수 있다. 이는 그 뒤 최적 의사결정에 쓰일 수 있다(예: [Doy+07] 참고).

- 대부분의 ANN은 비선형을 통해 넘겨지는 가중합으로 되어 있는 단순화된 뉴런을 사용하지만, 실제 생물학적 뉴런은 시공간적 역학으로 된 복잡한 수지상 나무dendritic tree 구조를 갖는다(그림 13.8).

- 대부분의 ANN은 생물학적 뇌보다 더 작은 크기 및 연결 개수를 갖는다(그림 13.9 참고). 물론 ANN은 GPU 및 TPUTensor Processing Unit 같은 새로운 **하드웨어 가속기**hardware accelerator 덕분에 매주 커지고 있다. 그러나 ANN이 유닛의 개수 측면에서 생물학적 뇌에 맞먹는다 하더라도, 생물학적 뉴런의 처리 용량은 인공 뉴런보다 훨씬 크기 때문에 이는 오해의 소지가 있다(다음 문단을 참고하라).

- 대부분의 ANN은 이미지를 라벨로, 또는 단어의 시퀀스를 다른 단어의 시퀀스로의 매핑과 같은 하나의 함수를 모델링하도록 디자인되어 있다. 반대로 생물학적 뇌는 인지, 통제, 기억, 언어 같은 각기 다른 종류의 기능 또는 움직임을 구현하는 복수의 특수화된 상호적 모듈

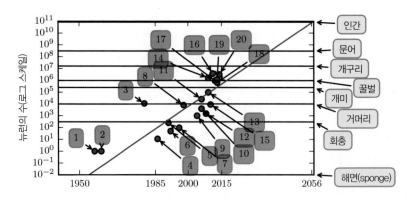

그림 13.9 시간에 따른 신경망의 크기 그림. 모델 1, 2, 3, 4는 각각 퍼셉트론[Ros58], 적응적 선형 유닛(adaptive linear unit)[WH60], 네오코그니트론(neocognitron)[Fuk80], 역전파를 통해 훈련된 첫 MLP[RHW86]에 해당한다. 살아 있는 유기체의 근사적인 뉴런 개수는 우측의 축에서 보여준다(해면은 뉴런이 0이다). 이는 https://en.wikipedia.org/wiki/List_of_animals_by_number_of_neurons에 기반한다. 출처: [GBC16]의 그림 1.11. 이언 굿펠로(Ian Goodfellow)가 친절하게 사용을 허가했다.

로 구성되어 있는 매우 복잡한 시스템이다(예: [Sha88; Kan+12]).

물론 생물학적 뇌의 실제적인 모델을 만들려는 노력이 있었다(예: **블루 브레인 프로젝트**^{Blue Brain Project} [Mar06; Yon19]). 그러나 여기서 흥미로운 질문은 지금 수준의 디테일로 뇌를 연구하는 것이 'AI를 푸는 데' 도움이 되는가이다. 우리의 목적이 비행기가 날개를 접지 않는 것과 같이 '지적 기계^{intelligent machine}'를 만드는 것이라면, 생물학적 뇌의 저수준적인 세부 사항은 문제가 되지 않는다는 것이 일반적인 생각이다. 그러나 짐작건대 비행기와 새가 같은 공기역학을 따르듯이, 'AI들'은 지적인 생물학적 에이전트^{agent}와 유사한 '지능의 법칙^{laws of intelligence}'을 따를 것이다.

안타깝게도 우리는 아직 '지능의 법칙'이 무엇인지, 또는 그러한 법칙이 정말로 존재하는지조차 모른다. 이 책에서는 어떠한 지적 에이전트든지 정보 처리의 기본 원칙 및 불확실성하에서 결정을 내리는 최적의 방법이라 알려진 베이즈 결정 이론(5.1절 참고)을 따라야 한다는 가정을 한다.

실제로는 최적 베이즈 접근법은 계산적으로 매우 다루기가 어려운 경우가 많다. 자연 세계에서 생물학적 에이전트는 최적해를 향해 다양한 알고리듬적인 '지름길'을 발전시켜 왔다. 이는 사람이 매일 유추에서 사용하는 많은 **휴리스틱**^{heuristic}을 설명할 수 있다[KST82; GTA00; Gri20]. 머신이 풀기를 원하는 문제가 어려워질수록, 어떻게 이러한 과제를 근사적인 방법으로 푸는지에 대해 신경과학 및 인지과학으로부터 인사이트를 얻을 수도 있을 것이다(예: [MWK16; Has+17; Lak+17; HG21]). 그러나 AI/ML 시스템은 기계가 사람보다 더 잘하기를 기대하고 원하는 안전 필수 응용에서 점차 많이 사용되고 있음을 유념해야 한다. 이러한 경우 흔히 잘 동작하는 휴리스틱한 해법보다 더 많은 것을 원할 수도 있다. 대신에 우리는 다른 공학 분야에서와 유사하게 입증 가능하도록 믿을 만한 방법을 원할 수도 있다(추가적인 논의는 1.6.3절을 참고하라).

13.3 역전파

이 절은 마티외 블롱델^{Mathieu Blondel}과 공저했다.

이 절에서는 그 유명한 **역전파 알고리듬**^{backpropagation algorithm}을 설명한다. 이는 각 층에서 네트워크의 출력에 적용된 손실 함수의 기울기를 모수에 대해 계산하는 데 사용할 수 있다. 이 기울기는 그 뒤 13.4절에서 논의하는 기울기 기반 최적화 알고리듬으로 넘겨진다.

역전파 알고리듬은 본래 [BH69]에서, 그리고 독립적으로 [Wer74]에서 발견했다. 그러나 이것

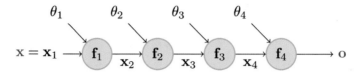

그림 13.10 층이 4개인 단순한 선형 연쇄 피드포워드 모델. 여기서 x는 입력이고, o는 출력이다. 출처: [Blo20]

이 '주류' ML 커뮤니티의 주목을 받게 한 것은 [RHW86]이었다. 더 자세한 역사적 내용은 위키피디아 페이지[4]를 참고하라.

우리는 처음에는 연산 그래프가 MLP와 같이 쌓인 층의 단순한 선형 연쇄라 가정한다. 이 경우 역전파는 미적분의 연쇄 법칙을 반복적으로 적용하는 것과 동등하다(식 (7.261) 참고). 그러나 방법은 13.3.4절에서 논의하는 임의의 방향성 비순환 그래프^{DAG}로 일반화할 수 있다. 이러한 일반적인 과정은 **자동 미분**$^{\text{automatic differentiation}}$ 또는 autodiff라고도 한다.

13.3.1 포워드 대 리버스 방식 미분

$o = f(x)$ 형식의 매핑을 고려해 보자. 여기서 $x \in \mathbb{R}^n$ 그리고 $o \in \mathbb{R}^m$이다. f는 함수의 합성으로 정의한다고 가정한다.

$$f = f_4 \circ f_3 \circ f_2 \circ f_1 \tag{13.22}$$

여기서 $f_1 : \mathbb{R}^n \to \mathbb{R}^{m_1}$, $f_2 : \mathbb{R}^{m_1} \to \mathbb{R}^{m_2}$, $f_3 : \mathbb{R}^{m_2} \to \mathbb{R}^{m_3}$, $f_4 : \mathbb{R}^{m_3} \to \mathbb{R}^m$이다. $o = f(x)$를 계산하는 데 필요한 중간 단계는 $x_2 = f_1(x)$, $x_3 = f_2(x_2)$, $x_4 = f_3(x_3)$, $o = f_4(x_4)$이다.

연쇄 법칙을 사용해 야코비 $\mathbf{J}_f(x) = \frac{\partial o}{\partial x} \in \mathbb{R}^{m \times n}$를 계산할 수 있다.

$$\frac{\partial o}{\partial x} = \frac{\partial o}{\partial x_4} \frac{\partial x_4}{\partial x_3} \frac{\partial x_3}{\partial x_2} \frac{\partial x_2}{\partial x} = \frac{\partial f_4(x_4)}{\partial x_4} \frac{\partial f_3(x_3)}{\partial x_3} \frac{\partial f_2(x_2)}{\partial x_2} \frac{\partial f_1(x)}{\partial x} \tag{13.23}$$

$$= \mathbf{J}_{f_4}(x_4)\mathbf{J}_{f_3}(x_3)\mathbf{J}_{f_2}(x_2)\mathbf{J}_{f_1}(x) \tag{13.24}$$

이제 야코비 $\mathbf{J}_f(x)$를 효율적으로 계산하는 방법을 논의한다. 다음을 상기하라.

---

[4] https://en.wikipedia.org/wiki/Backpropagation#History

$$\mathbf{J_f}(\boldsymbol{x}) = \frac{\partial \boldsymbol{f}(\boldsymbol{x})}{\partial \boldsymbol{x}} = \begin{pmatrix} \frac{\partial f_1}{\partial x_1} & \cdots & \frac{\partial f_1}{\partial x_n} \\ \vdots & \ddots & \vdots \\ \frac{\partial f_m}{\partial x_1} & \cdots & \frac{\partial f_m}{\partial x_n} \end{pmatrix} = \begin{pmatrix} \nabla f_1(\boldsymbol{x})^\top \\ \vdots \\ \nabla f_m(\boldsymbol{x})^\top \end{pmatrix} = \left(\frac{\partial \boldsymbol{f}}{\partial x_1}, \cdots, \frac{\partial \boldsymbol{f}}{\partial x_n} \right) \in \mathbb{R}^{m \times n} \quad (13.25)$$

여기서 $\nabla f_i(\boldsymbol{x})^\top \in \mathbb{R}^{1 \times n}$는 i번째 행($i = 1 : m$에 대해)이며 $\frac{\partial \boldsymbol{f}}{\partial x_j} \in \mathbb{R}^m$는 j번째 열($j = 1 : n$에 대해)이다. 우리 표기법에서 $m = 1$일 때 $\nabla \boldsymbol{f}(\boldsymbol{x})$라 표기한 기울기는 $\boldsymbol{x}$와 같은 모양을 갖는다. 그러므로 이는 열 벡터인 한편, $\mathbf{J_f}(\boldsymbol{x})$는 행 벡터다. 이 경우 그러므로 기술적으로 $\nabla \boldsymbol{f}(\boldsymbol{x}) = \mathbf{J_f}(\boldsymbol{x})^\top$이다.

$\mathbf{J_f}(\boldsymbol{x})$로부터의 i번째 행은 $\boldsymbol{e}_i^\top \mathbf{J_f}(\boldsymbol{x})$ 형식의 벡터 야코비 곱VJP, Vector Jacobian Product을 사용해 추출할 수 있다. 여기서 $\boldsymbol{e}_i \in \mathbb{R}^m$는 단위 기저 벡터다. 비슷하게 $\mathbf{J_f}(\boldsymbol{x})\boldsymbol{e}_j$ 형식의 야코비 벡터 곱JVP, Jacobian Vector Product을 사용해 $\mathbf{J_f}(\boldsymbol{x})$로부터 j번째 열을 추출할 수 있다. 여기서 $\boldsymbol{e}_j \in \mathbb{R}^n$이다. 이는 $\mathbf{J_f}(\boldsymbol{x})$의 계산이 n개의 JVP 또는 m개의 VJP로 축소됨을 보여준다.

$n < m$이라면 JVP를 오른쪽에서 왼쪽 방식으로 사용해 $\mathbf{J_f}(\boldsymbol{x})$를 각 열 $j = 1 : n$에 대해 계산하는 것이 더 효율적이다. 열 벡터 $\boldsymbol{v}$의 오른쪽 곱셈은 다음과 같다.

$$\mathbf{J_f}(\boldsymbol{x})\boldsymbol{v} = \underbrace{\mathbf{J_{f_4}}(\boldsymbol{x}_4)}_{m \times m_3} \underbrace{\mathbf{J_{f_3}}(\boldsymbol{x}_3)}_{m_3 \times m_2} \underbrace{\mathbf{J_{f_2}}(\boldsymbol{x}_2)}_{m_2 \times m_1} \underbrace{\mathbf{J_{f_1}}(\boldsymbol{x}_1)}_{m_1 \times n} \underbrace{\boldsymbol{v}}_{n \times 1} \quad (13.26)$$

이는 **포워드 방식 미분**forward mode differentiation을 사용해 계산할 수 있다. 의사코드는 알고리듬 5를 참고하라. $m = 1$ 그리고 $n = m_1 = m_2 = m_3$라 가정하면, $\mathbf{J_f}(\boldsymbol{x})$의 연산 비용은 $O(n^3)$이다.

알고리듬 5: 포워드 방식 미분

---

1   $\boldsymbol{x}_1 := \boldsymbol{x}$
2   $j = 1 : n$에 대해 $\boldsymbol{v}_j := \boldsymbol{e}_j \in \mathbb{R}^n$
3   $k = 1 : K$에 대해 다음을 한다.
4     $\boldsymbol{x}_{k+1} = \boldsymbol{f}_k(\boldsymbol{x}_k)$
5     $j = 1 : n$에 대해 $\boldsymbol{v}_j := \mathbf{J_{f_k}}(\boldsymbol{x}_k)\boldsymbol{v}_j$
6   $j = 1 : n$에 대해 $\boldsymbol{o} = \boldsymbol{x}_{K+1}$, $[\mathbf{J_f}(\boldsymbol{x})]_{:,j} = \boldsymbol{v}_j$를 반환한다.

$n > m$이라면(예로 출력이 스칼라라면), VJP를 왼쪽에서 오른쪽 방식으로 사용해 $\mathbf{J_f}(\boldsymbol{x})$를 각 행 $i = 1 : m$에 대해 계산하는 것이 더 효율적이다. 행 벡터 $\boldsymbol{u}^\top$의 왼쪽 곱셈은 다음과 같다.

$$u^{\mathsf{T}}\mathbf{J}_f(\boldsymbol{x}) = \underbrace{u^{\mathsf{T}}}_{1 \times m} \underbrace{\mathbf{J}_{f_4}(\boldsymbol{x}_4)}_{m \times m_3} \underbrace{\mathbf{J}_{f_3}(\boldsymbol{x}_3)}_{m_3 \times m_2} \underbrace{\mathbf{J}_{f_2}(\boldsymbol{x}_2)}_{m_2 \times m_1} \underbrace{\mathbf{J}_{f_1}(\boldsymbol{x}_1)}_{m_1 \times n} \tag{13.27}$$

이는 **리버스 방식 미분**reverse mode differentiation을 사용해 할 수 있다. 의사코드는 알고리듬 6을 참고하라. $m = 1$ 그리고 $n = m_1 = m_2 = m_3$라 가정하면 $\mathbf{J}_f(\boldsymbol{x})$의 계산 비용은 $O(n^2)$이다.

알고리듬 6: 리버스 방식 미분

---

1 $\boldsymbol{x}_1 := \boldsymbol{x}$
2 $k = 1 : K$에 대해 다음을 한다.
3 $\quad \boldsymbol{x}_{k+1} = \boldsymbol{f}_k(\boldsymbol{x}_k)$
4 $i = 1 : m$에 대해 $\boldsymbol{u}_i := \boldsymbol{e}_i \in \mathbb{R}^m$
5 $k = K : 1$에 대해 다음을 한다.
6 $\quad i = 1 : m$에 대해 $\boldsymbol{u}_i^{\mathsf{T}} := \boldsymbol{u}_i^{\mathsf{T}}\mathbf{J}_{f_k}(\boldsymbol{x}_k)$
7 $i = 1 : m$에 대해 $\boldsymbol{o} = \boldsymbol{x}_{K+1}$, $[\mathbf{J}_f(\boldsymbol{x})]_{i,:} = \boldsymbol{u}_i^{\mathsf{T}}$를 반환한다.

알고리듬 5와 6 모두 임의의 입력 벡터의 모음에 대해 JVP와 VJP를 계산하기 위해 $\{\boldsymbol{v}_j\}_{j=1,\dots,n}$ 그리고 $\{\boldsymbol{u}_i\}_{i=1,\dots,m}$을 각각의 입력으로 받아들임으로써 적용할 수 있다. 이들 벡터를 표준 기저로 초기화하면 완전한 야코비를 출력으로 만들어 낼 때 특히 유용하다.

13.3.2 다층 퍼셉트론을 위한 리버스 방식 미분

앞 절에서 각 층이 어떠한 학습 가능한 모수도 갖지 않는 단순한 선형 연쇄 피드포워드 모델을 고려했다. 이번 절에서는 각 층이 이제 (선택적인) 모수 $\boldsymbol{\theta}_1, \dots, \boldsymbol{\theta}_4$를 갖는다. 그림 13.10을 참고하라. 매핑이 $\mathcal{L} : \mathbb{R}^n \to \mathbb{R}$ 형식을 갖는 경우에 집중하므로 출력이 스칼라다. 예를 들어, 하나의 은닉 층이 있는 MLP를 위한 ℓ_2 손실을 고려해 보자.

$$\mathcal{L}((\boldsymbol{x}, \boldsymbol{y}), \boldsymbol{\theta}) = \frac{1}{2}\|\boldsymbol{y} - \mathbf{W}_2\varphi(\mathbf{W}_1\boldsymbol{x})\|_2^2 \tag{13.28}$$

이는 다음의 피드포워드 모델로 나타낼 수 있다.

$$\mathcal{L} = \boldsymbol{f}_4 \circ \boldsymbol{f}_3 \circ \boldsymbol{f}_2 \circ \boldsymbol{f}_1 \tag{13.29}$$

$$\boldsymbol{x}_2 = \boldsymbol{f}_1(\boldsymbol{x}, \boldsymbol{\theta}_1) = \mathbf{W}_1 \boldsymbol{x} \tag{13.30}$$

$$\boldsymbol{x}_3 = \boldsymbol{f}_2(\boldsymbol{x}_2, \emptyset) = \varphi(\boldsymbol{x}_2) \tag{13.31}$$

$$\boldsymbol{x}_4 = \boldsymbol{f}_3(\boldsymbol{x}_3, \boldsymbol{\theta}_3) = \mathbf{W}_2 \boldsymbol{x}_3 \tag{13.32}$$

$$\mathcal{L} = \boldsymbol{f}_4(\boldsymbol{x}_4, \boldsymbol{y}) = \frac{1}{2}\|\boldsymbol{x}_4 - \boldsymbol{y}\|^2 \tag{13.33}$$

표기법 $\boldsymbol{f}_k(\boldsymbol{x}_k, \boldsymbol{\theta}_k)$는 층 k에서의 함수를 표기하는 데 사용하며, 여기서 $\boldsymbol{x}_k$는 이전 출력 그리고 $\boldsymbol{\theta}_k$는 이 층에서의 선택적 모수다.

이 예시에서 마지막 층은 손실 함수 $\mathcal{L} \in \mathbb{R}$에 해당하므로 스칼라를 반환한다. 그러므로 리버스 방식 미분을 사용해 기울기 벡터를 계산하는 것이 더 효율적이다.

먼저 스칼라 출력의 기울기를 각 층에서의 모수에 대해 계산하는 방법을 논의한다. We can easily compute the gradient wrt the predictions in the final layer $\frac{\partial \mathcal{L}}{\partial \boldsymbol{x}_4}$. 이전 층에서의 모수에 대한 기울기를 위해, 연쇄 법칙을 사용해 다음을 얻을 수 있다.

$$\frac{\partial \mathcal{L}}{\partial \boldsymbol{\theta}_3} = \frac{\partial \mathcal{L}}{\partial \boldsymbol{x}_4} \frac{\partial \boldsymbol{x}_4}{\partial \boldsymbol{\theta}_3} \tag{13.34}$$

$$\frac{\partial \mathcal{L}}{\partial \boldsymbol{\theta}_2} = \frac{\partial \mathcal{L}}{\partial \boldsymbol{x}_4} \frac{\partial \boldsymbol{x}_4}{\partial \boldsymbol{x}_3} \frac{\partial \boldsymbol{x}_3}{\partial \boldsymbol{\theta}_2} \tag{13.35}$$

$$\frac{\partial \mathcal{L}}{\partial \boldsymbol{\theta}_1} = \frac{\partial \mathcal{L}}{\partial \boldsymbol{x}_4} \frac{\partial \boldsymbol{x}_4}{\partial \boldsymbol{x}_3} \frac{\partial \boldsymbol{x}_3}{\partial \boldsymbol{x}_2} \frac{\partial \boldsymbol{x}_2}{\partial \boldsymbol{\theta}_1} \tag{13.36}$$

여기서 $\frac{\partial \mathcal{L}}{\partial \boldsymbol{\theta}_k} = (\nabla_{\boldsymbol{\theta}_k} \mathcal{L})^\mathsf{T}$는 d_k차원의 기울기 행 벡터이며, d_k는 층 k에서의 모수의 개수다. 이들은 k층에서의 기울기 행 벡터를 $n_k \times n_{k-1}$ 행렬인 야코비 $\frac{\partial \boldsymbol{x}_k}{\partial \boldsymbol{x}_{k-1}}$로 곱하여 재귀적으로 계산할 수 있다. 여기서 n_k는 k층에서의 은닉 유닛의 개수다. 의사코드는 알고리듬 7을 참고하라.

이 알고리듬은 손실의 기울기를 각 층에서의 모수에 대해 계산한다. 이는 또한 손실의 기울기 $\nabla_x \mathcal{L} \in \mathbb{R}^n$을 입력에 대해 계산한다. 여기서 n은 입력의 차원성이다. 이와 같은 후자의 양[quantity]은 모수 학습에 필요하지 않지만, 모델에 입력을 만들어 낼 때 유용할 수 있다(일부 응용은 14.6절을 참고하라).

1 // 포워드 패스
2 $\boldsymbol{x}_1 := \boldsymbol{x}$
3 $k = 1 : K$에 대해 다음을 한다.
4 $\quad\lfloor\ \boldsymbol{x}_{k+1} = \boldsymbol{f}_k(\boldsymbol{x}_k, \boldsymbol{\theta}_k)$
5 // 백워드 패스
6 $\boldsymbol{u}_{K+1} := 1$
7 $k = K : 1$에 대해 다음을 한다.
8 $\quad\Big|\ \boldsymbol{g}_k := \boldsymbol{u}_{k+1}^{\mathsf{T}} \frac{\partial \boldsymbol{f}_k(\boldsymbol{x}_k, \boldsymbol{\theta}_k)}{\partial \boldsymbol{\theta}_k}$
9 $\quad\Big\lfloor\ \boldsymbol{u}_k^{\mathsf{T}} := \boldsymbol{u}_{k+1}^{\mathsf{T}} \frac{\partial \boldsymbol{f}_k(\boldsymbol{x}_k, \boldsymbol{\theta}_k)}{\partial \boldsymbol{x}_k}$
10 // 출력
11 $\mathcal{L} = \boldsymbol{x}_{K+1}$, $\nabla_{\boldsymbol{x}}\mathcal{L} = \boldsymbol{u}_1$, $\{\nabla_{\boldsymbol{\theta}_k}\mathcal{L} = \boldsymbol{g}_k : k = 1 : K\}$를 반환한다.

이제 남은 것은 모든 지지 층의 벡터 야코비 곱^{VJP}을 어떻게 계산하는지 구체화하는 것이다. 이에 대한 자세한 내용은 각 층의 함수 형식에 달렸다. 아래에서 몇 가지 예시를 논의한다.

13.3.3 보통의 층을 위한 벡터 야코비 곱

$\boldsymbol{f} : \mathbb{R}^n \to \mathbb{R}^m$ 형식의 층을 위한 야코비는 다음으로 정의됨을 상기하라.

$$\mathbf{J}_{\boldsymbol{f}}(\boldsymbol{x}) = \frac{\partial \boldsymbol{f}(\boldsymbol{x})}{\partial \boldsymbol{x}} = \begin{pmatrix} \frac{\partial f_1}{\partial x_1} & \cdots & \frac{\partial f_1}{\partial x_n} \\ \vdots & \ddots & \vdots \\ \frac{\partial f_m}{\partial x_1} & \cdots & \frac{\partial f_m}{\partial x_n} \end{pmatrix} = \begin{pmatrix} \nabla f_1(\boldsymbol{x})^{\mathsf{T}} \\ \vdots \\ \nabla f_m(\boldsymbol{x})^{\mathsf{T}} \end{pmatrix} = \left(\frac{\partial \boldsymbol{f}}{\partial x_1}, \cdots, \frac{\partial \boldsymbol{f}}{\partial x_n} \right) \in \mathbb{R}^{m \times n} \quad (13.37)$$

여기서 $\nabla f_i(\boldsymbol{x})^{\mathsf{T}} \in \mathbb{R}^n$는 i번째 행($i = 1 : m$에 대해)이며, $\frac{\partial \boldsymbol{f}}{\partial x_j} \in \mathbb{R}^m$는 j번째 열($j = 1 : n$에 대해)이다. 이 절에서 보통의 층을 위한 VJP $\boldsymbol{u}^{\mathsf{T}}\mathbf{J}_{\boldsymbol{f}}(\boldsymbol{x})$는 어떻게 계산하는지 설명한다.

13.3.3.1 교차 엔트로피 층

로짓 $\boldsymbol{x}$와 목표 라벨 $\boldsymbol{y}$를 입력으로 받는, 그리고 스칼라를 반환하는 교차 엔트로피 손실 층을 고려해 보자.

$$z = f(\boldsymbol{x}) = \text{CrossEntropyWithLogits}(\boldsymbol{y}, \boldsymbol{x}) = -\sum_c y_c \log(\text{softmax}(\boldsymbol{x})_c) = -\sum_c y_c \log p_c \quad (13.38)$$

여기서 $\boldsymbol{p} = \mathrm{softmax}(\boldsymbol{x}) = \frac{e^{x_c}}{\sum_{c'=1}^{C} e^{x_{c'}}}$는 예측된 클래스 확률이고, $\boldsymbol{y}$는 라벨에 대한 참인 분포다(원 핫 벡터인 경우가 많다). 입력에 대한 야코비는 다음과 같다.

$$\mathbf{J} = \frac{\partial z}{\partial \boldsymbol{x}} = (\boldsymbol{p} - \boldsymbol{y})^{\mathsf{T}} \in \mathbb{R}^{1 \times C} \tag{13.39}$$

이를 보기 위해, 목표 라벨이 클래스 c라 가정하자. 그러면 다음과 같다.

$$z = f(\boldsymbol{x}) = -\log(p_c) = -\log\left(\frac{e^{x_c}}{\sum_j e^{x_j}}\right) = \log\left(\sum_j e^{x_j}\right) - x_c \tag{13.40}$$

따라서

$$\frac{\partial z}{\partial x_i} = \frac{\partial}{\partial x_i} \log \sum_j e^{x_j} - \frac{\partial}{\partial x_i} x_c = \frac{e^{x_i}}{\sum_j e^{x_j}} - \frac{\partial}{\partial x_i} x_c = p_i - \mathbb{I}\,(i = c) \tag{13.41}$$

$\boldsymbol{y} = [\mathbb{I}(i = c)]$라 정의하면 식 (13.39)가 된다. 출력이 스칼라이므로 이 층의 야코비는 행 벡터임을 주지하라.

13.3.3.2 요소별 비선형성

요소별 비선형성을 적용하는 층 $\boldsymbol{z} = \boldsymbol{f}(\boldsymbol{x}) = \boldsymbol{\varphi}(\boldsymbol{x})$, 따라서 $z_i = \varphi(x_i)$를 고려해 보자. 야코비의 (i, j) 요소는 다음으로 주어진다.

$$\frac{\partial z_i}{\partial x_j} = \begin{cases} \varphi'(x_i) & i = j \text{인 경우} \\ 0 & \text{그 외} \end{cases} \tag{13.42}$$

여기서 $\varphi'(a) = \frac{d}{da}\varphi(a)$이다. 다시 말해, 입력에 대한 야코비는 다음과 같다.

$$\mathbf{J} = \frac{\partial \boldsymbol{f}}{\partial \boldsymbol{x}} = \mathrm{diag}(\varphi'(\boldsymbol{x})) \tag{13.43}$$

임의의 벡터 $\boldsymbol{u}$에 대해, $\boldsymbol{u}^{\mathsf{T}}\mathbf{J}$는 $\mathbf{J}$의 대각 요소를 $\boldsymbol{u}$와 요소별로 곱하여 계산할 수 있다. 예를 들어

$$\varphi(a) = \mathrm{ReLU}(a) = \max(a, 0) \tag{13.44}$$

이라면 다음과 같다.

$$\varphi'(a) = \begin{cases} 0 & a < 0 \\ 1 & a > 0 \end{cases} \tag{13.45}$$

$a = 0$에서의 부분도함수(8.1.4.1절)는 $[0, 1]$ 내의 어떠한 값이다. 0을 취하는 경우가 많다. 따라서

$$\text{ReLU}'(a) = H(a) \tag{13.46}$$

여기서 H는 헤비사이드 계단 함수다.

13.3.3.3 선형 층

이제 선형 층 $\boldsymbol{z} = \boldsymbol{f}(\boldsymbol{x}, \mathbf{W}) = \mathbf{W}\boldsymbol{x}$를 고려해 보자. 여기서 $\mathbf{W} \in \mathbb{R}^{m \times n}$이므로, $\boldsymbol{x} \in \mathbb{R}^n$ 그리고 $\boldsymbol{z} \in \mathbb{R}^m$이다. 다음과 같이 입력 벡터에 대해 야코비 $\mathbf{J} = \frac{\partial \boldsymbol{z}}{\partial \boldsymbol{x}} \in \mathbb{R}^{m \times n}$를 계산할 수 있다. 다음을 주지하라.

$$z_i = \sum_{k=1}^{n} W_{ik} x_k \tag{13.47}$$

따라서 야코비의 (i, j) 항목은 다음이 될 것이다.

$$\frac{\partial z_i}{\partial x_j} = \frac{\partial}{\partial x_j} \sum_{k=1}^{n} W_{ik} x_k = \sum_{k=1}^{n} W_{ik} \frac{\partial}{\partial x_j} x_k = W_{ij} \tag{13.48}$$

왜냐하면 $\frac{\partial}{\partial x_j} x_k = \mathbb{I}(k = j)$이기 때문이다. 따라서 입력에 대한 야코비는 다음과 같다.

$$\mathbf{J} = \frac{\partial \boldsymbol{z}}{\partial \boldsymbol{x}} = \mathbf{W} \tag{13.49}$$

$\boldsymbol{u}^\mathsf{T} \in \mathbb{R}^{1 \times m}$ 그리고 $\mathbf{J} \in \mathbb{R}^{m \times n}$ 사이의 VJP는 다음과 같다.

$$\boldsymbol{u}^\mathsf{T} \frac{\partial \boldsymbol{z}}{\partial \boldsymbol{x}} = \boldsymbol{u}^\mathsf{T} \mathbf{W} \in \mathbb{R}^{1 \times n} \tag{13.50}$$

이제 가중치 행렬에 대한 야코비 $\mathbf{J} = \frac{\partial \boldsymbol{z}}{\partial \mathbf{w}}$를 고려해 보자. 이는 $m \times (m \times n)$ 행렬로 나타낼 수 있

으며 다루기가 복잡하다. 따라서 대신에 단일 가중치 W_{ij}에 대한 기울기를 취하는 데 집중해 보자. $\frac{\partial z}{\partial W_{ij}}$가 벡터이므로 이는 계산하기가 더 쉽다. 이를 계산하려면 다음을 주지하라.

$$z_k = \sum_{l=1}^{n} W_{kl} x_l \tag{13.51}$$

$$\frac{\partial z_k}{\partial W_{ij}} = \sum_{l=1}^{n} x_l \frac{\partial}{\partial W_{ij}} W_{kl} = \sum_{l=1}^{n} x_l \mathbb{I}\,(i = k \ \text{그리고} \ j = l) \tag{13.52}$$

따라서

$$\frac{\partial \boldsymbol{z}}{\partial W_{ij}} = \begin{pmatrix} 0 & \cdots & 0 & x_j & 0 & \cdots & 0 \end{pmatrix}^{\mathsf{T}} \tag{13.53}$$

이때 0이 아닌 항목은 위치 i에서 나타난다. $\boldsymbol{u}^{\mathsf{T}} \in \mathbb{R}^{1 \times m}$ 그리고 $\frac{\partial z}{\partial \mathbf{W}} \in \mathbb{R}^{m \times (m \times n)}$ 사이의 VJP는 모양 $1 \times (m \times n)$의 행렬로 나타낼 수 있다. 다음을 주지하라.

$$\boldsymbol{u}^{\mathsf{T}} \frac{\partial \boldsymbol{z}}{\partial W_{ij}} = \sum_{k=1}^{m} u_k \frac{\partial z_k}{\partial W_{ij}} = u_i x_j \tag{13.54}$$

따라서

$$\left[\boldsymbol{u}^{\mathsf{T}} \frac{\partial \boldsymbol{z}}{\partial \mathbf{W}} \right]_{1,:} = \boldsymbol{u} \boldsymbol{x}^{\mathsf{T}} \in \mathbb{R}^{m \times n} \tag{13.55}$$

13.3.3.4 모두 합하기

모두 합하는 연습문제는 연습문제 13.1을 참고하라.

13.3.4 계산 그래프

MLP는 각 층이 다음 층으로 직접 공급되는, 그림 13.10에서 보여주는 연쇄 구조를 구성하는 단순한 종류의 DNN이다. 그러나 현대의 DNN은 미분 가능한 구성 요소를 훨씬 복잡한 방식으로 조합하여 **계산 그래프**computation graph를 만들어 낸다. 이는 프로그래머가 기본 함수elementary function를

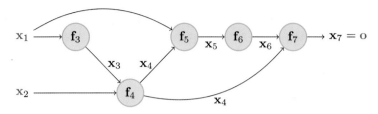

그림 13.11 2개의 (스칼라) 입력과 1개의 (스칼라) 출력이 있는 계산 그래프 예시. 출처: [Blo20]

조합하여 더욱 복잡한 것을 만드는 방법과 유사하다(실제로 몇몇 사람은 '딥러닝'을 '**미분 가능 프로그래밍** differentiable programming'이라 부를 것을 제안했다). 결과 계산 그래프가 **방향성 비순환 그래프**DAG라는 것이 유일한 제약이다. 이때 각 노드는 그것의 모든 입력의 미분 가능한 함수다.

예를 들어 다음의 함수를 고려해 보자.

$$f(x_1, x_2) = x_2 e^{x_1} \sqrt{x_1 + x_2 e^{x_1}} \tag{13.56}$$

이는 그림 13.11의 DAG를 사용해 계산할 수 있으며, 다음과 같은 중간 함수를 갖는다.

$$x_3 = f_3(x_1) = e^{x_1} \tag{13.57}$$

$$x_4 = f_4(x_2, x_3) = x_2 x_3 \tag{13.58}$$

$$x_5 = f_5(x_1, x_4) = x_1 + x_4 \tag{13.59}$$

$$x_6 = f_6(x_5) = \sqrt{x_5} \tag{13.60}$$

$$x_7 = f_7(x_4, x_6) = x_4 x_6 \tag{13.61}$$

노드는 토폴로지 순서로 (자식 이전에 부모) 번호를 매겼음을 주지하라. 그래프가 더 이상 체인이 아니므로, 백워드 패스 동안 복수의 경로를 따라 기울기를 합해야 할 수도 있다. 예를 들어, x_4가 x_5와 x_7에 영향을 주므로 다음과 같다.

$$\frac{\partial \boldsymbol{o}}{\partial \boldsymbol{x}_4} = \frac{\partial \boldsymbol{o}}{\partial \boldsymbol{x}_5} \frac{\partial \boldsymbol{x}_5}{\partial \boldsymbol{x}_4} + \frac{\partial \boldsymbol{o}}{\partial \boldsymbol{x}_7} \frac{\partial \boldsymbol{x}_7}{\partial \boldsymbol{x}_4} \tag{13.62}$$

반복되는 계산은 토폴로지 순서의 역으로 작업하여 피할 수 있다. 예를 들어

$$\frac{\partial \boldsymbol{o}}{\partial \boldsymbol{x}_7} = \frac{\partial \boldsymbol{x}_7}{\partial \boldsymbol{x}_7} = \mathbf{I}_m \tag{13.63}$$

$$\frac{\partial \boldsymbol{o}}{\partial \boldsymbol{x}_6} = \frac{\partial \boldsymbol{o}}{\partial \boldsymbol{x}_7} \frac{\partial \boldsymbol{x}_7}{\partial \boldsymbol{x}_6} \tag{13.64}$$

$$\frac{\partial \boldsymbol{o}}{\partial \boldsymbol{x}_5} = \frac{\partial \boldsymbol{o}}{\partial \boldsymbol{x}_6} \frac{\partial \boldsymbol{x}_6}{\partial \boldsymbol{x}_5} \tag{13.65}$$

$$\frac{\partial \boldsymbol{o}}{\partial \boldsymbol{x}_4} = \frac{\partial \boldsymbol{o}}{\partial \boldsymbol{x}_5} \frac{\partial \boldsymbol{x}_5}{\partial \boldsymbol{x}_4} + \frac{\partial \boldsymbol{o}}{\partial \boldsymbol{x}_7} \frac{\partial \boldsymbol{x}_7}{\partial \boldsymbol{x}_4} \tag{13.66}$$

일반적으로 다음을 사용한다.

$$\frac{\partial \boldsymbol{o}}{\partial \boldsymbol{x}_j} = \sum_{k \in \mathrm{Ch}(j)} \frac{\partial \boldsymbol{o}}{\partial \boldsymbol{x}_k} \frac{\partial \boldsymbol{x}_k}{\partial \boldsymbol{x}_j} \tag{13.67}$$

여기서 그림 13.12가 보여주듯이 더하기는 노드 j의 모든 자식 k에 대해 한다. $\frac{\partial \boldsymbol{o}}{\partial \boldsymbol{x}_k}$ 기울기 벡터는 각 자식 k에 대해 이미 계산되어 있다. 이 양은 **수반**adjoint이라 부른다. 이는 각 자식의 야코비 $\frac{\partial \boldsymbol{x}_k}{\partial \boldsymbol{x}_j}$ 를 통해 곱해진다.

계산 그래프는 API를 사용함으로써 미리 계산하여 **정적 그래프**static graph를 정의할 수 있다(이것이 텐서플로 1이 동작하는 방식이다). 아니면 그래프는 함수가 입력 인수에서 실행되는 것을 추적tracing함 으로써 **알맞은 때에**just in time 계산할 수 있다(이는 텐서플로의 이거eager 모드 및 JAX와 파이토치가 동작하는 방식이다). 후자의 접근법은 함수로 계산하는 값에 따라 모양이 변할 수 있는 **동적 그래프**dynamic graph 로 작업하기 쉽게 만들어 준다.

그림 13.13은 가중치 소멸이 있는 하나의 은닉 층으로 된 MLP에 해당하는 계산 그래프를 보여 준다. 더 정확하게는 모델이 선형 사전 활성화 $\boldsymbol{z} = \mathbf{W}^{(1)}\boldsymbol{x}$, 은닉 활성화 $\boldsymbol{h} = \phi(\boldsymbol{z})$, 선형 출력 $\boldsymbol{o} =$

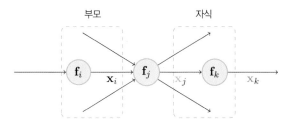

그림 13.12 계산 그래프에서 노드 j에서의 자동 미분을 위한 표기법. 출처: [Blo20]

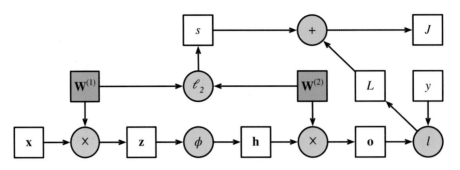

그림 13.13 입력 x, 은닉 층 h, 출력 o, 손실 함수 $L = \ell(o, y)$, 가중치에 ℓ_2 정칙자 s, 전체 손실 $J = L + s$ 가 있는 MLP를 위한 계산 그래프. 출처: [Zha+20]의 그림 4.7.1. 애스턴 장(Aston Zhang)이 친절하게 사용을 허가했다.

$\mathbf{W}^{(2)}h$, 손실 $L = \ell(o, y)$, 정칙자 $s = \frac{\lambda}{2}(\|\mathbf{W}^{(1)}\|_F^2 + \|\mathbf{W}^{(2)}\|_F^2)$, 전체 손실 $J = L + s$를 계산한다.

13.4 신경망 훈련

이 절에서는 DNN을 데이터에 적합시키는 방법을 논의한다. 표준적인 접근법은 NLL을 최소화하는 최대 가능도 추정을 사용하는 것이다.

$$\mathcal{L}(\boldsymbol{\theta}) = -\log p(\mathcal{D}|\boldsymbol{\theta}) = -\sum_{n=1}^{N} \log p(\boldsymbol{y}_n|\boldsymbol{x}_n; \boldsymbol{\theta}) \tag{13.68}$$

또한 13.5절에서 논의하듯이 (음의 로그 사전 분포와 같은) 정칙자를 추가하는 것이 보통이다.

원칙적으로 역전파 알고리듬(13.3절)을 사용해 이러한 손실의 기울기를 계산하고 이를 8장에서 논의한 것과 같은 상용 옵티마이저에 넘길 수 있다(8.4.6.3절의 Adam 옵티마이저가 커다란 데이터셋으로 스케일링하는 능력(SGD 형태의 알고리듬이라는 장점에서), 그리고 꽤 빠르게 수렴한다는 점에서(대각 선조건화 diagonal preconditioning 및 모멘텀을 사용하는 덕분에) 인기 있는 선택이다). 그러나 실제로 이는 잘 동작하지 않을 수도 있다. 이 절에서는 나타날 수 있는 여러 문제와 몇 가지 해법을 논의한다. DNN 훈련에 관한 자세한 실질적인 내용은 [HG20; Zha+20; Gér19] 등을 참고하라.

실제적 이슈에 추가하여, 중요한 이론적 이슈가 존재한다. 특히 DNN 손실이 볼록 목적 함수가 아니므로, 일반적으로 전역 최적점을 찾을 수가 없을 것이다. 그럼에도 불구하고 SGD는 놀랄 만큼 좋은 해를 찾을 수 있는 경우가 많다. 왜 그런지에 대한 연구는 여전히 수행되고 있다. 이러한 작업 일부에 대한 최신 리뷰는 [Bah+20]을 참고하라.

13.4.1 학습률 튜닝

학습률(단계 크기)을 튜닝하여 좋은 해로의 수렴을 보장하는 것이 중요하다. 이 이슈는 8.4.3절에서 논의한다.

13.4.2 기울기 소실 및 폭증

매우 깊은 모델을 훈련시킬 때는 기울기가 매우 작거나(기울기 소실 문제vanishing gradient problem라고 한다) 또는 매우 커지는(기울기 폭증 문제exploding gradient problem라고 한다) 경향이 있다. 이는 오차 신호가 이를 증폭시키거나 사라지게 만드는 일련의 층을 따라 전달되기 때문이다[Hoc+01](비슷한 문제가 시퀀스가 긴 RNN에서도 나타나며, 이는 15.2.6절에서 설명한다).

이 문제를 더 자세히 설명하기 위해, 손실의 기울기를 층 l에서의 노드에 대해 고려해 보자.

$$\frac{\partial \mathcal{L}}{\partial \mathbf{z}_l} = \frac{\partial \mathcal{L}}{\partial \mathbf{z}_{l+1}} \frac{\partial \mathbf{z}_{l+1}}{\partial \mathbf{z}_l} = \mathbf{J}_l \mathbf{g}_{l+1} \tag{13.69}$$

여기서 $\mathbf{J}_l = \frac{\partial \mathbf{z}_{l+1}}{\partial \mathbf{z}_l}$은 야코비 행렬이며, $\mathbf{g}_{l+1} = \frac{\partial \mathcal{L}}{\partial \mathbf{z}_{l+1}}$은 다음 층에서의 기울기다. $\mathbf{J}_l$이 층에 걸쳐 상수라면, 마지막 층 $\mathbf{g}_L$에서부터 층 l까지의 기울기의 공헌도는 $\mathbf{J}^{L-1} \mathbf{g}_L$이 될 것이다. 따라서 시스템의 움직임은 $\mathbf{J}$의 고유벡터에 의존한다.

$\mathbf{J}$가 실숫값 행렬임에도 불구하고 (일반적으로) 대칭이 아니므로, 고윳값과 고유벡터는 진동 움직임에 해당하는 가상적인 구성 요소를 갖는 복소숫값이 될 수 있다. λ가 $\mathbf{J}$의 스펙트럼 반지름spectral radius이라 하자. 이는 고윳값의 최대 절댓값이다. 이것이 1보다 크다면 기울기는 폭증할 수 있다. 이것이 1보다 작다면 기울기는 소실될 수 있다(마찬가지로, $\mathbf{z}_l$을 $\mathbf{z}_{l+1}$로 연결하는 $\mathbf{W}$의 스펙트럼 반지름은 포워드 모드로 동작할 때 동적 시스템의 안정성을 결정한다).

기울기 폭증 문제는 기울기가 너무 커진다면 이것의 크기에 상한을 두는 기울기 클리핑gradient clipping을 통해 개선할 수 있다. 즉, 다음을 사용한다.

$$g' = \min(1, \frac{c}{||g||})g \tag{13.70}$$

이러한 방식으로 g'의 노름은 c를 절대 넘어서지 않지만, 벡터는 언제나 g와 같은 방향을 갖는다. 그러나 기울기 소실 문제는 풀기가 더욱 어렵다. 다음과 같은 여러 해법이 존재한다.

- 각 층에서의 활성 함수를 수정하여 기울기가 너무 커지거나 너무 작아지는 것을 막는다. 13.4.3절을 참고하라.

- 아키텍처를 수정하여 업데이트가 곱셈이 아니라 덧셈이 되도록 한다. 13.4.4절을 참고하라.

- 아키텍처를 수정하여 각 층에서의 활성화를 표준화한다. 따라서 데이터셋에 대한 활성화의 분포가 훈련 동안 일정하게 유지된다. 14.2.4.1절을 참고하라.

- 모수의 초깃값을 조심스럽게 선택한다. 13.4.5절을 참고하라.

13.4.3 비포화 활성 함수

13.2.3절에서 시그모이드 활성 함수가 큰 음수 입력에서 0으로, 큰 양수 입력에서 1로 포화된다고 언급했다. 이들 영역에서의 기울기 신호가 0이므로, 역전파의 동작을 막는 것으로 드러난다.

왜 기울기가 소실되는지 보기 위해, $z = \sigma(\mathbf{W}x)$를 계산하는 층을 고려해 보자. 여기서

$$\varphi(a) = \sigma(a) = \frac{1}{1 + \exp(-a)} \tag{13.71}$$

가중치가 큰 값(양수나 음수)으로 초기화된다면, 매우 쉽게 $a = \mathbf{W}x$가 큰 값을 갖게 만들므로, 그림 13.14(a)에서와 같이 시그모이드가 포화됨에 따라 z가 0이나 1 근처로 포화된다. 이제 입력 x(이전 층으로부터)와 모수 $\mathbf{W}$에 대한 손실의 기울기를 고려해 보자. 활성 함수의 도함수는 다음과 같다.

$$\varphi'(a) = \sigma(a)(1 - \sigma(a)) \tag{13.72}$$

그림 13.14(b)를 참고하라. 13.3.3절에서 손실의 기울기는 입력에 대해 다음과 같음을 보여준다.

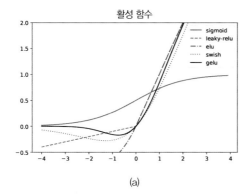
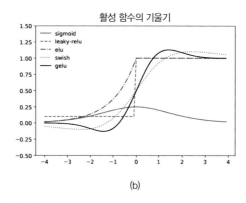

(a)

(b)

그림 13.14 (a) 몇 가지 인기 있는 활성 함수, (b) 이들의 기울기 도표. activation_fun_deriv_jax.ipynb로 생성했다.

$$\frac{\partial \mathcal{L}}{\partial \boldsymbol{x}} = \mathbf{W}^\mathsf{T}\boldsymbol{\delta} = \mathbf{W}^\mathsf{T}\boldsymbol{z}(1-\boldsymbol{z}) \tag{13.73}$$

그리고 손실의 기울기는 모수에 대해

$$\frac{\partial \mathcal{L}}{\partial \mathbf{W}} = \boldsymbol{\delta}\boldsymbol{x}^\mathsf{T} = \boldsymbol{z}(1-\boldsymbol{z})\boldsymbol{x}^\mathsf{T} \tag{13.74}$$

따라서 $\boldsymbol{z}$가 0이나 1 근처에 있다면, 기울기는 0이 될 것이다.

매우 깊은 모델을 훈련할 수 있도록 하는 핵심 중 하나는 **비포화 활성 함수**^{non-saturating activation} ^{function}를 사용하는 것이다. 그간 몇 가지 함수가 제시되어 왔다. 요약은 표 13.4를, 자세한 내용은

이름	정의	범위	참조
시그모이드(sigmoid)	$\sigma(a) = \frac{1}{1+e^{-a}}$	$[0, 1]$	
쌍곡선탄젠트(hyperbolic tangent)	$\tanh(a) = 2\sigma(2a) - 1$	$[-1, 1]$	
소프트플러스(softplus)	$\sigma_+(a) = \log(1 + e^a)$	$[0, \infty]$	[GBB11]
ReLU(Rectified Linear Unit)	$\mathrm{ReLU}(a) = \max(a, 0)$	$[0, \infty]$	[GBB11; KSH12]
리키 ReLU(Leaky ReLU)	$\max(a, 0) + \alpha \min(a, 0)$	$[-\infty, \infty]$	[MHN13]
ELU(Exponential Linear Unit)	$\max(a, 0) + \min(\alpha(e^a - 1), 0)$	$[-\infty, \infty]$	[CUH16]
swish	$a\sigma(a)$	$[-\infty, \infty]$	[RZL17]
GELU	$a\Phi(a)$	$[-\infty, \infty]$	[HG16]

표 13.4 신경망을 위한 인기 있는 활성 함수 리스트

https://mlfromscratch.com/activation-functions-explained를 참고하라.

13.4.3.1 ReLU

가장 일반적인 것은 [GBB11; KSH12]에서 제안된 **정류 선형 유닛**^{Rectified Linear Unit}, 즉 **ReLU**이다. 이는 다음으로 정의된다.

$$\text{ReLU}(a) = \max(a, 0) = a\mathbb{I}(a > 0) \tag{13.75}$$

ReLU 함수는 단순히 음수 입력은 '끄고^{turns off}', 양수 입력은 바꾸지 않고 넘긴다. 기울기의 형식은 다음과 같다.

$$\text{ReLU}'(a) = \mathbb{I}(a > 0) \tag{13.76}$$

이제 층에서 이를 사용해 $z = \text{ReLU}(\mathbf{W}x)$를 계산한다고 해보자. 13.3.3절에서 입력에 대한 기울기의 형식이 다음과 같음을 보였다.

$$\frac{\partial \mathcal{L}}{\partial x} = \mathbf{W}^{\mathsf{T}} \mathbb{I}(z > 0) \tag{13.77}$$

그리고 모수에 대해서는 형식이 다음과 같다.

$$\frac{\partial \mathcal{L}}{\partial \mathbf{W}} = \mathbb{I}(z > 0) x^{\mathsf{T}} \tag{13.78}$$

따라서 z가 양수인 한, 기울기는 포화되지 않을 것이다.

안타깝게도 가중치가 큰 음수로 초기화된다면 (어떠한 구성 요소의) $a = \mathbf{W}x$가 매우 쉽게 큰 음숫값을 취하게 하며, 따라서 z가 0이 되게 한다. 알고리듬은 절대로 이러한 상황에서 탈출할 수 없을 것이므로, 은닉 층은(z의 구성 요소) 영원히 꺼질 것이다. 이는 '**죽은**^{dead} ReLU' 문제라 부른다 [Lu+19].

13.4.3.2 비포화 ReLU

죽은 ReLU 문제는 ReLU의 비포화 변형을 사용해 해결할 수 있다. 한 가지 대안은 **리키 ReLU**^{leaky ReLU}로, [MHN13]에서 제안했다. 이는 다음과 같이 정의된다.

$$\text{LReLU}(a; \alpha) = \max(\alpha a, a) \qquad (13.79)$$

여기서 $0 < \alpha < 1$이다. 이 함수의 기울기는 양의 입력에서 1, 음의 입력에서 α이므로, 입력이 음수라 하더라도 이전 층으로 다시 전달되는 신호가 일부 존재함을 보장한다. 도표는 그림 13.14(b)를 참고하라. α를 고정하지 않고 학습되도록 허용하면, 리키 ReLU는 **모수적 ReLU**parametric ReLU라 부른다[He+15].

또 다른 인기 있는 선택으로 **ELU**가 있으며, [CUH16]에서 제안했다. 이는 다음으로 정의된다.

$$\text{ELU}(a; \alpha) = \begin{cases} \alpha(e^a - 1) & a \le 0\text{인 경우} \\ a & a > 0\text{인 경우} \end{cases} \qquad (13.80)$$

이는 평활 함수가 된다는 점에서 리키 ReLU보다 이점이 있다. 도표는 그림 13.14를 참고하라.

ELU를 약간 변형한 **SELU**(자기 정규화self-normalizing ELU)라는 것을 [Kla+17]에서 제안했다. 형식은 다음과 같다.

$$\text{SELU}(a; \alpha, \lambda) = \lambda \text{ELU}(a; \alpha) \qquad (13.81)$$

놀랍게도 이들은 α와 λ를 조심스럽게 선택한 값으로 설정함으로써, 배치 정규화(14.2.4.1절)와 같은 기법을 사용하지 않더라도 이 활성 함수가 각 층에서의 출력이 표준화됨을 보장한다(입력 또한 표준화되어 있다고 한다면). 이는 모델 적합에 도움을 줄 수 있다.

13.4.3.3 그 밖의 선택지

좋은 활성 함수를 수동으로 찾는 대신에, 블랙박스 최적화법을 사용해 범함수 형식의 공간을 탐색할 수 있다. 이러한 접근법은 [RZL17]에서 사용됐으며, 이때 이들은 일부 이미지 분류 벤치마크에서 일을 잘하는 것으로 보이는 **swish**라 부르는 함수를 발견했다. 이는 다음으로 정의된다.

$$\text{swish}(a; \beta) = a\sigma(\beta a) \qquad (13.82)$$

([HG16]은 **SiLU**Sigmoid Linear Unit란 이름의, 같은 함수를 독립적으로 제안했다.) 도표는 그림 13.14를 참고하라.

또 다른 인기 있는 활성 함수로는 '가우스 오차 선형 유닛Gaussian Error Linear Unit'을 뜻하는 **GELU**가 있다. 이는 다음으로 정의된다.

$$\text{GELU}(a) = a\Phi(a) \tag{13.83}$$

여기서 $\Phi(a)$는 표준 정규 분포의 cdf이다.

$$\Phi(a) = \Pr(\mathcal{N}(0,1) \le a) = \frac{1}{2}\left(1 + \text{erf}(a/\sqrt{2})\right) \tag{13.84}$$

그림 13.14로부터 이는 대부분의 다른 활성 함수와 다르게 볼록 또는 단조 함수가 아님을 볼 수 있다.

GELU가 계단 함수 $\mathbb{I}(a > 0)$를 가우스 cdf인 $\Phi(a)$로 바꿔서 쓰므로, 이는 ReLU의 '부드러운soft' 버전으로 생각할 수 있다. 아니면 드롭아웃의 적응적인 버전이 GELU의 동기가 됐을 수도 있다. 이는 입력을 이항 스칼라 마스크mask $m \sim \text{Ber}(\Phi(a))$로 곱하며, 이때 버려지는 확률은 $1 - \Phi(a)$로 주어진다. 따라서 기대 출력값은 다음과 같다.

$$\mathbb{E}[a] = \Phi(a) \times a + (1 - \Phi(a)) \times 0 = a\Phi(a) \tag{13.85}$$

GELU는 swish를 특정한 모수 설정과 함께 사용해 근사시킬 수 있다. 말하자면 다음과 같다.

$$\text{GELU}(a) \approx a\sigma(1.702a) \tag{13.86}$$

13.4.4 잔차 연결

DNN의 기울기 소실 문제를 위한 해법 중 하나는 **잔차 네트워크**residual network, 즉 **ResNet**을 사용하는 것이다. 이는 피드포워드 모델로, 각 층이 다음으로 정의되는 **잔차 블록**residual block 형식을 갖는다.

$$\mathcal{F}_l'(\boldsymbol{x}) = \mathcal{F}_l(\boldsymbol{x}) + \boldsymbol{x} \tag{13.87}$$

여기서 $\mathcal{F}_l$은 표준적인 얕은shallow 비선형 매핑이다(예: linear-activation-linear). 내부의 $\mathcal{F}_l$ 함수는 입력 $\boldsymbol{x}$에 더하여 원하는 출력을 만들어 내는 데 쓰이는 잔차 항 또는 델타를 계산한다. 입력에 작은 섭동perturbation을 만들어 내도록 학습하는 것이 출력을 직접 예측하는 것보다 쉬운 경우가 많다(잔차 연결은 14.3.4절에서 논의하듯이 일반적으로 CNN과 함께 사용하지만, 이는 MLP에도 사용할 수 있다).

잔차 연결을 갖는 모델은 잔차 연결이 없는 모델과 같은 수의 모수를 갖지만, 훈련시키기가 더 쉽다. 그 이유는 그림 13.15(b)에서 보여주듯이 기울기가 출력에서 이전 층으로 직접 흐를 수 있

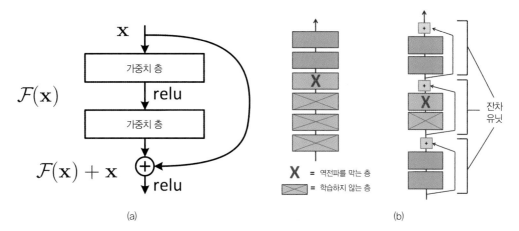

(a)　　　　　　　　　　　　　　　　　　(b)

그림 13.15 (a) 잔차 블록을 보여준다. (b) 매우 깊은 모델을 훈련시킬 때 잔차 연결을 추가하는 것이 왜 도움이 되는지 보여준다. 출처: [Gér19]의 그림 14.16

기 때문이다. 이를 보기 위해, 출력 층의 활성화는 다음을 사용해 임의의 이전 층 l의 측면에서 유도할 수 있음을 주지하라.

$$z_L = z_l + \sum_{i=l}^{L-1} \mathcal{F}_i(z_i; \boldsymbol{\theta}_i) \tag{13.88}$$

따라서 손실의 기울기는 l번째 층의 모수에 대해 다음과 같이 계산할 수 있다.

$$\frac{\partial \mathcal{L}}{\partial \boldsymbol{\theta}_l} = \frac{\partial z_l}{\partial \boldsymbol{\theta}_l} \frac{\partial \mathcal{L}}{\partial z_l} \tag{13.89}$$

$$= \frac{\partial z_l}{\partial \boldsymbol{\theta}_l} \frac{\partial \mathcal{L}}{\partial z_L} \frac{\partial z_L}{\partial z_l} \tag{13.90}$$

$$= \frac{\partial z_l}{\partial \boldsymbol{\theta}_l} \frac{\partial \mathcal{L}}{\partial z_L} \left(1 + \sum_{i=l}^{L-1} \frac{\partial \mathcal{F}_i(z_i; \boldsymbol{\theta}_i)}{\partial z_l} \right) \tag{13.91}$$

$$= \frac{\partial z_l}{\partial \boldsymbol{\theta}_l} \frac{\partial \mathcal{L}}{\partial z_L} + \text{그 외의 항} \tag{13.92}$$

따라서 층 l에서의 기울기는 네트워크의 깊이와 독립적인 방식으로 층 L에서의 기울기에 곧바로 의존함을 볼 수 있다.

13.4.5 모수 초기화

DNN 훈련을 위한 목적 함수가 비선형이므로, DNN의 모수 초기화는 어떠한 종류의 해가 되는지 뿐만 아니라 함수가 얼마나 훈련시키기 쉬운지(즉, 정보가 모델을 따라 전방 및 후방으로 얼마나 잘 흐르는지)에 커다란 역할을 한다. 이 절의 나머지 부분에서는 모수 초기화를 위해 사용할 수 있는 몇 가지 공통적인 휴리스틱한 방법을 제시한다.

13.4.5.1 휴리스틱한 초기화 체계

[GB10]에서 이들은 고정된 분산을 갖는 표준 정규 분포로부터의 모수 표집이 활성화 폭증 또는 기울기 폭증을 야기할 수 있음을 보여준다. 왜 그런지 보려면, 활성 함수가 없는 선형 유닛이 $o_i = \sum_{j=1}^{n_{\mathrm{in}}} w_{ij}x_j$로 주어짐을 고려하라. $w_{ij} \sim \mathcal{N}(0, \sigma^2)$, $\mathbb{E}[x_j] = 0$ 그리고 $\mathbb{V}[x_j] = \gamma^2$이라 해보자. 여기서 x_j가 w_{ij}에 독립이라 가정한다. 출력의 평균과 분산은 다음으로 주어진다.

$$\mathbb{E}[o_i] = \sum_{j=1}^{n_{\mathrm{in}}} \mathbb{E}[w_{ij}x_j] = \sum_{j=1}^{n_{\mathrm{in}}} \mathbb{E}[w_{ij}]\mathbb{E}[x_j] = 0 \tag{13.93}$$

$$\mathbb{V}[o_i] = \mathbb{E}[o_i^2] - (\mathbb{E}[o_i])^2 = \sum_{j=1}^{n_{\mathrm{in}}} \mathbb{E}[w_{ij}^2 x_j^2] - 0 = \sum_{j=1}^{n_{\mathrm{in}}} \mathbb{E}[w_{ij}^2]\mathbb{E}[x_j^2] = n_{\mathrm{in}}\sigma^2\gamma^2 \tag{13.94}$$

출력 분산이 폭발하는 것을 막기 위해, $n_{\mathrm{in}}\sigma^2 = 1$(또는 어떠한 다른 상수)이 되도록 해야 하며, 여기서 n_{in}은 유닛의 **팬인**fan-in(들어오는 연결의 개수)이다.

이제 백워드 패스를 고려해 보자. 비슷한 유추를 통해, 기울기의 분산이 $n_{\mathrm{out}}\sigma^2 = 1$이 아닌 한 폭발할 수 있음을 볼 수 있다. 이때 n_{out}은 유닛의 **팬아웃**fan-out(나가는 연결의 개수)이다. 두 요구사항 모두를 한 번에 만족시키려면, $\frac{1}{2}(n_{\mathrm{in}} + n_{\mathrm{out}})\sigma^2 = 1$ 또는 동등하게 다음과 같이 둔다.

$$\sigma^2 = \frac{2}{n_{\mathrm{in}} + n_{\mathrm{out}}} \tag{13.95}$$

이는 [GB10]의 제1저자의 이름에서 가져온 **자비에르 초기화**Xavier initialization 또는 **글로럿 초기화**Glorot initialization라 부른다.

$\sigma^2 = 1/n_{\mathrm{in}}$을 사용할 때 나타나는 특수한 경우가 있다. 이를 **르쿤 초기화**LeCun initialization라 하며, 이를 1990년대에 제안한 얀 르쿤Yann LeCun의 이름에서 가져왔다. 이는 $n_{\mathrm{in}} = n_{\mathrm{out}}$인 글로럿 초기화

와 동등하다. $\sigma^2 = 2/n_{in}$을 사용하면 해당 방법은 **헤 초기화**^{He initialization}라 부르며, [He+15]에서 이를 제안한 시밍 헤^{Ximing He}로부터 이름을 가져왔다.

꼭 가우스 분포를 사용할 필요는 없음을 주지하라. 사실 앞의 미분은 처음 2개의 적률 측면에서만 동작하며(평균과 분산), 가우스성에 대한 어떠한 가정도 하지 않는다. 예를 들어 가중치를 균일 분포 $w_{ij} \sim \text{Unif}(-a, a)$로부터 표집한다고 해보자. 평균은 0이며 분산은 $\sigma^2 = a^2/3$이다. 따라서 $a = \sqrt{\frac{6}{n_{in}+n_{out}}}$이라 두어야 한다.

앞의 미분은 선형 출력 유닛을 가정하지만, 이 기법은 비선형 유닛에서조차도 경험적으로 잘 동작한다. 최적화법의 선택은 어떤 활성 함수를 사용하느냐에 달렸다. 선형, $\tanh$, 로지스틱, 소프트맥스에서는 글로럿이 추천된다. ReLU 및 그 변형에서는 헤^{He}가 추천된다. SELU에서는 르쿤^{LeCun}이 추천된다. 더 많은 휴리스틱 방법은 예로 [Gér19]를, 이론은 예로 [HDR19]를 참고하라.

13.4.5.2 데이터 주도 초기화

모수 초기화에 데이터 주도 접근법을 도입할 수 있다. 예를 들어 [MM16]은 LSUV^{Layer-Sequential Unit-Variance} 초기화라 하는, 단순하지만 효과적인 체계를 제안했다. 먼저 각 층(완전 연결 또는 합성곱)의 가중치를 [SMG14]에서 제안한 정규직교 행렬로 초기화한다(이는 w를 행렬 $\mathbf{W}$로 재성형한 뒤 QR 또는 SVD 분해를 사용해 정규직교 기저를 계산하는 $w \sim \mathcal{N}(\mathbf{0}, \mathbf{I})$로부터 뽑아서 할 수 있다). 그 뒤 각 층 l마다 활성화의 분산 v_l을 미니배치에 대해 계산한다. 그 뒤 $\mathbf{W}_l := \mathbf{W}_l/\sqrt{v_l}$을 사용해 다시 스케일링한다. 이 체계는 첫 번째 미니배치에서만 수행하는 배치 정규화와 조합된 정규직교 초기화로 볼 수 있다. 이는 완전 배치 정규화보다 빠르지만, 때때로 그저 잘 동작한다.

13.4.6 병렬 훈련

커다란 데이터셋으로 커다란 모델을 훈련시키면 꽤 느릴 수 있다. 이러한 과정의 속도를 높이는 한 가지 방법은 행렬-행렬 곱을 수행하는 데 매우 효율적인 **그래픽 처리 유닛**^{GPU, Graphics Processing Unit}과 **텐서 처리 유닛**^{TPU, Tensor Processing Unit} 같은 특수화된 하드웨어를 사용하는 것이다. GPU가 여럿 있다면 때때로 속도를 추가로 높일 수 있다. 주된 접근법은 두 가지로, 모델을 머신으로 분할하는 **모델 병렬화**^{model parallelism}와 각 머신이 자신만의 모델 복사본을 가지며 이를 다른 데이터 집합에 적용하는 **데이터 병렬화**^{data parallelism}다.

모델 병렬화는 머신이 올바른 답을 계산하도록 이들 사이의 긴밀한 의사소통을 필요로 하기 때문에 꽤 복잡할 수 있다. 이는 더 이상 논의하지 않는다. 데이터 병렬화는 일반적으로 훨씬 단순한데, 그 이유는 이것이 **병렬화라 하기 부끄럽기**embarrassingly parallel 때문이다. 이를 각 훈련 단계 t에서 훈련 속도를 키우는 데 사용하는 과정은 다음과 같다. 1) 미니배치를 K 머신에 대해 $\mathcal{D}_t^k$가 되도록 분할한다. 2) 각 머신 k가 자신만의 기울기 $\boldsymbol{g}_t^k = \nabla_{\boldsymbol{\theta}}\mathcal{L}(\boldsymbol{\theta}; \mathcal{D}_t^k)$를 계산한다. 3) 모든 국소적인 기울기를 중심 머신(예: 장치 0)에 모으고 $\boldsymbol{g}_t = \sum_{k=1}^K \boldsymbol{g}_t^k$를 사용해 합한다. 4) 합해진 기울기를 모든 장치로 다시 송출한다. 따라서 $\tilde{\boldsymbol{g}}_t^k = \boldsymbol{g}_t$가 된다. 5) 각 머신이 $\boldsymbol{\theta}_t^k := \boldsymbol{\theta}_t^k - \eta_t \tilde{\boldsymbol{g}}_t^k$를 사용해 자신만의 모수 복사본을 업데이트한다. 그림 13.16 그리고 일부 샘플 코드는 multi_gpu_training_jax.ipynb를 참고하라.

3단계와 4단계는 보통 하나의 원자적atomic 단계와 조합된다. 이는 **올리듀스**all-reduce 연산이라 한다(여기서 (기울기) 벡터의 집합을 하나의 벡터로 축소할 때 합을 사용한다). 이는 하나의 머신에서(더 큰 배치 크기로) 훈련하는 것과 동일한 결과를, 오직 더 빠르게만 내어줄 것이다(임의의 배치 정규화 층을 무시하면). 각 머신이 그 자신만의 국소 기울기 추정값을 사용해 모수를 업데이트하게 하고, 다른 머신으로 송출을 보내거나 받는 것을 기다리지 않는다면, 이 방법은 **비동기적 훈련**asynchronous training이라 부른다. 이는 된다는 것을 보장하지 않는데, 서로 다른 머신이 단계에서 벗어남에 따라 다른 버전의 모수를 업데이트할 것이기 때문이다. 따라서 이 접근법은 **호그와일드 훈련**hogwild training이라 부른다[Niu+11]. 그러나 업데이트가 희박하여 각 머신이 모수 벡터의 서로 다른 부분에 '손을 댄다면', 호그와일드 훈련이 표준적인 동기적 SGD와 같이 움직임을 증명할 수 있다.

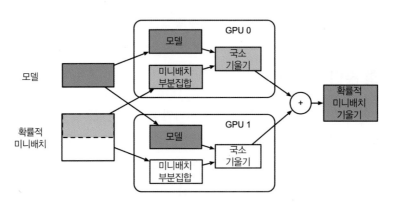

그림 13.16 데이터 병렬화 및 2개의 GPU를 사용하는 확률적 미니배치 기울기 계산. 출처: [Zha+20]의 그림 12.5.2. 애스턴 장(Aston Zhang)이 친절하게 사용을 허가했다.

13.5 정칙화

13.4절에서 (커다란) 신경망 훈련과 연관된 계산 이슈를 논의했다. 이번 절에서는 통계적 이슈를 논의하는데, 특히 과적합을 피하는 방법에 집중한다. 커다란 신경망은 쉽게 수백만 개의 모수를 가질 수 있으므로 이는 매우 중요하다.

13.5.1 조기 중단

아마도 과적합을 피하는 가장 단순한 방법은 **조기 중단**early stopping일 것이다. 이는 검증 집합에서의 오차가 증가하기 시작할 때 훈련 과정을 중단하는 휴리스틱을 가리킨다(예: 그림 4.8 참고). 이 방법이 통하는 이유는, [AS19]에서 설명하듯이 최적화 알고리듬이 훈련 예제로부터의 정보를 모수로 전달하는 능력을 제한하기 때문이다.

13.5.2 가중치 소멸

과적합을 줄이는 일반적인 접근법은 모수에 사전 분포를 강제한 뒤, MAP 추정을 사용하는 것이다. 가중치는 $\mathcal{N}(w \mid 0, \alpha^2 \mathbf{I})$, 편향은 $\mathcal{N}(b \mid 0, \beta^2 \mathbf{I})$로 가우스 사전 분포를 사용하는 것이 표준이다. 이는 목적 함수에 ℓ_2 정칙화를 하는 것과 동등하다. 신경망 문헌에서는 이를 **가중치 소멸**weight decay이라 부른다. 왜냐하면 이것이 작은 가중치를, 따라서 릿지 회귀와 같이 더 단순한 모델이 되도록 부추기기 때문이다(11.3절).

13.5.3 희박 DNN

신경망에 가중치가 많이 있으므로, 희박성sparsity을 북돋으면 도움이 되는 경우가 많다. 이는 **모델 압축**model compression을 수행할 수 있게 해주며, 메모리와 시간을 아낄 수 있다. 이를 위해 ℓ_1 정칙화(11.4절) 또는 ARD(11.7.7절), 아니면 몇 가지 다른 방법(예로 최신 리뷰는 [Hoe+21; Bha+20]을 참고하라)을 사용할 수 있다. 단순한 예시로 그림 13.17은 어떠한 1차원 회귀 데이터에 ℓ_1 정칙화를 가중치에 사용해 적합시킨 5층 MLP를 보여준다. 결과 그래프 토폴로지가 희박함을 볼 수 있다.

희박 토폴로지의 직관적인 모습에도 불구하고, 실제로 이러한 방법은 널리 쓰이지 않는다. 현대

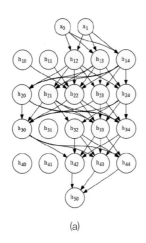

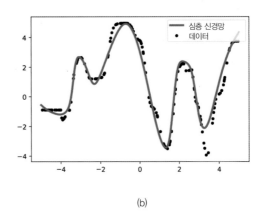

(a)　　　　　　　　　　　　　　　(b)

그림 13.17 (a) 깊지만 희박한 신경망. 연결은 ℓ_1 정칙화를 사용해 가지치기 되어 있다. 각 수준에서 숫자가 0인 노드는 1로 고정되어 있으므로 이들의 나가는 가중치는 단차/편향 항에 해당한다. (b) 훈련 집합에서 모델이 만든 예측. sparse_mlp.ipynb로 생성했다.

의 GPU는 밀집한^{dense} 행렬 곱에 최적화되어 있으며, 희박한 가중치 행렬에는 계산적 이점이 거의 없기 때문이다. 그러나 그룹^{group} 희박성을 부추기는 방법을 사용하면, 모델의 층 전체를 가지치기 할 수 있다. 이는 블록 희박$^{block\ sparse}$ 가중치 행렬이 되며, 속도를 높이고 메모리를 아낄 수 있게 해준다(예: [Sca+17; Wen+16; MAV17; LUW17] 참고).

13.5.4 드롭아웃

그림 13.18에서와 같이 각 뉴런으로부터 나가는 모든 연결을 확률 p로 무작위로 끈다고 해보자(예제당 기준으로). 이 기법은 드롭아웃^{dropout}이라 한다[Sri+14].

드롭아웃은 과적합을 극적으로 낮출 수 있으며 매우 널리 쓰인다. 직관적으로 드롭아웃이 잘되는 이유는 은닉 층의 복잡한 공동 적응$^{co-adaptation}$을 막기 때문이다. 다시 말해, 각 유닛은 일부 다른 유닛이 무작위로 없어진다 하더라도 잘 수행되도록 학습을 해야 한다. 이는 유닛이 서로 간의 복잡하지만 취약한 의존성을 학습하는 것을 막는다.[5] 가우스 스케일 혼합 사전 분포 측면에서의 더

5　드롭아웃을 발명한 제프리 힌턴은 유전자가 개별적으로(또는 기껏해야 작은 수의 다른 유전자에 의존하는) 유용해지도록 북돋는, 심지어 다른 유전자와 무작위로 조합될 때라 하더라도 그러한 유성생식(sexual reproduction)에 대한 이야기로부터 영감을 받았다고 말했다.

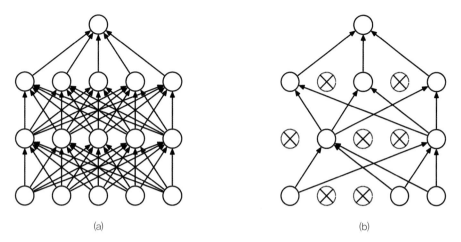

(a)　　　　　　　　　　　　　　　　　　(b)

그림 13.18 드롭아웃을 보여준다. (a) 2개의 은닉 층이 있는 표준적인 신경망. (b) 드롭아웃을 $p_0 = 0.5$로 적용하여 만들어 낸 날씬해진 망의 예시. 버려진 유닛은 x로 표시했다. 출처: [Sri+14]의 그림 1. 제프리 힌턴이 친절하게 사용을 허가했다.

형식적인 설명은 [NHLS19]에서 찾을 수 있다.

드롭아웃은 가중치의 잡음이 있는 버전인 $\theta_{lji} = w_{lji}\epsilon_{li}$를 추정하는 것으로 볼 수 있다. 여기서 $\epsilon_{li} \sim \mathrm{Ber}(1-p)$는 베르누이 잡음 항이다(따라서 $\epsilon_{li} = 0$을 표집하면, 층 $l-1$의 유닛 i에서 층 l의 임의의 j로 나가는 모든 가중치가 0이 된다). 테스트 시간에는 보통 잡음을 끈다. 가중치가 테스트 시간에 훈련 시간 동안과 동일한 기댓값을 갖도록 하려면(따라서 뉴런으로의 입력 활성화가 평균적으로 같아지려면), 테스트 시간에 $w_{lij} = \theta_{lij}\mathbb{E}[\epsilon_{li}]$를 사용해야 한다. 베르누이 잡음에서 $\mathbb{E}[\epsilon] = 1 - p$이므로, 예측을 하기 전에 가중치를 킵 확률keep probability $1 - p$로 곱해야 한다.

그러나 원한다면 드롭아웃을 테스트 시간에 사용할 수 있다. 결과는 각각이 약간 다른 희박 그래프 구조를 갖는 네트워크의 **앙상블**ensemble이 된다. 이는 **몬테카를로 드롭아웃**Monte Carlo dropout이라 부르며[GG16; KG17], 형식은 다음과 같다.

$$p(\boldsymbol{y}|\boldsymbol{x}, \mathcal{D}) \approx \frac{1}{S}\sum_{s=1}^{S} p(\boldsymbol{y}|\boldsymbol{x}, \hat{\mathbf{W}}\epsilon^s + \hat{\boldsymbol{b}}) \tag{13.96}$$

여기서 S는 표본의 수이며, 모든 추정된 가중치 행렬을 표집된 잡음 벡터로 곱한다는 것을 나타내기 위해 $\hat{\mathbf{W}}\epsilon^s$라고 서술한다. 이는 때때로 베이즈 사후 예측 분포 $p(\boldsymbol{y}|\boldsymbol{x}, \mathcal{D})$에 좋은 근사를 제공하

며, 잡음률^{noise rate}이 최적화되어 있을 때 특히 그러하다[GHK17].

13.5.5 베이즈 신경망

현대의 DNN은 주로 (불이익화된) 최대 가능도 목적 함수를 사용해 모수의 단일 집합을 찾도록 훈련시킨다. 그러나 모델이 크면 데이터 지점보다 더 많은 모수가 있는 경우가 많으므로 훈련 데이터에 동일하게 잘 적합되지만, 다른 방식으로 일반화되는 모델이 여러 개 있을 가능성이 있다. 사후 예측 분포에 유도된 불확실성을 포착하면 유용한 경우가 많다. 이는 다음을 계산하여 모수를 주변화^{marginalizing out}하여 할 수 있다.

$$p(\boldsymbol{y}|\boldsymbol{x}, \mathcal{D}) = \int p(\boldsymbol{y}|\boldsymbol{x}, \boldsymbol{\theta}) p(\boldsymbol{\theta}|\mathcal{D}) d\boldsymbol{\theta} \tag{13.97}$$

결과는 **베이즈 신경망**^{Bayesian Neural Network}, 즉 BNN이라 한다. 이는 서로 다르게 가중화된 신경망의 무한한 앙상블로 생각할 수 있다. 모수를 주변화함으로써 과적화를 피할 수 있다[Mac95]. 베이즈 주변화는 커다란 신경망에서 도전적인 일이지만, 또한 성능을 상당히 개선할 수 있다[WI20]. **베이즈 딥러닝** 주제에 관한 더 자세한 내용은 이 책의 후속판 [Mur23]을 참고하라.

13.5.6 (확률적) 경사하강의 정칙화 효과*

몇몇 최적화법은(특히 이계 배치 방법^{second-order batch method}) 손실이 매우 작은 모수 설정에 해당하는, 손실의 지형 내 깊은 '구멍'에 해당하는 '건초더미 속의 바늘'을 찾아낼 수 있다. 이들은 **가파른 최솟값** ^{sharp minima}이라 하며, 그림 13.19(오른쪽)를 참고하라. 경험적 손실의 최소화라는 시점에서 볼 때 옵티마이저는 일을 잘한다. 그러나 이러한 해는 일반적으로 데이터를 과적합하는 모델에 해당한다. 그림 13.19(왼쪽)에서 보여주는 **평탄한 최솟값**^{flat minima}에 해당하는 점을 찾는 게 더 낫다. 그러한 해는 더 로버스트하며 일반화를 더 잘한다. 왜 그런지 보려면, 평탄한 최솟값은 사후 불확실성이 많이 존재하는 모수 공간 내 영역에 해당하며, 따라서 이 영역으로부터의 표본은 훈련 집합에 대한 중요하지 않은 세부 내용을 덜 정확하게 기억할 수 있다는 점을 주지하라[AS17]. SGD는 잡음의 추가라는 장점을 통해 이러한 평탄한 최솟값을 찾아내며, 이는 손실 지형의 좁은 영역에 '들어가는' 것을 막는다(예: [SL18] 참고). 이는 **암묵적 정칙화**^{implicit regularization}라 부른다. 또한 **엔트로피**

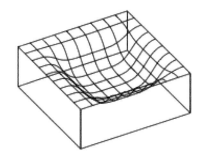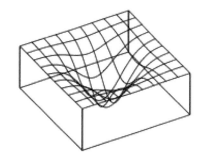

그림 13.19 평탄한 최솟값 대 가파른 최솟값. 출처: [HS97a]의 그림 1과 2. 위르겐 슈미트후버(Jürgen Schmidhuber)가 친절하게 사용을 허가했다.

SGD^{entropy SGD}[Cha+17], **가파름 인식 최소화**^{sharpness aware minimization}[For+21], **확률적 가중치 평균**^{SWA,} ^{Stochastic Weight Averaging}[Izm+18] 및 다른 관련 기법을 사용해 SGD가 이러한 평탄한 최솟값을 찾도록 명시적으로 북돋우는 것이 가능하다.

물론 손실 지형은 모수뿐만 아니라 데이터에도 의존한다. 보통 완전 배치 경사하강을 감내할 수 없으므로, 미니배치마다 하나의 손실 곡선 집합을 얻을 것이다. 이들 곡선 각각이 그림 13.20(a)와 같은 넓은 대야^{basin}에 해당한다면, 위치가 섭동에 로버스트한 모수 공간 내 점에 있을 것이며 일반화를 잘할 가능성이 있다. 그러나 전반적으로 넓은 대야가 그림 13.20(b)와 같이 많은 서로 다른 좁은 대야를 평균한 결과라면, 결과 추정값은 일반화를 덜 잘할 가능성이 있다.

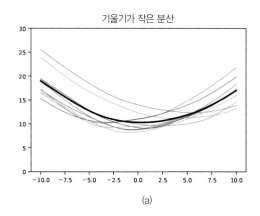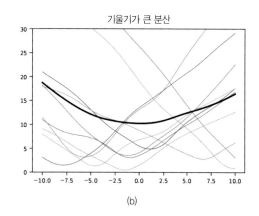

그림 13.20 각 곡선은 손실이 주어진 미니배치에 대해 모숫값을 따라 어떻게 달라지는지 보여준다. (a) 안정적인 국소 최솟값, (b) 불안정한 국소 최솟값. sgd_minima_variance.ipynb로 생성했다. 출처: https://bit.ly/3wTc1L6

이는 [Smi+21; BD21]의 분석을 사용해 형식화할 수 있다. 특히 이들은 (S)GD의 움직임을 근사하는 연속적인 시간 기울기 흐름을 고려한다. [BD21]에서 이들은 완전 배치 GD를 고려하며, 흐름이 $\dot{w} = -\nabla_w \tilde{\mathcal{L}}_{GD}(w)$의 형식을 가짐을 보여준다. 여기서

$$\tilde{\mathcal{L}}_{GD}(\boldsymbol{w}) = \mathcal{L}(\boldsymbol{w}) + \frac{\epsilon}{4} ||\nabla \mathcal{L}(\boldsymbol{w})||^2 \tag{13.98}$$

이며, 이때 $\mathcal{L}(\boldsymbol{w})$는 원본 손실, ϵ은 학습률, 두 번째 항은 큰 기울기(높은 곡률)를 갖는 해를 불이익화하는 암묵적 정칙화 항이다.

[Smi+21]에서 이들은 이 분석을 SGD의 경우로 확장했다. 이들은 흐름이 $\dot{w} = -\nabla_w \tilde{\mathcal{L}}_{SGD}(w)$ 형식을 가짐을 보였다. 여기서

$$\tilde{\mathcal{L}}_{SGD}(\boldsymbol{w}) = \mathcal{L}(\boldsymbol{w}) + \frac{\epsilon}{4m} \sum_{k=1}^{m} ||\nabla \mathcal{L}_k(\boldsymbol{w})||^2 \tag{13.99}$$

이며, 여기서 m은 미니배치의 수, 그리고 $\mathcal{L}_k(\boldsymbol{w})$는 이러한 k번째 미니배치에서의 손실이다. 이를 완전 배치 GD 손실과 비교하면 다음을 볼 수 있다.

$$\tilde{\mathcal{L}}_{SGD}(\boldsymbol{w}) = \tilde{\mathcal{L}}_{GD}(\boldsymbol{w}) + \frac{\epsilon}{4m} \sum_{k=1}^{m} ||\nabla \mathcal{L}_k(\boldsymbol{w}) - \nabla \mathcal{L}(\boldsymbol{w})||^2 \tag{13.100}$$

두 번째 항은 미니배치 기울기의 분산을 추정하며 이는 안정성stability에 대한, 따라서 일반화 능력에 대한 측정치다.

앞의 분석은 SGD가 계산적 이점뿐만 아니라(완전 배치 GD 또는 이계적second-order 방법보다 빠르므로), 통계적 이점도 가짐을 보여준다.

13.6 다른 종류의 피드포워드 네트워크*

13.6.1 방사 기저 함수 네트워크

은닉 층이 특성 벡터로 주어지는 1층 신경망을 고려해 보자.

$$\phi(\boldsymbol{x}) = [\mathcal{K}(\boldsymbol{x}, \boldsymbol{\mu}_1), \dots, \mathcal{K}(\boldsymbol{x}, \boldsymbol{\mu}_K)] \tag{13.101}$$

여기서 $\boldsymbol{\mu}_k \in \mathcal{X}$는 K개 **중심점**centroid 또는 **전형**exemplar 집합이며, $\mathcal{K}(\boldsymbol{x}, \boldsymbol{\mu}) \geq 0$는 **커널 함수**kernel function 다. 커널 함수는 17.1절에서 자세히 논의한다. 여기서는 **가우스 커널**Gaussian kernel이란 이름의 예시 만을 제공한다.

$$\mathcal{K}_{\mathrm{gauss}}(\boldsymbol{x}, \boldsymbol{c}) \triangleq \exp\left(-\frac{1}{2\sigma^2}||\boldsymbol{c} - \boldsymbol{x}||_2^2\right) \tag{13.102}$$

모수 σ는 커널의 **대역폭**bandwidth이다. 이 커널은 이동에 불변임을 주지하라. 즉, 이는 거리 $r = ||\boldsymbol{x} - \boldsymbol{c}||_2$에 대한 함수일 뿐이므로 다음과 같이 동등하게 쓸 수 있다.

$$\mathcal{K}_{\mathrm{gauss}}(r) \triangleq \exp\left(-\frac{1}{2\sigma^2}r^2\right) \tag{13.103}$$

이는 따라서 **방사 기저 함수 커널**Radial Basis Function kernel, 즉 **RBF 커널**이라 부른다.

식 (13.101)을 은닉 층으로, RBF 커널과 함께 사용하는 1층 신경망은 **RBF 네트워크**RBF network라 부른다[BL88]. 형식은 다음과 같다.

$$p(y|\boldsymbol{x}; \boldsymbol{\theta}) = p(y|\boldsymbol{w}^\mathsf{T}\phi(\boldsymbol{x})) \tag{13.104}$$

여기서 $\boldsymbol{\theta} = (\boldsymbol{\mu}, \boldsymbol{w})$이다. 중심점 $\boldsymbol{\mu}$가 고정되어 있으면, 11장에서 논의한 (정칙화된) 최소 제곱을 사용해 최적 가중치 $\boldsymbol{w}$에 대해 풀 수 있다. 중심점이 알려져 있지 않으면, 이들은 K 평균(21.3절)과 같은 비지도 군집화법을 사용해 추정할 수 있다. 아니면 하나의 중심점을 훈련 집합 내 데이터 지점마다 연관시켜 $\boldsymbol{\mu}_n = \boldsymbol{x}_n$을 얻을 수 있으며, 이때 이제는 $K = N$이 된다. 이는 **비모수적 모델**non-parametric model의 예다. 왜냐하면 모수의 개수가 데이터의 양과 함께 증가하며(이 경우 선형으로), N에 대해 독립이 아니기 때문이다. $K = N$이라면 모델은 데이터를 완벽하게 보간interpolate할 수 있으며, 따라서 과적합될 수도 있다. 그러나 출력 가중치 벡터 $\boldsymbol{w}$가 희박하도록 하는 한, 모델은 입력 예제의 유한 부분집합만을 사용할 것이다. 이는 **희박 커널 머신**sparse kernel machine이라 부르며, 17.4.1 절과 17.3절에서 자세히 논의한다. 과적합을 피하는 또 다른 방법은 가중치 $\boldsymbol{w}$를 적분화하여 베이즈 접근법을 도입하는 것이다. 이는 **가우스 과정**Gaussian process이라는 모델을 만들며, 17.2절에서 더 자세히 논의한다.

13.6.1.1 회귀를 위한 RBF 네트워크

RBF 네트워크는 $p(y \mid x, \theta) = \mathcal{N}(w^\mathsf{T} \phi(x), \sigma^2)$을 정의하여 회귀를 위해 사용할 수 있다. 예를 들어 그림 13.22는 $K = 10$의 균일하게 공간을 차지하는, 그러나 대역폭의 범위가 작은 수에서 큰 수인 RBF 프로토타입으로 1차원 데이터셋 적합을 보여준다. 숫자가 작으면 예측된 함숫값이 프로토타입 μ_k 중 하나와 가까운 점 x에 대해서만 0이 아닐 것이므로 함수가 매우 꾸불꾸불해진다. 대역폭이 매우 크면, 각 점이 모든 프로토타입과 동일하게 가까울 것이므로 디자인 행렬이 1을 갖는 상수 행렬로 축소된다. 따라서 해당 함수는 단지 직선이 될 뿐이다.

13.6.1.2 분류를 위한 RBF 네트워크

RBF 네트워크는 $p(y \mid x, \theta) = \mathrm{Ber}(\sigma(w^\mathsf{T} \phi(x)))$를 정의하여 이항 분류에 사용할 수 있다. 예시로 배타적 OR 함수로부터 나오는 데이터를 고려해 보자. 이는 이항 입력이 2개인 이항 값 함수다. 진리표는 그림 13.21(a)에서 보여준다. 그림 13.21(b)에서는 XOR 함수로 라벨링한 데이터를 보여주지만, 그림이 더 명확해지도록 점을 **지터링**^{jittering}했다.[6] 10차 다항식을 사용하더라도 데이터를 분리할 수 없음을 볼 수 있다. 그러나 그림 13.21(c)가 보여주듯이 방사 기저 함수 커널 및 오직 4개의 프로토타입을 사용하면 문제를 쉽게 풀 수 있다.

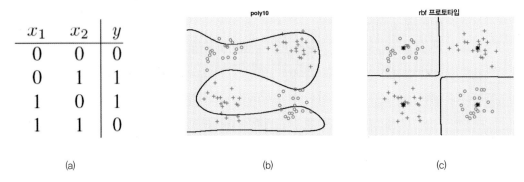

x_1	x_2	y
0	0	0
0	1	1
1	0	1
1	1	0

(a)   (b)   (c)

그림 13.21 (a) XOR 진리표, (b) 10차 다항식 전개를 사용하는 선형 로지스틱 회귀 분류기 적합, (c) 같은 모델이지만, 4개의 검은색 십자로 지정한 중심점을 갖는 RBF 커널을 사용한다. logregXorDemo.ipynb로 생성했다.

---

6 지터링은 도표/디스플레이 내에서 서로의 위에 놓이는 점을 균일한 가법적 잡음을 사용하여 흩어지게 하는, 통계학에서 일반적으로 쓰이는 시각화 기법이다.

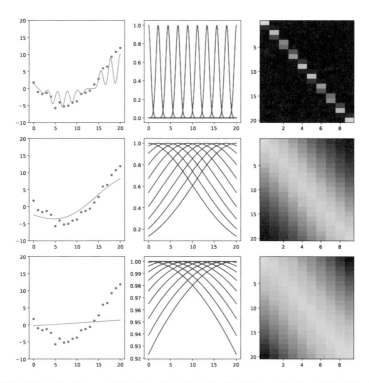

그림 13.22 동일하게 공간을 갖는 10개의 RBF 기저 함수를 1차원에서 사용하는 선형 회귀. 왼쪽 열: 적합된 함수. 중간 열: 격자에서 값매김된 기저 함수. 오른쪽 열: 디자인 행렬. 상단에서 하단으로 커널 함수를 위한 서로 다른 대역폭 $\sigma = 0.5, 10, 50$을 보여준다. linregRbfDemo.ipynb로 생성했다.

13.6.2 전문가 혼합

회귀 문제를 고려할 때는 가우스나 스튜던트 분포 같은 단봉 출력 분포를 가정하는 것이 보통이지만, 이때 평균과 분산은 입력에 대한 어떠한 함수다. 즉,

$$p(\boldsymbol{y}|\boldsymbol{x}) = \mathcal{N}(\boldsymbol{y}|f_\mu(\boldsymbol{x}), \mathrm{diag}(\sigma_+(f_\sigma(\boldsymbol{x})))) \tag{13.105}$$

여기서 f 함수는 (그림 13.5에서와 같이 아마도 일부 공유된 은닉 유닛을 갖는) MLP일 수 있다. 그러나 이는 각 입력이 복수의 가능한 출력을 가질 수 있는 **일대다 함수**one-to-many function에서는 잘 동작하지 않을 것이다.

그림 13.23(a)는 이러한 함수의 간단한 예시를 보여준다. 도표의 중간에 특정 x 값이 2개의 동일

하게 가능한 y 값을 갖는 것을 볼 수 있다. 이러한 형식의 문제는 현실 세계에 많이 존재한다. 예를 들면 단일 이미지에서 사람의 3차원 포즈 예측[Bo+08], 검은색과 흰색 이미지 채색[Gua+17], 비디오 시퀀스의 미래 프레임 예측하기[VT17] 등이 있다. 단봉 출력 밀도를 사용해 가능도를 최대화하도록 훈련된 어떠한 모델이든지, 심지어 모델이 신경망과 같은 유연한 비선형 모델이라 하더라도, 이러한 것과 같은 일대다 함수에서는 동작을 잘못할 것이다. 이는 흐릿한 평균 출력만을 만들어 낼 것이기 때문이다.

평균으로의 회귀 문제를 막으려면 **조건부 혼합 모델**^{conditional mixture model}을 사용할 수 있다. 즉, 출력이 각각의 입력 $\boldsymbol{x}$를 위한 출력 분포의 서로 다른 모드에 해당하는, K개의 서로 다른 출력의 가중 혼합^{weighted mixture}이라 가정한다. 가우스의 경우 이는 다음이 된다.

$$p(\boldsymbol{y}|\boldsymbol{x}) = \sum_{k=1}^{K} p(\boldsymbol{y}|\boldsymbol{x}, z=k)p(z=k|\boldsymbol{x}) \tag{13.106}$$

$$p(\boldsymbol{y}|\boldsymbol{x}, z=k) = \mathcal{N}(\boldsymbol{y}|f_{\mu,k}(\boldsymbol{x}), \mathrm{diag}(f_{\sigma,k}(\boldsymbol{x}))) \tag{13.107}$$

$$p(z=k|\boldsymbol{x}) = \mathrm{Cat}(z|\mathrm{softmax}(f_z(\boldsymbol{x}))) \tag{13.108}$$

여기서 $f_{\mu,k}$는 k번째 가우스의 평균을 예측하며, $f_{\sigma,k}$는 분산 항을, f_z는 어떤 혼합 성분을 사용할지 예측한다. 이 모델은 **전문가 혼합**^{MoE, Mixture of Experts}이라 부른다[Jac+91; JJ94; YWG12; ME14]. k번째 부분 모델 $p(\boldsymbol{y}|\boldsymbol{x}, z=k)$가 입력 공간의 특성 영역 내 '전문가'라고 가정하는 것이 아이디어다. 함수 $p(z=k|\boldsymbol{x})$는 **게이트 함수**^{gating function}라 부르며, 입력값에 따라 어떤 전문가를 사용할지 결정한다. 주어진 입력 $\boldsymbol{x}$에 대해 가장 가능성 있는 전문가를 고름으로써 모델의 부분집합만을 '활성화'할 수 있다. 게이트 네트워크로부터의 이전 연산의 결과를 기반으로 어떤 전문가를 실행할지 결정하므로, 이는 **조건부 연산**^{conditional computation}의 예다[Sha+17].

이 모델은 SGD 또는 EM 알고리듬을 사용해 훈련시킬 수 있다(후자의 방법에 대한 자세한 내용은 8.7.3절을 참고하라).

13.6.2.1 선형 전문가 혼합

이 절에서는 선형 회귀 전문가 및 선형 분류 게이트 함수를 사용하는 단순한 예시를 고려해 본다. 즉, 모델의 형식은 다음과 같다.

$$p(y|\boldsymbol{x}, z = k, \boldsymbol{\theta}) = \mathcal{N}(y|\boldsymbol{w}_k^{\mathsf{T}}\boldsymbol{x}, \sigma_k^2) \tag{13.109}$$

$$p(z = k|\boldsymbol{x}, \boldsymbol{\theta}) = \mathrm{Cat}(z|\mathrm{softmax}_k(\mathbf{V}\boldsymbol{x})) \tag{13.110}$$

여기서 softmax$_k$는 소프트맥스 함수로부터의 k번째 출력이다. 개별 가중화 항 $p(z = k|\boldsymbol{x})$는 입력 $\boldsymbol{x}$를 위한 전문가 k의 **책임도**^{responsibility}라 한다. 그림 13.23(b)에서 어떻게 게이트 네트워크가 $K = 3$ 전문가 사이에서 입력 공간을 부드럽게 분할하는지 보여준다.

각각의 전문가 $p(y|\boldsymbol{x}, z = k)$는 모수가 다른 선형 회귀 모델에 해당한다. 이들은 그림 13.23(c)가 보여준다.

전문가의 가중 조합을 출력으로 취하면 그림 13.23(a)의 빨간색 곡선을 얻는데, 이는 나쁜 예측

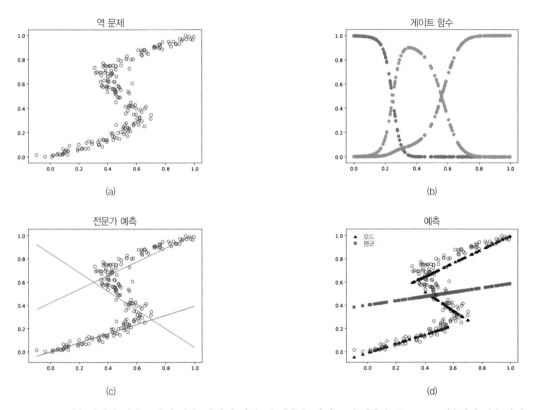

그림 13.23 (a) 일대다 함수로부터 나온 데이터 일부. 수평축은 입력 x, 수직축은 목표 $y = f(x)$이다. (b) 입력 도메인에서 각 전문가의 책임, (c) 훈련 데이터에 겹쳐 그린 각 전문가의 예측(색이 있는 선), (d) 전체 예측. 평균은 빨간색 십자, 모드는 검은색 사각형이다. 출처: [Bis06]의 그림 5.20과 5.21. mixexpDemoOneToMany. ipynb로 생성했다.

자임이 분명하다. 대신에 가장 활동적인 전문가(즉, 책임도가 가장 높은)를 사용해 예측을 하면 절단된 검은색 곡선을 얻는다. 이는 훨씬 나은 예측자다.

13.6.2.2 밀도 네트워크 혼합

게이트 함수와 전문가는 단지 선형 모델뿐만 아니라 어떤 종류의 조건부 확률적 모델이든지 될 수 있다. 이들을 모두 DNN으로 만들면, 결과 모델은 **혼합 밀도 네트워크**^{MDN, Mixture Density Network}[Bis94; ZS14] 또는 **깊은 전문가 혼합**^{deep mixture of experts}[CGG17]이라 부른다. 모델의 스케치는 그림 13.24 를 참고하라.

13.6.2.3 계층적 MOE

각 전문가가 그 자체로 MoE 모델이라면, 결과 모델은 **계층적 전문가 혼합**^{hierarchical mixture of experts}이 라 부른다[JJ94]. 수준이 2개인 계층으로 이뤄진 이러한 모델은 그림 13.25를 참고하라.

레벨이 L인 HME는 깊이가 L인 '부드러운' 의사결정 트리로 생각할 수 있다. 이때 각 예제가 트리의 각 가지를 따라 지나가며, 마지막 예측은 가중 평균이다(의사결정 트리는 18.1절에서 논의한다).

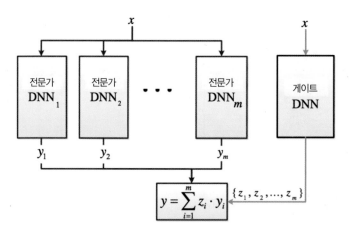

그림 13.24 전문가가 m개인 깊은 MOE를 신경망으로 나타냈다. 출처: [CGG17]의 그림 1. 야코프 골드버 거(Jacob Goldberger)가 친절하게 사용을 허가했다.

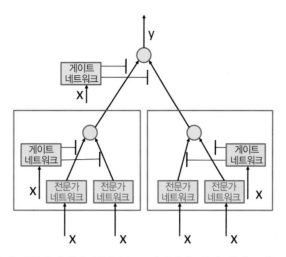

그림 13.25 2 수준 계층적 전문가 혼합을 신경망으로 나타낸다. 상단 게이트 네트워크는 큰 상자가 보여주는 좌측 및 우측 전문가 사이에서 선택을 한다. 좌측 및 우측 전문가 스스로 그들의 좌측 및 우측 하위 전문가를 선택한다.

13.7 연습문제

연습문제 13.1   [MLP의 역전파](케빈 클라크[Kevin Clark]의 연습문제에 기반함)

다음의 은닉 층이 하나인 분류 MLP를 고려해 보자.

$$\boldsymbol{x} = \text{input} \in \mathbb{R}^D \tag{13.111}$$

$$\boldsymbol{z} = \mathbf{W}\boldsymbol{x} + \boldsymbol{b}_1 \in \mathbb{R}^K \tag{13.112}$$

$$\boldsymbol{h} = \text{ReLU}(\boldsymbol{z}) \in \mathbb{R}^K \tag{13.113}$$

$$\boldsymbol{a} = \mathbf{V}\boldsymbol{h} + \boldsymbol{b}_2 \in \mathbb{R}^C \tag{13.114}$$

$$\mathcal{L} = \text{CrossEntropy}(\boldsymbol{y}, \text{softmax}(\boldsymbol{a})) \in \mathbb{R} \tag{13.115}$$

여기서 $\boldsymbol{x} \in \mathbb{R}^D$, $\boldsymbol{b}_1 \in \mathbb{R}^K$, $\mathbf{W} \in \mathbb{R}^{K \times D}$, $\boldsymbol{b}_2 \in \mathbb{R}^C$, $\mathbf{V} \in \mathbb{R}^{C \times K}$이며, D는 입력의 크기, K는 은닉 유닛의 개수, C는 클래스의 개수다. 모수와 입력의 기울기가 다음과 같음을 보여라.

$$\nabla_{\mathbf{V}}\mathcal{L} = \left[\frac{\partial \mathcal{L}}{\partial \mathbf{V}}\right]_{1,:} = \boldsymbol{u}_2 \boldsymbol{h}^\mathsf{T} \in \mathbb{R}^{C \times K} \tag{13.116}$$

$$\nabla_{\boldsymbol{b}_2}\mathcal{L} = \left(\frac{\partial \mathcal{L}}{\partial \boldsymbol{b}_2}\right)^\mathsf{T} = \boldsymbol{u}_2 \in \mathbb{R}^C \tag{13.117}$$

$$\nabla_{\mathbf{W}}\mathcal{L} = \left[\frac{\partial \mathcal{L}}{\partial \mathbf{W}}\right]_{1,:} = \boldsymbol{u}_1 \boldsymbol{x}^\mathsf{T} \in \mathbb{R}^{K \times D} \tag{13.118}$$

$$\nabla_{\boldsymbol{b}_1}\mathcal{L} = \left(\frac{\partial \mathcal{L}}{\partial \boldsymbol{b}_1}\right)^\mathsf{T} = \boldsymbol{u}_1 \in \mathbb{R}^K \tag{13.119}$$

$$\nabla_{\boldsymbol{x}}\mathcal{L} = \left(\frac{\partial \mathcal{L}}{\partial \boldsymbol{x}}\right)^\mathsf{T} = \mathbf{W}^\mathsf{T} \boldsymbol{u}_1 \in \mathbb{R}^D \tag{13.120}$$

이때 손실의 기울기는 2개의 층(로짓 그리고 은닉 층)에 대해 다음으로 주어진다.

$$\boldsymbol{u}_2 = \nabla_{\boldsymbol{a}}\mathcal{L} = \left(\frac{\partial \mathcal{L}}{\partial \boldsymbol{a}}\right)^\mathsf{T} = (\boldsymbol{p} - \boldsymbol{y}) \in \mathbb{R}^C \tag{13.121}$$

$$\boldsymbol{u}_1 = \nabla_{\boldsymbol{z}}\mathcal{L} = \left(\frac{\partial \mathcal{L}}{\partial \boldsymbol{z}}\right)^\mathsf{T} = (\mathbf{V}^\mathsf{T} \boldsymbol{u}_2) \odot H(\boldsymbol{z}) \in \mathbb{R}^K \tag{13.122}$$

여기서 H는 헤비사이드 함수다. 우리 표기법에서 기울기(우리가 미분하는 변수와 같은 모양을 갖는)는 변수가 벡터일 때 야코비의 전치와 같고, 변수가 행렬일 때 야코비의 첫 번째 슬라이스와 같음을 주지하라.

14

이미지를 위한 신경망

14.1 개요

13장에서 '비구조적' 입력 벡터 $x \in \mathbb{R}^D$를 출력으로 매핑하는 함수를 배우는 방식으로 다층 퍼셉트론^{MLP}을 논의했다. 14장에서는 이를 입력이 2차원의 공간적인 구조인 경우로 확장한다(비슷한 아이디어가 1차원의 시간적 구조, 또는 3차원의 공간-시간적 구조에 적용된다).

이미지 데이터에 MLP를 바로 적용하는 것이 좋은 아이디어가 아닌 이유를 보려면, MLP 내 각은닉 층에서 핵심 연산이 활성화 $z = \varphi(\mathbf{W}x)$의 계산이며, 여기서 x는 층으로의 입력, $\mathbf{W}$는 가중치, $\varphi()$는 비선형 활성 함수임을 상기하라. 따라서 은닉 층의 j번째 요소는 값 $z_j = \varphi(w_j^{\mathsf{T}}x)$를 갖는다. 이러한 내적 연산은 입력 x를 학습된 템플릿 또는 패턴 w_j와 비교하는 것으로 생각할 수 있다. 만일 매칭이 잘된다면(내적이 큰 양수임) 그 유닛의 활성화는 클 것이며(ReLU 비선형성을 가정하면), j번째 패턴이 입력에 존재함을 신호할 것이다.

그러나 이는 입력이 가변 크기 이미지 $x \in \mathbb{R}^{WHC}$라면 잘 동작하지 않는다. 여기서 W는 너비, H는 높이, C는 입력 **채널**^{channel}의 개수(예를 들어, RGB 컬러는 $C = 3$)다. 문제는 각 입력 이미지 크기마다 다른 크기의 가중치 행렬 $\mathbf{W}$를 학습할 필요가 있다는 점이다. 추가로 입력이 고정된 크기라하더라도, 필요한 모수의 개수는 적절한 크기의 이미지에 비해 터무니없이 많을 것이다. 왜냐하면 가중치 행렬이 $(W \times H \times C) \times D$ 크기를 가질 것이기 때문이다. 여기서 D는 출력(은닉 유닛)의 개수다. 마지막 문제는 한 위치에서 나타나는 패턴이 다른 위치에서 나타날 때 인식하지 못할 수도 있다는 점이다. 즉, 가중치가 위치를 따라 공유되지 않기 때문에 모델이 **병진 불변**translation invariance하지 않을 수 있다(그림 14.1 참고).

이러한 문제를 해결하기 위해 행렬 곱을 합성곱 연산으로 바꾸는 **합성곱 신경망**CNN, Convolutional Neural Network을 사용한다. 이는 14.2절에서 자세히 설명하지만, 기본적인 아이디어는 입력을 2차원의 겹치는 **이미지 패치**image patch로 나누고, 각 패치를 물체의 부분을 나타내는 작은 가중치 행렬 집합 또는 **필터**filter와 비교한다. 이는 그림 14.2가 보여준다. 이는 **템플릿 매칭**template matching의 한 형식으로 생각할 수 있다. 아래에서 설명하듯이 이들 템플릿은 데이터로부터 학습한다. 템플릿이 작으므로(단지 3×3 또는 5×5인 경우가 많다) 모수의 개수가 크게 줄어든다. 그리고 템플릿 매칭을 위해 행

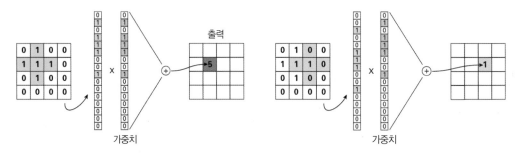

그림 14.1 비구조적 MLP를 사용해 2차원 이미지에서의 패턴을 탐지하는 것은 잘 동작하지 않는다. 왜냐하면 방법이 병진 불변이 아니기 때문이다. 원하는 십자 모양을 탐지하기 위해 **매칭된 필터**(matched filter)와 같이 움직이는 가중치 벡터를 디자인할 수 있다. 이는 물체가 좌측에 있다면 5라는 강한 반응을 주지만, 물체를 우측으로 이동시킨다면 1이라는 약한 반응을 줄 것이다. 출처: [SAV20]의 그림 7.16

그림 14.2 올바른 (상대적인) 위치에 나타나는 특정한 판별적인 특성(이미지 템플릿)을 찾아냄으로써 숫자를 분류할 수 있다. 출처: [Cho17]의 그림 5.1. 프랑수아 숄레(Francois Chollet)가 친절하게 사용을 허가했다.

렬 곱 대신 합성곱을 사용하므로, 모델이 병진 불변일 것이다. 이는 목표가 위치에 상관없이 물체가 존재하는지 식별하는 이미지 분류와 같은 과제에서 유용하다.

이번 장 후반부에서 논의하겠지만 CNN은 이미지 분류 외에도 응용 분야가 많다. 이들은 또한 1차원 입력(15.3절 참고) 및 3차원 입력에도 적용할 수 있다. 그러나 이번 장에서는 대체로 2차원의 경우에 집중한다.

14.2 일반적인 층

이 절에서는 CNN의 기본적인 내용을 논의한다.

14.2.1 합성곱 층

시작으로 합성곱의 기본을 1차원에서, 그 뒤 2차원에서 설명한 다음, 이들이 어떻게 CNN의 주요 구성 요소로 사용되는지 설명한다.

14.2.1.1 1차원에서의 합성곱

두 함수 f, $g : \mathbb{R}^D \to \mathbb{R}$ 사이의 **합성곱**convolution은 다음으로 정의된다.

$$[f \circledast g](\boldsymbol{z}) = \int_{\mathbb{R}^D} f(\boldsymbol{u})g(\boldsymbol{z} - \boldsymbol{u})d\boldsymbol{u} \tag{14.1}$$

이제 함수를 유한한 길이의 벡터로 바꾼다고 해보자. 이는 유한한 점의 집합에 정의된 함수로 생각할 수 있다. 예를 들어 f가 점 $\{-L, -L + 1, ..., 0, 1, ..., L\}$에서 값매김되어 가중치 벡터(**필터**filter 또는 **커널**kernel이라고도 함) $w_{-L} = f(-L)$을 $w_L = f(L)$까지 내놓는다고 해보자. 이제 g가 점 $\{-N, ..., N\}$에서 값매김되어 특성 벡터 $x_{-N} = g(-N)$을 $x_N = g(N)$까지 내놓는다고 해보자. 그러면 위의 방정식은 다음이 된다.

$$[\boldsymbol{w} \circledast \boldsymbol{x}](i) = w_{-L}x_{i+L} + \cdots + w_{-1}x_{i+1} + w_0x_i + w_1x_{i-1} + \cdots + w_Lx_{i-L} \tag{14.2}$$

(경계 조건(에지 효과edge effect)은 나중에 논의한다). 이는 가중치 벡터 $\boldsymbol{w}$를 '뒤집고'flip(인덱스 $\boldsymbol{w}$가 뒤집어져

-	-	1	2	3	4	-	-	
7	6	5	-	-	-	-	-	$z_0 = x_0 w_0 = 5$
-	7	6	5	-	-	-	-	$z_1 = x_0 w_1 + x_1 w_0 = 16$
-	-	7	6	5	-	-	-	$z_2 = x_0 w_2 + x_1 w_1 + x_2 w_0 = 34$
-	-	-	7	6	5	-	-	$z_3 = x_1 w_2 + x_2 w_1 + x_3 w_0 = 52$
-	-	-	-	7	6	5	-	$z_4 = x_2 w_2 + x_3 w_1 = 45$
-	-	-	-	-	7	6	5	$z_5 = x_3 w_2 = 28$

그림 14.3 $x = [1, 2, 3, 4]$와 $w = [5, 6, 7]$이 $z = [5, 16, 34, 52, 45, 28]$을 내놓는 이산적인(discrete) 합성곱. 이 연산이 w를 '뒤집고' 그 뒤 이를 w에 대해 '드래그'하여 요소별로 곱한 뒤, 결과를 합하는 것으로 되어 있음을 볼 수 있다.

있으므로), 그 뒤 이를 x 벡터에 대해 '드래그drag'하여 각 점에서의 국소적인 윈도를 합한다. 이는 그림 14.3이 보여준다.

이와 매우 관련이 깊은 연산이 존재한다. 여기서는 w를 먼저 뒤집지 않는다.

$$[w * x](i) = w_{-L} x_{i-L} + \cdots + w_{-1} x_{i-1} + w_0 x_i + w_1 x_{i+1} + \cdots + w_L x_{i+L} \tag{14.3}$$

이는 **교차상관**cross correlation이라 부른다. 대부분의 경우 그러하듯이 가중치가 대칭이라면 교차상관과 합성곱은 같다. 딥러닝 문헌에서 '합성곱'이란 용어는 주로 교차상관을 의미하는 데 쓰인다. 우리는 이러한 관례를 따를 것이다.

또한 가중치 w를 도메인 $\{0, 1, ..., L-1\}$에서, 특성 x를 도메인 $\{0, 1, ..., N-1\}$에서 값매김하여 음의 인덱스를 제거할 수 있다. 그러면 위의 방정식은 다음이 된다.

$$[w \circledast x](i) = \sum_{u=0}^{L-1} w_u x_{i+u} \tag{14.4}$$

예시는 그림 14.4를 참고하라.

그림 14.4 1차원 교차상관. 출처: [Zha+20]의 그림 15.3.2. 애스턴 장(Aston Zhang)이 친절하게 사용을 허가했다.

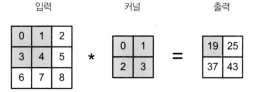

입력　　　　　커널　　　　　출력

그림 14.5 2차원 교차상관을 보여준다. conv2d_jax.ipynb로 생성했다. 출처: [Zha+20]의 그림 6.2.1

14.2.1.2 2차원에서의 합성곱

2차원에서 식 (14.4)는 다음이 된다.

$$[\mathbf{W} \circledast \mathbf{X}](i, j) = \sum_{u=0}^{H-1} \sum_{v=0}^{W-1} w_{u,v} x_{i+u, j+v} \tag{14.5}$$

여기서 2차원 필터 $\mathbf{W}$는 크기가 $H \times W$이다. 예를 들면, 3×3 입력 $\mathbf{X}$를 2×2 커널 $\mathbf{W}$로 합성곱을 하여 2×2 출력 $\mathbf{Y}$를 계산한다고 해보자.

$$\mathbf{Y} = \begin{pmatrix} w_1 & w_2 \\ w_3 & w_4 \end{pmatrix} \circledast \begin{pmatrix} x_1 & x_2 & x_3 \\ x_4 & x_5 & x_6 \\ x_7 & x_8 & x_9 \end{pmatrix} \tag{14.6}$$

$$= \begin{pmatrix} (w_1 x_1 + w_2 x_2 + w_3 x_4 + w_4 x_5) & (w_1 x_2 + w_2 x_3 + w_3 x_5 + w_4 x_6) \\ (w_1 x_4 + w_2 x_5 + w_3 x_7 + w_4 x_8) & (w_1 x_5 + w_2 x_6 + w_3 x_8 + w_4 x_9) \end{pmatrix} \tag{14.7}$$

이 과정을 시각화한 것은 그림 14.5를 참고하라.

　2차원 합성곱은 **템플릿 매칭**template matching으로 생각할 수 있다. 점 (i, j)에서의 출력은 (i, j)에서 중심을 갖는 해당 이미지 패치가 $\mathbf{W}$와 비슷하다면 값이 클 것이기 때문이다. 템플릿 $\mathbf{W}$가 지향성이 있는 모서리에 해당하면, 이와 합성곱을 할 경우 출력 **히트맵**heat map이 그 지향에 맞는 모서리를 포함하는 영역에서 '켜질light up' 것이다. 이는 그림 14.6이 보여준다. 더 일반적으로는 합성곱을 **특성 탐지**feature detection의 한 형태로 생각할 수 있다. 결과 출력 $\mathbf{Y} = \mathbf{W} \circledast \mathbf{X}$는 따라서 **특성 맵**feature map이라 부른다.

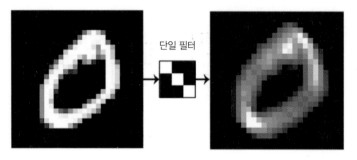

그림 14.6 2차원 이미지(왼쪽)를 3×3 필터(가운데)와 합성곱을 하면 2차원 반응 맵(오른쪽)을 만들어 낸다. 반응 맵의 밝은 곳은 이미지에서 아래로 그리고 우측으로 기울어지는 대각선을 포함하는 위치에 해당한다. 출처: [Cho17]의 그림 5.3. 프랑수아 솔레가 친절하게 사용을 허가했다.

14.2.1.3 행렬-벡터 곱으로의 합성곱

합성곱은 선형 연산자이므로, 이를 행렬 곱으로 나타낼 수 있다. 예를 들어 식 (14.7)을 고려해 보자. 이는 다음과 같이 2차원 행렬 $\mathbf{X}$를 1차원 벡터 $\boldsymbol{x}$로 평탄화하고, 커널 $\mathbf{W}$로부터 유도한 토플리츠^{Toeplitz} 같이 생긴 행렬 $\mathbf{C}$와 곱함으로써 다시 쓸 수 있다.

$$
\boldsymbol{y} = \mathbf{C}\boldsymbol{x} = \left(\begin{array}{ccc|ccc|ccc}
w_1 & w_2 & 0 & w_3 & w_4 & 0 & 0 & 0 & 0 \\
0 & w_1 & w_2 & 0 & w_3 & w_4 & 0 & 0 & 0 \\
0 & 0 & 0 & w_1 & w_2 & 0 & w_3 & w_4 & 0 \\
0 & 0 & 0 & 0 & w_1 & w_2 & 0 & w_3 & w_4
\end{array} \right)
\begin{pmatrix}
x_1 \\ x_2 \\ x_3 \\ x_4 \\ x_5 \\ x_6 \\ x_7 \\ x_8 \\ x_9
\end{pmatrix}
\tag{14.8}
$$

$$
= \begin{pmatrix}
w_1 x_1 + w_2 x_2 + w_3 x_4 + w_4 x_5 \\
w_1 x_2 + w_2 x_3 + w_3 x_5 + w_4 x_6 \\
w_1 x_4 + w_2 x_5 + w_3 x_7 + w_4 x_8 \\
w_1 x_5 + w_2 x_6 + w_3 x_8 + w_4 x_9
\end{pmatrix}
\tag{14.9}
$$

2×2 출력은 4×1 벡터 $\boldsymbol{y}$를 $\mathbf{Y}$로 재성형하여 다시 얻을 수 있다.[1]

따라서 CNN은 가중치 행렬이 특수한 희박 구조를 가지며 요소가 공간적 위치에 따라 결합된 MLP와 같음을 볼 수 있다. 이는 병진 불변 아이디어를 구현하며, MLP에서 쓰이는 표준적인 완전

---

1 데모는 conv2d_jax.ipynb를 참고하라.

연결 또는 밀집 층에서의 가중치 행렬과 비교하면 모수의 수를 막대한 숫자로 줄인다.

14.2.1.4 경계 조건 및 패딩

식 (14.7)에서 3×3 이미지를 2×2 필터와 합성곱을 하면 2×2 출력이 됨을 봤다. 일반적으로 $f_h \times f_w$ 필터를 크기 $x_h \times x_w$의 이미지에 합성곱을 하면 크기 $(x_h - f_h + 1) \times (x_w - f_w + 1)$의 출력을 만들어 낸다. 이는 **유효 합성곱**^{valid convolution}이라 부른다. 입력의 '유효한' 부분에만 필터를 적용하기 때문에, 즉 필터가 '끝을 넘어가는' 것을 허용하지 않기 때문이다. 출력이 입력과 같은 크기를 갖게 하려면 **제로 패딩**^{zero-padding}을 사용할 수 있다. 이는 그림 14.7에서와 같이 이미지의 가장자리에 0을 추가함을 뜻하는데, 이를 **등합성곱**^{same convolution}이라 부른다.

일반적으로 입력 크기가 $x_h \times x_w$라면 크기 $f_h \times f_w$의 커널을 사용하며, 각각의 옆면에 크기 p_h와 p_w의 제로 패딩을 사용한다. 그러면 출력은 다음의 크기를 갖는다[DV16].

$$(x_h + 2p_h - f_h + 1) \times (x_w + 2p_w - f_w + 1) \tag{14.10}$$

예를 들어 그림 14.8(a)를 보자. $p = 1$, $f = 3$, $x_h = 5$, $x_w = 7$이므로 출력 크기는 다음과 같다.

$$(5 + 2 - 3 + 1) \times (7 + 2 - 3 + 1) = 5 \times 7 \tag{14.11}$$

$2p = f - 1$이라 두면, 출력은 입력과 같은 크기를 가질 것이다.

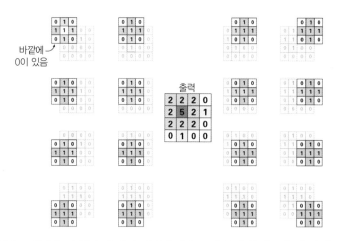

그림 14.7 등합성곱(제로 패딩을 사용)은 출력이 입력과 같은 크기를 갖게 해준다. 출처: [SAV20]의 그림 8.3

14.2.1.5 보폭 합성곱

각각의 출력 픽셀은 (필터의 크기에 기반하여) **수용 영역**^{receptive field} 내 입력의 가중 조합을 통해 생성하므로, 이웃하는 출력은 값이 매우 비슷할 것이다. 이들의 입력이 겹치기 때문이다. 이러한 중복은 s번째 입력을 지나감으로써 줄일 수 있다(그리고 계산을 더 빠르게 한다). 이를 **보폭 합성곱**^{strided convolution} 이라 부른다. 이는 그림 14.8(b)에서 보여주며, 5×7 이미지를 보폭 2로 3×3 필터와 함께 합성곱을 하여 3×4 출력을 얻는다.

일반적으로 입력 크기가 $x_h \times x_w$이고 크기 $f_h \times f_w$의 합성곱을 사용하며, 양 옆에 크기 p_h와 p_w의 제로 패딩을 사용하고, 크기 s_h와 s_w의 보폭을 사용하면, 출력의 크기는 다음과 같다[DV16].

$$\left\lfloor \frac{x_h + 2p_h - f_h + s_h}{s_h} \right\rfloor \times \left\lfloor \frac{x_w + 2p_w - f_w + s_w}{s_w} \right\rfloor \tag{14.12}$$

예를 들어, 보폭을 $s = 2$로 두는 그림 14.8(b)를 고려해 보자. 이제 출력은 입력보다 작다.

$$\left\lfloor \frac{5 + 2 - 3 + 2}{2} \right\rfloor \times \left\lfloor \frac{7 + 2 - 3 + 2}{2} \right\rfloor = \left\lfloor \frac{6}{2} \right\rfloor \times \left\lfloor \frac{4}{1} \right\rfloor = 3 \times 4 \tag{14.13}$$

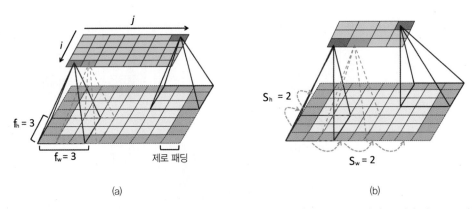

(a)   (b)

그림 14.8 2차원 합성곱에서의 패딩과 보폭을 보여준다. (a) '등합성곱'을 3×3 필터를 사용해 5×7 입력에 적용하여(제로 패딩으로) 5×7 출력을 만들어 낸다. (b) 이제 보폭 2를 사용하므로 출력 크기가 3×4이다. 출처: [Gér19]의 그림 14.3과 그림 14.4

14.2.1.6 복수의 입력 및 출력 채널

그림 14.6에서 입력이 회색조 이미지였다. 일반적으로 입력은 복수의 **채널**channel을 갖는다(예: RGB 또는 위성 이미지를 위한 초분광대hyper-spectral band). 합성곱 정의는 각 입력 채널마다 커널을 정의해 이러한 경우로 확장할 수 있다. 따라서 이제 $\mathbf{W}$는 3차원 가중치 행렬 또는 **텐서**tensor다. 출력은 입력의 채널 c를 커널 $\mathbf{W}_{:,:,c}$로 합성곱을 한 뒤 채널에 대해 합하여 계산한다.

$$z_{i,j} = b + \sum_{u=0}^{H-1}\sum_{v=0}^{W-1}\sum_{c=0}^{C-1} x_{si+u,sj+v,c}w_{u,v,c} \tag{14.14}$$

여기서 s는 보폭(단순함을 위해 길이와 너비 모두 같다고 가정한다)이며, b는 편향 항이다. 이는 그림 14.9가 보여준다.

각 가중치 행렬은 한 종류의 특성을 발견한다. 그림 14.2와 같이 우리는 통상적으로 여러 종류의 특성을 발견하기를 원한다. 이는 $\mathbf{W}$를 4차원 가중치 행렬로 만들어 할 수 있다. 특성 형태 d를 발견하기 위한 필터는 $\mathbf{W}_{:,:,c,d}$에 저장된다. 다음과 같이 합성곱의 정의를 이러한 경우로 확장한다.

$$z_{i,j,d} = b_d + \sum_{u=0}^{H-1}\sum_{v=0}^{W-1}\sum_{c=0}^{C-1} x_{si+u,sj+v,c}w_{u,v,c,d} \tag{14.15}$$

이는 그림 14.10이 보여준다. 각각의 수직 실린더 같은 열은 주어진 위치에서의 출력 특성의 집합

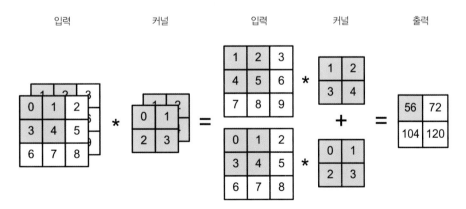

그림 14.9 채널이 2개인 입력에 적용한 합성곱을 보여준다. conv2d_jax.ipynb로 생성했다. 출처: [Zha+20]의 그림 6.4.1

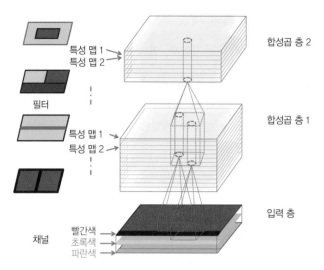

그림 14.10 2개의 합성곱 층이 있는 CNN을 보여준다. 입력은 3개의 컬러 채널을 갖는다. 내부 층의 특성 맵은 복수의 채널을 갖는다. 실린더는 특정한 위치에서의 특성 벡터인 하이퍼컬럼에 해당한다. 출처: [Gér19]의 그림 14.6

$z_{i,j,1:D}$를 가리킨다. 이는 때때로 **하이퍼컬럼**hypercolumn이라 부른다. 각 요소는 아래의 층 내 특성 맵각각의 수용 영역 내 특성 C의 서로 다른 가중된 조합이다.[2]

14.2.1.7 1×1(점별) 합성곱

때때로 위치에 걸쳐서라기보다는 주어진 위치에서의 특성의 가중 조합만을 취하기를 원한다. 이는 **1×1 합성곱**을 사용해 할 수 있으며, 또한 **점별 합성곱**pointwise convolution이라 부른다. 이는 공간적 차원성은 바꾸지 않으면서 채널의 수를 C에서 D로 바꾼다.

$$z_{i,j,d} = b_d + \sum_{c=0}^{C-1} x_{i,j,c} w_{0,0,c,d} \tag{14.16}$$

이는 각 특성 열에 병렬로 적용되는 단일 층 MLP로 생각할 수 있다.

---

2 텐서플로에서 2차원 CNN을 위한 필터는 (H, W, C, D) 모양을 가지며, 특성 맵의 미니배치는 (배치 크기, 이미지 높이, 이미지 너비, 이미지 채널) 모양을 갖는다. 이는 **NHWC** 형식이라 부른다. 다른 시스템은 서로 다른 데이터 레이아웃을 갖는다.

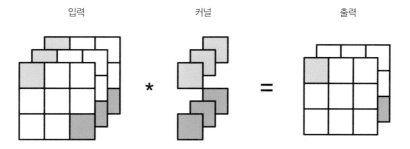

그림 14.11 크기 $1 \times 1 \times 3 \times 2$의 필터로 합성곱을 사용해 3개 채널을 2개로 매칭한다. 출처: [Zha+20]의 그림 6.4.2

그림 14.12 2×2 필터와 보폭 1로 된 맥스풀링을 보여준다. 출처: [Zha+20]의 그림 6.5.1에서 가져왔다.

14.2.2 풀링 층

합성곱은 입력 특성의 위치에 대한 정보를 보존할 것이며(축소된 해상도는 법modulo으로 하여), 이는 **등변성**equivariance이라 하는 속성이다. 몇몇 경우 위치에 불변하기를 원할 수 있다. 예를 들어, 이미지 분류를 수행할 때 관심 있는 물체(예로 얼굴)가 이미지의 어딘가에 있는지만을 알고 싶을 수도 있다.

이를 달성하는 단순한 방법은 **맥스풀링**max pooling이라 부르며, 이는 그림 14.12에서와 같이 들어오는 값에서의 최댓값을 계산하기만 한다. 대안으로는 최댓값을 평균으로 바꾸는 **평균 풀링**average pooling을 사용하는 것이다. 두 경우 모두 출력 뉴런은 입력 패턴이 수용 영역 내 어디에서 나타나는지에 상관없이 같은 반응을 갖는다(풀링은 각각의 특성 채널에 독립적으로 적용함을 주지하라).

특성 맵 내 모든 위치에 대해 평균을 하면, 이 방법은 **전역 평균 풀링**global average pooling이라 부른다. 따라서 $H \times W \times D$ 특성 맵을 $1 \times 1 \times D$차원 특성 맵으로 변환할 수 있다. 이는 D차원 벡터로 재성형할 수 있으며, 이 벡터는 소프트맥스 출력으로 보내기 전에 완전 연결 층에 넘겨 C차원 벡터로 매핑할 수 있다. 전역 평균 풀링을 사용한다는 것은 어떠한 크기의 이미지든지 분류기를 적용할 수

있음을 뜻한다. 마지막 특성 맵이 C 클래스에 대한 분포로 매핑되기 전에 언제나 고정된 D차원의
벡터로 변환될 것이기 때문이다.

14.2.3 한데 모으기

CNN을 만들기 위해 합성곱 층과 맥스풀링 층이 번갈아 나오고, 마지막에 최종적인 선형 분류 층
이 따라오는 것이 보통의 디자인 패턴이다. 이는 그림 14.13이 보여준다(모델이 꽤 얕으므로 예시에서
정규화 층은 생략했다). 이러한 디자인 패턴은 먼저 후쿠시마Fukushima의 **네오코그니트론**neocognitron에서
나왔으며[Fuk75], 이는 후버Hubel와 위즐Wiesel의 인간 시각피질 내 단순하면서도 복잡한 세포의 모
델에 영향을 받았다. 1998년에 얀 르쿤Yann LeCun은 비슷한 디자인을 동명의 **LeNet** 모델에 사용했으
며[LeC+98], 이는 역전파와 SGD를 사용해 모수를 추정했다. 이 디자인 패턴은 시각적 물체 인식
의 신경적으로 영감을 받은 모델 및 다양한 실용적인 응용에서 계속 인기가 있었다(14.3절 및 14.5절).

14.2.4 정규화 층

그림 14.13의 기본 디자인은 얕은 CNN에서 잘 동작하지만, 13.4.2절에서 설명한 기울기 소실 및
폭증 문제로 인해 깊은 모델로 스케일링하기가 어려울 수 있다. 이 문제의 일반적인 해법은 모델에
추가적인 층을 추가하여, 다른 많은 모델의 입력에 하는 것과 같이 은닉 층의 통계량을 표준화하는

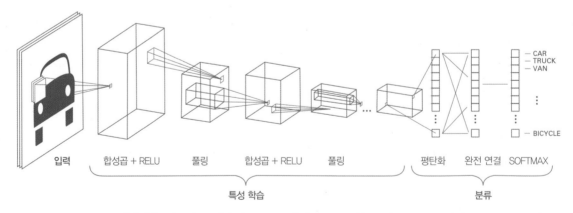

그림 14.13 이미지를 분류하는 단순한 CNN. 출처: https://blog.floydhub.com/building-your-first-convnet/

것이다(즉, 이들이 영 평균 및 단위 분산을 갖도록 하기 위해). 아래에서 다양한 종류의 **정규화 층**^{normalization} layer을 논의한다.

14.2.4.1 배치 정규화

가장 인기 있는 정규화 층은 **배치 정규화**^{BN, Batch Normalization}라 부르는 것이다[IS15]. 이는 미니배치 내 표본에 대해 평균할 때, 층 내 활성화의 분포가 영 평균과 단위 분산을 갖도록 한다. 더 정확하게는 (어떠한 층 내에서) 예제 n을 위한 활성화 벡터 z_n을(또는 때때로 선활성화 벡터 a_n) $\tilde{z}_n$로 바꾼다. 이는 다음과 같이 계산한다.

$$\tilde{z}_n = \gamma \odot \hat{z}_n + \beta \tag{14.17}$$

$$\hat{z}_n = \frac{z_n - \mu_{\mathcal{B}}}{\sqrt{\sigma_{\mathcal{B}}^2 + \epsilon}} \tag{14.18}$$

$$\mu_{\mathcal{B}} = \frac{1}{|\mathcal{B}|} \sum_{z \in \mathcal{B}} z \tag{14.19}$$

$$\sigma_{\mathcal{B}}^2 = \frac{1}{|\mathcal{B}|} \sum_{z \in \mathcal{B}} (z - \mu_{\mathcal{B}})^2 \tag{14.20}$$

여기서 $\mathcal{B}$는 예제 n개를 갖는 미니배치, $\mu_{\mathcal{B}}$는 그 배치를 위한 활성화의 평균[3], $\sigma_{\mathcal{B}}^2$은 해당하는 분산, $\hat{z}_n$은 표준화된 활성화 벡터, $\tilde{z}_n$는 이동 및 스케일링된 버전(BN 층의 출력), β와 γ는 이 층에서의 학습 가능한 모수, $\epsilon > 0$은 작은 상수다. 이 변환은 미분 가능하므로, 층의 입력 및 BN 모수 β와 γ에 기울기를 쉽게 다시 넘길 수 있다.

배치 정규화를 입력 층에 적용했을 때, 이는 10.2.8절에서 논의한 보통의 표준화 과정과 동등하다. 데이터가 정적이므로 입력 층의 평균과 분산은 한 번에 계산할 수 있음을 주지하라. 그러나 내부적 층의 경험적 평균과 분산은 모수가 적응함에 따라 계속 바뀐다(이는 때때로 **내부 공변 이동**^{internal} covariate shift이라 부른다). 이는 각 미니배치에서 μ와 σ^2을 재계산하는 이유가 된다.

테스트 시간에는 입력이 하나일 수 있으므로 배치 통계량을 계산하지 못한다. 이에 대한 표준적인 해법은 다음과 같다. 훈련 후 층 l을 위한 μ_l과 σ_l^2을 훈련 집합의 모든 예제에 걸쳐 계산한 뒤(즉, 완

---

3 합성곱 층에 적용할 때, 채널에 걸쳐서가 아닌 공간적인 위치 및 예제에 걸쳐 평균을 했다(따라서 μ의 길이는 채널의 수다). 완전 연결 층에 적용할 때는 단지 예제에 걸쳐서만 평균을 한다(따라서 μ는 층의 너비다).

전 배치를 사용해), 이들 모수를 '고정하고', 이들을 그 층의 모수 리스트, 말하자면 β_l과 γ_l에 추가한다. 테스트 시간에 테스트 배치로부터 통계량을 계산하는 대신, μ_l과 σ_l^2을 위한 이들의 고정된 훈련값을 사용한다. 따라서 BN이 있는 모델을 사용할 때, 이를 추론을 위해 사용하는지 또는 훈련을 위해 사용하는지 명시해야 한다(샘플 코드는 batchnorm_jax.ipynb를 참고하라).

속도를 위해, 고정된 배치 정규화 층을 이전 층과 조합할 수 있다. 특히 이전 층이 $\mathbf{XW} + \mathbf{b}$를 계산한다고 해보자. 이를 BN과 조합하면 $\boldsymbol{\gamma} \odot (\mathbf{XW} + \mathbf{b} - \boldsymbol{\mu})/\boldsymbol{\sigma} + \boldsymbol{\beta}$가 된다. $\mathbf{W}' = \boldsymbol{\gamma} \odot \mathbf{W}/\boldsymbol{\sigma}$ 그리고 $\mathbf{b}' = \boldsymbol{\gamma} \odot (\mathbf{b} - \boldsymbol{\mu})/\boldsymbol{\sigma} + \boldsymbol{\beta}$라 정의하면, 조합된 층은 $\mathbf{XW}' + \mathbf{b}'$이라 쓸 수 있다. 이는 **퓨즈 배치 정규화**fused batchnorm라 부른다. 비슷한 기법을 개발하여 훈련 동안 BN의 속도를 높일 수 있다 [Jun+19].

배치 정규화의 이점은 (훈련 속도 및 안정성 측면에서) 꽤 극적이며, 특히 깊은 CNN에서 클 수 있다. 정확한 이유는 아직도 불명확하지만, BN이 최적화 지형을 상당히 평활하게 만드는 것으로 보인다 [San+18b]. 이는 또한 학습률에 대한 민감도를 줄인다[ALL18]. 이는 계산적 장점에 더해서, 통계적 장점도 갖는다. 특히 BN은 정칙화처럼 움직인다. 아닌 게 아니라 이는 근사적인 베이즈 추론의 형식과 동등함을 보일 수 있다[TAS18; Luo+19].

그러나 데이터의 미니배치에 대한 의존은 여러 문제를 낳을 수 있다. 특히 작은 배치 크기로 훈련을 할 때 모수의 추정값을 불안정하게 할 수 있다. 그러나 **배치 재정규화**batch renormalization[Iof17]라는 더 최근 버전의 방법은 이를 부분적으로 처리해 준다. 배치 정규화의 다른 대안은 아래에서 논의한다.

14.2.4.2 다른 종류의 정규화 층

14.2.4.1절에서는 주어진 특성 채널 내 모든 활성화가 영 평균과 단위 분산이 되도록 표준화하는 **배치 정규화**batch normalization를 논의했다. 이는 훈련에 상당한 도움을 줄 수 있으며, 더 큰 학습률을 허용한다(샘플 코드는 batchnorm_jax.ipynb를 참고하라).

배치 정규화는 동작을 잘하지만, 배치 크기가 작을 때는 어려움을 겪는다. 추정된 평균과 분산 모수가 믿을 만하지 않을 수 있기 때문이다. 한 가지 해법은 배치 내 예제에 걸쳐서가 아닌, 텐서의 다른 차원에 걸쳐 통계량을 풀링하여 평균과 분산을 계산하는 것이다. 더 정확하게는 z_i가 텐서의 i번째 요소를 가리킨다고 해보자. 2차원 이미지의 경우 인덱스 i는 배치, 높이, 너비, 채널을 가리키는 4개의 성분 $i = (i_N, i_H, i_W, i_C)$를 갖는다. 각 인덱스 z_i를 위한 평균 및 표준편차는 다음과 같이 계산한다.

$$\mu_i = \frac{1}{|\mathcal{S}_i|} \sum_{k \in \mathcal{S}_i} z_k, \; \sigma_i = \sqrt{\frac{1}{|\mathcal{S}_i|} \sum_{k \in \mathcal{S}_i} (z_k - \mu_i)^2 + \epsilon} \tag{14.21}$$

여기서 $\mathcal{S}_i$는 평균을 하는 요소의 집합이다. 그 뒤 $\hat{z}_i = (z_i - \mu_i)/\sigma_i$ 그리고 $\tilde{z}_i = \gamma_c \hat{z}_i + \beta_c$를 계산하며, 여기서 c는 인덱스 i에 해당하는 채널이다.

배치 정규화에서 배치, 높이, 너비에 대해 풀링을 하므로, $\mathcal{S}_i$는 텐서 내 채널 인덱스 i에 들어맞는 모든 위치 집합이다. 배치가 작은 문제를 피하기 위해, 배치 인덱스에 맞추는 대신에 채널, 높이, 너비에 대해 풀링을 할 수 있다. 이는 **층 정규화**^{layer normalization}라 한다[BKH16](샘플 코드는 layer_norm_jax.ipynb를 참고하라). 아니면 배치 내 각 예제 및 각 채널에 대해 개별적인 정규화 모수를 가질 수 있다. 이는 **인스턴스 정규화**^{instance normalization}라 한다[UVL16].

위의 방법을 자연스럽게 일반화하면 **그룹 정규화**^{group normalization}라 하며[WH18], 이때 i와 같은 그룹 내에 있는 채널의 모든 위치에 대해 풀링을 한다. 이는 그림 14.14가 보여준다. 층 정규화는 모든 채널을 갖는 단일 그룹이 존재하는 특수한 경우다. 인스턴스 정규화는 채널마다 하나씩 C개 그룹이 존재하는 특수한 경우다. [WH18]에서 저자는 개별 채널보다 크지만, 모든 채널보다는 작은 그룹을 사용하면 (훈련 속도 및 훈련과 테스트 정확도 측면에서) 더 나을 수 있음을 실험적으로 보여줬다.

더욱 최근에 [SK20]은 배치 정규화의 대안인, 심지어 미니배치 크기가 1일 때도 잘 동작하는 **필터 반응 정규화**^{FRN, Filter Response Normalization}를 제안했다. 각 그룹을 단일 채널 및 배치 표본을 갖는 모

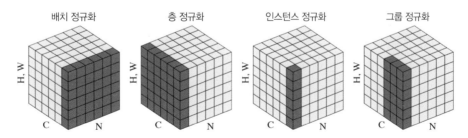

그림 14.14 CNN을 위한 다른 활성화 정규화법을 보여준다. 각 하위 그림은 N을 배치 축으로, C를 채널 축으로, (H, W)를 공간적 축으로 하는 특성 맵 텐서를 보여준다. 파란색 픽셀은 이들 픽셀을 종합한 값으로 계산한, 동일한 평균과 분산으로 정규화되어 있다. 왼쪽에서 오른쪽: 배치 정규화, 층 정규화, 인스턴스 정규화, 그룹 정규화(3개 채널의 2개 그룹으로). 출처: [WH18]의 그림 2. 카이밍 헤(Kaiming He)가 친절하게 사용을 허가했다.

든 위치로 정의하지만, 표준화 대신에 단지 평균 제곱 노름으로 나눈다는 것이 아이디어다. 즉, 입력이 (주어진 채널과 배치 항목에 대해) $z = \mathbf{Z}_{b,:,:,c} \in \mathbb{R}^N$라면, $\hat{z} = z/\sqrt{\nu^2 + \epsilon}$을 계산하며, 여기서 $\nu^2 = \sum_{ij} z_{bijc}^2 / N$이고, 그러면 $\tilde{z} = \gamma_c \hat{z} + \beta_c$이다. 평균 중심화를 하지 않으므로 활성화가 0으로부터 밀려나 버릴 수 있으며, 이는 특히 ReLU 활성화에 해로운 영향을 줄 수 있다. 이를 보상해 주기 위해 저자는 출력에 임계화 선형 유닛^{TLU, Thresholded Linear Unit}을 추가할 것을 제안한다. 이는 $y = \max(x, \tau)$의 형식을 가지며, 여기서 τ는 학습 가능한 단차다. FRN과 TLU를 조합하면 이미지 분류와 물체 발견에서 심지어 배치 크기가 1이라 하더라도 성능이 좋다.

14.2.4.3 정규화자 자유 네트워크

최근에 [Bro+21]은 **정규화자 자유 네트워크**^{normalizer-free network}라 부르는 방법을 제안했다. 이는 배치 정규화 또는 어떠한 다른 형식의 정규화 층 없이 깊은 잔차 네트워크를 훈련시키는 방법이다. 중요한 점은 이를 훈련 불안정성을 피하는 다른 방법인 적응적 기울기 클리핑^{adaptive gradient clipping}이라는 것으로 바꾸는 것이다. 즉, 식 (13.70)을 사용하지만 클리핑의 강도를 동적으로 적응시킨다. 결과 모델은 배치 정규화로 훈련한 다른 경쟁 모델보다 훈련이 더 빠르고, 더 정확하다.

14.3 이미지 분류를 위한 일반적인 아키텍처

함수 $f : \mathbb{R}^{H \times W \times K} \to \{0, 1\}^C$를 추정하는 과제인 이미지 분류를 수행할 때 CNN을 사용하는 것이 일반적이다. 여기서 K는 입력 채널의 개수이며(예: RGB 이미지에서 $K = 3$) C는 클래스 라벨의 수다.

이번 절에서는 이미지 분류 과제를 풀기 위해 수년간 개발된 다양한 CNN을 간단히 리뷰한다. 더 폭넓은 CNN 리뷰는 예로 [Kha+20]을, 최신의 코드와 모델의 리포지터리는 예로 https://github.com/rwightman/pytorch-image-models를 참고하라(파이토치).

14.3.1 LeNet

1998년에 만들어진 가장 앞선 CNN은 LeNet이라 한다[LeC+98]. 이는 만든 사람인 얀 르쿤의 이름을 따왔다. 손글씨 숫자 이미지를 분류하기 위해 디자인됐으며, 3.5.2절에서 소개한 MNIST 데

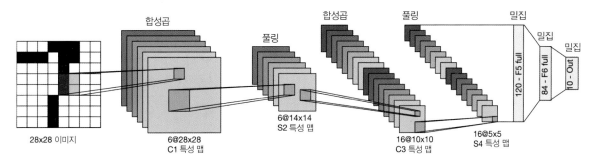

그림 14.15 손글씨 숫자 분류를 위한 합성곱 신경망인 LeNet5. 출처: [Zha+20]의 그림 6.6.1. 애스턴 장 (Aston Zhang)이 친절하게 사용을 허가했다.

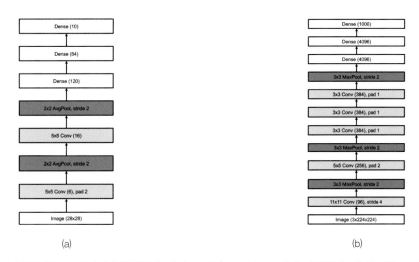

그림 14.16 (a) LeNet5. 입력이 MNIST와 같이 크기가 $1 \times 28 \times 28$이라 가정한다. 출처: [Zha+20]의 그림 6.6.2. 애스턴 장이 친절하게 사용을 허가했다. (b) AlexNet. 입력이 ImageNet의 이미지인 경우와 같이(절삭 및 리스케일링함) 크기가 $3 \times 224 \times 224$라 가정한다. 출처: [Zha+20]의 그림 7.1.2. 애스턴 장이 친절하게 사용을 허가했다.

이터셋에 훈련시켰다. 모델은 그림 4.15가 보여준다(모델을 더욱 간결하게 보여주는 그림 14.16(a)도 참고하라). 이 모델이 만든 예측 몇 가지는 그림 14.17이 보여준다. 단지 1 에포크 후에 테스트 정확도가 이미 98.8%이다. 반대로 13.2.4.2절의 MLP는 1 에포크 후 정확도가 95.9%였다. 더 많은 라운드로 훈련시키면 성능을 라벨 잡음과 구별 불가능한 지점의 정확도까지 추가로 높일 수 있다(샘플코드는 lenet_jax.ipynb를 참고하라).

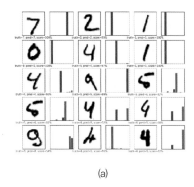
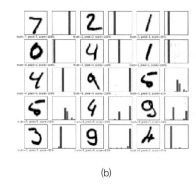

(a)   (b)

그림 14.17 CNN을 몇몇 MNIST 이미지에 적용한 결과(오류 몇 개를 포함하도록 골랐다). 빨간색은 틀린 것, 파란색은 올바른 것이다. (a) 1 에포크 훈련 후, (b) 2 에포크 후. cnn_mnist_tf.ipynb로 생성했다.

물론 독립된 숫자의 분류는 제한적인 응용성을 갖는다. 실제 세계에서 사람들은 보통 숫자 또는 다른 글자의 문자열을 쓴다. 이는 세분화segmentation 및 분류 모두를 필요로 한다. 르쿤과 동료들은 이 문제를 해결하기 위해 합성곱 신경망을 조건부 확률장과 비슷한 모델과 조합하는 방법을 고안 했다. 이 시스템은 미국 우정청에 배포됐다. 이 시스템의 더 자세한 내용은 [LeC+98]을 참고하라.

14.3.2 AlexNet

CNN은 수년간 존재해 왔지만, 주류 컴퓨터 비전 연구자들이 주목한 것은 2012년의 [KSH12] 논 문 이후였다. 논문에서 저자들은 어떻게 ImageNet 대회(1.5.1.2절)에서 (상위 5개) 오류율을 26%에 서 15%로 줄였는지 보여줬다. 이는 극적인 개선이었다. 이 모델은 만든 사람인 알렉스 크리제브스 키Alex Krizhevsky의 이름을 따서 **AlexNet** 모델이라 알려졌다.

그림 14.16(b)는 아키텍처를 보여준다. 그림 14.16(a)에서 보여주는 LeNet과 매우 비슷하지만, 다음과 같은 차이점이 있다. 이는 더 깊다(5층이 아닌 8층의 조정 가능한 모수(즉, 풀링 층은 제외함)). tanh 대신에 ReLU 비선형을 사용한다(왜 이것이 중요한지는 13.2.3절을 참고하라). 정칙화를 위해 가중치 소 멸 대신 드롭아웃(13.5.4절)을 사용한다. 그리고 이는 합성곱 및 풀링 층 사이를 엄격하게 번갈아 놓 는 대신에, 몇 개의 합성곱 층을 서로의 위로 쌓는다. 복수의 합성곱 층을 같이 쌓으면 한 층의 출 력이 다른 층으로 공급됨에 따라 수용 영역이 넓어진다는 장점이 있다(예를 들어, 행 내에서 3개의 3×3 필터는 크기 7×7의 수용 영역을 갖는다). 복수의 층은 또한 그 사이에 비선형성을 가지므로, 이는 더 큰 수용 영역을 갖는 하나의 층을 사용하는 것보다 더 낫다. 또한 3개의 3×3 필터는 하나의 7×7보

다 더 적은 모수를 갖는다.

　　AlexNet은 6천만 개의 자유 모수(이는 백만 개의 라벨이 있는 예제보다 훨씬 많다)를 가짐을 주지하라. 이는 대부분 출력에서의 3개의 완전 연결 층 때문이다. 이 모델을 적합시키는 것은 2개의 GPU에 의존하며(당시 GPU의 제한적인 메모리 때문에), 이는 공학적인 역작으로 널리 간주됐다.[4] 그림 1.14(a) 는 ImageNet으로부터 일부 이미지에서의 모델 예측을 보여준다.

14.3.3 GoogLeNet(인셉션)

구글이 개발한 모델은 **GoogLeNet**이라 한다[Sze+15a](이름은 Google과 LeNet의 편[pun]이다). 이전 모델과의 주요한 차이점은 GoogLeNet은 **인셉션 블록**[inception block5]이라는 새로운 종류의 블록을 사용한다는 것이다. 이는 각각 다른 크기의 합성곱 필터를 갖는 복수의 병렬적 경로를 활용한다. 그림 14.18을 참고하라. 이는 모델이 각 수준에서 어떤 선택적 필터 크기를 사용하는지 학습하게 해준다. 전체 모델은 9개의 인셉션 블록 다음 전역 평균 풀링으로 되어 있다. 그림 14.19를 참고하라.

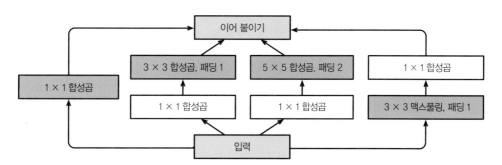

그림 14.18 인셉션 모듈. 1×1 합성곱 층이 공간적 차원을 같게 유지하면서 채널의 수는 줄인다. 서로 다른 크기의 합성곱을 통한 병렬적인 경로는 모델이 각 층에서 어떤 필터 크기를 사용할지를 학습하도록 해준다. 마지막 깊이의 접합(concatenation) 블록은 서로 다른 경로의 모든 출력을(모두 같은 공간적 크기를 갖는다) 조합한다. 출처: [Zha+20]의 그림 7.4.1. 애스턴 장이 친절하게 사용을 허가했다.

4　논문의 저자 세 명(알렉스 크리제브스키(Alex Krizhevsky), 일리야 서츠케버(Ilya Sutskever), 제프 힌튼(Geoff Hinton))은 잇달아 구글에 채용됐지만, 일리야가 2015년에 떠나고, 알렉스는 2017년에 떠났다. 더 역사적인 내용은 https://en.wikipedia.org/wiki/AlexNet을 참고하라. AlexNet은 GPU에 구현된 첫 번째 CNN이 아님을 주지하라. 그 영광은 CPU보다 4배 빠른 속도를 얻어낸 마이크로소프트(Microsoft)의 그룹에게 돌아가며[CPS06], 그다음이 60배 빠른 속도를 얻은 [Cir+11]이다.

5　이 용어는 2014년에 인기 있는 밈이 된 "우리는 더 깊게 들어가야 해(We need to go deeper)"라는 말을 퍼뜨린 영화 〈인셉션〉에서 가져온 것이다.

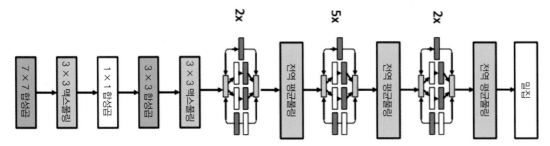

그림 14.19 GoogLeNet(원본에서 약간 단순화했다). 입력은 왼쪽에 있다. 출처: [Zha+20]의 그림 7.4.2. 애스턴 장이 친절하게 사용을 허가했다.

모델이 처음 나온 이후로, 다양한 확장이 제안되어 왔다. 자세한 내용은 [IS15; Sze+15b; SIV17]에서 찾을 수 있다.

14.3.4 ResNet

2015년 ImageNet 분류 대회의 승자는 ResNet이라는 모델을 제안한 마이크로소프트였다[He+16a]. 주요 아이디어는 $x_{l+1} = \mathcal{F}_l(x_l)$을 다음으로 바꾸는 것이다.

$$x_{l+1} = \varphi(x_l + \mathcal{F}_l(x_l)) \tag{14.22}$$

$\mathcal{F}_l$이 더 쉬운 과제라 할 수 있는 잔차, 또는 이 층의 입력과 출력 사이의 차이를 학습하기만 하면 되므로, 이는 **잔차 블록**residual block이라 한다. [He+16a]에서 $\mathcal{F}$는 conv-BN-reluconv-BN 형식을 가지며, 여기서 conv는 합성곱 층, BN은 배치 정규화 층이다(14.2.4.1절). 그림 14.20(왼쪽)을 참고하라.

패딩을 사용해 합성곱 층의 출력 $\mathcal{F}_l(x_l)$의 공간적 차원이 입력 x_l의 것과 맞도록 할 수 있다. 그러나 합성곱 층의 출력이 서로 다른 숫자의 채널을 갖도록 허용하고자 한다면, x_l에서의 스킵 연결에 1×1 합성곱을 추가해야 한다. 그림 14.20(오른쪽)을 참고하라.

잔차 블록을 사용하면 매우 깊은 모델을 훈련할 수 있게 해준다. 이러한 것이 가능한 이유는 13.4.4절에서 설명한 이유와 같이 기울기가 스킵 연결을 통해 출력에서 이전 층을 직접 흐를 수 있기 때문이다.

[He+16a]에서는 ImageNet에 152층의 ResNet을 훈련시켰다. 그러나 더 얕은 모델을 사용하

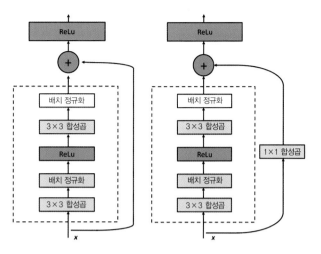

그림 14.20 CNN의 잔차 블록. 왼쪽: 표준 버전. 오른쪽: 1×1 합성곱으로 된 버전으로, 입력과 블록 및 출력 사이의 채널의 개수를 바꿀 수 있게 해준다. 출처: [Zha+20]의 그림 7.6.3. 애스턴 장이 친절하게 사용을 허가했다.

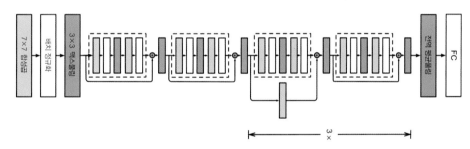

그림 14.21 ResNet-18 아키텍처. 각 점선 모듈은 그림 14.20이 보여주는 잔차 블록이다. 출처: [Zha+20]의 그림 7.6.4. 애스턴 장이 친절하게 사용을 허가했다.

는 것이 보통이다. 예를 들어 그림 14.21은 18개의 훈련 가능한 층을 갖는 **ResNet-18** 아키텍처를 보여준다. 여기에는 각 잔차 블록에 2개의 3×3 합성곱 층이 있으며, 이러한 블록 8개와 함께 처음의 7×7 합성곱(보폭 2) 및 마지막 완전 연결 층이 존재한다. 기호로 표시하면 모델은 다음과 같이 정의할 수 있다.

```
(Conv : BN : Max) : (R : R) : (R' : R) : (R' : R) : (R' : R) : Avg : FC
```

여기서 R은 잔차 블록, R'은 보폭이 2인 스킵 연결이 있는 잔차 블록(채널 수의 변경으로 인해), FC는 완전 연결 (밀집) 층, 그리고 :은 접합^{concatenation}을 가리킨다. 입력 크기는 $2^5 = 32$배만큼 공간적으로 줄어든다는 점을 주지하라(각 R' 블록마다 2배, 그리고 이에 더해 초기 합성곱 $7 \times 7(2)$ 및 맥스풀링). 따라서 224×224 이미지는 전역 평균 풀링 층에 들어가기 전에 7×7 이미지가 된다.

이들 모델을 적합시키는 코드는 온라인에서 찾을 수 있다.[6]

[He+16b]에서는 어떻게 앞의 체계를 약간 수정하여 최대 1001개 층을 갖는 모델로 훈련시킬 수 있게 해주는지 보여준다. 여기서 주요 인사이트는 스킵 연결에서의 신호가 더하기 단계 후의 비선형 활성 함수를 사용하는 $\boldsymbol{x}_{l+1} = \varphi(\boldsymbol{x}_l + \mathcal{F}(\boldsymbol{x}_l))$로 인해 여전히 희석된다는 데 있다. 이들은 다음을 사용하는 편이 더 낫다는 것을 보였다.

$$\boldsymbol{x}_{l+1} = \boldsymbol{x}_l + \varphi(\mathcal{F}_l(\boldsymbol{x}_l)) \tag{14.23}$$

이는 **사전 활성화 resnet**^{preactivation resnet} 또는 짧게 **PreResnet**이라 부른다. 이제 네트워크가 주어진 층에서 항등 함수를 매우 쉽게 배울 수 있다. 만일 ReLU 활성화를 사용한다면, $\mathcal{F}_l(\boldsymbol{x}_l) = \mathbf{0}$이 되도록 하기만 하면 된다. 이는 가중치와 편향을 0으로 둠으로써 할 수 있다.

매우 깊은 모델을 사용하기 위한 대안으로는 층마다 많은 특성 채널을 갖는 매우 '넓은' 모델을 사용하는 것이다. 이것이 꽤 인기 있는 **wide resnet** 모델 이면의 아이디어다[ZK16].

14.3.5 DenseNet

잔차넷에서 각 함수의 출력을 그것의 입력에 더한다. 대안적인 접근법은 그림 14.22(a)와 같이 출력을 입력과 접합하는 것이다. 이러한 일련의 블록을 쌓는다면, 그림 14.22(b)와 비슷한 아키텍처를 얻을 수 있다. 이는 각 층이 밀집적으로 모든 이전 층에 의존하므로 **DenseNet**이라 한다 [Hua+17a]. 따라서 전체 모델은 다음 형식의 함수를 계산한다.

$$\boldsymbol{x} \rightarrow [\boldsymbol{x}, f_1(\boldsymbol{x}), f_2(\boldsymbol{x}, f_1(\boldsymbol{x})), f_3(\boldsymbol{x}, f_1(\boldsymbol{x}), f_2(\boldsymbol{x}, f_1(\boldsymbol{x}))), \ldots] \tag{14.24}$$

---

6 resnet_jax.ipynb 노트북은 이 모델을 FashionMNIST에 적합시킨다. cifar10_cnn_lightning.ipynb 노트북은 이를 더욱 어려운 CIFAR-10 데이터셋에 적합시킨다. 후자의 코드는 CIFAR 데이터셋에서 20 훈련 에포크 후 89%의 상위 1 정확도를 달성하도록 다양한 기법을 사용한다. 이 기법으로는 무작위적인 잘라내기 및 수평적인 뒤집기로 되어 있는 데이터 덧붙이기(19.1절), 그리고 원 사이클(one-cycle) 학습률 스케줄(8.4.3절)의 사용이 있다. 50 에포크 및 확률적 가중치 평균화(8.4.4절)를 사용하면 ~94%의 정확도를 얻을 수 있다.

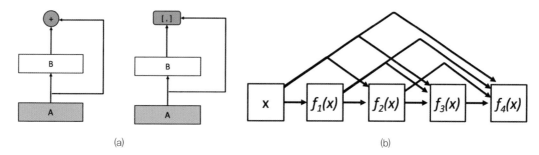

그림 14.22 (a) 왼쪽: 잔차 블록이 출력을 입력에 더한다. 오른쪽: densenet 블록이 출력을 입력과 접합한다. (b) densenet을 보여준다. 출처: [Zha+20]의 그림 7.7.1~7.7.2. 애스턴 장이 친절하게 사용을 허가했다.

밀집적인 연결성은 채널이 깊이별로 쌓이게 하므로 모수의 개수를 늘린다. 이는 그 사이에 1×1 합성곱 층을 추가하여 보상할 수 있다. 또한 보폭 2의 풀링 층을 추가하여 공간적 해상도를 줄일 수 있다(샘플 코드는 densenet_jax.ipynb를 참고하라).

DenseNet은 출력 층이 이전에 계산된 모든 특성에 직접적으로 접근 가능하므로 ResNet보다 더 좋은 성능을 낸다. 그러나 이는 계산하는 데 더 비쌀 수 있다.

14.3.6 신경 아키텍처 검색

지금까지 어떻게 많은 CNN이 디자인 면에서 꽤 비슷한지, 그리고 단순히 서로 다른 토폴로지의 다양한 기본 토대(합성곱 또는 풀링 층과 같은)를 재정렬하는지, 그리고 여러 모수 설정(예: 보폭, 채널의 수, 학습률)을 조정하는지 봤다. 아닌 게 아니라 책을 쓸 당시(2022년 4월), 다양한 종류의 비전 과제에서 최신의 CNN 아키텍처라 간주되는 최근의 [Liu+22] ConvNeXt 모델은 이러한 작은 개선점 여러 개를 표준 ResNet 아키텍처 위에 조합함으로써 만들어졌다.

이 디자인 과정은 블랙박스(도함수 자유derivative free) 최적화법을 사용해 자동화하여 검증 손실을 최소화하는 아키텍처를 찾을 수 있다. 이는 Auto-ML이라 부른다. 신경망의 맥락에서 이는 **신경 아키텍처 검색**NAS, Neural Architecture Search이라 부른다.

NAS를 수행할 때는 정확도, 모델 크기, 훈련 및 추론 속도 같은 복수의 목적 함수를 동시에 최적화할 수 있다(이것이 EfficientNetv2가 만들어진 방법이다[TL21]). 주요 어려운 점은 목적 함수의 계산이 비싸다는 데서 나온다(모델 공간 내 각 후보 지점마다 훈련을 필요로 하므로). 목적 함수를 호출하는 수를 줄이는 한 가지 방법은 베이즈 최적화(예: [WNS19])를 사용하는 것이다. 또 다른 접근법은 손실에 미분 가능한 근사를 만들어 내거나(예: [LSY19; Wan+21]), 또는 (17.2.8절의 뉴럴 탄젠트 커널 방법을 사용해) 아키텍처를 커널 함수로 변환한 뒤, 이것의 고윳값의 속성을 분석하는 것이다. 이는 모델을 실제로 훈련시키지 않고 성능을 예측할 수 있다[CGW21]. NAS 분야는 매우 크며 여전히 커지고 있다. 더 심층적인 리뷰는 [EMH19]를 참고하라.

14.4 다른 형태의 합성곱*

14.2절에서 합성곱의 기본에 대해 논의했다. 이 절에서는 이미지 세분화 및 이미지 생성과 같은 애플리케이션에서 필요한 몇몇 확장을 논의한다.

14.4.1 팽창 합성곱

합성곱은 국소적인 이웃 내 픽셀 값을 조합하는 연산이다. 보폭을 사용하고 많은 합성곱 층을 함께 쌓음으로써, 각 뉴런이 반응을 하는 입력 공간의 영역인 수용 영역을 확대할 수 있다. 그러나 각 뉴런에 전체 이미지를 포함하도록 충분한 컨텍스트를 제공하려면 많은 층이 필요할 것이다(매우 많은 필터를 사용하지 않는 한 그러하다. 이는 느리고 너무 많은 모수를 필요로 할 것이다).

대신에 **구멍이 있는 합성곱**convolution with hole을 사용할 수 있으며[Mal99], 이는 때때로 프랑스어 용어로 à trous 알고리듬(구멍이 있는 알고리듬)이라 하며, 최근에는 **팽창 합성곱**dilated convolution이라 다시 명명됐다[YK16]. 이 방법은 합성곱을 수행할 때 매 r번째 입력을 취하는 것으로, 여기서 r은 **레이트** rate 또는 **팽창 인자**dilation factor라 한다. 예를 들어 1차원에서 레이트 $r = 2$를 사용하는 필터 w로의 합성곱은 필터 $\tilde{w} = [w_1, 0, w_2, 0, w_3]$를 사용하는 보통의 합성곱과 동등하다. 이때 수용 영역을 늘리기 위해 0을 입력했다(따라서 '구멍이 있는 합성곱'이란 용어가 나온다). 이는 모수의 개수 또는 계산의 양을 늘리지 않고 증가된 수용 영역의 이점을 갖게 한다. 그림 14.23을 참고하라.

더 정확하게 말하자면, 2차원에서의 팽창 합성곱은 다음과 같이 정의된다.

$$z_{i,j,d} = b_d + \sum_{u=0}^{H-1} \sum_{v=0}^{W-1} \sum_{c=0}^{C-1} x_{i+ru,j+rv,c} w_{u,v,c,d} \tag{14.25}$$

이때 단순함을 위해 높이와 너비에 같은 레이트 r을 가정한다. 이는 보폭 모수 $x_{si+u,sj+v,c}$를 사용하

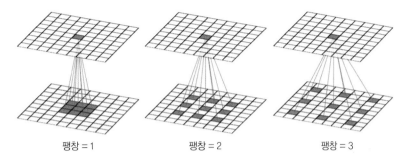

팽창 = 1   팽창 = 2   팽창 = 3

그림 14.23 레이트 1, 2, 3을 사용하는 3×3 필터로 된 팽창 합성곱. 출처: [Cui+19]의 그림 1. 시밍 쿠이 (Ximin Cui)가 친절하게 사용을 허가했다.

는 식 (14.15)와 비교해 볼 수 있다.

14.4.2 전치 합성곱

합성곱에서 큰 입력 $\mathbf{X}$는 입력 픽셀과 합성곱 커널 $\mathbf{K}$의 가중 조합을 취함으로써 작은 출력 $\mathbf{Y}$로 축소시킨다. 이는 코드로 설명하는 것이 가장 쉽다.

```
def conv(X, K):
    h, w = K.shape
    Y = zeros((X.shape[0] - h + 1, X.shape[1] - w + 1))
    for i in range(Y.shape[0]):
        for j in range(Y.shape[1]):
            Y[i, j] = (X[i:i + h, j:j + w] * K).sum()
    return Y
```

전치 합성곱transposed convolution에서는 작은 입력으로부터 더 큰 출력을 만들어 내기 위해 반대로 한다.

```
def trans_conv(X, K):
    h, w = K.shape
    Y = zeros((X.shape[0] + h - 1, X.shape[1] + w - 1))
    for i in range(X.shape[0]):
        for j in range(X.shape[1]):
            Y[i:i + h, j:j + w] += X[i, j] * K
    return Y
```

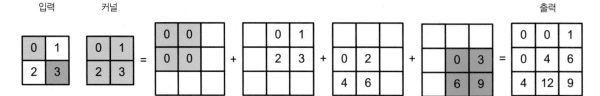

그림 14.24 2×2 커널로 된 전치 합성곱. 출처: [Zha+20]의 그림 13.10.1. 애스턴 장이 친절하게 사용을 허가했다.

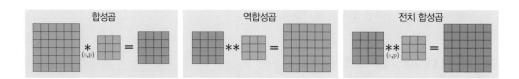

그림 14.25 합성곱, 역합성곱, 전치 합성곱. 여기서 s는 보폭이고, p는 패딩이다. 출처: https://tinyurl. com/ynxcxsut. 아킬 안와르(Aqeel Anwar)가 친절하게 사용을 허가했다.

이는 (h, w)가 커널 크기일 때 입력 이미지를 $(h - 1, w - 1)$개의 0으로 덧붙이고(하단 우측에), 그 뒤 각각의 입력 위치에 커널의 가중된 복사본을 배치한 다음, 합을 하는 것과 동등하다. 이때 가중치는 픽셀 값에 해당한다. 이 과정은 그림 14.24가 보여준다. 커널은 출력을 생성하기 위해 사용한, 입력 내 가중치를 통해 맞춰서 만든 '형판stencil'으로 생각할 수 있다.

'전치 합성곱'이란 용어는 14.2.1.3절에서 논의하는 합성곱을 행렬 곱으로 해석하는 것으로부터 나온다. $\mathbf{W}$가 식 (14.9)에서 보여주는 과정을 사용해 커널 $\mathbf{K}$로부터 유도한 행렬이라면, $\mathbf{Y} = \text{transposed-conv}(\mathbf{X}, \mathbf{K})$가 $\mathbf{Y} = \text{reshape}(\mathbf{W}^\mathsf{T}\text{vec}(\mathbf{X}))$와 동등함을 보일 수 있다. 데모는 transposed_conv_jax.ipynb를 참고하라.

전치 합성곱을 때때로 **역합성곱**deconvolution이라고도 하지만, 이는 용어를 잘못 사용하는 것임을 주지하라. 역합성곱은 원본 입력을 다시 얻기 위해 흐리기 필터와 같은 알려진 필터로 된 합성곱 효과를 '되돌리는undoing' 과정이다. 이는 그림 14.25가 보여준다.

14.4.3 깊이별 분리 가능 합성곱

표준 합성곱은 $H \times W \times C \times D$ 크기의 필터를 사용하는데, 이는 학습에 많은 데이터를 그리고

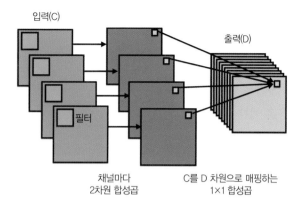

입력(C)

필터

출력(D)

채널마다
2차원 합성곱

C를 D 차원으로 매핑하는
1×1 합성곱

그림 14.26 깊이별 분리 가능 합성곱: 각 입력 채널 C개가 2차원 합성곱을 지나 C개의 출력 채널을 만들어 낸다. 이는 점별로 조합되어 (1×1 합성곱을 통해) D개의 출력 채널을 만들어 낸다. 출처: https://bit.ly/2L9fm2o. 유제니오 쿨루시엘로(Eugenio Culurciello)가 친절하게 사용을 허가했다.

계산에 많은 시간을 필요로 한다. **깊이별 분리 가능 합성곱**depthwise separable convolution이라 하는 단순화는 먼저 각 입력 채널을 해당 2차원 필터로 합성곱한 뒤, 1×1 합성곱 w'을 사용해 이들 C개 채널을 D개 채널로 매핑한다.

$$z_{i,j,d} = b_d + w'_{c,d} \sum_{c=0}^{C-1} \left(\sum_{u=0}^{H-1} \sum_{v=0}^{W-1} x_{i+u,j+v,c} w_{u,v} \right) \tag{14.26}$$

그림 14.26을 참고하라.

이것의 장점을 보기 위해, 단순한 수치적 예시를 고려해 보자.[7] 그림 14.13이 보여주듯이 입력이 12×12×3이고 필터가 5×5×3×256인 보통의 합성곱은 8×8×256 출력을 내어준다(유효한 합성곱 12 − 5 + 1 = 8을 가정하면). 분리 가능 합성곱으로는 12×12×3 입력으로 시작하여 5×5×1×1 필터로 합성곱을 하여(채널이 아닌 공간에 걸쳐) 8×8×3을 얻은 뒤, 1×1×3×256 필터로 지점별 합성곱을 하여(공간이 아닌 채널에 걸쳐) 8×8×256 출력을 얻는다. 따라서 출력은 이전과 크기가 같지만, 층을 정의하는 데 있어 아주 적은 모수를 사용하고 훨씬 더 적게 계산을 했다. 이러한 이유에서, 분리 가능 합성곱은 MobileNet 모델[How+17; San+18a]과 같은 경량 CNN 모델 및 기타 **단말 장치**edge device에서 자주 쓰인다.

---

7 이 예시의 출처는 왕치펭(Chi-Feng Wang)의 https://bit.ly/2Uj64Vo이다.

14.5 CNN으로 다른 판별적인 비전 과제 풀기*

이 절에서는 CNN을 사용하는 그 밖의 다양한 비전 과제에 도전하는 방법을 본다. 각 과제는 또한 이미 봤던 기본적인 기본 토대에 새로운 아키텍처적인 혁신을 가져왔다. 컴퓨터 비전을 위한 CNN의 더 자세한 내용은 예를 들어 [Bro19]에서 찾을 수 있다.

14.5.1 이미지 태깅

이미지 분류는 하나의 라벨을 전체 이미지와 연관시킨다. 즉, 출력이 상호 배제적이라 가정한다. 많은 문제에서 복수의 물체가 나타날 수 있으며, 우리는 이들 모두를 라벨링하기를 원한다. 이는 **이미지 태깅**image tagging이라 하며, 다중 라벨 예측 응용이다. 이 경우 출력 공간을 $\mathcal{Y} = \{0, 1\}^C$로 정의하며, 여기서 C는 태그 형태의 개수다. 출력 비트가 (주어진 이미지에 대해) 독립이므로, 마지막 소프트맥스를 C개의 로지스틱 유닛 집합으로 바꿔야 한다.

인스타그램Instagram과 같은 소셜미디어 사용자는 이미지에 해시태그를 만드는 경우가 많다. 따라서 이는 커다란 지도적인 데이터셋을 만드는 '공짜' 방법을 제공한다. 물론 많은 태그가 희박하게 사용될 수도 있고, 이들의 뜻이 시각적으로 잘 정의되지 않을 수도 있다(예를 들어 누군가가 COVID 테스트를 받은 후 자신의 사진을 찍고 이미지에 '#covid' 태그를 달 수도 있다. 그러나 시각적으로는 단지 사람의 다른 사진일 뿐이다). 따라서 이런 종류의 사용자 생성 라벨링은 주로 꽤 잡음이 있다고 간주한다. 그러나 [Mah+18]에서 논의하듯이 이는 '사전 훈련'에 유용할 수 있다.

마지막으로 이미지 태깅이 이미지 분류보다 훨씬 더 상식적인 목표일 때가 많다는 점을 언급하는 것이 좋다. 많은 이미지가 그 안에 여러 물체를 가지며, 어떤 것을 라벨링해야 할지 알기가 어려울 수 있기 때문이다. ImageNet에서 '인간 성능 벤치마크human performance benchmark'를 만든 안드레이 카르파시Andrej Karpathy는 다음과 같이 언급했다.[8]

[CNN]과 인간 모두 복수의 ImageNet 클래스를 갖는 (주로 5개보다 많은) 이미지에서 어떤 물체에 집중해야 하는지에 대한 암시가 거의 없는 상태에서 어려움을 겪는다. 이러한 오류는 분류 설정에서만 나타나는데, 그 이유는 모든 이미지가 정확히 하나의 올바른 라벨을 갖는다는 제약을 받기 때문이다. 전체적으로 **사람의 오류 중 16%**가 이 범주에 속한다.

---

8 출처: https://bit.ly/3cFbALk

14.5.2 물체 탐지

몇몇 경우 이미지에서 나타날 수 있는 가변적인 수의 관심 있는 물체에 해당하는, 가변적인 수의 출력을 만들어 내기를 원할 수도 있다(이는 물체의 개수가 알려져 있지 않은 **열린 세계**open world 문제의 예시다).

이에 대한 고전적인 예로는 **물체 탐지**object detection가 있으며, 여기서 관심 있는 물체의 위치를 나타내는 **경계 상자**bounding box 집합을, 이들의 클래스 라벨과 함께 반드시 반환해야 한다. 이것의 특수한 경우로는 **안면 탐지**face detection가 있으며, 이때는 관심 있는 클래스가 오직 하나다. 이는 그림 14.27(a)가 보여준다.[9]

이러한 탐지 문제를 다루는 가장 단순한 방법은, 이를 임의의 물체가 있을 수 있는 유한한 수의 가능성 있는 위치가(그리고 지향성이) 존재하는 닫힌 세계 문제로 변환하는 것이다. 이러한 후보 위치는 **앵커 박스**anchor box라 한다. 그림 14.27(b)와 같이 박스는 복수의 위치, 스케일 및 형상비로 만들 수 있다. 각 상자를 위해, 시스템을 훈련시켜 그것이 어떤 범주의 물체를 갖는지 예측한다(만일 존재한다면). 또한 회귀를 수행하여 앵커의 중심으로부터 물체 위치의 단차offset를 예측할 수 있다(이들 잔차회귀 항은 하위 격자 공간적 위치화를 가능케 해준다).

(a)   (b)

그림 14.27 물체 탐지의 특별한 경우인 안면 탐지를 보여준다(2018년 2월 캘리포니아 필로리(Filoli)에서 찍은, 필자와 아내 마가렛의 사진. 이미지는 조너선 후앙(Jonathan Huang)이 SSD 안면 모델을 사용해 처리했다. (b) 앵커 박스를 보여준다. 출처: [Zha+20, 12.5절]

---

9 안면 탐지는 가능성 있는 사람들의 집합 또는 '**갤러리**(gallery)'로부터 사람의 식별을 시도하는 분류 과제인 **안면 인식**(face recognition)과 다르다는 점을 주지하라.

추상적으로는 다음 형식의 함수를 학습한다.

$$f_\theta : \mathbb{R}^{H \times W \times K} \to [0, 1]^{A \times A} \times \{1, \ldots, C\}^{A \times A} \times (\mathbb{R}^4)^{A \times A} \tag{14.27}$$

여기서 K는 입력 채널의 수, A는 각 차원에서 앵커 박스의 수, C는 물체 형태(클래스 라벨)의 수다. 각 상자 위치 (i, j)에 대해 물체 존재 확률 $p_{ij} \in [0, 1]$, 물체의 범주 $y_{ij} \in \{1, \ldots, C\}$, 2개의 2차원 단차 벡터 $\delta_{ij} \in \mathbb{R}^4$ 이렇게 3개의 출력을 예측한다. 벡터는 상자의 중심점에 더해 상단 좌측 및 하단 우측 코너를 계산할 수 있다.

[Liu+16]의 **싱글샷 탐지기**single shot detector 모델 및 [Red+16]의 **YOLO**You Only Look Oonce(한 번만 본다) 모델을 포함한 이러한 형태의 모델 몇 가지가 제안되어 왔다. 수년간 물체 탐지를 위한 많은 방법이 제안되어 왔다. 이러한 모델들은 속도, 정확성, 단순함 사이에서 서로 다른 상반관계를 갖는다. 경험적 비교는 [Hua+17b]를, 더욱 최근의 리뷰는 [Zha+18]을 참고하라.

14.5.3 인스턴스 세분화

물체 탐지에서는 각 물체마다 라벨과 경계 상자를 예측한다. **인스턴스 세분화**instance segmentation에서 목표는 그림 14.28과 같이 각 이미지 인스턴스의 라벨 및 2차원 모양의 마스크를 예측하는 것이다. 이는 탐지된 각각의 상자에, 각 픽셀이 전경foreground인지 배경background인지 라벨링하는 의미론적 세분화 모델을 적용하여 할 수 있다(의미론적 세분화에 관한 더 자세한 내용은 14.5.4절을 참고하라).

14.5.4 의미론적 세분화

의미론적 세분화semantic segmentation에서는 각 픽셀마다 클래스 라벨 $y_i \in \{1, \ldots, C\}$를 예측해야 하며, 이때 클래스는 하늘, 도로, 자동차와 같은 것을 나타낼 수 있다. 14.5.3절에서 논의한 인스턴스 세분화와는 반대로, 모든 자동차 픽셀이 같은 라벨을 얻으므로 의미론적 세분화는 물체 간 차이를 두지 않는다. (하늘, 도로 같은) '그것stuff'의 의미론적 세분화와 (자동차, 사람 같은) '물건들things'의 인스턴스 세분화를 **파놉틱 세분화**panoptic segmentation라 부르는 응집적인 프레임워크로 조합할 수 있다[Kir+19].

의미론적 세분화를 다루는 일반적인 방법은 그림 14.29에서 보여주는 **인코더-디코더**encoder-decoder

그림 14.28 마스크 R-CNN을 사용해 물체 탐지 인스턴스 세분화를 보여준다. 출처: https://github.com/matterport/Mask_RCNN. 왈리드 압둘라(Waleed Abdulla)가 친절하게 사용을 허가했다.

그림 14.29 의미론석 세분화를 위한 **인코더-디코더**(U-net이라고도 함) CNN을 보여준다. 인코더는 (다운샘플링을 하는) 합성곱을, 디코더는 (업샘플링을 하는) 전치 합성곱을 사용한다. 출처: [BKC17]의 그림 1. 알렉스 켄달(Alex Kendall)이 친절하게 사용을 허가했다.

아키텍처를 사용하는 것이다. 인코더는 합성곱을 사용해, 입력을 투박한 공간적인 해상도에 있는 입력의 고수준 속성을 포착하는 2차원의 작은 병목으로 매핑한다(이는 통상적으로 시야의 넓은 범위, 즉 더 많은 컨텍스트를 포착하기 위해 14.4.1절에서 설명하는 팽창 합성곱이라 부르는 기술을 사용한다). 디코더는 14.4.2절에서 설명하는 전치 합성곱이라 부르는 기법을 사용해 작은 2차원 병목을 전체 크기의 출력 이미지로 다시 매핑한다. 병목이 정보를 잃게 되므로, 입력 층에서 출력 층으로 스킵 연결을 또한 추가할 수 있다. 이 모델은 그림 14.30에서 다시 그릴 수 있다. 전체 아키텍처가 글자 U를 닮았으므로, 이를 U-net이라고도 한다[RFB15].

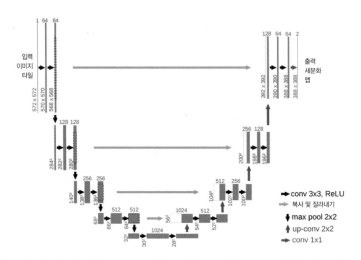

그림 14.30 의미론적 세분화를 위한 U-net 모델을 보여준다. 각각의 파란색 상자는 다중 채널 특성 맵에 해당한다. 채널의 수는 상자 상단에서, 높이/너비는 하단 좌측에서 보여준다. 흰색 상자는 복사된 특성 맵을 나타낸다. 색깔이 서로 다른 화살표는 각각 다른 연산에 해당한다. 출처: [RFB15]의 그림 1. 올라프 로넨버그 (Olaf Ronenberg)가 친절하게 사용을 허가했다.

그림 14.31 다중 과제 밀집 예측 문제를 보여준다. 출처: [EF15]의 그림 1. 롭 퍼구스(Rob Fergus)가 친절하게 사용을 허가했다.

비슷한 인코더-디코더 아키텍처는 다른 **밀집 예측**dense prediction 또는 **깊이 예측**depth prediction(각 픽셀 i마다 카메라로부터의 거리 $z_i \in \mathbb{R}$를 예측), **표면 법선 예측**surface normal prediction(각 이미지 패치에서 표면의 지향성 $z_i \in \mathbb{R}^3$를 예측) 같은 이미지 대 이미지image-to-image 과제 등에 사용할 수 있다. 물론 그림 14.31이 보여주듯이 하나의 모델을 훈련시켜, 복수의 출력 헤드를 사용해 이들 모든 과제를 동시에 풀 수 있다(자세한 내용은 예를 들어 [Kok17]을 참고하라).

그림 14.32 OpenPose 시스템을 사용한 몸체, 손, 얼굴의 키포인트 탐지를 보여준다. 출처: [Cao+18]의 그림 8. 야세르 셰이크(Yaser Sheikh)가 친절하게 사용을 허가했다.

14.5.5 인간 자세 추정

물체 탐지기를 훈련시켜 사람의 탐지 및 마스크로 나타내는 이들의 2차원 모양을 예측하는 데 사용할 수 있다. 그러나 또한 모델을 훈련시켜, 예를 들어 머리나 손의 위치 같은 골격 키포인트의 고정된 집합의 위치를 예측할 수 있다. 이는 **인간 자세 추정**human pose estimation이라 부른다. 예시는 그림 14.32를 참고하라. 이를 위한 기법에는 예로 **PersonLab**[Pap+18] 및 **OpenPose**[Cao+18]와 같은 몇가지가 있다. 최신 리뷰는 [Bab19]를 참고하라.

또한 탐지된 각 물체의 3차원 속성을 예측할 수도 있다. 여기서는 라벨링된 충분한 훈련 데이터를 모으는 능력이 주된 제약점이다. 인간 어노테이터annotator가 그것들을 3차원으로 라벨링하기가 어렵기 때문이다. 그러나 **컴퓨터 그래픽스**computer graphics 엔진을 사용해 무한한 실측 3차원 어노테이션으로 된 시뮬레이션 이미지를 만들 수 있다(예: [GNK18] 참고).

14.6 CNN을 뒤집어 이미지 생성하기*

이미지 분류를 위한 CNN은 $p(y \mid \boldsymbol{x})$ 형식의 판별 모델이다. 이는 이미지를 입력으로 받고, C개 클래스 라벨에 대한 확률 분포를 출력으로 반환한다. 이 절에서는 이 모델을 $p(\boldsymbol{x} \mid y)$ 형식의 (조건부) **생성적 이미지 모델**generative image model로 변환하여 '뒤집는invert' 방법에 대해 논의한다. 이는 특정 클래스에 속하는 이미지를 생성할 수 있게 해줄 것이다(이 책의 후속판 [Mur23]에서 이미지를 위해 생성 모델을 만드는 더욱 원칙적인 접근법을 논의한다).

14.6.1 훈련된 분류기를 생성 모델로 변환하기

이미지와 라벨에 대한 결합 분포는 $p(\boldsymbol{x}, y) = p(\boldsymbol{x})p(y|\boldsymbol{x})$를 사용해 정의할 수 있다. 여기서 $p(y|\boldsymbol{x})$는 CNN 분류기이고, $p(\boldsymbol{x})$는 이미지에 대한 어떠한 사전 분포다. 그 뒤 클래스 라벨을 특정한 값으로 고정하면, $p(\boldsymbol{x}|y) \propto p(\boldsymbol{x})p(y|\boldsymbol{x})$를 사용하는 조건부 생성 모델을 만들 수 있다. 판별 분류기 $p(y|\boldsymbol{x})$는 정보를 '버리기throw away' 위해 훈련시켰으므로, $p(y|\boldsymbol{x})$는 가역 함수가 아님을 주지하라. 따라서 사전 분포 항 $p(\boldsymbol{x})$는 이 과정을 정칙화하는 데 중요한 역할을 할 것이다. 이는 14.6.2 절에서 살펴본다.

이 모델로부터 표집하는 방법 중 하나는 $\mathcal{E}_c(\boldsymbol{x}) = \log p(y = c|\boldsymbol{x}) + \log p(\boldsymbol{x})$를 에너지 함수로 취급하는 메트로폴리스 헤이스팅스 알고리듬Metropolis Hastings algorithm을 사용하는 것이다(4.6.8.4절). 기울기 정보가 있으므로 $q(\boldsymbol{x}'|\boldsymbol{x}) = \mathcal{N}(\boldsymbol{\mu}(\boldsymbol{x}), \epsilon\mathbf{I})$ 형식의 제안을 사용할 수 있으며, 여기서 $\boldsymbol{\mu}(\boldsymbol{x}) = \boldsymbol{x} + \frac{\epsilon}{2}\nabla \log \mathcal{E}_c(\boldsymbol{x})$이다. 이는 **메트로폴리스 조정 랑제방 알고리듬**MALA, Metropolis-Adjusted Langevin Algorithm 이라 부른다. 근사화를 위해 기각 단계를 무시하고 모든 제안을 채택할 수 있다. 이는 **비조정 랑제방 알고리듬**unadjusted Langevin algorithm이라 부르며, [Ngu+17]에서 조건부 이미지 생성을 위해 쓰였다. 추가로 로그 사전 분포 및 로그 가능도의 기울기를 독립적으로 스케일링할 수 있다. 따라서 모수 대신에 입력 픽셀에 대해 도함수를 취한다(식 (13.50) 사용)는 점을 제외하고, SGD의 잡음이 있는 버전처럼 보이는 이미지 공간에 대해 업데이트를 할 수 있다.

$$\boldsymbol{x}_{t+1} = \boldsymbol{x}_t + \epsilon_1 \frac{\partial \log p(\boldsymbol{x}_t)}{\partial \boldsymbol{x}_t} + \epsilon_2 \frac{\partial \log p(y = c|\boldsymbol{x}_t)}{\partial \boldsymbol{x}_t} + \mathcal{N}(\boldsymbol{0}, \epsilon_3^2 \mathbf{I}) \tag{14.28}$$

이 식의 각 항은 다음과 같이 해석할 수 있다. ϵ_1 항은 이미지가 사전 분포하에서 타당하게 하며, ϵ_2 항은 이미지가 가능도하에서 타당하게 하며, ϵ_3 항은 다양한 표본을 생성하기 위한 잡음 항이다. $\epsilon_3 = 0$이라 두면, 방법은 이 클래스를 위한 '가장 가능성 있는 이미지'를 (근사적으로) 생성하기 위한 결정론적인 알고리듬이 된다.

14.6.2 이미지 사전 분포

이 절에서는 분류기에 역을 취하는 데 있어 나쁜 조건ill-posed 문제를 정칙화하기 위해 사용할 수 있는 다양한 종류의 이미지 산전 분포에 대해 논의한다. 이들 사전 분포는 최적화를 시작하는 이미지와 더불어 생성하는 출력의 종류를 결정할 것이다.

14.6.2.1 가우스 사전 분포

클래스 라벨을 지정하는 것만으로는 어떤 종류의 이미지를 우리가 원하는지에 대한 충분한 정보가 되지 못한다. 또한 무엇이 '타당한plausible' 이미지를 구성하는지에 대한 사전 분포 $p(\boldsymbol{x})$가 필요하다. 아래에서 보여주듯이 사전 분포는 결과 이미지의 질에 큰 영향을 줄 수 있다.

가장 단순한 사전 분포는 [SVZ14]에서 제안하는 $p(\boldsymbol{x}) = \mathcal{N}(\boldsymbol{x}\,|\,\boldsymbol{0},\,\mathbf{I})$일 것이다(이는 이미지 픽셀이 중심화된다고 가정한다). 이는 픽셀이 극값을 취하는 것을 막는다. 이 경우 사전 분포 항으로 인한 업데이트는 다음의 형식을 갖는다.

$$\nabla_{\boldsymbol{x}} \log p(\boldsymbol{x}_t) = \nabla_{\boldsymbol{x}}\left[-\frac{1}{2}||\boldsymbol{x}_t - \boldsymbol{0}||_2^2\right] = -\boldsymbol{x}_t \tag{14.29}$$

따라서 전체 업데이트는 ($\epsilon_2 = 1$ 그리고 $\epsilon_3 = 0$이라 가정하면) 다음의 형식을 갖는다.

$$\boldsymbol{x}_{t+1} = (1 - \epsilon_1)\boldsymbol{x}_t + \frac{\partial \log p(y = c|\boldsymbol{x}_t)}{\partial \boldsymbol{x}_t} \tag{14.30}$$

이 방법으로 생성한 몇몇 표본은 그림 14.33을 참고하라.

14.6.2.2 전변동(TV) 사전 분포

추가적인 정칙자를 사용한다면 약간 더 현실적으로 보이는 이미지를 생성할 수 있다. [MV15;

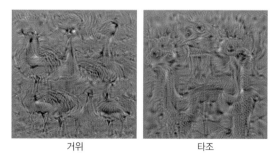

거위   타조

그림 14.33 단순한 가우스 사전 분포하에서 ImageNet 클래스 '거위'와 '타조'의 확률을 최대화하는 이미지. 출처: http://yosinski.com/deepvis. 제프 클룬(Jeff Clune)이 친절하게 사용을 허가했다.

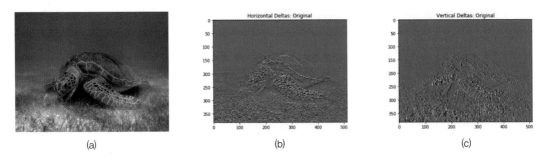

(a)   (b)   (c)

그림 14.34 전변동 노름을 보여준다. (a) 입력 이미지: 초록바다거북(위키미디어 저자 P. 린드그렌(Lindgren)이 친절하게 사용을 허가했다), (b) 수평 델타, (c) 수직 델타. 출처: https://www.tensorflow.org/tutorials/generative/style_transfer

MV16]은 이미지의 **전변동**^{Total Variation}, 즉 **TV** 노름을 계산할 것을 제안했다. 이는 픽셀당 기울기의 적분과 동등하며, 다음과 같이 근사시킬 수 있다.

$$\text{TV}(\boldsymbol{x}) = \sum_{ijk} (x_{ijk} - x_{i+1,j,k})^2 + (x_{ijk} - x_{i,j+1,k})^2 \tag{14.31}$$

여기서 x_{ijk}는 (RGB 이미지에서) 행 i, 열 j, 채널 k에서의 픽셀값이다. 이는 각 채널에 적용된 수평 및 수직적인 **소벨 에지 디텍터**^{Sobel edge detector} 측면에서 다시 쓸 수 있다.

$$\text{TV}(\boldsymbol{x}) = \sum_{k} ||\mathbf{H}(\boldsymbol{x}_{:,:,k})||_F^2 + ||\mathbf{V}(\boldsymbol{x}_{:,:,k})||_F^2 \tag{14.32}$$

이들 에지 디텍터는 그림 14.34를 참고하라. $p(\boldsymbol{x}) \propto \exp(-\text{TV}(\boldsymbol{x}))$를 사용하면 이미지가 높은 주파수 아티펙트^{artefacts}를 갖지 못하게 한다. [Yos+15]에서 이들은 TV 노름 대신에 가우스 블러^{blur}를 사용하지만 이 또한 비슷한 효과를 갖는다.

그림 14.35에서는 TV 사전 분포 및 CNN 가능도를 사용해, 무작위 잡음부터 시작하여 서로 다른 클래스 라벨 c를 위한 $\log p(y = c, \boldsymbol{x})$를 최적화한 결과를 몇 가지 보여준다.

14.6.3 CNN으로 학습한 특성 시각화하기

CNN의 '뉴런'이 무엇을 학습하는지 안다면 흥미로울 것이다. 이를 하는 방법은 무작위 이미지로 시작을 한 뒤, 특정 뉴런의 평균 활성화를 최대화하도록 입력 픽셀을 최적화하는 것이다. 이는 **활성**

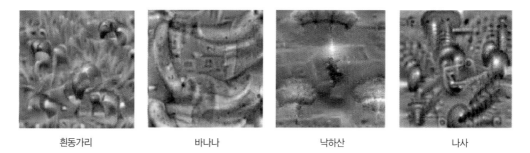

| 흰동가리 | 바나나 | 낙하산 | 나사 |

그림 14.35 TV 사전 분포하에서 특정 ImageNet 클래스의 확률을 최대화하는 이미지. 출처: https://research.googleblog.com/2015/06/inceptionism-going-deeper-into-neural.html. 알렉산더 모르드빈체프 (Ale-xander Mordvintsev)가 친절하게 사용을 허가했다.

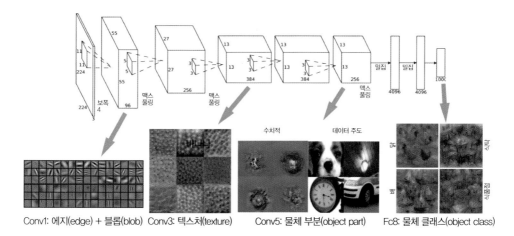

Conv1: 에지(edge) + 블롭(blob)   Conv3: 텍스처(texture)   Conv5: 물체 부분(object part)   Fc8: 물체 클래스(object class)

그림 14.36 ImageNet 데이터셋에서 훈련된 AlexNet 아키텍처의 1, 3, 5 및 fc8에서의 뉴런을 위한 '최적 자극'을 시각화하고 있다. Conv5에는 또한 비슷한 활성화를 만들어 내는 실제 이미지를 보여주고 있다('데이터 주도' 열 밑에). [MV16]의 방법을 기반으로 한다. 동글라이 웨이(Donglai Wei)가 친절하게 사용을 허가했다.

화 최대화$^{AM, Activation Maximization}$라 부르며 14.6.1절에서와 같은 기술을 사용하지만, 출력 클래스 라벨을 고정하는 대신에 내부 노드를 특정 값으로 고정한다.

그림 14.36은 이미지 분류에 훈련시킨 AlexNet CNN에 이 방법을 적용했을 때(TV 사전 분포로) 출력을 보여준다. 깊이가 더해짐에 따라 뉴런이 단순한 모서리/덩어리를, 그다음에 텍스처 패턴을, 그다음에 물체 부분을, 마지막으로 물체 전체를 인식하는 것을 학습함을 볼 수 있다. 이는 시각 피

질의 계층적 구조와 대략적으로 유사하다고 생각할 수 있다(예: [Kan+12] 참고).

픽셀 공간에서 최적화를 하는 다른 방법은 주어진 뉴런을 최대로 활성화하는 이미지를 위한 훈련 집합을 검색하는 것이다. 이는 그림 14.36에서 Conv5 층이 보여준다.

특성 시각화에 대한 더 많은 정보는 [OMS17]을 참고하라.

14.6.4 딥드림

지금까지 클래스 라벨 또는 관심 있는 다른 일부 뉴런을 최대화하는 이미지를 생성하는 데 집중했다. 이 절에서는 입력 이미지의 특정한 특성을 강조하는 버전을 생성하기를 원하는, 더욱 예술적인 응용을 다룬다.

이를 위해 사전 훈련된 이미지 분류기를 특성 추출자로 바라본다. 14.6.3절의 결과에 기반하여, 우리는 이미지 내 서로 다른 종류의 특성에 해당하는 서로 다른 층 내 뉴런의 활동을 알고 있다. 층 $l \in \mathcal{L}$로부터의 특성을 '증폭^{amplifying}'시키는 데 관심이 있다고 해보자. 이는 $\mathcal{L}(\boldsymbol{x}) = \sum_{l \in \mathcal{L}} \bar{\phi}_l(\boldsymbol{x})$ 형식의 에너지 또는 손실 함수를 정의하여 할 수 있으며, 여기서 $\bar{\phi}_l = \frac{1}{HWC} \sum_{hwc} \phi_{lhwc}(\boldsymbol{x})$는 층 l을 위한 특성 벡터다. 이제 경사하강을 사용해 이 에너지를 최적화할 수 있다. 모델이 원본 이미지에서만 힌트를 주는 특성을 증폭시키며, 그 뒤 이들이 더욱더 많은 이미지를 만들어 내므로 결과 과정은 **딥드림**^{DeepDream}이라 부른다[MOT15].[10]

예시는 그림 14.37이 보여준다. 해파리 이미지로 시작해서, 이를 ImageNet 이미지를 분류하기 위해 훈련시킨 CNN에 넘긴다. 몇 번의 반복 이후, 입력 그리고 그림 14.33에서 봤던 '환영' 종류의 하이브리드인 이미지를 생성한다. ImageNet이 라벨 집합에 많은 종류의 개를 갖고 있으므로, 이들 환영은 개의 부분을 수반한다. 자세한 내용은 [Tho16]을, 웹 기반 데모는 https://deepdreamgenerator.com을 참고하라.

14.6.5 뉴럴 스타일 트랜스퍼

그림 14.37의 딥드림 시스템은 CNN을 '예술'을 위해 사용할 수 있는 한 가지 방법을 보여준다. 그러나 이는 다소 기이해 보인다. 이 절에서는 사용자에게 더욱 통제권을 주는 관련된 접근법에 대해

---

10 이 방법은 인셉션 CNN을 사용하므로 원래 **인셉셔니즘**(Inceptionism)이라 불렸다.

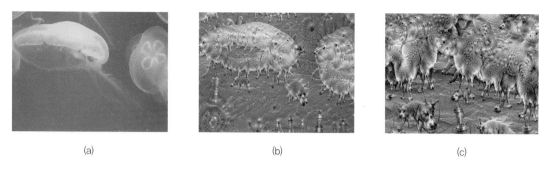

(a)   (b)   (c)

그림 14.37 딥드림을 보여준다. CNN은 ImageNet에서 훈련시킨 인셉션 분류기다. (a) 보름달물해파리(문 젤리(moon jelly)라고도 함) 이미지로 시작한다. (b) 10번의 반복 후 생성된 이미지. (c) 50번의 반복 후 생성된 이미지. 출처: https://en.wikipedia.org/wiki/DeepDream. 위키피디아 저자 마틴 토마(Martin Thoma)가 친절하게 사용을 허가했다.

(a)   (b)   (c)

그림 14.38 뉴럴 스타일 트랜스퍼 시스템의 예시 출력: (a) 콘텐츠 이미지: 초록바다거북(위키미디어 저자 P. 린드그렌이 친절하게 사용을 허가했다), (b) 스타일 이미지: 바실리 칸딘스키(Wassily Kandinsky)가 그린 'Composition 7' 그림, (c) 뉴럴 스타일 생성 출력. 출처: https://www.tensorflow.org/tutorials/generative/style_transfer

논의한다. 특히 사용자가 참조 '스타일 이미지' x_s 및 '콘텐츠 이미지' x_c를 지정해야 한다. 시스템은 그 뒤 x_c를 x_s 스타일로 '리렌더링'하는 새로운 이미지를 생성한다. 이는 **뉴럴 스타일 트랜스퍼**neural style transfer라 부르며, 그림 14.38과 14.39에서 보여준다. 이 기법은 처음에 [GEB16]에서 제안했으며, 이제는 많은 논문이 이 주제를 다루고 있다. 최근 리뷰는 [Jin+17]을 참고하라.

그림 14.39 이 책 및 후속판의 코드와 데모를 만드는 데 도움을 준 '프로덕션 팀'의 사진에 적용한 뉴럴 스타일 트랜스퍼. 상단 좌측에서 하단 우측으로 케빈 머피(Kevin Murphy, 저자), 마흐무드 솔리만(Mahmoud Soliman), 알레이나 카라(Aleyna Kara), 스리카르 지루구(Srikar Jilugu), 드리슈티 파텔(Drishti Patel), 밍량 앙(Ming Liang Ang), 제라도 듀란-마틴(Gerardo Durán-Martín), 코도(Coco). 각각의 콘텐츠 사진은 각기 다른 예술적인 스타일을 사용했다. 출처: https://www.tensorflow.org/tutorials/generative/style_transfer

14.6.5.1 작동 방법

스타일 트랜스퍼는 다음의 에너지 함수를 최적화하여 동작한다.

$$\mathcal{L}(\boldsymbol{x}|\boldsymbol{x}_s, \boldsymbol{x}_c) = \lambda_{TV}\mathcal{L}_{TV}(\boldsymbol{x}) + \lambda_c\mathcal{L}_{\text{content}}(\boldsymbol{x}, \boldsymbol{x}_c) + \lambda_s\mathcal{L}_{\text{style}}(\boldsymbol{x}, \boldsymbol{x}_s) \tag{14.33}$$

그림 14.40이 고수준에서 보여주는 것을 참고하라.

식 (14.33)의 첫 번째 항은 14.6.2.2절에서 논의한 전변동 사전 분포total variation prior다. 두 번째 항은 $\boldsymbol{x}$가 $\boldsymbol{x}_c$와 얼마나 비슷한지를 유의한 '콘텐츠 층' l 내 사전훈련된 CNN $\phi(\boldsymbol{x})$의 특성 맵을 비

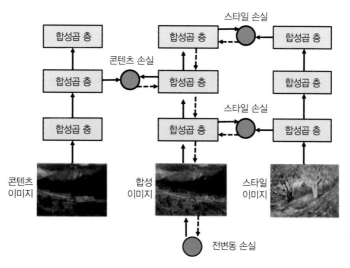

그림 14.40 뉴럴 스타일 트랜스퍼가 어떻게 동작하는지 보여준다. 출처: [Zha+20]의 그림 12.12.2

교하여 측정한다.

$$\mathcal{L}_{\text{content}}(\boldsymbol{x}, \boldsymbol{x}_c) = \frac{1}{C_\ell H_\ell W_\ell} ||\boldsymbol{\phi}_\ell(\boldsymbol{x}) - \boldsymbol{\phi}_\ell(\boldsymbol{x}_c)||_2^2 \tag{14.34}$$

마지막으로 스타일 항을 정의해야 한다. 시각적 스타일은 이미지 특성의 특정한 종류의 통계적 분포로 해석할 수 있다. 이미지에서 이들 특성의 위치는 문제가 되지 않을 수도 있지만, 이들의 동시발생co-occurence은 문제가 될 수 있다. 이는 그림 14.41이 보여준다. 이미지 1은 스타일이 이미지 3보다는 이미지 2와 더 비슷한 것이 분명하다(사람에게는). 직관적으로 이는 이미지 1과 2 모두 뾰족한 초록색 조각을 갖는 한편, 이미지 3은 초록색이 아닌 뾰족한 것을 갖기 때문이다.

동시발생 통계량을 포착하기 위해서는 이미지의 **그람 행렬**Gram matrix을 특정한 층 ℓ로부터의 특성맵을 사용해 계산한다.

$$G_\ell(\boldsymbol{x})_{c,d} = \frac{1}{H_\ell W_\ell} \sum_{h=1}^{H_\ell} \sum_{w=1}^{W_\ell} \boldsymbol{\phi}_\ell(\boldsymbol{x})_{h,w,c} \, \boldsymbol{\phi}_\ell(\boldsymbol{x})_{h,w,d} \tag{14.35}$$

그람 행렬은 $C_\ell \times C_\ell$ 행렬이며, 각각의 $H_\ell W_\ell$ 위치에 대해 표집한 C_ℓ차원 특성 벡터의 비중심화된 공분산에 비례한다.

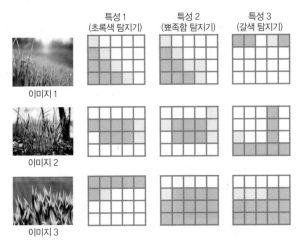

特性 1
(초록색 탐지기)　　特성 2
(뾰족함 탐지기)　　特성 3
(갈색 탐지기)

이미지 1

이미지 2

이미지 3

그림 14.41 3개의 서로 다른 입력 이미지에 대한 서로 다른 특성 맵 세 종류를 도식적으로 보여준다. 출처: [Fos19]의 그림 5.16

이것이 주어졌을 때, 층 ℓ을 위한 스타일 손실은 다음과 같이 계산한다.

$$\mathcal{L}_{\text{style}}^{\ell}(\boldsymbol{x}, \boldsymbol{x}_s) = ||\mathbf{G}_{\ell}(\boldsymbol{x}) - \mathbf{G}_{\ell}(\boldsymbol{x}_s)||_F^2 \tag{14.36}$$

마지막으로 층의 집합 $\mathcal{S}$에 대한 전체 스타일 손실의 합을 정의한다.

$$\mathcal{L}_{\text{style}}(\boldsymbol{x}, \boldsymbol{x}_s) = \sum_{\ell \in \mathcal{S}} \mathcal{L}_{\text{style}}^{\ell}(\boldsymbol{x}, \boldsymbol{x}_s) \tag{14.37}$$

예를 들어 그림 14.40에서 층 1과 3에서 스타일 손실을 계산한다(하단의 층은 시각적 텍스처를, 상단의 층은 물체의 배치를 포착할 것이다).

14.6.5.2 방법을 빠르게 만들기

[GEB16]에서 이들은 L-BFGS(8.3.2절)를 사용해 식 (14.33)을 백색 잡음으로부터 시작하여 최적화했다. BFGS 대신에 Adam과 같은 옵티마이저를 사용하고 백색 잡음 대신에 콘텐츠 이미지로부터 초기화를 하면 더 빠른 결과를 얻을 수 있다. 그럼에도 불구하고 옵티마이저를 모든 새로운 스타일 및 콘텐츠 이미지에 실행하는 것은 느리다. 몇몇 논문(예: [JAFF16; Uly+16; UVL16; LW16] 참고)은 신경망을 각각의 새로운 이미지 쌍에 대해 푸는 대신에 이들 최적화의 결과를 직접 예측하도

록 훈련시킬 것을 제안했다(이는 상각^{amortized} 최적화의 한 형태로 볼 수 있다). 특히 각 스타일 이미지 $\boldsymbol{x}_s$에 대해 $f_s(\boldsymbol{x}_c) = \operatorname{argmin}_{\boldsymbol{x}} \mathcal{L}(\boldsymbol{x} \,|\, \boldsymbol{x}_s, \boldsymbol{x}_c)$와 같은 모델을 적합시킨다. 그 뒤 이 모델을 다시 최적화할 필요 없이 새로운 콘텐츠 이미지에 적용할 수 있다.

더욱 최근에 [DSK16]은 콘텐츠 및 스타일의 개별 표변 s 모두를 입력으로 받고, 그 뒤 $f(\boldsymbol{x}_c, s)$ $= \operatorname{argmin}_{\boldsymbol{x}} \mathcal{L}(\boldsymbol{x} \,|\, s, \boldsymbol{x}_c)$를 출력으로 만들어 내는 단일 네트워크를 훈련시키는 것이 어떻게 가능한지 보여줬다. 이는 모든 스타일 이미지를 위한 별도의 네트워크를 훈련시킬 필요성을 피하게 해준다. 스타일에 특정한 스케일 및 시프트 모수를 사용해 주어진 층에서의 특성을 표준화하는 것이 주요 아이디어다. 특히 다음의 **조건부 인스턴스 정규화**^{conditional instance normalization} 변환을 사용한다.

$$\mathrm{CIN}(\phi(\boldsymbol{x}_c), s) = \gamma_s \left(\frac{\phi(\boldsymbol{x}_c) - \mu(\phi(\boldsymbol{x}_c))}{\sigma(\phi(\boldsymbol{x}_c))} \right) + \beta_s \tag{14.38}$$

여기서 $\mu(\phi(\boldsymbol{x}_c))$는 주어진 층 내 특성의 평균, $\sigma(\phi(\boldsymbol{x}_c))$는 표준편차, β_s와 γ_s는 스타일 형태 s의 모수다(인스턴스 정규화에 대한 더 자세한 내용은 14.2.4.2절을 참고하라). 놀랍게도 이러한 단순한 기법이 많은 종류의 스타일을 포착하는 데 충분하다.

위 기법의 약점은 고정된 숫자의 개별적인 스타일에서만 동작한다는 점이다. [HB17]은 상수 β_s와 γ_s를 임의의 스타일 이미지 $\boldsymbol{x}_s$를 입력으로 받는 다른 CNN의 출력으로 바꿈으로써 이를 일반화할 것을 제안했다. 즉, 식 (14.38)에서 $\beta_s = f_\beta(\phi(\boldsymbol{x}_c))$ 그리고 $\gamma_s = f_\gamma(\phi(\boldsymbol{x}_s))$라 두고, 모수 $\boldsymbol{\beta}$와 $\boldsymbol{\gamma}$를 다른 모든 모수와 함께 학습시킨다. 모델은 다음이 된다.

$$\mathrm{AIN}(\phi(\boldsymbol{x}_c), \phi(\boldsymbol{x}_s)) = f_\gamma(\phi(\boldsymbol{x}_s)) \left(\frac{\phi(\boldsymbol{x}_c) - \mu(\phi(\boldsymbol{x}_c))}{\sigma(\phi(\boldsymbol{x}_c))} \right) + f_\beta(\phi(\boldsymbol{x}_s)) \tag{14.39}$$

이 방법을 **적응적 인스턴스 정규화**^{adaptive instance normalization}라 부른다.

15

시퀀스를 위한 신경망

15.1 개요

15장에서는 시퀀스를 위한 여러 종류의 신경망을 논의한다. 입력이 시퀀스, 출력이 시퀀스, 또는 둘 다 시퀀스인 경우를 고려한다. 그러한 모델은 머신 번역, 음성 인식, 텍스트 분류, 이미지 캡션 등으로 많이 응용된다. 여기서 보여주는 것은 [Zha+20]에서 일부 가져왔다. 이는 여러분이 더 자세히 봐야 할 논문이다.

15.2 순환 신경망(RNN)

순환 신경망 Recurrent Neural Network, 즉 RNN은 시퀀스sequence의 입력 공간을 시퀀스의 출력 공간으로 상태가 있는stateful 방식으로 매핑하는 신경망이다. 즉, 출력 y_t의 예측은 입력 x_t뿐만 아니라, 시퀀스가 처리되면서 시간에 따라 업데이트되는 시스템의 은닉 상태 h_t에도 의존한다. 이러한 모델은 아래에서 설명하듯이 시퀀스 생성, 시퀀스 분류, 시퀀스 번역에 쓰일 수 있다.[1]

---

1 더 자세한 개요는 http://karpathy.github.io/2015/05/21/rnn-effectiveness/를 참고하라.

15.2.1 vec2seq(시퀀스 생성)

이 절에서는 $f_{\boldsymbol{\theta}} : \mathbb{R}^D \to \mathbb{R}^{N_\infty C}$ 형식의 함수를 학습하는 방법에 대해 논의한다. 여기서 D는 입력 벡터의 크기, 출력은 각각 크기가 C인 벡터의 시퀀스로 임의의 길이를 갖는다(단어는 이산적인 토큰이지만, 1.5.4절에서 논의하듯이 실숫값 벡터로 변환할 수 있다). 이들은 벡터를 시퀀스로 매핑하므로 vec2seq 모델이라 부른다.

출력 시퀀스 $\boldsymbol{y}_{1:T}$는 한 번에 토큰이 하나씩 생성된다. 각 단계마다 모델의 은닉 상태 $\boldsymbol{h}_t$로부터 $\tilde{y}_t$를 표집한 뒤, 이를 모델에 '다시 공급하여' 새로운 상태 $\boldsymbol{h}_{t+1}$(이는 또한 입력 $\boldsymbol{x}$에도 의존한다)을 얻는다. 그림 15.1을 참고하라. 이러한 방법으로 모델은 출력 토큰 사이의 의존성을 포착하는 $p(\boldsymbol{y}_{1:T} | \boldsymbol{x})$ 형식의 조건부 생성 모델을 정의하는데, 아래에서 더 자세히 설명한다.

15.2.1.1 모델

단순한 표기법을 위해 T가 출력의 길이라 하자(이는 동적으로 선택할 수 있다고 이해하길 바란다). RNN은 그러면 다음의 조건부 생성 모델에 해당한다.

$$p(\boldsymbol{y}_{1:T}|\boldsymbol{x}) = \sum_{\boldsymbol{h}_{1:T}} p(\boldsymbol{y}_{1:T}, \boldsymbol{h}_{1:T}|\boldsymbol{x}) = \sum_{\boldsymbol{h}_{1:T}} \prod_{t=1}^{T} p(\boldsymbol{y}_t|\boldsymbol{h}_t)p(\boldsymbol{h}_t|\boldsymbol{h}_{t-1}, \boldsymbol{y}_{t-1}, \boldsymbol{x}) \qquad (15.1)$$

여기서 $\boldsymbol{h}_t$는 은닉 상태이며, 이때 $p(\boldsymbol{h}_1 | \boldsymbol{h}_0, \boldsymbol{y}_0, \boldsymbol{x}) = p(\boldsymbol{h}_1 | \boldsymbol{x})$는 초기 은닉 상태 분포로(결정론적인 경우가 많음) 정의한다.

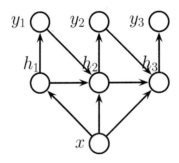

그림 15.1 선택적으로 고정된 길이의 입력 벡터 $\boldsymbol{x}$가 주어졌을 때 가변 길이 출력 시퀀스 $\boldsymbol{y}_{1:T}$를 생성하는 순환 신경망(RNN)

출력 분포는 주로 다음과 같이 주어진다.

$$p(\boldsymbol{y}_t|\boldsymbol{h}_t) = \text{Cat}(\boldsymbol{y}_t|\text{softmax}(\mathbf{W}_{hy}\boldsymbol{h}_t + \boldsymbol{b}_y)) \tag{15.2}$$

여기서 $\mathbf{W}_{hy}$는 은닉에서 출력으로의 가중치이며, $\boldsymbol{b}_y$는 편향 항이다. 그러나 출력이 실숫값이면 다음을 사용할 수 있다.

$$p(\boldsymbol{y}_t|\boldsymbol{h}_t) = \mathcal{N}(\boldsymbol{y}_t|\mathbf{W}_{hy}\boldsymbol{h}_t + \boldsymbol{b}_y, \sigma^2\mathbf{I}) \tag{15.3}$$

은닉 상태는 어떠한 결정론적 함수 f에 대해 다음과 같이 결정론적으로 계산한다고 가정한다.

$$p(\boldsymbol{h}_t|\boldsymbol{h}_{t-1}, \boldsymbol{y}_{t-1}, \boldsymbol{x}) = \mathbb{I}(\boldsymbol{h}_t = f(\boldsymbol{h}_{t-1}, \boldsymbol{y}_{t-1}, \boldsymbol{x})) \tag{15.4}$$

업데이트 함수 f는 주로 다음으로 주어진다.

$$\boldsymbol{h}_t = \varphi(\mathbf{W}_{xh}[\boldsymbol{x}; \boldsymbol{y}_{t-1}] + \mathbf{W}_{hh}\boldsymbol{h}_{t-1} + \boldsymbol{b}_h) \tag{15.5}$$

여기서 $\mathbf{W}_{hh}$는 은닉에서 은닉으로의 가중치, $\mathbf{W}_{xh}$는 입력에서 은닉으로의 가중치, $\boldsymbol{b}_h$는 편향 항이다. 그림 15.1 및 코드는 rnn_jax.ipynb를 참고하라.

$\boldsymbol{y}_t$는 $\boldsymbol{h}_t$에 의존하며, 이는 $\boldsymbol{y}_{t-1}$에 의존하고, 이는 $\boldsymbol{h}_{t-1}$에 의존하며 이와 같이 계속됨을 주지하라. 따라서 $\boldsymbol{y}_t$는 암묵적으로 모든 과거 관측치(그리고 선택적으로 고정된 입력 $\boldsymbol{x}$)에 의존한다. 따라서 RNN은 경계가 없는 메모리를 가질 수 있다는 점에서 표준 마르코프 모델의 한계를 극복한다. 이는 RNN을 이론적으로 튜링 머신^{Turing machine}과 같이 강력하게 만든다[SS95; PMB19]. 그러나 실제로 메모리 길이는 잠재 상태의 크기 및 모수의 강도에 의해 결정된다. 이 점에 대한 추가적인 논의는 15.2.7절을 참고하라.

RNN으로부터 생성을 할 때, $\tilde{\boldsymbol{y}}_t \sim p(\boldsymbol{y}_t|\boldsymbol{h}_t)$로부터 표집을 한 뒤, 표집된 값을 은닉 상태로 '공급하여' $\boldsymbol{h}_{t+1} = f(\boldsymbol{h}_t, \tilde{\boldsymbol{y}}_t, \boldsymbol{x})$를 결정론적으로 계산하고, 이로부터 $\tilde{\boldsymbol{y}}_{t+1} \sim p(\boldsymbol{y}_{t+1}|\boldsymbol{h}_{t+1})$ 등을 표집한다. 따라서 시스템에서의 유일한 확률성^{stochasticity}은 관측 (출력) 모델 내 잡음으로부터 나온다. 이는 매 단계에서 시스템으로 다시 공급된다(그러나 $\boldsymbol{h}_t$의 다이내믹^{dynamics}에 관측 잡음과는 독립적으로 확률성을 추가하는 변분 RNN^{variational RNN}이라는 것이 있다[Chu+15]).

15.2.1.2 응용

RNN은 시퀀스를 무조건부로($x = \emptyset$이라 둠으로써) 또는 x에 조건부로 생성하는 데 사용할 수 있다. 무조건부 시퀀스 생성은 **언어 모델링**language modeling이라 자주 부른다. 이는 이산적인 토큰의 시퀀스에 대해 결합 확률 분포를, 즉 $p(y_1, ..., y_T)$ 형식의 모델을 학습함을 뜻한다(또한 언어 모델링을 위한 마르코프 연쇄의 사용에 대해 논의하는 3.6.1.2절을 참고하라).

그림 15.2는 H. G. 웰스Wells가 쓴 『The Time Machine』에서 훈련시킨 단순한 RNN으로부터 생성한 시퀀스를 보여준다(이는 짧은 공상과학 소설책으로, 단어가 단지 32,000개이며 문자는 170,000개다). 생성된 시퀀스가 매우 의미 있어 보이지는 않더라도 그럴듯해 보인다. (15.2.7.1절과 15.2.7.2절에서 논의하는 것과 같은) 더욱 정교한 RNN을 사용하고 더 많은 데이터로 훈련시키면, 언어 모델링 과제에서 최신의 성능을 내는 RNN을 만들 수 있다[CNB17](언어 모델링 커뮤니티에서 성능은 주로 퍼플렉시티perplexity를 사용해 측정한다. 이는 단지 토큰당 음의 로그가능도 평균의 지숫값이다. 더 많은 정보는 6.1.5절을 참고하라).

또한 생성된 시퀀스가 어떠한 종류의 입력 벡터 x에 의존하도록 만들 수도 있다. 예를 들어 **이미지 캡션**image captioning 과제를 고려해 보자. 이 경우 x는 그림 15.3과 같이 CNN으로 계산한, 이미지의 일부 임베딩이다. 이미지 캡션 방법에 대한 리뷰는 [Hos+19; LXW19]를, 코드의 튜토리얼은 https://bit.ly/2Wvs1GK를 참고하라.

또한 RNN을 사용해 손글씨 글자의 펜으로 쓴 획[Gra13] 및 손으로 그린 모양[HE18]과 같은 실숫값 특성 벡터의 시퀀스를 생성하는 것이 가능하다. 이는 또한 실숫값 시퀀스를 예상하는 시계열에도 유용하다.

---

the githa some thong the time traveller held in his hand was a glitteringmetallic framework scarcely larger than a small clock and verydelicately made there was ivory in it and the latter than s bettyre tat howhong s ie time thave ler simk you a dimensions le ghat dionthat shall travel indifferently in any direction of space and timeas the driver determinesfilby contented himself with laughterbut i have experimental verification said the time travellerit would be remarkably convenient for the histo

---

그림 15.2 접두어 'the'가 주어졌을 때 문자 수준 RNN에서 생성한 길이 500의 출력 예시. 가장 가능성 있는 문자가 각 단계에서 계산된 뒤, 모델로 다시 공급되는 탐욕적 디코딩을 사용한다. 모델은 H. G. 웰스가 쓴 책인 『The Time Machine』에서 훈련시켰다. rnn_jax.ipynb로 생성했다.

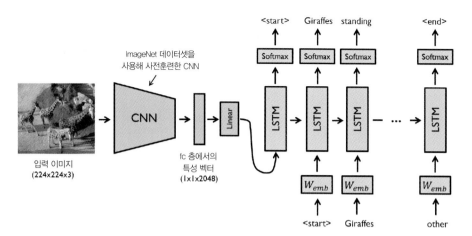

그림 15.3 이미지 캡션을 위한 CNN-RNN 모델을 보여준다. 'LSTM'이라 라벨링된 분홍색 상자는 15.2.7.2 절에서 논의하는 특수한 종류의 RNN을 가리킨다. W_{emb}라 라벨링된 분홍색 상자는 (표집된) 원핫 토큰을 위한 임베딩 행렬을 가리키며, 따라서 모델의 입력은 실숫값 벡터다. 출처: https://bit.ly/2FKnqHm. 최윤제 (Yunjey Choi)가 친절하게 사용을 허가했다.

15.2.2 seq2vec(시퀀스 분류)

이 절에서는 가변 길이 시퀀스가 입력으로 주어질 때 예측하고자 하는 하나의 고정된 길이의 출력 벡터 y가 있다고 가정한다. 따라서 $f_{\boldsymbol{\theta}} : \mathbb{R}^{TD} \to \mathbb{R}^{C}$ 형식의 함수를 학습하기를 원한다. 이는 seq2vec 모델이라 부른다. 단순한 표기법을 위해 출력이 클래스 라벨 $y \in \{1, \ldots, C\}$인 경우에 집중한다.

가장 단순한 접근법은 RNN의 최종 상태를 분류기의 입력으로 사용하는 것이다.

$$p(y|\boldsymbol{x}_{1:T}) = \mathrm{Cat}(y|\mathrm{softmax}(\mathbf{W}\boldsymbol{h}_T)) \tag{15.6}$$

그림 15.4(a)를 참고하라.

RNN의 은닉 상태가 과거 및 미래 컨텍스트에 의존하도록 한다면, 더 나은 결과를 얻을 수 있는 경우가 많다. 이를 위해 2개의 RNN을 만들며, 하나는 재귀적으로 전진 방향으로 은닉 상태를 계산하고, 또 하나는 재귀적으로 후진 방향으로 은닉 상태를 계산한다. 이는 **양방향 RNN**bidirectional RNN이라 부른다[SP97].

좀 더 정확하게 말하자면 모델은 다음과 같이 정의된다.

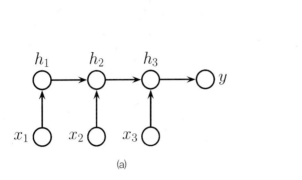
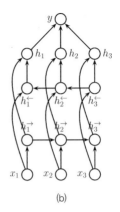

(a)
(b)

그림 15.4 (a) 시퀀스 분류를 위한 RNN, (b) 시퀀스 분류를 위한 양방향 RNN

$$\boldsymbol{h}_t^{\rightarrow} = \varphi(\mathbf{W}_{xh}^{\rightarrow}\boldsymbol{x}_t + \mathbf{W}_{hh}^{\rightarrow}\boldsymbol{h}_{t-1}^{\rightarrow} + \boldsymbol{b}_h^{\rightarrow}) \tag{15.7}$$

$$\boldsymbol{h}_t^{\rightarrow} = \varphi(\mathbf{W}_{xh}^{\rightarrow}\boldsymbol{x}_t + \mathbf{W}_{hh}^{\rightarrow}\boldsymbol{h}_{t-1}^{\rightarrow} + \boldsymbol{b}_h^{\rightarrow}) \tag{15.8}$$

그런 다음 $\boldsymbol{h}_t = [\boldsymbol{h}_t^{\rightarrow}, \boldsymbol{h}_t^{\leftarrow}]$가 과거 및 미래 정보를 감안하는 시간 t에서의 상태 표현이 되도록 정의할 수 있다. 마지막으로, 이들 은닉 상태를 평균 풀링하여 최종 분류기를 얻어낸다.

$$p(y|\boldsymbol{x}_{1:T}) = \text{Cat}(y|\mathbf{W}\text{softmax}(\overline{\boldsymbol{h}})) \tag{15.9}$$

$$\overline{\boldsymbol{h}} = \frac{1}{T}\sum_{t=1}^{T}\boldsymbol{h}_t \tag{15.10}$$

그림 15.4(b) 및 코드는 rnn_sentiment_jax.ipynb를 보라(이는 15.3.1절의 1차원 CNN 텍스트 분류기 1과 비슷하다).

15.2.3 seq2seq(시퀀스 번역)

이 절에서는 $f_{\boldsymbol{\theta}} : \mathbb{R}^{TD} \rightarrow \mathbb{R}^{T'C}$ 형식의 함수의 학습을 고려한다. $T' = T$인 입력 및 출력 시퀀스가 같은 길이를 갖는 경우(따라서 정렬되어 있음), 그리고 $T' \neq T$인 입력 및 출력 시퀀스가 다른 길이를 갖는 경우를 고려한다. 이를 **seq2seq** 문제라 부른다.

15.2.3.1 정렬된 경우

이 절에서는 입력과 출력 시퀀스가 정렬되어 있는 경우를 고려한다. 또한 위치마다 라벨 하나를 예측하므로 이를 **밀집 시퀀스 라벨링**^{dense sequence labeling}으로도 생각할 수 있다. 그림 15.5(a)가 보여주듯이 RNN을 수정하여 이 과제를 푸는 것이 직관적이다. 이는 다음에 해당한다.

$$p(\boldsymbol{y}_{1:T}|\boldsymbol{x}_{1:T}) = \sum_{\boldsymbol{h}_{1:T}} \prod_{t=1}^{T} p(\boldsymbol{y}_t|\boldsymbol{h}_t) \mathbb{I}\left(\boldsymbol{h}_t = f(\boldsymbol{h}_{t-1}, \boldsymbol{x}_t)\right) \tag{15.11}$$

여기서 $\boldsymbol{h}_1 = f(\boldsymbol{h}_0, \boldsymbol{x}_1) = f_0(\boldsymbol{x}_1)$이 초기 상태가 되도록 정의한다.

$\boldsymbol{y}_t$는 과거 입력 $\boldsymbol{x}_{1:t}$에만 의존하는 $\boldsymbol{h}_t$에 의존함을 주지하라. 그림 15.5(b)와 같이 양방향 RNN을 사용해 디코더가 $\boldsymbol{x}$의 과거와 같이 '미래'도 들여다볼 수 있게 한다면 더 좋은 결과를 얻을 수 있다.

그림 15.6과 같이 복수의 은닉 체인을 서로의 위에 쌓음으로써 더욱 표현적인 모델을 만들 수 있다. 시간 t일 때 층 l에서의 은닉 유닛은 다음을 사용해 계산한다.

$$\boldsymbol{h}_t^l = \varphi_l(\mathbf{W}_{xh}^l \boldsymbol{h}_t^{l-1} + \mathbf{W}_{hh}^l \boldsymbol{h}_{t-1}^l + \boldsymbol{b}_h^l) \tag{15.12}$$

출력은 다음으로 주어진다.

$$\boldsymbol{o}_t = \mathbf{W}_{ho} \boldsymbol{h}_t^L + \boldsymbol{b}_o \tag{15.13}$$

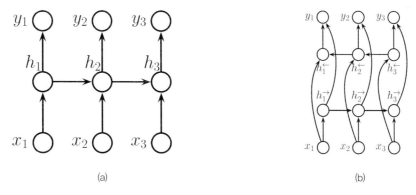

(a)   (b)

그림 15.5 (a) 시퀀스를 또 다른 정렬된 시퀀스로 변환하는 RNN, (b) 같은 과제를 위한 양방향 RNN

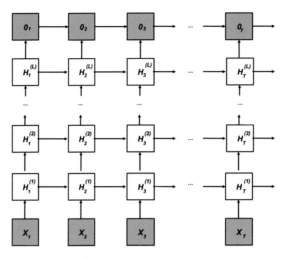

그림 15.6 심층 RNN을 보여준다. 출처: [Zha+20]의 그림 9.3.1

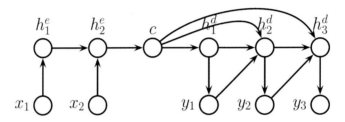

그림 15.7 시퀀스 $\boldsymbol{x}_{1:T}$를 시퀀스 $\boldsymbol{y}_{1:T'}$으로 매핑하는 인코더-디코더 RNN 아키텍처

15.2.3.2 정렬되지 않은 경우

이 절에서는 길이 T의 시퀀스를 길이 T'의 다른 시퀀스로 매핑하는 것을 학습하는 방법을 논의한다. 먼저 RNN의 마지막 상태를 사용해(또는 biRNN에 대해 평균 풀링하여) 입력 시퀀스를 인코딩하여 컨텍스트 벡터 $\boldsymbol{c} = f_e(\boldsymbol{x}_{1:T})$를 얻는다. 그 뒤 RNN 디코더 $\boldsymbol{y}_{1:T'} = f_d(\boldsymbol{c})$를 사용해 출력 시퀀스를 생성한다. 이는 **인코더-디코더 아키텍처**encoder-decoder architecture라 부른다[SVL14; Cho+14a]. 그림 15.7을 참고하라.

이것의 중요한 응용은 **머신 번역**machine translation이다. (신경망을 사용하지 않았던 **통계적 머신 번역**statistical machine translation이라는 더 오래된 접근법과 반대로) RNN을 사용할 때 이를 **신경 머신 번역**NMT, Neural Machine

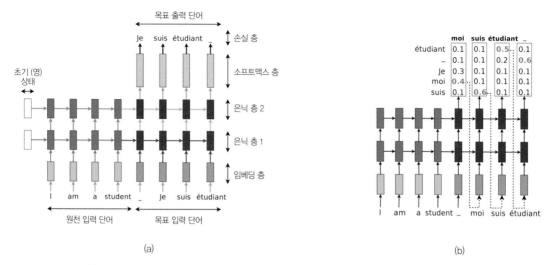

(a)   (b)

그림 15.8 (a) 영어를 프랑스어로 번역하기 위한 seq2seq 모델을 보여준다. '-' 문자는 문장의 끝을 나타낸다. 출처: [Luo16]의 그림 2.4. (b) 탐욕 디코딩을 보여준다. 각 단계에서의 가장 가능성 있는 프랑스어 단어는 초록색으로 강조되어 있으며, 이는 디코더의 다음 단계에 입력으로 공급된다. 출처: [Luo16]의 그림 2.5. 민 탕 루옹(Minh-Thang Luong)이 친절하게 사용을 허가했다.

Translation이라 부른다. 기본적인 아이디어는 그림 15.8(a)를, 더 자세한 내용을 담은 코드는 nmt_jax.ipynb를 참고하라. NMT 문헌의 리뷰는 [Luo16; Neu17]을 참고하라.

15.2.4 선생의 강요

언어 모델을 훈련시킬 때, 단어의 시퀀스 w_1, w_2, ..., w_T의 가능도는 다음으로 주어진다.

$$p(\boldsymbol{w}_{1:T}) = \prod_{t=1}^{T} p(w_t | \boldsymbol{w}_{1:t-1}) \tag{15.14}$$

따라서 RNN에서 입력을 $x_t = w_{t-1}$로 두고 출력은 $y_t = w_t$라 둔다. 모델로부터 생성된 라벨이 아닌 과거로부터의 정답ground truth 라벨 $\boldsymbol{w}_{1:t-1}$에 조건부화함을 주지하라. 선생의 값이 모델에 각 단계의 입력으로(즉, x_t를 w_{t-1}로 둔다) '강제로 공급'되므로 이는 **선생의 강요**teacher forcing라 부른다.

안타깝게도 선생의 강요는 때때로 테스트 시간에 성능이 나쁜 모델을 야기할 수 있다. 이유는 모델이 '올바른' 입력에서만 훈련이 되므로, 테스트 시간에 이전 단계로부터 생성된, 훈련에서 본 것에서 벗어난 입력 시퀀스 $w_{1:t-1}$을 만난다면 무엇을 할지 모를 수도 있기 때문이다.

이에 대한 일반적인 해법은 **스케줄 표집**^{scheduled sampling}이다[Ben+15a]. 이는 선생의 강요를 사용해 시작하지만, 무작위 시간 단계에서 모델로부터의 표본을 대신 공급한다. 이것이 벌어지는 시간의 부분은 점차적으로 증가된다.

다른 해법은 1차원 CNN(15.3절) 및 트랜스포머(15.5절)와 같이 MLE 훈련이 더 잘 동작하는 다른 종류의 모델을 사용하는 것이다.

15.2.5 시간을 통한 역전파

RNN을 위한 모수의 최대 가능도 추정값은 $\theta^* = \text{argmax}_{\theta}\, p(\boldsymbol{y}_{1:T} | \boldsymbol{x}_{1:T}, \boldsymbol{\theta})$를 풀어서 계산할 수 있다. 이때 표기법의 단순함을 위해 단일 훈련 시퀀스를 가정했다. MLE를 계산하려면 손실의 기울기를 모수에 대해 계산해야 한다. 이를 위해 그림 15.9와 같이 계산 그래프를 전개한 뒤, 역전파 알고리듬을 적용할 수 있다. 이는 **시간을 통한 역전파**^{BPTT, BackPropagation Through Time}라 부른다[Wer90].

더 정확하게는 다음의 모델을 고려해 보자.

$$h_t = \mathbf{W}_{hx}\boldsymbol{x}_t + \mathbf{W}_{hh}\boldsymbol{h}_{t-1} \tag{15.15}$$

$$\boldsymbol{o}_t = \mathbf{W}_{ho}\boldsymbol{h}_t \tag{15.16}$$

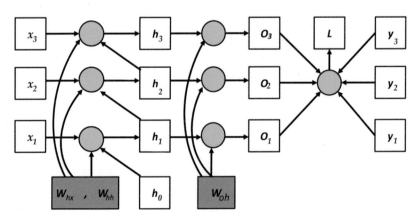

그림 15.9 3개의 시간 단계로 (수직으로) 전개된 RNN. 목표 출력 시퀀스 및 손실 노드를 명시적으로 보여준다. 출처: [Zha+20]의 그림 8.7.2. 애스턴 장(Aston Zhang)이 친절하게 사용을 허가했다.

여기서 o_t는 출력 로짓이며, 단순한 표기법을 위해 편향 항은 버렸다. y_y는 각 시간 단계에서 참인 목표 라벨이라 가정하므로, 손실은 다음과 같이 정의한다.

$$L = \frac{1}{T} \sum_{t=1}^{T} \ell(y_t, \boldsymbol{o}_t) \tag{15.17}$$

우리는 도함수 $\frac{\partial L}{\partial \mathbf{W}_{hx}}$, $\frac{\partial L}{\partial \mathbf{W}_{hh}}$, $\frac{\partial L}{\partial \mathbf{W}_{ho}}$을 계산해야 한다. 후자의 항은 각 시간 단계에서 국소적이므로 쉽게 계산할 수 있다. 그러나 처음 2개 항은 은닉 층에 의존하므로 시간에서 후진으로 작업해야 한다.

다음을 정의하여 표기법을 단순화한다.

$$\boldsymbol{h}_t = f(\boldsymbol{x}_t, \boldsymbol{h}_{t-1}, \boldsymbol{w}_h) \tag{15.18}$$
$$\boldsymbol{o}_t = g(\boldsymbol{h}_t, \boldsymbol{w}_o) \tag{15.19}$$

여기서 $\boldsymbol{w}_h$는 $\mathbf{W}_{hh}$와 $\mathbf{W}_{hx}$를 같이 쌓아 평탄화한 버전이다. $\frac{\partial L}{\partial \boldsymbol{w}_h}$ 계산에 집중한다. 연쇄 법칙에 의해 다음이 된다.

$$\frac{\partial L}{\partial \boldsymbol{w}_h} = \frac{1}{T} \sum_{t=1}^{T} \frac{\partial \ell(y_t, \boldsymbol{o}_t)}{\partial \boldsymbol{w}_h} = \frac{1}{T} \sum_{t=1}^{T} \frac{\partial \ell(y_t, \boldsymbol{o}_t)}{\partial \boldsymbol{o}_t} \frac{\partial g(\boldsymbol{h}_t, \boldsymbol{w}_o)}{\partial \boldsymbol{h}_t} \frac{\partial \boldsymbol{h}_t}{\partial \boldsymbol{w}_h} \tag{15.20}$$

마지막 항은 다음과 같이 전개할 수 있다.

$$\frac{\partial \boldsymbol{h}_t}{\partial \boldsymbol{w}_h} = \frac{\partial f(\boldsymbol{x}_t, \boldsymbol{h}_{t-1}, \boldsymbol{w}_h)}{\partial \boldsymbol{w}_h} + \frac{\partial f(\boldsymbol{x}_t, \boldsymbol{h}_{t-1}, \boldsymbol{w}_h)}{\partial \boldsymbol{h}_{t-1}} \frac{\partial \boldsymbol{h}_{t-1}}{\partial \boldsymbol{w}_h} \tag{15.21}$$

이를 반복적으로 전개하면 다음의 결과를 발견할 수 있다([Zha+20, 8.7절]의 유도를 참고하라).

$$\frac{\partial \boldsymbol{h}_t}{\partial \boldsymbol{w}_h} = \frac{\partial f(\boldsymbol{x}_t, \boldsymbol{h}_{t-1}, \boldsymbol{w}_h)}{\partial \boldsymbol{w}_h} + \sum_{i=1}^{t-1} \left(\prod_{j=i+1}^{t} \frac{\partial f(\boldsymbol{x}_j, \boldsymbol{h}_{j-1}, \boldsymbol{w}_h)}{\partial \boldsymbol{h}_{j-1}} \right) \frac{\partial f(\boldsymbol{x}_i, \boldsymbol{h}_{i-1}, \boldsymbol{w}_h)}{\partial \boldsymbol{w}_h} \tag{15.22}$$

안타깝게도 이는 계산하는 데 시간 단계마다 $O(T)$시간이 걸리며, 전체적으로 $O(T^2)$이다. 그러므로 합을 가장 최근의 K개 항으로 잘라내는 것이 표준이다. 적절한 절단 모수 K를 적응적으로 고르는 것이 가능하다[AFF19]. 그러나 현재 미니배치 내 하위 시퀀스의 길이와 같도록 두는 것이 보통이다.

절단된 BPTT를 사용할 때, 모델을 짧은 시퀀스의 배치로 훈련시킬 수 있다. 이는 보통 원본 시퀀스로부터 겹치지 않는 하위 시퀀스(윈도)를 추출하여 만든다. 이전 하위 시퀀스가 $t-1$에서 끝나고, 현재 하위 시퀀스가 t에서 시작한다면, 훈련 동안 RNN의 은닉 상태를 배치 업데이트에 걸쳐 '넘길$^{\text{carry over}}$' 수 있다. 그러나 하위 시퀀스가 순서가 없다면 은닉 상태를 재설정해야 한다. 이러한 세부 사항을 보여주는 코드 rnn_jax.ipynb를 참고하라.

15.2.6 기울기 소실 및 폭주

안타깝게도 RNN에서의 활성화는 시간을 따라 전진하면서 소멸하거나 폭주할 수 있다. 왜냐하면 각 시간 단계에서 가중치 행렬 $\mathbf{W}_{hh}$로 곱하기 때문이다. 마찬가지로 RNN에서의 기울기는 시간에서 후진함에 따라 소멸하거나 폭주할 수 있다. 왜냐하면 각 시간 단계에서 야코비를 곱하기 때문이다(자세한 내용은 13.4.2절을 참고하라). 간단한 휴리스틱은 기울기 클리핑(식 (13.70))을 사용하는 것이다. 더욱 정교한 방법으로 전진 매핑 $\mathbf{W}_{hh}$ 및 야코비 $\mathbf{J}_{hh}$로 주어지는 후진 매핑의 스펙트럼 반지름 λ를 통제하는 것을 시도한다.

스펙트럼 반지름을 통제하는 가장 단순한 방법은 $\lambda \approx 1$이 되도록 $\mathbf{W}_{hh}$를 무작위로 초기화한 뒤, 이를 고정하는 것이다(즉, $\mathbf{W}_{hh}$를 학습하지 않는다). 이 경우 출력 행렬 $\mathbf{W}_{ho}$의 학습만을 필요로 하며, 이는 볼록 최적화 문제가 된다. 이는 **에코 상태 네트워크**$^{\text{echo state network}}$라 부른다[JH04]. 이와 긴밀하게 연관된 **리퀴드 상태 머신**$^{\text{liquid state machine}}$이라는 접근법[MNM02]은 실숫값 뉴런 대신에 이항값(솟구침이 있는^{spiking}) 뉴런을 사용한다. 에코 상태 네트워크 및 리퀴드 상태 머신 모두를 위한 포괄적인 용어로 **축적 컴퓨팅**$^{\text{reservoir computing}}$이 있다[LJ09]. 이 문제를 위한 또 다른 접근법은 제약 최적화를 사용해 $\mathbf{W}_{hh}$가 직교인 상태로 남아 있도록 하는 것이다[Vor+17].

스펙트럼 반지름을 명시적으로 통제하는 다른 대안은 RNN 아키텍처 그 자체를 수정하여 은닉 상태에 곱셈적인 업데이트 대신 가법적 업데이트를 사용하는 것이다. 이는 15.2.7절에서 논의한다. 이는 훈련 안정성을 크게 개선한다.

15.2.7 게이트 및 장기 메모리

충분한 은닉 유닛이 있는 RNN은 원칙적으로 긴 과거로부터의 입력을 기억할 수 있다. 그러나 실제로 '바닐라' RNN은 기울기 소실 문제 때문에 이에 실패한다(13.4.2절). 이 절에서는 잔차 네트워크(14.3.4절)와 비슷한 가법적인 방법으로 은닉 층을 업데이트하는 해법을 제시한다.

15.2.7.1 게이트 순환 유닛(GRU)

이 절에서는 [Cho+14a]에서 제안한 **게이트 순환 유닛**GRU, Gated Recurrent Units을 사용하는 모델을 논의한다. 주요 아이디어는 게이트 유닛을 사용해 언제 은닉 상태를 업데이트할지 학습하는 것이다. 이는 정보의 중요한 조각을 처음 봤을 때 선택적으로 '기억'하는 데 사용할 수 있다. 모델은 또한 은닉 상태를 언제 재설정할지 학습할 수 있으므로, 더 이상 유용하지 않은 것들을 잊어버릴 수 있다.

모델을 더 자세히 설명하기 위해, [Zha+20, 8.8절]을 따라 두 단계로 보여준다. $\mathbf{X}_t$는 $N \times D$ 행렬이며, 여기서 N은 배치 크기이고 D는 어휘 크기다. 비슷하게 $\mathbf{H}_t$는 $N \times H$ 행렬이며, 여기서 H는 시간 t에서의 은닉 유닛 개수다.

리셋 게이트reset gate $\mathbf{R}_t \in \mathbb{R}^{N \times H}$ 그리고 **업데이트 게이트**update gate $\mathbf{Z}_t \in \mathbb{R}^{N \times H}$는 다음을 사용해 계산한다.

$$\mathbf{R}_t = \sigma(\mathbf{X}_t \mathbf{W}_{xr} + \mathbf{H}_{t-1} \mathbf{W}_{hr} + \boldsymbol{b}_r) \tag{15.23}$$

$$\mathbf{Z}_t = \sigma(\mathbf{X}_t \mathbf{W}_{xz} + \mathbf{H}_{t-1} \mathbf{W}_{hz} + \boldsymbol{b}_z) \tag{15.24}$$

이때 $\mathbf{R}_t$와 $\mathbf{Z}_t$의 각 요소는 시그모이드 함수 때문에 $[0, 1]$ 내에 있음을 주지하라.

이것이 주어졌을 때, 다음 식을 사용해 다음번의 '후보' 상태 벡터를 정의한다.

$$\tilde{\mathbf{H}}_t = \tanh(\mathbf{X}_t \mathbf{W}_{xh} + (\mathbf{R}_t \odot \mathbf{H}_{t-1})\mathbf{W}_{hh} + \boldsymbol{b}_h) \tag{15.25}$$

이는 재설정되지 않은 오래된 메모리를 ($\mathbf{R}_t \odot \mathbf{H}_{t-1}$을 사용해 계산한) 새로운 입력 $\mathbf{X}_t$와 조합한다. 결과 선형 조합을 tanh 함수를 통해 전달하여 은닉 유닛이 구간 $(-1, 1)$ 내에 있도록 한다. 리셋 게이트 $\mathbf{R}_t$의 항목이 1과 가깝다면, 표준적인 RNN 업데이트 규칙을 되찾는다. 항목이 0에 가까우면 모델은 $\mathbf{X}_t$에 적용된 MLP와 같이 움직인다. 따라서 리셋 게이트는 새로운, 단기적인 정보를 포착할 수 있다.

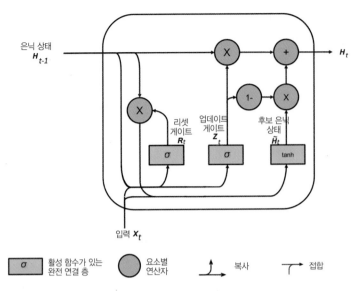

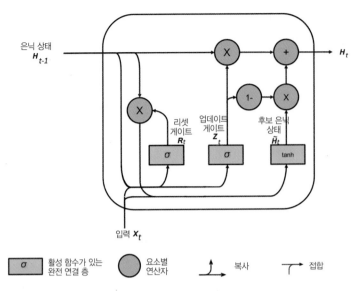

| σ 활성 함수가 있는 완전 연결 층 | ⬤ 요소별 연산자 | ⬏ 복사 | ⌐ 접합 |

그림 15.10 GRU를 보여준다. 출처: [Zha+20]의 그림 9.1.3

새로운 후보 상태를 계산했다면, 모델은 업데이트 게이트 $1 - \mathbf{Z}_t$를 통해 선택한 후보 상태 $\tilde{\mathbf{H}}_t$로부터의 차원을 사용하고, $\mathbf{H}_{t-1}$의 오래된 값에 있는 남아 있는 차원은 남겨둠으로써 실제의 새로운 상태를 계산한다.

$$\mathbf{H}_t = \mathbf{Z}_t \odot \mathbf{H}_{t-1} + (1 - \mathbf{Z}_t) \odot \tilde{\mathbf{H}}_t \tag{15.26}$$

$Z_{td} = 1$일 때, $H_{t-1,d}$를 바꾸지 않은 채로 전달하며 $\mathbf{X}_t$는 무시한다. 따라서 업데이트 게이트는 장기적인 의존성을 포착할 수 있다.

전체적인 아키텍처는 그림 15.10을, 샘플 코드는 gru_jax.ipynb를 참고하라.

15.2.7.2 장단기 메모리(LSTM)

이 절에서는 GRU의 더욱 정교한 버전인, [HS97b]의 **장단기 메모리**^{LSTM, Long Short Term Memory} 모델을 논의한다(이는 GRU보다 거의 20년 먼저 나왔다). 더욱 자세한 개요는 https://colah.github.io/posts/2015-08-Understanding-LSTMs를 참고하라.

기본적인 아이디어는 은닉 층 h_t를 **메모리 셀**^{memory cell} c_t로 보조한다는 것이다. 이 셀을 통제하기 위해서는 3개의 게이트가 필요하다. **출력 게이트**^{output gate} $\mathbf{O}_t$는 무엇을 읽어내는지^{read out}, **입력 게이트**^{input gate} $\mathbf{I}_t$는 무엇을 읽어 들이는지^{read in}, **망각 게이트**^{forget gate} $\mathbf{F}_t$는 언제 셀을 재설정해야 하는지 결정한다. 이들 게이트는 다음과 같이 계산한다.

$$\mathbf{O}_t = \sigma(\mathbf{X}_t \mathbf{W}_{xo} + \mathbf{H}_{t-1} \mathbf{W}_{ho} + \boldsymbol{b}_o) \tag{15.27}$$

$$\mathbf{I}_t = \sigma(\mathbf{X}_t \mathbf{W}_{xi} + \mathbf{H}_{t-1} \mathbf{W}_{hi} + \boldsymbol{b}_i) \tag{15.28}$$

$$\mathbf{F}_t = \sigma(\mathbf{X}_t \mathbf{W}_{xf} + \mathbf{H}_{t-1} \mathbf{W}_{hf} + \boldsymbol{b}_f) \tag{15.29}$$

그 뒤 후보 셀 상태를 계산한다.

$$\tilde{\mathbf{C}}_t = \tanh(\mathbf{X}_t \mathbf{W}_{xc} + \mathbf{H}_{t-1} \mathbf{W}_{hc} + \boldsymbol{b}_c) \tag{15.30}$$

셀에 대한 실제 업데이트는 후보 셀(입력 게이트가 켜져 있다면) 또는 오래된 셀에서(비망각 게이트가 켜져 있다면) 한다.

$$\mathbf{C}_t = \mathbf{F}_t \odot \mathbf{C}_{t-1} + \mathbf{I}_t \odot \tilde{\mathbf{C}}_t \tag{15.31}$$

$\mathbf{F}_t = 1$이고 $\mathbf{I}_t = 0$이라면, 이는 장기 메모리를 기억할 수 있다.[2]

마지막으로, 출력 게이트가 켜져 있다면 은닉 상태가 셀의 변환된 버전이 되도록 계산한다.

$$\mathbf{H}_t = \mathbf{O}_t \odot \tanh(\mathbf{C}_t) \tag{15.32}$$

$\mathbf{H}_t$는 유닛의 출력 및 다음 시간 단계를 위한 은닉 상태로 쓰인다는 점을 주지하라. 이는 모델이 무엇을 방금 출력했는지(단기 메모리) 기억하는 한편, 셀 $\mathbf{C}_t$가 장기 메모리처럼 움직일 수 있게 해준다. 전체 모델은 그림 15.11을, 샘플 코드는 lstm_jax.ipynb를 참고하라.

때때로 셀 상태를 게이트에 추가적인 입력으로 전달하는 **핍홀 연결**^{peephole connection}을 추가하기도 한다. 다른 많은 변형이 제안되어 왔다. 사실 [JZS15]는 유전 알고리듬을 사용해 10,000개가 넘는 다른 아키텍처들을 테스트했다. 이들 중 일부는 LSTM 또는 GRU보다 일을 잘했지만, 일반적으로 LSTM이 대부분의 과제에 걸쳐 일관적으로 일을 잘하는 것으로 나타났다. [Gre+17]에서도 비슷하게 결론 내렸다. 더욱 최근에 [ZL17]은 RNN 아키텍처를 구체화하는 문자열을 생성하는 RNN

---

2 [JZS15]에서는 중요한 사항 한 가지로 망각 게이트를 위한 편향 항 b_f를 큰 값으로 초기화하여 시그모이드가 1에 가까워지도록 해야 한다고 지적했다. 이는 정보를 시간에 따라 C 체인을 통해 쉽게 보낼 수 있도록 해준다. 이러한 요령 없이는 성능이 훨씬 나쁜 경우가 많다.

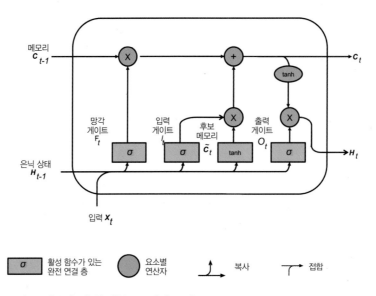

메모리
c_{t-1}

c_t

tanh

망각
게이트
F_t

입력
게이트
I_t

후보
메모리
$\tilde{c}_t$

출력
게이트
O_t

σ

σ

tanh

σ

은닉 상태
H_{t-1}

H_t

입력 x_t

| σ | 활성 함수가 있는 완전 연결 층 | ⬤ 요소별 연산자 | ↱ 복사 | ⌐ 접합 |

그림 15.11 LSTM을 보여준다. 출처: [Zha+20]의 그림 9.2.4

컨트롤러를 사용한 뒤, 강화학습을 사용해 컨트롤러를 학습시켰다. 이는 LSTM의 성능을 웃도는 새로운 셀 구조가 됐다. 그러나 이는 다소 복잡하며 커뮤니티에서 도입되지 못했다.

15.2.8 빔 검색

RNN으로부터 생성을 하는 가장 단순한 방법은 각 단계에서 $\hat{y}_t = \mathrm{argmax}_y\, p(y_t = y \mid \hat{y}_{1:t}, \boldsymbol{x})$를 계산하는 **탐욕적 디코딩**greedy decoding을 사용하는 것이다. 이 과정은 문장 끝end-of-sentence 토큰을 생성할 때까지 반복할 수 있다. 이 방법을 신경 머신 번역에 적용한 것을 보여주는 그림 15.8(b)를 참고하라.

안타깝게도 탐욕적 디코딩은 $\boldsymbol{y}^*_{1:T} = \mathrm{argmax}_{\boldsymbol{y}_{1:T}}\, p(\boldsymbol{y}_{1:T} \mid \boldsymbol{x})$로 정의된 MAP 시퀀스를 생성하지 않을 것이다. 그 이유는 각 단계 t에서의 국소적 최적 기호가 전역적인 최적 경로 위에 있지 않을 수도 있기 때문이다.

예시로 그림 15.12(a)를 고려해 보자. 단계 1에서 MAP 기호를 탐욕적으로 고르면 이는 A가 된다. 이를 조건부로 하여, 보이는 것과 같이 $p(y_2 \mid y_1 = A) = [0.1, 0.4, 0.3, 0.2]$라 해보자. 이로부터 탐욕적으로 MAP 기호를 고르면 이는 B가 된다. 이를 조건부로 하여, 보이는 것과 같이 $p(y_3 \mid y_1$

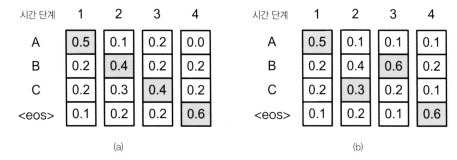

시간 단계

	1	2	3	4
A	0.5	0.1	0.2	0.0
B	0.2	0.4	0.2	0.2
C	0.2	0.3	0.4	0.2
\<eos\>	0.1	0.2	0.2	0.6

(a)

시간 단계

	1	2	3	4
A	0.5	0.1	0.1	0.1
B	0.2	0.4	0.6	0.2
C	0.2	0.3	0.2	0.1
\<eos\>	0.1	0.2	0.1	0.6

(b)

그림 15.12 2개의 다른 시퀀스를 위해 각 시간 단계에서 각 토큰을 생성하는 조건부 확률. 출처: [Zha+20]의 그림 9.8.1과 그림 9.8.2. 애스턴 장이 친절하게 사용을 허가했다.

$= A$, $y_2 = B) = [0.2, 0.2, 0.4, 0.2]$라 해보자. 이로부터 탐욕적으로 MAP 기호를 고르면 이는 C가 된다. 이를 조건부로 하여, 보이는 것과 같이 $p(y_4 | y_1 = A, y_2 = B, y_3 = C) = [0.0, 0.2, 0.2, 0.6]$이라고 해보자. 이로부터 탐욕적으로 MAP 기호를 고르면, 이는 eos(문장의 끝)이므로 생성을 중단한다. 생성된 시퀀스의 전체 확률은 $0.5 \times 0.4 \times 0.4 \times 0.6 = 0.048$이다.

이제 그림 15.12(b)를 고려해 보자. 단계 2에서 두 번째로 가장 가능성 있는 토큰, 즉 C를 고른다고 해보자. 이를 조건부로 하여, 보이는 것과 같이 $p(y_3 | y_1 = A, y_2 = C) = [0.1, 0.6, 0.2, 0.1]$이라 해보자. 이로부터 MAP 기호를 탐욕적으로 고르면 이는 B가 된다. 이를 조건부로 하여, 보이는 것과 같이 $p(y_4 | y_1 = A, y_2 = C, y_3 = B) = [0.1, 0.2, 0.1, 0.6]$이라 해보자. 이로부터 탐욕적으로 MAP 기호를 고르면, 이는 eos(문장의 끝)이므로 생성을 중단한다. 생성된 문장의 전체 확률은 $0.5 \times 0.3 \times 0.6 \times 0.6 = 0.054$이다. 따라서 덜 탐욕적이 됨으로써, 전체적으로 더 높은 가능도를 갖는 시퀀스를 발견했다.

은닉 마르코프 모델에서는 **비터비 디코딩**Viterbi decoding(이는 **다이내믹 프로그래밍**dynamic programming의 예다)이라 부르는 알고리듬을 사용해 전역적인 최적 시퀀스를 $O(TV^2)$시간으로 계산할 수 있다. 여기서 V는 어휘 내 단어의 개수다(자세한 내용은 [Mur23]을 참고하라). 그러나 RNN에서는 은닉 상태가 데이터를 위한 충분 통계량이 아니므로 전역 최적점 계산에 $O(V^T)$가 걸린다.

빔 검색beam search은 훨씬 빠른 휴리스틱한 방법이다. 이 접근법에서는 각 단계에서마다 상위 K개의 후보 출력을 계산한다. 그 뒤 각각을 모든 V개의 가능한 방식으로 확장하여 VK개 후보를 생성한다. 이로부터 상위 K를 다시 고른다. 이 과정은 그림 15.13이 보여준다.

또한 알고리듬을 확장하여, **확률적 빔 검색**stochastic beam search이라 부르는 방법을 사용해 상위 K개

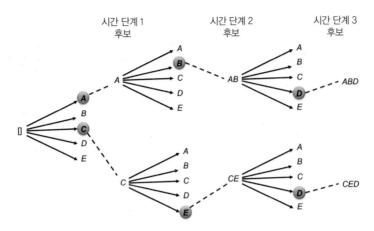

시간 단계 1
후보

시간 단계 2
후보

시간 단계 3
후보

그림 15.13 크기 $K = 2$의 빔을 사용하는 빔 검색을 보여준다. 어휘는 $\mathcal{Y} = \{A, B, C, D, E\}$이며 크기가 $V = 5$이다. 1단계에서의 상위 2개 기호가 A, C라 가정한다. 2단계에서 각각의 $y \in \mathcal{Y}$에 대해 $p(y_1 = A, y_2 = y)$ 그리고 $p(y_1 = C, y_2 = y)$를 값매김한다. 그 뒤 상위 2개의 부분적인 경로를 고르면 이는 $(y_1 = A, y_2 = B)$ 그리고 $(y_1 = C, y_2 = E)$가 되며, 이를 똑같은 방법으로 계속한다. 출처: [Zha+20]의 그림 9.8.3

문장을 복원 없이(즉, 상위의 것을 고르고, 재정규화하고, 새로운 상위의 것을 고르는 등) 표집할 수 있다. 이는 모델의 부분적인 확률을 각 단계에서 검벨 잡음Gumbel noise으로 섭동perturb시킨다. 자세한 내용은 [KHW19]를, 그리고 시퀀스적인 대안은 [SBS20]을 참고하라. 이러한 표집법은 출력의 다양성을 개선할 수 있다(또한 [Vij+18]의 결정론적 방법인 **다이버스 빔 검색**diverse beam search을 참고하라).

15.3 1차원 CNN

합성곱 신경망(14장)은 각 입력을 위한 어떠한 국소적인 이웃의 함수를 묶인 가중치를 사용해 계산하고, 출력을 반환한다. 이들은 주로 2차원 입력에서 쓰이지만, 다음에 논의하듯이 1차원인 경우에도 적용할 수 있다. 이들은 RNN의 흥미로운 대안이며, 장기적인 은닉 상태를 유지할 필요가 없기 때문에 훈련시키기가 훨씬 쉽다.

15.3.1 시퀀스 분류를 위한 1차원 합성곱

이 절에서는 가변 길이 시퀀스에서 고정 길이 출력으로의 매핑을 학습하기 위한 1차원 CNN의 사용을 고려한다. 즉, 함수가 $f_{\boldsymbol{\theta}} : \mathbb{R}^{DT} \to \mathbb{R}^C$ 형식이며, 여기서 T는 입력의 길이, D는 입력마다 특성의 개수, C는 출력 벡터(예: 클래스 로짓)의 크기다.

1차원 시퀀스에 적용된 기본적인 1차원 합성곱 연산은 그림 14.4가 보여준다. 통상적으로 입력 시퀀스는 $D > 1$개 입력 채널(특성 차원)을 가질 것이다. 이 경우 각 입력 채널에 대해 서로 다른 1차원 필터(커널)를 사용해 각 채널마다 개별적으로 합성곱을 하고 결과를 더하여 $z_i = \Sigma_d \, \boldsymbol{x}^{\mathsf{T}}_{i-k:i+k,d} \boldsymbol{w}_d$ 를 얻을 수 있다. 여기서 k는 1차원 수용 영역의 크기이며, $\boldsymbol{w}_d$는 입력 채널 d를 위한 필터다. 이는 입력을 인코딩하는 1차원 벡터 $\boldsymbol{z} \in \mathbb{R}^T$를 만들어 낸다(경계 효과는 무시함). 각 위치를 위한 벡터 표현은 각 출력 채널 c를 위한 서로 다른 가중치 벡터를 사용해 만들어 $z_{ic} = \Sigma_d \, \boldsymbol{x}^{\mathsf{T}}_{i-k:i+k,d} \boldsymbol{w}_{d,c}$로 얻을 수 있다. 이는 TD에서 TC로의 매핑을 구현한다. 이를 고정된 크기의 벡터 $\boldsymbol{z} \in \mathbb{R}^C$로 축소하려면, 시간을 따라 맥스풀링을 사용해 $z_c = \max_i z_{ic}$를 얻을 수 있다. 그런 다음 이를 소프트맥스

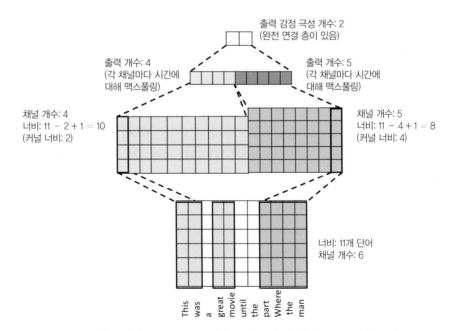

그림 15.14 이항 감정 분석을 위한 TextCNN 모델을 보여준다. 출처: [Zha+20]의 그림 15.3.5

층으로 넘길 수 있다.

[Kim14]에서 저자는 이 모델을 시퀀스 분류에 적용했다. 아이디어는 각 단어를 임베딩 층을 사용해 임베딩한 뒤, 서로 다른 너비의 1차원 커널을 사용해 다양한 특성을 계산하여 서로 다른 길이의 스케일을 갖는 패턴을 포착하는 것이다. 그 뒤 시간에 대해 맥스풀링을 적용하고, 결과를 접합하고, 완전 연결 층에 넘긴다. 자세한 내용은 그림 15.14를, 코드는 cnn1d_sentiment_jax.ipynb를 참고하라.

15.3.2 시퀀스 생성을 위한 인과적 1d CNN

1차원 CNN을 생성적 환경에서 사용하려면, 이들을 각 출력 변수가 오직 이전에 생성된 변수에만 의존하는 **인과적 CNN**^{causal CNN}으로 변환해야만 한다(이는 또한 **합성곱 마르코프 모델**^{convolutional Markov model}이라고도 한다). 특히 모델은 다음과 같이 정의한다.

$$p(\boldsymbol{y}) = \prod_{t=1}^{T} p(y_t|\boldsymbol{y}_{1:t-1}) = \prod_{t=1}^{T} \text{Cat}(y_t|\text{softmax}(\varphi(\sum_{\tau=1}^{t-k} \boldsymbol{w}^\mathsf{T} \boldsymbol{y}_{\tau:\tau+k}))) \tag{15.33}$$

여기서 $\boldsymbol{w}$는 크기 k의 합성곱 필터이며, 표기법의 단순함을 위해 비선형성 φ가 하나이며 출력이 범주형이라 가정한다. 이는 미래 입력을 '가린다^{mast out}'는 점을 제외하고 보통의 1차원 합성곱과 비슷하므로, y_t는 과거와 미래 값이 아닌 과거 값에만 의존한다. 이는 **인과적 합성곱**^{causal convolution}이라 부른다. 물론 더 깊은 모델을 사용할 수 있으며, 입력 특성 $\boldsymbol{x}$에 조건부화할 수 있다.

장기적인 범위의 의존성을 포착하려면, 그림 15.15와 같이 팽창 합성곱(14.4.1절)을 사용할 수 있다. 이 모델은 wavenet[oor+16]이라 하는 최신 **텍스트 투 스피치**^{TTS, Text To Speech} 합성 시스템을 성공적으로 만드는 데 사용됐다. 특히 이들은 10개의 인과적인 1차원 합성곱 층을 1, 2, 4, ..., 256, 512의 팽창률로 쌓아 1024의 유효 수용 영역을 갖는 합성곱 블록을 얻어냈다(각 층 이전 입력 시퀀스에 팽창률과 같은 수의 0을 좌측으로 패딩했으므로, 각 층이 같은 너비를 갖는다). 이들은 그 뒤 이 블록을 세 번 반복시켜 더 깊은 특성을 계산했다.

wavenet에서 조건화 정보^{conditioning information} $\boldsymbol{x}$는 단어의 입력 시퀀스로부터 유도한 언어적인 특성 집합이다. 모델은 그 뒤 앞의 모델을 사용해 날것의 오디오를 생성한다. 또한 언어적인 특성 대신에 날것의 단어로부터 시작하는, 완전한 엔드 투 엔드^{end-to-end} 접근법을 만들어 내는 것도 가능

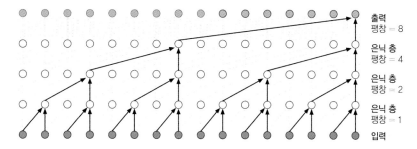

그림 15.15 팽창 인자가 1, 2, 4, 8인 팽창된(진한 검정색) 합성곱을 사용하는 wavenet 모델을 보여준다. 출처: [oor+16]의 그림 3. 아론 반 덴 오르드(Aaron van den Oord)가 친절하게 사용을 허가했다.

하다([Wan+17] 참고).

wavenet은 고품질의 스피치를 만들어 내지만, 프로덕션 시스템에서 사용하기에는 너무 느리다. 그러나 이는 병렬적인 생성 모델로 '증류^{distilled}'시킬 수 있다[Oor+18]. 이러한 종류의 병렬적인 생성 모델은 후속판 [Mur23]에서 논의한다.

15.4 어텐션

지금까지 고려한 모든 신경망에서 은닉 활성화는 입력 활성화의 선형 조합 다음에 비선형성 $z = \varphi(\mathbf{W}v)$가 따라왔다. 여기서 $v \in \mathbb{R}^v$는 은닉 특성 벡터, $\mathbf{W} \in \mathbb{R}^{v' \times v}$는 훈련 집합으로부터 학습한 가중치의 고정된 집합이다.

그러나 모델이 입력 쿼리^{query} 벡터 $q \in \mathbb{R}^q$가 m개의 키^{key} 집합 $\mathbf{K} \in \mathbb{R}^{m \times k}$와 얼마나 비슷한지에 기반하여, m개의 특성 벡터 또는 값^{value} $\mathbf{V} \in \mathbb{R}^{m \times v}$ 중 무엇을 사용할지를 동적으로 결정하는 더욱 유연한 모델을 상상할 수 있다. q가 키 i와 가장 비슷하다면, 값 v_i를 사용한다. 이것이 **어텐션 메커니즘**^{attention mechanism} 이면의 기본적인 아이디어다. 이 아이디어는 본래 시퀀스 모델을 위해 개발됐으므로, 이러한 맥락에서 설명할 것이다. 그러나 이는 더욱 폭넓게 적용할 수 있다. 다음 절에서 우리가 보여주는 것은 [Zha+20, 10장]에 기반한다.

15.4.1 소프트 딕셔너리 룩업으로서의 어텐션

어텐션은 쿼리 $\boldsymbol{q}$를 각각의 키 $\boldsymbol{k}_i$와 비교한 뒤 해당하는 값 $\boldsymbol{v}_i$를 반환하는 딕셔너리 룩업dictionary lookup으로 생각할 수 있다. 이러한 룩업 연산이 단일 값 $\boldsymbol{v}_i$를 반환하는 대신에 미분 가능하게 만들려면, 다음과 같이 값의 볼록 조합을 계산한다.

$$\mathrm{Attn}(\boldsymbol{q}, (\boldsymbol{k}_1, \boldsymbol{v}_1), \ldots, (\boldsymbol{k}_m, \boldsymbol{v}_m)) = \mathrm{Attn}(\boldsymbol{q}, (\boldsymbol{k}_{1:m}, \boldsymbol{v}_{1:m})) = \sum_{i=1}^{m} \alpha_i(\boldsymbol{q}, \boldsymbol{k}_{1:m}) \boldsymbol{v}_i \in \mathbb{R}^v \quad (15.34)$$

여기서 $\alpha_i(\boldsymbol{q}, \boldsymbol{k}_{1:m})$은 i번째 **어텐션 가중치**attention weight다. 이들 가중치는 각 i에 대해 $0 \leq \alpha_i(\boldsymbol{q}, \boldsymbol{k}_{1:m}) \leq 1$을 만족시키며 $\Sigma_i\, \alpha_i(\boldsymbol{q}, \boldsymbol{k}_{1:m}) = 1$이다.

어텐션 가중치는 쿼리 $\boldsymbol{q}$와 키 $\boldsymbol{k}_i$의 유사도를 계산하는 **어텐션 점수**attention score 함수 $a(\boldsymbol{q}, \boldsymbol{k}_i) \in \mathbb{R}$로부터 계산할 수 있다. 이러한 몇 가지 점수 함수는 아래에서 논의한다. 점수가 주어지면, 소프트맥스 함수를 사용해 어텐션 가중치를 계산할 수 있다.

$$\alpha_i(\boldsymbol{q}, \boldsymbol{k}_{1:m}) = \mathrm{softmax}_i([a(\boldsymbol{q}, \boldsymbol{k}_1), \ldots, a(\boldsymbol{q}, \boldsymbol{k}_m)]) = \frac{\exp(a(\boldsymbol{q}, \boldsymbol{k}_i))}{\sum_{j=1}^{m} \exp(a(\boldsymbol{q}, \boldsymbol{k}_j))} \quad (15.35)$$

그림 15.16을 참고하라.

몇몇 경우 어텐션을 딕셔너리의 유효한 항목에 해당하는 부분집합으로 한정하기를 원할 수 있

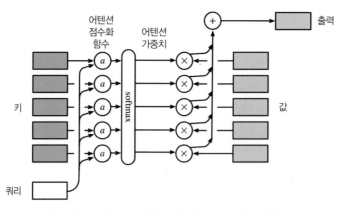

그림 15.16 어텐션이 값 집합의 가중된 평균을 계산한다. 이때 가중치는 쿼리 벡터를 키 집합과 비교하여 유도한다. 출처: [Zha+20]의 그림 10.3.1. 애스턴 장이 친절하게 사용을 허가했다.

다. 예를 들어 시퀀스를 고정된 길이로 패딩하기를 원할 수도 있으며(효율적인 미니배치를 하기 위해), 이 경우 패딩된 위치를 '가려야만$^{mask\ out}$' 한다. 이는 **마스크된 어텐션**$^{masked\ attention}$이라 부른다. 이러한 것은 마스크된 항목을 위한 어텐션 점수를 -10^6과 같이 큰 음수로 둠으로써 효율적으로 구현할 수 있다. 따라서 해당 소프트맥스 가중치는 0이 될 것이다(이는 15.3.2절에서 논의한 인과적 합성곱과 유사하다).

15.4.2 비모수 어텐션으로서의 커널 회귀

16.3.5절에서 다음 형식의 비모수 모델인 커널 회귀를 논의한다.

$$f(x) = \sum_{i=1}^{n} \alpha_i(x, x_{1:n}) y_i \tag{15.36}$$

여기서 $\alpha_i(x, x_{1:n}) \geq 0$은 테스트 입력 x와 훈련 입력 x_i 사이의 정규화된 유사도를 측정한다. 이 유사도 측정치는 가우스와 같은 밀도 커널 측면의 어텐션 점수를 정의하여 주로 계산한다.

$$\mathcal{K}_\sigma(u) = \frac{1}{\sqrt{2\pi\sigma^2}} e^{-\frac{1}{2\sigma^2}u^2} \tag{15.37}$$

여기서 σ는 대역폭^{bandwidth}이라 부른다. 그 뒤 $a(x, x_i) = \mathcal{K}_\sigma(x - x_i)$를 정의한다.

점수가 정규화되어 있으므로 $\frac{1}{\sqrt{2\pi\sigma^2}}$ 항은 버릴 수 있다. 추가로 [Zha+20, 10장]과의 표기법 통일성을 유지하기 위해, 지수 안에 있는 항은 다음과 같이 다시 쓴다.

$$\mathcal{K}(u; w) = \exp(-\frac{w^2}{2}u^2) \tag{15.38}$$

이를 식 (15.36)에 집어넣으면 다음을 얻는다.

$$f(x) = \sum_{i=1}^{n} \alpha_i(x, x_{1:n}) y_i \tag{15.39}$$

$$= \sum_{i=1}^{n} \frac{\exp[-\frac{1}{2}((x - x_i)w)^2]}{\sum_{j=1}^{n} \exp[-\frac{1}{2}((x - x_j)w)^2]} y_i \tag{15.40}$$

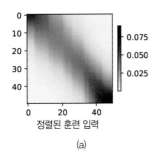
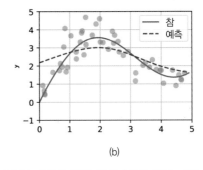

(a)   (b)

그림 15.17 1차원 커널 회귀: (a) 커널 가중치 행렬, (b) 테스트 지점의 밀집 격자에서의 결과 예측. kernel_regression_attention.ipynb로 생성했다.

$$= \sum_{i=1}^{n} \text{softmax}_i \left[-\frac{1}{2}((x - x_1)w)^2, \cdots, -\frac{1}{2}((x - x_n)w)^2 \right] y_i \qquad (15.41)$$

이는 비모수적 어텐션의 한 형식으로 해석할 수 있으며, 여기서 쿼리는 테스트 지점 x, 키는 훈련 예제 x_i, 그리고 값은 훈련 라벨 y_i이다.

$w = 1$이라 두면, 테스트 입력 j를 위한 결과 어텐션 행렬 $A_{ji} = \alpha_i(x_j, x_{1:n})$은 그림 15.17(a)에서 보여준다. 예측된 결과 곡선은 그림 15.17(b)가 보여준다.

그림 15.17(a)의 대각 밴드의 크기, 그리고 따라서 어텐션 메커니즘의 희박성은 모수 w에 의존한다. w를 키우면 이는 커널 대역폭을 축소하는 것에 해당하며, 밴드는 좁아지지만 모델은 과적합하기 시작할 것이다.

15.4.3 모수적 어텐션

15.4.2절에서 스칼라 쿼리를 (테스트 지점) 훈련 집합의 각각의 스칼라 값과 비교하는 가우스 커널 측면에서 어텐션 점수를 정의했다. 이는 커다란 훈련 집합 또는 고차원 입력으로 잘 스케일링되지 않는다. 그러므로 어텐션을 모수적인 모델로 바꿀 텐데, 이때 고정된 키 그리고 값 집합이 있으며, 학습한 임베딩 공간 내에서 쿼리와 키를 비교한다.

이를 하는 방법은 몇 가지가 있다. 일반적인 경우 쿼리 $\boldsymbol{q} \in \mathbb{R}^q$ 그리고 키 $\boldsymbol{k} \in \mathbb{R}^k$는 다른 크기를 가질 수도 있다. 이를 비교하려면 $\mathbf{W}_q \boldsymbol{q}$와 $\mathbf{W}_k \boldsymbol{k}$를 계산하여 이들을 크기 h의 공통적인 공간으

로 매핑할 수 있다. 그 뒤 이들을 MLP로 전달하여 다음의 **가법적 어텐션**additive attention 점수 함수를 얻을 수 있다.

$$a(\boldsymbol{q}, \boldsymbol{k}) = \boldsymbol{w}_v^{\mathsf{T}} \tanh(\mathbf{W}_q \boldsymbol{q} + \mathbf{W}_k \boldsymbol{k}) \in \mathbb{R} \tag{15.42}$$

더욱 연산 효율적인 접근법은 쿼리와 키가 같은 길이 d를 갖는다고 가정하는 것이며, 따라서 $\boldsymbol{q}^{\mathsf{T}} \boldsymbol{k}$ 를 직접 계산할 수 있다. 이들이 평균이 0이고 단위 분산을 갖는 독립적인 무작위 변수라 가정한다면, 이들의 내적의 평균은 0이며 분산은 d이다(이는 식 (2.34)와 식 (2.39)를 따른다). 내적의 분산이 입력의 크기와 상관없이 1을 유지하도록 하려면, $\sqrt{d}$ 로 나누는 것이 표준이다. 이는 **스케일링된 내적 어텐션**scaled dot-product attention이 된다.

$$a(\boldsymbol{q}, \boldsymbol{k}) = \boldsymbol{q}^{\mathsf{T}} \boldsymbol{k} / \sqrt{d} \in \mathbb{R} \tag{15.43}$$

실제로는 주로 한 번에 n 벡터만큼 미니배치를 다룬다. 해당 쿼리, 키, 값의 벡터를 $\mathbf{Q} \in \mathbb{R}^{n \times d}$, $\mathbf{K} \in \mathbb{R}^{m \times d}$, $\mathbf{V} \in \mathbb{R}^{m \times v}$로 표기한다고 해보자. 그러면 다음과 같이 어텐션 가중 출력을 계산할 수 있다.

$$\text{Attn}(\mathbf{Q}, \mathbf{K}, \mathbf{V}) = \text{softmax}\left(\frac{\mathbf{Q}\mathbf{K}^{\mathsf{T}}}{\sqrt{d}}\right)\mathbf{V} \in \mathbb{R}^{n \times v} \tag{15.44}$$

이때 소프트맥스 함수 softmax는 행마다 적용한다. 샘플 코드는 attention_jax.ipynb를 참고하라.

15.4.4 어텐션이 있는 seq2seq

15.2.3절의 seq2seq 모델을 회상해 보라. 이는 $\boldsymbol{h}_t^d = f_d(\boldsymbol{h}_{t-1}^d, \boldsymbol{y}_{t-1}, \boldsymbol{c})$ 형식의 RNN 디코더를 사용하며, 여기서 $\boldsymbol{c}$는 입력 $\boldsymbol{x}_{1:T}$의 인코딩을 나타내는 고정된 길이의 컨텍스트 벡터다. 보통 $\boldsymbol{c} = \boldsymbol{h}_T^e$라 두며, 이는 인코더 RNN의 최종 상태다(또는 평균 풀링이 있는 양방향 RNN을 사용한다). 그러나 머신 번역과 같은 과제에서는 출력이 스스로 입력 단어에 접근하지 못하므로 성능이 나쁠 수 있다. 이러한 병목은 출력 단어가 입력 단어를 직접 '보도록' 허용하여 피할 수 있다. 그러나 어떤 입력을 봐야 하는가? 결국 단어 순서가 언어마다 항상 유지되지는 않으므로(예를 들어, 독일어는 동사를 문장 끝에 두는 경우가 많다) 출처와 목표 사이의 **정렬**alignment을 추론해야 한다.

이 문제는 [BCB15; LPM15]에서 처음 제안했듯이 (소프트) **어텐션**을 사용함으로써 (미분 가능한 방식으로) 풀 수 있다. 특히 다음과 같이 디코더의 고정된 컨텍스트 벡터 c를 동적인 컨텍스트 벡터 c_t로 바꿀 수 있다.

$$c_t = \sum_{i=1}^{T} \alpha_i(h_{t-1}^d, h_{1:T}^e) h_i^e \tag{15.45}$$

이는 쿼리가 이전 단계에서의 은닉 상태인 h_{t-1}^d이고, 키는 인코더로부터의 모든 은닉 상태이며, 값 또한 인코더의 은닉 상태인 어텐션을 사용한다(RNN이 복수의 은닉 층을 가질 때, 주로 인코더의 최상단 층을 키와 값으로 가져오며 디코더의 최상단 층을 쿼리로 가져온다). 이 컨텍스트 벡터는 디코더의 입력 벡터 y_{t-1}과 접합되며, 이전 은닉 상태 h_{t-1}^d과 함께 디코더로 공급되어 h_t^d를 만들어 낸다. 전체 모델은 그림 15.18을 참고하라.

이 모델은 문장 쌍에서 보통의 방법으로 훈련시킨 뒤, 이를 사용해 머신 번역을 수행할 수 있다 (샘플 코드는 nmt_attention_jax.ipynb를 참고하라). 또한 디코딩의 각 단계에서 계산된 어텐션 가중치를 시각화하여, 모델이 입력의 어느 부분이 해당 출력을 생성하는 데 가장 유의미하다고 생각하는지에 대한 아이디어를 얻을 수 있다. 그림 15.19에서 예시를 볼 수 있다.

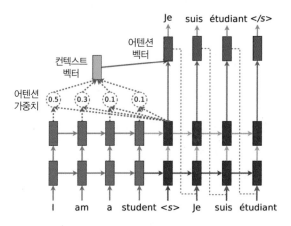

그림 15.18 영어에서 프랑스어 번역을 위한 어텐션이 있는 seq2seq를 보여준다. 민 탕 루옹(Minh-Thang Luong)이 친절하게 사용을 허가했다.

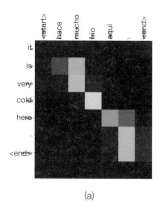 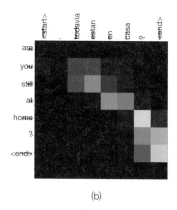

(a) (b)

그림 15.19 2개의 문장을 스페인어에서 영어로 번역하는 동안 생성된 어텐션 히트맵을 보여준다. (a) 입력은 'hace mucho frio aqui.', 출력은 'it is very cold here.'이다. (b) 입력은 '¿todavia estan en casa?', 출력은 'are you still at home?'이다. 출력 토큰 'home'을 생성할 때 모델이 입력 토큰 'casa'에 어텐션해야 하지만, 실제로는 입력 토큰 '?'에 어텐션하는 것으로 보인다. 출처: https://www.tensorflow.org/tutorials/text/nmt_with_attention

15.4.5 어텐션이 있는 seq2vec(텍스트 분류)

어텐션을 시퀀스 분류기와 함께 사용할 수도 있다. 예를 들어 [Raj+18]은 RNN 분류기를 환자가 사망할지 아닐지를 예측하는 문제에 적용한다. 입력은 **전자 건강 기록**electronic health records 집합이며, 이는 구조적인 데이터 및 비구조적 텍스트(임상적인 노트)를 갖는 시계열이다. 그림 15.20과 같이 어텐션은 입력의 '유효한' 부분을 식별하는 데 유용하다.

15.4.6 어텐션이 있는 Seq+Seq2Vec(텍스트 쌍 분류)

문장 "A person on a horse jumps over a log(말 위의 사람이 통나무를 넘는다)"(이를 **전제**premise라 부르자)가 있으며 나중에 "A person is outdoors on a horse(사람이 야외에서 말을 탄다)"(이를 **가설**hypothesis이라 부르자)를 읽는다고 해보자. 이는 전제가 가설을 **함의한다**entail고 말할 수 있을 것이다. 이는 전제가 주어졌을 때 가설이 더 가능성이 있음을 뜻한다.[3] 이제 가설이 "A person is at a diner ordering

---

3 전제가 가설을 논리적으로 암시하지는 않음을 주지하라. 왜냐하면 사람이 실내에서 승마를 할 수도 있지만, 일반적으로는 실외에서 하기 때문이다. 또한 문구 'a person'이 두 문장에서 같은 사람을 가리키고 있다고 가정하고 있다.

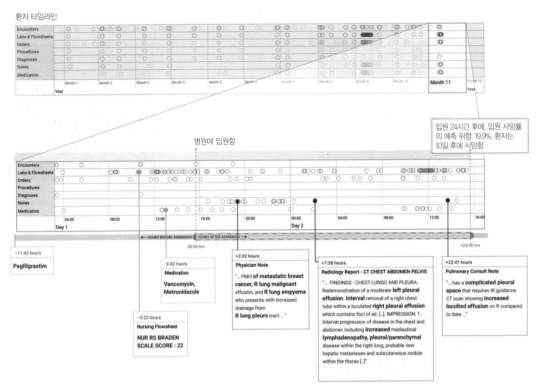

환자 타임라인

병원에 입원함

입원 24시간 후에, 입원 사망률의 예측 위험: 19.9%, 환자는 10일 후에 사망함

~11:42 hours

Pegfilgrastim

-2:42 hours

Medication

Vancomycin, Metronidazole

~3:23 hours

Nursing Flowsheet

NUR RS BRADEN SCALE SCORE : 22

+3:33 hours

Physician Note

"... PMH **of metastatic breast cancer, R lung malignant** effusion, and **R lung empyema** who presents with increased drainage from

R lung pleurx tract ... "

+7:38 hours

Radiology Report - CT CHEST ABDOMEN PELVIS

"... FINDINGS : CHEST LUNGS AND PLEURA: Redemonstration of a moderate **left pleural effusion**. interval removal of a right chest tube within a loculated **right pleural effusion** which contains foci of air. [...]. IMPRESSION: 1. Interval progression of disease in the chest and abdomen including **increased** mediastinal **lymphadenopathy, pleural/parenchymal** disease within the right lung, probable new hepatic metastases and subcutaneous nodule within the thorax [...]"

+22:47 hours

Pulmonary Consult Note

"... has a **complicated pleural space** that requires IR guidance. CT scan showing **increased loculted effusion** on R compared to date ..."

그림 15.20 전자 건강 기록의 예시. 예시에서 병원에 입원한 지 24시간 후에, RNN 분류기는 사망 위험을 19.9%로 예측했다. 환자는 결국 입원 후 10일 만에 사망했다. 어텐션 메커니즘이 식별한, 임상적인 노트 입력으로부터의 '유효한' 키워드는 빨간색으로 보여주고 있다. 출처: [Raj+18]의 그림 3. 얼빈 라코마르(Alvin Rakomar)가 친절하게 사용을 허가했다.

an omelette(사람이 식당에서 오믈렛을 주문한다)"이라 해보자. 이 경우 전제가 주어졌을 때 가설의 가능성이 낮아지므로, 전제가 가설에 **모순된다**contradict고 말할 수 있다. 마지막으로 가설이 "A person is training his horse for a competition(사람이 대회를 위해 말을 훈련시키고 있다)"이라 해보자. 이 경우 전제와 가설 사이의 관계가 **중립**neutral임을 알 수 있다. 가설이 전제를 따르거나 따르지 않을 수도 있기 때문이다. 문장의 쌍을 이 3개의 범주로 분류하는 과제를 **텍스트 함의**textual entailment 또는 '**자연어 추론**natural language inference'이라 한다. 이 분야에서의 표준적인 벤치마크는 **스탠퍼드 자연어 추론**Stanford Natural Language Inference, 즉 SNLI 말뭉치다[Bow+15]. 이는 550,000개의 라벨링된 문장의 쌍으로 되어 있다.

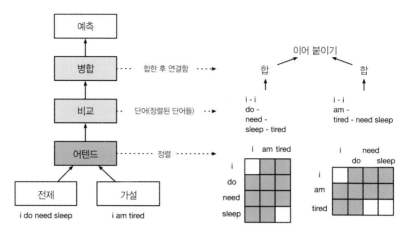

그림 15.21 전제("나는 정말로 잠이 필요하다(I do need sleep)")를 가설("나는 피곤하다(I am tired)")과 정렬하기 위해 어텐션이 있는 MLP를 사용하는 문장의 쌍 함의 분류를 보여준다. 흰색 사각형은 활동적인 어텐션 가중치를, 파란색 사각형은 비활동적임을 나타낸다(단순함을 위해 하드한 0/1 어텐션을 가정한다). 출처: [Zha+20]의 그림 15.5.2. 애스턴 장이 친절하게 사용을 허가했다.

이러한 분류 문제를 위한 흥미로운 해법은 [Par+16a]에서 제시했는데, 당시에는 SNLI 데이터셋에서의 최신 기법이었다. 전반적인 접근법은 그림 15.21에서 보여준다. $\mathbf{A} = (\boldsymbol{a}_1, \ldots, \boldsymbol{a}_m)$이 전제 그리고 $\mathbf{B} = (\boldsymbol{b}_1, \ldots, \boldsymbol{b}_n)$이 가설이라 해보자. 여기서 $\boldsymbol{a}_i, \boldsymbol{b}_j \in \mathbb{R}^E$는 단어의 임베딩 벡터다. 모델은 3단계를 갖는다. 먼저 전제에 있는 각 단어 $\boldsymbol{a}_i$가 가설에 있는 각 단어 $\boldsymbol{b}_j$에 어텐드하여 어텐션 가중치를 계산한다.

$$e_{ij} = f(\boldsymbol{a}_i)^\mathsf{T} f(\boldsymbol{b}_j) \tag{15.46}$$

여기서 $f : \mathbb{R}^E \to \mathbb{R}^D$는 MLP이다. 그 뒤 가설 내 맞는 단어의 가중된 평균을 계산한다.

$$\boldsymbol{\beta}_i = \sum_{j=1}^{n} \frac{\exp(e_{ij})}{\sum_{k=1}^{n} \exp(e_{ik})} \boldsymbol{b}_j \tag{15.47}$$

다음으로 $\boldsymbol{a}_i$와 $\boldsymbol{\beta}_i$를 비교하는데, 이는 이들의 접합을 MLP $g : \mathbb{R}^{2E} \to \mathbb{R}^H$를 사용해 은닉 공간으로 매핑해서 한다.

$$\boldsymbol{v}_{A,i} = g([\boldsymbol{a}_i, \boldsymbol{\beta}_i]), \ i = 1, \ldots, m \tag{15.48}$$

마지막으로, 비교한 것을 병합하여 전제와 가설의 전체적인 유사도를 구한다.

$$\boldsymbol{v}_A = \sum_{i=1}^{m} \boldsymbol{v}_{A,i} \tag{15.49}$$

비슷하게 다음을 사용해 가설을 전제와 비교할 수 있다.

$$\boldsymbol{\alpha}_j = \sum_{i=1}^{m} \frac{\exp(e_{ij})}{\sum_{k=1}^{m} \exp(e_{kj})} \boldsymbol{a}_i \tag{15.50}$$

$$\boldsymbol{v}_{B,j} = g([\boldsymbol{b}_j, \boldsymbol{\alpha}_j]), \ j = 1, \ldots, n \tag{15.51}$$

$$\boldsymbol{v}_B = \sum_{j=1}^{n} \boldsymbol{v}_{B,j} \tag{15.52}$$

마지막에서 또 다른 MLP $h : \mathbb{R}^{2H} \to \mathbb{R}^3$을 사용해 출력을 분류한다.

$$\hat{y} = h([\boldsymbol{v}_A, \boldsymbol{v}_B]) \tag{15.53}$$

샘플 코드는 entailment_attention_mlp_jax.ipynb를 참고하라.

이 모델을 수정하여 문장 쌍에서 출력 라벨로의 다른 종류의 매핑을 학습할 수 있다. 예를 들어 **의미론적 텍스트 유사도**semantic textual similarity 과제에서의 목표는 두 입력 문장이 어떻게 의미론적으로 관련이 있는지 예측하는 것이다. 이를 위한 표준적인 데이터셋은 **STS Benchmark**이며[Cer+17], 여기서 관련성relatedness은 범위가 0(관련이 없음을 뜻함)에서 5(최대한으로 관련이 있음)이다.

15.4.7 소프트 어텐션과 하드 어텐션

어텐션 히트맵을 희박하도록 강제하여 각 출력이 모든 입력 위치의 가중 조합 대신에 하나의 입력 위치에만 어텐드할 수 있다면, 이는 **하드 어텐션**hard attention이라 부른다. 그림 15.22의 이미지 캡션 문제에서 이 두 접근법을 비교한다. 안타깝게도 하드 어텐션은 미분 불가능한 훈련 목적 함수를 야기하며, 모델 적합에 강화학습 같은 방법을 필요로 한다. 자세한 내용은 [Xu+15]를 참고하라.

앞의 예시로부터 이들 어텐션 히트맵이 왜 모델이 주어진 출력을 생성하는지 '설명'할 수 있는 것으로 보인다. 그러나 어텐션의 해석력은 논란의 여지가 있다(예로 [JW19; WP19; SS19; Bru+19] 의 논의를 참고하라).

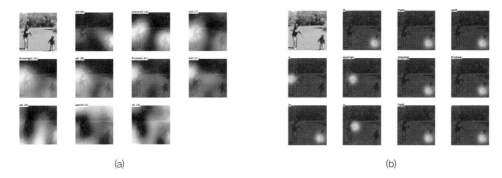

(a)   (b)

그림 15.22 어텐션을 사용한 이미지 캡션: (a) 소프트 어텐션. "a woman is throwing a frisbee in a park(여성이 공원에서 프리스비를 던지고 있다)"를 생성한다. (b) 하드 어텐션. "a man and a woman playing frisbee in a field(들판에서 프리스비를 하는 남성과 여성)"를 생성한다. 출처: [Xu+15]의 그림 6. 켈빈 슈(Kelvin Xu)가 친절하게 사용을 허가했다.

15.5 트랜스포머

트랜스포머transformer 모델은 [Vas+17] 인코더 및 디코더에서 어텐션을 사용하는 seq2seq 모델이며, 따라서 RNN의 필요성을 제거한다. 이는 아래에서 설명한다. 트랜스포머는 머신 번역machine translation[Vas+17], 구성 요소 파싱constituency parsing[Vas+17], 음악 생성music generation[Hua+18], 단백질 서열 생성protein sequence generation[Mad+20; Cho+20b], 추상적 텍스트 요약abstractive text summarization[Zha+19a], 이미지 생성image generation[Par+18](이미지를 래스터화한rasterized[4] 1차원 시퀀스로 다룸) 등과 같은 많은 (조건부) 시퀀스 생성 과제에서 쓰여왔다.

트랜스포머는 몇 가지 새로운 종류의 기본 토대 및 층을 사용하는 다소 복잡한 모델이다. 이들 새로운 블록은 아래에서 설명한 뒤, 이들을 어떻게 한데 모으는지 논의한다.[5]

15.5.1 셀프 어텐션

15.4.4절에서 어떻게 RNN의 디코더가 각 입력의 문맥적 임베딩을 포착하기 위해 입력 시퀀스에 어텐션을 사용할 수 있는지 보여줬다. 그러나 디코더가 인코더에 어텐딩하는 대신에, 모델을 수정

---

4 https://ko.wikipedia.org/wiki/래스터화 참고 – 옮긴이

5 더 자세한 개요는 https://huggingface.co/course/chapter1을 참고하라.

하여 인코더가 스스로를 어텐드하도록 할 수 있다. 이는 **셀프 어텐션**^{self attention}이라 부른다[CDL16; Par+16b].

좀 더 자세히 말하자면, 입력 토큰의 시퀀스 $\boldsymbol{x}_1, \ldots, \boldsymbol{x}_n$이 주어졌으며 $\boldsymbol{x}_i \in \mathbb{R}^d$일 때 셀프 어텐션은 다음을 사용해 같은 크기의 출력 시퀀스를 생성할 수 있다.

$$\boldsymbol{y}_i = \text{Attn}(\boldsymbol{x}_i, (\boldsymbol{x}_1, \boldsymbol{x}_1), \ldots, (\boldsymbol{x}_n, \boldsymbol{x}_n)) \tag{15.54}$$

여기서 쿼리는 $\boldsymbol{x}_i$, 키와 값은 모든 (유효한) 입력 $\boldsymbol{x}_1, \ldots, \boldsymbol{x}_n$이다.

이를 디코더에서 사용하려면, $\boldsymbol{x}_i = \boldsymbol{y}_{i-1}$ 그리고 $n = i - 1$이라 둘 수 있으며, 따라서 모든 이전에 생성된 출력을 쓸 수 있다. 훈련 시간에는 모든 출력이 이미 알려져 있으므로, RNN을 사용하는 데 따른 순차적인 병목을 극복하면서 앞의 함수를 병렬로 값매김할 수 있다.

셀프 어텐션은 속도의 개선에 더해서, 컨텍스트의 개선된 표현을 제공할 수 있다. 예시로 영어 문장 "The animal didn't cross the street because it was too tired(동물이 너무 지쳐서 거리를 건너지 않았다)" 그리고 "The animal didn't cross the street because it was too wide(길이 너무 넓어서 동물이 건너지 않았다)"를 프랑스어로 번역한다고 해보자. 올바른 성별의 대명사를 프랑스어로 생성하려면, 'it'이 무엇을 가리키는지 알아야 한다(이는 **상호참조 해석**^{coreference resolution}이라 부른다). 첫 번째의 경우, 단어 "it"은 동물을 가리킨다. 두 번째의 경우 단어 "it"은 이제 길을 가리킨다.

그림 15.23은 어떻게 영어 문장에 적용된 셀프 어텐션이 이러한 모호성을 해석할 수 있는지 보여준다. 첫 번째 문장에서 'it'을 위한 표현은 앞에 있는 'animal' 표현에 의존하는 한편, 후자에서 이는 앞에 있는 'street' 표현에 의존한다.

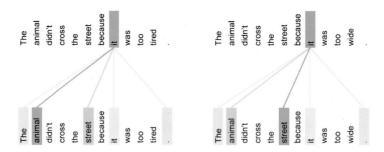

그림 15.23 단어 'it'을 위한 인코더 셀프 어텐션이 입력 컨텍스트에 따라 어떻게 달라지는지 보여준다. 출처: https://ai.googleblog.com/2017/08/transformer-novel-neural-network.html. 제이콥 우스코레이트 (Jakob Uszkoreit)가 친절하게 사용을 허가했다.

15.5.2 멀티헤드 어텐션

어텐션 행렬을 커널 행렬과 같이 생각한다면(15.4.2절에서 논의한 것과 같이), 복수의 어텐션 행렬을 사용해 서로 다른 유사도 개념을 포착하기를 원하는 것이 자연스럽다. 이것이 **멀티헤드 어텐션**^{MHA, Multi-Headed Attention} 이면의 기본적인 아이디어다. 더 자세히 설명하면, 쿼리는 $q \in \mathbb{R}^{d_q}$, 키는 $k_j \in \mathbb{R}^{d_k}$, 값은 $v_j \in \mathbb{R}^{d_v}$로 주어졌을 때, i번째 어텐션 헤드는 다음과 같이 정의한다.

$$h_i = \text{Attn}(\mathbf{W}_i^{(q)} q, \{\mathbf{W}_i^{(k)} k_j, \mathbf{W}_i^{(v)} v_j\}) \in \mathbb{R}^{p_v} \tag{15.55}$$

여기서 $\mathbf{W}_i^{(q)} \in \mathbb{R}^{p_q \times d_q}$, $\mathbf{W}_i^{(k)} \in \mathbb{R}^{p_k \times d_k}$, $\mathbf{W}_i^{(v)} \in \mathbb{R}^{p_v \times d_v}$는 사영 행렬이다. 그 뒤 h개 헤드를 같이 쌓고, 다음을 사용해 $\mathbb{R}^{p_o}$로 사영시킨다.

$$h = \text{MHA}(q, \{k_j, v_j\}) = \mathbf{W}_o \begin{pmatrix} h_1 \\ \vdots \\ h_h \end{pmatrix} \in \mathbb{R}^{p_o} \tag{15.56}$$

여기서 h_i는 식 (15.55)에 정의되어 있으며, $\mathbf{W}_o \in \mathbb{R}^{p_o \times h p_v}$이다. $p_q h = p_k h = p_v h = p_o$라 두면, 모든 출력 헤드를 병렬로 계산할 수 있다. 샘플 코드는 multi_head_attention_jax.ipynb를 참고하라.

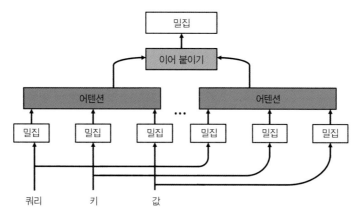

그림 15.24 멀티헤드 어텐션. 출처: [Zha+20]의 그림 9.3.3

15.5.3 위치적 인코딩

'바닐라' 셀프 어텐션의 성능은 낮을 수 있다. 어텐션은 치환에 불변이고, 따라서 입력 단어 순서를 무시하기 때문이다. 이를 극복하려면 단어 임베딩을 **위치적 임베딩**positional embedding과 접합하여, 모델이 단어가 어떤 순서로 나타나는지 알 수 있도록 할 수 있다.

이를 하는 한 가지 방법은 각 위치를 정수로 나타내는 것이다. 그러나 신경망은 본래 정수를 다룰 수 없다. 이를 극복하려면, 정수를 이항적인 형식으로 인코딩할 수 있다. 예를 들어 시퀀스 길이가 $n = 3$이라 가정하면, 000, 001, 010, 011, 100, 101, 110, 111과 같이 각 위치마다 3차원의 비트 벡터의 시퀀스를 얻을 수 있다. 가장 우측의 인덱스는 가장 빠름을 토글toggle하는(가장 높은 빈도를 가짐) 한편, 가장 좌측의 인덱스(가장 유의한 비트)는 가장 느림을 토글함을 볼 수 있다(물론 가장 좌측 비트가 가장 빠름을 토글하도록 바꿀 수도 있다). 이는 위치 행렬 $\mathbf{P} \in \mathbb{R}^{n \times d}$로 나타낼 수 있다.

앞의 표현은 계수가 0이거나 1인 기저 함수의 집합을 사용하는 것으로 생각할 수 있다(2승에 해당하는). 더욱 간결한 코드는 다른 기저 함수 집합 및 실숫값 가중치를 사용해 얻을 수 있다. [Vas+17]은 다음과 같이 사인 곡선 기저를 사용할 것을 제안했다.

$$p_{i,2j} = \sin\left(\frac{i}{C^{2j/d}}\right), \; p_{i,2j+1} = \cos\left(\frac{i}{C^{2j/d}}\right) \tag{15.57}$$

여기서 $C = 10,000$은 어떠한 최대 시퀀스 길이에 해당한다. 예를 들어 $d = 4$라면 i번째 행은 다음과 같다.

$$\boldsymbol{p}_i = [\sin(\frac{i}{C^{0/4}}), \cos(\frac{i}{C^{0/4}}), \sin(\frac{i}{C^{2/4}}), \cos(\frac{i}{C^{2/4}})] \tag{15.58}$$

그림 15.25(a)는 $n = 60$ 그리고 $d = 32$일 때 해당 위치 행렬을 보여준다. 이 경우 가장 좌측의 열은 가장 빠르게 토글된다. 각 행은 문장 내 위치를 나타내는 실숫값 '지문fingerprint'을 가짐을 볼 수 있다. 그림 15.25(b)는 차원 6~9를 위한 기저 함수(열 벡터)의 일부를 보여준다.

이러한 표현의 장점은 두 가지다. 첫 번째로 이는 정수에서 벡터로 학습된 매핑과 다르게, 임의 길이의 입력(최대 $T \leq C$)을 계산할 수 있다. 두 번째로 한 위치의 표현은, 이들의 상대적인 거리에 대한 정보가 주어졌을 때 어떠한 다른 위치에서든지 선형으로 예측 가능하다. 특히 $\boldsymbol{p}_{t+\phi} = f(\boldsymbol{p}_t)$이며, 여기서 f는 선형 변환이다. 이를 보려면 다음을 주지하라.

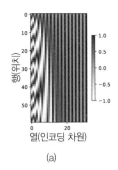

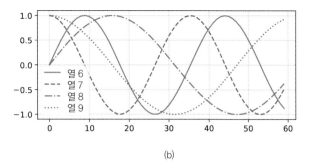

|(a)|(b)|

그림 15.25 (a) 길이가 $n = 60$인 문장 및 크기 $d = 32$인 임베딩 차원을 위한 위치적 인코딩 행렬, (b) 열 6~9를 위한 기저 함수. positional_encoding_jax.ipynb로 생성했다.

$$\begin{pmatrix} \sin(\omega_k(t + \phi)) \\ \cos(\omega_k(t + \phi)) \end{pmatrix} = \begin{pmatrix} \sin(\omega_k t)\cos(\omega_k\phi) + \cos(\omega_k t)\sin(\omega_k\phi) \\ \cos(\omega_k t)\cos(\omega_k\phi) - \sin(\omega t)\sin(\omega_k\phi) \end{pmatrix} \tag{15.59}$$

$$= \begin{pmatrix} \cos(\omega_k\phi) & \sin(\omega_k\phi) \\ -\sin(\omega_k\phi) & \cos(\omega_k\phi) \end{pmatrix} \begin{pmatrix} \sin(\omega_k t) \\ \cos(\omega_k t) \end{pmatrix} \tag{15.60}$$

따라서 ϕ가 작다면 $\boldsymbol{p}_{t+\phi} \approx \boldsymbol{p}_t$이다. 이는 유용한 형식의 귀납적인 편향$^{inductive\ bias}$을 제공한다.

위치적 임베딩 $\mathbf{P}$를 계산했으면, 다음을 사용해 이들을 원본 단어 임베딩 $\mathbf{X}$와 조합해야 한다.[6]

$$POS(Embed(\mathbf{X})) = \mathbf{X} + \mathbf{P} \tag{15.61}$$

15.5.4 모두 한데 모으기

트랜스포머는 인코더와 디코더에 RNN 대신 셀프 어텐션을 사용하는 seq2seq 모델이다. 인코더는 각각이 멀티헤드 어텐션(15.5.2절), 잔차 연결(13.4.4절), 층 정규화(14.2.4.2절)를 사용하는 일련의 인코더 블록을 사용한다. 더 정확하게 말하자면, 인코더 블록은 다음과 같이 정의할 수 있다.

```
def EncoderBlock(X):
    Z = LayerNorm(MultiHeadAttn(Q=X, K=X, V=X) + X)
    E = LayerNorm(FeedForward(Z) + Z)
    return E
```

---

6 더욱 명백한 조합 체계는 X와 P를 접합하는 것이겠지만, 더하기를 하면 공간이 덜 필요하다. 게다가 X 임베딩은 학습되므로, 모델이 X의 처음 K개 차원 및 P의 마지막 $D - K$개 차원을 0으로 둠으로써 연결하기를 모방할 수 있다. 여기서 K는 희박성 패턴에 의해 암묵적으로 정의된다. 추가적인 논의는 https://bit.ly/3rMG1at를 참고하라.

전체 인코더는 위치적 인코딩을 입력 시퀀스의 임베딩에 적용하여 정의한다. 이 다음 N개의 인코더 블록 복사본이 따라오며, 여기서 N은 블록의 깊이를 통제한다.

```
def Encoder(X, N):
    E = POS(Embed(X))
    for n in range(N):
        E = EncoderBlock(E)
    return E
```

그림 15.26의 좌측을 참고하라.

디코더는 좀 더 복잡한 구조를 갖는다. 이는 또 다른 멀티헤드 어텐션 블록을 통해 인코더에 접근한다. 그러나 또한 이전에 생성된 출력에도 접근한다. 이들 출력은 이동된 뒤 위치적 인베딩과 조합되고, 그런 다음 마스크된 (인과적) 멀티헤드 어텐션 모델로 공급된다. 마지막으로 각 위치에서 토큰에 대한 출력 분포는 병렬로 계산된다.

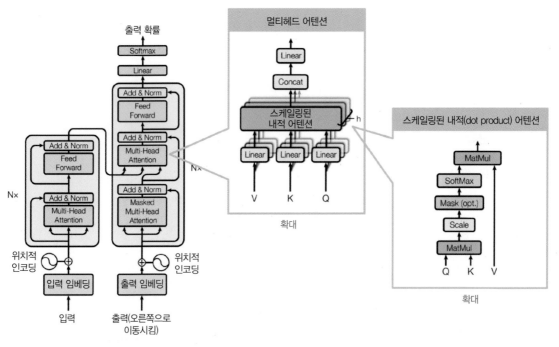

그림 15.26 트랜스포머. 출처: [Wen18]. 릴리안 웽(Lilian Weng)이 친절하게 사용을 허가했다. 출처: [Vas+17]의 그림 1-2

더 자세히 보면, 디코더 블록은 다음과 같이 정의된다.

```
def DecoderBlock(Y, E):
    Z = LayerNorm(MultiHeadAttn(Q=Y, K=Y, V=Y) + Y)
    Z' = LayerNorm(MultiHeadAttn(Q=Z, K=E, V=E) + Z)
    D = LayerNorm(FeedForward(Z') + Z')
    return D
```

전체 디코더는 디코더 블록의 N개 복사본으로 정의된다.

```
def Decoder(Y, E, N):
    D = POS(Embed(Y))
    for n in range(N):
        D = DecoderBlock(D,E)
    return D
```

그림 15.26의 우측을 참고하라.

훈련 시간 동안, 디코더로의 모든 입력 **Y**는 이미 알려져 있다. 왜냐하면 이들은 래깅된[lagged] 목표 출력 시퀀스를 임베딩한 것으로부터 유도되기 때문이다. 추론 (테스트) 시간 동안 디코딩을 순차적으로 하면서 마스크된 어텐션을 사용해야 하며, 이때 생성된 출력을 임베딩 층에 공급하고, 이를 어텐드할 수 있는 키/값 집합으로 추가한다(시퀀스 시작 토큰에 공급을 하여 초기화를 한다). 샘플 코드는 transformers_jax.ipynb를, 이 모델의 자세한 튜토리얼은 [Rus18; Ala18]을 참고하라.

15.5.5 트랜스포머, CNN, RNN 비교하기

그림 15.27에서 시퀀스 $x_{1:n}$을 또 다른 시퀀스 $y_{1:n}$으로 매핑하는 3개의 서로 다른 아키텍처인 1차원 CNN, RNN, 어텐션 기반 모델을 시각적으로 비교한다. 각 모델은 속도 및 표현력 측면에서 서로 다른 상반관계를 가지며, 이때 표현력은 임의의 두 입력 사이의 최대 경로 길이[maximum path length] 측면으로 정량화할 수 있다. 표 15.1의 요약을 보라.

커널 크기가 k이고 특성 채널이 d인 1차원 CNN에서 출력을 계산하는 시간은 $O(knd^2)$이며, 이는 병렬로 할 수 있다. 이는 n/k개 층, 아니면 모든 쌍이 의사소통할 수 있도록 하기 위해 팽창 합성곱을 사용한다면 $\log_k(n)$개 층으로 된 스택을 필요로 한다. 예를 들어 그림 15.27에서 x_1과 x_5

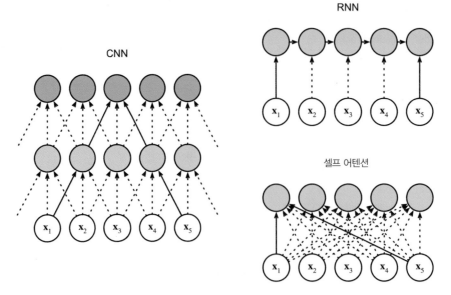

그림 15.27 (1차원) CNN, RNN, 셀프 어텐션 모델의 비교. 출처: [Zha+20]의 그림 10.6.1. 애스턴 장이 친절하게 사용을 허가했다.

층 형태	복잡도	시퀀스 연산	최대 경로 길이
셀프 어텐션	$O(n^2 d)$	$O(1)$	$O(1)$
순환	$O(nd^2)$	$O(n)$	$O(n)$
합성곱	$O(knd^2)$	$O(1)$	$O(\log_k n)$

표 15.1 트랜스포머를 다른 신경적인 순차 생성 모델과 비교한다. n은 시퀀스 길이, d는 입력 특성의 차원, k는 합성곱의 커널 크기다. 출처: [Vas+17]의 표 1

가 초기에 5만큼 떨어져 있으며, 그다음 층 1에서 3만큼 떨어져 있고, 그다음 층 2에서 연결된다.

RNN에서 계산 복잡도는 크기 d의 은닉 상태가 있는 경우 $O(nd^2)$이다. 각 단계에서마다 행렬-벡터 곱을 수행해야 하기 때문이다. 이는 내재적으로 연산이 순차적이다. 최대 경로 길이는 $O(n)$이다.

마지막으로 셀프 어텐션 모델에서 각 출력이 각 입력과 직접 연결되어 있으므로, 최대 경로 길이는 $O(1)$이다. 그러나 계산 비용은 $O(n^2 d)$이다. 짧은 시퀀스에서 통상적으로 $n \ll d$이므로 이는 괜찮다. 시퀀스가 긴 경우를 위해 15.6절에서 다양한 빠른 어텐션 버전을 논의한다.

15.5.6 이미지를 위한 트랜스포머*

CNN(14장)은 이미지 데이터를 위한 가장 일반적인 모델 형태다. 이들은 국소성(작은 커널 덕분에), 등분산성(가중치 묶임 덕분에), 불변성(풀링 덕분에)과 같은 유용한 내장된 귀납적 편향을 갖기 때문이다. 놀랍게도 트랜스포머 또한, 적어도 충분한 데이터에서 훈련을 한다면 이미지 분류에서 일을 잘하는 것으로 드러났다[Rag+21](이들은 적절한 귀납적 편향의 부재를 극복하기 위해 많은 데이터를 필요로 한다).

이러한 종류의 모델 첫 번째는 ViT$^{Vision\ Transformer}$라 하며[Dos+21], 입력을 16×16 패치로 잘게 썰고, 각 패치를 임베딩 공간으로 사영한 뒤, 이러한 임베딩 집합 $x_{1:T}$를 트랜스포머에 전달한다. 이는 단어 임베딩을 트랜스포머에 전달하는 것과 유사한 방식이다. 입력에는 또한 특수한 [CLASS] 임베딩 x_0를 앞에 붙인다. 트랜스포머의 출력은 인코딩 집합 $e_{0:T}$이다. 모델은 e_0를 목표 클래스 라벨 y에 매핑하고, 지도적인 방식으로 훈련시킨다. 그림 15.28을 참고하라.

지도적인 사전훈련 후에 모델은 다양한 다운스트림 분류 과제에서 미조정되며, 이는 전이 학습이라 하는 접근법이다(자세한 내용은 19.2절을 참고하라). ImageNet과 같은 '작은' 데이터셋에서(이는 클래스 1,000개와 이미지 130만 개를 가짐) 훈련시킬 때, 저자들은 모델이 BiT$^{Big\ Transfer}$라는 사전훈련된

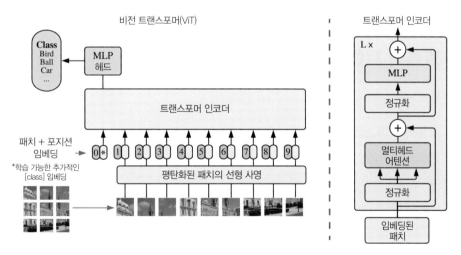

그림 15.28 비전 트랜스포머(ViT) 모델. 이는 이미지를 입력 패치 집합으로 다룬다. 입력은 위치 0에 특수한 CLASS 임베딩 벡터(*로 표기함)를 앞에 붙인다. 이미지를 위한 클래스 라벨은 소프트맥스를 위치 0에서의 마지막 출력 인코딩에 적용하여 유도한다. 출처: [Dos+21]의 그림 1. 알렉세이 도소비츠키(Alexey Dosovitskiy)가 친절하게 사용을 허가했다.

CNN ResNet 모델보다 성능이 좋을 수 없음을 알게 된다[Kol+20]. 그러나 ImageNet-21k(클래스 21,000개와 이미지 1,400만 개), Google-internal JFT 데이터셋(클래스 1,8000개와 이미지 3억 300만 개)과 같은 커다란 데이터셋에서 훈련시킬 때, 이들은 ViT가 전이 학습에서 BiT보다 더 잘한다는 사실을 알게 됐다.[7] ViT는 또한 이러한 스케일에서 ResNet보다 훈련을 더 저렴하게 할 수 있다(그러나 훈련은 여전히 값비싼 일이다. ImageNet-21k에서 커다란 ViT 모델은 코어가 8개인 구글 클라우드 TPUv3에서 30일이 걸린다).

15.5.7 그 밖의 트랜스포머 변형*

최근 몇 년간 많은 트랜스포머 확장형이 발표됐다. 예를 들어, Gshard 논문[Lep+21]은 피드포워드 밀집 층 일부를 전문가 혼합(13.6.2절) 회귀 모듈로 바꿈으로써 트랜스포머가 더욱더 많은 모수를 갖도록 스케일업하는 방법을 보여준다. 이는 (게이트 네트워크로 선택한) 모델 용량의 부분집합만이 임의의 주어진 입력을 위해 쓰이는 희박한 조건부 연산을 가능하게 한다.

또 다른 예시로, conformer 논문[Gul+20]은 트랜스포머 아키텍처 안에 합성곱 층을 추가하는 방법을 보여줬으며, 이는 다양한 음성 인식 과제에서 도움이 됨을 보여줬다.

15.6 효율적 트랜스포머*

이 절은 크쥐시토프 초로만스키|Krzysztof Choromanski가 썼다.

보통의 트랜스포머는 길이 N의 시퀀스에서 $O(N^2)$의 시간 및 공간 복잡도가 걸리며, 이는 긴 시퀀스로의 적용을 비현실적으로 만든다. 과거 몇 년간, 연구자들은 이러한 어려움을 우회하기 위해 더욱 효율적인 몇 가지 트랜스포머 변형을 제안해 왔다. 이 절에서 해당 방법 몇 가지에 대해 간단히 조사한 것을 제공한다(요약은 그림 15.29를 참고하라). 자세한 내용은 예를 들어 [Tay+20b; Tay+20a; Lin+21]을 참고하라.

---

7 더욱 최신의 연구, 특히 [Liu+22]의 ConvNeXt 모델은 CNN이 ViT의 성능을 앞서도록 만들 수 있음을 보여줬다.

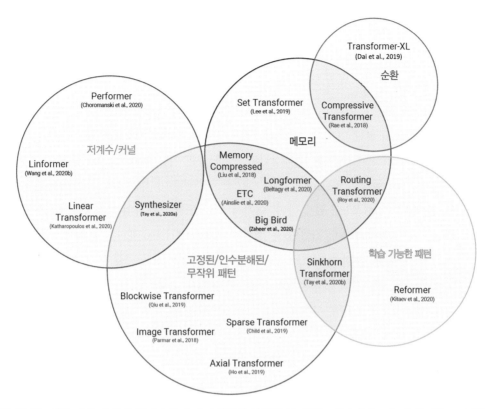

그림 15.29 서로 다른 효율적 트랜스포머 아키텍처의 분류를 보여주는 벤다이어그램. 출처: [Tay+20b]. 이타이(Yi Tay)가 친절하게 사용을 허가했다.

15.6.1 고정된 학습 불가능한 국소화된 어텐션 패턴

어텐션 메커니즘을 가장 단순하게 수정한 것은 이를 고정된 학습 불가능한 국소화된 윈도로 제한하는 것이다. 다시 말해, 각 토큰이 사전에 선택한 다른 토큰 집합에만 어텐드하도록 제약한다. 예를 들어 각 시퀀스가 K개 블록의 덩어리이며 각각 길이가 $\frac{N}{K}$이고 어텐션이 블록 내에서만 수행된다면, 공간/시간 복잡도는 $O(N^2)$에서 $\frac{N^2}{K}$으로 줄어든다. $K \gg 1$에서 이는 전체적인 연산을 상당히 개선한다. 이러한 접근법은 특히 [Qiu+19b; Par+18]에 구현되어 있다. 어텐션 패턴은 블록 형식일 필요는 없다. 다른 접근법은 보폭화된/팽창된 윈도, 또는 몇 개의 고정된 어텐션 패턴이 함께 조합되는 하이브리드 패턴을 갖는다[Chi+19b; BPC20].

15.6.2 학습 가능한 희박 어텐션 패턴

앞의 간결한 패턴이 학습되도록 허용한다면, 이는 앞의 접근법을 자연스럽게 확장한 것이 된다. 어텐션은 여전히 모든 토큰 집합을 분할한 것의 한 부분 내 토큰의 쌍으로 제약되지만, 이제는 이들 분할이 학습된다. 이러한 종류의 방법에서는 해싱hashing 및 군집화clustering에 기반한 두 가지 주요 접근법으로 구별할 수 있다. 해싱 시나리오에서는 모든 토큰이 해싱되므로 서로 다른 분할은 서로 다른 해싱 버킷hashing-bucket에 해당한다. 예를 들어 이는 **Reformer** 아키텍처의 경우가 그러하며 [KKL20], 이때 국소화 민감 해싱LSH, Locality Sensitive Hashing이 적용된다. 이는 어텐션 모듈의 시간 복잡도가 $O(NM^2 \log(M))$이 되게 하며, 여기서 M은 토큰 임베딩의 차원성을 뜻한다.

해싱 접근법에서는 쿼리 집합이 키 집합과 동일해야 한다. 게다가 정확한 분할을 위해 필요한 해시의 수가 (앞의 식에서 상수로 다루는) 커다란 상수일 수 있다. 군집화 접근법에서 토큰은 K 평균 (21.3절)과 같은 표준적인 군집화 알고리듬을 사용해 군집화된다. 이는 '군집화 트랜스포머'라 한다 [Roy+20]. 블록의 경우, 크기가 같은 K개의 클러스터가 쓰이며 그 뒤 어텐션 모듈의 공간 복잡도는 $O(\frac{N^2}{K})$으로 줄어든다. 실제로 K는 차수 $K = \Theta(\sqrt{N})$이 되도록 취하지만, 이렇게 강제한다고 해도 클러스터의 크기가 서로 실제로 같아지기는 어렵다.

15.6.3 메모리 및 순환 방법

몇 가지 접근법에서는 측면의 메모리 모듈이 몇 개의 토큰에 동시에 접근할 수 있다. 이 방법은 [Lee+19; Zah+20]에서 쓰이는 것과 같이 **전역 메모리**global memory 알고리듬 형태로 자주 인스턴트화된다.

또 다른 접근법은 순환recurrence을 통해 서로 다른 국소적인 블록을 연결한다. 이 접근법을 위한 주력적인 예시로는 트랜스포머-XL 방법의 종류가 있다[Dai+19].

15.6.4 저계수 및 커널 방법

이 절에서 저계수low rank 행렬을 사용해 어텐션을 근사시키는 방법을 논의한다. [She+18; Kat+20]에서 이들은 저계수 행렬을 통해 어텐션 행렬 **A**를 근사시킨다.

$$A_{ij} = \phi(\boldsymbol{q}_i)^\mathsf{T} \phi(\boldsymbol{k}_j) \tag{15.62}$$

여기서 $\phi(\boldsymbol{x}) \in \mathbb{R}^M$는 $M < D$인 어떠한 유한 차원의 벡터다. 이 구조를 활용하여 $\mathbf{AV}$를 $O(N)$의 시간으로 계산할 수 있다. 안타깝게도 소프트맥스 어텐션에서 $\mathbf{A}$는 저계수가 아니다.

Linformer[Wan+20a]에서 이들은 대신에 무작위의 가우스 사영을 통해 키와 값을 변환시킨다. 그런 다음 존슨-린던스트라우스 변환^{Johnson-Lindenstrauss Transform}[AL13] 이론을 적용하여 소프트맥스 어텐션을 이러한 낮은 차원 공간에서 근사시킨다.

Performer[Cho+20a; Cho+20b]에서 이들은 (양의 정부호) 커널 함수를 사용해 어텐션 행렬을 계산할 수 있음을 보였다. 우리는 커널 함수를 17.1절에서 정의하지만, $\mathcal{K}(\boldsymbol{q}, \boldsymbol{k}) \geq 0$가 $\boldsymbol{q} \in \mathbb{R}^D$와 $\boldsymbol{k} \in \mathbb{R}^D$ 사이의 유사도에 대한 어떠한 측정치라는 게 기본적인 아이디어다. 예를 들어, 방사 기저 함수 커널이라고도 부르는 가우스 커널은 다음의 형식을 갖는다.

$$\mathcal{K}_{\text{gauss}}(\boldsymbol{q}, \boldsymbol{k}) = \exp\left(-\frac{1}{2\sigma^2}\|\boldsymbol{q} - \boldsymbol{k}\|_2^2\right) \tag{15.63}$$

어떻게 이를 사용해 어텐션 행렬을 계산하는지를 보려면, [Cho+20a]가 다음을 보여줌을 주지하라.

$$A_{i,j} = \exp(\frac{\boldsymbol{q}_i^\mathsf{T} \boldsymbol{k}_j}{\sqrt{D}}) = \exp(\frac{-\|\boldsymbol{q}_i - \boldsymbol{k}_j\|_2^2}{2\sqrt{D}}) \times \exp(\frac{\|\boldsymbol{q}_i\|_2^2}{2\sqrt{D}}) \times \exp(\frac{\|\boldsymbol{k}_j\|_2^2}{2\sqrt{D}}) \tag{15.64}$$

위 식의 첫 번째 항은 $\sigma = 1$인 $\mathcal{K}_{\text{gauss}}(\boldsymbol{q}_i D^{-1/4}, \boldsymbol{k}_j D^{-1/4})$와 동일하며, 다른 항 2개는 독립적인 스케일링 인자일 뿐이다.

지금까지 계산에 있어 어떤 것도 이익을 보지 못했다. 그러나 17.2.9.3절에서 가우스 커널은 무작위 특성 집합의 기댓값처럼 서술할 수 있음을 보여준다.

$$\mathcal{K}_{\text{gauss}}(\boldsymbol{x}, \boldsymbol{y}) = \mathbb{E}\left[\boldsymbol{\eta}(\boldsymbol{x})^\mathsf{T} \boldsymbol{\eta}(\boldsymbol{y})\right] \tag{15.65}$$

여기서 $\boldsymbol{\eta}(\boldsymbol{x}) \in \mathbb{R}^M$는 삼각함수 방정식 (17.60) 또는 지수함수 방정식 (17.61)에 기반한 $\boldsymbol{x}$로부터 유도한 무작위 특성 벡터다(후자는 모든 특성이 양수이기 때문에 훨씬 더 나은 결과를 제공한다는 이점이 있다 [Cho+20b]). 그러므로 보통의 소프트맥스 어텐션에서 $\boldsymbol{A}_{i,j}$는 다음과 같이 쓸 수 있다.

$$A_{i,j} = \mathbb{E}[\phi(\boldsymbol{q}_i)^\mathsf{T} \phi(\boldsymbol{k}_j)] \tag{15.66}$$

여기서 ϕ는 다음과 같이 정의된다.

$$\phi(\boldsymbol{x}) \triangleq \exp\left(\frac{\|\boldsymbol{x}\|_2^2}{2\sqrt{D}}\right) \boldsymbol{\eta}\left(\frac{\boldsymbol{x}}{D^{\frac{1}{4}}}\right) \tag{15.67}$$

전체 어텐션 행렬은 다음과 같이 쓸 수 있다.

$$\mathbf{A} = \mathbb{E}[\mathbf{Q}'(\mathbf{K}')^\mathsf{T}] \tag{15.68}$$

여기서 $\mathbf{Q}'$, $\mathbf{K}' \in \mathbb{R}^{N \times M}$은 쿼리와 키에 해당하는 무작위 특성 맵을 인코딩하는 행을 갖는다(이들 무작위 특성이 직교라면 더 나은 성능을 얻을 수 있음을 주지하라. 자세한 내용은 [Cho+20a]를 참고하라). 그림 15.30을 참고하라.

$\mathbf{A}$의 근사는 무작위 특성 $\phi(\boldsymbol{q}_i)$ 및 $\phi(\boldsymbol{k}_j)$의 표본 하나, 그리고 작은 값 M, 말하자면 $M = O(D \log(D))$를 사용해 만들어 낼 수 있다. 그 뒤 다음을 사용해 전체 어텐션 연산자를 $O(N)$의 시간으로 근사시킬 수 있다.

$$\widehat{\text{attention}}(\mathbf{Q}, \mathbf{K}, \mathbf{V}) = \text{diag}^{-1}(\mathbf{Q}'((\mathbf{K}')^\mathsf{T}\mathbf{1}_N))(\mathbf{Q}'((\mathbf{K}')^\mathsf{T}\mathbf{V})) \tag{15.69}$$

이는 정확한 소프트맥스 어텐션 연산자의 불편 근사임을 보일 수 있다. 그림 15.31을 참고하라(마스크 (인과적) 어텐션을 일반화하는 방법에 관한 자세한 내용은 [Cho+20a]를 참고하라).

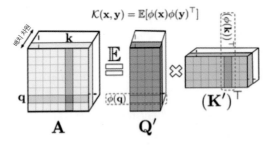

그림 15.30 어텐션 행렬 $\mathbf{A}$를 2개의 저계수 행렬 $\mathbf{Q}'$과 $(\mathbf{K}')^\mathsf{T}$ 그리고 행/열에 저장된 해당 쿼리/키를 위한 무작위 특성 맵 $\phi(\boldsymbol{q}_i) \in \mathbb{R}^M$ 그리고 $\phi(\boldsymbol{v}_k) \in \mathbb{R}^M$의 곱으로 다시 썼다. 크쥐시토프 초로만스키(Krzysztof Choromanski)가 친절하게 사용을 허가했다.

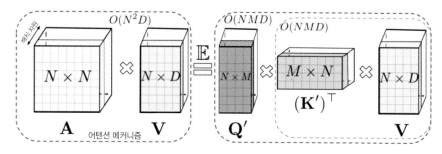

그림 15.31 어텐션 행렬 **A**를 분해한 것은 행렬 결합성 속성을 통해 어텐션 계산을 개선하는 데 활용할 수 있다. **AV**를 계산하려면 먼저 $\mathbf{G} = (k')^{\top}\mathbf{V}$를, 그런 다음 $q'\mathbf{G}$를 계산하며, 이는 N의 공간 및 시간 복잡도에서 선형이 된다. 크쥐시토프 초로만스키가 친절하게 사용을 허가했다.

15.7 언어 모델 및 비지도 표현 학습

지금까지 어떻게 RNN 및 자기회귀(디코더에서만) 트랜스포머를 언어 모델로 사용할 수 있는지 논의했다. 이는 $p(x_1, \ldots, x_T) = \prod_{t=1}^{T} p(x_t | \boldsymbol{x}_{1:t-1})$ 형식의 생성적 시퀀스 모델로, 여기서 x_t는 단어나 단어조각 같은 이산적인 토큰이다(텍스트 전처리법에 관한 논의는 1.5.4절을 참고하라). 이들 모델의 잠재 상태는 텍스트의 연속적인 벡터 표현으로 사용할 수 있다. 즉, 원핫 벡터 $\boldsymbol{x}_t$ 또는 이것의 학습된 임베딩(20.5절에서 논의하는 것과 같은) 대신에, 문장 내 모든 이전 단어에 의존하는 은닉 상태 $\boldsymbol{h}_t$를 사용한다. 이들 벡터는 텍스트 분류 또는 seq2seq 과제(리뷰는 예를 들어 [LKB20]을 참고하라)와 같은 목적을 위한 **컨텍스트적 단어 임베딩**contextual word embeddings으로 사용할 수 있다. 이러한 접근법의 장점은 언어 모델을 커다란 텍스트 말뭉치에서 비지도적 방식으로 **사전훈련**pre-train시킨 후, 라벨링된 과제 특정적인 작은 데이터셋에서 지도적인 방식으로 모델을 **미조정**fine-tune할 수 있다는 것이다(이러한 일반적인 접근법은 **전이 학습**transfer learning이라 부르며, 자세한 내용은 19.2절을 참고하라).

우리의 일차적인 목적이 텍스트의 생성과 반대로 전이 학습을 위한 유용한 표현을 계산하는 것이라면, 생성적 시퀀스 모델을 문장의 표현을 계산할 수는 있지만 생성하지는 못하는 비인과적 모델로 바꿀 수 있다. 이들 모델은 이제 은닉 층 $\boldsymbol{h}_t$가 과거 $\boldsymbol{y}_{1:t-1}$, 현재 $\boldsymbol{y}_t$, 미래 $\boldsymbol{y}_{t+1:T}$에 의존할 수 있다는 장점을 갖는다. 이는 더 많은 컨텍스트를 감안하게 되므로 때때로 더 나은 표현을 내놓을 수 있다.

다음 절에서는 인과적 모델 및 비인과적 모델을 사용해 텍스트에서 표현을 학습하는 몇 가지 비지도 모델을 간단히 논의한다.

15.7.1 ELMo

[Pet+18]에서는 'Embeddings from Language Model(언어 모델로부터의 임베딩)'의 줄인 말인 ELMo 라 부르는 방법을 보여준다. 기본적인 아이디어는 2개의 RNN 언어 모델을 하나는 좌측에서 우측으로, 하나는 우측에서 좌측으로 적합시킨 뒤, 이들 은닉 층 상태를 조합하여 각각의 단어를 위한 임베딩을 만들어 내는 것이다. 입력-출력 쌍이 필요한 biRNN(15.2.2절)과 다르게, ELMo는 입력 문장 $x_{1:T}$의 음의 로그가능도를 최소화하기 위해 비지도적인 방법으로 훈련시킨다.

$$\mathcal{L}(\boldsymbol{\theta}) = -\sum_{t=1}^{T} \left[\log p(x_t | \boldsymbol{x}_{1:t-1}; \boldsymbol{\theta}_e, \boldsymbol{\theta}^{\rightarrow}, \boldsymbol{\theta}_s) + \log p(x_t | \boldsymbol{x}_{t+1:T}; \boldsymbol{\theta}_e, \boldsymbol{\theta}^{\leftarrow}, \boldsymbol{\theta}_s) \right] \qquad (15.70)$$

여기서 $\boldsymbol{\theta}_e$는 임베딩 층의 공유된 모수, $\boldsymbol{\theta}_s$는 소프트맥스 출력 층의 공유된 모수, $\boldsymbol{\theta}^{\rightarrow}$와 $\boldsymbol{\theta}^{\leftarrow}$는 RNN 모델 2개의 모수다(이들은 15.2.7.2절에서 설명하는 LSTM을 사용한다) 그림 15.32를 참고하라.

훈련 후에 컨텍스트적 표현 $r_t = [e_t, \boldsymbol{h}^{\rightarrow}_{t,1:L}, \boldsymbol{h}^{\leftarrow}_{t,1:L}]$을 정의하며, 여기서 L은 LSTM 내 층의 개수다. 그 뒤 선형 가중치의 과제 특정적인 집합을 학습하여 이를 각 토큰의 최종적인 컨텍스트 특정적인 임베딩 $r_t^j = r_t^\mathsf{T} w^j$으로 매핑한다. 여기서 j는 과제 id이다. 우리가 **품사**[POS, Part-Of-Speech] 태깅처

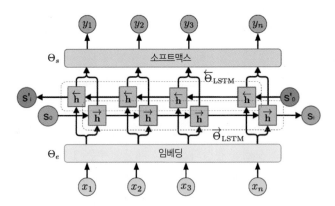

그림 15.32 ELMo 양방향 언어 모델을 보여준다. 여기서 $y_t = x_{t+1}$은 전방 LSTM을 위한 목표로서 행동하며, $y_t = x_{t-1}$은 후방 LSTM을 위한 것이다(bos 그리고 eos 표지를 추가하여 예외적인 경우를 다룬다). 출처: [Wen19]. 릴리안 웽(Lilian Weng)이 친절하게 사용을 허가했다.

럼 구문적인 과제를 수행하고 있다면(즉, 각 단어를 명사, 동사, 형용사 등으로 라벨링함), 과제는 낮은 층에 더 많은 가중치를 두도록 학습할 것이다. 우리가 **단어 의미 중의성 해소**^{WSD, Word Sense Disambiguation}같은 의미론적 과제를 수행하고 있다면, 과제는 높은 층에 더 많은 가중치를 두도록 학습할 것이다. 두 가지 경우 모두, 적은 양의 과제 특정적인 라벨링된 데이터를 필요로 한다. 우리가 단지 $r_{1:T}$에서 목표 라벨 $y_{1:T}$로의 가중치 벡터 하나만을 학습하고 있기 때문이다.

15.7.2 BERT

이 절에서는 [Dev+19]의 BERT^{Bidirectional Encoder Representations from Transformers}(트랜스포머로부터의 양방향적 인코더 표현) 모델을 설명한다. ELMo와 같이, 이는 텍스트의 표현을 만드는 데 사용할 수는 있지만 텍스트를 생성하지 못하는 비인과적 모델이다. 특히 이는 트랜스포머 모델을 사용해 수정된 버전의 시퀀스를 수정되지 않은 형식으로 다시 매핑한다. 위치 t에서의 수정된 입력은 t번째를 제외한 모든 단어를 생략하며, 없어진 단어를 예측하는 것이 과제다. 이는 **빈칸 채우기**^{fill-in-the-blank} 또는 cloze 과제라 부른다.

15.7.2.1 마스크 언어 모델 과제

더 정확하게 말하자면, 모델은 음의 로그 **유사가능도**^{pseudo-likelihood}를 최소화하도록 훈련시킨다.

$$\mathcal{L} = \mathbb{E}_{\boldsymbol{x} \sim \mathcal{D}} \mathbb{E}_{\boldsymbol{m}} \sum_{i \in \boldsymbol{m}} -\log p(x_i | \boldsymbol{x}_{-\boldsymbol{m}}) \tag{15.71}$$

여기서 $\boldsymbol{m}$은 무작위의 이항적인 마스크다. 예를 들어, 요리 영상의 자막에서 모델을 훈련시키면 다음 형식의 훈련 문장을 만들 수도 있을 것이다.

```
Let's make [MASK] chicken! [SEP] It [MASK] great with orange sauce.
```

여기서 [SEP]는 두 문장 사이에 입력된 구분자 토큰이다. 마스크된 단어를 위한 원하는 목표 라벨은 'some' 그리고 'tastes'이다(이 예시의 출처는 [Sun+19a]이다).

조건부 확률은 위치 i에서 최종 층의 은닉 벡터에 소프트맥스를 적용하여 주어진다.

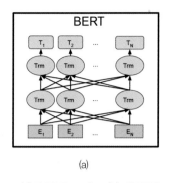
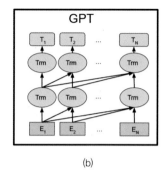

(a)   (b)

그림 15.33 (a) BERT 그리고 (b) GPT를 보여준다. E_t는 위치 t에서의 입력 토큰을 위한 임베딩 벡터이고, T_t는 예측할 출력 목표다. 출처: [Dev+19]의 그림 3. 밍 웨이 창(Ming-Wei Chang)이 친절하게 사용을 허가했다.

$$p(x_i|\hat{\boldsymbol{x}}) = \frac{\exp(\boldsymbol{h}(\hat{\boldsymbol{x}})_i^{\mathsf{T}} \boldsymbol{e}(x_i))}{\sum_{x'} \exp(\boldsymbol{h}(\hat{\boldsymbol{x}})_i^{\mathsf{T}} \boldsymbol{e}(x'))} \tag{15.72}$$

여기서 $\hat{\boldsymbol{x}} = \boldsymbol{x}_{-m}$은 마스크된 입력 문장, $e(x)$는 토큰 x의 임베딩이다. 이는 마스크된 위치에서의 손실을 계산하는 데 쓰인다. 그러므로 이는 **마스크 언어 모델**^{masked language model}이라 부른다(이는 20.3.2절의 디노이징 오토인코더^{denoising autoencoder}와 비슷하다). 모델은 그림 15.33(a)를 참고하라.

15.7.2.2 다음 문장 예측 과제

원본 BERT 논문은 마스크된 언어 모델 목적뿐만 아니라, 모델이 한 문장이 다른 문장 다음에 오는지 분류하도록 훈련시키는 또 다른 목적을 추가했다. 더 정확하게는 모델에 다음과 같은 입력을 공급한다.

$$\text{CLS } A_1 \, A_2; \ldots \, A_m; \text{ SEP } B_1 \, B_2; \ldots; B_n \text{ SEP} \tag{15.73}$$

여기서 SEP는 특별한 구분자 토큰이고, CLS는 클래스를 마킹하는 특별한 토큰이다. 원본 문장에서 문장 B가 문장 A 다음에 온다면 목표 라벨을 $y = 1$이라 두지만, B가 무작위로 선택한 문장이라면 목표 라벨을 $y = 0$이라 둔다. 이는 **다음 문장 예측**^{next sentence prediction} 과제라 부른다. 이러한 종류의 사전훈련은 15.4.6절에서 논의한 텍스트 함의 또는 텍스트 유사도와 같은 텍스트-쌍 분류 과제에 유용할 수 있다(이러한 종류의 사전훈련은 비지도적, 또는 자기 지도적인^{self-supervised} 것으로 간주된다. 목

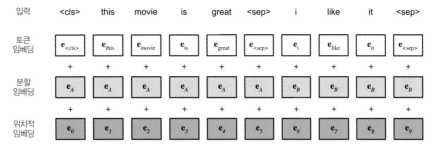

입력	\<cls\>	this	movie	is	great	\<sep\>	i	like	it	\<sep\>
토큰 임베딩	$e_{\text{\<cls\>}}$	e_{this}	e_{movie}	e_{is}	e_{great}	$e_{\text{\<sep\>}}$	e_{i}	e_{like}	e_{it}	$e_{\text{\<sep\>}}$
분할 임베딩	e_A	e_A	e_A	e_A	e_A	e_A	e_B	e_B	e_B	e_B
위치적 임베딩	e_0	e_1	e_2	e_3	e_4	e_5	e_6	e_7	e_8	e_9

그림 15.34 A와 B로 표기한 입력 문장 쌍이 BERT로 공급되기 전에 어떻게 인코딩되는지 보여준다. 출처: [Zha+20]의 그림 14.8.2. 애스턴 장이 친절하게 사용을 허가했다.

표 라벨이 자동적으로 생성되기 때문이다).

다음 문장 예측을 수행할 때 모델의 입력은 3개의 서로 다른 임베딩을, 하나는 토큰마다, 하나는 분할 라벨을 위해(문장 A 또는 B), 하나는 위치마다 사용해 구체화된다(학습된 위치 임베딩을 사용해). 그 뒤 이들은 추가가 된다. 그림 15.34를 참고하라. 그런 다음 BERT가 트랜스포머 인코더를 사용해 이러한 입력 임베딩 시퀀스에서 출력 임베딩 시퀀스로의 매핑을 학습한다. 이는 (마스크된 위치를 위한) 단어 라벨 또는 (CLS 위치를 위한) 클래스 라벨로 디코딩된다.

15.7.2.3 NLP 응용을 위해 BERT 미조정하기

BERT를 비지도적 방식으로 사전훈련시킨 후, 지도적인 미조정을 수행하여 이를 다양한 다운스트림 과제에 사용할 수 있다(이러한 전이 학습 방법에 대한 추가적인 배경은 19.2절을 참고하라). 그림 15.35는 어떻게 최종적인 은닉 층에 단순히 하나나 그 이상의 새로운 출력 헤드를 추가하여 BERT 모델이 다른 과제를 수행하도록 수정할 수 있는지 보여준다. 샘플 코드는 bert_jax.ipynb를 참고하라.

그림 15.35(a)에서 어떻게 단일 문장 분류를 다룰 수 있는지 보여준다(예: 감정 분석). 단순히 더미 CLS 토큰과 연관된 특성 벡터를 취하고 이를 MLP에 공급한다. 각 출력이 모든 입력에 어텐트를 하므로, 이러한 은닉 벡터는 전체 문장을 요약할 것이다. MLP는 그 뒤 이를 원하는 라벨 공간으로의 매핑을 학습한다.

그림 15.35(b)에서 문장-쌍 분류(예로 15.4.6절에서 논의한 텍스트 함의)를 어떻게 다루는지 보여준다. 단지 식 (15.73)과 같이 형식화된 2개의 입력 문장을 공급하고, CLS 토큰을 분류한다.

그림 15.35(c)에서 어떻게 단일 문장 태깅을 다룰 수 있는지 보여준다. 여기서는 라벨 또는 태

그를 전체 문장이 아닌 각각의 단어와 연관시킨다. 이것의 일반적인 응용으로는 각 단어를 명사, 동사, 형용사 등으로 어노테이트^{annotate}하는 품사 태깅이 있다. 이에 대한 또 다른 응용으로는 **명사 문구 청킹**^{noun phrase chunking}이 있다. 이는 또한 **얕은 파싱**^{shallow parsing}이라 부르며, 여기서는 반드시 각 명사 문구의 스팬^{span}을 어노테이트해야 한다. 스팬은 BIO 표기법을 사용해 인코딩하며, 여기서 B는 개체의 시작, I-x는 안쪽, O는 개체의 바깥을 위한 것이다. 예를 들어 다음의 문장을 고려해 보자.

```
  B   I   O   O   O     B  I   O   B  I   I
British Airways rose after announcing its withdrawl from the UAI deal
```

보는 바와 같이 3개의 명사 구문 'British Airways', 'its withdrawl', 'the UAI deal'이 있다(B, I, O 라벨은 순서 있게 나타나야 하며, 이는 모델에 포함될 수 있는 사전적인 제약사항이다).

또한 형태를 예를 들어 사람, 위치, 기관 및 다른 것을 구별하는 각각의 명사 문구와 연관시킬 수 있다. 따라서 라벨 공간은 {B-Per, I-Per, B-Loc, I-Loc, B-Org, I-Org, Outside}가 된다. 이는 **개체명 인식**^{named entity recognition}이라 부르며, **정보 추출**^{information extraction}에서의 핵심 단계다. 예를 들어 다음의 문장을 고려해 보자.

```
BP  IP   O    O    O  BL  IL   BP   O    O     O
Mrs Green spoke today in New York. Green chairs the finance committee.
```

이로부터 첫 문장이 2개의 개체명, 즉 'Mrs Green'(사람 형태) 그리고 'New York'(위치 형태)을 가짐을 추론할 수 있다. 두 번째 문장은 또 다른 사람 'Green'을 언급하고 있으며, 이는 첫 번째 사람과 같은 사람일 가능성이 가장 크지만, 이러한 교차 문장 개체 해석은 기본적인 NER 과제의 일부에 해당하지 않는다.

마지막으로, 그림 15.35(d)에서 어떻게 **질문 답변**^{question answering}을 다룰 수 있는지 보여준다. 여기서 첫 번째 입력 시퀀스는 질문이며, 두 번째는 배경 텍스트이고, 출력은 답변을 포함하는, 배경에서의 유효한 일부의 시작 및 끝 위치를 구체화해야 한다(표 1.4 참고). 시작 위치 s와 끝 위치 e는 배경 텍스트를 위한 풀링된 버전의 출력 인코딩에 2개의 서로 다른 MLP를 적용하여 계산한다. MLP의 출력은 모든 위치에 대한 소프트맥스다. 테스트 시간에 $i \leq j$에 대해 점수의 합 $s_i + e_j$를 최대화하는 스팬 (i, j)를 추출할 수 있다.

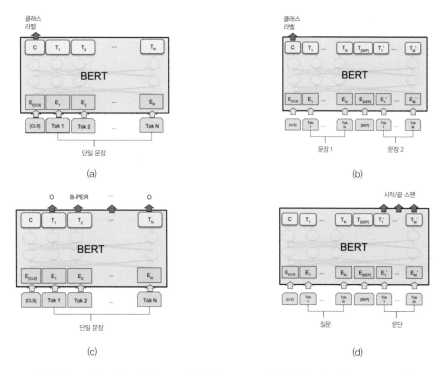

(a)   (b)

(c)   (d)

그림 15.35 어떻게 서로 다른 지도적인 NLP 과제에 BERT를 사용할 수 있는지 보여준다. (a) 단일 문장 분류(예: 감정 분석), (b) 문장–쌍 분류(예: 텍스트 함의), (c) 단일 문장 태깅(예: 얕은 파싱), (d) 질문 답변. 출처: [Dev+19]의 그림 4. 밍 웨이 창이 친절하게 사용을 허가했다.

BERT는 많은 NLP 과제에서 최신의 성능을 달성한다. 흥미롭게도 [TDP19]는 BERT가 표준적인 NLP 파이프라인을 암묵적으로 다시 발견함을 보여준다. 여기서는 서로 다른 층이 품사POS 태깅, 파싱, 개체명 관계NER, Named Entity Relationship 탐지, 의미론적 역할 라벨링SRL, Semantic Role Labeling, 공동참조 해석coreference resolution 등과 같은 과제를 수행한다. NLP에 관한 더 자세한 내용은 [JM20]에서 찾을 수 있다.

15.7.3 GPT

[Rad+18]에서 이들은 **GPT**Generative Pre-training Transformer(생성적인 사전훈련 트랜스포머)라 부르는 모델을 제안했다. 이는 인과적 (생성) 모델이며, 마스크된 트랜스포머를 디코더로 사용한다. 그림

15.33(b)를 참고하라.

원본 GPT 논문에서는 커다란 라벨링되지 않은 데이터셋, 그리고 작은 라벨링된 데이터셋에 결합적으로 최적화를 시킨다. 분류 환경에서 손실은 $\mathcal{L} = \mathcal{L}_{cls} + \lambda \mathcal{L}_{LM}$으로 주어지며, 여기서 $\mathcal{L}_{cls} = -\sum_{(x,y) \in \mathcal{D}_L} \log p(y \mid x)$는 라벨링된 데이터에서의 분류 손실, $\mathcal{L}_{LM} = -\sum_{x \in \mathcal{D}_U} \sum_t p(x_t \mid x_{1:t-1})$은 라벨링되지 않은 데이터에서의 언어 모델링 손실이다.

[Rad+19]에서는 WebText라 부르는 커다란 웹 말뭉치에서 훈련한, 더 큰 버전의 GPT인 GPT-2를 제안했다. 또한 어떠한 과제 특정적인 훈련이든지 제거했으며, 대신에 이를 단지 언어 모델에 훈련시켰다. 더욱 최근에 OpenAI는 GPT-3를 공개했으며[Bro+20], 이는 심지어 GPT-2보다 더욱 큰 버전이지만 같은 원칙에 기반한다. 모델의 오픈소스 버전은 https://huggingface.co/EleutherAI에서 얻을 수 있으며, 이는 'The Pile'이라 부르는 800기가바이트의 영어 웹 말뭉치에서 훈련시켰다[Gao+20].

15.7.3.1 GPT 응용

GPT는 초기 입력 **프롬프트**^{prompt}가 주어졌을 때 텍스트를 생성할 수 있다. 프롬프트는 과제를 구체화할 수 있다. 생성된 반응이 과제를 '즉시'^{out of the box} 만족시키면, 모델이 **제로샷 과제 트랜스퍼**^{zero-shot task transfer}를 수행한다고 말한다(자세한 내용은 19.6절을 참고하라).

예를 들어 어떠한 입력 문장 $x_{1:T}$의 **추상적 요약**^{abstractive summarization}을 수행하려면, (입력 단어의 부분집합만을 선택하는 **추출적 요약**^{extractive summarization}과 반대로) $p(x_{T+1:T+100} \mid [x_{1:T}; \text{TL;DR}])$로부터 표집을 한다. 여기서 **TL;DR**은 입력 텍스트의 끝에 추가되는 특별한 토큰으로, 사용자가 요약을 원한다는 것을 시스템에 말해 준다. TL;DR은 'too long; didn't read'를 뜻하며 사람이 만든 요약 다음에 나오는 웹 텍스트^{webtext}에서 자주 나타난다. 이 토큰을 입력에 추가함으로써, 사용자는 트랜스포머 디코더가 요약 모드로 진입하는 상태를 '발동'시키기를 기대한다(수행할 과제가 무엇인지 모델에 말하는 더 나은 방법은, 15.7.4절에서 논의한 것과 같이 이를 입력-출력 쌍에 훈련시키는 것이다).

15.7.4 T5

많은 모델이 비지도적 방식으로 훈련된 뒤, 특정한 과제에서 미조정된다. 또한 시스템에 입력 문장의 일부로 어떤 과제를 수행할지 말을 해준 뒤, 이를 seq2seq 모델처럼 훈련시킴으로써, 단일 모

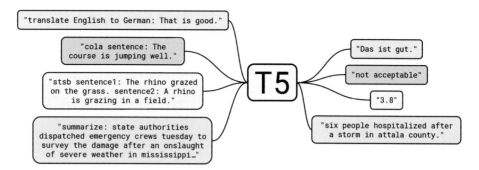

그림 15.36 어떻게 T5 모델('Text-to-text Transfer Transformer')이 영어를 독일어로 번역하기, 문장이 언어적으로 유효한지 아닌지 결정하기(CoLA는 'Corpus of Linguistic Acceptability(언어적 용인성의 말뭉치)'를 뜻한다), 의미론적 유사도의 정도를 결정하기(STSB는 'Semantic Textual Similarity Benchmark(의미론적 텍스트 유사도 벤치마크)'를 뜻한다), 추상적인 요약화와 같은 복수의 NLP 과제를 수행하는 데 쓰일 수 있는지 보여준다. 출처: [Raf+20]의 그림 1. 콜린 라펠(Colin Raffel)이 친절하게 사용을 허가했다.

델이 복수의 과제를 수행하도록 훈련시키는 것이 가능하다. 이는 그림 15.36이 보여준다. 이것이 T5('Text-to-text Transfer Transformer(텍스트-투-텍스트 전이 트랜스포머)'를 뜻함)[Raf+20]에서 쓰인 접근법이다. 모델은 표준적인 seq2seq 트랜스포머로, 비지도적인 (x', x'') 쌍에서 사전훈련시켰으며 여기서 x'은 x의 마스크된 버전이며 x''은 예측해야 하는 없어진 토큰이다. 그런 다음 이는 복수의 지도적인 (x, y) 쌍에서 미조정된다.

비지도적 데이터는 750기가바이트의 웹 텍스트 말뭉치인 C4, 즉 'Colossal Clean Crawled Corpus(거대한 청결하게 크롤링된 말뭉치)'에서 나온다. 이는 BERT 같은 디노이징 목적 함수를 사용해 사전훈련시키는 데 사용한다. 예를 들어 문장 x = "Thank you for inviting me to your party last week(지난주 당신의 파티에 초대해 줘서 고마워요)"는 입력 x' = "Thank you ⟨X⟩ me to your party ⟨Y⟩ week" 그리고 출력(목표) x'' = "⟨X⟩ for inviting ⟨Y⟩ last ⟨EOS⟩"로 변환될 수 있으며, 여기서 ⟨X⟩와 ⟨Y⟩는 이 예시의 고유한 토큰이다. 지도적인 데이터셋은 수동으로 만들며, 인쇄물에서 가져온다. 이 접근법은 현재 많은 NLP 과제에서 최신 기술이다.

15.7.5 논의

BERT 및 GPT-3와 같은 거대한 언어 모델은 최근에 많은 관심을 일으켰으며, 심지어 주류 미디어에도 진출했다.[8] 그러나 이러한 시스템이 단지 막대한 훈련 집합에서 본 단어 패턴을 재정렬하는 것을 넘어서, 어떠한 의미 있는 방식으로 언어를 '이해'하는지에 대한 의문이 일부 존재한다. 예를 들어 [NK19]는 논증 유추 이해 과제에서 거의 인간만큼 수행하는 BERT의 능력이 '데이터셋의 그 럴싸한 통계적인 단서를 활용하는 데 전적으로 기인한다'는 것을 보여준다. 데이터셋을 약간 바꿈으로써, 수준이 바뀔 정도로 성능이 낮아질 수 있다. 이러한 모델에 대한 그 밖의 비판은 예를 들어 [BK20; Mar20]을 참고하라.

---

8   예를 들어 https://www.nytimes.com/2020/11/24/science/artificial-intelligence-ai-gpt3.html을 참고하라.

4부

비모수적 모델

16

전형 기반 모델

이 책에서 지금까지 $\boldsymbol{\theta}$가 고정된 차원의 모수 벡터일 때 무조건부 $p(\boldsymbol{y}|\boldsymbol{\theta})$이거나 또는 조건부 $p(\boldsymbol{y}|\boldsymbol{x}, \boldsymbol{\theta})$인 **모수적 모델**parametric model에 집중했다. 모수는 가변 크기 데이터셋 $\mathcal{D} = \{(\boldsymbol{x}_n, \boldsymbol{y}_n) : n = 1 : N\}$ 으로부터 추정하지만, 모델 적합 후에 데이터는 버려졌다.

이번 절에서는 훈련 데이터를 유지하는 다양한 종류의 **비모수적 모델**nonparametric model을 고려한다. 따라서 모델의 유효한 모수의 수는 $|\mathcal{D}|$에 따라 증가할 수 있다. 모델은 테스트 입력 $\boldsymbol{x}$ 그리고 각 훈련 예제 $\boldsymbol{x}_n$ 사이의 **유사도**similarity 측면에서 정의할 수 있는 것에 집중한다. 아니면 비유사도 또는 는 거리 함수 $d(\boldsymbol{x}, \boldsymbol{x}_n)$ 측면에서 모델을 정의할 수 있다. 모델이 테스트 시간에 훈련 예제를 유지하므로, 이를 **전형 기반 모델**exemplar-based model이라 부른다(이 접근법은 또한 **인스턴스 기반 학습**instance-based learning[AKA91], 또는 **메모리 기반 학습**memory-based learning이라 부른다).

16.1 K 최근접 이웃(KNN) 분류

이 절에서는 **K 최근접 이웃**KNN, K Nearest Neighbor 분류기라 하는 가장 단순한 종류의 분류기 중 하나를 논의한다. 아이디어는 다음과 같다. 새로운 입력 $\boldsymbol{x}$를 분류하려면, 훈련 집합에서 $\boldsymbol{x}$와 가장 가까운 K개 예제를 찾은 뒤($N_K(\boldsymbol{x}, \mathcal{D})$) 이들의 라벨을 보고 $\boldsymbol{x}$ 주변의 국소 영역을 위한 출력의 분포를 유도한다. 더 정확하게는 다음을 계산한다.

$$p(y = c|\boldsymbol{x}, \mathcal{D}) = \frac{1}{K} \sum_{n \in N_K(\boldsymbol{x}, \mathcal{D})} \mathbb{I}(y_n = c) \tag{16.1}$$

그 뒤 이 분포 또는 라벨을 다수결로 반환한다.

이 모델에서 2개의 주요한 모수는 이웃의 크기 K와 거리 계량 $d(\boldsymbol{x}, \boldsymbol{x}')$이다. 후자의 경우 **마할라노비스 거리**Mahalanobis distance를 사용하는 것이 일반적이다.

$$d_{\mathbf{M}}(\boldsymbol{x}, \boldsymbol{\mu}) = \sqrt{(\boldsymbol{x} - \boldsymbol{\mu})^{\mathsf{T}} \mathbf{M}(\boldsymbol{x} - \boldsymbol{\mu})} \tag{16.2}$$

여기서 $\mathbf{M}$은 양의 정부호 행렬이다. $\mathbf{M} = \mathbf{I}$라면 이는 유클리드 거리로 축소된다. 거리 계량을 학습하는 방법은 16.2절에서 논의한다.

KNN 분류기는 단순함에도 불구하고, 이 접근법은 $N \rightarrow \infty$라면 베이즈 오류(이는 가장 좋을 수 있는 분류기의 성능을 측정함)의 2배 내에 근접함을 보일 수 있다[CH67; CD14](물론 이러한 최적 성능의 수렴률은, 16.1.2절에서 논의하는 이유로 인해 실제로는 나쁠 수도 있다).

16.1.1 예시

그림 16.1(a)에서는 KNN 분류기를 2차원에서 $K = 5$에 대해 보여준다. 테스트 지점은 'x'로 표시

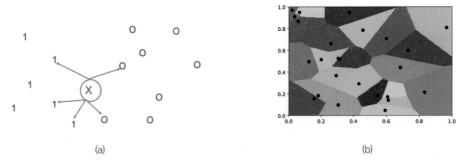

(a)   (b)

그림 16.1 (a) 2차원에서 $K = 5$일 때 K 최근접 이웃 분류기를 보여준다. 테스트 지점 $\boldsymbol{x}$의 최근접 이웃이 라벨 {1, 1, 1, 0, 0}을 가지므로, $p(y = 1|\boldsymbol{x}, \mathcal{D}) = 3/5$라 예측한다. (b) 1-NN으로 유도한 보로노이 테셀레이션을 보여준다. 출처: [DHS01]의 그림 4.13. knn_voronoi_plot.ipynb로 생성했다.

되어 있다. 5개 중 3개의 라벨이 1이며, 5개 중 2개의 라벨이 0이다. 따라서 $p(y = 1 \,|\, \boldsymbol{x}, \mathcal{D}) = 3/5$ = 0.6이라 예측한다.

$K = 1$을 사용하면 그저 가장 가까운 이웃의 라벨을 반환하므로 예측 분포는 델타 함수가 된다. $K = 1$인 KNN 분류기는 점의 **보로노이 테셀레이션**$^{Voronoi\ tessellation}$을 유도한다(그림 16.1(b) 참고). 이는 공간을 분할한 것으로, 영역 $V(\boldsymbol{x}_n)$ 내 모든 점이 다른 점이 아닌 $\boldsymbol{x}_n$과 가깝도록 영역 $V(\boldsymbol{x}_n)$을 각 점 $\boldsymbol{x}_n$과 연계시킨다. 따라서 $K = 1$일 때 훈련 오차는 0일 것이다. 그러나 그러한 모델은 아래에서 보여주는 것과 같이 보통 훈련 집합을 과적합한다.

그림 16.2는 2차원 데이터셋에 적용한 KNN의 예시를 보여주며, 여기서는 클래스가 3개다. $K = 1$이면 방법이 어떻게 훈련 집합에서 오차를 0으로 만드는지 볼 수 있다. K가 커짐에 따라 결정 경계는 평활해지고(더 큰 이웃에 대해 평균을 하므로), 따라서 과소적합하기 시작하면서 훈련 오차

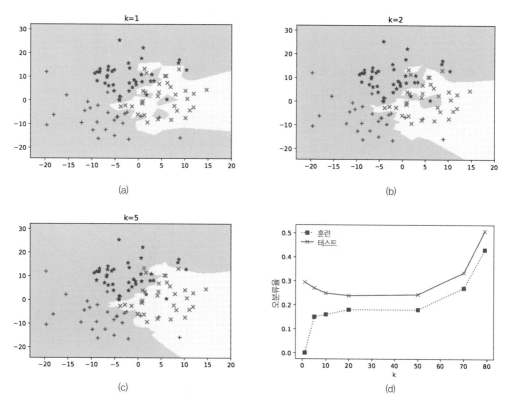

그림 16.2 KNN 분류기로 유도한 결정 경계: (a) $K = 1$, (b) $K = 2$, (c) $K = 5$, (d) K 대 훈련 및 테스트 오차. knn_classify_demo.ipynb로 생성했다.

가 증가한다. 이는 그림 16.2(d)에서 보여준다. 테스트 오차는 보통의 U 모양 곡선을 보여준다.

16.1.2 차원성의 저주

KNN 분류기의 주된 통계적 문제는 **차원성의 저주**curse of dimensionality로 인해 고차원 입력에서 잘 동작하지 않는다는 점이다.

기본적인 문제는 차원에 따라 공간의 부피가 지수적으로 증가하므로 최근접 이웃을 찾으려면 공간을 꽤 멀리 들여다봐야 할 수도 있다는 점이다. 이를 더 정확하게 하기 위해, [HTF09, p22]의 예시를 고려해 보자. KNN 분류기를 입력이 D차원의 단위 입방체에 균일하게 분포되어 있는 데이터에 적용한다고 해보자. 테스트 지점 x 주변의 클래스 라벨의 밀도를, x 주변의 초입방체가 데이터 지점에서 원하는 부분 p만큼을 차지할 때까지 이를 '키움growing'으로써 추정한다고 해보자. 이 입방체의 모서리 길이는 $e_D(s) ≜ p^{1/D}$일 것이다. 이 함수는 그림 16.3(b)에서 보여준다. $D = 10$이고, 그리고 우리의 추정값이 데이터의 10%에 기반하기를 원한다면, $e_{10}(0.1) = 0.8$이므로 입방체를 x 주변의 각 차원을 따라 80%만큼 늘려야 한다. 데이터의 1%만을 사용한다 하더라도 $e_{10}(0.01) = 0.63$이다. 데이터의 범위가 각 차원을 따라 0에서 1일 뿐이므로, 이름이 '최근접 이웃'이라 하더라도 방법이 더 이상 전혀 국소적이지 않게 된다. 너무 멀리 떨어져 있는 이웃을 찾을 때의 문제는 이들이 주어진 점에서의 함수 움직임에 대한 좋은 예측량이 아닐 수도 있다는 점이다.

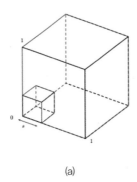

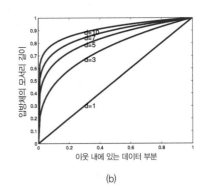

(a) (b)

그림 16.3 차원성의 저주를 보여준다. (a) 변이 s인 작은 입방체를 더 큰 단위 입방체에 끼워 넣는다. (b) 단위 입방체의 주어진 부피를 포함하는 데 필요한 입방체의 모서리 길이를 차원의 수에 대한 함수로 그린다. 출처: [HTF09]의 그림 2.6. curse_dimensionality_plot.ipynb로 생성했다.

차원성에 대한 해법으로는 주로 두 가지가 있다. 함수의 형식에 대해 어떠한 가정을 하고/하거나 (즉, 모수적 모델을 사용), 차원의 부분집합에 대해서만 고려하는 계량을 사용하는 것이다(16.2절 참고).

16.1.3 속도 및 메모리 요구를 줄이기

KNN 분류기는 모든 훈련 데이터를 저장한다. 이는 공간을 매우 낭비하는 것임이 당연하다. 결정 경계에 영향을 미치지 않는 점을 제거하기 위한 다양한 휴리스틱한 가지치기 기법이 제안되어 왔다. 예를 들어 [WM00]을 참고하라. 17.4절에서는 희박성을 북돋우는 사전 분포에 기반한 더욱 원칙적인 접근법을 논의한다. 결과 방법은 희박 커널 머신이라 부르며, 이는 가장 유용한 전형의 부분집합만을 남겨둔다.

실행 시간 측면에서 어려운 점은 $O(N)$시간 내에서 K개의 최근접 이웃을 찾는 것이다. 여기서 N은 훈련 집합의 크기다. 공간의 차원이 10차원을 넘어갈 경우에는 정확한 최근접 이웃을 찾기가 어려우므로, 대부분의 방법은 근사적인 최근접 이웃을 찾는 데 집중한다. 이러한 기법에는 공간을 영역으로 분할하거나 해싱을 사용하는 2개의 주된 종류가 존재한다.

분할법에서는 공간을 축과 평행한axis-parallel 영역으로 나누는 **k-d 트리**와 같은 종류, 또는 앵커 지점anchor point을 사용하는 군집화 방법 같은 종류 중 하나를 사용할 수 있다. 해싱 방법에서는 **국소 민감 해싱**LSH, Locality Sensitive Hashing이 널리 쓰이지만[GIM99], 더욱 최근의 방법은 데이터로부터 해싱 함수를 학습한다(예: [Wan+15] 참고). 해싱 방법에 관한 좋은 개요는 [LRU14]를 참고하라.

밀집 벡터를 위한 효율적이며 정확하고 근사적인 최근접 이웃(그리고 K 평균 군집화) 검색을 위한 **FAISS**라 부르는 오픈소스 라이브러리는 https://github.com/facebookresearch/faiss에서 얻을 수 있으며, [JDJ17]에 설명되어 있다.

16.1.4 열린 집합 인식

이것을 무엇이라고 부르는지 묻지 말고, 이것이 무엇인지 물어라.

— 모세 바Moshe Bar[1][Bar09]

지금까지 고려한 모든 분류 문제에서 클래스 C의 집합이 고정되어 있다고 가정했다(이는 고정된

---

1 이스라엘 출신의 신경과학자 – 옮긴이

숫자의 것들이 존재한다고 가정하는 **닫힌 세계 가정**closed world assumption의 예다). 그러나 많은 현실 세계 문제는 새로운 범주로부터 나오는 테스트 표본을 수반한다. 이는 **열린 집합 인식**open set recognition이라 부르며 아래에서 논의한다.

16.1.4.1 온라인 학습, OOD 탐지 및 열린 집합 인식

예를 들어 고정된 집합 또는 안면 이미지 **갤러리**gallery로부터 사람의 신원을 예측하는 안면 인식 시스템을 훈련시킨다고 해보자. $\mathcal{D}_t = \{(\boldsymbol{x}_n, y_n) : \boldsymbol{x}_n \in \mathcal{X}, y_n \in \mathcal{C}_t, n = 1 : N_t\}$가 시간 t에서 라벨링된 데이터셋이며, 여기서 $\mathcal{X}$는 (안면) 이미지 집합, $\mathcal{C}_t = \{1, ..., C_t\}$는 시스템이 시간 t에서 알고 있는 사람의 집합이라 해보자(이때 $C_t \leq t$). 테스트 시간에 시스템이 이전에 본 적 없는 새로운 사람을 만날 수도 있다. $\boldsymbol{x}_{t+1}$이 이러한 새로운 이미지이며, $y_{t+1} = C_{t+1}$은 새로운 라벨이라 하자. 시스템은 입력이 새로운 범주에서 나왔음을 인식해야 하며, 이를 $\mathcal{C}_t$로부터의 라벨로 잘못 분류해서는 안 된다. 이는 **새것 탐지**novelty detection라 부른다. 이 경우 입력은 분포 $p(\boldsymbol{x} \mid y = C_{t+1})$로부터 생성하며, 여기서 $C_{t+1} \notin \mathcal{C}_t$는 새로운 '클래스 라벨'이다. $\boldsymbol{x}_{t+1}$이 새로운 클래스로부터 나왔음을 탐지하는 것은, 이러한 새로운 이미지의 모습이 $\mathcal{D}_t$ 내 어떠한 기존 이미지의 모습과 유사하다면 어려울 수도 있다.

시스템이 $\boldsymbol{x}_{t+1}$이 새로운 것임을 성공적으로 탐지하면 이러한 새로운 인스턴스의 id를 요구할 수도 있다. 이를 C_{t+1}이라 부르자. 그러면 라벨링된 쌍 $(\boldsymbol{x}_{t+1}, C_{t+1})$을 데이터셋에 추가하여 $\mathcal{D}_{t+1}$을 만들고, C_{t+1}을 $\mathcal{C}_t$에 추가하여 고유한 클래스 집합을 키울 수 있다([JK13] 참고). 이는 **증분 학습**incremental learning, **온라인 학습**online learning, **평생 학습**life-long learning, 또는 **계속적 학습**continual learning이라 부른다. 미래 시간 지점에, c가 기존 클래스이거나 아니면 c가 새로운 클래스일 때, 또는 이미지가 안면과 관계없는 전혀 다른 종류의 분포 $p'(\boldsymbol{x})$로부터 나올 때(예를 들어, 누군가 그의 개 사진을 업로드한다) $p(\boldsymbol{x} \mid y = c)$로부터 표집된 이미지를 만날 수도 있다(후자와 같은 종류의 사건을 탐지하는 것은 **분포 밖**Out-Of-Distribution, 즉 **OOD** 탐지라 부른다).

이러한 온라인 환경에서 각 클래스마다 오직 몇 개(때때로 오직 1개)의 예제만을 얻는 경우가 많다. 이러한 환경에서의 예측은 **퓨샷 분류**few-shot classification라 하며, 19.6절에 더 자세히 설명되어 있다. KNN 분류기는 이러한 과제에 알맞다. 예를 들어 앞서 설명한 것과 같이 갤러리 내 각 클래스의 모든 인스턴스를 저장할 수 있다. 시간 $t + 1$에 입력 $\boldsymbol{x}_{t+1}$을 얻을 때, 이를 각 클래스를 위한 어떠한 모수적 모델과 비교하여 $\boldsymbol{x}_{t+1}$을 위한 라벨을 예측하는 대신에, 단지 갤러리에서 $\boldsymbol{x}_{t+1}$과 가장 가까운(가장 유사한) 예제를 찾을 수 있다. 이를 $\boldsymbol{x}'$이라 부르자. 그러면 $\boldsymbol{x}'$과 $\boldsymbol{x}_{t+1}$이 매칭될 만큼 충분히 비슷한지 결정해야 한다(사람 분류 맥락에서 이는 **사람 재식별**person re-identification 또는 **안면 인증**face verification 이라 한다. 예를 들어 [WSH16]을 참고하라).

앞의 문제 모두를 위한 핵심 요소는 입력 사이의 (비)유사도 계량이다. 이를 학습하는 방법은 16.2절에서 논의한다.

16.1.4.2 그 밖의 열린 세계 문제

열린 집합 인식, 증분 학습 문제는 단지 **열린 세계 가정**open world assumption을 필요로 하는 문제의 예시일 뿐이다([Rus15] 참고). 이러한 문제에는 다른 많은 예시가 존재한다.

예를 들어, **개체 연결**entity linking이라 부르는 **개체 해석**entity resolution 문제를 고려해 보자. 이 문제에서는 서로 다른 것들이(예를 들어 'John Smith'와 'Jon Smith') 같은 개체를 가리키는지 아닌지 결정해야 한다. 자세한 내용은 예를 들어 [SHF15]를 참고하라.

또 다른 중요한 응용은 **다중 물체 추적**multi-object tracking이다. 예를 들어 레이더 시스템이 새로운 '깜빡임'을 탐지할 때, 이것이 이미 추적하고 있는 기존의 미사일 때문일까 아니면 영공에 들어온 새로운 목표물 때문일까? 이러한 문제를 다루는 우아한 수학적 프레임워크는 **무작위 유한 집합**random finite set이라 하며, [Mah07; Mah13; Vo+15]에 설명되어 있다.

16.2 거리 계량 학습

$x, x' \in \mathcal{X}$에 대해 점의 쌍 사이의 '의미론적 거리' $d(x, x') \in \mathbb{R}^+$ 또는 동등하게 이들 사이의 유사도 $s(x, x') \in \mathbb{R}^+$의 계산이 가능하다는 것은 최근접 이웃 분류(16.1절), 자기 지도 학습(19.2.4.4절), 유사도 기반 군집화(21.5절), 내용 기반 회수, 시각적 추적 등과 같은 과제에서 핵심적으로 중요하다.

입력 공간이 $\mathcal{X} = \mathbb{R}^D$일 때, 가장 일반적인 거리 계량은 마할라노비스 거리다.

$$d_{\mathbf{M}}(x, x') = \sqrt{(x - x')^{\mathsf{T}}\mathbf{M}(x - x')} \tag{16.3}$$

16.2.1절에서 행렬 $\mathbf{M}$을 학습하는 몇 가지 방법을 논의한다. 고차원 입력 또는 구조화된 입력에서는 임베딩 $e = f(x)$를 학습한 뒤 임베딩 공간 내에서 거리를 계산하는 편이 더 낫다. f가 DNN일 때 이는 **심층 계량 학습**deep metric learning이라 부르는데, 해당 내용은 16.2.2절에서 논의한다.

16.2.1 선형 및 볼록법

이 절에서는 마할라노비스 거리 행렬 $\mathbf{M}$을 (볼록 문제로서) 직접 또는 선형 사영을 통해 간접적으로 학습하는 것을 시도하는 방법에 대해 논의한다. 계량 학습을 위한 다른 접근법은 예를 들어 [Kul13; Kim19]를 참고하라.

16.2.1.1 거대 마진 최근접 이웃

[WS09]에서 이들은 결과 거리 계량이 최근접 이웃 분류기에 의해 쓰일 때 잘 동작하도록 마할라노비스 행렬 $\mathbf{M}$을 학습할 것을 제안한다. 결과 방법은 **거대 마진 최근접 이웃**^{Large Margin Nearest Neighbor}, 즉 LMNN이라 부른다.

이는 다음과 같이 동작한다. 각 예제 데이터 지점 i에 대해 N_i가 목표 이웃의 집합이라 하자. 이들은 주로 유클리드 거리로 서로 가장 가까운 같은 클래스 라벨을 갖는 K개 점의 집합이 되도록 선택한다. 이제 각 점 i 그리고 이것의 모든 목표 이웃 $j \in N_i$ 사이의 거리를 최소화하도록 $\mathbf{M}$을 최적화한다.

$$\mathcal{L}_{\text{pull}}(\mathbf{M}) = \sum_{i=1}^{N} \sum_{j \in N_i} d_{\mathbf{M}}(\boldsymbol{x}_i, \boldsymbol{x}_j)^2 \tag{16.4}$$

또한 우리는 틀린 라벨을 갖는 예제가 멀리 떨어지도록 하기를 원한다. 이를 위해 각 예제 i가 (**임포스터**^{impostor}라 부르는) 다른 라벨을 갖는 다른 점 l보다 목표 이웃 j에 (어떠한 마진 $m \geq 0$만큼) 더 가까워지도록 한다. 이는 다음을 최소화하여 할 수 있다.

$$\mathcal{L}_{\text{push}}(\mathbf{M}) = \sum_{i=1}^{N} \sum_{j \in N_i} \sum_{l=1}^{N} \mathbb{I}\left(y_i \neq y_l\right) \left[m + d_{\mathbf{M}}(\boldsymbol{x}_i, \boldsymbol{x}_j)^2 - d_{\mathbf{M}}(\boldsymbol{x}_i, \boldsymbol{x}_l)^2\right]_+ \tag{16.5}$$

여기서 $[z]_+ = \max(z, 0)$은 힌지 손실 함수다(4.3.2절). 전체 목적 함수는 $\mathcal{L}(\mathbf{M}) = (1 - \lambda)\mathcal{L}_{\text{pull}}(\mathbf{M}) + \lambda\mathcal{L}_{\text{push}}(\mathbf{M})$이며, 여기서 $0 < \lambda < 1$이다. 이는 볼록 집합에 대해 정의된 볼록 함수이며, **준정부호 프로그래밍**^{semidefinite programming}을 사용해 최소화할 수 있다. 아니면 문제를 $\mathbf{M} = \mathbf{W}^\mathsf{T}\mathbf{W}$를 사용해 모수화한 뒤, 비제약 경사법을 사용해 $\mathbf{W}$에 대해 최소화할 수 있다. 이는 더 이상 볼록은 아니지만, 저차원의 매핑 $\mathbf{W}$를 사용할 수 있게 해준다.

데이터셋이 크면, 비용이 $O(N^3)$인 계산 방정식 (16.5)를 다뤄야 한다. 16.2.5절에서 속도를 빠르게 하는 몇 가지 요령에 대해 논의한다.

16.2.1.2 이웃 성분 분석

선형 매핑 $\mathbf{W}$를 $\mathbf{M} = \mathbf{W}^\mathsf{T}\mathbf{W}$가 되도록 학습하는 또 다른 방법은 **이웃 성분 분석**Neighborhood Components Analysis, 즉 **NCA**라 한다[Gol+05]. 이는 표본 $\boldsymbol{x}_i$가 $\boldsymbol{x}_j$를 선형 소프트맥스 함수를 사용하는 최근접 이웃으로 가질 확률을 정의한다.

$$p_{ij}^{\mathbf{W}} = \frac{\exp(-||\mathbf{W}\boldsymbol{x}_i - \mathbf{W}\boldsymbol{x}_j||_2^2)}{\sum_{l \neq i} \exp(-||\mathbf{W}\boldsymbol{x}_i - \mathbf{W}\boldsymbol{x}_l||_2^2)} \tag{16.6}$$

(이는 20.4.10.1절에서 논의하는 확률적 이웃 임베딩의 지도적인 버전이다.) 거리 $\mathbf{W}$를 사용하는 1NN 분류기를 통해 올바르게 분류된 예제의 기대 개수는 $J(\mathbf{W}) = \sum_{i=1}^{N} \sum_{j \neq i : y_j = y_i} p_{ij}^{\mathbf{W}}$로 주어진다. $\mathcal{L}(\mathbf{W}) = 1 - J(\mathbf{W})/N$이 단일 값 제거 오차라 해보자. $\mathcal{L}$은 $\mathbf{W}$에 대해 경사법을 사용해 최소화할 수 있다.

16.2.1.3 잠재 일치 분석

선형 매핑이 $\mathbf{M} = \mathbf{W}^\mathsf{T}\mathbf{W}$가 되도록 학습하는 또 다른 방법은 **잠재 일치 분석**Latent Coincidence Analysis, 즉 **LCA**라 한다[DS12]. 이는 입력이 비슷한지(예를 들어 같은 클래스 라벨을 갖는지) 비슷하지 않은지를 구체화하는, 입력 쌍 $\boldsymbol{x}$와 $\boldsymbol{x}'$에서 라벨 $y \in \{0, 1\}$로의 매핑을 위한 조건부 잠재 변수 모델을 정의한다. 각 입력 $\boldsymbol{x} \in \mathbb{R}^D$는 확률적 매핑 $p(\boldsymbol{z} \mid \boldsymbol{x}) = \mathcal{N}(\boldsymbol{z} \mid \mathbf{W}\boldsymbol{x}, \sigma^2\mathbf{I})$, $p(\boldsymbol{z}' \mid \boldsymbol{x}') = \mathcal{N}(\boldsymbol{z}' \mid \mathbf{W}\boldsymbol{x}', \sigma^2\mathbf{I})$를 사용해 저차원 잠재 지점 $\boldsymbol{z} \in \mathbb{R}^L$로 매핑된다(이를 20.2절에서 논의하는 요인 분석과 비교해 보라). 그 뒤 $p(y = 1 \mid \boldsymbol{z}, \boldsymbol{z}') = \exp(-\frac{1}{2\kappa^2}||\boldsymbol{z} - \boldsymbol{z}'||)$을 사용해 두 입력이 비슷한지에 대한 확률을 정의한다. 모델링 가정을 보여주는 그림 16.4를 참고하라.

로그 주변 가능도 $\ell(\mathbf{W}, \sigma^2, \kappa^2) = \sum_n \log p(y_n \mid \boldsymbol{x}_n, \boldsymbol{x}'_n)$은 EM 알고리듬(8.7.2절)을 사용해 최대화할 수 있다(이는 $\mathbf{W}$의 스케일만을 바꾸므로, 일반성을 잃지 않고WLOG $\kappa = 1$이라 둘 수 있다). 더 정확하게는 E단계에서 사후 분포 $p(\boldsymbol{z}, \boldsymbol{z}' \mid \boldsymbol{x}, \boldsymbol{x}', y)$를 계산하고(이는 닫힌 형식으로 할 수 있다), M단계에서 가중 최소 제곱 문제를 푼다(13.6.2절 참고). EM은 목적 함수를 단조적으로 증가시킬 것이며, NCA(16.2.1.2절)에서 사용한 기울기 기반 방법과 다르게 단계 크기를 조정할 필요가 없다(또한 모델 적합에 변분 베이즈(4.6.8.3절) 및 [ZMY19]에서 논의하는 다양한 희박 및 비선형 확장을 사용할 수 있다).

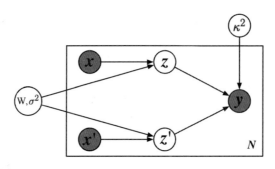

그림 16.4 잠재 일치 분석(LCA)을 방향 있는 그래프 모델로 보여준다. 입력 x, $x' \in \mathbb{R}^D$은 선형 매핑 $\mathbf{W}$를 통해 가우스 잠재 변수로 매핑된다. 두 잠재 지점이 일치하면(길이 스케일 κ 내에서) 유사도 라벨을 $y = 1$이라 두며, 그렇지 않으면 $y = 0$이라 둔다. 출처: [DS12]의 그림 1. 로렌스 사울(Lawrence Saul)이 친절하게 사용을 허가했다.

16.2.2 심층 계량 학습

고차원 또는 구조화된 입력 사이의 거리를 측정할 때, 거리가 더욱 유용해지면서 차원성의 저주에 덜 영향을 받는 저차원의 '의미론적semantic' 공간으로의 임베딩을 먼저 학습하면 매우 유용하다 (16.1.2절). $e = f(\boldsymbol{x}; \boldsymbol{\theta}) \in \mathbb{R}^L$가 입력의 '유의한' 의미론적 측면을 보존하는 입력의 임베딩이라 하고, $\hat{e} = e/\|e\|_2$가 ℓ_2-정규화된 버전이라 해보자. 이는 모든 점이 초구hyper-sphere에 놓이도록 한다. 그 뒤 정규화된 유클리드 거리를 사용해 두 점 사이의 거리를 측정할 수 있다.

$$d(\boldsymbol{x}_i, \boldsymbol{x}_j; \boldsymbol{\theta}) = \|\hat{e}_i - \hat{e}_j\|_2^2 \tag{16.7}$$

이때 값이 더 작을수록 더욱 비슷함을 뜻한다. 또한 코사인 유사도는

$$d(\boldsymbol{x}_i, \boldsymbol{x}_j; \boldsymbol{\theta}) = \hat{e}_i^\mathsf{T} \hat{e}_j \tag{16.8}$$

이며, 이때 값이 클수록 더욱 비슷함을 뜻한다(코사인 유사도는 그림 20.43이 보여주듯이 두 벡터 사이의 각을 측정한다). 이들 양quantity은 다음과 같이 관계가 있다.

$$\|\hat{e}_i - \hat{e}_j\|_2^2 = (\hat{e}_i - \hat{e}_j)^\mathsf{T} (\hat{e}_i - \hat{e}_j) = 2 - 2\hat{e}_i^\mathsf{T} \hat{e}_j \tag{16.9}$$

전체적인 접근법은 **심층 계량 학습**Deep Metric Learning, 즉 DML이라 부른다.

DML의 기본적인 아이디어는 비슷한 예제가 비슷하지 않은 예제보다 더 가까이 있도록 임베딩 함수를 학습하는 것이다. 더 정확하게는, 라벨 데이터셋 $\mathcal{D} = \{(\boldsymbol{x}_i, y_i) : i = 1 : N\}$이 있으며 이로부터 비슷한 쌍의 집합 $\mathcal{S} = \{(i, j) : y_i = y_j\}$를 유도할 수 있다. $(i, j) \in \mathcal{S}$이지만 $(i, k) \notin \mathcal{S}$라면, $\boldsymbol{x}_i$와 $\boldsymbol{x}_j$가 임베딩 공간 내에서 가까이 있는 한편 $\boldsymbol{x}_i$와 $\boldsymbol{x}_k$는 떨어져 있어야 한다. 이 속성을 강제하는 다양한 방법은 아래에서 논의한다. 이들 방법은 또한 클래스 라벨이 없을 때도, 비슷한 쌍을 정의하는 다른 방법이 있는 한 동작함을 주지하라. 예를 들어 19.2.4.3절에서 의미론적으로 유사한 쌍을 자동적으로 만들고, 이들 쌍이 관계없는 쌍보다 더 가까이 있도록 강제하는 표현 학습을 위한 자기 지도적 접근법을 논의한다.

DML을 더 자세히 논의하기 전에, [MBL20; Rot+20]에서 지적했듯이 최근의 많은 접근법이 그들이 주장하는 것만큼 좋지는 않음을 언급하는 것이 좋다(이러한 논문에서의 몇몇 주장은 부적절한 실험적인 비교로 인해 유효하지 않은 경우가 많다. 이는 예를 들어 [BLV19; LS19b]에서 논의하듯이 현대 ML 연구에서의 일반적인 결함이다). 그러므로 (약간) 오래되고 단순한, 더욱 로버스트한 경향이 있는 방법에 집중한다.

16.2.3 분류 손실

클래스가 C개인 라벨 데이터가 있다고 해보자. 그러면 분류 모델을 $O(NC)$시간으로 적합시킨 뒤, 은닉 특성을 임베딩 함수로 사용할 수 있다(끝에서 두 번째 층이 마지막 층보다 새로운 클래스를 더 잘 일반화하므로 이를 사용하는 것이 일반적이다). 이 접근법은 단순하면서도 스케일링이 가능하다. 그러나 이는 결정 경계의 올바른 쪽에 있는 예제만을 임베딩하도록 학습하며, 이것이 반드시 비슷한 예제를 가깝게 배치하고 비슷하지 않은 예제를 멀리 배치하지는 않는다. 게다가 이 방법은 라벨 훈련 데이터가 없다면 사용할 수 없다.

16.2.4 랭킹 손실

이 절에서는 유사한 예제가 유사하지 않은 예제보다 가까이 있도록 하는, **랭킹 손실**ranking loss의 최소화를 고려한다. 이들 방법 대부분은 클래스 라벨을 필요로 하지 않는다(그럼에도 불구하고 때때로 유사도를 정의하는 쉬운 표기 방법으로서 라벨이 존재한다고 가정한다).

16.2.4.1 쌍별 (대조적) 손실 및 샴 네트워크

유사한/유사하지 않은 쌍으로부터의 표현 학습을 위한 가장 초기의 접근법은 다음의 **대조적 손실**
contrastive loss 최소화에 기반한다[CHL05].

$$\mathcal{L}(\boldsymbol{\theta}; \boldsymbol{x}_i, \boldsymbol{x}_j) = \mathbb{I}(y_i = y_j)\, d(\boldsymbol{x}_i, \boldsymbol{x}_j)^2 + \mathbb{I}(y_i \neq y_j)\, [m - d(\boldsymbol{x}_i, \boldsymbol{x}_j)]_+^2 \tag{16.10}$$

여기서 $[z]_+ = \max(0, z)$는 힌지 손실이며 $m > 0$은 마진 모수다. 직관적으로 우리는 (같은 라벨을 갖는) 양성인 쌍은 가까워지고, (다른 라벨을 갖는) 음성인 쌍은 어떠한 최소한의 안전 마진보다 더욱 멀어지도록 강제하기를 원한다. 이러한 손실을 데이터의 모든 쌍에 대해 최소화한다. 이는 나이브하게 $O(N^2)$시간이 걸린다. 몇 가지 가속법은 16.2.5절을 참고하라.

거리를 계산할 때, 그림 16.5(a)에서 보여주듯이 두 입력 $\boldsymbol{x}_i$와 $\boldsymbol{x}_j$에 동일한 특성 추출자 $\boldsymbol{f}(\cdot\,;\boldsymbol{\theta})$를 사용함을 주지하라. 결과 네트워크는 따라서 **샴 네크워크**Siamese network라 부른다(샴쌍둥이에서 이름을 따왔다).

16.2.4.2 세쌍둥이 손실

쌍별 손실의 단점 중 하나는 양성인 쌍의 최적화가 음성인 쌍에 독립이라는 것이며, 이는 이들의

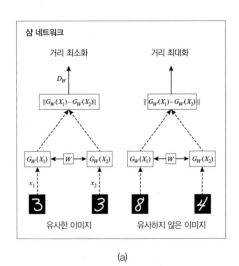
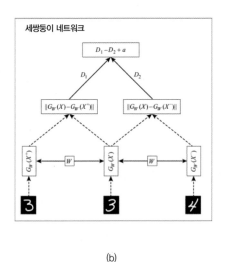

(a) (b)

그림 16.5 심층 계량 학습을 위한 네트워크: (a) 샴 네트워크, (b) 세쌍둥이 네트워크. 출처: [KB19]의 그림 5

크기를 비교 불가능하게 만들 수 있다. 이에 대한 해법은 **세쌍둥이 손실**$^{\text{triplet loss}}$을 사용하는 것이다 [SKP15]. 이는 다음과 같이 정의된다. 각 예제 i(**앵커**^{anchor}라 한다)에 대해, 유사한 (양성) 예제 $\boldsymbol{x}_i^+$ 및 유사하지 않은 (음성) 예제 $\boldsymbol{x}_i^-$를 찾는다. 그 뒤 모든 세쌍둥이를 전체적으로 평균하는 다음의 손실을 최소화한다.

$$\mathcal{L}(\boldsymbol{\theta}; \boldsymbol{x}_i, \boldsymbol{x}_i^+, \boldsymbol{x}_i^-) = [d_{\boldsymbol{\theta}}(\boldsymbol{x}_i, \boldsymbol{x}_i^+)^2 - d_{\boldsymbol{\theta}}(\boldsymbol{x}_i, \boldsymbol{x}_i^-)^2 + m]_+ \tag{16.11}$$

직관적으로 이는 앵커에서 양성으로의 거리가 앵커에서 음성으로의 거리보다 (어떠한 안전 마진 m만큼) 작기를 원한다는 것을 말해 준다. 세쌍둥이 손실은 그림 16.5(b)에서 보여주는 세쌍둥이 네트워크를 사용해 계산할 수 있다.

세쌍둥이 손실을 나이브하게 최소화하면 $O(N^3)$시간이 걸린다. 실제로는 손실을 미니배치에서 계산한다(미니배치는 주로 미니배치의 첫 번째 항목으로 취하는 앵커 지점에 대해 적어도 하나의 유사한 그리고 하나의 유사하지 않은 예제가 있도록 선택한다). 그럼에도 불구하고 방법은 느릴 수 있다. 몇 가지 가속법은 16.2.5절에서 논의한다.

16.2.4.3 N쌍 손실

세쌍둥이 손실에서의 한 가지 문제는 각 앵커가 한 번에 오직 1개의 음성 예제와 비교가 된다는 점이다. 이는 충분히 강한 학습 신호를 제공하지 못할 수도 있다. 이에 대한 한 가지 해법은 각 앵커마다 $N-1$개의 음성 및 1개의 양성을 만드는 다중 클래스 문제를 만드는 것이다. 이는 **N쌍 손실**$^{\text{N-pairs}}$ ^{loss}이라 부른다[Soh16]. 더 정확하게는 각 집합마다 다음의 손실을 정의한다.

$$\mathcal{L}(\boldsymbol{\theta}; \boldsymbol{x}, \boldsymbol{x}^+, \{\boldsymbol{x}_k^-\}_{k=1}^{N-1}) = \log\left(1 + \left[\sum_{k=1}^{N-1} \exp(\hat{\boldsymbol{e}}_{\boldsymbol{\theta}}(\boldsymbol{x})^\mathsf{T}\hat{\boldsymbol{e}}_{\boldsymbol{\theta}}(\boldsymbol{x}_k^-))\right] - \hat{\boldsymbol{e}}_{\boldsymbol{\theta}}(\boldsymbol{x})^\mathsf{T}\hat{\boldsymbol{e}}_{\boldsymbol{\theta}}(\boldsymbol{x}^+)\right) \tag{16.12}$$

$$= -\log \frac{\exp(\hat{\boldsymbol{e}}_{\boldsymbol{\theta}}(\boldsymbol{x})^\mathsf{T}\hat{\boldsymbol{e}}_{\boldsymbol{\theta}}(\boldsymbol{x}^+))}{\exp(\hat{\boldsymbol{e}}_{\boldsymbol{\theta}}(\boldsymbol{x})^\mathsf{T}\hat{\boldsymbol{e}}_{\boldsymbol{\theta}}(\boldsymbol{x}^+)) + \sum_{k=1}^{N-1}\exp(\hat{\boldsymbol{e}}_{\boldsymbol{\theta}}(\boldsymbol{x})^\mathsf{T}\hat{\boldsymbol{e}}_{\boldsymbol{\theta}}(\boldsymbol{x}_k^-))} \tag{16.13}$$

N쌍 손실은 CPC 논문에서 사용된 **InfoNCE** 손실과 같음을 주지하라[OLV18]. [Che+20a]에서 이들은 유사도를 온도^{temperature} 항으로 스케일링하는 버전을 제안한다. 이들은 이를 **NT-Xent**^{normalized} $^{\text{temperature-scaled cross-entropy}}$(정규화된 온도 스케일 교차 엔트로피) 손실이라 부른다. 온도 모수는 데이터가 살고 있는 초구^{hypersphere}의 반지름을 스케일링하는 것으로 볼 수 있다.

$N = 2$일 때, 손실은 로지스틱 손실로 줄어든다.

$$\mathcal{L}(\boldsymbol{\theta}; \boldsymbol{x}, \boldsymbol{x}^+, \boldsymbol{x}^-) = \log\left(1 + \exp(\hat{\boldsymbol{e}}_{\boldsymbol{\theta}}(\boldsymbol{x})^\top \hat{\boldsymbol{e}}_{\boldsymbol{\theta}}(\boldsymbol{x}^-) - \hat{\boldsymbol{e}}_{\boldsymbol{\theta}}(\boldsymbol{x})^\top \hat{\boldsymbol{e}}_{\boldsymbol{\theta}}(\boldsymbol{x}^+))\right) \tag{16.14}$$

이를 세쌍둥이 학습에서($m = 1$일 때) 쓰이는 마진 손실과 비교해 보라.

$$\mathcal{L}(\boldsymbol{\theta}; \boldsymbol{x}, \boldsymbol{x}^+, \boldsymbol{x}^-) = \max\left(0, \hat{\boldsymbol{e}}(\boldsymbol{x})^\top \hat{\boldsymbol{e}}(\boldsymbol{x}^-) - \hat{\boldsymbol{e}}(\boldsymbol{x})^\top \hat{\boldsymbol{e}}(\boldsymbol{x}^+) + 1\right) \tag{16.15}$$

이 두 함수를 비교하는 그림 4.2를 참고하라.

16.2.5 랭킹 손실 최적화 빠르게 하기

랭킹 손실의 주된 단점은 예제의 모든 쌍 또는 세쌍둥이를 비교해야 함에 따라 손실 함수를 계산하는 데 $O(N^2)$ 또는 $O(N^3)$의 비용이 든다는 것이다. 이 절에서 여러 가속 요령을 논의한다.

16.2.5.1 마이닝 기법

여기서 핵심적인 인사이트는 각 앵커마다 모든 음의 예제를 고려할 필요는 없다는 점이다. 대부분의 예제가 정보가 없을 것이기 때문이다(즉, 손실이 0임). 대신에 앵커와 가장 가까운 양성 예제보다더 가까이 있는 음성 예제에 주의를 집중할 수 있다. 이들은 **딱딱한 음성**hard negatives이라 하며, 특히 세쌍둥이 손실을 빠르게 하는 데 유용하다.

더 정확하게는, a가 앵커이고 p가 가장 가까운 양성 예제일 때 $d(\boldsymbol{x}_a, \boldsymbol{x}_n) < d(\boldsymbol{x}_a, \boldsymbol{x}_p)$이고 $y_n \neq y_a$라면 n이 (a를 위한) 딱딱한 음성이라 말한다. 때때로 앵커는 어떠한 딱딱한 음성도 갖지 않을 수 있다. 그러면 다음과 같은 **준 딱딱한 음성**semi-hard negatives을 고려하여 후보의 풀을 키울 수 있다.

$$d(\boldsymbol{x}_a, \boldsymbol{x}_p) < d(\boldsymbol{x}_a, \boldsymbol{x}_n) < d(\boldsymbol{x}_a, \boldsymbol{x}_p) + m \tag{16.16}$$

여기서 $m > 0$은 마진 모수다. 그림 16.6(a)를 참고하라. 이것이 안면을 위한 임베딩 함수를 학습하는 구글의 **FaceNet** 모델에서 쓰이는 기법이다[SKP15]. 따라서 이는 비슷하게 생긴 안면을 같이 군집화하여 사용자가 이름을 붙일 수 있다.

실제로 딱딱한 음성은 미니배치 내에서 선택하는 것이 일반적이다. 그러므로 이는 충분한 다양성을 위해 커다란 배치 크기를 필요로 한다. 아니면 훈련 동안 거리 측정치가 변함에 따라 후보 딱

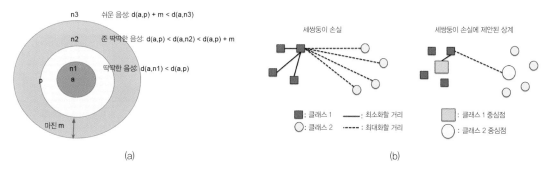

(a)   (b)

그림 16.6 세쌍둥이 손실 최소화 빠르게 하기: (a) 어려운 음성 대 쉬운 음성을 보여준다. 여기서 a는 앵커 지점, p는 양성 지점, n_i는 음성 지점들이다. 출처: [KB19]의 그림 4. (b) 표준적인 세쌍둥이 손실은 $8 \times 3 \times 4$ = 96회의 계산을 취할 것인 한편, 프록시 손실을 사용하면(클래스마다 프록시 하나) $8 \times 2 = 16$회의 계산을 취할 것이다. 출처: [Do+19]의 그림 1. 구스타보 세르네이로(Gustavo Cerneiro)가 친절하게 사용을 허가했다.

딱한 음성의 집합을 지속적으로 업데이트하는 별도의 과정을 가질 수 있다.

16.2.5.2 프록시법

세쌍둥이 손실 최소화는 심지어 딱딱한 음성 마이닝이라 하더라도 비용이 비싸다(16.2.5.1절). 이상적으로는 분류 손실과 같이 $O(N)$시간으로 방법을 찾는 것이 가능하다.

[MA+17]에서 제시한 그러한 방법 중 하나는, 예제 사이의 거리를 직접 측정하는 대신에 각 앵커와 각 클래스를 대표하는 P개 **프록시**proxy로 된 집합 사이의 거리를 계산한다. 이들 프록시는 학습 동안 거리 계량이 변함에 따라 온라인으로 업데이트해야 한다. 전체 과정은 $O(NP^2)$시간이 걸리며, 여기서 $P \sim C$이다.

더욱 최근에 [Qia+19]는 각 클래스를 복수의 프로토타입으로 나타내는 한편, **부드러운 삼중**soft triple 손실을 사용해 여전히 선형적인 시간 복잡도를 달성할 것을 제안했다.

16.2.5.3 상계 최적화하기

[Do+19]는 세쌍둥이 손실을 최적화하기 위한 간단하고 빠른 방법을 제안했다. 핵심적인 아이디어는 클래스당 하나의 **고정된**fixed 프록시 또는 중심점을 정의한 뒤, 프록시까지의 거리를 세쌍둥이 손실의 상계로 사용하는 것이다.

더 정확하게는, 마진 항이 없는 더 간단한 형식의 세쌍둥이 손실을 고려해 보자.

$$\ell_t(\boldsymbol{x}_i, \boldsymbol{x}_j, \boldsymbol{x}_k) = ||\hat{\boldsymbol{e}}_i - \hat{\boldsymbol{e}}_j|| - ||\hat{\boldsymbol{e}}_i - \hat{\boldsymbol{e}}_k|| \tag{16.17}$$

이때 $\hat{\boldsymbol{e}}_i = \hat{\boldsymbol{e}}_{\boldsymbol{\theta}}(\boldsymbol{x}_i)$ 등과 같이 된다. 삼각 부등식을 사용하면 다음과 같다.

$$||\hat{\boldsymbol{e}}_i - \hat{\boldsymbol{e}}_j|| \leq ||\hat{\boldsymbol{e}}_i - \boldsymbol{c}_{y_i}|| + ||\hat{\boldsymbol{e}}_j - \boldsymbol{c}_{y_i}|| \tag{16.18}$$

$$||\hat{\boldsymbol{e}}_i - \hat{\boldsymbol{e}}_k|| \geq ||\hat{\boldsymbol{e}}_i - \boldsymbol{c}_{y_k}|| - ||\hat{\boldsymbol{e}}_k - \boldsymbol{c}_{y_k}|| \tag{16.19}$$

따라서

$$\ell_t(\boldsymbol{x}_i, \boldsymbol{x}_j, \boldsymbol{x}_k) \leq \ell_u(\boldsymbol{x}_i, \boldsymbol{x}_j, \boldsymbol{x}_k) \triangleq ||\hat{\boldsymbol{e}}_i - \boldsymbol{c}_{y_i}|| - ||\hat{\boldsymbol{e}}_i - \boldsymbol{c}_{y_k}|| + ||\hat{\boldsymbol{e}}_j - \boldsymbol{c}_{y_i}|| + ||\hat{\boldsymbol{e}}_k - \boldsymbol{c}_{y_k}|| \tag{16.20}$$

이를 사용해 다음과 같이 세쌍둥이 손실에서 다루기 쉬운 상계를 유도할 수 있다.

$$\mathcal{L}_t(\mathcal{D}, \mathcal{S}) = \sum_{(i,j) \in \mathcal{S}, (i,k) \notin \mathcal{S}, i,j,k \in \{1,\dots,N\}} \ell_t(\boldsymbol{x}_i, \boldsymbol{x}_j, \boldsymbol{x}_k) \leq \sum_{(i,j) \in \mathcal{S}, (i,k) \notin \mathcal{S}, i,j,k \in \{1,\dots,N\}} \ell_u(\boldsymbol{x}_i, \boldsymbol{x}_j, \boldsymbol{x}_k) \tag{16.21}$$

$$= C' \sum_{i=1}^{N} \left(||\boldsymbol{x}_i - \boldsymbol{c}_{y_i}|| - \frac{1}{3(C-1)} \sum_{m=1, m \neq y_i}^{C} ||\boldsymbol{x}_i - \boldsymbol{c}_m|| \right) \triangleq \mathcal{L}_u(\mathcal{D}, \mathcal{S}) \tag{16.22}$$

여기서 $C' = 3(C-1)(\frac{N}{C} - 1)\frac{N}{C}$은 상수다. $\mathcal{L}_u$는 $O(NC)$시간으로 계산할 수 있음이 분명하다. 그림 16.6(b)를 참고하라.

[Do+19]에서 이들은 K가 중심점의 퍼진 정도에 의존하는 어떠한 상수일 때 $0 \leq \mathcal{L}_t - \mathcal{L}_u \leq \frac{N^3}{C^2}K$임을 보였다. 경계가 단단하도록 하려면 중심점이 서로 최대한 멀리 있어야 하며, 중심점 사이의 거리는 최대한 비슷해야 한다. 이들 벡터는 이미 단위 노름을 가지며 서로 직교한다. 각 중심점 쌍 사이의 거리는 $\sqrt{2}$이며, 이는 상계를 꽤 단단하게 한다.

이 접근법의 약점은 임베딩 층이 $L = C$차원임을 가정한다는 것이다. 이를 위해서는 두 가지 해법이 존재한다. 첫 번째로 훈련 후에 C에서 $L \neq C$로 매핑하는 선형 사영 층을 추가하거나, 아니면 임베딩 네트워크의 마지막에서 두 번째 층을 취할 수 있다. 두 번째 접근법은 L차원 단위 초구에서 다수의 점을 표집한 뒤(이는 표준 정규 분포로부터 표집을 한 뒤 정규화하여 할 수 있다[Mar72]), $K = C$인 K 평균 군집화를 실행하는 것이다. [Do+19]에서 보고한 실험에서 이 두 접근법은 비슷한 결과를 내어준다.

흥미롭게도, [Rot+20]에서 이들은 $\pi_{\mathrm{intra}}/\pi_{\mathrm{inter}}$를 높이면 여러 가지 회수 과제에서의 다운스트림 성능을 개선함을 보였다. 여기서

$$\pi_{\mathrm{intra}} = \frac{1}{Z_{\mathrm{intra}}} \sum_{c=1}^{C} \sum_{i \neq j : y_i = y_j = c} d(\boldsymbol{x}_i, \boldsymbol{x}_j) \tag{16.23}$$

는 클래스 내$^{\text{intra-class}}$ 평균 거리이며,

$$\pi_{\mathrm{inter}} = \frac{1}{Z_{\mathrm{inter}}} \sum_{c=1}^{C} \sum_{c'=1}^{C} d(\boldsymbol{\mu}_c, \boldsymbol{\mu}_{c'}) \tag{16.24}$$

는 클래스 간$^{\text{inter-class}}$ 평균 거리로, 이때 $\boldsymbol{\mu}_c = \frac{1}{Z_c} \sum_{i : y_i = c} \hat{\boldsymbol{e}}_i$은 예를 들어 클래스 c로부터의 평균 임베딩이다. 이는 (분자를 크게 만들기 위해) 중심점이 멀리 떨어져 있도록 해야 할 뿐만 아니라, (분모를 최소화하기 위해) 예제가 중심점에 너무 가까워지는 것을 막아야 함을 암시한다. 후자의 항은 [Do+19]의 방법에서 포착되지 않는다.

16.2.6 DML을 위한 그 밖의 훈련 요령

16.2.5절의 가속 요령 외에도, 좋은 DML 성능을 위해 올바르게 해야 할 중요한 세부 사항이 많이 있다. 이러한 세부 사항은 [MBL20; Rot+20]에 논의되어 있다. 이번 절에서는 몇 가지를 간단히 언급만 한다.

중요한 이슈 하나는 어떻게 미니배치가 만들어지는가이다. 분류 문제에서는(적어도 균형 잡힌 클래스로) 일반적으로 훈련 집합으로부터 무작위로 예제를 선택하면 충분하다. 그러나 DML에서는 각 예제가 미니배치 내에서 비슷한 다른 예제 몇몇뿐만 아니라 유사하지 않은 다른 예제 몇몇을 갖도록 해야 한다. 한 가지 접근법으로는 딱딱한 마이닝 기법(16.2.5.1절)을 사용하는 것이다. 또 다른 아이디어로는 이전에 학습된 임베딩에 적용된 코어셋^{coreset} 방법을 사용해 각 단계에서 다양한 미니배치를 선택하도록 하는 것이 있다[Sin+20]. 그러나 [Rot+20]은 각 배치를 만들 때 다음의 단순한 전략 또한 잘 동작함을 보여주고 있다. 이 방법은 B/n개 클래스를 고르고, 각 클래스로부터 무작위로 N_c개 예제를 고른다. 여기서 B는 배치 크기이고, $N_c = 2$는 튜닝 모수다.

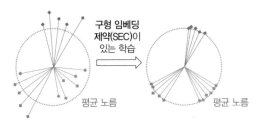

구형 임베딩
제약(SEC)이
있는 학습

평균 노름   평균 노름

⟶ ⟶ ⟶ 각기 다른 세 클래스의 임베딩

그림 16.7 심층 계량 학습법에 구형 임베딩 제약을 추가하고 있다. 딩이 장(Dingyi Zhang)이 친절하게 사용을 허가했다.

또 다른 중요한 이슈는 과적합을 피하는 것이다. DML 문헌에서 쓰이는 대부분의 데이터셋이 작으므로, ImageNet에서 사전훈련된 GoogLeNet(14.3.3절) 또는 ResNet(14.3.4절)과 같은 이미지 분류기를 사용한 뒤, DML 손실을 사용해 모델을 미세조정하는 것이 표준이다(이러한 종류의 전이 학습에 관한 자세한 내용은 19.2절을 참고하라). 게다가 데이터 덧붙이기(19.1절 참고)를 사용하는 것이 표준이다(물론 몇몇 자기 지도 학습법에서는 데이터 덧붙이기가 유사한 쌍을 만드는 유일한 방법이다).

[ZLZ20]에서 이들은 추가적인 배치별 정칙화 항인 **구형 임베딩 제약**SEC, Spherical Embedding Constraint을 제안한다. 이는 모든 예제가 같은 노름을 갖도록 부추긴다. 즉, 정칙자는 그 배치 내 (비정규화된) 임베딩의 노름의 경험적 분산일 뿐이다. 그림 16.7을 참고하라. 이러한 정칙자는 기존의 어떠한 DML 손실이든지 추가되어, 배치 정규화가 쓰이는 법과 같이(14.2.4.1절) 훈련 속도와 안정성 및 최종 성능을 알맞게 개선한다.

16.3 커널 밀도 추정(KDE)

이 절에서는 **커널 밀도 추정**Kernel Density Estimation, 즉 KDE라 하는 비모수적 밀도 추정의 한 형식을 고려한다. 이는 점별로 값매김할 수 있는 확률 분포 $p(x)$를 정의하며, 이로부터 표집하여 새로운 데이터를 생성할 수 있으므로 생성 모델의 한 형식이다.

16.3.1 밀도 커널

KDE를 설명하기 전에, '커널'이 무슨 뜻인지 정의해야 한다. 이 용어는 머신러닝과 통계학에서 각기 다른 몇 가지 의미를 갖는다.[2] 이 절에서는 **밀도 커널**^{density kernel}이라 부르는 특정한 종류의 커널을 사용한다. 이는 함수 $\mathcal{K} : \mathbb{R} \to \mathbb{R}_+$이며, $\int \mathcal{K}(x)dx = 1$이고 $\mathcal{K}(-x) = \mathcal{K}(x)$이다. 이러한 후자의 대칭 속성은 $\int x\mathcal{K}(x)dx = 0$을 암시하므로 다음과 같다.

$$\int x\mathcal{K}(x - x_n)dx = x_n \tag{16.25}$$

이러한 커널의 단순한 예시로는 **박스카 커널**^{boxcar kernel}이 있다. 이는 원점 주변 단위 구간 내에 있는 균일 분포다.

$$\mathcal{K}(x) \triangleq 0.5\mathbb{I}\,(|x| \leq 1) \tag{16.26}$$

또 다른 예시는 **가우스 커널**^{Gaussian kernel}이다.

$$\mathcal{K}(x) = \frac{1}{(2\pi)^{\frac{1}{2}}}e^{-x^2/2} \tag{16.27}$$

커널의 너비는 **대역폭**^{bandwidth} 모수 h를 도입하여 통제할 수 있다.

$$\mathcal{K}_h(x) \triangleq \frac{1}{h}\mathcal{K}(\frac{x}{h}) \tag{16.28}$$

벡터값 입력은 **방사 기저 함수**^{Radial Basis Function}, 즉 **RBF** 커널을 정의하여 일반화할 수 있다.

$$\mathcal{K}_h(\boldsymbol{x}) \propto \mathcal{K}_h(||\boldsymbol{x}||) \tag{16.29}$$

가우스 커널의 경우, 이는 다음이 된다.

$$\mathcal{K}_h(\boldsymbol{x}) = \frac{1}{h^D(2\pi)^{D/2}}\prod_{d=1}^{D}\exp(-\frac{1}{2h^2}x_d^2) \tag{16.30}$$

---

2   https://francisbach.com/cursed-kernels/가 이에 대한 좋은 블로그 포스트다.

이름	정의	Compact	Smooth	Boundaries
가우스(Gaussian)	$\mathcal{K}(x) = (2\pi)^{-\frac{1}{2}} e^{-x^2/2}$	0	1	1
박스카(Boxcar)	$\mathcal{K}(x) = \frac{1}{2}\mathbb{I}(|x| \leq 1)$	1	0	0
이파네츠니코프(Epanechnikov) 커널	$\mathcal{K}(x) = \frac{3}{4}(1 - x^2)\mathbb{I}(|x| \leq 1)$	1	1	0
겹세제곱(tri-cube) 커널	$\mathcal{K}(x) = \frac{70}{81}(1 - |x|^3)^3\mathbb{I}(|x| \leq 1)$	1	1	1

표 16.1 몇 가지 인기 있는 커널을 1차원에서 나열하고 있다. Compact = 1은 함수가 입력의 유한한 범위에서 0이 아님을 뜻한다. Smooth = 1은 함수가 지지 범위에 대해 미분 가능함을 뜻한다. Boundaries = 1은 함수가 또한 지지의 경계에서 미분 가능함을 뜻한다.

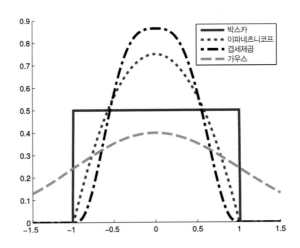

그림 16.8 몇 가지 인기 있는 정규화된 커널의 비교. smoothingKernelPlot.ipynb로 생성했다.

가우스 커널은 인기가 있지만, 유계가 아닌 지지를 갖는다. 콤팩트한 지지를 갖는(이는 계산적으로 더 빠르다) 그 밖의 커널은 표 16.1에 나열되어 있다. 그림 16.8에서 이들 커널 함수 도표를 참고하라.

16.3.2 파젠 윈도 밀도 추정량

커널을 사용해 비모수적 밀도 추정값을 정의하는 방법을 설명하려면, 3.5.1절의 가우스 혼합 모델 형식을 상기하라. 고정된 구형 가우스 공분산 및 균일 혼합 가중치를 가정한다면 다음을 얻는다.

$$p(\boldsymbol{x}|\boldsymbol{\theta}) = \frac{1}{K}\sum_{k=1}^{K}\mathcal{N}(\boldsymbol{x}|\boldsymbol{\mu}_k, \sigma^2\mathbf{I}) \tag{16.31}$$

이 모델의 한 가지 문제는 군집의 개수 K 및 이들의 위치 $\boldsymbol{\mu}_k$를 구체화해야 한다는 점이다. 이들 모수를 추정하기 위한 대안은 데이터 지점마다 군집 하나를 할당하는 것이다. 이 경우 모델은 다음이 된다.

$$p(\boldsymbol{x}|\boldsymbol{\theta}) = \frac{1}{N}\sum_{n=1}^{N}\mathcal{N}(\boldsymbol{x}|\boldsymbol{x}_n, \sigma^2\mathbf{I}) \tag{16.32}$$

다음과 같이 서술하여 식 (16.32)를 일반화할 수 있다.

$$p(\boldsymbol{x}|\mathcal{D}) = \frac{1}{N}\sum_{n=1}^{N}\mathcal{K}_h\left(\boldsymbol{x} - \boldsymbol{x}_n\right) \tag{16.33}$$

여기서 $\mathcal{K}_h$는 밀도 커널이다. 이는 **파젠 윈도 밀도 추정량**^{Parzen window density estimator} 또는 **커널 밀도 추정량**^{KDE, Kernel Density Estimator}이라 한다.

모수적 모델의 장점은 모델 적합이 필요치 않으며(16.3.3절에서 논의했듯이 h를 선택할 때를 제외하고), 군집 중심의 개수를 고를 필요가 없다는 점이다. 단점은 모델이 많은 메모리를 취하며(모든 데이터를 저장해야 한다), 값매김에 많은 시간이 걸린다는 점이다.

그림 16.9는 1차원에서 두 종류의 커널에 대해 KDE를 보여준다. 상단에서 박스카 커널을 사용한다. 결과 모델은 단지 각 x_n 주변의 크기 h의 구간 내에 얼마나 많은 데이터 지점이 놓이는지를 세어 조각별 상수 밀도를 얻어낸다. 하단에서 가우스 커널을 사용하며, 이는 밀도가 더 평활하다.

16.3.3 대역폭 모수를 선택하는 방법

그림 16.9로부터 대역폭 모수 h가 학습된 분포에 커다란 영향을 줌을 볼 수 있다. 이는 모델의 복잡도를 통제하는 것으로 볼 수 있다.

'참'인 데이터를 생성하는 분포가 가우스라 가정하는 1차원 데이터의 경우, 가우스 커널을 위한 최적 대역폭은 (빈도주의적 위험을 최소화한다는 시점에서) $h = \sigma(\frac{4}{3N})^{1/5}$으로 주어짐을 보일 수 있다

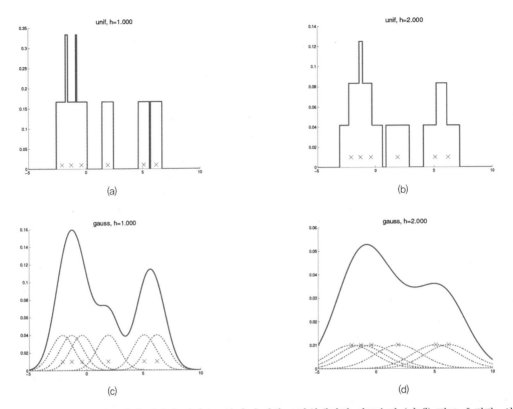

그림 16.9. x로 표시한 6개의 데이터 지점으로부터 추정한, 1차원에서의 비모수적 (파젠) 밀도 추정량. 상단 행: 균일 커널. 하단 행: 가우스 커널. 좌측 열: 대역폭 모수 $h = 1$. 우측 열: 대역폭 모수 $h = 2$. 출처: http://en.wikipedia.org/wiki/Kernel_density_estimation. parzen_window_demo2.ipynb로 생성했다.

[BA97a]. 표준편차의 로버스트한 근사는 먼저 **중위절대편차**MAD, Median Absolute Deviation $\text{median}(|\boldsymbol{x} - \text{median}(\boldsymbol{x})|)$를 계산한 뒤, $\hat{\sigma} = 1.4826\,\text{MAD}$를 사용해 계산할 수 있다. 차원이 D라면, 각 차원마다 h_d를 개별적으로 추정한 뒤 $h = (\prod_{d=1}^{D} h_d)^{1/D}$이라 둘 수 있다.

16.3.4 KDE에서 KNN 분류로

16.1절에서는 K 최근접 이웃 분류기를 분류를 위한 휴리스틱한 접근법으로서 논의했다. 흥미롭게도 이는 KDE를 사용해 클래스 조건부 밀도 $p(\boldsymbol{x}\,|\,y = c)$를 모델링하는 생성적 분류기로서 유도할 수 있다. 이는 고정된 대역폭을 사용하고 데이터 지점에서 중심화된 초입방체 내에 속하는 데이터

지점이 얼마나 많은지 세는 대신에, 대역폭 또는 부피가 각각의 데이터 지점마다 다를 수 있도록 허용할 것이다. 특히 $\boldsymbol{x}$ 주변의 부피가, 클래스 라벨에 상관없이 K개 데이터 지점을 만날 때까지 '키울grow' 것이다. 이는 **발룬 커널 밀도 추정량**balloon kernel density estimator이라 부른다[TS92]. 결과 부피의 크기가 $V(\boldsymbol{x})$이며(이는 이전에 h^D였다), 이러한 부피 내 클래스 c로부터 $N_c(\boldsymbol{x})$개 예제가 있다고 하자. 그러면 클래스 조건부 밀도를 다음과 같이 추정할 수 있다.

$$p(\boldsymbol{x}|y=c,\mathcal{D}) = \frac{N_c(\boldsymbol{x})}{N_c V(\boldsymbol{x})} \tag{16.34}$$

여기서 N_c는 전체 데이터셋 내 클래스 c 내에 있는 예제의 전체 개수다. 클래스 사전 분포를 $p(y=c) = N_c/N$이라 취하면, 클래스 사후 분포는 다음으로 주어진다.

$$p(y=c|\boldsymbol{x},\mathcal{D}) = \frac{\frac{N_c(\boldsymbol{x})}{N_c V(\boldsymbol{x})} \frac{N_c}{N}}{\sum_{c'} \frac{N_{c'}(\boldsymbol{x})}{N_{c'} V(\boldsymbol{x})} \frac{N_{c'}}{N}} = \frac{N_c(\boldsymbol{x})}{\sum_{c'} N_{c'}(\boldsymbol{x})} = \frac{N_c(\boldsymbol{x})}{K} = \frac{1}{K} \sum_{n \in N_K(\boldsymbol{x},\mathcal{D})} \mathbb{I}(y_n = c) \tag{16.35}$$

이때 각 점마다 (클래스에 상관없이) 전체 K개의 지점을 선택하므로 $\sum_c N_c(\boldsymbol{x}) = K$라는 사실을 사용했다. 이는 식 (16.1)에 부합한다.

16.3.5 커널 회귀

KDE를 생성적 분류기를 위해 사용할 수 있듯이(16.1절 참고), 회귀를 위한 생성 모델에도 사용할 수 있다. 이는 아래에서 논의한다.

16.3.5.1 평균을 위한 나다라야-왓슨 추정량

회귀에서 목표는 조건부 기댓값을 계산하는 것이다.

$$\mathbb{E}[y|\boldsymbol{x},\mathcal{D}] = \int y\, p(y|\boldsymbol{x},\mathcal{D}) dy = \frac{\int y\, p(\boldsymbol{x},y|\mathcal{D}) dy}{\int p(\boldsymbol{x},y|\mathcal{D}) dy} \tag{16.36}$$

$p(y,\boldsymbol{x}|\mathcal{D})$를 위해 MVN을 사용하면, 11.2.3.5절에서 보여주듯이 선형 회귀와 동등한 결과를 유도할 수 있다. 그러나 $p(y,\boldsymbol{x}|\mathcal{D})$가 가우스라는 가정은 다소 제한적이다. 다음과 같이 KDE를 사

용해 결합 밀도 $p(\boldsymbol{x}, y|\mathcal{D})$를 더욱 정확하게 추정할 수 있다.

$$p(y, \boldsymbol{x}|\mathcal{D}) \approx \frac{1}{N} \sum_{n=1}^{N} \mathcal{K}_h(\boldsymbol{x} - \boldsymbol{x}_n) \mathcal{K}_h(y - y_n) \tag{16.37}$$

따라서

$$\mathbb{E}[y|\boldsymbol{x}, \mathcal{D}] = \frac{\frac{1}{N} \sum_{n=1}^{N} \mathcal{K}_h(\boldsymbol{x} - \boldsymbol{x}_n) \int y \mathcal{K}_h(y - y_n) dy}{\frac{1}{N} \sum_{n'=1}^{N} \mathcal{K}_h(\boldsymbol{x} - \boldsymbol{x}_n) \int \mathcal{K}_h(y - y_n) dy} \tag{16.38}$$

분자는 $\int y\mathcal{K}_h(y - y_n)dy = y_n$이라는 사실을 사용해 단순화할 수 있다(식 (16.25)에 따라). 분모는 밀도 커널의 적분이 1이라는, 즉 $\int \mathcal{K}_h(y - y_n)dy = 1$이라는 사실을 사용해 단순화할 수 있다. 따라서

$$\mathbb{E}[y|\boldsymbol{x}, \mathcal{D}] = \frac{\sum_{n=1}^{N} \mathcal{K}_h(\boldsymbol{x} - \boldsymbol{x}_n)y_n}{\sum_{n'=1}^{N} \mathcal{K}_h(\boldsymbol{x} - \boldsymbol{x}_n)} = \sum_{n=1}^{N} y_n w_n(\boldsymbol{x}) \tag{16.39}$$

$$w_n(\boldsymbol{x}) \triangleq \frac{\mathcal{K}_h(\boldsymbol{x} - \boldsymbol{x}_n)}{\sum_{n'=1}^{N} \mathcal{K}_h(\boldsymbol{x} - \boldsymbol{x}_{n'})} \tag{16.40}$$

예측이 단지 훈련 지점에서의 출력의 가중합일 뿐임을 볼 수 있다. 이때 가중치는 $\boldsymbol{x}$가, 저장된 훈련 지점과 얼마나 유사한지에 의존한다. 이 방법은 **커널 회귀**kernel regression, **커널 평활화**kernel smoothing, 또는 **나다라야-왓슨**N-W, Nadaraya-Watson 모델이라 부른다. 가우스 커널을 사용하는 예시는 그림 10.10

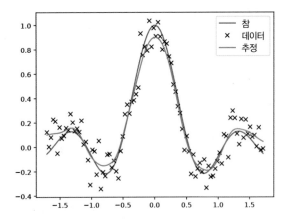

그림 16.10 가우스 커널을 사용한 1차원에서의 커널 회귀 예시. kernelRegressionDemo.ipynb로 생성했다.

을 참고하라.

17.2.3절에서 커널 회귀와 가우스 과정 회귀 사이의 연결점에 대해 논의한다.

16.3.5.2 분산을 위한 추정량

때때로 예측적 분산 및 예측적 평균을 계산하면 유용하다. 이는 다음과 같이 할 수 있다.

$$\mathbb{V}[y|\boldsymbol{x}, \mathcal{D}] = \mathbb{E}[y^2|\boldsymbol{x}, \mathcal{D}] - \mu(\boldsymbol{x})^2 \tag{16.41}$$

여기서 $\mu(\boldsymbol{x}) = \mathbb{E}[y \,|\, \boldsymbol{x}, \mathcal{D}]$는 N-W 추정값이다. 분산 σ^2으로 가우스 커널을 사용하면 다음과 같이 $\mathbb{E}[y^2 \,|\, \boldsymbol{x}, \mathcal{D}]$를 계산할 수 있다.

$$\mathbb{E}[y^2|\boldsymbol{x}, \mathcal{D}] = \frac{\sum_{n=1}^{N} \mathcal{K}_h(\boldsymbol{x} - \boldsymbol{x}_n) \int y^2 \mathcal{K}_h(y - y_n) dy}{\sum_{n'=1}^{N} \mathcal{K}_h(\boldsymbol{x} - \boldsymbol{x}_n) \int \mathcal{K}_h(y - y_n) dy} \tag{16.42}$$

$$= \frac{\sum_{n=1}^{N} \mathcal{K}_h(\boldsymbol{x} - \boldsymbol{x}_n)(\sigma^2 + y_n^2)}{\sum_{n'=1}^{N} \mathcal{K}_h(\boldsymbol{x} - \boldsymbol{x}_n)} \tag{16.43}$$

이때 다음의 사실을 사용했다.

$$\int y^2 \mathcal{N}(y|y_n, \sigma^2) dy = \sigma^2 + y_n^2 \tag{16.44}$$

식 (16.43)을 식 (16.41)로 조합하면 다음이 된다.

$$\mathbb{V}[y|\boldsymbol{x}, \mathcal{D}] = \sigma^2 + \sum_{n=1}^{N} w_n(\boldsymbol{x}) y_n^2 - \mu(\boldsymbol{x})^2 \tag{16.45}$$

이는 [BA10]의 방정식 8에 부합한다(초기의 σ^2 항은 법^{modulo}으로 함).

16.3.5.3 국소 가중 회귀

식 (16.39)의 정규화 항을 버리고 다음을 얻을 수 있다.

$$\mu(\boldsymbol{x}) = \sum_{n=1}^{N} y_n \mathcal{K}_h(\boldsymbol{x} - \boldsymbol{x}_n) \tag{16.46}$$

이는 단지 관측된 반응의 가중합일 뿐이다. 이때 가중치는 테스트 입력 $\boldsymbol{x}$가 훈련 지점 $\boldsymbol{x}_n$과 얼마나 유사한지에 의존한다.

단지 저장된 반응 y_n을 보간^{interpolate}하는 대신에, 각 훈련 지점 주변에 국소적으로 선형인 모델을 적합시킬 수 있다.

$$\mu(\boldsymbol{x}) = \min_{\boldsymbol{\beta}} \sum_{n=1}^{N} [y_n - \boldsymbol{\beta}^{\mathsf{T}} \boldsymbol{\phi}(\boldsymbol{x}_n)]^2 \, \mathcal{K}_h(\boldsymbol{x} - \boldsymbol{x}_n) \tag{16.47}$$

여기서 $\boldsymbol{\phi}(\boldsymbol{x}) = [1, \, \boldsymbol{x}]$이다. 이는 **국소 선형 회귀**$^{\text{LLR, Locally Linear Regression}}$ 또는 **국소 가중 산포도 평활화**$^{\text{locally-weighted scatterplot smoothing}}$라 부르며, 보통 약어로 LOWESS 또는 LOESS라 한다[CD88]. 이는 산포도에 국소 추세선으로 어노테이션할 때 자주 사용된다.

17

커널법*

17장은 회귀와 분류를 위한 **비모수적 방법**nonparametric methods을 고려한다. 이러한 방법은 예측 함수를 위한 고정된 모수적 형식을 가정하지 않고, 대신에 데이터로부터 (모수 대신에) 함수 그 자체를 추정하는 것을 시도한다. 주요 아이디어는 f가 알려지지 않은 함수일 때 N개 지점의 고정된 집합에서의 함숫값, 즉 $n = 1 : N$에 대해 $y_n = f(\boldsymbol{x}_n)$을 관측하며 새로운 점, 말하자면 $\boldsymbol{x}_*$에서의 함숫값을 예측하려면 $\boldsymbol{x}_*$가 각각의 N개 훈련 지점 $\{\boldsymbol{x}_n\}$과 얼마나 '유사한지' 비교한 뒤, $f(\boldsymbol{x}_*)$가 $\{f(\boldsymbol{x}_n)\}$ 값들의 어떠한 가중 조합이라 예측할 수 있다는 것이다. 따라서 테스트 시간에 예측을 하기 위해서는 전체 훈련 집합 $\mathcal{D} = \{(\boldsymbol{x}_n, y_n)\}$을 '기억'해야 할 수도 있다. $\mathcal{D}$를 고정된 크기의 모수 벡터로 '압축'할 수는 없다.

예측을 위해 사용하는 가중치는 $\boldsymbol{x}_*$와 각 $\boldsymbol{x}_n$ 사이의 유사도를 통해 정해지며, 이는 17.1절에서 설명하는 커널 함수 $\mathcal{K}(\boldsymbol{x}_n, \boldsymbol{x}_*) \geq 0$이라 하는 특수한 종류의 함수를 사용해 계산한다. 이 접근법은 중심점 $\boldsymbol{\mu}_n$을 학습하는 대신에 데이터 지점 $\boldsymbol{x}_n$을 '앵커'로 사용한다는 점을 제외하고, RBF 네트워크(13.6.1절)와 비슷하다.

17.2절에서는 가우스 과정이라 부르는, 커널을 사용해 함수에 대한 사전 분포를 정의할 수 있게 해주는 접근법을 논의한다. 이는 주어진 데이터로 업데이트를 하여 함수에 대한 **사후 분포**를 얻을 수 있게 해준다. 아니면 같은 종류의 커널을 서포트 벡터 머신이라는 방법으로 사용해 함수의 MAP 추정값을 계산할 수 있다. 이는 17.3절에서 설명한다.

17.1 머서 커널

비모수적 방법의 핵심은 두 입력 벡터의 유사도에 대한 사전지식을 인코딩할 방법이 필요하다는 것이다. x_i가 x_j와 유사하다는 것을 알고 있으면, 모델로 하여금 두 위치에서의 예측된 출력(즉, $f(x_i)$와 $f(x_j)$)이 비슷해지도록 북돋을 수 있다.

유사도를 정의하기 위해, **커널 함수**kernel function라는 개념을 도입한다. '커널'이란 단어는 밀도 커널(16.3.1절), 마르코프 연쇄의 전이 커널(3.6.1.2절), 합성곱 커널(14.1절)을 포함해 수학에서 많은 의미를 갖는다. 여기서는 또한 **양의 정부호 커널**positive definite kernel이라 부르는 **머서 커널**Mercer kernel을 고려한다. 이는 N개 (고유한) 점 $x_i \in \mathcal{X}$의 임의의 집합, 그리고 임의로 선택한 숫자 $c_i \in \mathbb{R}$에 대해 다음을 따르는 임의의 대칭 함수 $\mathcal{K} : \mathcal{X} \times \mathcal{X} \to \mathbb{R}^+$이다.

$$\sum_{i=1}^{N} \sum_{j=1}^{N} \mathcal{K}(x_i, x_j) c_i c_j \geq 0 \tag{17.1}$$

($\mathcal{K}(x_i, x_j) > 0$이라 가정하므로, 위의 방정식에서 모든 i에 대해 $c_i = 0$일 때만 상등을 만족시킬 수 있다.)

이 조건을 이해하는 또 다른 방법은 다음과 같다. N개 데이터 지점의 집합이 주어졌을 때, **그람 행렬**Gram matrix을 다음의 $N \times N$ 유사도 행렬과 같이 정의해 보자.

$$\mathbf{K} = \begin{pmatrix} \mathcal{K}(x_1, x_1) & \cdots & \mathcal{K}(x_1, x_N) \\ & \vdots & \\ \mathcal{K}(x_N, x_1) & \cdots & \mathcal{K}(x_N, x_N) \end{pmatrix} \tag{17.2}$$

그람 행렬이 (개별적인) 입력 $\{x_i\}_{i=1}^{N}$의 임의의 집합에 대해 오직 양의 정부호라면(iff) $\mathcal{K}$가 머서 커널이라 말한다.

실숫값 입력을 위한 가장 널리 쓰이는 커널은 **제곱 지수 커널**squared exponential kernel(SE 커널)이다. 이는 또한 **지수화된 이차적인**exponentiated quadratic, **가우스 커널**Gaussian kernel 또는 **RBF 커널**이라 부른다. 이는 다음과 같이 정의된다.

$$\mathcal{K}(x, x') = \exp\left(-\frac{\|x - x'\|^2}{2\ell^2}\right) \tag{17.3}$$

여기서 ℓ은 커널의 길이 스케일, 즉 차이가 문제가 될 것으로 기대하는 길이에 해당한다. 이는 **대역**

폭^{bandwidth} 모수라 한다. RBF 커널은 두 벡터 사이의 유사도를 $\mathbb{R}^D$에서 (스케일링된) 유클리드 거리를 사용해 측정한다. 17.1.2절에서 다른 종류의 커널 몇 가지를 논의한다.

17.2절에서 커널을 사용해 함수에 대한 사전 및 사후 분포를 정의하는 방법을 보여준다. 기본적인 아이디어는 다음과 같다. $\mathcal{K}(\boldsymbol{x}, \boldsymbol{x}')$이 크다면, 즉 입력이 유사하다면 함수의 출력 또한 유사하다고, 즉 $f(\boldsymbol{x}) \approx f(\boldsymbol{x}')$이라 기대한다. 더 정확하게 하자면 $\boldsymbol{x}$와 상관성이 있는 모든 $\boldsymbol{x}'$에 대해, 따라서 $\mathcal{K}(\boldsymbol{x}, \boldsymbol{x}')$이 클 때 $f(\boldsymbol{x})$에 대해 학습한 정보가 $f(\boldsymbol{x}')$을 예측할 때 도움이 될 것이다.

17.3절에서 커널을 사용해 유클리드 거리를 더욱 일반적인 개념의 거리로 일반화를 하는 방법을 보여준다. 따라서 입력 공간 대신에 암묵적인 특성 공간 내에서 선형 판별분석과 같은 기하학적 방법을 사용할 수 있다.

17.1.1 머서의 정리

7.4절에서 살펴봤듯이 임의의 양의 정부호 행렬 $\mathbf{K}$는 $\mathbf{K} = \mathbf{U}^\mathsf{T} \mathbf{\Lambda} \mathbf{U}$ 형식의 고윳값 분해를 사용해 나타낼 수 있음을 상기해 보자. 여기서 $\mathbf{\Lambda}$는 고윳값 $\lambda_i > 0$의 대각 행렬, $\mathbf{U}$는 고유벡터를 갖는 행렬이다. 이제 $\mathbf{K}$의 요소 (i, j)를 고려해 보자.

$$k_{ij} = (\mathbf{\Lambda}^{\frac{1}{2}} \mathbf{U}_{:i})^\mathsf{T} (\mathbf{\Lambda}^{\frac{1}{2}} \mathbf{U}_{:j}) \tag{17.4}$$

여기서 $\mathbf{U}_{:i}$는 $\mathbf{U}$의 i번째 열이다. $\boldsymbol{\phi}(\boldsymbol{x}_i) = \mathbf{\Lambda}^{\frac{1}{2}} \mathbf{U}_{:i}$라 정의하면 다음으로 서술할 수 있다.

$$k_{ij} = \boldsymbol{\phi}(\boldsymbol{x}_i)^\mathsf{T} \boldsymbol{\phi}(\boldsymbol{x}_j) = \sum_m \phi_m(\boldsymbol{x}_i) \phi_m(\boldsymbol{x}_j) \tag{17.5}$$

따라서 커널 행렬의 항목은, 커널 행렬의 고유벡터를 통해 암묵적으로 정의되는 어떠한 특성 벡터의 내적을 수행하여 계산할 수 있음을 볼 수 있다. 이 아이디어를 일반화하여 커널 행렬뿐만 아니라 커널 함수에도 적용할 수 있다. 이러한 결과를 **머서의 정리**^{Mercer's theorem}라 한다.

예를 들어, **이차 커널**^{quadratic kernel} $\mathcal{K}(\boldsymbol{x}, \boldsymbol{x}') = \langle \boldsymbol{x}, \boldsymbol{x}' \rangle^2$을 고려해 보자. 2차원에서 이는 다음과 같다.

$$\mathcal{K}(\boldsymbol{x}, \boldsymbol{x}') = (x_1 x'_1 + x_2 x'_2)^2 = x_1^2 (x'_1)^2 + 2 x_1 x_2 x'_1 x'_2 + x_2^2 (x'_2)^2 \tag{17.6}$$

$\boldsymbol{\phi}(x_1, x_2) = [x_1^2, \sqrt{2} x_1 x_2, x_2^2] \in \mathbb{R}^3$를 정의하면 이는 $\mathcal{K}(\boldsymbol{x}, \boldsymbol{x}') = \boldsymbol{\phi}(\boldsymbol{x})$라 쓸 수 있다. 따라서 2차원

입력 x를 3차원 특성 공간 $\phi(x)$로 임베딩했다.

이제 RBF 커널을 고려해 보자. 이 경우 해당 특성 표현은 차원이 무한하다(자세한 내용은 17.2.9.3 절을 참고하라). 그러나 커널 함수로 작업함으로써, 무한 차원 벡터를 다루는 것을 피할 수 있다.

17.1.2 몇 가지 인기 있는 머서 커널

아래 절에서 몇 가지 인기 있는 머서 커널을 설명한다. 더 자세한 내용은 [Wil14] 및 https://www.cs.toronto.edu/~duvenaud/cookbook/에서 찾을 수 있다.

17.1.2.1 실숫값 벡터를 위한 정상 커널

실숫값 입력 $\mathcal{X} = \mathbb{R}^D$에서 $\mathcal{K}(x, x') = \mathcal{K}(\|x - x'\|)$ 형식의 함수인 **정상 커널**stationary kernel을 사용하는 것이 보통이다. 따라서 값은 입력 사이에서의 요소별 차이에만 의존한다. RBF 커널은 정상 커널이다. 아래에서 다른 예시 몇 가지를 제공한다.

ARD 커널

RBF 커널은 다음과 같이 유클리드 거리를 마할라노비스 거리로 바꿔 일반화할 수 있다.

$$\mathcal{K}(r) = \sigma^2 \exp\left(-\frac{1}{2}r^{\mathsf{T}}\Sigma^{-1}r\right) \tag{17.7}$$

여기서 $r = x - x'$이다. Σ가 대각이라면, 이는 다음과 같이 쓸 수 있다.

$$\mathcal{K}(r; \ell, \sigma^2) = \sigma^2 \exp\left(-\frac{1}{2}\sum_{d=1}^{D}\frac{1}{\ell_d^2}r_d^2\right) = \prod_{d=1}^{D}\mathcal{K}(r_d; \ell_d, \sigma^{2/d}) \tag{17.8}$$

여기서

$$\mathcal{K}(r; \ell, \tau^2) = \tau^2 \exp\left(-\frac{1}{2}\frac{1}{\ell^2}r^2\right) \tag{17.9}$$

σ^2은 전체적인 분산으로, ℓ_d는 차원 d의 **특징적 길이 스케일**characteristic length scale을 정의하는 것으로 해석할 수 있다. d가 입력 차원과 무관하다면 $\ell_d = \infty$라 둘 수 있으므로 해당 차원은 무시될 것이

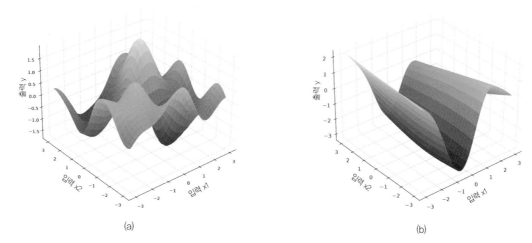

(a)   (b)

그림 17.1   ARD 커널로 된 GP로부터 표집한 함수: (a) $\ell_1 = \ell_2 = 1$. 두 차원 모두 반응에 기여를 한다.
(b) $\ell_1 = 1$, $\ell_2 = 5$. 두 번째 차원은 근본적으로 무시된다. 출처: [RW06]의 그림 5.1. gprDemoArd.ipynb
로 생성했다.

다. 이는 **자동 적절성 결정**Automatic Relevancy Determination, 즉 **ARD**라 부른다(11.7.7절). 따라서 해당 커널
은 **ARD 커널**이라 부른다. 이 사전 분포를 사용해 GP(가우스 과정)로부터 표집한 2차원 함수를 보여
주는 그림 17.1을 참고하라.

마턴 커널

SE 커널은 무한하게 미분 가능한 함수를 생기게 하므로 매우 평활적이다. 많은 응용의 경우 '더 거
친rougher' 함수를 생기게 하는 **마턴 커널**Matern kernel을 사용하는 편이 더 낫다. 이는 전체 길이 스케일
을 매우 작게 만들 필요 없이 국소적인 '꾸불꾸불함wiggles'을 더 잘 모델링할 수 있다.

마턴 커널은 다음의 형식을 갖는다.

$$\mathcal{K}(r; \nu, \ell) = \frac{2^{1-\nu}}{\Gamma(\nu)} \left(\frac{\sqrt{2\nu}r}{\ell} \right)^{\nu} K_{\nu} \left(\frac{\sqrt{2\nu}r}{\ell} \right) \tag{17.10}$$

여기서 K_{ν}는 수정된 베셀 함수Bessel function이며, ℓ은 길이 스케일이다. 이 GP로부터 표집한 함수
는 오직 $\nu > k$라면(iff) k번 미분 가능하다. $\nu \to \infty$임에 따라 이 접근법은 SE 커널로 접근한다.
값 $\nu \in \{\frac{1}{2}, \frac{3}{2}, \frac{5}{2}\}$에서 함수는 다음과 같이 단순화된다.

(a)

(b)

그림 17.2 마턴 커널로 된 GP로부터 표집한 함수: (a) $\nu = 5/2$, (b) $\nu = 1/2$. gpKernelPlot.ipynb로 생성했다.

$$\mathcal{K}(r; \frac{1}{2}, \ell) = \exp(-\frac{r}{\ell}) \tag{17.11}$$

$$\mathcal{K}(r; \frac{3}{2}, \ell) = \left(1 + \frac{\sqrt{3}r}{\ell}\right) \exp\left(-\frac{\sqrt{3}r}{\ell}\right) \tag{17.12}$$

$$\mathcal{K}(r; \frac{5}{2}, \ell) = \left(1 + \frac{\sqrt{5}r}{\ell} + \frac{5r^2}{3\ell^2}\right) \exp\left(-\frac{\sqrt{5}r}{\ell}\right) \tag{17.13}$$

값 $\nu = \frac{1}{2}$은 **온스타인-울렌벡 과정**Ornstein-Uhlenbeck process에 해당한다. 이는 브라운 운동을 하고 있는 입자의 속도를 설명한다. 해당 함수는 연속이지만 미분 가능하지 않으므로, 매우 '들쑥날쑥jagged'하다. 그림 17.2(b)를 참고하라.

주기적 커널

주기적 커널periodic kernel은 반복적인 구조를 포착하며, 다음의 형식을 갖는다.

$$\mathcal{K}_{\text{per}}(r; \ell, p) = \exp\left(-\frac{2}{\ell^2} \sin^2(\pi\frac{r}{p})\right) \tag{17.14}$$

여기서 p는 주기다. 그림 17.3(a)를 참고하라.

관련된 커널로 **코사인 커널**cosine kernel이 있다.

$$\mathcal{K}(r; p) = \cos\left(2\pi\frac{r}{p}\right) \tag{17.15}$$

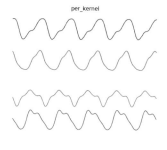

per_kernel

(a) 주기적 커널

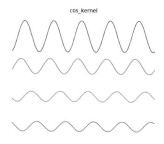

cos_kernel

(b) 코사인 커널

그림 17.3 여러 정상적인 주기적 커널을 사용해 표집된 함수. gpKernelPlot.ipynb로 생성했다.

그림 17.3(b)를 참고하라.

17.1.2.2 오래된 커널로부터 새로운 커널 만들기

2개의 유효한 커널 $\mathcal{K}_1(\boldsymbol{x},\ \boldsymbol{x}')$과 $\mathcal{K}_2(\boldsymbol{x},\ \boldsymbol{x}')$이 주어졌을 때, 다음의 방법 중 무엇이든지 사용해 새로운 커널을 만들 수 있다.

$$\text{임의의 상수 } c > 0\text{에 대해 } \mathcal{K}(\boldsymbol{x},\ \boldsymbol{x}') = c\mathcal{K}_1(\boldsymbol{x},\ \boldsymbol{x}') \tag{17.16}$$

$$\text{임의의 함수 } f\text{에 대해 } \mathcal{K}(\boldsymbol{x},\ \boldsymbol{x}') = f(\boldsymbol{x})\mathcal{K}_1(\boldsymbol{x},\ \boldsymbol{x}')f(\boldsymbol{x}') \tag{17.17}$$

$$\text{비음 계수를 갖는 임의의 다항 함수 } q\text{에 대해 } \mathcal{K}(\boldsymbol{x},\ \boldsymbol{x}') = q(\mathcal{K}_1(\boldsymbol{x},\ \boldsymbol{x}')) \tag{17.18}$$

$$\mathcal{K}(\boldsymbol{x},\ \boldsymbol{x}') = \exp(\mathcal{K}_1(\boldsymbol{x},\ \boldsymbol{x}')) \tag{17.19}$$

$$\text{임의의 양의 준정부호 행렬 } \mathbf{A}\text{에 대해 } \mathcal{K}(\boldsymbol{x},\ \boldsymbol{x}') = \boldsymbol{x}^\mathsf{T}\mathbf{A}\boldsymbol{x}' \tag{17.20}$$

예를 들어 선형 커널 $\mathcal{K}(\boldsymbol{x},\ \boldsymbol{x}') = \boldsymbol{x}^\mathsf{T}\boldsymbol{x}'$으로 시작한다고 해보자. 이는 해당 그람 행렬이 단지 데이터의 (스케일링된) 공분산 행렬일 뿐이므로, 유효한 머서 커널임을 알 수 있다. 앞의 규칙으로부터, 다항 커널 $\mathcal{K}(\boldsymbol{x},\ \boldsymbol{x}') = (\boldsymbol{x}^\mathsf{T}\boldsymbol{x}')^M$은 유효한 머서 커널임을 볼 수 있다. 이는 차수 M의 모든 단항monomials을 포함한다. 예를 들어 $M = 2$이고 입력이 2차원이라면 다음과 같다.

$$(\boldsymbol{x}^\mathsf{T}\boldsymbol{x}')^2 = (x_1 x_1' + x_2 x_2')^2 = (x_1 x_1')^2 + (x_2 x_2)^2 + 2(x_1 x_1')(x_2 x_2') \tag{17.21}$$

$\mathcal{K}(\boldsymbol{x},\ \boldsymbol{x}') = (\boldsymbol{x}^\mathsf{T}\boldsymbol{x}' + c)^M$ 커널을 사용해, 이를 M차까지의 모든 항을 갖도록 일반화할 수 있다. 예를 들어 $M = 2$이고 입력이 2차원이라 하면 다음이 된다.

$$(\boldsymbol{x}^\mathsf{T}\boldsymbol{x}' + 1)^2 = (x_1 x_1')^2 + (x_1 x_1')(x_2 x_2') + (x_1 x_1')$$
$$+ (x_2 x_2)(x_1 x_1') + (x_2 x_2')^2 + (x_2 x_2')$$
$$+ (x_1 x_1') + (x_2 x_2') + 1 \tag{17.22}$$

또한 앞의 규칙을 사용해 가우스 커널이 유효한 커널임을 확고히 할 수 있다. 이를 위해 다음을 주지하라.

$$||\boldsymbol{x} - \boldsymbol{x}'||^2 = \boldsymbol{x}^\mathsf{T}\boldsymbol{x} + (\boldsymbol{x}')^\mathsf{T}\boldsymbol{x}' - 2\boldsymbol{x}^\mathsf{T}\boldsymbol{x}' \tag{17.23}$$

따라서

$$\mathcal{K}(\boldsymbol{x}, \boldsymbol{x}') = \exp(-||\boldsymbol{x} - \boldsymbol{x}'||^2/2\sigma^2) = \exp(-\boldsymbol{x}^\mathsf{T}\boldsymbol{x}/2\sigma^2)\exp(\boldsymbol{x}^\mathsf{T}\boldsymbol{x}'/\sigma^2)\exp(-(\boldsymbol{x}')^\mathsf{T}\boldsymbol{x}'/2\sigma^2) \tag{17.24}$$

은 유효한 커널이다.

17.1.2.3 덧셈과 곱을 통해 커널 조합하기

또한 덧셈과 곱셈을 사용해 커널을 조합할 수 있다.

$$\mathcal{K}(\boldsymbol{x}, \boldsymbol{x}') = \mathcal{K}_1(\boldsymbol{x}, \boldsymbol{x}') + \mathcal{K}_2(\boldsymbol{x}, \boldsymbol{x}') \tag{17.25}$$
$$\mathcal{K}(\boldsymbol{x}, \boldsymbol{x}') = \mathcal{K}_1(\boldsymbol{x}, \boldsymbol{x}') \times \mathcal{K}_2(\boldsymbol{x}, \boldsymbol{x}') \tag{17.26}$$

두 양의 정부호 커널을 같이 곱하면 언제나 또 다른 양의 정부호 커널이 된다. 이것이 각 커널의 개별 속성의 논리곱conjunction을 얻는 방법이다. 이는 그림 17.4가 보여준다.

추가로 두 양의 정부호 커널을 같이 더하면 언제나 또 다른 양의 정부호 커널이 된다. 이것이 각 커널의 개별 속성의 논리합disjunction을 얻는 방법이다. 이는 그림 17.5가 보여준다.

17.1.2.4 구조화된 입력을 위한 커널

커널은 입력이 문자열이나 그래프와 같이 구조화된 객체일 때 특히 유용하다. 가변 크기 입력을 '특성화featurize'하는 것이 어려운 경우가 많기 때문이다. 예를 들어 문자열을 이들이 공통으로 갖는 n그램의 수 측면에서 비교하는 **문자열 커널**string kernel을 정의할 수 있다[Lod+02; BC17].

또한 그래프에 커널을 정의할 수도 있다[KJM19]. 예를 들어 **랜덤워크 커널**random walk kernel은 개

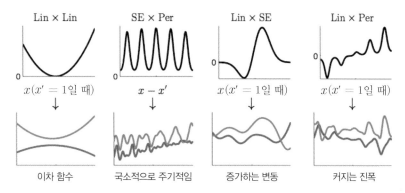

그림 17.4 기본 커널을 곱하여 얻은 1차원 구조의 예시. 상단 행은 $\mathcal{K}(x, x' = 1)$을 보여준다. 하단 행은 GP$(f|0, \mathcal{K})$로부터 표집한 함수를 보여준다. 출처: [Duv14]의 그림 2.2. 데이비드 두베노(David Duvenaud)가 친절하게 사용을 허가했다.

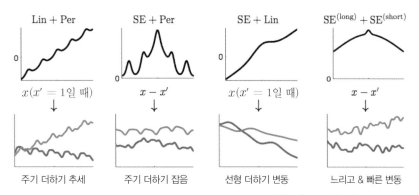

그림 17.5 기본 커널을 합하여 얻은 1차원 구조의 예시. 여기서 SE$^{(short)}$와 SE$^{(long)}$은 서로 다른 길이 스케일을 갖는 2개의 SE 커널이다. 출처: [Duv14]의 그림 2.4. 데이비드 두베노가 친절하게 사용을 허가했다.

념적으로 2개의 그래프에서 랜덤워크를 동시에 수행하며, 그 뒤 양쪽 보행이 만들어 낸 경로의 개수를 센다. 이는 [Vis+10]에서 논의하듯이 효율적으로 계산할 수 있다. 그래프 커널에 대한 더 자세한 내용은 [KJM19]를 참고하라.

구조화된 객체에서의 커널에 대한 리뷰는 예를 들어 [Gär03]을 참고하라.

17.2 가우스 과정

이 절에서는 $\mathcal{X}$가 임의의 도메인일 때 $f : \mathcal{X} \to \mathbb{R}$ 형식의 함수에 대해 분포를 정의하는 방법인 **가우스 과정**GP, Gaussian Processes을 논의한다. 핵심적인 가정은 $M > 0$개 입력의 집합에서의 함숫값 $f = [f(\boldsymbol{x}_1), ..., f(\boldsymbol{x}_M)]$이, 평균이 $(\boldsymbol{\mu} = m(\boldsymbol{x}_1), ..., m(\boldsymbol{x}_M))$이고 분산이 $\boldsymbol{\Sigma}_{ij} = \mathcal{K}(\boldsymbol{x}_i, \boldsymbol{x}_j)$인 결합적인 가우스jointly Gaussian라는 것이다. 여기서 m은 평균 함수이며, $\mathcal{K}$는 양의 정부호 (머서) 커널이다. 이것이 임의의 $M > 0$에 대해 만족한다고 가정하므로, 이는 N개의 훈련 지점 $\boldsymbol{x}_n$ 그리고 1개의 테스트 지점 $\boldsymbol{x}_*$를 갖는 $M = N + 1$인 경우를 포함한다. 따라서 결합 가우스 분포 $p(f(\boldsymbol{x}_1), ..., f(\boldsymbol{x}_N), f(\boldsymbol{x}_*))$를 조작함으로써, $f(\boldsymbol{x}_1), ..., f(\boldsymbol{x}_n)$에 대한 지식으로부터 $f(\boldsymbol{x}_*)$를 유추할 수 있다. 이는 아래에서 설명한다. 또한 이를 확장하여, 회귀 또는 분류 문제에서와 같이 $f(\boldsymbol{x}_n)$의 잡음이 있는 함수를 관찰하는 경우를 작업할 수 있다.

17.2.1 잡음 자유 관측치

훈련 집합 $\mathcal{D} = \{(\boldsymbol{x}_n, y_n) : n = 1 : N\}$을 관측한다고 해보자. 여기서 $y_n = f(\boldsymbol{x}_n)$은 $\boldsymbol{x}_n$에서 값매김한 함수의 잡음 자유noise-free 관측치다. 우리가 이미 본 적이 있는 $\boldsymbol{x}$의 값에 대해 $f(\boldsymbol{x})$를 예측할 것을 GP에 요청한다면, GP가 불확실성 없이 답변 $f(\boldsymbol{x})$를 반환할 것을 원한다. 다시 말해, 이는 훈련 데이터의 **보간자**interpolator로서 움직여야 한다.

이제 $\mathcal{D}$에 없을 수도 있는 새로운 입력을 위해 출력을 예측하는 경우를 고려해 보자. 특히 테스트 집합 $\mathbf{X}_*$가 주어졌을 때, 함수 출력 $\boldsymbol{f}_* = [f(\boldsymbol{x}_{*1}), ..., f(\boldsymbol{x}_{*,N_*})]$를 예측하기를 원한다. GP의 정의에 의해, 결합 분포 $p(\boldsymbol{f}_X, \boldsymbol{f}_* | \mathbf{X}, \mathbf{X}_*)$는 다음의 형식을 갖는다.

$$\begin{pmatrix} \boldsymbol{f}_X \\ \boldsymbol{f}_* \end{pmatrix} \sim \mathcal{N} \left(\begin{pmatrix} \boldsymbol{\mu}_X \\ \boldsymbol{\mu}_* \end{pmatrix}, \begin{pmatrix} \mathbf{K}_{X,X} & \mathbf{K}_{X,*} \\ \mathbf{K}_{X,*}^{\mathsf{T}} & \mathbf{K}_{*,*} \end{pmatrix} \right) \tag{17.27}$$

여기서 $\boldsymbol{\mu}_X = [m(\boldsymbol{x}_1), ..., m(\boldsymbol{x}_{N_\mathcal{D}})]$, $\boldsymbol{\mu}_* = [m(\boldsymbol{x}_1^*), ..., m(\boldsymbol{x}_{N_*}^*)]$, $\mathbf{K}_{X,X} = \mathcal{K}(\mathbf{X}, \mathbf{X})$는 $N_\mathcal{D} \times N_\mathcal{D}$, $\mathbf{K}_{X,*} = \mathcal{K}(\mathbf{X}, \mathbf{X}_*)$는 $N_\mathcal{D} \times N_*$, 그리고 $\mathbf{K}_{*,*} = \mathcal{K}(\mathbf{X}_*, \mathbf{X}_*)$는 $N_* \times N_*$이다. 그림 17.6을 참고하라. 가우스 조건부화를 위한 표준 규칙에 의해(3.2.3절) 사후 분포는 다음의 형식을 갖는다.

$$p(\boldsymbol{f}_* | \mathbf{X}_*, \mathcal{D}) = \mathcal{N}(\boldsymbol{f}_* | \boldsymbol{\mu}_*, \boldsymbol{\Sigma}_*) \tag{17.28}$$

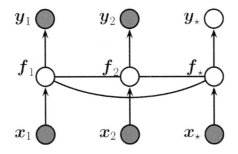

그림 17.6 2개의 훈련 지점 $\boldsymbol{x}_1$ 및 $\boldsymbol{x}_2$, 그리고 1개의 테스트 지점 $\boldsymbol{x}_*$를 위한 가우스 과정을 $p(\boldsymbol{y}, \boldsymbol{f}_X | \mathbf{X}) = \mathcal{N}(\boldsymbol{f}_X | m(\mathbf{X}), \mathcal{K}(\mathbf{X})) \prod_i p(y_i | f_i)$로 나타내는 그래프 모델로 나타낸다. 은닉 노드 $f_i = f(\boldsymbol{x}_i)$는 각 데이터 지점에서의 함숫값을 나타낸다. 3개의 은닉 노드가 방향 없는 에지를 통해 완전히 상호 연결되어 있으며, 가우스 그래프 모델을 구성하고 있다. 에지 강도는 공분산 항 $\Sigma_{ij} = \mathcal{K}(\boldsymbol{x}_i, \boldsymbol{x}_j)$를 나타낸다. 테스트 지점 $\boldsymbol{x}_*$가 훈련 지점 $\boldsymbol{x}_1$ 및 $\boldsymbol{x}_2$와 유사하다면, 은닉 함수 f_*의 값은 f_1 및 f_2와 유사할 것이며, 따라서 예측된 출력 y_*는 훈련값 y_1 및 y_2와 유사할 것이다.

$$\boldsymbol{\mu}_* = m(\mathbf{X}_*) + \mathbf{K}_{X,*}^\mathsf{T} \mathbf{K}_{X,X}^{-1} (\boldsymbol{f}_X - m(\mathbf{X})) \tag{17.29}$$

$$\boldsymbol{\Sigma}_* = \mathbf{K}_{*,*} - \mathbf{K}_{X,*}^\mathsf{T} \mathbf{K}_{X,X}^{-1} \mathbf{K}_{X,*} \tag{17.30}$$

이 과정은 그림 17.7이 보여준다. 좌측에서 사전 분포 $p(f)$로부터의 표본 몇 개를 보여준다. 이때 RBF 커널(17.1절) 및 영 평균 함수를 사용한다. 우측에서 사후 분포 $p(f|\mathcal{D})$로부터의 표본을 보여준다. 모델이 훈련 데이터를 완벽하게 보간하고 있으며, 관측된 데이터로부터 멀리 이동함에 따라 예측 불확실성이 높아짐을 볼 수 있다.

17.2.2 잡음이 있는 관측치

이제 하부 함수의 잡음이 있는 버전 $y_n = f(\boldsymbol{x}_n) + \epsilon_n$을 관측하는 경우를 고려해 보자. 이때 $\epsilon_n \sim \mathcal{N}(0, \sigma_y^2)$이다. 이 경우 모델이 데이터를 보간할 필요는 없지만, 관측 데이터와 가까워야 한다. 관측된 잡음 반응의 공분산은 다음과 같다.

$$\mathrm{Cov}\,[y_i, y_j] = \mathrm{Cov}\,[f_i, f_j] + \mathrm{Cov}\,[\epsilon_i, \epsilon_j] = \mathcal{K}(\boldsymbol{x}_i, \boldsymbol{x}_j) + \sigma_y^2 \delta_{ij} \tag{17.31}$$

여기서 $\delta_{ij} = \mathbb{I}(i = j)$이다. 즉,

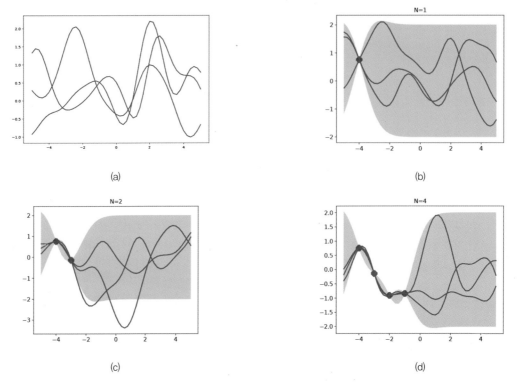

(a)

(b)

(c)

(d)

그림 17.7 (a) 제곱 지수 커널로 된 GP 사전 분포로부터 표집한 몇몇 함수, (b)~(d) 1, 2, 4개의 잡음 자유 관측치로 조건부화한 뒤, GP 사후 분포로부터의 몇몇 표본. 음영 부분은 $\mathbb{E}[f(\boldsymbol{x})] \pm 2\mathrm{std}\,[f(\boldsymbol{x})]$를 나타낸다. 출처: [RW06]의 그림 2.2. gprDemoNoiseFree.ipynb로 생성했다.

$$\mathrm{Cov}\,[\boldsymbol{y}|\mathbf{X}] = \mathbf{K}_{X,X} + \sigma_y^2 \mathbf{I}_N \triangleq \mathbf{K}_\sigma \tag{17.32}$$

관측된 데이터 그리고 테스트 지점에서의 잠재 잡음 자유 함수의 결합 밀도는 다음으로 주어진다.

$$\begin{pmatrix} \boldsymbol{y} \\ \boldsymbol{f}_* \end{pmatrix} \sim \mathcal{N}\left(\begin{pmatrix} \boldsymbol{\mu}_X \\ \boldsymbol{\mu}_* \end{pmatrix}, \begin{pmatrix} \mathbf{K}_\sigma & \mathbf{K}_{X,*} \\ \mathbf{K}_{X,*}^\mathsf{T} & \mathbf{K}_{*,*} \end{pmatrix} \right) \tag{17.33}$$

따라서 테스트 지점 $\mathbf{X}_*$의 집합에서의 사후 예측 밀도는 다음과 같다.

$$p(\boldsymbol{f}_*|\mathcal{D}, \mathbf{X}_*) = \mathcal{N}(\boldsymbol{f}_*|\boldsymbol{\mu}_{*|X}, \boldsymbol{\Sigma}_{*|X}) \tag{17.34}$$

$$\boldsymbol{\mu}_{*|X} = \boldsymbol{\mu}_* + \mathbf{K}_{X,*}^\mathsf{T}\mathbf{K}_\sigma^{-1}(\boldsymbol{y} - \boldsymbol{\mu}_X) \tag{17.35}$$

$$\boldsymbol{\Sigma}_{*|X} = \mathbf{K}_{*,*} - \mathbf{K}_{X,*}^\mathsf{T}\mathbf{K}_\sigma^{-1}\mathbf{K}_{X,*} \tag{17.36}$$

단일 테스트 입력의 경우, 이는 다음으로 단순화된다.

$$p(f_*|\mathcal{D}, \boldsymbol{x}_*) = \mathcal{N}(f_*|m_* + \boldsymbol{k}_*^\mathsf{T}\mathbf{K}_\sigma^{-1}(\boldsymbol{y} - \boldsymbol{\mu}_X),\ k_{**} - \boldsymbol{k}_*^\mathsf{T}\mathbf{K}_\sigma^{-1}\boldsymbol{k}_*) \tag{17.37}$$

여기서 $\boldsymbol{k}_* = [\mathcal{K}(\boldsymbol{x}_*,\ \boldsymbol{x}_1),\ ...,\ \mathcal{K}(\boldsymbol{x}_*,\ \boldsymbol{x}_N)]$ 그리고 $k_{**} = \mathcal{K}(\boldsymbol{x}_*,\ \boldsymbol{x}_*)$이다. 평균 함수가 0이라면, 사후 평균은 다음과 같이 쓸 수 있다.

$$\mu_{*|X} = \boldsymbol{k}_*^\mathsf{T}(\mathbf{K}_\sigma^{-1}\boldsymbol{y}) \triangleq \boldsymbol{k}_*^\mathsf{T}\boldsymbol{\alpha} = \sum_{n=1}^{N}\mathcal{K}(\boldsymbol{x}_*,\boldsymbol{x}_n)\alpha_n \tag{17.38}$$

이는 식 (17.108)의 커널 릿지 회귀로부터의 예측과 동일하다.

17.2.3 커널 회귀와의 비교

16.3.5절에서 커널 밀도 추정을 사용해 $p(y,\ \boldsymbol{x})$를 근사하는, 회귀의 생성적인 접근법인 커널 회귀를 논의했다. 특히 식 (16.39)는 다음을 내어준다.

$$\mathbb{E}[y|\boldsymbol{x}, \mathcal{D}] = \frac{\sum_{n=1}^{N}\mathcal{K}_h(\boldsymbol{x} - \boldsymbol{x}_n)y_n}{\sum_{n'=1}^{N}\mathcal{K}_h(\boldsymbol{x} - \boldsymbol{x}_n)} = \sum_{n=1}^{N}y_n w_n(\boldsymbol{x}) \tag{17.39}$$

$$w_n(\boldsymbol{x}) \triangleq \frac{\mathcal{K}_h(\boldsymbol{x} - \boldsymbol{x}_n)}{\sum_{n'=1}^{N}\mathcal{K}_h(\boldsymbol{x} - \boldsymbol{x}_{n'})} \tag{17.40}$$

이는 식 (17.38)과 매우 유사하다. 그러나 중요한 차이점이 몇 가지 있다. 먼저 GP에서는 밀도 커널 대신에 양의 정부호 (머서) 커널을 사용한다. 머서 커널은 문자열 및 그래프와 같은 구조화된 객체에 정의할 수 있으며, 이는 밀도 커널에서 하기 어렵다. 두 번째로 GP는 보간자이므로(적어도 σ^2 = 0일 때는) $\mathbb{E}[y|\boldsymbol{x}_n, \mathcal{D}] = y_n$이다. 반대로 커널 회귀는 보간자가 아니다(그러나 [KJ16]에서와 같이 잔차를 반복적으로 적합시킴으로써 그러한 것으로 만들 수 있다). 세 번째로 GP는 베이즈 방법이며, 이는 주변 가능도를 최대화하여 (커널의) 초매개변수를 추정할 수 있음을 뜻한다. 반대로 커널 회귀에서는

교차 검증을 사용해 대역폭과 같은 커널 모수를 추정해야만 한다. 네 번째로 커널 회귀를 위해 가중치 w_n을 계산하는 것은 $N = |\mathcal{D}|$일 때 $O(N)$시간이 걸리는 한편, GP 회귀를 위해 가중치 α_n을 계산하는 것은 $O(N^3)$시간이 걸린다(그렇지만 17.2.9절에서 논의하듯이 이를 $O(NM^2)$으로 줄일 수 있는 근사법이 존재한다).

17.2.4 가중치 공간 대 함수 공간

이 절에서는 어떻게 베이즈 선형 회귀가 GP의 특별한 경우인지를 보여준다.

선형 회귀 모델 $y = f(\boldsymbol{x}) + \epsilon$을 고려해 보자. 여기서 $f(\boldsymbol{x}) = \boldsymbol{w}^\mathsf{T}\boldsymbol{\phi}(\boldsymbol{x})$ 그리고 $\epsilon \sim \mathcal{N}(0,\ \sigma_y^2)$이다. 가우스 사전 분포 $p(\boldsymbol{w}) = \mathcal{N}(\boldsymbol{w}|\mathbf{0},\ \boldsymbol{\Sigma}_w)$를 사용한다면 사후 분포는 다음과 같다(유도는 11.7.2절을 참고하라).

$$p(\boldsymbol{w}|\mathcal{D}) = \mathcal{N}(\boldsymbol{w}|\frac{1}{\sigma_y^2}\mathbf{A}^{-1}\boldsymbol{\Phi}^T\boldsymbol{y}, \mathbf{A}^{-1}) \tag{17.41}$$

여기서 $\boldsymbol{\Phi}$는 $N \times D$ 디자인 행렬이며, $\mathbf{A}$는 다음과 같다.

$$\mathbf{A} = \sigma_y^{-2}\boldsymbol{\Phi}^\mathsf{T}\boldsymbol{\Phi} + \boldsymbol{\Sigma}_w^{-1} \tag{17.42}$$

따라서 $f_* = f(\boldsymbol{x}_*)$의 사후 예측 분포는 다음과 같다.

$$p(f_*|\mathcal{D}, \boldsymbol{x}_*) = \mathcal{N}(f_*|\frac{1}{\sigma_y^2}\boldsymbol{\phi}_*^\mathsf{T}\mathbf{A}^{-1}\boldsymbol{\Phi}^T\boldsymbol{y},\ \boldsymbol{\phi}_*^\mathsf{T}\mathbf{A}^{-1}\boldsymbol{\phi}_*) \tag{17.43}$$

여기서 $\boldsymbol{\phi}_* = \boldsymbol{\phi}(\boldsymbol{x}_*)$이다. 이는 추론 및 예측 문제를 **가중치 공간**weight space 내에서 바라본다.

이제 이것이 $\mathcal{K}(\boldsymbol{x},\ \boldsymbol{x}') = \boldsymbol{\phi}(\boldsymbol{x})^\mathsf{T}\boldsymbol{\Sigma}_w\boldsymbol{\phi}(\boldsymbol{x}')$ 형식의 커널을 사용하는 GP를 통해 만든 예측과 동등함을 보여주도록 한다. 이를 위해 $\mathbf{K} = \boldsymbol{\Phi}\boldsymbol{\Sigma}_w\boldsymbol{\Phi}^\mathsf{T}$, $\boldsymbol{k}_* = \boldsymbol{\Phi}\boldsymbol{\Sigma}_w\boldsymbol{\phi}_*$, $k_{**} = \boldsymbol{\phi}_*^\mathsf{T}\boldsymbol{\Sigma}_w\boldsymbol{\phi}_*$라 하자. 이러한 개념과 역행렬 보조정리를 사용해 식 (17.43)을 다음과 같이 다시 쓸 수 있다.

$$p(f_*|\mathcal{D}, \boldsymbol{x}_*) = \mathcal{N}(f_*|\boldsymbol{\mu}_{*|X}, \boldsymbol{\Sigma}_{*|X}) \tag{17.44}$$

$$\boldsymbol{\mu}_{*|X} = \boldsymbol{\phi}_*^\mathsf{T}\boldsymbol{\Sigma}_w\boldsymbol{\Phi}^\mathsf{T}(\mathbf{K} + \sigma_\sigma^2\mathbf{I})^{-1}\boldsymbol{y} = \boldsymbol{k}_*^\mathsf{T}\mathbf{K}_\sigma^{-1}\boldsymbol{y} \tag{17.45}$$

$$\boldsymbol{\Sigma}_{*|X} = \boldsymbol{\phi}_*^\mathsf{T}\boldsymbol{\Sigma}_w\boldsymbol{\phi}_* - \boldsymbol{\phi}_*^\mathsf{T}\boldsymbol{\Sigma}_w\boldsymbol{\Phi}^\mathsf{T}(\mathbf{K} + \sigma_y^2\mathbf{I})^{-1}\boldsymbol{\Phi}\boldsymbol{\Sigma}_w\boldsymbol{\phi}_* = k_{**} - \boldsymbol{k}_*^\mathsf{T}\mathbf{K}_\sigma^{-1}\boldsymbol{k}_* \tag{17.46}$$

이는 $m(x) = 0$이라 가정하면 식 (17.37)에 부합한다(0이 아닌 평균은 값이 1인 상수 특성을 $\phi(x)$에 추가하여 포착해 낼 수 있다).

따라서 베이즈 선형 회귀로부터 GP를 유도할 수 있다. 그러나 선형 회귀는 $\phi(x)$가 유한한 길이의 벡터라 가정하는 한편, GP는 무한한 길이의 특성 벡터에 해당할 수도 있는 커널 측면으로 직접 작업할 수 있게 해준다는 것을 주지하라(17.1.1절 참고). 즉, GP는 **함수 공간**function space에서 동작한다.

17.2.5 수치적인 이슈

이 절에서는 앞의 방정식을 구현할 때 나타나는 연산적인 그리고 수치적인 이슈를 논의한다. 단순한 표기법을 위해 사전 평균이 0, 즉 $m(x) = 0$이라 가정한다.

사후 예측 평균은 $\mu_* = k_*^\mathsf{T} K_\sigma^{-1} y$로 주어진다. 직접 K_σ의 역을 취하는 것은 수치적 안정성의 이유에서 현명하지 못하다. 좀 더 로버스트한 대안은, $O(N^3)$시간이 걸리는 촐레스키 분해 $K_\sigma = LL^\mathsf{T}$를 계산하는 것이다. 그 뒤 $\alpha = L^\mathsf{T} \setminus (L \setminus y)$를 계산하며, 이때 역치환backsubstitution을 나타내기 위해 역슬래시 연산자를 사용했다(7.7.1절). 이를 바탕으로, 다음을 사용해 각각의 테스트 사례를 위한 사후 평균을 $O(N)$시간으로 계산할 수 있다.

$$\mu_* = k_*^\mathsf{T} K_\sigma^{-1} y = k_*^\mathsf{T} L^{-\mathsf{T}}(L^{-1} y) = k_*^\mathsf{T} \alpha \tag{17.47}$$

각 테스트 사례를 위한 분산은 다음을 사용해 $O(N^2)$시간으로 계산할 수 있다.

$$\sigma_*^2 = k_{**} - k_*^\mathsf{T} L^{-T} L^{-1} k_* = k_{**} - v^\mathsf{T} v \tag{17.48}$$

여기서 $v = L \setminus k_*$이다.

마지막으로 로그 주변 가능도(커널 학습에 필요함, 17.2.6절)는 다음을 사용해 계산할 수 있다.

$$\log p(y|X) = -\frac{1}{2} y^\mathsf{T} \alpha - \sum_{n=1}^{N} \log L_{nn} - \frac{N}{2} \log(2\pi) \tag{17.49}$$

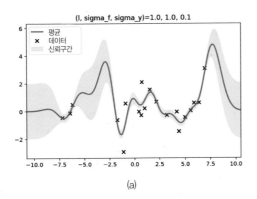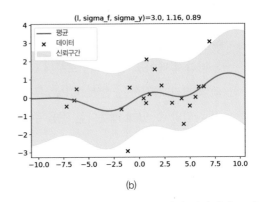

(a)   (b)

그림 17.8 SE 커널로 된 1차원 GP를 서로 다른 초매개변수로 잡음이 있는 관측치 20개에 적합시키고 있다. 초매개변수(ℓ, σ_f, σ_y)는 다음과 같다. (a) (1, 1, 0.1), (b) (3.0, 1.16, 0.89). 출처: [RW06]의 그림 2.5. gprDemoChangeHparams.ipynb로 생성했다.

17.2.6 커널 추정하기

대부분의 커널은 모델로부터의 예측에 큰 영향을 미치는 자유 모수를 몇몇 갖는다. 예를 들어, 다음 형식의 RBF 커널로 GP를 사용하는 1차원 회귀를 수행하고 있다고 해보자.

$$\mathcal{K}(x_p, x_q) = \sigma_f^2 \exp(-\frac{1}{2\ell^2}(x_p - x_q)^2) \tag{17.50}$$

여기서 ℓ은 함수가 변화를 하는 수평적인 스케일이며, σ_f^2은 함수의 수직 스케일을 통제한다. 관측 잡음의 분산은 σ_y^2이라 가정한다.

점 $\{x_i\}$의 격자를 위해 $\boldsymbol{\Sigma} = \mathcal{K}(x_i, x_j)$로 주어진 공분산을 갖는 MVN으로부터 관측치 20개를 표집하고, 값 σ_y의 관측 잡음을 추가했다. 그 뒤 이 데이터를 같은 커널을 갖는, 그러나 초매개변수에 범위가 있는 GP를 사용해 적합시켰다. 그림 17.8은 이들 모수를 변화시키는 데 대한 효과를 보여준다. 그림 17.8(a)에서 (ℓ, σ_f, σ_y) = (1, 1, 0.1)을 사용하며, 결과적으로 적합이 좋다. 그림 17.8(b)에서 길이 스케일을 $\ell = 3$으로 높인다. 이제 함수가 과도하게 평활해 보인다.

17.2.6.1 경험적 베이즈

커널 모수 $\boldsymbol{\theta}$(때때로 초매개변수라 부른다)를 추정하려면, 값의 개별적인 그리드에 검증 손실을 목적 함수로 하여 완전 검색을 할 수도 있었을 것이다. 그러나 이는 꽤나 느릴 것이다(이것이 SVM(17.3절)

과 같은 비확률적인 방법에서 커널을 튜닝하는 데 쓰이는 접근법이다). 여기서 훨씬 빠른 기울기 기반 최적화법을 사용할 수 있게 해주는 경험적 베이즈 접근법(4.6.5.3절)을 고려한다. 특히 주변 가능도를 최대화할 것이다.

$$p(\boldsymbol{y}|\mathbf{X}, \boldsymbol{\theta}) = \int p(\boldsymbol{y}|\boldsymbol{f}, \mathbf{X})p(\boldsymbol{f}|\mathbf{X}, \boldsymbol{\theta})d\boldsymbol{f} \tag{17.51}$$

(이를 가능도 대신에 주변 가능도라 부르는 이유는, 잠재 가우스 벡터 $\boldsymbol{f}$를 주변화$^{\text{marginalize out}}$하기 때문이다.)

단순한 표기법을 위해 평균 함수가 0이라 가정한다. $p(\boldsymbol{f}|\mathbf{X}) = \mathcal{N}(\boldsymbol{f}|\mathbf{0}, \mathbf{K})$ 그리고 $p(\boldsymbol{y}|\boldsymbol{f}) = \prod_{n=1}^{N} \mathcal{N}(y_n|f_n, \sigma_y^2)$이므로, 주변 가능도는 다음으로 주어진다.

$$\log p(\boldsymbol{y}|\mathbf{X}, \boldsymbol{\theta}) = \log \mathcal{N}(\boldsymbol{y}|\mathbf{0}, \mathbf{K}_\sigma) = -\frac{1}{2}\boldsymbol{y}^\top \mathbf{K}_\sigma^{-1}\boldsymbol{y} - \frac{1}{2}\log|\mathbf{K}_\sigma| - \frac{N_\mathcal{D}}{2}\log(2\pi) \tag{17.52}$$

여기서 $\mathbf{K}_\sigma = \mathbf{K}_{X,X} + \sigma_2^2\mathbf{I}_N$은 $\boldsymbol{\theta}$에 암묵적으로 의존한다. 첫 번째 항은 데이터 적합 항이며, 두 번째 항은 모델 복잡도 항, 세 번째 항은 단지 상수일 뿐이다. 처음 두 항 사이의 상반관계를 이해하기 위해, 1차원 SE 커널을 길이 스케일 l은 변화시키고 σ_y^2은 고정하면서 고려해 보자. 짧은 길이의 스케일에서는 적합이 좋을 것이므로 $\boldsymbol{y}^\top\mathbf{K}_\sigma^{-1}\boldsymbol{y}$는 작을 것이다. 그러나 모델 복잡도는 높을 것이다. 대부분의 점이 다른 어떠한 점으로부터도 '거의' 고려되지 않을 것이므로, $\mathbf{K}$는 거의 대각일 것이다(그림 13.22 상단 우측과 같이). 길이가 긴 스케일에서는 적합이 나쁠 것이지만 모델 복잡도는 낮을 것이다. $\mathbf{K}$는 거의 모두 1일 것이므로(그림 13.22의 하단 우측과 같이), $\log|\mathbf{K}_\sigma|$는 작을 것이다.

이제 주변 가능도를 최대화하는 방법을 논의한다. 다음을 보이는 것이 가능하다.

$$\frac{\partial}{\partial\theta_j}\log p(\boldsymbol{y}|\mathbf{X}, \boldsymbol{\theta}) = \frac{1}{2}\boldsymbol{y}^\top\mathbf{K}_\sigma^{-1}\frac{\partial\mathbf{K}_\sigma}{\partial\theta_j}\mathbf{K}_\sigma^{-1}\boldsymbol{y} - \frac{1}{2}\text{tr}(\mathbf{K}_\sigma^{-1}\frac{\partial\mathbf{K}_\sigma}{\partial\theta_j}) \tag{17.53}$$

$$= \frac{1}{2}\text{tr}\left((\boldsymbol{\alpha}\boldsymbol{\alpha}^\top - \mathbf{K}_\sigma^{-1})\frac{\partial\mathbf{K}_\sigma}{\partial\theta_j}\right) \tag{17.54}$$

여기서 $\boldsymbol{\alpha} = \mathbf{K}_\sigma^{-1}\boldsymbol{y}$이다. 이는 $\mathbf{K}_\sigma^{-1}$를 계산하는 데 $O(N^3)$시간이 걸리며, 그 뒤 초매개변수마다 기울기를 계산하는 데 $O(N^2)$시간이 걸린다.

$\frac{\partial\mathbf{K}_\sigma}{\partial\theta_j}$의 형식은 커널의 형식 그리고 어떤 모수에 대해 도함수를 취하는지에 의존한다. 초매개변수에 $\sigma_y^2 \geq 0$과 같은 제약이 있는 경우가 많다. 이 경우 $\boldsymbol{\theta} = \log(\sigma_y^2)$을 정의한 뒤 연쇄 법칙을 사용할 수 있다.

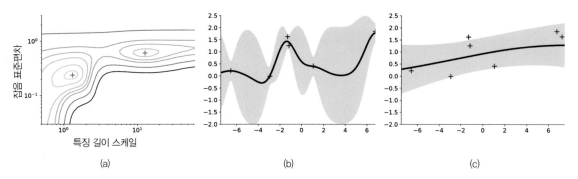

그림 17.9 주변 가능도 표면에서의 국소 최솟값을 보여준다. (a) 로그 주변 가능도 대 커널 길이 스케일 ℓ 및 관측 잡음 σ_y를, 고정된 신호 수준 $\sigma_f = 1$로 그리고 있다. 패널 (b)와 (c)에서 보여주는 7개 데이터 지점을 사용한다. (b) 하단 좌측 국소 최솟값 $(\ell, \sigma_y) \approx (1, 0.2)$에 해당하는 함수. 이는 꽤나 '꾸불꾸불'하면서 낮은 잡음을 갖는다. (c) 상단 우측 국소 최솟값 $(\ell, \sigma_y) \approx (10, 0.8)$에 해당하는 함수. 이는 꽤나 평활하며 높은 잡음을 갖는다. 데이터는 $(\ell, \sigma_f, \sigma_y) = (1, 1, 0.1)$을 사용해 생성했다. 출처: [RW06]의 그림 5.5. gpr_demo_marglik. ipynb로 생성했다.

로그 가능도 및 이것의 도함수를 위한 식이 주어졌을 때, 어떠한 표준적인 기울기 기반 옵티마이 저든지 사용해 커널 모수를 추정할 수 있다. 그러나 아래에서 보여주듯이 목적 함수가 볼록이 아니기 때문에, 국소 최솟값이 문제가 될 수 있으므로, 복수로 재시작을 해야 할 수도 있다.

예시로 식 (17.50)의 RBF를 $\sigma_f^2 = 1$로 고려해 보자. 그림 17.9(a)에서 $\log p(\boldsymbol{y} \,|\, \mathbf{X}, \ell, \sigma_y^2)$을 ℓ과 σ_y^2을 변화시키면서 그리고 있다(여기서 $\mathbf{X}$와 $\boldsymbol{y}$는 패널 (b)와 (c)에서 보여주는 7개 데이터 지점이다). 2개의 국소 최적점이 +로 표시되어 있다. 하단 좌측 최적점은 낮은 잡음의, 스케일 길이가 짧은 해에 해당한다(패널 (b)에서 보여줌). 상단 우측 최적점은 높은 잡음의, 스케일 길이가 긴 해에 해당한다(패널 (c)에서 보여줌). 오직 7개의 데이터 지점만으로는 어떤 것이 더 타당한지 신뢰적으로 결정하기에 증거가 충분하지 않지만, 더욱 복잡한 모델(패널 (b))은 단순한 모델(패널 (c))보다 60% 높은 주변 가능도를 갖는다. 데이터가 더 많으면, 더욱 복잡한 모델이 더욱 선호될 것이다.

그림 17.9는 몇 가지 흥미로운(그리고 통상적인) 특성을 보여준다. $\sigma_y^2 \approx 1$인 영역(패널 (a)의 상단)은 잡음이 매우 높은 경우에 해당한다. 이러한 영역에서는 모든 데이터가 잡음으로서 설명되므로, 주변 가능도는 길이 스케일에 민감하지 않다(이는 수평적인 윤곽으로 알 수 있다). $\ell \approx 0.5$인 영역(패널 (a)의 좌측)은 길이 스케일이 매우 짧은 경우에 해당한다. 이러한 영역에서 데이터가 완벽하게 보간되므로, 주변 가능도는 잡음 수준에 민감하지 않다(이는 수직적인 윤곽으로 알 수 있다). 이들 영역 모두

좋은 옵티마이저로 선택되지 못할 것이다.

17.2.6.2 베이즈 추론

작은 수의 데이터 지점이 있을 때(예: 베이즈 최적화를 위해 GP를 사용할 때), 커널 모수의 점 추정값을 사용하면 결과가 나쁠 수 있다[Bul11; WF14]. 그러한 경우 커널 모수에 대해 사후 분포를 근사하기를 원할 수도 있다. 사용할 수 있는 방법은 몇 가지가 있다. 예를 들어 [MA10]은 슬라이스 샘플링을 사용하는 방법을, [Hen+15]는 해밀턴 몬테카를로를 사용하는 방법을, [BBV11]은 순차적 몬테카를로를 사용하는 방법을 보여준다.

17.2.7 분류를 위한 GP

지금까지 가우스 가능도를 사용하는 회귀를 위한 GP에 집중했다. 이 경우 사후 분포 또한 GP이며, 모든 연산을 분석적으로 수행할 수 있다. 그러나 가능도가 이항 분류를 위한 베르누이 가능도와 같이 가우스가 아니라면, 더 이상 사후 분포를 직접 계산할 수 없다.

우리가 할 수 있는 근사는 여러 가지가 있으며, 이들 중 몇 가지는 이 책의 후속판 [Mur23]에서 논의한다. 이 절에서 잠재 가우스 함수 $\boldsymbol{f}$는 물론 커널 초매개변수 $\boldsymbol{\theta}$ 모두를 위해 해밀턴 몬테카를로 방법(4.6.8.4절)을 사용한다. 기본적인 아이디어는 음의 로그 결합 분포를 구체화하는 것이다.

$$-\mathcal{E}(\boldsymbol{f}, \boldsymbol{\theta}) = \log p(\boldsymbol{f}, \boldsymbol{\theta} | \mathbf{X}, \boldsymbol{y}) = \log \mathcal{N}(\boldsymbol{f} | \mathbf{0}, \mathbf{K}(\mathbf{X}, \mathbf{X})) + \sum_{n=1}^{N} \log \text{Ber}(y_n | f_n(\boldsymbol{x}_n)) + \log p(\boldsymbol{\theta}) \quad (17.55)$$

그 뒤 autograd를 사용해 $\nabla_{\boldsymbol{f}} \mathcal{E}(\boldsymbol{f}, \boldsymbol{\theta})$와 $\nabla_{\boldsymbol{\theta}} \mathcal{E}(\boldsymbol{f}, \boldsymbol{\theta})$를 계산하고, 이들 기울기를 가우스 제안 분포 Gaussian proposal distribution의 입력으로 사용한다.

[Mar18]의 1차원 예시를 고려해 보자. 이는 그림 4.20에서의 베이즈 로지스틱 회귀 예시와 비슷하다. 여기서 목적은 꽃받침 길이 x_n에 대한 정보가 주어졌을 때, 붓꽃이 세토사인지 베르시컬러인지 $y_n \in \{0, 1\}$을 분류하는 것이다. 우리는 SE 커널을 길이 스케일 ℓ과 함께 사용한다. ℓ에는 Ga(2, 0.5) 사전 분포를 부여한다.

그림 17.10(a)는 SE 커널을 사용한 결과를 보여준다. 이는 (데이터로부터 멀리 떨어진) 에지에서 확률이 0.5를 향해 구부러진다는 점을 제외하면 선형 로지스틱 회귀(그림 4.20 참고)의 결과와 비슷하

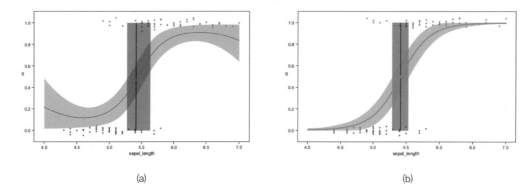

(a)

(b)

그림 17.10 붓꽃 데이터에서 하나의 입력 특성(꽃받침 길이)을 사용하는 이항 분류 문제를 위한 GP 분류기. 두꺼운 수직선은 결정 경계를 위한 신용구간이다. (a) SE 커널, (b) SE 더하기 선형 커널. 출처: [Mar18]의 그림 7.11~7.12. gp_classify_iris_1d_pymc3.ipynb로 생성했다.

다. 이는 사전 평균 함수가 $m(x) = 0$이고, $\sigma(0) = 0.5$이기 때문이다. 이러한 인위적인 구조는 출력이 입력에서 단조적으로 증가하거나 감소할 것으로 기대한다는 사전지식을 인코딩하는 더욱 유연한 커널을 사용해 제거할 수 있다. 이는 **선형 커널**linear kernel을 사용해 할 수 있다.

$$\mathcal{K}(x, x') = (x - c)(x' - c) \tag{17.56}$$

이를 스케일링하고 SE 커널에 추가하여 다음을 얻을 수 있다.

$$\mathcal{K}(x, x') = \tau(x - c)(x' - c) + \exp\left[-\frac{(x - x')^2}{2\ell^2}\right] \tag{17.57}$$

결과는 그림 17.10(b)에서 보여주며, 더욱 적절해 보인다.

결과가 단순한 선형 로지스틱 회귀 모델보다 더 좋지 않을 때, 어째서 GP를 사용하느라 수고를 하는지 궁금할 수도 있다. 그 이유는 GP가 훨씬 더 유연하며, 평활성을 넘어 훨씬 더 적은 선험적인 가정을 하기 때문이다. 예를 들어 데이터가 그림 17.11(a)처럼 보인다고 해보자. 이 경우, 선형 로지스틱 회귀 모델은 데이터를 적합시키지 못할 것이다. 원칙적으로 신경망을 사용할 수도 있지만, 데이터가 오직 60개만이 있으므로 잘 동작하지 않을 수도 있다. 그러나 GP는 작은 표본 환경을 다루도록 잘 디자인되어 있다. 그림 17.11(b)에서 이 데이터에 GP를 SE 커널로 적합시킨 결과를 보여준다. 결과가 적절해 보인다.

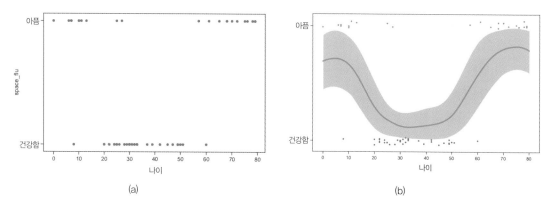

그림 17.11 (a) 인공적인 '우주 감기(space flu)' 이항 분류 문제. (b) SE 커널로 된 GP로부터의 적합. 출처: [Mar18]의 그림 7.13과 그림 7.14. gp_classify_spaceflu_1d_pymc3.ipynb로 생성했다.

17.2.8 딥러닝과의 연결점

GP와 딥러닝 사이에는 많은 흥미로운 연결점 및 유사한 점이 있는 것으로 밝혀진다. 예를 들어 RBF 유닛의 **무한하게 넓은**infinitely wide 층으로 된 하나의 신경망은 RBF 커널로 된 GP와 동등함을 보일 수 있다(이는 RBF 커널을 무한한 수의 특성 내적으로 표현할 수 있다는 사실을 따른다). 사실 많은 종류의 DNN은 **뉴럴 탄젠트 커널**neural tangent kernel이라는 특정한 종류의 커널을 사용해 동등한 GP로 변환할 수 있다[JGH18]. 자세한 내용은 이 책의 후속판 [Mur23]을 참고하라.

17.2.9 GP를 커다란 데이터셋으로 스케일링하기

GP(그리고 17.3절에서 논의하는 SVM 같은 커널법)의 주된 단점은 $N \times N$ 커널 행렬의 역을 취하는 데 $O(N^3)$시간이 걸려 큰 데이터셋에서 너무 느려진다는 것이다. GP의 가속을 위해 많은 근사적인 체계가 제안되어 왔다(예를 들어 리뷰는 [Liu+18a]를 참고하라). 이 절에서 이들 중 일부를 간단히 언급한다. 자세한 내용은 이 책의 후속판 [Mur23]을 참고하라.

17.2.9.1 희박 (유도점) 근사

GP 추론을 빠르게 하는 간단한 접근법은 적은 데이터를 사용하는 것이다. 더 나은 접근법은 N개

훈련 지점 $\mathbf{X}$를 $M \ll N$개 유도점inducing point 또는 유사 입력pseudo input $\mathbf{Z}$로 '요약'하는 것이다. 이는 $p(\boldsymbol{f}|\boldsymbol{f}_X)$를 $p(\boldsymbol{f}|\boldsymbol{f}_Z)$로 바꾸도록 하며, 여기서 $\boldsymbol{f}_X = \{f(\boldsymbol{x}) : \boldsymbol{x} \in \mathbf{Z}\}$는 유도점에서 추정된 함숫값의 벡터다. $(\mathbf{Z}, \boldsymbol{f}_Z)$를 최적화함으로써 훈련 데이터 $(\mathbf{X}, \boldsymbol{f}_X)$에서 '병목bottleneck' $(\mathbf{Z}, \boldsymbol{f}_Z)$로의 '압축'을 학습할 수 있다. 따라서 연산이 $O(N^3)$에서 $O(M^3)$으로 빨라진다. 이는 희박 GPsparse GP라 부른다. 이 전체 과정은 변분 추론 프레임워크를 사용해 엄격하게 만들 수 있다. 자세한 내용은 이 책의 후속판 [Mur23]을 참고하라.

17.2.9.2 병렬화 및 커널 행렬 구조 활용하기

$\mathbf{K}_{X,X}$의 촐레스키 분해를 계산하는 데 $O(N^3)$시간이 걸리며, 이는 선형 체계 $\mathbf{K}_\sigma\boldsymbol{\alpha} = \boldsymbol{y}$를 풀고 $\mathbf{K}_\sigma = \mathbf{K}_{X,X} + \sigma^2\mathbf{I}_N$일 때 $|\mathbf{K}_{X,X}|$를 계산하는 것을 필요로 한다. 촐레스키 분해의 대안은 크릴로브 부분공간법Krylov subspace methods이라 자주 부르는 선형대수법을 사용하는 것이다. 이는 단지 행렬 벡터 곱Matrix Vector Multiplication, 즉 MVM만을 근거로 한다. 이들 접근법은 커널 행렬 내 구조를 자연스럽게 활용할 수 있으므로 훨씬 빠른 경우가 많다. 게다가 커널 행렬이 특별한 구조를 갖지 않는다 하더라도, 대부분 순차적인 방법에 기반하는 촐레스키와는 다르게 행렬 곱을 간단하게 병렬화할 수 있으며, 따라서 GPU를 통해 가속을 크게 할 수 있다. 이것이 인기 있는 GPyTorch 패키지의 기반이다[Gar+18]. 더 자세한 내용은 이 책의 후속판 [Mur23]을 참고하라.

17.2.9.3 무작위 특성 근사

커널의 힘은 입력의 특성화된featurized 표현으로의 작업을 피하는 능력에 기인하지만, 그러한 커널법은 그램 행렬 $\mathbf{K}$의 역을 취하기 위해 $O(N^3)$시간이 걸린다. 이는 그러한 방법을 커다란 스케일의 데이터에서 사용하는 것을 어렵게 만들 수 있다. 다행히도 무작위로 선택된 M개 기저 함수의 유한 집합을 사용해, 많은 (이동에 불변인shift invariant) 커널을 위한 특성 맵을 근사할 수 있다. 따라서 비용이 $O(NM + M^3)$으로 줄어든다. 이 아이디어는 아래에서 간단히 논의한다. 더 자세한 내용은 예를 들어 [Liu+20]을 참고하라.

RBF 커널을 위한 무작위 특성

우리는 가우스 RBF 커널의 경우에 집중한다. 다음을 보이는 것이 가능하다.

$$\mathcal{K}(\boldsymbol{x}, \boldsymbol{x}') \approx \phi(\boldsymbol{x})^\mathsf{T} \phi(\boldsymbol{x}') \tag{17.58}$$

여기서 (실숫값) 특성 벡터는 다음으로 주어진다.

$$\phi(\boldsymbol{x}) \triangleq \frac{1}{\sqrt{T}} [(\sin(\boldsymbol{\omega}_1^\mathsf{T}\boldsymbol{x}), ..., \sin(\boldsymbol{\omega}_T^\mathsf{T}\boldsymbol{x}), \cos(\boldsymbol{\omega}_1^\mathsf{T}\boldsymbol{x}), ..., \cos(\boldsymbol{\omega}_T^\mathsf{T}\boldsymbol{x}))] \tag{17.59}$$

$$= \frac{1}{\sqrt{T}} [\sin(\boldsymbol{\Omega}\boldsymbol{x}), \cos(\boldsymbol{\Omega}\boldsymbol{x})] \tag{17.60}$$

여기서 $T = M/2$이며, $\boldsymbol{\Omega} \in \mathbb{R}^{T \times D}$는 무작위 가우스 행렬이고, 이때 항목은 $\mathcal{N}(0, 1/\sigma^2)$으로부터 독립적이고 동등하게 분포되도록(iid) 표집한다. 여기서 σ는 커널 대역폭이다. 근사의 편향은 M을 증가시킴에 따라 감소한다. 실제로 유한한 M을 사용하고, 단일 무작위 행렬을 골라내서 기댓값의 단일 표본 몬테카를로 근사를 계산한다. 식 (17.60)의 특성은 **무작위 푸리에 특성**RFF, Random Fourier Feature[RR08] 또는 '무작위 부엌 싱크 가중합weighted sums of random kitchen sinks'[RR09]이라 부른다.

또한 삼각trigonometric 무작위 특성 대신에 양성positive의 무작위 특성을 사용할 수 있다. 이는 어텐션을 사용하는 모델(15.6.4절 참고)과 같은 몇몇 응용에서 선호될 수 있다. 특히 다음을 사용할 수 있다.

$$\phi(\boldsymbol{x}) \triangleq e^{-||\boldsymbol{x}||^2/2} \frac{1}{\sqrt{M}} [(\exp(\boldsymbol{\omega}_1^\mathsf{T}\boldsymbol{x}), \cdots, (\exp(\boldsymbol{\omega}_M^\mathsf{T}\boldsymbol{x})] \tag{17.61}$$

여기서 $\boldsymbol{\omega}_m$은 이전과 같이 표집한다. 자세한 내용은 [Cho+20b]를 참고하라.

삼각 또는 양성의 특성 중 무엇을 사용하든지 간에, $\mathbf{Z}$의 행이 무작위이지만 직교하도록 함으로써 분산이 더 낮은 추정값을 얻을 수 있다. 이들은 **직교적 무작위 특성**orthogonal random feature이라 부른다. 이러한 표집은 비구조화된 가우스 행렬의 그람-슈미트 직교화를 통해[Yu+16], 또는 심지어 더 빠른 몇 가지 근사화를 통해 수행할 수 있다([CRW17; Cho+19] 참고).

패스트푸드 근사

안타깝게도 무작위 행렬 $\boldsymbol{\Omega}$의 저장은 $O(DM)$의 공간을 필요로 하며, $\boldsymbol{\Omega}\boldsymbol{x}$의 계산은 $O(DM)$시간이 걸린다. 여기서 D는 입력의 차원성이고, M은 무작위 특성의 개수다. 이는 특성의 원본 집합을 사용하는 데 대한 어떠한 이점이든지 얻어야 할 때 필요할 수도 있는 $M \gg D$의 경우 해서는 안 될 수 있다. 다행히도 **빠른 아다마르 변환**fast Hadamard transform을 사용해 메모리를 $O(MD)$에서 $O(M)$으로,

시간을 $O(MD)$에서 $O(M \log D)$로 줄일 수 있다. 이 접근법은 본래의 용어 '부엌 싱크kitchen sink'를 참조한 **패스트푸드**fastfood라 부른다[LSS13].

극단적 학습 머신

무작위 특성 근사를 커널에 사용해 GP를 다음 형식의 선형 모델로 변환할 수 있다.

$$f(\boldsymbol{x}; \boldsymbol{\theta}) = \mathbf{W}\phi(\boldsymbol{x}) = \mathbf{W}h(\mathbf{Z}\boldsymbol{x}) \tag{17.62}$$

이때 RBF 커널에서 $h(a) = \sqrt{1/M}\,[\sin(a),\ \cos(a)]$이다. 이는 무작위의(그리고 고정된) 입력-은닉 input-to-hidden 가중치를 갖는 단층 MLP와 동등하다. $M > N$일 때 이는 과대 모수화over-parameterized 된 모델에 해당하며, 훈련 데이터를 완벽하게 보간할 수 있다.

[Cur+17]에서는 이 방법을 적용하여, SGD를 사용해 $f(\boldsymbol{x}; \boldsymbol{\theta}) = \mathbf{W}^\mathsf{T}h(\hat{\mathbf{Z}}\boldsymbol{x}) + \boldsymbol{b}$ 형식의 로지스틱 회귀 모델을 적합시킨다. 해당 결과 방법을 'McKernel'이라 부른다. 또한 [Alb+17]에서 논의한 것처럼 $\mathbf{Z}$는 물론 $\mathbf{W}$를 최적화할 수 있지만, 이제는 문제가 더 이상 볼록이 아니게 된다.

아니면 $M < N$을 사용하지만 이러한 무작위 비선형 층을 함께 많이 쌓고, 단지 출력 가중치만을 최적화할 수 있다. 이는 **극단적 학습 머신**Extreme Learning Machine, 즉 **ELM**이라 부르지만(예: [Hua14] 참고) 이 작업에는 많은 논란이 있다.[1]

17.3 서포트 벡터 머신(SVM)

이 절에서는 다음의 형식을 갖는, 분류와 회귀 문제를 위한 (비확률적) 예측량의 한 형식을 논의한다.

$$f(\boldsymbol{x}) = \sum_{i=1}^{N} \alpha_i \mathcal{K}(\boldsymbol{x}, \boldsymbol{x}_i) \tag{17.63}$$

적절한 제약을 추가함으로써, 많은 α_i 계수가 0이 되도록 하여 테스트 시간에서의 예측은 훈련 지점의 부분집합에만 의존하도록 할 수 있다. 살아 있는 지점은 '**서포트 벡터**support vector'라 부르며, 결과 모델은 **서포트 벡터 머신**Support Vector Machine, 즉 SVM이라 부른다. 아래에 간단한 요약을 제공한

---

1 논란은 발명자 후앙 구앙-빈(Guang-Bin Huang)이, 커널의 무작위 특성 근사에 기반한 동등한 접근법처럼 관련된 이전 작업을 인용하지 않았다는 혐의로부터 나왔다. 자세한 내용은 https://en.wikipedia.org/wiki/Extreme_learning_machine#Controversy를 참고하라.

다. 더 자세한 내용은 예를 들어 [VGS97; SS01]에서 찾을 수 있다.

17.3.1 넓은 마진 분류기

$h(\boldsymbol{x}) = \text{sign}(f(\boldsymbol{x}))$ 형식의 이항 분류기를 고려해 보자. 이때 결정 경계는 다음의 선형 함수로 주어진다.

$$f(\boldsymbol{x}) = \boldsymbol{w}^\top \boldsymbol{x} + w_0 \tag{17.64}$$

(SVM 문헌에서는 클래스 라벨을 0과 1 대신에 −1과 +1이라 가정하는 것이 보통이다. 혼란을 막기 위해, 이러한 목표 라벨은 y 대신 $\tilde{y}$라 표기한다.) 데이터를 분리하는 선은 많이 존재할 수 있다. 그러나 직관적으로 결정 경계에서 가장 가까운 점까지의 거리인 **마진**^{margin}이 최대가 되는 것을 고르고자 할 것이다. 이렇게 하면 가장 로버스트한 해를 내어줄 것이기 때문이다. 이 아이디어는 그림 17.12에서 보여준다. 좌측의 해는 우측의 것보다 더 큰 마진을 가지며, 이는 데이터의 섭동^{perturbation}에 덜 민감할 것이므로 직관적으로 더 낫다.

이러한 **넓은 마진 분류기**^{large margin classifier}는 어떻게 계산할 수 있는가? 먼저 점에서 결정 경계로의 거리를 위한 식을 유도해야 한다. 그림 17.13(a)를 참조하면 다음을 볼 수 있다.

$$\boldsymbol{x} = \boldsymbol{x}_\perp + r \frac{\boldsymbol{w}}{||\boldsymbol{w}||} \tag{17.65}$$

여기서 r은 법선 벡터가 $\boldsymbol{w}$인 결정 경계로부터 $\boldsymbol{x}$의 거리이며, $\boldsymbol{x}_\perp$는 이 경계에 대한 $\boldsymbol{x}$의 직교 사영이다.

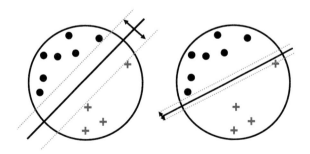

그림 17.12 넓은 마진 원칙을 보여준다. 왼쪽: 마진이 큰 분리된 초평면, 오른쪽: 마진이 작은 분리된 초평면

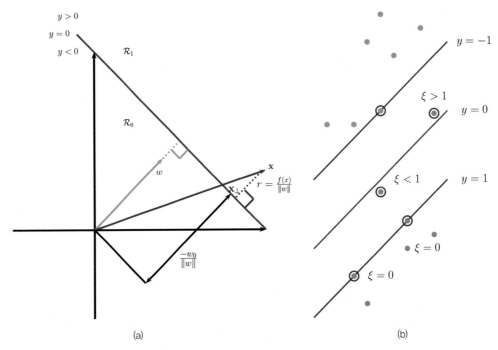

(a)   (b)

그림 17.13 (a) 2차원에서 선형 결정 경계의 기하학적 구조를 보여준다. 점 $\boldsymbol{x}$는 $f(\boldsymbol{x}) > 0$이라면 결정 영역 $\mathcal{R}_1$에 속하며, 그렇지 않으면 결정 영역 $\mathcal{R}_0$에 속한다. $\boldsymbol{w}$는 결정 경계에 수직인 벡터다. 항 w_0는 원점으로부터 결정 경계의 거리를 통제한다. $\boldsymbol{x}_\perp$는 $\boldsymbol{x}$의 경계에 대한 직교 사영이다. 경계로부터 $\boldsymbol{x}$의 부호가 있는 거리는 $f(\boldsymbol{x})/||\boldsymbol{w}||$로 주어진다. 출처: [Bis06]의 그림 4.1. (b) 주변에 동그라미가 있는 점은 서포트 벡터이며, 쌍대 변수 $\alpha_n > 0$을 갖는다. 소프트 마진의 경우, 각 예제와 글랙 변수 ξ_n을 연관시킨다. $0 < \xi_n < 1$이라면, 점이 마진 안에 있지만 결정 경계의 올바른 쪽에 있다. $\xi_n > 1$이라면 점이 경계의 틀린 쪽에 있다. 출처: [Bis06]의 그림 7.3

우리는 r을 최대화하고자 하므로, 이를 $\boldsymbol{w}$에 대한 함수로 표현해야 한다. 먼저 다음을 주지하라.

$$f(\boldsymbol{x}) = \boldsymbol{w}^\mathsf{T}\boldsymbol{x} + w_0 = (\boldsymbol{w}^\mathsf{T}\boldsymbol{x}_\perp + w_0) + r\frac{\boldsymbol{w}^\mathsf{T}\boldsymbol{w}}{||\boldsymbol{w}||} = (\boldsymbol{w}^\mathsf{T}\boldsymbol{x}_\perp + w_0) + r||\boldsymbol{w}|| \qquad (17.66)$$

$0 = f(\boldsymbol{x}_\perp) = \boldsymbol{w}^\mathsf{T}\boldsymbol{x}_\perp + w_0$이므로 $f(\boldsymbol{x}) = r||\boldsymbol{w}||$이며, 따라서 $r = \frac{f(\boldsymbol{x})}{||\boldsymbol{w}||}$이다.

각 점이 경계의 올바른 쪽에 있기를 원하므로 $f(\boldsymbol{x}_n)\tilde{y}_n > 0$ 또한 필요하다. 가장 가까운 점의 거리를 최대화하기를 원하므로, 최종 목적 함수는 다음이 된다.

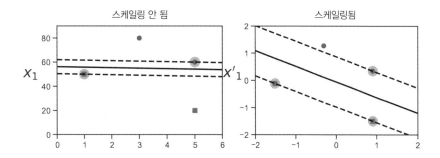

그림 17.14 최대 마진 분류기를 계산하기 전에 입력 특성을 스케일링하는 이점을 보여준다. 출처: [Gér19]의 그림 5.2. svm_classifier_feature_scaling.ipynb로 생성했다.

$$\max_{\boldsymbol{w}, w_0} \frac{1}{||\boldsymbol{w}||} \min_{n=1}^{N_{\mathcal{D}}} \left[\tilde{y}_n (\boldsymbol{w}^\mathsf{T} \boldsymbol{x}_n + w_0) \right] \tag{17.67}$$

$\boldsymbol{w} \rightarrow k\boldsymbol{w}$와 $w_0 \rightarrow kw_0$를 사용해 모수를 다시 스케일링함으로써, 임의의 점에서 경계까지의 거리를 바꾸지 않는다. $||\boldsymbol{w}||$로 나눌 때 k 인자는 취소가 되기 때문이다. 따라서 결정 경계와 가장 가까운 점에 대해 $\tilde{y}_n f_n = 1$인 스케일 인자를 정의해 보자. 그러므로 모든 n에 대해 $\tilde{y}_n f_n \geq 1$이 필요하다. 마지막으로, $1/||\boldsymbol{w}||$를 최대화하면 $||\boldsymbol{w}||^2$을 최소화하는 것과 동등함을 주지하라. 따라서 새로운 목적 함수를 얻는다.

$$\min_{\boldsymbol{w}, w_0} \frac{1}{2} ||\boldsymbol{w}||^2 \quad \text{s.t.} \quad \tilde{y}_n(\boldsymbol{w}^\mathsf{T} \boldsymbol{x}_n + w_0) \geq 1, n = 1 : N_{\mathcal{D}} \tag{17.68}$$

(인자 $\frac{1}{2}$은 편의를 위해 추가한 것이며 최적 모수에 영향을 미치지 않는다.) 제약식은 모든 점이 적어도 1의 마진으로 결정 경계의 올바른 면에 있기를 원한다는 것을 말해 준다.

SVM을 사용하기 전에 입력 변수를 스케일링하는 것이 중요하다는 점을 주지하라. 그렇지 않으면 마진이 모든 입력 차원을 균등하게 사용해, 점에서 경계까지의 거리를 측정한다. 그림 17.14를 참고하라.

17.3.2 쌍대 문제

식 (17.68)에서의 목적 함수는 선형 제약을 따르는 이차 목적 함수이므로 표준적인 이차 프로그래밍 문제다(8.5.4절). 이는 N개 제약식을 따르는 $N + D + 1$개 변수를 가지며, **원 문제**^{primal problem}라 한다.

볼록 최적화에서, 각 원 문제마다 **쌍대 문제**^{dual problem}를 유도할 수 있다. $\alpha \in \mathbb{R}^N$가 N개 부등식 제약을 강제하는 라그랑주 승수에 해당하는 쌍대 변수라 하자. 일반화된 라그랑주는 다음으로 주어진다(제약 최적화에 관한 적절한 배경지식은 8.5.2절을 참고하라).

$$\mathcal{L}(\boldsymbol{w}, w_0, \boldsymbol{\alpha}) = \frac{1}{2}\boldsymbol{w}^\mathsf{T}\boldsymbol{w} - \sum_{n=1}^{N} \alpha_n(\tilde{y}_n(\boldsymbol{w}^\mathsf{T}\boldsymbol{x}_n + w_0) - 1) \tag{17.69}$$

이를 최적화하려면, 다음을 만족시키는 안정점을 찾아야만 한다.

$$(\hat{\boldsymbol{w}}, \hat{w}_0, \hat{\boldsymbol{\alpha}}) = \min_{\boldsymbol{w}, w_0} \max_{\boldsymbol{\alpha}} \mathcal{L}(\boldsymbol{w}, w_0, \boldsymbol{\alpha}) \tag{17.70}$$

이는 $\boldsymbol{w}$와 w_0에 대해 편도함수를 계산하고 0으로 두어 할 수 있다. 다음이 된다.

$$\nabla_{\boldsymbol{w}}\mathcal{L}(\boldsymbol{w}, w_0, \boldsymbol{\alpha}) = \boldsymbol{w} - \sum_{n=1}^{N} \alpha_n \tilde{y}_n \boldsymbol{x}_n \tag{17.71}$$

$$\frac{\partial}{\partial w_0}\mathcal{L}(\boldsymbol{w}, w_0, \boldsymbol{\alpha}) = -\sum_{n=1}^{N} \alpha_n \tilde{y}_n \tag{17.72}$$

따라서

$$\hat{\boldsymbol{w}} = \sum_{n=1}^{N} \hat{\alpha}_n \tilde{y}_n \boldsymbol{x}_n \tag{17.73}$$

$$0 = \sum_{n=1}^{N} \hat{\alpha}_n \tilde{y}_n \tag{17.74}$$

이들을 라그랑주에 집어넣으면 다음을 내어준다.

$$\mathcal{L}(\hat{\boldsymbol{w}}, \hat{w}_0, \boldsymbol{\alpha}) = \frac{1}{2}\hat{\boldsymbol{w}}^\mathsf{T}\hat{\boldsymbol{w}} - \sum_{n=1}^{N} \alpha_n \tilde{y}_n \hat{\boldsymbol{w}}^\mathsf{T}\boldsymbol{x}_n - \sum_{n=1}^{N} \alpha_n \tilde{y}_n w_0 + \sum_{n=1}^{N} \alpha_n \tag{17.75}$$

$$= \frac{1}{2}\hat{\boldsymbol{w}}^\mathsf{T}\hat{\boldsymbol{w}} - \hat{\boldsymbol{w}}^\mathsf{T}\hat{\boldsymbol{w}} - 0 + \sum_{n=1}^{N} \alpha_n \tag{17.76}$$

$$= -\frac{1}{2} \sum_{i=1}^{N} \sum_{j=1}^{N} \alpha_i \alpha_j \tilde{y}_i \tilde{y}_j \boldsymbol{x}_i^{\mathsf{T}} \boldsymbol{x}_j + \sum_{n=1}^{N} \alpha_n \tag{17.77}$$

이는 목적 함수의 **쌍대 형식**dual form이라 부른다. 우리는 이를, $n = 1 : N$에 대해 $\sum_{n=1}^{N} \alpha_n \tilde{y}_n = 0$ 그리고 $0 \leq \alpha_n$을 따르도록 $\boldsymbol{\alpha}$에 대해 최대화하기를 원한다.

앞의 목적 함수는 N개 변수에서 이차quadratic 문제다. 표준적인 QP 솔버는 $O(N^3)$시간이 걸린다. 그러나 범용적인 QP 솔버의 사용을 피하는 특수화된 알고리듬이 이러한 문제를 위해 개발됐다. **순차적 극소 최적화**Sequential Minimal Optimization, 즉 **SMO** 알고리듬[Pla98] 같은 것은 $O(N)$에서 $O(N^2)$의 시간이 걸린다.

이는 볼록 목적 함수이므로 해가 KKT 조건을 만족시켜야만 한다(8.5.2절). 이는 다음의 속성을 만족시킨다는 것을 말해 준다.

$$\alpha_n \geq 0 \tag{17.78}$$
$$\tilde{y}_n f(\boldsymbol{x}_n) - 1 \geq 0 \tag{17.79}$$
$$\alpha_n (\tilde{y}_n f(\boldsymbol{x}_n) - 1) = 0 \tag{17.80}$$

따라서 $\alpha_n = 0$이거나(이 경우 $\hat{\boldsymbol{w}}$을 계산할 때 예제 n이 무시된다) 또는 제약식 $\tilde{y}_n(\hat{\boldsymbol{w}}^{\mathsf{T}} \boldsymbol{x}_n + \hat{w}_0) = 1$이 활성화된다. 후자의 조건은 표본 n이 결정 경계 위에 놓임을 뜻한다. 이들 점은 **서포트 벡터**support vector라 하며, 그림 17.13(b)에서 보여준다. 서포트 벡터의 집합은 $\mathcal{S}$라 표기한다.

예측을 수행하려면 다음을 사용한다.

$$f(\boldsymbol{x}; \hat{\boldsymbol{w}}, \hat{w}_0) = \hat{\boldsymbol{w}}^{\mathsf{T}} \boldsymbol{x} + \hat{w}_0 = \sum_{n \in \mathcal{S}} \alpha_n \tilde{y}_n \boldsymbol{x}_n^{\mathsf{T}} \boldsymbol{x} + \hat{w}_0 \tag{17.81}$$

$\hat{w}_0$에 대해 풀기 위해서, 임의의 서포트 벡터에 대해 $\tilde{y}_n f(\boldsymbol{x}; \hat{\boldsymbol{w}}, \hat{w}_0) = 1$이라는 사실을 사용한다. 양변을 $\tilde{y}_n$로 곱하고 $\tilde{y}_n^2 = 1$이라는 사실을 활용하면 $\hat{w}_0 = \tilde{y}_n - \hat{\boldsymbol{w}}^{\mathsf{T}} \boldsymbol{x}_n$을 얻는다. 실제로는 모든 서포트 벡터에 대해 평균을 하여 다음을 얻음으로써 더 나은 결과를 얻는다.

$$\hat{w}_0 = \frac{1}{|\mathcal{S}|} \sum_{n \in \mathcal{S}} (\tilde{y}_n - \hat{\boldsymbol{w}}^{\mathsf{T}} \boldsymbol{x}_n) = \frac{1}{|\mathcal{S}|} \sum_{n \in \mathcal{S}} (\tilde{y}_n - \sum_{m \in \mathcal{S}} \alpha_m \tilde{y}_m \boldsymbol{x}_m^{\mathsf{T}} \boldsymbol{x}_n) \tag{17.82}$$

17.3.3 소프트 마진 분류기

데이터가 선형으로 분리 가능하지 않다면, 모든 n에 대해 $\tilde{y}_n f_n \geq 1$인 실현 가능한 해가 존재하지 않을 것이다. 따라서 **슬랙 변수**slack variable $\xi_n \geq 0$을 도입하여 하드한 제약 $\tilde{y}_n f_n \geq 0$을 **소프트 마진 제약**soft margin constraints $\tilde{y}_n f_n \geq 1 - \xi_n$으로 바꾼다. 새로운 목적 함수는 다음이 된다.

$$\min_{\boldsymbol{w}, w_0, \boldsymbol{\xi}} \frac{1}{2} ||\boldsymbol{w}||^2 + C \sum_{n=1}^{N_D} \xi_n \quad \text{s.t.} \quad \xi_n \geq 0, \quad \tilde{y}_n(\boldsymbol{x}_n^\mathsf{T}\boldsymbol{w} + w_0) \geq 1 - \xi_n \tag{17.83}$$

여기서 $C \geq 0$는 얼마나 많은 점이 마진 제약을 어기는 것을 허용할지를 통제하는 초매개변수다 ($C = \infty$라면, 정칙화되지 않은 하드 마진 분류기를 되찾게 된다).

소프트 마진 분류기를 위한 해당 라그랑주는 다음이 된다.

$$\mathcal{L}(\boldsymbol{w}, w_0, \boldsymbol{\alpha}, \boldsymbol{\xi}, \boldsymbol{\mu}) = \frac{1}{2}\boldsymbol{w}^\mathsf{T}\boldsymbol{w} + C\sum_{n=1}^{N} \xi_n - \sum_{n=1}^{N} \alpha_n(\tilde{y}_n(\boldsymbol{w}^\mathsf{T}\boldsymbol{x}_n + w_0) - 1 + \xi_n) - \sum_{n=1}^{N} \mu_n \xi_n \tag{17.84}$$

여기서 $\alpha_n \geq 0$과 $\mu_n \geq 0$은 라그랑주 승수다. $\boldsymbol{w}$, w_0, $\boldsymbol{\xi}$를 최적화하면 쌍대 형식이 된다.

$$\mathcal{L}(\boldsymbol{\alpha}) = \sum_{i=1}^{N} \alpha_i - \frac{1}{2}\sum_{i=1}^{N}\sum_{j=1}^{N} \alpha_i \alpha_j \tilde{y}_i \tilde{y}_j \boldsymbol{x}_i^\mathsf{T} \boldsymbol{x}_j \tag{17.85}$$

이는 하드 마진의 경우와 동일하다. 그러나 제약식이 다르다. 특히 KKT 조건은 다음을 암시한다.

$$0 \leq \alpha_n \leq C \tag{17.86}$$

$$\sum_{n=1}^{N} \alpha_n \tilde{y}_n = 0 \tag{17.87}$$

$\alpha_n = 0$이라면 점은 무시된다. $0 < \alpha_n < C$라면 $\xi_n = 0$이므로 점이 마진 위에 놓인다. $\alpha_n = C$라면 점이 마진 안에 놓이게 되며, 여기서 $\xi_n \leq 1$이라면 올바르게 분류되거나 아니면 $\xi_n > 1$이라면 잘못 분류된다. 그림 17.13(b)를 참고하라. 따라서 $\Sigma_n \xi_n$은 잘못 분류된 점의 개수에 대한 상계가 된다.

이전과 같이 편향 항은 다음을 사용해 계산할 수 있다.

$$\hat{w}_0 = \frac{1}{|\mathcal{M}|} \sum_{n \in \mathcal{M}} \left(\tilde{y}_n - \sum_{m \in \mathcal{S}} \alpha_m \tilde{y}_m \boldsymbol{x}_m^\mathsf{T} \boldsymbol{x}_n \right) \tag{17.88}$$

여기서 $\mathcal{M}$은 $0 < \alpha_n < C$인 점의 집합이다.

ν-SVM 분류기라 하는, 소프트 마진 SVM의 다른 형식화가 존재한다[Sch+00]. 이는 다음의 최대화를 수반한다.

$$\mathcal{L}(\boldsymbol{\alpha}) = -\frac{1}{2} \sum_{i=1}^{N} \sum_{j=1}^{N} \alpha_i \alpha_j \tilde{y}_i \tilde{y}_j \boldsymbol{x}_i^\mathsf{T} \boldsymbol{x}_j \tag{17.89}$$

이는 다음의 제약을 따른다.

$$0 \le \alpha_n \le 1/N \tag{17.90}$$

$$\sum_{n=1}^{N} \alpha_n \tilde{y}_n = 0 \tag{17.91}$$

$$\sum_{n=1}^{M} \alpha_n \ge \nu \tag{17.92}$$

이는 C를 대체하는 모수 ν를, **마진 오차**$^{margin\ error}$의 부분($\xi_n > 0$인 점들)이 얼마나 되는지에 대한 상계는 물론, 서포트 벡터의 개수에 대한 하계로 해석할 수 있다는 장점이 있다.

17.3.4 커널 트릭

지금까지 넓은 마진 이항 분류 문제를 N개의 미지수($\boldsymbol{\alpha}$)가 있는, 푸는 데 $O(N^3)$시간이 걸리는, 느릴 수 있는 쌍대 문제로 변환했다. 그러나 쌍대 문제의 원론적인 이점은 모든 내적 연산 $\boldsymbol{x}^\mathsf{T}\boldsymbol{x}'$을 양의 정부호 (머서) 커널 함수 $\mathcal{K}(\boldsymbol{x}, \boldsymbol{x}')$에 대한 호출로 바꿀 수 있다는 것이다. 이는 **커널 트릭**$^{kernel\ trick}$이라 부른다.

특히 식 (17.81)의 예측 함수는 다음과 같이 다시 쓸 수 있다.

$$f(\boldsymbol{x}) = \hat{\boldsymbol{w}}^\mathsf{T} \boldsymbol{x} + \hat{w}_0 = \sum_{n \in \mathcal{S}} \alpha_n \tilde{y}_n \boldsymbol{x}_n^\mathsf{T} \boldsymbol{x} + \hat{w}_0 = \sum_{n \in \mathcal{S}} \alpha_n \tilde{y}_n \mathcal{K}(\boldsymbol{x}_n, \boldsymbol{x}) + \hat{w}_0 \tag{17.93}$$

또한 편향 항을 커널화해야 한다. 이는 다음과 같이 식 (17.82)를 커널화하여 할 수 있다.

$$\hat{w}_0 = \frac{1}{|\mathcal{S}|} \sum_{i \in \mathcal{S}} \left(\tilde{y}_i - (\sum_{j \in \mathcal{S}} \hat{\alpha}_j \tilde{y}_j \boldsymbol{x}_j)^\mathsf{T} \boldsymbol{x}_i \right) = \frac{1}{|\mathcal{S}|} \sum_{i \in \mathcal{S}} \left(\tilde{y}_i - \sum_{j \in \mathcal{S}} \hat{\alpha}_j \tilde{y}_j \mathcal{K}(\boldsymbol{x}_j, \boldsymbol{x}_i) \right) \qquad (17.94)$$

커널 트릭은 데이터의 명시적인 특성 표현을 다루는 것을 피하고, 문자열과 그래프 같은 구조화된 객체에 분류기를 쉽게 적용할 수 있도록 해준다.

17.3.5 SVM 출력을 확률로 바꾸기

SVM 분류기는 딱딱한^{hard} 라벨링 $\hat{y}(\boldsymbol{x}) = \text{sign}(f(\boldsymbol{x}))$를 만들어 낸다. 그러나 예측의 신뢰도를 측정하기를 원하는 경우가 많다. 한 가지 휴리스틱한 접근법은 $f(\boldsymbol{x})$를 로그-오즈비 $\log \frac{p(y=1|\boldsymbol{x})}{p(y=0|\boldsymbol{x})}$로 해석하는 것이다. 그 뒤 다음을 사용해 SVM의 출력을 확률로 변환할 수 있다.

$$p(y = 1 | \boldsymbol{x}, \boldsymbol{\theta}) = \sigma(af(\boldsymbol{x}) + b) \qquad (17.95)$$

여기서 a, b는 별도의 검증 집합에서의 최대 가능도를 통해 추정할 수 있다(훈련 집합에서 a와 b를 추정하면 심각한 과적합을 낳는다). 이 기법은 먼저 [Pla00]에서 제안됐으며, **플랫 스케일링**$^{\text{Platt scaling}}$이라 한다.

그러나 SVM의 훈련 과정에서 어떤 것도 $f(\boldsymbol{x})$를 로그-오즈비로 해석하는 것을 정당화해 주지 않으므로, 결과 확률은 특히 보정이 잘되어 있지 않다. 이를 보여주기 위해 [Tip01]의 예시를 고려해

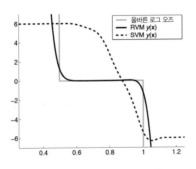

그림 17.15 세 가지 방법의 로그 오즈 대 x. 출처: [Tip01]의 그림 10. 마이크 티핑(Mike Tipping)이 친절하게 사용을 허가했다.

800

보자. $p(x\,|\,y=0)=\mathrm{Unif}(0,1)$이고 $p(x\,|\,y=1)=\mathrm{Unif}(0.5,1.5)$인 1차원 데이터가 있다고 해보자. 클래스 조건부 분포가 $[0.5,1]$ 범위에서 겹치므로 클래스 1의 0에 대한 로그-오즈는 이 영역에서 0이어야 하며, 영역 밖에서는 무한대여야 한다. 모델로부터 1000개의 점을 표집한 뒤, 확률적 커널 분류기(17.4.1절에서 설명하는 RVM) 그리고 너비가 1인 가우스 커널로 된 SVM을 적합시킨다. 두 모델 모두 결정 경계를 완벽하게 포착하며, 25%의 일반화 오류율을 달성한다. 이는 이 문제에서의 베이즈 최적 오류율이다. RVM으로부터의 확률적 출력은 참인 로그-오즈에 대한 좋은 근사이지만, SVM의 경우는 그렇지가 않다. 이는 그림 17.15에서 보여준다.

17.3.6 로지스틱 회귀와의 연결점

결정 경계의 올바른 쪽에 있는 데이터 지점은 $\xi_n=0$임을 봤다. 다른 점들은 $\xi_n=1-\tilde{y}_n f(\boldsymbol{x}_n)$이다. 그러므로 식 (17.83)의 목적 함수는 다음과 같이 다시 쓸 수 있다.

$$\mathcal{L}(\boldsymbol{w})=\sum_{n=1}^{N}\ell_{\mathrm{hinge}}(\tilde{y}_n,f(\boldsymbol{x}_n)))+\lambda|\boldsymbol{w}||^2 \tag{17.96}$$

여기서 $\lambda=(2C)^{-1}$이며 $\ell_{\mathrm{hinge}}(y,\eta)$는 다음과 같이 정의된 **힌지 손실**hinge loss 함수다.

$$\ell_{\mathrm{hinge}}(\tilde{y},\eta)=\max(0,1-\tilde{y}\eta) \tag{17.97}$$

그림 4.2에서 볼 수 있듯이, 이는 부분적으로 열린 문의 힌지open door hinge를 갖는 0-1 손실에 대한 볼록한, 조각별로 미분 가능한 상계다.

반대로, (불이익) 로지스틱 회귀는 다음을 최적화한다.

$$\mathcal{L}(\boldsymbol{w})=\sum_{n=1}^{N}\ell_{ll}(\tilde{y}_n,f(\boldsymbol{x}_n)))+\lambda|\boldsymbol{w}||^2 \tag{17.98}$$

이때 **로그 손실**log loss은 다음으로 주어진다.

$$\ell_{ll}(\tilde{y},\eta)=-\log p(y|\eta)=\log(1+e^{-\tilde{y}\eta}) \tag{17.99}$$

이는 그림 4.2에 그려져 있다. 이는 힌지 손실과 비슷하지만, 두 가지 중요한 차이점이 있다. 먼저 힌지 손실은 조각별 선형이므로, 보통의 경사법을 사용해 최적화할 수 없다(그러나 $\tilde{y}\eta = 1$에서의 부분 기울기는 계산할 수 있다). 두 번째로 힌지 손실은 엄격하게 0인 영역을 갖는다. 이는 희박한 추정값을 야기한다.

두 함수 모두 다음과 같이 주어진 0-1 손실에 대한 볼록한 상계임을 볼 수 있다.

$$\ell_{01}(\tilde{y}, \hat{y}) = \mathbb{I}(\tilde{y} \neq \hat{y}) = \mathbb{I}(\tilde{y}\,\hat{y} < 0) \tag{17.100}$$

이들 상계는 최적화하기가 쉬우며 0-1 손실의 대용물로 볼 수 있다. 자세한 내용은 4.3.2절을 참고하라.

17.3.7 SVM으로 하는 다중 클래스 분류

SVM은 내재적으로 이항 분류기다. 이를 다중 클래스 분류 모델로 변환하는 한 가지 방법은 C개의 이항 분류기를 학습하는 것으로, 이때 클래스 c로부터의 데이터는 양성으로, 다른 클래스로부터의 데이터는 음성으로 다룬다. 그 뒤 $\hat{y}(\boldsymbol{x}) = \arg\max_c f_c(\boldsymbol{x})$ 규칙을 사용해 최종적인 라벨을 예측하며, 여기서 $f_c(\boldsymbol{x}) = \log\frac{p(c=1|\boldsymbol{x})}{p(c=0|\boldsymbol{x})}$는 분류기 c가 주어졌을 때의 점수다. 이는 **일 대 나머지**one-versus-the-rest 접근법이라 한다(**일대다**one-vs-all라고도 한다).

안타깝게도 이 접근법은 몇 가지 문제가 있다. 먼저 이는 애매모호하게 라벨링된 입력 공간 영역을 야기할 수 있다. 예를 들어, 그림 17.16(a) 상단의 초록색 영역은 클래스 2와 클래스 1 모두로

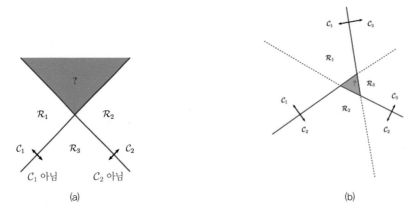

(a)   (b)

그림 17.16 (a) 일 대 나머지 접근법. 초록색 영역은 클래스 1과 클래스 2 모두로 예측된다. (b) 일대일 접근법. 초록색 영역의 라벨이 모호하다. 출처: [Bis06]의 그림 4.2

예측된다. 두 번째 문제로, f_c의 점수 크기가 서로 간에 보정되지 않으므로 비교하기가 어렵다. 마지막으로 각각의 이항 부분 문제가 클래스 불균형 문제(10.3.8.2절)에 시달릴 가능성이 있다. 예를 들어, 동일하게 나타나는 10개의 클래스가 있다고 해보자. f_1을 훈련시킬 때, 10%의 양성 예제와 90%의 음성 예제가 있을 것이므로 성능이 피해를 입을 것이다.

또 다른 접근법은 **일대일**One-Versus-One, 즉 OVO 접근법을 사용하는 것이다. 이는 또한 **모든 쌍**all pairs이라 부르며, $C(C-1)/2$개 분류기를 훈련시켜 모든 쌍 $f_{c,c'}$을 판별한다. 그 뒤 점을 가장 많은 투표를 받은 클래스로 분류한다. 그러나 이 또한 그림 17.16(b)에서 보여주는 모호함을 야기할 수 있다. 또한 이는 $O(C^2)$의 모델 적합을 필요로 한다.

17.3.8 정칙자 *C*를 선택하는 방법

SVM은 커널 함수 및 모수 C를 구체화할 것을 필요로 한다. 통상적으로 C는 교차 검증을 통해 선택한다. 그러나 C가 커널 모수와 꽤 강하게 상호작용함을 주지하라. 예를 들어 정밀도가 $\gamma = \frac{1}{2\sigma^2}$인 RBF 커널을 사용하고 있다고 해보자. γ가 크면 이는 좁은 커널에 해당하며, 무거운 정칙화, 따라서 작은 C가 필요할 수도 있다. γ가 작으면 C를 큰 값으로 사용해야 할 것이다. 따라서 그림 17.17이 보여주듯이 γ와 C는 긴밀하게 커플링되어 있다.

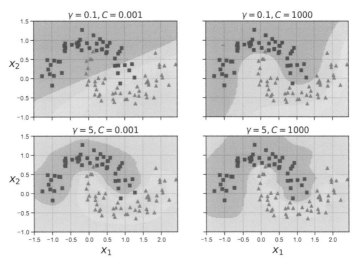

그림 17.17 2개의 반월 모양 데이터에 적용된, 정밀도 γ와 정칙자 C를 갖는 RBF 커널로 된 SVM 분류기. 출처: [Gér19]의 그림 5.9. svm_classifier_2d.ipynb로 생성했다.

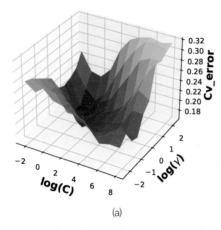
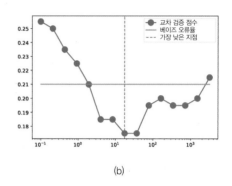

(a)   (b)

그림 17.18 (a) 각기 다른 정밀도 $\gamma = 1/(2\sigma^2)$ 및 정칙자 $\lambda = 1/C$를 갖는 RBF 커널로 된 SVM 분류기를 위한 0-1 오류율의 교차 검증 추정값. 이는 2개의 가우스의 혼합으로부터 뽑은 합성 데이터에 적용했다. (b) 표면을 $\gamma = 5$에서 잘라냈다. 빨간색 점선은 베이즈 최적 오류율로, 데이터 생성에 사용된 모델에 적용된 베이즈 규칙을 사용해 계산했다. 출처: [HTF09]의 그림 12.6에서 가져왔다. svmCgammaDemo.ipynb로 생성했다.

libsvm[HCL09]의 저자는 $C \in \{2^{-5}, 2^{-3}, ..., 2^{15}\}$와 $\gamma \in \{2^{-15}, 2^{-13}, ..., 2^{3}\}$의 값으로 2차원 격자에서 CV를 사용할 것을 추천한다. 0-1 위험의 CV 추정값을 C와 γ의 함수로 보여주는 그림 17.18을 참고하라.

C를 효율적으로 선택하려면, lars에서와 같은 의미에서의 경로 추종 알고리듬을 개발할 수 있다 (11.4.4절). 기본적인 아이디어는 작은 C로 시작을 하는 것이다. 따라서 마진이 넓어지고, 모든 점이 그 안에 있으며 $\alpha_i = 1$이다. C를 천천히 증가시킴으로써 작은 집합의 점이 마진의 안쪽에서 바깥쪽으로 이동할 것이며, 그들이 서포트 벡터가 되지 않게 되면서 α_i 값이 1에서 0으로 변할 것이다. C가 극대가 되면 마진은 비어 있게 되며, 어떠한 서포트 벡터도 남아 있지 않게 된다. 자세한 내용은 [Has+04]를 참고하라.

17.3.9 커널 릿지 회귀

식 (11.55)로부터 릿지 회귀를 위한 방정식을 상기해 보자.

$$\hat{w}_{\text{map}} = (\mathbf{X}^\mathsf{T}\mathbf{X} + \lambda\mathbf{I}_D)^{-1}\mathbf{X}^\mathsf{T}\boldsymbol{y} = (\sum_n \boldsymbol{x}_n\boldsymbol{x}_n^\mathsf{T} + \lambda\mathbf{I}_D)^{-1}(\sum_n \tilde{y}_n\boldsymbol{x}_n) \tag{17.101}$$

역행렬 보조정리를 사용해(7.3.3절), 릿지 추정값을 다음과 같이 다시 쓸 수 있다.

$$\boldsymbol{w} = \mathbf{X}^{\mathsf{T}}(\mathbf{X}\mathbf{X}^{\mathsf{T}} + \lambda\mathbf{I}_N)^{-1}\boldsymbol{y} = \sum_n \boldsymbol{x}_n((\sum_n \boldsymbol{x}_n^{\mathsf{T}}\boldsymbol{x}_n + \lambda\mathbf{I}_N)^{-1}\boldsymbol{y})_n \qquad (17.102)$$

다음의 **쌍대 변수**dual variable를 정의해 보자.

$$\boldsymbol{\alpha} \triangleq (\mathbf{X}\mathbf{X}^{\mathsf{T}} + \lambda\mathbf{I}_N)^{-1}\boldsymbol{y} = (\sum_n \boldsymbol{x}_n^{\mathsf{T}}\boldsymbol{x}_n + \lambda\mathbf{I}_N)^{-1}\boldsymbol{y} \qquad (17.103)$$

그러면 **원 변수**primal variable를 다음과 같이 다시 쓸 수 있다.

$$\boldsymbol{w} = \mathbf{X}^{\mathsf{T}}\boldsymbol{\alpha} = \sum_{n=1}^{N_{\mathcal{D}}} \alpha_n \boldsymbol{x}_n \qquad (17.104)$$

이는 해 벡터가 $N_{\mathcal{D}}$개 훈련 벡터의 선형 합일 뿐임을 말해 준다. 테스트 시간에 이를 집어넣어 예측적인 평균을 계산하면 다음을 얻는다.

$$f(\boldsymbol{x}; \boldsymbol{w}) = \boldsymbol{w}^{\mathsf{T}}\boldsymbol{x} = \sum_{n=1}^{N} \alpha_n \boldsymbol{x}_n^{\mathsf{T}}\boldsymbol{x} \qquad (17.105)$$

그 뒤 커널 트릭을 사용해 이를 다시 쓸 수 있다.

$$f(\boldsymbol{x}; \boldsymbol{w}) = \sum_{n=1}^{N} \alpha_n \mathcal{K}(\boldsymbol{x}_n, \boldsymbol{x}) \qquad (17.106)$$

여기서

$$\boldsymbol{\alpha} = (\mathbf{K} + \lambda\mathbf{I}_N)^{-1}\boldsymbol{y} \qquad (17.107)$$

다시 말해,

$$f(\boldsymbol{x}; \boldsymbol{w}) = \boldsymbol{k}^{\mathsf{T}}(\mathbf{K} + \lambda\mathbf{I}_N)^{-1}\boldsymbol{y} \qquad (17.108)$$

여기서 $\boldsymbol{k} = [\mathcal{K}(\boldsymbol{x}, \boldsymbol{x}_1), \ldots, \mathcal{K}(\boldsymbol{x}, \boldsymbol{x}_N)]$이다. 이는 **커널 릿지 회귀**kernel ridge regression라 부른다.

위 접근법의 문제는 해 벡터 $\boldsymbol{\alpha}$가 희박하지 않으므로 테스트 시간에서의 예측에 $O(N)$시간이 걸린다는 점이다. 이에 대한 해법은 17.3.10절에서 논의한다.

17.3.10 회귀를 위한 SVM

다음의 ℓ_2 정칙화된 ERM$^{\text{Empirical Risk Minimization}}$ 문제를 고려해 보자.

$$J(\boldsymbol{w}, \lambda) = \lambda ||\boldsymbol{w}||^2 + \sum_{n=1}^{N_{\mathcal{D}}} \ell(\tilde{y}_n, \hat{y}_n) \tag{17.109}$$

여기서 $\hat{y}_n = \boldsymbol{w}^\mathsf{T} \boldsymbol{x}_n + w_0$이다. $y, \hat{y} \in \mathbb{R}$일 때 이차 손실 $\ell(y, \hat{y}) = (y - \hat{y})^2$을 사용한다면 릿지 회귀가 된다(11.3절). 그 뒤 커널 트릭을 적용하면 커널 릿지 회귀가 된다(17.3.9절).

커널 릿지 회귀의 문제는 해가 모든 N개 훈련 지점에 의존한다는 점이며, 이는 계산을 다루기 힘들게 만든다. 그러나 손실 함수를 바꿈으로써, 기저 함수 계수의 최적 집합 $\boldsymbol{\alpha}^*$가 희박해지도록 만들 수 있다. 이는 아래에서 보여준다.

특히 다음의 후버 손실 함수(5.1.5.3절) 변형을 고려해 보자. 이는 **엡실론 비민감 손실 함수**$^{\text{epsilon insensitive loss function}}$라 부른다.

$$L_\epsilon(y, \hat{y}) \triangleq \begin{cases} 0 & |y - \hat{y}| < \epsilon \text{인 경우} \\ |y - \hat{y}| - \epsilon & \text{그 외} \end{cases} \tag{17.110}$$

이는 그림 17.19가 보여주듯이 예측 주변의 ϵ-**튜브**$^{\epsilon\text{-tube}}$ 안에 놓인 임의의 점이 불이익화되지 않음을 뜻한다.

해당 목적 함수는 주로 다음의 형식으로 쓴다.

$$J = \frac{1}{2} ||\boldsymbol{w}||^2 + C \sum_{n=1}^{N_{\mathcal{D}}} L_\epsilon(\tilde{y}_n, \hat{y}_n) \tag{17.111}$$

여기서 $\hat{y}_n = f(\boldsymbol{x}_n) = \boldsymbol{w}^\mathsf{T} \boldsymbol{x}_n + w_0$이며, $C = 1/\lambda$는 정칙화 상수다. 이 목적 함수는 볼록하며 비제약이지만, 손실 항의 절댓값 함수로 인해 미분 가능하지 않다. 라쏘 문제를 논의했던 11.4.9절에서와 같이, 사용할 수 있는 알고리듬이 몇 가지 있다. 인기 있는 접근법 하나는 문제를 제약 최적화 문제로 형식화하는 것이다. 특히 이는 **슬랙 변수**$^{\text{slack variable}}$를 도입하여 각 점이 튜브 안에 놓일

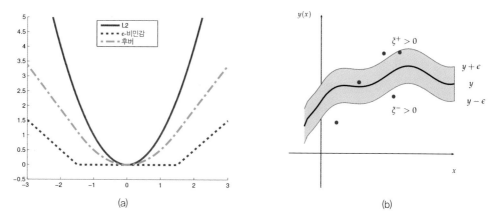

(a)   (b)

그림 17.19 (a) ℓ_2, 후버, $\epsilon = 1.5$인 ϵ-비민감 손실 함수를 보여준다. huberLossPlot.ipynb로 생성했다. (b) SVM 회귀에서 사용된 ϵ-튜브를 보여준다. 튜브 위에 있는 점은 $\xi_i^+ > 0$이며 $\xi_i^- = 0$이다. 튜브 아래에 있는 점은 $\xi_i^+ = 0$이며 $\xi_i^- > 0$이다. 튜브 내 점은 $\xi_i^+ = \xi_i^- = 0$이다. 출처: [Bis06]의 그림 7.7

지에 대한 정도를 나타낸다.

$$\tilde{y}_n \leq f(\boldsymbol{x}_n) + \epsilon + \xi_n^+ \tag{17.112}$$

$$\tilde{y}_n \geq f(\boldsymbol{x}_n) - \epsilon - \xi_n^- \tag{17.113}$$

이것이 주어졌을 때, 목적 함수를 다음과 같이 다시 쓸 수 있다.

$$J = \frac{1}{2}||\boldsymbol{w}||^2 + C\sum_{n=1}^{N_{\mathcal{D}}}(\xi_n^+ + \xi_n^-) \tag{17.114}$$

이는 $\boldsymbol{w}$에 대한 이차 함수이며, 식 (17.112)~(17.113)에서의 선형 제약은 물론 확실성positivity 제약 $\xi_n^+ \geq 0$ 그리고 $\xi_n^- \geq 0$을 따르도록 최소화해야만 한다. 이는 변수가 $2N + D + 1$개인 표준적인 이차 프로그램이다.

위에서 했듯이 라그랑주를 구성하고 최적화함으로써, 최적 해가 다음의 형식을 가짐을 보일 수 있다.

$$\hat{\boldsymbol{w}} = \sum_n \alpha_n \boldsymbol{x}_n \tag{17.115}$$

여기서 $\alpha_n \geq 0$은 쌍대 변수다(자세한 내용은 [SS02]를 참고하라). 다행히도 $\boldsymbol{\alpha}$ 벡터는 희박하며, 이는 많은 항목이 0과 같음을 뜻한다. 이는 손실이 ϵ보다 작은 오차에 대해 신경을 쓰지 않기 때문이다. 희박성에 대한 정도는 C 그리고 ϵ을 통해 통제한다.

$\alpha_n > 0$인 $\boldsymbol{x}_n$은 **서포트 벡터**$^{\text{support vector}}$라 부른다. 이들은 오차가 ϵ-튜브의 위 또는 바깥에 놓이는 점이다. 이들은 다음과 같이, 테스트 시간에서의 예측을 위해 갖고 있어야 하는 유일한 훈련 예제다.

$$f(\boldsymbol{x}) = \hat{w}_0 + \hat{\boldsymbol{w}}^\mathsf{T}\boldsymbol{x} = \hat{w}_0 + \sum_{n:\alpha_n>0} \alpha_n \boldsymbol{x}_n^\mathsf{T}\boldsymbol{x} \tag{17.116}$$

마지막으로, 커널 트릭을 사용해 다음을 얻을 수 있다.

$$f(\boldsymbol{x}) = \hat{w}_0 + \sum_{n:\alpha_n>0} \alpha_n \mathcal{K}(\boldsymbol{x}_n, \boldsymbol{x}) \tag{17.117}$$

이러한 전체 기법은 **서포트 벡터 머신 회귀**$^{\text{support vector machine regression}}$ 또는 짧게는 **SVM 회귀**라 부르며, [VGS97]에서 처음 제안했다.

그림 17.20에서 $\gamma = 1$인 RBF 커널을 사용하는 예제를 제공하고 있다. C가 작을 때 모델은 크게 정칙화된다. C가 크면 모델은 덜 정칙화되며 데이터를 더 잘 적합시킬 수 있다. 또한 ϵ이 작을 때 튜브가 작아지며, 따라서 더 많은 서포트 벡터가 존재함을 볼 수 있다.

17.4 희박 벡터 머신

GP는 매우 유연한 모델이지만 예측 시간에 $O(N)$시간이라는, 해서는 안 될 수 있는 비용을 발생시킨다. SVM은 희박 가중치 벡터를 추정하여 이 문제를 해결한다. 그러나 SVM은 보정된^{calibrated} 확률적 출력을 제공하지 않는다.

우리는 모수적 모델을 사용함으로써 양쪽 세계의 좋은 점을 취할 수 있다. 이때 특성 벡터는 다음과 같이 각각의 훈련 지점에서 중심화된 기저 함수를 사용해 정의된다.

$$\phi(\boldsymbol{x}) = [\mathcal{K}(\boldsymbol{x}, \boldsymbol{x}_1), \ldots, \mathcal{K}(\boldsymbol{x}, \boldsymbol{x}_N)] \tag{17.118}$$

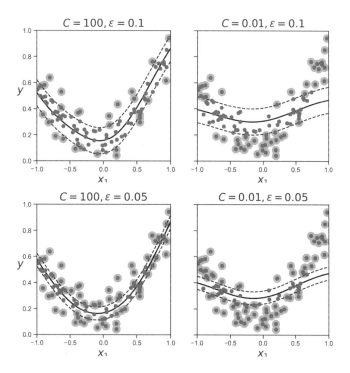

그림 17.20 서포트 벡터 회귀를 보여준다. 출처: [Gér19]의 그림 5.11. svm_regression_1d.ipynb로 생성했다.

여기서 $\mathcal{K}$는 임의의 유사도 커널로, 꼭 머서 커널일 필요는 없다. 식 (17.118)은 $x \in \mathcal{X}$를 $\phi(x) \in \mathbb{R}^N$로 매핑한다. 이러한 새로운 특성 벡터는 로지스틱 회귀 같은 임의의 판별 모델에 집어넣을 수 있다. 모수가 $D = N$개이므로, 일부 종류의 정칙화를 사용해 과적합을 막아야 한다. 그러한 모델을 ℓ_2 정칙화를 사용해 적합시키면(이는 L2VM이라 부르며, 'ℓ_2-vector machine'이란 뜻이다) 예측 성능이 좋은 경우가 많지만, 가중치 벡터 $\boldsymbol{w}$는 밀집적일 것이며 모든 N개 훈련 지점에 의존할 것이다. $\boldsymbol{w}$에 희박성 촉진 사전 분포를 가하여 모든 전형exemplars을 유지할 필요가 없도록 하는 것이 자연스런 해법이다. 그러한 방법은 **희박 벡터 머신**sparse vector machine이라 부른다.

17.4.1 적절성 벡터 머신(RVM)

$\boldsymbol{w}$가 희박해지도록 하는 가장 단순한 방법은 11.4절과 같이 ℓ_1 정칙화를 사용하는 것이다. 이는

L1VM 또는 **라플라스 벡터 머신**Laplace vector machine이라 부른다. 이유는 이 접근법이 w를 위해 라플라스 사전 분포가 있는 MAP 추정을 사용하는 것과 동등하기 때문이다.

그러나 때때로 ℓ_1 정칙화는 주어진 수준의 정확도를 위한 충분한 수준의 희박성을 주지 못한다. 다른 접근법은 ARD, 즉 **자동 적절성 결정**Automatic Relevancy Determination의 사용을 기반으로 한다. 이는 (경험적 베이즈라고도 하는) II종 최대 가능도를 사용해 희박 가중치 벡터를 추정한다[Mac95; Nea96]. 이 기법을 커널 측면에서 정의된 특성 벡터에 적용하면 **적절성 벡터 머신**Relevance Vector Machine, 즉 RVM 이라 부르는 방법을 얻는다[Tip01; TF03].

17.4.2 희박 커널법과 밀집 커널법 비교

그림 17.21에서 2차원의 이항 분류 문제에 RBF 커널을 사용해 L2VM, L1VM, RVM, SVM을 비교한다. SVM을 위해서는 교차 검증을 사용해 $C = 1/\lambda$를 골랐으며(17.3.8절 참고), 같은 값을 L2VM과 L1VM을 위한 정칙자로 사용한다. 모든 방법이 비슷한 예측 성능을 제공함을 볼 수 있다. 그러나 RVM이 가장 희박한 모델이므로 실행 시간이 가장 빠를 것이다.

그림 17.22에서 1차원 회귀 문제에 RBF 커널을 사용해 L2VM, L1VM, RVM, SVM을 비교한다. 예측이 꽤 비슷함을 또다시 볼 수 있지만, RVM이 가장 희박하며 그다음 L1VM, 그리고 SVM 이다. 이는 그림 17.23에서 추가적으로 보여준다.

이러한 작은 경험적 예시를 넘어서, 서로 다른 방법에 대한 일반적인 요약을 표 17.1에 제공한다. 표에서 각 열의 의미는 다음과 같다.

- w 최적화: 핵심적인 질문은 목적 함수 $\mathcal{L}(w) = -\log p(\mathcal{D}\mid w) - \log p(w)$가 볼록인지 아닌지다. L2VM, L1VM, SVM은 볼록 목적 함수를 갖는다. RVM은 그렇지 않다. GP는 가중치 w를 적분화하는 베이즈 방법이다.

- 커널 최적화: 모든 방법은 RBF 커널의 대역폭은 물론 정칙화 수준과 같은 커널 모수를 '튜닝'할 것을 필요로 한다. L2VM, RVM, GP를 포함한 가우스 사전 분포에 기반한 방법을 위해서는 효율적인 기울기 기반 옵티마이저를 사용해 주변 가능도를 최대화할 수 있다. SVM 과 L1VM에서는 더 느린 교차 검증을 사용해야만 한다(17.3.8절 참고).

- 희박함: L1VM, RVM, SVM은 훈련 예제의 부분집합만을 사용한다는 점에서 희박 커널

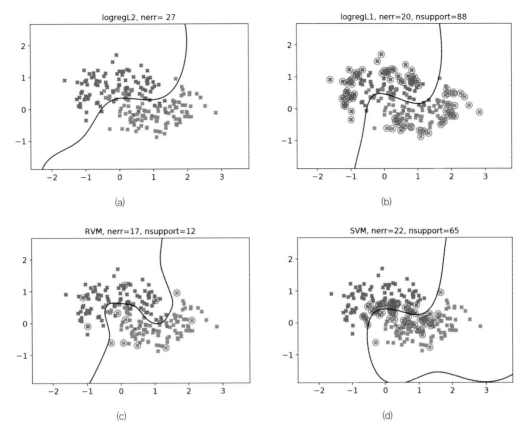

그림 17.21 대역폭이 $\sigma = 0.3$인 RBF 커널을 사용하는 비선형 이항 분류의 예시: (a) L2VM, (b) L1VM, (c) RVM, (d) SVM. 초록색 동그라미는 서포트 벡터를 가리킨다. kernelBinaryClassifDemo.ipynb로 생성했다.

이다. GP와 L2VM은 희박하지 않으며, 모든 훈련 예제를 사용한다. 희박성의 원칙적인 장점은 테스트 시간에서의 예측이 보통 빠르다는 것이다. 그러나 이는 예측의 과대신뢰를 낳는 것이 보통이다.

- 확률적임: SVM을 제외한 모든 방법은 $p(y \mid \boldsymbol{x})$ 형식의 확률적 출력을 만들어 낸다. SVM은 확률로 변환할 수 있는 '신뢰' 값을 만들어 내지만, 그러한 확률은 보통 보정이 매우 좋지 못하다(17.3.5절 참고).

- 다중 클래스: SVM을 제외한 모든 방법은, 베르누이 대신에 범주형 분포를 사용함으로써 다

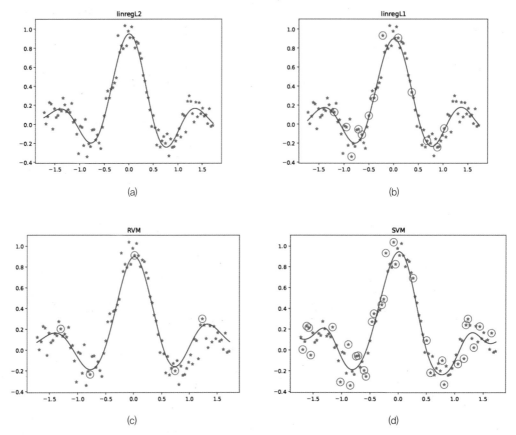

그림 17.22 대역폭이 $\sigma = 0.3$인 RBF 커널을 사용하는, 잡음이 있는 싱크 함수(noisy sinc function)에서의 커널 기반 회귀를 위한 모델 적합: (a) $\lambda = 0.5$인 L2VM, (b) $\lambda = 0.5$인 L1VM, (c) RVM, (d) $C = 1/\lambda$인 SVM 회귀. 교차 검증으로 선택했다. 빨간색 점은 유보된 훈련 예제를 나타낸다. rvm_regression_1d.ipynb 로 생성했다.

중 클래스 환경에서 자연스럽게 동작한다. SVM은 다중 클래스 분류기로 만들 수 있지만, 이 접근법에는 17.3.7절에서 논의한 대로 여러 어려움이 있다.

- 머서 커널: SVM과 GP는 양의 정부호인 커널을 필요로 한다. 그 밖의 기법은 식 (17.118)의 커널 함수가 입력이 2개인 임의의 함수일 수 있으므로 그렇지 않다.

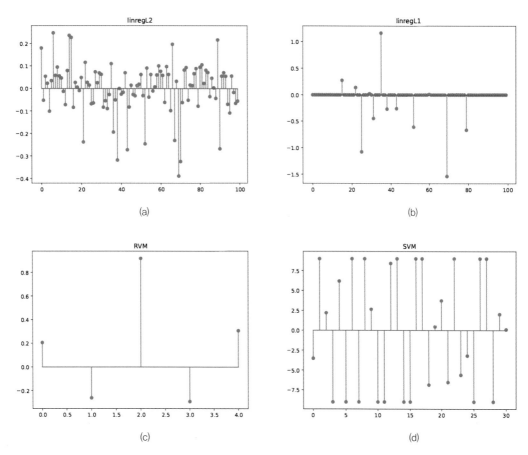

그림 17.23 그림 17.22의 모델을 위해 추정된 계수. rvm_regression_1d.ipynb로 생성했다.

방법	w 최적화	커널 최적화	희박함	확률적임	다중 클래스	머서가 아님	절
SVM	볼록	CV	예	아니요	간접적	아니요	17.3
L2VM	볼록	EB	아니요	예	예	예	17.4.1
L1VM	볼록	CV	예	예	예	예	17.4.1
RVM	비볼록	EB	예	예	예	예	17.4.1
GP	N/A	EB	아니요	예	예	아니요	17.2.7

표 17.1 여러 커널 기반 분류기의 비교. EB = 경험적 베이즈, CV = 교차 검증. 자세한 내용은 본문을 참고하라.

17.5 연습문제

연습문제 17.1 [SVM 분류기를 손으로 적합시키기*](출처: Jaakkola)

1차원에서 2개의 점 $(x_1 = 0,\ y_1 = -1)$ 그리고 $(x_2 = \sqrt{2},\ y_2 = 1)$로 된 데이터셋을 고려해 보자. 각 점을 특성 벡터 $\phi(x) = [1,\ \sqrt{2}x,\ x^2]^T$를 사용해 3차원으로 매핑하는 것을 고려해 보자(이는 이계 다항 커널을 사용하는 것과 동등하다). 최대 마진 분류기는 다음의 형식을 갖는다.

$$\min \|\boldsymbol{w}\|^2 \quad \text{s.t.} \tag{17.119}$$

$$y_1(\boldsymbol{w}^T \phi(\boldsymbol{x}_1) + w_0) \geq 1 \tag{17.120}$$

$$y_2(\boldsymbol{w}^T \phi(\boldsymbol{x}_2) + w_0) \geq 1 \tag{17.121}$$

a. 최적 벡터 $\boldsymbol{w}$와 평행하는 벡터를 써보라. 힌트: 그림 17.12(a)에서 $\boldsymbol{w}$가 3차원 특성 공간 내 두 점 사이의 결정 경계와 수직임을 상기하라.

b. 이러한 $\boldsymbol{w}$를 통해 얻어낸 마진의 값은 얼마인가? 힌트: 마진은 각 서포트 벡터로부터 결정 경계까지의 거리임을 상기하라. 힌트 2: 공간 내 2개의 점을 위한, 한 점을 다른 점으로부터 분리하는 선이 있는 기하학적 구조를 생각해 보라.

c. 마진이 $1/\|\boldsymbol{w}\|$와 동일하다는 사실을 사용해 $\boldsymbol{w}$에 대해 풀어라.

d. $\boldsymbol{w}$를 위한 값 그리고 식 (17.119)~(17.121)을 사용해 w_0를 풀어라. 힌트: 점이 결정 경계 위에 있을 것이므로 부등식이 단단할^{tight} 것이다.

e. 판별 함수 $f(x) = w_0 + \boldsymbol{w}^T \boldsymbol{\phi}(x)$의 형태를 x에 대한 명시적 함수로 작성해 보라.

18

트리, 포레스트, 배깅, 부스팅

18.1 분류와 회귀 트리(CART)

분류와 회귀 트리$^{Classification\ And\ Regression\ Trees}$, 즉 **CART** 모델[BFO84], 또한 **의사결정 트리**$^{decision\ tree}$ [Qui86; Qui93]라 부르는 것은 입력 공간을 재귀적으로 분할하고, 입력 공간 내 각각의 결과 영역에 국소 모델을 정의하여 만들어진다. 아래에서 설명하듯이 전체 모델은 영역당 잎이 하나인 트리로 나타낼 수 있다.

18.1.1 모델 정의

먼저 모든 입력이 실숫값인 회귀 트리로 시작한다. 트리는 중첩된 결정 규칙의 집합으로 되어 있다. 각 노드 i에서 입력 벡터 $\boldsymbol{x}$의 특성 차원 d_i가 임곗값 t_i와 비교되며, 입력이 임곗값 위인지 아래인지에 따라 왼쪽 또는 오른쪽 가지 아래로 남는다. 트리의 잎에서 모델은 입력 공간 내 그 부분에 속하는 임의의 입력을 위한 예측된 출력을 구체화한다.

예를 들어, 그림 18.1(a)의 회귀 트리를 고려해 보자. 첫 번째 노드는 x_1이 어떠한 임곗값 t_1보다 작은지 묻는다. 그렇다고 한다면, x_2가 어떠한 다른 임곗값 t_2보다 작은지 묻는다. 그렇다고 하면, 하단 좌측 잎 노드에 들어간다. 이는 다음과 같이 정의되는 영역에 해당한다.

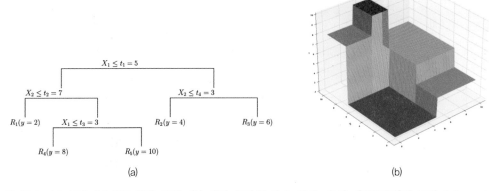

(a)   (b)

그림 18.1 (a) 입력이 2개인 회귀 트리, (b) 해당 조각별 상수 표면. 출처: [HTF09]의 그림 9.2. regtree-SurfaceDemo.ipynb로 생성했다.

$$R_1 = \{\boldsymbol{x} : x_1 \le t_1, x_2 \le t_2\} \tag{18.1}$$

이 영역은 **축 평행 분할**^{axis parallel splits} 측면에서 서로 다른 영역을 정의하는 다른 가지를 사용해 계산하는 출력의 예측과 연관시킬 수 있다. 전체 결과는 그림 18.1(b)와 같이 2차원 입력을 5개 영역으로 분할하는 것이 된다.[1] 평균 반응은 이들 각 영역과 연관시킬 수 있으며, 이는 그림 18.1(b)에서 보여주는 조각별 상수 표면이 된다. 예를 들어 영역 1의 출력은 다음을 사용해 추정할 수 있다.

$$w_1 = \frac{\sum_{n=1}^{N} y_n \mathbb{I}\left(\boldsymbol{x}_n \in R_1\right)}{\sum_{n=1}^{N} \mathbb{I}\left(\boldsymbol{x}_n \in R_1\right)} \tag{18.2}$$

형식적으로는, 회귀 트리를 다음과 같이 정의할 수 있다.

$$f(\boldsymbol{x}; \boldsymbol{\theta}) = \sum_{j=1}^{J} w_j \mathbb{I}\left(\boldsymbol{x} \in R_j\right) \tag{18.3}$$

여기서 R_j는 j번째 잎 노드로 구체화되는 영역이며, w_j는 그 노드를 위한 예측된 출력, 그리고 J가 노드의 개수일 때 $\boldsymbol{\theta} = \{(R_j, w_j) : j = 1 : J\}$이다. 영역 그 자체는 각 분할에서 쓰이는 특성 차원,

---

1 충분히 분할을 함으로써(즉, 충분히 깊은 트리), 결정 경계에 대한 더욱 복잡한 모양을 갖는 조각별 선형 근사를 만들 수 있지만, 그러한 모델을 적합시키는 데는 많은 데이터가 필요할 수도 있다.

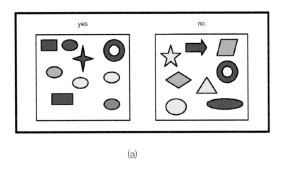

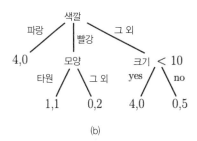

그림 18.2 (a) 해당하는 이항 라벨을 갖는 모양의 집합. 특성은 '색깔'(값은 '파랑', '빨강', '그 외'), '모양'(값은 '타원', '그 외'), '크기'가 있다(실숫값). (b) 이 데이터에 적합시킨 가설적인 분류 트리. (n_1, n_0)와 같이 라벨링된 잎은 그 분할에 속하는 양의 예제가 n_1개, 음의 예제가 n_0개 있음을 뜻한다.

그리고 뿌리에서부터 잎으로의 경로에 있는 해당 임곗값을 통해 정의한다. 예를 들어 그림 18.1(a)에서 $R_1 = [(d_1 \leq t_1), (d_2 \leq t_2)]$, $R_2 = [(d_1 \leq t_1), (d_2 > t_2), (d_3 \leq t_3)]$ 등이다(범주형 입력을 위해서는 특성 d_i를 수치적 임곗값 대신에 그 특성에서 쓸 수 있는 각각의 값과 비교하여 분할을 정의할 수 있다). 이들 영역을 학습하는 방법은 18.1.2절에서 살펴본다.

분류 문제에서 잎은 단지 평균 반응이 아닌, 클래스 라벨에 대한 분포를 갖는다. 그림 18.2에서 분류 트리의 예시를 보라.

18.1.2 모델 적합

모델을 적합시키기 위해서는 다음의 손실을 최소화해야 한다.

$$\mathcal{L}(\boldsymbol{\theta}) = \sum_{n=1}^{N} \ell(y_n, f(\boldsymbol{x}_n; \boldsymbol{\theta})) = \sum_{j=1}^{J} \sum_{\boldsymbol{x}_n \in R_j} \ell(y_n, w_j) \tag{18.4}$$

안타깝게도, 이는 이산적인 트리 구조를 학습해야 하므로 미분 가능하지 못하다. 실제로 데이터의 최적 분할을 찾는 것은 NP-완전$^{\text{NP-complete}}$이다[HR76]. 표준적인 관례는 한 번에 노드 하나씩 트리를 반복적으로 키우는, 탐욕적 과정을 사용하는 것이다. 이 접근법은 CART[BFO84], C4.5[Qui93], ID3[Qui86]에서 쓰이며, 이들은 방법을 위한 세 가지 인기 있는 구현이다.

아이디어는 다음과 같다. 우리가 노드 i에 있다고 해보자. $\mathcal{D}_i = \{(\boldsymbol{x}_n, y_n) \in N_i\}$가 이 노드에 도

달하는 예제의 집합이라 해보자. 이 노드를 어떻게 각 자식 하위 트리에서의 오차가 최소화되도록 왼쪽 가지와 오른쪽 가지로 분할할 수 있는지 고려할 것이다.

j번째 특성이 실숫값 스칼라라면, 임곗값 t와 비교하여 노드 i에서의 데이터를 분할할 수 있다. 특성 j를 위한 가능성 있는 임곗값 $\mathcal{T}_j$의 집합은 $\{x_{nj}\}$의 고유한 값을 정렬하여 얻을 수 있다. 예를 들어 특성 1의 값이 $\{4.5, -12, 72, -12\}$라면, $\mathcal{T}_1 = \{-12, 4.5, 72\}$라 둔다. 가능성 있는 각 임곗값마다 좌측 및 우측 분할 $\mathcal{D}_i^L(j, t) = \{(\boldsymbol{x}_n, y_n) \in N_i : x_{n,j} \leq t\}$ 그리고 $\mathcal{D}_i^R(j, t) = \{(\boldsymbol{x}_n, y_n) \in N_i : x_{n,j} > t\}$를 정의한다.

j번째 특성이 K_j의 가능한 값이 있는 범주형이라면, 특성이 이들 각각의 값과 같은지 아닌지 확인한다. 이는 K_j개 집합의 가능성 있는 이항 분류 $\mathcal{D}_i^L(j, t) = \{(\boldsymbol{x}_n, y_n) \in N_i : x_{n,j} = t\}$ 그리고 $\mathcal{D}_i^R(j, t) = \{(\boldsymbol{x}_n, y_n) \in N_i : x_{n,j} \neq t\}$를 정의한다(아니면 그림 18.2(b)와 같이 멀티웨이 분할을 허용할 수도 있다. 그러나 이는 너무 적은 데이터가 각각의 하위 트리에 '속하게' 될 수도 있는, 과적합을 야기하는 **데이터 파편화**data fragmentation를 일으킬 수도 있다. 그러므로 이항 분할을 사용하는 것이 더 일반적이다).

노드 i에서 각각의 j와 t를 위한 $\mathcal{D}_i^L(j, t)$ 그리고 $\mathcal{D}_i^R(j, t)$를 계산했으면, 분할을 위한 가장 좋은 특성 j_i, 그리고 그 특성을 위한 가장 좋은 값 t_i를 다음과 같이 선택한다.

$$(j_i, t_i) = \arg \min_{j \in \{1,...,D\}} \min_{t \in \mathcal{T}_j} \frac{|\mathcal{D}_i^L(j,t)|}{|\mathcal{D}_i|} c(\mathcal{D}_i^L(j,t)) + \frac{|\mathcal{D}_i^R(j,t)|}{|\mathcal{D}_i|} c(\mathcal{D}_i^R(j,t)) \tag{18.5}$$

이제 노드 i에서의 비용을 값매김하는 데 쓰이는 비용 함수 $c(\mathcal{D}_i)$를 논의한다. 회귀는 평균 제곱 오차를 사용할 수 있다.

$$\text{cost}(\mathcal{D}_i) = \frac{1}{|\mathcal{D}|} \sum_{n \in \mathcal{D}_i} (y_n - \overline{y})^2 \tag{18.6}$$

여기서 $\overline{y} = \frac{1}{|\mathcal{D}|} \sum_{n \in \mathcal{D}_i} y_n$은 노드 i에 도달하는 예제를 위한 반응 변수의 평균이다.

분류에서는 먼저 이 노드를 위한 클래스 라벨에 대한 경험적 분포를 계산한다.

$$\hat{\pi}_{ic} = \frac{1}{|\mathcal{D}_i|} \sum_{n \in \mathcal{D}_i} \mathbb{I}(y_n = c) \tag{18.7}$$

이것이 주어지면 **지니 지수**Gini index를 계산할 수 있다.

$$G_i = \sum_{c=1}^{C} \hat{\pi}_{ic}(1 - \hat{\pi}_{ic}) = \sum_c \hat{\pi}_{ic} - \sum_c \hat{\pi}_{ic}^2 = 1 - \sum_c \hat{\pi}_{ic}^2 \tag{18.8}$$

이것이 바로 기대 오류율이다. 이를 이해하기 위해 $\hat{\pi}_{ic}$는 잎에서의 무작위 항목이 클래스 c에 속할 확률이고, $1 - \hat{\pi}_{ic}$는 이것이 오분류될 확률임을 주지하라.

아니면 비용은 노드의 엔트로피 또는 **이탈도**^{deviance}로 정의할 수 있다.

$$H_i = \mathbb{H}(\hat{\boldsymbol{\pi}}_i) = -\sum_{c=1}^{C} \hat{\pi}_{ic} \log \hat{\pi}_{ic} \tag{18.9}$$

순수한^{pure} 노드(즉, 하나의 클래스만을 갖는 예제)는 엔트로피가 0일 것이다.

위의 비용 함수 중 하나가 주어진다면, 식 (18.5)를 사용해 가장 좋은 특성, 그리고 각 노드에서 가장 좋은 임곗값을 고를 수 있다. 그 뒤 데이터를 분할하고, 적합 알고리듬을 데이터의 각 부분집합에 재귀적으로 호출한다.

18.1.3 정칙화

트리가 충분히 깊어진다면, 출력이 상수일 때 입력 공간을 충분히 작은 영역으로 분할함으로써 훈련 집합에서 0의 오차를 달성할 수 있다(라벨 잡음이 없다고 가정하면). 그러나 이는 통상적으로 과적합을 야기할 것이다. 이를 막기 위한 접근법에는 크게 두 가지가 있다. 첫 번째는 트리를 키우는 과정을 너무 적은 예제를 갖게 되거나 또는 최대 깊이에 도달하는 것과 같이 어떠한 휴리스틱을 통해 중단시키는 것이다. 두 번째 접근법은 분할이 더 이상 가능하지 않을 때까지 최대 깊이로 트리를 키운 뒤, 하위 트리를 그것의 부모로 다시 머지^{merge}하여 역으로 **가지치기**^{prune}하는 것이다(예: [BA97b] 참고). 이는 하향식 트리 키우기의 탐욕적 성질을 부분적으로 극복할 수 있다(예를 들어, 하향식 접근법을 그림 13.1의 XOR 데이터에 적용한다고 해보자. 특성 그 스스로 어떠한 예측력도 갖지 않으므로, 알고리듬은 어떠한 분할도 만들지 못할 것이다). 그러나 전진 키우기 및 후진 가지치기는 탐욕적 하향식 접근법보다 느리다.

18.1.4 결측 입력 특성 다루기

1.5.5절에서 논의했듯이, 일반적으로 신경망과 같은 판별 모델에서 결측 입력 특성을 다루는 것은 어려운 일이다. 그러나 트리에서는 잘 동작하는 몇 가지 단순한 휴리스틱이 존재한다.

　의사결정 트리에서 결측 입력을 다루는 표준적인 휴리스틱은 일련의 '백업backup' 변수를 찾는 것이다. 이는 임의의 주어진 분할에서 선택된 변수에 대해 비슷한 분할을 유도할 수 있다. 이들은 선택된 변수가 테스트 시간에 관측되지 않았을 경우 사용할 수 있다. 이들은 **대리적 분할**surrogate split이라 부른다. 이 방법은 상관성이 높은 특성을 찾는 것이며, 입력의 국소 결합 모델을 학습하는 것으로 생각할 수 있다. 이는 입력의 전체 결합 분포를 모델링하지 않는 생성 모델보다 장점이 있지만, 전적으로 애드혹ad hoc하다는 약점이 있다. 범주형 변수에 적용 가능한 더 단순한 접근법은 '결측missing'을 새로운 값으로 코딩한 뒤, 데이터가 모두 관측된 것으로 다루는 것이다.

18.1.5 장점과 단점

트리 모델은 몇 가지 이유에서 인기가 있다.

- 해석이 쉽다.

- 이산형 및 연속형 입력의 혼합을 쉽게 다룰 수 있다.

- 입력의 단조적인 변환에 민감하지 않으므로(분할점이 데이터 지점의 순위에 기반하므로), 데이터를 표준화할 필요가 없다.

- 자동적인 변수 선택을 수행한다.

- 결측값에 상대적으로 로버스트하다.

- 빠르게 적합시킬 수 있으며, 커다란 데이터셋에 잘 스케일링된다.

- 결측 입력 특성을 다룰 수 있다.

그러나 트리 모델은 또한 몇 가지 단점이 있다. 주요 단점은 다른 종류의 모델과 비교하여 예측을 매우 정확하게 하지는 않는다는 점이다. 이는 부분적으로 트리 구축 알고리듬의 탐욕적 성질에 기인한다.

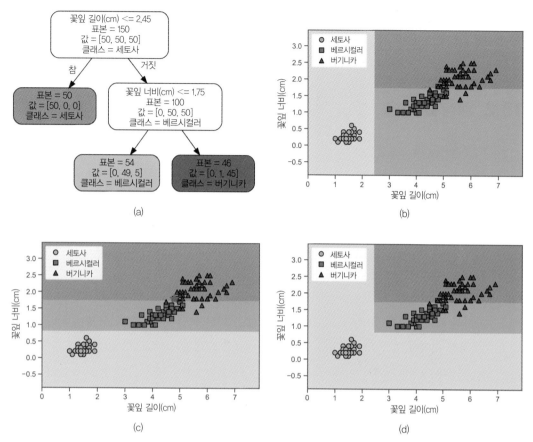

(a)

(b)

(c)

(d)

그림 18.3 (a) 깊이가 2인 의사결정 트리를, 붓꽃 데이터에 오직 꽃잎 길이와 꽃잎 너비 특성만 사용해 적합시키고 있다. 잎 노드는 다수결 클래스를 따라 색으로 코딩되어 있다. 각각의 상자 안에 뿌리에서 각각의 잎으로 전달되는 훈련 예제의 수를, 이들 중 얼마나 많이 각 클래스에 속하는지와 더불어 보여주고 있다. 이는 정규화하여 각 노드를 위한 클래스 라벨에 대한 분포를 얻을 수 있다. (b) (a)를 통해 유도한 결정 표면. (c) 데이터 지점 하나를 생략한(빨간색 별로 보여줌) 데이터 적합. (d) (b)와 (c) 두 모델의 앙상블. dtree_sensitivity.ipynb로 생성했다.

연관된 문제로 트리가 **불안정**unstable하다는 것이 있다. 트리 성장 과정의 계층적 성질로 인해, 입력 데이터의 작은 변화가 트리의 구조에 커다란 영향을 미칠 수 있다. 이는 상단에서의 오차가 나머지 트리에 영향을 미치게 한다. 예를 들어 그림 18.3(b)의 트리를 고려해 보자. 그림 18.3(c)가 보여주듯이, 축 평행 분할의 사용으로 인해 훈련 집합에서 심지어 하나의 데이터 지점을 생략한다 하더라도 극적으로 다른 의사결정 표면을 야기할 수 있다(특성의 생략 또한 불안정성을 야기할 수 있다). 18.3절과 18.4절에서 이러한 불안정성을 장점으로 바꿀 것이다.

18.2 앙상블 학습

18.1절에서 의사결정 트리는 훈련 데이터가 섭동된다면 예측이 크게 변할 수도 있다는 측면에서 꽤 불안정할 수 있음을 봤다. 다시 말해, 의사결정 트리는 고분산 추정량이다. 분산을 줄이는 단순한 방법은 복수의 모델을 평균하는 것이다. 이는 **앙상블 학습**ensemble learning이라 부른다. 결과 모델의 형식은 다음과 같다.

$$f(y|\boldsymbol{x}) = \frac{1}{|\mathcal{M}|} \sum_{m \in \mathcal{M}} f_m(y|\boldsymbol{x}) \tag{18.10}$$

여기서 f_m은 m번째 기반base 모델이다. 앙상블은 기본 모델과 비슷한 편향을 갖지만 더 낮은 분산을 가질 것이며, 이는 일반적으로 전반적인 성능을 개선한다(편향-분산 상반관계에 대한 자세한 내용은 4.7.6.3절을 참고하라).

평균화는 회귀 모델로부터의 예측을 조합하는 상식적인 방법이다. 분류에서는 때때로 출력의 다수결을 취하는 것이 더 나을 수 있다(이는 때때로 **위원회 방법**committee method이라 부른다). 왜 이것이 도움이 되는지 보기 위해, 각 기본 모델이 정확도 θ를 갖는 이항 모델이며, 클래스 1이 올바른 클래스라 해보자. $Y_m \in \{0, 1\}$은 m번째 모델에서의 예측이고, $S = \sum_{m=1}^{M} Y_m$은 클래스 1을 위한 투표의 수라고 해보자. 최종적인 예측량은 다수결 표가 되도록, 즉 $S > M/2$라면 클래스 1로, 아니면 클래스 0으로 정의한다. 앙상블이 클래스 1을 고를 확률은

$$p = \Pr(S > M/2) = 1 - B(M/2, M, \theta) \tag{18.11}$$

이며, 여기서 $B(x, M, \theta)$는 모수가 M 그리고 x에서 값매김한 θ인 이항 분포의 cdf이다. $\theta = 0.51$이고 $M = 1000$일 때, $p = 0.73$을 얻으며 $M = 10,000$으로는 $p = 0.97$을 얻는다.

각 예측량이 독립적인 오차를 만들었다고 가정했으므로 투표 접근법의 성능은 극적으로 개선된다. 실제로 이들의 실수는 상관성을 가질 수도 있지만, 다양한 모델을 충분히 앙상블하는 한, 종국에는 유리해질 것이다.

18.2.1 스태킹

비가중 평균 또는 다수결 투표 대신에, 다음을 사용해 기본 모델을 조합하는 방법을 학습할 수 있다.

$$f(y|\boldsymbol{x}) = \sum_{m \in \mathcal{M}} w_m f_m(y|\boldsymbol{x}) \tag{18.12}$$

이는 **스태킹**stacking이라 부르며, '적층된 일반화stacked generalization'를 뜻한다[Wol92]. 스태킹이 사용하는 조합 가중치는 별도의 데이터셋에서 훈련되어야 하며, 그렇지 않으면 모든 무게를 성능이 가장 좋은 기본 모델에 둘 것임을 주지하라.

18.2.2 앙상블은 베이즈 모델 평균화가 아니다

[Min00]에서 지적했듯이, 모델의 앙상블은 모델에 대한 베이즈 모델 평균화BMA(4.6절)와 같지 않음을 주지할 필요가 있다. 앙상블은 다음 형식의 더 큰 가설 클래스를 고려한다.

$$p(y|\boldsymbol{x}, \boldsymbol{w}, \boldsymbol{\theta}) = \sum_{m \in \mathcal{M}} w_m p(y|\boldsymbol{x}, \boldsymbol{\theta}_m) \tag{18.13}$$

한편 BMA는 다음을 사용한다.

$$p(y|\boldsymbol{x}, \mathcal{D}) = \sum_{m \in \mathcal{M}} p(m|\mathcal{D}) p(y|\boldsymbol{x}, m, \mathcal{D}) \tag{18.14}$$

주요한 차이점은 BMA의 경우 가중치 $p(m|\mathcal{D})$의 합이 1이며, 무한한 데이터의 극한에서 오직 하나의 모델(즉, MAP 모델)만이 선택될 것이라는 점이다. 반대로 앙상블 가중치 w_m은 임의적이며, 이와 같이 단일 모델로 찌그러지지는 않는다.

18.3 배깅

이 절에서는 '부트스트랩 병합bootstrap aggregating'을 뜻하는 **배깅**bagging을 논의한다. 이는 M개의 서로 다른 기본 모델을 서로 다른 무작위로 표집된 버전의 데이터에 적합시키는, 앙상블 학습의 단순한 형식이다. 데이터셋은 복원(4.7.3절의 부트스트랩 표집이라 하는 기법)으로 표집하므로, 모델마다 전체 N개 예제를 가질 때까지 주어진 예제가 여러 번 나타날 수 있다(여기서 N은 원본 데이터 지점의 개수다).

부트스트랩의 단점은 각 기본 모델이, 고유한 입력 예제의 오직 63%만을 평균적으로 볼 수 있다는 것이다. 왜 그런지 알려면, 하나의 아이템이 크기 N의 집합으로부터 임의로 N번을 뽑을 때 선택되지 않을 가능성이 $(1 - 1/N)^N$임을 주지하라. N이 극한으로 클 경우, 이는 $e^{-1} \approx 0.37$이 되며, 오직 데이터의 $1 - 0.37 = 0.63$만이 선택될 것임을 뜻한다.

주어진 기본 모델에 의해 쓰이지 않는 훈련 인스턴스의 37%는 **아웃-오브-백**oob, out-of-bag **인스턴스**라 부른다. 이들 oob 인스턴스에서 예측된 기본 모델의 성능은 테스트 집합 성능의 추정값으로 사용할 수 있다. 이는 교차 검증에 대한 유용한 대안을 제공한다.

부트스트랩의 주된 장점은 앙상블이 임의의 개별 훈련 예제에 너무 크게 의존하는 것을 막는다는 것이다. 이는 로버스트성 및 일반화를 향상한다[Gra04]. 예를 들어 그림 18.3(b)와 18.3(c)를

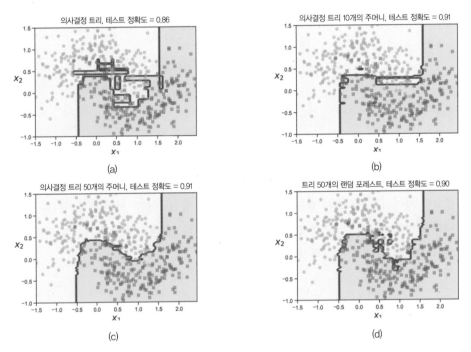

(a)

(b)

(c)

(d)

그림 18.4 (a) 하나의 의사결정 트리, (b)~(c) 트리 10~50개의 배깅 앙상블, (d) 트리 50개의 랜덤 포레스트. 출처: [Gér19]의 그림 7.5. bagging_trees.ipynb와 rf_demo_2d.ipynb로 생성했다.

비교해 보면, 훈련 집합으로부터 예제 하나를 생략하는 것이 학습하는 의사결정 트리에 커다란 영향력을 줄 수 있음을 볼 수 있다(심지어 트리 성장 알고리듬이 결정론적이라 하더라도). 이들 모델 양쪽으로부터의 예측을 평균함으로써, 그림 18.3(d)의 더욱 적정한 예측 모델을 얻을 수 있다. 그림 18.4에서 보여주듯이, 이러한 장점은 앙상블의 크기와 함께 증가한다(물론 앙상블이 많으면 더 많은 메모리와 시간이 필요하다).

배깅이 언제나 성능을 개선하는 것은 아니다. 특히 이는 불안정한 추정량인 기본 모델에 의존하므로, 데이터의 일부를 생략하면 결과 모델 적합을 크게 변화시킨다. 이는 의사결정 모델의 경우 그러하지만, 최근접 이웃 분류기와 같은 모델에서는 그렇지 않다. 반면에 신경망에서는 이야기가 더 복잡하다. 이들은 훈련 집합에 따라 불안정할 수 있다. 반면에, 심층 네트워크는 데이터의 63%만 보게 되면 성능이 저하될 것이므로 배깅된 DNN은 잘 동작하지 않는 것이 보통이다[NTL20].

18.4 랜덤 포레스트

배깅은 동일한 학습 알고리듬을 데이터의 서로 다른 부분집합에 재실행하면 충분히 다양한 기본 모델이 될 것이라는 가정에 의존한다. **랜덤 포레스트**random forests[Bre01]라는 기법은 (트리의 각 노드에서) 무작위로 선택한 입력 변수의 부분집합은 물론, 무작위로 선택한 데이터 사례의 부분집합에 기반하여 트리를 학습함으로써, 기본 학습기가 더욱더 역상관decorrelate되도록 시도한다. 이는 특성 분할 차원 j가 특성의 무작위 부분집합 $S_i \subset \{1, \ldots, D\}$에 대해 최적화되도록 식 (18.5)를 수정하여 해낸다.

예를 들어 이메일 스팸 데이터셋을 고려해 보자[HTF09, p301]. 이 데이터셋은 4601개의 이메일 메시지로 되어 있으며, 각각은 스팸(1) 또는 스팸이 아님(0)으로 분류된다. 데이터는 휴렛 패커드HP, Hewlett-Packard 연구소의 조지 포먼George Forman이 오픈소스화했다.

다음과 같이 57개의 양적 (실숫값) 특성이 있다.

- 48개 특성은 이메일에서 'remove' 또는 'labs'와 같은 주어진 단어에 맞는 단어의 비율에 해당한다.

- 6개 특성은 이메일에서 ; . [! $ #와 같이 주어진 문자와 맞는 문자의 비율에 해당한다.

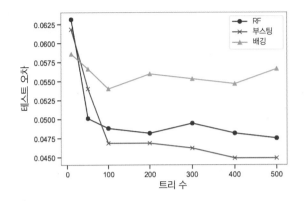

그림 18.5 배깅, 랜덤 포레스트, 그리고 로그 손실로 된 경사 부스팅 대 예측 정확도. 출처: [HTF09]의 그림 15.1. spam_tree_ensemble_compare.ipynb로 생성했다.

- 3개 특성은 대문자 글자의 중단되지 않은 시퀀스의 평균 길이, 최대 길이, 길이의 합에 해당한다(이들 특성은 CAPAVE, CAPMAX, CAPTOT라 부른다).

그림 18.5는 랜덤 포레스트가 배깅된 의사결정 트리보다 일을 훨씬 잘한다는 것을 보여준다. 왜냐하면 많은 입력 특성이 무의미하기 때문이다(또한 18.5절에서 논의하는 '부스팅'이라는 방법이 심지어 더욱 일을 잘한다는 것을 볼 수 있다. 그러나 이는 트리를 순차적으로 적합시켜야 하지만, 랜덤 포레스트는 병렬로 적합시킬 수 있다).

18.5 부스팅

배깅이나 랜덤 포레스트 알고리듬을 적합시키는 앙상블 트리는 다음의 형식에 해당한다.

$$f(\boldsymbol{x};\boldsymbol{\theta}) = \sum_{m=1}^{M} \beta_m F_m(\boldsymbol{x};\boldsymbol{\theta}_m) \tag{18.15}$$

여기서 F_m은 m번째 트리이며, β_m은 해당 가중치로 주로 $\beta_m = 1/M$이라 둔다. 이는 F_m 함수가 단지 트리가 아닌 신경망과 같은 일반적인 함수 근사자가 되도록 허용함으로써 일반화할 수 있다. 이 결과는 **가법적 모델**additive model이라 부른다[HTF09]. 이는 **적응적 기저 함수**adaptive basis function를 갖는 선형 모델로 생각할 수 있다. 언제나 그렇듯 목표는 (선택적인 정칙자를 가지고) 경험적 손실을 최소화하는 것이다.

$$\mathcal{L}(f) = \sum_{i=1}^{N} \ell(y_i, f(\boldsymbol{x}_i)) \tag{18.16}$$

부스팅boosting[Sch90; FS96]은 F_m이 $F_m \in \{-1, +1\}$을 반환하는 이항 분류기일 때 순차적으로 가법적 모델을 적합시키는 알고리듬이다. 특히 먼저 F_1을 원본 데이터에 적합시킨 뒤, F_1에 의해 만들어진 오차를 통해 데이터 표본을 가중화하므로, 오분류된 예제는 더 많은 가중치를 얻게 된다. 그런 다음, F_2를 가중된 훈련 집합에 적합시킨다. 이 과정을 원하는 수의 구성 요소 M개를 가질 때까지 반복한다(M은 전반적인 모델의 복잡도를 통제하는 초매개변수이며, 검증 집합에서의 성능을 모니터링하고 조기 중단을 사용해 선택할 수 있다).

각각의 F_m이 우연보다 더 나은 정확도를 갖는 한(가중된 데이터셋에서라 하더라도), 분류기의 최종 앙상블은 그 어떤 주어진 구성 요소보다도 정확도가 더 나음을 보일 수 있다. 즉, F_m이 **약한 학습기**weak learner라면(따라서 정확도가 50%보다 겨우 약간 높다면), 위의 과정을 사용해 최종적인 f가 **강한 학습기**strong learner가 되도록 성능을 부스팅할 수 있다(부스팅을 위한 학습 이론 접근법에 관한 자세한 내용은 예를 들어 [SF12]를 참고하라).

부스팅은 서로 의존적인 트리를 적합시킴으로써 강한 학습기의 편향을 줄이는 한편, 배깅과 RF는 독립적인 트리를 적합시킴으로써 분산을 줄인다는 것을 주지하라. 많은 경우 부스팅이 일을 더 잘할 수 있다. 예시는 그림 18.5를 참고하라.

본래의 부스팅 알고리듬은 18.5.3절에서 설명하는 특정한 손실 함수를 갖는 이항 분류기에 집중한다. 그리고 이는 PAC 학습 이론 프레임워크로부터 유도되었다(5.4.4절 참고). 이 절의 나머지 부분에서는 [FHT00; Fri01]의 더욱 통계적인 버전의 부스팅에 집중한다. 이는 임의의 손실 함수로 일을 하며, 방법이 회귀, 다중 클래스 분류, 순위 매기기 등과 같은 것에 적절하도록 만든다. 우리는 [HTF09, ch10]과 [BH07]에 기반하여 보여줄 것이며, 이들은 여러분이 추가로 자세히 살펴봐야 할 것들이다.

18.5.1 전진 스테이지별 가법 모델링

이 절에서는 일반적인 (미분 가능한) 손실 함수를 위해 식 (18.16)의 목적 함수를 순차적으로 최적화하는 **전진 스테이지별 가법 모델링**forward stagewise additive modeling을 논의한다. 여기서 f는 식 (18.15)에서의 가법 모델이다. 즉, 반복 m마다 다음을 계산한다.

$$(\beta_m, \boldsymbol{\theta}_m) = \underset{\beta, \boldsymbol{\theta}}{\text{argmin}} \sum_{i=1}^{N} \ell(y_i, f_{m-1}(\boldsymbol{x}_i) + \beta F(\boldsymbol{x}_i; \boldsymbol{\theta})) \tag{18.17}$$

그 뒤 다음과 같이 둔다.

$$f_m(\boldsymbol{x}) = f_{m-1}(\boldsymbol{x}) + \beta_m F(\boldsymbol{x}; \boldsymbol{\theta}_m) = f_{m-1}(\boldsymbol{x}) + \beta_m F_m(\boldsymbol{x}) \tag{18.18}$$

(이전에 추가된 모델의 모수는 조정하지 않음을 주지하라.) 이 최적화 단계를 수행하는 방법에 대한 세부 사항은 선택한 손실 함수, 그리고 (몇몇의 경우) 약한 학습기의 형식에 의존한다. 이는 아래에서 논의한다.

18.5.2 이차 손실과 최소 제곱 부스팅

제곱 오차 손실 $\ell(y, \hat{y}) = (y - \hat{y})^2$을 사용한다고 해보자. 이 경우 m단계에서 목적 함수의 i번째 항은 다음이 된다.

$$\ell(y_i, f_{m-1}(\boldsymbol{x}_i) + \beta F(\boldsymbol{x}_i; \boldsymbol{\theta})) = (y_i - f_{m-1}(\boldsymbol{x}_i) - \beta F(\boldsymbol{x}_i; \boldsymbol{\theta}))^2 = (r_{im} - \beta F(\boldsymbol{x}_i; \boldsymbol{\theta}))^2 \tag{18.19}$$

여기서 $r_{im} = y_i - f_{m-1}(\boldsymbol{x}_i)$는 i번째 관측치에서 현재 모델의 잔차다. 위의 목적 함수는 단순히 $\beta = 1$이라 두고, F를 잔차 오차residual error에 적합시켜 최소화할 수 있다. 이는 **최소 제곱 부스팅**least squares boosting이라 부른다[BY03].

이 과정의 예시는 깊이가 2인 회귀 트리를 약한 학습기로 사용하는 그림 18.6에서 제공하고 있다. 왼쪽 그림은 잔차에 약한 학습기를 적합시킨 결과를, 오른쪽 그림은 현재의 강한 학습기를 보여준다. 어떻게 앙상블에 추가된 각각의 새로운 약한 학습기가 이전 버전의 모델에 의해 만들어진 오차를 수정하는지 볼 수 있다.

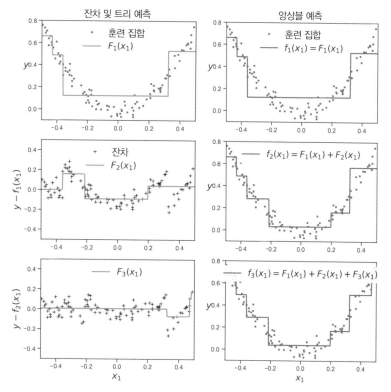

그림 18.6 1차원 데이터셋에 적용된 깊이 2의 회귀 트리를 사용한 부스팅을 보여준다. 출처: [Gér19]의 그림 7.9. boosted_regr_trees.ipynb로 생성했다.

18.5.3 지수 손실과 AdaBoost

우리가 이항 분류에, 즉 $\tilde{y}_i \in \{-1, +1\}$의 예측에 관심이 있다고 해보자. 약한 학습기가 다음을 계산한다고 가정해 보자.

$$p(y = 1|\boldsymbol{x}) = \frac{e^{F(\boldsymbol{x})}}{e^{-F(\boldsymbol{x})} + e^{F(\boldsymbol{x})}} = \frac{1}{1 + e^{-2F(\boldsymbol{x})}} \tag{18.20}$$

따라서 $F(\boldsymbol{x})$는 로그 오즈의 절반을 반환한다. 식 (10.13)으로부터 음의 로그 가능도가 다음으로 주어짐을 알고 있다.

$$\ell(\tilde{y}, F(\boldsymbol{x})) = \log(1 + e^{-2\tilde{y}F(\boldsymbol{x})}) \tag{18.21}$$

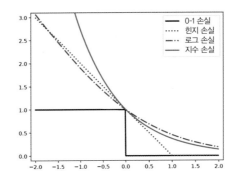

그림 18.7 이항 분류를 위한 다양한 손실 함수를 보여준다. 수평축은 마진 $m(\boldsymbol{x}) = \tilde{y}F(\boldsymbol{x})$, 수직축은 손실이다. 로그 손실은 밑으로 2를 사용한다. hinge_loss_plot.ipynb로 생성했다.

이는 **마진**margin $m(\boldsymbol{x}) = \tilde{y}F(\boldsymbol{x})$가 가급적 크게 되도록 함으로써 최소화할 수 있다. 그림 18.7로부터 로그 손실이 0-1 손실의 평활한 상계임을 볼 수 있다. 또한 이것이 우리가 원하는 대로 양의 마진보다 음의 마진에 더 심하게 불이익을 줌을 볼 수 있다(양의 마진은 이미 올바르게 분류되므로).

그러나 다른 손실 함수를 사용할 수 있다. 이 절에서는 **지수 손실**exponential loss을 고려한다.

$$\ell(\tilde{y}, F(\boldsymbol{x})) = \exp(-\tilde{y}F(\boldsymbol{x})) \tag{18.22}$$

그림 18.7에서 이 또한 0-1 손실의 평활한 상계임을 볼 수 있다. 모집단 환경에서(무한한 표본 크기로), 지수 손실의 최적 해는 로그 손실과 동일하다. 왜 그런지 보려면, 단지 기대 손실의 도함수를 (각각의 $\boldsymbol{x}$에 대해) 0으로 두기만 하면 된다.

$$\frac{\partial}{\partial F(\boldsymbol{x})}\mathbb{E}\left[e^{-\tilde{y}f(\boldsymbol{x})}|\boldsymbol{x}\right] = \frac{\partial}{\partial F(\boldsymbol{x})}[p(\tilde{y}=1|\boldsymbol{x})e^{-F(\boldsymbol{x})} + p(\tilde{y}=-1|\boldsymbol{x})e^{F(\boldsymbol{x})}] \tag{18.23}$$

$$= -p(\tilde{y}=1|\boldsymbol{x})e^{-F(\boldsymbol{x})} + p(\tilde{y}=-1|\boldsymbol{x})e^{F(\boldsymbol{x})} \tag{18.24}$$

$$= 0 \Rightarrow \frac{p(\tilde{y}=1|\boldsymbol{x})}{p(\tilde{y}=-1|\boldsymbol{x})} = e^{2F(\boldsymbol{x})} \tag{18.25}$$

그러나 지수 손실은 아래에서 보여주듯이 부스팅 환경에서 최적화하기가 더 쉬운 것으로 밝혀진다 (18.5.4절에서 로그 손실의 경우를 고려한다).

이제 지수 손실을 사용할 때 어떻게 m번째 약한 학습기인 F_m에 대해 푸는지 논의한다. 기본 분류기 F_m이 이항 클래스 라벨을 반환한다고 가정한다. 결과 알고리듬은 **이산 AdaBoost**discrete AdaBoost

라 부른다[FHT00]. F_m이 대신에 확률을 반환한다면, **실수 AdaBoost**^{real AdaBoost}라는 수정된 알고리듬을 사용할 수 있다[FHT00].

m단계에서 다음을 최소화해야 한다.

$$L_m(F) = \sum_{i=1}^{N} \exp[-\tilde{y}_i(f_{m-1}(\boldsymbol{x}_i) + \beta F(\boldsymbol{x}_i))] = \sum_{i=1}^{N} \omega_{i,m} \exp(-\beta \tilde{y}_i F(\boldsymbol{x}_i)) \qquad (18.26)$$

여기서 $\omega_{i,m} \triangleq \exp(-\tilde{y}_i f_{m-1}(\boldsymbol{x}_i))$는 데이터 사례 i에 적용되는 가중치이며, $\tilde{y}_i \in \{-1, +1\}$이다. 이 목적 함수는 다음과 같이 다시 쓸 수 있다.

$$L_m = e^{-\beta} \sum_{\tilde{y}_i = F(\boldsymbol{x}_i)} \omega_{i,m} + e^{\beta} \sum_{\tilde{y}_i \neq F(\boldsymbol{x}_i)} \omega_{i,m} \qquad (18.27)$$

$$= (e^{\beta} - e^{-\beta}) \sum_{i=1}^{N} \omega_{i,m} \mathbb{I}(\tilde{y}_i \neq F(\boldsymbol{x}_i)) + e^{-\beta} \sum_{i=1}^{N} \omega_{i,m} \qquad (18.28)$$

따라서 추가할 최적 함수는 다음과 같다.

$$F_m = \underset{F}{\operatorname{argmin}} \sum_{i=1}^{N} \omega_{i,m} \mathbb{I}(\tilde{y}_i \neq F(\boldsymbol{x}_i)) \qquad (18.29)$$

이는 약한 학습기를 가중치 $\omega_{i,m}$으로 데이터셋의 가중화된 버전에 적용하여 찾을 수 있다.

남은 것은 업데이트의 크기 β를 푸는 것이다. F_m을 L_m으로 치환하고 β에 대해 풀면 다음을 찾을 수 있다.

$$\beta_m = \frac{1}{2} \log \frac{1 - \text{err}_m}{\text{err}_m} \qquad (18.30)$$

여기서

$$\text{err}_m = \frac{\sum_{i=1}^{N} \omega_{i,m} \mathbb{I}(\tilde{y}_i \neq F_m(\boldsymbol{x}_i))}{\sum_{i=1}^{N} \omega_{i,m}} \qquad (18.31)$$

따라서 전체 업데이트는 다음이 된다.

$$f_m(\boldsymbol{x}) = f_{m-1}(\boldsymbol{x}) + \beta_m F_m(\boldsymbol{x}) \tag{18.32}$$

강한 학습기를 업데이트한 후에, 다음과 같이 다음 반복을 위한 가중치를 재계산해야 한다.

$$\omega_{i,m+1} = e^{-\tilde{y}_i f_m(\boldsymbol{x}_i)} = e^{-\tilde{y}_i f_{m-1}(\boldsymbol{x}_i) - \tilde{y}_i \beta_m F_m(\boldsymbol{x}_i)} = \omega_{i,m} e^{-\tilde{y}_i \beta_m F_m(\boldsymbol{x}_i)} \tag{18.33}$$

$\tilde{y}_i = F_m(\boldsymbol{x}_i)$라면 $\tilde{y}_i F_m(\boldsymbol{x}_i) = 1$이고, $\tilde{y}_i \neq F_m(\boldsymbol{x}_i)$라면 $\tilde{y}_i F_m(\boldsymbol{x}_i) = -1$이다. 따라서 $-\tilde{y}_i F_m(\boldsymbol{x}_i) = 2\mathbb{I}(\tilde{y}_i \neq F_m(\boldsymbol{x}_o)) - 1$이므로 업데이트는 다음이 된다.

$$\omega_{i,m+1} = \omega_{i,m} e^{\beta_m(2\mathbb{I}(\tilde{y}_i \neq F_m(\boldsymbol{x}_i)) - 1)} = \omega_{i,m} e^{2\beta_m \mathbb{I}(\tilde{y}_i \neq F_m(\boldsymbol{x}_i))} e^{-\beta_m} \tag{18.34}$$

$e^{-\beta_m}$은 모든 예제에 대해 상수이므로 버릴 수 있다. 그 뒤 $\alpha_m = 2\beta_m$이라 정의하면 업데이트는 다음이 된다.

$$\omega_{i,m+1} = \begin{cases} \omega_{i,m} e^{\alpha_m} & \tilde{y}_i \neq F_m(\boldsymbol{x}_i)\text{인 경우} \\ \omega_{i,m} & \text{그 외} \end{cases} \tag{18.35}$$

그러므로 오분류된 예제의 가중치를 지수적으로 증가시킴을 볼 수 있다. 결과는 알고리듬 8에서 보여주며, 이는 **Adaboost.M1**이라 한다[FS96].

지수 손실의 다중 클래스 일반화 및 이를 최소화하기 위한 adaboost 같은 알고리듬은 **SAMME**$^{\text{Stagewise Additive Modeling using a Multiclass Exponential loss function}}$(다중 클래스 지수 손실 함수를 사용하는 스테이지별 가법 모델링)라 하며, [Has+09]에 설명되어 있다. 이는 사이킷런$^{\text{scikit learn}}$에 구현되어 있다(AdaBoostClassifier 클래스).

알고리듬 8: 지수 손실로 된 이항 분류를 위한 Adaboost.M1

1 $\omega_i = 1/N$
2 $m = 1 : M$에 대해 다음을 한다.
3 $\quad$ 가중치 $\boldsymbol{w}$를 사용해 훈련 집합에 분류기 $F_m(\boldsymbol{x})$를 적합시킨다.
4 $\quad$ $\text{err}_m = \frac{\sum_{i=1}^{N} \omega_{i,m} \mathbb{I}(\tilde{y}_i \neq F_m(\boldsymbol{x}_i))}{\sum_{i=1}^{N} \omega_{i,m}}$ 를 계산한다.
5 $\quad$ $\alpha_m = \log[(1 - \text{err}_m)/\text{err}_m]$을 계산한다.
6 $\quad$ $\omega_i \leftarrow \omega_i \exp[\alpha_m \mathbb{I}(\tilde{y}_i \neq F_m(\boldsymbol{x}_i))]$라 둔다.
7 $f(\boldsymbol{x}) = \text{sgn}\left[\sum_{m=1}^{M} \alpha_m F_m(\boldsymbol{x})\right]$를 반환한다.

18.5.4 LogitBoost

지수 손실은 그림 18.7의 왼쪽에서 지수가 폭발하는 것이 명백하게 보이듯이, 오분류된 예제에 많은 가중치를 둔다는 문제가 있다. 이는 방법을 이상치(잘못 라벨링된 예제)에 매우 민감하게 만든다. 더욱이 $e^{-\tilde{y}f}$는 이항 변수 $\tilde{y} \in \{-1, +1\}$을 위한 임의의 pmf의 로그가 아니다. 따라서 $f(\boldsymbol{x})$로부터 확률 추정값을 되찾을 수 없다.

자연스러운 대안은 18.5.3절에서 논의하는 로그 손실을 사용하는 것이다. 이는 그림 18.7에서 분명하게 보여주듯이, 오직 잘못된 것에만 선형으로 벌을 준다. 게다가 이는 다음을 사용해 최종적으로 학습된 함수로부터 확률을 추출할 수 있음을 뜻한다.

$$p(y = 1|\boldsymbol{x}) = \frac{e^{f(\boldsymbol{x})}}{e^{-f(\boldsymbol{x})} + e^{f(\boldsymbol{x})}} = \frac{1}{1 + e^{-2f(\boldsymbol{x})}} \tag{18.36}$$

목표는 다음으로 주어지는 기대 로그 손실을 최소화하는 것이다.

$$L_m(F) = \sum_{i=1}^{N} \log\left[1 + \exp\left(-2\tilde{y}_i(f_{m-1}(\boldsymbol{x}) + F(\boldsymbol{x}_i))\right)\right] \tag{18.37}$$

이 목적 함수에 뉴턴 업데이트를 수행함으로써(IRLS와 비슷한), 알고리듬 9에서 보여주는 것을 유도할 수 있다. 이는 logitBoost라 한다[FHT00]. 핵심 서브루틴은 약한 학습기 F의 가중된 최소 제곱 문제를 푸는 능력이다. 이 방법은 [FHT00]에 설명되어 있듯이, 다중 클래스 환경으로 일반화할 수 있다.

알고리듬 9: 로그 손실로 된 이항 분류를 위한 LogitBoost

---

1 $\omega_i = 1/N$, $\pi_i = 1/2$
2 $m = 1 : M$에 대해 다음을 한다.
3 $\quad$ 작동 반응 $z_i = \frac{y_i^* - \pi_i}{\pi_i(1 - \pi_i)}$ 를 계산한다.
4 $\quad$ 가중치 $\omega_i = \pi_i(1 - \pi_i)$ 를 계산한다.
5 $\quad F_m = \text{argmin}_F \sum_{i=1}^{N} \omega_i(z_i - F(\boldsymbol{x}_i))^2$
6 $\quad f(\boldsymbol{x}) \leftarrow f(\boldsymbol{x}) + \frac{1}{2}F_m(\boldsymbol{x})$ 를 업데이트한다.
7 $\quad \pi_i = 1/(1 + \exp(-2f(\boldsymbol{x}_i)))$ 를 계산한다.
8 $f(\boldsymbol{x}) = \text{sgn}\left[\sum_{m=1}^{M} F_m(\boldsymbol{x})\right]$ 를 반환한다.

18.5.5 경사 부스팅

매번 서로 다른 손실 함수를 위해 새로운 버전의 부스팅을 유도하는 대신에, **경사 부스팅**gradient boosting이라는 범용적인 버전을 유도하는 것이 가능하다[Fri01; Mas+00]. 이를 설명하기 위해, 함수 공간에서 경사하강을 수행하여 $\hat{\boldsymbol{f}} = \mathrm{argmin}_f \mathcal{L}(\boldsymbol{f})$를 푸는 것을 상상해 보자. 함수가 무한한 차원의 객체이므로, 이들을 훈련 집합에서의 이들의 값 $\boldsymbol{f} = (f(\boldsymbol{x}_1), \dots, f(\boldsymbol{x}_N))$을 통해 나타낼 것이다. m단계에서, $\boldsymbol{g}_m$이 $\boldsymbol{f} = \boldsymbol{f}_{m-1}$에서 값매김된 $\mathcal{L}(\boldsymbol{f})$의 기울기라 하자.

$$g_{im} = \left[\frac{\partial \ell(y_i, f(\boldsymbol{x}_i))}{\partial f(\boldsymbol{x}_i)} \right]_{f=f_{m-1}} \tag{18.38}$$

몇몇 일반적인 손실 함수의 기울기가 표 18.1에 주어져 있다. 그런 다음 업데이트를 만든다.

$$\boldsymbol{f}_m = \boldsymbol{f}_{m-1} - \beta_m \boldsymbol{g}_m \tag{18.39}$$

여기서 β_m은 다음을 통해 선택한 단계의 길이length다.

$$\beta_m = \underset{\beta}{\mathrm{argmin}}\ \mathcal{L}(\boldsymbol{f}_{m-1} - \beta \boldsymbol{g}_m) \tag{18.40}$$

현재 형식에서 이는 그리 많이 사용되지 않는다. 왜냐하면 N개 지점의 고정된 집합에서 f를 최적화하기만 하므로 일반화할 수 있는 함수를 학습하지 않기 때문이다. 그러나 음의 기울기 신호를 근사하도록 약한 학습기를 적합시킴으로써 알고리듬을 수정할 수 있다.

이름	손실	$-\partial \ell(y_i, f(\boldsymbol{x}_i))/\partial f(\boldsymbol{x}_i)$
제곱 오차(squared error)	$\frac{1}{2}(y_i - f(\boldsymbol{x}_i))^2$	$y_i - f(\boldsymbol{x}_i)$
절대 오차(absolute error)	$|y_i - f(\boldsymbol{x}_i)|$	$\mathrm{sgn}(y_i - f(\boldsymbol{x}_i))$
지수 손실(exponential loss)	$\exp(-\tilde{y}_i f(\boldsymbol{x}_i))$	$-\tilde{y}_i \exp(-\tilde{y}_i f(\boldsymbol{x}_i))$
이항 logloss(binary logloss)	$\log(1 + e^{-\tilde{y}_i f_i})$	$y_i - \pi_i$
다중 클래스 logloss(multiclass logloss)	$-\sum_c y_{ic} \log \pi_{ic}$	$y_{ic} - \pi_{ic}$

표 18.1 몇몇 일반적으로 쓰이는 손실 함수와 이들의 기울기, 그리고 이들의 모집단 최소화자 F^*. 이항 분류 문제에서 $\tilde{y}_i \in \{-1, +1\}$이고 $\pi_i = \sigma(2f(\boldsymbol{x}_i))$라 가정한다. 회귀 문제에서 $y_i \in \mathbb{R}$라 가정한다. [HTF09, p360]과 [BH07, p483]에서 가져왔다.

$$F_m = \operatorname*{argmin}_F \sum_{i=1}^{N} (-g_{im} - F(\boldsymbol{x}_i))^2 \tag{18.41}$$

전반적인 것은 알고리듬 10에 요약되어 있다. [BH07]에서 주장하듯이, 꼭 필요한 것은 아닌 β_m을 위한 라인 검색 단계는 생략했다. 그러나 정칙화 목적을 위해, 학습률 또는 **수축 인자**^{shrinkage factor} $0 < \nu \leq 1$를 도입하여 업데이트의 크기를 통제한다.

이 알고리듬을 제곱 손실에 적용하면, $-g_{im} = y_i - f_{m-1}(\boldsymbol{x}_i)$가 단지 잔차 오차일 뿐이므로 L2Boosting을 되찾게 된다. 또한 이 알고리듬을 절댓값 손실, 또는 로버스트한 회귀 문제에 유용한 후버 손실(5.1.5.3절)과 같은 손실 함수에 적용할 수 있다.

분류에서는 로그 손실을 사용할 수 있다. 이 경우 **BinomialBoost**라는 알고리듬을 얻는다[BH07]. 이것이 LogitBoost보다 나은 점은 가중된 적합을 할 수 있을 필요가 없다는 것이다. 이는 단지 임의의 블랙박스 회귀 모델을 기울기 벡터에 적용할 뿐이다. 이를 다중 클래스 분류에 적용하려면, 다음 형식의 준^{pseudo} 잔차를 사용해 C개의 개별적인 회귀 트리를 적합시킬 수 있다.

$$-g_{icm} = \frac{\partial \ell(y_i, f_{1m}(\boldsymbol{x}_i), \dots, f_{Cm}(\boldsymbol{x}_i))}{\partial f_{cm}(\boldsymbol{x}_i)} = \mathbb{I}(y_i = c) - \pi_{ic} \tag{18.42}$$

트리가 개별적으로 적합되지만, 이들의 예측은 소프트맥스 변환을 통해 조합된다.

$$p(y = c|\boldsymbol{x}) = \frac{e^{f_c(\boldsymbol{x})}}{\sum_{c'=1}^{C} e^{f_{c'}(\boldsymbol{x})}} \tag{18.43}$$

커다란 데이터셋을 사용할 때, 데이터의 무작위 부분을 부분표집하여 (복원 없이) 각 반복에서 회

알고리듬 10: 경사 부스팅

1 $f_0(\boldsymbol{x}) = \operatorname{argmin}_F \sum_{i=1}^{N} L(y_i, F(\boldsymbol{x}_i))$라 초기화한다.

2 $m = 1 : M$에 대해 다음을 한다.

3 $\quad\left|\quad r_{im} = -\left[\frac{\partial L(y_i, f(\boldsymbol{x}_i))}{\partial f(\boldsymbol{x}_i)}\right]_{f(\boldsymbol{x}_i) = f_{m-1}(\boldsymbol{x}_i)}\right.$ 를 사용해 기울기 잔차를 계산한다.

4 $\quad\left|\quad\right.$ 약한 학습기를 사용해 $F_m = \operatorname{argmin}_F \sum_{i=1}^{N} (r_{im} - F(\boldsymbol{x}_i))^2$을 계산한다.

5 $\quad\left|\quad f_m(\boldsymbol{x}) = f_{m-1}(\boldsymbol{x}) + \nu F_m(\boldsymbol{x})\right.$를 업데이트한다.

6 $f(\boldsymbol{x}) = f_M(\boldsymbol{x})$를 반환한다.

귀 트리에 전달하는 확률적 변형을 사용할 수 있다. 이는 **확률적 경사 부스팅**stochastic gradient boosting이라 부른다[Fri99]. 데이터를 부분표집하는 것은 정칙화의 한 형식이므로, 이는 빠를 뿐만 아니라 일반화 또한 더 잘한다.

18.5.5.1 경사 트리 부스팅

실제로 경사 부스팅은 거의 언제나 약한 학습기가 회귀 트리라 가정한다. 이는 다음 형식의 모델이다.

$$F_m(\boldsymbol{x}) = \sum_{j=1}^{J_m} w_{jm} \mathbb{I}(\boldsymbol{x} \in R_{jm}) \tag{18.44}$$

여기서 w_{jm}은 영역 R_{jm}을 위해 예측된 출력이다(일반적으로 w_{jm}은 벡터일 수 있다). 이 조합은 **경사 부스팅된 회귀 트리**gradient boosted regression tree, 또는 **경사 트리 부스팅**gradient tree boosting이라 부른다(관련된 버전은 MART라 하며, 이는 '다변량 가법 회귀 트리Multivariate Additive Regression Trees'를 뜻한다[FM03]).

이를 경사 부스팅에 사용하려면, 먼저 잔차에 표준 회귀 트리 학습(18.1절 참고)을 사용해 트리 m을 위한 좋은 영역 R_{jm}을 찾는다. 그 뒤 다음을 풀어 각 잎의 가중치에 대해 (다시) 푼다.

$$\hat{w}_{jm} = \underset{w}{\mathrm{argmin}} \sum_{\boldsymbol{x}_i \in R_{jm}} \ell(y_i, f_{m-1}(\boldsymbol{x}_i) + w) \tag{18.45}$$

(경사 부스팅이 사용하는 것과 같이) 제곱 오차에서 최적 가중치 $\hat{w}_{jm}$은 그 잎에서의 잔차 평균일 뿐이다.

18.5.5.2 XGBoost

'극단적 경사 부스팅extreme gradient boosting'을 뜻하는 **XGBoost**(https://github.com/dmlc/xgboost)는 경사 부스팅된 트리의 매우 효율적이고 널리 쓰이는 구현이다. 이는 18.5.5.1절에서의 설명을 넘어 몇 가지를 추가로 개선한다. 자세한 내용은 [CG16]에서 찾을 수 있지만, 간단히 말하자면 다음과 같이 확장된다. 이는 트리 복잡도에 정칙자를 추가하고, 손실에 단순히 선형 근사 대신에 이계 근사를 사용하며([FHT00]로부터), 내부 노트에서 특성을 표집하고(랜덤 포레스트에서와 같이), 확장성을 보장하기 위해 다양한 컴퓨터과학 방법을(커다란 데이터셋을 위한 아웃-오브-코어out-of-core 연산을 다루는

것과 같이) 사용한다.[2]

더 자세히 말하자면, XGBoost는 다음의 정칙화된 목적 함수를 최적화한다.

$$\mathcal{L}(f) = \sum_{i=1}^{N} \ell(y_i, f(\boldsymbol{x}_i)) + \Omega(f) \tag{18.46}$$

여기서

$$\Omega(f) = \gamma J + \frac{1}{2}\lambda \sum_{j=1}^{J} w_j^2 \tag{18.47}$$

는 정칙자이며, J는 잎의 개수, $\gamma \geq 0$와 $\lambda \geq 0$는 정칙화 계수다. m번째 단계에서 손실은 다음으로 주어진다.

$$\mathcal{L}_m(F_m) = \sum_{i=1}^{N} \ell(y_i, f_{m-1}(\boldsymbol{x}_i) + F_m(\boldsymbol{x}_i)) + \Omega(F_m) + \text{상수} \tag{18.48}$$

이것의 이계 테일러 전개는 다음과 같이 계산할 수 있다.

$$\mathcal{L}_m(F_m) \approx \sum_{i=1}^{N} \left[\ell(y_i, f_{m-1}(\boldsymbol{x}_i)) + g_{im}F_m(\boldsymbol{x}_i) + \frac{1}{2}h_{im}F_m^2(\boldsymbol{x}_i) \right] + \Omega(F_m) + \text{상수} \tag{18.49}$$

여기서 h_{im}은 헤세다.

$$h_{im} = \left[\frac{\partial^2 \ell(y_i, f(\boldsymbol{x}_i))}{\partial f(\boldsymbol{x}_i)^2} \right]_{f=f_{m-1}} \tag{18.50}$$

회귀 트리의 경우 $F(\boldsymbol{x}) = w_{q(\boldsymbol{x})}$이며, 여기서 $q : \mathbb{R}^D \to \{1, ..., J\}$는 어떠한 잎 노드 $\boldsymbol{x}$가 속하는지를 구체화하며, $\boldsymbol{w} \in \mathbb{R}^J$는 잎 가중치다. 따라서 식 (18.49)는 다음과 같이 F_m과 독립인 항은 버리고 다시 쓸 수 있다.

---

2 그 밖의 인기 있는 경사 부스팅된 트리 패키지로는 CatBoost(https://catboost.ai/)와 LightGBM(https://github.com/Microsoft/LightGBM)이 있다.

$$\mathcal{L}_m(q, \boldsymbol{w}) \approx \sum_{i=1}^{N} \left[g_{im} F_m(\boldsymbol{x}_i) + \frac{1}{2} h_{im} F_m^2(\boldsymbol{x}_i) \right] + \gamma J + \frac{1}{2} \lambda \sum_{j=1}^{J} w_j^2 \qquad (18.51)$$

$$= \sum_{j=1}^{J} \left[(\sum_{i \in I_j} g_{im}) w_j + \frac{1}{2} (\sum_{i \in I_j} h_i + \lambda) w_j^2 \right] + \gamma J \qquad (18.52)$$

여기서 $I_j = \{i : q(\boldsymbol{x}_i) = j\}$는 j번째 잎에 할당된 데이터 지점의 인덱스 집합이다.

$G_{jm} = \sum_{i \in I_j} g_{im}$ 그리고 $H_{jm} = \sum_{i \in I_j} h_{im}$이라 정의해 보자. 그러면 위의 식은 다음과 같이 단순해진다.

$$\mathcal{L}_m(q, \boldsymbol{w}) = \sum_{j=1}^{J} \left[G_{jm} w_j + \frac{1}{2} (H_{jm} + \lambda) w_j^2 \right] + \gamma J \qquad (18.53)$$

이는 각 w_jm에서 이차이므로 최적 가중치는 다음으로 주어진다.

$$w_j^* = -\frac{G_{jm}}{H_{jm} + \lambda} \qquad (18.54)$$

그런 다음 서로 다른 트리 구조 q를 값매김하기 위한 손실은 다음이 된다.

$$\mathcal{L}_m(q, \boldsymbol{w}^*) = -\frac{1}{2} \sum_{j=1}^{J} \frac{G_{jm}^2}{H_{jm} + \lambda} + \gamma J \qquad (18.55)$$

이는 18.1절에서와 같이 재귀적인 노드 분할 과정을 사용해 탐욕적으로 최적화할 수 있다. 구체적으로는, 주어진 잎 j에 대해 이를 좌측 및 우측 절반 $I = I_L \cup I_R$로 분할하는 것을 고려한다. 이러한 분할의 이득gain(손실의 축소)은 다음과 같이 계산할 수 있다.

$$\text{이득} = \frac{1}{2} \left[\frac{G_L^2}{H_L + \lambda} + \frac{G_R^2}{H_R + \lambda} - \frac{(G_L + G_R)^2}{(H_L + H_R) + \lambda} \right] - \gamma \qquad (18.56)$$

여기서 $G_L = \sum_{i \in I_L} g_{im}$, $G_R = \sum_{i \in I_R} g_{im}$, $H_L = \sum_{i \in I_L} h_{im}$, $H_R = \sum_{i \in I_R} h_{im}$이다. 따라서 이득이 음수이면(즉, 첫 번째 항이 γ보다 작으면) 노드를 분할할 가치가 없다.

(분할할 최적 임곗값을 선택하기 위한) 특성의 정렬을 필요로 하지 않는, 이 목적 함수의 값매김을 위한 빠른 근사는 [CG16]에 설명되어 있다.

18.6 트리 앙상블 해석하기

트리는 해석이 가능하므로 인기가 있다. 안타깝게도 트리의 앙상블은(배깅, 랜덤 포레스트, 부스팅 무엇이든) 그러한 속성을 잃게 된다. 다행히도 어떤 함수가 학습됐는지를 해석하는 데 사용할 수 있는 몇 가지 단순한 방법이 존재한다.

18.6.1 특성 중요도

하나의 의사결정 트리 T에 대해, [BFO84]는 k개 특성의 **특성 중요도**feature importance를 위한 다음의 측정치를 제안했다.

$$R_k(T) = \sum_{j=1}^{J-1} G_j \mathbb{I}(v_j = k) \tag{18.57}$$

이때 모든 잎이 아닌 (내부) 노드에 대해 합을 하며, G_j는 노드 j에서의 정확도에서의 이득이고(비용의 축소), 노드 j가 특성 k를 사용한다면 $v_j = k$이다. 앙상블의 모든 트리에 대해 평균을 하여 더 믿을 만한 추정값을 얻을 수 있다.

$$R_k = \frac{1}{M} \sum_{m=1}^{M} R_k(T_m) \tag{18.58}$$

이들 점수를 계산한 후, 가장 큰 값이 100%가 되도록 이들을 정규화할 수 있다. 아래에 몇 가지 예시를 제공한다.

그림 18.8은 MNIST 숫자를 클래스 0~8로 구별하기 위해 훈련된 분류기를 위한 특성 중요도를 추정하는 예시를 제공하고 있다. 이것이 이들 클래스 사이마다 서로 다른, 이미지의 부분에 집중하는 것을 볼 수 있다.

그림 18.9에서 스팸 데이터셋을 위한 각 특성의 상대 중요도를 그리고 있다(18.4절). 놀랍지 않게도, 가장 중요한 특성은 단어 'george'(수신자의 이름) 그리고 'hp'(그가 일하는 회사) 및 문자 !와 $이다(이들 특성의 유무가 정보가 될 수 있음을 주지하라).

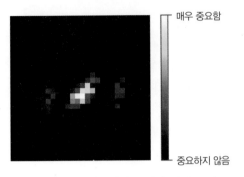

그림 18.8 MNIST 숫자를 클래스 0~8로 구별하기 위해 훈련된 랜덤 포레스트 분류기의 특성 중요도. 출처: [Gér19]의 그림 7.6. rf_feature_importance_mnist.ipynb로 생성했다.

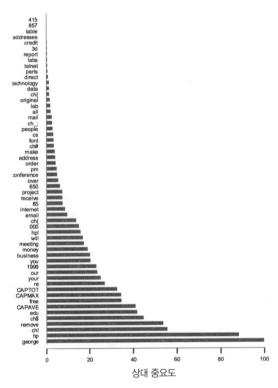

그림 18.9 스팸이 아닌 이메일로부터 스팸을 구별하도록 훈련된 경사 부스팅된 분류기의 특성 중요도. 데이터셋은 토큰 빈도에 해당하는 Y개 특성을 갖는 X개 훈련 예제로 되어 있다. 출처: [HTF09]의 그림 10.6. spam_tree_ensemble_interpret.ipynb로 생성했다.

18.6.2 부분 의존성 도표

가장 유의한 입력 특성을 식별한 후, 이들의 출력에 대한 영향력을 평가해 볼 수 있다. 특성 k를 위한 **부분 의존성 도표**partial dependency plot는 x_k에 대해 다음을 그린 것이다.

$$\overline{f}_k(x_k) = \frac{1}{N} \sum_{n=1}^{N} f(\boldsymbol{x}_{n,-k}, x_k) \tag{18.59}$$

따라서 이는 특성 k를 제외하고 모든 특성을 주변화한다. 이항 분류기의 경우, 그리기 전에 이를 로그 오즈 $\log p(y=1|x_k)/p(y=0|x_k)$로 변환할 수 있다. 이는 그림 18.10(a)에서 스팸 예제를 위한 4개의 특성으로 보여주고 있다. !와 'remove'의 빈도가 높아짐에 따라, 스팸일 확률도 그러함을 볼 수 있다. 반대로, 'edu'와 'hp'의 빈도가 높아짐에 따라 스팸일 확률이 낮아진다.

또한 다음을 계산하여 특성 j와 k 사이의 상호적인 효과의 포착을 시도할 수도 있다.

$$\overline{f}_{jk}(x_j, x_k) = \frac{1}{N} \sum_{n=1}^{N} f(\boldsymbol{x}_{n,-jk}, x_j, x_k) \tag{18.60}$$

이는 그림 18.10(b)에서 스팸 예시를 위해 hp와 !에 대해 보여주고 있다. !의 빈도가 높으면 스팸일 가능성이 커지지만, 'hp'가 없으면 더욱 그러함을 볼 수 있다.

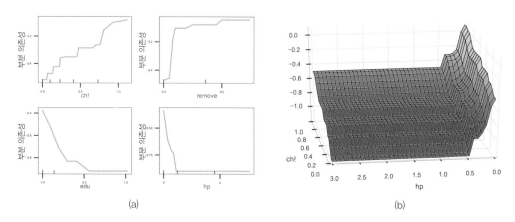

(a) (b)

그림 18.10 (a) 4개의 중요한 추정량을 위한 스팸 클래스의 로그 오즈의 부분 의존성. 그림의 하단에 있는 빨간색 틱은 이 특성을 위한 경험적 분포의 10분위수다. (b) 특성 hp와 !에서의 로그 오즈의 결합 부분 의존성. 출처: [HTF09]의 그림 10.6~10.8. spam_tree_ensemble_interpret.ipynb로 생성했다.

5부

지도 학습 너머로

19

라벨링된 적은 예제로의 학습

많은 ML 방법, 특히 신경망은 라벨링된 훈련 예제보다 더 많은 모수를 갖는 경우가 많다. 예를 들어 층이 50개인 ResNet CNN(14.3.4절)은 2,300만 개의 모수를 갖는다. 트랜스포머 모델(15.5절)은 심지어 더욱 클 수 있다. 물론 이들 모수는 상관성이 높으므로, 이들은 독립적인 '자유도^{degrees} $^{of\ freedom}$'가 아니다. 어쨌든 그러한 커다란 모델은 훈련이 느리며, 더욱 중요하게도 쉽게 과적합될 수 있다. 이는 특히 라벨링된 커다란 데이터셋이 없을 때 문제가 된다. 19장에서는 조기 중단, 가중치 소멸 및 드롭아웃과 같은 13.5절에서 논의했던 범용적인 정칙화 기법 너머에서 이러한 이슈를 다루는 몇 가지 방법을 논의한다.

19.1 데이터 덧붙이기

라벨링된 작은 데이터셋 하나만 있다고 해보자. 몇몇 경우 입력 벡터의 인공적으로 수정된 버전을 만들 수 있을 수도 있다. 이는 테스트 시간에 보기를 기대하는 종류의 변형을 포착하는 한편, 본래 라벨은 바뀌지 않은 채로 유지한다. 이는 **데이터 덧붙이기**$^{data\ augmentation}$라 부른다.[1] 아래에서 몇 가

---

[1] '데이터 덧붙이기'란 용어는 또한 통계학에서 사후 추론 알고리듬의 수렴을 빠르게 하기 위해 모델에 부수적인 잠재 변수를 추가하는 것을 뜻한다[DM01].

그림 19.1 무작위 잘라내기 및 이미지 줌 하기의 이미지를 보여준다. image_augmentation_jax.ipynb로 생성했다.

지 예시를 제공한 뒤, 왜 이 접근법이 통하는지 논의한다.

19.1.1 예시

이미지 분류 과제에서 표준적인 데이터 덧붙이기 방법에는 그림 19.1에서 보여주는 것과 같이 무작위 잘라내기, 줌 하기, 미러 이미지 뒤집기가 포함된다. [GVZ16]은 텍스트 문자를 이미지에 사실적인 방식으로 렌더링함으로써, 매우 커다란 텍스트의 데이터셋을 '야생에서' 만들어 내는 더욱 정교한 예시를 제공한다. 이들은 이를 사용해 최신의 아트 비주얼 텍스트 국소화 및 읽기 시스템을 훈련시켰다. 그 밖의 데이터 덧붙이기 예시는 깨끗한 음성 신호에 배경 잡음을 인공적으로 추가하거나, 텍스트 문서에서 문자 또는 단어를 무작위로 바꾸는 것을 포함한다.

데이터의 서로 다른 버전을 사용해 많은 횟수로 모델을 훈련하고 테스트하는 것을 수용할 수 있다면, RL(예: [Cub+19]) 같은 블랙박스 최적화 또는 베이즈 최적화(예: [Lim+19])를 사용해 어떠한 덧붙이기가 가장 잘 동작하는지 학습할 수 있다. 이는 AutoAugment라 부른다. 또한 복수의 덧붙이기를 조합하는 것을 학습할 수도 있는데, 이는 AutoAugment라 부른다[Cub+19].

NLP에서의 덧붙이기 예시는 [Fen+21]을 참고하라.

19.1.2 이론적 정당화

데이터 덧붙이기는 성능(예측 정확도, 로버스트성 등)을 크게 개선하는 경우가 종종 있다. 처음에는 아무 이유 없이 무언가를 얻는 것처럼 보인다. 우리가 추가적인 데이터를 제공하지 않았기 때문이다.

그러나 데이터 덧붙이기 메커니즘은 사전지식을 알고리듬적으로 주입하는 방식으로 볼 수 있다.

이를 이해하기 위해, 표준적인 ERM 훈련에서는 경험적 위험을 최소화함을 상기하라.

$$R(f) = \int \ell(f(\boldsymbol{x}), \boldsymbol{y}) p^*(\boldsymbol{x}, \boldsymbol{y}) d\boldsymbol{x} d\boldsymbol{y} \tag{19.1}$$

여기서 $p^*(\boldsymbol{x}, \boldsymbol{y})$는 경험적 분포를 통해 근사한다.

$$p_{\mathcal{D}}(\boldsymbol{x}, \boldsymbol{y}) = \frac{1}{N} \sum_{n=1}^{N} \delta(\boldsymbol{x} - \boldsymbol{x}_n) \delta(\boldsymbol{y} - \boldsymbol{y}_n) \tag{19.2}$$

데이터 덧붙이기는 경험적 분포를 다음의 알고리듬적으로 평활화된 분포로 바꾸는 것으로 생각할 수 있다.

$$p_{\mathcal{D}}(\boldsymbol{x}, \boldsymbol{y}|A) = \frac{1}{N} \sum_{n=1}^{N} p(\boldsymbol{x}|\boldsymbol{x}_n, A) \delta(\boldsymbol{y} - \boldsymbol{y}_n) \tag{19.3}$$

여기서 A는 데이터 덧붙이기 알고리듬으로, 표본 $\boldsymbol{x}$를 훈련 지점 $\boldsymbol{x}_n$으로부터 라벨('의미semantics')이 바뀌지 않도록 생성한다(매우 간단한 예시로는 가우스 커널 $p(\boldsymbol{x}|\boldsymbol{x}_n, A) = \mathcal{N}(\boldsymbol{x}|\boldsymbol{x}_n, \sigma^2 \mathbf{I})$가 있을 것이다). 이는 각 훈련 지점 $\boldsymbol{x}$의 근처에서 위험을 최소화하므로 **인접 위험 최소화**vicinal risk minimization라 부른다 [Cha+01]. 이에 대한 더 자세한 내용은 [Zha+17b; CDL19; Dao+19]를 참고하라.

19.2 전이 학습

이 절은 콜린 라펠Colin Raffel과 공저했다.

데이터가 부족한 많은 과제는 데이터가 풍부한 다른 과제와 고수준의 구조적 유사성을 일부 갖는다. 예를 들어, 멸종 위기에 처한 새bird 종의 **세분화된 시각적 분류**fine-grained visual classification 과제를 고려해 보자. 멸종 위기에 처한 새는 정의상 희귀하므로, 이 새들의 라벨링된 다양한 이미지의 양이 많을 가능성은 적다. 그러나 새는 종 간에 많은 구조적 유사성이 있다. 예를 들어 대부분의 새에게는 날개, 깃털, 부리, 발톱이 있다. 그러므로 멸종 위기에 처하지 않은 새 종의 커다란 데이터셋에 모델을 훈련시킨 뒤 이를 멸종 위기에 처한 종의 작은 데이터셋에 훈련시키면, 작은 데이터셋에서만 훈련시키는 것보다 성능이 더 나을 수 있음을 예상해 볼 수 있다.

이는 한 데이터셋으로부터의 정보를 다른 곳으로, 공유된 모수 집합을 통해 전달하므로 **전이 학습**transfer learning이라 부른다. 더 정확하게는 먼저 모수 $\boldsymbol{\theta}$를 갖는 모델을, 라벨링되어 있거나 되어 있지 않을 수도 있는 커다란 **소스 데이터셋**source dataset $\mathcal{D}_p$에 훈련시키는 **사전훈련 단계**pre-training phase를 수행한다. 그 뒤 관심이 있는 라벨링된 작은 **목표 데이터셋**target dataset $\mathcal{D}_q$에 두 번째 **미조정 단계**fine-tuning phase를 수행한다. 이들 두 단계는 아래에서 더 자세히 논의하지만, 추가적인 정보는 예를 들어 [Tan+18; Zhu+21]의 최신 조사를 참고하라.

19.2.1 미조정

지금은 CNN과 같은 사전훈련된 분류기 $p(y \mid \boldsymbol{x}, \boldsymbol{\theta}_p)$가 이미 있다고 해보자. 이는 입력 $\boldsymbol{x} \in \mathcal{X}_p$(예: 자연적인 이미지) 그리고 출력 $y \in \mathcal{Y}_p$(예: ImageNet 라벨)에서 잘 동작하며, 이때 데이터는 훈련에서 쓰인 것과 비슷한 분포 $p(\boldsymbol{x}, y)$로부터 나온다. 이제 입력 $\boldsymbol{x} \in \mathcal{X}_q$(예: 새 이미지) 그리고 출력 $y \in \mathcal{Y}_q$(예: 세분화된 새 라벨)에서 잘 동작하는 새로운 모델 $q(y \mid \boldsymbol{x}, \boldsymbol{\theta}_q)$를 만들고자 한다. 이때 데이터는 p와 다를 수 있는 분포 $q(\boldsymbol{x}, y)$로부터 나온다.

우리는 가능성 있는 입력의 집합은 동일하다고, 따라서 $\mathcal{X}_q \approx \mathcal{X}_p$라고(예를 들어 둘 다 RGB 이미지임) 아니면 입력을 도메인 p에서 도메인 q로 쉽게 변환할 수 있다고(예를 들어 RGB 이미지는 색chrominance 채널을 버리고 단지 휘도luminance만을 남김으로써 회색조로 변환할 수 있다) 가정할 것이다(그렇지 않다면 19.2.5절에서 논의했듯이 모달리티 사이에서 모델을 매핑하도록 수정하는, 도메인 적응화라는 방법을 사용할 수도 있을 것이다).

그러나 출력 도메인은 다른 것이 보통이다. 즉, $\mathcal{Y}_q \neq \mathcal{Y}_p$이다. 예를 들어 $\mathcal{Y}_p$는 Imagenet 라벨이며 $\mathcal{Y}_q$는 의학적 라벨일 수 있다(예: 당뇨성 망막증의 형태[Arc+19]). 이 경우 사전훈련된 모델의 출력을 새로운 도메인으로 '번역translate'할 필요가 있다. 이는 신경망으로 쉽게 할 수 있다. 단순히 원본 모델의 마지막 층을 잘라내고, 그림 19.2에서와 같이 새로운 '헤드head'를 추가하여 새로운 클래스 라벨을 모델링한다. 예를 들어 $p(y \mid \boldsymbol{x}, \boldsymbol{\theta}_p) = \mathrm{softmax}(y \mid \mathbf{W}_2 \boldsymbol{h}(\boldsymbol{x}; \boldsymbol{\theta}_1) + \boldsymbol{b}_2)$이며, 여기서 $\boldsymbol{\theta}_p = (\mathbf{W}_2, \boldsymbol{b}_2, \boldsymbol{\theta}_1)$이라 해보자. 그러면 $q(y \mid \boldsymbol{\theta}_q) = \mathrm{softmax}(y \mid \mathbf{W}_3 \boldsymbol{h}(\boldsymbol{x}; \boldsymbol{\theta}_1) + \boldsymbol{b}_3)$를 구축할 수 있으며, 여기서 $\boldsymbol{\theta}_q = (\mathbf{W}_3, \boldsymbol{b}_3, \boldsymbol{\theta}_1)$이며 $\boldsymbol{h}(\boldsymbol{x}; \boldsymbol{\theta}_1)$은 공유된 비선형 특성 추출자extractor다.

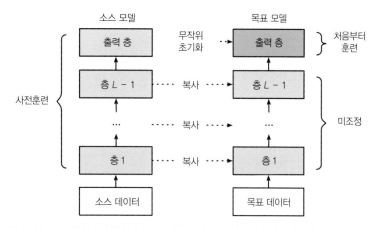

소스 모델   목표 모델

출력 층   무작위 초기화 ⟶ 출력 층   처음부터 훈련

사전훈련 {

층 $L-1$ ···· 복사 ···· 층 $L-1$

··· ···· 복사 ···· ···   미조정

층 1 ···· 복사 ···· 층 1

소스 데이터   목표 데이터

그림 19.2 모델을 새로운 데이터셋에서 미조정하는 것을 보여준다. 최종 출력 층은 다른 라벨 집합에 해당할 수도 있으므로 처음부터 훈련된다. 다른 층은 이전의 모수에서 초기화하며, 그 뒤 작은 학습률을 사용해 선택적으로 업데이트한다. 출처: [Zha+20]의 그림 13.2.1. 애스턴 장(Aston Zhang)이 친절하게 사용을 허가했다.

이러한 '모델 수술'을 수행한 후, 새로운 모델을 모수 $\boldsymbol{\theta}_q = (\boldsymbol{\theta}_1, \boldsymbol{\theta}_3)$로 미조정할 수 있다. 여기서 $\boldsymbol{\theta}_1$은 특성 추출자를 모수화하며, $\boldsymbol{\theta}_3$는 특성을 새로운 라벨 집합으로 매핑하는 마지막 선형 층을 모수화한다. $\boldsymbol{\theta}_1$을 '**고정된 모수**frozen parameter'와 같이 다루면, 결과 모델 $q(y \mid \boldsymbol{x}, \boldsymbol{\theta}_q)$는 모수 내에서 선형이므로, 많은 단순하면서도 효율적인 적합 방법이 존재하는 볼록 최적화 문제를 갖게 된다(2부 참고). 이는 일부 클래스가 매우 드문, 긴 꼬리 환경에서 특히 도움이 된다[Kan+20]. 그러나 선형 '디코더'는 너무 제한적일 수도 있으므로 $\boldsymbol{\theta}_1$ 또한 미조정되도록 허용할 수 있지만, $\mathcal{D}_p$로부터 추정된 값으로부터 너무 멀리 움직이지 못하도록 학습률을 낮춰서 사용한다.

19.2.2 어댑터

사전훈련 모델의 모든 모델 모수를 미조정할 때의 한 가지 단점은, 모수가 많은 경우가 많으므로 느릴 수 있으며 저수준 특성 추출자가 이전 값으로부터 너무 멀리 발산하는 것을 막기 위해 작은 학습률을 사용해야 할 수도 있다는 것이다. 게다가 모든 새로운 과제가 새로운 모델의 훈련을 필요로 하므로 과제 공유를 어렵게 만든다. 대안적인 접근법은 사전훈련된 모델은 건드리지 않은 채로 두지만, 새로운 모수를 추가하여 내부적인 움직임을 수정함으로써 각 과제마다 특성 추출 과정

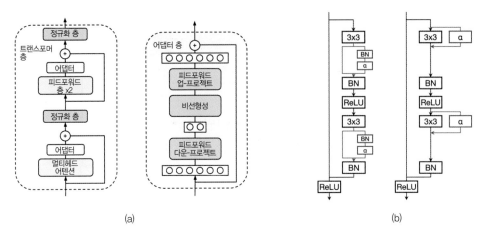

그림 19.3 (a) 트랜스포머에 어댑터 층을 추가한다. 출처: [Hou+19]의 그림 2. 닐 홀스비(Neil Houlsby)가 친절하게 사용을 허가했다. (b) resnet에 어댑터 층을 추가한다. 출처: [RBV18]의 그림 2. 실베스트르-알비세 레부피(Sylvestre-Alvise Rebuffi)가 친절하게 사용을 허가했다.

을 맞춤화하는 것이다. 이 아이디어는 **어댑터**adapter라 부르며, 몇몇 논문에서 이를 살펴봐 왔다(예: [RBV17; RBV18; Hou+19]).

그림 19.3(a)는 [Hou+19]에서 제안한 트랜스포머 네트워크(15.5절)를 위한 어댑터를 보여준다. 기본적인 아이디어는 2개의 얇은 병목bottleneck MLP를 각각의 트랜스포머 층 안에 넣는 것인데, 하나는 멀티헤드 어텐션 다음에, 하나는 피드포워드 층 다음에 넣는 것이다. 이들 MLP는 스킵 연결이 있으므로, 항등 매핑을 구현하도록 초기화할 수 있음을 주지하라. 트랜스포머 층이 차원성 D의 특성을 가지며, 어댑터가 크기 M의 병목을 사용한다면, 이는 층마다 $O(DM)$의 새로운 모수를 도입한다. 이들 어댑터 MLP 및 층 정규화 모수, 그리고 최종 출력 헤드는 각각의 새로운 과제를 위해 훈련시키지만, 나머지 모든 모수는 고정한다. 경험적인 몇 가지 NLP 벤치마크에서 이는 미조정보다 더 나은 성능을 주는 것으로 나타난 한편, 본래의 모수 대비 약 1~10%만을 필요로 한다.

그림 19.3(b)는 [RBV17; RBV18]에서 제안한 잔차 네트워크(14.3.4절)를 위한 어댑터를 보여준다. 기본적인 아이디어는 트랜스포머 경우의 MLP 어댑터와 유사한 1×1 합성곱 층 $\boldsymbol{\alpha}$를 CNN의 내부 층에 추가하는 것이다. 이는 다이어그램에서와 같이 연속적으로 또는 병렬로 추가할 수 있다. 어댑터 층을 $\rho(\boldsymbol{x})$라 표기하면, 연속적인 어댑터는 다음이 되도록 정의할 수 있다.

$$\rho(\boldsymbol{x}) = \boldsymbol{x} + \operatorname{diag}_1(\boldsymbol{\alpha}) \circledast \boldsymbol{x} = \operatorname{diag}_1(\mathbf{I} + \boldsymbol{\alpha}) \circledast \boldsymbol{x} \tag{19.4}$$

여기서 $\text{diag}_1(\boldsymbol{\alpha}) \in \mathbb{R}^{1 \times 1 \times C \times D}$는 행렬 $\boldsymbol{\alpha} \in \mathbb{R}^{C \times D}$를 각각의 공간적 위치에 병렬로 적용할 수 있는 행렬로 재성형한다(배치 정규화는 단순함을 위해 생략했다). 이를 보통의 합성곱 층 $\boldsymbol{f} \circledast \boldsymbol{x}$ 다음에 집어넣으면 다음을 얻는다.

$$\boldsymbol{y} = \rho(\boldsymbol{f} \circledast \boldsymbol{x}) = (\text{diag}_1(\mathbf{I} + \boldsymbol{\alpha}) \circledast \boldsymbol{f}) \circledast \boldsymbol{x} \tag{19.5}$$

이는 원본 필터 $\boldsymbol{f}$에 대한 저계수 곱셈적 섭동 low-rank multiplicative perturbation 으로 해석할 수 있다. 병렬 어댑터는 다음으로 정의할 수 있다.

$$\boldsymbol{y} = \boldsymbol{f} \circledast \boldsymbol{x} + \text{diag}_1(\boldsymbol{\alpha}) \circledast \boldsymbol{x} = (\boldsymbol{f} + \text{diag}_L(\boldsymbol{\alpha})) \circledast \boldsymbol{x} \tag{19.6}$$

이는 원본 필터 $\boldsymbol{f}$에 대한 저계수 가법적 섭동으로 해석할 수 있다. 두 경우 모두 $\boldsymbol{\alpha} = \mathbf{0}$이라 두면 어댑터 층을 항등 변환으로 초기화할 수 있게 한다. 추가로 두 방법 모두 층마다 $O(C^2)$ 모수를 필요로 한다.

19.2.3 지도적 사전훈련

사전훈련 과제는 지도적이거나 비지도적일 수 있다. 주된 요구사항으로 이것이 모델에게 문제 도메인에 대한 기본적인 구조를 가르칠 수 있어야 하며, 다운스트림 미조정 과제와 충분히 유사해야 한다는 것이 있다. 과제의 유사도 개념은 엄격하게 정의되는 것은 아니지만, 실제로 사전훈련 과제의 도메인은 미조정 과제보다 더 넓은 경우가 많다(예를 들어, 모든 새 종에 사전훈련시키고 멸종 위기에 처한 종에 미조정을 한다).

가장 직관적인 형식의 전이 학습은 라벨링된 커다란 데이터셋이 사전훈련에 적합한 경우다. 예를 들어 ImageNet 데이터셋(1.5.1.2절)을 CNN을 사전훈련시키는 데 사용하는 것이 매우 일반적이며, 그런 다음 이는 다양한 다운스트림 과제 및 데이터셋을 위해 사용할 수 있다(예: [Kol+19]). Imagenet은 128만 개의 자연적인 이미지를 가지며, 각각은 1,000개의 클래스 중 하나의 라벨과 연관되어 있다. 클래스는 동물, 음식, 건물, 악기, 의류 등 각기 다른 다양한 개념으로 구성되어 있다. 이미지 그 자체는 많은 앵글 및 다양한 배경을 갖는 많은 크기로부터의 물체를 포함한다는 측면에서 다양화되어 있다. 이러한 다양성 및 스케일은 왜 이것이 컴퓨터 비전에서 전이 학습을 위한 사실상 표준적인 사전훈련 과제가 됐는지를 부분적으로 설명해 준다(일부 예시 코드는 finetune_cnn_jax.

ipynb를 참고하라).

그러나 Imagenet 사전훈련은 미조정 과제의 도메인이 자연적인 이미지와 꽤 다를 경우(예: 의학적 이미지[Rag+19]) 도움이 덜 됨을 보여줘 왔다. 그리고 이것이 도움이 되는 몇몇 경우(예: 물체 탐지 시스템 훈련), 훈련을 처음부터 할 때 충분히 오래 한다면 다운스트림 과제에서 비교할 만한 성능을 달성할 수 있다는 측면에서, 꼭 필요한 무엇이라기보다는 (좋은 지점에서 최적화를 웜스타트함으로써) 속도를 빠르게 하는 수법인 것으로 보인다[HGD19].

지도적 사전훈련은 비시각 응용에서 다소 덜 일반적이다. 주목할 만한 예외 중 하나는 자연어 추론 데이터에 사전훈련을 하여 문장의 벡터 표현을 학습하는 것이지만[Con+17], 이 접근법은 비지도적 방법에 의해 널리 대체되어 왔다(19.2.4절). 전이 학습의 또 다른 비시각 응용으로는 저자원 low-resource 언어에서 미조정하기 전에 영어 라벨링된 커다란 말뭉치에 음성 인식을 사전훈련시키는 것이 있다[Ard+20].

19.2.4 비지도 사전훈련(자기 지도 학습)

비지도 사전훈련unsupervised pre-training의 사용은 점차 일반화되고 있다. 이유는 언라벨링된 이미지 또는 웹으로부터의 텍스트 문서 등 언라벨링된 데이터는 얻기 쉬운 경우가 많기 때문이다.

짧은 기간 동안에는 표준적인 지도 훈련을 진행하기 전에 라벨링된 데이터셋에 비지도적 목적 함수(예: 20.3절에서 논의하는 재구축 오차)를 사용해 심층 신경망을 사전훈련하는 것이 일반적이었다 [HOT06; Vin+10b; Erh+10]. 이 기법 또한 비지도적 사전훈련이라 불러왔지만 이는 이 절에서 논의하는, 다른 (더 작은) 라벨링된 데이터셋에서 미조정하기 전에 사전훈련을 위해 (커다란) 언라벨링된 데이터셋을 사용하는, 전이 학습을 위한 형식과는 다르다.

언라벨링된 데이터를 사용하는 사전훈련 과제는 비지도 대신 **자기 지도**self-supervised라 부르는 경우가 많다. 이 용어가 쓰이는 이유는 라벨을 표준적인 지도 학습에서와 같이 인간이 외부적으로 제공하는 대신에, 알고리듬이 만들기 때문이다. 지도 및 자기 지도 학습 모두 판별적인 과제다. 이들은 주어진 입력으로 출력을 예측해야 하기 때문이다. 반대로, 20장에서 논의하는 다른 비지도적 접근법은 출력을 무조건부로 예측하므로 생성적이다.

지금까지 시도된, 서로 다른 많은 종류의 자기 지도적 학습 휴리스틱이 존재한다(예를 들어 리뷰는 [GR18; JT19; Ren19]를, 폭넓은 논문 리스트는 https://github.com/jason718/awesome-self-supervised-

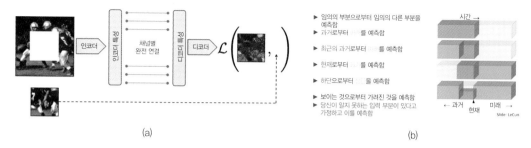

(a)

(b)

그림 19.4 (a) 자기 지도 학습을 위한 컨텍스트 인코더. 출처: [Pat+16]. 디팍 파탁(Deepak Pathak)이 친절하게 사용을 허가했다. (b) 자기 지도 학습을 위한 몇 가지 프록시 과제. 출처: [LeC18]. 얀 르쿤(Yann LeCun)이 친절하게 사용을 허가했다.

learning을 참고하라). 인식될 수 있는 주된 넓은 그룹으로는 적어도 3개가 있으며, 아래에서 논의한다.

19.2.4.1 전가 과제

자기 지도 학습을 위한 한 가지 접근법은 **전가 과제**imputation task를 푸는 것이다. 이 접근법에서 입력 벡터 x를 두 부분 $x = (x_h, x_v)$로 나눈 뒤, $\hat{x}_h = f(x_v, x_h = 0)$ 형식의 모델을 사용해 숨겨진 부분 x_h를 나머지 가시적 부분 x_v가 주어졌을 때 예측을 시도한다. 이는 **빈칸 채우기**fill-in-the-blank 과제로 생각할 수 있다. NLP 커뮤니티에서는 이를 cloze 과제라 부른다. 시각적 예시는 그림 19.4를, 일부 NLP 예시는 15.7.2절을 참고하라.

19.2.4.2 프록시 과제

SSL의 또 다른 접근법으로는 **프록시 과제**proxy task를 푸는 것이 있으며, 이는 **프리텍스트 과제**pretext task라고도 부른다. 이러한 환경에서는 입력의 쌍 (x_1, x_2)를 만든 뒤 $p(y | x_1, x_2) = p(y | r[f(x_1), f(x_2)])$ 형식의 샴 네트워크 분류기(그림 16.5(a))를 훈련시킨다. 여기서 $f(x)$는 **표현 학습**representation learning을 수행하는 어떠한 함수이며[BCV13], y는 x_1과 x_2 사이의 관계를 포착하는 어떠한 라벨이고, 이는 $r(f_1, f_2)$를 통해 예측한다. 예를 들어, x_1이 이미지 조각이고, $x_2 = t(x_1)$은 무작위 회전과 같이 우리가 통제하는 x_1의 어떠한 변환이라 해보자. 그 뒤 y는 사용한 회전 각도가 되도록 정의한다[GSK18].

19.2.4.3 대조적 과제

자기 지도 학습의 현재 가장 인기 있는 접근법은 다양한 종류의 **대조적 과제**contrastive task를 사용하는 것이다. 기본적인 아이디어는 데이터 덧붙이기 방법(19.1절)을 사용해 서로 의미론적으로 유사한 예제의 쌍을 만든 뒤, 이들 표현 사이의 거리가 2개의 서로 관계가 없는 예제 사이의 거리보다 (임베딩 공간에서) 가깝도록 한다. 이는 심층 계량 학습(16.2.2절)에서 사용한 아이디어와 정확히 같은 것이다. 유일한 차이점은 라벨과 같은 외부적으로 제공된 유사도 측정치에 의존하는 대신에, 알고리듬이 그 만의 유사한 쌍을 만들어 낸다는 것이다. 19.2.4.4절과 19.2.4.5절에서 몇 가지 예시를 제공한다.

19.2.4.4 SimCLR

이 절에서는 '시각적 표현의 단순한 대조적 학습simple contrastive learning of visual representations'을 뜻하는 **SimCLR**을 논의한다[Che+20b; Che+20c]. 이는 전이 학습과 준지도 학습에서 가장 최신식의 성능을 보여주고 있다. 기본적인 아이디어는 다음과 같다. 각각의 입력 $\boldsymbol{x} \in \mathbb{R}^D$를 2개의 덧붙여진 '뷰 view' $\boldsymbol{x}_1 = t_1(\boldsymbol{x})$, $\boldsymbol{x}_2 = t_2(\boldsymbol{x})$로 변환한다. 이는 어떠한 변환 t_1, t_2로부터 생성된 입력의 '의미론적 으로 동등한' 버전이다. 예를 들어 $\boldsymbol{x}$가 이미지라면, 이는 19.1절에서의 무작위 잘라내기와 같은 이 미지의 작은 섭동이 될 수 있다. 추가로 '의미론적으로 다른' 이미지를 나타내는 데이터셋으로부터 '부정적인' 표본 $\boldsymbol{x}_1^-$, ..., $\boldsymbol{x}_n^- \in N(\boldsymbol{x})$을 표집한다(실제로 이들은 미니배치 내 다른 예제들이다). 다음으로 어떠한 특성 매핑 $F : \mathbb{R}^D \to \mathbb{R}^E$를 정의하며, 여기서 D는 입력의 크기, E는 임베딩의 크기다.

그 뒤 각 입력 $\boldsymbol{x}$에 대해 서로 다른 뷰의 유사도는 최소화하면서, 비슷한 뷰의 유사도는 극대화 하기를 시도한다.

$$J = F(t_1(\boldsymbol{x}))^\mathsf{T} F(t_2(\boldsymbol{x})) - \log \sum_{\boldsymbol{x}_i^- \in N(\boldsymbol{x})} \exp \left[F(\boldsymbol{x}_i^-)^\mathsf{T} F(t_1(\boldsymbol{x})) \right] \tag{19.7}$$

실제로는 코사인 유사도를 사용하므로, 내적을 하기 전에 F로 만든 표현을 ℓ_2 정규화하지만, 이는 위의 공식에서 생략되어 있다. 그림 19.5(a)를 참고하라(이 그림에서는 $F(\boldsymbol{x}) = g(r(\boldsymbol{x}))$라 가정하며, 여 기서 중간적인 표현 $\boldsymbol{h} = r(\boldsymbol{x})$는 나중에 미조정을 위해 쓰이는 것이고, g는 학습 동안 적용된 추가적인 변환이다).

흥미롭게도, 이는 다음 형식의 **에너지 기반 모델**energy based model의 조건부 형식으로 해석할 수 있다.

$$p(\boldsymbol{x}_2|\boldsymbol{x}_1) = \frac{\exp[-\mathcal{E}(\boldsymbol{x}_2|\boldsymbol{x}_1)]}{Z(\boldsymbol{x}_1)} \tag{19.8}$$

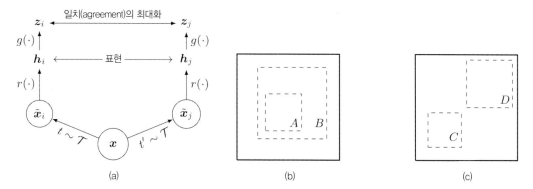

(a) (b) (c)

그림 19.5 (a) SimCLR 훈련을 보여준다. $\mathcal{T}$는 확률적인 의미론 유지 변환(데이터 덧붙이기)의 집합이다. (b)~(c) 무작위 잘라내기의 이점을 보여준다. 실선 직사각형은 원본 이미지를, 점선 직사각형은 무작위 잘라내기를 나타낸다. (b)에서는 모델이 전역 뷰 B로부터 국소적 뷰 A를 예측하도록(그리고 그 반대도) 강제한다. (c)에서는 모델이 인접한 뷰$(C,\ D)$가 나타나는지 예측하도록 강제한다. 출처: [Che+20b]의 그림 2-3. 팅 첸 (Ting Chen)이 친절하게 사용을 허가했다.

여기서 $\mathcal{E}(\boldsymbol{x}_2\,|\,\boldsymbol{x}_1) = -F(\boldsymbol{x}_2)^\mathsf{T} F(\boldsymbol{x}_1)$은 에너지이며,

$$Z(\boldsymbol{x}) = \int \exp[-\mathcal{E}(\boldsymbol{x}^-|\boldsymbol{x})]d\boldsymbol{x}^- = \int \exp[F(\boldsymbol{x}^-)^\mathsf{T} F(\boldsymbol{x})]d\boldsymbol{x}^- \tag{19.9}$$

는 **분할 함수**partition function라 알려진 정규화 상수다. 이 모델하에서의 조건부 로그 가능도는 다음의 형식을 갖는다.

$$\log p(\boldsymbol{x}_2|\boldsymbol{x}_1) = F(\boldsymbol{x}_2)^\mathsf{T} F(\boldsymbol{x}_1) - \log \int \exp[F(\boldsymbol{x}^-)^\mathsf{T} F(\boldsymbol{x}_1)]d\boldsymbol{x}^- \tag{19.10}$$

식 (19.7)과 유일하게 다른 점은 적분을, 부정적인 표본으로부터 유도된 몬테카를로 상계로 바꾼 다는 것이다. 따라서 대조적 학습은 조건부 에너지 기반 생성 모델의 근사적인 최대 가능도 추정 으로 생각할 수 있다[Gra+20]. 이러한 모델에 대한 더 자세한 내용은 이 책의 후속판 [Mur23]에 서 찾을 수 있다.

SimCLR의 성공을 위한 핵심적인 요소는 데이터 덧붙이기 방법의 선택이다. 무작위 잘라내기 를 사용함으로써, 이들은 모델이 글로벌 뷰로부터 국소적인 뷰를 예측하도록, 또한 같은 이미지의 인접한 뷰를 예측하도록 강제할 수 있다(그림 19.5 참고). 잘라내기 후에, 모든 이미지는 같은 크기로

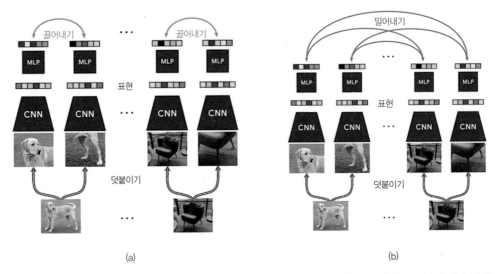

(a)

(b)

그림 19.6 SimCLR 훈련의 시각화. 미니배치 내 각 입력 이미지는 2개의 다른 방식으로(잘라내기(다음 리사이징), 뒤집기, 그리고 색깔 왜곡을 사용해) 무작위로 수정된 뒤, 샴 네트워크로 공급된다. 같은 이미지로부터 유도된 각 쌍의 임베딩(마지막 층)은 가깝도록 강제하며, 다른 모든 쌍의 임베딩은 멀어지도록 강제한다. 출처: https://ai.googleblog.com/2020/04/advancing-self-supervised-and-semi.html. 팅 첸이 친절하게 사용을 허가했다.

리사이징된다. 추가로, 이들은 시간의 일부 부분에서 이미지를 무작위로 뒤집는다.[2]

SimCLR은 다양한 부정적인 표본 집합이 충분하도록 커다란 배치 훈련에 의존한다. 이것이 불가능할 때는 지수적 이동 평균(4.4.2.2절)을 사용해 업데이트할 수 있는, 과거의 (부정적인) 임베딩의 메모리 뱅크를 사용할 수 있다. 이는 **모멘텀 대조적 학습**momentum contrastive learning, 즉 **MoCo**라 한다[He+20].

19.2.4.5 CLIP

이 절에서는 '대조적 언어-이미지 사전훈련Contrastive Language-Image Pre-training'을 뜻하는 **CLIP**을 설명한다[Rad+]. 이는 표현 학습을 위한 대조적 접근법으로, 웹으로부터 추출한 4억 개의 (이미지, 텍

---

2 (같은 이미지로부터 나온) 긍정적인 잘라내기를 (다른 이미지로부터 나온) 부정적인 잘라내기와 구별하는 것은 단지 컬러 히스토그램을 기반으로 쉽게 할 수 있는 것으로 드러난다. 이러한 종류의 '속임수'를 방지하기 위해 이들은 또한 무작위적인 색깔 왜곡을 적용하고, 따라서 이러한 '지름길'을 끊어낸다. 무작위 잘라내기 및 색깔 왜곡의 조합은 둘 중 하나만 사용하는 것보다 더 나은 것으로 밝혀진다.

스트) 쌍의 막대한 크기의 말뭉치를 사용한다. $\boldsymbol{x}_i$가 i번째 이미지이며 $\boldsymbol{y}_i$가 이에 맞는 텍스트라 해보자. 이미지와 연관된 단어를 그대로 예측하기를 시도하는 대신에, $\boldsymbol{y}_i$가 미니배치 내 어떠한 다른 텍스트 문자열 j에 대해, $\boldsymbol{y}_j$와 비교하여 올바른 텍스트일 가능성이 더 큰지 결정하는 것이 더 간단하다. 비슷하게 모델은 이미지 $\boldsymbol{x}_i$가 주어진 텍스트 $\boldsymbol{y}_i$에서 $\boldsymbol{x}_j$보다 맞을 가능성이 더 큰지 결정하는 것을 시도할 수 있다.

더 정확하게는, $\boldsymbol{f}_I(\boldsymbol{x}_i)$가 이미지의 임베딩, $\boldsymbol{f}_T(\boldsymbol{y}_j)$가 텍스트의 임베딩, $\mathbf{I}_i = \boldsymbol{f}_I(\boldsymbol{x}_i)/\|\boldsymbol{f}_I(\boldsymbol{x}_i)\|_2$가 이미지 임베딩의 단위 노름 버전, $\mathbf{T}_j = \boldsymbol{f}_T(\boldsymbol{y}_j)/\|\boldsymbol{f}_T(\boldsymbol{y}_j)\|_2$가 텍스트 임베딩의 단위 노름 버전이라 해보자. 쌍별 로짓의 (유사도 점수) 벡터는 다음으로 정의한다.

$$L_{ij} = \mathbf{I}_i^\mathsf{T} \mathbf{T}_j \tag{19.11}$$

이제 크기 N의 미니배치에 대해 평균한 다음의 손실을 최소화하도록, 2개의 임베딩 함수 $\boldsymbol{f}_I$와 $\boldsymbol{f}_T$의 모수를 훈련시킨다.

$$J = \frac{1}{2}\left[\sum_{i=1}^{N} \mathrm{CE}(\mathbf{L}_{i,:}, \mathbf{1}_i) + \sum_{j=1}^{N} \mathrm{CE}(\mathbf{L}_{:,j}, \mathbf{1}_j)\right] \tag{19.12}$$

여기서 CE는 교차 엔트로피 손실이며

$$\mathrm{CE}(\boldsymbol{p}, \boldsymbol{q}) = -\sum_{k=1}^{K} p_k \log q_k \tag{19.13}$$

$\mathbf{1}_i$는 라벨 i의 원핫 인코딩이다. 그림 19.7(a)를 참고하라(실제로 정규화된 임베딩은 온도 매개변수를 통해 스케일링하며, 이 또한 학습시킨다. 이는 소프트맥스의 가파른 정도^{sharpness}를 통제한다).

이들은 논문에서 함수 $\boldsymbol{f}_I$를 위해 ResNet(14.3.4절)과 비전 트랜스포머(15.5.6절)의 사용을, 그리고 $\boldsymbol{f}_T$를 위해서는 텍스트 트랜스포머(15.5절)를 고려했다. 이들은 $N \sim 32{,}000$개의 매우 커다란 미니배치를 사용했으며, 100여 개의 GPU에서 많은 날을 훈련시켰다.

모델을 훈련시킨 후, 이는 다음과 같이 이미지 $\boldsymbol{x}$의 **제로샷 분류**^{zero-shot classification}를 위해 사용할 수 있다. 첫째, 주어진 데이터셋의 가능한 클래스 라벨 K개 각각을 웹에서 나타날 수 있는 텍스트 문자열 $\boldsymbol{y}_k$로 변환한다. 예를 들어 'dog'는 'a photo of a dog'가 된다. 둘째, 정규화된 임베딩 $\mathbf{I} \propto \boldsymbol{f}_I(\boldsymbol{x})$ 그리고 $\mathbf{T}_k \propto \boldsymbol{f}_T(\boldsymbol{y}_k)$를 계산한다. 셋째, 소프트맥스 확률을 계산한다.

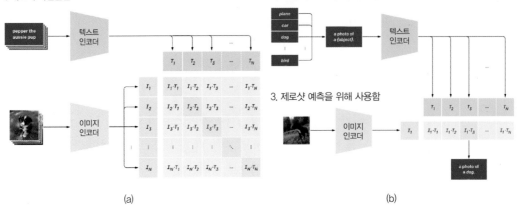

1. 대조적 사전훈련   2. 라벨 텍스트로부터 데이터셋 분류기를 만듦

3. 제로샷 예측을 위해 사용함

(a)   (b)

그림 19.7 CLIP 모델을 보여준다. 출처: [Rad+]의 그림 1. 알렉 래드포드(Alec Radford)가 친절하게 사용을 허가했다.

$$p(y = k | \boldsymbol{x}) = \text{softmax}([\mathbf{I}^{\mathsf{T}}\mathbf{T}_1, \ldots, \mathbf{I}^{\mathsf{T}}\mathbf{T}_k])_k \tag{19.14}$$

그림 19.7(b)를 참고하라(비슷한 접근법이 시각적인 n그램 논문[Li+17]에서 차용됐다).

놀랍게도 이 접근법은 특정한 라벨링된 데이터셋에서 명시적으로 훈련한 적 없이, ImageNet 분류와 같은 과제에서의 표준적인 지도 학습만큼 성능을 낼 수 있다. 물론 ImageNet의 이미지는 웹으로부터 나오며, 텍스트 기반 웹 검색을 사용해 찾았으므로, 모델은 이전에 비슷한 데이터를 봐온 것이 된다. 어쨌든 이것의 새로운 과제에 대한 일반화 및 분포 이동의 로버스트성은 꽤나 인상적이다(예시는 논문을 참고하라).

그러나 이 접근법의 약점은 클래스 라벨이 텍스트 형식으로 어떻게 변환되느냐에 민감하다는데 있다. 예를 들어 모델이 음식 분류에서 동작하게 하려면, 'a photo of guacamole, a type of food', 'a photo of ceviche, a type of food' 같은 형식의 텍스트 문자열을 사용하는 것이 중요하다. 'a type of food'와 같은 명확한 문구는, 현재 매 데이터셋 기반으로 수작업으로 추가한다. 이는 **프롬프트 엔지니어링**prompt engineering이라 부르며, 이것이 필요한 이유는 본래의 클래스 이름이 한 데이터셋에 걸쳐(그리고 때때로 내에서) 애매모호할 수 있기 때문이다.

19.2.5 도메인 적응

소스 도메인source domain $\mathcal{X}_s$ 그리고 **목표 도메인**target domain $\mathcal{X}_t$와 같이 서로 다른 도메인으로부터의 입력이 있지만, 공통된 출력 라벨 $\mathcal{Y}$ 집합이 있는 문제를 고려해 보자(입력 도메인은 다르지만 출력 도메인이 같으므로 이는 '이중dual' 전이 학습이다). 예를 들어 도메인은 컴퓨터 그래픽 시스템 및 실제 이미지로부터의 이미지, 또는 상품 리뷰 및 영화 리뷰일 수 있다. 우리의 목표는 소스 도메인에 모델을 적합시킨 뒤, 모수를 수정하여 목표 도메인에서 동작하게 하는 것이다. 이는 (비지도적) **도메인 적응**domain adaptation이라 부른다(리뷰는 예를 들어 [KL21]을 참고하라).

이 문제에 대한 일반적인 접근법은 소스 분류기가 입력이 소스 분포에서 나오는지 아니면 목표 분포에서 나오는지 구별하지 못하는 식으로 훈련시키는 것이다. 이 경우 양쪽 도메인에 공통된 특성만을 사용할 수 있을 것이다. 이는 **도메인 적대적 학습**domain adversarial learning이라 부른다[Gan+16]. 더 형식적으로는, $d_n \in \{s, t\}$이 데이터 예제 n이 도메인 s 또는 t로부터 나오는지 구체화하는 라벨이라 하자. 우리는 다음을 최적화하고자 한다.

$$\min_{\phi} \max_{\theta} \frac{1}{N_s + N_t} \sum_{n \in \mathcal{D}_s, \mathcal{D}_t} \ell(d_n, f_{\theta}(\boldsymbol{x}_n)) + \frac{1}{N_s} \sum_{m \in \mathcal{D}_s} \ell(y_m, g_{\phi}(f_{\theta}(\boldsymbol{x}_m))) \qquad (19.15)$$

여기서 $N_s = |\mathcal{D}_s|$, $N_t = |\mathcal{D}_t|$이며, f는 $\mathcal{X}_s \cup \mathcal{X}_t \to \mathcal{H}$ 매핑이고, g는 $\mathcal{H} \to \mathcal{Y}_t$ 매핑이다. 식 (19.15)의 목표는 y를 분류하는 원하는 과제에서의 손실은 최소화하지만, 소스 도메인 d를 분류하는 부수적인 과제에서의 손실은 최대화하는 것이다. 이는 **기울기 부호 반전**gradient sign reversal 수법을 통해 구현할 수 있으며, GANGenerative Adversarial Network과 관련이 있다. 도메인 적응에 관한 그 밖의 접근법은 예를 들어 [Csu17; Wu+19]를 참고하라.

19.3 준지도 학습

이 절은 콜린 라펠Colin Raffel과 공저했다.

최근의 많은 성공적인 머신러닝 응용은 라벨링된 예제의 커다란 데이터셋을 모델 훈련을 위해 쓸 수 있는 지도 학습 환경 내에 있다. 그러나 많은 실제적인 응용에서 이러한 라벨링된 데이터를 얻으려면 비싸다. 자동 음성 인식의 경우를 고려해 보자. 현대 데이터셋은 수천 시간의 오디오 녹음으로 되어 있다[Pan+15; Ard+20]. 녹음에서 말하는 단어를 어노테이션하는 과정은 실시간보다 느린 경우가 많으며, 잠재적으로 긴(그리고 비싼) 어노테이션 과정이 된다. 상황을 더욱 심각하게 만들면, 몇몇 응용에서는 (의학적 응용에서의 의사와 같은) 전문가가 반드시 데이터를 라벨링해야만 하며 이는 비용을 더욱 키울 수 있다.

준지도 학습semi-supervised learning은 언라벨링된 데이터의 이점을 취함으로써 라벨링 데이터의 필요성을 완화할 수 있다. 준지도 학습의 일반적인 목표는 모델이 언라벨링된 데이터로부터 데이터 분포의 고수준 구조를 학습하고, 주어진 과제의 미조정된 세부 사항 학습을 위해서만 라벨링된 데이터에 의존하도록 하는 것이다. 표준적인 지도 학습에서는 데이터와 라벨의 결합 분포 x, $y \sim p(x, y)$로부터의 표본에 접근할 수 있다고 가정하는 한편, 준지도 학습은 그림 19.8에서와 같이 x의 주변 분포marginal distribution, 즉 $x \sim p(x)$의 표본에 추가적으로 접근할 수 있다고 가정한다. 게다가 이러한 언라벨링된 표본이 많이 있다고 가정하는 것이 일반적이다. 이들은 통상적으로 저렴하게 얻을 수 있기 때문이다. 자동 음성 인식의 예제를 계속하자면, 단순히 사람의 말을 녹음하는 것이 녹음된 음성을 표기하는 것보다 훨씬 저렴한 경우가 많다. 준지도 학습은 많은 양의 언라벨링된 데이터가 수집되어 있으며 실무자가 이들 모두를 라벨링하는 것을 피하고자 하는 시나리오에 잘 맞는다.

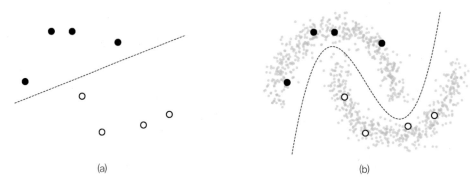

(a)   (b)

그림 19.8 이항 분류 문제를 위한 준지도 학습의 이점을 보여준다. 각 클래스로부터 라벨링된 점은 각각 검은색 및 흰색 점으로 보여준다. (a) 라벨링된 데이터만이 주어졌을 때 학습할 수도 있는 결정 경계, (b) 더 작은 회색 원으로 보여주는 언라벨링된 많은 데이터 지점 또한 갖고 있었을 때 학습할 수도 있는 결정 경계

19.3.1 자기 훈련과 유사 라벨링

준지도 학습을 위한 초기적이면서도 직관적인 접근법은 **자기 훈련**self-training이다[Scu65; Agr70; McL75]. 자기 훈련 이면의 기본적인 아이디어는 언라벨링된 데이터에서 모델 그 자체를 사용해 예측을 추론한 뒤, 이들 예측을 후속 훈련을 위한 라벨로 다루는 것이다. 자기 훈련은 그 단순함 및 보편적인 적용성으로 인해 준지도 학습 방법으로 지속되어 왔다. 즉, 이는 언라벨링된 데이터를 위해 예측을 생성할 수 있는 어떠한 모델이든지 적용 가능하다. 최근에 이러한 접근법을 **유사 라벨링**pseudo-labeling이라 부르는 것이 보통인데, 왜냐하면 언라벨링된 데이터를 위해 추론한 라벨이 지도 학습에서 쓰이는 참인 정답ground-truth 목표와 비교하여 오직 '유사적으로 올바르기pseudo-correct' 때문이다.

자기 훈련은 알고리듬상 통상적으로 다음의 두 과정 중 하나를 따른다. 첫 번째 접근법은, 먼저 언라벨링된 데이터의 전체 모음에 대해 유사 라벨을 예측하고 모델을 다시(아마도 처음부터) 훈련시켜 라벨링된 그리고 (유사 라벨링된) 언라벨링된 데이터의 조합을 융합시킨다. 그 뒤 언라벨링된 데이터를 모델로 다시 라벨링하고 적절한 해를 찾을 때까지 과정 자체를 반복한다. 두 번째 접근법은 대신에 언라벨링된 데이터의 무작위로 선택한 배치에 지속적으로 예측을 생성하고 모델을 이들 유사 라벨에 즉시 훈련시킨다. 두 접근법 모두 실제로 일반적으로 쓰인다. 첫 번째 '오프라인offline' 변형은 언라벨링된 데이터의 거대한 모음을 활용할 때 특히 성공적인 것으로 나타난 한편[Yal+19; Xie+20], '온라인' 접근법은 더욱 정교한 준지도 학습법의 구성 요소 중 하나로 주로 쓰이고 있다 [Soh+20]. 어떤 변형도 다른 것보다 근본적으로 더 나은 것은 아니다. 오프라인 자기 훈련은 '한물간' 유사 라벨에서 모델을 훈련시키는 것이 될 수 있다. 왜냐하면 이들은 오직 모델이 수렴할 때마다 업데이트되기 때문이다. 그러나 온라인 유사 라벨링은 지속적으로 언라벨링된 데이터의 '재라벨링'을 수반하므로 더 많은 연산을 야기할 수 있다.

자기 훈련은 다음의 명백한 문제에 시달릴 수 있다. 모델이 언라벨링된 데이터에 틀린 예측을 생성한 뒤 이들 틀린 예측에서 재훈련을 하면, 의도한 분류 과제에서 결국 완전히 무효한 해를 학습할 때까지 점진적으로 계속 나빠진다. 이러한 이슈는 **확증 편향**confirmation bias이란 별명으로 부르는데 [TV17], 왜냐하면 모델이 결정 규칙에 대한 자신만의 (틀린) 편향을 지속적으로 확증하기 때문이다.

확증 편향을 완화하는 보통의 방법은 올바른 유사 라벨만을 남기는 것을 휴리스틱하게 시도하는 '선택 계량selection metric'을 사용하는 것이다[RHS05]. 예를 들어 모델이 각각의 가능한 클래스를 위한 확률을 출력한다고 가정하면, 가장 큰 클래스 확률이 임계치를 넘어서는 유사 라벨만을 남기는 것이 자주 쓰이는 선택 계량이다[Yar95; RHS05]. 모델의 클래스 확률 추정값이 잘 조정된다면, 이들 선택 계량은 올바를 가능성이 높은(적어도 모델에 의하면) 라벨만을 남길 것이다. 더욱 정교한 선택 계량은 해당 문제 도메인에 따라 디자인할 수 있다.

19.3.2 엔트로피 최소화

자기 훈련은 모델이 저-엔트로피(즉, 높은 신뢰도) 예측을 출력하도록 하는 암묵적인 효과가 있다. 이 효과는 모델이 언라벨링된 데이터에서 다음의 손실 함수를 최소화하는, 교차 엔트로피 손실로 된 온라인 환경에서 가장 뚜렷하다.

$$\mathcal{L} = - \max_c \log p_\theta(y = c | \boldsymbol{x}) \tag{19.16}$$

여기서 $p_\theta(y | \boldsymbol{x})$는 입력 $\boldsymbol{x}$가 주어졌을 때 모델의 클래스 확률 분포다. 이 함수는 모델이 모든 클래스 확률을 단일 클래스 c^*에 할당할 때, 즉 $p(y = c^* | \boldsymbol{x}) = 1$ 그리고 $p(y \neq c^* | \boldsymbol{x}) = 0$일 때 최소화된다.

유사 지도 학습과 긴밀하게 관련된 방법은 다음의 손실 함수를 최소화하는 **엔트로피 최소화**entropy minimization다[GB05].

$$\mathcal{L} = - \sum_{c=1}^{C} p_\theta(y = c | \boldsymbol{x}) \log p_\theta(y = c | \boldsymbol{x}) \tag{19.17}$$

이 함수는 또한 모델이 모든 클래스 확률을 단일 클래스에 할당할 때도 최소화됨을 주지하라. 식 (19.17)의 엔트로피 최소화 손실은 처음의 $p_\theta(y = c | \boldsymbol{x})$ 항을 가장 높은 확률이 할당된 클래스에 1의 확률을 할당하는 '원핫' 벡터로 바꿈으로써 식 (19.16)의 온라인 자기 훈련 손실과 동등하게 만들 수 있다. 다시 말해, 온라인 자기 훈련은 모델의 출력 그리고 '딱딱한hard' 목표인 $\arg \max p_\theta(y | \boldsymbol{x})$ 사이의 교차 엔트로피를 최소화하는 한편, 엔트로피 최소화는 '부드러운soft' 목표 $p_\theta(y | \boldsymbol{x})$를 사용한다. 이 두 극단 사이에서 균형을 잡는 한 가지 방법은 각 확률을 $1/T$승으로 제곱하고 재정규화함으로써 목표 분포의 '온도'를 조정하는 것이다. 이것이 [Ber+19b; Ber+19a; Xie+19]의 **믹스매치**mixmatch법의 기본이다. $T = 1$이면 이는 엔트로피 최소화와 동등하다. $T \rightarrow 0$에서 이는 딱

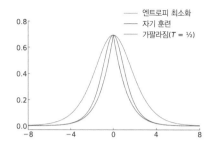

그림 19.9 이항 분류 문제를 위한 엔트로피 최소화, 자기 훈련, '가팔라진' 엔트로피 최소화 손실을 보여준다.

딱한 온라인 자기 학습이 된다. 이들 손실 함수의 비교는 그림 19.9에서 보여준다.

19.3.2.1 군집 가정

엔트로피 최소화가 좋은 아이디어인 이유는 무엇인가? 많은 준지도 학습법의 기본적인 가정은 클래스 사이의 결정 경계가 데이터 매니폴드의 저차원 영역에 속한다는 것이다. 이는 사실상 서로 다른 클래스에 해당하는 데이터가 같이 군집화됨을 가정한다. 따라서 좋은 결정 경계는 군집을 지나가서는 안 된다. 이는 단순히 이들을 분리시켜야 한다. **군집 가정**cluster assumption을 하는 준지도 학습법은 언라벨링된 데이터를 사용해 데이터 매니폴드의 모양을 추정하고 결정 경계를 이로부터 멀리 이동시키는 것으로 생각할 수 있다.

엔트로피 최소화는 그러한 방법 중 하나다. 왜 그런지 보기 위해, 먼저 두 클래스 사이의 결정 경계가 '평활'하다고, 즉 방법이 도메인의 어디에서든지 클래스 예측을 갑작스럽게 바꾸지 않는다고 가정해 보자. 이는 실제로 단순하고/하거나 정칙화된 모델에서 참이 된다. 이 경우 결정 경계가 데이터의 고밀도 영역을 지나간다면, 이는 부득이하게 데이터 분포로부터 몇몇 표본에 대해 고-엔트로피 예측을 만들어 낼 것이다. 따라서 엔트로피 최소화는 모델이 결정 경계를 입력 공간의 저차원 영역에 두어, 데이터가 표집될 수도 있는 공간의 영역 내에서 한 클래스에서 다른 클래스로의 전이를 막도록 부추길 것이다. 이러한 움직임을 시각화한 것은 그림 19.10에서 보여준다.

19.3.2.2 입출력 상호 정보

브리들Bridle, 헤딩Heading, 맥케이MacKa는 엔트로피 최소화 목적 함수의 다른 정당성을 제안했다 [BHM92]. 여기서 이들은 앞에서 설명한 것이 데이터와 라벨(즉, 모델의 입력과 출력) 사이의 상호 정

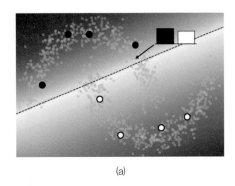
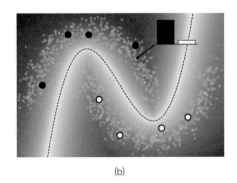

그림 19.10 어떻게 엔트로피 최소화가 군집 가정을 강제하는지 보여주는 시각화. 분류기가 각각의 빨간 영역 아니면 파란 영역에서 클래스 1(검은색 점) 또는 2(흰색 점)에 높은 확률을 할당한다. 예측된 하나의 특정한 언라벨링된 데이터 지점을 위한 예측된 클래스 확률은 막대 도표로 보여준다. (a)에서는 결정 경계가 데이터의 고밀도 영역을 지나가므로, 분류기가 고-엔트로피 예측을 출력하도록 강제한다. (b)에서는 분류기가 고밀도 영역을 피하고 있으며 대부분의 언라벨링된 데이터에 저-엔트로피 예측을 할당할 수 있다.

보의 최대화로부터 자연스럽게 나타남을 보여줬다. $\boldsymbol{x}$를 입력, 그리고 y를 목표라 표기하면 입력-출력 상호 정보는 다음과 같이 쓸 수 있다.

$$\mathcal{I}(y;\boldsymbol{x}) = \iint p(y,\boldsymbol{x}) \log \frac{p(y,\boldsymbol{x})}{p(y)p(\boldsymbol{x})} dy d\boldsymbol{x} \tag{19.18}$$

$$= \iint p(y|\boldsymbol{x})p(\boldsymbol{x}) \log \frac{p(y,\boldsymbol{x})}{p(y)p(\boldsymbol{x})} dy d\boldsymbol{x} \tag{19.19}$$

$$= \int p(\boldsymbol{x})d\boldsymbol{x} \int p(y|\boldsymbol{x}) \log \frac{p(y|\boldsymbol{x})}{p(y)} dy \tag{19.20}$$

$$= \int p(\boldsymbol{x})d\boldsymbol{x} \int p(y|\boldsymbol{x}) \log \frac{p(y|\boldsymbol{x})}{\int p(\boldsymbol{x})p(y|\boldsymbol{x})d\boldsymbol{x}} dy \tag{19.21}$$

첫 번째 적분은 $\boldsymbol{x}$에 대해 기댓값을 취하는 것과 동등하며, 두 번째 적분은 클래스 y의 가능한 모든 값에 대해 합을 하는 것과 동등함을 주지하라. 이들 관계를 사용해 다음을 얻을 수 있다.

$$\mathcal{I}(y;\boldsymbol{x}) = \mathbb{E}_{\boldsymbol{x}} \left[\sum_{i=1}^{L} p(y_i|\boldsymbol{x}) \log \frac{p(y_i|\boldsymbol{x})}{\mathbb{E}_{\boldsymbol{x}}[p(y_i|\boldsymbol{x})]} \right] \tag{19.22}$$

$$= \mathbb{E}_{\boldsymbol{x}} \left[\sum_{i=1}^{L} p(y_i|\boldsymbol{x}) \log p(y_i|\boldsymbol{x}) \right] - \mathbb{E}_{\boldsymbol{x}} \left[\sum_{i=1}^{L} p(y_i|\boldsymbol{x}) \log \mathbb{E}_{\boldsymbol{x}}[p(y_i|\boldsymbol{x})] \right] \qquad (19.23)$$

$$= \mathbb{E}_{\boldsymbol{x}} \left[\sum_{i=1}^{L} p(y_i|\boldsymbol{x}) \log p(y_i|\boldsymbol{x}) \right] - \sum_{i=1}^{L} \mathbb{E}_{\boldsymbol{x}}[p(y_i|\boldsymbol{x}) \log \mathbb{E}_{\boldsymbol{x}}[p(y_i|\boldsymbol{x})]] \qquad (19.24)$$

우리가 처음에 상호 정보를 최대화하려 했으며, 통상적으로 손실 함수를 최소화하므로, 이는 부정을 취하여^{negate} 적절한 손실 함수로 변환할 수 있다.

$$\mathcal{I}(y; \boldsymbol{x}) = -\mathbb{E}_{\boldsymbol{x}} \left[\sum_{i=1}^{L} p(y_i|\boldsymbol{x}) \log p(y_i|\boldsymbol{x}) \right] + \sum_{i=1}^{L} \mathbb{E}_{\boldsymbol{x}}[p(y_i|\boldsymbol{x}) \log \mathbb{E}_{\boldsymbol{x}}[p(y_i|\boldsymbol{x})]] \qquad (19.25)$$

첫 번째 항은 정확히 엔트로피 최소화 목적 함수의 기댓값이다. 두 번째 항은 기대 클래스 예측의 엔트로피를, 즉 우리의 훈련 집합에 대한 평균 클래스 예측을 최대화해야 한다는 것을 구체화한다. 이는 모델이 각각의 가능한 클래스를 같은 확률로 예측하도록 부추기며, 이는 모든 클래스가 동일하게 가능성이 있음을 선험적으로 알고 있을 때만 적절하다.

19.3.3 공동 훈련

공동 훈련$^{co\text{-}training}$[BM98]은 자기 훈련과 유사하지만, 데이터에 대한 2개의 상호 보완적인 '뷰'(즉, 특성의 독립적인 집합)가 있다는 추가적인 가정을 한다. 각각의 뷰에 2개의 모델을 개별적으로 훈련시킨 후, 언라벨링된 데이터를 각각의 모델로 분류하여 후보 유사 라벨을 얻는다. 특정 유사 라벨이 한 모델로부터 (높은 신뢰도를 뜻하는) 저-엔트로피 예측을, 그리고 다른 모델로부터 (낮은 신뢰도를 뜻하는) 고-엔트로피 예측을 받으면, 그 유사 라벨 데이터 지점을 저-엔트로피 모델을 위한 훈련 집합에 추가한다. 그 뒤, 과정을 더 크고 새로운 훈련 데이터셋으로 반복한다. 모델 중 하나가 확신할 때만 유사 라벨을 남기는 과정은 이상적으로는 올바르게 라벨링된 데이터로 된 훈련 집합을 구축한다.

　공동 훈련은 데이터에 대한 2개의 정보적이지만 독립적인 뷰가 존재한다는 강한 가정을 하며, 이는 많은 문제에서 사실이 아닐 수도 있다. **삼자 훈련**$^{Tri\text{-}Training}$ 알고리듬[ZL05]은 대신에 라벨링된 데이터의 (복원으로) 독립적으로 표집된 부분집합에서 먼저 훈련된 '3개의' 모델을 사용해 이러한 이슈를 피해간다. 이상적으로, 초기에 서로 다른 라벨 데이터 모음에서 모델의 훈련을 하면 이들의 예측이 언제나 합의가 되는 것은 아니다. 그 뒤, 언라벨링된 데이터를 위한 유사 라벨을 각각의 3개 모델을 통해 독립적으로 생성한다. 주어진 언라벨링된 데이터 지점에서 2개의 모델이 유사 라벨에 합의를 하면, 이는 세 번째 모델을 위한 훈련 집합에 추가한다. 이는 선택 계량으로 볼 수 있는데, 왜냐하면 2개의 (서로 다르게 초기화된) 모델이 올바른 라벨에 합의를 하는 유사 라벨만을 남기기 때문이다. 모델은 그 뒤 라벨링된 데이터와 새로운 유사 라벨의 조합에서 훈련시키며, 전체 과정을 반복한다.

19.3.4 그래프에서의 라벨 전파

2개의 데이터 지점이 어떠한 의미 있는 방식으로 '유사하다면', 이들이 라벨을 공유한다고 기대할 수도 있다. 이 아이디어는 **매니폴드 가정**manifold assumption으로 불러왔다. **라벨 전파**label propagation는 매니폴드 가정을 활용하여 라벨을 언라벨 데이터에 할당하는 준지도 학습 기법이다. 라벨 전파는 먼저 노드가 데이터 예제이며 에지 가중치가 유사성의 정도를 나타내는 그래프를 구축한다. 노드 라벨은 라벨링된 데이터에 해당하는 노드에게는 알려져 있지만 언라벨링된 데이터를 위한 것에는 알려져 있지 않다. 그 뒤 라벨 전파는 알려져 있는 라벨을, 주어진 노드의 이웃 라벨에서 최소한의 불일치가 존재하는 식으로 그래프의 에지에 걸쳐 전파시킨다. 이는 언라벨 데이터를 위한 라벨 추측을 제공하며, 이는 그 뒤 모델의 지도 학습을 위한 보통의 방식으로 사용할 수 있다.

더욱 구체적으로는, 기본적인 라벨 전파 알고리듬[ZG02]은 다음과 같이 진행한다. 먼저 $w_{i,j}$가 2개의 (라벨링된 또는 언라벨링된) 데이터 지점을 위한 유사도의 측정치를 제공하는, x_i와 x_j 사이의 비음수 에지 가중치를 표시한다고 하자. M개의 라벨링된 데이터 지점과 N개의 언라벨링된 데이터 지점이 있다고 가정하면, 다음의 성분을 갖는 $(M + N) \times (M + N)$ 전이 행렬 $\mathbf{T}$를 정의한다.

$$\mathbf{T}_{i,j} = \frac{w_{i,j}}{\sum_k w_{k,j}} \tag{19.26}$$

$\mathbf{T}_{i,j}$는 노드 j에서 노드 i를 위해 라벨을 전파하는 확률을 나타낸다. 추가로 $(M + N) \times C$ 라벨 행렬 $\mathbf{Y}$를 정의하며, 여기서 C는 가능한 클래스의 개수다. $\mathbf{Y}$의 i번째 행은 데이터 지점 i의 클래스 확률 분포를 나타낸다. 그런 다음 $\mathbf{Y}$에서의 값이 크게 변하지 않을 때까지 다음의 단계를 반복한다. 먼저 전이 행렬 $\mathbf{T}$를 사용해 $\mathbf{Y} \leftarrow \mathbf{TY}$로 둠으로써 $\mathbf{Y}$에서의 라벨을 전파한다. 그 뒤 $\mathbf{Y}_{i,c} \leftarrow \mathbf{Y}_{i,c}/ \sum_k \mathbf{Y}_{i,k}$로 두어 $\mathbf{Y}$의 행을 재정규화한다. 마지막으로, 라벨링된 데이터 지점에 해당하는 $\mathbf{Y}$의 행을

이들의 원샷 표현으로(즉, 데이터 지점 i가 정답 라벨로 c를 가지면 $\mathbf{Y}_{i,c} = 1$로, 그렇지 않으면 0으로) 바꾼다. 수렴 후에, $\mathbf{Y}$ 내 각 데이터 지점을 위한 가장 높은 클래스 확률에 기반하여 추측 라벨을 선택한다.

이 알고리듬은 데이터 지점의 유사도를 반복적으로 사용해 (고정된) 라벨로부터의 정보를 언라벨 링된 데이터로 전파시킨다. 각 반복마다, 주어진 데이터 지점을 위한 라벨 분포는 연결된 데이터 지점 모두를 위한 라벨 분포의 가중 평균으로 계산하며, 이때 가중화는 $\mathbf{T}$에서의 에지 가중치에 해당한다. 이 과정이 하나의 고정된 점으로 수렴함을 증명하는 것이 가능하며, 이때 계산 비용은 주로 언라벨링에서 언라벨링으로의unlabled-to-unlabled 전이 확률의 역행렬 계산에서 비롯된다[ZG02].

이는 고정된 언라벨링된 데이터셋을 일반화하는 모델을 학습하는 대신에 이를 위한 라벨의 예측을 학습하고 있으므로, 전체 접근법은 **전환 학습**transductive learning의 형식으로 볼 수 있다. 그러나 유도된 라벨이 주어졌을 때, 보통의 방법으로 **귀납 학습**inductive learning을 수행할 수 있다.

라벨 전파의 성공 여부는 서로 다른 노드 (데이터 지점) 사이의 가중치를 구축하는 데 쓰이는 유사도의 개념에 크게 의존한다. 단순한 데이터에서는 데이터 지점 사이에 유클리드 거리를 측정하는 것으로 충분할 수 있다. 그러나 복잡하고 고차원적인 데이터에서의 유클리드 거리는 2개의 데이터 지점이 같은 클래스를 공유하는 가능도를 의미 있게 반영하지 못할 수도 있다. 유사도 가중치는 또한 문제에 특정적인 지식에 따라 임의적으로 설정할 수 있다. 유사도 그래프를 구축하는 다른 방법에 대한 몇 가지 예시는 [Zhu05, 3장]을 참고하라. 딥러닝과 함께 이 접근법을 사용하는 최근 논문은 예를 들어 [BRR18; Isc+19]를 참고하라.

19.3.5 일관성 정칙화

일관성 정칙화consistency regularization는 주어진 한 데이터 지점의(아니면 모델 그 자체의) 섭동이 모델의 출력을 극적으로 변화시키지 말아야 한다는 단순한 아이디어를 활용한다. 이런 방식으로 일관성을 측정하는 것은 오직 모델의 출력만을 활용하므로(그리고 정답 라벨은 사용하지 않음) 언라벨링된 데이터에 손쉽게 적용 가능하며, 따라서 준지도 학습을 위한 적절한 손실 함수를 만드는 데 쓰일 수 있다. 이 아이디어는 처음에 '유사 앙상블로 학습하기learning with pseudo-ensembles'라는 프레임워크하에서[BAP14], 이 다음부터 설명하는 비슷한 변형과 함께 제안됐다[LA16; SJT16].

이것의 가장 일반적인 형식에서는 입력에 적용된 모델 $p_\theta(y \,|\, \boldsymbol{x})$ 및 변환 모두 확률적일 수 있다. 예를 들어, 컴퓨터 비전 문제에서 무작위 회전이나 입력 이미지에 잡음을 추가하는 것과 같은 데

이터 덧붙이기를 사용해 입력을 변환할 수도 있으며, 네트워크가 드롭아웃(13.5.4절)이나 가중치 잡음[Gra11]과 같은 확률적 구성 요소를 포함할 수도 있다. 일관성 정칙화의 일반적이면서도 단순한 형식은 먼저 $x' \sim q(x' \mid x)$를 표집한 뒤(여기서 $q(x' \mid x)$는 확률적 입력 변환에 의해 유도된 분포다) 손실 $\|p_\theta(y \mid x) - p_\theta(y \mid x')\|^2$을 최소화하는 것이다. 실제로는 첫 번째 항 $p_\theta(y \mid x)$는 통상적으로 고정된 것으로 다룬다(즉, 기울기가 이를 통해 전파되지 않는다). 준지도 환경에서, 라벨링된 데이터 $(x_1, y_1), (x_2, y_2), \ldots, (x_M, y_M)$ 그리고 언라벨링된 데이터 $x_1, x_2, \ldots, x_N$의 배치에 대한 조합된 손실 함수는 다음과 같다.

$$\mathcal{L}(\boldsymbol{\theta}) = -\sum_{i=1}^{M} \log p_\theta(y = y_i \mid x_i) + \lambda \sum_{j=1}^{N} \|p_\theta(y \mid x_j) - p_\theta(y \mid x'_j)\|^2 \tag{19.27}$$

여기서 λ는 언라벨링된 데이터에서 손실의 중요성에 대한 균형을 맞춰주는 스칼라 초매개변수이며, 단순함을 위해 $q(x' \mid x_j)$로부터 뽑은 표본은 x'_j으로 표기한다.

식 (19.27)에서의 일관성 정칙화의 기본 형식은, 이러한 준지도 학습 접근법의 성공에 영향을 미치는 많은 디자인적 선택을 드러내 준다. 먼저, λ 초매개변수를 위해 선택한 값이 중요하다. 값이 너무 크다면 모델이 지도적인 과제를 학습하는 데 충분한 가중치를 주지 못할 수도 있으며, 대신에 그 스스로의 나쁜 예측을 강화하기 시작할 것이다(자기 훈련에서의 확증 편향과 같이). 모델이 라벨링된 데이터에서 꽤 훈련이 되기 전 훈련을 시작할 때는 나쁜 경우가 많으므로, 현실에서는 λ를 0으로 두고 훈련 과정에서 값을 높이는 것이 보통이다.

두 번째로 중요한 고려사항은 입력에 적용한 무작위 변환, 즉 $q(x' \mid x)$이다. 일반적으로 말하자면, 이들 변환은 x의 라벨을 바꾸지 않도록 디자인되어야 한다. 앞서 언급했듯이, 도메인 특성 데이터 덧붙이기를 사용하는 것이 일반적인 선택이다. 최근에는 입력을 크게 변질시키는(그러나 라벨은 여전히 틀림없이 바뀌지 않을 것이다) 강한 데이터 덧붙이기를 사용하면 특히 강한 결과를 만들어 낼 수 있는 것으로 나타났다[Xie+19; Ber+19a; Soh+20].

데이터 덧붙이기를 사용하면 어떤 종류의 변환이 라벨은 유지하면서 주어진 문제에 적절한지 결정하기 위한 전문가 지식이 필요하다. **가상 적대적 훈련**VAT, Virtual Adversarial Training이라 부르는 다른 기법은 대신에 모델의 출력을 최대한으로 바꾸기 위해 디자인된 분석적으로 발견한 섭동을 사용해 입력을 변환한다. 구체적으로 말하자면, VAT는 $\boldsymbol{\delta} = \text{argmax}_\delta \, D_{\text{KL}}(p_\theta(y \mid x) \| p_\theta(y \mid x + \boldsymbol{\delta}))$를 근사하는 섭동 $\boldsymbol{\delta}$를 계산한다. 근사는 다변량 가우스 분포로부터 d를 표집하여 $\boldsymbol{\delta} = d$로 초기화한

뒤, 다음과 같이 둠으로써 한다.

$$\boldsymbol{\delta} \leftarrow \nabla_{\boldsymbol{\delta}} D_{\mathrm{KL}}\left(p_\theta(y|\boldsymbol{x}) \parallel p_\theta(y|\boldsymbol{x} + \boldsymbol{\delta})\right)|_{\boldsymbol{\delta}=\xi\boldsymbol{d}} \tag{19.28}$$

여기서 ξ는 작은 상수이며, 통상적으로 10^{-6}이다. 그 뒤 VAT는 다음을 설정하며

$$\boldsymbol{x}' = \boldsymbol{x} + \epsilon\frac{\boldsymbol{\delta}}{\|\boldsymbol{\delta}\|_2} \tag{19.29}$$

일관성 정칙화와 함께 보통과 같이 진행한다. 여기서 ϵ은 $\boldsymbol{x}$에 적용된 섭동의 L2-노름을 설정하는 스칼라 초매개변수다.

일관성 정칙화는 또한 훈련 목적 함수의 기하학적 속성, 그리고 SGD의 궤도에 상당한 영향을 줄 수 있으며, 그에 따라 성능이 비표준적인 훈련 과정으로부터 특히 이점을 얻을 수 있다. 예를 들어, 다른 훈련 에포크에서의 가중치 사이의 유클리드 거리는 일관성 정칙화를 사용하는 목적 함수에서는 상당히 더 크다. 아티와라쿤Athiwaratkun 등[Ath+19]은 **확률적 가중치 평균화**SWA, Stochastic Weight Averaging의 변형[Izm+18]이 일관성 정칙화의 기하학적 속성을 활용함으로써 준지도 학습 과제에서 최신의 성능을 달성할 수 있음을 보여주고 있다.

일관성 정칙화를 사용할 때 마지막 고려사항은 섭동이 있는 그리고 없는 네트워크 출력 사이의

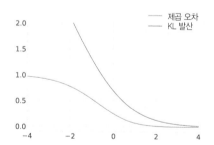

그림 19.11 일관성 정칙화를 위한 제곱 오차와 KL 발산 손실의 비교. 이 시각화는 섭동되지 않은 입력을 위한 모델의 출력이 1이라 가정할 때 이항 분류 문제를 위한 것이다. 그림은 섭동된 입력을 위한 특정한 로짓 (즉, 출력 시그모이드 비선형성에 공급된 사전 활성화) 값에서 나타난 손실을 그리고 있다. 로짓이 무한대로 커짐에 따라, 모델이 클래스 라벨 1을 예측한다(섭동되지 않은 입력을 위한 예측에 부합하여). 로짓이 음의 무한대로 커짐에 따라, 모델 예측은 클래스 0이 된다. 제곱 오차 손실은 모델이 높은 확률로 한 클래스 아니면 다른 클래스를 예측할 때 포화되지만(그리고 0의 기울기를 가짐), KL 발산은 모델이 더욱더 높은 신뢰도로 클래스 0을 예측함에 따라 경계가 없이 커진다.

차이를 측정하는 데 사용하는 함수다. 식 (19.27)은 보통 선택되는 제곱 L2 거리(또한 브라이어 점수 Brier score라고도 부른다)를 사용한다[SJT16; TV17; LA16; Ber+19b]. 또한 라벨링된 예제에서 쓰이는 교차 엔트로피 손실과 유사한 KL 발산 $D_{\mathrm{KL}}(p_\theta(y\,|\,\boldsymbol{x})\,\|\,p_\theta(y\,|\,\boldsymbol{x}'))$도 주로 사용된다(즉, 정답 라벨과 예측 사이의 KL 발산)[Miy+18; Ber+19a; Xie+19]. 제곱 오차 손실의 기울기는, 모델이 출력에 소프트맥스 비선형성을 사용한다고 가정하면, 섭동된 입력과 섭동되지 않은 입력에서의 모델 예측이 더욱 달라짐에 따라 0으로 접근한다. 따라서 제곱 오차 손실의 사용은 모델의 예측이 매우 불안정할 때 모델이 업데이트되지 않는다는 점에서 장점을 얻을 가능성이 있다. 그러나 KL 발산은 라벨링된 데이터에서 쓰인 교차 엔트로피 손실에서와 같은 스케일을 가지며, 이는 언라벨링된 손실 초매개변수 λ가 더욱 직관적으로 튜닝되도록 한다. 두 손실 함수의 비교는 그림 19.11이 보여준다.

19.3.6 심층 생성 모델*

생성 모델은 $\mathcal{L}_U = -\sum_n \log p_\theta(\boldsymbol{x}_n)$의 최소화를 통한 주변 분포의 모델을 학습함으로써 언라벨링된 데이터를 활용하는 자연스러운 방법을 제공한다. 다양한 접근법이 준지도 학습을 위해, 더 나은 지도적인 모델을 만들어 내는 데 도움이 되도록 $p_\theta(\boldsymbol{x}_n)$의 모델을 사용하는 방법을 개발함으로써 생성 모델을 활용해 왔다.

19.3.6.1 변분 오토인코더

20.3.5절에서 데이터 $\boldsymbol{x}$와 잠재 변수 $\boldsymbol{z}$의 결합 분포의 확률적 모델을 정의하는 변분 오토인코더VAE, Variational AutoEncoder를 설명한다. 데이터는 먼저 $\boldsymbol{z} \sim p(\boldsymbol{z})$를 표집한 뒤 $\boldsymbol{x} \sim p(\boldsymbol{x}\,|\,\boldsymbol{z})$를 표집하여 생성한다고 가정한다. VAE는 학습을 위해 인코더 $q_\lambda(\boldsymbol{z}\,|\,\boldsymbol{x})$를 사용해 사후 분포를 근사하며, 디코더 $p_\theta(\boldsymbol{x}\,|\,\boldsymbol{z})$를 사용해 가능도를 근사한다. 인코더와 디코더는 통상적으로 심층 신경망이다. 인코더와 디코더의 모수는 데이터의 증거 하계ELBO, Evidence Lower BOund를 최대화하여 결합적으로 훈련할 수 있다.

잠재 변수 $p(\boldsymbol{z})$의 주변 분포는 주로 대각-공분산 가우스와 같은 단순한 분포가 되도록 선택한다. 실제로는 $\boldsymbol{z}$가 통상적으로 $\boldsymbol{x}$보다 저차원이며, $\boldsymbol{z}$가 종속적인cascaded 비선형 변환을 통해 구축되며, 잠재 변수의 차원이 독립이 되도록 디자인된다는 사실 덕분에, 이것이 다운스트림 분류에서 잠재 변수 $\boldsymbol{z}$를 더욱 다루기 쉽게 만든다. 다시 말해, 데이터가 더욱 쉽게 분리될 수 있을 때 잠재 변수는

(학습된) 표현을 제공할 수 있다. [Kin+14]에서는 이 접근법을 **M1**이라 부르며, 정말로 잠재 변수가 라벨이 부족할 때 더 강한 모델을 훈련시키는 데 쓰일 수 있음을 보여줬다(다운스트림 분류 과제를 돕기 위한 표현의 비지도 학습의 일반적인 아이디어는 19.2.4절에 추가로 설명되어 있다).

VAE를 활용하는 다른 접근법 또한 [Kin+14]에서 제안했으며 **M2**라 부른다. 이는 다음의 형식을 갖는다.

$$p_{\boldsymbol{\theta}}(\boldsymbol{x}, y) = p_{\boldsymbol{\theta}}(y)p_{\boldsymbol{\theta}}(\boldsymbol{x}|y) = p_{\boldsymbol{\theta}}(y) \int p_{\boldsymbol{\theta}}(\boldsymbol{x}|y, \boldsymbol{z})p_{\boldsymbol{\theta}}(\boldsymbol{z})dz \tag{19.30}$$

여기서 $\boldsymbol{z}$는 잠재 변수, $p_{\boldsymbol{\theta}}(\boldsymbol{z}) = \mathcal{N}(\boldsymbol{z}|\boldsymbol{\mu}_{\boldsymbol{\theta}}, \boldsymbol{\Sigma}_{\boldsymbol{\theta}})$는 잠재 사전 분포(통상적으로 $\boldsymbol{\mu}_{\boldsymbol{\theta}} = \boldsymbol{0}$ 그리고 $\boldsymbol{\Sigma}_{\boldsymbol{\theta}} = \mathbf{I}$로 고정한다), $p_{\boldsymbol{\theta}}(y) = \mathrm{Cat}(y|\boldsymbol{\pi}_{\boldsymbol{\theta}})$는 라벨 사전 분포, $p_{\boldsymbol{\theta}}(\boldsymbol{x}|y, \boldsymbol{z}) = p(\boldsymbol{x}|p_{\boldsymbol{\theta}}(y, \boldsymbol{z}))$는 f를 통해(심층 신경망) 계산한 모수를 갖는 가우스와 같은 가능도다. 이 접근법의 주된 혁신은 데이터가 잠재 클래스 변수 y 및 연속적인 잠재 변수 $\boldsymbol{z}$ 모두에 의해 생성된다고 가정한다는 것이다. 클래스 변수 y는 라벨링된 데이터를 위해 관측되며 언라벨링된 데이터를 위해서는 관측되지 않는다.

라벨링된 데이터 $p_{\boldsymbol{\theta}}(\boldsymbol{x}, y)$를 위한 가능도를 계산하려면, $\boldsymbol{z}$에 대해 주변화를 해야 하며, 이는 다음 형식의 추론 네트워크를 사용해 할 수 있다.

$$q_{\boldsymbol{\phi}}(\boldsymbol{z}|y, \boldsymbol{x}) = \mathcal{N}(\boldsymbol{z}|\boldsymbol{\mu}_{\boldsymbol{\phi}}(y, \boldsymbol{x}), \mathrm{diag}(\sigma_{\boldsymbol{\phi}}^2(\boldsymbol{x})) \tag{19.31}$$

그 뒤 다음의 변분 하계^{variational lower bound}를

$$\log p_{\boldsymbol{\theta}}(\boldsymbol{x}, y) \geq \mathbb{E}_{q_{\boldsymbol{\phi}}(\boldsymbol{z}|\boldsymbol{x}, y)} \left[\log p_{\boldsymbol{\theta}}(\boldsymbol{x}|y, \boldsymbol{z}) + \log p_{\boldsymbol{\theta}}(y) + \log p_{\boldsymbol{\theta}}(\boldsymbol{z}) - \log q_{\boldsymbol{\phi}}(\boldsymbol{z}|\boldsymbol{x}, y) \right] = -\mathcal{L}(\boldsymbol{x}, y) \tag{19.32}$$

VAE를 위한 표준으로 사용한다(20.3.5절 참고). 유일한 차이점은 $\boldsymbol{x}$와 y 두 종류의 데이터를 관측한다는 것이다.

언라벨링된 데이터 $p_{\boldsymbol{\theta}}(\boldsymbol{x})$를 위한 가능도를 계산하려면, $\boldsymbol{z}$와 y에 대해 주변화를 해야 하며, 이는 다음 형식의 추론 네트워크를 사용해 할 수 있다.

$$q_{\boldsymbol{\phi}}(\boldsymbol{z}, y|\boldsymbol{x}) = q_{\boldsymbol{\phi}}(\boldsymbol{z}|\boldsymbol{x})q_{\boldsymbol{\phi}}(y|\boldsymbol{x}) \tag{19.33}$$

$$q_{\boldsymbol{\phi}}(\boldsymbol{z}|\boldsymbol{x}) = \mathcal{N}(\boldsymbol{z}|\boldsymbol{\mu}_{\boldsymbol{\phi}}(\boldsymbol{x}), \mathrm{diag}(\sigma_{\boldsymbol{\phi}}^2(\boldsymbol{x}))) \tag{19.34}$$

$$q_{\boldsymbol{\phi}}(y|\boldsymbol{x}) = \mathrm{Cat}(y|\boldsymbol{\pi}_{\boldsymbol{\phi}}(\boldsymbol{x})) \tag{19.35}$$

$q_\phi(y|\boldsymbol{x})$는 결측 라벨을 대체시키는 판별 분류기와 같이 움직임을 주지하라. 그 뒤 다음의 변분 하계를 사용한다.

$$\log p_{\boldsymbol{\theta}}(\boldsymbol{x}) \geq \mathbb{E}_{q_\phi(\boldsymbol{z},y|\boldsymbol{x})} \left[\log p_{\boldsymbol{\theta}}(\boldsymbol{x}|y,\boldsymbol{z}) + \log p_{\boldsymbol{\theta}}(y) + \log p_{\boldsymbol{\theta}}(\boldsymbol{z}) - \log q_\phi(\boldsymbol{z},y|\boldsymbol{x}) \right] \tag{19.36}$$

$$= -\sum_y q_\phi(y|\boldsymbol{x}) \mathcal{L}(\boldsymbol{x},y) + \mathbb{H}\left(q_\phi(y|\boldsymbol{x})\right) = -\mathcal{U}(\boldsymbol{x}) \tag{19.37}$$

판별 분류기 $q_\phi(y|\boldsymbol{x})$는 언라벨링된 데이터의 로그 가능도 계산에만 쓰임을 주지하라. 이는 원하지 않는 일이다. 그러므로 지도적인 데이터에 추가적인 분류 손실을 추가하여 다음과 같은 전체적인 목적 함수를 얻는다.

$$\mathcal{L}(\boldsymbol{\theta}) = \mathbb{E}_{(\boldsymbol{x},y)\sim\mathcal{D}_L} \left[\mathcal{L}(\boldsymbol{x},y)\right] + \mathbb{E}_{\boldsymbol{x}\sim\mathcal{D}_U} \left[\mathcal{U}(\boldsymbol{x})\right] + \alpha \mathbb{E}_{(\boldsymbol{x},y)\sim\mathcal{D}_L} \left[-\log q_\phi(y|\boldsymbol{x})\right] \tag{19.38}$$

여기서 α는 생성적인 그리고 판별적인 학습의 상대 가중치를 통제하는 초매개변수다.

물론 M2에서 쓰이는 확률적인 모델은 단지 관측된 데이터, 클래스 라벨, 그리고 연속적인 잠재 변수 사이의 의존성을 분해하는 여러 방법 중 하나일 뿐이다. 근사적인 추론을 수행하기 위한, 변분 추론 외의 방법이 많이 존재한다. 가장 좋은 기법은 문제에 따라 다르겠지만, 전반적으로 생성적 접근법의 장점은 도메인 지식을 포함시킬 수 있다는 것이다. 예를 들어, 라벨의 부재가 하부 데이터에 대한 정보가 될 수도 있으므로 결측 데이터 메커니즘을 모델링할 수 있다(예: 사람들은 건강이 좋지 않으면 이에 대한 조사 질문에 응답하는 것을 꺼릴 수도 있다).

19.3.6.2 생성적 적대 네트워크

생성적 적대 네트워크GAN, Generative Adversarial Network(이 책의 후속판 [Mur23]에서 더 자세히 설명한다)는 데이터 분포의 암묵적인 모델을 학습하는 인기 있는 생성 모델 종류다. 이들은 단순한 잠재 분포로부터의 표본을 데이터 공간으로 매핑하는 생성기 네트워크generator network, 그리고 생성기의 출력과 참인 데이터 분포로부터의 표본 사이의 구별을 시도하는 비평가 네트워크critic network로 되어 있다. 생성기는 비평가가 '진짜'라고 분류하는 표본을 생성하도록 훈련시킨다.

표준 GAN은 주어진 데이터 지점의 학습된 잠재 표현을 만들어 내지 않으며 데이터 분포의 명시적 모델을 학습하지 않으므로, VAE를 위해 사용했던 것과 같은 접근법을 사용할 수 있다. GAN으로 된 준지도 학습은 통상적으로 비평가가 단순히 진짜인지 아니면 가짜인지 분류하는 대신에 클래스 라벨 또는 '가짜'임을 출력하도록 수정함으로써 해낸다[Sal+16; Ode16]. 라벨링된 진짜 데이터에서 비평가는 적절한 클래스 라벨을 출력하도록 훈련시키며, 언라벨링된 진짜 데이터에서는 임의의 클래스 라벨의 확률이 나오도록 훈련시킨다. 표준 GAN 훈련에서와 같이, 비평가는 생성기로부터의 출력은 가짜로 분류하도록 훈련시키며 생성기는 비평가를 속이도록 훈련시킨다.

더 자세히 보자면, $p_\theta(y\,|\,\boldsymbol{x})$가 C개 클래스에 '가짜' 클래스를 더한 것에 해당하는 $C+1$개 출력을 갖는 비평가를, $G(\boldsymbol{z})$는 사전 분포 $p(\boldsymbol{z})$로부터 입력 표본을 받는 생성기를 표기한다고 해보자. [Goo+14]에서 본래 제안한 것과 같이 표준 교차 엔트로피 GAN 손실을 사용한다고 해보자. 그러면 비평가의 손실은 다음과 같다.

$$-\mathbb{E}_{\boldsymbol{x},y\sim p(\boldsymbol{x},y)}\log p_\theta(y|\boldsymbol{x}) - \mathbb{E}_{\boldsymbol{x}\sim p(\boldsymbol{x})}\log[1-p_\theta(y=C+1|\boldsymbol{x})] - \mathbb{E}_{\boldsymbol{z}\sim p(\boldsymbol{z})}\log p_\theta(y=C+1|G(\boldsymbol{z})) \quad (19.39)$$

이는 진짜인 언라벨링된 예제를 위한 가짜 클래스의 확률은 최소화하고 생성된 예제를 위한 가짜 클래스의 확률은 최대화하기 위해, 라벨링된 예제를 위한 올바른 클래스 확률의 최대화를 시도한다. 생성기의 손실은 더 단순하다. 즉,

$$\mathbb{E}_{z\sim p(\boldsymbol{z})}\log p_\theta(y=C+1|G(\boldsymbol{z})) \quad (19.40)$$

준지도 GAN을 시각화하는 다이어그램은 그림 19.12가 보여준다.

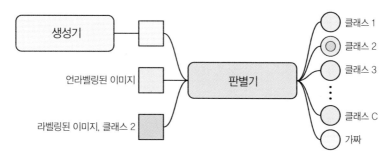

그림 19.12 준지도 GAN 프레임워크의 다이어그램. 판별기는 라벨링된 데이터 지점(빨간색)의 클래스를 출력하도록, 생성기(노란색)로부터의 출력을 위해서는 '가짜' 라벨을 출력하도록, 언라벨링된 데이터(초록색)를 위해서는 임의의 라벨을 출력하도록 훈련시킨다.

19.3.6.3 노멀라이징 플로우

노멀라이징 플로우^{normalizing flow}(후속판 [Mur23]에서 더 자세히 설명한다)는 심층 생성 모델을 정의하는, 다루기 쉬운 방법이다. 더 정확하게 말하자면 이들은 데이터 공간 $\mathcal{X}$에서 잠재 공간 $\mathcal{Z}$로의, 모수 θ를 갖는 가역 매핑 $f_\theta : \mathcal{X} \to \mathcal{Z}$를 정의한다. 데이터 공간 내 밀도는 변수 공식의 변화를 사용해 잠재 공간 내 밀도에서부터 시작하여 서술할 수 있다.

$$p(x) = p(f(x)) \cdot \left| \det \left(\frac{\partial f}{\partial x} \right) \right| \tag{19.41}$$

이는 [Izm+20]에서 제안한 바와 같이 준지도 학습으로 확장할 수 있다. 클래스 라벨 $y \in \{1 \dots C\}$를 위해서는 잠재 분포를 평균이 μ_k이고 공분산이 Σ_k: $p(z \mid y = k) = \mathcal{N}(z \mid \mu_k, \Sigma_k)$인, 라벨 k에서 조건부인 가우스로 구체화할 수 있다. 그런 다음 z의 주변 분포는 가우스 혼합이다. 그러면 라벨링된 데이터를 위한 가능도는 다음과 같다.

$$p_{\mathcal{X}}(x|y=k) = \mathcal{N}\left(f(x)|\mu_k, \Sigma_k\right) \cdot \left| \det \left(\frac{\partial f}{\partial x} \right) \right| \tag{19.42}$$

그리고 라벨을 알 수 없는 데이터를 위한 가능도는 $p(x) = \sum_k p(x \mid y = k)p(y = k)$이다.

준지도 학습을 위해서는, 라벨링된 데이터 $\mathcal{D}_\ell$ 그리고 언라벨링된 데이터 $\mathcal{D}_u$의 결합 가능도를

$$p(\mathcal{D}_\ell, \mathcal{D}_u | \theta) = \prod_{(x_i, y_i) \in \mathcal{D}_\ell} p(x_i, y_i) \prod_{x_j \in \mathcal{D}_u} p(x_j) \tag{19.43}$$

베이즈 분류기를 위한 밀도 모델을 학습하는 전단사^{bijective} 함수 f의 모수 θ에 대해 최대화할 수 있다.

테스트 지점 x가 주어졌을 때, 모델 예측 분포는 다음으로 주어진다.

$$p_{\mathcal{X}}(y = c | x) = \frac{p(x|y=c)p(y=c)}{p(x)} = \frac{p(x|y=c)p(y=c)}{\sum_{k=1}^{C} p(x|y=k)p(y=k)} = \frac{\mathcal{N}\left(f(x)|\mu_c, \Sigma_c\right)}{\sum_{k=1}^{C} \mathcal{N}(f(x)|\mu_k, \Sigma_k)} \tag{19.44}$$

여기서 $p(y = c) = 1/C$라 가정한다. 테스트 지점 x를 위한 예측은 베이즈 결정 규칙 $y = \operatorname{argmax}_{c \in \{1, \dots, C\}} p(y = c | x)$로 만들 수 있다.

19.3.7 자기 지도 학습과 준지도 학습 조합하기

자기 지도 및 준지도 학습을 조합하는 것이 가능하다. 예를 들면, [Che+20c]는 언라벨링된 데이터에 자기 지도 표현 학습을 수행하기 위해 SimCLR(19.2.4.4절)을 사용한 뒤, 이 표현을 라벨링된 작은 데이터셋에서 미조정하고(19.2절의 전이 학습에서와 같이), 마지막으로 훈련된 모델을 원본 언라벨링 데이터셋에 다시 적용하고, 이러한 선생 모델 T로부터의 예측을 학생 모델 S로 증류시킨다(**지식 증류**knowledge distillation는 한 모델을 다른 모델의 예측에서 훈련시키는 접근법에 주어진 이름이다. 이는 본래 [HVD14]에서 제안했다). 즉, T를 미조정한 후에 다음을 최소화하여 S를 훈련시킨다.

$$\mathcal{L}(T) = - \sum_{\boldsymbol{x}_i \in \mathcal{D}} \left[\sum_y p^T(y|\boldsymbol{x}_i; \tau) \log p^S(y|\boldsymbol{x}_i; \tau) \right] \tag{19.45}$$

여기서 $\tau > 0$는 소프트맥스 출력에 적용되는 온도 매개변수로, **라벨 평활화**label smoothing를 수행하기 위해 쓰인다. S가 T와 같은 형식을 갖는다면, 이는 19.3.1절에서 논의했던 **자기 훈련**self-training이라 한다. 그러나 보통 학생 S는 선생 T보다 작다(예를 들어, T는 고용량 모델이고 S는 스마트폰에서 동작하는 가벼운 버전일 수 있다). 전체 접근법은 그림 19.13을 참고하라.

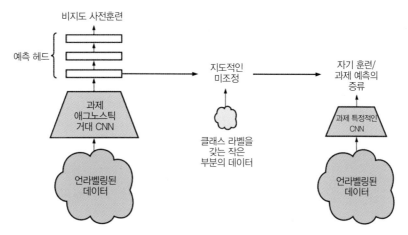

그림 19.13 자기 지도 학습을 언라벨링 데이터(왼쪽), 지도적인 미조정(가운데), 유사 라벨 데이터(오른쪽)에서의 자기 훈련에 조합하고 있다. 출처: [Che+20c]의 그림 3. 팅 첸이 친절하게 사용을 허가했다.

19.4 활동 학습

활동 학습^{active learning}에서의 목표는 가능한 한 적은 $(\boldsymbol{x}, y)$ 지점을 쿼리하여 참인 예측 매핑 $y = f(\boldsymbol{x})$를 식별하는 것이다. 주요한 변형으로는 세 가지가 있다. **쿼리 합성**^{query synthesis}에서는 알고리듬이 임의의 입력 $\boldsymbol{x}$를 선택하며, 해당 출력 $y = f(\boldsymbol{x})$를 요청할 수 있다. **풀 기반 활성 학습**^{pool-based active learning}에서는 더 크지만 고정된 언라벨링 데이터 지점 집합이 있으며, 알고리듬이 이 점들을 위한 하나 이상의 라벨을 요청한다. 마지막으로, **스트림 기반 활동 학습**^{stream-based active learning}에서는 들어오는 데이터가 지속적으로 도착하며, 알고리듬은 현재 입력을 위한 라벨을 요청하는 것을 원하는지 그렇지 않은지 반드시 선택해야만 한다.

이와 긴밀하게 연관된 다양한 문제가 존재한다. **베이즈 최적화**^{bayesian optimization}에서의 목표는 가능한 한 적은 쿼리로 전역 최적점 $\boldsymbol{x}^* = \operatorname{argmin}_{\boldsymbol{x}} f(\boldsymbol{x})$의 위치를 추정하는 것이다. 통상적으로 대리^{surrogate}(반응 표면^{response surface}) 모델을 중간적인 $(\boldsymbol{x}, y)$ 쿼리에 적합시켜, 어떤 질문을 다음에 물을지 결정한다. **실험 디자인**^{experiment design}에서의 목표는 조심스럽게 선택한 데이터 표본 $\mathcal{D} = \{\boldsymbol{x}_1, \dots, \boldsymbol{x}_N\}$을 사용해 어떠한 모델의 모수 벡터를 추론하는 것이다. 즉, 가능한 한 적은 데이터를 사용해 $p(\boldsymbol{\theta}|\mathcal{D})$를 추정하고자 한다(이는 비지도적인, 또는 일반화된 형식의 활동 학습으로 생각할 수 있다).

이 절에서는 활동 학습을 위한 풀 기반 접근법을 간단히 리뷰한다. 자세한 내용은, 예를 들어 [Set12]의 리뷰를 참고하라.

19.4.1 결정 이론적인 접근법

[KHB07; RM01]에서 제안한, 활동 학습에 대한 결정 이론적인 접근법^{decision theoretic approach}에서는 **정보의 가치**^{value of information} 측면에서 $\boldsymbol{x}$를 쿼리하는 유틸리티를 정의한다. 특히 다음과 같이 쿼리 $\boldsymbol{x}$를 발부하는 유틸리티를 정의한다.

$$U(\boldsymbol{x}) \triangleq \mathbb{E}_{p(y|\boldsymbol{x}, \mathcal{D})} \left[\min_a \left(R(a|\mathcal{D}) - R(a|\mathcal{D}, (\boldsymbol{x}, y)) \right) \right] \tag{19.46}$$

여기서 $R(a|\mathcal{D}) = \mathbb{E}_{p(\theta|\mathcal{D})}[\ell(\theta, a)]$는 지금까지 관측한 데이터 $\mathcal{D}$가 주어졌을 때 어떠한 미래의 행동 a를 취하는 데 대한 사후 기대 손실이다. 안타깝게도, 각 $\boldsymbol{x}$를 위한 $U(\boldsymbol{x})$의 값매김은 비용이 꽤 비쌀 수 있다. 왜냐하면 우리가 관측할 수도 있는 각각의 가능한 반응 y에 대해, $(\boldsymbol{x}, y)$가 주어졌을

때 우리의 믿음을 업데이트하여 우리의 미래 결정에 어떤 영향을 줄 수 있는지 알아야 하기 때문이다(믿음의 상태에 적용된 검색 기법을 미리 보는 것과 비슷하다).

19.4.2 정보 이론적인 접근법

활동 지도 학습에 대한 정보 이론적인 접근법$^{\text{information theoretic approach}}$에서는 과제 특정적인 손실 함수의 사용을 피하고, 대신에 모델의 학습을 할 수 있는 한 잘하는 데 집중한다. 특히 [Lin56]은 모수 $\boldsymbol{\theta}$에 대한 **정보 이득**$^{\text{information gain}}$ 측면에서, 즉 엔트로피 축소 측면에서 $\boldsymbol{x}$를 쿼리하는 유틸리티를 정의하는 것을 제안했다.

$$U(\boldsymbol{x}) \triangleq \mathbb{H}\left(p(\boldsymbol{\theta}|\mathcal{D})\right) - \mathbb{E}_{p(y|\boldsymbol{x},\mathcal{D})}\left[\mathbb{H}\left(p(\boldsymbol{\theta}|\mathcal{D},\boldsymbol{x},y)\right)\right] \tag{19.47}$$

(첫 번째 항은 $\boldsymbol{x}$에 대해 상수이지만, 이후의 편의를 위해 이를 포함시키고 있음을 주지하라.) 연습문제 19.1은 이 목적 함수가 다음으로 주어지는, 모수에 대한 사후 분포에서의 기대 변화와 동일한지를 보여줄 것을 요구한다.

$$U'(\boldsymbol{x}) \triangleq \mathbb{E}_{p(y|\boldsymbol{x},\mathcal{D})}\left[D_{\mathrm{KL}}\left(p(\boldsymbol{\theta}|\mathcal{D},\boldsymbol{x},y) \parallel p(\boldsymbol{\theta}|\mathcal{D})\right)\right] \tag{19.48}$$

상호 정보의 대칭성을 사용해, 식 (19.47)을 다음과 같이 쓸 수 있다.

$$U(\boldsymbol{x}) = \mathbb{H}\left(p(\boldsymbol{\theta}|\mathcal{D})\right) - \mathbb{E}_{p(y|\boldsymbol{x},\mathcal{D})}\left[\mathbb{H}\left(p(\boldsymbol{\theta}|\mathcal{D},\boldsymbol{x},y)\right)\right] \tag{19.49}$$

$$= \mathbb{I}(\boldsymbol{\theta},y|\mathcal{D},\boldsymbol{x}) \tag{19.50}$$

$$= \mathbb{H}\left(p(y|\boldsymbol{x},\mathcal{D})\right) - \mathbb{E}_{p(\boldsymbol{\theta}|\mathcal{D})}\left[\mathbb{H}\left(p(y|\boldsymbol{x},\boldsymbol{\theta})\right)\right] \tag{19.51}$$

이러한 접근법의 장점은 예측 분포의 불확실성을 모수 $\boldsymbol{\theta}$에 대해서가 아닌, 출력 y에 대해 유추하기만 하면 된다는 것이다.

식 (19.51)은 해석이 흥미롭다. 첫 번째 항은 예측된 라벨에서 불확실성이 존재하는 예제 $\boldsymbol{x}$를 선호한다. 단지 이를 선택 기준으로 사용하는 것을 **최대 엔트로피 표집**$^{\text{maximum entropy sampling}}$이라 부른다 [SW87]. 그러나 이는 내재적으로 애매모호하거나 오라벨링된 예제에서 문제가 있을 수 있다. 식 (19.51)의 두 번째 항은 이러한 움직임을 저하시킬 것이다. 왜냐하면 이는 우리가 $\boldsymbol{\theta}$를 알 때 예측된 라벨이 꽤나 확실한 예제 $\boldsymbol{x}$를 선호하기 때문이다. 이는 내재적으로 예측하기 어려운 예제를 고르는 것은 피할 것이다. 다시 말해, 식 (19.51)은 모델이 신뢰성 있는 예측을 만드는 고도로 다채로운 예제를 선택할 것이다. 따라서 이 접근법은 **불일치에 의한 베이즈 활동 학습**Bayesian Active Learning by Disagreement, 즉 **BALD**라 부른다[Hou+12].

이 방법은 의학 이미지나 천문학적인 이미지와 같이 전문적인 이미지를 얻기 어려운 다른 도메인을 위해 분류기를 훈련시킬 때 쓰일 수 있다[Wal+20].

19.4.3 배치 활동 학습

지금까지는 하나의 예제 x를 이것이 마치 선택해야 할 마지막 데이터 지점이었던 것과 같이, 탐욕적인 또는 **근시안적인**myopic 전략을 가정했다. 그러나 때때로 $(\mathbf{X}, \mathbf{Y})$라 부르는, B개의 표본 집합을 모을 만한 예산이 있을 때도 있다. 이 경우 정보 이득 기준은 $U(x) = \mathbb{H}(p(\boldsymbol{\theta}|\mathcal{D})) - \mathbb{E}_{p(\mathbf{Y}|x,\mathcal{D})}[\mathbb{H}(p(\boldsymbol{\theta}|\mathbf{Y}, x, \mathcal{D}))]$가 된다. 안타깝게도, 이를 최적화하는 것은 수평적인 길이 B에서 NP-난해하다[KLQ95; KG05].

다행히도, 지금부터 설명하듯이 특정 조건하에서는 탐욕적인 전략이 거의 **최적**near-optimal이다. 쿼리 x를 고정하고 $f(y) \triangleq \mathbb{H}(p(\boldsymbol{\theta}|\mathcal{D})) - \mathbb{H}(p(\boldsymbol{\theta}|\mathbf{Y}, x, \mathcal{D}))$를 정보 이득 함수로 정의하자. 따라서 $U(x) = \mathbb{E}_y[f(y, x)]$이다. $f(\emptyset) = 0$이며, f는 비감소이므로 '더 많은 정보가 나쁠 리는 없다'는 원칙에 따라 $f(Y^{\text{large}}) \geq f(Y^{\text{small}})$임이 분명하다. 게다가 [KG05]는 f가 **부분적으로 법**submodular임을 증명했다. 이에 따라, 순차적인 탐욕적 접근법은 최적인 것을 상수로 곱한 것 내에 위치한다. 이러한 탐욕적 기법을 BALD 목적 함수와 조합하면 **BatchBALD**란 방법을 얻는다[KAG19].

19.5 메타 학습

학습 알고리듬은 데이터를 모수 추정값 $\theta = A(\mathcal{D})$로 매핑하는 함수 A로 생각할 수 있다. 함수 A는 θ를 위한 초깃값, 또는 학습률과 같은 그 자신만의 모수를 갖는 것이 보통이다. 이를 ϕ라 부르자. 이는 $\theta = A(\mathcal{D}; \phi)$로 표기할 수 있다. 데이터셋 $\mathcal{D}_{1:J}$의 모음 및 어떠한 **메타 학습**meta-learning 알고리듬 M이 주어졌을 때, ϕ 그 자체를 학습하는 것을 상상할 수 있다. 즉, $\phi = M(\mathcal{D}_{1:J})$이다. 그 뒤 $A(\cdot; \phi)$를 적용하여 어떠한 새로운 데이터셋 $\mathcal{D}_{J+1}$에서의 모수 θ_{J+1}을 학습할 수 있다. 메타 학습에는 많은 기법이 존재하며, 최근 리뷰는 예를 들어 [Van18; HRP21]을 참고하라. 아래에서는 특히 인기 있는 방법 하나를 논의한다(메타 학습은 또한 **학습을 학습하기**^{learning to learn}로 부른다는 점을 주지하라[TP97]).

19.5.1 모델 불가지한 메타 학습(MAML)

메타 학습의 자연스러운 접근법은 그림 19.14에서 보여주는 계층적 베이즈 모델을 사용하는 것이다. 각 과제 $\boldsymbol{\theta}_j$를 위한 모수는 공통 사전 분포 $p(\boldsymbol{\theta}_j|\boldsymbol{\phi})$로부터 나온다고 가정한다. 이는 복수의 데이터가 부족한 문제로부터 통계적인 힘^{strength}을 모으는 데 도움이 되도록 사용할 수 있다. 메타 학습은 사전 분포 $\boldsymbol{\phi}$의 학습과 동등해진다. 이 모델에서 완전 베이즈 추론을 수행하는 것 대신에, 더욱 효율적인 접근법은 다음의 경험적 베이즈(4.6.5.3절) 근사화를 사용하는 것이다.

$$\boldsymbol{\phi}^* = \underset{\boldsymbol{\phi}}{\operatorname{argmax}} \frac{1}{J} \sum_{j=1}^{J} \log p(\mathcal{D}_{\mathrm{valid}}^j | \hat{\boldsymbol{\theta}}_j(\boldsymbol{\phi}, \mathcal{D}_{\mathrm{train}}^j)) \tag{19.52}$$

여기서 $\hat{\boldsymbol{\theta}}_j = \hat{\boldsymbol{\theta}}(\boldsymbol{\phi}, \mathcal{D}_{\mathrm{train}}^j)$은 $\mathcal{D}_{\mathrm{train}}^j$ 그리고 사전 분포 $\boldsymbol{\phi}$에 기반한 과제 j를 위한 모수의 점 추정값이며, 이때 주변 가능도에 교차 검증 근사를 사용한다(5.2.4절).

목표 과제 $\hat{\boldsymbol{\theta}}_{J+1}$을 위한 모수의 점 추정값을 계산하기 위해, $\boldsymbol{\phi}$에서 시작하여 η의 학습률을 갖는, K단계의 경사 상향^{ascent} 과정을 사용한다. 이는 **모델 불가지한 메타 학습**^{Model-Agnostic Meta-Learning},

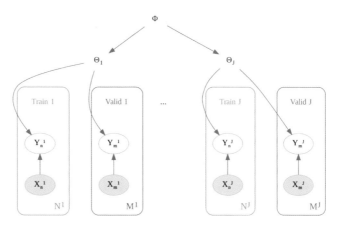

그림 19.14 메타 학습을 위한 계층적 베이즈 모델을 보여준다. hbayes_maml.ipynb로 생성했다.

즉 MAML이라 부른다[FAL17]. 이는 ϕ에서 중심을 갖는 가우스 사전 분포를 사용하는 근사적인 MAP 추정값과 동등함을 보일 수 있다. 이때 사전 분포의 강도는 기울기 단계의 개수를 통해 통제한다[San96; Gra+18](이는 공유된 사전 분포 ϕ로부터 시작하는 과제 특정적인 가중치가 **빠르게 적응화하는 것**fast adapation의 예시다).

19.6 퓨샷 학습

사람은 라벨링된 매우 적은 예제로부터의 예측을 학습할 수 있다. 이는 **퓨샷 학습**few-shot learning이라 부른다. 사람 또는 시스템이 각 클래스의 하나의 예제로부터 학습을 하는 극단적인 경우 이는 **원샷 학습**one-shot learning이라 부르며, 라벨링된 예제가 주어지지 않으면 **제로샷 학습**zero-shot learning이라 부른다.

  FSL을 위한 방법을 평가하는 보통의 방법은 **C웨이 N샷 분류**C-way N-shot classification를 사용하는 것으로, 여기서는 시스템이 각 클래스에서 오직 N개의 훈련 예제만을 사용해 C개의 클래스를 분류하는 것을 학습하도록 기대한다. 통상적으로 N과 C는 매우 작으며, 예를 들어 그림 19.15는 $C =$

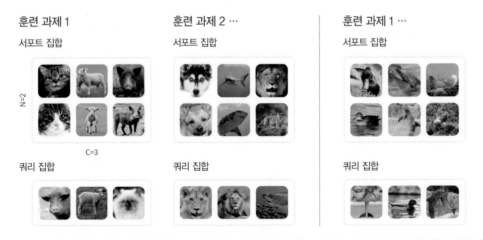

그림 19.15 퓨샷 학습을 위한 메타 학습을 보여준다. 여기서 각 과제는 3웨이 2샷 분류 문제다. 왜냐하면 각 훈련 과제가 3개의 클래스로 된, 각각 2개의 예제를 갖는 서포트 집합으로 되어 있기 때문이다. 출처: https://bit.ly/3rrvSjw. 저작권은 (2019) Borealis AI이다. 사이먼 프린스(Simon Prince)와 에이프릴 쿠퍼(April Cooper)가 친절하게 사용을 허가했다.

3개의 클래스가 있으며, 각각 $N = 2$개 예제가 있는 경우를 보여준다. 새로운 도메인(여기서는 오리, 돌고래, 닭)으로부터의 데이터양은 매우 작으므로, 처음부터 학습하는 것을 기대할 수는 없다. 그러므로 메타 학습으로 전환한다.

훈련 동안, 메타 알고리듬 M을 그룹 j로부터의 서포트 집합으로부터 훈련을 하며, 예측량 f^j를 반환한다. 이는 그 뒤 또한 그룹 j로부터 나오는 서로소인 쿼리 집합에서 값매김을 한다. M은 모든 J개 그룹에 대해 최적화를 한다. 마지막으로 M을 새로운 라벨링된 서포트 집합에 적용하여 f^{test}를 얻을 수 있으며, 이는 테스트 도메인으로부터의 쿼리 집합에 적용된다. 이는 그림 19.15가 보여준다. 2개의 훈련 과제({고양이, 양, 돼지} 그리고 {개, 상어, 사자}) 그리고 테스트 과제({오리, 돌고래, 닭}) 내 클래스 사이에 겹침이 없음을 볼 수 있다. 따라서 알고리듬 M은 반드시 라벨의 임의의 특정한 집합 대신에 일반적인 이미지 클래스를 예측하는 것을 학습해야만 한다.

퓨샷 러닝에는 많은 접근법이 존재한다. 19.6.1절에서 이러한 방법 중 하나를 논의한다. 더 많은 방법은 예를 들어 [Wan+20b]를 참고하라.

19.6.1 매칭 네트워크

퓨샷 학습의 한 가지 접근법은 어떠한 다른 데이터셋에서 거리 계량을 학습한 뒤, 최근접 이웃 분류기 안에서 $d_{\boldsymbol{\theta}}(\boldsymbol{x}, \boldsymbol{x}')$을 사용하는 것이다. 근본적으로 이는 $p_{\boldsymbol{\theta}}(y \mid \boldsymbol{x}, \mathcal{S})$ 형식의 준모수적 모델을 정의하며, 여기서 $\mathcal{S}$는 라벨링된 작은 데이터셋(서포트 집합이라 한다)이고, $\boldsymbol{\theta}$는 거리 함수의 모수다. 이 접근법은 갤러리의 안면 이미지, 또는 카탈로그의 상품 이미지처럼 많은 서로 다른 시각적으로 유사한 범주가 존재하는 **세분화된 분류**fine-grained classification 과제를 위해 널리 쓰인다.

이러한 접근법을 확장하면 다음 형식의 함수를 학습하는 것이 된다.

$$p_{\boldsymbol{\theta}}(y|\boldsymbol{x}, \mathcal{S}) = \mathbb{I}\left(y = \sum_{n \in \mathcal{S}} a_{\boldsymbol{\theta}}(\boldsymbol{x}, \boldsymbol{x}_n; \mathcal{S}) y_n \right) \tag{19.53}$$

여기서 $a_{\boldsymbol{\theta}}(\boldsymbol{x}, \boldsymbol{x}_n; \mathcal{S}) \in \mathbb{R}^+$는 어떤 종류의 적응적 유사도 커널이다. 예를 들어, 다음 형식의 **어텐션 커널**attention kernel을 사용할 수 있다.

$$a(\boldsymbol{x}, \boldsymbol{x}_n; \mathcal{S}) = \frac{\exp(c(f(\boldsymbol{x}), g(\boldsymbol{x}_n)))}{\sum_{n'=1}^{N} \exp(c(f(\boldsymbol{x}), g(\boldsymbol{x}_{n'})))} \tag{19.54}$$

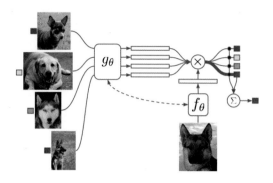

그림 19.16 원샷 학습을 위한 매칭 네트워크를 보여준다. 출처: [Vin+16]의 그림 1. 오리올 빈얄스(Oriol Vinyals)가 친절하게 사용을 허가했다.

여기서 $c(\boldsymbol{u}, \boldsymbol{v})$는 코사인 거리다(원한다면 f와 g가 같은 함수가 되도록 만들 수 있다). 직관적으로, 어텐션 커널은 모든 라벨링된 예제 측면에서 $\boldsymbol{x}$를 $\boldsymbol{x}_n$과 비교할 것이며, 이는 어떤 특성 차원이 유의미한지에 대한 암묵적인 신호를 제공한다(15.4절에서 어텐션 메커니즘을 더 자세히 논의한다). 이는 **매칭 네트워크**matching network라 부른다[Vin+16]. 그림 19.16을 참고하라.

f와 g 함수는 메타 학습(19.5절)에서와 같이 복수의 작은 데이터셋을 사용해 훈련시킬 수 있다. 더 정확하게 하자면, $\mathcal{D}$가 커다란 라벨링된 데이터셋이고(예: ImageNet) $p(\mathcal{L})$이 라벨에 대한 분포라 하자. 라벨의 작은 집합 $\mathcal{L} \sim p(\mathcal{L})$을 표집하고(25개라 해보자), 이들 라벨로 $\mathcal{D}$로부터 예제의 작은 서포트 집합 $\mathcal{S} \sim \mathcal{L}$을 표집한 뒤, 마지막으로 동일한 이들 라벨로 작은 테스트 집합 $\mathcal{T} \sim \mathcal{L}$을 표집하여 과제를 만들 수 있다. 그 뒤 모델을 훈련시켜 서포트 집합이 주어졌을 때 테스트 라벨을 예측한다. 즉, 다음의 목적 함수를 최적화한다.

$$\mathcal{L}(\boldsymbol{\theta}; \mathcal{D}) = \mathbb{E}_{\mathcal{L} \sim p(\mathcal{L})} \left[\mathbb{E}_{\mathcal{S} \sim \mathcal{L}, \mathcal{T} \sim \mathcal{L}} \left[\sum_{(\boldsymbol{x}, y) \in \mathcal{T}} \log p_{\boldsymbol{\theta}}(y | \boldsymbol{x}, \mathcal{S}) \right] \right] \tag{19.55}$$

훈련 후에, $\boldsymbol{\theta}$를 고정하고 식 (19.53)을 테스트 서포트 집합 $\mathcal{S}$에 적용한다.

19.7 약하게 지도적인 학습

약하게 지도적인 학습weakly supervised learning이란 용어는 훈련 집합 내 모든 특성 벡터와 연관된 정확한 라벨이 없는 시나리오를 뜻한다.

한 가지 시나리오는 각각의 사례마다 하나의 라벨 대신에 라벨에 대한 **분포**가 있을 때다. 다행히도, 여전히 최대 가능도 훈련을 할 수 있다. 단지 교차 엔트로피를 최소화하기만 하면 된다.

$$\mathcal{L}(\boldsymbol{\theta}) = -\sum_n \sum_y p(y|\boldsymbol{x}_n) \log q_{\boldsymbol{\theta}}(y|\boldsymbol{x}_n) \tag{19.56}$$

여기서 $p(y|\boldsymbol{x}_n)$은 사례 n의 라벨 분포이고, $q_{\boldsymbol{\theta}}(y|\boldsymbol{x}_n)$은 예측된 분포다. 당연히 정확한 라벨을 '부드러운' 버전으로 인공적으로 바꾸면 도움이 되는 경우가 많다. 여기서 델타 함수를, 90%의 질량은 관측된 라벨에 두며 나머지 질량은 다른 선택지에 균일하게 흩어놓은 분포로 바꾼다. 이는 **라벨 평활화**label smoothing라 부르며, 유용한 정칙화 형식이다(예를 들어 [MKH19]를 참고하라).

또 다른 시나리오는 인스턴스의 집합 또는 **주머니**bag $\boldsymbol{x}_n = \{\boldsymbol{x}_{n,1}, \ldots, \boldsymbol{x}_{n,B}\}$가 있지만 주머니의 구성원 y_{nb}가 아닌 전체 주머니를 위한 라벨 y_n만을 갖고 있을 때다. 주머니의 구성원이 양성이라면 전체 주머니가 양성으로 라벨링되어 있다고, 따라서 $y_n = \bigvee_{b=1}^B y_{nb}$라 가정하는 일이 자주 있지만, 어떠한 구성원이 양성인 출력을 '야기했는지'는 알지 못한다. 그러나 모든 구성원이 음성이라면 전체 주머니는 음성이다. 이는 **멀티 인스턴스 학습**multi-instance learning이라 부른다[DLLP97](이에 대한 COVID-19 위험 점수 학습 측면에서의 최근 예시는 [MKS21]을 참고하라). 멀티 인스턴스 학습 문제를 푸는 데는 각 주머니 내 라벨 사이의 상관성 그리고 우리가 보기를 기대하는 양성인 구성원의 비율에 대해 어떠한 가정을 하느냐에 따라 다양한 알고리듬을 사용할 수 있다(예를 들어 [KF05]를 참고하라).

또 다른 시나리오로는 정보 추출 시스템을 훈련시키기 위해 자주 쓰이는 **원격 감독**distant supervision이 있다[Min+09]. 이는 'Married(B,M)'과 같이, 우리가 참임을 알고 있는(이는 데이터베이스에 저장되어 있으므로) 어떠한 사실이 있다는 것이 아이디어다. 이를 사용해 (언라벨링된 훈련 말뭉치에서) 문장 하나하나를 라벨링하며, 여기서 개체 B와 M은 'Married' 관계의 양성 예제인 것으로 언급된다. 예를 들어 문장 'B와 M이 그들의 결혼식에 100명을 초대했다B and M invited 100 people to their wedding'는 양성으로 라벨링될 것이다. 그러나 이러한 휴리스틱은 예를 들어 'B와 M이 저녁을 먹으러 나갔다 B and M went out to dinner' 또한 양성으로 라벨링하는 것과 같이 거짓 양성을 포함할 수도 있다. 따라서 결과 라벨은 잡음이 있을 것이다. 라벨 잡음을 다루는 몇 가지 방법은 10.4절에서 논의한다.

19.8 연습문제

연습문제 19.1 [정보 이득 방정식]

다음과 같이 활동 학습 환경에서 데이터 지점 $\boldsymbol{x}$를 쿼리하는 유틸리티의 값매김을 위한 2개의 목적 함수를 고려해 보자.

$$U(\boldsymbol{x}) \triangleq \mathbb{H}\left(p(\boldsymbol{\theta}|\mathcal{D})\right) - \mathbb{E}_{p(y|\boldsymbol{x},\mathcal{D})}\left[\mathbb{H}\left(p(\boldsymbol{\theta}|\mathcal{D}, \boldsymbol{x}, y)\right)\right] \tag{19.57}$$

$$U'(\boldsymbol{x}) \triangleq \mathbb{E}_{p(y|\boldsymbol{x},\mathcal{D})}\left[D_{\mathrm{KL}}\left(p(\boldsymbol{\theta}|\mathcal{D}, \boldsymbol{x}, y) \parallel p(\boldsymbol{\theta}|\mathcal{D})\right)\right] \tag{19.58}$$

이들이 같음을 증명하라.

20

차원성 축소

비지도 학습의 주된 형식으로 고차원적 가시적 공간 $x \in \mathbb{R}^D$에서 저차원적 잠재 공간 $z \in \mathbb{R}^L$로의 매핑을 학습하는 **차원성 축소**$^{\text{dimensionality reduction}}$가 있다. 이 매핑은 임의의 입력에 적용할 수 있는 모수적 모델 $z = f(x; \theta)$, 또는 데이터셋 내 각각의 입력 x_n을 위한, 그 외의 지점을 위해서는 아닌 **임베딩**^{embedding} z_n을 계산하는 비모수적 매핑이 될 수 있다. 후자의 접근법은 데이터 시각화에서 주로 쓰이는 한편, 전자 또한 다른 종류의 학습 알고리듬을 위한 전처리 단계로 쓰일 수 있다. 예를 들어 먼저 x에서 z로의 매핑을 학습하여 차원성을 줄인 뒤, z에서 y로 매핑하여 이러한 임베딩에서 단순한 선형 분류기를 학습할 수도 있다.

20.1 주성분 분석(PCA)

차원성 축소의 가장 단순하면서도 널리 쓰이는 형식은 **주성분 분석**$^{\text{Principal Components Analysis}}$, 즉 **PCA**이다. 기본적인 아이디어는 고차원적 데이터 $x \in \mathbb{R}^D$에서 저차원적 부분공간 $z \in \mathbb{R}^L$의 선형이면서 직교인 사영을, 저차원적 표현이 다음과 같은 의미에서 원본 데이터로의 '좋은 근사'이도록 찾는 것이다. 만일 x를 사영 또는 **인코딩**하여 $z = \mathbf{W}^\mathsf{T} x$를 얻은 뒤, z를 역사영 또는 **디코딩**하여 $\hat{x} = \mathbf{W} z$를 얻으면, ℓ_2 거리에서 $\hat{x}$이 x와 가깝기를 원한다. 특히 다음의 **재구축 오차**$^{\text{reconstruction error}}$ 또는 **왜곡**distortion을 정의할 수 있다.

$$\mathcal{L}(\mathbf{W}) \triangleq \frac{1}{N} \sum_{n=1}^{N} ||\boldsymbol{x}_n - \text{decode}(\text{encode}(\boldsymbol{x}_n; \mathbf{W}); \mathbf{W})||_2^2 \tag{20.1}$$

이때 인코딩과 디코딩 단계는 모두 선형 맵이며, 아래에서 설명한다.

20.1.2절에서 이 목적 함수를 $\hat{\mathbf{W}} = \mathbf{U}_L$이라 두어 최소화할 수 있으며, 여기서 $\mathbf{U}_L$은 경험적 공분산 행렬의 가장 큰 고윳값으로 된 L개의 고유벡터를 갖는다.

$$\hat{\boldsymbol{\Sigma}} = \frac{1}{N} \sum_{n=1}^{N} (\boldsymbol{x}_n - \overline{\boldsymbol{x}})(\boldsymbol{x}_n - \overline{\boldsymbol{x}})^\mathsf{T} = \frac{1}{N} \mathbf{X}_c^\mathsf{T} \mathbf{X}_c \tag{20.2}$$

여기서 $\mathbf{X}_c$는 $N \times D$ 디자인 행렬의 중심화된 버전이다. 20.2.2절에서 이는 확률적 PCA라 알려진 잠재 선형 가우스 모델 가능도의 최대화와 동등함을 보여준다.

20.1.1 예시

세부 사항을 전달하기 전에, 몇몇 예시를 먼저 보자.

그림 20.1은 2차원 데이터를 1차원 선에 사영하는 매우 단순한 예시를 보여준다. 이 방향은 데이터 내 변동의 대부분을 포착한다.

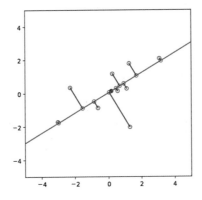

그림 20.1 2차원에서 1차원으로 사영하는 PCA를 보여준다. 빨간색 원은 원본 데이터 지점이며, 파란색 원은 재구축된 것이다. 빨간색 점은 데이터 평균이다. pcaDemo2d.ipynb로 생성했다.

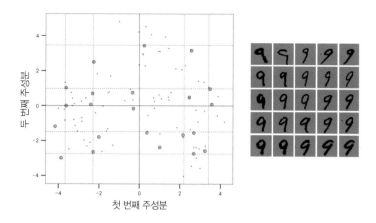

그림 20.2 MNIST 숫자의 클래스 9에 적용된 PCA를 보여준다. 격자 지점은 각 차원을 따라 데이터 분포의 5, 25, 50, 75, 95% 분위수에 놓여 있다. 동그라미 점은 격자의 교점에 가장 가깝게 사영된 이미지다. 출처: [HTF09]의 그림 14.23. pca_digits.ipynb로 생성했다.

그림 20.2에서는 몇몇 MNIST 이미지의 숫자 9를 2차원으로 사영할 때 무슨 일이 벌어지는지 보여준다. 입력이 고차원적이지만(구체적으로 $28 \times 28 = 784$차원), '유효 자유도effective degrees of freedom' 의 수는 훨씬 적다. 픽셀이 서로 상관되어 있으며 많은 숫자가 비슷해 보이기 때문이다. 그러므로 각 이미지를 저차원적인 선형 공간 내에서의 점으로 나타낼 수 있다.

일반적으로 데이터가 사영되는 잠재 차원을 해석하기는 어려울 수 있다. 그러나 주어진 방향을 따라 사영된 몇 가지 점, 그리고 이들이 유도된 예제를 바라보면, 첫 번째 주성분이 (수평 방향) 숫자 의 지향orientation을, 그리고 두 번째 성분이 (수직 방향) 선의 굵기를 포착함을 볼 수 있다.

그림 20.3에서는 올리베티Olivetti 안면 데이터셋이라 하는, 64×64 회색조 이미지 집합인 또 다른 이미지 데이터셋에 적용된 PCA를 보여주고 있다. 이들은 3차원 부분공간에 사영한다. 결과 기저 벡터(사영 행렬 $\mathbf{W}$의 열)는 그림 20.3(b)에서 보여주고 있다. 이들은 20.1.2절에서 설명하는 이유에서 eigenfaces라 한다[Tur13]. 데이터 내 변동의 주된 방식이 전체적인 조명, 그다음 안면의 눈썹 영역 내 차이와 관련이 있음을 볼 수 있다. 충분한 차원을(그러나 우리가 시작했던 4,096개보다는 훨씬 적은) 사용한다면, 표현 $\mathbf{z} = \mathbf{W}^\mathsf{T}\mathbf{x}$를 안면 인식을 수행하는 최근접 이웃 분류기의 입력으로 사용할 수 있다. 이는 픽셀 공간 내에서 작업하는 것보다 더 빠르며 더 믿을 만하다[MWP98].

(a)　　　　　　　　　　　　　　(b)

그림 20.3 (a) 올리베티 안면 데이터베이스에서 무작위로 선택한 일부 64×64픽셀 이미지, (b) 이미지로 나타낸 평균 및 처음 3개의 PCA 성분. pcaImageDemo.ipynb로 생성했다.

20.1.2 알고리듬의 유도

$x_n \in \mathbb{R}^D$인 (언라벨링된) 데이터셋 $\mathcal{D} = \{x_n : n = 1 : N\}$이 있다고 해보자. 이는 $N \times D$ 데이터 행렬 $\mathbf{X}$로 나타낼 수 있다. $\bar{x} = \frac{1}{N} \sum_{n=1}^{N} x_n = \mathbf{0}$이라 가정할 것이며, 이는 데이터를 중심화하여 할 수 있다.

우리는 각 x_n을 저차원적 표현 $z_n \in \mathbb{R}^L$을 통해 근사하고자 한다. 각 x_n은 기저 함수 $w_1, \ldots, w_L$의 가중된 조합 측면에서 '설명'할 수 있다고 가정한다. 이때 각각의 w_k는 $w_k \in \mathbb{R}^D$이며, 가중치는 $z_n \in \mathbb{R}^L$으로 주어진다. 즉, $x_n \approx \sum_{k=1}^{L} z_{nk} w_k$라 가정한다. 벡터 z_n은 x_n의 저차원적 표현이며, 데이터 내에서 관측되지 않은 잠재 혹은 '숨겨진' 값으로 되어 있으므로 **잠재 벡터**$^{\text{latent vector}}$라 한다. 이들 잠재 변수의 모음은 **잠재 인자**$^{\text{latent factor}}$라 부른다.

이러한 근사를 통해 만들어진 오차는 다음과 같이 측정할 수 있다.

$$\mathcal{L}(\mathbf{W}, \mathbf{Z}) = \frac{1}{N}||\mathbf{X} - \mathbf{Z}\mathbf{W}^\mathsf{T}||_F^2 = \frac{1}{N}||\mathbf{X}^\mathsf{T} - \mathbf{W}\mathbf{Z}^\mathsf{T}||_F^2 = \frac{1}{N}\sum_{n=1}^{N_\mathcal{D}}||x_n - \mathbf{W}z_n||^2 \qquad (20.3)$$

여기서 $\mathbf{Z}$의 행은 $\mathbf{X}$ 행의 저차원 버전을 갖는다. 우리가 각 x_n을 $\hat{x}_n = \mathbf{W}z_n$으로 근사하고 있으므로, 이는 (평균) **재구축 오차**$^{\text{reconstruction error}}$라 한다.

우리는 이를 $\mathbf{W}$가 직교 행렬이라는 제약을 따르도록 최소화하고 싶다. 아래에서 최적 해는 $\hat{\mathbf{W}} = \mathbf{U}_L$라 둠으로써 얻음을 보여준다. 여기서 $\mathbf{U}_L$은 경험적 공분산 행렬의 가장 큰 고윳값으로 된 L개의 고유벡터로 되어 있다.

20.1.2.1 기준 사례

가장 좋은 1차원 해 $\boldsymbol{w}_1 \in \mathbb{R}^D$의 추정으로 시작해 보자. 나머지 기저 벡터 $\boldsymbol{w}_2$, $\boldsymbol{w}_3$ 등은 나중에 찾을 것이다.

첫 번째 기저 벡터와 연관된 각각의 데이터 지점을 위한 계수는 $\tilde{\boldsymbol{z}}_1 = [z_{11}, \ldots, z_{N1}] \in \mathbb{R}^{N_{\mathcal{D}}}$으로 표기한다고 해보자. 재구축 오차는 다음으로 주어진다.

$$\mathcal{L}(\boldsymbol{w}_1, \tilde{\boldsymbol{z}}_1) = \frac{1}{N_{\mathcal{D}}} \sum_{n=1}^{N_{\mathcal{D}}} ||\boldsymbol{x}_n - z_{n1}\boldsymbol{w}_1||^2 = \frac{1}{N_{\mathcal{D}}} \sum_{n=1}^{N_{\mathcal{D}}} (\boldsymbol{x}_n - z_{n1}\boldsymbol{w}_1)^{\mathsf{T}}(\boldsymbol{x}_n - z_{n1}\boldsymbol{w}_1) \tag{20.4}$$

$$= \frac{1}{N_{\mathcal{D}}} \sum_{n=1}^{N_{\mathcal{D}}} [\boldsymbol{x}_n^{\mathsf{T}}\boldsymbol{x}_n - 2z_{n1}\boldsymbol{w}_1^{\mathsf{T}}\boldsymbol{x}_n + z_{n1}^2\boldsymbol{w}_1^{\mathsf{T}}\boldsymbol{w}_1] \tag{20.5}$$

$$= \frac{1}{N_{\mathcal{D}}} \sum_{n=1}^{N_{\mathcal{D}}} [\boldsymbol{x}_n^{\mathsf{T}}\boldsymbol{x}_n - 2z_{n1}\boldsymbol{w}_1^{\mathsf{T}}\boldsymbol{x}_n + z_{n1}^2] \tag{20.6}$$

왜냐하면 $\boldsymbol{w}_1^{\mathsf{T}}\boldsymbol{w}_1 = 1$이기 때문이다(정규직교성 가정으로 인해). z_{n1}에 대해 미분을 취하고 0과 같다고 두면 다음이 된다.

$$\frac{\partial}{\partial z_{n1}} \mathcal{L}(\boldsymbol{w}_1, \tilde{\boldsymbol{z}}_1) = \frac{1}{N_{\mathcal{D}}} [-2\boldsymbol{w}_1^{\mathsf{T}}\boldsymbol{x}_n + 2z_{n1}] = 0 \Rightarrow z_{n1} = \boldsymbol{w}_1^{\mathsf{T}}\boldsymbol{x}_n \tag{20.7}$$

따라서 최적 임베딩은 데이터를 $\boldsymbol{w}_1$에 직교적으로 사영하여 얻는다(그림 20.1 참고). 이를 다시 집어넣으면 가중치를 위한 손실을 내어준다.

$$\mathcal{L}(\boldsymbol{w}_1) = \mathcal{L}(\boldsymbol{w}_1, \tilde{\boldsymbol{z}}_1^*(\boldsymbol{w}_1)) = \frac{1}{N_{\mathcal{D}}} \sum_{n=1}^{N_{\mathcal{D}}} [\boldsymbol{x}_n^{\mathsf{T}}\boldsymbol{x}_n - z_{n1}^2] = \text{상수} - \frac{1}{N_{\mathcal{D}}} \sum_{n=1}^{N_{\mathcal{D}}} z_{n1}^2 \tag{20.8}$$

$\boldsymbol{w}_1$에 대해 풀려면 다음을 주지하라.

$$\mathcal{L}(\boldsymbol{w}_1) = -\frac{1}{N_{\mathcal{D}}} \sum_{n=1}^{N_{\mathcal{D}}} z_{n1}^2 = -\frac{1}{N_{\mathcal{D}}} \sum_{n=1}^{N_{\mathcal{D}}} \boldsymbol{w}_1^{\mathsf{T}}\boldsymbol{x}_n\boldsymbol{x}_n^{\mathsf{T}}\boldsymbol{w}_1 = -\boldsymbol{w}_1^{\mathsf{T}}\hat{\boldsymbol{\Sigma}}\boldsymbol{w}_1 \tag{20.9}$$

여기서 $\boldsymbol{\Sigma}$는 경험적 공분산 행렬이다(데이터가 중심화되어 있다고 가정했으므로). 이는 $||\boldsymbol{w}_1|| \to \infty$라 두어 간단하게 최적화할 수 있다. 따라서 $||\boldsymbol{w}_1|| = 1$ 제약을 가하고, 대신 다음을 최적화한다.

$$\tilde{\mathcal{L}}(\boldsymbol{w}_1) = \boldsymbol{w}_1^\mathsf{T} \hat{\boldsymbol{\Sigma}} \boldsymbol{w}_1 - \lambda_1 (\boldsymbol{w}_1^\mathsf{T} \boldsymbol{w}_1 - 1) \tag{20.10}$$

여기서 λ_1은 라그랑주 승수다(8.5.1절 참고). 미분을 취하고 0과 같다고 두면 다음을 얻는다.

$$\frac{\partial}{\partial \boldsymbol{w}_1} \tilde{\mathcal{L}}(\boldsymbol{w}_1) = 2\hat{\boldsymbol{\Sigma}} \boldsymbol{w}_1 - 2\lambda_1 \boldsymbol{w}_1 = 0 \tag{20.11}$$

$$\hat{\boldsymbol{\Sigma}} \boldsymbol{w}_1 = \lambda_1 \boldsymbol{w}_1 \tag{20.12}$$

따라서 데이터를 사영해야 하는 최적 방향은 공분산 행렬의 고유벡터다. 좌측에 $\boldsymbol{w}_1^\mathsf{T}$을 곱하면(그리고 $\boldsymbol{w}_1^\mathsf{T} \boldsymbol{w}_1 = 1$을 사용하면) 다음을 찾을 수 있다.

$$\boldsymbol{w}_1^\mathsf{T} \hat{\boldsymbol{\Sigma}} \boldsymbol{w}_1 = \lambda_1 \tag{20.13}$$

우리가 이 양quantity을 최대화하고자 하므로(손실의 최소화), 가장 큰 고윳값에 해당하는 고유벡터를 고른다.

20.1.2.2 최적 가중치 벡터는 사영된 데이터의 분산을 최대화한다

계속하기 전에, 흥미로운 것을 관찰해 보자. 데이터가 중심화되어 있으므로 다음과 같다.

$$\mathbb{E}[z_{n1}] = \mathbb{E}[\boldsymbol{x}_n^\mathsf{T} \boldsymbol{w}_1] = \mathbb{E}[\boldsymbol{x}_n]^\mathsf{T} \boldsymbol{w}_1 = 0 \tag{20.14}$$

따라서 사영된 데이터의 분산은 다음으로 주어진다.

$$\mathbb{V}[\tilde{\boldsymbol{z}}_1] = \mathbb{E}[\tilde{\boldsymbol{z}}_1^2] - (\mathbb{E}[\tilde{\boldsymbol{z}}_1])^2 = \frac{1}{N_\mathcal{D}} \sum_{n=1}^{N_\mathcal{D}} z_{n1}^2 - 0 = -\mathcal{L}(\boldsymbol{w}_1) + \text{상수} \tag{20.15}$$

이로부터 재구축 오차의 최소화는 사영된 데이터의 분산의 최대화와 동등함을 볼 수 있다.

$$\arg\min_{\boldsymbol{w}_1} \mathcal{L}(\boldsymbol{w}_1) = \arg\max_{\boldsymbol{w}_1} \mathbb{V}[\tilde{\boldsymbol{z}}_1(\boldsymbol{w}_1)] \tag{20.16}$$

PCA가 분산이 극대인 방향을 찾는다고 자주 말하는 이유가 바로 이 때문이다(그림 20.4 참고). 그러

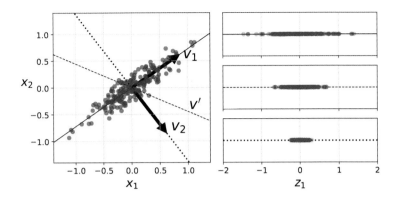

그림 20.4 서로 다른 1차원 벡터에 사영된 점의 분산을 보여준다. v_1은 첫 번째 주성분으로, 사영의 분산을 최대화한다. v_2는 두 번째 주성분으로 v_1과 직교인 방향이다. 마지막으로 v'은 v_1과 v_2 사이의 어떠한 다른 방향이다. 출처: [Gér19]의 그림 8.7. pca_projected_variance.ipynb로 생성했다.

나 최소 오차 형식화가 더 이해하기 쉬우며 좀 더 일반적이다.

20.1.2.3 유도 단계

이제 또 다른 방향 $\boldsymbol{w}_2$를 $\boldsymbol{w}_1^\mathsf{T}\boldsymbol{w}_2 = 0$ 그리고 $\boldsymbol{w}_2^\mathsf{T}\boldsymbol{w}_2 = 1$을 따르도록 찾아서 재구축 오차를 더욱 최소화해 보자. 오차는 다음과 같다.

$$\mathcal{L}(\boldsymbol{w}_1, \tilde{\mathbf{z}}_1, \boldsymbol{w}_2, \tilde{\mathbf{z}}_2) = \frac{1}{N_\mathcal{D}} \sum_{n=1}^{N_\mathcal{D}} ||\boldsymbol{x}_n - z_{n1}\boldsymbol{w}_1 - z_{n2}\boldsymbol{w}_2||^2 \tag{20.17}$$

$\boldsymbol{w}_1$과 $\boldsymbol{z}_1$에 대해 최적화를 하면 이전과 같은 해를 내어준다. 연습문제 20.3은 $\frac{\partial \mathcal{L}}{\partial z_2} = 0$이 $z_{n2} = \boldsymbol{w}_2^\mathsf{T}\boldsymbol{x}_n$을 내놓는다는 사실을 증명할 것을 요구한다. 이를 치환하면 다음을 내어준다.

$$\mathcal{L}(\boldsymbol{w}_2) = \frac{1}{n} \sum_{n=1}^{N_\mathcal{D}} [\boldsymbol{x}_n^\mathsf{T}\boldsymbol{x}_n - \boldsymbol{w}_1^\mathsf{T}\boldsymbol{x}_n\boldsymbol{x}_n^\mathsf{T}\boldsymbol{w}_1 - \boldsymbol{w}_2^\mathsf{T}\boldsymbol{x}_n\boldsymbol{x}_n^\mathsf{T}\boldsymbol{w}_2] = \text{상수} - \boldsymbol{w}_2^\mathsf{T}\hat{\boldsymbol{\Sigma}}\boldsymbol{w}_2 \tag{20.18}$$

상수 항을 버리고 최적 $\boldsymbol{w}_1$을 집어넣고 제약을 추가하면 다음을 내어준다.

$$\tilde{\mathcal{L}}(\boldsymbol{w}_2) = -\boldsymbol{w}_2^\mathsf{T}\hat{\boldsymbol{\Sigma}}\boldsymbol{w}_2 + \lambda_2(\boldsymbol{w}_2^\mathsf{T}\boldsymbol{w}_2 - 1) + \lambda_{12}(\boldsymbol{w}_2^\mathsf{T}\boldsymbol{w}_1 - 0) \tag{20.19}$$

연습문제 20.3은 해가 두 번째로 가장 큰 고윳값을 갖는 고유벡터로 주어짐을 증명할 것을 요구한다.

$$\hat{\Sigma} \boldsymbol{w}_2 = \lambda_2 \boldsymbol{w}_2 \tag{20.20}$$

증명은 이러한 방식으로 계속되어 $\hat{\mathbf{W}} = \mathbf{U}_L$ 임을 보여준다.

20.1.3 연산적인 이슈

이 절에서는 PCA 사용과 관련된 여러 가지 실제적인 이슈를 논의한다.

20.1.3.1 공분산 행렬 대 상관 행렬

지금까지 공분산 행렬의 고윳값 분해로 작업을 해왔다. 그러나 대신에 상관 행렬을 사용하는 게 더 낫다. 그렇지 않으면 단순히 측정 스케일로 인해 분산이 높은 방향으로 잘못 '이끌어질' 수 있기 때문이다. 그림 20.5는 이 예시를 보여준다. 좌측에서 수직축이 수평축보다 더 큰 범위를 사용함을 볼 수 있다. 이는 첫 번째 주성분이 다소 '자연스럽지 않게' 보이게 한다. 우측에서는 데이터를 표준화한 후의 PCA 결과를 보여준다(이는 공분산 행렬 대신에 상관 행렬을 사용하는 것과 동등하다). 결과가 훨씬 나아 보인다.

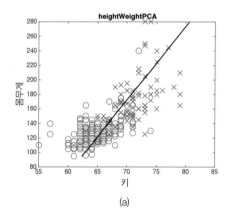
(a)

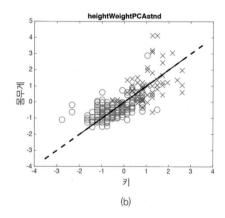
(b)

그림 20.5 키/몸무게 데이터셋에 적용된 PCA에서의 표준화 효과(빨간색 = 여성, 파란색 = 남성). 왼쪽: 원본 데이터의 PCA. 오른쪽: 표준화된 데이터의 PCA. pcaStandardization.ipynb로 생성했다.

20.1.3.2 고차원적인 데이터 다루기

지금까지 PCA를 $D \times D$ 공분산 행렬 $\mathbf{X}^\mathsf{T}\mathbf{X}$의 고유벡터를 찾는 문제로 보여줘 왔다. $D > N$이라면, $N \times N$ 그람 행렬 $\mathbf{X}\mathbf{X}^\mathsf{T}$로 작업하는 게 더 빠르다. 이제 이를 어떻게 하는지 보여준다.

먼저 $\mathbf{U}$가 $\mathbf{X}\mathbf{X}^\mathsf{T}$의 고유벡터를 갖는, 해당하는 고윳값은 $\mathbf{\Lambda}$ 안에 있는 직교 행렬이라 하자. 정의에 의해 $(\mathbf{X}\mathbf{X}^\mathsf{T})\mathbf{U} = \mathbf{U}\mathbf{\Lambda}$이다. $\mathbf{X}^\mathsf{T}$를 앞에 곱하면 다음을 내어준다.

$$(\mathbf{X}^\mathsf{T}\mathbf{X})(\mathbf{X}^\mathsf{T}\mathbf{U}) = (\mathbf{X}^\mathsf{T}\mathbf{U})\mathbf{\Lambda} \tag{20.21}$$

이로부터 $\mathbf{X}^\mathsf{T}\mathbf{X}$의 고유벡터가 $\mathbf{V} = \mathbf{X}^\mathsf{T}\mathbf{U}$임을 볼 수 있으며, 고윳값은 전과 같이 $\mathbf{\Lambda}$로 주어진다. 그러나 $||\boldsymbol{v}_j||^2 = \boldsymbol{u}_j^\mathsf{T}\mathbf{X}\mathbf{X}^\mathsf{T}\boldsymbol{u}_j = \lambda_j\boldsymbol{u}_j^\mathsf{T}\boldsymbol{u}_j = \lambda_j$이므로 이들 고유벡터는 정규화되어 있지 않다. 정규화된 고유벡터는 다음으로 주어진다.

$$\mathbf{V} = \mathbf{X}^\mathsf{T}\mathbf{U}\mathbf{\Lambda}^{-\frac{1}{2}} \tag{20.22}$$

이는 PCA 기저를 계산하는 대안적인 방법을 제공한다. 또한 20.4.6절에서 논의하는 커널 트릭을 사용할 수 있게 해준다.

20.1.3.3 SVD로 PCA 계산하기

이 절은 고유벡터 방법을 사용해 계산한 PCA(20.1절)와 절단된[truncated] SVD 사이의 동등성을 보여준다.[1]

$\mathbf{U}_\Sigma\mathbf{\Lambda}_\Sigma\mathbf{U}_\Sigma^\mathsf{T}$가 공분산 행렬 $\mathbf{\Sigma} \propto \mathbf{X}^\mathsf{T}\mathbf{X}$의 상위 L개 고윳값 분해라 하자($\mathbf{X}$가 중심화되어 있다고 가정한다). 20.1.2절로부터 사영 가중치 $\mathbf{W}$의 최적 추정값이 상위 L개 고윳값, 즉 $\mathbf{W} = \mathbf{U}_\Sigma$로 주어진다는 것을 상기하라.

이제 $\mathbf{U}_X\mathbf{S}_X\mathbf{V}_X^\mathsf{T} \approx \mathbf{X}$가 데이터 행렬 $\mathbf{X}$의 L-절삭된 SVD 근사라 해보자. 식 (7.184)로부터 $\mathbf{X}$의 우측 특이 벡터가 $\mathbf{X}^\mathsf{T}\mathbf{X}$의 고유벡터임을 알고 있으므로, $\mathbf{V}_X = \mathbf{U}_\Sigma = \mathbf{W}$이다(추가로 공분산 행렬의 고윳값은 $\lambda_k = s_k^2/N$을 통해 데이터 행렬의 특잇값과 관련되어 있다).

이제 사영 행렬 대신에 사영된 점에(이는 또한 주성분[Principal Component] 점수, 즉 PC 점수라 부른다) 관심이 있다고 해보자. 다음과 같다.

---

1   더 자세한 설명은 https://bit.ly/2I5660K에서 찾을 수 있다.

$$\mathbf{Z} = \mathbf{XW} = \mathbf{U}_X \mathbf{S}_X \mathbf{V}_X^\mathsf{T} \mathbf{V}_X = \mathbf{U}_X \mathbf{S}_X \qquad (20.23)$$

마지막으로, 데이터를 근사적으로 재구축하기를 원한다면 다음과 같다.

$$\hat{\mathbf{X}} = \mathbf{ZW}^\mathsf{T} = \mathbf{U}_X \mathbf{S}_X \mathbf{V}_X^\mathsf{T} \qquad (20.24)$$

이는 절단된 SVD 근사와 정확하게 동일하다(7.5.5절).

그러므로 $\boldsymbol{\Sigma}$의 고윳값 분해를 사용하거나 또는 $\mathbf{X}$의 SVD 분해를 사용해 PCA를 수행할 수 있음을 볼 수 있다. 후자가 연산적인 이유에서 더 자주 선호된다. 매우 고차원적인 문제에서는 무작위화된 SVD 알고리듬을 사용할 수 있으며, 예를 들어 [HMT11; SKT14; DM16]을 참고하라. 예를 들어 사이킷런이 사용하는 무작위화된 솔버는 N개의 예제와 L개의 주성분에 대해 $O(NL^2) + O(L^3)$시간이 걸리는 한편, 엄격한 SVD는 $O(ND^2) + O(D^3)$시간이 걸린다.

20.1.4 잠재 차원의 개수 선택하기

이 절에서는 어떻게 PCA를 위한 잠재 차원 L의 개수를 선택하는지 논의한다.

20.1.4.1 재구축 오차

L차원을 사용할 때 모델에 의해 발생한, 어떠한 데이터셋 $\mathcal{D}$에서의 재구축 오차를 정의해 보자.

$$\mathcal{L}_L = \frac{1}{|\mathcal{D}|} \sum_{n \in \mathcal{D}} ||\boldsymbol{x}_n - \hat{\boldsymbol{x}}_n||^2 \qquad (20.25)$$

여기서 재구축은 $\hat{\boldsymbol{x}}_n = \mathbf{W}\boldsymbol{z}_n + \boldsymbol{\mu}$로 주어지며, $\boldsymbol{z}_n = \mathbf{W}^\mathsf{T}(\boldsymbol{x}_n - \boldsymbol{\mu})$이고 $\boldsymbol{\mu}$는 경험적 평균, $\mathbf{W}$는 위에서와 같이 추정된다. 그림 20.6(a)는 MNIST 훈련 데이터에서의 $\mathcal{L}_L$ 대 L을 보여준다. 이것이 꽤 빠르게 떨어짐을 볼 수 있으며, 이는 작은 수의 인자로 픽셀의 경험적 상관성의 대부분을 포착할 수 있음을 암시한다.

물론 $L = \text{rank}(\mathbf{X})$를 사용한다면 훈련 집합에서 0의 재구축 오차를 얻는다. 과적합을 피하려면, 테스트 집합에서 재구축 오차를 그리는 것이 자연스럽다. 이는 그림 20.6(b)가 보여준다. 여기서 모델이 더욱 복잡해짐에도 불구하고 오차가 계속 낮아짐을 볼 수 있다! 따라서 지도 학습에서 통상적으로 기대하는 보통의 U 모양 곡선을 얻지 않는다. 문제는 PCA가 데이터의 적절한 생성 모

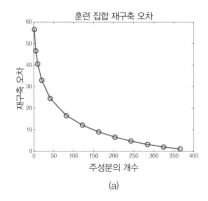
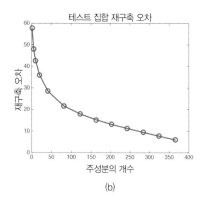

(a)   (b)

그림 20.6 MNIST에서의 재구축 오차 대 PCA가 사용한 잠재 차원의 수: (a) 훈련 집합, (b) 테스트 집합.
pcaOverfitDemo.ipynb로 생성했다.

델이 아니라는 점이다. 모델에 더 많은 잠재 차원을 준다면, 이는 테스트 데이터를 더욱 정확하게
근사할 수 있을 것이다(비슷한 문제가 K 평균 군집화를 사용해 테스트 집합에 재구축 오차를 그릴 때 나타난다.
이는 21.3.7절에서 논의한다).

20.1.4.2 스크리 도표

재구축 오차 대 L을 그리는 일반적인 대안은 **스크리 도표**scree plot를 사용하는 것이다. 이는 고윳값 λ_j
대 j를 크기의 내림차순으로 그린다. 다음은 증명 가능하다(연습문제 20.4).

$$\mathcal{L}_L = \sum_{j=L+1}^{D} \lambda_j \tag{20.26}$$

따라서 그림 20.7(a)가 보여주듯이 차원의 수가 증가함에 따라 고윳값이 작아지며, 재구축 오차 또
한 그러하다.[2] 관련된 양으로는 **설명된 분산 부분**fraction of variance explained이 있으며 다음으로 정의된다.

$$F_L = \frac{\sum_{j=1}^{L} \lambda_j}{\sum_{j'=1}^{L^{\max}} \lambda_{j'}} \tag{20.27}$$

---

2 용어가 '스크리 도표'인 이유는 도표가 산의 한 면과 같이 생겼으며, 'scree'는 산으로부터 떨어져 맨 아래 놓이는 잔해를 뜻하기 때문이다(케니
스 얀다(Kenneth Janda)의 언급, https://bit.ly/2kqG1yW).

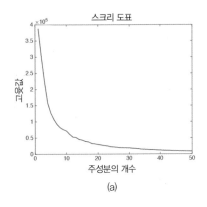
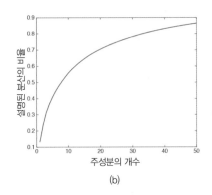

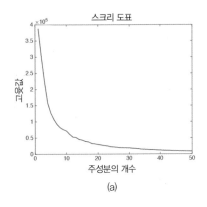

스크리 도표

고윳값

주성분의 개수

(a)

설명된 분산의 비율

주성분의 개수

(b)

그림 20.7 (a) 그림 20.6(a)에 해당하는 훈련 집합을 위한 스크리 도표, (b) 설명된 분산 부분. pcaOverfitDemo. ipynb로 생성했다.

이는 스크리 도표와 같은 정보를 포착하지만, L에 따라 높아진다(그림 20.7(b) 참고).

20.1.4.3 프로파일 가능도

재구축 오차 도표에는 U 모양이 없지만, 때때로 곡선에서 오차가 갑자기 상대적으로 큰 오차에서 상대적으로 작은 오차로 변화하는 '무릎knee' 또는 '팔꿈치elbow'가 있다. L^*가 '참'인 잠재 차원성(또는 군집의 개수)일 때, $L < L^*$에서 오차 함수에서의 감소율이 높아질 것인 한편, $L > L^*$에서 모델이 참인 분포를 포착하기에 이미 충분히 복잡함에 따라 더 적게 증가할 것이라는 점이 아이디어다.

곡선의 기울기에서 이러한 변화의 감지를 자동화하는 한 가지 방법은 [ZG06]에서 제안한 **프로파일 가능도**profile likelihood를 계산하는 것이다. 아이디어는 다음과 같다. λ_L이 크기 L인 모델에 의해 발생한 오차의 어떠한 측정치이며, $\lambda_1 \geq \lambda_2 \geq \cdots \geq \lambda_{L^{\max}}$를 따른다고 해보자. PCA에서 이들은 고 윳값이지만, 이 방법은 또한 K 평균 군집화로부터의 재구축 오차에도 적용할 수 있다(21.3.7절 참 고). 이제 L이 우리가 결정할 어떠한 임곗값이라 할 때, $k < L$ 또는 $k > L$인지에 따라 이들 값을 두 그룹으로 분할하는 것을 고려해 보자. L의 질을 측정하기 위해 단순한 전환점change-point 모델을 사용할 것이며, 이때 $k \leq L$이라면 $\lambda_k \sim \mathcal{N}(\mu_1, \sigma^2)$이고, $k > L$이라면 $\lambda_k \sim \mathcal{N}(\mu_2, \sigma^2)$이다(하나 의 체제가 다른 것보다 적은 경우에서의 과적합을 피하기 위해, 두 모델에서 σ^2이 같아야 하는 것이 중요하다). 각 각의 두 체제 내에서 λ_k가 iid라 가정할 것이며, 이는 명백히 틀린 것이지만 현재 목적에서는 충분 하다. 이 모델은 데이터를 분할하고, 분산의 합동pooled 추정값을 사용해 MLE를 계산함으로써, 각

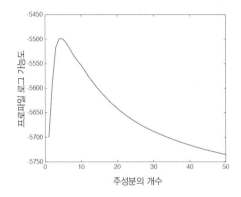

그림 20.8 그림 20.6(a)의 PCA 모델에 해당하는 프로파일 가능도. pcaOverfitDemo.ipynb로 생성했다.

각의 $L = 1 : L^{\max}$에 대해 적합시킬 수 있다.

$$\mu_1(L) = \frac{\sum_{k \leq L} \lambda_k}{L} \tag{20.28}$$

$$\mu_2(L) = \frac{\sum_{k > L} \lambda_k}{L^{\max} - L} \tag{20.29}$$

$$\sigma^2(L) = \frac{\sum_{k \leq L} (\lambda_k - \mu_1(L))^2 + \sum_{k > L} (\lambda_k - \mu_2(L))^2}{L^{\max}} \tag{20.30}$$

그런 다음 프로파일 로그 가능도를 값매김할 수 있다.

$$\ell(L) = \sum_{k=1}^{L} \log \mathcal{N}(\lambda_k | \mu_1(L), \sigma^2(L)) + \sum_{k=L+1}^{L^{\max}} \log \mathcal{N}(\lambda_k | \mu_2(L), \sigma^2(L)) \tag{20.31}$$

이는 그림 20.8이 보여준다. 고점 $L^* = \arg\max \ell(L)$이 잘 정해져 있음을 볼 수 있다.

20.2 인자 분석*

PCA는 데이터의 선형적인 저차원적 표현을 계산하는 단순한 방법이다. 이 절에서는 **인자 분석** factor analysis이라 하는 PCA의 일반화를 보여준다. 이는 확률적 모델에 기반하며, 이는 우리가 이를 20.2.6절의 FA 모델의 혼합, 또는 20.3.5절의 비선형 FA 모델과 같은 더욱 복잡한 모델의 기본 토대로 다룰 수 있음을 뜻한다. 20.2.2절에서 논의하듯이 PCA는 FA의 특별한 제한적인 경우로서 다시 얻을 수 있다.

20.2.1 생성 모델

인자 분석은 다음의 선형 가우스 잠재 변수 생성 모델에 해당한다.

$$p(z) = \mathcal{N}(z|\mu_0, \Sigma_0) \tag{20.32}$$

$$p(x|z, \theta) = \mathcal{N}(x|Wz + \mu, \Psi) \tag{20.33}$$

여기서 W는 $D \times L$ 행렬로 **인자 로딩 행렬**factor loading matrix이라 하며, Ψ는 대각 $D \times D$ 공분산 행렬이다.

　FA는 가우스 분포의 저계수 버전으로 생각할 수 있다. 이를 이해하려면, 유도된 주변 분포 $p(x|\theta)$가 가우스임을 주지하라(유도는 식 (3.38)을 참고하라).

$$p(x|\theta) = \int \mathcal{N}(x|Wz + \mu, \Psi)\mathcal{N}(z|\mu_0, \Sigma_0)dz \tag{20.34}$$

$$= \mathcal{N}(x|W\mu_0 + \mu, \Psi + W\Sigma_0 W^\mathsf{T}) \tag{20.35}$$

따라서 $\mathbb{E}[x] = W\mu_0 + \mu$이며 $\mathrm{Cov}[x] = W\mathrm{Cov}[z]W^\mathsf{T} + \Psi = W\Sigma_0 W^\mathsf{T} + \Psi$이다. 이로부터 일반성의 손실 없이 $\mu_0 = 0$으로 둘 수 있음을 볼 수 있다. 왜냐하면 $W\mu_0$를 μ에 흡수시킬 수 있기 때문이다. 비슷하게 일반성의 손실 없이 $\Sigma_0 = I$라 둘 수 있다. 왜냐하면 새로운 가중치 행렬 $\tilde{W} = W\Sigma_0^{-\frac{1}{2}}$을 사용함으로써, 상관성이 있는 사전 분포를 언제나 흡수할 수 있기 때문이다. 이러한 단순화 후에 다음이 된다.

$$p(z) = \mathcal{N}(z|0, I) \tag{20.36}$$

$$p(x|z) = \mathcal{N}(x|Wz + \mu, \Psi) \tag{20.37}$$

$$p(x) = \mathcal{N}(x|\mu, WW^\mathsf{T} + \Psi) \tag{20.38}$$

　예를 들어 $L = 1$, $D = 2$, $\Psi = \sigma^2 I$라 해보자. 그림 20.9에 이 경우의 생성 과정을 보여준다. 이는 등방성isotropic의 가우스 '스프레이 캔spray can'을 취하고, 가능도 $p(x|z)$를 표현하고, 1차원 잠재

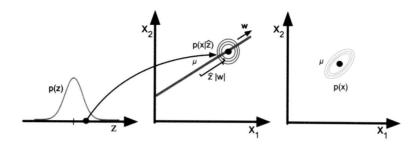

그림 20.9 $D = 2$의 관측된 차원을 생성하는 $L = 1$ 잠재 차원이 있을 때, FA 생성 과정을 보여준다. $\boldsymbol{\Psi} = \sigma^2 \mathbf{I}$라 가정한다. 잠재 인자는 값으로 $p(z)$에서 표집한 $z \in \mathbb{R}$를 갖는다. 이는 2차원 오프셋 $\boldsymbol{\delta} = z\boldsymbol{w}$로 매핑되며, 여기서 $\boldsymbol{w} \in \mathbb{R}^2$이고, 이는 $\boldsymbol{\mu}$에 더하여 가우스 분포 $p(\boldsymbol{x}|z) = \mathcal{N}(\boldsymbol{x}|\boldsymbol{\mu} + \boldsymbol{\delta}, \sigma^2 \mathbf{I})$를 정의한다. z에 대해 적분하여, 이 원으로 된 가우스 '스프레이 캔'을 주성분 축 $\boldsymbol{w}$를 따라 '슬라이드'할 수 있다. 이는 $\boldsymbol{\mu}$에서 중심을 갖는 $\boldsymbol{x}$ 공간 내에서 타원형의 가우스 윤곽을 유도해 낸다. 출처: [Bis06]의 그림 12.9

사전 분포 z를 변화시키면서 $\boldsymbol{w}z + \boldsymbol{\mu}$로 정의된 1차원 선을 '따라 이를 슬라이딩'시키는 것으로 생각할 수 있다. 이는 2차원에서 길쭉한(따라서 상관된) 가우스를 유도한다. 즉, 유도된 분포는 $p(\boldsymbol{x}) = \mathcal{N}(\boldsymbol{x}|\boldsymbol{\mu}, \boldsymbol{w}\boldsymbol{w}^\mathsf{T} + \sigma^2 \mathbf{I})$ 형식을 갖는다.

일반적으로 FA는 저계수 분해를 사용해 가시적인 벡터의 공분산 행렬을 근사한다.

$$\mathbf{C} = \mathrm{Cov}\,[\boldsymbol{x}] = \mathbf{W}\mathbf{W}^\mathsf{T} + \boldsymbol{\Psi} \tag{20.39}$$

이는 $O(LD)$개 모수만을 사용하며, 이는 $O(D^2)$개 모수를 갖는 완전 공분산 가우스와 $O(D)$개 모수를 갖는 대각 공분산 사이에서 타협을 유연하게 할 수 있게 해준다.

식 (20.39)로부터, $\boldsymbol{\Psi}$가 대각이 되도록 제한해야 함을 볼 수 있다. 그렇지 않으면 $\mathbf{W} = \mathbf{0}$이라 둠으로써 잠재 인자를 무시하는 한편, 여전히 임의의 공분산을 모델링할 수 있다. 각각의 가시적 변수의 주변 분산^marginal variance^은 $\mathbb{V}[x_d] \sum_{k=1}^{L} w_{dk}^2 + \psi_d$로 주어지며, 여기서 첫 번째 항은 공통적인 인자에 의한 분산이고, 두 번째 ψ_d 항은 **유일성**^uniqueness^이라 부르며, 그 차원에 특정한 분산 항이다.

FA 모델의 모수는 EM(20.2.3절 참고)을 사용해 추정할 수 있다. 모델을 적합시키면, $p(\boldsymbol{z}|\boldsymbol{x})$를 사용해 확률적인 잠재 임베딩을 계산할 수 있다. 가우스를 위한 베이즈 규칙을 사용하면 다음이 된다.

$$p(\boldsymbol{z}|\boldsymbol{x}) = \mathcal{N}(\boldsymbol{z}|\mathbf{W}^\mathsf{T}\mathbf{C}^{-1}(\boldsymbol{x} - \boldsymbol{\mu}), \mathbf{I} - \mathbf{W}^\mathsf{T}\mathbf{C}^{-1}\mathbf{W}) \tag{20.40}$$

여기서 $\mathbf{C}$는 식 (20.39)에 정의되어 있다.

20.2.2 확률적 PCA

이 절에서는 $\mathbf{W}$가 정규직교 열이며, $\mathbf{\Psi} = \sigma^2\mathbf{I}$이고 $\boldsymbol{\mu} = \mathbf{0}$인 인자 분석 모델의 특별한 경우를 고려한다. 이 모델은 **확률적 주성분 분석**PPCA, Probabilistic Principal Components Analysis[TB99], 또는 **의식적 PCA**sensible PCA[Row97]라 부른다. 가시적인 변수에서의 주변 분포는 다음의 형식을 갖는다.

$$p(\boldsymbol{x}|\boldsymbol{\theta}) = \int \mathcal{N}(\boldsymbol{x}|\mathbf{W}\boldsymbol{z}, \sigma^2\mathbf{I})\mathcal{N}(\boldsymbol{z}|\mathbf{0}, \mathbf{I})d\boldsymbol{z} = \mathcal{N}(\boldsymbol{x}|\boldsymbol{\mu}, \mathbf{C}) \tag{20.41}$$

여기서

$$\mathbf{C} = \mathbf{W}\mathbf{W}^\mathsf{T} + \sigma^2\mathbf{I} \tag{20.42}$$

PPCA를 위한 로그 가능도는 다음으로 주어진다.

$$\log p(\mathbf{X}|\boldsymbol{\mu}, \mathbf{W}, \sigma^2) = -\frac{ND}{2}\log(2\pi) - \frac{N}{2}\log|\mathbf{C}| - \frac{1}{2}\sum_{n=1}^{N}(\boldsymbol{x}_n - \boldsymbol{\mu})^\mathsf{T}\mathbf{C}^{-1}(\boldsymbol{x}_n - \boldsymbol{\mu}) \tag{20.43}$$

$\boldsymbol{\mu}$를 위한 MLE는 $\bar{\boldsymbol{x}}$이다. 이를 집어넣으면 다음을 내어준다.

$$\log p(\mathbf{X}|\boldsymbol{\mu}, \mathbf{W}, \sigma^2) = -\frac{N}{2}\left[D\log(2\pi) + \log|\mathbf{C}| + \text{tr}(\mathbf{C}^{-1}\mathbf{S})\right] \tag{20.44}$$

여기서 $\mathbf{S} = \frac{1}{N}\sum_{n=1}^{N}(\boldsymbol{x}_n - \bar{\boldsymbol{x}})(\boldsymbol{x}_n - \bar{\boldsymbol{x}})^\mathsf{T}$는 경험적 공분산 행렬이다.

[TB99; Row97]에서 이들은 이 목적 함수의 최댓값이 반드시 다음을 만족시켜야 함을 보여준다.

$$\mathbf{W} = \mathbf{U}_L(\mathbf{L}_L - \sigma^2\mathbf{I})^{\frac{1}{2}}\mathbf{R} \tag{20.45}$$

여기서 $\mathbf{U}_L$은 $D \times L$ 행렬로 열은 $\mathbf{S}$의 고윳값이 가장 큰 고유벡터 L로 주어지며, $\mathbf{L}_L$은 고윳값의 $L \times L$ 대각 행렬이고, $\mathbf{R}$은 임의의 $L \times L$ 직교 행렬로 이는 (일반성을 잃지 않으면서WLOG) $\mathbf{R} = \mathbf{I}$가 되도록 취할 수 있다. $\sigma^2 = 0$인 잡음 자유 극한noise-free limit에서, $\mathbf{W}_{\text{mle}} = \mathbf{U}_L\mathbf{L}_L^{\frac{1}{2}}$임을 볼 수 있으며, 이는 PCA 해와 비례적이다.

관측 분산의 MLE는 다음과 같다.

$$\sigma^2 = \frac{1}{D - L} \sum_{i=L+1}^{D} \lambda_i \tag{20.46}$$

이는 버려진 차원과 연관된 평균 왜곡$^{\text{average distortion}}$이다. $L = D$라면, 모델이 $\boldsymbol{z} = \boldsymbol{x}$로 찌부러지므로 추정된 잡음은 0이다.

가능도 $p(\mathbf{X} \mid \boldsymbol{\mu}, \mathbf{W}, \sigma^2)$을 계산하려면 $\mathbf{C}^{-1}$와 $\log |\mathbf{C}|$를 값매김해야 하며, 여기서 $\mathbf{C}$는 $D \times D$ 행렬이다. 이를 효율적으로 하려면, 역행렬 보조정리$^{\text{matrix inversion lemma}}$를 사용해 다음과 같이 쓸 수 있다.

$$\mathbf{C}^{-1} = \sigma^{-2} \left[\mathbf{I} - \mathbf{W} \mathbf{M}^{-1} \mathbf{W}^\mathsf{T} \right] \tag{20.47}$$

여기서 $L \times L$차원적 행렬 $\mathbf{M}$은 다음으로 주어진다.

$$\mathbf{M} = \mathbf{W}^\mathsf{T} \mathbf{W} + \sigma^2 \mathbf{I} \tag{20.48}$$

식 (20.45)로부터 $\mathbf{W}$를 위한 MLE를 집어넣으면($\mathbf{R} = \mathbf{I}$를 사용해) 다음을 찾을 수 있다.

$$\mathbf{M} = \mathbf{U}_L (\mathbf{L}_L - \sigma^2 \mathbf{I}) \mathbf{U}_L^\mathsf{T} + \sigma^2 \mathbf{I} \tag{20.49}$$

따라서

$$\mathbf{C}^{-1} = \sigma^{-2} \left[\mathbf{I} - \mathbf{U}_L (\mathbf{L}_L - \sigma^2 \mathbf{I}) \boldsymbol{\Lambda}_L^{-1} \mathbf{U}_L^\mathsf{T} \right] \tag{20.50}$$

$$\log |\mathbf{C}| = (D - L) \log \sigma^2 + \sum_{j=1}^{L} \log \lambda_j \tag{20.51}$$

그러므로 모든 역행렬 계산을 피할 수 있다($\boldsymbol{\Lambda}_L^{-1} = \mathrm{diag}(1/\lambda_j)$이므로).

PPCA를 PCA의 대안으로 사용하려면, 인코더 모델과 동등한 사후 평균 $\mathbb{E}[\boldsymbol{z} \mid \boldsymbol{x}]$를 계산해야 한다. 가우스를 위한 베이즈 규칙을 사용하면 다음을 얻는다.

$$p(\boldsymbol{z}|\boldsymbol{x}) = \mathcal{N}(\boldsymbol{z} | \mathbf{M}^{-1} \mathbf{W}^\mathsf{T} (\boldsymbol{x} - \boldsymbol{\mu}), \sigma^2 \mathbf{M}^{-1}) \tag{20.52}$$

여기서 $\mathbf{M}$은 식 (20.48)에 정의되어 있다. $\sigma^2 = 0$ 극한에서, MLE 모수를 사용하는 사후 평균은 다음이 된다.

$$\mathbb{E}\left[z|x\right] = (\mathbf{W}^\mathsf{T}\mathbf{W})^{-1}\mathbf{W}^\mathsf{T}(x - \overline{x}) \tag{20.53}$$

이는 표준적인 PCA에서와 같이, 데이터를 잠재 공간에 직교로 사영한 것이다.

20.2.3 FA/PPCA를 위한 EM 알고리듬

이 절에서는 [RT82; GH96]에 기반하여 EM 알고리듬을 사용해 FA 모델을 위한 MLE를 계산하는 방법 한 가지를 설명한다.

20.2.3.1 FA를 위한 EM

E단계에서 사후 임베딩을 계산한다.

$$p(z_i|x_i, \boldsymbol{\theta}) = \mathcal{N}(z_i|m_i, \boldsymbol{\Sigma}_i) \tag{20.54}$$
$$\boldsymbol{\Sigma}_i \triangleq (\mathbf{I}_L + \mathbf{W}^\mathsf{T}\boldsymbol{\Psi}^{-1}\mathbf{W})^{-1} \tag{20.55}$$
$$m_i \triangleq \boldsymbol{\Sigma}_i(\mathbf{W}^\mathsf{T}\boldsymbol{\Psi}^{-1}(x_i - \boldsymbol{\mu})) \tag{20.56}$$

M단계에서 $\tilde{\mathbf{W}} = (\mathbf{W}, \boldsymbol{\mu})$, $\tilde{z} = (z, 1)$이라 정의하여 $\boldsymbol{\mu}$와 $\mathbf{W}$를 동시에 추정하는 것이 가장 쉽다. 또한 다음을 정의한다.

$$b_i \triangleq \mathbb{E}\left[\tilde{\mathbf{z}}|x_i\right] = [m_i; 1] \tag{20.57}$$
$$\mathbf{C}_i \triangleq \mathbb{E}\left[\tilde{\mathbf{z}}\tilde{\mathbf{z}}^T|x_i,\right] = \begin{pmatrix} \mathbb{E}\left[zz^T|x_i\right] & \mathbb{E}\left[z|x_i\right] \\ \mathbb{E}\left[z|x_i\right]^T & 1 \end{pmatrix} \tag{20.58}$$

그러면 M단계는 다음과 같다.

$$\hat{\tilde{\mathbf{W}}} = \left[\sum_i x_i b_i^\mathsf{T}\right]\left[\sum_i \mathbf{C}_i\right]^{-1} \tag{20.59}$$

$$\hat{\boldsymbol{\Psi}} = \frac{1}{N_\mathcal{D}}\mathrm{diag}\left\{\sum_i \left(x_i - \hat{\tilde{\mathbf{W}}}b_i\right)x_i^T\right\} \tag{20.60}$$

이들 업데이트는 '바닐라' EM을 위한 것임을 주지하라. ECM에 기반한 더 빠른 버전의 알고리듬은 [ZY08]에 설명되어 있다.

20.2.3.2 (P)PCA를 위한 EM

PPCA 모델 적합을 위해서도 EM을 사용할 수 있으며, 이는 고유벡터 방법에 대한 유용한 대안을 제공한다. 이는 PCA의 확률적 형식화에 의존한다. 그러나 알고리듬은 [Row97]에서 보여주듯이 영 잡음 극한$^{\text{zero noise limit}}$ $\sigma^2 = 0$에서도 지속적으로 동작한다.

특히 $\tilde{\mathbf{Z}} = \mathbf{Z}^{\mathsf{T}}$가 열을 따라 사후 평균(저차원적 표현)을 저장하는 $L \times N_{\mathcal{D}}$ 행렬이라 해보자. 마찬가지로, $\tilde{\mathbf{X}} = \mathbf{X}^{\mathsf{T}}$는 열을 따라 원본 데이터를 저장한다고 해보자. 식 (20.52)로부터, $\sigma^2 = 0$일 때 다음을 얻는다.

$$\tilde{\mathbf{Z}} = (\mathbf{W}^T\mathbf{W})^{-1}\mathbf{W}^T\tilde{\mathbf{X}} \tag{20.61}$$

이는 E단계를 구성한다. 이는 데이터의 직교 사영에 불과함을 주지하라.

식 (20.59)로부터 M단계는 다음으로 주어진다.

$$\hat{\mathbf{W}} = \left[\sum_i \boldsymbol{x}_i \mathbb{E}\left[\boldsymbol{z}_i\right]^T \right] \left[\sum_i \mathbb{E}\left[\boldsymbol{z}_i\right] \mathbb{E}\left[\boldsymbol{z}_i\right]^T \right]^{-1} \tag{20.62}$$

여기서 $\sigma^2 = 0$일 때 $\boldsymbol{\Sigma} = \text{Cov}[\boldsymbol{z}_i | \boldsymbol{x}_i, \boldsymbol{\theta}] = 0\mathbf{I}$라는 사실을 활용했다.

이 식은 $\mathbf{W} = (\sum_i \boldsymbol{y}_i \boldsymbol{x}_i^T)(\sum_i \boldsymbol{x}_i \boldsymbol{x}_i^T)^{-1}$ 형식을 갖는 다중 출력 선형 회귀를 위한 MLE와 비교할 만하다. 따라서 M단계는 마치 관측된 입력을 잠재 변수의 기댓값으로 바꾸는 선형 회귀와 같음을 볼 수 있다.

요약하자면, 전체 알고리듬은 다음과 같다.

$$\tilde{\mathbf{Z}} = (\mathbf{W}^T\mathbf{W})^{-1}\mathbf{W}^T\tilde{\mathbf{X}} \text{ (E단계)} \tag{20.63}$$

$$\mathbf{W} = \tilde{\mathbf{X}}\tilde{\mathbf{Z}}^T(\tilde{\mathbf{Z}}\tilde{\mathbf{Z}}^T)^{-1} \text{ (M단계)} \tag{20.64}$$

[TB99]는 EM 알고리듬의 유일한 안정적인 고정된 지점은 전역적으로 최적인 해임을 보였다. 즉, EM 알고리듬은 $\mathbf{W}$가 처음 L개 고유벡터에 의해 정의된 것과 같은 선형 부분공간을 스팬할 때 해로 수렴한다. 그러나 $\mathbf{W}$가 직교이며 $\mathbf{W}$가 고윳값의 낮은 차순으로 고유벡터를 갖기를 원한다

면, 결과 행렬을 직교화해야만 한다(이는 꽤 저렴하게 할 수 있다). 아니면 EM을 수정하여 주요한 기 저를 직접 줄 수 있다[AO03].

이 알고리듬은 $D = 2$이고 $L = 1$인 경우에 단순한 물리적 비유를 할 수 있다[Row97]. 단단한 막대에 스프링으로 붙인, $\mathbb{R}^2$에서의 어떠한 점을 고려해 보자. 이것의 지향은 벡터 w로 정의된다. z_i가 막대에 붙인 i번째 스프링의 위치라 해보자. E단계에서 막대를 고정하고 부착 지점이 미끄러 지도록 하여 스프링 에너지를 최소화하자(이는 제곱 잔차의 합에 비례한다). M단계에서 부착 지점을 고정하고 스프링 에너지를 최소화하도록 막대를 회전시킨다고 해보자. 그림 20.10을 참고하라.

20.2.3.3 장점

PCA를 위한 EM은 고유벡터 방법보다 다음과 같은 장점을 갖는다.

- EM은 더 빠를 수 있다. 특히 $N_{\mathcal{D}}$, $D \gg L$이라 가정하면, EM의 주된 비용은 E단계에서의 사영 연산이므로, 전체 시간은 $O(TLN_{\mathcal{D}}D)$가 되며, 여기서 T는 반복 횟수다. [Row97]은 N이나 D에 상관없이 반복 횟수가 보통 매우 적음(평균이 3.6이었다)을 실험적으로 보였다(이 결과는 경험적 공분산 행렬의 고윳값의 비율에 의존한다). 이는 직관적인 고유벡터법이 필요로 하는 $O(\min(ND^2, DN^2))$시간보다 훨씬 빠르지만, 란조스^{Lanczos} 알고리듬과 같은 더욱 정교한 고유벡터법은 EM과 비교할 만한 실행 시간을 갖는다.

- EM은 온라인 방식으로 구현할 수 있다. 즉, 데이터가 유입됨에 따라 $\mathbf{W}$의 추정값을 업데 이트할 수 있다.

- EM은 결측 데이터를 단순한 방법으로 다룰 수 있다(예: [IR10; DJ15]).

- EM은 PPCA/FA 모델의 혼합을 다루도록 확장할 수 있다(20.2.6절 참고).

- EM은 변분 EM 또는 변분 베이즈 EM으로 수정하여 더욱 복잡한 모델을 적합시킬 수 있 다(예: 20.2.7절 참고).

20.2.4 모수의 비식별 가능성

FA 모델의 모수는 식별이 불가능하다. 이를 위해, 가중치가 $\mathbf{W}$이고 관측치 공분산이 $\mathbf{\Psi}$인 모델을

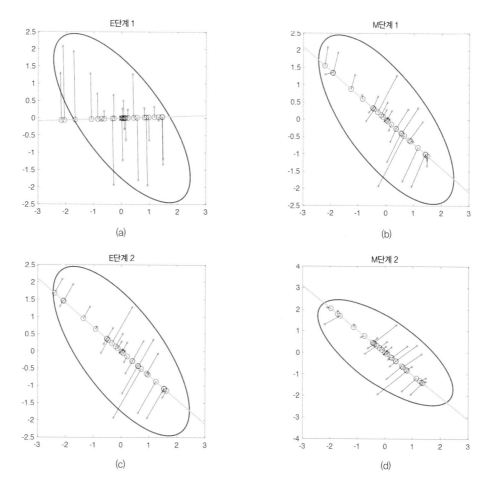

그림 20.10 $D = 2$이고 $L = 1$일 때 PCA를 위한 EM을 보여준다. 초록색 별은 원본 데이터 지점이고, 검은색 원은 이들을 재구축한 것이다. 가중치 벡터 $\boldsymbol{w}$는 파란색 선으로 나타나 있다. (a) $\boldsymbol{w}$의 무작위 초기 추측값으로 시작한다. E단계는 직교 사영으로 나타나 있다. (b) M단계에서 막대 $\boldsymbol{w}$를, 막대에서의 사영(검은색 원)은 고정된 채로 업데이트한다. (c) 또 다른 E단계. 검은색 원이 막대를 따라 '슬라이드'할 수 있지만, 막대는 고정된 채로 있다. (d) 또 다른 M단계. 출처: [Bis06]의 그림 12.12. pcaEmStepByStep.ipynb로 생성했다.

고려해 보자. 다음과 같다.

$$\text{Cov}\left[\boldsymbol{x}\right] = \mathbf{W}\mathbb{E}\left[\boldsymbol{z}\boldsymbol{z}^{\mathsf{T}}\right]\mathbf{W}^{\mathsf{T}} + \mathbb{E}\left[\boldsymbol{\epsilon}\boldsymbol{\epsilon}^{\mathsf{T}}\right] = \mathbf{W}\mathbf{W}^{\mathsf{T}} + \boldsymbol{\Psi} \tag{20.65}$$

이제 가중치가 $\tilde{\mathbf{W}} = \mathbf{W}\mathbf{R}$인 다른 모델을 고려해 보자. 여기서 $\mathbf{R}$은 임의의 직교 회전 행렬로, $\mathbf{R}\mathbf{R}^{\mathsf{T}}$

$= \mathbf{I}$를 만족시킨다. 이는 다음의 이유에서 같은 가능도를 갖는다.

$$\text{Cov}\left[\boldsymbol{x}\right] = \tilde{\mathbf{W}}\mathbb{E}\left[\boldsymbol{z}\boldsymbol{z}^{\mathsf{T}}\right]\tilde{\mathbf{W}}^{\mathsf{T}} + \mathbb{E}\left[\boldsymbol{\epsilon}\boldsymbol{\epsilon}^{\mathsf{T}}\right] = \mathbf{W}\mathbf{R}\mathbf{R}^{\mathsf{T}}\mathbf{W}^{\mathsf{T}} + \boldsymbol{\Psi} = \mathbf{W}\mathbf{W}^{\mathsf{T}} + \boldsymbol{\Psi} \tag{20.66}$$

기하학적으로, $\mathbf{W}$를 직교 행렬로 곱하는 것은 $\boldsymbol{x}$를 생성하기 전에 $\boldsymbol{z}$를 회전하는 것과 같다. 그러나 $\boldsymbol{z}$를 등방성의 가우스로부터 뽑으므로 이는 가능도에 차이를 가져오지 않는다. 따라서 $\mathbf{W}$를 유일하게 식별할 수 없으므로 잠재 인자 또한 유일하게 식별할 수 없다.

이러한 대칭성을 깨기 위해 몇 가지 방법을 사용할 수 있으며 아래에서 논의한다.

- **$\mathbf{W}$가 정규직교 열을 갖도록 강제한다.** 아마도 식별 가능성 문제에 대한 가장 단순한 해법은 $\mathbf{W}$가 직교정규 열을 갖도록 강제하는 것일 텐데, 이는 PCA가 차용하는 방법이다. 그러면 결과 사후 추정값은 잠재 차원의 치환과 무관하게 고유할 것이다(PCA에서 이러한 순서의 모호함은 차원을 $\mathbf{W}$의 고윳값이 낮은 순서로 정렬하여 해결한다).

- **$\mathbf{W}$가 하삼각 행렬이 되도록 강제한다.** 베이즈 커뮤니티에서 인기 있는(예: [LW04c]) 치환 비식별 가능성을 해결하는 한 가지 방법은, 첫 번째 가시적 특성은 첫 번째 잠재 인자에 의해서만 생성하고 두 번째 가시적 특성은 처음 2개의 잠재 인자를 통해서만 생성하는 등으로 하는 것이다. 예를 들어 $L = 3$이고 $D = 4$라면, 해당 인자 로딩 행렬은 다음으로 주어진다.

$$\mathbf{W} = \begin{pmatrix} w_{11} & 0 & 0 \\ w_{21} & w_{22} & 0 \\ w_{31} & w_{32} & w_{33} \\ w_{41} & w_{42} & w_{43} \end{pmatrix} \tag{20.67}$$

또한 $k = 1 : L$에 대해 $w_{kk} > 0$가 필요하다. 이러한 제약된 행렬에서 전체 모수의 개수는 $D + DL - L(L-1)/2$이며, 이는 FA에서 유일하게 식별 가능한 모수의 개수와 같다.[3] 이 방법의 단점은 **설립자 변수**[founder variable]라 하는, 처음 L개의 가시적인 변수가 잠재 인자의 해석에 영향을 미치므로 반드시 조심스럽게 선택해야 한다는 것이다.

- **가중치에서 희박성을 촉진하는 사전 분포.** $\mathbf{W}$ 내 어떤 항목이 0인지 사전에 지정하는 대신에, ℓ_1

---

3 $\boldsymbol{\Psi}$를 위해서는 D개의 모수를, $\mathbf{W}$를 위해서는 DL개의 모수를 얻는다. 그러나 $\mathbf{R}$로부터 나오는 자유도 $L(L-1)/2$는 제거해야 한다. 왜냐하면 이것이 크기 $L \times L$ 직교 행렬의 공간 차원성이기 때문이다. 이를 이해하려면, $\mathbf{R}$의 첫 번째 열에 $L-1$개의 자유 모수가 있으며(열 벡터는 반드시 단위 길이로 정규화되어야 하기 때문에), 두 번째 열에는 $L-2$개의 자유 모수가 있는(이는 반드시 첫 번째를 직교해야 한다) 식이기 때문이다.

정칙화[ZHT06], ARD[Bis99; AB08], 또는 솟구침과 평판^{spike-and-slab} 사전 분포[Rat+09]를 사용해 항목이 0이 되도록 북돋을 수 있다. 이는 희박 인자 분석이라 부른다. 이는 꼭 유일한 MAP 추정값을 보장하는 것은 아니지만, 해석 가능한 해가 되는 것을 북돋운다.

- **정보적인 회전 행렬 선택하기.** 통상적으로 이들이 (근사적으로) 희박하도록 북돋음으로써 해석력을 높일 수 있도록, $\mathbf{W}$(그리고 따라서 잠재 인자)를 수정하는 데 쓰일 수 있는 회전 행렬 $\mathbf{R}$을 찾는 것을 시도하는 다양한 휴리스틱한 방법이 존재한다. 인기 있는 방법 중 하나는 varimax가 있다[Kai58].

- **잠재 인자를 위한 비 가우스 사전 분포 사용.** 잠재 변수에서의 사전 분포 $p(\boldsymbol{z})$를 비 가우스 분포로 바꾸면, 때때로 $\mathbf{W}$ 및 잠재 인자를 유일하게 식별할 수 있다. 자세한 내용은 예를 들어 [KKH20]을 참고하라.

20.2.5 비선형 인자 분석

FA 모델은 관측된 데이터가 가우스 인자의 저차원적 집합에서 나오는 선형 매핑으로부터 나오는 것으로 모델링할 수 있다고 가정한다. 이 가정을 완화하는 한 가지 방법은 $\boldsymbol{z}$에서 $\boldsymbol{x}$로의 매핑이 신경망과 같은 비선형 모델이 될 수 있도록 하는 것이다. 즉, 모델은 다음이 된다.

$$p(\boldsymbol{x}) = \int \mathcal{N}(\boldsymbol{x}|f(\boldsymbol{z};\boldsymbol{\theta}), \boldsymbol{\Psi})\mathcal{N}(\boldsymbol{z}|\mathbf{0},\mathbf{I})d\boldsymbol{z} \tag{20.68}$$

이는 **비선형 인자 분석**^{nonlinear factor analysis}이라 부른다. 안타깝게도 더 이상 사후 분포 또는 MLE를 정확하게 계산할 수 없으므로, 근사적인 방법을 사용해야 한다. 20.3.5절에서 비선형 FA 모델을 근

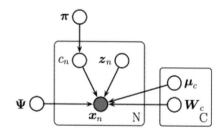

그림 20.11 확률적 그래프 모델(PGM)로서의 인자 분석자의 혼합

사하는 가장 일반적인 방법인 변분 오토인코더를 논의한다.

20.2.6 인자 분석자의 혼합

인자 분석 모델(20.2절)은 관측된 데이터가 가우스 인자의 저차원적 집합으로부터의 선형 매핑으로부터 나오는 것으로 모델링할 수 있다고 가정한다. 이 가정을 완화하는 한 가지 방법은 모델이 국소적으로만 선형이라고 가정하여, 전체 모델이 FA 모델의 (가중된) 조합이 되는 것이다. 이는 **인자 분석자의 혼합**MFA, Mixture of Factor Analyser이라 부른다. 데이터를 위한 전체 모델은 선형 다양체의 조합이며, 이는 전체적으로 굽어진 다양체를 근사하는 데 쓰일 수 있다.

더 정확하게는, 잠재 지시자 $m_n \in \{1, ..., K\}$이 데이터를 생성하는 데 어떤 부분공간(군집)을 사용해야 하는지 구체화한다고 하자. $m_n = k$라면, 가우스 사전 분포로부터 z_n을 표집하고 이를 $\mathbf{W}_k$ 행렬을 통해 전달하고 잡음을 추가한다. 여기서 $\mathbf{W}_k$는 L차원적 부분공간을 D차원적 가시 공간으로 매핑한다.[4] 더 정확하게 말하자면, 모델은 다음과 같다.

$$p(\boldsymbol{x}_n|\boldsymbol{z}_n, m_n = k, \boldsymbol{\theta}) = \mathcal{N}(\boldsymbol{x}_n|\boldsymbol{\mu}_k + \mathbf{W}_k\boldsymbol{z}_n, \boldsymbol{\Psi}_k) \tag{20.69}$$

$$p(\boldsymbol{z}_n|\boldsymbol{\theta}) = \mathcal{N}(\boldsymbol{z}_n|\mathbf{0}, \mathbf{I}) \tag{20.70}$$

$$p(m_n|\boldsymbol{\theta}) = \text{Cat}(m_n|\boldsymbol{\pi}) \tag{20.71}$$

이는 **인자 분석자의 혼합**이라 부른다[GH96]. 가시 공간에서의 해당 분포는 다음으로 주어진다.

$$p(\boldsymbol{x}|\boldsymbol{\theta}) = \sum_k p(c = k) \int d\boldsymbol{z}\, p(\boldsymbol{z}|c)p(\boldsymbol{x}|\boldsymbol{z}, c) = \sum_k \pi_k \int d\boldsymbol{z}\, \mathcal{N}(\boldsymbol{z}|\boldsymbol{\mu}_k, \mathbf{I})\mathcal{N}(\boldsymbol{x}|\mathbf{W}\boldsymbol{z}, \sigma^2\mathbf{I}) \tag{20.72}$$

$\boldsymbol{\Psi}_k = \sigma^2\mathbf{I}$인 특별한 경우 PPCA의 혼합을 얻는다(그렇지만 이 경우 $\mathbf{W}_k$의 직교성을 보장하기가 어렵다). 어떠한 2차원 데이터에 방법을 적용한 예시는 그림 20.12를 참고하라.

이는 가우스 혼합의 저계수 버전으로 생각할 수 있다. 특히 모델은 완전 공분산 가우스의 혼합을 위해 필요한 모수가 $O(KLD)$개 모수 대신 $O(KD^2)$개 필요하다. 이는 과적합을 줄일 수 있다.

---

4 z_n이 m_n에 의존하는 것을 허용한다면, [KS15]에서 제안하듯이 각 부분공간이 서로 다른 차원성을 갖도록 할 수 있다.

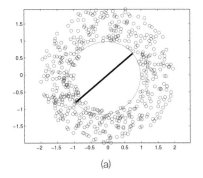 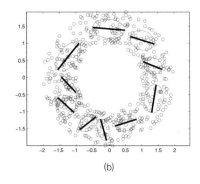

(a)　　　　　　　　　　　　　　　　(b)

그림 20.12 2차원 데이터셋에 대한, $L = 1$ 잠재 차원을 사용하는 PPCA 혼합 모델의 적합: (a) $K = 1$ 혼합 성분, (b) $K = 10$ 혼합 성분. mixPpcaDemo.ipynb로 생성했다.

20.2.7 지수족 인자 분석

지금까지 관측 데이터가 실수라고, 따라서 $\boldsymbol{x}_n \in \mathbb{R}^D$이라고 가정해 왔다. 다른 종류의 데이터를 모델링하고자 한다면(예: 이항 또는 범주형), 단순히 가우스 출력 분포를 적절한 지수족 멤버로 바꿀 수 있으며, 이때 자연 모수는 $\boldsymbol{z}_n$의 선형 함수로 주어진다. 즉, 다음을 사용한다.

$$p(\boldsymbol{x}_n|\boldsymbol{z}_n) = \exp(\mathcal{T}(\boldsymbol{x})^\top \boldsymbol{\theta} + h(\boldsymbol{x}) - g(\boldsymbol{\theta})) \tag{20.73}$$

여기서 자연 모수의 $N \times D$ 행렬은 저계수 분해 $\boldsymbol{\Theta} = \mathbf{ZW}$를 통해 주어진다고 가정하며, 이때 $\mathbf{Z}$는 $N \times L$이고, $\mathbf{W}$는 $L \times D$이다. 결과 모델은 **지수족 인자 분석**exponential family factor analysis이라 부른다.

선형 가우스 FA와 다르게, 지수족 가능도와 가우스 사전 분포 사이의 켤레성conjugacy 부재로 인해 사후 분포 $p(\boldsymbol{z}_n | \boldsymbol{x}_n, \mathbf{W})$를 정확하게 계산할 수 없다. 게다가 정확한 주변 가능도도 계산할 수 없으며, 이는 최적의 MLE를 찾지 못하게 만든다.

[CDS02]는 **지수족 PCA**exponential family PCA라 하는, 이 모델의 결정론적 변형을 위한 좌표 상향coordinate ascent 방법을 제안했다. 이는 $\boldsymbol{z}_n$의 점 추정값과 $\mathbf{W}$ 사이의 계산을 번갈아서 한다. 이는 변분 EM의 퇴화 버전으로 간주할 수 있으며, 이때 E단계는 $\boldsymbol{z}_n$을 위해 델타 함수 사후 분포를 사용한다. [GS08]은 전역 최적점을 찾는 개선된 알고리듬을 제시하며, [Ude+16]은 많은 종류의 손실 함수를 다루는, **일반화 저계수 모델**generalized low rank model이라 부르는 확장판을 제시한다.

그러나 잠재 인자의 점 추정값을 계산하는 대신에, 모델의 확률적 버전을 사용하는 것이 선호되는 경우가 많다. 이 경우, 과적합을 피하기 위해 비퇴화 분포를 사용해 사후 분포를 나타내야만 한다. 왜냐하면 잠재 변수의 개수가 데이터 사례의 개수에 비례하기 때문이다[WCS08]. 다행히도 변분 하계variational lower bound를 최적화함으로써, 가우스와 같은 비퇴화 사후 분포를 사용할 수 있다. 아래에서 몇 가지 예시를 제공한다.

20.2.7.1 예시: 이항 PCA

인자화된 베르누이 가능도를 고려해 보자.

$$p(\boldsymbol{x}|\boldsymbol{z}) = \prod_d \mathrm{Ber}(x_d|\sigma(\boldsymbol{w}_d^\mathsf{T}\boldsymbol{z})) \tag{20.74}$$

길이 $D = 16$의 $N_\mathcal{D} = 150$비트 벡터를 관측한다고 해보자. 각 예시는 3개의 이항 프로토타입 벡터 중 하나를 선택한 뒤, 비트를 무작위로 뒤집어 생성한다. 데이터는 그림 20.13(a)를 참고하라. 이는 변분 EM 알고리듬을 사용해 적합시킬 수 있다(자세한 내용은 [Tip98]을 참고하라). 잠재 공간을 시각화할 수 있도록 $L = 2$ 잠재 차원을 사용한다. 그림 20.13(b)에서는 $\mathbb{E}\big[\boldsymbol{z}_n|\boldsymbol{x}_n, \hat{\mathbf{W}}\big]$을 그리고 있다. 예상과 같이, 사영된 점이 3개의 개별적인 군집으로 그룹화됨을 볼 수 있다. 그림 20.13(c)에서 다음으로 계산한 데이터의 재구축 버전을 그리고 있다.

$$p(\hat{x}_{nd} = 1|\boldsymbol{x}_n) = \int d\boldsymbol{z}_n \, p(\boldsymbol{z}_n|\boldsymbol{x}_n)p(\hat{x}_{nd}|\boldsymbol{z}_n) \tag{20.75}$$

이들 확률을 (MAP 추정에 해당하는) 0.5에서 임계화한다면, 그림 20.13(d)의 '디노이징' 버전의 데이터를 얻는다.

20.2.7.2 예시: 범주형 PCA

20.2.7.1절의 모델을 일반화하여, 다음의 가능도를 사용함으로써 범주형 데이터를 다룰 수 있다.

$$p(\boldsymbol{x}|\boldsymbol{z}) = \prod_d \mathrm{Cat}(x_d|\mathrm{softmax}(\mathbf{W}_d\boldsymbol{z})) \tag{20.76}$$

이는 **범주형 PCA**CatPCA, Categorical PCA라 부른다. 이를 적합시키기 위한 변분 EM 알고리듬은 [Kha+10]에 설명되어 있다.

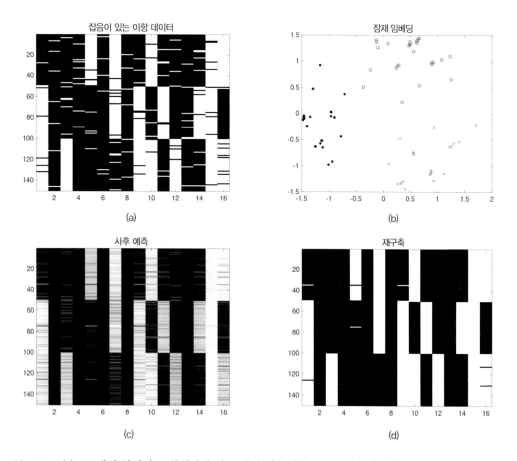

그림 20.13 (a) 150개의 합성된 16차원적인 비트 벡터: (b) 변분 EM을 사용해 적합시킨, 이항 PCA를 통해 학습한 2차원 임베딩. 이들을 생성한 참인 '프로토타입'의 식별값을 통해 점을 컬러 코딩했다. (c) 켜져 있을 것으로 예측된 확률, (d) 임계화된 예측. binary_fa_demo.ipynb로 생성했다.

20.2.8 쌍 데이터를 위한 인자 분석 모델

이 절에서는 쌍으로 된 두 종류의 관측 변수 $\boldsymbol{x} \in \mathbb{R}^{D_x}$ 그리고 $\boldsymbol{y} \in \mathbb{R}^{D_y}$가 있을 때 선형 가우스 인자 분석 모델을 논의한다. 이들은 서로 다른 센서 또는 모달리티(예: 이미지와 소리)에 해당하는 경우가 많다. 우리는 [Vir10]이 보여주는 것을 따른다.

20.2.8.1 지도적 PCA

지도적 PCAsupervised PCA[Yu+06]에서는 다음의 선형 가우스 모델을 사용하는 공유된 저차원적 표현을 사용해 결합 $p(\boldsymbol{x}, \boldsymbol{y})$를 모델링한다.

$$p(\boldsymbol{z}_n) = \mathcal{N}(\boldsymbol{z}_n | \mathbf{0}, \mathbf{I}_L) \tag{20.77}$$

$$p(\boldsymbol{x}_n | \boldsymbol{z}_n, \boldsymbol{\theta}) = \mathcal{N}(\boldsymbol{x}_n | \mathbf{W}_x \boldsymbol{z}_n, \sigma_x^2 \mathbf{I}_{D_x}) \tag{20.78}$$

$$p(\boldsymbol{y}_n | \boldsymbol{z}_n, \boldsymbol{\theta}) = \mathcal{N}(\boldsymbol{y}_n | \mathbf{W}_y \boldsymbol{z}_n, \sigma_y^2 \mathbf{I}_{D_y}) \tag{20.79}$$

이는 그림 20.14(a)의 그래프 모델이 보여준다. 이는 $\boldsymbol{z}_n$이, $\boldsymbol{x}_n$과 $\boldsymbol{y}_n$이 공통으로 갖는 특성을 포착하는 공유된 잠재 부분공간이라는 직관에 의한 것이다. 분산 항 σ_x 그리고 σ_y는 모델이 서로 다른 두 신호에 얼마나 강조를 할지 통제한다. 모수 $\boldsymbol{\theta} = (\mathbf{W}_x, \mathbf{W}_y, \sigma_x, \sigma_y)$에 사전 분포를 두면, **베이즈 인자 회귀 모델**Bayesian factor regression model을 다시 얻는다[Wes03].

$p(\boldsymbol{y}_n | \boldsymbol{x}_n)$은 $\boldsymbol{z}_n$을 주변화하여 얻을 수 있다. $\boldsymbol{y}_n$이 스칼라라면 이는 다음이 된다.

$$p(y_n | \boldsymbol{x}_n, \boldsymbol{\theta}) = \mathcal{N}(y_n | \boldsymbol{x}_n^\mathsf{T} \boldsymbol{v}, \boldsymbol{w}_y^\mathsf{T} \mathbf{C} \boldsymbol{w}_y + \sigma_y^2) \tag{20.80}$$

$$\mathbf{C} = (\mathbf{I} + \sigma_x^{-2} \mathbf{W}_x^\mathsf{T} \mathbf{W}_x)^{-1} \tag{20.81}$$

$$\boldsymbol{v} = \sigma_x^{-2} \mathbf{W}_x \mathbf{C} \boldsymbol{w}_y \tag{20.82}$$

이를 분류 환경에 적용하려면, 가우스 $p(\boldsymbol{y} | \boldsymbol{z})$를 로지스틱 회귀 모델로 바꾸는 지도적 ePCA supervised ePCA를 사용할 수 있다[Guo09].

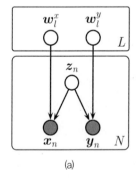 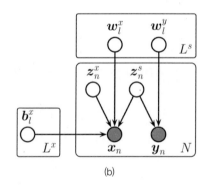

(a)　　　　　　　　　　　　　　(b)

그림 20.14 쌍 데이터를 위한 가우스 잠재 인자 모델: (a) 지도적 PCA, (b) 부분 최소 제곱

이 모델은 $\boldsymbol{x}$와 $\boldsymbol{y}$에서 완벽하게 대칭적이다. 목표가 $\boldsymbol{x}$로부터 잠재 병목 $\boldsymbol{z}$를 통해 $\boldsymbol{y}$를 예측하는 것이라면, [Ris+08]에서 제안한 것과 같이 $\boldsymbol{y}$를 위한 가능도 항의 가중치를 높이기를 원할 수도 있다. 이는 다음을 내어준다.

$$p(\mathbf{X}, \mathbf{Y}, \mathbf{Z}|\boldsymbol{\theta}) = p(\mathbf{Y}|\mathbf{Z}, \mathbf{W}_y)p(\mathbf{X}|\mathbf{Z}, \mathbf{W}_x)^{\alpha}p(\mathbf{Z}) \tag{20.83}$$

여기서 $\alpha \le 1$는 두 출처를 모델링한 것의 상대 중요도를 통제한다. α의 값은 교차 검증을 통해 선택할 수 있다.

20.2.8.2 부분 최소 제곱

지도적 과제에서 예측 성능을 개선하는 또 다른 방법은 입력 $\boldsymbol{x}$가 그만의 '비공개private' 잡음 출처를 갖도록 허용하는 것이다. $\boldsymbol{x}$에서의 모든 변동이 예측 목적에 유의한 것은 아니므로, 이는 목표 변수와 독립이다. 이는 단지 입력을 위해 추가적인 잠재 변수 $\boldsymbol{z}_n^x$을 도입하여 할 수 있다. 이는 $\boldsymbol{x}_n$과 $\boldsymbol{y}_n$ 사이의 공유된 병목인 $\boldsymbol{z}_n^s$과 다른 것이다. 가우스의 경우, 전체 모델은 다음의 형식을 갖는다.

$$p(\boldsymbol{z}_n) = \mathcal{N}(\boldsymbol{z}_n^s|\mathbf{0}, \mathbf{I})\mathcal{N}(\boldsymbol{z}_n^x|\mathbf{0}, \mathbf{I}) \tag{20.84}$$

$$p(\boldsymbol{x}_n|\boldsymbol{z}_n, \boldsymbol{\theta}) = \mathcal{N}(\boldsymbol{x}_n|\mathbf{W}_x\boldsymbol{z}_n^s + \mathbf{B}_x\boldsymbol{z}_n^x, \sigma_x^2\mathbf{I}) \tag{20.85}$$

$$p(\boldsymbol{y}_n|\boldsymbol{z}_n, \boldsymbol{\theta}) = \mathcal{N}(\boldsymbol{y}_n|\mathbf{W}_y\boldsymbol{z}_n^s, \sigma_y^2\mathbf{I}) \tag{20.86}$$

그림 20.14(b)를 참고하라. 모델 내 $\boldsymbol{\theta}$를 위한 MLE는 **부분 최소 제곱**PLS, Partial Least Squares의 기법과 동등하다[Gus01; Nou+02; Sun+09].

20.2.8.3 정준 상관분석

몇몇 경우, 도메인 특정적인 또는 '비공개'인 잡음 출처를 허용하면서, 완전히 대칭인 모델을 사용해 $\boldsymbol{x}$와 $\boldsymbol{y}$ 사이의 의존성을 포착할 수 있기를 원한다. 이는 $\boldsymbol{x}_n$만을 위한 잠재 변수 $\boldsymbol{z}_n^x$, $\boldsymbol{y}_n$만을 위한 잠재 변수 $\boldsymbol{z}_n^y$, 그리고 공유된 잠재 변수 $\boldsymbol{z}_n^s$을 도입하여 할 수 있다. 가우스의 경우 전체 모델은 다음의 형식을 갖는다.

$$p(\boldsymbol{z}_n) = \mathcal{N}(\boldsymbol{z}_n^s|\mathbf{0}, \mathbf{I})\mathcal{N}(\boldsymbol{z}_n^x|\mathbf{0}, \mathbf{I}) \tag{20.87}$$

$$p(\boldsymbol{x}_n|\boldsymbol{z}_n, \boldsymbol{\theta}) = \mathcal{N}(\boldsymbol{x}_n|\mathbf{W}_x\boldsymbol{z}_n^s + \mathbf{B}_x\boldsymbol{z}_n^x, \sigma_x^2\mathbf{I}) \tag{20.88}$$

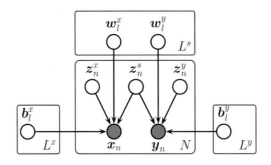

그림 20.15 확률적 그래프 모델(PGM)로서의 정준 상관분석

$$p(\boldsymbol{y}_n | \boldsymbol{z}_n, \boldsymbol{\theta}) = \mathcal{N}(\boldsymbol{y}_n | \mathbf{W}_y \boldsymbol{z}_n^s + \mathbf{B}_y \boldsymbol{z}_n^y, \sigma_y^2 \mathbf{I}) \tag{20.89}$$

여기서 $\mathbf{W}_x$와 $\mathbf{W}_y$는 $L^s \times D$차원적이며, $\mathbf{V}_x$는 $L^x \times D$차원적이고, $\mathbf{V}_y$는 $L^y \times D$차원적이다. 확률적 그래프 모델^{PGM}은 그림 20.15를 참고하라.

모든 잠재 변수를 주변화하면, 가시적인 변수에서 다음의 분포를 얻는다(이때 $\sigma_x = \sigma_y = \sigma$라 가정한다).

$$p(\boldsymbol{x}_n, \boldsymbol{y}_n) = \int d\boldsymbol{z}_n p(\boldsymbol{z}_n) p(\boldsymbol{x}_n, \boldsymbol{y}_n | \boldsymbol{z}_n) = \mathcal{N}(\boldsymbol{x}_n, \boldsymbol{y}_n | \boldsymbol{\mu}, \mathbf{W}\mathbf{W}^\mathsf{T} + \sigma^2 \mathbf{I}) \tag{20.90}$$

여기서 $\boldsymbol{\mu} = (\boldsymbol{\mu}_x; \boldsymbol{\mu}_y)$이며, $\mathbf{W} = [\mathbf{W}_x; \mathbf{W}_y]$이다. 따라서 유도된 공분산은 다음과 같은 저계수 행렬이다.

$$\mathbf{W}\mathbf{W}^\mathsf{T} = \begin{pmatrix} \mathbf{W}_x \mathbf{W}_x^\mathsf{T} & \mathbf{W}_x \mathbf{W}_y^\mathsf{T} \\ \mathbf{W}_y \mathbf{W}_x^\mathsf{T} & \mathbf{W}_y \mathbf{W}_y^\mathsf{T} \end{pmatrix} \tag{20.91}$$

[BJ05]는 이 모델을 위한 MLE가 **정준 상관분석**$^{\text{Canonical Correlation Analysis}}$, 즉 CCA[Hot36]라 하는 전통적인 통계적 방법과 동등함을 보였다. 그러나 PGM 시점은 복수의 종류의 관측치로(이는 **일반화 CCA**$^{\text{generalized CCA}}$라 한다[Hor61]) 또는 비선형 모델로(이는 **심층 CCA**$^{\text{deep CCA}}$라 한다[WLL16; SNM16]), 또는 지수족 CCA[KVK10]로 쉽게 일반화할 수 있게 해준다. CCA 및 확장형에 대한 추가적인 논의는 [Uur+17]을 참고하라.

20.3 오토인코더

PCA(20.1절)와 인자 분석(20.2절)은 **인코더**^{encoder}라 부르는 (선형) 매핑 f_e인 $\boldsymbol{x} \rightarrow \boldsymbol{z}$를 학습하고, **디코더**^{decoder}라 부르는 또 다른 (선형) 매핑 f_d인 $\boldsymbol{z} \rightarrow \boldsymbol{x}$를 학습하는 것으로 생각할 수 있다. 전체 재구축 함수는 $r(\boldsymbol{x}) = f_d(f_e(\boldsymbol{x}))$ 형식을 갖는다. 모델은 $\mathcal{L}(\boldsymbol{\theta}) = ||r(\boldsymbol{x}) - \boldsymbol{x}||_2^2$를 최소화하도록 훈련시킨다. 더 일반적으로는 $\mathcal{L}(\boldsymbol{\theta}) = -\log p(\boldsymbol{x} \,|\, r(\boldsymbol{x}))$를 사용할 수 있다.

이 절에서는 인코더와 디코더 매핑이 신경망에 의해 구현된 경우를 고려한다. 이는 **오토인코더**^{AE,} ^{AutoEncoder}라 부른다. MLP를 하나의 은닉 층으로 사용하면, 그림 20.16이 보여주는 모델을 얻는다. 중간에 있는 은닉 유닛은 입력과 그 재구축 사이의 저차원적 **병목**^{bottleneck}으로 생각할 수 있다.

물론 은닉 층이 충분히 넓다면, 어떠한 것도 이 모델이 항등 함수로부터 학습하는 것을 멈추지 않는다. 이러한 퇴화적 해를 막으려면, 모델을 어떠한 방법으로 제한해야 한다. 가장 단순한 접근법은 $L \ll D$인 좁은 병목 층을 사용하는 것이다. 이는 **저완성 표현**$^{undercomplete\ representation}$이라 부른다. 또 다른 접근법은 입력에 잡음을 추가하거나, 은닉 유닛의 활성화가 희박해지도록 강제하거나, 또는 은닉 유닛의 도함수에 희박성을 부과하는 등의 다른 종류의 정칙화를 부가하기 위해 **과완성 표현**$^{overcomplete\ representation}$이라 하는 $L \gg D$를 사용하는 것이다. 이들 옵션은 아래에서 더 자세히 논의한다.

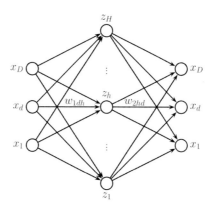

그림 20.16 은닉 층 하나로 된 오토인코더

20.3.1 병목 오토인코더

시작으로 **선형 오토인코더**^{linear autoencoder}의 특별한 경우를 고려한다. 여기서는 하나의 은닉 층이 있으며, 은닉 유닛은 $z = \mathbf{W}_1 x$를 사용해 계산하고, 출력은 $\hat{x} = \mathbf{W}_2 z$를 사용해 재구축되며, 여기서 $\mathbf{W}_1$은 $L \times D$ 행렬, $\mathbf{W}_2$는 $D \times L$ 행렬, 그리고 $L < D$이다. 따라서 $\hat{x} = \mathbf{W}_2 \mathbf{W}_1 x = \mathbf{W} x$는 모델의 출력이 된다. 이 모델을 훈련시켜 제곱 재구축 오차 $\mathcal{L}(\mathbf{W}) = \sum_{n=1}^{N} ||x_n - \mathbf{W} x_n||_2^2$를 최소화하면, $\hat{\mathbf{W}}$이 데이터의 경험적 공분산 행렬의 처음 L개 고유벡터에서 직교 사영함을 보일 수 있다 [BH89; KJ95]. 따라서 이는 PCA와 동등하다.

오토인코더에 비선형성을 도입하면, [JHG00]에서 증명한 것과 같이 PCA보다 엄격하게 더욱 강력한 모델을 얻는다. 이러한 모델은 데이터의 매우 유용한 저차원적 표현을 학습할 수 있다.

오토인코더를 패션 MNIST 데이터셋에 적합시키는 것을 고려해 보자. MLP 아키텍처(2개의 층 그리고 크기 30의 병목)와 CNN 기반 아키텍처(3개 층과 64채널을 갖는 3차원 병목) 모두를 고려한다. 베르누이 가능도 모델을 사용하며 이항 교차 엔트로피를 손실로 사용한다. 그림 20.17은 일부 테스트 이미지 그리고 이들의 재구축을 보여준다. CNN 모델이 MLP 모델보다 더욱 정확하게 재구축을 하는 것을 볼 수 있다. 그러나 두 모델 모두 크기가 작으며 오직 5에포크만을 훈련했으므로, 더욱 큰 모델을 사용하고 더 오래 훈련시키면 결과가 개선될 수 있다.

그림 20.18은 MLP-AE에 의해 만들어진 (30개 중) 처음 2개 잠재 차원을 시각화한다. 더 정확하

(a)   (b)

그림 20.17 오토인코더를 패션 MNIST 데이터에 적용한 결과. 상단 행은 검증 집합의 처음 5개 이미지다. 하단 행은 재구축한 것이다. (a) MLP 모델(20에포크 훈련함). 인코더는 아키텍처가 784-100-30인 MLP이다. 디코더는 이에 대한 미러 이미지다. (b) CNN 모델(5에포크 훈련함). 인코더는 아키텍처가 Conv2D(16, 3×3, same, selu), MaxPool2D(2×2), Conv2D(32, 3×3, same, selu), MaxPool2D(2×2), Conv2D(64, 3×3, same, selu), MaxPool2D(2×2)인 CNN 모델이다. 디코더는 이에 대한 미러 이미지로, 전치된 합성곱을 사용해 맥스풀링 층은 없다. 출처: [Gér19]의 그림 17.4. ae_mnist_tf.ipynb로 생성했다.

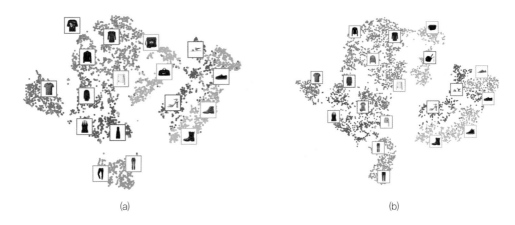

(a)   (b)

그림 20.18 오토인코더를 사용한, 패션 MNIST 검증 집합에서의 처음 2개 잠재 차원의 tSNE 도표: (a) MLP, (b) CNN. 출처: [Gér19]의 그림 17.5. ae_mnist_tf.ipynb로 생성했다.

게는, tSNE 임베딩(20.4.10절 참고)을 클래스 라벨로 컬러 코딩하여 그린다. 또한 일부 해당하는 이미지를 임베딩이 유도된 데이터셋으로부터 보여준다. 이 방법이 완전히 비지도적인 방식으로 클래스를 잘 분리하는 것을 볼 수 있다. 또한 MLP와 CNN 모델의 잠재 공간이 매우 유사함을 볼 수 있다(적어도 이러한 2차원 사영을 통해 봤을 때).

20.3.2 디노이징 오토인코더

오토인코더의 수용력을 통제하는 유용한 방법은 입력에 잡음을 추가한 뒤, 모델을 훈련시켜 원본 입력의 깨끗한 (오염되지 않은) 버전을 재구축하는 것이다. 이는 **디노이징 오토인코더**denoising autoencoder 라 부른다[Vin+10a].

이는 가우스 잡음을 추가하거나, 또는 베르누이 드롭아웃을 사용해 구현할 수 있다. 그림 20.19 는 DAE를 사용해 계산한 오염된 이미지의 재구축을 몇 가지 보여준다. 모델이 입력에서는 없는 세부 사항의 '환각hallucinate'을 만들어 낼 수 있음을 볼 수 있다. 왜냐하면 이것이 이전의 이미지와 비슷하게 보이면서, 모델의 모수에 있는 정보를 저장할 수 있기 때문이다.

가우스 오염 및 제곱 오차 재구축을 사용해, 즉 $p_c(\tilde{\boldsymbol{x}} \,|\, \boldsymbol{x}) = \mathcal{N}(\tilde{\boldsymbol{x}} \,|\, \boldsymbol{x}, \, \sigma^2 \mathbf{I})$ 그리고 $\ell(\boldsymbol{x}, \, r(\tilde{\boldsymbol{x}})) = \|\boldsymbol{e}\|_2^2$를 사용해 DAE를 훈련시킨다고 해보자. 여기서 $\boldsymbol{e}(\boldsymbol{x}) = r(\tilde{\boldsymbol{x}}) - \boldsymbol{x}$는 예제 $\boldsymbol{x}$의 잔차 오차다.

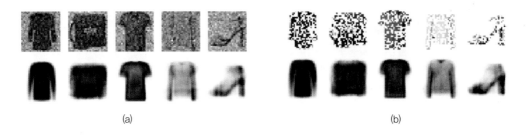

(a)   (b)

그림 20.19 검증 집합의 몇 가지 잡음이 있는 패션 MNIST 이미지에 적용한 디노이징 오토인코더(MLP 아키텍처): (a) 가우스 잡음, (b) 베르누이 드롭아웃 잡음. 상단 행: 입력. 하단 행: 출력. 출처: [Gér19]의 그림 17.9. Generated by ae_mnist_tf.ipynb로 생성했다.

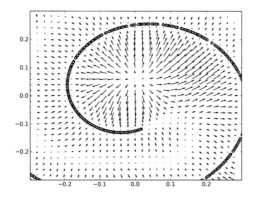

그림 20.20 DAE로부터의 잔차 오차 $e(x) = r(\tilde{x}) - x$가 점수 함수에 해당하는 벡터장을 학습할 수 있다. 화살표는 높은 확률 영역을 가리킨다. 화살표의 길이는 $\|e(x)\|$에 비례하므로, 1차원 데이터 다양체에 (곡선으로 나타낸) 가까운 점은 작은 화살표를 갖는다. 출처: [AB14]의 그림 5. 기욤 알랭(Guillaume Alain)이 친절하게 사용을 허가했다.

그 뒤 $\sigma \to 0$임에 따라(그리고 충분히 강력한 모델 및 충분한 데이터로) 잔차가 데이터의 로그 확률, 즉 $e(x) \approx \nabla_x \log p(x)$인 **점수 함수**^{score function}를 근사한다는 놀랄 만한 결과를 증명할 수 있다[AB14]. 즉, DAE가 로그 데이터 밀도의 기울기에 해당하는 **벡터장**^{vector field}을 학습한다. 따라서 데이터 다양체에 가까운 점은 표집 과정을 통해 다양체 위로 사영될 것이다. 그림 20.20을 참고하라.

20.3.3 수축적 오토인코더

인코더를 정칙화하는 다른 방법은 다음의 불이익 항을 재구축 손실에 추가하는 것이다.

$$\Omega(\boldsymbol{z}, \boldsymbol{x}) = \lambda || \frac{\partial f_e(\boldsymbol{x})}{\partial \boldsymbol{x}} ||_F^2 = \lambda \sum_k || \nabla_{\boldsymbol{x}} \, h_k(\boldsymbol{x}) ||_2^2 \tag{20.92}$$

여기서 h_k는 k번째 은닉 임베딩 유닛의 값이다. 즉, 인코더의 야코비 프로베니우스 노름에 불이익을 준다. 이는 **수축적 오토인코더**contractive autoencoder라 부른다[Rif+11](야코비 **J**로 된 선형 연산자는 모든 유닛 노름 입력 $\boldsymbol{x}$에 대해 $||\mathbf{Jx}|| \leq 1$이라면 **수축**contraction이라 부른다).

왜 이것이 유용한지 이해하기 위해 그림 20.20을 고려해 보자. 곡선의 저차원적 다양체는 일련의 국소적으로 선형인 다양체로 근사할 수 있다. 이들 선형 근사는 각 점에서 인코더의 야코비를 사용해 계산할 수 있다. 이들이 수축적이 되도록 북돋움으로써, 모델로 하여금 다양체에서 떨어져 있는 입력을 다양체를 향해 다시 '밀어내도록' 한다.

CAE를 생각하는 또 다른 방법은 다음과 같다. 불이익 항을 최소화하기 위해, 모델은 인코더가 상수 함수가 되도록 하고자 할 것이다. 그러나 이것이 완벽하게 상수였다면, 이는 입력을 무시할 것이므로 높은 재구축 비용을 야기한다. 따라서 두 항은 같이 모델로 하여금 입력에서의 가장 커다란 변동에 대한 반응으로 오직 몇 단위만 변하는 표현을 학습하도록 북돋울 것이다.

한 가지 가능성 있는 퇴화적 해법은 인코더가 단순히 입력을 작은 상수 ϵ으로(이는 야코비를 작게 스케일링한다) 곱하고, 그다음으로 디코더를 ϵ으로(이는 재구축을 완벽하게 한다) 곱하는 것을 학습하는 것이다. 이를 피하기 위해, 인코더와 디코더의 가중치를 묶을 수 있다. 이는 f_d의 층 ℓ을 위한 가중치 행렬이 f_e의 층 ℓ의 가중치 행렬의 전치가 되도록 설정하지만 묶여 있지 않은 편향 항을 사용해 한다. 안타깝게도 CAE는 야코비의 계산 비용으로 인해 훈련이 느리다.

20.3.4 희박 오토인코더

오토인코더를 정칙화하는 또 다른 방법은 잠재 활성 함수에 $\Omega(\boldsymbol{z}) = \lambda ||\boldsymbol{z}||_1$ 형식의 희박성 불이익을 추가하는 것이다(이는 **활동 정칙화**activity regularization라 부른다).

결과가 더 좋은 경우가 많은 다른 희박성을 구현하는 방법은 로지스틱 유닛을 사용한 뒤, 각 유닛 k가 미니배치 내에서 커지는 시간의 기대 비율을 계산하고, 이것이 원하는 목푯값 p와 가깝도록 하는 것이다. 이는 [GBB11]에서 제안했다. 특히, 잠재 차원 $1:L$과 예제 $1:N$을 위해 정칙자 $\Omega(\boldsymbol{z}_{1:L,1:N}) = \lambda \sum_k D_{\mathrm{KL}}(\boldsymbol{p} \parallel \boldsymbol{q}_k)$를 사용하며, 여기서 $\boldsymbol{p} = (p, 1-p)$는 원하는 목표 분포이며, $\boldsymbol{q}_k = (q_k, 1-q_k)$는 $q_k = \frac{1}{N}\sum_{n=1}^{N} \mathbb{I}(z_{n,k}=1)$을 사용해 계산한 유닛 k의 경험적 분포다.

그림 20.21은 (300개의 은닉 유닛을 갖는) AE-MLP를 패션 MNIST에 적합시킨 결과를 보여준다. $\lambda = 0$이라 두면(즉, 희박성 불이익을 부과하지 않음) 평균 활성화 값이 약 0.4로, 대부분의 시간 동안 대부분의 뉴런이 부분적으로 활성화됨을 볼 수 있다. ℓ_1 불이익으로는 대부분의 유닛이 모든 시간에 꺼져 있음을 볼 수 있으며, 이는 이들이 전혀 사용되고 있지 않음을 뜻한다. KL 불이익으로는, 평

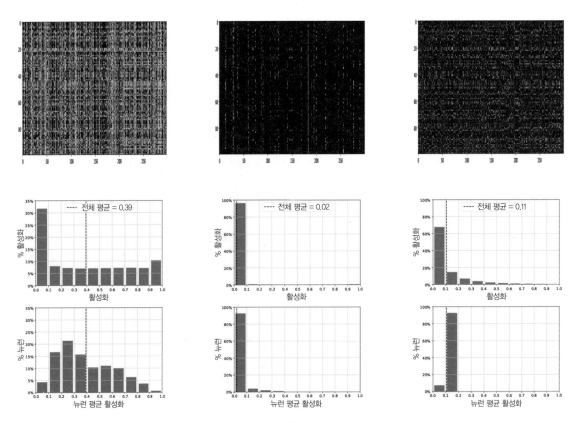

그림 20.21 패션 MNIST에 적용된, 오토인코더를 위한 뉴런 활동(병목 층 내). 서로 다른 종류의 희박성 불이익을 갖는 3개의 방법: 불이익 없음(왼쪽 열), ℓ_1 불이익(중간 열), KL 불이익(오른쪽 열)을 위한 결과를 보여준다. 상단 행: 100개 예제에 대한 300개 뉴런 활동의 (열) 히트맵. 중간 행: 이 히트맵으로부터 유도한 활성화 수준의 히스토그램. 하단 행: 뉴런마다의 평균 활성화 히스토그램. 검증 집합 내 모든 예제에 대해 평균했다. 출처: [Gér19]의 그림 17.11. ae_mnist_tf.ipynb로 생성했다.

균적으로 70%의 뉴런이 꺼져 있지만 ℓ_1의 경우와는 다르게 유닛이 영구적으로 꺼지지는 않음을(평균 활성화 수준이 0.1이다) 볼 수 있다. 후자 종류의 희박성 발동 패턴은 생물학적 뇌에서 관측되는 것과 비슷하다(예: [Bey+19] 참고).

20.3.5 변분 오토인코더

이 절에서는 결정론적 오토인코더(20.3절)의 확률적 버전으로 생각할 수 있는 **변분 오토인코더**Variational AutoEncoder, 즉 **VAE**를 논의한다[KW14; RMW14; KW19a]. VAE의 주요한 장점은 새로운 표본을 생성할 수 있는 생성 모델이라는 것이다. 한편 오토인코더는 단지 입력 벡터의 임베딩만을 계산한다.

VAE는 이 책의 후속판 [Mur23]에서 더 자세히 논의한다. 그러나 간단하게 말하자면, VAE는 2개의 주요 아이디어를 조합한다. 먼저 인자 분석 생성 모델의 비선형 확장을 만들어 낸다. 즉, $p(\boldsymbol{x}|\boldsymbol{z}) = \mathcal{N}(\boldsymbol{x}|\mathbf{W}\boldsymbol{z}, \sigma^2\mathbf{I})$를

$$p_{\boldsymbol{\theta}}(\boldsymbol{x}|\boldsymbol{z}) = \mathcal{N}(\boldsymbol{x}|f_d(\boldsymbol{z};\boldsymbol{\theta}), \sigma^2\mathbf{I}) \tag{20.93}$$

로 바꾼다. 여기서 f_d는 디코더다. 이항 관측치는 베르누이 가능도를 사용해야 한다.

$$p(\boldsymbol{x}|\boldsymbol{z},\boldsymbol{\theta}) = \prod_{i=1}^{D} \mathrm{Ber}(x_i|f_d(\boldsymbol{z};\boldsymbol{\theta}), \sigma^2\mathbf{I}) \tag{20.94}$$

두 번째로, **인식 네트워크**recognition network 또는 **추론 네트워크**inference network라 부르는 또 다른 모델 $q(\boldsymbol{z}|\boldsymbol{x})$를 만든다. 이는 근사적인 사후 분포 추론을 하기 위해 생성 모델로 동시에 훈련시킨다. 사후 분포가 대각 공분산을 갖는 가우스라 가정하면 다음을 얻는다.

$$q_{\boldsymbol{\phi}}(\boldsymbol{z}|\boldsymbol{x}) = \mathcal{N}(\boldsymbol{z}|f_{e,\mu}(\boldsymbol{x};\boldsymbol{\phi}), \mathrm{diag}(f_{e,\sigma}(\boldsymbol{x};\boldsymbol{\phi}))) \tag{20.95}$$

여기서 f_e는 인코더다. 그림 20.22의 스케치를 참고하라.

최적화 알고리듬을 실행하여 잠재 코드를 추론하는 대신에 추론 네트워크를 훈련시켜 생성적 네트워크를 '반전invert'시키는 아이디어는 **상각 추론**amortized inference이라 부른다. 이 아이디어는 처음에 **헬름홀츠 머신**Helmholtz machine[Day+95]에서 처음 제안했다. 그러나 이 논문은 추론과 생성을 위한 하

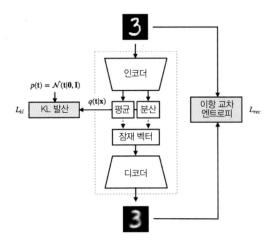

그림 20.22 VAE를 도식적으로 보여준다. 출처: http://krasserm.github.io/2018/07/27/dfc-vae/. 마틴 크라저(Martin Krasser)가 친절하게 사용을 허가했다.

나의 단일화된 목적 함수를 제시하지 않았으며, 대신에 생성 모델과 추론 모델 사이를 번갈아 최적화하는 일어나기 잠자기$^{\text{wake sleep}}$ 방법을 사용했다. 반대로 VAE는 로그 가능도에서의 변분 하계를 최적화한다. 이는 하나의 단일화된 목적 함수이므로 더욱 원칙적인 방법이다.

20.3.5.1 VAE 훈련시키기

MLE 훈련을 위해 필요한 주변 가능도 $p(\boldsymbol{x} \mid \boldsymbol{\theta})$는 정확하게 계산할 수는 없다. 왜냐하면 비선형 FA 모델에서의 사후 추론은 불가능하기 때문이다. 그러나 추론 네트워크를 사용해 근사적인 사후 분포 $q(\boldsymbol{z} \mid \boldsymbol{x})$를 계산할 수 있다. 그 뒤 이를 사용해 **증거 하계**$^{\text{Evidence Lower BOund}}$, 즉 **ELBO**를 계산할 수 있다. 하나의 예제 $\boldsymbol{x}$에 대해 이는 다음으로 주어진다.

$$\text{Ł}(\boldsymbol{\theta}, \boldsymbol{\phi} \mid \boldsymbol{x}) = \mathbb{E}_{q_{\boldsymbol{\phi}}(\boldsymbol{z} \mid \boldsymbol{x})} \left[\log p_{\boldsymbol{\theta}}(\boldsymbol{x}, \boldsymbol{z}) - \log q_{\boldsymbol{\phi}}(\boldsymbol{z} \mid \boldsymbol{x}) \right] \tag{20.96}$$

$$= \mathbb{E}_{q(\boldsymbol{z} \mid \boldsymbol{x}, \boldsymbol{\phi})} \left[\log p(\boldsymbol{x} \mid \boldsymbol{z}, \boldsymbol{\theta}) \right] - D_{\text{KL}} \left(q(\boldsymbol{z} \mid \boldsymbol{x}, \boldsymbol{\phi}) \parallel p(\boldsymbol{z}) \right) \tag{20.97}$$

이는 사후 분포가 사전 분포로부터 너무 벗어나는 것에 불이익을 주는 정칙자를 기대 로그 가능도에 추가한 것으로 해석할 수 있다(각 미니배치 내 총 사후 분포에 KL 불이익을 적용한, 20.3.4절의 접근법과 다른 것이다).

ELBO는 (증거라고도 알려진) 로그 주변 가능도의 하계이므로, 젠센^{Jensen}의 부등식으로부터 볼 수 있다.

$$\text{Ł}(\boldsymbol{\theta}, \boldsymbol{\phi}|\boldsymbol{x}) = \int q_{\boldsymbol{\phi}}(\boldsymbol{z}|\boldsymbol{x}) \log \frac{p_{\boldsymbol{\theta}}(\boldsymbol{x}, \boldsymbol{z})}{q_{\boldsymbol{\phi}}(\boldsymbol{z}|\boldsymbol{x})} d\boldsymbol{z} \tag{20.98}$$

$$\leq \log \int q_{\boldsymbol{\phi}}(\boldsymbol{z}|\boldsymbol{x}) \frac{p_{\boldsymbol{\theta}}(\boldsymbol{x}, \boldsymbol{z})}{q_{\boldsymbol{\phi}}(\boldsymbol{z}|\boldsymbol{x})} d\boldsymbol{z} = \log p_{\boldsymbol{\theta}}(\boldsymbol{x}) \tag{20.99}$$

따라서 고정된 추론 네트워크 모수 $\boldsymbol{\phi}$에서 ELBO를 증가시키면 8.7.2절의 EM과 유사하게 데이터의 로그 가능도를 증가시켜야 할 것이다.

20.3.5.2 재매개변수화 트릭

이 절에서는 ELBO 및 그 기울기를 계산하는 방법을 논의한다. 단순함을 위해 추론 네트워크가 가우스 사후 분포의 모수를 추정한다고 가정해 보자. $q_{\boldsymbol{\phi}}(\boldsymbol{z}|\boldsymbol{x})$가 가우스이므로 다음과 같이 쓸 수 있다.

$$\boldsymbol{z} = f_{e,\mu}(\boldsymbol{x}; \boldsymbol{\phi}) + f_{e,\sigma}(\boldsymbol{x}; \boldsymbol{\phi}) \odot \boldsymbol{\epsilon} \tag{20.100}$$

여기서 $\boldsymbol{\epsilon} \sim \mathcal{N}(\boldsymbol{0}, \mathbf{I})$이다. 따라서

$$\text{Ł}(\boldsymbol{\theta}, \boldsymbol{\phi}|\boldsymbol{x}) = \mathbb{E}_{\boldsymbol{\epsilon} \sim \mathcal{N}(\boldsymbol{0}, \mathbf{I})} \left[\log p_{\boldsymbol{\theta}}(\boldsymbol{x}|\boldsymbol{z} = \mu_{\boldsymbol{\phi}}(\boldsymbol{x}) + \sigma_{\boldsymbol{\phi}}(\boldsymbol{x}) \odot \boldsymbol{\epsilon}) \right] - D_{\mathrm{KL}}(q_{\boldsymbol{\phi}}(\boldsymbol{z}|\boldsymbol{x}) \| p(\boldsymbol{z})) \tag{20.101}$$

이제 기댓값은 모델의 모수와 독립이므로, 기울기를 안전하게 안에 밀어 넣고 통상적인 방법의 훈련을 위해 역전파를 사용해, $\boldsymbol{\theta}$와 $\boldsymbol{\phi}$에 대해 $-\mathbb{E}_{\boldsymbol{x} \sim \mathcal{D}}[\text{Ł}(\boldsymbol{\theta}, \boldsymbol{\phi}|\boldsymbol{x})]$를 최소화함으로써 할 수 있다. 이는 **재매개변수화 트릭**$^{reparameterization\ trick}$이라 한다. 그림 20.23을 참고하라.

ELBO의 첫 번째 항은 $\boldsymbol{\epsilon}$을 표집하고, 이를 추론 네트워크의 출력으로 스케일링하여 $\boldsymbol{z}$를 얻은 뒤, 디코더 네트워크를 사용해 $\log p(\boldsymbol{x}|\boldsymbol{z})$를 값매김하여 근사할 수 있다.

ELBO의 두 번째 항은 두 가우스의 KL로, 이는 닫힌 형식의 해다. 특히 $p(\boldsymbol{z}) = \mathcal{N}(\boldsymbol{z}|\boldsymbol{0}, \mathbf{I})$와 $q(\boldsymbol{z}) = \mathcal{N}(\boldsymbol{z}|\boldsymbol{\mu}, \text{diag}(\boldsymbol{\sigma}))$를 식 (6.33)에 집어넣으면 다음을 얻는다.

$$D_{\mathrm{KL}}(q \| p) = \sum_{k=1}^{K} \left[\log(\frac{1}{\sigma_k}) + \frac{\sigma_k^2 + (\mu_k - 0)^2}{2 \cdot 1} - \frac{1}{2} \right] = -\frac{1}{2} \sum_{k=1}^{K} \left[\log \sigma_k^2 - \sigma_k^2 - \mu_k^2 + 1 \right] \tag{20.102}$$

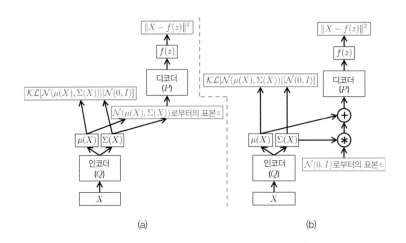

그림 20.23 VAE를 위한 연산 그래프. $p(z) = \mathcal{N}(z \mid 0, I)$, $p(x \mid z, \theta) = \mathcal{N}(x \mid f(z), \sigma^2 I)$, 그리고 $q(z \mid x, \phi)$ $= \mathcal{N}(z \mid \mu(x), \Sigma(x))$이다. 빨간색 상자는 미분 불가능한 표집 연산을 보여준다. 파란색 상자는 손실 층을 보여준다(가우스 가능도 및 가우스 사전 분포를 가정함). (a) 재매개변수화 트릭이 없을 때, (b) 재매개변수화 트릭이 있을 때. 기울기는 출력 손실로부터 다시 디코더를 통해 인코더로 흘러갈 수 있다. 출처: [Doe16]의 그림 4. 칼 도에르슈(Carl Doersch)가 친절하게 사용을 허가했다.

20.3.5.3 VAE와 오토인코더 비교

VAE는 오토인코더와 매우 유사하다. 특히 생성 모델 $p_\theta(x \mid z)$는 디코더처럼 움직이며, 추론 네트워크 $q_\phi(z \mid x)$는 인코더처럼 움직인다. 두 모델의 재구축 능력은 그림 20.24(a)를 20.24(b)와 비교한 것에서 볼 수 있듯이 유사하다.

VAE의 일차적인 장점은 무작위 잡음으로부터 새로운 데이터를 생성하는 데 사용할 수 있다는 것이다. 특히 가우스 사전 분포 $\mathcal{N}(z \mid 0, I)$로부터 z를 표집한 뒤, 이를 디코더를 통해 전달하여 $\mathbb{E}[x \mid z] = f_d(z; \theta)$를 얻을 수 있다. VAE의 디코더는 임베딩 공간 내(입력 인코딩을 섭동하여 생성한) 무작위 점을 이치에 맞는 출력으로 변환하기 위해 훈련시킬 수 있다. 반대로 결정론적 오토인코더의 디코더는 훈련 집합의 정확한 인코딩을 입력으로 받기만 하므로, 훈련된 입력 바깥에 있는 무작위 입력으로는 무엇을 할지 알지 못한다. 따라서 표준 오토인코더는 새로운 표본을 만들지 못한다. 이 차이는 그림 20.25(a)를 그림 20.25(b)와 비교하여 알 수 있다.

VAE가 표본에서 더 나은 이유는 이미지를 잠재 공간 내 가우스로 임베딩하는 한편, AE는 이미지를 마치 델타 함수와 같이 점으로 임베딩하기 때문이다. 잠재 분포를 사용할 때의 장점은 국소

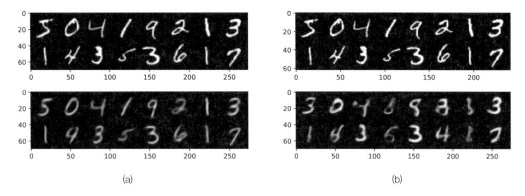

(a)   (b)

그림 20.24 20차원적 잠재 공간을 사용한 MNIST 숫자 재구축. 상단 행: 입력 이미지. 하단 행: 재구축. (a) VAE. vae_mnist_conv_lightning.ipynb로 생성했다. (b) 결정론적 AE. ae_mnist_conv.ipynb로 생성했다.

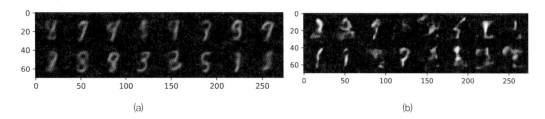

(a)   (b)

그림 20.25 20차원적 잠재 공간을 사용한 MNIST 숫자 표집: (a) VAE. vae_mnist_conv_lightning.ipynb로 생성했다. (b) 결정론적 AE. ae_mnist_conv.ipynb로 생성했다.

평활화를 북돋운다는 데 있다. 왜냐하면 주어진 이미지가 확률적 표집에 따라 복수의 근처 위치로 매핑될 수도 있기 때문이다. 반대로 AE에서 잠재 공간은 평활하지 않은 것이 보통이므로, 서로 다른 클래스로부터의 이미지가 서로 옆에 있게 되는 경우가 많다. 이 차이는 그림 20.26(a)를 그림 20.26(b)와 비교하여 알 수 있다.

잠재 공간의 평활성을 활용하여 **이미지 보간**image interpolation을 수행하는 것이 가능하다. 이를 통해 픽셀 공간에서 작업하는 대신에, 모델의 잠재 공간 내에서 작업할 수 있다. 특히 x_1과 x_2가 2개의 이미지이며, $z_1 = \mathbb{E}_{q(z|x_1)}[z]$와 $z_2 = \mathbb{E}_{q(z|x_2)}[z]$가 이들의 인코딩이라 해보자. 이제 $0 \leq \lambda \leq 1$일 때 $z = \lambda z_1 + (1 - \lambda)z_2$를 계산하여 이 두 앵커 사이를 보간하는 새로운 이미지를 생성한 뒤, $\mathbb{E}[x|z]$를 계산하여 디코딩할 수 있다. 이는 **잠재 공간 보간**latent space interpolation이라 부른다(선형 보간

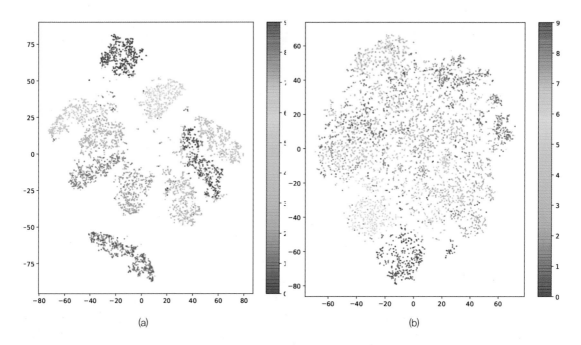

그림 20.26 20차원적 잠재 공간의 tSNE 사영: (a) VAE. vae_mnist_conv_lightning.ipynb로 생성했다. (b) 결정론적 AE. ae_mnist_conv.ipynb로 생성했다.

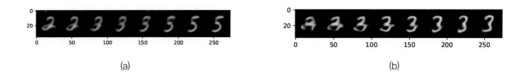

그림 20.27 20차원적 잠재 공간에서의 왼쪽과 오른쪽 이미지 사이의 선형 보간: (a) VAE, (b) 결정론적 AE. vae_mnist_conv_lightning.ipynb로 생성했다.

을 취한다는 것은, [SKTF18]에서 보여주듯이 학습된 다양체가 근사적으로 0인 곡률을 갖는다는 점에서 정당화할 수 있다). VAE는 잠재 공간 보간에서 AE보다 더 유용하다. 왜냐하면 잠재 공간이 더 평활하며, 따라서 모델이 잠재 공간 내 어디에 있는 점이든지 거의 다 생성할 수 있기 때문이다. 이 차이는 그림 20.27(a)를 그림 20.27(b)와 비교하여 알 수 있다.

20.4 다양체 학습*

이 절에서는 고차원적 데이터셋에 있는 하부의 저차원적 구조를 드러내는 문제에 대해 논의한다. 이 구조는 굽어진 다양체라고 자주 가정하므로(20.4.1절에서 설명함), 이 문제는 **다양체 학습**manifold learning 또는 **비선형 차원성 축소**nonlinear dimensionality reduction라 부른다. 오토인코더(20.3절) 같은 방법과의 핵심적인 차이점은 비모수적 방법에 집중한다는 것이다. 여기서는 임의의 입력 벡터를 임베딩할 수 있는 범용적인 모델을 학습하는 것과 반대로, 훈련 집합 내 각 점을 위한 임베딩을 계산한다. 즉, 우리가 논의하는 방법은 **표본 외 일반화**out-of-sample generalization를 (쉽게) 지원하지 않는다. 그러나 이들은 적합시키기가 더 쉬우며 꽤 유연하다. 이러한 방법은 비지도 학습(지식의 발견), 데이터 시각화, 그리고 지도 학습을 위한 전처리 단계로서 유용할 수 있다. 이 분야의 최신 리뷰는 [AAB21]을 참고하라.

20.4.1 다양체란 무엇인가?

다양체manifold란, 대강 말하자면 국소적으로 유클리드인 토폴로지적인 공간이다. 가장 단순한 예시 중 하나는 지구의 표면으로, 이는 3차원에 임베딩된 굽어진 2차원 표면이다. 표면의 각 국소 지점에서 지구는 평평해 보인다.

더욱 형식적으로 말하자면, d차원적 다양체 $\mathcal{X}$는 각 점 $x \in \mathcal{X}$가 **탄젠트 공간**tangent space이라 부르는, $\mathcal{T}_x = T_x\mathcal{X}$로 표기하는 d차원적 유클리드 공간과 토폴로지적으로 동등한 이웃을 갖는 공간이다. 이는 그림 20.28이 보여준다.

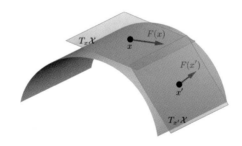

그림 20.28 2차원의 굽어진 다양체 위 서로 다른 두 점에서의 탄젠트 공간과 탄젠트 벡터를 보여준다. 출처: [Bro+17a]의 그림 1. 마이클 브론스타인(Michael Bronstein)이 친절하게 사용을 허가했다.

리만 다양체Riemannian manifold는 미분 가능한 다양체로 탄젠트 공간 내 각 점 x에서 내적 연산자를 연관시킨다. 이는 위치 x에 평활하게 의존하는 것으로 가정한다. 내적은 공간, 각도, 부피 개념을 유도한다. 이들 내적의 모음은 **리만 계량**Riemannian metric이라 부른다. 임의의 충분히 평활한 리만 다양체는 잠재적으로 고차원인 유클리드 공간으로 임베딩할 수 있음을 보일 수 있다. 그러면 한 점에서의 리만 내적은 그 탄젠트 공간 내 내적이 된다.

20.4.2 다양체 가설

대부분의 '자연적으로 발생하는' 고차원적 데이터셋은 저차원적 매니폴드에 놓인다. 이는 **다양체 가설**manifold hypothesis이라 부른다[FMN16]. 예를 들어 이미지의 경우를 고려해 보자. 그림 20.29(a)는 크기 64×57의 이미지 하나를 보여준다. 이는 3,648차원적 공간 내에 있는 벡터로, 각각의 차원은 픽셀 채도에 해당한다. 이 공간에서 무작위 점을 그려서 이미지를 생성하는 것을 시도한다고 해보자. 이는 그림 20.29(b)에서 보여주듯이, 숫자 이미지처럼 보일 가능성이 낮다. 그러나 픽셀은 서로 독립이 아니다. 왜냐하면 이들은 어떠한 저차원의 구조로부터, 말하자면 숫자 6의 모양으로부터 생성되기 때문이다.

우리가 모양을 변화시킴에 따라 다른 이미지를 생성하게 될 것이다. 저차원적 다양체를 사용해, 모양의 공간이 변동하는 것을 특징화할 수 있는 경우가 자주 있다. 이는 그림 20.29(c)가 보여주며,

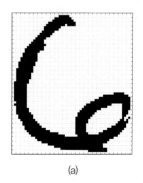
(a)

(b)

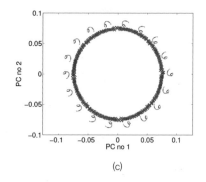
(c)

그림 20.29 이미지 다양체를 보여준다. (a) 크기가 $64 \times 57 = 3,648$인, USPS 데이터셋으로부터의 숫자 6의 이미지, (b) $\{0, 1\}^{3648}$ 공간으로부터의 무작위 표본을 이미지로 재성형한 것, (c) 원본 이미지를 1도씩 360번 회전하여 만든 데이터셋. 이 데이터를 처음 2개의 주성분에 사영하여, 하부의 2차원 원의 다양체를 드러내고 있다. 출처: [Law12]의 그림 1. 닐 로렌스(Neil Lawrence)가 친절하게 사용을 허가했다.

이때 PCA(20.1절)를 적용하여, 각각이 숫자 6을 약간 회전한 버전인 360개 이미지의 데이터셋을 2차원 공간에 사영하고 있다. 데이터 내 대부분의 변동이 하부의 굽어진 2차원 다양체에 의해 포착됨을 볼 수 있다. **주변 차원성**ambient dimensionality D가 3,648임에도 불구하고, 데이터의 **내재적 차원성**intrinsic dimensionality d는 2라고 말한다.

20.4.3 다양체 학습 접근법

이 절의 나머지 부분에서는 데이터로부터 다양체를 학습하는 방법을 논의한다. 제안된 서로 다른 알고리듬이 많이 존재하며, 이는 다양체의 특성에 대해 서로 다른 가정을 하며 서로 다른 연산적 속성을 갖는다. 다음 절에서 이러한 방법 몇 가지를 논의한다. 자세한 내용은 예를 들어 [Bur10]을 참고하라.

방법은 표 20.1에서와 같이 범주화할 수 있다. '비모수적'이란 용어는 각 데이터 지점 x_i에 대해 저차원적 임베딩 z_i를 학습하지만, 표본 외 데이터 지점에 적용할 수 있는 매핑 함수를 학습하지는 않는 방법을 가리킨다(그러나 [Ben+04b]는 커널을 학습함으로써 이렇게 많은 방법을 어떻게 훈련 집합 너머로 확장하는지 논의한다).

아래 절은 2개의 서로 다른 데이터셋인 2차원 **스위스 롤**Swiss roll에서 표집한 1,000개의 3차원 점 집합 그리고 UCI 숫자 데이터셋에서 표집한 1,797개의 64차원 점 집합을 사용해 이러한 방법 몇 가지를 비교한다. 데이터는 그림 20.30을 참고하라. 우리가 2차원 다양체를 학습할 것이므로 데이터를 시각화할 수 있다.

방법	모수적	볼록함	절
PCA/전통적인 MDS	N	Y(밀집)	20.1절
커널 PCA	N	Y(밀집)	20.4.6절
isomap	N	Y(밀집)	20.4.5절
LLE	N	Y(희박)	20.4.8절
라플라스 고유맵	N	Y(희박)	20.4.9절
tSNE	N	N	20.4.10절
오토인코더	Y	N	20.3절

표 20.1 차원성 축소를 위한 몇 가지 접근법 리스트. 방법이 볼록이라면, 이것이 희박 또는 밀집 고윳값 문제를 풀어야 하는지 괄호 안에 표시한다.

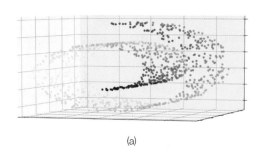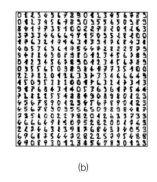

그림 20.30 저차원적 다양체로부터 생성한 일부 데이터를 보여준다. (a) 3차원에 임베딩한 2차원 스위스 롤 다양체. manifold_swiss_sklearn.ipynb로 생성했다. (b) 크기가 $8 \times 8 = 64$인, UCI 숫자 표본 몇 개. manifold_digits_sklearn.ipynb로 생성했다.

20.4.4 다중 차원적 스케일링(MDS)

다양체 학습의 가장 단순한 접근법은 **다중 차원적 스케일링**MDS, MultiDimensional Scaling이다. 이는 저차원의 벡터 $\{z_i \in \mathbb{R}^L : i = 1 : N\}$ 집합을, 이들 벡터 사이의 쌍별 거리가 사용자가 제공한 쌍별 비유사도 $\mathbf{D} = \{d_{ij}\}$ 집합과 가능한 한 가깝도록 찾는다. MDS에는 몇 가지 변형이 존재하며, 이들 중 하나는 PCA와 동등한 것으로 밝혀진다. 이는 아래에서 논의한다.

20.4.4.1 전통적인 MDS

행이 x_i인 $N \times D$ 데이터 행렬 $\mathbf{X}$로 시작한다고 해보자. 중심화된 그람 (유사도) 행렬을 다음과 같이 정의해 보자.

$$\tilde{K}_{ij} = \langle \boldsymbol{x}_i - \overline{\boldsymbol{x}}, \boldsymbol{x}_j - \overline{\boldsymbol{x}} \rangle \tag{20.103}$$

행렬 표기법에서 $\tilde{\mathbf{K}} = \tilde{\mathbf{X}}\tilde{\mathbf{X}}^\mathsf{T}$이고, 여기서 $\tilde{\mathbf{X}} = \mathbf{C}_N \mathbf{X}$이며 $\mathbf{C}_N = \mathbf{I}_N - \frac{1}{N}\mathbf{1}_N\mathbf{1}_N^\mathsf{T}$은 중심화 행렬이다. 이제 다음과 같이 임베딩 집합의 **스트레인**strain을 정의하자.

$$\mathcal{L}_{\text{strain}}(\mathbf{Z}) = \sum_{i,j}(\tilde{K}_{ij} - \langle \tilde{z}_i, \tilde{z}_j \rangle)^2 = ||\tilde{\mathbf{K}} - \tilde{\mathbf{Z}}\tilde{\mathbf{Z}}^\mathsf{T}||_F^2 \tag{20.104}$$

여기서 $\tilde{z}_i = z_i - \overline{z}$는 중심화된 임베딩 벡터다. 직관적으로 이는 고차원적 데이터 공간 $\tilde{K}_{ij}$에서의 유사도가 저차원적 임베딩 공간 $\langle \tilde{z}_i, \tilde{z}_j \rangle$에서의 유사도와 얼마나 잘 들어맞는지 측정한다. 이 손실을 최소화하는 것을 **전통적 MDS**^{classical MDS}라 부른다.

7.5절로부터 행렬에 대한 최적의 계수 L 근사는 이것의 절단된 SVD 표현 $\tilde{K} = USV^T$임을 알고 있다. $\tilde{K}$가 양의 준정부호이므로 $V = U$이다. 따라서 최적의 임베딩은 다음을 만족시킨다.

$$\tilde{Z}\tilde{Z}^T = USU^T = (US^{\frac{1}{2}})(S^{\frac{1}{2}}U^T) \tag{20.105}$$

따라서 임베딩 벡터가 $\tilde{Z} = US^{\frac{1}{2}}$의 행이 되도록 둘 수 있다.

이제 원본 특성 대신에 단지 유클리드 거리만이 있을 때, 전통적 MDS를 데이터셋에 적용하는 방법을 설명한다. 먼저 제곱 유클리드 거리의 행렬 $D^{(2)} = D \odot D$를 계산한다. 이는 다음의 항목을 갖는다.

$$D_{ij}^{(2)} = ||\boldsymbol{x}_i - \boldsymbol{x}_j||^2 = ||\boldsymbol{x}_i - \overline{\boldsymbol{x}}||^2 + ||\boldsymbol{x}_j - \overline{\boldsymbol{x}}||^2 - 2\langle \boldsymbol{x}_i - \overline{\boldsymbol{x}}, \boldsymbol{x}_j - \overline{\boldsymbol{x}} \rangle \tag{20.106}$$

$$= ||\boldsymbol{x}_i - \overline{\boldsymbol{x}}||^2 + ||\boldsymbol{x}_j - \overline{\boldsymbol{x}}||^2 - 2\tilde{K}_{ij} \tag{20.107}$$

$D^{(2)}$가 $\tilde{K}$와 오직 몇몇 행 그리고 열 상수만큼만(그리고 -2 배수만큼) 다르다는 것을 알 수 있다. 따라서 $\tilde{K}$를 계산하기 위해 식 (7.89)를 사용해 $D^{(2)}$를 이중 중심화함으로써 $\tilde{K} = -\frac{1}{2}C_N D^{(2)} C_N$을 얻을 수 있다. 즉,

$$\tilde{K}_{ij} = -\frac{1}{2}\left(d_{ij}^2 - \frac{1}{N}\sum_{l=1}^{N} d_{il}^2 - \frac{1}{N}\sum_{l=1}^{N} d_{jl}^2 + \frac{1}{N^2}\sum_{l=1}^{N}\sum_{m=1}^{N} d_{lm}^2\right) \tag{20.108}$$

그런 다음 이전과 같이 임베딩을 계산할 수 있다.

전통적인 MDS는 PCA(20.1절)와 동등한 것으로 밝혀진다. 이를 이해하기 위해, $\tilde{K} = U_L S_L U_L^T$이 중심화된 커널 행렬의 계수 L의 절단된 SVD라 해보자. MDS 임베딩은 $Z_{\text{MDS}} = U_L S_L^{\frac{1}{2}}$로 주어진다. 이제 중심화된 데이터 행렬의 계수 L인 SVD, $\tilde{X} = U_X S_X V_X^T$를 고려해 보자. PCA 임베딩은 $Z_{\text{PCA}} = U_X S_X$이다. 이제

$$\tilde{K} = \tilde{X}\tilde{X}^T = U_X S_X V_X^T V_X S_X U_X^T = U_X S_X^2 U_X^T = U_L S_L U_L^T \tag{20.109}$$

따라서 $U_X = U_L$이고 $S_X = S_L^2$이며, 그러므로 $Z_{\text{PCA}} = Z_{\text{MDS}}$이다.

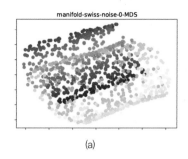 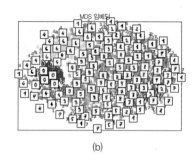

(a)   (b)

그림 20.31 (a) 스위스 롤에 적용한 계량적 MDS. manifold_swiss_sklearn.ipynb로 생성했다. (b) UCI 숫자. manifold_digits_sklearn.ipynb로 생성했다.

20.4.4.2 계량적 MDS

전통적인 MDS는 유클리드 거리를 가정한다. 이를 일반화하여 **스트레스 함수**^{stress function}를 정의함으로써 임의의 비유사도 측정치를 허용할 수 있다.

$$\mathcal{L}_{\text{stress}}(\mathbf{Z}) = \sqrt{\frac{\sum_{i<j}(d_{i,j} - \hat{d}_{ij})^2}{\sum_{ij} d_{ij}^2}} \tag{20.110}$$

여기서 $\hat{d}_{ij} = ||\boldsymbol{z}_i - \boldsymbol{z}_j||$이다. 이는 **계량적 MDS**^{metric MDS}라 부른다. 이는 전통적인 MDS에서의 것과 다른 목적 함수이므로, d_{ij}가 유클리드 거리라 하더라도 결과는 다를 것임을 주지하라.

최적화 문제는 경사 하강을 사용해 풀 수 있다. 그러나 SMACOF[Lee77]라 부르는 경계 최적화 알고리듬(8.7절)을 사용하는 것이 낫다. 이는 'Scaling by MAjorizing a COmplication Function'의 줄임말이다(이것이 사이킷런에 구현되어 있는 방법이다). 그림 20.31에서 이를 우리의 실행 예시에 적용한 결과를 보라.

20.4.4.3 비계량적 MDS

점 사이 거리의 매칭을 시도하는 대신에, 단지 점이 얼마나 비슷한지에 대한 순위^{rank}로 매칭을 시도할 수 있다. 이를 위해 $f(d)$가 거리에서 순위로의 단조 변환이라 하자.

$$\mathcal{L}_{\text{NM}}(\mathbf{Z}) = \sqrt{\frac{\sum_{i<j}(f(d_{i,j}) - \hat{d}_{ij})^2}{\sum_{ij} \hat{d}_{ij}^2}} \tag{20.111}$$

여기서 $\hat{d}_{ij} = \|z_i - z_j\|$이다. 이를 최소화하는 것은 **비계량적 MDS**^{non-metric MDS}라 한다.

이 목적 함수는 반복적으로 최적화할 수 있다. 먼저, 주어진 **Z**에 대해 등위 회귀^{isotonic regression}를 사용해 함수 f를 최적화한다. 이는 현재의 임베딩 거리에 부합하도록 입력 거리를 위한 최적적인 단조 변환을 찾는다. 그 뒤 주어진 f에 대해 경사 하강을 사용해 임베딩 **Z**를 최적화하고, 이 과정을 반복한다.

20.4.4.4 새먼 매핑

계량적 MDS는 제곱 거리 합의 최소화를 시도하므로, 이는 큰 거리에 강조를 가장 크게 한다. 그러나 많은 임베딩 방법에서는 작은 거리가 더 중요하다. 왜냐하면 이들은 국소적인 구조를 포착하기 때문이다. 이를 포착하는 한 가지 방법은 손실의 각 항을 d_{ij}로 나눠 작은 거리의 가중치를 높이는 것이다.

$$\mathcal{L}_{\text{sammon}}(\mathbf{Z}) = \left(\frac{1}{\sum_{i<j} d_{ij}} \right) \sum_{i \neq j} \frac{(\hat{d}_{ij} - d_{ij})^2}{d_{ij}} \tag{20.112}$$

이를 최소화하면 **새먼 매핑**^{Sammon mapping}이 된다(합 앞에 있는 계수는 단지 손실의 기울기를 단순화하기 위한 것이다). 안타깝게도 이는 비볼록 목적 함수이며, 아마도 틀림없이 아주 작은 거리를 정확하게 맞추는 것을 너무 많이 강조할 것이다. 국소 구조를 포착하는 더 나은 방법은 나중에 논의한다.

20.4.5 Isomap

고차원적 데이터가 스위스 롤 예시와 같이 굽어진 다양체 위에, 혹은 근처에 놓여 있으면, MDS는 두 점이 다양체를 따라서 거리가 크다 하더라도 이들이 가깝다고 고려할 것이다. 이는 그림 20.32(a)가 보여준다.

이를 포착하는 한 가지 방법은 데이터 지점 사이에 K 최근접 이웃 그래프를 만든 뒤[5], 이들 그래프를 따라 가장 짧은 거리를 통해 점의 쌍 사이의 다양체 거리를 근사하는 것이다. 이는 다익스트라의 최단 경로 알고리듬을 사용해 효율적으로 계산할 수 있다. 그림 20.32(b)를 보라. 이러한 새로운 거리 계량을 계산했으면, 전통적인 MDS(즉, PCA)를 적용할 수 있다. 이것이 국소 최적점은 피

---

5   사이킷런에서 sklearn.neighbors.kneighbors_graph 함수를 사용할 수 있다.

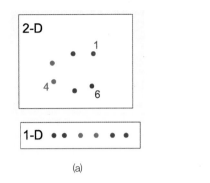
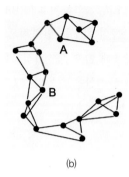

(a)　　　　　　　　　　　　　　　(b)

그림 20.32 (a) 다양체를 따라 거리를 측정하면 $d(1, 6) > d(1, 4)$임을 알게 된다. 한편 주변(ambient) 공간에서 측정하면 $d(1, 6) < d(1, 4)$임을 알게 된다. 하단 그림은 하부의 1차원 다양체를 보여준다. (b) 몇몇 데이터 지점을 위한 K 최근접 이웃 그래프. 빨간색 경로는 이 그래프에서 A와 B 사이의 최단 거리다. 출처: [Hin13]. 제프리 힌턴(Geoff Hinton)이 친절하게 사용을 허가했다.

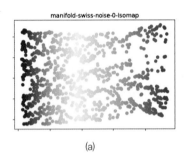
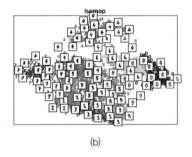

(a)　　　　　　　　　　　　　　　(b)

그림 20.33 (a) 스위스 롤에 적용한 Isomap. manifold_swiss_sklearn.ipynb로 생성했다. (b) UCI 숫자. manifold_digits_sklearn.ipynb로 생성했다.

하면서 국소적 구조를 포착하는 방법이다. 전체 방법은 Isomap이라 부른다[TSL00].

우리의 실행 예시에서 이 방법을 적용한 결과는 그림 20.33을 참고하라. 이들이 꽤 이치에 맞음을 볼 수 있다. 그러나 데이터가 잡음이 있다면, 최근접 이웃 그래프에 '틀린' 에지가 있을 수 있으며, 이는 그림 20.34가 보여주듯이 임베딩을 상당히 오염시키는 '합선short circuits'이 생길 수 있다. 이 문제는 **토폴로지적 불안정성**topological instability이라 한다[BS02]. 매우 작은 이웃을 선택하는 것은 문제를 해결해 주지 않는다. 왜냐하면 이는 다양체를 다수의 끊어진 영역으로 쪼갤 수 있기 때문이다. 예를 들어 [CC07] 같은 다양한 해법이 제시되어 왔다.

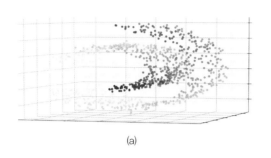
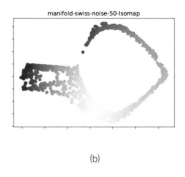

manifold-swiss-noise-50-Isomap

(a) (b)

그림 20.34 (a) 스위스 롤 데이터의 잡음이 있는 버전. 각 점에 $\mathcal{N}(0,\ 0.5^2)$ 잡음을 추가하여 섭동시켰다. (b) 이 데이터에 적용한 Isomap의 결과. manifold_swiss_sklearn.ipynb로 생성했다.

20.4.6 커널 PCA

PCA(그리고 전통적 MDS)는 데이터의 모든 점 사이의 쌍별 유사도를 유지하도록 가장 좋은 선형 사영을 찾는다. 이 절은 비선형 사영을 고려한다. 핵심 아이디어는 20.1.3.2절과 같이 내적 (그람) 행렬 $\mathbf{K} = \mathbf{X}\mathbf{X}^\mathsf{T}$의 고유벡터를 찾음으로써 PCA를 푼 뒤, 커널 트릭(17.3.4절)을 사용하는 것이다. 이는 $\boldsymbol{x}_i^\mathsf{T}\boldsymbol{x}_j$ 같은 내적을 커널 함수 $K_{ij} = \mathcal{K}(\boldsymbol{x}_i,\ \boldsymbol{x}_k)$로 바꿀 수 있게 해준다. 이는 **커널 PCA**^{kernel PCA}라 한다[SSM98].

커널을 사용한다는 것은 어떠한 하부적인 특성 공간을 암시한다는 머서의 정리를 상기해 보라. 따라서 이는 $\boldsymbol{x}_i$를 $\boldsymbol{\phi}(\boldsymbol{x}_i) = \boldsymbol{\phi}_i$로 암묵적으로 바꾸고 있는 것이다. $\boldsymbol{\Phi}$가 해당하는 (개념적인) 디자인 행렬이며, $\mathbf{K} = \mathbf{X}\mathbf{X}^\mathsf{T}$가 그람 행렬이라 해보자. 마지막으로 $\mathbf{S}_\phi = \frac{1}{N}\sum_i \boldsymbol{\phi}_i \boldsymbol{\phi}_i^\mathsf{T}$가 특성 공간 내 공분산 행렬이라 해보자(지금은 특성이 중심화되어 있다고 가정한다). 식 (20.22)로부터 $\mathbf{S}$의 정규화된 고유벡터는 $\mathbf{V}_{\mathrm{kPCA}} = \boldsymbol{\Phi}^\mathsf{T}\mathbf{U}\boldsymbol{\Lambda}^{-\frac{1}{2}}$로 주어지며, 여기서 $\mathbf{U}$와 $\boldsymbol{\Lambda}$는 고유벡터 그리고 $\mathbf{K}$의 고윳값을 갖는다. 물론 $\boldsymbol{\phi}_i$가 잠재적으로는 무한 차원이므로, $\mathbf{V}_{\mathrm{kPCA}}$를 실제로 계산할 수는 없다. 그러나 다음과 같이 테스트 벡터 $\boldsymbol{x}_*$의 특성 공간에 대한 사영을 계산할 수 있다.

$$\boldsymbol{\phi}_*^\mathsf{T}\mathbf{V}_{\mathrm{kPCA}} = \boldsymbol{\phi}_*^\mathsf{T}\boldsymbol{\Phi}^\mathsf{T}\mathbf{U}\boldsymbol{\Lambda}^{-\frac{1}{2}} = \boldsymbol{k}_*^\mathsf{T}\mathbf{U}\boldsymbol{\Lambda}^{-\frac{1}{2}} \tag{20.113}$$

여기서 $\boldsymbol{k}_* = [\mathcal{K}(\boldsymbol{x}_*,\ \boldsymbol{x}_1),\ ...,\ \mathcal{K}(\boldsymbol{x}_*,\ \boldsymbol{x}_N)]$이다.

걱정해야 하는 마지막 세부 사항이 한 가지 있다. 특성의 평균이 0이라면 공분산 행렬은 $\mathbf{S} =$

$\mathbf{\Phi}^{\mathsf{T}}\mathbf{\Phi}$로만 주어진다. 따라서 $\mathbb{E}[\phi_i] = 0$이라면 그람 행렬로 $\mathbf{K} = \mathbf{\Phi}\mathbf{\Phi}^{\mathsf{T}}$만을 쓸 수 있다. 안타깝게 도 특성 공간에서 단순히 평균을 뺄 수는 없다. 왜냐하면 이는 차원이 무한할 수 있기 때문이다. 그 러나 사용할 수 있는 트릭 하나가 존재한다. 중심화된 특성 벡터를 $\phi_i = \phi(x_i) - \frac{1}{N}\sum_{j=1}^{N}\phi(x_j)$ 로 정의한다. 중심화된 특성의 그람 행렬은 $\tilde{K}_{ij} = \tilde{\phi}_i^{\mathsf{T}}\tilde{\phi}_j$로 주어진다. 식 (7.89)의 이중 중심화 트 릭을 사용하면 이를 $\tilde{\mathbf{K}} = \mathbf{C}_N\mathbf{K}\mathbf{C}_N$과 같이 행렬 형식으로 쓸 수 있으며, 여기서 $\mathbf{C}_N \triangleq \mathbf{I}_N - \frac{1}{N}\mathbf{1}_N$ $\mathbf{1}_N^{\mathsf{T}}$은 중심화 행렬이다.

kPCA를 선형 커널과 함께 적용하면, 보통의 PCA(전통적인 MDS)를 다시 얻는다. 이는 $L \le \boldsymbol{D}$ 인 임베딩 차원을 사용하는 것으로 제한된다. 비퇴화 커널을 사용하면 최대 N개의 성분을 사용할 수 있다. 왜냐하면 $\mathbf{\Phi}$의 크기가 $N \times D^*$이며, 여기서 D^*가 임베딩된 특성 벡터의 (잠재적으로 무한한) 차원성이기 때문이다. 그림 20.35는 어떠한 $D = 2$차원의 데이터에 적용된 방법의 예시를, RBF 커널을 사용해 제공한다. 이는 단위 격자 내 점을 처음 8개 성분에 사영하고, 윤곽 그림을 사용해 해당 표면을 시각화하고 있다. 처음 2개 성분이 군집 3개를 나누고 있으며, 나머지 성분이 군집을 분할함을 볼 수 있다.

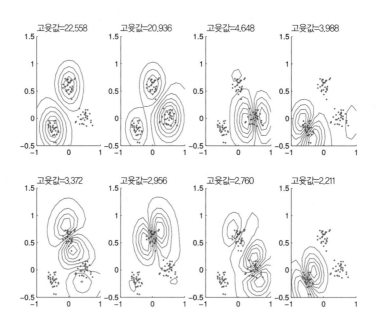

그림 20.35 어떠한 2차원 데이터로부터 유도한 9개의 커널 주성분 기저 함수를 시각화한 것. $\sigma^2 = 0.1$로 RBF 커널을 사용한다. kpcaScholkopf.ipynb로 생성했다.

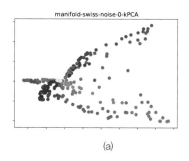

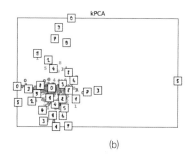

(a)   (b)

그림 20.36   (a) 스위스 롤에 적용한 커널 PCA. manifold_swiss_sklearn.ipynb로 생성했다. (b) UCI 숫자. manifold_digits_sklearn.ipynb로 생성했다.

우리가 실행 중인 예시에서 (RBF 커널로 된) kPCA의 일부 결과는 그림 20.36을 참고하라. 이 경우 결과가 거의 틀림없이 매우 유용하지 못할 것이다. 사실 RBF 커널로 된 kPCA는 그림 20.35에서 보듯이 특성 공간을 줄이는 대신에 이를 확장한다[WSS04]. 이는 차원성 축소를 위해서는 매우 유용하지 못한 방법이다. 이에 대한 해법은 20.4.7절에서 논의한다.

20.4.7 최대 분산 펼침(MVU)

20.4.6절에서 논의했듯이, RBF 같은 특정 커널로 된 kPCA는 저차원적 임베딩을 결과로 내놓지 못할 수도 있다. 이러한 관찰점은 **준정부호 임베딩**semidefinite embedding 알고리듬[WSS04], 또한 **최대 분산 펼침**MVU, Maximum Variance Unfolding이란 것의 개발을 야기했다. 이는 다음과 같은 임베딩 $\{z_i\}$의 학습을 시도한다.

$$\max \sum_{ij} ||\boldsymbol{z}_i - \boldsymbol{z}_j||_2^2 \;\; \text{s.t.} \;\; ||\boldsymbol{z}_i - \boldsymbol{z}_j||_2^2 = ||\boldsymbol{x}_i - \boldsymbol{x}_j||_2^2 \; \text{for all} \; (i,j) \in G \tag{20.114}$$

여기서 G는 최근접 이웃 그래프다(Isomap에서와 같이). 이 접근법은 최근접 이웃 제약은 준수하면서 데이터 다양체의 '펼치기'를 명시적으로 시도한다.

이는 커널 행렬 $\mathbf{K} = \mathbf{ZZ}^{\mathsf{T}}$를 정의한 뒤 다음을 최적화함으로써 **준정부호 프로그래밍**SDP, SemiDefinite Programming 문제로 재형식화할 수 있다.

$$\max \operatorname{tr}(\mathbf{K}) \quad \text{s.t.} \quad ||\boldsymbol{z}_i - \boldsymbol{z}_j||_2^2 = ||\boldsymbol{x}_i - \boldsymbol{x}_j||_2^2, \sum_{ij} K_{ij} = 0, \mathbf{K} \succ 0 \tag{20.115}$$

그 뒤 결과 커널을 kPCA로 넘기고, 이 결과 고유벡터는 저차원적 임베딩이 된다.

20.4.8 국소 선형 임베딩(LLE)

지금까지 논의한 기법은 모두 주변^{ambient} 공간에서(PCA), 또는 특성 공간에서(kPCA), 아니면 KNN 그래프를 따라서(Isomap) 쌍별 유사도의 완전 행렬 고윳값 분해에 의존한다. 이 절은 **국소 선형 임베딩**^{LLE, Local Linear Embedding}을 논의한다[RS00]. 이는 희박 고윳값 문제를 푸는 기법이므로 데이터의 국소적 구조에 더욱 집중한다.

LLE는 각 점 $\boldsymbol{x}_i$ 주변의 데이터 다양체가 국소적으로 선형이라 가정한다. 가장 좋은 선형 근사는 재구축 가중치 $\boldsymbol{w}_i$를 사용하는 K개 최근접 이웃의 선형 조합으로 $\boldsymbol{x}_i$를 예측하여 찾을 수 있다. 이는 다음을 풀어 찾을 수 있다.

$$\hat{\mathbf{W}} = \min_{\mathbf{W}} \sum_{i=1}^{N} (\boldsymbol{x}_i - \sum_{j=1}^{N} w_{ij} \boldsymbol{x}_j)^2 \tag{20.116}$$

$$\text{다음을 따름} \begin{cases} w_{ij} = 0 & \boldsymbol{x}_j \notin \operatorname{nbr}(\boldsymbol{x}_i, K) \text{인 경우} \\ \sum_{j=1}^{N} w_{ij} = 1 & i = 1 : N \text{에 대해} \end{cases} \tag{20.117}$$

아무것도 아닌 해 $\mathbf{W} = \mathbf{0}$을 피하기 위해 가중치에 '합은 일^{sum-to-one}' 제약이 필요함을 주지하라. 가중치 $\boldsymbol{w}_{i,:}$의 결과 벡터는 $\boldsymbol{x}_i$의 **무게중심 좌표**^{barycentric coordinate}를 구성한다.

이 초평면에서 저차원적 공간으로의 어떠한 선형 매핑이든지 재구축 오차를 보존하며, 따라서 국소적 기하학적 구조를 보존한다. 따라서 다음을 풀어 각 점마다 저차원적 임베딩에 대해 풀 수 있다.

$$\hat{\mathbf{Z}} = \operatorname*{argmin}_{\mathbf{Z}} \sum_i ||\boldsymbol{z}_i - \sum_{j=1}^{N} \hat{w}_{ij} \boldsymbol{z}_j||_2^2 \tag{20.118}$$

여기서 j가 i의 K개 최근접 이웃 중 하나가 아니라면 $\hat{w}_{ij} = 0$이다. 이 손실은 다음으로 다시 쓸 수 있다.

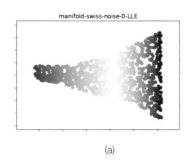

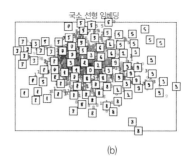

(a)   (b)

그림 20.37   (a) 스위스 롤에 적용한 LLE. manifold_swiss_sklearn.ipynb로 생성했다. (b) UCI 숫자. manifold_digits_sklearn.ipynb로 생성했다.

$$\mathcal{L}(\mathbf{Z}) = ||\mathbf{Z} - \mathbf{WZ}||^2 = \mathbf{Z}^\mathsf{T}(\mathbf{I} - \mathbf{W})^\mathsf{T}(\mathbf{I} - \mathbf{W})\mathbf{Z} \tag{20.119}$$

따라서 해는 $(\mathbf{I} - \mathbf{W})^\mathsf{T}(\mathbf{I} - \mathbf{W})$의 고유벡터로 주어진다. 이는 7.4.8절에서 보여주듯이 가장 작은 0이 아닌 고윳값에 해당한다.

우리가 실행 중인 예시에서 LLE의 결과 일부는 그림 20.37을 참고하라. 이 경우 결과가 Isomap 으로 만들어 낸 것만큼 좋지는 않아 보인다. 그러나 이 방법은 단선short-circuiting(잡음)에 다소 덜 민 감한 경향이 있다.

20.4.9 라플라스 고유맵

이 절은 **라플라스 고유맵**Laplacian eigenmap 또는 **스펙트럼 임베딩**spectral embedding[BN01]을 설명한다. 이는 데이터 지점과 K개 최근접 이웃 사이의 가중된 거리가 최소화되도록 데이터의 저차원적 표현을 계 산하는 아이디어다. 이는 두 번째 최근접 이웃보다 첫 번째 최근접 이웃에 더 많은 가중치를 주는 식이다. 아래에서 자세한 내용을 제공한다.

20.4.9.1 그래프 라플라스의 고유벡터를 사용해 임베딩을 계산

다음을 최소화하는 임베딩을 찾고자 한다.

$$\mathcal{L}(\mathbf{Z}) = \sum_{(i,j)\in E} W_{i,j}||\boldsymbol{z}_i - \boldsymbol{z}_j||_2^2 \tag{20.120}$$

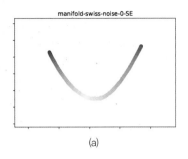

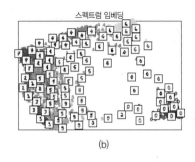

(a) (b)

그림 20.38 (a) 스위스 롤에 적용한 라플라스 고유맵. manifold_swiss_sklearn.ipynb로 생성했다. (b) UCI 숫자. manifold_digits_sklearn.ipynb로 생성했다.

여기서 $i - j$가 KNN 그래프 내 이웃이라면 $W_{ij} = \exp(-\frac{1}{2\sigma^2}||\boldsymbol{x}_i - \boldsymbol{x}_j||_2^2)$이고, 아니면 0이다. 제약 $\mathbf{Z}^\mathsf{T}\mathbf{DZ} = \mathbf{I}$를 추가하여 $\mathbf{Z} = \mathbf{0}$인 퇴화적인 해를 피한다. 여기서 $\mathbf{D}$는 각 노드의 차수^{degree} $D_{ii} = \sum_j W_{i,j}$를 저장하는 대각 가중치 행렬이다.

위의 목적 함수는 다음과 같이 다시 쓸 수 있다.

$$\mathcal{L}(\mathbf{Z}) = \sum_{ij} W_{ij}(||\boldsymbol{z}_i||^2 + ||\boldsymbol{z}_j||^2 - 2\boldsymbol{z}_i^\mathsf{T}\boldsymbol{z}_j) \tag{20.121}$$

$$= \sum_i D_{ii}||\boldsymbol{z}_i||^2 + \sum_j D_{jj}||\boldsymbol{z}_j||^2 - 2\sum_{ij} W_{ij}\boldsymbol{z}_i\boldsymbol{z}_j^\mathsf{T} \tag{20.122}$$

$$= 2\mathrm{tr}(\mathbf{Z}^\mathsf{T}\mathbf{DZ}) - 2\mathrm{tr}(\mathbf{Z}^\mathsf{T}\mathbf{WZ}) = 2\mathrm{tr}(\mathbf{Z}^\mathsf{T}\mathbf{LZ}) \tag{20.123}$$

여기서 $\mathbf{L} = \mathbf{D} - \mathbf{W}$는 그래프 라플라스다(20.4.9.2절 참고). 이를 최소화하는 것은 L개의 가장 작은 0이 아닌 고윳값에 대해 (일반화) 고윳값 문제 $\mathbf{L}\boldsymbol{z}_i = \lambda_i\mathbf{D}\boldsymbol{z}_i$를 푸는 것과 동등함을 보일 수 있다.

이 방법을 (RBF 커널로) 실행 예시에 적용한 결과는 그림 20.38을 참고하라.

20.4.9.2 그래프 라플라스란 무엇인가?

위에서 고차원적 지점의 좋은 임베딩을 학습하기 위해 그래프 라플라스의 고유벡터를 계산할 수 있음을 봤다. 이 절에서 왜 이것이 되는지에 대한 일부 직관을 제공한다.

$\mathbf{W}$가 그래프를 위한 대칭적인 가중치 행렬이라 하자. 여기서 $W_{ij} = W_{ji} \geq 0$이다. $\mathbf{D} = \mathrm{diag}(d_i)$는 각 노드의 가중된 차수 $d_i = \sum_j w_{ij}$를 갖는 대각 행렬이라 해보자. **그래프 라플라스**$^{\text{graph Laplacian}}$

는 다음과 같이 정의한다.

$$\mathbf{L} \triangleq \mathbf{D} - \mathbf{W} \tag{20.124}$$

따라서 $\mathbf{L}$의 요소는 다음으로 주어진다.

$$L_{ij} = \begin{cases} d_i & i = j \text{인 경우} \\ -w_{ij} & i \neq j \text{ 그리고 } w_{ij} \neq 0 \text{인 경우} \\ 0 & \text{그 외} \end{cases} \tag{20.125}$$

이를 어떻게 계산하는지에 대한 예시는 그림 20.39를 참고하라.

값 $f_i \in \mathbb{R}$를 그래프 내 각 노드 i와 연관시킨다고 해보자(예시는 그림 20.40을 참고하라). 그러면 그래프 라플라스를 차분 연산자^{difference operator}로 사용해 한 점에서의 함수의 이산 도함수^{discrete derivative}를 계산할 수 있다.

라벨링된 그래프	차수 행렬	인접 행렬	라플라스 행렬
	$\begin{pmatrix} 2 & 0 & 0 & 0 & 0 & 0 \\ 0 & 3 & 0 & 0 & 0 & 0 \\ 0 & 0 & 2 & 0 & 0 & 0 \\ 0 & 0 & 0 & 3 & 0 & 0 \\ 0 & 0 & 0 & 0 & 3 & 0 \\ 0 & 0 & 0 & 0 & 0 & 1 \end{pmatrix}$	$\begin{pmatrix} 0 & 1 & 0 & 0 & 1 & 0 \\ 1 & 0 & 1 & 0 & 1 & 0 \\ 0 & 1 & 0 & 1 & 0 & 0 \\ 0 & 0 & 1 & 0 & 1 & 1 \\ 1 & 1 & 0 & 1 & 0 & 0 \\ 0 & 0 & 0 & 1 & 0 & 0 \end{pmatrix}$	$\begin{pmatrix} 2 & -1 & 0 & 0 & -1 & 0 \\ -1 & 3 & -1 & 0 & -1 & 0 \\ 0 & -1 & 2 & -1 & 0 & 0 \\ 0 & 0 & -1 & 3 & -1 & -1 \\ -1 & -1 & 0 & -1 & 3 & 0 \\ 0 & 0 & 0 & -1 & 0 & 1 \end{pmatrix}$

그림 20.39 방향 없는 그래프로부터 유도한 라플라스 행렬을 보여준다. 출처: https://en.wikipedia.org/wiki/Laplacian_matrix. 위키피디아 저자 AzaToth가 친절하게 사용을 허가했다.

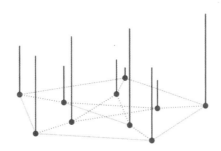

그림 20.40 그래프에서 정의된 (양성) 함수를 보여준다. 출처: [Shu+13]의 그림 1. 파스칼 프로사드(Pascal Frossard)가 친절하게 사용을 허가했다.

$$(\mathbf{L}\boldsymbol{f})(i) = \sum_{j \in \text{nbr}_i} W_{ij}[f(i) - f(j)] \tag{20.126}$$

여기서 nbr_i는 노드 i의 이웃의 집합이다. 또한 함수 f의 '평활성'에 대한 전체적인 측정치는 다음과 같이 **디리클레 에너지**^{Dirichlet energy}를 계산하여 할 수 있다.

$$\boldsymbol{f}^T\mathbf{L}\boldsymbol{f} = \boldsymbol{f}^T\mathbf{D}\boldsymbol{f} - \boldsymbol{f}^T\mathbf{W}\boldsymbol{f} = \sum_i d_i f_i^2 - \sum_{i,j} f_i f_j w_{ij} \tag{20.127}$$

$$= \frac{1}{2}\left(\sum_i d_i f_i^2 - 2\sum_{i,j} f_i f_j w_{ij} + \sum_j d_j f_j^2\right) = \frac{1}{2}\sum_{i,j} w_{ij}(f_i - f_j)^2 \tag{20.128}$$

라플라스 행렬의 고웃값과 고유벡터를 연구함으로써, 함수의 다양한 유용한 속성을 결정할 수 있다(그래프의 인접하는 행렬, 또는 관련된 행렬을 연구하기 위해 선형대수학을 적용하는 것을 스펙트럼 그래프 이론^{spectral graph theory}이라 부른다[Chu97]). 예를 들어 $\mathbf{L}$이 대칭이고 양의 준정부호임을 알 수 있다. 왜냐하면 모든 $\boldsymbol{f} \in \mathbb{R}^N$에 대해 $\boldsymbol{f}^T\mathbf{L}\boldsymbol{f} \geq 0$이기 때문이다. 이는 $w_{ij} \geq 0$이라는 가정에 의해 식 (20.128)을 따른다. 그에 따라 $\mathbf{L}$은 N개의 음이 아닌 실수 고웃값 $0 \leq \lambda_1 \leq \lambda_2 \leq \dots \leq \lambda_N$을 갖는다. 해당 고유벡터는 그래프에 정의된 함수 f를 위한 직교 기저를, 평활성이 감소하는 순서로 구성한다.

20.4.9.1절에서 고차원적 데이터 벡터를 위한 저차원적 임베딩을 학습하는 방법인 라플라스 고유맵을 논의한다. 이를 위한 접근법은 $z_{id} = f_i^d$가 입력 i를 위한 d번째 임베딩 차원이 되게 한 뒤, 이들 함수를 위한 기저(즉, 그 점의 임베딩)를 찾는 것이다. 이는 주변 공간 내 점의 거리를 준수하면서, 그래프에 대해 평활하게 변한다.

ML에서의 그래프 라플라스에 대한 다른 많은 응용이 존재한다. 예를 들어 21.5.1절에서 쌍별 유사도에 기반하여 고차원적 데이터 벡터의 군집을 학습하는 방법인 정규화된 절단^{cut}을 논의한다. 그리고 [WTN19]는 어떻게 상태 전이 행렬의 고유벡터를 사용해 RL을 위한 표현을 학습하는지 논의한다.

20.4.10 t-SNE

이 절은 t-SNE[MH08]라 부르는, 저차원적 임베딩을 위한 매우 인기 있는 비볼록 기법을 설명한다. 이는 이전의 [HR03]의 **확률적 이웃 임베딩**^{SNE, Stochastic Neighbor Embedding} 방법을 확장하므로, t-SNE

확장을 설명하기 전에 먼저 SNE를 설명한다.

20.4.10.1 확률적 이웃 임베딩(SNE)

SNE의 기본적인 아이디어는 고차원적 유클리드 거리를 유사도를 나타내는 조건부 확률로 변환하는 것이다. 더 정확하게 말하자면, $p_{j|i}$는 이웃을 $\boldsymbol{x}_i$에서 중심을 갖는 가우스 분포하에서의 이들의 확률에 비례하여 고른다면, 점 i가 점 j를 이웃으로 고를 확률이 되도록 정의한다.

$$p_{j|i} = \frac{\exp(-\frac{1}{2\sigma_i^2}||\boldsymbol{x}_i - \boldsymbol{x}_j||^2)}{\sum_{k \neq i} \exp(-\frac{1}{2\sigma_i^2}||\boldsymbol{x}_i - \boldsymbol{x}_k||^2)} \tag{20.129}$$

여기서 σ_i^2은 데이터 지점 i의 분산으로, 이는 입력 공간의 밀집 영역에서 점의 스케일을 '확대magnify'하고 희박한 공간에서 스케일을 줄이는 데 사용할 수 있다(길이 스케일 σ_i^2을 추정하는 방법은 곧 논의한다).

$\boldsymbol{z}_i$가 $\boldsymbol{x}_i$를 나타내는 저차원적 임베딩이라 해보자. 비슷한 방법으로 저차원적 공간에서의 유사도를 정의한다.

$$q_{j|i} = \frac{\exp(-||\boldsymbol{z}_i - \boldsymbol{z}_j||^2)}{\sum_{k \neq i} \exp(-||\boldsymbol{z}_i - \boldsymbol{z}_k||^2)} \tag{20.130}$$

이 경우 분산이 상수로 고정된다. 이를 바꾸면 단지 학습된 맵을 리스케일링할 뿐이며, 토폴로지는 바꾸지 않을 것이다.

좋은 임베딩이라면, $q_{j|i}$는 $p_{j|i}$에 들어맞아야 할 것이다. 따라서 SNE는 목적 함수가 다음이 되도록 정의한다.

$$\mathcal{L} = \sum_i D_{\mathbb{KL}}\left(P_i \parallel Q_i\right) = \sum_i \sum_j p_{j|i} \log \frac{p_{j|i}}{q_{j|i}} \tag{20.131}$$

여기서 P_i는 $\boldsymbol{x}_i$가 주어졌을 때 다른 모든 데이터 지점에 대한 조건부 분포이며, Q_i는 $\boldsymbol{z}_i$가 주어졌을 때 다른 모든 잠재 지점에 대한 조건부 분포이고, $D_{\mathbb{KL}}(P_i \parallel Q_i)$는 분포 사이의 KL 발산이다(6.2절).

이는 비대칭적 목적 함수임을 주지하라. 특히 큰 $p_{j|i}$를 모델링하기 위해 작은 $q_{j|i}$가 쓰인다면 비용이 커진다. 이 목적 함수는 근처의 점을 멀리 밀어내는 대신에 떨어진 점을 같이 끌어당기는 것

을 더 선호할 것이다. 각 임베딩 벡터를 위한 기울기를 자세히 보면 기하학적 구조를 더 잘 이해할 수 있다. 이는 다음으로 주어진다.

$$\nabla_{\boldsymbol{z}_i} \mathcal{L}(\mathbf{Z}) = 2 \sum_j (\boldsymbol{z}_j - \boldsymbol{z}_i)(p_{j|i} - q_{j|i} + p_{i|j} - q_{i|j}) \tag{20.132}$$

따라서 점은 p의 것이 q의 것보다 크다면 서로를 향해 끌어당길 것이며, q의 것이 p의 것보다 크다면 멀리할 것이다.

이는 직관적으로 이치에 맞는 목적 함수이지만 볼록이 아니다. 어쨌든 이는 SGD를 사용해 최소화할 수 있다. 실제로 이는 가우스 잡음을 임베딩 지점에 추가하고, 잡음의 양을 점차적으로 풀어지게 하는 데 도움이 된다. [Hin13]은 잡음 수준을 줄이기 전에, '맵 지점의 뜨거운 플라스마로부터 전역적인 구조가 구성되기 시작할 때의 잡음 라벨에서 오랜 시간을 소비하기'를 권한다.[6]

20.4.10.2 대칭적 SNE

고차원적 공간 내 결합 분포 P와 저차원적 공간 내 결합 분포 Q 사이에서 하나의 KL을 최소화하는 약간 더 단순한 버전의 SNE가 존재한다.

$$\mathcal{L} = D_{\mathbb{KL}}(P \parallel Q) = \sum_{i < j} p_{ij} \log \frac{p_{ij}}{q_{ij}} \tag{20.133}$$

이는 **대칭적 SNE**symmetric SNE라 부른다.

p_{ij}를 정의하는 방법은 다음을 사용하는 게 당연할 것이다.

$$p_{ij} = \frac{\exp(-\frac{1}{2\sigma^2}||\boldsymbol{x}_i - \boldsymbol{x}_j||^2)}{\sum_{k < l} \exp(-\frac{1}{2\sigma^2}||\boldsymbol{x}_k - \boldsymbol{x}_l||^2)} \tag{20.134}$$

q_{ij}도 비슷하게 정의할 수 있다.

해당 기울기는 다음이 된다.

---

6 비지도 학습에서의 풀림(annealing)과 단계 전이에 관한 논의는 [Ros98; WF20]을 참고하라. 또한 [CP10]에서 **탄성 임베딩**(elastic embedding) 알고리듬에 대한 논의를 참고하라. 이는 SNE와 라플라스 고유맵 모두에 관련이 있는 모델을 더욱 효율적으로 최적화하기 위해 호모토피(homotopy) 방법을 사용한다.

$$\nabla_{z_i} \mathcal{L}(\mathbf{Z}) = 2 \sum_j (z_j - z_i)(p_{ij} - q_{ij}) \tag{20.135}$$

이전과 마찬가지로 점은 p의 것이 q의 것보다 크다면 서로를 향해 끌어당길 것이며, q의 것이 p의 것보다 크다면 멀리할 것이다.

대칭 SNE는 구현하기가 약간 더 쉽지만, 임베딩 차원 L이 주변 차원 D와 같도록 설정된다면 데이터가 그 스스로 최적의 임베딩이라는 보통의 SNE의 좋은 속성을 잃게 된다. 어쨌든 이 방법은 현실에서는 $L \ll D$인 실제 데이터셋에서 비슷한 결과를 주는 것으로 보인다.

20.4.10.3 t 분포 SNE

SNE 및 다른 많은 임베딩 기법의 근본적인 문제는 이들이 고차원적 공간 내에서 상대적으로 멀리 있는 점을 저차원적(주로 2차원) 임베딩 공간 내에서 서로 가깝게 쥐어 짜는^{squeeze} 경향이 있다는 것이다. 이는 **과밀 문제**$^{\text{crowding problem}}$라 부르며, 제곱 오차(또는 가우스 확률)의 사용에 기인한다.

이를 위한 한 가지 해법은 잠재 공간 내에서 더 두꺼운 꼬리를 갖는 확률 분포를 사용하는 것으로, 이는 고차원적 공간에서 상대적으로 멀리 있는 점 사이의 원치 않는 끌어당기는 힘을 제거한다. 명백한 선택지로 스튜던트-t 분포가 있다(2.7.1절). t-SNE에서 이들은 자유도 모수를 $\nu = 1$로 두므로, 분포가 코시 분포와 동등해진다.

$$q_{ij} = \frac{(1 + ||z_i - z_j||^2)^{-1}}{\sum_{k<l} (1 + ||z_k - z_l||^2)^{-1}} \tag{20.136}$$

목적 함수는 식 (20.133)에서의 동일한 전역 KL 목적 함수를 사용할 수 있다. t-SNE에서 기울기는 다음이 된다.

$$\nabla z_i \mathcal{L} = 4 \sum_j (p_{ij} - q_{ij})(z_i - z_j)(1 + ||z_i - z_j||^2)^{-1} \tag{20.137}$$

대칭 (가우스) SNE를 위한 기울기가 이와 같지만, $(1 + ||z_i - z_j||^2)^{-1}$ 항이 없다. 이 항이 유용한 이유는 $(1 + ||z_i - z_j||^2)^{-1}$이 **역제곱 법칙**$^{\text{inverse square law}}$과 같이 움직이기 때문이다. 이는 임베딩 공간 내 점이 별 그리고 은하와 같이 움직이며, 각각 많은 별이 단단하게 안에 들어차 있는 잘 분리된 군집(은하)을 구성함을 뜻한다. 이는 서로 다른 데이터 클래스를 비지도적 방법으로 분리하는 데 유

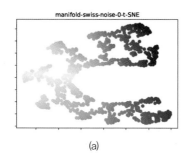
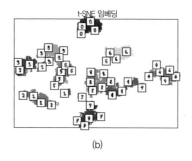

(a)   (b)

그림 20.41 (a) 스위스 롤에 적용한 tSNE. manifold_swiss_sklearn.ipynb로 생성했다. (b) UCI 숫자. manifold_digits_sklearn.ipynb로 생성했다.

용할 수 있다(예시는 그림 20.41을 참고하라).

20.4.10.4 길이 스케일 선택하기

t-SNE에서 중요한 모수는 국소 대역폭$^{local\ bandwidth}$ σ_i^2이다. 이는 주로 P_i가 사용자가 선택한 퍼플렉서티를 갖도록 선택한다.[7]

안타깝게도 t-SNE의 결과는 퍼플렉서티 모수에 꽤 민감할 수 있으므로, 서로 다른 많은 값으로 알고리듬을 실행하는 것이 현명하다. 이는 그림 20.42가 보여준다. 입력 데이터가 2차원이므로,

그림 20.42 t-SNE를 어떠한 2차원 데이터에 적용할 때 퍼플렉서티 모수의 변화에 따른 영향을 보여준다. 출처: [WVJ16]. 그림의 애니메이션 버전은 http://distill.pub/2016/misread-tsne를 참고하라. 마틴 와텐버그(Martin Wattenberg)가 친절하게 사용을 허가했다.

---

7 퍼플렉서티는 $2^{\mathbb{H}(P_i)}$가 되도록 정의하며, 여기서 $\mathbb{H}(P_i) = -\sum_j p_{j|i} \log_2 p_{j|i}$는 엔트로피다. 자세한 내용은 6.1.5절을 참고하라. 각 점 주변 반경이 크면(σ_i 값이 큼) 높은 엔트로피가 될 것이며, 따라서 퍼플렉서티가 높을 것이다.

2차원 잠재 공간으로의 매핑에 의해 발생하는 왜곡이 없다. 퍼플렉서티가 너무 작으면, 방법은 각 군집 내의 정말로 존재하는 것은 아닌 구조를 찾는 경향이 있다. 퍼플렉서티가 30이면 (사이킷런의 기본값), 군집이 데이터 공간 내에서 몇몇은 서로 더 가까움에도 불구하고, 임베딩 공간에서 등거리equi-distant인 것으로 보인다. t-SNE의 해석에서 주의할 점은 [WVJ16]에서 많이 찾을 수 있다.

20.4.10.5 연산적 이슈

t-SNE의 나이브한 구현은 식 (20.137)에서의 기울기 항으로부터 볼 수 있듯이 $O(N^2)$시간이 걸린다. 더 빠른 버전은 물리학에서의 N-body 시뮬레이션과의 유사성을 활용하여 만들 수 있다. 특히 기울기가 N개 점 각각에서 N개 점에 대한 힘을 계산할 것을 필요로 한다. 그러나 멀리 떨어진 점은 군집으로 그룹화할 수 있으며(연산적으로 말하자면), 이들의 유효한 힘은 군집당 몇 개의 대표적인 점을 통해 근사할 수 있다. 그 뒤 이 힘은 **반스-헛 알고리듬**Barnes-Hut algorithm[BH86]을 사용해 근사할 수 있다. 이는 [Maa14]에서 제안하듯이 $O(N \log N)$시간이 걸린다. 안타깝게도 이는 $L = 2$와 같은 저차원적 임베딩에서만 잘 동작한다.

20.4.10.6 UMAP

tSNE의 속도, 임베딩 공간의 질의 개선, 또는 2차원 이상으로 임베딩하는 능력을 시도하는 다양한 확장형이 제안되어 왔다.

최근의 확장형 중 인기 있는 하나는 **UMAP**(이는 '균일한 다양체 근사 및 사영Uniform Manifold Approximation and Projection'을 뜻한다)이며, [MHM18]에서 제안했다. 이는 고수준에서 tSNE와 비슷하지만, 전역적인 구조를 더 잘 유지하는 경향이 있으며 더 빠르다. 이는 복수의 초매개변숫값을 더 쉽게 시도할 수 있게 해준다. UMAP의 양방향적 튜토리얼 및 tSNE와의 비교는 [CP19]를 참고하라.

20.5 단어 임베딩

단어는 무작위적인 범주형 변수이므로, 해당하는 원핫 벡터 표현은 희박하다. 이러한 이항 표현의 문제는 의미론적으로 유사한 단어가 매우 다른 벡터 표현을 가질 수도 있다는 점이다. 예를 들어 관련된 단어의 쌍 'man'과 'woman'은, 관련이 없는 단어의 쌍 'man'과 'banana'와 같이 해밍 거리

Hamming distance로 1만큼 떨어질 것이다.

이 문제를 해결하는 표준적인 방법은 **단어 임베딩**word embedding을 사용하는 것으로, 이는 문서 n 내에 있는 t번째 단어를 나타내는 각각의 희박한 원핫 벡터 $s_{n,t} \in \{0, 1\}^M$를, 의미론적으로 유사한 단어가 가깝게 놓이도록 저차원적 밀집 벡터 $z_{n,t} \in \mathbb{R}^D$로 매핑한다. 이는 데이터 희박성에 상당히 도움이 될 수 있다. 그러한 임베딩을 학습하는 방법이 많이 존재하는데, 아래에서 논의한다.

방법을 논의하기 전에, '의미론적으로 유사한'이란 단어가 무슨 뜻인지 정의해야 한다. 두 단어가 유사한 컨텍스트context에서 나타난다면 이들은 의미론적으로 유사하다고 가정할 것이다. 이는 **분포적 가설**distributional hypothesis[Har54]이라 하며, "단어는 곁에 있는 단어에 의해 특징지어진다"는 문구로(출처: [Fir57]) 요약하는 경우가 많다. 따라서 우리가 논의하는 방법은 모두 한 단어의 컨텍스트에서 그 단어를 위한 임베딩 벡터로의 매핑을 학습할 것이다.

20.5.1 잠재 의미 분석 / 인덱싱

이 절에서는 특잇값 분해(7.5절)에 기반하여 단어 임베딩을 학습하는 단순한 방법을 논의한다.

20.5.1.1 잠재 의미 인덱싱(LSI)

C_{ij}가 '컨텍스트context' j에서 '용어term' i가 나타나는 횟수라 하자. '용어'가 무엇을 의미하는지에 대한 정의는 응용에 따라 다르다. 영어에서는 종종 이를 구분점 또는 공백으로 분리하는 고유한 토큰의 집합이 되도록 한다. 단순함을 위해, 이들을 '단어word'라 부를 것이다. 그러나 텍스트 데이터를 전처리하여 매우 빈번하거나 드문 단어를 제거하거나, 또는 다른 종류의 전처리를 수행할 수 있다. 이는 1.5.4.1절에서 논의한다.

'컨텍스트'가 무엇을 뜻하는지에 대한 정의 또한 응용에 따라 다르다. 이 절에서는 단어 i가 **말뭉치**corpus 또는 문서들로부터 나오는 각 문서 $j \in \{1, ..., N\}$에서 얼마나 많이 나타나는지를 셈한다. 결과 행렬 $\mathbf{C}$는 그림 1.15에서와 같이 **용어-문서 빈도 행렬**term-document frequency matrix이라 부른다(때때로 1.5.4.2절에서 논의한 것과 같이 개수에 TF-IDF 변환을 적용한다).

$\mathbf{C} \in \mathbb{R}^{M \times N}$가 개수count 행렬, $\hat{\mathbf{C}}$가 다음의 손실을 최소화하는 계수 K의 근사라 해보자.

$$\mathcal{L}(\hat{\mathbf{C}}) = ||\mathbf{C} - \hat{\mathbf{C}}||_F = \sum_{ij}(C_{ij} - \hat{C}_{ij})^2 \tag{20.138}$$

이것의 최소화자는 계수 K 절단 SVD 근사 $\hat{\mathbf{C}} = \mathbf{USV}$로 주어짐을 보일 수 있다. 이는 각각의 c_{ij}를 이중선형 곱$^{\text{bilinear product}}$으로 나타낼 수 있음을 뜻한다.

$$c_{ij} \approx \sum_{k=1}^{K} u_{ik} s_k v_{jk} \tag{20.139}$$

$\boldsymbol{u}_i$는 단어 i의 임베딩, $\boldsymbol{s} \odot \boldsymbol{v}_j$는 컨텍스트 j를 위한 임베딩이 되도록 정의한다.

이들 임베딩은 **문서 회수**$^{\text{document retrieval}}$를 위해 사용할 수 있다. $\boldsymbol{u}_i$를 사용해 쿼리 단어를 위한 임베딩을 계산하고, 이를 모든 문서 또는 컨텍스트 $\boldsymbol{v}_j$의 임베딩과 비교하는 것이 아이디어다. 이는 **잠재 의미 인덱싱**$^{\text{Latent Semantic Indexing}}$, 즉 LSI[Dee+90]라 한다.

더 자세히는, 쿼리가 단어주머니 $w_1, \ldots, w_B$라 해보자. 이는 벡터 $\boldsymbol{q} = \frac{1}{B} \sum_{b=1}^{B} \boldsymbol{u}_{w_b}$를 통해 나타내며, 여기서 $\boldsymbol{u}_{w_b}$는 단어 w_b를 위한 임베딩이다. 문서 j는 $\boldsymbol{v}_j$를 통해 나타낸다고 해보자. 그러면 다음으로 정의된, 쿼리 벡터와 문서 사이의 **코사인 유사도**$^{\text{cosine similarity}}$를 통해 문서의 순서를 매길 수 있다.

$$\text{sim}(\boldsymbol{q}, \boldsymbol{d}) = \frac{\boldsymbol{q}^\top \boldsymbol{d}}{||\boldsymbol{q}|| \, ||\boldsymbol{d}||} \tag{20.140}$$

여기서 $||\boldsymbol{q}|| = \sqrt{\sum_i q_i^2}$은 $\boldsymbol{q}$의 ℓ_2-노름이다. 이는 그림 20.43이 보여주듯이 두 벡터 사이의 각도를 측정한다. 벡터가 단위 노름이라면 코사인 유사도는 내적과 같음을 주지하라. 이는 또한 부호의 변

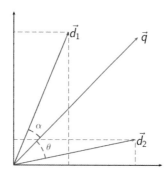

그림 20.43 쿼리 벡터 $\boldsymbol{q}$와 2개의 문서 벡터 $\boldsymbol{d}_1$ 그리고 $\boldsymbol{d}_2$ 사이의 코사인 유사도를 보여준다. 각도 α가 각도 θ보다 작으므로 쿼리가 문서 1에 더욱 가깝다. 출처: https://en.wikipedia.org/wiki/Vector_space_model. 위키피디아 저자 Riclas가 친절하게 사용을 허가했다.

화 및 유의하지 않은 추가적인 상수를 제외하고 제곱 유클리드 거리와 동일하다.

$$\|\boldsymbol{q} - \boldsymbol{d}\|^2 = (\boldsymbol{q} - \boldsymbol{d})^\mathsf{T}(\boldsymbol{q} - \boldsymbol{d}) = \boldsymbol{q}^\mathsf{T}\boldsymbol{q} + \boldsymbol{d}^\mathsf{T}\boldsymbol{d} - 2\boldsymbol{q}^\mathsf{T}\boldsymbol{d} = 2(1 - \text{sim}(\boldsymbol{q}, \boldsymbol{d})) \qquad (20.141)$$

20.5.1.2 잠재 의미 분석(LSA)

이제 컨텍스트를 더욱 일반적으로 정의하여 단어의 어떠한 국소 이웃 $j \in \{1, ..., M^h\}$가 되도록 해보자. 여기서 h는 윈도 크기다. 따라서 C_{ij}는 단어 i가 형태 j의 이웃에서 얼마나 많이 나타나는지를 뜻한다. 이 행렬의 SVD는 이전과 같이 계산하여 $c_{ij} \approx \sum_{k=1}^{K} u_{ik}s_k v_{jk}$를 얻을 수 있다. $\boldsymbol{u}_i$가 단어 i의 임베딩, $\boldsymbol{s} \odot \boldsymbol{v}_j$는 컨텍스트 j의 임베딩이 되도록 정의하자. 이는 **잠재 의미 분석**Latent Semantic Analysis, 즉 **LSA**라 한다[Dee+90].

예를 들어 **C**를 영국 왕립 말뭉치British National Corpus에서 계산한다고 해보자.[8] 각 단어마다, 암배당 공간에서 K개의 최근접 이웃을 코사인 유사도(즉, 정규화된 내적) 순서로 회수한다고 해보자. 쿼리 단어가 'dog'이며, $h = 2$ 또는 $h = 30$을 사용한다면 최근접 이웃은 다음과 같다.

```
h=2: cat, horse, fox, pet, rabbit, pig, animal, mongrel, sheep, pigeon
h=30: kennel, puppy, pet, bitch, terrier, rottweiler, canine, cat, to bark
```

2단어 컨텍스트 윈도는 문법에 더욱 민감한 반면, 30단어 윈도는 의미에 더욱 민감하다. 컨텍스트 크기 h의 '최적'값은 응용에 따라 다르다.

20.5.1.3 PMI

현실에서 LSA는(그리고 다른 비슷한 방법은) 본래의 개수 C_{ij}를 다음과 같이 정의되는 **점별 상호 정보**PMI, Pointwise Mutual Information로 바꾸면 훨씬 더 좋은 결과를 준다[CH90].

$$\mathbb{PMI}(i, j) = \log \frac{p(i, j)}{p(i)p(j)} \qquad (20.142)$$

단어 i가 컨텍스트 j와 강하게 연관되어 있다면 $\mathbb{PMI}(i, j) > 0$일 것이다. PMI가 음수라면, 이는 i와 j가 독립이었듯이 덜 자주 같이 나타남을 뜻한다. 그러나 그러한 음의 상관성은 믿을 만하지

---

8 이 예시는 [Eis19, p312]에서 가져왔다.

못할 수도 있으므로, **양의 PMI**positive PMI$(\mathrm{PPMI}(i, j) = \max(\mathrm{PMI}(i, j), 0))$를 사용하는 것이 일반적이다. [BL07b]에서 이들은 PPMI 행렬에 적용한 SVD가 단어 의미와 관련된 많은 과제에서 성능이 좋은 단어 임베딩이 됨을 보여주고 있다. 이러한 경험적 성능을 설명하는 이론적 모델은 20.5.5절을 참고하라.

20.5.2 Word2vec

이 절에서는 [Mik+13a; Mik+13b]의 인기 있는 **word2vec** 모델을 논의한다. 이는 단어의 컨텍스트가 주어졌을 때 이를 예측하는 '얕은' 신경망이다. 20.5.5절에서 PMI 행렬의 SVD와의 관계에 대해 논의한다.

　word2vec 모델은 두 가지 버전이 있다. 첫 번째는 CBOW라 부르며, '연속적인 단어주머니Continuous Bag Of Words'를 뜻한다. 두 번째는 스킵그램skipgram이라 부른다. 이들 모두 아래에서 논의한다.

20.5.2.1 Word2vec CBOW 모델

CBOW(연속적인 단어주머니) 모델(그림 20.44(a) 참고)에서 단어 시퀀스의 로그 가능도는 다음의 모델을

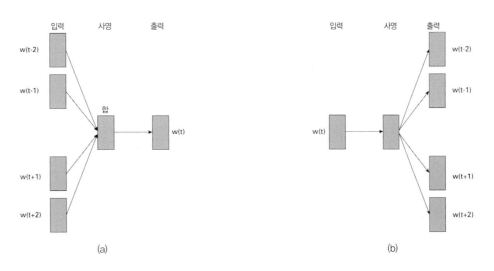

그림 20.44 윈도 크기가 2인 word2vec 모델을 보여준다. (a) CBOW 버전, (b) 스킵그램 버전

사용해 계산한다.

$$\log p(\boldsymbol{w}) = \sum_{t=1}^{T} \log p(w_t | \boldsymbol{w}_{t-m:t+m}) = \sum_{t=1}^{T} \log \frac{\exp(\boldsymbol{v}_{w_t}^{\mathsf{T}} \overline{\boldsymbol{v}}_t)}{\sum_{w'} \exp(\boldsymbol{v}_{w'}^{\mathsf{T}} \overline{\boldsymbol{v}}_t)} \tag{20.143}$$

$$= \sum_{t=1}^{T} \boldsymbol{v}_{w_t}^{\mathsf{T}} \overline{\boldsymbol{v}}_t - \log \sum_{i \in \mathcal{V}} \exp(\boldsymbol{v}_i^{\mathsf{T}} \overline{\boldsymbol{v}}_t) \tag{20.144}$$

여기서 $\boldsymbol{v}_{w_t}$는 위치 w_t에서의 단어를 위한 벡터이며, $\mathcal{V}$는 모든 단어 집합, m은 컨텍스트 크기, 그리고

$$\overline{\boldsymbol{v}}_t = \frac{1}{2m} \sum_{h=1}^{m} (\boldsymbol{v}_{w_{t+h}} + \boldsymbol{v}_{w_{t-h}}) \tag{20.145}$$

는 단어 w_t 주변 윈도 내 단어 벡터의 평균이다. 따라서 이는 단어의 컨텍스트가 주어졌을 때 각 단어를 예측하는 것을 시도한다. 이 모델을 CBOW라 부르는 이유는 컨텍스트를 위해 단어주머니 가정을 사용하며, 각 단어를 연속적인 임베딩으로 나타내기 때문이다.

20.5.2.2 Word2vec 스킵그램 모델

CBOW에서 각 단어는 컨텍스트로부터 예측된다. 이를 변형하면 각 단어가 주어졌을 때 컨텍스트 (주변 단어)를 예측하는 것이 된다. 이는 다음의 목적 함수를 내놓는다.

$$-\log p(\boldsymbol{w}) = -\sum_{t=1}^{T} \left[\sum_{j=1}^{m} \log p(w_{t-j} | w_t) + \log p(w_{t+j} | w_t) \right] \tag{20.146}$$

$$= -\sum_{t=1}^{T} \sum_{-m \leq j \leq m, j \neq 0} \log p(w_{t+j} | w_t) \tag{20.147}$$

여기서 m은 컨텍스트 윈도 길이다. 중심 단어 w_c가 주어졌을 때 어떠한 다른 컨텍스트 단어 w_o의 로그 확률은 다음이 되도록 정의한다.

$$\log p(w_o | w_c) = \boldsymbol{u}_o^{\mathsf{T}} \boldsymbol{v}_c - \log \left(\sum_{i \in \mathcal{V}} \exp(\boldsymbol{u}_i^{\mathsf{T}} \boldsymbol{v}_c) \right) \tag{20.148}$$

여기서 $\mathcal{V}$는 어휘vocabulary다. $\boldsymbol{u}_i$는 컨텍스트로 사용됐을 때 단어의 임베딩이며, $\boldsymbol{v}_i$는 예측되는 중심 (목표) 단어로 사용됐을 때 단어의 임베딩이다. 이 모델은 **스킵그램 모델**skipgram model이라 한다. 그림 20.44(b)를 참고하라.

20.5.2.3 네거티브 샘플링

식 (20.148)을 사용해 각 단어의 조건부 확률을 계산하는 것은 어휘 내 모든 가능한 단어에 대해 정규화를 필요로 하므로 비용이 비싸다. 이는 CBOW 그리고 스킵그램 모델 모두에서 로그 가능도 및 그것의 기울기의 계산을 느리게 만든다.

[Mik+13b]에서 이들은 **네거티브 샘플링으로 된 스킵그램**SGNS, Skip-Gram with Negative Sampling이라 부르는 빠른 근사법을 제안했다. 기본적인 아이디어는 각각의 중심 단어 w_t를 위한 $K+1$개 컨텍스트 단어의 집합을 만들고, 실제로 나타난 것은 양성으로, 나머지는 음성으로 라벨링하는 것이다. 음성 단어는 잡음 단어라 부르며, 재가중된 유니그램reweighted unigram 분포 $p(w) \propto \mathrm{freq}(w)^{3/4}$로부터 표집할 수 있다. 이는 보통의 단어에서 희귀한 단어로 확률 질량을 재분배하는 효과가 있다. 이제 조건부 확률은 다음으로 근사한다.

$$p(w_{t+j}|w_t) = p(D=1|w_t, w_{t+j}) \prod_{k=1}^{K} p(D=0|w_t, w_k) \tag{20.149}$$

여기서 $w_k \sim p(w)$는 잡음 단어, $D=1$은 단어 쌍이 데이터에서 실제로 나타나는 사건, $D=0$은 단어 쌍이 나타나지 않은 사건이다. 이항 확률은 다음으로 주어진다.

$$p(D=1|w_t, w_{t+j}) = \sigma(\boldsymbol{u}_{w_{t+j}}^\mathsf{T} \boldsymbol{v}_{w_t}) \tag{20.150}$$

$$p(D=0|w_t, w_k) = 1 - \sigma(\boldsymbol{u}_{w_k}^\mathsf{T} \boldsymbol{v}_{w_t}) \tag{20.151}$$

이 모델을 훈련시키려면, 단지 각 중심 단어를 위한 컨텍스트, 그리고 음성 잡음 단어 집합을 계산하기만 하면 된다. 라벨 1은 컨텍스트 단어에, 라벨 0은 잡음 단어에 연관시킨다. 그 뒤 데이터의 로그 확률을 계산하고, SGD를 사용해 각 단어에 대해 임베딩 벡터 $\boldsymbol{u}_i$와 $\boldsymbol{v}_i$를 최적화한다. 예시 코드는 skipgram_jax.ipynb를 참고하라.

20.5.3 GloVE

스킵그램의 인기 있는 대안은 [PSM14a]의 **GloVe** 모델이다(GloVe는 '단어 표현을 위한 전역 벡터^{global}

vectors for word representation'를 뜻한다) 이 방법은 최적화가 더 빠른 더 단순한 목적 함수를 사용한다.

방법을 설명하기 위해, 스킵그램 모델에서 중심 단어 i의 컨텍스트 윈도에서 나타나는 단어 j의 예측된 조건부 확률은 다음과 같음을 상기하라.

$$q_{ij} = \frac{\exp(\boldsymbol{u}_j^\mathsf{T} \boldsymbol{v}_i)}{\sum_{k \in \mathcal{V}} \exp(\boldsymbol{u}_k^\mathsf{T} \boldsymbol{v}_i)} \tag{20.152}$$

x_{ij}가 i의 임의의 컨텍스트 윈도에서 단어 j가 나타나는 횟수라 하자(단어 i가 j의 윈도에서 나타나면 j는 i의 윈도에서 나타날 것이므로 $x_{ij} = x_{ji}$임을 주지하라). 그러면 식 (20.147)을 다음과 같이 쓸 수 있다.

$$\mathcal{L} = -\sum_{i \in \mathcal{V}} \sum_{j \in \mathcal{V}} x_{ij} \log q_{ij} \tag{20.153}$$

$p_{ij} = x_{ij}/x_i$가 중심 단어 i의 컨텍스트 윈도에서 나타나는 단어 j의 경험적 확률이 되도록 정의하면, 스킵그램 손실은 교차 엔트로피 손실로 다시 쓸 수 있다.

$$\mathcal{L} = -\sum_{i \in \mathcal{V}} x_i \sum_{j \in \mathcal{V}} p_{ij} \log q_{ij} \tag{20.154}$$

이 목적 함수의 문제는 모든 단어에 대한 정규화가 필요함에 따라 q_{ij}의 계산이 비싸진다는 데 있다. GloVe에서는 비정규화된 확률 $p'_{ij} = x_{ij}$ 및 $q'_{ij} = \exp(\boldsymbol{u}_j^\mathsf{T} \boldsymbol{v}_i + b_i + c_j)$로 작업하며, 여기서 b_i와 c_j는 주변 확률을 포착하기 위한 편향 항이다. 추가로 제곱 손실 $(\log p'_{ij} - \log q'_{ij})^2$을 최소화하며, 이는 작은 확률을 추정할 때 로그 손실보다 오차에 더 로버스트하다. 마지막으로 $c = 100$일 때 $x_{ij} < c$인 희귀한 단어는 제곱 오차를 $h(x_{ij})$로 가중함으로써 가중치를 높인다. 이때 $x < c$라면 $h(x) = (x/c)^{0.75}$이고, 그렇지 않으면 $h(x) = 1$이다. 이는 다음의 최종 GloVe 목적 함수를 내어준다.

$$\mathcal{L} = -\sum_{i \in \mathcal{V}} \sum_{j \in \mathcal{V}} h(x_{ij})(\boldsymbol{u}_j^\mathsf{T} \boldsymbol{v}_i + b_i + c_j - \log x_{ij})^2 \tag{20.155}$$

x_{ij}는 오프라인으로 재계산할 수 있으며, 그런 다음 SGD를 사용해 위의 목적 함수를 최적화할 수

있다. 훈련 후에 단어 i의 임베딩이 v_i와 u_i의 평균이 되도록 정의한다.

경험적으로 GloVe는 skigram과 비슷한 결과를 내어주지만 훈련이 더 빠르다. 왜 이러한 방법이 되는지에 대해 설명하는 이론적 모델은 20.5.5절을 참고하라.

20.5.4 단어 유사성

word2vec, GloVe, 그리고 다른 유사한 방법으로 만들어 낸 단어 임베딩의 가장 놀랄 만한 속성은, 학습된 벡터 공간이 단순한 벡터 더하기 측면에서 관계적 의미를 포착하는 것으로 보인다는 점이다. 예를 들면 **단어 유사성 문제**word analogy problem 'man is to woman as king is to queen'을 고려해 보자. 이는 자주 man:woman::king:queen으로 쓴다. 단어 a=man, b=woman, c=king이 주어졌다고 해보자. d=queen을 어떻게 찾을 수 있을까? $\boldsymbol{\delta} = \boldsymbol{v}_b - \boldsymbol{v}_a$가 '성을 남성에서 여성으로 변환'하는 개념을 나타내는 벡터라 하자. 직관적으로 단어 d는 $\boldsymbol{v}_d = \boldsymbol{c} + \boldsymbol{\delta}$를 계산한 뒤, 어휘에서 $\boldsymbol{v}_d$와 가장 가까운 단어를 찾아서 찾아낼 수 있다. 이 과정은 그림 20.45를 참고하고, 코드는 word_analogies_jax.ipynb를 참고하라.

[PSM14a]에서는 어휘 내 모든 단어 w에 대해 오직 다음과 같다면(iff) $a : b :: c : d$를 만족시킨다고 추측한다.

$$\frac{p(w|a)}{p(w|b)} \approx \frac{p(w|c)}{p(w|d)} \tag{20.156}$$

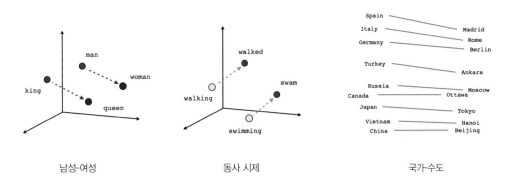

남성-여성 　　　　　 동사 시제 　　　　　 국가수도

그림 20.45 word2vec 임베딩 공간에서 대수적 연산의 시각화. 출처: https://www.tensorflow.org/tutorials/representation/word2vec

[Aro+16]에서는 이것이 20.5.5절의 RAND-WALK 모델링 가정을 따름을 보여준다. 또한 왜 단어 유사성이 동작하는지에 대한 다른 모델링 가정에 기반하는 설명은 [AH19; EDH19]를 참고하라.

20.5.5 단어 임베딩의 RAND-WALK 모델

단어 임베딩은 단어를 위해 원핫 인코딩을 사용하는 것과 비교하여 다양한 종류의 NLP 모델의 성능을 크게 개선한다. 위의 단어 임베딩이 왜 이렇게 잘 동작하는지 궁금한 것이 자연스럽다. 이 절은 [Aro+16]에 근거하여 이 현상을 설명하는, 텍스트 문서를 위한 단순한 생성 모델을 제공한다.

단어의 시퀀스 $w_1, \ldots, w_T$를 고려해 보자. 각 단어는 다음의, [MH07]과 비슷한 **로그 이중 선형 언어 모델**log bilinear language model을 사용해 잠재 컨텍스트 또는 이야기discourse 벡터로부터 나온다고 가정한다.

$$p(w_t = w | \boldsymbol{z}_t) = \frac{\exp(\boldsymbol{z}_t^\mathsf{T} \boldsymbol{v}_w)}{\sum_{w'} \exp(\boldsymbol{z}_t^\mathsf{T} \boldsymbol{v}_{w'})} = \frac{\exp(\boldsymbol{z}_t^\mathsf{T} \boldsymbol{v}_w)}{Z(\boldsymbol{z}_t)} \tag{20.157}$$

여기서 $\boldsymbol{v}_w \in \mathbb{R}^D$는 단어 w를 위한 임베딩이고, $Z(\boldsymbol{z}_t)$는 분할 함수다. $D < M$이라 가정하며, M은 어휘 내 단어의 개수다.

단어 임베딩 $\boldsymbol{v}_w$를 위한 사전 분포가 등방성 가우스이며, 잠재 주제 $\boldsymbol{z}_t$는 느린 가우스 랜덤 워크random walk를 거친다고 추가로 가정해 보자(따라서 이는 **RAND-WALK** 모델이라 부른다). 이 모델하에서 $Z(\boldsymbol{z}_t)$가 고정된 상수 Z와 근사적으로, 컨텍스트에 독립적으로 같음을 보일 수 있다. 이는 로그 선형 모델의 **자기 정규화 속성**self-normalization property이라 한다[AK15]. 게다가 모델로부터 예측의 점별 상호 정보가 다음으로 주어짐을 보일 수 있다.

$$\mathbb{PMI}(w, w') = \frac{p(w, w')}{p(w)p(w')} \approx \frac{\boldsymbol{v}_w^\mathsf{T} \boldsymbol{v}_{w'}}{D} \tag{20.158}$$

따라서 RAND-WALK 모델의 적합은 PMI를 위한 모델의 예측값을 경험적인 값과 매칭시킴으로써 할 수 있다. 즉, 다음을 최소화한다.

$$\mathcal{L} = \sum_{w, w'} X_{w, w'} (\mathbb{PMI}(w, w') - \boldsymbol{v}_w^\mathsf{T} \boldsymbol{v}_{w'})^2 \tag{20.159}$$

여기서 $X_{w,w'}$은 w와 w'이 서로 옆에서 나타나는 횟수다. 이 목적 함수는 식 (20.138)의 SVD 손실의 빈도 가중 버전으로 볼 수 있다(단어 임베딩과 SVD 사이의 추가적인 연결점은 [LG14]를 참고하라).

게다가 몇몇 추가적인 가정을 사용해 RAND-WALK 모델을 위한 NLL이 CBOW 및 SGNS word2vec 목적 함수와 동등함을 보일 수 있다. 또한 이 접근법으로부터 GloVe의 목적 함수를 유도할 수 있다.

20.5.6 컨텍스트적 언어 임베딩

'I was eating an apple(나는 사과를 먹고 있었다)' 그리고 'I bought a new phone from Apple(나는 애플에서 새 핸드폰을 샀다)' 두 문장을 고려해 보자. 단어 'apple'의 의미는 두 경우에서 다르지만, 20.5절에서 논의한 형태의 고정된 단어 임베딩은 이를 포착하지 못할 것이다. 15.7절에서는 단어의 임베딩이 그 단어의 컨텍스트(주로 문장) 내 모든 단어의 함수인 **컨텍스트적 단어 임베딩**contextual word embedding을 논의한다. 이는 훨씬 더 개선된 결과를 제공할 수 있으며, 현재 전이 학습(19.2절 참고)을 하기 전에 전처리 과정으로서 자연어 데이터를 나타내는 표준적인 접근법이다.

20.6 연습문제

연습문제 20.1 [FA를 위한 EM]

인자 분석 모델을 위한 EM 업데이트를 유도하라. 단순함을 위해 선택적으로 $\boldsymbol{\mu} = \mathbf{0}$이 고정되어 있다고 가정할 수 있다.

연습문제 20.2 [mixFA를 위한 EM*]

인자 분석의 혼합을 위한 EM 업데이트를 유도하라.

연습문제 20.3 [두 번째 주성분 유도하기]

a. 다음과 같다고 해보자.

$$J(\boldsymbol{v}_2, \boldsymbol{z}_2) = \frac{1}{n} \sum_{i=1}^{n} (\boldsymbol{x}_i - z_{i1}\boldsymbol{v}_1 - z_{i2}\boldsymbol{v}_2)^T (\boldsymbol{x}_i - z_{i1}\boldsymbol{v}_1 - z_{i2}\boldsymbol{v}_2) \tag{20.160}$$

$\frac{\partial J}{\partial z_2} = 0$이면 $z_{i2} = \boldsymbol{v}_2^T \boldsymbol{x}_i$를 내어줌을 보여라.

b. 다음을 최소화하는 $\boldsymbol{v}_2$의 값이

$$\tilde{J}(\boldsymbol{v}_2) = -\boldsymbol{v}_2^T \mathbf{C} \boldsymbol{v}_2 + \lambda_2(\boldsymbol{v}_2^T \boldsymbol{v}_2 - 1) + \lambda_{12}(\boldsymbol{v}_2^T \boldsymbol{v}_1 - 0) \tag{20.161}$$

두 번째 큰 고윳값을 갖는 $\mathbf{C}$의 고유벡터로 주어짐을 보여라. 힌트: $\mathbf{C}\boldsymbol{v}_1 = \lambda_1 \boldsymbol{v}_1$ 그리고 $\frac{\partial x^T \mathbf{A} x}{\partial x} = (\mathbf{A} + \mathbf{A}^T)x$를 상기하라.

연습문제 20.4 [PCA를 위한 잔차 오차 유도하기*]

a. 다음을 증명하라.

$$\|\boldsymbol{x}_i - \sum_{j=1}^{K} z_{ij}\boldsymbol{v}_j\|^2 = \boldsymbol{x}_i^T \boldsymbol{x}_i - \sum_{j=1}^{K} \boldsymbol{v}_j^T \boldsymbol{x}_i \boldsymbol{x}_i^T \boldsymbol{v}_j \tag{20.162}$$

힌트: 먼저 $K = 2$인 경우를 고려하라. $\boldsymbol{v}_j^T \boldsymbol{v}_j = 1$ 그리고 $k \neq j$일 때 $\boldsymbol{v}_j^T \boldsymbol{v}_k = 0$이라는 사실을 이용하라. 또한 $z_{ij} = \boldsymbol{x}_i^T \boldsymbol{v}_j$를 상기하라.

b. 이제 다음을 보여라.

$$J_K \triangleq \frac{1}{n} \sum_{i=1}^{n} \left(\boldsymbol{x}_i^T \boldsymbol{x}_i - \sum_{j=1}^{K} \boldsymbol{v}_j^T \boldsymbol{x}_i \boldsymbol{x}_i^T \boldsymbol{v}_j \right) = \frac{1}{n} \sum_{i=1}^{n} \boldsymbol{x}_i^T \boldsymbol{x}_i - \sum_{j=1}^{K} \lambda_j \tag{20.163}$$

힌트: $\boldsymbol{v}_j^T \mathbf{C} \boldsymbol{v}_j = \lambda_j \boldsymbol{v}_j^T \boldsymbol{v}_j = \lambda_j$를 상기하라.

c. $K = d$라면 절단이 없으므로 $J_d = 0$이다. 이를 사용해 오직 $K < d$ 항만을 사용할 때의 오차가 다음으로 주어짐을 보여라.

$$J_K = \sum_{j=K+1}^{d} \lambda_j \tag{20.164}$$

힌트: 합 $\sum_{j=1}^{d} \lambda_j$를 $\sum_{j=1}^{K} \lambda_j$와 $\sum_{j=K+1}^{d} \lambda_j$로 분할하라.

연습문제 20.5 [연속적인 수축을 통한 PCA]

$\boldsymbol{v}_1,\ \boldsymbol{v}_2,\ \dots,\ \boldsymbol{v}_k$가 $\mathbf{C} = \frac{1}{n}\mathbf{X}^T\mathbf{X}$의 가장 큰 고윳값을 갖는 처음 k개 고유벡터, 즉 주principal 기저 벡

터라 하자. 이들은 다음을 만족시킨다.

$$
\boldsymbol{v}_j^T \boldsymbol{v}_k = \left\{ \begin{array}{ll} 0 & j \neq k \text{인 경우} \\ 1 & j = k \text{인 경우} \end{array} \right.
\tag{20.165}
$$

우리는 $\boldsymbol{v}_j$를 순차적으로 찾는 방법을 구축할 것이다.

$\boldsymbol{v}_1$은 $\mathbf{C}$의 첫 번째 주 고유벡터이고, $\mathbf{C}\boldsymbol{v}_1 = \lambda_1 \boldsymbol{v}_1$을 만족한다. 이제 $\tilde{\boldsymbol{x}}_i$를 $\boldsymbol{v}_1$에 직교하는 공간에서의 $\boldsymbol{x}_i$의 직교 사영으로 정의하자.

$$
\tilde{\boldsymbol{x}}_i = \mathbf{P}_{\perp \boldsymbol{v}_1} \boldsymbol{x}_i = (\mathbf{I} - \boldsymbol{v}_1 \boldsymbol{v}_1^T) \boldsymbol{x}_i
\tag{20.166}
$$

$\tilde{\mathbf{X}} = [\tilde{\boldsymbol{x}}_1; \ldots; \tilde{\boldsymbol{x}}_n]$를 계수 $d-1$의 **수축된 행렬**^{deflated matrix}로 정의하자. 이는 d차원의 데이터에서 첫 번째 주 방향으로 놓이는 성분을 제거하여 얻을 수 있다.

$$
\tilde{\mathbf{X}} = (\mathbf{I} - \boldsymbol{v}_1 \boldsymbol{v}_1^T)^T \mathbf{X} = (\mathbf{I} - \boldsymbol{v}_1 \boldsymbol{v}_1^T) \mathbf{X}
\tag{20.167}
$$

a. $\mathbf{X}^T \mathbf{X} \boldsymbol{v}_1 = n \lambda_1 \boldsymbol{v}_1$(따라서 $\boldsymbol{v}_1^T \mathbf{X}^T \mathbf{X} = n \lambda_1 \boldsymbol{v}_1^T$) 그리고 $\boldsymbol{v}_1^T \boldsymbol{v}_1 = 1$이라는 사실을 이용하여, 수축된 행렬이 다음으로 주어짐을 보여라.

$$
\tilde{\mathbf{C}} \triangleq \frac{1}{n} \tilde{\mathbf{X}}^T \tilde{\mathbf{X}} = \frac{1}{n} \mathbf{X}^T \mathbf{X} - \lambda_1 \boldsymbol{v}_1 \boldsymbol{v}_1^T
\tag{20.168}
$$

b. $\boldsymbol{u}$가 $\tilde{\mathbf{C}}$의 주 고유벡터라 하자. 왜 $\boldsymbol{u} = \boldsymbol{v}_2$인지 설명하라($\boldsymbol{u}$가 단위 노름이라 가정할 수 있다).

c. $[\lambda, \boldsymbol{u}] = f(\mathbf{C})$로 표기하는, pd 행렬의 주된 고유벡터와 고윳값을 찾기 위한 단순한 방법이 있다고 해보자. 특별한 f 함수 그리고 단순한 벡터 대수만을 사용하는, $\mathbf{X}$의 처음 K개의 주 기저 벡터를 찾는 유사 코드를 작성하라. 즉, 여러분의 코드는 SVD 또는 eig 함수를 사용해서는 안 된다. 힌트: 이는 작성하는 데 2~3줄 걸리는 단순한 반복적 루틴이어야 한다. 입력은 $\mathbf{C}$, K, 함수 f이며, 출력은 $j = 1 : K$에 대해 $\boldsymbol{v}_j$ 그리고 λ_j여야 한다.

연습문제 20.6 [PPCA 분산 항]

PPCA 모델에서 $\mathbf{C} = \mathbf{W}\mathbf{W}^T + \sigma^2 \mathbf{I}$임을 상기하라. 우리는 이 모델이 주축^{principal axes}을 따라 데이터의 분산을 올바르게 포착하며, 하나의 평균값 σ^2으로 모든 나머지 방향에서의 분산을 근사함을 보일 것이다.

단위 벡터 v로 구체화되는 어떠한 방향을 따라 예측 분포 $p(x)$의 분산을 고려해 보자. 여기서 $v^T v = 1$이며, 이는 $v^T C v$로 주어진다.

a. 먼저 v가 주 부분공간과 직교한다고 해보자. 따라서 $v^T \mathbf{U} = \mathbf{0}$이다. $v^T \mathbf{C} v = \sigma^2$임을 보여라.

b. 이제 v가 주 부분공간과 평행한다고 해보자. 따라서 어떠한 고유벡터 u_i에 대해 $v = u_i$이다. $v^T \mathbf{C} v = (\lambda_i - \sigma^2) + \sigma^2 = \lambda_i$를 보여라.

연습문제 20.7 [PPCA에서의 사후 분포 추론*]

PPCA 모델을 위한 $p(z_n | x_n)$을 유도하라.

연습문제 20.8 [FA 모델의 전가^{imputation}*]

FA 모델을 위한 $p(x_h | x_v, \theta)$의 식을 유도하라. 여기서 $x = (x_h, x_v)$는 데이터 벡터를 분할한 것이다.

연습문제 20.9 [PPCA 밀도를 효율적으로 값매김하기]

PPCA 모델을 위한 $p(x | \hat{\mathbf{W}}, \hat{\sigma}^2)$의 식을, MLE에 집어 넣고 역행렬 보조정리를 사용하는 것에 기반하여 유도하라.

21

군집화

21.1 개요

군집화clustering는 매우 일반적인 비지도 학습 형식이다. 이 방법에는 두 가지 주된 종류가 있다. 첫 번째 접근법은 입력이 데이터 표본 $\mathcal{D} = \{\boldsymbol{x}_n : n = 1 : N\}$의 집합이며, 여기서 $\boldsymbol{x}_n \in \mathcal{X}$이고, 통상적으로 $\mathcal{X} = \mathbb{R}^D$이다. 두 번째 접근법에서 입력은 $N \times N$ 쌍별 비유사도 계량 $D_{ij} \geq 0$이다. 두 경우 모두 목표는 비슷한 데이터 지점을 같은 군집으로 할당하는 것이다.

비지도 학습에서는 군집화 알고리듬의 질을 평가하기 어려운 경우가 많다. 일부 데이터에 라벨링된 데이터가 있다면, 두 점의 라벨 사이의 유사도(또는 동일성)를 두 점이 같은 군집에 할당되어야 하는지 아닌지를 결정하는 계량을 사용할 수 있다. 라벨이 없지만 방법이 데이터의 생성 모델에 기반한다면, 로그 가능도를 계량으로 사용할 수 있다. 아래에서 두 접근법 모두의 예시를 본다.

21.1.1 군집화 방법의 출력 평가하기

군집화 구조의 검증은 군집 분석에서 가장 어렵고 좌절감을 주는 부분이다. 이 방향에 대한 많은 노력이 없다면, 군집 분석은 경험이 있고 용기가 대단한 진짜 신봉자들만이 접근할 수 있는 마술로 남아 있게 될 것이다.

— 자인Jain과 두베스Dubes[JD88]

군집화는 비지도 학습 기법이므로, 주어진 방법의 출력의 질을 평가하기가 어렵다[Kle02; LWG12]. 확률적 모델을 사용한다면 데이터의 가능도를 언제나 값매김할 수 있지만, 두 가지 단점이 있다. 첫 번째로 이는 모델이 발견한 임의의 군집에 직접 접근하지 않는다. 두 번째로 이는 비확률적 방법에 적용되지 않는다. 따라서 이제 가능도에 기반하지 않은 몇 가지 성능 측정치를 논의한다.

직관적으로 볼 때 군집화의 목표는 비슷한 점을 같은 군집에 할당하면서, 유사하지 않은 점은 다른 군집에 있도록 하는 것이다. 이러한 양을 측정하는 몇 가지 방법이 존재하며, 예를 들어 [JD88; KR90]을 참고하라. 그러나 이들 내부 기준은 사용이 제한될 수도 있다. 대안으로는 방법을 검증하기 위한 외부적인 형식의 데이터에 의존하는 것이 있다. 예를 들어, 각 객체에 라벨이 있다면 같은 라벨을 갖는 객체는 비슷하다고 가정할 수 있다. 그 뒤 아래에서 논의하는 계량을 사용해 군집의 질을 계량화할 수 있다(라벨이 없지만 참조 군집화를 갖고 있다면, 군집화로부터 라벨을 유도할 수 있다).

21.1.1.1 순도

N_{ij}가 군집 i에서 클래스 j에 속하는 객체의 개수라 하고, $N_i = \sum_{j=1}^{C} N_{ij}$는 군집 i에 있는 객체의 전체 개수라 하자. $p_{ij} = N_{ij}/N_i$를 정의하자. 이는 클래스 라벨에 대한 군집 i의 경험적 분포다. 군집의 **순도**purity는 $p_i \triangleq \max_j p_{ij}$라 정의하며, 군집화의 전체 순도는 다음과 같다.

$$\text{순도} \triangleq \sum_i \frac{N_i}{N} p_i \tag{21.1}$$

예를 들어, 그림 21.1에서 순도는 다음과 같다.

$$\frac{6}{17}\frac{5}{6} + \frac{6}{17}\frac{4}{6} + \frac{5}{17}\frac{3}{5} = \frac{5+4+3}{17} = 0.71 \tag{21.2}$$

순도의 범위는 0(나쁨)에서 1(좋음)이다. 그러나 각 객체를 그만의 군집에 집어넣어 의미 없는 순도 1을 달성할 수 있으므로, 이 측정치는 군집의 개수에 불이익을 주지 않는다.

그림 21.1 안에 라벨링된 객체가 있는 3개의 군집

21.1.1.2 랜드 지수

$U = \{u_1, \ldots, u_R\}$과 $V = \{v_1, \ldots, v_C\}$가 N개 데이터 지점의 2개의 서로 다른 분할이라 하자. 예를 들어 U는 추정된 군집화이고, V는 클래스 라벨로부터 유도된 참조 군집화일 수 있다. 이제 다음의 숫자를 갖는 2×2 분할표를 정의하자. TP는 U와 V 모두에서 같은 군집에 있는 쌍의 개수(참 양성), TN은 U와 V에서 서로 다른 군집에 있는 쌍의 개수(참 음성), FN은 U에서는 다른 군집에 있지만 V에서는 같은 군집에 있는 쌍의 개수(거짓 음성), FP는 U에서는 같은 군집에 있지만 V에서는 다른 군집에 있는 쌍의 개수(거짓 양성). 일반적인 요약 통계량으로는 **랜드 지수**^{Rand index}가 있다.

$$R \triangleq \frac{TP + TN}{TP + FP + FN + TN} \tag{21.3}$$

이는 군집화 결정이 올바른 부분으로 해석할 수 있다. R은 $0 \leq R \leq 1$임이 분명하다.

예를 들어 그림 21.1을 고려해 보자. 3개의 군집이 6, 6, 5개의 점을 가지므로, '양성'인(즉, 라벨에 상관없이 같은 군집에 들어 있는 객체 쌍) 개수는 다음과 같다.

$$TP + FP = \binom{6}{2} + \binom{6}{2} + \binom{5}{2} = 40 \tag{21.4}$$

이들 중 참 양성의 개수는 다음으로 주어진다.

$$TP = \binom{5}{2} + \binom{4}{2} + \binom{3}{2} + \binom{2}{2} = 20 \tag{21.5}$$

이때 마지막 2개 항은 군집 3으로부터 나온다. 라벨이 C인 $\binom{3}{2}$ 쌍 그리고 라벨이 A인 $\binom{2}{2}$ 쌍이 있기 때문이다. 따라서 $FP = 40 - 20 = 20$이다. 마찬가지로, $FN = 24$이고 $TN = 72$임을 보일 수 있다. 따라서 랜드 지수는 $(20 + 72)/(20 + 20 + 24 + 72) = 0.68$이다.

랜드 지수는 드문 사건인 $TP = TN = 0$일 때만 하계 0을 달성할 수 있다. **조정된 랜드 지수**^{adjusted Rand index}는 다음과 같이 정의할 수 있다[HA85].

$$AR \triangleq \frac{\text{지수} - \text{기대 지수}}{\text{최대 지수} - \text{기대 지수}} \tag{21.6}$$

여기서 모델의 무작위성은 일반화 초기하^{hyper-geometric} 분포의 사용에 기반한다. 즉, 두 분할 각각에서 본래와 같은 숫자의 클래스 및 객체를 갖도록 무작위로 고른 뒤, $TP + TN$의 기댓값을 계산한다. 이 모델은 랜드 지수의 통계적 유의도를 계산하는 데 쓸 수 있다.

랜드 지수는 거짓 양성과 거짓 음성을 동일하게 가중한다. 이항 결정 문제를 위해서는 F 점수(5.1.4절)와 같은 다양한 요약 통계량을 사용할 수 있다.

21.1.1.3 상호 정보

군집의 질을 측정하는 또 다른 방법은 [VD99]에서 제안한 두 후보 분할 U와 V 사이의 상호 정보를 계산하는 것이다. 이를 위해 $p_{UV}(i, j) = \frac{|u_i \cap v_j|}{N}$가 무작위로 선택한 객체가 U의 군집 u_i 그리고 V의 군집 v_j에 속할 확률이라 하자. 또한 $p_U(i) = |u_i|/N$은 무작위로 선택한 객체가 U의 군집 u_i에 속할 확률이라 하자. $p_V(j) = |v_j|/N$도 비슷하게 정의하라. 그러면 다음과 같다.

$$\mathbb{I}(U, V) = \sum_{i=1}^{R} \sum_{j=1}^{C} p_{UV}(i, j) \log \frac{p_{UV}(i, j)}{p_U(i) p_V(j)} \tag{21.7}$$

이는 0과 $\min\{\mathbb{H}(U), \mathbb{H}(V)\}$ 사이에 놓인다. 안타깝게도 최댓값은 엔트로피가 낮은 수많은 작은 군집을 사용해 달성할 수 있다. 이를 보상해 주기 위해, **정규화 상호 정보**normalized mutual information를 사용할 수 있다.

$$NMI(U, V) \triangleq \frac{\mathbb{I}(U, V)}{(\mathbb{H}(U) + \mathbb{H}(V))/2} \tag{21.8}$$

이는 0과 1 사이에 놓인다. 이것의 기회change로 조정된(특정한 무작위 데이터 모델하에서) 버전은 [VEB09]에 설명되어 있다. **정보의 변동**variation of information이라 하는 또 다른 변형은 [Mei05]에서 설명한다.

21.2 계층적 응집 군집화

일반적인 군집 형식으로 **계층적 응집 군집화**Hierarchical Agglomerative Clustering, 즉 **HAC**가 있다. 알고리듬의 입력은 $N \times N$ 비유사도 행렬 $D_{ij} \geq 0$이며, 출력은 작은 비유사도를 갖는 그룹 i와 j가 계층적인 방식으로 함께 그룹화되는 트리 구조다.

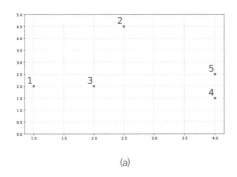
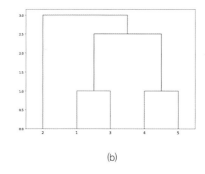

(a)   (b)

그림 21.2 (a) 시티 블록 거리를 사용하는 단일 링크 군집화의 예시. 쌍 (1, 3)과 (4, 5) 모두 거리가 1만큼 떨어져 있으므로 먼저 합쳐진다. (b) 결과 덴드로그램. 출처: [Alp04]의 그림 7.5. agglomDemo.ipynb로 생성했다.

예를 들어, 그림 21.2(a)의 $x_n \in \mathbb{R}^2$인 5개 입력 지점 집합을 고려해 보자. **시티 블록 거리**^{city block distance}를 사용해 두 점 사이의 비유사도를 정의할 것이다.

$$d_{ij} = \sum_{k=1}^{2} |x_{ik} - x_{jk}| \tag{21.9}$$

시작은 각각 하나의 데이터 지점을 갖는 군집에 해당하는 N개 잎사귀가 있는 트리로 시작한다. 다음으로 가장 가까운 점의 쌍을 계산하고 이들을 합친다. (1, 3)과 (4, 5) 모두 거리 거리가 1만큼 떨어져 있으므로 이들이 합쳐진다. 그 뒤 어떠한 측정치를 사용해(아래에서 설명함) 집합 {1, 3}, {4, 5}, {2} 사이의 비유사도를 측정하고, 그룹화하고, 이를 반복한다. 결과는 **덴드로그램**^{dendrogram}이라 하는 이항 트리가 되며, 그림 21.2(b)가 보여준다. 이 트리를 다른 높이에서 잘라냄으로써, 다른 숫자의 (중첩된) 군집을 유도할 수 있다. 아래에서 더 자세히 설명한다.

21.2.1 알고리듬

응집 군집화는 각각 초기에 1개의 객체를 갖는 N개 그룹으로 시작한 뒤, 각 단계에서 모든 데이터를 갖는 단일 그룹이 존재할 때까지 2개의 가장 유사한 그룹이 합쳐진다. 알고리듬 11의 의사코드를 참고하라. 2개의 가장 비슷한 군집을 골라 합치는 데는 $O(N^2)$시간이 걸리며, 알고리듬에 $O(N)$ 단계가 있으므로 전체 실행 시간은 $O(N^3)$이다. 그러나 우선순위 큐^{priority queue}를 사용하면 $O(N^2$

log N)으로 줄일 수 있다(자세한 내용은 예를 들어 [MRS08, 17장]을 참고하라).

실제로는 객체의 그룹 사이의 비유사도를 어떻게 정의하느냐에 따라 3개의 응집 군집화 변형이 존재한다. 아래에서 설명한다.

알고리듬 11: 응집 군집화

1 싱글턴(singleton)으로 군집을 초기화함: $i \leftarrow 1$에서 n까지 $C_i \leftarrow \{i\}$를 한다.

2

3 머지할 수 있는 군집 집합을 초기화함: $S \leftarrow \{1, ..., n\}$; 반복

4   2개의 가장 유사한 군집을 골라 머지함: $(j, k) \leftarrow \arg\min_{j,k \in S} d_{j,k}$

5   새로운 군집 $C_\ell \leftarrow C_j \cup C_k$를 만듦

6   j와 k를 쓸 수 없는 것으로 마킹함: $S \leftarrow S \setminus \{j, k\}$

7      $C_\ell \neq \{1, ..., n\}$라면

8   ℓ을 쓸 수 있는 것으로 마킹함, $S \leftarrow S \cup \{\ell\}$

9   각각의 $i \in S$에 대해 다음을 한다.

10   비유사도 행렬 $d(i, \ell)$을 업데이트

11 머지할 수 있는 군집이 없을 때까지

21.2.1.1 단일 링크

최근접 이웃 군집화nearest neighbor clustering라고도 부르는 **단일 링크 군집화**single link clustering에서는 두 그룹 G와 H 사이의 거리를 각 그룹의 가장 가까운 멤버 사이의 거리로 정의한다.

$$d_{SL}(G, H) = \min_{i \in G, i' \in H} d_{i,i'} \tag{21.10}$$

그림 21.3(a)를 참고하라.

단일 링크 군집화를 사용해 구축한 트리는 데이터의 최소 스팬 트리minimum spanning tree이며, 이

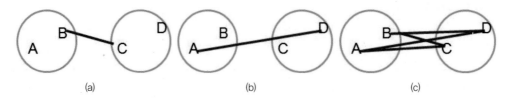

그림 21.3 (a) 단일 링키지, (b) 완전 링키지, (c) 평균 링키지를 보여준다.

는 에지 가중치의 (거리) 합을 최소화하는 방식으로 모든 객체를 연결하는 트리다. 이를 이해하기 위해, 두 군집을 머지할 때 군집에서 가장 가까운 멤버 2개를 연결한다는 것을 주지하라. 이는 해당 노드 사이에 에지를 추가하며, 이는 두 군집을 조인하는 '가장 가벼운 가중치' 에지가 됨을 보장한다. 두 군집이 머지되면, 이들을 다시 고려하는 일은 절대 없을 것이므로, 사이클이 만들어질 수가 없다. 이에 따라 실제로는 단일 링크 군집화를 $O(N^2)$시간으로 만들 수 있는 한편, 다른 변형은 $O(N^3)$시간이 걸린다.

21.2.1.2 완전 링크

최원 이웃 군집화furthest neighbor clustering라고도 부르는 **완전 링크 군집화**complete link clustering에서는 두 그룹 사이의 거리가 가장 멀리 떨어진 쌍 사이의 거리로 정의된다.

$$d_{CL}(G, H) = \max_{i \in G, i' \in H} d_{i,i'} \tag{21.11}$$

그림 21.3(b)를 참고하라.

단일 링키지는 같이 가깝다고 고려되는 두 그룹을 위해, 그룹의 다른 멤버의 유사도와 상관없이 한 쌍의 객체가 가까울 것을 필요로 한다. 따라서 군집은 그룹 내 모든 관측치가 서로 비슷해야 한다는 **컴팩트**compactness 속성을 위반할 수 있다. 실제로는 그룹의 지름diameter을, 그 멤버의 가장 큰 비유사도 $d_G = \max_{i \in G, i' \in G} d_{i,i'}$으로 정의한다면, 단일 링키지는 커다란 지름을 갖는 군집을 만들어 낼 수 있다. 완전 링키지는 반대의 극단을 나타낸다. 여기서는 두 그룹이 이들의 합집합 내 모든

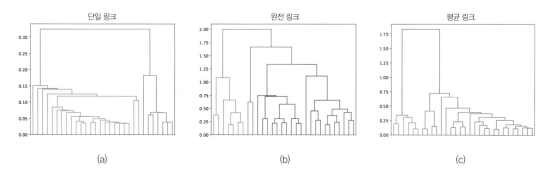

그림 21.4 효모 유전자 표현 데이터의 계층적 군집화: (a) 단일 링키지, (b) 완전 링키지, (c) 평균 링키지. hclust_yeast_demo.ipynb로 생성했다.

관측치가 상대적으로 비슷하다면 가까운 것으로 고려된다. 이는 작은 지름을 갖는 군집을, 즉 컴팩트한 군집을 만들어 내는 경향이 있다(그림 21.4(a)를 그림 21.4(b)와 비교해 보라).

21.2.1.3 평균 링크

실제로 선호되는 방법은 모든 쌍 사이의 평균 거리를 측정하는 **평균 링크 군집화**^{average link clustering}다.

$$d_{avg}(G, H) = \frac{1}{n_G n_H} \sum_{i \in G} \sum_{i' \in H} d_{i,i'} \tag{21.12}$$

여기서 n_G와 n_H는 그룹 G와 H에 있는 요소의 개수다. 그림 21.3(c)를 참고하라.

평균 링크 군집화는 단일 링크와 완전 링크 군집화 사이의 타협을 나타낸다. 이는 상대적으로 멀리 떨어져 있는 군집에 상대적으로 컴팩트한 군집을 만들어 내는 경향이 있다(그림 21.4(c) 참고). 그러나 이는 $d_{i,i'}$의 평균화를 수반하므로, 측정 스케일이 임의로 변화하면 결과가 바뀔 수 있다. 반대로 단일 링키지와 완전 링키지는 $d_{i,i'}$의 단조적 변환에 불변이다. 왜냐하면 이들은 상대적 순서가 같도록 내버려두기 때문이다.

21.2.2 예시

$T = 7$개 지점에서 $N = 300$개 유전자를 위한 표현 수준의 시계열 측정치 집합이 있다고 해보자. 따라서 각 데이터 표본은 $x_n \in \mathbb{R}^7$의 벡터다. 그림 21.5에서 데이터를 시각화한 것을 보라. 몇 가지 종류의 유전자는 그들의 표현 수준이 시간에 따라 단조적으로 높아지고(주어진 자극에 대한 반응으로), 단조적으로 표현 수준이 낮아지며, 더욱 복잡한 반응 패턴을 갖는 것으로 보인다.

쌍별 비유사도 행렬 $\mathbf{D} \in \mathbb{R}^{300 \times 300}$를 계산하는 데 유클리드 거리를 사용하고, 평균 링키지를 사용해 HAC를 적용한다고 해보자. 그러면 그림 21.6(a)의 덴드로그램을 얻는다. 트리를 특정 높이에서 자르면, 그림 21.6(b)의 16개 군집을 얻는다. 각 군집에 할당된 시계열은 당연히 서로 '비슷해 보인다'.

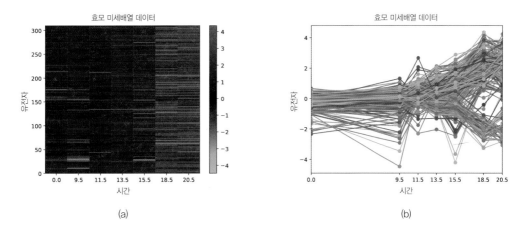

그림 21.5 (a) 히트맵으로 그린 몇몇 효모 유전자 표현, (b) 시계열로 그린 일부 데이터. yeast_data_viz. ipynb로 생성했다.

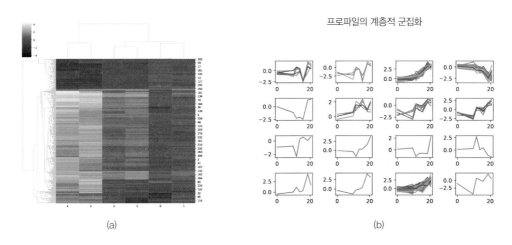

그림 21.6 효모 유전자 표현 데이터에 적용한 계층적 군집화: (a) 비슷한 행이 서로 가깝게 모이도록 계층적 군집 체계(평균 링크 응집 군집화)에 따라 치환했다. (b) 평균 링키지 트리를 특정한 높이에서 잘라 유도한 16개 군집. hclust_yeast_demo.ipynb로 생성했다.

21.2.3 확장

기본 HAC 알고리듬에는 많은 확장형이 존재한다. 예를 들어, [Mon+21]은 부분 군집을 병렬로 구축하는 상향식 알고리듬의 스케일링 가능한 버전을 보여준다. 그리고 [Mon+19]는 데이터가 도착함에 따라, 이전의 군집화 결정은 다시 고려하면서(탐욕적 의사결정만을 만드는 것과 반대로) 데이터를 군집화할 수 있는 알고리듬의 온라인 버전을 논의한다. 이는 스트리밍 텍스트 데이터에서 '개체'의 '멘션mention'을 군집화하는 데 유용할 수 있다(이 문제는 **개체 발견**entity discovery이라 부른다).

21.3 K 평균 군집화

계층적 응집 군집화(21.2절)에는 몇 가지 문제가 있다. 첫째, (평균 링크법에서) $O(N^3)$시간이 걸리기 때문에 빅데이터셋에 적용하기가 힘들다. 둘째, 이는 비유사도 행렬이 이미 계산되어 있다고 가정한다. 한편 '유사도' 개념은 불분명하고 학습되어야 하는 경우가 많다. 셋째, 이는 모델이 아니라 단지 알고리듬일 뿐이므로 얼마나 좋은지 평가하기가 어렵다. 즉, 최적화할 분명한 목적 함수가 존재하지 않는다.

이번 절에서는 이러한 이슈를 다루는 **K 평균 알고리듬**K-means algorithm[Mac67; Llo82]을 논의한다. 첫 번째로 이는 T가 반복 횟수일 때 실행하는 데 $O(NKT)$시간이 걸린다. 두 번째로 이는 비유사도 행렬을 필요로 하는 대신에, 유클리드 거리 측면에서 학습된 군집 중심 $\boldsymbol{\mu}_k \in \mathbb{R}^D$와의 유사도를 계산한다. 세 번째로 이는 앞으로 보듯이 잘 정의된 비용 함수를 최적화한다.

21.3.1 알고리듬

군집 중심 $\boldsymbol{\mu}_k \in \mathbb{R}^D$가 K개 있다고 가정하므로, 각 데이터 지점 $\boldsymbol{x}_n \in \mathbb{R}^D$을 가장 가까운 중심으로 할당하여 데이터를 군집화할 수 있다.

$$z_n^* = \arg\min_k \|\boldsymbol{x}_n - \boldsymbol{\mu}_k\|_2^2 \tag{21.13}$$

물론 군집 중심을 알지 못하지만, 이들은 할당된 모든 점의 평균값을 계산하여 추정할 수 있다.

$$\boldsymbol{\mu}_k = \frac{1}{N_k} \sum_{n:z_n=k} \boldsymbol{x}_n \tag{21.14}$$

그 뒤 이 단계를 수렴할 때까지 반복한다.

더 형식적으로는 이를 **왜곡**^{distortion}이라 하는, 다음과 같은 비용 함수의 국소 최솟값을 찾는 것으로 볼 수 있다.

$$J(\mathbf{M}, \mathbf{Z}) = \sum_{n=1}^{N} ||\boldsymbol{x}_n - \boldsymbol{\mu}_{z_n}||^2 = ||\mathbf{X} - \mathbf{Z}\mathbf{M}^{\mathsf{T}}||_F^2 \tag{21.15}$$

여기서 $\mathbf{X} \in \mathbb{R}^{N \times D}$, $\mathbf{Z} \in [0, 1]^{N \times K}$이며, $\mathbf{M} \in \mathbb{R}^{D \times K}$은 열에 군집 중심 $\boldsymbol{\mu}_k$를 갖는다. K 평균은 최소화를 번갈아 하여 이를 최적화한다(이는 21.4.1.1절에서 논의하는 GMM을 위한 EM 알고리듬과 깊은 관계를 갖는다).

21.3.2 예시

이 절은 K 평균 군집화의 몇 가지 예시를 제공한다.

21.3.2.1 2차원 평면에서 점의 군집화

그림 21.7은 2차원 평면의 몇몇 점에 적용한 K 평균 군집화를 보여준다. 해당 방법이 점의 **보로노**

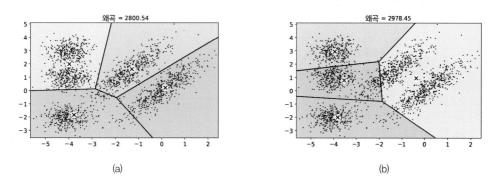

그림 21.7 2차원에서의 K 평균 군집화를 보여준다. 2개의 랜덤 시드(random seed)를 사용한 결과를 보여준다. 출처: [Gér19]의 그림 9.5. kmeans_voronoi.ipynb로 생성했다.

이 테셀레이션^{Voronoi tessellation}을 유도함을 볼 수 있다. 결과 군집화는 초기화에 민감하다. 실제로 우측에 있는 저품질의 군집화는 왜곡이 더 크다. 사이킷런은 기본적으로 10회의 무작위 재시작을 사용하며(21.3.4절에서 설명하는 K 평균++ 초기화와 함께) 가장 낮은 왜곡을 갖는 군집화를 반환한다(사이킷런에서 왜곡은 '관성^{inertia}'이라 부른다).

21.3.2.2 효모 세포의 유전자 표면 시계열 데이터 군집화

그림 21.5의 300×7 효모 시계열 행렬에 $K = 16$으로 K 평균 군집화를 적용한 결과를 그림 21.8에서 보여준다. 서로 '비슷해 보이는' 시계열이 같은 군집에 할당되어 있음을 볼 수 있다. 또한 각 군집의 중심점이 그 군집에 할당된 모든 데이터 지점을 위한 적절한 요약임을 볼 수 있다. 마지막으로, 그룹 6에 어떠한 점도 할당되지 않았으므로 그룹이 쓰이지 않았음을 알 수 있다. 그러나 이는 초기화 과정에 의한 사고일 뿐이며, 알고리듬을 반복한다면 같은 군집화 또는 군집의 개수를 얻을지 보장하지 못한다(방법을 초기화하는 좋은 방법은 21.3.4절에서, K를 선택하는 방법은 21.3.7절에서 논의한다).

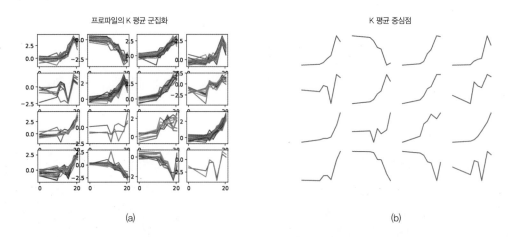

그림 21.8 $K = 16$인 K 평균 군집화를 사용해 그림 21.5의 효모 데이터를 군집화: (a) 각 군집에 할당된 모든 시계열을 시각화하고 있다. (b) 16개 군집 중심을 프로토타입 시계열로 시각화하고 있다. kmeans_yeast_demo.ipynb로 생성했다.

21.3.3 벡터 양자화

어떠한 실숫값 벡터 $\boldsymbol{x}_n \in \mathbb{R}^D$의 손실이 있는 압축을 수행한다고 해보자. 이를 하는 매우 간단한 접근법은 **벡터 양자화**^{Vector Quantization}, 즉 **VQ**를 사용하는 것이다. 기본적인 아이디어는 각 실숫값 벡터 $\boldsymbol{x}_n \in \mathbb{R}^D$을 K개 프로토타입의 코드북^{codebook} $\boldsymbol{\mu}_k \in \mathbb{R}^D$에 대한 인덱스인 이산적인 기호 $z_n \in \{1, \dots, K\}$으로 바꾸는 것이다. 각 데이터 벡터는 가장 유사한 프로토타입의 인덱스를 사용해 인코딩하며, 이때 유사도는 유클리드 거리 측면에서 측정한다.

$$\mathrm{encode}(\boldsymbol{x}_n) = \arg\min_k ||\boldsymbol{x}_n - \boldsymbol{\mu}_k||^2 \tag{21.16}$$

코드북의 질을 측정하는 비용 함수는 이것이 유도하는 **재구축 오차**^{reconstruction error} 또는 **왜곡**^{distortion}을 계산하여 정의한다.

$$J \triangleq \frac{1}{N} \sum_{n=1}^{N} ||\boldsymbol{x}_n - \mathrm{decode}(\mathrm{encode}(\boldsymbol{x}_n))||^2 = \frac{1}{N} \sum_{n=1}^{N} ||\boldsymbol{x}_n - \boldsymbol{\mu}_{z_n}||^2 \tag{21.17}$$

여기서 $\mathrm{decode}(k) = \boldsymbol{\mu}_k$이다. 이는 바로 K 평균 알고리듬이 최소화하는 비용 함수다.

물론 $K = N$을 사용하고 $\boldsymbol{\mu}_n = \boldsymbol{x}_n$으로 할당하여 하나의 프로토타입을 각각의 데이터 벡터에 할당한다면, 왜곡을 0으로 만들 수 있다. 그러나 이는 데이터를 전혀 압축하지 않는다. 특히 N이 길이가 D인 실숫값 데이터 벡터의 개수이며 B가 실숫값 스칼라를 나타내는 데 필요한 비트의 수라면(각 $\boldsymbol{x}_n$을 나타내는 양자화 정확도), 이는 $O(NDB)$비트를 쓴다.

이는 비슷한 벡터를 데이터에서 찾아내고 이들을 위한 프로토타입 또는 중심점을 만든 뒤, 데이터를 이들 프로토타입으로부터의 편차로 나타낸다면 더 잘할 수 있다. 이는 필요한 공간을 $O(N \log_2 K + KDB)$비트로 줄인다. $O(N \log_2 K)$ 항이 나오는 이유는 각각의 N개 데이터 벡터가 어떤 코드워드^{codeword}를 사용할지 구체화해야 하기 때문이다. 그리고 $O(KDB)$ 항이 나온 이유는 각각이 D차원의 벡터인 각 코드북 항목을 저장해야 하기 때문이다. N이 크다면 첫 번째 항은 두 번째 것을 압도하므로 인코딩 체계의 **비율**^{rate}을 $O(\log_2 K)$로 근사할 수 있으며, 이는 통상적으로 $O(DB)$보다 적다.

VQ의 응용 중 하나로 이미지 압축이 있다. 그림 21.9의 200×320픽셀 이미지를 고려해 보자. 이는 $N = 64{,}000$개 스칼라로 다룰 것이다. 각 픽셀을 나타내는 데 1바이트를 사용한다면(0~255의

두 줄 제목:
K = 2 클러스터 VQ   K = 4 클러스터 VQ   원본

(a)   (b)   (c)

그림 21.9 크기 K의 코드북으로 된 벡터 양자화를 사용해 압축한 이미지: (a) $K = 2$, (b) $K = 4$, (c) 압축되지 않은 원본 이미지. vqDemo.ipynb로 생성했다.

회색조 채도) $B = 8$이므로 이미지를 압축되지 않은 형식으로 나타내려면 $NB = 512,000$비트가 필요하다. 압축된 이미지에서는 $O(N \log_2 K)$비트가 필요하다. $K = 4$라면 이는 대략 128kb로 4배 압축한 것이지만, 지각적인 손실은 여전히 무시해도 될 정도다(그림 21.9(b) 참고).

픽셀 사이의 공간적 상관성을 모델링했다면, 즉 5×5 블록을 인코딩했다면(JPEG에서와 같이) 더 크게 압축할 수도 있었을 것이다. 그 이유는 잔차 오차(모델의 예측과의 차이)가 더 적을 것이며, 인코딩하는 데 더 적은 비트를 쓸 것이기 때문이다. 이는 데이터 압축과 밀도 추정 사이의 깊은 관계를 보여준다. 더 많은 정보는 이 책의 후속판 [Mur23]을 참고하라.

21.3.4 K 평균++ 알고리듬

K 평균은 비볼록 목적 함수를 최적화하므로 조심스럽게 초기화해야 한다. 간단한 접근법은 K개 데이터 지점을 무작위로 고르고, 이들을 μ_k를 위한 초깃값으로 사용하는 것이다. 이는 **복수의 재시작**multiple restart을 사용해 개선할 수 있다. 즉, 알고리듬을 서로 다른 무작위 시작점으로 여러 번 실행한 뒤 가장 좋은 해를 고른다. 그러나 이는 느릴 수 있다.

더 나은 접근법은 중심을 순차적으로 골라내어 데이터를 '포함하도록' 하는 것이다. 즉, 초기 지점을 균일하게 무작위로 고른 뒤, 각 후속 점을 나머지 점으로부터 가장 가까운 군집 중심점까지의 제곱 거리에 비례하는 확률로 고른다. 다시 말해 각 반복 t에서 다음번 군집 중심은 다음과 같은 확률을 갖는 x_n이 되도록 고른다.

$$p(\boldsymbol{\mu}_t = \boldsymbol{x}_n) = \frac{D_{t-1}(\boldsymbol{x}_n)}{\sum_{n'=1}^{N} D_{t-1}(\boldsymbol{x}_{n'})} \qquad (21.18)$$

여기서

$$D_t(\boldsymbol{x}) = \min_{k=1}^{t-1} \|\boldsymbol{x} - \boldsymbol{\mu}_k\|_2^2 \qquad (21.19)$$

는 $\boldsymbol{x}$의 가장 가까운 기존 중심점까지의 제곱 거리다. 따라서 중심점으로부터 멀리 떨어진 점을 고를 가능성이 더 크므로 왜곡을 줄인다. 이는 **최원점 군집화**^{farthest point clustering}[Gon85], 또는 **K 평균 ++**라 한다[AV07; Bah+12; Bac+16; BLK17; LS19a]. 놀랍게도 이러한 단순한 트릭이 재구축 오차가 최적의 것보다 절대로 $O(\log K)$ 이상으로 나빠지지 않음을 보장한다는 것을 보일 수 있다.

21.3.5 K 중위점 알고리듬

K 중위점^{K-medoids} 알고리듬이라 부르는 K 평균의 변형이 존재한다. 이는 각 군집 중심 $\boldsymbol{\mu}_k$를 데이터 예제 $\boldsymbol{x}_n \in \mathcal{X}$이 그 군집 내 다른 모든 점까지의 평균 비유사도가 최소화되도록 골라 추정한다. 이러한 점은 **중위점**^{medoid}이라 한다. 반대로 K 평균에서는 군집에 할당된 점 $\boldsymbol{x}_n \in \mathbb{R}^D$에 대해 평균을 하여 중심을 계산한다. K 중위점은 특잇값에 더 로버스트할 수 있다(그렇지만 이 이슈는 가우스 혼합 대신에 스튜던트 분포의 혼합을 사용해 다룰 수 있다). 더욱 중요한 점은, K 중위점은 평균이 잘 정의되지 않을 수도 있는, $\mathbb{R}^D$에 있지 않은 데이터에 적용할 수 있다는 것이다. K 중위점에서 알고리듬의 입력은 $N \times D$ 특성 행렬이 아닌 $N \times N$ 쌍별 거리 행렬 $D(n, n')$이다.

K 중위점을 푸는 전통적인 알고리듬은 **중위점 주변 분할**^{Partitioning Around Medoids}, 즉 **PAM** 방법 [KR87]이라 하는 것이다. 이 접근법은 각 반복마다, 모든 K개 중위점에 대해 루프를 돈다. 각 중위점 m에 대해, 각각의 비중위점 o를 고려하여, o를 m과 스왑하고, 비용(모든 점의 그들의 중위점까지의 거리의 합)을 재계산한다. 비용이 감소했다면 이 스왑을 유지한다. 이 알고리듬의 실행 시간은 T가 반복의 횟수일 때 $O(N^2KT)$이다.

[PJ09]의 **보로노이 반복**^{Voronoi iteration}법이라 하는, 더 단순하면서 빠른 방법이 존재한다. 이 접근법은 각 반복에서 K 평균과 비슷한 두 단계를 갖는다. 먼저 각 군집 k에 대해, 그 군집에 현재 할당된 모든 점 $S_k = \{n : z_n = k\}$를 찾은 뒤, m_k가 그 집합의 중위점의 인덱스가 되도록 m_k를 설정

한다(중위점을 찾으려면 모든 $|S_k|$ 후보 점을 조사하고, S_k 내 다른 모든 점까지의 거리의 합이 가장 작은 것을 고르는 것이 필요하다). 두 번째로 각 점 n에 대해, 이를 가장 가까운 중위점 $z_n = \text{argmin}_k\, D(n,\, k)$로 할당한다. 유사코드는 알고리듬 12에 주어져 있다.

알고리듬 12: K 중위점 알고리듬

---

1 $m_{1:K}$를 $\{1, \dots, N\}$으로부터 크기 K의 무작위 부분집합으로 초기화한다.
2 반복한다.
3 $\quad\big|\quad n = 1 : N$에 대해 $z_n = \text{argmin}_k\, d(n,\, m_k)$
4 $\quad\big|\quad k = 1 : K$에 대해 $m_k = \text{argmin}_{n:z_n=k} \sum_{n':z_{n'}=k} d(n,\, n')$
5 수렴할 때까지

21.3.6 가속 트릭

K 평균 군집화는 I가 반복 횟수일 때 $O(NKI)$시간이 걸리지만, 다양한 트릭을 사용해 상수 인자를 줄일 수 있다. 예를 들어, [Elk03]은 삼각부등식을 사용해 입력과 중심점 사이의 거리를 위한 하계 및 상계를 추적하는 방법을 보여준다. 이는 일부 불필요한 연산을 제거하는 데 쓰일 수 있다. 또 다른 접근법은 [Scu10]에서 제안한 미니배치 근사를 사용하는 것이다. 이는 상당히 빠를 수 있지만, 결과가 약간 더 나쁠 수 있다(그림 21.10 참고).

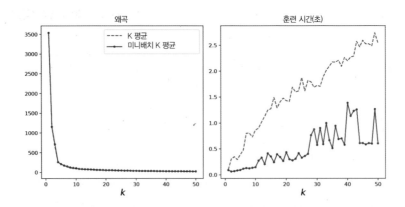

그림 21.10 배치 대 미니배치 K 평균 군집화를 그림 21.7의 2차원 데이터에서 보여준다. 왼쪽: 왜곡 대 K. 오른쪽: 훈련 시간 대 K. 출처: [Gér19]의 그림 9.6. kmeans_minibatch.ipynb로 생성했다.

21.3.7 군집의 수 *K* 선택하기

이 절은 K 평균 알고리듬 및 다른 연관된 방법에서 군집의 수 *K*를 선택하는 방법을 논의한다.

21.3.7.1 왜곡 최소화하기

우리의 지도 학습 경험에 근거한 *K*를 고르는 자연스러운 선택지는, 다음으로 정의된 검증 집합에서의 재구축 오차를 최소화하는 값을 선택하는 것이다.

$$\mathrm{err}(\mathcal{D}_{\mathrm{valid}}, K) = \frac{1}{|\mathcal{D}_{\mathrm{valid}}|} \sum_{n \in \mathcal{D}_{\mathrm{valid}}} ||\boldsymbol{x}_n - \hat{\boldsymbol{x}}_n||_2^2 \tag{21.20}$$

여기서 $\hat{\boldsymbol{x}}_n = \mathrm{decode}(\mathrm{encode}(\boldsymbol{x}_n))$은 $\boldsymbol{x}_n$의 재구축이다.

안타깝게도 이 기법은 동작하지 않을 것이다. 그림 21.11(a)에서 볼 수 있듯이, 정말로 왜곡이 *K*와 함께 단조 감소한다. 왜 그런지 이해하려면, K 평균 모델은 $\boldsymbol{\mu}_k$ 중심에서 *K*개의 '솟구침^{spike}'으로 되어 있는 퇴화 밀도 모델임을 주지하라. *K*가 커짐에 따라 더 많은 입력 공간을 '포함'하게 된다. 따라서 지도 학습과는 다르게, 재구축 오차는 검증 집합에서 가장 좋은 비지도 모델을 선택하는 방법으로 사용할 수 없다(이 문구는 PCA를 위한 차원성을 고를 때도 적용된다. 20.1.4절 참고).

21.3.7.2 주변 가능도 최대화

21.4.1절에서 설명하듯이, 사용 가능한 방법으로는 GMM과 같은 적절한 확률적 모델을 쓰는 것

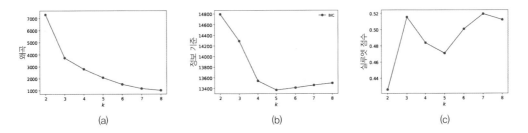

(a) (b) (c)

그림 21.11 K 평균의 성능 그리고 GMM 대 K를 그림 21.7의 2차원 데이터셋에서 보여준다. (a) 검증 집합에서 왜곡 대 *K*. kmeans_silhouette.ipynb로 생성했다. (b) BIC 대 *K*. gmm_2d.ipynb로 생성했다. (c) 실루엣 점수 대 *K*. kmeans_silhouette.ipynb로 생성했다.

이다. 그 뒤 데이터의 로그 주변 가능도^{LML, Log Marginal Likelihood}를 사용해 모델 선택을 수행한다.

LML은 5.2.5.1절에서 논의한 BIC 점수를 사용해 근사할 수 있다. 식 (5.59)로부터 다음과 같다.

$$\text{BIC}(K) = \log p(\mathcal{D}|\hat{\boldsymbol{\theta}}_k) - \frac{D_K}{2}\log(N) \tag{21.21}$$

여기서 D_K는 군집이 K개인 모델의 모수의 개수이며, $\hat{\boldsymbol{\theta}}_K$는 MLE이다. 그림 21.11(b)에서 이것이 불이익이 감소한 뒤 증가하는, 통상적인 U 모양 곡선을 나타냄을 볼 수 있다.

이것이 동작하는 이유는 각 군집이 퇴화적인 솟구침이 되는 대신에, 입력 공간의 부피를 채우는 가우스 분포와 연관이 된다는 점 때문이다. 분포의 참인 상태를 포함하는 충분한 군집을 가지면, 베이즈 오컴의 면도날(5.2.3절)이 발동되고, 불필요한 복잡함을 위해 모델에 불이익을 주기 시작한다.

혼합 모델을 위한 베이즈 모델 선택에 관한 더 많은 논의는 21.4.1.3절을 참고하라.

21.3.7.3 실루엣 계수

이 절에서는 K 평균 군집화 모델에서 군집의 개수를 고르는 일반적인 휴리스틱 방법을 설명한다. 이는 (타원이 아닌) 구 모양의 군집에 동작하도록 디자인되어 있다. 먼저 인스턴스 i의 **실루엣 계수**^{silhouette coefficient}가 $sc(i) = (b_i - a_i)/\max(a_i, b_i)$가 되도록 정의하며, a_i는 군집 $k_i = \text{argmin}_k \|\boldsymbol{\mu}_k - \boldsymbol{x}_i\|$ 내 다른 인스턴스까지의 평균 거리이고, b_i는 다음으로 가까운 군집 $k_i' = \text{argmin}_{k \neq k_i} \|\boldsymbol{\mu}_k - \boldsymbol{x}_i\|$ 내 다른 인스턴스까지의 평균 거리다. 따라서 a_i는 i번째 군집의 컴팩트성을 측정하며, b_i는 군집 사이의 거리를 측정한다. 실루엣 계수는 −1과 +1 사이에서 변한다. 값이 +1이면 인스턴스가 그 군집 내 모든 멤버와 가까우며, 다른 군집과는 멀다는 것을 뜻한다. 값이 0이면 군집 경계에 가깝다는 것을 뜻한다. 값이 −1이면 잘못된 군집 내에 있을 수 있음을 뜻한다. 군집화 K의 실루엣 점수는 모든 인스턴스의 평균 실루엣 계수가 되도록 정의한다.

그림 21.11(a)에서 그림 21.7의 데이터를 위한 왜곡 대 K를 그리고 있다. 위에서 설명하듯이, 이는 K와 함께 단조적으로 낮아진다. 곡선에 K = 3에서 약간의 '뒤틀림'^{kink}' 또는 '팔꿈치'^{elbow}' 모양이 있지만 찾기가 쉽지 않다. 그림 21.11(c)에서 실루엣 점수 대 K를 보여준다. 이제 K = 3에서 더욱 현저한 고점을 볼 수 있지만, K = 7도 그만큼 좋아 보인다. 이들 군집을 비교하는 그림 21.12를 참고하라.

단지 평균 점수만이 아닌, 개별 실루엣 계수를 살펴보면 도움이 될 수 있다. 이들은 **실루엣 다이어**

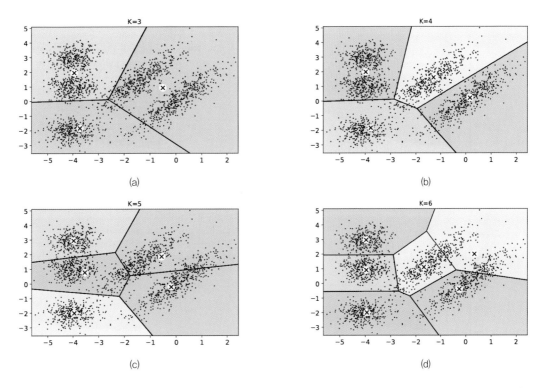

그림silhouette diagram에 그릴 수 있으며, 그림 21.13이 보여준다. 여기서 색깔이 있는 각 영역은 서로
다른 군집에 해당한다. 점으로 된 수직선은 평균 계수다. 이 선에서 좌측에 점이 많은 군집은 품질
이 낮을 가능성이 있다. 또한 실루엣 다이어그램을 사용해, 데이터가 2차원이 아니더라도 각 군집
의 크기를 보는 데 사용할 수 있다.

21.3.7.4 혼합 성분의 개수를 증가적으로 키우기

최적의 *K*를 검색하는 대안은 GMM을 증가적으로 '키우는' 것이다. 작은 *K* 값으로 시작하고, 각
훈련 라운드 후에 가장 높은 혼합 가중치를 갖는 군집을, 새로운 중심점이 원본 중심점의 무작위 섭
동이 되도록 그리고 새로운 점수가 오래된 점수의 절반이 되도록 2개로 나누는 것을 고려할 수 있
다. 새로운 군집의 점수가 너무 낮거나 혹은 분산이 너무 좁다면 이는 제거된다. 이러한 방식으로

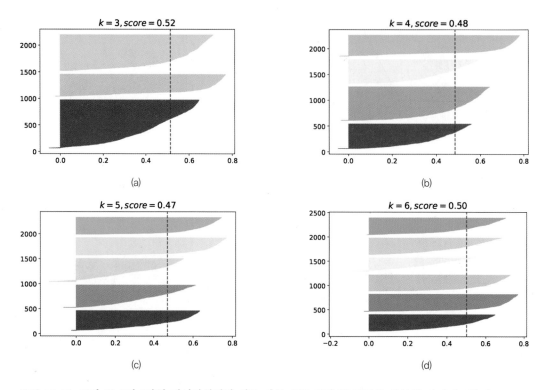

그림 21.13 그림 21.7의 2차원 데이터셋에서 서로 다른 *K*를 위한 K 평균의 실루엣 다이어그램. kmeans_silhouette.ipynb로 생성했다.

원하는 숫자의 군집에 도달할 때까지 계속한다. 자세한 내용은 [FJ02]를 참고하라.

21.3.7.5 희박 추정 방법

또 다른 접근법은 *K*의 큰 값을 고른 뒤, 어떠한 종류의 희박 부추김 사전 분포 또는 변분 베이즈와 같은 추론 방법을 사용해 불필요한 혼합 성분을 '꺼버리는' 것이다. 자세한 내용은 후속판 [Mur23]을 참고하라.

21.4 혼합 모델을 사용한 군집화

지금까지 어떻게 K 평균 알고리듬을 사용해 $\mathbb{R}^D$에서 데이터 벡터를 군집화할 수 있는지 봤다. 그러나 이 방법은 모든 군집이 같은 구 모양을 갖는다고 가정하며, 이는 매우 제한적인 가정이다. 게다가 K 평균은 모든 군집을 입력 공간 내 가우스를 통해 설명할 수 있다고 가정하므로 이산적인 데이터에는 적용할 수 없다. 아래에서 보여주듯이 혼합 모델(3.5절)을 사용함으로써 이러한 문제 모두를 극복할 수 있다.

21.4.1 가우스 혼합

3.5.1절에서 살펴봤듯이 가우스 혼합 모델GMM, Gaussian Mixture Model이 다음 형식의 모델임을 상기하라.

$$p(\boldsymbol{x}|\boldsymbol{\theta}) = \sum_{k=1}^{K} \pi_k \mathcal{N}(\boldsymbol{x}|\boldsymbol{\mu}_k, \boldsymbol{\Sigma}_k) \tag{21.22}$$

모델 모수 $\boldsymbol{\theta} = (\boldsymbol{\pi}, \{\boldsymbol{\mu}_k, \boldsymbol{\Sigma}_k\})$를 안다면, 베이즈 규칙을 사용해 군집 k의 데이터 지점 $\boldsymbol{x}_n$을 위한 책임도(사후 멤버십 확률)를 계산할 수 있다.

$$r_{nk} \triangleq p(z_n = k|\boldsymbol{x}_n, \boldsymbol{\theta}) = \frac{p(z_n = k|\boldsymbol{\theta})p(\boldsymbol{x}_n|z_n = k, \boldsymbol{\theta})}{\sum_{k'=1}^{K} p(z_n = k'|\boldsymbol{\theta})p(\boldsymbol{x}_n|z_n = k', \boldsymbol{\theta})} \tag{21.23}$$

책임도가 주어지면, 가장 가능성 있는 군집 할당을 다음과 같이 계산할 수 있다.

$$\hat{z}_n = \arg\max_k r_{nk} = \arg\max_k \left[\log p(\boldsymbol{x}_n|z_n = k, \boldsymbol{\theta}) + \log p(z_n = k|\boldsymbol{\theta})\right] \tag{21.24}$$

이는 **딱딱한 군집화**hard clustering라 한다.

21.4.1.1 K 평균은 EM의 특별한 경우다

GMM의 모수는 EM 알고리듬(8.7.3절)을 사용해 추정할 수 있다. 알고 보면 K 평균 알고리듬은 다음의 두 가지 근사를 하는 이 알고리듬의 특별한 경우다. 모든 군집에 대해 $\boldsymbol{\Sigma}_k = \mathbf{I}$와 $\pi_k = 1/K$를 고정하고(따라서 평균 $\boldsymbol{\mu}_k$를 추정하기만 하면 된다), 부드러운 책임도를 딱딱한 군집 할당으로 바꿈으로써

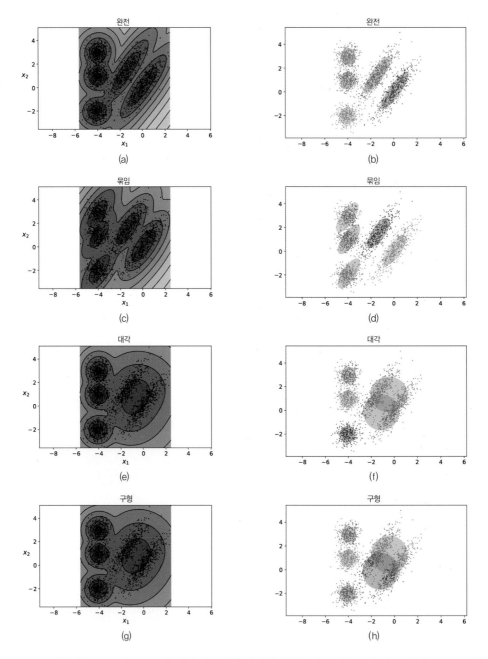

그림 21.14 성분이 $K = 5$인 GMM을 사용한 2차원 데이터 적합. 왼쪽 열: 주변 분포 $p(\boldsymbol{x})$. 오른쪽 열: 각 혼합 분포 그리고 점에 대한 가장 가능성 있는 군집으로의 딱딱한 할당을 시각화한 것. (a)~(b) 완전 공분산, (c)~(d) 묶인(tied) 완전 공분산, (e)~(f) 대각 공분산, (g)~(h) 구 모양 공분산. 색깔 코딩은 임의적으로 되어 있다. gmm_2d.ipynb로 생성했다.

E단계를 근사한다. 즉, 부드러운 책임도 $r_{nk} = p(z_n = k \,|\, \boldsymbol{x}_n, \boldsymbol{\theta})$를 사용하는 대신에 $z_n^* = \mathrm{argmax}_k$ r_{nk}를 계산하고 $r_{nk} \approx \mathbb{I}(k = z_n^*)$이라 둔다. 이러한 근사를 통해, M단계의 식 (8.165)에서의 가중된 MLE 문제는 식 (21.14)로 축소되므로 K 평균을 다시 얻는다.

그러나 모든 군집이 같은 구 모양을 갖는다는 가정은 매우 제한적이다. 예를 들어, 그림 21.14는 어떠한 2차원 데이터에서 서로 다른 모양의 공분산 행렬을 사용해 유도한 주변 밀도 및 군집화를 보여준다. 이러한 특정한 데이터셋의 모델링은 몇몇 군집(상단 행)을 위한 대각 외^{off-diagonal} 공분산을 포착하는 능력을 필요로 함을 볼 수 있다.

21.4.1.2 비식별 가능성 및 라벨 스위칭

혼합 모델에서 가능도를 바꾸지 않고 라벨을 자유롭게 치환할 수 있음을 주지하라. 이는 **라벨 스위칭 문제**^{label switching problem}라 부르며, **모수의 비식별 가능성**^{non-identifiability}에 대한 예시가 된다. 이는 모수에 대해 사후 추론을 수행하고자 할 때(MLE 또는 MAP 추정값을 계산하기만 할 때와 반대로) 문제가 될 수 있다. 예를 들어, 그림 21.15의 데이터에 HMC를 사용해 $K = 2$인 GMM을 적합시킨다고 해보자. 평균에 대한 사후 분포 $p(\mu_1, \mu_2 | \mathcal{D})$는 그림 21.16(a)에서 보여준다. 각 성분의 주변 사후 분포 $p(\mu_k | \mathcal{D})$는 양봉^{bimodal}이다. 이는 데이터를 위한 두 가지의 동일하게 좋은 설명, $\mu_1 \approx 47$이고 $\mu_2 \approx 57$이거나 혹은 그 반대인 둘 중 하나라는 사실을 반영한다.

대칭성을 깨기 위해 중심에 **순서 제약**^{ordering constraint}을 추가할 수 있으며, 따라서 $\mu_1 < \mu_2$가 된다. 이는 제약을 위반하면 목적 함수에 불이익 또는 잠재 함수^{potential function}를 추가하여 할 수 있다. 더 정확하게 말하자면, 불이익화 로그 결합^{penalized log joint} 분포는 다음이 된다.

$$\ell'(\boldsymbol{\theta}) = \log p(\mathcal{D} | \boldsymbol{\theta}) + \log p(\boldsymbol{\theta}) + \phi(\boldsymbol{\mu}) \tag{21.25}$$

여기서

$$\phi(\boldsymbol{\mu}) = \begin{cases} -\infty & \mu_1 < \mu_0 \text{인 경우} \\ 0 & \text{그 외} \end{cases} \tag{21.26}$$

이는 그림 21.16(b)가 보여주듯이 원하는 효과를 갖는다.

더 일반적인 접근법은 모수에 변환을 적용하여 식별 가능성을 보장하는 것이다. 즉, 제안으로부터 모수 $\boldsymbol{\theta}$를 표집한 뒤, 로그 결합 $\log p(\mathcal{D}, \boldsymbol{\theta}')$을 계산하기 전에 이들에 가역 변환 $\boldsymbol{\theta}' = f(\boldsymbol{\theta})$를

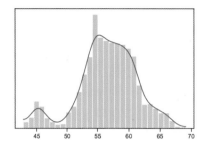

그림 21.15 어떠한 1차원 데이터에 커널 밀도 추정값을 덧씌워 그린 것. 출처: [Mar18]의 그림 6.2. gmm_identifiability_pymc3.ipynb로 생성했다.

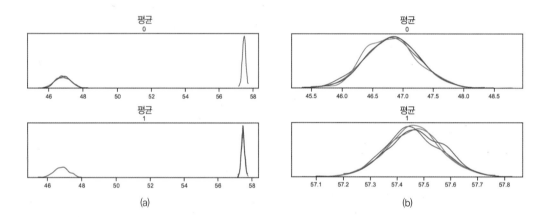

그림 21.16 GMM의 모수를 위해 사후 추론을 수행할 때 라벨 스위칭 문제를 보여준다. 4개의 HMC 체인으로부터의 1000개 표본에서 유도한 사후 주변 분포의 KDE 추정을 보여준다. (a) 비제약 모델. 사후 분포가 대칭이다. (b) 제약된 모델로, $\mu_0 < \mu_1$이 되도록 불이익을 추가한다. 출처: [Mar18]의 그림 6.6 ~ 그림 6.7. gmm_identifiability_pymc3.ipynb로 생성했다.

적용한다. 변수의 변화를 감안하려면(2.8.3절) 야코비 행렬식의 로그를 더한다. 단지 입력을 정렬하기만 하는 1차원 순서 변환의 경우, 야코비 행렬식은 1이므로, log-det-Jacobian 항은 사라진다.

안타깝게도 이 접근법은 1차원 문제 이상으로 스케일링하지 못한다. 왜냐하면 중심 μ_k에 순서 제약을 강제할 명백한 방법이 없기 때문이다.

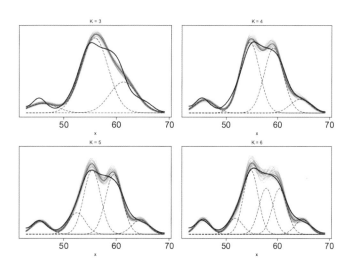

그림 21.17 GMM을 그림 21.15의 데이터에 서로 다른 개수의 군집 K로 적합시키고 있다. 검은색 실선은 KDE 적합이다. 파란색 실선은 사후 평균이다. 희미한 파란색 선은 사후 표본이다. 점선은 개별 가우스 혼합 성분을 보여준다. 이는 이들의 사후 평균 모수를 집어넣어 값매김했다. 출처: [Mar18]의 그림 6.8. gmm_chooseK_pymc3.ipynb로 생성했다.

21.4.1.3 베이즈 모델 선택

식별 가능성을 보장할 믿을 만한 방법이 있다면, 5.2.2절의 베이즈 모델 선택 기법을 사용해 군집 K의 수를 선택할 수 있다. 그림 21.15의 데이터에 $K = 3 - 6$ 성분을 갖는 GMM을 적합시킨 결과를 그림 21.17에서 보여준다. 평균에 순서 변환을 사용하고, HMC를 사용해 추론을 수행한다. 결과 GMM 모델 적합을, 데이터를 자주 과대 평활화하는 커널 밀도 추정의 적합(16.3절)과 비교한다. 서로 다른 부분 모집단에 해당하는, 튀어나온 두 부분에 대한 꽤 강한 증거를 볼 수 있다.

이들 모델은 로그 주변 가능도의 근사인 WAIC(널리 적용 가능한 정보 기준^{Widely Applicable Information} ^{Criterion}) 점수를 계산하여 더욱 계량적으로 비교할 수 있다 더 자세한 내용은 [Wat10; Wat13; VGG17]을 참고하라. 결과는 그림 21.18에서 보여준다(이러한 종류의 시각화는 [McE20, p228]에서 제안했다). $K = 6$인 모델의 점수가 다른 모델보다 상당히 높지만, $K = 5$는 이에 가까운 두 번째임을 볼 수 있다. 이는 그림 21.17의 도표와 일치한다.

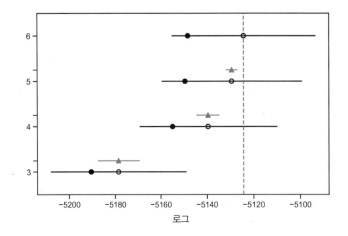

그림 21.18 서로 다른 GMM을 위한 WAIC 점수. 속이 빈 원은 각 모델을 위한 사후 평균 WAIC 점수이며, 검은색 선은 평균의 표준편차를 보여준다. 검은색 원은 각 모델의 표본 내(in-sample) 이탈도, 즉 불이익화되지 않은 로그 가능도다. 수직의 쇄선은 최대 WAIC 값에 해당한다. 회색 삼각형은 가장 좋은 모델과 비교한 그 모델의 WAIC 점수 차이다. 출처: [Mar18]의 그림 6.10. gmm_chooseK_pymc3.ipynb로 생성했다.

21.4.2 베르누이 혼합

3.5.2절에서 논의했듯이, 베르누이 혼합을 사용해 이항 데이터를 군집화할 수 있다. 모델은 다음의 형식을 갖는다.

$$p(\boldsymbol{y}|z=k,\boldsymbol{\theta}) = \prod_{d=1}^{D} \text{Ber}(y_d|\mu_{dk}) = \prod_{d=1}^{D} \mu_{dk}^{y_d}(1-\mu_{dk})^{1-y_d} \tag{21.27}$$

여기서 μ_{dk}는 비트 d가 군집 k에서 켜질 확률이다. 이 모델은 EM, SGD, MCMC 등으로 적합시킬 수 있다. 예시로 몇몇 이항화된 MNIST 숫자를 군집화하는 그림 3.13을 참고하라.

21.5 스펙트럼 군집화*

이 절에서는 쌍별 유사도 행렬의 고윳값 분석에 기반하여 군집화를 하는 접근법을 논의한다. 이는 고유벡터를 사용해 각 데이터 지점을 위한 특성 벡터를 유도하며, 그런 다음 K 평균(21.3절)과 같은 특성 기반 군집화 방법을 사용해 군집화한다. 이는 **스펙트럼 군집화**^{spectral clustering}라 한다[SM00; Lux07].

21.5.1 정규화 절단

먼저 가중된 비방향 그래프 $\mathbf{W}$를 만드는 것으로 시작한다. 이때 각 데이터 벡터는 노드이며, $i-j$ 에지의 강도는 유사도의 측정치다. 통상적으로 노드는 가장 유사한 이웃에만 연결을 하여 그래프가 희박하도록 한다. 이는 계산 속도를 높인다.

목표는 유사한 점의 K개 군집을 찾는 것이다. 즉, 어떠한 종류의 비용을 최소화하도록 노드의 $S_1, \ldots, S_K$ 서로소 집합으로의 그래프 분할을 찾고자 한다.

비용 함수에서의 첫 번째 시도는 각 군집 내 노드에서 각 군집 바깥 노드 사이의 연결의 가중치를 계산하는 것이다.

$$\text{cut}(S_1, \ldots, S_K) \triangleq \frac{1}{2} \sum_{k=1}^{K} W(S_k, \overline{S}_k) \tag{21.28}$$

여기서 $W(A, B) \triangleq \sum_{i \in A, j \in B} w_{ij}$이고 $\overline{S}_k = V \setminus S_k$는 $V = \{1, \ldots, N\}$일 때 S_k의 여^{complement}다.

안타깝게도 이에 대한 최적 해는 단지 하나의 노드를 나머지로부터 분할하는 것인 경우가 많다. 왜냐하면 이것이 절단의 가중치를 최소화하기 때문이다. 이를 피하기 위해, 각 집합의 크기로 나눠, **정규화 절단**^{normalized cut}이라 하는 다음의 목적 함수를 얻을 수 있다.

$$\text{Ncut}(S_1, \ldots, S_K) \triangleq \frac{1}{2} \sum_{k=1}^{K} \frac{\text{cut}(S_k, \overline{S}_k)}{\text{vol}(S_k)} \tag{21.29}$$

여기서 $\text{vol}(A) \triangleq \sum_{i \in A} d_i$는 집합 A의 전체 가중치이며, $d_i = \sum_{j=1}^{N} w_{ij}$는 노드 i의 가중된 차수다. 이는 각 군집 내 노드가 서로 비슷하지만 다른 군집 내 노드와는 다르도록 그래프를 K개 군집으로 분할한다.

이 Ncut 문제는 위의 목적 함수를 최소화하는 이항 벡터 $c_i \in \{0, 1\}^N$를 검색한다는 측면에서 형식화할 수 있다. 이때 점 i가 오직 군집 k에 속한다면(iff) $c_{ik} = 1$이다. 안타깝게도 이는 NP 난해 문제다[WW93]. 다음 절에서는 더 풀기 쉬운 고유벡터 방법에 기반한, 연속형의 완화된 문제를 논의한다.

21.5.2 군집화를 인코딩하는 그래프 라플라스의 고유벡터

20.4.9.2절에서 $\mathbf{L} \triangleq \mathbf{D} - \mathbf{W}$로 정의되는 그래프 라플라스를 논의했다. 여기서 $\mathbf{W}$는 그래프를 위한 대칭 가중치 행렬이고, $\mathbf{D} = \mathrm{diag}(d_i)$는 각 노드 $d_i = \sum_j w_{ij}$의 가중된 차수를 포함하는 대각행렬이다. 왜 $\mathbf{L}$이 그래프 기반 군집화에 유용할 수 있는지 직관을 얻기 위해, 다음의 결과를 주지해 보라.

정리 21.5.1 $\mathbf{L}$의 고윳값이 0인 고유벡터는 지시자 벡터indicator vector $\mathbf{1}_{S_1}, \ldots, \mathbf{1}_{S_K}$가 스팬한다. 여기서 S_k는 그래프에서 K개의 연결된 성분이다.

증명 $K = 1$인 경우로 시작해 보자. $\boldsymbol{f}$가 고윳값이 0인 고유벡터라면, $0 = \sum_{ij} w_{ij}(f_i - f_j)^2$이다. 두 노드가 연결되어 있다면, 따라서 $w_{ij} > 0$이라면 반드시 $f_i = f_j$여야 한다. 따라서 $\boldsymbol{f}$는 그래프 내 경로로 연결된 모든 정점에 대해 상수다. 이제 $K > 1$이라 해보자. 이 경우 $\mathbf{L}$은 블록 대각일 것이다. 위와 비슷한 주장을 통해, 연결된 성분을 '골라 내는' K개의 지시자 함수가 있을 것임을 보여 준다. ∎

이는 다음의 군집화 알고리듬을 제안해 준다. $\mathbf{L}$의 고유벡터 및 값을 계산하고, $\mathbf{U}$가 열에 고윳값이 가장 작은 K개 고유벡터가 있는 $N \times K$ 행렬이라 하자(이러한 '하단bottom' 고유벡터를 빠르게 계산하는 방법은 [YHJ09]에서 논의한다). $\boldsymbol{u}_i \in \mathbb{R}^K$가 $\mathbf{U}$의 i번째 행이라 하자. 이들 $\boldsymbol{u}_i$가 조각별 상수일 것이므로, K 평균 군집화(21.3절)를 사용해 연결된 성분을 다시 얻을 수 있다(벡터 $\boldsymbol{u}_i$는 20.4.9절에서 논의한 라플라스 고유맵으로 계산한 것과 같음을 주지하라).

현실 데이터는 이러한 깨끗한 블록 구조를 보이지 않을 수도 있지만, 섭동 이론으로부터의 결과를 사용해 '섭동된' 라플라스의 고유벡터가 이러한 이상적인 지시자 함수와 가까울 것임을 보일 수 있다[NJW01].

실제로는 몇몇 노드가 다른 것보다 더욱 크게 연결되어 있다는 사실을 반영하기 위해, 그래프 라플라스를 정규화하는 것이 중요하다. 이를 하는 한 가지 방법은 ([NJW01]에서 제안한) 대칭 행렬을 만드는 것이다.

$$\mathbf{L}_{sym} \triangleq \mathbf{D}^{-\frac{1}{2}} \mathbf{L} \mathbf{D}^{-\frac{1}{2}} = \mathbf{I} - \mathbf{D}^{-\frac{1}{2}} \mathbf{W} \mathbf{D}^{-\frac{1}{2}} \tag{21.30}$$

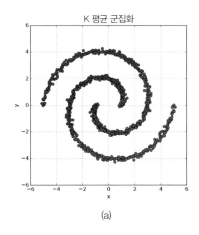
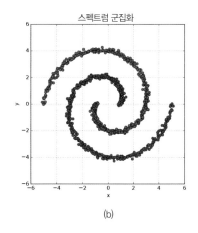

그림 21.19 어떠한 데이터의 군집화 결과: (a) K 평균, (b) 스펙트럼 군집화. spectral_clustering_demo. ipynb로 생성했다.

이번에는 0의 고유공간을 $\mathbf{D}^{\frac{1}{2}}\mathbf{1}_{S_k}$로 스팬한다. 이는 다음의 알고리듬을 제안해 준다. $\mathbf{L}_{sym}$의 가장 작은 K개 고유벡터를 찾고, 이들을 행렬 $\mathbf{U}$에 쌓고, 각 행을 단위 노름으로 정규화하여 $t_{ij} = u_{ij}/\sqrt{(\sum_k u_{ik}^2)}$을 만들어 행렬 $\mathbf{T}$를 만들고, K 평균을 사용해 $\mathbf{T}$의 행을 군집화한 뒤, 원본 지점의 분할을 추론한다.

21.5.3 예시

그림 21.19는 방법이 동작하는 것을 보여준다. 그림 21.19(a)에서 K 평균이 암묵적으로 각 군집이 구 모양의 가우스에 해당한다고 가정하므로, 군집화를 잘하지 못하는 것을 볼 수 있다. 다음으로 스펙트럼 군집화를 시도한다. 가우스 커널을 사용해 밀집 유사도 행렬 $\mathbf{W}$, $W_{ij} = \exp(-\frac{1}{2\sigma^2}||\boldsymbol{x}_i - \boldsymbol{x}_j||_2^2)$를 계산한다. 그 뒤 정규화 라플라스의 처음 2개의 고유벡터를 계산한다. 이로부터 $K = 2$인 K 평균을 사용해 군집화를 추론할 수 있다. 결과는 그림 21.19(b)가 보여준다.

21.5.4 다른 방법과의 연결점

스펙트럼 군집화는 비지도 학습을 위한 다른 방법들과 긴밀하게 관련되어 있는데, 그중 몇 가지를 여기에서 논의한다.

21.5.4.1 kPCA와의 연결점

스펙트럼 군집화는 커널 PCA(20.4.6절)와 밀접하게 관련되어 있다. 특히 kPCA는 $\mathbf{W}$의 가장 큰 고유벡터들을 사용한다. 이들은 $\mathbf{I} - \mathbf{W}$의 가장 작은 고유벡터와 동등하다. 이는 $\mathbf{L} = \mathbf{D} - \mathbf{W}$의 가장 작은 고유벡터를 계산하는 위의 방법과 유사하다. 자세한 내용은 [Ben+04a]를 참고하라. 실제로 스펙트럼 군집화는 kPCA보다 더 나은 결과를 주는 경향이 있다.

21.5.4.2 랜덤 워크 분석과의 연결점

실제로는 정규화된 그래프 라플라스의 고유벡터를 계산하여 더 나은 결과를 얻는다. [SM00; Mei01]에서 사용한, 그래프 라플라스를 정규화하는 한 가지 방법은 다음을 정의하는 것이다.

$$\mathbf{L}_{rw} \triangleq \mathbf{D}^{-1}\mathbf{L} = \mathbf{I} - \mathbf{D}^{-1}\mathbf{W} \tag{21.31}$$

$\mathbf{L}_{rw}$에 대해, 0의 고유공간을 또다시 지시자 벡터 $\mathbf{1}_{S_k}$로 스팬함을 보일 수 있으므로[Lux07], K개의 가장 작은 고유벡터 $\mathbf{U}$에 군집화를 직접 수행할 수 있다.

이 접근법과 그래프에서의 랜덤 워크 사이에 흥미로운 연결점이 존재한다. 먼저 $\mathbf{P} = \mathbf{D}^{-1}\mathbf{W} = \mathbf{I} - \mathbf{L}_{rw}$가, $p_{ij} = w_{ij}/d_i$를 i에서 j로 가는 확률로 해석할 수 있는 확률적 행렬임을 주지하라. 그래프가 연결되어 있으며 양분화되지 않는다면, 이는 고유한 정상 분포^{stationary distribution} $\pi = (\pi_1, \dots, \pi_N)$을 갖는다. 여기서 $\pi_i = d_i/\text{vol}(V)$이며, $\text{vol}(V) = \sum_i d_i$는 모든 노드 차수의 합이다. 게다가 크기가 2인 분할에서 다음을 보일 수 있다.

$$\text{Ncut}(S, \overline{S}) = p(\overline{S}|S) + p(S|\overline{S}) \tag{21.32}$$

이는 우리가, 랜덤 워크가 비슷한 점으로 전이를 하는 데 더 많은 시간이 걸리면서 S에서 $\overline{S}$로의 전이를 거의 하지 않거나, 아니면 그 반대가 되도록 하는 절단을 찾고 있음을 뜻한다. 이러한 분석은 $K > 2$로 확장될 수 있다. 자세한 내용은 [Mei01]을 참고하라.

21.6 이중군집화*

몇몇 경우 데이터 행렬 $\mathbf{X} \in \mathbb{R}^{N_r \times N_c}$가 있으며, 행 '그리고' 열을 군집화하기를 원할 수 있다. 이는 이중군집화^{biclustering} 또는 **공동군집화**^{coclustering}라 한다. 이는 행이 유전자를, 그리고 열이 조건을 나타내는 경우가 많은 바이오정보학에서 널리 쓰인다. 또한 행이 사용자를, 열은 영화를 나타내는 협업 필터링에서도 쓰일 수 있다.

이중군집화의 다양한 애드혹 방법이 제안되어 왔다. 리뷰는 [MO04]를 참고하라. 21.6.1절에서 잠재 군집 아이디^{id}를 각 행에, 다른 잠재 군집 아이디는 각 열에 할당하는 단순한 확률적 생성 모델을 보여준다. 21.6.2절에서 이를 각 행이 복수의 군집에 속할 수 있는 경우로 확장한다. 이는 객체(행)의 서로 다른 그룹을 정의하는 데 특성(열)의 어떤 그룹을 선택하는지에 의존한다.

21.6.1 기본적인 이중군집화

여기서는 [Kem+06]에 기반하여 이중군집화를 위한 단순한 확률적 생성 모델을 제시한다(또한 관련된 접근법은 [SMM03]을 참고하라). 각 행과 각 열을 잠재 지시자 $u_i \in \{1, ..., N_u\}$, $v_j \in \{1, ..., N_v\}$로 연관시키는 것이 아이디어이며, 여기서 N_u는 행 군집의 수, N_v는 열 군집의 수다. 그 뒤 다음의 생성 모델을 사용한다.

$$p(\mathbf{U}) = \prod_{i=1}^{N_r} \text{Unif}(u_i | \{1, \ldots, N_u\}) \tag{21.33}$$

$$p(\mathbf{V}) = \prod_{j=1}^{N_c} \text{Cat}(v_j | \{1, \ldots, N_v\}) \tag{21.34}$$

$$p(\mathbf{X} | \mathbf{U}, \mathbf{V}, \boldsymbol{\theta}) = \prod_{i=1}^{N_r} \prod_{j=1}^{N_c} p(X_{ij} | \boldsymbol{\theta}_{u_i, v_j}) \tag{21.35}$$

여기서 $\boldsymbol{\theta}_{a,b}$는 행 군집 a와 열 군집 b를 위한 모수다.

그림 21.20은 단순한 예시를 보여준다. $i = 1:50$이고 $j = 1:85$일 때 오직 동물 i가 특성 j를 갖는다면(iff) $X_{ij} = 1$이다. 동물은 고래, 곰, 말 등을 나타낸다. 특성은 서식지(정글, 나무, 해안가), 또는 해부학적 속성(이빨이 있는지, 네발인지), 아니면 행위적 속성(수영을 함, 고기를 먹음) 등이다. 해당 방법은 12개 동물 군집과 33개 특성 군집을 발견했다([Kem+06]은 군집의 수를 추론하기 위해 베이즈 비모수적 방법을 사용한다). 예를 들어 O2 군집은 {영양, 말, 기린, 얼룩말, 사슴}이며, 이는 특성 군집 F2 = {말굽, 목이 긴, 뿔} 그리고 F6 = {걸음, 네발, 육지}로 특징화되는 한편, O4 군집은 {하마, 코끼리,

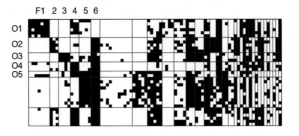

	F1	2	3	4	5	6
O1						
O2						
O3						
O4						
O5						

O1 killer whale, blue whale, humpback, seal, walrus, dolphin
O2 antelope, horse, giraffe, zebra, deer
O3 monkey, gorilla, chimp
O4 hippo, elephant, rhino
O5 grizzly bear, polar bear

F1 flippers, strain teeth, swims, arctic, coastal, ocean, water
F2 hooves, long neck, horns
F3 hands, bipedal, jungle, tree
F4 bulbous body shape, slow, inactive
F5 meat teeth, eats meat, hunter, fierce
F6 walks, quadrapedal, ground

그림 21.20 이중군집화. 12개 유기체 군집 중 5개를, 그리고 33개 특성 군집 중 6개를 보여준다. 원본 데이터 행렬은 발견된 군집을 따라 분할되어 있다. 출처: [Kem+06]의 그림 3. 찰스 켐프(Charles Kemp)가 친절하게 사용을 허가했다.

코뿔소}이며, 이는 특성 군집 F4 = {둥근 몸 모양, 느림, 비활동적} 그리고 F6에 의해 특징화된다.

21.6.2 중첩 분할 모델(crosscat)

기본 이중군집화(21.6.1절)의 문제는 각 객체(행)가 하나의 군집에만 속할 수 있다는 점이다. 직관적으로 한 객체는 복수의 역할을 가질 수 있으며, 특성의 어떤 부분집합을 사용하는지에 따라 서로 다른 군집에 할당될 수 있다. 예를 들어 동물 데이터셋에서 동물을 해부학적 특성 기준으로(예를 들어 포유류는 온혈이며, 파충류는 그렇지 않다), 또는 행위적 특성 기준으로(예를 들어 포식자 대 피식자) 그룹화하기를 원할 수도 있다.

이제 이러한 현상을 포착할 수 있는 모델을 제시한다. 방법은 예시로 보여준다. 6×6 행렬이 있으며, $N_u = 2$행 군집과 $N_v = 3$열 군집이 있다고 해보자. 추가로 잠재적인 열 할당이 $v = [1, 1, 2, 3, 3, 3]$과 같다고 해보자. 이는 열 1과 2는 그룹 1에, 3은 그룹 2에, 4~6은 그룹 3에 넣음을 뜻한다. 그룹 1로 군집화된 열을 위해서는 행을 다음과 같이 $u_{:,1} = [1, 1, 1, 2, 2, 2]$로 군집화한다. 그룹 2로 군집화된 열을 위해서는 행을 다음과 같이 $u_{:,2} = [1, 1, 2, 2, 2, 2]$로 군집화한다. 그룹 3으로 군집화된 열을 위해서는 행을 다음과 같이 $u_{:,3} = [1, 1, 1, 1, 1, 2]$로 군집화한다. 결과 분할은 그림 21.21(b)가 보여준다. 행의 군집화가 우리가 열의 어떤 그룹에 집중할지를 선택하는지에 의존함을 볼 수 있다.

형식적으로는 다음과 같이 모델을 정의할 수 있다.

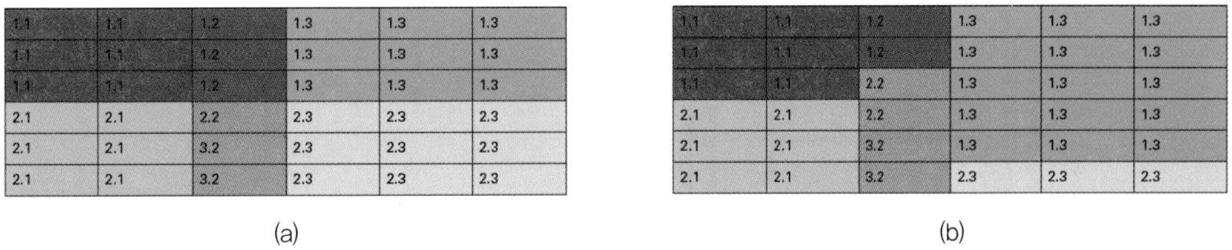

(a)   (b)

그림 21.21 (a) 이중군집화의 예시. 각 행은 고유한 군집에 할당되며, 각 열은 고유한 군집에 할당된다. (b) 중첩 분할 모델을 사용하는 다중 군집화의 예시. 행은 열 특성의 어떤 부분집합을 살펴보느냐에 따라 서로 다른 군집에 속할 수 있다.

$$p(\mathbf{U}) = \prod_{i=1}^{N_r} \prod_{l=1}^{N_v} \mathrm{Unif}(u_{il} | \{1, \ldots, N_u\}) \tag{21.36}$$

$$p(\mathbf{V}) = \prod_{j=1}^{N_c} \mathrm{Unif}(v_j | \{1, \ldots, N_v\}) \tag{21.37}$$

$$p(\mathbf{Z}|\mathbf{U}, \mathbf{V}) = \prod_{i=1}^{N_r} \prod_{j=1}^{N_c} \mathbb{I}\left(Z_{ij} = (u_{i,v_j}, v_j)\right) \tag{21.38}$$

$$p(\mathbf{X}|\mathbf{Z}, \boldsymbol{\theta}) = \prod_{i=1}^{N_r} \prod_{j=1}^{N_c} p(X_{ij} | \boldsymbol{\theta}_{z_{ij}}) \tag{21.39}$$

여기서 $\boldsymbol{\theta}_{k,l}$은 공동군집 $k \in \{1, \ldots, N_u\}$와 $l \in \{1, \ldots, N_v\}$을 위한 모수다.

[Sha+06; Man+16]에서는 이 모델을 crosscat(교차 범주화cross-categorization)이라 부르고, [Gua+10; CFD10]에서는 multi-clust, [RG11]에서는 **중첩 분할**nested partitioning이라 부르며 각각 독립적으로 제안했다. 이들 논문 모두에서 저자는 군집의 수를 추정하는 문제를 피하도록 디리클레 과정을 사용할 것을 제안한다. 여기서는 단순한 표기를 위해 군집의 개수가 알려져 있다고 가정하며, 모수를 명시적으로 보여주고 있다.

그림 21.22는 22개 동물과 106개 특성을 갖는 어떠한 이항 데이터에 적용된 모델을 보여준다. 그림이 (근사적인) MAP 분할을 보여준다. 열의 첫 번째 분할은 '뿔이 있음', '온혈임', '알을 낳음' 등과 같은 분류학적 특성을 포함한다. 이는 동물을 새, 파충류/양서류, 포유류, 무척추동물로 나눈다. 열의 두 번째 분할은 분명한 구조가 없는 잡음으로 다루는 특성을 포함한다('개구리'라 라벨링된 단일 행은 제외하고). 열의 세 번째 분할은 '위험한', '육식동물인', '물에서 사는' 등의 생태학적 특성을

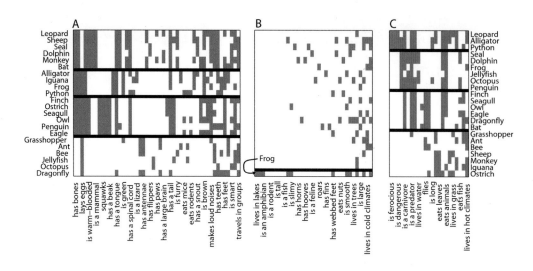

그림 21.22 crosscat 시스템을 동물(행) 대 특성(열) 이항 데이터 행렬에 적용했을 때 만들어진 MAP 추정 값. 자세한 내용은 본문을 참고하라. 출처: [Sha+06]의 그림 7. 비카슈 만싱카(Vikash Mansingkha)가 친절하게 사용을 허가했다.

포함한다. 이는 동물을 피식자, 육상 포식자, 바다 포식자, 공중 포식자로 나눈다. 따라서 각 동물 (행)은 특성의 어떤 집합을 고려하느냐에 따라 서로 다른 군집에 속할 수 있다.

22

추천 시스템

추천 시스템recommender system은 (영화, 책, 광고 같은) 과거 시청한 것 / 구매 행위(예: 어떤 영화를 높게 또는 낮게 평가했는지, 어떤 광고를 클릭했는지) 및 선택적으로 사용자의 인구통계, 아이템 내용에 대한 정보(예: 제목, 장르, 가격)를 기반으로 **아이템**item을 **사용자**user에게 추천하는 시스템이다. 이러한 시스템은 페이스북, 아마존, 넷플릭스, 구글 등 다양한 인터넷 회사가 널리 사용하고 있다. 22장은 이 주제에 대해 간단히 소개한다. 더 자세한 내용은 [DKK12; Pat12; Yan+14; AC16; Agg16; Zha+19b; …]에서 찾을 수 있다.

22.1 명시적 피드백

이 절은 사용자가 시스템에 +1 또는 −1(좋아함/싫어함) 아니면 1~5의 점수와 같은 **평점**rating 측면에서 **명시적인 피드백**explicit feedback을 제공하는 가장 단순한 설정을 고려한다. $Y_{ui} \in \mathbb{R}$가 사용자 u가 아이템 i에 준 평점이라 하자. 이는 M이 사용자의 수, N이 아이템의 수일 때 $M \times N$ 행렬로 나타낼 수 있다. 통상적으로 이 행렬은 매우 크지만 희박할 것이다. 대부분의 사용자가 대부분의 아이템에 어떠한 피드백도 제공하지 않을 것이기 때문이다. 그림 22.1(a)의 예시를 참고하라. 또한 이 희박 행렬은 양분화된 그래프로 볼 수 있으며, 여기서 $u - i$ 에지의 가중치는 Y_{ui}이다. 이는 관계

아이템

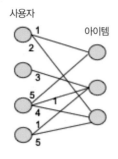

사용자

1		2
	3	
5	1	4
	1	5

그림 22.1 희박 행렬(왼쪽) 또는 희박 양분화 그래프(오른쪽)로 나타내는 관계적 데이터셋 예시. 빈 셀(에지가 없음)에 해당하는 값은 알 수 없다. 3행과 4행은 서로 비슷하며, 이는 사용자 3과 4가 비슷한 선호를 가질 수도 있음을 암시한다. 따라서 사용자 3의 데이터를 사용해 사용자 4의 선호를 예측할 수 있다. 그러나 사용자 1은 선호도 측면에서 꽤나 달라 보이며, 모든 아이템에 낮은 평점을 주는 것으로 보인다. 사용자 2는 관측된 데이터가 매우 적으므로 의미 있는 예측을 하기가 어렵다.

형 데이터relational data를 다룬다는 사실을 반영한다. 즉, u와 i의 값에는 내재적인 의미가 없으며(이들은 단지 임의로 인덱싱됐을 뿐이다) u와 i가 연결됐다는 사실이 중요하다.

Y_{ui}가 없다면 이는 사용자 u가 아이템 i와 상호작용을 하지 않았거나, 아니면 사용자가 그들이 이를 좋아하지 않을 것임을 알고 있기 때문에 이와 관계를 맺지 않기로 했기 때문일 수도 있다. 전자의 경우, 일부 데이터가 **무작위로 없는 것**missing at random이다. 후자의 경우 없음missingness이 Y_{ui}의 참값에 대한 정보를 준다(이 점에 대한 추가적인 논의는 예를 들어 [Mar+11]을 참고하라). 우리는 단순함을 위해 데이터가 없다고 가정한다.

22.1.1 데이터셋

명시적 평점 행렬의 인기 있는 예시는 영화 스트리밍 회사인 넷플릭스가 사용 가능하도록 만들었다. 넷플릭스는 2006년에 480,189명의 사용자가 17,770개의 영화에 매긴 100,480,507개 영화 평점(1~5의 스케일)의 커다란 데이터셋을 공개했다. 훈련 집합의 커다란 크기에도 불구하고 평점 행렬은 여전히 99% 희박하다(알 수 없음). 데이터와 함께, 그들이 쓰고 있는 시스템보다 더 정확하게 테스트 (사용자, 아이템) 쌍의 참인 평점을 예측할 수 있는 팀에게 $1,000,000의 상금이 걸린 **넷플릭스 상**Netflix Prize을 제시했다. 이 상은 2009년 9월 21일에 'Pragmatic Chaos'라는 팀이 가져갔다. 이들은 [Kor09; BK07; FHK12]에서 설명한 바와 같이 서로 다른 방법의 앙상블을 사용했다. 그러나 이들 앙상블의 핵심 구성 요소는 22.1.3절에서 설명하는 방법이었다.

안타깝게도 넷플릭스 데이터는 사생활에 대한 우려로 인해 더 이상 사용할 수 없다. 다행히도 미네소타대학교의 MovieLens 그룹이, 연구를 위해 쓰일 수 있는 1~5 스케일의 익명화된 공개 영화 평점 데이터셋을 배포했다[HK15]. 또한 [Gol+01]의 Jester jokes 데이터셋 그리고 [Zie+05]의 BookCrossing 데이터셋과 같은 다양한 공개적인 명시적 평점 데이터셋이 존재한다.

22.1.2 협업 필터링

추천 문제를 위한 본래의 접근법은 **협업 필터링**collaborative filtering이라 불렀다[Gol+92]. 이는 사용자가 그들의 평점을 다른 사용자와 공유하여 아이템 추천을 협력한다는 아이디어다. 그 뒤 u가 i와 상호작용을 할지 알고 싶다면, 이들은 다른 사용자 u'이 i에 어떤 평점을 주었는지 보고, 가중된 평균을 취할 수 있다.

$$\hat{Y}_{ui} = \sum_{u':Y_{u',i}\neq?} \text{sim}(u,u')\, Y_{u',i} \tag{22.1}$$

이때 항목을 알 수 없다면 $Y_{u',i} =?$라 가정한다. 전통적인 접근법은 두 사용자의 유사도를 $\mathcal{I}$가 아이템의 집합일 때 집합 $S_u = \{Y_{u,i} \neq ? : i \in \mathcal{I}\}$와 $S_{u'} = \{Y_{u',i} \neq ? : i \in \mathcal{I}\}$를 비교하여 측정했다. 그러나 이는 데이터 희박성에 시달릴 수 있다. 22.1.3절에서 각 아이템과 각 사용자를 위한 밀집 임베딩 벡터 학습에 근거한 접근법을 논의하므로, 저차원 특성 공간 내 유사도를 계산할 수 있다.

22.1.3 행렬 분해

추천 시스템은 **Y**의 모든 잃어버린 항목을 예측하기를 원하는 **행렬 완성**matrix completion의 하나로 볼 수 있다. 이는 다음과 같은 최적화 문제로 형식화할 수 있다.

$$\mathcal{L}(\mathbf{Z}) = \sum_{ij:Y_{ij}\neq?} (Z_{ij} - Y_{ij})^2 = ||\mathbf{Z} - \mathbf{Y}||_F^2 \tag{22.2}$$

그러나 **Z**의 잃어버린 항목을 채우는 방법은 무한대로 존재하므로, 이는 과소 구체화된under-specified 문제다.

여기에는 뭔가 제약을 추가해야 한다. $\mathbf{Y}$가 저계수라 가정하자. 그러면 이는 $\mathbf{Z} = \mathbf{U}\mathbf{V}^\mathsf{T} \approx \mathbf{Y}$ 형식으로 쓸 수 있으며, 여기서 $\mathbf{U}$는 $M \times K$ 행렬, $\mathbf{V}$는 $N \times K$ 행렬, K는 행렬의 계수, M은 사용자의 수, N은 아이템의 수다. 이는 다음과 같이 서술하는 형식의 예측에 해당한다.

$$\hat{y}_{ui} = \boldsymbol{u}_u^\mathsf{T} \boldsymbol{v}_i \tag{22.3}$$

이는 **행렬 분해**matrix factorization라 부른다.

Y_{ij}의 모든 항목을 관측한다면, SVD를 사용해 최적의 $\mathbf{Z}$를 찾을 수 있다(7.5절). 그러나 $\mathbf{Y}$가 없는 항목을 갖는다면, 해당 목적 함수는 더 이상 볼록이 아니며 고유한 최적점을 갖지 않는다[SJ03]. 이는 주어진 $\mathbf{V}$로 $\mathbf{U}$를 추정하고 주어진 $\mathbf{U}$로 $\mathbf{V}$를 추정하는 **최소 제곱 번갈아 하기**ALS, Alternating Least Squares를 사용해 할 수 있다. 아니면 단지 SGD를 사용할 수 있다.

실제로는 다음과 같이 서술하여 사용자 특정적인, 그리고 아이템 특정적인 기준선을 허용하는 것이 중요하다.

$$\hat{y}_{ui} = \mu + b_u + c_i + \boldsymbol{u}_u^\mathsf{T} \boldsymbol{v}_i \tag{22.4}$$

이는 몇몇 사용자가 언제나 낮은 평점을 그리고 다른 사용자는 높은 평점을 줄 수도 있다는 사실을 포착할 수 있다. 추가로 몇몇 아이템(예: 매우 인기 있는 영화)은 평점이 남달리 높을 수도 있다.

추가로, 모수에 어떠한 ℓ_2 정칙화를 추가하여 다음의 목적 함수를 얻을 수 있다.

$$\mathcal{L}(\boldsymbol{\theta}) = \sum_{ij:Y_{ij} \neq ?} (y_{ij} - \hat{y}_{ij})^2 + \lambda(b_u^2 + c_i^2 + ||\boldsymbol{u}_u||^2 + ||\boldsymbol{v}_i||^2) \tag{22.5}$$

이는 SGD를 사용해 관측된 값의 집합으로부터 무작위의 (u, i) 항목을 표집하고, 다음의 업데이트를 수행함으로써 최적화할 수 있다.

$$b_u = b_u + \eta(e_{ui} - \lambda b_u) \tag{22.6}$$

$$c_i = c_i + \eta(e_{ui} - \lambda c_i) \tag{22.7}$$

$$\boldsymbol{u}_u = \boldsymbol{u}_u + \eta(e_{ui}\boldsymbol{v}_i - \lambda \boldsymbol{u}_u) \tag{22.8}$$

$$\boldsymbol{v}_i = \boldsymbol{v}_i + \eta(e_{ui}\boldsymbol{u}_u - \lambda \boldsymbol{v}_i) \tag{22.9}$$

여기서 $e_{ui} = y_{ui} - \hat{y}_{ui}$는 오차 항, $\eta \geq 0$는 학습률이다. 이 접근법은 넷플릭스 대회의 초창기에 처음으로 우수했던 사람 중 한 명인 사이먼 펑크Simon Funk가 먼저 제안했다.[1]

---

1 https://sifter.org/~simon/journal/20061211.html

22.1.3.1 확률적 행렬 분해(PMF)

행렬 분해는 다음을 정의하여 확률 모델로 변환할 수 있다.

$$p(y_{ui} = y) = \mathcal{N}(y|\mu + b_u + c_i + \boldsymbol{u}_u^\mathsf{T}\boldsymbol{v}_i, \sigma^2) \tag{22.10}$$

이는 **확률적 행렬 분해**[PMF, Probabilistic Matrix Factorization]라 한다[SM08]. 이 모델의 NLL은 식 (22.2)의 행렬 분해 목적 함수와 동일하다. 그러나 확률적 시점은 모델을 더욱 쉽게 일반화할 수 있게 해준다. 예를 들어, 푸아송이나 음이항 가능도를 사용해 평점이 정수이며(대부분 0인 경우가 많음) 실수가 아니라는 사실을 포착할 수 있다(예: [GOF18] 참고). 이는 행과 열을 대칭적으로 바라본다는 점을 제외하고, PCA 지수족과 비슷하다.

22.1.3.2 예시: 넷플릭스

넷플릭스 데이터셋에 PMF를 $K = 2$를 사용해 적용한다고 해보자. 그림 22.2는 몇 개 영화를 위해 학습된 임베딩 벡터 $\boldsymbol{u}_i$를 시각화한다. 도표의 좌측에 저속한 유머 영화 및 호러 영화가 있으며(〈투 트러블Half Baked〉, 〈프레디 대 제이슨Freddy vs Jason〉), 우측에는 좀 더 심각한 내용의 드라마가 있다(〈소피의 선택Sophie's Choice〉, 〈문스트럭Moonstruck〉). 상단에는 비평가의 극찬을 받은 독립 영화가 있으며(〈펀치 드렁크 러브Punch-Drunk Love〉, 〈아이 하트 헉커비스I Heart Huckabees〉), 하단에는 주류 할리우드 블록버스터가 있다(〈아마겟돈Armageddon〉, 〈런어웨이 브라이드Runway Bride〉). 〈오즈의 마법사Wizard of Oz〉가 바로 축 중간에 있는 이유는 이것이 어떤 측면에서 '평균적인 영화'이기 때문이다.

사용자는 영화와 동일한 공간에 임베딩되어 있다. 그런 다음 잠재 임베딩 공간 내 근접도를 사용해 임의의 사용자–비디오 쌍의 평점을 예측할 수 있다.

22.1.3.3 예시: MovieLens

이제 PMF를 6040 사용자, 3706 영화, 1,000,209 평점으로 된 MovieLens-1M 데이터셋에 적용해 보자. 인자는 $K = 50$을 사용할 것이다. 단순함을 위해, 결측값을 0으로 바꾼 밀집 평점 행렬에 적용된 SVD를 사용해 이를 적합시킬 것이다(이는 데모 코드를 단순하게 유지하기 위한 단순한 근사일 뿐이다). 그림 22.3에서 참인 그리고 예측된 평점 행렬의 조각을 보여준다(예측이 [1.5] 범위 안에 놓이도록 잘라냈다). 모델이 딱히 정확한 것은 아니지만, 데이터의 일부 구조를 포착함을 볼 수 있다.

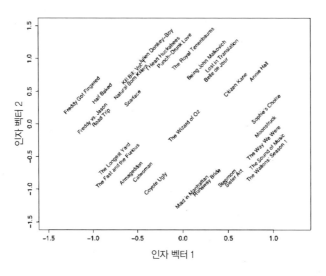

그림 22.2 넷플릭스 대회 데이터로부터 추정한 처음 2개의 잠재 영화 인자를 시각화한 것. 각 영화 j가 v_j로 구체화한 위치에 그려져 있다. 자세한 내용은 본문을 참고하라. 출처: [KBV09]의 그림 3. 예후다 코렌(Yehuda Koren)이 친절하게 사용을 허가했다.

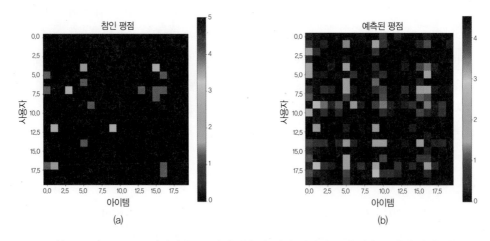

그림 22.3 (a) MovieLens-1M 데이터셋으로부터 관측된 평점 행렬의 조각, (b) 50개의 잠재 성분으로 SVD를 사용한 예측. matrix_factorization_recommender.ipynb로 생성했다.

게다가 이는 질적으로 상식적인 방식으로 움직이는 것으로 보인다. 예를 들어 그림 22.4에서 주어진 사용자가 평점을 준 상위 10개 영화 및 이들이 보지 않은 영화의 상위 10개 예측을 보여주고 있다. 모델이 사용자의 하부 선호도를 '알아낸' 것으로 보인다. 예를 들어 많은 예측된 영화가 액션 혹은 필름 누아르film-noir이며, 모델 훈련 동안 명시적인 장르 정보가 사용되지 않았음에도 불구하

	MovieID	Title	Genres
36	858	Godfather, The (1972)	Action|Crime|Drama
35	1387	Jaws (1975)	Action|Horror
65	2028	Saving Private Ryan (1998)	Action|Drama|War
63	1221	Godfather: Part II, The (1974)	Action|Crime|Drama
11	913	Maltese Falcon, The (1941)	Film-Noir|Mystery
20	3417	Crimson Pirate, The (1952)	Adventure|Comedy|Sci-Fi
34	2186	Strangers on a Train (1951)	Film-Noir|Thriller
55	2791	Airplane! (1980)	Comedy
31	1188	Strictly Ballroom (1992)	Comedy|Romance
28	1304	Butch Cassidy and the Sundance Kid (1969)	Action|Comedy|Western

(a)

	MovieID	Title	Genres
516	527	Schindler's List (1993)	Drama|War
1848	1953	French Connection, The (1971)	Action|Crime|Drama|Thriller
596	608	Fargo (1996)	Crime|Drama|Thriller
1235	1284	Big Sleep, The (1946)	Film-Noir|Mystery
2085	2194	Untouchables, The (1987)	Action|Crime|Drama
1188	1230	Annie Hall (1977)	Comedy|Romance
1198	1242	Glory (1989)	Action|Drama|War
897	922	Sunset Blvd. (a.k.a. Sunset Boulevard) (1950)	Film-Noir
1849	1954	Rocky (1976)	Action|Drama
581	593	Silence of the Lambs, The (1991)	Drama|Thriller

(b)

그림 22.4 (a) 사용자 '837'이 이미 높게 평점을 매긴 상위 10위 영화(69개의 리스트로부터), (b) 알고리듬이 예측한 상위 10위(3,637개의 리스트로부터). matrix_factorization_recommender.ipynb로 생성했다.

고 이들 장르 모두 사용자만의 상위 10 리스트 내에서 특징을 이루는 것을 볼 수 있다.

22.1.4 오토인코더

행렬 분해는 (이중) 선형 모델이다. 오토인코더를 사용하면 비선형 버전을 만들 수 있다. $\boldsymbol{y}_{:,i} \in \mathbb{R}^M$ 가 평점 행렬의 i번째 열이라 하고, 이때 알 수 없는 평점은 0으로 둔다. 이 평점 벡터는 다음 형식의 오토인코더를 사용해 예측할 수 있다.

$$f(\boldsymbol{y}_{:,i}; \boldsymbol{\theta}) = \mathbf{W}^\mathsf{T} \varphi(\mathbf{V}\boldsymbol{y}_{:,i} + \boldsymbol{\mu}) + \boldsymbol{b} \tag{22.11}$$

여기서 $\mathbf{V} \in \mathbb{R}^{KM}$는 평점을 임베딩 공간으로 매핑하며, $\mathbf{W} \in \mathbb{R}^{KM}$는 임베딩 공간을 평점에 대한 분포로 매핑하고, $\boldsymbol{\mu} \in \mathbb{R}^K$는 은닉 유닛의 편향, $\boldsymbol{b} \in \mathbb{R}^M$는 출력 유닛의 편향이다. 이는 AutoRec 모델의 (아이템 기반) 버전이라 부른다[Sed+15]. 이는 $2MK + M + K$개의 모수를 갖는다. 또한 비슷한 방식으로 유도할 수 있는 사용자 기반 버전이 존재하며, $2NK + N + K$개의 모수를 갖는다(저자는 MovieLens와 넷플릭스에서 아이템 기반 방법이 더 잘 동작함을 알게 된다).

이는 $\boldsymbol{y}_{:,i}$의 관측된 항목과 연관된 모수만을 업데이트하여 적합시킬 수 있다. 게다가 가중치 행렬에 ℓ_2 정칙화를 추가하여 다음의 목적 함수를 얻을 수 있다.

$$\mathcal{L}(\boldsymbol{\theta}) = \sum_{i=1}^N \sum_{u:y_{ui}\neq?} (y_{u,i} - f(\boldsymbol{y}_{:,i}; \boldsymbol{\theta})_u)^2 + \frac{\lambda}{2}(\|\mathbf{W}\|_F^2 + \|\mathbf{V}\|_F^2) \tag{22.12}$$

이 방법의 단순함에도 불구하고, 저자는 제한된 볼츠만 머신RBM([SMH07]) 및 저계수 행렬 근사 LLORMA([Lee+13])와 같은 더 복잡한 방법보다 더 나음을 발견한다.

22.2 암묵적 피드백

지금까지는 사용자가 상호작용하는 각 아이템에 명시적인 평점을 준다고 가정했는데, 이는 매우 제한적인 가정이다. 더욱 일반적으로는, 사용자가 단지 시스템과 상호작용함으로써 제공하는 **암묵적 피드백**implicit feedback으로부터 학습하고자 할 것이다. 예를 들어 사용자 u가 본 영화의 리스트를 양성으로 다루고, 나머지 모든 영화는 음성으로 간주할 수 있다. 따라서 희박한, 양성 유일 평점 행렬을 얻는다.

아니면 이들이 영화 i를 봤지만 영화 j를 보지 않았다는 사실을 이들이 i를 j보다 선호한다는 암묵적인 신호로 볼 수 있다. 결과 데이터는 $y_n = (u, i, j)$ 형식의 튜플 집합으로 나타낼 수 있으며, 여기서 (u, i)는 양성인 쌍, (u, j)는 음성인(또는 라벨링되지 않은) 쌍으로 나타낼 수 있다.

22.2.1 베이즈 개인화 순위

모델을 (u, i, j) 형식의 데이터에 적합시키려면 **순위 손실**^{ranking loss}을 사용해야 하며, 따라서 모델이 사용자 u에 대해 i를 j보다 앞서서 순위를 매긴다. 이를 하는 단순한 방법은 다음 형식의 베르누이 모델을 사용하는 것이다.

$$p(y_n = (u, i, j)|\boldsymbol{\theta}) = \sigma(f(u, i; \boldsymbol{\theta}) - f(u, j; \boldsymbol{\theta})) \tag{22.13}$$

이를 $\boldsymbol{\theta}$를 위한 가우스 사전 분포와 조합하면, 다음의 MAP 추정 문제를 얻는다.

$$\mathcal{L}(\boldsymbol{\theta}) = \sum_{(u,i,j)\in\mathcal{D}} \log \sigma(f(u, i; \boldsymbol{\theta}) - f(u, j; \boldsymbol{\theta})) - \lambda||\boldsymbol{\theta}||^2 \tag{22.14}$$

여기서 $\mathcal{D} = \{(u, i, j) : i \in \mathcal{I}_u^+, j \in \mathcal{I} \setminus \mathcal{I}_u^+\}$이며, $\mathcal{I}_u^+$는 사용자 u가 선택한 모든 아이템의 집합이고, $\mathcal{I} \setminus \mathcal{I}_u^+$는 다른 모든 아이템이다(이들이 싫어하거나, 혹은 단순히 본 적 없는 것). 이는 **베이즈 개인화 순위**^{Bayesian Personalized Ranking}, 즉 **BPR**이라 한다[Ren+09].

[Zha+20, 16.5절]의 예시를 고려해 보자. 전체 4개 아이템 $\mathcal{I} = \{i_1, i_2, i_3, i_4\}$가 있으며, 사용자 u가 $\mathcal{I}_u^+ = \{i_2, i_3\}$와 상호작용하기로 선택했다. 이 경우 사용자 u를 위한 암묵적인 아이템-아이템 선호도 행렬은 다음의 형식을 갖는다.

$$\mathbf{Y}_u = \begin{pmatrix} \cdot & + & + & ? \\ - & \cdot & ? & - \\ - & ? & \cdot & - \\ ? & + & + & \cdot \end{pmatrix} \tag{22.15}$$

여기서 $Y_{u,i,i'} = +$는 사용자 u가 i'을 i보다 선호함을 뜻하고, $Y_{u,i,i'} = -$는 사용자 u가 i를 i'보다 선호함을 뜻하며, $Y_{u,i,i'} = ?$는 사용자가 무엇을 선호하는지 말할 수 없음을 뜻한다. 예를 들어 두 번째 열에 집중하면, 이 사용자가 i_2를 i_1 그리고 i_4보다 높이 평가함을 볼 수 있다. 왜냐하면 이들이 i_1이나 i_4가 아닌 i_2를 선택했기 때문이다. 그러나 이들이 i_2를 i_3보다 선호하는지 아닌지는 말할 수 없다.

가능한 아이템의 집합이 클 때, $\mathcal{I} \setminus \mathcal{I}_u^+$에서의 음성의 개수가 매우 많을 수 있다. 다행히도 손실의 근사는 음성을 부분표집하여 할 수 있다.

위의 로그 손실에 대한 대안으로, SVM에서 사용한 접근법과 비슷한 힌지 손실(17.3절)을 사용할 수 있음을 주지하라. 이는 다음의 형식을 갖는다.

$$\mathcal{L}(y_n = (u, i, j), f) = \max\left(m - (f(u,i) - f(u,j)), 0\right) = \max\left(m - f(u,i) + f(u,j), 0\right) \quad (22.16)$$

여기서 $m \geq 0$은 안전 마진이다. 이는 음성 아이템 j가 양성 아이템 i보다 m 이상 높은 점수를 절대로 얻지 못하도록 한다.

22.2.2 분해 머신

22.1.4절의 AutoRec 접근법은 비선형이지만, 사용자와 아이템을 비대칭적으로 다룬다. 이 절은 더욱 대칭적인 판별 모델링 접근법을 논의한다. 시작은 선형 버전으로 한다. 기본적인 아이디어는 임의의 주어진 사용자-아이템 쌍 $\boldsymbol{x} = [\text{one-hot}(u), \text{one-hot}(i)]$를 위한 출력(평점 같은)을, 다음을 사용해 예측하는 것이다.

$$f(\boldsymbol{x}) = \mu + \sum_{i=1}^{D} w_i x_i + \sum_{i=1}^{D} \sum_{j=i+1}^{D} (\boldsymbol{v}_i^\mathsf{T} \boldsymbol{v}_j) x_i x_j \quad (22.17)$$

여기서 $D = (M + N)$이 입력의 개수일 때 $\boldsymbol{x} \in \mathbb{R}^D$, $\mathbf{V} \in \mathbb{R}^{D \times K}$는 가중치 행렬, $\boldsymbol{w} \in \mathbb{R}^D$는 가중치 벡터, $\mu \in \mathbb{R}$는 전역적인 단차다. 이는 **분해 머신**FM, Factorization Machine이라 한다[Ren12].

$(\boldsymbol{v}_i^\mathsf{T} \boldsymbol{v}_j) x_i x_j$ 항은 입력 내 특성 i와 j 사이의 상호작용을 측정한다. 이는 22.3절에서 설명하듯이 단지 사용자와 아이템을 넘어 입력 $\boldsymbol{x}$에서의 다른 종류의 정보를 다룰 수 있으므로, 식 (22.4)의 행렬 분해 모델을 일반화한다.

식 (22.17)은 모든 사용자와 모든 아이템 사이의 모든 가능한 쌍별 상호작용을 고려하므로 계산에 $O(KD^2)$시간이 걸린다. 다행히도 다음과 같이 계산에 $O(KD)$시간이 걸리도록 이를 다시 쓸 수 있다.

$$\sum_{i=1}^{D} \sum_{j=i+1}^{D} (\boldsymbol{v}_i^{\mathsf{T}} \boldsymbol{v}_j) x_i x_j = \frac{1}{2} \sum_{i=1}^{D} \sum_{j=1}^{D} (\boldsymbol{v}_i^{\mathsf{T}} \boldsymbol{v}_j) x_i x_j - \frac{1}{2} \sum_{i=1}^{D} (\boldsymbol{v}_i^{\mathsf{T}} \boldsymbol{v}_i) x_i x_i \tag{22.18}$$

$$= -\frac{1}{2} \left(\sum_{i=1}^{D} \sum_{j=1}^{D} \sum_{k=1}^{K} v_{ik} v_{jk} x_i x_j - \sum_{i=1}^{D} \sum_{k=1}^{K} v_{ik} v_{ik} x_i x_i \right) \tag{22.19}$$

$$= -\frac{1}{2} \sum_{k=1}^{K} \left((\sum_{i=1}^{D} v_{ik} x_i)^2 - \sum_{i=1}^{D} v_{ik}^2 x_i^2 \right) \tag{22.20}$$

희박 벡터에서 전체적인 복잡도는 0이 아닌 성분의 개수에 선형이다. 따라서 사용자와 아이템 아이디에 원핫 인코딩을 사용하면 복잡도는 단지 $O(K)$일 뿐이며, 이는 식 (22.4)의 본래의 행렬 분해 목적 함수와 유사하다.

이 모델은 원하는 임의의 손실을 최소화하도록 적합시킬 수 있다. 예를 들어 명시적 피드백이 있다면 MSE 손실을 선택할 수도 있으며, 암묵적 피드백이 있다면 순위 손실을 선택할 수도 있다.

[Guo+17]에서 이들은 **심층 분해 머신**deep factorization machine이라는 모델을 제안한다. 이는 앞의 방법을, 임베딩 벡터의 내적 대신 벡터를 접합한 것에 적용하는 MLP와 조합한다. 더 정확하게 말하자면, 모델은 다음의 형식을 갖는다.

$$f(\boldsymbol{x}; \boldsymbol{\theta}) = \sigma(\text{FM}(\boldsymbol{x}) + \text{MLP}(\boldsymbol{x})) \tag{22.21}$$

이는 [Che+16]에서 제안한 **와이드 앤 딥**wide and deep 모델과 긴밀하게 관련되어 있다. 이중선형 FM 모델이 특정한 사용자와 아이템 사이의 명시적인 상호작용을 포착하는 한편, MLP는 사용자 특성과 아이템 특성 사이의 암묵적 상호작용을 포착한다는 것이 아이디어다. 이는 모델이 일반화를 할 수 있게 해준다.

22.2.3 신경 행렬 분해

이 절은 [He+17]의 **신경 행렬 분해**neural matrix factorization 모델을 설명한다. 이는 이중선형 모델을 심층 신경망과 조합하는 또 다른 방법이다. 이중선형 부분은 다음의 사용자 u와 아이템 i를 위한 특성 벡터를 계산하는 일반화 행렬 분해GMF, Generalized Matrix Factorization 경로를 정의하는 데 사용한다.

$$z_{ui}^1 = \mathbf{P}_{u,:} \odot \mathbf{Q}_{i,:} \qquad (22.22)$$

여기서 $\mathbf{P} \in \mathbb{R}^{MK}$는 사용자 임베딩 행렬이고, $\mathbf{Q} \in \mathbb{R}^{NK}$는 아이템 임베딩 행렬이다. DNN 부분은 단지 임베딩 벡터를 접합한 것에 MLP를 적용했을 뿐이다(서로 다른 임베딩 행렬을 사용해).

$$z_{ui}^2 = \mathrm{MLP}([\tilde{\mathbf{U}}_{u,:}, \tilde{\mathbf{V}}_{i,:}]) \qquad (22.23)$$

마지막으로, 모델은 이들을 조합하여 다음을 얻는다.

$$f(u, i; \boldsymbol{\theta}) = \sigma(\boldsymbol{w}^{\mathsf{T}}[z_{ui}^1, z_{ui}^2]) \qquad (22.24)$$

그림 22.5를 참고하라.

[He+17]에서 모델은 암묵적 피드백에 훈련되며, 이때 사용자 u와 아이템 i의 상호작용이 관측되어 있다면 $y_{ui} = 1$이고 그렇지 않으면 $y_{ui} = 0$이다. 그러나 이는 BPR 손실을 최소화하도록 훈련시킬 수 있었을 것이다.

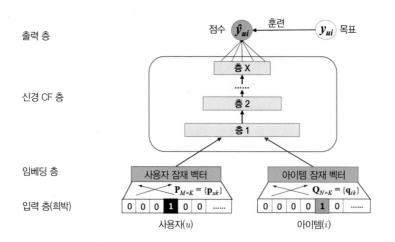

그림 22.5 신경 행렬 분해 모델을 보여준다. 출처: [He+17]의 그림 2. 시앙난 헤(Xiangnan He)가 친절하게 사용을 허가했다.

22.3 부가 정보 활용하기

지금까지 예측량이 사용할 수 있는 정보가 사용자의 정수 아이디와 아이템의 정수 아이디만이라고 가정해 왔다. 이는 매우 결핍적인 표현이며, 새로운 사용자 또는 새로운 아이템을 만나면 실패할 것이다(**콜드 스타트**cold start라 부르는 문제). 이를 극복하려면 사용자/아이템의 아이디를 넘어 **부가 정보**side information를 활용할 필요가 있다.

사용할 수 있는 부가 정보는 여러 형식이 존재한다. 아이템에서는 텍스트(예: 제목), 이미지(예: 표지), 고차원적 범주형 변수(예: 위치), 또는 단지 스칼라(예: 가격) 같은 풍부한 메타 데이터가 있는 경우가 많다. 사용자에서는 부가 정보가 상호작용 시스템의 특정한 형태에 의존한다. 검색 엔진에서는 사용자가 내놓은 쿼리 리스트, 그리고 (이들이 로그인을 했다면) 그들이 방문한 웹사이트로부터 유도한 정보(이는 쿠키를 통해 추적한다)가 그러하다. 온라인 쇼핑 사이트에서는 검색 리스트에 더해 과거에 봤던 그리고 구매했던 행위가 그러하다. 소셜 네트워크 사이트에서는 각 사용자의 친구 관계 그래프에 대한 정보가 존재한다.

이러한 부가 정보는, 그림 22.6이 보여주듯이 $\boldsymbol{x}$에 대한 정의를 2개의 원핫 벡터를 넘어 확장함으로써 분해 머신 프레임워크에서 매우 쉽게 포착할 수 있다. 물론 같은 입력 인코딩이 deepFM 또는 neuralMF 같은 종류의 모델로 공급될 수 있다.

사용자와 아이템의 특성에 더해, 상호작용의 시간(예를 들어, 낮인지 저녁인지) 같은 맥락적 특성이 있을 수도 있다. 가장 최근에 봤던 아이템의 순서(시퀀스) 또한 유용한 신호인 경우가 많다. [TW18]에서 제안한 '합성곱적 시퀀스 임베딩 추천Convolutional Sequence Embedding Recommendation' 또는 Caser라

	특성 벡터 x																					목표 y	
	User				Movie					Other Movies rated					Time	Last Movie rated							
	A	B	C	...	TI	NH	SW	ST	...	TI	NH	SW	ST	...		TI	NH	SW	ST	...			
x_1	1	0	0	...	1	0	0	0	...	0.3	0.3	0.3	0	...	13	0	0	0	0	...		5	y_1
x_2	1	0	0	...	0	1	0	0	...	0.3	0.3	0.3	0	...	14	1	0	0	0	...		3	y_2
x_3	1	0	0	...	0	0	1	0	...	0.3	0.3	0.3	0	...	16	0	1	0	0	...		1	y_3
x_4	0	1	0	...	0	0	1	0	...	0	0	0.5	0.5	...	5	0	0	0	0	...		4	y_4
x_5	0	1	0	...	0	0	0	1	...	0	0	0.5	0.5	...	8	0	0	1	0	...		5	y_5
x_6	0	0	1	...	1	0	0	0	...	0.5	0	0.5	0	...	9	0	0	0	0	...		1	y_6
x_7	0	0	1	...	0	0	1	0	...	0.5	0	0.5	0	...	12	1	0	0	0	...		5	y_7

그림 22.6 영화 추천 시스템을 위한 디자인 행렬을 보여준다. 여기서 사용자와 영화의 아이디 및 다른 부가 정보를 보여주고 있다. 출처: [Ren12]의 그림 1. 슈테판 렌들레(Stefen Rendle)가 친절하게 사용을 허가했다.

부르는 모델은 마지막 M개 아이템을 임베딩한 뒤, 합성곱 층을 모델의 일부로 사용해 $M \times K$ 입력을 이미지로 다룸으로써 이를 포착한다.

추천 시스템을 위해 다른 많은 종류의 신경 모델을 디자인할 수 있다. 리뷰는 예를 들어 [Zha+19b]를 참고하라.

22.4 탐색-활용 상반관계

다른 종류의 예측 문제에서는 나타나지 않는, 추천 시스템의 흥미로운 전환점은 시스템이 훈련되는 데이터가 시스템의 앞선 버전이 만들어 낸 추천의 후속이라는 것이다. 따라서 피드백 루프가 존재한다[Bot+13]. 예를 들어 유튜브 비디오 추천 시스템을 고려해 보자[CAS16]. 사이트에는 수백만 개의 비디오가 있으므로, 시스템은 사용자에게 보여줄 후보 리스트 또는 **슬레이트**slate를 만들어 내서 이들이 원하는 것을 찾도록 도와줘야만 한다(예: [Ie+19] 참고). 사용자가 이 비디오 중 하나를 시청하면 시스템은 이를 좋은 추천을 만들었다는 긍정적인 피드백으로 고려하고, 모델 모수를 이에 따라 업데이트할 수 있다. 그러나 사용자가 더욱 좋아할 수도 있는 다른 비디오가 있었을 수도 있지 않을까? 시스템이 사용자 반응이 불확실할 때 몇몇 아이템을 보여줄 기회를 갖지 않는 한, 이러한 반사실적인counterfactual 것에 대답하기가 불가능하다. 이것이 **탐색-활용 상반관계**exploration-exploitation tradeoff의 예시를 보여준다.

탐색의 필요성에 더해서, 시스템이 추천 정책에 만든 변화가 도움이 됐는지를 탐지할 수 있을 때까지 오랜 시간 기다려야 할 수도 있다. 장기적 보상을 최적화하는 정책을 학습하는 데는 **강화 학습**reinforcement learning을 사용하는 것이 보통이다. 자세한 내용은 이 책의 후속판 [Mur23]을 참고하라.

23

그래프 임베딩*

23장은 브라이언 페로치[Bryan Perozzi], 사미 아부-엘-하이자[Sami Abu-El-Haija], 이네스 차미[Ines Chami]와 공저했으며, [Cha+21]에 기반한다.

23.1 개요

이제 훈련 표본 $\{\mathbf{x}_n\}_{n=1}^{N}$ 사이에서 의미론적 관계를 갖는 데이터로 주의를 돌려보자. (에지라 하는) 관계는 훈련 예제(노드)를 응용에 특정적인 의미(일반적으로 유사도)와 연결한다. 그래프는 이러한 종류의 관계에 대한 추론을 위한 수학적 기초를 제공한다.

그래프는 (노드와 에지로 구성된) 복잡한 관계형 데이터를 나타낼 수 있는 보편적인 데이터 구조이며, 소셜 네트워크, 계산 화학[Gil+17], 생물학[Sta+06], 추천 시스템[KSJ09], 준지도 학습[GB18] 등과 같은 여러 분야에서 나타난다.

N이 노드의 수일 때 $\mathbf{A} \in \{0, 1\}^{N \times N}$가 인접 행렬이고, $\mathbf{W} \in \mathbb{R}^{N \times N}$는 가중된 버전이라 하자. 아래에서 논의하는 방법의 경우, 몇몇은 $\mathbf{W} = \mathbf{A}$라 두는 한편 다른 것들은 $\mathbf{W}$를 $\mathbf{A}$의 행별row-wise 정규화와 같은 변환으로 둔다. 마지막으로, $\mathbf{X} \in \mathbb{R}^{N \times D}$가 노드 특성의 행렬이라 하자.

그래프 데이터에서 신경망 모델을 디자인하고 훈련시킬 때, 디자인한 방법을 각기 다른 그래프

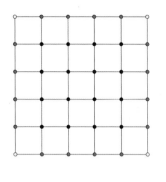
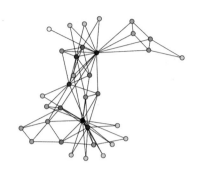

(a) 격자(유클리드)　　　　　　(b) 임의적인 그래프(비유클리드)

그림 23.1 유클리드 대 비유클리드 그래프를 보여준다. 출처: [Cha+21].

설정(예를 들어, 연결 및 커뮤니티 구조가 상이함)에 참여하는 노드에 적용할 수 있기를 원한다. 이를 각 픽셀(노드)이 같은 이웃 구조를 갖는 이미지를 위해 디자인된 신경망과 비교해 보라. 반대로, 어떤 그래프는 노드에 대한 특정한 정렬이 없으며, 게다가 각 노드가 서로 다른 이웃 구조를 가질 수도 있다. 비교를 위해 그림 23.1을 참고하라. 따라서 유클리드 공간 합성곱과 같은 연산은 일정하지 못한 그래프에 직접 적용할 수 없다. 유클리드 합성곱은, 비유클리드 도메인으로 일반화되지 않는 (이동 불변과 같은) 기하학적 사전 분포에 크게 의존한다.

이러한 문제는 딥러닝 기법을 비유클리드 데이터에 적용하는 것을 목표로 하는 **기하학적 딥러닝**GDL, Geometric Deep Learning 연구의 개발을 야기했다[Bro+17b]. 특히 실제 세계 데이터에서 그래프가 널리 보급된 점을 볼 때, 머신러닝 방법을 그래프 구조 데이터에 적용하는 데 관심이 급증해 왔다. 이들 사이에서 **그래프 표현 학습**GRL, Graph Representation Learning[Cha+21] 방법은 임베딩이라고도 부르는, 그래프 구조 데이터를 위한 저차원의 연속형 벡터 표현의 학습을 목표로 한다.

우리는 여기서 GRL을 **비지도적**unsupervised GRL 그리고 **지도적**supervised GRL 두 종류의 문제로 나눈다. 첫 번째 종류는 목적 함수를 최적화하는 저차원적 유클리드 표현의, 예를 들어 입력 그래프의 구조를 유지하는 것의 학습을 목표로 한다. 두 번째 종류 또한 저차원적 유클리드 표현을 학습하지만, 이는 노드나 그래프 분류 같은 특정한 다운스트림 예측 과제를 위한 것이다. 게다가 그래프 구조는 훈련 및 테스트에 걸쳐 고정될 수 있으며, 이는 **전환적**transductive 학습 환경이라 한다 (예를 들어, 거대한 소셜 네트워크에서의 사용자 속성을 예측함). 아니면 모델이 훈련 동안 보지 못한 그래프에 대한 질문에 답할 것을 기대하며, 이는 **귀납적**inductive 학습 환경이라 한다(예를 들어, 분자적인 구조를 분류). 마지막으로 대부분의 지도 및 비지도 방법은 유클리드 벡터 공간에서의 표현을 학습하지만, 최근에 **비유클리드 표현 학습**non-Euclidean representation learning에 대한 관심이 있었다. 이는 쌍곡선 또는 구형spherical 공간과 같은 비유클리드 임베딩 공간에서의 학습을 목표로 한다. 이러한 작업의 주된 동기는, 임베딩하려 하는 입력 데이터의 하부적인 이산적 구조를 닮은 연속형의 임베딩 공간을 사용하는 것이다(예로 쌍곡 공간은 트리의 연속적인 버전이다[Sar11]).

23.2 인코더/디코더 문제로서의 그래프 임베딩

GRL을 위한 많은 접근법이 존재하지만, 많은 방법이 비슷한 패턴을 따른다. 먼저 네트워크 입력(노드 특성 $\mathbf{X} \in \mathbb{R}^{N \times D}$ 및 $\mathbf{A}$ 또는 $\mathbf{W} \in \mathbb{R}^{N \times N}$에 있는 그래프 에지)을 그래프의 이산적인 도메인에서 연속적인 표현(임베딩) $\mathbf{Z} \in \mathbb{R}^{N \times L}$로 인코딩한다. 다음으로, 학습된 표현 $\mathbf{Z}$를 사용해 (그래프의 링크 재구축하기와 같은) 특정한 목적 함수를 최적화한다. 이 절은 차미Chami 등[Cha+21]이 제안한 그래프 인코더-디코더 모델GRAPHEDM, Graph Encoder-Decoder Model을 사용해 GRL 방법의 인기 있는 족을 분석한다.

GRAPHEDM 프레임워크(그림 23.2, [Cha+21])는 그래프를 정칙자로 활용하는 것(예: [ZG02]), 위치적 임베딩(예: [PARS14]), 메시지 전달에 기반한 것과 같은 그래프 신경망([Gil+17; Sca+09]) 또는 그래프 합성곱([Bru+14; KW16a])을 포함하는 여러 다양한 지도 및 비지도 그래프 임베딩법을 아우르는 일반적인 프레임워크를 제공한다.

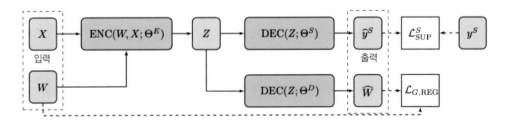

그림 23.2 차미 등[Cha+21]의 GRAPHEDM 프레임워크를 보여준다. 감독이 가능하다고 하면, 방법은 일부 또는 모든 브랜치를 사용할 것이다. 특히 비지도적 방법은 훈련을 위해 라벨 디코딩을 활용하지 않으며 유사도 디코더(하단의 브랜치)만을 최적화한다. 반면에, 준지도 및 지도 방법은 추가적인 감독을 활용하여 모델의 모수(상단 브랜치)를 학습한다. 출처: [Cha+21]

GraphEDM 프레임워크는 가중된 그래프 $\mathbf{W} \in \mathbb{R}^{N \times N}$, 그리고 선택적으로 노트 특성 $\mathbf{X} \in \mathbb{R}^{N \times D}$를 입력으로 받는다. (준)지도 환경에서, 노드(N으로 표기), 에지(E로 표기), 그리고/또는 전체 그래프(G라 표기)를 위한 훈련 목표 라벨이 주어진다. 감독^{supervision} 신호는 다음과 같이 $S \in \{N, E, G\}$로 표기한다.

GraphEDM 모델은 그 자체로 다음의 구성 요소로 분해할 수 있다.

- **그래프 인코더 네트워크**^{graph encoder network} $\mathrm{ENC}_{\Theta^E} : \mathbb{R}^{N \times N} \times \mathbb{R}^{N \times D} \to \mathbb{R}^{N \times L}$, Θ^E로 모수화되며, 그래프 구조를 선택적으로 노드 구조와 조합하여 다음과 같이 노드 임베딩 행렬 $\mathbf{Z} \in \mathbb{R}^{N \times L}$를 만든다.

$$\mathbf{Z} = \mathrm{ENC}(\mathbf{W}, \mathbf{X}; \Theta^E) \tag{23.1}$$

  다음에서 보게 되겠지만, 이 노드 임베딩 행렬은 훈련을 위해 사용한 감독에 따라 다른 그래프 속성을 포착할 수 있다.

- **그래프 디코더 네트워크**^{graph decoder network} $\mathrm{DEC}_{\Theta^D} : \mathbb{R}^{N \times L} \to \mathbb{R}^{N \times N}$, Θ^D로 모수화되며, 노드 임베딩 Z를 사용해 다음과 같이 행렬 내 모든 노드 쌍을 위한 유사도 점수 $\widehat{\mathbf{W}} \in \mathbb{R}^{N \times N}$를 계산한다.

$$\widehat{\mathbf{W}} = \mathrm{DEC}(\mathbf{Z}; \Theta^D) \tag{23.2}$$

- **분류 네트워크**^{classification network} $\mathrm{DEC}_{\Theta^S} : \mathbb{R}^{N \times L} \to \mathbb{R}^{N \times |\mathcal{Y}|}$, 여기서 $\mathcal{Y}$는 라벨 공간이다. 이 네트워크는 (준)지도 환경에서 쓰이며 Θ^S로 모수화된다. 출력은 다음과 같이 노트 임베딩을 사용하는, 라벨 $\hat{y}^S$에 대한 분포다.

$$\hat{y}^S = \mathrm{DEC}(\mathbf{Z}; \Theta^S) \tag{23.3}$$

앞서 언급한 (인코더와 디코더) 네트워크를 위한 특정 선택은, GraphEDM이 특정한 그래프 임베딩 방법을 현실화할 수 있게 해준다. 이는 다음 절에서 설명한다.

GraphEDM 프레임워크로 묘사하는 모델의 출력은, 재구축된 그래프 유사도 행렬 $\widehat{W}$(비지도 임베딩 알고리듬을 훈련하는 데 주로 쓰인다), 그리고/또는 지도적 응용을 위한 라벨 $\hat{y}^S$이다. 라벨 출력 공간 $\mathcal{Y}$는 응용에 의존적이다. 예를 들어 노드 레벨 분류에서는 $\hat{y}^N \in \mathcal{Y}^N$이고, $\mathcal{Y}$는 노드 라벨 공간을 나타낸다. 아니면 에지 레벨 라벨링에서는 $\hat{y}^E \in \mathcal{Y}^{N \times N}$이며, $\mathcal{Y}$는 에지 라벨 공간을 나타낸다. 마지막으로, 그래프 레벨 라벨링과 같은(이때 $\hat{y}^G \in \mathcal{Y}$라 말할 것이며, $\mathcal{Y}$는 그래프 라벨 공간을 나타낸다) 다른 종류의 라벨링 또한 가능하다는 것을 주지하라.

마지막으로, 손실을 반드시 구체화해야 한다. 이는 모수 $\Theta = \{\Theta^E, \Theta^D, \Theta^S\}$를 최적화하는 데 쓸 수 있다. GRAPHEDM 모델은 3개의 서로 다른 항의 조합을 사용해 최적화할 수 있다. 먼저 지도적 손실 항 $\mathcal{L}_{\mathrm{SUP}}^S$이 예측된 라벨 $\hat{y}^S$을 정답 라벨 y^S과 비교한다. 다음으로 그래프 재구축 손실 항 $\mathcal{L}_{G,\mathrm{RECON}}$이 그래프 구조를 활용하여 모델 모수에 정칙화 제약을 부과할 수도 있다. 마지막으로 가중치 정칙화 손실 항 $\mathcal{L}_{\mathrm{REG}}$는 과적합을 줄이기 위해 사전 분포를 훈련 가능한 모델 모수에서 나타내는 것을 허용한다. GRAPHEDM 프레임워크로 실현 가능한 모델은 다음과 같이 정의된 전체 손실 $\mathcal{L}$을 최소화하여 훈련시킨다.

$$\mathcal{L} = \alpha \mathcal{L}_{\mathrm{SUP}}^S(y^S, \hat{y}^S; \Theta) + \beta \mathcal{L}_{G,\mathrm{RECON}}(\mathbf{W}, \widehat{\mathbf{W}}; \Theta) + \gamma \mathcal{L}_{\mathrm{REG}}(\Theta) \tag{23.4}$$

여기서 α, β, γ는 초매개변수로, 조정 가능하거나 0으로 둘 수 있다. 그래프 임베딩 방법은 지도적($\alpha \neq 0$) 방식 또는 비지도적($\alpha = 0$) 방식으로 훈련시킬 수 있음을 주지하라. 지도적 그래프 임베딩 접근법은 노드 또는 그래프 라벨과 같은 임베딩을 학습하기 위해 추가적인 출처로부터의 정보를 활용한다. 반면에 비지도적 네트워크 임베딩은 노드 임베딩을 학습하기 위해서만 그래프 구조에 의존한다.

23.3 얕은 그래프 임베딩

얕은 임베딩 방법은 전환적 그래프 임베딩 방법으로, 인코더 함수가 범주형 노드 아이디를 임베딩 행렬을 통해 유클리드 공간에 매핑한다. 각 노드 $v_i \in V$는 해당하는 저차원적 학습 가능한 임베딩 벡터 $\mathbf{Z}_i \in \mathbb{R}^L$를 가지며, 얕은 인코더 함수는 다음과 같다.

$$\mathbf{Z} = \mathrm{ENC}(\Theta^E) \triangleq \Theta^E \quad \text{여기서 } \Theta^E \in \mathbb{R}^{N \times L} \tag{23.5}$$

결정적으로, 임베딩 딕셔너리 $\mathbf{Z}$는 모델 모수로서 직접 학습된다. 비지도의 경우, 임베딩 $\mathbf{Z}$는 입력 그래프에 대한 일부 정보(예: 인접 행렬 $\mathbf{W}$, 또는 이에 대한 어떠한 변환)를 드러내기 위해 최적화된

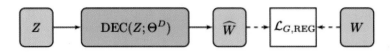

그림 23.3 얕은 임베딩 방법. 인코더가 단순한 임베딩 룩업이며 그래프 구조는 손실 함수에서만 쓰인다. 출처: [Cha+21]

다. 이는 그래프 데이터 구조를 위한 것임을 제외하면, PCA(20.1절)와 같은 차원성 축소와 다소 비슷하다. 지도적인 경우 임베딩이 노드, 에지, 그리고/또는 전체 그래프를 위해 어떠한 라벨을 예측하도록 최적화된다.

23.3.1 비지도 임베딩

비지도의 경우, 거리 기반^{distance-based} 그리고 외적 기반^{outer product-based}이라는 두 가지 주된 형태의 얕은 그래프 임베딩 방법을 고려할 것이다. 거리 기반 방법은 임베딩 딕셔너리 $\mathbf{Z} = \Theta^E \in \mathbb{R}^{N \times L}$를, 그래프에서 서로 가까운 노드 i와 j가 $\mathbf{Z}$에서 $d_2(\mathbf{Z}_i, \mathbf{Z}_j)$가 작게 임베딩되도록 최적화한다. 여기서 $d_2(., .)$는 임베딩 벡터 사이의 쌍별 거리 함수다. 거리 함수 $d_2(\cdot, \cdot)$는 맞춤화가 가능하며, 이는 유클리드(23.3.2절) 임베딩 또는 비유클리드(23.3.3절) 임베딩을 야기할 수 있다. 디코더는 노드 투 노드^{node-to-node} 행렬 $\widehat{\mathbf{W}} = \mathrm{DEC}(\mathbf{Z}; \Theta^D)$를 출력하며, $\widehat{W}_{ij} = d_2(\mathbf{Z}_i, \mathbf{Z}_j)$이다.

아니면 어떤 방법은 쌍별 내적에 의존하여 노드 유사도를 계산한다. 디코더 네트워크는 $\widehat{W} = \mathrm{DEC}(\mathbf{Z}; \Theta^D) = \mathbf{Z}\mathbf{Z}^\mathsf{T}$로 쓸 수 있다.

두 경우 모두, 그래프 정칙화 손실을 최소화하여 거리 기반 및 곱 기반 방법을 위한 비지도 임베딩을 학습한다.

$$\mathcal{L}_{G,\mathrm{RECON}}(\mathbf{W}, \widehat{\mathbf{W}}; \Theta) = d_1(s(\mathbf{W}), \widehat{\mathbf{W}}) \tag{23.6}$$

여기서 $s(\mathbf{W})$는 인접 행렬 $\mathbf{W}$의 선택적인 변환이며, d_1은 행렬 사이의 쌍별 거리 함수로 d_2와 같은 형식일 필요는 없다. 앞으로 보겠지만 s, d_1, d_2를 위해 할 수 있는 선택이 많이 있다. 예를 들어 s가 인접 행렬 그 자체 $s(\mathbf{W}) = \mathbf{W}$가 되도록 하거나, 아니면 예로 $s(\mathbf{W}) = \mathbf{W}^2$과 같이 이것의 거듭제곱이 되도록 할 수 있다. 입력이 가중된 이항 행렬 $\mathbf{W} = \mathbf{A}$라면, $s(\mathbf{W}) = 1 - \mathbf{W}$라 두어 $A_{ij} = 1$인 연결된 노드가 0의 가중치(거리)를 얻도록 할 수 있다.

23.3.2 거리 기반: 유클리드법

거리 기반 방법은 비슷한 (연결된) 노드 사이의 유클리드 거리를 최소화한다. 아래에서 몇 가지 예시를 제공한다.

다차원적 스케일링MDS, Multi-Dimensional Scaling(20.4.4절)은 $s(\mathbf{W})$를 (예를 들어, 쌍별 최단 거리와 비례하는) 노드 사이의 비유사도를 측정하는 어떠한 거리 행렬로 둔 뒤 다음을 정의하는 것과 동등하다.

$$d_1(s(W), \widehat{W}) = \sum_{i,j} (s(W)_{ij} - \widehat{W}_{ij})^2 = ||s(\mathbf{W}) - \widehat{\mathbf{W}}||_F^2 \tag{23.7}$$

여기서 $\widehat{W}_{ij} = d_2(\mathbf{Z}_i, \mathbf{Z}_j) = ||\mathbf{Z}_i - \mathbf{Z}_j||$이다(그렇지만 다른 거리 행렬도 가능하다).

라플라스 고유맵 Laplacian eigenmaps(20.4.9절)은 일반화 고유벡터 문제를 풀어 임베딩을 학습한다.

$$\min_{\mathbf{Z} \in \mathbb{R}^{|V| \times d}} \text{tr}(\mathbf{Z}^\mathsf{T} \mathbf{L}\, \mathbf{Z}) \quad \text{s.t.} \quad \mathbf{Z}^\mathsf{T}\mathbf{D}\mathbf{Z} = \mathbf{I} \quad \text{그리고} \quad \mathbf{Z}^\mathsf{T}\mathbf{D}\mathbf{1} = \mathbf{0} \tag{23.8}$$

여기서 $\mathbf{L} = \mathbf{D} - \mathbf{W}$는 그래프 라플라스이며(20.4.9.2절), $\mathbf{D}$는 열에 대한 합을 각각의 행에 갖는 대각 행렬이다. 첫 번째 제약은 임베딩에서 임의의 스케일링 인자를 제거하며, 두 번째 제약은 상수 고유벡터(연결된 그래프를 위한 0의 고윳값)에 해당하는 의미 없는 해를 제거한다. 추가로, $\mathbf{Z}_i$가 $\mathbf{Z}$의 i번째 행일 때 $\text{tr}(\mathbf{Z}^\mathsf{T}\mathbf{L}\mathbf{Z}) = \frac{1}{2}\sum_{i,j} W_{ij}||\mathbf{Z}_i - \mathbf{Z}_j||_2^2$임을 주지하라. 따라서 최소화 목적 함수는 다음과 같이 그래프 재구축 항으로 동등하게 서술할 수 있다.

$$d_1(s(\mathbf{W}), \widehat{\mathbf{W}}) = \sum_{i,j} \mathbf{W}_{ij} \times \widehat{\mathbf{W}}_{ij} \tag{23.9}$$

$$\widehat{\mathbf{W}}_{ij} = d_2(\mathbf{Z}_i, \mathbf{Z}_j) = ||\mathbf{Z}_i - \mathbf{Z}_j||_2^2 \tag{23.10}$$

여기서 $s(\mathbf{W}) = \mathbf{W}$이다.

23.3.3 거리 기반: 비유클리드법

지금까지 임베딩이 유클리드 공간에 놓인다고 가정하는 방법을 논의했다. 그러나 최근 작업은 그래프 임베딩을 위해 쌍곡hyperbolic 기하를 고려한다. 특히 쌍곡 임베딩은 임베딩 트리에 이상적이며, 계층적 구조를 보이는 그래프를 위한 유클리드 기하에 흥미진진한 대안을 제공한다.

니켈Nickel과 키에라Kiela[NK17]는 쌍곡 공간의 **푸앵카레 모델**Poincaré model을 사용해 계층적 그래프의 임베딩을 학습한다. 이는 $d_2(\mathbf{Z}_i, \mathbf{Z}_j)$를 푸앵카레 거리 함수로 바꾸기만 하면 되므로 우리의 표기법에서 간단하게 나타낼 수 있다.

$$d_2(\mathbf{Z}_i, \mathbf{Z}_j) = d_{\text{Poincaré}}(\mathbf{Z}_i, \mathbf{Z}_j) = \text{arcosh}\left(1 + 2\frac{||\mathbf{Z}_i - \mathbf{Z}_j||_2^2}{(1 - ||\mathbf{Z}_i||_2^2)(1 - ||\mathbf{Z}_j||_2^2)}\right) \tag{23.11}$$

그 뒤 최적화가 연결된 노드 사이의 거리는 최소화하면서 연결되지 않은 노드 사이의 거리는 최대화하는 임베딩을 학습한다.

$$d_1(\mathbf{W}, \widehat{\mathbf{W}}) = \sum_{i,j} \mathbf{W}_{ij} \log \frac{e^{-\widehat{\mathbf{W}}_{ij}}}{\sum_{k|\mathbf{W}_{ik}=0} e^{-\widehat{\mathbf{W}}_{ik}}} \tag{23.12}$$

이때 분모는 네거티브 샘플링을 사용해 근사할 수 있다. 쌍곡 공간이 다양체 구조를 가지므로, (리만 최적화 기법을 사용해[Bon13]) 임베딩이 다양체 위에 머물도록 조심해야 한다는 점을 주지하라.

이들 방법의 다른 변형이 제안되어 왔다. 니켈과 키에라[NK18]는 쌍곡 공간의 **로런츠 모델**Lorentz model을 살펴봤으며, 이는 푸앵카레 모델보다 더 나은 수치적 안정성을 제공함을 보였다. 다른 작업은 비유클리드 임베딩을 혼합된 곡률 곱 공간으로 확장하며[Gu+18], 이는 다른 형태의 그래프 (예: 트리의 링)를 위해 더 많은 유연성을 제공한다. 마지막으로 체임벌린Chamberlain, 클로프Clough, 다이센로스Deisenroth[CCD17]의 작업은 쌍곡 내적으로 된 스킵그램 손실을 사용해 푸앵카레 임베딩을 확장한다.

23.3.4 외적 기반: 행렬 분해법

행렬 분해 접근법은 $s : \mathbb{R}^{N \times N} \to \mathbb{R}^{N \times N}$인 어떠한 유사도 행렬 $s(\mathbf{W})$의 저계수 표현을 야기하는 임베딩을 학습한다. 다음과 같은 $s(\mathbf{W}) = \mathbf{W}$, $s(\mathbf{W}) = L$(그래프 라플라스), 또는 카츠 중심성Katz centrality 지수, 공통 이웃, 또는 Adamic/Adar 지수와 같은 근접성 측정치를 주로 선택한다.

행렬 분해법 내 디코더 함수는 단지 내적일 뿐이다.

$$\widehat{\mathbf{W}} = \text{DEC}(\mathbf{Z}; \Theta^D) = \mathbf{Z}\mathbf{Z}^\mathsf{T} \tag{23.13}$$

행렬 분해법은 정칙화 손실 $\mathcal{L}_{G,\text{RECON}}(\mathbf{W}, \widehat{\mathbf{W}}; \Theta) = ||s(\mathbf{W}) - \widehat{\mathbf{W}}||_F^2$를 최소화하여 $\mathbf{Z}$를 학습한다.

[Ahm+13]의 **그래프 분해**^{GF, Graph Factorization}법은 그래프 정칙화 손실 $\mathcal{L}_{G,\text{RECON}}(\mathbf{W}, \widehat{\mathbf{W}}; \Theta) = \sum_{(v_i, v_j) \in E}(\mathbf{W}_{ij} - \widehat{\mathbf{W}}_{ij})^2$을 최소화하여 그래프의 저계수 분해를 학습한다.

$\mathbf{A}$가 이항 인접 행렬이라면(오직 $(v_i, v_j) \in E$라면(iff) $\mathbf{A}_{ij} = 1$이고, 그렇지 않으면 $\mathbf{A}_{ij} = 0$), 그래프 정칙화 손실은 프로베니우스 노름 측면에서 표현할 수 있음을 주지하라.

$$\mathcal{L}_{G,\text{RECON}}(\mathbf{W}, \widehat{\mathbf{W}}; \Theta) = ||\mathbf{A} \odot (\mathbf{W} - \widehat{\mathbf{W}})||_F^2 \tag{23.14}$$

여기서 $\odot$는 요소별 행렬 곱 연산자다. 그러므로 GF 또한 프로베니우스 노름으로 측정한 인접 행렬 W의 저계수 분해를 학습한다. 이는 희박한 연산이므로(그래프에 존재하는 에지에 대해서만 합을 한다), 방법의 연산적 복잡도가 $O(M)$임을 주지하라.

지금까지 설명한 방법은 모두 대칭적이라고, 즉 $\mathbf{W}_{ij} = \mathbf{W}_{ji}$라고 가정한다. 이는 어떤 관계는 상반적^{reciprocal}이지 않은 방향 있는 그래프로 작업할 때 제한적인 가정이 된다. [CLX15]의 **GraRep** 방법은 노드당 출처 임베딩 $\mathbf{Z}^s$와 목표 임베딩 $\mathbf{Z}^t$ 이렇게 2개의 임베딩을 학습함으로써 이러한 제한을 극복한다. 이는 방향 있는 네트워크에서의 비대칭적 근접도를 포착한다. GraRep는 비대칭성에 더해서, 각각의 $1 \le k \le K$에 대해 인접 행렬의 거듭제곱 및 그래프 재구축 오차를 다음으로 최소화하여 k-홉^{hop} 이웃을 유지하는 임베딩을 학습한다.

$$\widehat{\mathbf{W}}^{(k)} = \mathbf{Z}^{(k),s}\mathbf{Z}^{(k),t\mathsf{T}} \tag{23.15}$$

$$\mathcal{L}_{G,\text{RECON}}(\mathbf{W}, \widehat{\mathbf{W}}^{(k)}; \Theta) = ||\mathbf{D}^{-k}\mathbf{W}^k - \widehat{\mathbf{W}}^{(k)}||_F^2 \tag{23.16}$$

GraRep는 모든 표현을 접합하여 출처 임베딩 $\mathbf{Z}^s = [\mathbf{Z}^{(1),s}|\ \dots\ |\mathbf{Z}^{(K),s}]$ 그리고 목표 임베딩 $\mathbf{Z}^t = [\mathbf{Z}^{(1),t}|\ \dots\ |\mathbf{Z}^{(K),t}]$를 얻는다. 안타깝게도 GraRep는 행렬 거듭제곱 $\mathbf{D}^{-1}\mathbf{W}$를 사용하며 이를 더욱 밀집적으로 만들므로 스케일링하기가 매우 어렵다. 이 제약은 아래에서 논의하듯이 암묵적인 행렬 분해[Per+17]를 사용해 피할 수 있다.

23.3.5 외적 기반: 스킵그램법

스킵그램 그래프 임베딩 모델은 단어의 분포적인 움직임을 모델링하기 위한 자연어 처리 연구에서 영감을 받았다[Mik+13c; PSM14b]. 스킵그램 단어 임베딩은 문장 내 각 목표 단어에 대해 단어를

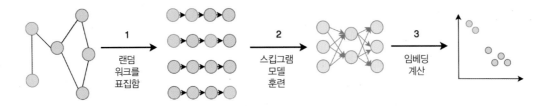

그림 23.4 랜덤 워크 그래프 임베딩 방법을 위한 파이프라인의 개요를 보여준다. 출처: [God18]

컨텍스트 내에서 예측하도록 최적화된다. 단어의 시퀀스$(w_1, \dots, w_T)$가 주어지면 스킵그램은 목적 함수를 각 목표 단어 w_k에 대해 최소화할 것이다.

$$\mathcal{L} = - \sum_{-K \le i \le K, i \ne 0} \log \mathbb{P}(w_{k-i}|w_k)$$

이들 조건부 확률은 신경망을 사용해 효율적으로 추정할 수 있다. 자세한 내용은 20.5.2.2절을 참고하라.

[PARS14]의 **DeepWalk** 프레임워크의 그래프 임베딩은 이 아이디어를 활용했다. 이들은 실제 그래프 내 랜덤 워크로 유도한 빈도 통계량이 자연어에서 쓰이는 단어의 분포와 비슷한 분포를 따르는지를 경험적으로 보여줌으로써 이를 정당화했다. GRAPHEDM 측면에서, 스킵그램 그래프 임베딩 방법은 외적(식 (23.13))을 그들의 디코더 함수로서, 그리고 그래프에서의 랜덤 워크에 대해 계산한 그래프 재구조 항으로서 사용한다.

더 자세히는, DeepWalk는 노드 임베딩을 훈련하여 각 **중심 노드**를 위한 **컨텍스트 노드**를 예측하는 확률을 최대화한다. 컨텍스트 노드는 $\mathbf{A}$에서 시뮬레이션된 랜덤 워크 내 중심 노드에 인접하게 나타나는 노드다. 임베딩을 훈련하기 위해, DeepWalk는 크래프에서 절단된 불편^{unbiased} 랜덤 워크를 사용해 자연어 모델에서의 문장과 비교해 볼 수 있는 노드 시퀀스를 생성한다. 그런 다음 이들의 로그 가능도를 최대화한다. 각 랜덤 워크는 노드 $v_{i_1} \in V$으로 시작하며 다음 노드 $v_{i_{j+1}} \in \{v \in V \mid (v_{i_j}, v) \in E\}$은 균일하게 무작위로 반복적으로 표집한다. 걸음 길이는 초매개변수다. 생성된 모든 랜덤 워크는 시퀀스 모델을 통해 인코딩할 수 있다. [PARS14]가 소개한 이러한 2단계 패러다임을 뒤따라 **node2vec**[GL16] 같은 많은 후속 작업이 나왔다.

하부 구현이 각각의 노드를 위해 2개의 구별된 표현을, 하나는 노드가 절단된 랜덤 워크의 중심일 때, 다른 하나는 이것이 컨텍스트일 때 사용하는 것이 일반적임을 언급한다. 이 모델링을 선택한 영향은 [AEHPAR17]에서 추가로 연구했다.

GRAPHEDM 프레임워크에서 DeelWalk를 나타내려면 다음과 같이 둘 수 있다.

$$s(\mathbf{W}) = \mathbb{E}_q \left[\left(\mathbf{D}^{-1}\mathbf{W} \right)^q \right] \quad \text{이때} \quad q \sim P(Q) = \text{Categorical}([1, 2, \ldots, T_{\max}]) \qquad (23.17)$$

여기서 $P(Q = q) = \frac{T_{\max} - 1 + q}{T_{\max}}$이다(유도는 [AEH+18]을 참고하라).

DeepWalk의 훈련은 다음을 최소화하는 것과 동등하다.

$$\mathcal{L}_{G,\text{RECON}}(W, \widehat{W}; \Theta) = \log Z(\mathbf{Z}) - \sum_{v_i \in V, v_j \in V} s(\mathbf{W})_{ij} \widehat{\mathbf{W}}_{ij} \qquad (23.18)$$

여기서 $\widehat{\mathbf{W}} = \mathbf{Z}\mathbf{Z}^\mathsf{T}$이며, 분할 함수는 $Z(\mathbf{Z}) = \prod_i \sum_j \exp(\widehat{\mathbf{W}}_{ij})$로 주어지고 계층적 소프트맥스를 통해 $O(N)$시간으로 근사할 수 있다(20.5.2절 참고. 방향 있는 그래프를 위해 임베딩 딕셔너리 $\mathbf{Z}_{\text{out}}, \mathbf{Z}_{\text{in}} \in \mathbb{R}^{N \times L}$을 사용해 $\widehat{\mathbf{W}} = \mathbf{Z}_{\text{out}}\mathbf{Z}_{\text{in}}^\mathsf{T}$를 모델링하는 것 또한 일반적이다).

[LG14]에서 언급했듯이 스킵그램법은 암묵적 행렬 분해로 볼 수 있으며, 여기서 논의한 방법은 이들 행렬 분해와 관련이 있다(23.3.4절 참고). 이러한 관계는 [Qiu+18]에 자세히 논의되어 있다. 이들은 DeepWalk, LINE[Tan+15], node2vec[GL16]과 같은 동일한 하부 그래프 인접도 정보를 사용하는 일반 행렬 분해 프레임워크인 NetMF를 제안했다. 노드 임베딩 문제를 행렬 분해로 캐스팅하면 효율적인 희박 행렬 연산의 이점을 상속할 수 있다[Qiu+19a].

23.3.6 지도적 임베딩

많은 응용에서, 라벨링된 데이터에 더해 노드 특성 및 그래프 구조가 있다. 먼저 비지도적 표현을 학습한 뒤 이들을 두 번째 모델의 특성으로 사용해 지도적 과제를 다루는 것이 가능하지만, 이는 이상적인 작업 흐름이 아니다. 비지도적 노드 임베딩은 다운스트림 지도적 과제에 가장 유용한 그래프의 중요한 속성(예: 노드 이웃 또는 특질)을 유지하지 못할 수도 있다.

이러한 한계하에서 이 두 단계를, 즉 임베딩 학습과 노드 또는 그래프 라벨의 예측을 조합하는 다수의 방법이 제안되어 왔다. 여기서는 단순한 얕은 방법에 집중한다. 깊은 비선형 임베딩은 나중에 논의한다.

23.3.6.1 라벨 전파

라벨 전파[LP, Label Propagation][ZG02]는 그래프 기반 준지도 노드 분류를 위한 매우 인기 있는 알고리듬이다. 인코더는 룩업 테이블 $\mathbf{Z}$로 나타내는 얕은 모델이다. LP는 라벨 공간을 사용해 노드 임베딩을 직업 나타낸다(즉, LP에서의 디코더는 단순히 항등 함수다).

$$\hat{y}^N = \mathrm{DEC}(\mathbf{Z}; \Theta^C) = \mathbf{Z}$$

특히, LP는 그래프 구조를 사용해 그래프에 대한 라벨 분포를 평활화한다. 이는 이웃 노드가 비슷한 라벨을 가져야 한다는 하부적인 가정을 사용해(즉, 연결된 노드 사이에는 어떠한 라벨 일관성이 존재한다), 손실 함수에 정칙화 항을 추가함으로써 한다. 라플라스 고유맵을 정칙화에 활용하여 이러한 평활성을 강제한다.

$$\mathcal{L}_{G,\mathrm{RECON}}(\mathbf{W}, \widehat{\mathbf{W}}; \Theta) = \sum_{i,j} \mathbf{W}_{ij} \|y_i^N - \hat{y}_j^N\|_2^2 \tag{23.19}$$

LP는 이러한 에너지 함수를 함수의 공간에 대해 최소화한다. 이 함수는 언라벨링된 노드의 라벨 분포를 그 이웃 라벨의 가중 평균을 통해 업데이트하는 반복적인 알고리듬을 사용해 라벨링된 노드에 고정된 값을 받는다(즉, $\hat{y}_i^N = y_i^N \ \forall i | v_i \in V_L$).

라벨 퍼짐[LS, Label Spreading][Zho+04]은 라벨 전파의 변형으로, 다음의 에너지 함수를 최소화한다.

$$\mathcal{L}_{G,\mathrm{RECON}}(\mathbf{W}, \widehat{\mathbf{W}}; \Theta) = \sum_{i,j} \mathbf{W}_{ij} \left\| \frac{\hat{y}_i^N}{\sqrt{D_i}} - \frac{\hat{y}_j^N}{\sqrt{D_j}} \right\|_2^2 \tag{23.20}$$

여기서 $D_i = \sum_j W_{ij}$는 노드 v_i의 차수다.

두 방법 모두에서 지도적 손실은 예측된 라벨과 정답 라벨(원핫 벡터) 사이의 거리를 단순히 합한 것이다.

$$\mathcal{L}_{\mathrm{SUP}}^N(y^N, \hat{y}^N; \Theta) = \sum_{i | v_i \in V_L} \|y_i^N - \hat{y}_i^N\|_2^2 \tag{23.21}$$

정칙화 항이 그래프 내 모든 노드에 대해 계산되는 한편, 지도적 손실은 라벨링된 노드에 대해서만 계산됨을 주지하라. 이들 방법은 그래프 내 노드 근접도가 라벨 유사도와 양의 상관관계를 갖는 그래프인 일관적인[consistent] 그래프에서 잘 동작하는 것으로 기대된다.

23.4 그래프 신경망

연구의 폭넓은 분야에서 그래프 데이터에서의 합성곱 정의에 집중하고 있다. 차미 등[Cha+21]의 표기법에서 이들 (준)지도 이웃 병합 방법은 $\mathbf{Z} = \mathrm{ENC}(\mathbf{X}, \mathbf{W}; \Theta^E)$ 형식의 인코더, 그리고 $\widehat{\mathbf{W}} = \mathrm{DEC}(\mathbf{Z}; \Theta^D)$ 형식의 디코더 그리고/또는 $\hat{y}^S = \mathrm{DEC}(\mathbf{Z}; \Theta^S)$로 나타낼 수 있다. 이러한 계열에는 많은 모델이 존재한다. 그중 일부를 아래에서 살펴본다.

23.4.1 메시지 전달 GNN

[GMS05; Sca+09]의 본래 **그래프 신경망**GNN, Graph Neural Network 모델은 그래프 구조 데이터를 위한 딥러닝 방법을 첫 번째로 형식화한 것이었다. 이는 지도적 그래프 임베딩 문제를 노드가 그들의 이웃에 정보를 어떠한 안정된 균형 상태에 도달할 때까지 전송하는 정보 확산 메커니즘으로 본다. 더 정확하게는, 무작위로 초기화한 노드 임베딩 $\mathbf{Z}^0$가 주어졌을 때 다음의 재귀를 적용한다.

$$\mathbf{Z}^{t+1} = \mathrm{ENC}(\mathbf{X}, \mathbf{W}, \mathbf{Z}^t; \Theta^E) \tag{23.22}$$

여기서 모수 Θ^E는 반복마다 재사용한다. 수렴 후에($t = T$), 노드 임베딩 $\mathbf{Z}^T$를 사용해 노드 또는 그래프 라벨과 같은 최종 출력을 예측한다.

$$\hat{y}^S = \mathrm{DEC}(\mathbf{X}, \mathbf{Z}^T; \Theta^S) \tag{23.23}$$

이 과정은 여러 번 반복되며, GNN 모수 Θ^E와 Θ^D는 알메다-피네다Almeda-Pineda 알고리듬[Alm87; Pin88]을 통해 역전파로 학습한다. 바나흐의 고정점 정리Banach's fixed point theorem에 의해, 이 과정은 재귀가 수축 매핑을 제공할 때 고유한 해로 수렴함을 보장한다. 이러한 측면에서 스카셀리Scarselli 등[Sca+09]은 메시지 전달 네트워크를 사용해 표현할 수 있는 맵을 살펴본다.

$$\mathbf{Z}_i^{t+1} = \sum_{j|(v_i, v_j) \in E} f(\mathbf{X}_i, \mathbf{X}_j, \mathbf{Z}_j^t; \Theta^E) \tag{23.24}$$

여기서 $f(\cdot)$는 수축 매핑이 되도록 제약된 다층 퍼셉트론MLP이다. 그러나 디코더 함수는 제약이 없으며 어떤 MLP든 될 수 있다.

리니 등[Li+15]은 **게이트 그래프 시퀀스 신경망**GGSNN, Gated Graph Sequence Neural Network을 제안한다. 이

는 GNN에서 수축 매핑 요구사항을 제거한다. GGSNN에서 식 (23.22)의 재귀 알고리듬은 매핑 함수를 고정된 숫자의 단계로 적용하는 것으로 완화되며, 이때 각 매핑 함수는 모수가 매 반복마다 공유되는 게이트 순환 유닛[Cho+14b]이다. GGSNN 모델은 예측을 매 단계마다 출력하므로 (시간적temporal 그래프 같은) 순차적 구조에서 특히 유용하다.

길머Gilmer 등[Gil+17]은 **메시지 전달 신경망**MPNN, Message Passing Neural Network이라 부르는 그래프 신경망을 위한 프레임워크를 제공한다. 이는 많은 최근 모델을 캡슐화하고 있다. 무한한 수의 반복으로 실행하는 GNN 모델과 반대로, MPNN은 고정된 숫자의 층으로 된 다층 신경망으로 구성되는 현대적인 접근법을 위한 추상화를 제공한다. 층 ℓ마다 메시지 함수 $f^\ell(.)$이 (이웃의 은닉 상태에 기반하여) 이웃으로부터 메시지를 받고, 이는 그 뒤 병합 함수 $h^\ell(.)$에 전달한다.

$$\mathbf{m}_i^{\ell+1} = \sum_{j|(v_i,v_j)\in E} f^\ell(\mathbf{H}_i^\ell, \mathbf{H}_j^\ell) \tag{23.25}$$

$$\mathbf{H}_i^{\ell+1} = h^\ell(\mathbf{H}_i^\ell, \mathbf{m}_i^{\ell+1}) \tag{23.26}$$

여기서 $\mathbf{H}^0 = \mathbf{X}$이다. ℓ개 층의 메시지 전달 후에, 노드의 은닉 표현은 정보를 ℓ홉 이웃 내에 인코딩한다.

바타글리아Battaglia 등[Bat+18]은 MPNN 프레임워크를 추가로 확장하여 에지, 노드, 그리고 전체 그래프를 위한 표현을 메시지 전달 함수를 사용해 학습하는 **GraphNet**을 제안한다. 에지와 그래프 표현의 명시적 추가는 MPNN 모델에 추가적인 표현성을 더해주며, 그래프 모델을 추가적인 도메인에 적용할 수 있게 해준다.

23.4.2 스펙트럼 그래프 합성곱

스펙트럼 방법은 그래프 라플라스 행렬의 스펙트럼 도메인을 사용해 그래프 합성곱을 정의한다. 이들 방법은 대체로 2개의 범주, 라플라스의 고유값 분해를 명시적으로 계산하는 **스펙트럼 기반 방법**spectrum-based method(예: **스펙트럼 CNN**spectral CNN[Bru+14]), 그리고 스펙트럼 그래프 이론으로부터 동기를 받았지만 실제로는 스펙트럼 분해를 수행하지는 않는 **스펙트럼 자유**spectrum-free 방법에 속한다(예: **그래프 합성곱 네트워크**GCN, Graph Convolutional Network[KW16a]).

스펙트럼 기반 방법의 주된 단점은 이들이 그래프 라플라스의 스펙트럼에 의존하며 따라서 도메인 의존적이라는 것이다(즉, 새로운 그래프로 일반화할 수 없다). 게다가 라플라스의 스펙트럼 분해 계산은 연산적으로 비싸다. 스펙트럼 자유 방법은 이들 스펙트럼 필터의 근사를 활용하여 이들 한계를 극복한다. 그러나 스펙트럼 자유 방법은 전체 그래프 $\mathbf{W}$의 사용을 필요로 하므로, 스케일링이 잘되지 않는다.

스펙트럼 접근법에 관한 자세한 내용은 [Bro+17b; Cha+21]을 참고하라.

23.4.3 공간적 그래프 합성곱

스펙트럼 기반 방법은 내재적인 도메인 의존성을 가지며, 이는 한 그래프에서 훈련시킨 모델을 새로운 데이터셋에 적용하는 것을 제한한다. 게다가 스펙트럼 자유 방법(예: GCN)은 전체 그래프 $\mathbf{A}$의 사용을 필요로 하며, 이는 그래프의 크기가 커짐에 따라 빠르게 불가능해질 수 있다.

이러한 제한을 극복하기 위해, 또 다른 브랜치의 그래프 합성곱(공간적 방법)은 표준적인 CNN으로부터 아이디어를 빌려온다. 즉, 그래프 토폴로지를 통해 정의된 공간적 도메인에 합성곱을 적용한다. 예를 들어, 컴퓨터 비전에서 합성곱 필터는 각 픽셀 주변의 고정된 직사각형 패치를 사용해 공간적으로 국소화된다. 이미지 내 픽셀의 자연스러운 순서(상단, 좌측, 하단, 우측)와의 조합을 통해, 위치마다 필터의 가중치를 재사용하는 것이 가능하다. 이들 과정은 모델이 필요한 모수의 전체 개수를 상당히 줄인다. 이러한 공간적 합성곱을 그래프 도메인에 직접 적용할 수는 없지만, 공간적 그래프 합성곱은 이로부터 영감을 얻는다. 핵심적인 아이디어는 이웃 표집neighborhood sampling 그리고 어텐션 메커니즘attention mechanism을 사용해 그래프의 비정칙성irregularity을 극복하는 고정된 크기의 그래프 패치를 만드는 것이다.

23.4.3.1 표집 기반 공간적 방법

GCN의 도메인 의존성과 저장 한계를 극복하기 위해, 해밀턴Hamilton, 밍Ying, 레스코벡Leskovec [HYL17]은 귀납적인 노드 임베딩을 학습하기 위한 프레임워크인 **GraphSAGE**를 제안했다. 모든 1홉 이웃으로부터의 신호를 평균하는 대신에(라플라스 행렬과의 곱을 통해), SAGE는 각 노드를 위해 (크기 q의) 고정된 이웃을 표집한다. 이는 고정된 그래프 구조에 대한 강한 의존성을 제거하며 새로운 그래프로의 일반화를 허용해 준다. SAGE 층마다, 노드가 그들의 이웃으로부터 표집한 노드로부터의 정보를 병합한다(그림 23.5 참고). GraphEDM 표기법에서 전파 규칙은 다음과 같이 쓸 수

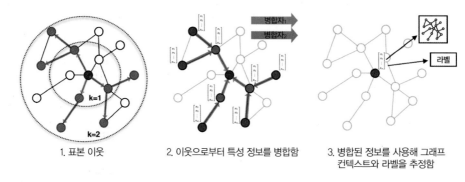

그림 23.5 GraphSAGE 모델을 보여준다. 출처: [HYL17]

있다.

$$\mathbf{H}^{\ell+1}_{:,i} = \sigma(\Theta^\ell_1 \mathbf{H}^\ell_{:,i} + \Theta^\ell_2 \mathrm{AGG}(\{\mathbf{H}^\ell_{:,j} \mid v_j \in \mathrm{Sample}(\mathrm{nbr}(v_i), q)\})) \tag{23.27}$$

여기서 $\mathrm{AGG}(\cdot)$는 병합 함수다. 이 병합 함수는 평균(SAGE-mean) 또는 맥스풀링(SAGE-pool)과 같은 어떠한 치환 불변 연산자든지 될 수 있다. SAGE가 고정된 크기의 이웃으로(그리고 전체 근접도 행렬이 아닌) 작업을 하므로, 이는 또한 GCN 훈련의 연산 복잡도를 줄인다.

23.4.3.2 어텐션 기반 공간적 방법

어텐션 메커니즘(15.4절)은 언어 모델에서 성공적으로 쓰여왔다. 이들은 모델이 긴 시퀀스 입력에서 유의미한 부분을 식별할 수 있도록 했다. 언어에서의 이들의 성공에 영감을 받아, 비슷한 아이디어가 그래프 합성곱 네트워크를 위해 제안되어 왔다. 이러한 그래프 기반 어텐션 모델은 메시지 전달 단계 동안 노드 특성의 상단에서 학습한 모수적 패치를 통해 그들의 어텐션을 중요한 이웃에 집중하는 방법을 학습한다. 이는 GCN 같은 고정된 가중치에 의존하는 방법과 비교하여, 귀납적 설정에서 유연성을 더욱 제공해 준다.

[Vel+18]의 **그래프 어텐션 네트워크**GAT, Graph Attention Network 모델은 GCN의 어텐션 기반 버전이다. 각 GAT 층에서 이는 각 노드의 이웃에 주의를 기울여 어떠한 다운스트림 과제를 위한 가장 좋은 성능을 이끌어 내는 노드를 선택적으로 고르는 것을 학습한다. 이것의 이면에 있는 직관은 SAGE와 비슷하며[HYL17] GAT를 귀납적 및 전환적 문제에 적합하도록 만들어 준다. 그러나 합성곱 단계를 고정된 크기의 이웃으로 제한하는 SAGE와는 다르게, GAT는 각 노드가 전체 이웃에 주의를

기울이는 것을 허용한다. 즉, 각각의 이웃에 서로 다른 가중치를 할당한다. 어텐션 모수는 역전파를 통해 훈련하며 그 뒤 어텐션 점수는 소프트맥스 활성화로 행 정규화된다.

23.4.3.3 기하학적 공간적 방법

몬티^{Monti} 등[Mon+17]은 노드 특성이 3차원의 점구름$^{point\ cloud}$ 또는 메시^{mesh}와 같은 기하학적 공간에 놓일 때 특히 잘 동작하는 일반적인 프레임워크인 **MoNet**을 제안한다. MoNet은 사전 정의된 공간적 도메인(예: 공간적 좌표)에서 모수적인 함수를 사용해 어텐션 패치를 학습한 뒤, 결과 그래프 도메인에 합성곱 필터를 적용한다.

MoNet은 측지적 CNN$^{GCNN,\ Geodesic\ CNN}$[Mas+15] 그리고 비등방성 CNN$^{ACNN,\ Anisotropic\ CNN}$ [Bos+16]과 같이 다양체에서의 합성곱 구축을 도입하는 공간적 접근법을 일반화한다. GCNN과 ACNN 모두 특정한 좌표계에서 정의된 고정된 패치를 사용하므로 그래프 구조 데이터로 일반화할 수 없다. 그러나 MoNet 프레임워크는 더욱 일반적이다. 어떠한 유사 좌표$^{pseudo-coordinate}$(즉, 노드 특성)든지 패치를 유도하는 데 쓸 수 있다. 더욱 형식적으로는, $\mathbf{U}^s$가 유사 좌표이며 $\mathbf{H}^\ell$가 다른 도메인으로부터의 특성이라면 MoNet 층은 우리 표기법에서 다음과 같이 표현할 수 있다.

$$\mathbf{H}^{\ell+1} = \sigma\left(\sum_{k=1}^{K}(\mathbf{W} \odot g_k(\mathbf{U}^s))\mathbf{H}^\ell\Theta_k^\ell\right) \tag{23.28}$$

여기서 $g_k(U^s)$는 학습한 모수적 패치로, $N \times N$ 행렬이다. 실제로 MoNet은 패치 학습을 위해 다음과 같은 가우스 커널을 사용한다.

$$g_k(\mathbf{U}^s) = \exp\left(-\frac{1}{2}(\mathbf{U}^s - \boldsymbol{\mu}_k)^\mathsf{T}\boldsymbol{\Sigma}_k^{-1}(\mathbf{U}^s - \boldsymbol{\mu}_k)\right) \tag{23.29}$$

여기서 $\boldsymbol{\mu}_k$와 $\boldsymbol{\Sigma}_k$는 학습한 모수이며, $\boldsymbol{\Sigma}_k$는 대각이 되도록 제한한다.

23.4.4 비유클리드 그래프 합성곱

23.3.3절에서 논의하듯이, 쌍곡 기하적 구조는 유클리드 임베딩보다 왜곡이 작은 계층적 그래프의 얕은 임베딩을 학습할 수 있게 해준다. 그러나 얕은 임베딩의 주된 약점은 교차 그래프를 (한다 하더

(a) GCN 층   (b) HGCN 층

그림 23.6 트리 그래프의 유클리드 임베딩(왼쪽)과 쌍곡 임베딩(오른쪽). 쌍곡 임베딩은 임베딩 공간 내 자연적인 계층을 학습한다(깊이는 색깔로 나타낸다). 출처: [Cha+19a]

라도) 잘 일반화하지 못한다는 것이다. 반면에 노드 특성을 활용하는 그래프 신경망은 많은 귀납적 그래프 임베딩 과제에서 좋은 결과를 달성했다.

따라서 자연스럽게 그래프 신경망이 비유클리드 임베딩을 학습하도록 확장하는 것에 최근 관심이 있었다. 이를 함에 있어서 한 가지 중대한 문제는 또다시 합성곱 그 자체의 성질에 기인한다. 내적과 행렬 곱 같은 표준적인 연산이 정의되지 않는 비유클리드 공간에서 어떻게 합성곱을 수행해야 할까?

쌍곡 그래프 합성곱 네트워크^{HGCN, Hyperbolic Graph Convolution Networks}[Cha+19a] 그리고 쌍곡 그래프 신경망^{HGNN, Hyperbolic Graph Neural Networks}[LNK19]은 한 점에서 쌍곡 다양체의 일계 근사를 제공하는 유클리드 탄젠트 공간을 활용하여 쌍곡 공간에서 그래프 합성곱을 적용한다. 그래프 합성곱 단계마다 노드 임베딩이 유클리드 탄젠트 공간으로 원점에서 매핑되고, 이때 합성곱이 적용되며, 그 뒤 쌍곡 공간으로 다시 매핑된다. 이들 접근법은 계층적 구조를 보이는 그래프에서 상당한 개선을 보여준다(그림 23.6).

23.5 심층 그래프 임베딩

이 절에서는 그래프 신경망을 사용해 비지도적 그리고 준지도적인 경우에서의 그래프 임베딩을 고안한다.

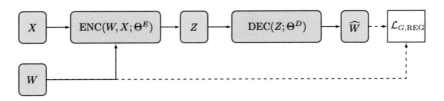

그림 23.7 비지도 그래프 신경망. 그래프 구조 및 입력 특성은 그래프 신경망 인코더를 사용해 저차원적 임베딩으로 매핑된다. 그 뒤 그래프 정칙화 손실(비지도적)을 계산하기 위해 임베딩이 디코딩된다. 출처: [Cha+19a]

23.5.1 비지도적 임베딩

이 절에서는 그림 23.7에서 보여주듯이 GNN을 위한 비지도적 손실을 논의한다.

23.5.1.1 구조적 심층 네트워크 임베딩

[WCZ16]의 **구조적 심층 네트워크 임베딩**SDNE, Structural Deep Network Embedding은 일계 및 이계 노드 근접도를 보존하는 오토인코더를 사용한다. SDNE 인코더는 인접 행렬을 입력으로 받으며($s(\mathbf{W}) = \mathbf{W}$라 두어) 노드 임베딩 $\mathbf{Z} = \mathrm{ENC}(\mathbf{W}; \theta^E)$를 만들어 낸다(이는 어떠한 노드 특성이든지 무시함을 주지하라). SDNE 디코더는 원본 그래프 인접 행렬을 다시 얻기 위해 훈련된 재구축 $\widehat{\mathbf{W}} = \mathrm{DEC}(\mathbf{Z}; \Theta^D)$를 반환한다. SDNE는 다음의 손실을 최소화하여 이계 노드 근접도를 보존한다.

$$||(s(\mathbf{W}) - \widehat{\mathbf{W}}) \cdot \mathbb{I}(s(\mathbf{W}) > 0)||_F^2 + \alpha_{\mathrm{SDNE}} \sum_{ij} s(\mathbf{W})_{ij} ||\mathbf{Z}_i - \mathbf{Z}_j||_2^2 \tag{23.30}$$

첫 번째 항은 외적을 사용해 $\widehat{\mathbf{W}}$를 계산한다는 것을 제외하고 행렬 분해 정칙화 목적 함수와 비슷하다. 두 번째 항은 거리 기반 얕은 임베딩 방법에 의해 사용된다.

23.5.1.2 (변분) 그래프 오토인코더

키프Kipf와 웰링Welling[KW16b]은 그래프 합성곱(23.4.2절)을 사용해 노드 임베딩 $\mathbf{Z} = \mathrm{GCN}(\mathbf{W}, \mathbf{X}; \Theta^E)$를 학습한다. 디코더는 외적 $\mathrm{DEC}(\mathbf{Z}; \Theta^D) = \mathbf{Z}\mathbf{Z}^\mathsf{T}$이다. 그래프 재구축 항은 참인 인접도와 예측된 에지 유사도 점수 사이의 시그모이드 교차 엔트로피다.

$$\mathcal{L}_{G,\text{RECON}}(\mathbf{W}, \widehat{\mathbf{W}}; \Theta) = -\left(\sum_{i,j} (1 - \mathbf{W}_{ij}) \log(1 - \sigma(\widehat{\mathbf{W}}_{ij})) + \mathbf{W}_{ij} \log \sigma(\widehat{\mathbf{W}}_{ij}) \right) \quad (23.31)$$

모든 가능한 노드 쌍에 대해 정칙화 항을 계산하는 것은 실제로 연산적으로 어려운 일이므로, 그래프 오토인코더GAE, Graph Auto Encoders 모델은 네거티브 샘플링을 사용해 이러한 문제를 극복한다.

GAE가 결정론적인 모델인 가운데, 저자는 또한 그래프 구조를 인코딩 및 디코딩하는 데 (20.3.5절에서와 같이) 변분 오토인코더에 의존하는 변분 그래프 오토인코더VGAE, Variational Graph Auto-Encoder를 소개한다. VGAE에서 임베딩 $\mathbf{Z}$는 표준적인 다변량 정규 사전 분포 $p(\mathbf{Z}) = \mathcal{N}(\mathbf{Z}|\mathbf{0}, \mathbf{I})$를 갖는 잠재 변수로 모델링되며, 그래프 합성곱은 상각된amortized 추론 네트워크 $q_\Phi(\mathbf{Z}|\mathbf{W}, \mathbf{X})$로 쓰인다. 모델은 해당 음성 증거 하계negative evidence lower bound를 최소화하여 훈련시킨다.

$$\text{NELBO}(\mathbf{W}, \mathbf{X}; \Theta) = -\mathbb{E}_{q_\Phi(\mathbf{Z}|\mathbf{W},\mathbf{X})}[\log p(\mathbf{W}|\mathbf{Z})] + \text{KL}(q_\Phi(\mathbf{Z}|\mathbf{W}, \mathbf{X})||p(\mathbf{Z})) \quad (23.32)$$

$$= \mathcal{L}_{G,\text{RECON}}(\mathbf{W}, \widehat{\mathbf{W}}; \Theta) + \text{KL}(q_\Phi(\mathbf{Z}|\mathbf{W}, \mathbf{X})||p(\mathbf{Z})) \quad (23.33)$$

23.5.1.3 그래프의 반복적인 생성 모델링(그래파이트)

[GZE19]의 **그래파이트**graphite 모델은 더욱 복잡한 디코더를 도입하여 GAE와 VGAE를 확장한다. 이 디코더는 쌍별 디코딩 함수와 그래프 합성곱을 다음과 같이 반복한다.

$$\widehat{\mathbf{W}}^{(k)} = \frac{\mathbf{Z}^{(k)}\mathbf{Z}^{(k)\mathsf{T}}}{||\mathbf{Z}^{(k)}||_2^2} + \frac{\mathbf{11}^\mathsf{T}}{N}$$
$$\mathbf{Z}^{(k+1)} = \text{GCN}(\widehat{\mathbf{W}}^{(k)}, \mathbf{Z}^{(k)})$$

여기서 $\mathbf{Z}^{(0)}$는 인코더 네트워크의 출력을 사용해 초기화한다. 이 과정은 그래파이트가 더욱 표현적인 디코더를 학습할 수 있게 해준다. 마지막으로, 그래파이트는 GAE와 유사하게 결정론적이거나 변분적일 수 있다.

23.5.1.4 대조적 손실에 기반한 방법

[Vel+19]의 **심층 그래프 인포맥스**deep graph infomax는 그래프 수준 임베딩을 만들기 위한 GAN 같은 방법이다. 각각 인접 행렬 $\mathbf{W} \in \mathbb{R}^{N \times N}$와 노드 특성 $\mathbf{X} \in \mathbb{R}^{N \times D}$를 갖는 하나 이상의 진짜(양성) 그래프

가 주어졌을 때, 이 방법은 가짜(음성) 인접 행렬 $\mathbf{W}^- \in \mathbb{R}^{N^- \times N^-}$ 그리고 그들의 특성 $X^- \in \mathbb{R}^{N^- \times D}$ 를 만들어 낸다. 이는 (i) 진짜 및 가짜 표본 모두를 처리하는, 각각 $Z = \mathrm{ENC}(\mathbf{X}, \mathbf{W}; \Theta^E) \in \mathbb{R}^{N \times L}$ 그리고 $\mathbf{Z}^- = \mathrm{ENC}(\mathbf{X}^-, \mathbf{W}^-; \Theta^E) \in \mathbb{R}^{N^- \times L}$가 되는 인코더, (ii) 읽기^{readout} 그래프 풀링 함수 $\mathcal{R}$: $\mathbb{R}^{N \times L} \to \mathbb{R}^L$, 그리고 (iii) 주어진 그래프 $i \in V$ 그리고 가짜 그래프 $j \in V^-$에 해당하는 노드를 위해, 각각 $\mathcal{D}(\mathbf{Z}_i, \mathcal{R}(\mathbf{Z})) \approx 1$과 $\mathcal{D}(\mathbf{Z}_j^-, \mathcal{R}(\mathbf{Z}^-)) \approx 0$을 출력하도록 훈련되는 구별자^{discriminator} 함수 $\mathcal{D} : \mathbb{R}^L \times \mathbb{R}^L \to [0, 1]$을 훈련시킨다. 구체적으로, DGI는 다음을 최적화한다.

$$\min_{\Theta} - \mathop{\mathbb{E}}_{\mathbf{X}, \mathbf{W}} \sum_{i=1}^{N} \log \mathcal{D}(\mathbf{Z}_i, \mathcal{R}(\mathbf{Z})) - \mathop{\mathbb{E}}_{\mathbf{X}^-, \mathbf{W}^-} \sum_{j=1}^{N^-} \log \left(1 - \mathcal{D}(\mathbf{Z}_j^-, \mathcal{R}(\mathbf{Z}^-)) \right) \tag{23.34}$$

여기서 Θ는 Θ^E 그리고 $\mathcal{R}$, $\mathcal{D}$의 모수를 갖는다. 첫 번째 기댓값에서, DGI는 진짜(양성) 그래프로부터 표집을 한다. 오직 하나의 그래프가 주어진다면, 이로부터 어떠한 부분그래프를 표집할 수도 있다(예를 들어 연결된 성분). 두 번째 기댓값은 가짜(음성) 그래프를 표집한다. DGI에서 가짜 표본은 진짜 인접도 $W^- := W$를 사용하지만 가짜 특성 X^-는 진짜 X의 행별 무작위 치환이다. DGI에서 쓰이는 ENC는 그래프 합성곱 네트워크이지만, 어떤 GNN이든지 사용할 수 있다. 읽기^{readout} $\mathcal{R}$ 은 전체 (가변 크기) 그래프를 하나의 (고정된 차원) 벡터로 요약한다. 벨리코비치^{Veličković} 등[Vel+19] 은 $\mathcal{R}$을 행별 평균으로 사용하지만, 다른 그래프 풀링을, 예를 들어 인접도를 알고 있는 것을 사용할 수도 있다.

식 (23.34)의 최적화는 [Vel+19]가 보여주며, 이는 인코더의 출력과 그래프 풀링 함수 사이의, 즉 개별 노드 표현과 그래프 표현 사이의 상호 정보의 하계를 최대화한다.

[Pen+20]에서 이들은 **그래프 상호 정보**^{GMI, Graphical Mutual Information}라는 변형을 제시한다. 노드 정보와 전체 그래프의 상호 정보를 최대화하는 대신에, GMI는 노드의 표현과 그 이웃 사이의 상호 정보를 최대화한다.

23.5.2 준지도 임베딩

이 절은 GNN을 위한 준지도 손실을 논의한다. 노드 특성의 비선형 인코더를 사용하지만 그래프 구조를 무시하는, 즉 $\mathbf{Z} = \mathrm{ENC}(\mathbf{X}; \Theta^E)$를 사용하는 단순한 특별한 경우를 고려한다.

23.5.2.1 SemiEmb

[WRC08]은 준지도 임베딩$^{\text{SemiEmb, Semi-supervised Embeddings}}$이라는 접근법을 제안한다. 이들은 $\mathbf{X}$의 인코더를 위해 MLP를 사용한다. 디코더를 위해서는 거리 기반 그래프 디코더 $\widehat{\mathbf{W}}_{ij} = \text{DEC}(\mathbf{Z}; \Theta^D)_{ij}$ $= ||\mathbf{Z}_i - \mathbf{Z}_j||^2$을 사용할 수 있으며, 여기서 $|| \cdot ||$는 L2 또는 L1 노름일 수 있다.

SemiEmb는 식 (23.19)의 라벨 전파 손실과 같은 정칙자를 사용해 네트워크 내 중간적인 층 또는 보조적인 층을 정칙화한다. SemiEmb은 피드포워드 네트워크를 사용해 중간 임베딩으로부터 라벨을 예측하며, 그 뒤 이를 힌지 손실을 사용해 정답 라벨과 비교한다.

23.5.2.2 미행성

DeepWalk와 node2vec 같은 비지도적 스킵그램 방법은 그래프로부터 랜덤 워크를 먼저 만든 뒤 임베딩을 학습하는 데 사용하는 다중 단계 파이프라인에서 임베딩을 학습한다. 이들 임베딩은 다운스트림 분류 과제에 최적이지 않을 가능성이 있다. [YCS16]의 **미행성**^{Planetoid} 방법은 이러한 랜덤 워크 방법을 확정하여 임베딩 알고리듬 동안 노드 라벨 정보를 활용한다.

미행성은 먼저 신경망을 사용해 노드를 임베딩 $\mathbf{Z} = [\mathbf{Z}^c || \mathbf{Z}^F] = \text{ENC}(\mathbf{X}; \Theta^E)$로 매핑한다(그래프 구조는 또다시 무시함). 노드 임베딩 $\mathbf{Z}^c$는 구조적 정보를 포착하는 한편 노드 임베딩 $\mathbf{Z}^F$는 특성 정보를 포착한다. 변형에는 두 가지, 즉 $\mathbf{Z}^c$를 (임베딩 룩업으로서) 직접 학습하는 전환적 버전 그리고 $\mathbf{Z}^c$가 입력 특성 $\mathbf{X}$에 영향을 주는 모수적 매핑과 함께 계산되는 귀납적 모델이 존재한다. 그래프 정칙화 손실은 노드 임베딩을 사용해 컨텍스트를 예측하는 능력을 측정한다.

$$\mathcal{L}_{G,\text{RECON}}(\mathbf{W}, \widehat{\mathbf{W}}; \Theta) = -\mathbb{E}_{(i,j,\gamma)} \log \sigma \left(\gamma \widehat{\mathbf{W}}_{ij} \right) \tag{23.35}$$

여기서 $\widehat{\mathbf{W}}_{ij} = \mathbf{Z}_i^\top \mathbf{Z}_j$이고 $\gamma \in \{-1, 1\}$는 $(v_i, v_j) \in E$가 양성의 쌍이면 $\gamma = 1$이고 (v_i, v_j)가 음성의 쌍이면 $\gamma = -1$이다. 기댓값 안의 분포는 표집 과정을 통해 직접 정의한다.

미행성에서의 지도적 손실은 올바른 라벨을 예측하는 데 대한 음의 로그 가능도다.

$$\mathcal{L}_{\text{SUP}}^N(y^N, \widehat{y}^N; \Theta) = -\frac{1}{|V_L|} \sum_{i | v_i \in V_L} \sum_{1 \le k \le C} y_{ik}^N \log \widehat{y}_{ik}^N \tag{23.36}$$

여기서 k가 라벨 클래스를 가리킬 때 i는 노드의 인덱스이며, $\widehat{y}_i^N$는 $\mathbf{Z}_i$를 예측된 라벨로 매핑하는, 신경망 다음에 오는 소프트맥스 활성화를 사용해 계산한다.

23.6 응용

그래프 임베딩은 비지도적이거나 지도적인 많은 응용이 존재한다. 아래 절에서 몇 가지 예시를 제공한다.

23.6.1 비지도적 응용

이 절에서는 일반적인 비지도적 응용을 논의한다.

23.6.1.1 그래프 재구축

인기 있는 비지도적 그래프 응용은 그래프 재구축이다. 이러한 설정에서 목표는 노드를 그래프를 재구축할 수 있는 다양체 위로 매핑하는 매핑 함수(이는 모수적이거나 그렇지 않을 수 있음)를 학습하는 것이다. 이는 그래프 구조 너머에 감독이 존재하지 않는다는 측면에서 비지도적이라 간주한다. 모델은 학습된 임베딩으로부터 원본 그래프를 다시 얻을 때의 오차인 재구축 오차를 최소화함으로써 훈련시킬 수 있다. 몇 가지 알고리듬이 특히 이러한 과제를 위해 디자인됐으며, 23.3.1절과 23.5.1절에서 재구축 목적 함수의 몇 가지 예시를 언급했다. 고수준에서 보면, 그래프 재구축은 주된 목표가 어떠한 입력 데이터를 저차원적 임베딩으로 요약하는 것이라는 측면에서 차원성 축소와 유사하다. 표준적인 차원성 축소법(예: PCA)과 같이 고차원적 벡터를 저차원적인 것으로 압축하는 대신에, 그래프 재구축 모델의 목표는 그래프에서 정의된 데이터를 저차원적 벡터로 압축하는 것이다.

23.6.1.2 링크 예측

링크 예측link prediction의 목표는 결측 링크 또는 미관측된 링크(예: 동적인 네트워크 및 시간적 네트워크에서 미래에 나타날 수도 있는 링크)를 예측하는 것이다. 링크 예측은 또한 허위적인 링크를 식별하여 제거하는 데 도움이 될 수 있다. 이는 산업계에서 그래프 학습에 대한 주요한 응용이며, 응용의 일반적인 예시로는 **소셜 네트워크**에서 친구 관계 예측, **추천 시스템**에서 사용자–상품 상호작용 예측, **사기 탐지 시스템**에서 의심스러운 링크 예측(23.8절 참고), **지식 그래프**knowledge graph에서 개체 사이의 잃어버린 관계 예측(예: [Nic+15] 참고)을 포함한다.

링크 예측 모델을 훈련시키는 일반적인 접근법은 그래프에서 몇 개의 에지를 마스크mask하고(양

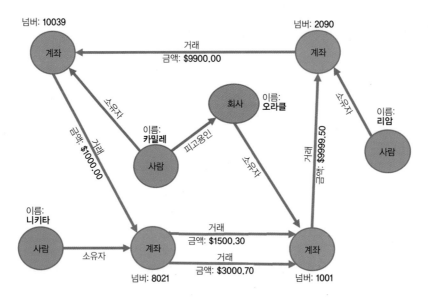

그림 23.8 어떠한 금융 거래의 그래프 표현. http://pgql-lang.org/spec/1.2/에서 가져왔다.

성과 음성 에지), 나머지 에지로 모델을 훈련시킨 뒤 이를 마스크한 에지 집합에서 테스트하는 것이다. 링크 예측은 그래프 재구축과 다르다는 것을 주지하라. 링크 예측에서는 원본 그래프에서 관측되지 않은 링크를 예측하는 것을 목표로 하는 한편, 그래프 재구축에서는 재구축 오차 최소화를 통해 그래프 구조를 보존하는 임베딩을 계산하기만을 원한다.

마지막으로 링크 예측이 에지에 라벨(양성, 음성, 미관측됨)이 있다는 측면에서 지도적 과제와 유사성이 있지만, 에지 라벨이 보통 훈련 동안 쓰이지 않고 임베딩의 예측 질을 측정하는 데만 쓰이므로 이를 비지도적 종류의 응용으로 그룹화한다.

23.6.1.3 군집화

군집화는 커뮤니티를 발견하는 데 특히 유용하여 많은 실세계 응용을 갖는다. 예를 들어 군집화는 바이오적인 네트워크나(예를 들어 유사한 속성을 갖는 단백질 그룹으로서), 아니면 소셜 네트워크에(예를 들어 유사한 관심을 갖는 사람의 그룹으로서) 존재한다.

이 장에서 소개한 비지도적 방법은 군집화 알고리듬(예: k 평균)을 인코더의 출력인 임베딩에 적용함으로써 군집화 문제를 푸는 데 사용할 수 있다. 게다가 군집화는 얕은 임베딩 모델[Roz+19] 또는 그래프 합성곱 임베딩 모델[Chi+19a; CEL19]을 학습하는 동안 학습 알고리듬에 참여할 수 있다.

23.6.1.4 시각화

시각화의 목적에서 그래프 노드를 2차원적 다양체에 매핑하는 다양한 상용적인 도구가 존재한다. 시각화는 네트워크 과학자가 그래프 속성을 질적으로 이해하고, 노드 사이의 관계를 이해하거나 노드 군집을 시각화할 수 있게 해준다. 인기 있는 도구들 중에는 포스 디렉티드 레이아웃^{Force-Directed} Layouts에 기반한, 다양한 웹앱 자바스크립트 구현으로 된 것들이 있다.

비지도적 그래프 임베딩 방법은 또한 시각화 목적으로도 쓰인다. 이는 먼저 (얕은 임베딩 또는 그래프 합성곱 네트워크에 해당하는) 인코더-디코더 모델을 훈련시킨 뒤, 각 노드 표현을 t-SNE(20.4.10절) 또는 PCA(20.1절)를 사용해 2차원적 공간에 매핑하여 한다. 이러한 과정(임베딩 → 차원성 축소)은 그래프 학습 알고리듬의 성능을 질적으로 평가하기 위해 일반적으로 쓰인다. 노드가 성질을 갖고 있다면, 이들 성질을 사용해 2차원 시각화 공간 내 노드에 색을 칠할 수 있다. 좋은 임베딩 알고리듬은 유사한 성질을 갖는 노드를 임베딩 공간 내에서 가깝게 임베딩한다. 이는 다양한 시각화 방법에서 보여주고 있다[PARS14; KW16a; AEH+18]. 마지막으로, 노드마다 2차원 좌표로 매핑하는 것을 넘어, 그래프마다 표현으로 매핑하는 방법[ARZP19]은 이를 비슷하게 2차원으로 사영하여 그래프 수준 속성을 시각화하고 질적으로 분석할 수 있다.

23.6.2 지도적인 응용

이 절에서는 일반적인 지도적인 응용을 논의한다.

23.6.2.1 노드 분류

노드 분류는 중요한 지도적 그래프 응용으로, 노드 라벨을 정확하게 예측할 수 있는 노드 표현을 학습하는 것이 목표다(이는 때때로 **통계적 관계 학습**^{statistical relational learning}이라 부른다[GT07]). 예를 들어, 노드 라벨은 인용 네트워크에서의 과학적 주제이거나 아니면 소셜 네트워크의 성별 및 다른 성질일 수 있다.

커다란 그래프의 라벨링은 시간이 걸리며 값비쌀 수 있으므로, 준지도 노드 분류가 특히 일반적인 응용이다. 준지도 설정에서는 노드의 일부분만이 라벨링되며, 목표는 노드 사이의 링크를 활용하여 라벨링되지 않은 노드의 속성을 예측하는 것이다. 이러한 설정은 오직 하나의 부분적으로 라벨링된 고정된 그래프가 존재하므로 전환적이다. 또한 복수의 그래프 내 노드를 분류하는 과제에 해당하는 귀납적 노드 분류를 하는 것도 가능하다.

노드 특성이 목표 라벨에 설명적이라면 이는 노드 분류 과제의 성능을 크게 높일 수 있음을 주지하라. GCN(23.4.2절), GraphSAGE(23.4.3.1절) 같은 최근의 방법은, 구조적 정보 및 특성으로부터 나오는 의미를 조합하는 이들의 능력 덕분에 복수의 노드 분류 벤치마크에서 정말로 최신의 성능을 달성했다. 반면에 그래프에서의 랜덤 워크와 같은 방법은 특성 정보 활용에 실패함에 따라 이들 과제에서 낮은 성능을 달성한다.

23.6.2.2 그래프 분류

그래프 분류는 그래프 라벨의 예측이 목표인 지도적 응용이다. 그래프 분류 문제는 귀납적이며 일반적인 예시로는 화학적 합성물을 분류하는 것이 있다(예: 그림 23.9와 같이 분자로부터의 독성 또는 냄새를 예측).

그래프 분류는 노드 수준 정보를 그래프 수준 정보로 병합하기 위해 풀링이라는 일부 개념을 필요로 한다. 앞서 논의했듯이, 풀링에 대한 이러한 개념을 임의의 그래프로 일반화하는 것은 사소한 일이 아니다. 왜냐하면 그래프 풀링을 활동적인 연구 분야로 만드는 정칙성이 그래프 구조에서 부재하기 때문이다. 앞서 논의한 지도적 방법에 더해, 그래프 수준 표현의 학습을 위한 다수의 비지도적 방법이 제안되어 왔다[Tsi+18; ARZP19; TMP20].

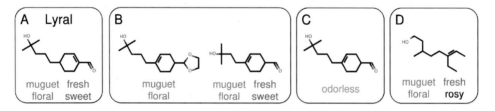

그림 23.9 구조적으로 유사한 분자가 반드시 유사한 냄새 서술자(descriptor)를 갖는 것은 아니다. (A) 참조 분자인 Lyral. (B) 비슷한 구조를 갖는 분자는 비슷한 냄새 서술자를 공유할 수 있다. (C) 그러나 작은 구조적 변화는 분자를 무취로 만들 수 있다. (D) 더욱이 커다란 구조적 변화는 분자의 냄새가 대체로 변하지 않은 채로 남게 할 수 있다. 출처: [SL+19]의 그림 1, 본래의 출처는 [OPK12]이다. 벤저민 산체스-렝겔링(Benjamin Sanchez-Lengeling)이 친절하게 사용을 허가했다.

부록 A

표기법

A.1 개요

이 책에서 논의하는 많은 다양한 데이터, 모델, 알고리듬을 다루는 하나의, 일관적인 표기법을 만들어 내는 것은 매우 어려운 일이다. 게다가 (머신러닝, 통계학, 최적화 같은) 서로 다른 분야 사이에서, 그리고 같은 분야 내 서로 다른 책과 논문 사이에서 관례가 다르다. 그럼에도 불구하고 우리는 가능한 한 일관적으로 표기하고자 노력했다. 이 책에서 쓰인 대부분의 표기법을 아래에 요약해 두지만, 개별 절에서 새로운 표기법을 도입할 수도 있다. 또한 같은 기호가 맥락에 따라 다른 의미를 가질 수도 있지만, 가능하면 이를 피하려 했다.

A.2 일반적인 수학 기호

아래에 몇 가지 수학 기호를 나열한다.

기호	뜻
∞	무한대(infinity)
$\rightarrow$	경향이 있다(tends towards), 예: $n \rightarrow \infty$

$\propto$	비례하는(proportional to), 따라서 $y = ax$는 $y \propto x$로 쓸 수 있음
$\triangleq$	~로 정의된(defined as)
$O(\cdot)$	빅오(big-O): 대략적으로 크기의 순서를 의미함
$\mathbb{Z}_+$	양의 정수(positive integer)
$\mathbb{R}$	실수(real numbers)
$\mathbb{R}_+$	양의 실수(positive reals)
$\mathcal{S}_K$	K차원의 확률 단체(K-dimensional probability simplex)
$\mathcal{S}_{++}^D$	양의 정부호 $D \times D$ 행렬의 원뿔
$\approx$	근사적으로 같은
$\{1, \dots, N\}$	유한 집합(finite set) $\{1, 2, \dots, N\}$
$1 : N$	유한 집합 $\{1, 2, \dots, N\}$
$[\ell, u]$	연속적인 구간(continuous interval) $\{\ell \le x \le u\}$

A.3 함수

범용적인 함수는 f(그리고 때때로 g 또는 h)로 표기할 것이다. $\tanh(x)$ 또는 $\sigma(x)$ 같은 이름이 있는 함수를 많이 만나게 될 것이다. 벡터에 적용된 스칼라 함수는 요소별로 적용될 것이다. 예를 들어 $\boldsymbol{x}^2 = [x_1^2, \dots, x_D^2]$이다. 범함수(함수의 함수)는 '블랙보드^{blackboard}' 폰트로 쓴다. 예를 들어 $\mathbb{H}(p)$는 분포 p의 엔트로피다. 고정된 모수 $\boldsymbol{\theta}$로 모수화된 함수는 $f(\boldsymbol{x}; \boldsymbol{\theta})$로 또는 때때로 $f_{\boldsymbol{\theta}}(\boldsymbol{x})$로 표기한다. 아래에 (자유 모수가 없는) 몇 가지 일반적인 함수를 나열한다.

A.3.1 인수가 하나인 보통의 함수

기호	뜻
$\lfloor x \rfloor$	x의 바닥(floor), 즉 가장 가까운 정수로 내림한 것
$\lceil x \rceil$	x의 천장(ceiling), 즉 가장 가까운 정수로 올림한 것
$\neg a$	논리적 NOT(logical NOT)
$\mathbb{I}(x)$	지시 함수(indicator function), x가 참이라면 $\mathbb{I}(x) = 1$, 아니면 $\mathbb{I}(x) = 0$
$\delta(x)$	디랙 델타 함수(Dirac delta function), $x = 0$이라면 $\delta(x) = \infty$, 아니면 $\delta(x) = 0$
$\|x\|$	절댓값(absolute value)
$\|\mathcal{S}\|$	집합의 크기(size)(기수성(cardinality))
$n!$	계승(factorial) 함수
$\log(x)$	x의 자연로그(natural logarithm)
$\exp(x)$	지수함수(exponential function) e^x
$\Gamma(x)$	감마 함수(gamma function), $\Gamma(x) = \int_0^\infty u^{x-1} e^{-u} du$
$\Psi(x)$	디감마 함수(digamma function), $\Psi(x) = \frac{d}{dx} \log \Gamma(x)$
$\sigma(x)$	시그모이드(sigmoid)(로지스틱(logistic)) 함수, $\frac{d}{1+e^{-x}}$

A.3.2 인수가 2개인 보통의 함수

기호	뜻
$a \wedge b$	논리적 AND
$a \vee b$	논리적 OR
$B(a, b)$	베타 함수(beta function), $B(a, b) = \frac{\Gamma(a)\Gamma(b)}{\Gamma(a+b)}$
$\binom{n}{k}$	n에서 k개 선택함, $n!/(k!(n-k)!)$과 같음
δ_{ij}	크로네커 델타(Kronecker delta), $\mathbb{I}(i = j)$와 같음
$\boldsymbol{u} \odot \boldsymbol{v}$	두 벡터의 요소별 곱(elementwise product)
$\boldsymbol{u} \circledast \boldsymbol{v}$	두 벡터의 합성곱(convolution)

A.3.3 인수가 3개 이상인 보통의 함수

기호	뜻
$B(\boldsymbol{x})$	다변량 베타 함수(multivariate beta function), $\frac{\prod_k \Gamma(x_k)}{\Gamma(\sum_k x_k)}$
$\Gamma(\boldsymbol{x})$	다변량 감마 함수(multi. gamma function), $\pi^{D(D-1)/4} \prod_{d=1}^{D} \Gamma(x + (1-d)/2)$
$\mathrm{softmax}(\boldsymbol{x})$	소프트맥스 함수(softmax function), $\left[\frac{e^{x_c}}{\sum_{c'=1}^{C} e^{x_{c'}}} \right]_{c=1}^{C}$

A.4 선형대수

이 절에서는 선형대수를 위해 사용하는 표기법을 요약한다(자세한 내용은 7장을 참고하라).

A.4.1 일반적인 표기법

벡터는 $\boldsymbol{x}$, $\boldsymbol{w}$와 같이 굵은 소문자로 쓴다. 행렬은 $\mathbf{X}$, $\mathbf{W}$와 같은 굵은 대문자다. 스칼라는 굵은 글자가 아닌 소문자다. N개 스칼라의 리스트로부터 벡터를 만들 때 $\boldsymbol{x} = [x_1, \ldots, x_N]$이라 쓴다. 이는 맥락에 따라 열 벡터 또는 행 벡터일 수 있다(벡터는 별도로 언급하지 않는 한 열 벡터라 가정한다). 벡터의 리스트로부터 $M \times N$ 행렬을 만들 때 열을 따라 쌓으면 $\mathbf{X} = [x_1, \ldots, x_N]$으로, 아니면 행을 따라 쌓으면 $\mathbf{X} = [\boldsymbol{x}_1; \ldots; \boldsymbol{x}_M]$으로 쓴다.

A.4.2 벡터

다음은 벡터의 몇 가지 표준적인 표기법이다(u와 v 모두 N차원 벡터라 가정한다).

기호	뜻
$u^\mathsf{T}v$	내적(inner (scalar) product), $\sum_{i=1}^{N} u_i v_i$
uv^T	외적(outer product)($N \times N$ 행렬)
$u \odot v$	요소별 곱(elementwise product), $[u_1 v_1, ..., u_N v_N]$
v^T	v의 전치(transpose)
$\dim(v)$	v의 차원성(dimensionality)(즉, N)
$\mathrm{diag}(v)$	벡터 v로부터 만든 대각 $N \times N$ 행렬
$\mathbf{1}$ 또는 $\mathbf{1}_N$	1로 된 벡터(길이 N)
$\mathbf{0}$ 또는 $\mathbf{0}_N$	0으로 된 벡터(길이 N)
$\|v\| = \|v\|_2$	유클리드 또는 ℓ_2 노름 $\sqrt{\sum_{i=1}^{N} v_i^2}$
$\|v\|_1$	ℓ_1 노름 $\sum_{i=1}^{N} |v_i|$

A.4.3 행렬

다음은 행렬의 몇 가지 표준적인 표기법이다($\mathbf{S}$는 정방 $N \times N$ 행렬, $\mathbf{X}$와 $\mathbf{Y}$는 크기가 $M \times N$, 그리고 $\mathbf{Z}$는 크기가 $M' \times N'$이라 가정한다).

기호	뜻
$\mathbf{X}_{:,j}$	행렬의 j번째 열
$\mathbf{X}_{i,:}$	행렬의 i번째 행(열 벡터로 다룸)
X_{ij}	행렬의 (i, j) 요소
$\mathbf{S} \succ 0$	$\mathbf{S}$가 오직 양의 정부호 행렬이라면(iff) 참
$\mathrm{tr}(\mathbf{S})$	정방 행렬의 대각합(trace)
$\det(\mathbf{S})$	정방 행렬의 행렬식(determinant)
$|\mathbf{S}|$	정방 행렬의 행렬식
$\mathbf{S}^{-1}$	정방 행렬의 역(inverse)
$\mathbf{X}^\dagger$	행렬의 유사 역행렬(pseudo-inverse)
$\mathbf{X}^\mathsf{T}$	행렬의 전치(transpose)
$\mathrm{diag}(\mathbf{S})$	정방 행렬로부터 추출한 대각 벡터
$\mathbf{I}$ 또는 $\mathbf{I}_N$	크기 $N \times N$의 단위 행렬(identity matrix)
$\mathbf{X} \odot \mathbf{Y}$	요소별 곱(elementwise product)
$\mathbf{X} \otimes \mathbf{Z}$	크로네커 곱(Kronecker product, 7.2.5절 참고)

A.4.4 행렬 미적분

이 절에서는 행렬 미적분을 위해 사용한 표기법을 요약한다(자세한 내용은 7.8절을 참고하라).

$\boldsymbol{\theta} \in \mathbb{R}^N$가 벡터이고 $f : \mathbb{R}^N \rightarrow \mathbb{R}$가 스칼라 값으로 된 함수라 하자. 이것의 인수에 대한 도함수는 다음으로 표기한다.

$$\nabla_{\boldsymbol{\theta}} f(\boldsymbol{\theta}) \triangleq \nabla f(\boldsymbol{\theta}) \triangleq \nabla f \triangleq \left(\frac{\partial f}{\partial \theta_1} \quad \cdots \quad \frac{\partial f}{\partial \theta_N} \right) \tag{A.1}$$

기울기는 반드시 공간 내 한 점에서 값매김해야 하는 벡터다. 이를 강조하기 위해, 때때로 다음과 같이 쓸 것이다.

$$\boldsymbol{g}_t \triangleq \boldsymbol{g}(\boldsymbol{\theta}_t) \triangleq \nabla f(\boldsymbol{\theta}) \Big|_{\boldsymbol{\theta}_t} \tag{A.2}$$

또한 **헤세**^{Hessian}라 하는, 이계 편도함수의 (대칭) $N \times N$ 행렬을 계산할 수 있다.

$$\nabla^2 f \triangleq \begin{pmatrix} \frac{\partial^2 f}{\partial \theta_1^2} & \cdots & \frac{\partial^2 f}{\partial \theta_1 \partial \theta_N} \\ & \vdots & \\ \frac{\partial^2 f}{\partial \theta_N \theta_1} & \cdots & \frac{\partial^2 f}{\partial \theta_N^2} \end{pmatrix} \tag{A.3}$$

헤세는 반드시 공간 내 한 점에서 값매김해야 하는 행렬이다. 이를 강조하기 위해, 때때로 다음과 같이 쓸 것이다.

$$\mathbf{H}_t \triangleq \mathbf{H}(\boldsymbol{\theta}_t) \triangleq \nabla^2 f(\boldsymbol{\theta}) \Big|_{\boldsymbol{\theta}_t} \tag{A.4}$$

A.5 최적화

이 절은 최적화를 위해 사용하는 표기법을 요약한다(자세한 내용은 8장을 참고하라).

최소화하고자 하는 목적 함수 또는 비용 함수는 주로 $\mathcal{L}(\boldsymbol{\theta})$라 쓸 것이며, 여기서 $\boldsymbol{\theta}$는 최적화할 변수다(통계적 모델의 모수로서 생각할 수 있는 경우가 많다). 최솟값을 달성하는 모수의 점은 $\boldsymbol{\theta}_* =$

$\operatorname{argmin}_{\boldsymbol{\theta}\in\Theta} \mathcal{L}(\boldsymbol{\theta})$라 표기하며, 여기서 Θ는 최적화할 집합이다(이러한 최적값이 하나 이상일 수도 있음을 주지하라. 따라서 실제로 $\boldsymbol{\theta}_* \in \operatorname{argmin}_{\boldsymbol{\theta}\in\Theta} \mathcal{L}(\boldsymbol{\theta})$라 써야 한다).

반복적 최적화를 수행할 때, t를 사용해 반복 횟수를 인덱싱한다. η는 단계 크기(학습률) 모수로 사용한다. 따라서 경사하강 알고리듬(8.4절에서 설명)은 $\boldsymbol{\theta}_{t+1} = \boldsymbol{\theta}_t - \eta_t g_t$라 쓸 수 있다.

추정값 또는 예측을 표기하기 위해 햇hat 기호를 사용하며(예: $\hat{\boldsymbol{\theta}}$, $\hat{y}$), 참값을 표기하기 위해 아래첨자 또는 위첨자 별표를(예: $\boldsymbol{\theta}_*$ 또는 $\boldsymbol{\theta}^*$), 평균값을 표기하기 위해 오버라인overline을 사용한다(예: $\bar{\boldsymbol{\theta}}$).

A.6 확률

이 절에서는 확률론을 위해 사용하는 표기법을 요약한다(자세한 내용은 2장을 참고하라).

확률 밀도 함수pdf, probability density function 또는 확률 질량 함수pmf, probability mass function는 p로, 누적 분포 함수cdf, cumulative distribution function는 P로, 이항 사건의 확률은 Pr로 표기한다. 확률 변수 X를 위한 분포는 $p(X)$로, 확률 변수 Y를 위한 분포는 $p(Y)$로 쓴다. 이들은 다른 분포를 나타내지만, 그럼에도 불구하고 두 경우 모두 같은 p 기호를 사용한다(혼란스러울 경우, $p_X(\cdot)$ 그리고 $p_Y(\cdot)$라 쓴다). 분포 p의 근사는 주로 q로, 아니면 때때로 $\hat{p}$으로 나타낸다.

몇몇 경우, 확률 변수rv, random variable와 이것이 취할 수 있는 값을 구분한다. 이 경우 변수는 대문자(예: X)로, 값은 소문자(예: x)로 표기한다. 그러나 변수와 값 사이의 차이는 자주 무시한다. 예를 들어 때때로 X가 관측됐는지 아닌지에 따라, 스칼라 값(한 점에서 값을 매긴 분포) 또는 분포 그 자체 둘 다 $p(x)$로 표기한다.

X가 분포 p에 따라 분포됨을 표기하기 위해 $X \sim p$라 쓴다. X가 Z가 주어졌을 때 Y에 조건부 독립임을 표기하기 위해 $X \perp Y \mid Z$라 쓴다. $X \sim p$라면, $f(X)$의 기댓값은 다음을 사용해 표기한다.

$$\mathbb{E}[f(X)] = \mathbb{E}_{p(X)}[f(X)] = \mathbb{E}_X[f(X)] = \int_x f(x)p(x)dx \tag{A.5}$$

f가 항등 함수라면 $\bar{X} \triangleq \mathbb{E}[X]$라 쓴다. 비슷하게 분산은 다음으로 표기한다.

$$\mathbb{V}[f(X)] = \mathbb{V}_{p(X)}[f(X)] = \mathbb{V}_X[f(X)] = \int_x (f(x) - \mathbb{E}[f(X)])^2 p(x)dx \tag{A.6}$$

x가 확률 벡터라면 공분산 행렬은 다음으로 표기한다.

$$\text{Cov}\left[\boldsymbol{x}\right] = \mathbb{E}\left[(\boldsymbol{x} - \overline{\boldsymbol{x}})(\boldsymbol{x} - \overline{\boldsymbol{x}})^{\mathsf{T}}\right] \tag{A.7}$$

$X \sim p$라면 분포의 모드^{mode}는 다음으로 표기한다.

$$\hat{x} = \text{mode}\left[p\right] = \underset{x}{\text{argmax}}\, p(x) \tag{A.8}$$

모수적 분포는 $p(\boldsymbol{x}\,|\,\boldsymbol{\theta})$를 사용해 표기한다. 여기서 $\boldsymbol{x}$는 확률 변수, $\boldsymbol{\theta}$는 모수이며, p는 pdf 또는 pmf이다. 예를 들어 $\mathcal{N}(x\,|\,\mu,\,\sigma^2)$은 평균이 μ이고 표준편차가 σ인 가우스 (정규) 분포다.

A.7 정보 이론

이 절에서는 정보 이론을 위해 사용하는 표기법을 요약한다(자세한 내용은 6장을 참고하라).

$X \sim p$라면, 분포의 (미분 가능한) 엔트로피는 $\mathbb{H}(X)$ 또는 $\mathbb{H}(p)$라 표기한다. $Y \sim q$라면, 분포 p에서 q로의 KL 발산은 $D_{\text{KL}}(p \,\|\, q)$라 표기한다. $(X,\,Y) \sim p$라면, X와 Y 사이의 상호 정보는 $\mathbb{I}(X;\,Y)$라 표기한다.

A.8 통계학과 머신러닝

통계적 학습을 위해 사용하는 표기법을 간단히 요약한다.

A.8.1 지도 학습

지도 학습에서는 관측된 특성(입력 또는 **공변**^{covariates}이라고도 부른다)을 $\boldsymbol{x} \in \mathcal{X}$라 표기한다. $\mathcal{X} = \mathbb{R}^D$인 경우가 많으며, 이는 특성이 실숫값임을 뜻한다(이는 원핫 벡터로 나타낼 수 있는 이항값 입력의 경우도 포함함을 주지하라). 때때로 입력의 수동으로 구체화한 특성을 계산하기도 하며, 이는 $\boldsymbol{\phi}(\boldsymbol{x})$로 표기한다. 또한 예측하고자 하는 출력(**목표**^{target} 또는 **반응 변수**$^{\text{response variable}}$라고도 부른다) $\boldsymbol{y} \in \mathcal{Y}$가 있다. 우리의 과제는 조건부 분포 $p(\boldsymbol{y}\,|\,\boldsymbol{x},\,\boldsymbol{\theta})$를 학습하는 것이며, 여기서 $\boldsymbol{\theta}$는 모델의 모수다. $\mathcal{Y} = \{1, \,..., \, C\}$

라면 이는 **분류**classification라 부른다. $\mathcal{Y} = \mathbb{R}^C$라면 이는 **회귀**regression라 부른다($C = 1$인 경우가 많으므로, 단지 스칼라 반응을 예측한다).

모수 $\boldsymbol{\theta}$는 $\mathcal{D} = \{(\boldsymbol{x}_n, \boldsymbol{y}_n) : n \in \{1, ..., N_\mathcal{D}\}\}$라 표기하는 **훈련 데이터**training data로부터 추정한다 (따라서 $N_\mathcal{D}$는 훈련 사례의 개수다). $\mathcal{X} = \mathbb{R}^D$라면, 훈련 입력을 $\mathbf{X}$라 표기하는 $N_\mathcal{D} \times D$ 디자인 **행렬**design matrix에 저장할 수 있다. $\mathcal{Y} = \mathbb{R}^C$라면, 훈련 출력은 $N_\mathcal{D} \times C$ 행렬 $\mathbf{Y}$에 저장할 수 있다. $\mathcal{Y} = \{1, ..., C\}$라면, 각 클래스 라벨은 하나의 요소가 켜지는 C차원의 비트 벡터로 나타낼 수 있으므로(이는 **원핫 인코딩**one-hot encoding이라 한다) 훈련 출력을 $N_\mathcal{D} \times C$ 이항 행렬 $\mathbf{Y}$에 저장할 수 있다.

A.8.2 비지도적 학습 및 생성 모델

비지도 학습은 주로 무조건부 밀도 추정 과제로 형식화된다. 즉, $p(\boldsymbol{x}|\boldsymbol{\theta})$를 모델링한다. 몇몇 경우 조건부 밀도 추정을 수행하고자 한다. 조건부화하고자 하는 값은 $\boldsymbol{u}$라 표기하므로, 모델은 $p(\boldsymbol{x}|\boldsymbol{u}, \boldsymbol{\theta})$가 된다. 이는 $\boldsymbol{x}$가 주로 고차원적이며(예: 이미지) $\boldsymbol{u}$가 주로 저차원적이라는(예: 클래스 라벨 혹은 텍스트 설명) 점을 제외하고, 지도 학습과 비슷하다.

몇몇 모델에는 훈련 데이터에서 절대 관측되지 않는 **잠재 변수**latent variable(**은닉 변수**hidden variable라고도 함)가 있다. 이 모델은 **잠재 변수 모델**LVM, Latent Variable Model이라 부른다. 데이터 사례 n을 위한 잠재 변수는 $\boldsymbol{z}_n \in \mathcal{Z}$으로 표기한다. 때때로 잠재 변수를 **은닉 변수**라 하며, $\boldsymbol{h}_n$으로 표기한다. 반대로 **가시 변수**visible variable는 $\boldsymbol{v}_n$으로 표기한다. 통상적으로 잠재 변수는 연속형 또는 이산형, 즉 $\mathcal{Z} = \mathbb{R}^L$ 또는 $\mathcal{Z} = \{1, ..., K\}$이다.

대부분의 LVM은 $p(\boldsymbol{x}_n, \boldsymbol{z}_n|\boldsymbol{\theta})$ 형식을 갖는다. 그러한 모델은 비지도적 학습에 사용할 수 있다. 그러나 LVM은 또한 지도 학습을 위해서도 사용할 수 있다. 특히 $p(\boldsymbol{x}_n, \boldsymbol{y}_n, \boldsymbol{z}_n|\boldsymbol{\theta})$ 형식의 생성(무조건부) 모델 또는 $p(\boldsymbol{y}_n, \boldsymbol{z}_n|\boldsymbol{x}_n, \boldsymbol{\theta})$의 판별적(조건부) 모델 둘 다 만들 수 있다.

A.8.3 베이즈 추론

베이즈 추론으로 작업할 때 모수에 대한 사전 분포는 $p(\boldsymbol{\theta}|\boldsymbol{\phi})$라 쓰며, 여기서 $\boldsymbol{\phi}$는 초매개변수다. **켤레적**conjugate 모델에서 사후 분포는 (정의에 의해) 사전 분포와 같은 형식을 갖는다. 따라서 단지 초매개변수를 이들의 사전 분포 값 $\breve{\boldsymbol{\phi}}$에서 사후 분포 값 $\hat{\boldsymbol{\phi}}$로 업데이트한다.

변분 추론(4.6.8.3절)에서는 ψ를 사용해 변분적인 사후 분포의 모수를 나타낸다. 즉, $p(\boldsymbol{\theta}|\mathcal{D}) \approx q(\boldsymbol{\theta}|\psi)$이다. ELBO^{Evidence Lower BOund}는 ψ에 대해 최적화를 하여 이것을 좋은 근사로 만든다.

몬테카를로 표집을 수행할 때는 표본을 나타내기 위해 s 아래첨자 또는 위첨자를 사용한다(예: $\boldsymbol{\theta}_s$ 또는 $\boldsymbol{\theta}^s$).

A.9 약어

다음은 이 책에서 사용하는 약어를 보여준다.

약어	뜻
cdf	누적 분포 함수(cumulative distribution function)
CNN	합성곱 신경망(convolutional neural network)
DAG	방향 있는 비순환적 그래프(directed acyclic graph)
DML	심층 계량 학습(deep metric learning)
DNN	심층 신경망(deep neural network)
d.o.f.	자유도(degrees of freedom)
EB	경험적 베이즈(empirical Bayes)
EM	기댓값 최대화 알고리듬(expectation maximization algorithm)
GLM	일반화 선형 모델(generalized linear model)
GMM	가우스 혼합 모델(Gaussian mixture model)
HMC	해밀턴 몬테카를로(Hamiltonian Monte Carlo)
HMM	은닉 마르코프 모델(Hidden Markov model)
i.i.d.	독립적이고 동등하게 분포된(independent and identically distributed)
iff	오직 ~라면(if and only if)
KDE	커널 밀도 추정(kernel density estimation)
KL	쿨백-라이블러 발산(Kullback-Leibler divergence)
KNN	K 최근접 이웃(K nearest neighbor)
LHS	(방정식의) 좌변(left hand side)
LSTM	장단기 메모리(long short term memory)(RNN의 한 종류)
LVM	잠재 변수 모델(latent variable model)
MAP	최대 사후 추정(maximum a posterior estimate)
MCMC	마르코프 연쇄 몬테카를로(Markov chain Monte Carlo)
MLE	최대 가능도 추정(maximum likelihood estimate)

MLP   다층 퍼셉트론(multilayer perceptron)

MSE   평균 제곱 오차(mean squared error)

NLL   음의 로그 가능도(negative log likelihood)

OLS   일반 최소 제곱(ordinary least squares)

psd   양의 정부호(positive definite)(행렬)

pdf   확률 밀도 함수(probability density function)

pmf   확률 질량 함수(probability mass function)

PNLL   불이익화 NLL(penalized NLL)

PGM   확률적 그래프 모델(probabilistic graphical model)

RNN   순환 신경망(recurrent neural network)

RHS   (방정식의) 우변(right hand side)

RSS   잔차 제곱합(residual sum of squares)

rv   확률 변수(random variable)

RVM   유의도 벡터 머신(relevance vector machine)

SGD   확률적 경사하강(stochastic gradient descent)

SSE   오차 제곱 합(sum of squared errors)

SVI   확률적 변분 추론(stochastic variational inference)

SVM   서포트 벡터 머신(support vector machine)

VB   변분 베이즈(variational Bayes)

w.r.t.   ~에 대해(with respect to)

│ 참고문헌 │

[AAB21] A. Agrawal, A. Ali, and S. Boyd. "Minimum-distortion embedding". en. In: *Foundations and Trends in Machine Learning* 14.3 (2021), pp. 211–378.

[AB08] C. Archambeau and F. Bach. "Sparse probabilistic projections". In: *NIPS*. 2008.

[AB14] G. Alain and Y. Bengio. "What Regularized Auto-Encoders Learn from the Data-Generating Distribution". In: *JMLR* (2014).

[AC16] D. K. Agarwal and B.-C. Chen. *Statistical Methods for Recommender Systems*. en. 1st edition. Cambridge University Press, 2016.

[Ace] "The Turing Test is Bad for Business". In: (2021).

[AEH+18] S. Abu-El-Haija, B. Perozzi, R. Al-Rfou, and A. A. Alemi. "Watch your step: Learning node embeddings via graph attention". In: *Advances in Neural Information Processing Systems*. 2018, pp. 9180–9190.

[AEHPAR17] S. Abu-El-Haija, B. Perozzi, and R. Al-Rfou. "Learning Edge Representations via Low-Rank Asymmetric Projections". In: *Proceedings of the 2017 ACM on Conference on Information and Knowledge Management*. CIKM '17. 2017, 1787–1796.

[AEM18] Ö. D. Akyildiz, V. Elvira, and J. Miguez. "The Incremental Proximal Method: A Probabilistic Perspective". In: *ICASSP*. 2018.

[AFF19] C. Aicher, N. J. Foti, and E. B. Fox. "Adaptively Truncating Backpropagation Through Time to Control Gradient Bias". In: (2019). arXiv: 1905.07473 [cs.LG].

[Agg16] C. C. Aggarwal. *Recommender Systems: The Textbook*. en. 1st ed. 2016 edition. Springer, 2016.

[Agg20] C. C. Aggarwal. *Linear Algebra and Optimization for Machine Learning: A Textbook*. en. 1st ed. 2020 edition. Springer, 2020.

[AGM19] V. Amrhein, S. Greenland, and B. McShane. "Scientists rise up against statistical significance". In: *Nature* 567.7748 (2019), p. 305.

[Agr70] A. Agrawala. "Learning with a probabilistic teacher". In: *IEEE Transactions on Information Theory* 16.4 (1970), pp. 373–379.

[AH19] C. Allen and T. Hospedales. "Analogies Explained: Towards Understanding Word Embeddings". In: *ICML*. 2019.

[AHK12] A. Anandkumar, D. Hsu, and S. M. Kakade. "A Method of Moments for Mixture Models and Hidden Markov Models". In: *COLT*. Vol. 23. Proceedings of Machine Learning Research. PMLR, 2012, pp. 33.1–33.34.

[Ahm+13] A. Ahmed, N. Shervashidze, S. Narayanamurthy, V. Josifovski, and A. J. Smola. "Distributed large-scale natural graph factorization". In: *Proceedings of the 22nd international conference on World Wide Web*. ACM. 2013, pp. 37–48.

[AK15] J. Andreas and D. Klein. "When and why are log-linear models self-normalizing?" In: *Proc. ACL*. Association for Computational Linguistics, 2015, pp. 244–249.

[Aka74] H. Akaike. "A new look at the statistical model identification". In: *IEEE Trans. on Automatic Control* 19.6 (1974).

[AKA91] D. W. Aha, D. Kibler, and M. K. Albert. "Instance-based learning algorithms". In: *Mach. Learn.* 6.1 (1991), pp. 37–66.

[Aky+19] Ö. D. Akyildiz, É. Chouzenoux, V. Elvira, and J. Míguez. "A probabilistic incremental proximal gradient method". In: *IEEE Signal Process. Lett.* 26.8 (2019).

[AL13] N. Ailon and E. Liberty. "An Almost Optimal Unrestricted Fast Johnson-Lindenstrauss Transform". In: *ACM Trans. Algorithms* 9.3 (2013), 21:1–21:12.

[Ala18] J. Alammar. *Illustrated Transformer*. Tech. rep. 2018.

[Alb+17] M. Alber, P.-J. Kindermans, K. Schütt, K.-R. Müller, and F. Sha. "An Empirical Study on The Properties of Random Bases for Kernel Methods". In: *NIPS*. Curran Associates, Inc., 2017, pp. 2763–2774.

[Alb+18] D. Albanese, S. Riccadonna, C. Donati, and P. Franceschi. "A practical tool for maximal information coefficient analysis". en. In: *Gigascience* 7.4 (2018), pp. 1–8.

[ALL18] S. Arora, Z. Li, and K. Lyu. "Theoretical Analysis of Auto Rate-Tuning by Batch Normalization". In: (2018). arXiv: 1812.03981 [cs.LG].

[Alm87] L. B. Almeida. "A learning rule for asynchronous perceptrons with feedback in a combinatorial environment." In: *Proceedings, 1st First International Conference on Neural Networks*. Vol. 2. IEEE. 1987, pp. 609–618.

[Alo+09] D. Aloise, A. Deshpande, P. Hansen, and P. Popat. "NP-hardness of Euclidean sum-of-squares clustering". In: *Machine Learning* 75 (2009), pp. 245–249.

[Alp04] E. Alpaydin. *Introduction to machine learning*. MIT Press, 2004.

[Ami+19] E. Amid, M. K. Warmuth, R. Anil, and T. Koren. "Robust Bi-Tempered Logistic Loss Based on Bregman Divergences". In: *NIPS*. 2019.

[Amo+16] D. Amodei, C. Olah, J. Steinhardt, P. Christiano, J. Schulman, and D. Mané. "Concrete Problems in AI Safety". In: (2016). arXiv: 1606.06565 [cs.AI].

[Amo17] Amoeba. *What is the difference between ZCA whitening and PCA whitening*. Stackexchange. 2017.

[And01] C. A. Anderson. "Heat and Violence". In: *Current Directions in Psychological Science* 10.1 (2001), pp. 33–38.

[And+18] R. Anderson, J. Huchette, C. Tjandraatmadja, and J. P. Vielma. "Strong convex relaxations and mixed-integer programming formulations for trained neural networks". In: (2018). arXiv: 1811.01988 [math.OC].

[Ani+20] R. Anil, V. Gupta, T. Koren, K. Regan, and Y. Singer. "Scalable Second Order Optimization for Deep Learning". In: (2020). arXiv: 2002.09018 [cs.LG].

[Ans73] F. J. Anscombe. "Graphs in Statistical Analysis". In: *Am. Stat.* 27.1 (1973), pp. 17–21.

[AO03] J.-H. Ahn and J.-H. Oh. "A Constrained EM Algorithm for Principal Component Analysis". In: *Neural Computation* 15 (2003), pp. 57–65.

[Arc+19] F. Arcadu, F. Benmansour, A. Maunz, J. Willis, Z. Haskova, and M. Prunotto. "Deep learning algorithm predicts diabetic retinopathy progression in individual patients". en. In: *NPJ Digit Med* 2 (2019), p. 92.

[Ard+20] R. Ardila, M. Branson, K. Davis, M. Kohler, J. Meyer, M. Henretty, R. Morais, L. Saunders, F. Tyers, and G. Weber. "Common Voice: A Massively-Multilingual Speech Corpus". In: *Proceedings of The 12th Language Resources and Evaluation Conference*. 2020, pp. 4218–4222.

[Arj21] M. Arjovsky. "Out of Distribution Generalization in Machine Learning". In: (2021). arXiv: 2103.02667 [stat.ML].

[Arn+19] S. M. R. Arnold, P.-A. Manzagol, R. Babanezhad, I. Mitliagkas, and N. Le Roux. "Reducing the variance in online optimization by transporting past gradients". In: *NIPS*. 2019.

[Aro+16] S. Arora, Y. Li, Y. Liang, T. Ma, and A. Risteski. "A Latent Variable Model Approach to PMI-based Word Embeddings". In: *TACL* 4 (2016), pp. 385–399.

[Aro+19] L. Aroyo, A. Dumitrache, O. Inel, Z. Szlávik, B. Timmermans, and C. Welty. "Crowdsourcing Inclusivity: Dealing with Diversity of Opinions, Perspectives and Ambiguity in Annotated Data". In: *WWW*. WWW '19. Association for Computing Machinery, 2019, pp. 1294–1295.

[Aro+21] R. Arora et al. *Theory of deep learning*. 2021.

[ARZP19] R. Al-Rfou, D. Zelle, and B. Perozzi. "DDGK: Learning Graph Representations for Deep Divergence Graph Kernels". In: *Proceedings of the 2019 World Wide Web Conference on World Wide Web* (2019).

[AS17] A. Achille and S. Soatto. "On the Emergence of Invariance and Disentangling in Deep Representations". In: (2017). arXiv: 1706.01350 [cs.LG].

[AS19] A. Achille and S. Soatto. "Where is the Information in a Deep Neural Network?" In: (2019). arXiv: 1905.12213 [cs.LG].

[Ash18] J. Asher. "A Rise in Murder? Let's Talk About the Weather". In: *The New York Times* (2018).

[ASR15] A. Ali, S. M. Shamsuddin, and A. L. Ralescu. "Classification with class imbalance problem: A Review". In: *Int. J. Advance Soft Compu. Appl* 7.3 (2015).

[Ath+19] B. Athiwaratkun, M. Finzi, P. Izmailov, and A. G. Wilson. "There Are Many Consistent Explanations of Unlabeled Data: Why You Should Average". In: *ICLR*. 2019.

[AV07] D. Arthur and S. Vassilvitskii. "k-means++: the advantages of careful seeding". In: *Proc. 18th ACM-SIAM symp. on Discrete algorithms*. 2007, 1027–1035.

[AWS19] E. Amid, M. K. Warmuth, and S. Srinivasan. "Two-temperature logistic regression based on the Tsallis divergence". In: *AISTATS*. 2019.

[Axl15] S. Axler. *Linear algebra done right*. 2015.

[BA10] R. Bailey and J. Addison. *A Smoothed-Distribution Form of Nadaraya-Watson Estimation*. Tech. rep. 10-30. Univ. Birmingham, 2010.

[BA97a] A. Bowman and A. Azzalini. *Applied Smoothing Techniques for Data Analysis*. Oxford, 1997.

[BA97b] L. A. Breslow and D. W. Aha. "Simplifying decision trees: A survey". In: *Knowl. Eng. Rev.* 12.1 (1997), pp. 1–40.

[Bab19] S. Babu. *A 2019 guide to Human Pose Estimation with Deep Learning*. 2019.

[Bac+16] O. Bachem, M. Lucic, H. Hassani, and A. Krause. "Fast and Provably Good Seedings for k-Means". In: *NIPS*. 2016, pp. 55–63.

[Bah+12] B. Bahmani, B. Moseley, A. Vattani, R. Kumar, and S. Vassilvitskii. "Scalable k-Means++". In: *VLDB*. 2012.

[Bah+20] Y. Bahri, J. Kadmon, J. Pennington, S. Schoenholz, J. Sohl-Dickstein, and S. Ganguli. "Statistical Mechanics of Deep Learning". In: *Annu. Rev. Condens. Matter Phys.* (2020).

[BAP14] P. Bachman, O. Alsharif, and D. Precup. "Learning with pseudo-ensembles". In: *Advances in neural information processing systems*. 2014, pp. 3365–3373.

[Bar09] M. Bar. "The proactive brain: memory for predictions". en. In: *Philos. Trans. R. Soc. Lond. B Biol. Sci.* 364.1521 (2009), pp. 1235–1243.

[Bar19] J. T. Barron. "A General and Adaptive Robust Loss Function". In: *CVPR*. 2019.

[Bat+18] P. W. Battaglia, J. B. Hamrick, V. Bapst, A. Sanchez-Gonzalez, V. Zambaldi, M. Malinowski, A. Tacchetti, D. Raposo, A. Santoro, R. Faulkner, et al. "Relational inductive biases, deep learning, and graph networks". In: *arXiv preprint arXiv:1806.01261* (2018).

[BB08] O. Bousquet and L. Bottou. "The Tradeoffs of Large Scale Learning". In: *NIPS*. 2008, pp. 161–168.

[BB11] L. Bottou and O. Bousquet. "The Tradeoffs of Large Scale Learning". In: *Optimization for Machine Learning*. Ed. by S. Sra, S. Nowozin, and S. J. Wright. MIT Press, 2011, pp. 351–368.

[BBV11] R. Benassi, J. Bect, and E. Vazquez. "Bayesian optimization using sequential Monte Carlo". In: (2011). arXiv: 1111.4802 [math.OC].

[BC17] D. Beck and T. Cohn. "Learning Kernels over Strings using Gaussian Processes". In: *Proceedings of the Eighth International Joint Conference on Natural Language Processing (Volume 2: Short Papers)*. Vol. 2. 2017, pp. 67–73.

[BCB15] D. Bahdanau, K. Cho, and Y. Bengio. "Neural Machine Translation by Jointly Learning to Align and Translate". In: *ICLR*. 2015.

[BCD01] L. Brown, T. Cai, and A. DasGupta. "Interval Estimation for a Binomial Proportion". In: *Statistical Science* 16.2 (2001), pp. 101–133.

[BCN18] L. Bottou, F. E. Curtis, and J. Nocedal. "Optimization Methods for Large-Scale Machine Learning". In: *SIAM Rev.* 60.2 (2018), pp. 223–311.

[BCV13] Y. Bengio, A. Courville, and P. Vincent. "Representation learning: a review and new perspectives". en. In: *IEEE PAMI* 35.8 (2013), pp. 1798–1828.

[BD21] D. G. T. Barrett and B. Dherin. "Implicit Gradient Regularization". In: *ICLR*. 2021.

[BD87] G. Box and N. Draper. *Empirical Model-Building and Response Surfaces*. Wiley, 1987.

[BDEL03] S. Ben-David, N. Eiron, and P. M. Long. "On the difficulty of approximately maximizing agreements". In: *J. Comput. System Sci.* 66.3 (2003), pp. 496–514.

[Ben+04a] Y. Bengio, O. Delalleau, N. Roux, J. Paiement, P. Vincent, and M. Ouimet. "Learning eigenfunctions links spectral embedding and kernel PCA". In: *Neural Computation* 16 (2004), pp. 2197–2219.

[Ben+04b] Y. Bengio, J.-F. Paiement, P. Vincent, O. Delalleau, N. L. Roux, and M. Ouimet. "Out-of-Sample Extensions for LLE, Isomap, MDS, Eigenmaps, and Spectral Clustering". In: *NIPS*. MIT Press, 2004, pp. 177–184.

[Ben+15a] S. Bengio, O. Vinyals, N. Jaitly, and N. Shazeer. "Scheduled Sampling for Sequence Prediction with Recurrent Neural Networks". In: *NIPS*. 2015.

[Ben+15b] Y. Bengio, D.-H. Lee, J. Bornschein, T. Mesnard, and Z. Lin. "Towards Biologically Plausible Deep Learning". In: (2015). arXiv: 1502.04156 [cs.LG].

[Ben+17] A. Benavoli, G. Corani, J. Demsar, and M. Zaffalon. "Time for a change: a tutorial for comparing multiple classifiers through Bayesian analysis". In: *JMLR* (2017).

[Ber15] D. Bertsekas. *Convex Optimization Algorithms*. Athena Scientific, 2015.

[Ber16] D. Bertsekas. *Nonlinear Programming*. Third. Athena Scientific, 2016.

[Ber+19a] D. Berthelot, N. Carlini, E. D. Cubuk, A. Kurakin, K. Sohn, H. Zhang, and C. Raffel. "Remixmatch: Semi-supervised learning with distribution alignment and augmentation anchoring". In: *arXiv preprint arXiv:1911.09785* (2019).

[Ber+19b] D. Berthelot, N. Carlini, I. Goodfellow, N. Papernot, A. Oliver, and C. Raffel. "Mixmatch: A holistic approach to semi-supervised learning". In: *Advances in Neural Information Processing Systems*. 2019, pp. 5049–5059.

[Ber+21] J. Berner, P. Grohs, G. Kutyniok, and P. Petersen. "The Modern Mathematics of Deep Learning". In: (2021). arXiv: 2105.04026 [cs.LG].

[Ber85] J. Berger. "Bayesian Salesmanship". In: *Bayesian Inference and Decision Techniques with Applications: Essays in Honor of Bruno deFinetti*. Ed. by P. K. Goel and A. Zellner. North-Holland, 1985.

[Ber99] D. Bertsekas. *Nonlinear Programming*. Second. Athena Scientific, 1999.

[Bey+19] M. Beyeler, E. L. Rounds, K. D. Carlson, N. Dutt, and J. L. Krichmar. "Neural correlates of sparse coding and dimensionality reduction". en. In: *PLoS Comput. Biol.* 15.6 (2019), e1006908.

[Bey+20] L. Beyer, O. J. Hénaff, A. Kolesnikov, X. Zhai, and A. van den Oord. "Are we done with ImageNet?" In: (2020). arXiv: 2006.07159 [cs.CV].

[BFO84] L. Breiman, J. Friedman, and R. Olshen. *Classification and regression trees*. Wadsworth, 1984.

[BG11] P. Buhlmann and S. van de Geer. *Statistics for High-Dimensional Data: Methodology, Theory and Applications*. Springer, 2011.

[BH07] P. Buhlmann and T. Hothorn. "Boosting Algorithms: Regularization, Prediction and Model Fitting". In: *Statistical Science* 22.4 (2007), pp. 477–505.

[BH69] A. Bryson and Y.-C. Ho. *Applied optimal control: optimization, estimation, and control*. Blaisdell Publishing Company, 1969.

[BH86] J. Barnes and P. Hut. "A hierarchical O(N log N) force-calculation algorithm". In: *Nature* 324.6096 (1986), pp. 446–449.

[BH89] P. Baldi and K. Hornik. "Neural networks and principal components analysis: Learning from examples without local minima". In: *Neural Networks* 2 (1989), pp. 53–58.

[Bha+19] A. Bhadra, J. Datta, N. G. Polson, and B. T. Willard. "Lasso Meets Horseshoe: a survey". In: *Bayesian Anal.* 34.3 (2019), pp. 405–427.

[Bha+20] A. Bhadra, J. Datta, Y. Li, and N. Polson. "Horseshoe regularisation for machine learning in complex and deep models". en. In: *Int. Stat. Rev.* 88.2 (2020), pp. 302–320.

[BHM92] J. S. Bridle, A. J. Heading, and D. J. MacKay. "Unsupervised Classifiers, Mutual Information and'Phantom Targets". In: *Advances in neural information processing systems*. 1992, pp. 1096–1101.

[BI19] P. Barham and M. Isard. "Machine Learning Systems are Stuck in a Rut". In: *Proceedings of the Workshop on Hot Topics in Operating Systems*. HotOS '19. Association for Computing Machinery, 2019, pp. 177–183.

[Bis06] C. Bishop. *Pattern recognition and machine learning*. Springer, 2006.

[Bis94] C. M. Bishop. *Mixture Density Networks*. Tech. rep. NCRG 4288. Neural Computing Research Group, Department of Computer Science, Aston University, 1994.

[Bis99] C. Bishop. "Bayesian PCA". In: *NIPS*. 1999.

[BJ05] F. Bach and M. Jordan. *A probabilistic interpretation of canonical correlation analysis*. Tech. rep. 688. U. C. Berkeley, 2005.

[BJM06] P. Bartlett, M. Jordan, and J. McAuliffe. "Convexity, Classification, and Risk Bounds". In: *JASA* 101.473 (2006), pp. 138–156.

[BK07] R. M. Bell and Y. Koren. "Lessons from the Netflix Prize Challenge". In: *SIGKDD Explor. Newsl.* 9.2 (2007), pp. 75–79.

[BK20] E. M. Bender and A. Koller. "Climbing towards NLU: On Meaning, Form, and Understanding in the Age of Data". In: *Proc. ACL*. 2020, pp. 5185–5198.

[BKC17] V. Badrinarayanan, A. Kendall, and R. Cipolla. "SegNet: A Deep Convolutional Encoder-Decoder Architecture for Image Segmentation". In: *IEEE PAMI* 39.12 (2017).

[BKH16] J. L. Ba, J. R. Kiros, and G. E. Hinton. "Layer Normalization". In: (2016). arXiv: 1607.06450 [stat.ML].

[BKL10] S. Bird, E. Klein, and E. Loper. *Natural Language Processing with Python: Analyzing Text with the Natural Language Toolkit*. 2010.

[BL04] P. Bickel and E. Levina. "Some theory for Fisher's linear discriminant function, "Naive Bayes", and some alternatives when there are many more variables than observations". In: *Bernoulli* 10 (2004), pp. 989–1010.

[BL07a] C. M. Bishop and J. Lasserre. "Generative or discriminative? Getting the best of both worlds". In: *Bayesian Statistics 8*. 2007.

[BL07b] J. A. Bullinaria and J. P. Levy. "Extracting semantic representations from word co-occurrence statistics: a computational study". en. In: *Behav. Res. Methods* 39.3 (2007), pp. 510–526.

[BL12] J. A. Bullinaria and J. P. Levy. "Extracting semantic representations from word co-occurrence statistics: stop-lists, stemming, and SVD". en. In: *Behav. Res. Methods* 44.3 (2012), pp. 890–907.

[BL88] D. S. Broomhead and D Lowe. "Multivariable Functional Interpolation and Adaptive Networks". In: *Complex Systems* (1988).

[BLK17] O. Bachem, M. Lucic, and A. Krause. "Distributed and provably good seedings for k-means in constant rounds". In: *ICML*. 2017, pp. 292–300.

[Blo20] M. Blondel. *Automatic differentiation*. 2020.

[BLV19] X. Bouthillier, C. Laurent, and P. Vincent. "Unreproducible Research is Reproducible". In: *ICML*. Vol. 97. Proceedings of Machine Learning Research. PMLR, 2019, pp. 725–734.

[BM98] A. Blum and T. Mitchell. "Combining labeled and unlabeled data with co-training". In: *Proceedings of the eleventh annual conference on Computational learning theory*. 1998, pp. 92–100.

[BN01] M. Belkin and P. Niyogi. "Laplacian Eigenmaps and Spectral Techniques for Embedding and Clustering". In: *NIPS*. 2001, pp. 585–591.

[BNJ03] D. Blei, A. Ng, and M. Jordan. "Latent Dirichlet allocation". In: *JMLR* 3 (2003), pp. 993–1022.

[Bo+08] L. Bo, C. Sminchisescu, A. Kanaujia, and D. Metaxas. "Fast Algorithms for Large Scale Conditional 3D Prediction". In: *CVPR*. 2008.

[Boh92] D. Bohning. "Multinomial logistic regression algorithm". In: *Annals of the Inst. of Statistical Math.* 44 (1992), pp. 197–200.

[Bon13] S. Bonnabel. "Stochastic gradient descent on Riemannian manifolds". In: *IEEE Transactions on Automatic Control* 58.9 (2013), pp. 2217–2229.

[Bos+16] D. Boscaini, J. Masci, E. Rodolà, and M. Bronstein. "Learning shape correspondence with anisotropic convolutional neural networks". In: *Advances in Neural Information Processing Systems*. 2016, pp. 3189–3197.

[Bot+13] L. Bottou, J. Peters, J. Quiñonero-Candela, D. X. Charles, D. M. Chickering, E. Portugaly, D. Ray, P. Simard, and E. Snelson. "Counterfactual Reasoning and Learning Systems: The Example of Computational Advertising". In: *JMLR* 14 (2013), pp. 3207–3260.

[Bow+15] S. R. Bowman, G. Angeli, C. Potts, and C. D. Manning. "A large annotated corpus for learning natural language inference". In: *EMNLP*. Association for Computational Linguistics, 2015, pp. 632–642.

[BPC20] I. Beltagy, M. E. Peters, and A. Cohan. "Longformer: The Long-Document Transformer". In: *CoRR* abs/2004.05150 (2020). arXiv: 2004.05150.

[Bre01] L. Breiman. "Random Forests". In: *Machine Learning* 45.1 (2001), pp. 5–32.

[Bre96] L. Breiman. "Bagging predictors". In: *Machine Learning* 24 (1996), pp. 123–140.

[Bri50] G. W. Brier. "Verification of forecasts expressed in terms of probability". In: *Monthly Weather Review* 78.1 (1950), pp. 1–3.

[Bri90] J. Bridle. "Probabilistic Interpretation of Feedforward Classification Network Outputs, with Relationships to Statistical Pattern Recognition". In: *Neurocomputing: Algorithms, Architectures and Applications*. Ed. by F. F. Soulie and J. Herault. Springer Verlag, 1990, pp. 227–236.

[Bro+17a] M. M. Bronstein, J Bruna, Y LeCun, A Szlam, and P Vandergheynst. "Geometric Deep Learning: Going beyond Euclidean data". In: *IEEE Signal Process. Mag.* 34.4 (2017), pp. 18–42.

[Bro+17b] M. M. Bronstein, J. Bruna, Y. LeCun, A. Szlam, and P. Vandergheynst. "Geometric deep learning: going beyond euclidean data". In: *IEEE Signal Processing Magazine* 34.4 (2017), pp. 18–42.

[Bro19] J. Brownlee. *Deep Learning for Computer Vision - Machine Learning Mastery*. Accessed: 2020-6-30. Machine Learning Mastery, 2019.

[Bro+20] T. B. Brown et al. "Language Models are Few-Shot Learners". In: (2020). arXiv: 2005.14165 [cs.CL].

[Bro+21] A. Brock, S. De, S. L. Smith, and K. Simonyan. "High-Performance Large-Scale Image Recognition Without Normalization". In: (2021). arXiv: 2102.06171 [cs.CV].

[BRR18] T. D. Bui, S. Ravi, and V. Ramavajjala. "Neural Graph Machines: Learning Neural Networks Using Graphs". In: *WSDM*. 2018.

[Bru+14] J. Bruna, W. Zaremba, A. Szlam, and Y. Lecun. "Spectral networks and locally connected networks on graphs International Conference on Learning Representations (ICLR2014)". In: *CBLS, April* (2014).

[Bru+19] G. Brunner, Y. Liu, D. Pascual, O. Richter, and R. Wattenhofer. "On the Validity of Self-Attention as Explanation in Transformer Models". In: (2019). arXiv: 1908.04211 [cs.CL].

[BS02] M. Balasubramanian and E. L. Schwartz. "The isomap algorithm and topological stability". en. In: *Science* 295.5552 (2002), p. 7.

[BS16] P. Baldi and P. Sadowski. "A Theory of Local Learning, the Learning Channel, and the Optimality of Backpropagation". In: *Neural Netw.* 83 (2016), pp. 51–74.

[BS17] D. M. Blei and P. Smyth. "Science and data science". en. In: *Proc. Natl. Acad. Sci. U. S. A.* (2017).

[BS94] J. Bernardo and A. Smith. *Bayesian Theory*. John Wiley, 1994.

[BS97] A. J. Bell and T. J. Sejnowski. "The "independent components" of natural scenes are edge filters". en. In: *Vision Res.* 37.23 (1997), pp. 3327–3338.

[BT04] G. Bouchard and B. Triggs. "The tradeoff between generative and discriminative classifiers". In: *IASC International Symposium on Computational Statistics (COMPSTAT '04)*. 2004.

[BT08] D. Bertsekas and J. Tsitsiklis. *Introduction to Probability*. 2nd Edition. Athena Scientific, 2008.

[BT09] A Beck and M Teboulle. "A Fast Iterative Shrinkage-Thresholding Algorithm for Linear Inverse Problems". In: *SIAM J. Imaging Sci.* 2.1 (2009), pp. 183–202.

[BT73] G. Box and G. Tiao. *Bayesian inference in statistical analysis*. Addison-Wesley, 1973.

[Bul11] A. D. Bull. "Convergence rates of efficient global optimization algorithms". In: *JMLR* 12 (2011), 2879–2904.

[Bur10] C. J. C. Burges. "Dimension Reduction: A Guided Tour". en. In: *Foundations and Trends in Machine Learning* (2010).

[BV04] S. Boyd and L. Vandenberghe. *Convex optimization*. Cambridge, 2004.

[BW08] P. L. Bartlett and M. H. Wegkamp. "Classification with a Reject Option using a Hinge Loss". In: *JMLR* 9.Aug (2008), pp. 1823–1840.

[BW88] J. Berger and R. Wolpert. *The Likelihood Principle*. 2nd edition. The Institute of Mathematical Statistics, 1988.

[BWL19] Y. Bai, Y.-X. Wang, and E. Liberty. "ProxQuant: Quantized Neural Networks via Proximal Operators". In: *ICLR*. 2019.

[BY03] P. Buhlmann and B. Yu. "Boosting with the L2 loss: Regression and classification". In: *JASA* 98.462 (2003), pp. 324–339.

[Byr+16] R Byrd, S Hansen, J Nocedal, and Y Singer. "A Stochastic Quasi-Newton Method for Large-Scale Optimization". In: *SIAM J. Optim.* 26.2 (2016), pp. 1008–1031.

[BZ20] A. Barbu and S.-C. Zhu. *Monte Carlo Methods*. en. Springer, 2020.

[Cal20] O. Calin. *Deep Learning Architectures: A Mathematical Approach*. en. 1st ed. Springer, 2020.

[Cao+18] Z. Cao, G. Hidalgo, T. Simon, S.-E. Wei, and Y. Sheikh. "OpenPose: Realtime Multi-Person 2D Pose Estimation using Part Affinity Fields". In: (2018). arXiv: 1812.08008 [cs.CV].

[CAS16] P. Covington, J. Adams, and E. Sargin. "Deep Neural Networks for YouTube Recommendations". In: *Proceedings of the 10th ACM Conference on Recommender Systems*. RecSys '16. Association for Computing Machinery, 2016, pp. 191–198.

[CB02] G. Casella and R. Berger. *Statistical inference*. 2nd edition. Duxbury, 2002.

[CBD15] M. Courbariaux, Y. Bengio, and J.-P. David. "BinaryConnect: Training Deep Neural Networks with binary weights during propagations". In: *NIPS*. 2015.

[CC07] H. Choi and S. Choi. "Robust kernel Isomap". In: *Pattern Recognit.* 40.3 (2007), pp. 853–862.

[CCD17] B. P. Chamberlain, J. Clough, and M. P. Deisenroth. "Neural embeddings of graphs in hyperbolic space". In: *arXiv preprint arXiv:1705.10359* (2017).

[CD14] K. Chaudhuri and S. Dasgupta. "Rates of Convergence for Nearest Neighbor Classification". In: *NIPS*. 2014.

[CD88] W. Cleveland and S. Devlin. "Locally-Weighted Regression: An Approach to Regression Analysis by Local Fitting". In: *JASA* 83.403 (1988), pp. 596–610.

[CDL16] J. Cheng, L. Dong, and M. Lapata. "Long Short-Term Memory-Networks for Machine Reading". In: *EMNLP*. Association for Computational Linguistics, 2016, pp. 551–561.

[CDL19] S. Chen, E. Dobriban, and J. H. Lee. "Invariance reduces Variance: Understanding Data Augmentation in Deep Learning and Beyond". In: (2019). arXiv: 1907.10905 [stat.ML].

[CDS02] M. Collins, S. Dasgupta, and R. E. Schapire. "A Generalization of Principal Components Analysis to the Exponential Family". In: *NIPS-14*. 2002.

[CEL19] Z. Chen, J. B. Estrach, and L. Li. "Supervised community detection with line graph neural networks". In: *7th International Conference on Learning Representations, ICLR 2019*. 2019.

[Cer+17] D. Cer, M. Diab, E. Agirre, I. Lopez-Gazpio, and L. Specia. "SemEval-2017 Task 1: Semantic Textual Similarity Multilingual and Crosslingual Focused Evaluation". In: *Proc. 11th Intl. Workshop on Semantic Evaluation (SemEval-2017)*. Association for Computational Linguistics, 2017, pp. 1–14.

[CFD10] Y. Cui, X. Z. Fern, and J. G. Dy. "Learning Multiple Nonredundant Clusterings". In: *ACM Transactions on Knowledge Discovery from Data* 4.3 (2010).

[CG16] T. Chen and C. Guestrin. "XGBoost: A Scalable Tree Boosting System". In: *KDD*. ACM, 2016, pp. 785–794.

[CG18] J. Chen and Q. Gu. "Closing the Generalization Gap of Adaptive Gradient Methods in Training Deep Neural Networks". In: (2018). arXiv: 1806.06763 [cs.LG].

[CGG17] S. E. Chazan, J. Goldberger, and S. Gannot. "Speech Enhancement using a Deep Mixture of Experts". In: (2017). arXiv: 1703.09302 [cs.SD].

[CGW21] W. Chen, X. Gong, and Z. Wang. "Neural Architecture Search on ImageNet in Four GPU Hours: A Theoretically Inspired Perspective". In: *ICLR*. 2021.

[CH67] T. Cover and P. Hart. " Nearest neighbor pattern classification". In: *IEEE Trans. Inform. Theory* 13.1 (1967), pp. 21–27.

[CH90] K. W. Church and P. Hanks. "Word Association Norms, Mutual Information, and Lexicography". In: *Computational Linguistics* (1990).

[Cha+01] O. Chapelle, J. Weston, L. Bottou, and V. Vapnik. "Vicinal Risk Minimization". In: *NIPS*. MIT Press, 2001, pp. 416–422.

[Cha+17] P. Chaudhari, A. Choromanska, S. Soatto, Y. LeCun, C. Baldassi, C. Borgs, J. Chayes, L. Sagun, and R. Zecchina. "Entropy-SGD: Biasing Gradient Descent Into Wide Valleys". In: *ICLR*. 2017.

[Cha+19a] I. Chami, Z. Ying, C. Ré, and J. Leskovec. "Hyperbolic graph convolutional neural networks". In: *Advances in Neural Information Processing Systems*. 2019, pp. 4869–4880.

[Cha+19b] J. J. Chandler, I. Martinez, M. M. Finucane, J. G. Terziev, and A. M. Resch. "Speaking on Data's Behalf: What Researchers Say and How Audiences Choose". en. In: *Eval. Rev.* (2019), p. 193841X19834968.

[Cha+21] I. Chami, S. Abu-El-Haija, B. Perozzi, C. Ré, and K. Murphy. "Machine Learning on Graphs: A Model and Comprehensive Taxonomy". In: *JMLR* (2021).

[Che+16] H.-T. Cheng et al. "Wide & Deep Learning for Recommender Systems". In: (2016). arXiv: 1606.07792 [cs.LG].

[Che+20a] T. Chen, S. Kornblith, M. Norouzi, and G. Hinton. "A Simple Framework for Contrastive Learning of Visual Representations". In: *ICML*. 2020.

[Che+20b] T. Chen, S. Kornblith, M. Norouzi, and G. Hinton. "A simple framework for contrastive learning of visual representations". In: *ICML*. 2020.

[Che+20c] T. Chen, S. Kornblith, K. Swersky, M. Norouzi, and G. Hinton. "Big Self-Supervised Models are Strong Semi-Supervised Learners". In: *NIPS*. 2020.

[Chi+19a] W.-L. Chiang, X. Liu, S. Si, Y. Li, S. Bengio, and C.-J. Hsieh. "Cluster-GCN: An Efficient Algorithm for Training Deep and Large Graph Convolutional Networks". In: *ACM SIGKDD Conference on Knowledge Discovery and Data Mining (KDD)*. 2019.

[Chi+19b] R. Child, S. Gray, A. Radford, and I. Sutskever. "Generating Long Sequences with Sparse Transformers". In: *CoRR* abs/1904.10509 (2019). arXiv: 1904.10509.

[CHL05] S. Chopra, R. Hadsell, and Y. LeCun. "Learning a Similarity Metric Discriminatively, with Application to Face Verification". en. In: *CVPR*. 2005.

[Cho+14a] K. Cho, B. van Merrienboer, C. Gulcehre, D. Bahdanau, F. Bougares, H. Schwenk, and Y. Bengio. "Learning Phrase Representations using RNN Encoder-Decoder for Statistical Machine Translation". In: *EMNLP*. 2014.

[Cho+14b] K. Cho, B. Van Merriënboer, D. Bahdanau, and Y. Bengio. "On the properties of neural machine translation: Encoder-decoder approaches". In: *arXiv preprint arXiv:1409.1259* (2014).

[Cho+15] Y. Chow, A. Tamar, S. Mannor, and M. Pavone. "Risk-Sensitive and Robust Decision-Making: a CVaR Optimization Approach". In: *NIPS*. 2015, pp. 1522–1530.

[Cho17] F. Chollet. *Deep learning with Python*. Manning, 2017.

[Cho+19] K. Choromanski, M. Rowland, W. Chen, and A. Weller. "Unifying Orthogonal Monte Carlo Methods". In: *Proceedings of the 36th International Conference on Machine Learning, ICML 2019, 9-15 June 2019, Long Beach, California, USA*. Ed. by K. Chaudhuri and R. Salakhutdinov. Vol. 97. Proceedings of Machine Learning Research. PMLR, 2019, pp. 1203–1212.

[Cho+20a] K. Choromanski et al. "Masked Language Modeling for Proteins via Linearly Scalable Long-Context Transformers". In: (2020). arXiv: 2006.03555 [cs.LG].

[Cho+20b] K. Choromanski et al. "Rethinking Attention with Performers". In: *CoRR* abs/2009.14794 (2020). arXiv: 2009.14794.

[Cho21] F. Chollet. *Deep learning with Python (second edition)*. Manning, 2021.

[Chr20] B. Christian. *The Alignment Problem: Machine Learning and Human Values*. en. 1st ed. W. W. Norton & Company, 2020.

[Chu+15] J. Chung, K. Kastner, L. Dinh, K. Goel, A. Courville, and Y. Bengio. "A Recurrent Latent Variable Model for Sequential Data". In: *NIPS*. 2015.

[Chu97] F. Chung. *Spectral Graph Theory*. AMS, 1997.

[Cir+10] D. C. Ciresan, U. Meier, L. M. Gambardella, and J. Schmidhuber. "Deep Big Simple Neural Nets For Handwritten Digit Recognition". In: *Neural Computation* 22.12 (2010), pp. 3207–3220.

[Cir+11] D. C. Ciresan, U. Meier, J. Masci, L. M. Gambardella, and J. Schmidhuber. "Flexible, High Performance Convolutional Neural Networks for Image Classification". In: *IJCAI*. 2011.

[CL96] B. P. Carlin and T. A. Louis. *Bayes and Empirical Bayes Methods for Data Analysis*. Chapman and Hall, 1996.

[Cla21] A. Clayton. *Bernoulli's Fallacy: Statistical Illogic and the Crisis of Modern Science*. en. Columbia University Press, 2021.

[CLX15] S. Cao, W. Lu, and Q. Xu. "Grarep: Learning graph representations with global structural information". In: *Proceedings of the 24th ACM International on Conference on Information and Knowledge Management*. ACM. 2015, pp. 891–900.

[CNB17] C. Chelba, M. Norouzi, and S. Bengio. "N-gram Language Modeling using Recurrent Neural Network Estimation". In: (2017). arXiv: 1703.10724 [cs.CL].

[Coh+17] G. Cohen, S. Afshar, J. Tapson, and A. van Schaik. "EMNIST: an extension of MNIST to handwritten letters". In: (2017). arXiv: 1702.05373 [cs.CV].

[Coh94] J. Cohen. "The earth is round (p < .05)". In: *American Psychologist* 49.12 (1994), pp. 997–1003.

[Con+17] A. Conneau, D. Kiela, H. Schwenk, L. Barrault, and A. Bordes. "Supervised learning of universal sentence representations from natural language inference data". In: *arXiv preprint arXiv:1705.02364* (2017).

[Coo05] J. Cook. *Exact Calculation of Beta Inequalities*. Tech. rep. M. D. Anderson Cancer Center, Dept. Biostatistics, 2005.

[Cor+16] C. Cortes, X. Gonzalvo, V. Kuznetsov, M. Mohri, and S. Yang. "AdaNet: Adaptive

Structural Learning of Artificial Neural Networks". In: (2016). arXiv: 1607.01097 [cs.LG].

[CP10] M. A. Carreira-Perpinan. "The Elastic Embedding Algorithm for Dimensionality Reduction". In: *ICML*. 2010.

[CP19] A. Coenen and A. Pearce. *Understanding UMAP*. 2019.

[CPS06] K. Chellapilla, S. Puri, and P. Simard. "High Performance Convolutional Neural Networks for Document Processing". In: *10th Intl. Workshop on Frontiers in Handwriting Recognition*. 2006.

[CRW17] K. Choromanski, M. Rowland, and A. Weller. "The Unreasonable Effectiveness of Structured Random Orthogonal Embeddings". In: *NIPS*. 2017.

[CS20] F. E. Curtis and K. Scheinberg. "Adaptive Stochastic Optimization: A Framework for Analyzing Stochastic Optimization Algorithms". In: *IEEE Signal Process. Mag.* 37.5 (2020), pp. 32–42.

[Csu17] G. Csurka. "Domain Adaptation for Visual Applications: A Comprehensive Survey". In: *Domain Adaptation in Computer Vision Applications*. Ed. by G. Csurka. 2017.

[CT06] T. M. Cover and J. A. Thomas. *Elements of Information Theory*. 2nd edition. John Wiley, 2006.

[CT91] T. M. Cover and J. A. Thomas. *Elements of Information Theory*. John Wiley, 1991.

[Cub+19] E. D. Cubuk, B. Zoph, D. Mane, V. Vasudevan, and Q. V. Le. "AutoAugment: Learning Augmentation Policies from Data". In: *CVPR*. 2019.

[CUH16] D.-A. Clevert, T. Unterthiner, and S. Hochreiter. "Fast and Accurate Deep Network Learning by Exponential Linear Units (ELUs)". In: *ICLR*. 2016.

[Cui+19] X. Cui, K. Zheng, L. Gao, B. Zhang, D. Yang, and J. Ren. "Multiscale Spatial-Spectral Convolutional Network with Image-Based Framework for Hyperspectral Imagery Classification". en. In: *Remote Sensing* 11.19 (2019), p. 2220.

[Cur+17] J. D. Curtó, I. C. Zarza, F Yang, A Smola, F Torre, C. W. Ngo, and L Gool. "McKernel: A Library for Approximate Kernel Expansions in Log-linear Time". In: (2017). arXiv: 1702.08159v14 [cs.LG].

[Cyb89] G. Cybenko. "Approximation by superpositions of a sigmoidal function". In: *Mathematics of Control, Signals, and Systems* 2 (1989), 303–331.

[D'A+20] A. D'Amour et al. "Underspecification Presents Challenges for Credibility in Modern Machine Learning". In: (2020). arXiv: 2011.03395 [cs.LG].

[Dah+11] G. E. Dahl, D. Yu, L. Deng, and A. Acero. "Large vocabulary continuous speech recognition with context-dependent DBN-HMMS". In: *ICASSP*. IEEE, 2011, pp. 4688–4691.

[Dai+19] Z. Dai, Z. Yang, Y. Yang, J. G. Carbonell, Q. V. Le, and R. Salakhutdinov. "Transformer-XL: Attentive Language Models beyond a Fixed-Length Context". In: *Proc. ACL*. 2019, pp. 2978–2988.

[Dao+19] T. Dao, A. Gu, A. J. Ratner, V. Smith, C. De Sa, and C. Re. "A Kernel Theory of Modern Data Augmentation". In: *ICML*. 2019.

[Dau17] J. Daunizeau. "Semi-analytical approximations to statistical moments of sigmoid and softmax mappings of normal variables". In: (2017). arXiv: 1703.00091 [stat.ML].

[Day+95] P. Dayan, G. Hinton, R. Neal, and R. Zemel. "The Helmholtz machine". In: *Neural Networks* 9.8 (1995).

[DB18] A. Defazio and L. Bottou. "On the Ineffectiveness of Variance Reduced Optimization for Deep Learning". In: (2018). arXiv: 1812.04529 [cs.LG].

[DBLJ14] A. Defazio, F. Bach, and S. Lacoste-Julien. "SAGA: A Fast Incremental Gradient Method With Support for Non-Strongly Convex Composite Objectives". In: *NIPS*. Curran Associates, Inc., 2014, pp. 1646–1654.

[DDDM04] I Daubechies, M Defrise, and C De Mol. "An iterative thresholding algorithm for linear inverse problems with a sparsity constraint". In: *Commun. Pure Appl. Math.* Advances in E 57.11 (2004), pp. 1413–1457.

[Dee+90] S. Deerwester, S. Dumais, G. Furnas, T. Landauer, and R. Harshman. "Indexing by Latent Semantic Analysis". In: *J. of the American Society for Information Science* 41.6 (1990), pp. 391–407.

[DeG70] M. DeGroot. *Optimal Statistical Decisions*. McGraw-Hill, 1970.

[Den+12] J. Deng, J Krause, A. C. Berg, and L. Fei-Fei. "Hedging your bets: Optimizing accuracy-specificity trade-offs in large scale visual recognition". In: *CVPR*. 2012, pp. 3450–3457.

[Den+14] J. Deng, N. Ding, Y. Jia, A. Frome, K. Murphy, S. Bengio, Y. Li, H. Neven, and H. Adam. "Large-Scale Object Classification using Label Relation Graphs". In: *ECCV*. 2014.

[Dev+19] J. Devlin, M.-W. Chang, K. Lee, and K. Toutanova. "BERT: Pre-training of Deep Bidirectional Transformers for Language Understanding". In: *NAACL*. 2019.

[DG06] J. Davis and M. Goadrich. "The Relationship Between Precision-Recall and ROC Curves". In: *ICML*. 2006, pp. 233–240.

[DHM07] P. Diaconis, S. Holmes, and R. Montgomery. "Dynamical Bias in the Coin Toss". In: *SIAM Review* 49.2 (2007), pp. 211–235.

[DHS01] R. O. Duda, P. E. Hart, and D. G. Stork. *Pattern Classification*. 2nd edition. Wiley Interscience, 2001.

[DHS11] J. Duchi, E. Hazan, and Y. Singer. "Adaptive Subgradient Methods for Online Learning and Stochastic Optimization". In: *JMLR* 12 (2011), pp. 2121–2159.

[Die98] T. G. Dietterich. "Approximate Statistical Tests for Comparing Supervised Classification Learning Algorithms". In: *Neural Computation*. 10.7 (1998), pp. 1895–1923.

[Din+15] N. Ding, J. Deng, K. Murphy, and H. Neven. "Probabilistic Label Relation Graphs with Ising Models". In: *ICCV*. 2015.

[DJ15] S. Dray and J. Josse. "Principal component analysis with missing values: a comparative survey of methods". In: *Plant Ecol.* 216.5 (2015), pp. 657–667.

[DKK12] G Dror, N Koenigstein, and Y Koren. "Web-Scale Media Recommendation Systems". In: *Proc. IEEE* 100.9 (2012), pp. 2722–2736.

[DKS95] J. Dougherty, R. Kohavi, and M. Sahami. "Supervised and Unsupervised Discretization of Continuous Features". In: *ICML*. 1995.

[DLLP97] T. Dietterich, R. Lathrop, and T. Lozano-Perez. "Solving the multiple instance problem with axis-parallel rectangles". In: *Artificial Intelligence* 89 (1997), pp. 31–71.

[DLR77] A. P. Dempster, N. M. Laird, and D. B. Rubin. "Maximum likelihood from incomplete data via the EM algorithm". In: *J. of the Royal Statistical Society, Series B* 34 (1977), pp. 1–38.

[DM01] D. van Dyk and X.-L. Meng. "The Art of Data Augmentation". In: *J. Computational and Graphical Statistics* 10.1 (2001), pp. 1–50.

[DM16] P. Drineas and M. W. Mahoney. "RandNLA: Randomized Numerical Linear Algebra". In: *CACM* (2016).

[Do+19] T.-T. Do, T. Tran, I. Reid, V. Kumar, T. Hoang, and G. Carneiro. "A Theoretically Sound Upper Bound on the Triplet Loss for Improving the Efficiency of Deep Distance Metric Learning". In: *CVPR*. 2019, pp. 10404–10413.

[Doe16] C. Doersch. "Tutorial on Variational Autoencoders". In: (2016). arXiv: 1606.05908 [stat.ML].

[Don95] D. L. Donoho. "De-noising by soft-thresholding". In: *IEEE Trans. Inf. Theory* 41.3 (1995), pp. 613–627.

[Dos+21] A. Dosovitskiy et al. "An Image is Worth 16x16 Words: Transformers for Image Recognition at Scale". In: *ICLR*. 2021.

[Doy+07] K. Doya, S. Ishii, A. Pouget, and R. P. N. Rao, eds. *Bayesian Brain: Probabilistic Approaches to Neural Coding*. MIT Press, 2007.

[DP97] P. Domingos and M. Pazzani. "On the Optimality of the Simple Bayesian Classifier under Zero-One Loss". In: *Machine Learning* 29 (1997), pp. 103–130.

[DR21] H. Duanmu and D. M. Roy. "On extended admissibale procedures and their nonstandard Bayes risk". In: *Annals of Statistics* (2021).

[Dri+04] P. Drineas, A. Frieze, R. Kannan, S. Vempala, and V. Vinay. "Clustering Large Graphs via the Singular Value Decomposition". In: *Machine Learning* 56 (2004), pp. 9–33.

[DS12] M. Der and L. K. Saul. "Latent Coincidence Analysis: A Hidden Variable Model for Distance Metric Learning". In: *NIPS*. Curran Associates, Inc., 2012, pp. 3230–3238.

[DSK16]   V. Dumoulin, J. Shlens, and M. Kudlur. "A Learned Representation For Artistic Style". In: (2016). arXiv: 1610.07629 [cs.CV].

[Dum+18]   A. Dumitrache, O. Inel, B. Timmermans, C. Ortiz, R.-J. Sips, L. Aroyo, and C. Welty. "Empirical Methodology for Crowdsourcing Ground Truth". In: Semantic Web Journal (2018).

[Duv14]   D. Duvenaud. "Automatic Model Construction with Gaussian Processes". PhD thesis. Computational and Biological Learning Laboratory, University of Cambridge, 2014.

[DV16]   V. Dumoulin and F. Visin. "A guide to convolution arithmetic for deep learning". In: (2016). arXiv: 1603.07285 [stat.ML].

[EDH19]   K. Ethayarajh, D. Duvenaud, and G. Hirst. "Towards Understanding Linear Word Analogies". In: Proc. ACL. Association for Computational Linguistics, 2019, pp. 3253–3262.

[EF15]   D. Eigen and R. Fergus. "Predicting Depth, Surface Normals and Semantic Labels with a Common Multi-Scale Convolutional Architecture". In: ICCV. 2015.

[Efr+04]   B. Efron, I. Johnstone, T. Hastie, and R. Tibshirani. "Least angle regression". In: Annals of Statistics 32.2 (2004), pp. 407–499.

[Efr86]   B. Efron. "Why Isn't Everyone a Bayesian?" In: The American Statistician 40.1 (1986).

[Ein16]   A Einstein. "Die Grundlage der allgemeinen Relativitätstheorie". In: Ann. Phys. 354.7 (1916), pp. 769–822.

[Eis19]   J. Eisenstein. Introduction to Natural Language Processing. 2019.

[Elk03]   C. Elkan. "Using the triangle inequality to accelerate k-means". In: ICML. 2003.

[EMH19]   T. Elsken, J. H. Metzen, and F. Hutter. "Neural Architecture Search: A Survey". In: JMLR 20 (2019), pp. 1–21.

[Erh+10]   D. Erhan, Y. Bengio, A. Courville, P.-A. Manzagol, P. Vincent, and S. Bengio. "Why Does Unsupervised Pre-training Help Deep Learning?" In: JMLR 11 (2010), pp. 625–660.

[FAL17]   C. Finn, P. Abbeel, and S. Levine. "Model-Agnostic Meta-Learning for Fast Adaptation of Deep Networks". In: ICML. 2017.

[FB81]   M. A. Fischler and R. Bolles. "Random sample concensus: A paradigm for model fitting with applications to image analysis and automated cartography". In: Comm. ACM 24.6 (1981), pp. 381–395.

[Fen+21]   S. Y. Feng, V. Gangal, J. Wei, S. Chandar, S. Vosoughi, T. Mitamura, and E. Hovy. "A Survey of Data Augmentation Approaches for NLP". In: (2021). arXiv: 2105.03075 [cs.CL].

[Fer+10]   D. Ferrucci et al. "Building Watson: An Overview of the DeepQA Project". In: AI Magazine (2010), pp. 59–79.

[FH20]   E. Fong and C. Holmes. "On the marginal likelihood and cross-validation". In: Biometrika 107.2 (2020).

[FHK12]   A. Feuerverger, Y. He, and S. Khatri. "Statistical Significance of the Netflix Challenge". In: Stat. Sci. 27.2 (2012), pp. 202–231.

[FHT00]   J. Friedman, T. Hastie, and R. Tibshirani. "Additive logistic regression: a statistical view of boosting". In: Annals of statistics 28.2 (2000), pp. 337–374.

[FHT10]   J. Friedman, T. Hastie, and R. Tibshirani. "Regularization Paths for Generalized Linear Models via Coordinate Descent". In: J. of Statistical Software 33.1 (2010).

[Fir57]   J. Firth. "A synopsis of linguistic theory 1930-1955". In: Studies in Linguistic Analysis. Ed. by F. Palmer. 1957.

[FJ02]   M. A. T. Figueiredo and A. K. Jain. "Unsupervised Learning of Finite Mixture Models". In: IEEE PAMI 24.3 (2002), pp. 381–396.

[FM03]   J. H. Friedman and J. J. Meulman. "Multiple additive regression trees with application in epidemiology". en. In: Stat. Med. 22.9 (2003), pp. 1365–1381.

[FMN16]   C. Fefferman, S. Mitter, and H. Narayanan. "Testing the manifold hypothesis". In: J. Amer. Math. Soc. 29.4 (2016), pp. 983–1049.

[FNW07]   M. Figueiredo, R. Nowak, and S. Wright. "Gradient projection for sparse reconstruction: application to compressed sensing and other inverse problems". In: IEEE. J. on Selected Topics in Signal Processing (2007).

[For+21]   P. Foret, A. Kleiner, H. Mobahi, and B. Neyshabur. "Sharpness-aware Minimization for Efficiently Improving Generalization". In: ICLR. 2021.

[Fos19]   D. Foster. Generative Deep Learning: Teaching Machines to Paint, Write, Compose, and Play. 1 edition. O'Reilly Media, 2019.

[FR07]   C. Fraley and A. Raftery. "Bayesian Regularization for Normal Mixture Estimation and Model-Based Clustering". In: J. of Classification 24 (2007), pp. 155–181.

[Fra+17]   L. Franceschi, M. Donini, P. Frasconi, and M. Pontil. "Forward and Reverse Gradient-Based Hyperparameter Optimization". In: ICML. 2017.

[Fre98]   B. Frey. Graphical Models for Machine Learning and Digital Communication. MIT Press, 1998.

[Fri01]   J. Friedman. "Greedy Function Approximation: a Gradient Boosting Machine". In: Annals of Statistics 29 (2001), pp. 1189–1232.

[Fri97a]   J. Friedman. "On bias, variance, 0-1 loss and the curse of dimensionality". In: J. Data Mining and Knowledge Discovery 1 (1997), pp. 55–77.

[Fri97b]   J. H. Friedman. "Data mining and statistics: What's the connection". In: Proceedings of the 29th Symposium on the Interface Between Computer Science and Statistics. 1997.

[Fri99]   J. Friedman. Stochastic Gradient Boosting. Tech. rep. 1999.

[FS96]   Y. Freund and R. R. Schapire. "Experiments with a new boosting algorithm". In: *ICML*. 1996.

[FT05]   M. Fashing and C. Tomasi. "Mean shift is a bound optimization". en. In: *IEEE Trans. Pattern Anal. Mach. Intell.* 27.3 (2005), pp. 471–474.

[Fu98]   W. Fu. "Penalized regressions: the bridge versus the lasso". In: *J. Computational and graphical statistics* 7 (1998), 397– 416.

[Fuk75]   K. Fukushima. "Cognitron: a self-organizing multilayered neural network". In: *Biological Cybernetics* 20.6 (1975), pp. 121–136.

[Fuk80]   K Fukushima. "Neocognitron: a self organizing neural network model for a mechanism of pattern recognition unaffected by shift in position". en. In: *Biol. Cybern.* 36.4 (1980), pp. 193–202.

[Fuk90]   K. Fukunaga. *Introduction to Statistical Pattern Recognition*. 2nd edition. Academic Press, 1990.

[Gag94]   P. Gage. "A New Algorithm for Data Compression". In: *Dr Dobbs Journal* (1994).

[Gan+16]   Y Ganin, E Ustinova, H Ajakan, P Germain, and others. "Domain-adversarial training of neural networks". In: *JMLR* (2016).

[Gao+20]   L. Gao et al. "The Pile: An 800GB Dataset of Diverse Text for Language Modeling". In: (2020). arXiv: 2101.00027 [cs.CL].

[Gär03]   T. Gärtner. "A Survey of Kernels for Structured Data". In: *SIGKDD Explor. Newsl.* 5.1 (2003), pp. 49–58.

[Gar+18]   J. Gardner, G. Pleiss, K. Q. Weinberger, D. Bindel, and A. G. Wilson. "GPyTorch: Blackbox Matrix-Matrix Gaussian Process Inference with GPU Acceleration". In: *NIPS*. Ed. by S Bengio, H Wallach, H Larochelle, K Grauman, N Cesa-Bianchi, and R Garnett. Curran Associates, Inc., 2018, pp. 7576–7586.

[GASG18]   D. G. A. Smith and J. Gray. "opt-einsum - A Python package for optimizing contraction order for einsum-like expressions". In: *JOSS* 3.26 (2018), p. 753.

[GB05]   Y. Grandvalet and Y. Bengio. "Semi-supervised learning by entropy minimization". In: *Advances in neural information processing systems*. 2005, pp. 529–536.

[GB10]   X. Glorot and Y. Bengio. "Understanding the difficulty of training deep feedforward neural networks". In: *AISTATS*. 2010, pp. 249–256.

[GB18]   V. Garcia and J. Bruna. "Few-shot Learning with Graph Neural Networks". In: *International Conference on Learning Representations (ICLR)*. 2018.

[GBB11]   X. Glorot, A. Bordes, and Y. Bengio. "Deep Sparse Rectifier Neural Networks". In: *AISTATS*. 2011.

[GBC16]   I. Goodfellow, Y. Bengio, and A. Courville. *Deep Learning*. http://www.deeplearningbook.org. MIT Press, 2016.

[GBD92]   S. Geman, E. Bienenstock, and R. Doursat. "Neural networks and the bias-variance dilemma". In: *Neural Computing* 4 (1992), pp. 1–58.

[GC20]   A. Gelman and B. Carpenter. "Bayesian analysis of tests with unknown specificity and sensitivity". In: *J. of Royal Stat. Soc. Series C* medrxiv;2020.05.22.20108944v2 (2020).

[GEB16]   L. A. Gatys, A. S. Ecker, and M. Bethge. "Image style transfer using convolutional neural networks". In: *CVPR*. 2016, pp. 2414–2423.

[GEH19]   T. Gale, E. Elsen, and S. Hooker. "The State of Sparsity in Deep Neural Networks". In: (2019). arXiv: 1902.09574 [cs.LG].

[Gel+04]   A. Gelman, J. Carlin, H. Stern, and D. Rubin. *Bayesian data analysis*. 2nd edition. Chapman and Hall, 2004.

[Gel+14]   A. Gelman, J. B. Carlin, H. S. Stern, D. B. Dunson, A. Vehtari, and D. B. Rubin. *Bayesian Data Analysis, Third Edition*. Third edition. Chapman and Hall/CRC, 2014.

[Gel16]   A. Gelman. "The problems with p-values are not just with p-values". In: *American Statistician* (2016).

[Gér17]   A. Géron. *Hands-On Machine Learning with Scikit-Learn and TensorFlow: Concepts, Tools, and Techniques for Building Intelligent Systems*. en. O'Reilly Media, Incorporated, 2017.

[Gér19]   A. Géron. *Hands-On Machine Learning with Scikit-Learn and TensorFlow: Concepts, Tools, and Techniques for Building Intelligent Systems (2nd edition)*. en. O'Reilly Media, Incorporated, 2019.

[GEY19]   Y. Geifman and R. El-Yaniv. "SelectiveNet: A Deep Neural Network with an Integrated Reject Option". In: *ICML*. 2019.

[GG16]   Y. Gal and Z. Ghahramani. "Dropout as a Bayesian Approximation: Representing Model Uncertainty in Deep Learning". In: *ICML*. 2016.

[GH96]   Z. Ghahramani and G. Hinton. *The EM Algorithm for Mixtures of Factor Analyzers*. Tech. rep. Dept. of Comp. Sci., Uni. Toronto, 1996.

[GHK17]   Y. Gal, J. Hron, and A. Kendall. "Concrete Dropout". In: (2017). arXiv: 1705.07832 [stat.ML].

[GHV14]   A. Gelman, J. Hwang, and A. Vehtari. "Understanding predictive information criteria for Bayesian models". In: *Statistics and Computing* 24.6 (2014), pp. 997–1016.

[Gib97]   M. Gibbs. "Bayesian Gaussian Processes for Regression and Classification". PhD thesis. U. Cambridge, 1997.

[Gil+17]   J. Gilmer, S. S. Schoenholz, P. F. Riley, O. Vinyals, and G. E. Dahl. "Neural message passing for quantum chemistry". In: *ICML*. 2017, pp. 1263–1272.

[Gil+21]   J. Gilmer, B. Ghorbani, A. Garg, S. Kudugunta, B. Neyshabur, D. Cardoze, G. Dahl, Z. Nado, and O. Firat. "A Loss Curvature Perspective on Training Instability in

Deep Learning". In: (2021). arXiv: 2110.04369 [cs.LG].

[GIM99]   A. Gionis, P. Indyk, and R. Motwani. "Similarity Search in High Dimensions via Hashing". In: *Proc. 25th Intl. Conf. on Very Large Data Bases*. VLDB '99. 1999, pp. 518–529.

[GKS18]   V. Gupta, T. Koren, and Y. Singer. "Shampoo: Preconditioned Stochastic Tensor Optimization". In: *ICML*. 2018.

[GL15]   B. Gu and C. Ling. "A New Generalized Error Path Algorithm for Model Selection". In: *ICML*. 2015.

[GL16]   A. Grover and J. Leskovec. "node2vec: Scalable feature learning for networks". In: *Proceedings of the 22nd ACM SIGKDD international conference on Knowledge discovery and data mining*. ACM. 2016, pp. 855–864.

[GMS05]   M. Gori, G. Monfardini, and F. Scarselli. "A new model for learning in graph domains". In: *Proceedings. 2005 IEEE International Joint Conference on Neural Networks, 2005*. Vol. 2. IEEE. 2005, pp. 729–734.

[GNK18]   R. A. Güler, N. Neverova, and I. Kokkinos. "Densepose: Dense human pose estimation in the wild". In: *CVPR*. 2018, pp. 7297–7306.

[God18]   P. Godec. *Graph Embeddings; The Summary*. https : / / towardsdatascience . com / graph - embeddings-the-summary-cc6075aba007. 2018.

[GOF18]   O. Gouvert, T. Oberlin, and C. Févotte. "Negative Binomial Matrix Factorization for Recommender Systems". In: (2018). arXiv: 1801.01708 [cs.LG].

[Gol+01]   K. Goldberg, T. Roeder, D. Gupta, and C. Perkins. "Eigentaste: A Constant Time Collaborative Filtering Algorithm". In: *Information Retrieval* 4.2 (2001), pp. 133–151.

[Gol+05]   J. Goldberger, S. Roweis, G. Hinton, and R. Salakhutdinov. "Neighbourhood Components Analysis". In: *NIPS*. 2005.

[Gol+92]   D. Goldberg, D. Nichols, B. M. Oki, and D. Terry. "Using collaborative filtering to weave an information tapestry". In: *Commun. ACM* 35.12 (1992), pp. 61–70.

[Gon85]   T. Gonzales. "Clustering to minimize the maximum intercluster distance". In: *Theor. Comp. Sci.* 38 (1985), pp. 293–306.

[Goo01]   N. Goodman. "Classes for fast maximum entropy training". In: *ICASSP*. 2001.

[Goo+14]   I. J. Goodfellow, J. Pouget-Abadie, M. Mirza, B. Xu, D. Warde-Farley, S. Ozair, A. Courville, and Y. Bengio. "Generative Adversarial Networks". In: *NIPS*. 2014.

[Gor06]   P. F. Gorder. "Neural Networks Show New Promise for Machine Vision". In: *Computing in science & engineering* 8.6 (2006), pp. 4–8.

[Got+19]   A. Gotmare, N. S. Keskar, C. Xiong, and R. Socher. "A Closer Look at Deep Learning Heuristics: Learning rate restarts, Warmup and Distillation". In: *ICLR*. 2019.

[GOV18]   W Gao, S Oh, and P Viswanath. "Demystifying Fixed k -Nearest Neighbor Information Estimators". In: *IEEE Trans. Inf. Theory* 64.8 (2018), pp. 5629–5661.

[GR07]   T. Gneiting and A. E. Raftery. "Strictly Proper Scoring Rules, Prediction, and Estimation". In: *JASA* 102.477 (2007), pp. 359–378.

[GR18]   A. Graves and M.-A. Ranzato. "Tutorial on unsupervised deep learning: part 2". In: *NIPS*. 2018.

[Gra04]   Y. Grandvalet. "Bagging Equalizes Influence". In: *Mach. Learn.* 55 (2004), pp. 251–270.

[Gra11]   A. Graves. "Practical variational inference for neural networks". In: *Advances in neural information processing systems*. 2011, pp. 2348–2356.

[Gra13]   A. Graves. "Generating Sequences With Recurrent Neural Networks". In: (2013). arXiv: 1308.0850 [cs.NE].

[Gra+17]   E. Grave, A. Joulin, M. Cissé, D. Grangier, and H. Jégou. "Efficient softmax approximation for GPUs". In: *ICML*. 2017.

[Gra+18]   E. Grant, C. Finn, S. Levine, T. Darrell, and T. Griffiths. "Recasting Gradient-Based Meta-Learning as Hierarchical Bayes". In: *ICLR*. 2018.

[Gra+20]   W. Grathwohl, K.-C. Wang, J.-H. Jacobsen, D. Duvenaud, M. Norouzi, and K. Swersky. "Your classifier is secretly an energy based model and you should treat it like one". In: *ICLR*. 2020.

[Gre+17]   K. Greff, R. K. Srivastava, J. Koutník, B. R. Steunebrink, and J. Schmidhuber. "LSTM: A Search Space Odyssey". In: *IEEE Transactions on Neural Networks and Learning Systems* 28.10 (2017).

[Gri20]   T. L. Griffiths. "Understanding Human Intelligence through Human Limitations". en. In: *Trends Cogn. Sci.* 24.11 (2020), pp. 873–883.

[GS08]   Y Guo and D Schuurmans. "Efficient global optimization for exponential family PCA and low-rank matrix factorization". In: *2008 46th Annual Allerton Conference on Communication, Control, and Computing*. 2008, pp. 1100–1107.

[GS97]   C. M. Grinstead and J. L. Snell. *Introduction to probability (2nd edition)*. American Mathematical Society, 1997.

[GSK18]   S. Gidaris, P. Singh, and N. Komodakis. "Unsupervised Representation Learning by Predicting Image Rotations". In: *ICLR*. 2018.

[GT07]   L. Getoor and B. Taskar, eds. *Introduction to Relational Statistical Learning*. MIT Press, 2007.

[GTA00]   G. Gigerenzer, P. M. Todd, and ABC Research Group. *Simple Heuristics That Make Us Smart*. en. Illustrated edition. Oxford University Press, 2000.

[Gu+18]   A. Gu, F. Sala, B. Gunel, and C. Ré. "Learning Mixed-Curvature Representations in Product Spaces". In: *International Conference on Learning Representations* (2018).

[Gua+10]   Y. Guan, J. Dy, D. Niu, and Z. Ghahramani. "Variational Inference for Nonparametric Multiple Clustering". In: *1st Intl. Workshop on Discovering, Summarizing and Using Multiple Clustering (MultiClust)*. 2010.

[Gua+17] S. Guadarrama, R. Dahl, D. Bieber, M. Norouzi, J. Shlens, and K. Murphy. "Pix-Color: Pixel Recursive Colorization". In: *BMVC*. 2017.

[Gul+20] A. Gulati et al. "Conformer: Convolution-augmented Transformer for Speech Recognition". In: (2020). arXiv: 2005.08100 [eess.AS].

[Guo09] Y. Guo. "Supervised exponential family principal component analysis via convex optimization". In: *NIPS*. 2009.

[Guo+17] H. Guo, R. Tang, Y. Ye, Z. Li, and X. He. "DeepFM: a factorization-machine based neural network for CTR prediction". In: *IJCAI*. IJCAI'17. AAAI Press, 2017, pp. 1725–1731.

[Gus01] M. Gustafsson. "A probabilistic derivation of the partial least-squares algorithm". In: *Journal of Chemical Information and Modeling* 41 (2001), pp. 288–294.

[GVZ16] A. Gupta, A. Vedaldi, and A. Zisserman. "Synthetic Data for Text Localisation in Natural Images". In: *CVPR*. 2016.

[GZE19] A. Grover, A. Zweig, and S. Ermon. "Graphite: Iterative Generative Modeling of Graphs". In: *International Conference on Machine Learning*. 2019, pp. 2434–2444.

[HA85] L. Hubert and P. Arabie. "Comparing Partitions". In: *J. of Classification* 2 (1985), pp. 193–218.

[HAB19] M. Hein, M. Andriushchenko, and J. Bitterwolf. "Why ReLU networks yield high-confidence predictions far away from the training data and how to mitigate the problem". In: *CVPR*. 2019.

[Hac75] I. Hacking. *The Emergence of Probability: A Philosophical Study of Early Ideas about Probability, Induction and Statistical Inference*. Cambridge University Press, 1975.

[Háj08] A. Hájek. "Dutch Book Arguments". In: *The Oxford Handbook of Rational and Social Choice*. Ed. by P. Anand, P. Pattanaik, and C. Puppe. Oxford University Press, 2008.

[Han+20] B. Han, Q. Yao, T. Liu, G. Niu, I. W. Tsang, J. T. Kwok, and M. Sugiyama. "A Survey of Label-noise Representation Learning: Past, Present and Future". In: (2020). arXiv: 2011.04406 [cs.LG].

[Har54] Z. Harris. "Distributional structure". In: *Word* 10.23 (1954), pp. 146–162.

[Has+04] T. Hastie, S. Rosset, R. Tibshirani, and J. Zhu. "The entire regularization path for the support vector machine". In: *JMLR* 5 (2004), pp. 1391–1415.

[Has+09] T. Hastie, S. Rosset, J. Zhu, and H. Zou. "Multi-class AdaBoost". In: *Statistics and tis Interface* 2.3 (2009), pp. 349–360.

[Has+17] D. Hassabis, D. Kumaran, C. Summerfield, and M. Botvinick. "Neuroscience-Inspired Artificial Intelligence". en. In: *Neuron* 95.2 (2017), pp. 245–258.

[Has87] J. Hastad. *Computational limits of small-depth circuits*. MIT Press, 1987.

[HB17] X. Huang and S. Belongie. "Arbitrary style transfer in real-time with adaptive instance normalization". In: *ICCV*. 2017.

[HCD12] D. Hoiem, Y. Chodpathumwan, and Q. Dai. "Diagnosing Error in Object Detectors". In: *ECCV*. 2012.

[HCL09] C.-W. Hsu, C.-C. Chang, and C.-J. Lin. *A Practical Guide to Support Vector Classification*. Tech. rep. Dept. Comp. Sci., National Taiwan University, 2009.

[HDR19] S. Hayou, A. Doucet, and J. Rousseau. "On the Impact of the Activation Function on Deep Neural Networks Training". In: (2019). arXiv: 1902.06853 [stat.ML].

[He+15] K. He, X. Zhang, S. Ren, and J. Sun. "Delving Deep into Rectifiers: Surpassing Human-Level Performance on ImageNet Classification". In: *ICCV*. 2015.

[He+16a] K. He, X. Zhang, S. Ren, and J. Sun. "Deep Residual Learning for Image Recognition". In: *CVPR*. 2016.

[He+16b] K. He, X. Zhang, S. Ren, and J. Sun. "Identity Mappings in Deep Residual Networks". In: *ECCV*. 2016.

[He+17] X. He, L. Liao, H. Zhang, L. Nie, X. Hu, and T.-S. Chua. "Neural Collaborative Filtering". In: *WWW*. 2017.

[HE18] D. Ha and D. Eck. "A Neural Representation of Sketch Drawings". In: *ICLR*. 2018.

[He+20] K. He, H. Fan, Y. Wu, S. Xie, and R. Girshick. "Momentum contrast for unsupervised visual representation learning". In: *CVPR*. 2020, pp. 9729–9738.

[Hen+15] J. Hensman, A. Matthews, M. Filippone, and Z. Ghahramani. "MCMC for Variationally Sparse Gaussian Processes". In: *NIPS*. 2015, pp. 1648–1656.

[HG16] D. Hendrycks and K. Gimpel. "Gaussian Error Linear Units (GELUs)". In: *arXiv [cs.LG]* (2016).

[HG20] J. Howard and S. Gugger. *Deep Learning for Coders with Fastai and PyTorch: AI Applications Without a PhD*. en. 1st ed. O'Reilly Media, 2020.

[HG21] M. K. Ho and T. L. Griffiths. "Cognitive science as a source of forward and inverse models of human decisions for robotics and control". In: *Annual Review of Control, Robotics, and Autonomous Systems*. 2021.

[HGD19] K. He, R. Girshick, and P. Dollár. "Rethinking ImageNet Pre-training". In: *CVPR*. 2019.

[Hin+12] G. E. Hinton et al. "Deep Neural Networks for Acoustic Modeling in Speech Recognition: The Shared Views of Four Research Groups". In: *IEEE Signal Process. Mag.* 29.6 (2012), pp. 82–97.

[Hin13] G. Hinton. *CSC 2535 Lecture 11: Non-linear dimensionality reduction*. 2013.

[Hin14] G. Hinton. *Lecture 6e on neural networks (RMSprop: Divide the gradient by a running average of its recent magnitude)*. 2014.

[HK15]   F. M. Harper and J. A. Konstan. "The MovieLens Datasets: History and Context". In: *ACM Trans. Interact. Intell. Syst.* 5.4 (2015), pp. 1–19.

[HL04]   D. R. Hunter and K. Lange. "A Tutorial on MM Algorithms". In: *The American Statistician* 58 (2004), pp. 30–37.

[HMT11]   N. Halko, P.-G. Martinsson, and J. A. Tropp. "Finding structure with randomness: Probabilistic algorithms for constructing approximate matrix decompositions". In: *SIAM Rev., Survey and Review section* 53.2 (2011), pp. 217–288.

[HN19]   C. M. Holmes and I. Nemenman. "Estimation of mutual information for real-valued data with error bars and controlled bias". en. In: *Phys Rev E* 100.2-1 (2019), p. 022404.

[Hoc+01]   S. Hochreiter, Y. Bengio, P. Frasconi, and J. Schmidhuber. "Gradient flow in recurrent nets: the difficulty of learning long-term dependencies". In: *A Field Guide to Dynamical Recurrent Neural Networks*. Ed. by S. C. Kremer and J. F. Kolen. 2001.

[Hoe+14]   R. Hoekstra, R. D. Morey, J. N. Rouder, and E.-J. Wagenmakers. "Robust misinterpretation of confidence intervals". en. In: *Psychon. Bull. Rev.* 21.5 (2014), pp. 1157–1164.

[Hoe+21]   T. Hoefler, D. Alistarh, T. Ben-Nun, N. Dryden, and A. Peste. "Sparsity in Deep Learning: Pruning and growth for efficient inference and training in neural networks". In: (2021). arXiv: 2102.00554 [cs.LG].

[Hof09]   P. D. Hoff. *A First Course in Bayesian Statistical Methods*. Springer, 2009.

[Hor61]   P Horst. "Generalized canonical correlations and their applications to experimental data". en. In: *J. Clin. Psychol.* 17 (1961), pp. 331–347.

[Hor91]   K. Hornik. "Approximation Capabilities of Multilayer Feedforward Networks". In: *Neural Networks* 4.2 (1991), pp. 251–257.

[Hos+19]   M. Z. Hossain, F. Sohel, M. F. Shiratuddin, and H. Laga. "A Comprehensive Survey of Deep Learning for Image Captioning". In: *ACM Computing Surveys* (2019).

[HOT06]   G. Hinton, S. Osindero, and Y. Teh. "A fast learning algorithm for deep belief nets". In: *Neural Computation* 18 (2006), pp. 1527–1554.

[Hot36]   H. Hotelling. "Relations Between Two Sets of Variates". In: *Biometrika* 28.3/4 (1936), pp. 321–377.

[Hou+12]   N. Houlsby, F. Huszar, Z. Ghahramani, and J. M. Hernández-lobato. "Collaborative Gaussian Processes for Preference Learning". In: *NIPS*. 2012, pp. 2096–2104.

[Hou+19]   N. Houlsby, A. Giurgiu, S. Jastrzebski, B. Morrone, Q. de Laroussilhe, A. Gesmundo, M. Attariyan, and S. Gelly. "Parameter-Efficient Transfer Learning for NLP". In: *ICML*. 2019.

[How+17]   A. G. Howard, M. Zhu, B. Chen, D. Kalenichenko, W. Wang, T. Weyand, M. Andreetto, and H. Adam. "MobileNets: Efficient Convolutional Neural Networks for Mobile Vision Applications". In: *CVPR*. 2017.

[HR03]   G. E. Hinton and S. T. Roweis. "Stochastic Neighbor Embedding". In: *NIPS*. 2003, pp. 857–864.

[HR76]   L. Hyafil and R. Rivest. "Constructing Optimal Binary Decision Trees is NP-complete". In: *Information Processing Letters* 5.1 (1976), pp. 15–17.

[HRP21]   M. Huisman, J. N. van Rijn, and A. Plaat. "A Survey of Deep Meta-Learning". In: *AI Review* (2021).

[HS19]   J. Haochen and S. Sra. "Random Shuffling Beats SGD after Finite Epochs". In: *ICML*. Vol. 97. Proceedings of Machine Learning Research. PMLR, 2019, pp. 2624–2633.

[HS97a]   S Hochreiter and J Schmidhuber. "Flat minima". en. In: *Neural Comput.* 9.1 (1997), pp. 1–42.

[HS97b]   S. Hochreiter and J. Schmidhuber. "Long short-term memory". In: *Neural Computation* 9.8 (1997), 1735–1780.

[HSW89]   K. Hornik, M. Stinchcombe, and H. White. "Multilayer feedforward networks are universal approximators". In: *Neural Networks* 2.5 (1989), pp. 359–366.

[HT90]   T. Hastie and R. Tibshirani. *Generalized additive models*. Chapman and Hall, 1990.

[HTF01]   T. Hastie, R. Tibshirani, and J. Friedman. *The Elements of Statistical Learning*. Springer, 2001.

[HTF09]   T. Hastie, R. Tibshirani, and J. Friedman. *The Elements of Statistical Learning*. 2nd edition. Springer, 2009.

[HTW15]   T. Hastie, R. Tibshirani, and M. Wainwright. *Statistical Learning with Sparsity: The Lasso and Generalizations*. CRC Press, 2015.

[Hua14]   G.-B. Huang. "An Insight into Extreme Learning Machines: Random Neurons, Random Features and Kernels". In: *Cognit. Comput.* 6.3 (2014), pp. 376–390.

[Hua+17a] G. Huang, Z. Liu, K. Q. Weinberger, and L. van der Maaten. "Densely Connected Convolutional Networks". In: *CVPR*. 2017.

[Hua+17b] J. Huang et al. "Speed/accuracy trade-offs for modern convolutional object detectors". In: *CVPR*. 2017.

[Hua+18]   C.-Z. A. Huang, A. Vaswani, J. Uszkoreit, N. Shazeer, I. Simon, C. Hawthorne, A. M. Dai, M. D. Hoffman, M. Dinculescu, and D. Eck. "Music Transformer". In: (2018). arXiv: 1809.04281 [cs.LG].

[Hub+08]   M. F. Huber, T Bailey, H Durrant-Whyte, and U. D. Hanebeck. "On entropy approximation for Gaussian mixture random vectors". In: *2008 IEEE International Conference on Multisensor Fusion and Integration for Intelligent Systems*. 2008, pp. 181–188.

[Hub64]   P. Huber. "Robust Estimation of a Location Parameter". In: *Annals of Statistics* 53 (1964), 73–101.

[Hut90]   M. F. Hutchinson. "A stochastic estimator of the trace of the influence matrix for laplacian smoothing splines". In: *Communications in Statistics - Simulation and Computation* 19.2 (1990), pp. 433–450.

[HVD14]   G. Hinton, O. Vinyals, and J. Dean. "Distilling the Knowledge in a Neural Network". In: *NIPS Deep Learning Workshop*. 2014.

[HW62]   D. Hubel and T. Wiesel. "Receptive fields, binocular interaction, and functional architecture in the cat's visual cortex". In: *J. Physiology* 160 (1962), pp. 106–154.

[HY01]   M. Hansen and B. Yu. "Model selection and the principle of minimum description length". In: *JASA* (2001).

[HYL17]   W. Hamilton, Z. Ying, and J. Leskovec. "Inductive representation learning on large graphs". In: *Advances in Neural Information Processing Systems*. 2017, pp. 1024–1034.

[Idr+17]   H. Idrees, A. R. Zamir, Y.-G. Jiang, A. Gorban, I. Laptev, R. Sukthankar, and M. Shah. "The THUMOS challenge on action recognition for videos "in the wild"". In: *Comput. Vis. Image Underst.* 155 (2017), pp. 1–23.

[Ie+19]   E. Ie, V. Jain, J. Wang, S. Narvekar, R. Agarwal, R. Wu, H.-T. Cheng, T. Chandra, and C. Boutilier. "SlateQ: A tractable decomposition for reinforcement learning with recommendation sets". In: *IJCAI*. International Joint Conferences on Artificial Intelligence Organization, 2019.

[Iof17]   S. Ioffe. "Batch Renormalization: Towards Reducing Minibatch Dependence in Batch-Normalized Models". In: (2017). arXiv: 1702.03275 [cs.LG].

[Ips09]   I. Ipsen. *Numerical matrix analysis: Linear systems and least squares*. SIAM, 2009.

[IR10]   A. Ilin and T. Raiko. "Practical Approaches to Principal Component Analysis in the Presence of Missing Values". In: *JMLR* 11 (2010), pp. 1957–2000.

[IS15]   S. Ioffe and C. Szegedy. "Batch Normalization: Accelerating Deep Network Training by Reducing Internal Covariate Shift". In: *ICML*. 2015, pp. 448–456.

[Isc+19]   A. Iscen, G. Tolias, Y. Avrithis, and O. Chum. "Label Propagation for Deep Semi-supervised Learning". In: *CVPR*. 2019.

[Izm+18]   P. Izmailov, D. Podoprikhin, T. Garipov, D. Vetrov, and A. G. Wilson. "Averaging Weights Leads to Wider Optima and Better Generalization". In: *UAI*. 2018.

[Izm+20]   P. Izmailov, P. Kirichenko, M. Finzi, and A. G. Wilson. "Semi-supervised learning with normalizing flows". In: *ICML*. 2020, pp. 4615–4630.

[Jac+91]   R. Jacobs, M. Jordan, S. Nowlan, and G. Hinton. "Adaptive mixtures of local experts". In: *Neural Computation* (1991).

[JAFF16]   J. Johnson, A. Alahi, and L. Fei-Fei. "Perceptual Losses for Real-Time Style Transfer and Super-Resolution". In: *ECCV*. 2016.

[Jan18]   E. Jang. *Normalizing Flows Tutorial*. 2018.

[Jay03]   E. T. Jaynes. *Probability theory: the logic of science*. Cambridge university press, 2003.

[Jay76]   E. T. Jaynes. "Confidence intervals vs Bayesian intervals". In: *Foundations of Probability Theory, Statistical Inference, and Statistical Theories of Science, vol II*. Ed. by W. L. Harper and C. A. Hooker. Reidel Publishing Co., 1976.

[JD88]   A. Jain and R. Dubes. *Algorithms for Clustering Data*. Prentice Hall, 1988.

[JDJ17]   J. Johnson, M. Douze, and H. Jégou. "Billion-scale similarity search with GPUs". In: (2017). arXiv: 1702.08734 [cs.CV].

[Jef61]   H. Jeffreys. *Theory of Probability*. Oxford, 1961.

[Jef73]   H. Jeffreys. *Scientific Inference*. Third edition. Cambridge, 1973.

[JGH18]   A. Jacot, F. Gabriel, and C. Hongler. "Neural Tangent Kernel: Convergence and Generalization in Neural Networks". In: *NIPS*. 2018.

[JH04]   H. Jaeger and H. Haas. "Harnessing Nonlinearity: Predicting Chaotic Systems and Saving Energy in Wireless Communication". In: *Science* 304.5667 (2004).

[JHG00]   N. Japkowicz, S. Hanson, and M. Gluck. "Nonlinear autoassociation is not equivalent to PCA". In: *Neural Computation* 12 (2000), pp. 531–545.

[Jia+20]   Y. Jiang, B. Neyshabur, H. Mobahi, D. Krishnan, and S. Bengio. "Fantastic Generalization Measures and Where to Find Them". In: *ICLR*. 2020.

[Jin+17]   Y. Jing, Y. Yang, Z. Feng, J. Ye, Y. Yu, and M. Song. "Neural Style Transfer: A Review". In: *arXiv [cs.CV]* (2017).

[JJ94]   M. I. Jordan and R. A. Jacobs. "Hierarchical mixtures of experts and the EM algorithm". In: *Neural Computation* 6 (1994), pp. 181–214.

[JK13]   A. Jern and C. Kemp. "A probabilistic account of exemplar and category generation". en. In: *Cogn. Psychol.* 66.1 (2013), pp. 85–125.

[JM08]   D. Jurafsky and J. H. Martin. *Speech and language processing: An Introduction to Natural Language Processing, Computational Linguistics, and Speech Recognition*. 2nd edition. Prentice-Hall, 2008.

[JM20]   D. Jurafsky and J. H. Martin. *Speech and language processing: An Introduction to Natural Language Processing, Computational Linguistics, and Speech Recognition (Third Edition)*. Draft of 3rd edition. 2020.

[Jor19]   M. Jordan. "Artificial Intelligence — The Revolution Hasn't Happened Yet". In: *Harvard Data Science Review* 1.1 (2019).

[JT19]   L. Jing and Y. Tian. "Self-supervised Visual Feature Learning with Deep Neural Networks: A Survey". In: (2019). arXiv: 1902.06162 [cs.CV].

[Jun+19]   W. Jung, D. Jung, B. Kim, S. Lee, W. Rhee, and J. Anh. "Restructuring Batch Normalization to Accelerate CNN Training". In: *SysML*. 2019.

[JW19]   S. Jain and B. C. Wallace. "Attention is not Explanation". In: *NAACL*. 2019.

[JZ13]   R. Johnson and T. Zhang. "Accelerating Stochastic Gradient Descent using Predictive Variance Reduction". In: *NIPS*. Curran Associates, Inc., 2013, pp. 315–323.

[JZS15]   R. Jozefowicz, W. Zaremba, and I. Sutskever. "An Empirical Exploration of Recurrent Network Architectures". In: *ICML*. 2015, pp. 2342–2350.

[KAG19]   A. Kirsch, J. van Amersfoort, and Y. Gal. "BatchBALD: Efficient and Diverse Batch Acquisition for Deep Bayesian Active Learning". In: *NIPS*. 2019.

[Kai58]   H. Kaiser. "The varimax criterion for analytic rotation in factor analysis". In: *Psychometrika* 23.3 (1958).

[Kan+12]   E. Kandel, J. Schwartz, T. Jessell, S. Siegelbaum, and A. Hudspeth, eds. *Principles of Neural Science*. Fifth Edition. 2012.

[Kan+20]   B. Kang, S. Xie, M. Rohrbach, Z. Yan, A. Gordo, J. Feng, and Y. Kalantidis. "Decoupling Representation and Classifier for Long-Tailed Recognition". In: *ICLR*. 2020.

[Kap16]   J. Kaplan. *Artificial Intelligence: What Everyone Needs to Know*. en. 1st ed. Oxford University Press, 2016.

[Kat+20]   A. Katharopoulos, A. Vyas, N. Pappas, and F. Fleuret. "Transformers are RNNs: Fast Autoregressive Transformers with Linear Attention". In: *ICML*. 2020.

[KB15]   D. Kingma and J. Ba. "Adam: A Method for Stochastic Optimization". In: *ICLR*. 2015.

[KB19]   M. Kaya and H. S. Bilge. "Deep Metric Learning: A Survey". en. In: *Symmetry* 11.9 (2019), p. 1066.

[KBV09]   Y. Koren, R. Bell, and C. Volinsky. "Matrix factorization techniques for recommender systems". In: *IEEE Computer* 42.8 (2009), pp. 30–37.

[KD09]   A. D. Kiureghian and O. Ditlevsen. "Aleatory or epistemic? Does it matter?" In: *Structural Safety* 31.2 (2009), pp. 105–112.

[Kem+06]   C. Kemp, J. Tenenbaum, T. Y. T. Griffiths and, and N. Ueda. "Learning systems of concepts with an infinite relational model". In: *AAAI*. 2006.

[KF05]   H. Kuck and N. de Freitas. "Learning about individuals from group statistics". In: *UAI*. 2005.

[KG05]   A. Krause and C. Guestrin. "Near-optimal value of information in graphical models". In: *UAI*. 2005.

[KG17]   A. Kendall and Y. Gal. "What Uncertainties Do We Need in Bayesian Deep Learning for Computer Vision?" In: *NIPS*. Curran Associates, Inc., 2017, pp. 5574–5584.

[KGS20]   J. von Kügelgen, L. Gresele, and B. Schölkopf. "Simpson's paradox in Covid-19 case fatality rates: a mediation analysis of age-related

causal effects". In: (2020). arXiv: 2005.07180 [stat.AP].

[KH09]   A Krizhevsky and G Hinton. *Learning multiple layers of features from tiny images*. Tech. rep. U. Toronto, 2009.

[KH19]   D. Krotov and J. J. Hopfield. "Unsupervised learning by competing hidden units". en. In: *PNAS* 116.16 (2019), pp. 7723–7731.

[Kha+10]   M. E. Khan, B. Marlin, G. Bouchard, and K. P. Murphy. "Variational bounds for mixed-data factor analysis". In: *NIPS*. 2010.

[Kha+20]   A. Khan, A. Sohail, U. Zahoora, and A. S. Qureshi. "A Survey of the Recent Architectures of Deep Convolutional Neural Networks". In: *AI Review* (2020).

[KHB07]   A. Kapoor, E. Horvitz, and S. Basu. "Selective Supervision: Guiding Supervised Learning with Decision-Theoretic Active Learning". In: *IJCAI*. 2007.

[KHW19]   W. Kool, H. van Hoof, and M. Welling. "Stochastic Beams and Where to Find Them: The Gumbel-Top-k Trick for Sampling Sequences Without Replacement". In: *ICML*. 2019.

[Kim14]   Y. Kim. "Convolutional Neural Networks for Sentence Classification". In: *EMNLP*. 2014.

[Kim19]   D. H. Kim. *Survey of Deep Metric Learning*. 2019.

[Kin+14]   D. P. Kingma, D. J. Rezende, S. Mohamed, and M. Welling. "Semi-Supervised Learning with Deep Generative Models". In: *NIPS*. 2014.

[Kir+19]   A. Kirillov, K. He, R. Girshick, C. Rother, and P. Dollár. "Panoptic Segmentation". In: *CVPR*. 2019.

[KJ16]   L Kang and V Joseph. "Kernel Approximation: From Regression to Interpolation". In: *SIAM/ASA J. Uncertainty Quantification* 4.1 (2016), pp. 112–129.

[KJ95]   J. Karhunen and J. Joutsensalo. "Generalizations of principal component analysis, optimization problems, and neural networks". In: *Neural Networks* 8.4 (1995), pp. 549–562.

[KJM19]   N. M. Kriege, F. D. Johansson, and C. Morris. "A Survey on Graph Kernels". In: (2019). arXiv: 1903.11835 [cs.LG].

[KK06]   S. Kotsiantis and D. Kanellopoulos. "Discretization Techniques: A recent survey". In: *GESTS Intl. Trans. on Computer Science and Engineering* 31.1 (2006), pp. 47–58.

[KKH20]   I. Khemakhem, D. P. Kingma, and A. Hyvärinen. "Variational Autoencoders and Nonlinear ICA: A Unifying Framework". In: *AISTATS*. 2020.

[KKL20]   N. Kitaev, L. Kaiser, and A. Levskaya. "Reformer: The Efficient Transformer". In: *8th International Conference on Learning Representations, ICLR 2020, Addis Ababa, Ethiopia, April 26-30, 2020*. OpenReview.net, 2020.

[KKS20]   F. Kunstner, R. Kumar, and M. Schmidt. "Homeomorphic-Invariance of EM: Non-Asymptotic Convergence in KL Divergence for Exponential Families via Mirror Descent". In: (2020). arXiv: 2011.01170 [cs.LG].

[KL17] J. K. Kruschke and T. M. Liddell. "The Bayesian New Statistics: Hypothesis testing, estimation, meta-analysis, and power analysis from a Bayesian perspective". In: *Psychon. Bull. Rev.* (2017).

[KL21] W. M. Kouw and M. Loog. "A review of domain adaptation without target labels". en. In: *IEEE PAMI* (2021).

[Kla+17] G. Klambauer, T. Unterthiner, A. Mayr, and S. Hochreiter. "Self-Normalizing Neural Networks". In: *NIPS*. 2017.

[Kle02] J. Kleinberg. "An Impossibility Theorem for Clustering". In: *NIPS*. 2002.

[Kle+11] A. Kleiner, A. Talwalkar, P. Sarkar, and M. I. Jordan. *A scalable bootstrap for massive data.* Tech. rep. UC Berkeley, 2011.

[Kle13] P. N. Klein. *Coding the Matrix: Linear Algebra through Applications to Computer Science.* en. 1 edition. Newtonian Press, 2013.

[KLQ95] C. Ko, J. Lee, and M. Queyranne. "An exact algorithm for maximum entropy sampling". In: *Operations Research* 43 (1995), 684–691.

[Kok17] I. Kokkinos. "UberNet: Training a Universal Convolutional Neural Network for Low-, Mid-, and High-Level Vision Using Diverse Datasets and Limited Memory". In: *CVPR*. Vol. 2. 2017, p. 8.

[Kol+19] A. Kolesnikov, L. Beyer, X. Zhai, J. Puigcerver, J. Yung, S. Gelly, and N. Houlsby. "Large Scale Learning of General Visual Representations for Transfer". In: (2019). arXiv: 1912.11370 [cs.CV].

[Kol+20] A. Kolesnikov, L. Beyer, X. Zhai, J. Puigcerver, J. Yung, S. Gelly, and N. Houlsby. "Large Scale Learning of General Visual Representations for Transfer". In: *ECCV*. 2020.

[Kon20] M. Konnikova. *The Biggest Bluff: How I Learned to Pay Attention, Master Myself, and Win.* en. Penguin Press, 2020.

[Kor09] Y. Koren. *The BellKor Solution to the Netflix Grand Prize.* Tech. rep. Yahoo! Research, 2009.

[KR19] M. Kearns and A. Roth. *The Ethical Algorithm: The Science of Socially Aware Algorithm Design.* en. Oxford University Press, 2019.

[KR87] L. Kaufman and P. Rousseeuw. "Clustering by means of Medoids". In: *Statistical Data Analysis Based on the L1-norm and Related Methods.* Ed. by Y. Dodge. North-Holland, 1987, 405–416.

[KR90] L. Kaufman and P. Rousseeuw. *Finding Groups in Data: An Introduction to Cluster Analysis.* Wiley, 1990.

[Kri+05] B. Krishnapuram, L. Carin, M. Figueiredo, and A. Hartemink. "Learning sparse Bayesian classifiers: multi-class formulation, fast algorithms, and generalization bounds". In: *IEEE Transaction on Pattern Analysis and Machine Intelligence* (2005).

[Kru13] J. K. Kruschke. "Bayesian estimation supersedes the t test". In: *J. Experimental Psychology: General* 142.2 (2013), pp. 573–603.

[Kru15] J. Kruschke. *Doing Bayesian Data Analysis: A Tutorial with R, JAGS and STAN.* Second edition. Academic Press, 2015.

[KS15] H. Kaya and A. A. Salah. "Adaptive Mixtures of Factor Analyzers". In: (2015). arXiv: 1507.02801 [stat.ML].

[KSG04] A. Kraskov, H. Stögbauer, and P. Grassberger. "Estimating mutual information". en. In: *Phys. Rev. E Stat. Nonlin. Soft Matter Phys.* 69.6 Pt 2 (2004), p. 066138.

[KSH12] A. Krizhevsky, I. Sutskever, and G. Hinton. "Imagenet classification with deep convolutional neural networks". In: *NIPS*. 2012.

[KSJ09] I. Konstas, V. Stathopoulos, and J. M. Jose. "On social networks and collaborative recommendation". In: *Proceedings of the 32nd international ACM SIGIR conference on Research and development in information retrieval.* 2009, pp. 195–202.

[KST82] D. Kahneman, P. Slovic, and A. Tversky, eds. *Judgment under uncertainty: Heuristics and biases.* Cambridge, 1982.

[KTB11] D. P. Kroese, T. Taimre, and Z. I. Botev. *Handbook of Monte Carlo Methods.* en. 1 edition. Wiley, 2011.

[Kua+09] P. Kuan, G. Pan, J. A. Thomson, R. Stewart, and S. Keles. *A hierarchical semi-Markov model for detecting enrichment with application to ChIP-Seq experiments.* Tech. rep. U. Wisconsin, 2009.

[Kul13] B. Kulis. "Metric Learning: A Survey". In: *Foundations and Trends in Machine Learning* 5.4 (2013), pp. 287–364.

[KV94] M. J. Kearns and U. V. Vazirani. *An Introduction to Computational Learning Theory.* MIT Press, 1994.

[KVK10] A. Klami, S. Virtanen, and S. Kaski. "Bayesian exponential family projections for coupled data sources". In: *UAI*. 2010.

[KW14] D. P. Kingma and M. Welling. "Auto-encoding variational Bayes". In: *ICLR*. 2014.

[KW16a] T. N. Kipf and M. Welling. "Semi-supervised classification with graph convolutional networks". In: *arXiv preprint arXiv:1609.02907* (2016).

[KW16b] T. N. Kipf and M. Welling. "Variational graph auto-encoders". In: *arXiv preprint arXiv:1611.07308* (2016).

[KW19a] D. P. Kingma and M. Welling. "An Introduction to Variational Autoencoders". In: *Foundations and Trends in Machine Learning* 12.4 (2019), pp. 307–392.

[KW19b] M. J. Kochenderfer and T. A. Wheeler. *Algorithms for Optimization.* en. The MIT Press, 2019.

[KWW22] M. J. Kochenderfer, T. A. Wheeler, and K. Wray. *Algorithms for Decision Making.* The MIT Press, 2022.

1060

[Kyu+10] M. Kyung, J. Gill, M. Ghosh, and G. Casella. "Penalized Regression, Standard Errors and Bayesian Lassos". In: *Bayesian Analysis* 5.2 (2010), pp. 369–412.

[LA16] S. Laine and T. Aila. "Temporal ensembling for semi-supervised learning". In: *arXiv preprint arXiv:1610.02242* (2016).

[Lak+17] B. M. Lake, T. D. Ullman, J. B. Tenenbaum, and S. J. Gershman. "Building Machines That Learn and Think Like People". en. In: *Behav. Brain Sci.* (2017), pp. 1–101.

[Lam18] B. Lambert. *A Student's Guide to Bayesian Statistics*. en. 1st ed. SAGE Publications Ltd, 2018.

[Law12] N. D. Lawrence. "A Unifying Probabilistic Perspective for Spectral Dimensionality Reduction: Insights and New Models". In: *JMLR* 13.May (2012), pp. 1609–1638.

[LBM06] J. A. Lasserre, C. M. Bishop, and T. P. Minka. "Principled Hybrids of Generative and Discriminative Models". In: *CVPR*. Vol. 1. June 2006, pp. 87–94.

[LBS19] Y. Li, J. Bradshaw, and Y. Sharma. "Are Generative Classifiers More Robust to Adversarial Attacks?" In: *ICML*. Ed. by K. Chaudhuri and R. Salakhutdinov. Vol. 97. Proceedings of Machine Learning Research. PMLR, 2019, pp. 3804–3814.

[LeC18] Y. LeCun. *Self-supervised learning: could machines learn like humans?* 2018.

[LeC+98] Y. LeCun, L. Bottou, Y. Bengio, and P. Haffner. "Gradient-Based Learning Applied to Document Recognition". In: *Proceedings of the IEEE* 86.11 (1998), pp. 2278–2324.

[Lee13] D.-H. Lee. "Pseudo-label: The simple and efficient semi-supervised learning method for deep neural networks". In: *ICML Workshop on Challenges in Representation Learning*. 2013.

[Lee+13] J. Lee, S. Kim, G. Lebanon, and Y. Singer. "Local Low-Rank Matrix Approximation". In: *ICML*. Vol. 28. Proceedings of Machine Learning Research. PMLR, 2013, pp. 82–90.

[Lee+19] J. Lee, Y. Lee, J. Kim, A. R. Kosiorek, S. Choi, and Y. W. Teh. "Set Transformer: A Framework for Attention-based Permutation-Invariant Neural Networks". In: *ICML*. 2019.

[Lee77] J. de Leeuw. "Applications of Convex Analysis to Multidimensional Scaling". In: *Recent Developments in Statistics*. Ed. by J. R. Barra, F Brodeau, G Romier, and B Van Cutsem. 1977.

[Lep+21] D. Lepikhin, H. Lee, Y. Xu, D. Chen, O. Firat, Y. Huang, M. Krikun, N. Shazeer, and Z. Chen. "GShard: Scaling Giant Models with Conditional Computation and Automatic Sharding". In: *ICLR*. 2021.

[LG14] O. Levy and Y. Goldberg. "Neural Word Embedding as Implicit Matrix Factorization". In: *NIPS*. 2014.

[LH17] I. Loshchilov and F. Hutter. "SGDR: Stochastic Gradient Descent with Warm Restarts". In: *ICLR*. 2017.

[Li+15] Y. Li, D. Tarlow, M. Brockschmidt, and R. Zemel. "Gated graph sequence neural networks". In: *arXiv preprint arXiv:1511.05493* (2015).

[Li+17] A. Li, A. Jabri, A. Joulin, and L. van der Maaten. "Learning Visual N-Grams from Web Data". In: *ICCV*. 2017.

[Lia20] S. M. Liao, ed. *Ethics of Artificial Intelligence*. en. 1st ed. Oxford University Press, 2020.

[Lim+19] S. Lim, I. Kim, T. Kim, C. Kim, and S. Kim. "Fast AutoAugment". In: (2019). arXiv: 1905.00397 [cs.LG].

[Lin06] D. Lindley. *Understanding Uncertainty*. Wiley, 2006.

[Lin+21] T. Lin, Y. Wang, X. Liu, and X. Qiu. "A Survey of Transformers". In: (2021). arXiv: 2106.04554 [cs.LG].

[Lin56] D. Lindley. "On a measure of the information provided by an experiment". In: *The Annals of Math. Stat.* (1956), 986–1005.

[Liu01] J. Liu. *Monte Carlo Strategies in Scientific Computation*. Springer, 2001.

[Liu+16] W. Liu, D. Anguelov, D. Erhan, C. Szegedy, and S. Reed. "SSD: Single Shot MultiBox Detector". In: *ECCV*. 2016.

[Liu+18a] H. Liu, Y.-S. Ong, X. Shen, and J. Cai. "When Gaussian Process Meets Big Data: A Review of Scalable GPs". In: (2018). arXiv: 1807.01065 [stat.ML].

[Liu+18b] L. Liu, X. Liu, C.-J. Hsieh, and D. Tao. "Stochastic Second-order Methods for Nonconvex Optimization with Inexact Hessian and Gradient". In: (2018). arXiv: 1809.09853 [math.OC].

[Liu+20] F. Liu, X. Huang, Y. Chen, and J. A. K. Suykens. "Random Features for Kernel Approximation: A Survey on Algorithms, Theory, and Beyond". In: (2020). arXiv: 2004.11154 [stat.ML].

[Liu+22] Z. Liu, H. Mao, C.-Y. Wu, C. Feichtenhofer, T. Darrell, and S. Xie. "A ConvNet for the 2020s". In: (2022). arXiv: 2201.03545 [cs.CV].

[LJ09] H. Lukosevicius and H. Jaeger. "Reservoir computing approaches to recurrent neural network training". In: *Computer Science Review* 3.3 (2009), 127–149.

[LKB20] Q. Liu, M. J. Kusner, and P. Blunsom. "A Survey on Contextual Embeddings". In: (2020). arXiv: 2003.07278 [cs.CL].

[Llo82] S Lloyd. "Least squares quantization in PCM". In: *IEEE Trans. Inf. Theory* 28.2 (1982), pp. 129–137.

[LLT89] K. Lange, R. Little, and J. Taylor. "Robust Statistical Modeling Using the T Disribution". In: *JASA* 84.408 (1989), pp. 881–896.

[LM04] E. Learned-Miller. *Hyperspacings and the estimation of information theoretic quantities*. Tech. rep. 04-104. U. Mass. Amherst Comp. Sci. Dept, 2004.

[LM86] R. Larsen and M. Marx. *An introduction to mathematical statistics and its applications*. Prentice Hall, 1986.

[LN81]   D. V. Lindley and M. R. Novick. "The Role of Exchangeability in Inference". en. In: *Annals of Statistics* 9.1 (1981), pp. 45–58.

[LNK19]   Q. Liu, M. Nickel, and D. Kiela. "Hyperbolic graph neural networks". In: *Advances in Neural Information Processing Systems*. 2019, pp. 8228–8239.

[Loa00]   C. F. V. Loan. "The ubiquitous Kronecker product". In: *J. Comput. Appl. Math.* 123.1 (2000), pp. 85–100.

[Lod+02] H. Lodhi, C. Saunders, J. Shawe-Taylor, N. Cristianini, and C. Watkins. "Text classification using string kernels". en. In: *J. Mach. Learn. Res.* (2002).

[LPM15]   M.-T. Luong, H. Pham, and C. D. Manning. "Effective Approaches to Attention-based Neural Machine Translation". In: *EMNLP*. 2015.

[LR87]   R. J. Little and D. B. Rubin. *Statistical Analysis with Missing Data*. Wiley and Son, 1987.

[LRU14]   J. Leskovec, A. Rajaraman, and J. Ullman. *Mining of massive datasets*. Cambridge, 2014.

[LS10]   P. Long and R. Servedio. "Random classification noise beats all convex potential boosters". In: *JMLR* 78.3 (2010), pp. 287–304.

[LS19a]   S. Lattanzi and C. Sohler. "A Better k-means++ Algorithm via Local Search". In: *ICML*. Vol. 97. Proceedings of Machine Learning Research. PMLR, 2019, pp. 3662–3671.

[LS19b]   Z. C. Lipton and J. Steinhardt. "Troubling Trends in Machine Learning Scholarship: Some ML papers suffer from flaws that could mislead the public and stymie future research". In: *The Queue* 17.1 (2019), pp. 45–77.

[LSS13]   Q. Le, T. Sarlos, and A. Smola. "Fastfood - Computing Hilbert Space Expansions in loglinear time". In: *ICML*. Vol. 28. Proceedings of Machine Learning Research. PMLR, 2013, pp. 244–252.

[LSY19]   H. Liu, K. Simonyan, and Y. Yang. "DARTS: Differentiable Architecture Search". In: *ICLR*. 2019.

[Lu+19]   L. Lu, Y. Shin, Y. Su, and G. E. Karniadakis. "Dying ReLU and Initialization: Theory and Numerical Examples". In: (2019). arXiv: 1903.06733 [stat.ML].

[Luo16]   M.-T. Luong. "Neural machine translation". PhD thesis. Stanford Dept. Comp. Sci., 2016.

[Luo+19] P. Luo, X. Wang, W. Shao, and Z. Peng. "Towards Understanding Regularization in Batch Normalization". In: *ICLR*. 2019.

[LUW17]   C. Louizos, K. Ullrich, and M. Welling. "Bayesian Compression for Deep Learning". In: *NIPS*. 2017.

[Lux07]   U. von Luxburg. "A tutorial on spectral clustering". In: *Statistics and Computing* 17.4 (2007), pp. 395–416.

[LW04a]   O. Ledoit and M. Wolf. "A Well-Conditioned Estimator for Large-Dimensional Covariance Matrices". In: *J. of Multivariate Analysis* 88.2 (2004), pp. 365–411.

[LW04b]   O. Ledoit and M. Wolf. "Honey, I Shrunk the Sample Covariance Matrix". In: *J. of Portfolio Management* 31.1 (2004).

[LW04c]   H. Lopes and M. West. "Bayesian model assessment in factor analysis". In: *Statisica Sinica* 14 (2004), pp. 41–67.

[LW16]   C. Li and M. Wand. "Precomputed Real-Time Texture Synthesis with Markovian Generative Adversarial Networks". In: *ECCV*. 2016.

[LWG12]   U. von Luxburg, R. Williamson, and I. Guyon. "Clustering: science or art?" In: *Workshop on Unsupervised and Transfer Learning*. 2012.

[LXW19]   X. Liu, Q. Xu, and N. Wang. "A survey on deep neural network-based image captioning". In: *The Visual Computer* 35.3 (2019), pp. 445–470.

[Lyu+20] X.-K. Lyu, Y. Xu, X.-F. Zhao, X.-N. Zuo, and C.-P. Hu. "Beyond psychology: prevalence of p value and confidence interval misinterpretation across different fields". In: *Journal of Pacific Rim Psychology* 14 (2020).

[MA10]   I. Murray and R. P. Adams. "Slice sampling covariance hyperparameters of latent Gaussian models". In: *NIPS*. 2010, pp. 1732–1740.

[MA+17]   Y. Movshovitz-Attias, A. Toshev, T. K. Leung, S. Ioffe, and S. Singh. "No Fuss Distance Metric Learning using Proxies". In: *ICCV*. 2017.

[Maa+11] A. L. Maas, R. E. Daly, P. T. Pham, D. Huang, A. Y. Ng, and C. Potts. "Learning Word Vectors for Sentiment Analysis". In: *Proc. ACL*. 2011, pp. 142–150.

[Maa14]   L. van der Maaten. "Accelerating t-SNE using Tree-Based Algorithms". In: *JMLR* (2014).

[Mac03]   D. MacKay. *Information Theory, Inference, and Learning Algorithms*. Cambridge University Press, 2003.

[Mac09]   L. W. Mackey. "Deflation Methods for Sparse PCA". In: *NIPS*. 2009.

[Mac67]   J MacQueen. "Some methods for classification and analysis of multivariate observations". en. In: *Proceedings of the Fifth Berkeley Symposium on Mathematical Statistics and Probability, Volume 1: Statistics*. The Regents of the University of California, 1967.

[Mac95]   D. MacKay. "Probable networks and plausible predictions — a review of practical Bayesian methods for supervised neural networks". In: *Network: Computation in Neural Systems* 6.3 (1995), pp. 469–505.

[Mad+20] A. Madani, B. McCann, N. Naik, N. S. Keskar, N. Anand, R. R. Eguchi, P.-S. Huang, and R. Socher. "ProGen: Language Modeling for Protein Generation". en. 2020.

[Mah07]   R. P. S. Mahler. *Statistical Multisource-Multitarget Information Fusion*. Artech House, Inc., 2007.

[Mah13]   R Mahler. "Statistics 102 for Multisource-Multitarget Detection and Tracking". In:

IEEE J. Sel. Top. Signal Process. 7.3 (2013), pp. 376–389.

[Mah+18] D. Mahajan, R. Girshick, V. Ramanathan, K. He, M. Paluri, Y. Li, A. Bharambe, and L. van der Maaten. "Exploring the Limits of Weakly Supervised Pretraining". In: (2018). arXiv: 1805.00932 [cs.CV].

[Mai15] J Mairal. "Incremental Majorization-Minimization Optimization with Application to Large-Scale Machine Learning". In: *SIAM J. Optim.* 25.2 (2015), pp. 829–855.

[Mak+19] D. Makowski, M. S. Ben-Shachar, S. H. A. Chen, and D. Lüdecke. "Indices of Effect Existence and Significance in the Bayesian Framework". en. In: *Front. Psychol.* 10 (2019), p. 2767.

[Mal99] S. Mallat. *A Wavelet Tour of Signal Processing.* Academic Press, 1999.

[Man+16] V. Mansinghka, P. Shafto, E. Jonas, C. Petschulat, M. Gasner, and J. Tenenbaum. "Crosscat: A Fully Bayesian, Nonparametric Method For Analyzing Heterogeneous, High-dimensional Data." In: *JMLR* 17 (2016).

[Mar06] H. Markram. "The blue brain project". en. In: *Nat. Rev. Neurosci.* 7.2 (2006), pp. 153–160.

[Mar08] B. Marlin. "Missing Data Problems in Machine Learning". PhD thesis. U. Toronto, 2008.

[Mar+11] B. M. Marlin, R. S. Zemel, S. T. Roweis, and M. Slaney. "Recommender Systems, Missing Data and Statistical Model Estimation". In: *IJCAI.* 2011.

[Mar18] O. Martin. *Bayesian analysis with Python.* Packt, 2018.

[Mar20] G. Marcus. "The Next Decade in AI: Four Steps Towards Robust Artificial Intelligence". In: (2020). arXiv: 2002.06177 [cs.AI].

[Mar72] G. Marsaglia. "Choosing a Point from the Surface of a Sphere". en. In: *Ann. Math. Stat.* 43.2 (1972), pp. 645–646.

[Mas+00] L. Mason, J. Baxter, P. L. Bartlett, and M. R. Frean. "Boosting Algorithms as Gradient Descent". In: *NIPS.* 2000, pp. 512–518.

[Mas+15] J. Masci, D. Boscaini, M. Bronstein, and P. Vandergheynst. "Geodesic convolutional neural networks on riemannian manifolds". In: *Proceedings of the IEEE international conference on computer vision workshops.* 2015, pp. 37–45.

[Mat00] R. Matthews. "Storks Deliver Babies (p = 0.008)". In: *Teach. Stat.* 22.2 (2000), pp. 36–38.

[Mat98] R. Matthews. *Bayesian Critique of Statistics in Health: The Great Health Hoax.* 1998.

[MAV17] D. Molchanov, A. Ashukha, and D. Vetrov. "Variational Dropout Sparsifies Deep Neural Networks". In: *ICML.* 2017.

[MB05] F. Morin and Y. Bengio. "Hierarchical Probabilistic Neural Network Language Model". In: *AISTATS.* 2005.

[MB06] N. Meinshausen and P. Buhlmann. "High dimensional graphs and variable selection with the lasso". In: *The Annals of Statistics* 34 (2006), pp. 1436–1462.

[MBL20] K. Musgrave, S. Belongie, and S.-N. Lim. "A Metric Learning Reality Check". In: *ECCV.* 2020.

[McE20] R. McElreath. *Statistical Rethinking: A Bayesian Course with Examples in R and Stan (2nd edition).* en. Chapman and Hall/CRC, 2020.

[McL75] G. J. McLachlan. "Iterative reclassification procedure for constructing an asymptotically optimal rule of allocation in discriminant analysis". In: *Journal of the American Statistical Association* 70.350 (1975), pp. 365–369.

[MD97] X. L. Meng and D. van Dyk. "The EM algorithm — an old folk song sung to a fast new tune (with Discussion)". In: *J. Royal Stat. Soc. B* 59 (1997), pp. 511–567.

[ME14] S. Masoudnia and R. Ebrahimpour. "Mixture of experts: a literature survey". In: *Artificial Intelligence Review* 42.2 (2014), pp. 275–293.

[Mei01] M. Meila. "A random walks view of spectral segmentation". In: *AISTATS.* 2001.

[Mei05] M. Meila. "Comparing clusterings: an axiomatic view". In: *ICML.* 2005.

[Men+12] T. Mensink, J. Verbeek, F. Perronnin, and G. Csurka. "Metric Learning for Large Scale Image Classification: Generalizing to New Classes at Near-Zero Cost". In: *ECCV.* Springer Berlin Heidelberg, 2012, pp. 488–501.

[Met21] C. Metz. *Genius Makers: The Mavericks Who Brought AI to Google, Facebook, and the World.* en. Dutton, 2021.

[MF17] J. Matejka and G. Fitzmaurice. "Same Stats, Different Graphs: Generating Datasets with Varied Appearance and Identical Statistics through Simulated Annealing". In: *Proceedings of the 2017 CHI Conference on Human Factors in Computing Systems.* Association for Computing Machinery, 2017, pp. 1290–1294.

[MFR20] G. M. Martin, D. T. Frazier, and C. P. Robert. "Computing Bayes: Bayesian Computation from 1763 to the 21st Century". In: (2020). arXiv: 2004.06425 [stat.CO].

[MG05] I. Murray and Z. Ghahramani. *A note on the evidence and Bayesian Occam's razor.* Tech. rep. Gatsby, 2005.

[MH07] A. Mnih and G. Hinton. "Three new graphical models for statistical language modelling". en. In: *ICML.* 2007.

[MH08] L. v. d. Maaten and G. Hinton. "Visualizing Data using t-SNE". In: *JMLR* 9.Nov (2008), pp. 2579–2605.

[MHM18] L. McInnes, J. Healy, and J. Melville. "UMAP: Uniform Manifold Approximation and Projection for Dimension Reduction". In: (2018). arXiv: 1802.03426 [stat.ML].

[MHN13] A. L. Maas, A. Y. Hannun, and A. Y. Ng. "Rectifier Nonlinearities Improve Neural Network Acoustic Models". In: *ICML.* Vol. 28. 2013.

[Mik+13a] T. Mikolov, K. Chen, G. Corrado, and J. Dean. "Efficient Estimation of Word Representations in Vector Space". In: *ICLR*. 2013.

[Mik+13b] T. Mikolov, I. Sutskever, K. Chen, G. Corrado, and J. Dean. "Distributed Representations of Words and Phrases and their Compositionality". In: *NIPS*. 2013.

[Mik+13c] T. Mikolov, I. Sutskever, K. Chen, G. S. Corrado, and J. Dean. "Distributed representations of words and phrases and their compositionality". In: *NIPS*. 2013, pp. 3111–3119.

[Min00] T. Minka. *Bayesian model averaging is not model combination*. Tech. rep. MIT Media Lab, 2000.

[Min+09] M. Mintz, S. Bills, R. Snow, and D. Jurafksy. "Distant supervision for relation extraction without labeled data". In: *Prof. Conf. Recent Advances in NLP*. 2009.

[Mit97] T. Mitchell. *Machine Learning*. McGraw Hill, 1997.

[Miy+18] T. Miyato, S.-I. Maeda, M. Koyama, and S. Ishii. "Virtual Adversarial Training: A Regularization Method for Supervised and Semi-Supervised Learning". In: *IEEE PAMI* (2018).

[MK97] G. J. McLachlan and T. Krishnan. *The EM Algorithm and Extensions*. Wiley, 1997.

[MKH19] R. Müller, S. Kornblith, and G. E. Hinton. "When does label smoothing help?" In: *NIPS*. 2019, pp. 4694–4703.

[MKL11] O. Martin, R. Kumar, and J. Lao. *Bayesian Modeling and Computation in Python*. CRC Press, 2011.

[MKS21] K. Murphy, A. Kumar, and S. Serghiou. "Risk score learning for COVID-19 contact tracing apps". In: *Machine Learning for Healthcare*. 2021.

[MM16] D. Mishkin and J. Matas. "All you need is a good init". In: *ICLR*. 2016.

[MN89] P. McCullagh and J. Nelder. *Generalized linear models*. 2nd edition. Chapman and Hall, 1989.

[MNM02] W. Maass, T. Natschlaeger, and H. Markram. "Real-time computing without stable states: A new framework for neural computation based on perturbations". In: *Neural Computation* 14.11 (2002), 2531—2560.

[MO04] S. C. Madeira and A. L. Oliveira. "Biclustering Algorithms for Biological Data Analysis: A Survey". In: *IEEE/ACM Transactions on Computational Biology and Bioinformatics* 1.1 (2004), pp. 24–45.

[Mol04] C. Moler. *Numerical Computing with MATLAB*. SIAM, 2004.

[Mon+14] G. F. Montufar, R. Pascanu, K. Cho, and Y. Bengio. "On the Number of Linear Regions of Deep Neural Networks". In: *NIPS*. 2014.

[Mon+17] F. Monti, D. Boscaini, J. Masci, E. Rodola, J. Svoboda, and M. M. Bronstein. "Geometric deep learning on graphs and manifolds using mixture model cnns". In: *Proceedings of the IEEE Conference on Computer Vision and Pattern Recognition*. 2017, pp. 5115–5124.

[Mon+19] N. Monath, A. Kobren, A. Krishnamurthy, M. R. Glass, and A. McCallum. "Scalable Hierarchical Clustering with Tree Grafting". In: *KDD*. KDD '19. Association for Computing Machinery, 2019, pp. 1438–1448.

[Mon+21] N. Monath et al. "Scalable Bottom-Up Hierarchical Clustering". In: *KDD*. 2021.

[Mor+16] R. D. Morey, R. Hoekstra, J. N. Rouder, M. D. Lee, and E.-J. Wagenmakers. "The fallacy of placing confidence in confidence intervals". en. In: *Psychon. Bull. Rev.* 23.1 (2016), pp. 103–123.

[MOT15] A. Mordvintsev, C. Olah, and M. Tyka. *Inceptionism: Going Deeper into Neural Networks*. https://ai.googleblog.com/2015/06/inceptionism-going-deeper-into-neural.html. Accessed: NA-NA-NA. 2015.

[MP43] W. McCulloch and W. Pitts. "A logical calculus of the ideas immanent in nervous activity". In: *Bulletin of Mathematical Biophysics* 5 (1943), pp. 115–137.

[MP69] M. Minsky and S. Papert. *Perceptrons*. MIT Press, 1969.

[MRS08] C. Manning, P. Raghavan, and H. Schuetze. *Introduction to Information Retrieval*. Cambridge University Press, 2008.

[MS11] D. Mayo and A. Spanos. "Error Statistics". In: *Handbook of Philosophy of Science*. Ed. by P. S. Bandyopadhyay and M. R. Forster. 2011.

[Muk+19] B. Mukhoty, G. Gopakumar, P. Jain, and P. Kar. "Globally-convergent Iteratively Reweighted Least Squares for Robust Regression Problems". In: *AISTATS*. 2019, pp. 313–322.

[Mur23] K. P. Murphy. *Probabilistic Machine Learning: Advanced Topics*. MIT Press, 2023.

[MV15] A Mahendran and A Vedaldi. "Understanding deep image representations by inverting them". In: *CVPR*. 2015, pp. 5188–5196.

[MV16] A. Mahendran and A. Vedaldi. "Visualizing Deep Convolutional Neural Networks Using Natural Pre-images". In: *Intl. J. Computer Vision* (2016), pp. 1–23.

[MWK16] A. H. Marblestone, G. Wayne, and K. P. Kording. "Toward an Integration of Deep Learning and Neuroscience". en. In: *Front. Comput. Neurosci.* 10 (2016), p. 94.

[MWP98] B Moghaddam, W Wahid, and A Pentland. "Beyond eigenfaces: probabilistic matching for face recognition". In: *Proceedings Third IEEE International Conference on Automatic Face and Gesture Recognition*. 1998, pp. 30–35.

[Nad+19] S. Naderi, K. He, R. Aghajani, S. Sclaroff, and P. Felzenszwalb. "Generalized Majorization-Minimization". In: *ICML*. 2019.

[Nea96] R. Neal. *Bayesian learning for neural networks*. Springer, 1996.

[Nes04] Y. Nesterov. *Introductory Lectures on Convex Optimization. A basic course*. Kluwer, 2004.

[Neu04]   A. Neumaier. "Complete search in continuous global optimization and constraint satisfaction". In: *Acta Numer.* 13 (2004), pp. 271–369.

[Neu17]   G. Neubig. "Neural Machine Translation and Sequence-to-sequence Models: A Tutorial". In: (2017). arXiv: `1703.01619 [cs.CL]`.

[Ngu+17] A. Nguyen, J. Yosinski, Y. Bengio, A. Dosovitskiy, and J. Clune. "Plug & Play Generative Networks: Conditional Iterative Generation of Images in Latent Space". In: *CVPR.* 2017.

[NH98]   R. M. Neal and G. E. Hinton. "A View of the EM Algorithm that Justifies Incremental, Sparse, and other Variants". In: *Learning in Graphical Models.* Ed. by M. I. Jordan. Springer Netherlands, 1998, pp. 355–368.

[NHLS19] E. Nalisnick, J. M. Hernández-Lobato, and P. Smyth. "Dropout as a Structured Shrinkage Prior". In: *ICML.* 2019.

[Nic+15] M. Nickel, K. Murphy, V. Tresp, and E. Gabrilovich. "A Review of Relational Machine Learning for Knowledge Graphs". In: *Proc. IEEE* (2015).

[Niu+11] F. Niu, B. Recht, C. Re, and S. J. Wright. "HOGWILD!: A Lock-Free Approach to Parallelizing Stochastic Gradient Descent". In: *NIPS.* 2011.

[NJ02]   A. Y. Ng and M. I. Jordan. "On Discriminative vs. Generative Classifiers: A comparison of logistic regression and Naive Bayes". In: *NIPS-14.* 2002.

[NJW01]   A. Ng, M. Jordan, and Y. Weiss. "On Spectral Clustering: Analysis and an algorithm". In: *NIPS.* 2001.

[NK17]   M. Nickel and D. Kiela. "Poincaré embeddings for learning hierarchical representations". In: *Advances in neural information processing systems.* 2017, pp. 6338–6347.

[NK18]   M. Nickel and D. Kiela. "Learning Continuous Hierarchies in the Lorentz Model of Hyperbolic Geometry". In: *International Conference on Machine Learning.* 2018, pp. 3779–3788.

[NK19]   T. Niven and H.-Y. Kao. "Probing Neural Network Comprehension of Natural Language Arguments". In: *Proc. ACL.* 2019.

[NMC05]   A. Niculescu-Mizil and R. Caruana. "Predicting Good Probabilities with Supervised Learning". In: *ICML.* 2005.

[Nou+02] M. N. Nounou, B. R. Bakshi, P. K. Goel, and X. Shen. "Process modeling by Bayesian latent variable regression". In: *Am. Inst. Chemical Engineers Journal* 48.8 (2002), pp. 1775–1793.

[Nov62]   A. Novikoff. "On convergence proofs on perceptrons". In: *Symp. on the Mathematical Theory of Automata* 12 (1962), pp. 615–622.

[NR18]   G. Neu and L. Rosasco. "Iterate Averaging as Regularization for Stochastic Gradient Descent". In: *COLT.* 2018.

[NTL20]   J. Nixon, D. Tran, and B. Lakshminarayanan. "Why aren't bootstrapped neural networks better?" In: *NIPS Workshop on "I can't believe it's not better".* 2020.

[NW06]   J. Nocedal and S. Wright. *Numerical Optimization.* Springer, 2006.

[Ode16]   A. Odena. "Semi-supervised learning with generative adversarial networks". In: *arXiv preprint arXiv:1606.01583* (2016).

[OLV18]   A. van den Oord, Y. Li, and O. Vinyals. "Representation Learning with Contrastive Predictive Coding". In: (2018). arXiv: `1807.03748 [cs.LG]`.

[OMS17]   C. Olah, A. Mordvintsev, and L. Schubert. "Feature Visualization". In: *Distill* (2017).

[oor+16] A. Van den oord, S. Dieleman, H. Zen, K. Simonyan, O. Vinyals, A. Graves, N. Kalchbrenner, A. Senior, and K. Kavukcuoglu. "WaveNet: A Generative Model for Raw Audio". In: (2016). arXiv: `1609.03499 [cs.SD]`.

[Oor+18] A. van den Oord et al. "Parallel WaveNet: Fast High-Fidelity Speech Synthesis". In: *ICML.* Ed. by J. Dy and A. Krause. Vol. 80. Proceedings of Machine Learning Research. PMLR, 2018, pp. 3918–3926.

[OPK12]   G. Ohloff, W. Pickenhagen, and P. Kraft. *Scent and Chemistry.* en. Wiley, 2012.

[OPT00a] M. R. Osborne, B. Presnell, and B. A. Turlach. "A new approach to variable selection in least squares problems". In: *IMA Journal of Numerical Analysis* 20.3 (2000), pp. 389–403.

[OPT00b] M. R. Osborne, B. Presnell, and B. A. Turlach. "On the lasso and its dual". In: *J. Computational and graphical statistics* 9 (2000), pp. 319–337.

[Ort+19] P. A. Ortega et al. "Meta-learning of Sequential Strategies". In: (2019). arXiv: `1905.03030 [cs.LG]`.

[Osb16]   I. Osband. "Risk versus Uncertainty in Deep Learning: Bayes, Bootstrap and the Dangers of Dropout". In: *NIPS workshop on Bayesian deep learning.* 2016.

[OTJ07]   G. Obozinski, B. Taskar, and M. I. Jordan. *Joint covariate selection for grouped classification.* Tech. rep. UC Berkeley, 2007.

[Pai05]   A. Pais. *Subtle Is the Lord: The Science and the Life of Albert Einstein.* en. Oxford University Press, 2005.

[Pan+15] V. Panayotov, G. Chen, D. Povey, and S. Khudanpur. "Librispeech: an asr corpus based on public domain audio books". In: *ICASSP.* IEEE. 2015, pp. 5206–5210.

[Pap+18] G. Papandreou, T. Zhu, L.-C. Chen, S. Gidaris, J. Tompson, and K. Murphy. "PersonLab: Person Pose Estimation and Instance Segmentation with a Bottom-Up, Part-Based, Geometric Embedding Model". In: *ECCV.* 2018, pp. 269–286.

[Par+16a] A. Parikh, O. Täckström, D. Das, and J. Uszkoreit. "A Decomposable Attention Model for Natural Language Inference". In: *EMNLP.* Association for Computational Linguistics, 2016, pp. 2249–2255.

[Par+16b] A. Parikh, O. Täckström, D. Das, and J. Uszkoreit. "A Decomposable Attention Model for Natural Language Inference". In: *EMNLP.*

Association for Computational Linguistics, 2016, pp. 2249–2255.

[Par+18] N. Parmar, A. Vaswani, J. Uszkoreit, Ł. Kaiser, N. Shazeer, A. Ku, and D. Tran. "Image Transformer". In: *ICLR*. 2018.

[PARS14] B. Perozzi, R. Al-Rfou, and S. Skiena. "Deepwalk: Online learning of social representations". In: *Proceedings of the 20th ACM SIGKDD international conference on Knowledge discovery and data mining*. ACM. 2014, pp. 701–710.

[Pas14] R. Pascanu. "On Recurrent and Deep Neural Networks". PhD thesis. U. Montreal, 2014.

[Pat12] A. Paterek. *Predicting movie ratings and recommender systems*. 2012.

[Pat+16] D. Pathak, P. Krahenbuhl, J. Donahue, T. Darrell, and A. A. Efros. "Context Encoders: Feature Learning by Inpainting". In: *CVPR*. 2016.

[Pau+20] A. Paullada, I. D. Raji, E. M. Bender, E. Denton, and A. Hanna. "Data and its (dis)contents: A survey of dataset development and use in machine learning research". In: *NeurIPS 2020 Workshop: ML Retrospectives, Surveys & Meta-analyses (ML-RSA)*. 2020.

[PB+14] N. Parikh, S. Boyd, et al. "Proximal algorithms". In: *Foundations and Trends in Optimization* 1.3 (2014), pp. 127–239.

[Pea18] J. Pearl. *Theoretical Impediments to Machine Learning With Seven Sparks from the Causal Revolution*. Tech. rep. UCLA, 2018.

[Pen+20] Z. Peng, W. Huang, M. Luo, Q. Zheng, Y. Rong, T. Xu, and J. Huang. "Graph Representation Learning via Graphical Mutual Information Maximization". In: *Proceedings of The Web Conference*. 2020.

[Per+17] B. Perozzi, V. Kulkarni, H. Chen, and S. Skiena. "Don't Walk, Skip! Online Learning of Multi-Scale Network Embeddings". In: *Proceedings of the 2017 IEEE/ACM International Conference on Advances in Social Networks Analysis and Mining 2017*. ASONAM '17. Association for Computing Machinery, 2017, 258–265.

[Pet13] J. Peters. *When Ice Cream Sales Rise, So Do Homicides. Coincidence, or Will Your Next Cone Murder You?* https://slate.com/news-and-politics/2013/07/warm-weather-homicide-rates-when-ice-cream-sales-rise-homicides-rise-coincidence.html. Accessed: 2020-5-20. 2013.

[Pet+18] M. E. Peters, M. Neumann, M. Iyyer, M. Gardner, C. Clark, K. Lee, and L. Zettlemoyer. "Deep contextualized word representations". In: *NAACL*. 2018.

[Pey20] G. Peyre. "Course notes on Optimization for Machine Learning". 2020.

[PH18] T. Parr and J. Howard. "The Matrix Calculus You Need For Deep Learning". In: (2018). arXiv: 1802.01528 [cs.LG].

[Pin88] F. J. Pineda. "Generalization of back propagation to recurrent and higher order neural networks". In: *Neural information processing systems*. 1988, pp. 602–611.

[Piz01] Z Pizlo. "Perception viewed as an inverse problem". en. In: *Vision Res.* 41.24 (2001), pp. 3145–3161.

[PJ09] H.-S. Park and C.-H. Jun. "A simple and fast algorithm for K-medoids clustering". In: *Expert Systems with Applciations* 36.2, Part 2 (2009), pp. 3336–3341.

[PJ92] B Polyak and A Juditsky. "Acceleration of Stochastic Approximation by Averaging". In: *SIAM J. Control Optim.* 30.4 (1992), pp. 838–855.

[Pla00] J. Platt. "Probabilities for SV machines". In: *Advances in Large Margin Classifiers*. Ed. by A. Smola, P. Bartlett, B. Schoelkopf, and D. Schuurmans. MIT Press, 2000.

[Pla98] J. Platt. "Using analytic QP and sparseness to speed training of support vector machines". In: *NIPS*. 1998.

[PM17] D. L. Poole and A. K. Mackworth. *Artificial intelligenceL foundations computational agents 2nd edition*. Cambridge University Press, 2017.

[PM18] J. Pearl and D. Mackenzie. *The book of why: the new science of cause and effect*. 2018.

[PMB19] J. Pérez, J. Marinkovic, and P. Barcelo. "On the Turing Completeness of Modern Neural Network Architectures". In: *ICLR*. 2019.

[Pog+17] T. Poggio, H. Mhaskar, L. Rosasco, B. Miranda, and Q. Liao. "Why and when can deep-but not shallow-networks avoid the curse of dimensionality: A review". en. In: *Int. J. Autom. Comput.* (2017), pp. 1–17.

[PP+20] M. Papadatou-Pastou, E. Ntolka, J. Schmitz, M. Martin, M. R. Munafò, S. Ocklenburg, and S. Paracchini. "Human handedness: A meta-analysis". en. In: *Psychol. Bull.* 146.6 (2020), pp. 481–524.

[PPS18] T. Pierrot, N. Perrin, and O. Sigaud. "First-order and second-order variants of the gradient descent in a unified framework". In: (2018). arXiv: 1810.08102 [cs.LG].

[Pre21] K. Pretz. "Stop Calling Everything AI, Machine-Learning Pioneer Says". In: *IEEE Spectrum* (2021).

[PSM14a] J. Pennington, R. Socher, and C. Manning. "GloVe: Global vectors for word representation". In: *EMNLP*. 2014, pp. 1532–1543.

[PSM14b] J. Pennington, R. Socher, and C. Manning. "Glove: Global vectors for word representation". In: *Proceedings of the 2014 conference on empirical methods in natural language processing (EMNLP)*. 2014, pp. 1532–1543.

[PSW15] N. G. Polson, J. G. Scott, and B. T. Willard. "Proximal Algorithms in Statistics and Machine Learning". en. In: *Stat. Sci.* 30.4 (2015), pp. 559–581.

[QC+06] J. Quiñonero-Candela, C. E. Rasmussen, F. Sinz, O. Bousquet, and B. Schölkopf. "Evaluating Predictive Uncertainty Challenge". In: *Machine Learning Challenges. Evaluating Predictive Uncertainty, Visual Object Classification, and Recognising Tectual Entailment*. Lecture Notes in Computer Science. Springer Berlin Heidelberg, 2006, pp. 1–27.

[Qia+19] Q. Qian, L. Shang, B. Sun, J. Hu, H. Li, and R. Jin. "SoftTriple Loss: Deep Metric Learning Without Triplet Sampling". In: *ICCV*. 2019.

[Qiu+18] J. Qiu, Y. Dong, H. Ma, J. Li, K. Wang, and J. Tang. "Network embedding as matrix factorization: Unifying deepwalk, line, pte, and node2vec". In: *Proceedings of the Eleventh ACM International Conference on Web Search and Data Mining*. 2018, pp. 459–467.

[Qiu+19a] J. Qiu, Y. Dong, H. Ma, J. Li, C. Wang, K. Wang, and J. Tang. "NetSMF: Large-Scale Network Embedding as Sparse Matrix Factorization". In: *The World Wide Web Conference*. WWW '19. Association for Computing Machinery, 2019, 1509–1520.

[Qiu+19b] J. Qiu, H. Ma, O. Levy, S. W. Yih, S. Wang, and J. Tang. "Blockwise Self-Attention for Long Document Understanding". In: *CoRR* abs/1911.02972 (2019). arXiv: 1911.02972.

[Qui86] J. R. Quinlan. "Induction of decision trees". In: *Machine Learning* 1 (1986), pp. 81–106.

[Qui93] J. R. Quinlan. *C4.5 Programs for Machine Learning*. Morgan Kauffman, 1993.

[Rad+] A. Radford et al. *Learning transferable visual models from natural language supervision*. Tech. rep. OpenAI.

[Rad+18] A. Radford, K. Narasimhan, T. Salimans, and I. Sutskever. *Improving Language Understanding by Generative Pre-Training*. Tech. rep. OpenAI, 2018.

[Rad+19] A. Radford, J. Wu, R. Child, D. Luan, D. Amodei, and I. Sutskever. *Language Models are Unsupervised Multitask Learners*. Tech. rep. OpenAI, 2019.

[Raf+20] C. Raffel, N. Shazeer, A. Roberts, K. Lee, S. Narang, M. Matena, Y. Zhou, W. Li, and P. J. Liu. "Exploring the Limits of Transfer Learning with a Unified Text-to-Text Transformer". In: *JMLR* (2020).

[Rag+17] M. Raghu, B. Poole, J. Kleinberg, S. Ganguli, and J. Sohl-Dickstein. "On the Expressive Power of Deep Neural Networks". In: *ICML*. 2017.

[Rag+19] M. Raghu, C. Zhang, J. Kleinberg, and S. Bengio. "Transfusion: Understanding transfer learning for medical imaging". In: *NIPS*. 2019, pp. 3347–3357.

[Rag+21] M. Raghu, T. Unterthiner, S. Kornblith, C. Zhang, and A. Dosovitskiy. "Do Vision Transformers See Like Convolutional Neural Networks?" In: *NIPS*. 2021.

[Raj+16] P. Rajpurkar, J. Zhang, K. Lopyrev, and P. Liang. "SQuAD: 100,000+ Questions for Machine Comprehension of Text". In: *EMNLP*. 2016.

[Raj+18] A. Rajkomar et al. "Scalable and accurate deep learning with electronic health records". en. In: *NPJ Digit Med* 1 (2018), p. 18.

[Rat+09] M. Rattray, O. Stegle, K. Sharp, and J. Winn. "Inference algorithms and learning theory for Bayesian sparse factor analysis". In: *Proc. Intl. Workshop on Statistical-Mechanical Informatics*. 2009.

[RB93] M. Riedmiller and H. Braun. "A direct adaptive method for faster backpropagation learning: The RPROP algorithm". In: *ICNN*. IEEE. 1993, pp. 586–591.

[RBV17] S.-A. Rebuffi, H. Bilen, and A. Vedaldi. "Learning multiple visual domains with residual adapters". In: *NIPS*. 2017.

[RBV18] S.-A. Rebuffi, H. Bilen, and A. Vedaldi. "Efficient parametrization of multi-domain deep neural networks". In: *CVPR*. 2018.

[RC04] C. Robert and G. Casella. *Monte Carlo Statisical Methods*. 2nd edition. Springer, 2004.

[Rec+19] B. Recht, R. Roelofs, L. Schmidt, and V. Shankar. "Do Image Net Classifiers Generalize to Image Net?" In: *ICML*. 2019.

[Red+16] J Redmon, S Divvala, R Girshick, and A Farhadi. "You Only Look Once: Unified, Real-Time Object Detection". In: *CVPR*. 2016, pp. 779–788.

[Ren+09] S. Rendle, C. Freudenthaler, Z. Gantner, and L. Schmidt-Thieme. "BPR: Bayesian Personalized Ranking from Implicit Feedback". In: *UAI*. 2009.

[Ren12] S. Rendle. "Factorization Machines with libFM". In: *ACM Trans. Intell. Syst. Technol.* 3.3 (2012), pp. 1–22.

[Ren19] Z. Ren. *List of papers on self-supervised learning*. 2019.

[Res+11] D. Reshef, Y. Reshef, H. Finucane, S. Grossman, G. McVean, P. Turnbaugh, E. Lander, M. Mitzenmacher, and P. Sabeti. "Detecting Novel Associations in Large Data Sets". In: *Science* 334 (2011), pp. 1518–1524.

[Res+16] Y. A. Reshef, D. N. Reshef, H. K. Finucane, P. C. Sabeti, and M. Mitzenmacher. "Measuring Dependence Powerfully and Equitably". In: *J. Mach. Learn. Res.* 17.211 (2016), pp. 1–63.

[RF17] J. Redmon and A. Farhadi. "YOLO9000: Better, Faster, Stronger". In: *CVPR*. 2017.

[RFB15] O. Ronneberger, P. Fischer, and T. Brox. "U-Net: Convolutional Networks for Biomedical Image Segmentation". In: *MICCAI (Intl. Conf. on Medical Image Computing and Computer Assisted Interventions)*. 2015.

[RG11] A. Rodriguez and K. Ghosh. *Modeling relational data through nested partition models*. Tech. rep. UC Santa Cruz, 2011.

[RHS05] C. Rosenberg, M. Hebert, and H. Schneiderman. "Semi-Supervised Self-Training of Object Detection Models". In: *Proceedings of the Seventh IEEE Workshops on Application of Computer Vision (WACV/MOTION'05)-Volume 1-Volume 01*. 2005, pp. 29–36.

[RHW86] D. Rumelhart, G. Hinton, and R. Williams. "Learning internal representations by error propagation". In: *Parallel Distributed Processing: Explorations in the Microstructure of Cognition*. Ed. by D. Rumelhart, J. McClelland, and the PDD Research Group. MIT Press, 1986.

[Ric95] J. Rice. *Mathematical statistics and data analysis*. 2nd edition. Duxbury, 1995.

[Rif+11] S. Rifai, P. Vincent, X. Muller, X. Glorot, and Y. Bengio. "Contractive Auto-Encoders: Explicit Invariance During Feature Extraction". In: *ICML*. 2011.

[Ris+08] I. Rish, G. Grabarnik, G. Cecchi, F. Pereira, and G. Gordon. "Closed-form supervised dimensionality reduction with generalized linear models". In: *ICML*. 2008.

[RKK18] S. J. Reddi, S. Kale, and S. Kumar. "On the Convergence of Adam and Beyond". In: *ICLR*. 2018.

[RM01] N. Roy and A. McCallum. "Toward optimal active learning through Monte Carlo estimation of error reduction". In: *ICML*. 2001.

[RMC09] H. Rue, S. Martino, and N. Chopin. "Approximate Bayesian Inference for Latent Gaussian Models Using Integrated Nested Laplace Approximations". In: *J. of Royal Stat. Soc. Series B* 71 (2009), pp. 319–392.

[RMW14] D. J. Rezende, S. Mohamed, and D. Wierstra. "Stochastic Backpropagation and Approximate Inference in Deep Generative Models". In: *ICML*. Ed. by E. P. Xing and T. Jebara. Vol. 32. Proceedings of Machine Learning Research. PMLR, 2014, pp. 1278–1286.

[RN10] S. Russell and P. Norvig. *Artificial Intelligence: A Modern Approach*. 3rd edition. Prentice Hall, 2010.

[Roo+21] F. de Roos, C. Jidling, A. Wills, T. Schön, and P. Hennig. "A Probabilistically Motivated Learning Rate Adaptation for Stochastic Optimization". In: (2021). arXiv: 2102 . 10880 [cs.LG].

[Ros58] F. Rosenblatt. "The Perceptron: A Probabilistic Model for Information Storage and Organization in the Brain". In: *Psychological Review* 65.6 (1958), pp. 386–408.

[Ros98] K. Rose. "Deterministic Annealing for Clustering, Compression, Classification, Regression, and Related Optimization Problems". In: *Proc. IEEE* 80 (1998), pp. 2210–2239.

[Rot+18] W. Roth, R. Peharz, S. Tschiatschek, and F. Pernkopf. "Hybrid generative-discriminative training of Gaussian mixture models". In: *Pattern Recognit. Lett.* 112 (Sept. 2018), pp. 131–137.

[Rot+20] K. Roth, T. Milbich, S. Sinha, P. Gupta, B. Ommer, and J. P. Cohen. "Revisiting Training Strategies and Generalization Performance in Deep Metric Learning". In: *ICML*. 2020.

[Rou+09] J. Rouder, P. Speckman, D. Sun, and R. Morey. "Bayesian t tests for accepting and rejecting the null hypothesis". In: *Psychonomic Bulletin & Review* 16.2 (2009), pp. 225–237.

[Row97] S. Roweis. "EM algorithms for PCA and SPCA". In: *NIPS*. 1997.

[Roy+20] A. Roy, M. Saffar, A. Vaswani, and D. Grangier. "Efficient Content-Based Sparse Attention with Routing Transformers". In: *CoRR* abs/2003.05997 (2020). arXiv: 2003.05997.

[Roz+19] B. Rozemberczki, R. Davies, R. Sarkar, and C. Sutton. "GEMSEC: Graph Embedding with Self Clustering". In: *Proceedings of the 2019 IEEE/ACM International Conference on Advances in Social Networks Analysis and Mining*. ASONAM '19. Association for Computing Machinery, 2019, 65–72.

[RP99] M. Riesenhuber and T. Poggio. "Hierarchical Models of Object Recognition in Cortex". In: *Nature Neuroscience* 2 (1999), pp. 1019–1025.

[RR08] A. Rahimi and B. Recht. "Random Features for Large-Scale Kernel Machines". In: *NIPS*. Curran Associates, Inc., 2008, pp. 1177–1184.

[RR09] A. Rahimi and B. Recht. "Weighted Sums of Random Kitchen Sinks: Replacing minimization with randomization in learning". In: *NIPS*. Curran Associates, Inc., 2009, pp. 1313–1320.

[RS00] S. T. Roweis and L. K. Saul. "Nonlinear dimensionality reduction by locally linear embedding". en. In: *Science* 290.5500 (2000), pp. 2323–2326.

[RT82] D. B. Rubin and D. T. Thayer. "EM algorithms for ML factor analysis". In: *Psychometrika* 47.1 (1982), pp. 69–76.

[Rub84] D. B. Rubin. "Bayesianly Justifiable and Relevant Frequency Calculations for the Applied Statistician". In: *Ann. Stat.* 12.4 (1984), pp. 1151–1172.

[Rup88] D Ruppert. *Efficient Estimations from a Slowly Convergent Robbins-Monro Process*. Tech. rep. 1988.

[Rus+15] O. Russakovsky et al. "ImageNet Large Scale Visual Recognition Challenge". In: *Intl. J. Computer Vision* (2015), pp. 1–42.

[Rus15] S. Russell. "Unifying Logic and Probability". In: *Commun. ACM* 58.7 (2015), pp. 88–97.

[Rus18] A. M. Rush. "The Annotated Transformer". In: *Proceedings of ACL Workshop on Open Source Software for NLP*. 2018.

[Rus19] S. Russell. *Human Compatible: Artificial Intelligence and the Problem of Control*. en. Kindle. Viking, 2019.

[RW06] C. E. Rasmussen and C. K. I. Williams. *Gaussian Processes for Machine Learning*. MIT Press, 2006.

[RY21] D. Roberts and S. Yaida. *The Principles of Deep Learning Theory: An Effective Theory Approach to Understanding Neural Network*. 2021.

[RZL17] P. Ramachandran, B. Zoph, and Q. V. Le. "Searching for Activation Functions". In: (2017). arXiv: 1710.05941 [cs.NE].

[SA93] P Sinha and E Adelson. "Recovering reflectance and illumination in a world of painted polyhedra". In: *ICCV*. 1993, pp. 156–163.

[Sab21] W. Saba. "Machine Learning Won't Solve Natural Language Understanding". In: (2021).

[Sal+16] T. Salimans, I. Goodfellow, W. Zaremba, V. Cheung, A. Radford, and X. Chen. "Improved Techniques for Training GANs". In: (2016). arXiv: 1606.03498 [cs.LG].

[SAM04]   D. J. Spiegelhalter, K. R. Abrams, and J. P. Myles. *Bayesian Approaches to Clinical Trials and Health-Care Evaluation*. Wiley, 2004.

[San+18a]   M. Sandler, A. Howard, M. Zhu, A. Zhmoginov, and L.-C. Chen. "Inverted Residuals and Linear Bottlenecks: Mobile Networks for Classification, Detection and Segmentation". In: (2018). arXiv: 1801.04381 [cs.CV].

[San+18b]   S. Santurkar, D. Tsipras, A. Ilyas, and A. Madry. "How Does Batch Normalization Help Optimization? (No, It Is Not About Internal Covariate Shift)". In: *NIPS*. 2018.

[San96]   R. Santos. "Equivalence of regularization and truncated iteration for general ill-posed problems". In: *Linear Algebra and its Applications* 236.15 (1996), pp. 25–33.

[Sar11]   R. Sarkar. "Low distortion delaunay embedding of trees in hyperbolic plane". In: *International Symposium on Graph Drawing*. Springer. 2011, pp. 355–366.

[SAV20]   E. Stevens, L. Antiga, and T. Viehmann. *Deep Learning with PyTorch*. Manning, 2020.

[SBB01]   T. Sellke, M. J. Bayarri, and J. Berger. "Calibration of p Values for Testing Precise Null Hypotheses". In: *The American Statistician* 55.1 (2001), pp. 62–71.

[SBP17]   Y Sun, P Babu, and D. P. Palomar. "Majorization-Minimization Algorithms in Signal Processing, Communications, and Machine Learning". In: *IEEE Trans. Signal Process.* 65.3 (2017), pp. 794–816.

[SBS20]   K. Shi, D. Bieber, and C. Sutton. "Incremental sampling without replacement for sequence models". In: *ICML*. 2020.

[Sca+09]   F. Scarselli, M. Gori, A. C. Tsoi, M. Hagenbuchner, and G. Monfardini. "The graph neural network model". In: *IEEE Transactions on Neural Networks* 20.1 (2009), pp. 61–80.

[Sca+17]   S. Scardapane, D. Comminiello, A. Hussain, and A. Uncini. "Group Sparse Regularization for Deep Neural Networks". In: *Neurocomputing* 241 (2017).

[Sch+00]   B Scholkopf, A. J. Smola, R. C. Williamson, and P. L. Bartlett. "New support vector algorithms". en. In: *Neural Comput.* 12.5 (2000), pp. 1207–1245.

[Sch19]   B. Schölkopf. "Causality for Machine Learning". In: (2019). arXiv: 1911.10500 [cs.LG].

[Sch78]   G. Schwarz. "Estimating the dimension of a model". In: *Annals of Statistics* 6.2 (1978), pp. 461–464.

[Sch90]   R. E. Schapire. "The strength of weak learnability". In: *Mach. Learn.* 5.2 (1990), pp. 197–227.

[Sco79]   D. Scott. "On optimal and data-based histograms". In: *Biometrika* 66.3 (1979), pp. 605–610.

[Scu10]   D Sculley. "Web-scale k-means clustering". In: *WWW*. WWW '10. Association for Computing Machinery, 2010, pp. 1177–1178.

[Scu65]   H. Scudder. "Probability of error of some adaptive pattern-recognition machines". In: *IEEE Transactions on Information Theory* 11.3 (1965), pp. 363–371.

[Sed+15]   S. Sedhain, A. K. Menon, S. Sanner, and L. Xie. "AutoRec: Autoencoders Meet Collaborative Filtering". In: *WWW*. WWW '15 Companion. Association for Computing Machinery, 2015, pp. 111–112.

[Sej18]   T. J. Sejnowski. *The Deep Learning Revolution*. en. Kindle. The MIT Press, 2018.

[Set12]   B. Settles. "Active learning". In: *Synthesis Lectures on Artificial Intelligence and Machine Learning* 6 (2012), 1–114.

[SF12]   R. Schapire and Y. Freund. *Boosting: Foundations and Algorithms*. MIT Press, 2012.

[SGJ11]   D. Sontag, A. Globerson, and T. Jaakkola. "Introduction to Dual Decomposition for Inference". In: *Optimization for Machine Learning*. Ed. by S. Sra, S. Nowozin, and S. J. Wright. MIT Press, 2011.

[Sha+06]   P. Shafto, C. Kemp, V. Mansinghka, M. Gordon, and J. B. Tenenbaum. "Learning cross-cutting systems of categories". In: *Cognitive Science Conference*. 2006.

[Sha+17]   N. Shazeer, A. Mirhoseini, K. Maziarz, A. Davis, Q. Le, G. Hinton, and J. Dean. "Outrageously Large Neural Networks: The Sparsely-Gated Mixture-of-Experts Layer". In: *ICLR*. 2017.

[Sha88]   T. Shallice. *From Neuropsychology to Mental Structure*. 1988.

[SHB16]   R. Sennrich, B. Haddow, and A. Birch. "Neural Machine Translation of Rare Words with Subword Units". In: *Proc. ACL*. 2016.

[She+18]   Z. Shen, M. Zhang, S. Yi, J. Yan, and H. Zhao. "Factorized Attention: Self-Attention with Linear Complexities". In: *CoRR* abs/1812.01243 (2018). arXiv: 1812.01243.

[She94]   J. R. Shewchuk. *An introduction to the conjugate gradient method without the agonizing pain*. Tech. rep. CMU, 1994.

[SHF15]   R. Steorts, R. Hall, and S. Fienberg. "A Bayesian Approach to Graphical Record Linkage and De-duplication". In: *JASA* (2015).

[Shu+13]   D. I. Shuman, S. K. Narang, P Frossard, A Ortega, and P Vandergheynst. "The emerging field of signal processing on graphs: Extending high-dimensional data analysis to networks and other irregular domains". In: *IEEE Signal Process. Mag.* 30.3 (2013), pp. 83–98.

[Sin+20]   S. Sinha, H. Zhang, A. Goyal, Y. Bengio, H. Larochelle, and A. Odena. "Small-GAN: Speeding up GAN Training using Core-Sets". In: *ICML*. Vol. 119. Proceedings of Machine Learning Research. PMLR, 2020, pp. 9005–9015.

[SIV17]   C. Szegedy, S. Ioffe, and V. Vanhoucke. "Inception-v4, Inception-ResNet and the Impact of Residual Connections on Learning". In: *AAAI*. 2017.

[SJ03]   N. Srebro and T. Jaakkola. "Weighted low-rank approximations". In: *ICML*. 2003.

[SJT16] M. Sajjadi, M. Javanmardi, and T. Tasdizen. "Regularization with stochastic transformations and perturbations for deep semi-supervised learning". In: *Advances in neural information processing systems.* 2016, pp. 1163–1171.

[SK20] S. Singh and S. Krishnan. "Filter Response Normalization Layer: Eliminating Batch Dependence in the Training of Deep Neural Networks". In: *CVPR.* 2020.

[SKP15] F. Schroff, D. Kalenichenko, and J. Philbin. "FaceNet: A Unified Embedding for Face Recognition and Clustering". In: *CVPR.* 2015.

[SKT14] A. Szlam, Y. Kluger, and M. Tygert. "An implementation of a randomized algorithm for principal component analysis". In: (2014). arXiv: 1412.3510 [stat.CO].

[SKTF18] H. Shao, A. Kumar, and P Thomas Fletcher. "The Riemannian Geometry of Deep Generative Models". In: *CVPR.* 2018, pp. 315–323.

[SL18] S. L. Smith and Q. V. Le. "A Bayesian Perspective on Generalization and Stochastic Gradient Descent". In: *ICLR.* 2018.

[SL+19] B. Sanchez-Lengeling, J. N. Wei, B. K. Lee, R. C. Gerkin, A. Aspuru-Guzik, and A. B. Wiltschko. "Machine Learning for Scent: Learning Generalizable Perceptual Representations of Small Molecules". In: (2019). arXiv: 1910.10685 [stat.ML].

[SL90] D. J. Spiegelhalter and S. L. Lauritzen. "Sequential updating of conditional probabilities on directed graphical structures". In: *Networks* 20 (1990).

[SLRB17] M. Schmidt, N. Le Roux, and F. Bach. "Minimizing finite sums with the stochastic average gradient". In: *Mathematical Programming* 162.1-2 (2017), pp. 83–112.

[SM00] J. Shi and J. Malik. "Normalized Cuts and Image Segmentation". In: *IEEE PAMI* (2000).

[SM08] R. Salakhutdinov and A. Mnih. "Probabilistic Matrix Factorization". In: *NIPS.* Vol. 20. 2008.

[SMG14] A. M. Saxe, J. L. McClelland, and S. Ganguli. "Exact solutions to the nonlinear dynamics of learning in deep linear neural networks". In: *ICLR.* 2014.

[SMH07] R. Salakhutdinov, A. Mnih, and G. Hinton. "Restricted Boltzmann machines for collaborative filtering". In: *ICML.* ICML '07. Association for Computing Machinery, 2007, pp. 791–798.

[Smi18] L. Smith. "A disciplined approach to neural network hyper-parameters: Part 1 – learning rate, batch size, momentum, and weight decay". In: (2018).

[Smi+21] S. L. Smith, B. Dherin, D. Barrett, and S. De. "On the Origin of Implicit Regularization in Stochastic Gradient Descent". In: *ICLR.* 2021.

[SMM03] Q. Sheng, Y. Moreau, and B. D. Moor. "Biclustering Microarray data by Gibbs sampling". In: *Bioinformatics* 19 (2003), pp. ii196–ii205.

[SNM16] M. Suzuki, K. Nakayama, and Y. Matsuo. "Joint Multimodal Learning with Deep Generative Models". In: (2016). arXiv: 1611.01891 [stat.ML].

[Soh16] K. Sohn. "Improved Deep Metric Learning with Multi-class N-pair Loss Objective". In: *NIPS.* Curran Associates, Inc., 2016, pp. 1857–1865.

[Soh+20] K. Sohn, D. Berthelot, C.-L. Li, Z. Zhang, N. Carlini, E. D. Cubuk, A. Kurakin, H. Zhang, and C. Raffel. "FixMatch: Simplifying Semi-Supervised Learning with Consistency and Confidence". In: (2020). arXiv: 2001.07685 [cs.LG].

[SP97] M Schuster and K. K. Paliwal. "Bidirectional recurrent neural networks". In: *IEEE. Trans on Signal Processing* 45.11 (1997), pp. 2673–2681.

[Spe11] T. Speed. "A correlation for the 21st century". In: *Science* 334 (2011), pp. 1502–1503.

[SR15] T. Saito and M. Rehmsmeier. "The precision-recall plot is more informative than the ROC plot when evaluating binary classifiers on imbalanced datasets". en. In: *PLoS One* 10.3 (2015), e0118432.

[SRG03] R. Salakhutdinov, S. T. Roweis, and Z. Ghahramani. "Optimization with EM and Expectation-Conjugate-Gradient". In: *ICML.* 2003.

[Sri+14] N. Srivastava, G. Hinton, A. Krizhevsky, I. Sutskever, and R. Salakhutdinov. "Dropout: A Simple Way to Prevent Neural Networks from Over tting". In: *JMLR* (2014).

[SS01] B. Schlkopf and A. J. Smola. *Learning with Kernels: Support Vector Machines, Regularization, Optimization, and Beyond (Adaptive Computation and Machine Learning).* en. 1st edition. The MIT Press, 2001.

[SS02] B. Schoelkopf and A. Smola. *Learning with Kernels: Support Vector Machines, Regularization, Optimization, and Beyond.* MIT Press, 2002.

[SS05] J. Schaefer and K. Strimmer. "A shrinkage approach to large-scale covariance matrix estimation and implications for functional genomics". In: *Statist. Appl. Genet. Mol. Biol* 4.32 (2005).

[SS19] S. Serrano and N. A. Smith. "Is Attention Interpretable?" In: *Proc. ACL.* 2019.

[SS95] H. T. Siegelmann and E. D. Sontag. "On the Computational Power of Neural Nets". In: *J. Comput. System Sci.* 50.1 (1995), pp. 132–150.

[SSM98] B. Schoelkopf, A. Smola, and K.-R. Mueller. "Nonlinear component analysis as a kernel Eigenvalue problem". In: *Neural Computation* 10 (5 1998), pp. 1299 –1319.

[Sta+06] C. Stark, B.-J. Breitkreutz, T. Reguly, L. Boucher, A. Breitkreutz, and M. Tyers. "BioGRID: a general repository for interaction datasets". In: *Nucleic acids research* 34.suppl_1 (2006), pp. D535–D539.

[Ste56] C. Stein. "Inadmissibility of the usual estimator for the mean of a multivariate distribution". In: *Proc. 3rd Berkeley Symposium on Mathematical Statistics and Probability* (1956), 197–206.

[Str09]   G. Strang. *Introduction to linear algebra*. 4th edition. SIAM Press, 2009.

[Sug+19]   A. S. Suggala, K. Bhatia, P. Ravikumar, and P. Jain. "Adaptive Hard Thresholding for Near-optimal Consistent Robust Regression". In: *Proceedings of the Annual Conference On Learning Theory (COLT)*. 2019, pp. 2892–2897.

[Sun+09]   L. Sun, S. Ji, S. Yu, and J. Ye. "On the Equivalence Between Canonical Correlation Analysis and Orthonormalized Partial Least Squares". In: *IJCAI*. 2009.

[Sun+19a]   C. Sun, A. Myers, C. Vondrick, K. Murphy, and C. Schmid. "VideoBERT: A Joint Model for Video and Language Representation Learning". In: *ICCV*. 2019.

[Sun+19b]   S. Sun, Z. Cao, H. Zhu, and J. Zhao. "A Survey of Optimization Methods from a Machine Learning Perspective". In: (2019). arXiv: 1906.06821 [cs.LG].

[SVL14]   I. Sutskever, O. Vinyals, and Q. V. V. Le. "Sequence to Sequence Learning with Neural Networks". In: *NIPS*. 2014.

[SVZ14]   K. Simonyan, A. Vedaldi, and A. Zisserman. "Deep Inside Convolutional Networks: Visualising Image Classification Models and Saliency Maps". In: *ICLR*. 2014.

[SW87]   M. Shewry and H. Wynn. "Maximum entropy sampling". In: *J. Applied Statistics* 14 (1987), 165–170.

[SWY75]   G Salton, A Wong, and C. S. Yang. "A vector space model for automatic indexing". In: *Commun. ACM* 18.11 (1975), pp. 613–620.

[Sze+15a]   C. Szegedy, W. Liu, Y. Jia, P. Sermanet, S. Reed, D. Anguelov, D. Erhan, V. Vanhoucke, and A. Rabinovich. "Going Deeper with Convolutions". In: *CVPR*. 2015.

[Sze+15b]   C. Szegedy, V. Vanhoucke, S. Ioffe, J. Shlens, and Z. Wojna. "Rethinking the Inception Architecture for Computer Vision". In: (2015). arXiv: 1512.00567 [cs.CV].

[Tal07]   N. Taleb. *The Black Swan: The Impact of the Highly Improbable*. Random House, 2007.

[Tan+15]   J. Tang, M. Qu, M. Wang, M. Zhang, J. Yan, and Q. Mei. "Line: Large-scale information network embedding". In: *Proceedings of the 24th International Conference on World Wide Web*. International World Wide Web Conferences Steering Committee. 2015, pp. 1067–1077.

[Tan+18]   C. Tan, F. Sun, T. Kong, W. Zhang, C. Yang, and C. Liu. "A Survey on Deep Transfer Learning". In: *ICANN*. 2018.

[TAS18]   M. Teye, H. Azizpour, and K. Smith. "Bayesian Uncertainty Estimation for Batch Normalized Deep Networks". In: *ICML*. 2018.

[Tay+20a]   Y. Tay, M. Dehghani, S. Abnar, Y. Shen, D. Bahri, P. Pham, J. Rao, L. Yang, S. Ruder, and D. Metzler. "Long Range Arena: A Benchmark for efficient Transformers". In: *CoRR* (2020).

[Tay+20b]   Y. Tay, M. Dehghani, D. Bahri, and D. Metzler. "Efficient Transformers: A Survey". In: (2020). arXiv: 2009.06732 [cs.LG].

[TB97]   L. Trefethen and D. Bau. *Numerical Linear Algebra*. SIAM, 1997.

[TB99]   M. Tipping and C. Bishop. "Probabilistic principal component analysis". In: *J. of Royal Stat. Soc. Series B* 21.3 (1999), pp. 611–622.

[TDP19]   I. Tenney, D. Das, and E. Pavlick. "BERT Rediscovers the Classical NLP Pipeline". In: *Proc. ACL*. 2019.

[TF03]   M. Tipping and A. Faul. "Fast marginal likelihood maximisation for sparse Bayesian models". In: *AI/Stats*. 2003.

[Tho16]   M. Thoma. "Creativity in Machine Learning". In: (2016). arXiv: 1601.03642 [cs.CV].

[Tho17]   R. Thomas. *Computational Linear Algebra for Coders*. 2017.

[Tib96]   R. Tibshirani. "Regression shrinkage and selection via the lasso". In: *J. Royal. Statist. Soc B* 58.1 (1996), pp. 267–288.

[Tip01]   M. Tipping. "Sparse Bayesian learning and the relevance vector machine". In: *JMLR* 1 (2001), pp. 211–244.

[Tip98]   M. Tipping. "Probabilistic visualization of high-dimensional binary data". In: *NIPS*. 1998.

[Tit16]   M. Titsias. "One-vs-Each Approximation to Softmax for Scalable Estimation of Probabilities". In: *NIPS*. 2016, pp. 4161–4169.

[TK86]   L. Tierney and J. Kadane. "Accurate approximations for posterior moments and marginal densities". In: *JASA* 81.393 (1986).

[TL21]   M. Tan and Q. V. Le. "EfficientNetV2: Smaller Models and Faster Training". In: (2021). arXiv: 2104.00298 [cs.CV].

[TM15]   D. Trafimow and M. Marks. "Editorial". In: *Basic Appl. Soc. Psych.* 37.1 (2015), pp. 1–2.

[TMP20]   A. Tsitsulin, M. Munkhoeva, and B. Perozzi. "Just SLaQ When You Approximate: Accurate Spectral Distances for Web-Scale Graphs". In: *Proceedings of The Web Conference 2020*. WWW '20. 2020, 2697–2703.

[TOB16]   L. Theis, A. van den Oord, and M. Bethge. "A note on the evaluation of generative models". In: *ICLR*. 2016.

[Tol+21]   I. Tolstikhin et al. "MLP-Mixer: An all-MLP Architecture for Vision". In: (2021). arXiv: 2105.01601 [cs.CV].

[TP10]   P. D. Turney and P. Pantel. "From Frequency to Meaning: Vector Space Models of Semantics". In: *JAIR* 37 (2010), pp. 141–188.

[TP97]   S. Thrun and L. Pratt, eds. *Learning to learn*. Kluwer, 1997.

[TS92]   D. G. Terrell and D. W. Scott. "Variable kernel density estimation". In: *Annals of Statistics* 20.3 (1992), 1236–1265.

[Tsi+18] A. Tsitsulin, D. Mottin, P. Karras, A. Bronstein, and E. Müller. "NetLSD: Hearing the Shape of a Graph". In: *Proceedings of the 24th ACM SIGKDD International Conference on Knowledge Discovery & Data Mining*. KDD '18. 2018, 2347–2356.

[TSL00] J. Tenenbaum, V. de Silva, and J. Langford. "A global geometric framework for nonlinear dimensionality reduction". In: *Science* 290.550 (2000), pp. 2319–2323.

[Tur13] M. Turk. "Over Twenty Years of Eigenfaces". In: *ACM Trans. Multimedia Comput. Commun. Appl.* 9.1s (2013), 45:1–45:5.

[TV17] A. Tarvainen and H. Valpola. "Mean teachers are better role models: Weight-averaged consistency targets improve semi-supervised deep learning results". In: *Advances in neural information processing systems*. 2017, pp. 1195–1204.

[TVW05] B. Turlach, W. Venables, and S. Wright. "Simultaneous Variable Selection". In: *Technometrics* 47.3 (2005), pp. 349–363.

[TW18] J. Tang and K. Wang. "Personalized Top-N Sequential Recommendation via Convolutional Sequence Embedding". In: *WSDM*. WSDM '18. Association for Computing Machinery, 2018, pp. 565–573.

[TXT19] V. Tjeng, K. Xiao, and R. Tedrake. "Evaluating Robustness of Neural Networks with Mixed Integer Programming". In: *ICLR*. 2019.

[UB05] I. Ulusoy and C. Bishop. "Generative Versus Discriminative Methods for Object Recognition". In: *CVPR*. 2005.

[Ude+16] M. Udell, C. Horn, R. Zadeh, and S. Boyd. "Generalized Low Rank Models". In: *Foundations and Trends in Machine Learning* 9.1 (2016), pp. 1–118.

[Uly+16] D. Ulyanov, V. Lebedev, Andrea, and V. Lempitsky. "Texture Networks: Feed-forward Synthesis of Textures and Stylized Images". In: *ICML*. 2016, pp. 1349–1357.

[Uur+17] V. Uurtio, J. M. Monteiro, J. Kandola, J. Shawe-Taylor, D. Fernandez-Reyes, and J. Rousu. "A Tutorial on Canonical Correlation Methods". In: *ACM Computing Surveys* (2017).

[UVL16] D. Ulyanov, A. Vedaldi, and V. Lempitsky. "Instance Normalization: The Missing Ingredient for Fast Stylization". In: (2016). arXiv: 1607.08022 [cs.CV].

[Van06] L. Vandenberghe. *Applied Numerical Computing: Lecture notes*. 2006.

[Van14] J. VanderPlas. *Frequentism and Bayesianism III: Confidence, Credibility, and why Frequentism and Science do not Mix*. Blog post. 2014.

[Van18] J. Vanschoren. "Meta-Learning: A Survey". In: (2018). arXiv: 1810.03548 [cs.LG].

[Vap98] V. Vapnik. *Statistical Learning Theory*. Wiley, 1998.

[Vas+17] A. Vaswani, N. Shazeer, N. Parmar, J. Uszkoreit, L. Jones, A. N. Gomez, L. Kaiser, and I. Polosukhin. "Attention Is All You Need". In: *NIPS*. 2017.

[Vas+19] S. Vaswani, A. Mishkin, I. Laradji, M. Schmidt, G. Gidel, and S. Lacoste-Julien. "Painless Stochastic Gradient: Interpolation, Line-Search, and Convergence Rates". In: *NIPS*. Curran Associates, Inc., 2019, pp. 3727–3740.

[VD99] S. Vaithyanathan and B. Dom. "Model Selection in Unsupervised Learning With Applications To Document Clustering". In: *ICML*. 1999.

[VEB09] N. Vinh, J. Epps, and J. Bailey. "Information Theoretic Measures for Clusterings Comparison: Is a Correction for Chance Necessary?" In: *ICML*. 2009.

[Vel+18] P. Veličković, G. Cucurull, A. Casanova, A. Romero, P. Lio, and Y. Bengio. "Graph attention networks". In: *ICLR*. 2018.

[Vel+19] P. Veličković, W. Fedus, W. L. Hamilton, P. Liò, Y. Bengio, and R. D. Hjelm. "Deep Graph Infomax". In: *International Conference on Learning Representations*. 2019.

[VGG17] A. Vehtari, A. Gelman, and J. Gabry. "Practical Bayesian model evaluation using leave-one-out cross-validation and WAIC". In: *Stat. Comput.* 27.5 (2017), pp. 1413–1432.

[VGS97] V. Vapnik, S. Golowich, and A. Smola. "Support vector method for function approximation, regression estimation, and signal processing". In: *NIPS*. 1997.

[Vig15] T. Vigen. *Spurious Correlations*. en. Gift edition. Hachette Books, 2015.

[Vij+18] A. K. Vijayakumar, M. Cogswell, R. R. Selvaraju, Q. Sun, S. Lee, D. Crandall, and D. Batra. "Diverse Beam Search: Decoding Diverse Solutions from Neural Sequence Models". In: *IJCAI*. 2018.

[Vin+10a] P. Vincent, H. Larochelle, I. Lajoie, Y. Bengio, and P.-A. Manzagol. "Stacked Denoising Autoencoders: Learning Useful Representations in a Deep Network with a Local Denoising Criterion". In: *JMLR* 11 (2010), pp. 3371–3408.

[Vin+10b] P. Vincent, H. Larochelle, I. Lajoie, Y. Bengio, and P.-A. Manzagol. "Stacked denoising autoencoders: Learning useful representations in a deep network with a local denoising criterion". In: *Journal of machine learning research* 11.Dec (2010), pp. 3371–3408.

[Vin+16] O. Vinyals, C. Blundell, T. Lillicrap, K. Kavukcuoglu, and D. Wierstra. "Matching Networks for One Shot Learning". In: *NIPS*. 2016.

[Vir10] S. Virtanen. "Bayesian exponential family projections". MA thesis. Aalto University, 2010.

[Vis+10] S. V. N. Vishwanathan, N. N. Schraudolph, R. Kondor, and K. M. Borgward. "Graph Kernels". In: *JMLR* 11 (2010), pp. 1201–1242.

[Vo+15] B.-N. Vo, M. Mallick, Y. Bar-Shalom, S. Coraluppi, R. Osborne, R. Mahler, B. t Vo, and J. Webster. *Multitarget tracking*. John Wiley and Sons, 2015.

[Vor+17] E. Vorontsov, C. Trabelsi, S. Kadoury, and C. Pal. "On orthogonality and learning recurrent networks with long term dependencies". In: *ICML*. 2017.

[VT17]   C. Vondrick and A. Torralba. "Generating the Future with Adversarial Transformers". In: *CVPR*. 2017.

[VV13]   G. Valiant and P. Valiant. "Estimating the unseen: improved estimators for entropy and other properties". In: *NIPS*. 2013.

[Wah+22]   O. Wahltinez, A. Cheung, R. Alcantara, D. Cheung, M. Daswani, A. Erlinger, M. Lee, P. Yawalkar, M. P. Brenner, and K. Murphy. "COVID-19 Open-Data: a global-scale, spatially granular meta-dataset for SARS-CoV-2". In: (2022). Nature Scientific data.

[Wal+20]   M. Walmsley et al. "Galaxy Zoo: probabilistic morphology through Bayesian CNNs and active learning". In: *Monthly Notices Royal Astronomial Society* 491.2 (2020), pp. 1554–1574.

[Wal47]   A. Wald. "An Essentially Complete Class of Admissible Decision Functions". en. In: *Ann. Math. Stat.* 18.4 (1947), pp. 549–555.

[Wan+15]   J. Wang, W. Liu, S. Kumar, and S.-F. Chang. "Learning to Hash for Indexing Big Data - A Survey". In: *Proc. IEEE* (2015).

[Wan+17]   Y. Wang et al. "Tacotron: Towards End-to-End Speech Synthesis". In: *Interspeech*. 2017.

[Wan+20a]   S. Wang, B. Z. Li, M. Khabsa, H. Fang, and H. Ma. "Linformer: Self-Attention with Linear Complexity". In: *CoRR* abs/2006.04768 (2020). arXiv: 2006.04768.

[Wan+20b]   Y. Wang, Q. Yao, J. Kwok, and L. M. Ni. "Generalizing from a Few Examples: A Survey on Few-Shot Learning". In: *ACM Computing Surveys* 1.1 (2020).

[Wan+21]   R. Wang, M. Cheng, X. Chen, X. Tang, and C.-J. Hsieh. "Rethinking Architecture Selection in Differentiable NAS". In: *ICLR*. 2021.

[Wat10]   S. Watanabe. "Asymptotic Equivalence of Bayes Cross Validation and Widely Applicable Information Criterion in Singular Learning Theory". In: *JMLR* 11 (2010), pp. 3571–3594.

[Wat13]   S. Watanabe. "A Widely Applicable Bayesian Information Criterion". In: *JMLR* 14 (2013), pp. 867–897.

[WCS08]   M. Welling, C. Chemudugunta, and N. Sutter. "Deterministic Latent Variable Models and their Pitfalls". In: *ICDM*. 2008.

[WCZ16]   D. Wang, P. Cui, and W. Zhu. "Structural deep network embedding". In: *Proceedings of the 22nd ACM SIGKDD international conference on Knowledge discovery and data mining*. ACM. 2016, pp. 1225–1234.

[Wei76]   J. Weizenbaum. *Computer Power and Human Reason: From Judgment to Calculation*. en. 1st ed. W H Freeman & Co, 1976.

[Wen+16]   W. Wen, C. Wu, Y. Wang, Y. Chen, and H. Li. "Learning Structured Sparsity in Deep Neural Networks". In: (2016). arXiv: 1608.03665 [cs.NE].

[Wen18]   L. Weng. "Attention? Attention!" In: *lilianweng.github.io/lil-log* (2018).

[Wen19]   L. Weng. "Generalized Language Models". In: *lilianweng.github.io/lil-log* (2019).

[Wer74]   P. Werbos. "Beyond regression: New Tools for Prediction and Analysis in the Behavioral Sciences". PhD thesis. Harvard, 1974.

[Wer90]   P. J. Werbos. "Backpropagation Through Time: What It Does and How to Do It". In: *Proc. IEEE* 78.10 (1990), pp. 1550–1560.

[Wes03]   M. West. "Bayesian Factor Regression Models in the "Large p, Small n" Paradigm". In: *Bayesian Statistics* 7 (2003).

[WF14]   Z. Wang and N. de Freitas. "Theoretical Analysis of Bayesian Optimisation with Unknown Gaussian Process Hyper-Parameters". In: (2014). arXiv: 1406.7758 [stat.ML].

[WF20]   T. Wu and I. Fischer. "Phase Transitions for the Information Bottleneck in Representation Learning". In: *ICLR*. 2020.

[WH18]   Y. Wu and K. He. "Group Normalization". In: *ECCV*. 2018.

[WH60]   B. Widrow and M. E. Hoff. "Adaptive Switching Circuits". In: *1960 IRE WESCON Convention Record, Part 4*. IRE, 1960, pp. 96–104.

[WI20]   A. G. Wilson and P. Izmailov. "Bayesian Deep Learning and a Probabilistic Perspective of Generalization". In: *NIPS*. 2020.

[Wil14]   A. G. Wilson. "Covariance kernels for fast automatic pattern discovery and extrapolation with Gaussian processes". PhD thesis. University of Cambridge, 2014.

[Wil20]   C. K. I. Williams. "The Effect of Class Imbalance on Precision-Recall Curves". In: *Neural Comput.* (2020).

[WL08]   T. T. Wu and K. Lange. "Coordinate descent algorithms for lasso penalized regression". In: *Ann. Appl. Stat* 2.1 (2008), pp. 224–244.

[WLL16]   W. Wang, H. Lee, and K. Livescu. "Deep Variational Canonical Correlation Analysis". In: *arXiv* (2016).

[WM00]   D. R. Wilson and T. R. Martinez. "Reduction Techniques for Instance-Based Learning Algorithms". In: *Mach. Learn.* 38.3 (2000), pp. 257–286.

[WNF09]   S. Wright, R. Nowak, and M. Figueiredo. "Sparse reconstruction by separable approximation". In: *IEEE Trans. on Signal Processing* 57.7 (2009), pp. 2479–2493.

[WNS19]   C. White, W. Neiswanger, and Y. Savani. "BANANAS: Bayesian Optimization with Neural Architectures for Neural Architecture Search". In: (2019). arXiv: 1910.11858 [cs.LG].

[Wol92]   D. Wolpert. "Stacked Generalization". In: *Neural Networks* 5.2 (1992), pp. 241–259.

[Wol96]   D. Wolpert. "The lack of a priori distinctions between learning algorithms". In: *Neural Computation* 8.7 (1996), pp. 1341–1390.

[WP19]   S. Wiegreffe and Y. Pinter. "Attention is not not Explanation". In: *EMNLP*. 2019.

[WRC08]   J. Weston, F. Ratle, and R. Collobert. "Deep learning via semi-supervised embedding". In: *Proceedings of the 25th international conference on Machine learning. ACM.* 2008, pp. 1168–1175.

[WS09]   K. Weinberger and L. Saul. "Distance Metric Learning for Large Margin Classification". In: *JMLR* 10 (2009), pp. 207–244.

[WSH16]   L. Wu, C. Shen, and A. van den Hengel. "PersonNet: Person Re-identification with Deep Convolutional Neural Networks". In: (2016). arXiv: 1601.07255 [cs.CV].

[WSL19]   R. L. Wasserstein, A. L. Schirm, and N. A. Lazar. "Moving to a World Beyond "p < 0.05"". In: *The American Statistician* 73.sup1 (2019), pp. 1–19.

[WSS04]   K. Q. Weinberger, F. Sha, and L. K. Saul. "Learning a kernel matrix for nonlinear dimensionality reduction". In: *ICML.* 2004.

[WTN19]   Y. Wu, G. Tucker, and O. Nachum. "The Laplacian in RL: Learning Representations with Efficient Approximations". In: *ICLR.* 2019.

[Wu+16]   Y. Wu et al. "Google's Neural Machine Translation System: Bridging the Gap between Human and Machine Translation". In: (2016). arXiv: 1609.08144 [cs.CL].

[Wu+19]   Y. Wu, E. Winston, D. Kaushik, and Z. Lipton. "Domain Adaptation with Asymmetrically-Relaxed Distribution Alignment". In: *ICML.* 2019.

[WVJ16]   M. Wattenberg, F. Viégas, and I. Johnson. "How to Use t-SNE Effectively". In: *Distill* 1.10 (2016).

[WW93]   D. Wagner and F. Wagner. "Between min cut and graph bisection". In: *Proc. 18th Intl. Symp. on Math. Found. of Comp. Sci.* 1993, pp. 744–750.

[Xie+19] Q. Xie, Z. Dai, E. Hovy, M.-T. Luong, and Q. V. Le. "Unsupervised data augmentation for consistency training". In: *arXiv preprint arXiv:1904.12848* (2019).

[Xie+20] Q. Xie, M.-T. Luong, E. Hovy, and Q. V. Le. "Self-training with noisy student improves imagenet classification". In: *Proceedings of the IEEE/CVF Conference on Computer Vision and Pattern Recognition.* 2020, pp. 10687–10698.

[XJ96]   L. Xu and M. I. Jordan. "On Convergence Properties of the EM Algorithm for Gaussian Mixtures". In: *Neural Computation* 8 (1996), pp. 129–151.

[XRV17]   H. Xiao, K. Rasul, and R. Vollgraf. "Fashion-MNIST: a Novel Image Dataset for Benchmarking Machine Learning Algorithms". In: (2017). arXiv: 1708.07747 [stat.ML].

[Xu+15]   K. Xu, J. L. Ba, R. Kiros, K. Cho, A. Courville, R. Salakhutdinov, R. S. Zemel, and Y. Bengio. "Show, Attend and Tell: Neural Image Caption Generation with Visual Attention". In: *ICML.* 2015.

[Yal+19] I. Z. Yalniz, H. Jégou, K. Chen, M. Paluri, and D. Mahajan. "Billion-scale semi-supervised learning for image classification". In: *arXiv preprint arXiv:1905.00546* (2019).

[Yan+14] X. Yang, Y. Guo, Y. Liu, and H. Steck. "A Survey of Collaborative Filtering Based Social Recommender Systems". In: *Comput. Commun.* 41 (2014), pp. 1–10.

[Yar95]   D. Yarowsky. "Unsupervised word sense disambiguation rivaling supervised methods". In: *33rd annual meeting of the association for computational linguistics.* 1995, pp. 189–196.

[YB19]   C. Yadav and L. Bottou. "Cold Case: The Lost MNIST Digits". In: *arXiv* (2019).

[YCS16]   Z. Yang, W. W. Cohen, and R. Salakhutdinov. "Revisiting semi-supervised learning with graph embeddings". In: *Proceedings of the 33rd International Conference on International Conference on Machine Learning-Volume 48.* JMLR. org. 2016, pp. 40–48.

[Yeu91]   R. W. Yeung. "A new outlook on Shannon's information measures". In: *IEEE Trans. Inf. Theory* 37.3 (1991), pp. 466–474.

[YHJ09]   D. Yan, L. Huang, and M. I. Jordan. "Fast approximate spectral clustering". In: *15th ACM Conf. on Knowledge Discovery and Data Mining.* 2009.

[Yin+19] P. Yin, J. Lyu, S. Zhang, S. Osher, Y. Qi, and J. Xin. "Understanding Straight-Through Estimator in Training Activation Quantized Neural Nets". In: *ICLR.* 2019.

[YK16]   F. Yu and V. Koltun. "Multi-Scale Context Aggregation by Dilated Convolutions". In: *ICLR.* 2016.

[YL06]   M. Yuan and Y. Lin. "Model Selection and Estimation in Regression with Grouped Variables". In: *J. Royal Statistical Society, Series B* 68.1 (2006), pp. 49–67.

[YL21]   A. L. Yuille and C. Liu. "Deep Nets: What have they ever done for Vision?" In: *Intl. J. Computer Vision* 129 (2021), pp. 781–802.

[Yon19]   E. Yong. "The Human Brain Project Hasn't Lived Up to Its Promise". In: *The Atlantic* (2019).

[Yos+15] J. Yosinski, J. Clune, A. Nguyen, T. Fuchs, and H. Lipson. "Understanding Neural Networks Through Deep Visualization". In: *ICML Workshop on Deep Learning.* 2015.

[Yu+06]   S. Yu, K. Yu, V. Tresp, K. H.-P., and M. Wu. "Supervised probabilistic principal component analysis". In: *KDD.* 2006.

[Yu+16]   F. X. X. Yu, A. T. Suresh, K. M. Choromanski, D. N. Holtmann-Rice, and S. Kumar. "Orthogonal Random Features". In: *NIPS.* Curran Associates, Inc., 2016, pp. 1975–1983.

[YWG12]   S. E. Yuksel, J. N. Wilson, and P. D. Gader. "Twenty Years of Mixture of Experts". In: *IEEE Trans. on neural networks and learning systems* (2012).

[Zah+18] M. Zaheer, S. Reddi, D. Sachan, S. Kale, and S. Kumar. "Adaptive Methods for Nonconvex Optimization". In: *NIPS.* Curran Associates, Inc., 2018, pp. 9815–9825.

[Zah+20] M. Zaheer et al. "Big Bird: Transformers for Longer Sequences". In: *CoRR* abs/2007.14062 (2020). arXiv: 2007.14062.

[Zei12] M. D. Zeiler. "ADADELTA: An Adaptive Learning Rate Method". In: (2012). arXiv: 1212.5701 [cs.LG].

[Zel76] A. Zellner. "Bayesian and non-Bayesian analysis of the regression model with multivariate Student-t error terms". In: *JASA* 71.354 (1976), pp. 400–405.

[ZG02] X. Zhu and Z. Ghahramani. *Learning from labeled and unlabeled data with label propagation*. Tech. rep. CALD tech report CMU-CALD-02-107. CMU, 2002.

[ZG06] M. Zhu and A. Ghodsi. "Automatic dimensionality selection from the scree plot via the use of profile likelihood". In: *Computational Statistics & Data Analysis* 51 (2006), pp. 918–930.

[ZH05] H. Zou and T. Hastie. "Regularization and Variable Selection via the Elastic Net". In: *J. of Royal Stat. Soc. Series B* 67.2 (2005), pp. 301–320.

[Zha+17a] C. Zhang, S. Bengio, M. Hardt, B. Recht, and O. Vinyals. "Understanding deep learning requires rethinking generalization". In: *ICLR*. 2017.

[Zha+17b] H. Zhang, M. Cisse, Y. N. Dauphin, and D. Lopez-Paz. "mixup: Beyond Empirical Risk Minimization". In: *ICLR*. 2017.

[Zha+18] Z.-Q. Zhao, P. Zheng, S.-T. Xu, and X. Wu. "Object Detection with Deep Learning: A Review". In: (2018). arXiv: 1807.05511 [cs.CV].

[Zha+19a] J. Zhang, Y. Zhao, M. Saleh, and P. J. Liu. "PEGASUS: Pre-training with Extracted Gap-sentences for Abstractive Summarization". In: (2019). arXiv: 1912.08777 [cs.CL].

[Zha+19b] S. Zhang, L. Yao, A. Sun, and Y. Tay. "Deep Learning Based Recommender System: A Survey and New Perspectives". In: *ACM Comput. Surv.* 52.1 (2019), pp. 1–38.

[Zha+20] A. Zhang, Z. Lipton, M. Li, and A. Smola. *Dive into deep learning*. 2020.

[Zho+04] D. Zhou, O. Bousquet, T. N. Lal, J. Weston, and B. Schölkopf. "Learning with local and global consistency". In: *Advances in neural information processing systems*. 2004, pp. 321–328.

[Zho+18] D. Zhou, Y. Tang, Z. Yang, Y. Cao, and Q. Gu. "On the Convergence of Adaptive Gradient Methods for Nonconvex Optimization". In: (2018). arXiv: 1808.05671 [cs.LG].

[Zho+21] C. Zhou, X. Ma, P. Michel, and G. Neubig. "Examining and Combating Spurious Features under Distribution Shift". In: *ICML*. 2021.

[ZHT06] H. Zou, T. Hastie, and R. Tibshirani. "Sparse principal component analysis". In: *JCGS* 15.2 (2006), pp. 262–286.

[Zhu05] X. Zhu. "Semi-supervised learning with graphs". PhD thesis. Carnegie Mellon University, 2005.

[Zhu+21] F. Zhuang, Z. Qi, K. Duan, D. Xi, Y. Zhu, H. Zhu, H. Xiong, and Q. He. "A Comprehensive Survey on Transfer Learning". In: *Proc. IEEE* 109.1 (2021).

[Zie+05] C.-N. Ziegler, S. M. McNee, J. A. Konstan, and G. Lausen. "Improving recommendation lists through topic diversification". In: *WWW*. WWW '05. Association for Computing Machinery, 2005, pp. 22–32.

[ZK16] S. Zagoruyko and N. Komodakis. "Wide Residual Networks". In: *BMVC*. 2016.

[ZL05] Z.-H. Zhou and M. Li. "Tri-training: Exploiting unlabeled data using three classifiers". In: *IEEE Transactions on knowledge and Data Engineering* 17.11 (2005), pp. 1529–1541.

[ZL17] B. Zoph and Q. V. Le. "Neural Architecture Search with Reinforcement Learning". In: *ICLR*. 2017.

[ZLZ20] D. Zhang, Y. Li, and Z. Zhang. "Deep metric learning with spherical embedding". In: *NIPS*. 2020.

[ZMY19] D. Zabihzadeh, R. Monsefi, and H. S. Yazdi. "Sparse Bayesian approach for metric learning in latent space". In: *Knowledge-Based Systems* 178 (2019), pp. 11–24.

[ZRY05] P. Zhao, G. Rocha, and B. Yu. *Grouped and Hierarchical Model Selection through Composite Absolute Penalties*. Tech. rep. UC Berkeley, 2005.

[ZS14] H. Zen and A Senior. "Deep mixture density networks for acoustic modeling in statistical parametric speech synthesis". In: *ICASSP*. 2014, pp. 3844–3848.

[ZY08] J.-H. Zhao and P. L. H. Yu. "Fast ML Estimation for the Mixture of Factor Analyzers via an ECM Algorithm". In: *IEEE. Trans. on Neural Networks* 19.11 (2008).

찾아보기

ㅇ

A

D

G

확률론적 머신러닝

기본편

발 행 | 2024년 5월 31일

지은이 | 케빈 머피
옮긴이 | 이판호

펴낸이 | 권성준
편집장 | 황영주
편 집 | 김진아
　　　　임지원
디자인 | 윤서빈

에이콘출판주식회사
서울특별시 양천구 국회대로 287 (목동)
전화 02-2653-7600, 팩스 02-2653-0433
www.acornpub.co.kr / editor@acornpub.co.kr

책값은 뒤표지에 있습니다.